Jacobus Cornelis de Vos, Ph. D. (2002) in Theology, University of Groningen, is a teacher of Religion and Philosophy at a secondary school and Bible translator for the Dutch Bible Society. He studied Theology and Biblical Archaeology in The Netherlands, Germany, and Israel.

DAS LOS JUDAS

SUPPLEMENTS

TO

VETUS TESTAMENTUM

VOLUME XCV

DAS LOS JUDAS

Über Entstehung und Ziele der Landbeschreibung in Josua 15

VON

JACOBUS CORNELIS DE VOS

BRILL
LEIDEN · BOSTON
2003

This book is printed on acid-free paper.

Die Forschung wurde unterstützt von der Stiftung für Philosophische und Theologische Forschung, die von der Niederländischen Organisation für wissenschaftliche Forschung (NWO) subventioniert wird.

Library of Congress Cataloging-in-Publication Data

Vos, Jacobus Cornelis de.
Das Los Judas : über Entstehung und Ziele der Landbeschreibung in Josua 15 / by Jacobus Cornelis de Vos.
p. cm. – (Supplements to Vetus Testamentum. ISSN 0083-5889 ; v. 95)
Revision of the author's thesis–Rijksuniversiteit Groningen, 2002.
Includes bibliographical references and index.
ISBN 90-04-12953-7 (alk. paper)
1. Land tenure–Biblical teaching. 2. Bible. O.T. Joshua XV–Geography. 3. Bible. O.T. Joshua XV–Criticism, interpretation, etc. 4. Palestine–Historical geography. I. Title. II. Supplements to

BS410.V452 vol. 95
[BS1295.6.L28]
221 s–dc21
[222'.206] 2002038512

Die Deutsche Bibliothek – CIP-Einheitsaufnahme

Die Deutsche Bibliothek lists this publication in the Deutsche Nationalbibliographie. Detailed bibliographic data are available on the Internet at http://dnb.ddb.de.

ISSN 0083-5889
ISBN 90 04 12953 7

PRINTED IN THE NETHERLANDS

ds Witte Anker gewidmet

INHALT

TEIL B. DAS LAND JUDA IN HISTORISCH-GEOGRAPHISCHER SICHT

VORWORT

Vorliegende Studie ist die leicht überarbeitete Fassung meiner Dissertation, die im Januar 2002 von der Fakultät „Godgeleerdheid en Godsdienstwetenschap van de Rijksuniversiteit Groningen" (Niederlande) angenommen wurde.

Als ich das erste Mal Josua 15 gründlich las, war ich nicht gerade begeistert. Lange, trockene Listen fand ich vor, die nur kurz von einer anschaulichen, doch bei näherem Hinsehen frauenfeindlichen Erzählung unterbrochen wurden. Doch bald wich diese reservierte Haltung echtem Interesse. Denn in den „trockenen" Beschreibungen des Landes verbergen sich hinter legitimierenden und ideologischen Ansichten starke theologische Perspektiven. Im Buch Josua, das zusammen mit dem Deuteronomium die Scharnierstelle zwischen Pentateuch und Deuteronomistischem Geschichtswerk bildet, spielt das Land eine entscheidende Rolle, sowohl für die Theologie des Alten Testaments als auch für die Entstehungsgeschichte von Pentateuch und DtrG. Gerade weil Josua 15 und die Landverteilungstexte (Josua 13–19[–21]) ein recht trockener Lesestoff sind, drängt sich die Frage auf, was die Verfasser / Redaktoren dieser Texte bewegt hat, das Land so ausführlich zu beschreiben. Vertieft man sich in die Materie, zeigt sich ein kunstvolles, vielsagendes Geflecht.

Zur Ergründung dieser Texte sind detaillierte Analysen notwendig. Daher werden diejenigen, die meine Arbeit durchblättern, vielleicht nicht gerade zum Lesen eingeladen: lange trockene Analysen und Listen, in denen ich die garstigen Texte aufzubrechen versuche. Wer sie nicht lesen möchte, beschränke sich einfach auf die Schlußfolgerungen und Zusammenfassungen. Dort habe ich versucht, konkrete Ergebnisse darzustellen, in denen die Texte so weit wie möglich nach Entstehung und Zielen eingeordnet werden.

Als Alttestamentler habe ich mich auf das Alte Testament und die zu seiner Erforschung gehörenden Methoden beschränkt. Doch denkt man weiter nach über das Verhältnis zwischen Land, Geschichte und Theologie, zu dessen Bestimmung ich mit dieser Untersuchung einen bescheidenen Beitrag zu liefern hoffe, dann liegt die Verbindung mit der heutigen politischen und religiösen oder auch politisch-religiösen Geschichte auf der Hand. Manchmal werden Grenzen als unantastbar und das Eingegrenzte als exklusiv für eine (religiöse) Gruppe bestimmt. Diese Tendenz ist im Alten Testament auch vorhanden, doch von grösserer Bedeutung ist die Auffassung, daß das Land von Gott den Menschen übergeben ist und es letztendlich Gottes Land ist. Das mahnt zu Bescheidenheit im Umgang mit dem Land und seinen Grenzen, genauso wie die Tatsache, daß die Trägergruppe der Geschichte und Theologie im Alten Testament nicht geschlossen war, sondern vielmehr durch genealogische Konstruktionen erweitert wurde.

Für die Entstehung dieser Studie habe ich vielen Menschen zu danken, vielen, mit denen ich gute Gespräche geführt habe, die mir Literaturtips gegeben, mir beim Korrigieren geholfen haben usw. Ich danke den Mitarbeiterinnen und Mitarbeitern der Fakultät „Godgeleerdheid en Godsdienstwetenschap van de Rijksuniversiteit Groningen", an der der größte Teil dieser Studie entstanden ist. Des weiteren danke ich den Kolleginnen und Kollegen, mit denen ich viele Erfahrungen ausgetauscht habe. Ich will sie hier nicht mit Namen nennen, weil ich sonst bestimmt einige vergesse. Diejenigen, die es betrifft, wissen, daß es um sie geht. Zur Zeit meines Israelaufenthaltes habe ich mit einigen Sachverständigen Gespräche über meine Untersuchung führen dürfen, denen ich allen zu Dank verpflichtet bin: Prof. Dr. Z. Kallai, Prof. Dr. N. Na'aman, Prof. Dr. E. Stern, Prof. Dr. S. Japhet, Dr. W.L. Thompson, Dr. Sh. Gibson, Dr. A. Ofer und den Professoren der „École Biblique et Archéologique Française" in Jerusalem. Dort habe ich sehr eng mit Dr. M. Beaudry, einem ausgezeichneten Kenner des Landes Israel, viele historisch-geographische und archäologische Einzelheiten und Erkenntnisse besprochen. Leider ist er am 25. Juni 2000 bei einem tragischen Autounfall ums Leben gekommen.

Meinen Doktorvater, Prof. Dr. E. Noort, kenne ich seit meinem zweiten Studienjahr. An der Theologischen Universität Kampen (Niederlande) und an der Universität Hamburg habe ich bei ihm als wissenschaftliche Hilfskraft gearbeitet. Er hat mich für die Archäologie und die Josuaforschung begeistert. Für seine Begleitung durch all die Jahre möchte ich ihm herzlich danken. Auch Dr. C.H.J. de Geus, dem Referenten, Prof. Dr. V. Fritz, meinem zweiten Doktorvater, und Prof. Dr. F. García Martínez, danke ich für das Interesse, das sie stets für meine Untersuchung gezeigt haben.

Prof. Dr. A. Lemaire danke ich für die Aufnahme meiner Arbeit in die Reihe Supplements to Vetus Testamentum.

Meine Frau Christiane, mit der ich unter anderem die Liebe zum Alten Testament teile, hat alles, was ich geschrieben habe, kritisch durchgelesen, den Inhalt mit mir diskutiert und ist mir auch in den Zeiten treu geblieben, als ich von Septuaginta träumte. Für das alles will ich ihr danken. Mein Schwiegervater Hellmut Wilkens hat als Germanist mit äußerster Akribie die Korrektur des Manuskriptes durchgeführt, wofür ich ihm sehr dankbar bin.

Zum Schluß will ich Ds. Witte Anker gedenken. Als mein Religionslehrer hat er in mir als Zwölfjährigem mit seinen Exegesen und später als mein Hebräischlehrer das Interesse für das Studium der Theologie geweckt. Diese Studie ist ihm posthum in Dankbarkeit gewidmet.

Culemborg, September 2002 Cor de Vos

KAPITEL 1

EINFÜHRUNG

1.1. *Einbettung der Untersuchung*[1]

Nach Alts und Noths Veröffentlichungen in den Jahren 1925, 1927 und 1935[2] trat die Frage nach dem Ziel der Landverteilungstexte in ihrem literarischen Kontext hinter der Frage nach dem Sitz im Leben der den Landverteilungstexten zugrunde liegenden Dokumente zurück. Alt postulierte ein System von Grenzbeschreibungen aus der vorstaatlichen Zeit, das in einer Mischung von Realität und Ideal das ganze Land abdeckte. Noth wies darauf hin, daß dieses System aus Grenzfixpunktreihen, ohne verbindenden Text, bestand. Alt postulierte drei Orstlisten: eine Nord-, Mittel- und Südliste. Die Südliste, die uns hier interessiert, beschrieb das Königreich Judas zur Zeit Josias und wurde erst später, im Kontext des Buches Josua, in eine Beschreibung der Stämme Juda, Simeon, Dan und Benjamin aufgeteilt. Im Gefolge von Alt und Noth entstand eine Diskussion über: 1. Das Verhältnis zwischen Realität und Ideal in den Grenzbeschreibungen.[3] 2. Die Frage, ob die Grenzbeschreibungen als ein System vorlagen oder gewachsen sind, und damit die nach dem ursprünglichen Umfang.[4] 3. Den Umfang der Südliste.[5] 4. Die Datierung der Grenzbeschreibung(en)

---

[1] Zur Forschungsgeschichte der Landverteilungstexte vgl. ausführlich Noort, *Josua* 1998, 172–197 bes. 181–197; und in unserer Studie die Abschnitte zu den jeweiligen Themen.

[2] Alt, *Judas Gaue* 1925 = 1953; id., *System* 1927 = 1953; Noth, *HGD* 1935 = 1971; vgl. id., *Josua* 1938; id., *Josua* ²1953.

[3] Das Spektrum bewegt sich von einer Beschreibung realer historischer Verhältnisse zu einer Zeit (Kallai[-Kleinmann], *Town Lists* 1958, id., *Note* 1961; id., *HGB* 1986) bis zu einer Konstruktion in pers. Zeit (Mowinckel, *Quellen* 1946). Svensson, *Towns* 1994, entdeckt eine ideologische Substruktur in Jos 14–21, „that uncovers Joshua as a typus for David being his antitypus.“ (S. 7). Leider finden sich in seiner Studie zu viele unbegründete Annahmen und kaum überzeugende Argumentationen, um weiter auf sie eingehen zu können.

[4] Schunck, *Benjamin* 1963, z.B. verteidigt einen Entstehungsprozeß der Grenzbeschreibungen über mehrere Jahre hinweg.

[5] Hier sind zu nennen: die bereits zitierten Aufsätze von Alt (1925; 1927) und Noth (1935; 1938; ²1953) und weiter Cross / Wright, *Boundary* 1956; Kallai-Kleinmann, *Town*

und Ortslisten.[6] 5. Die ursprünglichen Funktionen der Grenzbeschreibungen und Ortslisten.[7]

Entscheidend ist, wonach man fragt: nach dem Sitz im Leben von Jos 15 bzw. dem des Grenzsystems und der Distrikteinteilung Judas oder nach der literarischen Einheit des Endtextes und seiner Funktion samt den Intentionen der verschiedenen Phasen des Entstehungsprozesses. In dieser Studie geht es uns um das letztere, zumal der Sitz im Leben im Wachstumsprozeß fast völlig verschollen ist und Spekulationen darüber zum Verstehen des heutigen Textes nur wenig beitragen.

1.2. *Fragestellung*

Wir fragen somit nach Entstehung und Zielen der Landbeschreibung in Josua 15. Dabei geht es um den Entstehungsprozeß dieses Textes und seines Kontextes sowie um die Ziele, die darin verfolgt wurden.

Zur Beantwortung dieser Hauptfrage sind mehrere Teilfragen zu klären:

1. Wie und wann ist der Text von Josua 15 entstanden?
    a. Textkritisch: Wie sah der Urtext aus, oder gab es mehrere Urtexte, von denen eventuell die LXX* einen und der MT einen anderen reflektiert?
    b. Literarisch: Was ist der Inhalt und die Struktur von Josua 15? Wie verhält sich der Text zu ähnlichen Texten? Welche Vorlagen wurden benutzt?
    c. Formkritisch: Was ist der Kontext von Josua 15, und was trägt er zur Erhellung von Inhalt und Struktur dieses Kapitels bei? Wie sind die unterschiedlichen Rahmentexte in Jos 14–19 bzw. 13–21 strukturiert und entstanden?
    d. Literarkritisch: Welche Spuren des Entstehungsprozesses sind im Text zu erkennen?
    e. Redaktionskritisch: Wie und wann wurden die Landverteilungstexte bearbeitet? Wie verhält sich Jos 14–19 bzw. 13–21 zum Entstehungsprozeß des Pentateuch und des DtrG?

Lists 1958; Aharoni, *Province-list* 1959; Kallai-Kleinmann, *Note* 1961; Na'aman, *Kingdom* 1991.

[6] Vgl. außer den in Anm. 5 genannten Aufsätzen noch Hess, *Asking* 1994; id., *Boundary* 1994; id., *Typology* 1996.

[7] Vgl. außer den in Anm. 5 genannten Aufsätzen noch Yadin, *Division* 1961.

f. Historisch-geographisch und archäologisch: In welche Zeit sind die postulierten Vorlagen zu datieren?
g. Historisch: Wie sind die Momente des Entstehungsprozesses des Textes historisch einzuordnen?

2. Welches Land wird beschrieben?
   a. Historisch-geographisch: Wie sind die geographischen Daten zu identifizieren?
   b. Historisch-geographisch, historisch, literarkritisch: Welches Gebiet gehörte wann zu Juda?
   c. Historisch: Was ist mit „Juda" gemeint?

3. Welche Ziele verfolgt die Landbeschreibung in Josua 15?
   a. Welche Verfasser/Bearbeiter des Textes haben welche Ziele verfolgt?
   b. Historisch-theologisch: Mit welchem Ziel steht die Landbeschreibung im Endtext?

Die Untersuchung besteht aus folgenden drei Hauptteilen:

A. „Der Text von Jos 15 und sein Kontext"
B. „Das Land Juda in historisch-geographischer Sicht"
C. „Das Land Juda in historisch-theologischer Sicht".

Der Begriff „Los" (גורל) ist hierfür ein treffendes Stichwort, denn seine unterschiedlichen Konnotationen entsprechen den drei Hauptteilen: Es ist ein Wort in einem Text und Kontext (Teil A). Sodann spricht das Wort „das durch das Los zugefallene Gebiet/Losanteil" an, wie wir es in Jos 15,1 finden (Teil B). Schließlich hat das Los die Bedeutung „das (durch Gott bestimmte) Geschick". Hier werden historische und theologische Komponenten angesprochen. Das Land Judas wird durch dieses Los bestimmt und wird selbst zum Los (Teil C).

1.3. *Methode*

Wir arbeiten uns vom Konkreten zum Abstrakten vor: von Handschriften, der Landschaft Judas, archäologischen *sites* über Entwürfe der Literargeschichte, Datierungen der Grenzbeschreibung, der Ortsliste, und der Bearbeitungsphasen des Textes bis zum historischen und theologischen Ort der Landverteilung Judas. Der Text bestimmt die inhaltliche Gliederung. Immer wieder wird von ihm ausgehend gearbeitet, stets werden an ihn mit Hilfe unterschiedlicher Methoden neue Fragen gestellt. Dabei werden zum Beispiel Ortslisten nicht nur historisch-topographisch, sondern auch literarkritisch, redaktionsgeschichtlich, tendenzgeschichtlich und theologisch behandelt. Die Herausforderung dieser Studie liegt in der Verbindung verschiedener Methoden.

In Teil A, „Der Text von Jos 15 und sein Kontext", behandeln wir in Kapitel 2 die Textkritik zu Jos 15 mit dem Ziel, so weit wie möglich den oder einen ursprünglichen Text von Jos 15 zu rekonstruieren. Entscheidend ist dabei die Frage, ob die LXX* eine andere bzw. ältere Vorlage hatte. Kapitel 3 ist der Form- und Literarkritik des Textes gewidmet. Die zu beantwortenden Fragen sind: Wie ist Jos 15 aufgebaut? Wie sind verschiedene Wörter, Phrasen, Sätze und Abschnitte zu deuten? Welche Spannungen und Unebenheiten gibt es im Text, und wie sind sie literarhistorisch zu erklären? Für Letzteres ist es notwendig, das genaue Verhältnis einzelner Textteile in Jos 15 zu parallelen Texten zu bestimmen. Es geht hier um literarhistorische Verhältnisbestimmungen, nicht aber um eine Gesamtbeurteilung des literarischen Ortes von Jos 15. Diese wird in Kapitel 4 vorgenommen. Zunächst werden die Rahmen des Landnahmekomplexes (Jos 13–21) untersucht, um den literarischen Ort von Jos 15 zu bestimmen. Dann wird durch einen Vergleich mit ausgewählten parallelen Texten eine Gesamtbeurteilung des literarischen Ortes von Jos 13–21 und seine diachrone Struktur erarbeitet. In Kapitel 5 wird die gewonnene diachrone Struktur von Jos 13–21 abgesetzt gegen bestehende literarhistorische Modelle (namentlich P und DtrG), um schließlich eine eigene Einschätzung der Redaktionsgeschichte vorzustellen. Auch hier geht es vor allem um das Interesse der verschiedenen Traditionen am Thema Land.

Das Ziel von Teil B, „Das Land Juda in historisch-geographischer Sicht", ist es, die einzelnen Orte oder Punkte der Grenzbeschreibung und Ortsliste Judas zu lokalisieren und zu datieren, um damit einen weiteren Anhaltspunkt für den Wachstumsprozeß von Jos 15 zu gewinnen. Das geschieht mit Hilfe literarischer Quellen (biblischer und außerbiblischer), der Auswertung natürlicher Geographie sowie archäologischer Ergebnisse (Oberflächenforschung und Ausgrabungen). Anschließend sind Ortsliste und Grenzbeschreibung jeweils unter Berücksichtigung ihres Entstehungsprozesses zu datieren. Kapitel 6 beschreibt „Die Grenzen" und Kapitel 7 „Die Orte".

In Teil C, „Das Land Juda in historisch-theologischer Sicht", greifen wir die in Teil A und B gewonnenen Einsichten auf und beziehen sie auf die Fragestellung dieses Abschnittes. In Kapitel 8, „Geschichte", wird nach den historischen Orten des Textes gefragt; dazu gehören der jeweilige historische Ort der Quellen / Vorlagen, der der Zusammensetzung des Textes sowie die Frage nach Entstehung und Ziel der sukzessiven Änderungen im Text. In Kapitel 9 folgen Schlußfolgerungen und Zusammenfassung. Bei den Schlußfolgerungen gehen wir auf die Hauptfrage der Untersuchung ein und beschreiben den Entstehungsprozeß des Textes von Jos 15 mit den darin verfolgten Zielen.

1.4. *Eingrenzung*

1.4.1. *Textlich*

Jos 15 ist in jeder Hinsicht der Bezugspunkt. Da das Buch Josua sowohl im Bereich des Tetrateuch / Pentateuch gesehen werden muß als auch zum Hexateuch und DtrG gehört, ist die Gefahr groß, alle Einleitungsfragen im Zusammenhang mit diesen Größen lösen zu wollen. Um dieser Versuchung zu widerstehen, behandeln wir umfassendere Einleitungsfragen nur insofern, als sie mit Jos 15 oder seinem Kontext zusammenhängen und eine Problematisierung sich lohnt. Namentlich Schichten bzw. Redaktionen von P und Dtr erhalten deshalb breitere Aufmerksamkeit. Der Kontext von Jos 15, der für uns am meisten von Belang ist, besteht aus Jos 14–19 bzw. 13–21; Num 26; 32; 34; Ri 1; Neh 11.

1.4.2. *Geographisch*

In geographischer Hinsicht geht es um das Gebiet Judas. Das gerade darf jedoch nicht Ausgangspunkt, sondern soll Ergebnis der Untersuchung sein. Zunächst gehen wir von einer Ansetzung dieses Gebietes aus, das sich ungefähr von der Höhenlinie von Jerusalem bis südlich von Beerscheba erstreckt. Dies wird zu präzisieren sein.

Wenn wir das Gebiet Judas behandeln, fragt sich, was mit Juda gemeint ist. Ist es das Gebiet des Stammvaters Juda, des Stammes Juda, das Land mit dem Namen Juda, das vorexilische Königreich Juda—das Kleinreich oder das Großreich—oder die persische Provinz Jehud? Laut Jos 15,1 handelt es sich um das Gebiet des Stammes Juda, doch dies ist historische Projektion. Es ergibt sich die Frage, inwieweit das durch Grenzbeschreibung und Ortsliste abgesteckte Gebiet Judas auch historisch zu belegen ist und ob es nicht außer historisch-geographisch auch theologisch („theo-geographisch“) zu bestimmen ist.

1.4.3. *Zeitlich*

Jos 13–21 erzählt von der Zeit direkt nach der Landnahme. Diese datiert man gewöhnlich zwischen ca. 1250 und 1100[8]. Zu der Zeit aber oder auch kurz danach gab es die ungefähr 120 Orte von Jos 15,21ff nicht. Die meisten von ihnen bestanden erst im 7. Jh. gleichzeitig. In der Grenzbeschreibung von Jos 15,2–12 dürfte zum Teil altes Material, wahrscheinlich erst in nachexilischer Zeit, eingearbeitet sein.[9] Die darauf folgenden Bearbeitungen können bis in spätpers. Zeit erfolgt sein.

Um die Gefahr eines Zirkelschlusses zu vermeiden, gehen wir davon aus, daß Jos 15 Texte aus der Zeit der Landnahme (oder sogar davor) bis zu Texten aus der Zeit der letzten Phase der Entstehung des AT enthalten kann. Sehr eng ist die zeitliche Eingrenzung also nicht. H. Guthe sagt 1887 über die Grenzen Judas:

> „Es unterliegt wohl keinem Zweifel, dass der Verfasser von Jos. 15 die Grenzen des Stammes Juda mit einer genauen Kenntniss der betreffenden Gegend gezogen hat. Aber es ist eine ganz andere Frage, ob und welche bestimmten geschichtlichen Verhältnisse der geographischen Vertheilung des heiligen Landes diesem und anderen Kapiteln des Buches Josua zu Grunde liegen. Dass sie für diejenige Zeit, für welche sie nach dem Verfasser gelten sollen, nicht gegolten haben und nicht gelten können, ergibt sich, wenn wir die Nachrichten in Richter 1 und die freilich dürftigen, aber doch zuverlässigen Angaben von Sam. I. 25.27.30, die die Lage Juda's vor dem Königthum des David im Auge haben, vergleichen. Daher haftet an den Grenzen des Buches Josua, die aufzusuchen und nachzuziehen berechtigt und nach dem Mass unserer Kenntniss möglich ist, durchaus nicht ein solches Interesse, wie es bei denen vorhanden zu sein pflegt, die in dem zweiten Theile des Buches Josua (c. 13ff) einen geschichtlichen Bericht über die Vertheilung des Landes durch Josua vor sich zu haben glauben.“[10]

---

[8] Wenn nicht anders angegeben, beziehen sich die Jahreszahlen immer auf die Zeit v.Chr.

[9] Die Entstehung geht zum Teil auf das Konto der Kreativität der Verfasser / Bearbeiter, aber nicht nur. Gegen neuere Tendenzen in der Historiographie meinen wir, daß in Josua 15 und seinem Kontext ein Zeugnis realer Geschichte enthalten ist, wenn auch aus verschiedenen Zeiten, und daß man diese Texte somit auch für die Beschreibung einer Geschichte Israels auswerten kann.

[10] Guthe im Nachwort zu Schick, *'Artūf* 1887, 131–156.

TEIL A

DER TEXT VON JOS 15 UND SEIN KONTEXT

KAPITEL 2

TEXTKRITIK

2.1. *Einleitung*

Ziel der Textkritik ist es, so weit wie möglich den ursprünglichen Text zu rekonstruieren. Allerdings ist die Grenze zwischen Textkritik und Literarkritik nicht immer scharf zu ziehen.[1] Textvarianten können auf verschiedene Texttraditionen zurückgehen, wobei der MT nur eine von mehreren Traditionen darstellt. Es muß mit der Möglichkeit gerechnet werden, daß von Anfang an mehrere Texte in Umlauf waren. Ebenso könnte es sein, daß es verschiedene Kopien eines Textes gab und eine Variante eine solche Kopie reflektiert, während eine andere weiter bearbeitet wurde. Da die LXX fast durchgehend vom MT abweicht, ist die These von Tov u.a. zu überprüfen, ob die LXX auf einen anderen als den (Proto-)MT zurückgeht. Inwieweit es sich hier um innerbiblische oder textgeschichtliche Prozesse handelt, ist schwer zu bestimmen. Es gibt keinen Qumrantext zu Jos 15, so daß es leider nicht möglich ist, die Varianten der LXX mit einem solchen zu vergleichen.[2]

2.2. *Die LXX zu Jos 15*[3]

Angesichts der vielen Varianten der LXX stellt sich die Frage nach ihrer Vorlage. Darum ist hier näher auf die LXX zu Jos 15 einzugehen.

---

[1] Vgl. Tov, *Criticism* 1992, 313ff; id., *Use* ²1997, 237ff.

[2] Vgl. zur Gruppierung der Qumrantexte Tov, *Criticism* 1992, 114–117, und zum literarkritischen Wert der zu Jos gefundenen Texte Noort, *Josua* 1998, 55–57; bes. 57; Van der Meer, *Formation* 2001.

[3] Zur Gewichtung der Varianten in der LXX vgl. Auld, *Studies* 1976, 215: „Ideally, as in all matters of textual criticism, the evidence in each disputed verse should be weighed on all its own merits. Unhappily in most instances there is insufficient evidence, so a decision has to be hazarded on the basis of general principles.“ Die Lage in Jos 15 ist nicht ideal.

2.2.1. *Die Handschriften und ihre Gruppierung*[4]

Zu Jos 15 gibt es nicht sehr viele alte Handschriften. Als älteste Zeugen haben wir derer vier: B[5] (Vaticanus) aus dem 4. Jh., A (Alexandrinus) aus dem 4. oder 5. Jh., G (Colberto-Sarravianus) und W (Washington ms.) aus dem 5. Jh.[6] Die Besprechung der LXX-Varianten beschränkt sich auf diese vier älteren Handschriften bis zum 5. Jh., da die jüngeren meistens von den älteren abhängig sind.

Margolis und Pretzl[7] teilten die Hss. in Gruppen bzw. Rezensionen ein. Sie unterschieden—im großen und ganzen übereinstimmend[8]—fünf:

Margolis		*Pretzl*	*Unzialhandschriften*
E	ägyptische Rezension	B	B
S	syrische Rezension	d	K (ohne Jos 15)
P	palästinische Rezension	x	G
C	konstantinopolitanische Rezension	A	mit Jos 15 nur: A, V und W
M	Mischgruppe	e	bei Margolis enthält sie viele Hss., bei Pretzl nur einige

Im folgenden gehen wir von der Einteilung nach Margolis aus, zumal sie sich laut der detaillierten Studie Den Hertogs bewährt hat.[9] Unsere Analyse beschränkt sich hauptsächlich auf die Lesarten von B und A. Dafür gibt es folgende Gründe: B ist der Hauptrepräsentant von *E* sowie A der von *C*; die Lesarten von B und A decken sich meistens mit der postulierten Lesart von *E* bzw. *C*; beide Hss. sind pre-hexaplarisch; zudem würde eine erschöpfende Besprechung aller griechischen Varianten den Rahmen dieser Arbeit sprengen. Nur am Rande werden wir auf das Verhältnis von *C* und der tetraplarischen / hexaplarischen *P* eingehen.[10]

---

[4] Siehe Rahlfs, *Verzeichnis* 1914, für die bis 1914 aufgefundenen Handschriften. Walters gibt in der Einleitung von Walters / Gooding, *Text* 1973, 1–14, eine gute Einführung in die gedruckten Ausgaben der LXX und die Arbeitsweisen der Herausgeber.

[5] Alle Buchstaben und Nummern der Hss. sind nach Rahlfs, *Verzeichnis* 1914.

[6] In F (5. Jh.) sowie M (7. Jh.) und K (7. /8. Jh.) ist Jos 15 nicht enthalten.

[7] Pretzl, *Handschriftengruppen* 1928. Zu Margolis siehe Anm. 17.

[8] Siehe die Übersicht bei Den Hertog, *Studien* 1996, 5–6.

[9] Den Hertog, *Studien* 1996, bes. 23.

[10] Hatte *C P* als Vorlage (so *Margolis*), oder war *C* die Vorlage von Origenes (so u.a. Den Hertog, *Studien* 1996; s.u. zu 15,9)?

2.2.2. *Die Bewertung der Handschriften*

Für die inhaltliche Bewertung der Übersetzungen der LXX geht es um die Frage, wie die LXX-Übersetzer mit der hebräischen Vorlage umgingen, wobei nicht ausgeschlossen werden darf, daß es unterschiedliche hebräische Vorlagen gegeben haben könnte. Eben hierin liegt ein Argumentationsproblem, das zu berücksichtigen ist: Es ist nämlich nicht immer eindeutig festzustellen, ob eine Variante in der LXX zu ihrer Übersetzungstechnik gehört, auf eine andere hebräische Vorlage zurückzuführen oder als unbedachter Kopierfehler zu bewerten ist.[11]

Vor allem hinsichtlich der Handschrift B kann man bezweifeln, ob sie sich tatsächlich auf den MT oder eine mögliche MT-Vorstufe bezieht. B, „the chief glory of the Vatican Library"[12], weicht in Jos 15 sehr oft und in der Ortsliste (15,21b–62) fast durchgehend vom MT ab. A, „the treasured possession of the Patriarchs of Alexandria"[13], stimmt viel mehr mit dem MT als mit B überein. Manchmal aber hat A Varianten, die mit B übereinstimmen. Dann ist die Existenz einer anderen, von dem MT abweichenden Vorlage in Betracht zu ziehen.

Daß B, was Jos 15 betrifft, nicht allzu vertrauenserweckend ist, zeigt sich bei Rahlfs in seiner LXX-Ausgabe. Obwohl er grundsätzlich den B-Text zugrunde legt, bevorzugt er gerade in 15,1–20 viele Varianten aus A. Wenn auch A seiner Meinung nach nicht den richtigen Text bietet, zieht er des öfteren W heran, einen Text, der wiederum in der A-Tradition steht. Für die Ortsliste (vv 21b–62) bietet Rahlfs sogar zwei Spalten: eine mit B und eine mit A. Es scheint, als stellten B und A unterschiedliche Traditionen dar.

Die Übersetzungen[14] in Jos 15 sind durchaus wörtlich, und zwar in dem Sinne, daß die Wortfolge der des MT entspricht und fast jedes hebräische Wort ein griechisches Äquivalent hat.[15] Das Verhältnis ist fast eins zu eins. Natürlich ist das in geographischen Texten nicht aufsehenerregend, da sie nahezu ausschließlich Listen enthalten. Die sporadisch vorkommenden Überschriften und Abschlüsse bereiten den Übersetzern dann nicht allzu große Probleme. Jedoch entspricht auch

---

[11] Vgl. zu dieser Thematik ausführlich Van der Meer, *Formation* 2001.

[12] *Swete*, xvii.

[13] *Swete*, xxii.

[14] Wir verwenden das Wort „Übersetzung" im allgemeinen Sinn. Da der Hauptteil von Jos 15 aus Ortsnamen besteht, ist im einzelnen zwischen „Übersetzungen" und „Transkriptionen" zu unterscheiden. (Manche Ortsnamen werden allerdings übersetzt.)

[15] Vgl. Moatti-Fine, *Josué* 1996, 66–68.

der erzählende Teil von Jos 15 (vv 13–19) sowie v 63 wörtlich dem MT.[16] Diese Feststellung ist wichtig, um das Maß an Abweichung einer Variante bestimmen zu können. Die Varianten in Jos 15 sind demnach als gewichtig einzuschätzen.

2.2.3. *Die wichtigsten Studien zur LXX von Jos*

Die ausführlichste Arbeit zum griechischen Josuatext stammt von Margolis.[17] Er hat einen kritischen Text erstellt, in dessen Apparat verschiedene Zeugen nach Rezensionen geordnet sind.

Seine eigenen kritischen Bemerkungen bleiben kurz, und eine Gesamtbeurteilung des griechischen Josuabuches fehlt. Die vorliegende Behandlung der LXX zu Jos 15 will keine Wiederholung der Arbeit Margolis' sein. Doch sind für eine inhaltliche Beurteilung des Textes die Abweichungen der LXX im Vergleich zum MT heranzuziehen. Im Unterschied zu Margolis beschränken wir uns, wie oben gesagt, auf die Hss. bis zum 5. Jh. Zudem weicht manchmal Margolis' Beurteilung einer Variante von der unseren ab. Da er den (Proto-)MT als Vorlage der LXX-Übersetzer sieht, rekonstruiert er—wenn möglich—den Weg vom hebräischen Original zur griechischen Korrumpierung. Diese Rekonstruktionsversuche setzen manchmal jedoch zu viele Schritte voraus, als daß sie argumentatives Gewicht haben könnten.

Auch Holmes hat den griechischen Josuatext einer gründlichen Analyse unterzogen.[18] Im Gegensatz zu Margolis geht er von der Superiorität des LXX-Textes aus. Er hat dafür drei Argumente[19]: 1. Manche Wörter oder Ausdrücke in der LXX fehlen konsequent. 2. Wenn die Texte voneinander abweichen, sind sie beide jeweils in sich stimmig. Das setzt eine Überarbeitung voraus. Die jedoch kann für die LXX nicht plausibel gemacht werden. 3. Eine Rückübersetzung von Jos 5,4f aus der LXX ergibt einen Text, der laut Holmes älter ist als der MT.

Holmes wurde lange Zeit vergessen. Erst 55 Jahre nach dem Erscheinen seiner Arbeit war es Orlinsky, der für eine Anerkennung sei-

---

[16] Das gilt nicht für ganz Jos 13–19. Vor allem die LXX von 18,1–10 weicht stark vom MT ab, und die von 19,47 bietet einen ausführlicheren Text als der MT.

[17] Margolis, M.L., *The Book of Joshua in Greek*, Paris 1931–1938. Der verloren gewähnte fünfte und letzte Teil ist gefunden worden und von Tov, E., *Max L. Margolis, The Book of Joshua in Greek, Part V: Joshua 19:39–24:33*, Philadelphia 1992, herausgegeben worden. Eine „Göttinger" LXX zu Jos gibt es leider noch nicht.

[18] Holmes, *Joshua* 1914.

[19] Holmes, *Joshua* 1914, 1f.

ner Argumente und grundsätzlichen Auffassungen plädierte.[20] Orlinsky geht davon aus, daß der griechische Text eine andere hebräische Vorlage reflektiert; eine Auffassung, die auch Auld und Tov teilen.[21] Als Hauptargument nennen alle drei, daß die LXX in Jos einen kürzeren Text als der MT bietet und der kürzere Text im allgemeinen der ältere ist. Keiner geht aber davon aus, daß die LXX den Originaltext wiedergibt, falls ein solcher existierte. Es ist mit Erweiterungen und Änderungen in den hebräischen und griechischen Texten zu rechnen, die teilweise unabhängig voneinander zustande kamen.

Neuerdings sind fünf weitere Studien zur LXX von Josua erschienen. Moatti-Fine bietet in der Reihe „La Bible d'Alexandrie" eine Übersetzung der LXX von Josua mit einer hilfreichen Einleitung und einem Kurzkommentar.[22]

Mazor argumentiert, daß die LXX eine vom MT abweichende Vorlage hatte.[23] Manchmal reflektiert die LXX den älteren Text, manchmal der MT, was sie zu der Schlußfolgerung bringt, daß die LXX und der MT zwei Rezensionen einer gemeinsamen Vorlage darstellen, an denen jeweils noch weiter gearbeitet wurde.

Den Hertog hat die kritischen Texte von Rahlfs und Margolis gründlich miteinander verglichen und bewertet, wobei er meistens die Lesarten von Rahlfs bevorzugt. Außerdem bietet er „Kriterien für die Datierung (relative und absolute) und Lokalisierung der griechischen Übersetzung"[24] (Ägypten, kurz nach 198[25]), sowie „erste Ansätze für die Beschreibung der Übersetzungstechnik"[26].

Sipilä hat anhand der Übersetzungen von ו und כי in einer sehr detaillierten Studie die Übersetzungstechnik der LXX von Josua untersucht. Er kommt zu dem Ergebnis, daß die LXX Jos relativ wörtlich übersetzt hat.[27]

---

[20] Orlinsky, *Vorlage* 1969.

[21] Auld, *Judges I* 1975=1998; id., *Studies* 1976; id., *Joshua* 1979=1998; Tov, *Nature* 1978; id., *Growth* 1986. Der Unterschied zwischen Auld und Tov ist allerdings, daß ersterer zwischen Textkritik und Literarkritik trennt, während letzterer sie zusammennimmt.

[22] Moatti-Fine, *Josué* 1996.

[23] So ihrer veröffentlichten Zusammenfassung der Dissertation zu entnehmen: Mazor, *Septuagint* 1994, 29–38. Die Dissertation selbst war uns nicht zugänglich.

[24] Den Hertog, *Studien* 1996, 1.

[25] Den Hertog, *Studien* 1996, 139–144.

[26] Den Hertog, *Studien* 1996, 2.

[27] Sipilä, *Literalness* 1999; ausführlicher zu dieser Studie vgl. Van der Meer, *Formation* 2001, 89–91.

Van der Meer vergleicht das Zeugnis der LXX und Qumrans mit dem MT anhand einiger ausgewählter Texte aus Jos und kommt nach gründlicher Analyse zu dem Ergebnis, daß LXX und Qumran einen Prozeß von Interpretation, Harmonisierung und Reformulierung wiedergeben, der basiert auf der gleichen Grundlage wie der des MT.[28]

2.2.4. *Vorüberlegungen zu den Varianten der LXX von Jos 15*

Das Zustandekommen vieler Varianten, vor allem aus B, bleibt unerklärlich, wenn man nicht mit einer vom MT abweichenden Vorlage rechnet. Versucht man letzteres und rekonstruiert einen hebräischen Text, dann zeigt sich, daß die rekonstruierten Wörter, vor allem die Ortsnamen, oft nicht im MT vorkommen. Weil man demzufolge ein rückübersetztes B nicht mit MT vergleichen kann, müssen die Rekonstruktionen äußerst hypothetisch bleiben. Man kann sich fragen, ob sie in Jos 15 überhaupt angebracht sind. Allerdings fehlen auch innerhalb des MT oft Vergleichsmöglichkeiten, da viele Orte in c 15 *hapax legomena* sind. Es ist wahrscheinlich, daß diese Ortsnamen auch in der LXX *hapax legomena* sind, wenngleich dies nicht zwingend ist. Es ist möglich, daß verschiedene Orte im Hebräischen mit einer einzigen Übersetzung / Transkription[29] im Griechischen vertreten sind. Das umgekehrte kommt auch vor. Logisch kann man die folgenden Möglichkeiten postulieren:

1. Ein Wort im Hebräischen wird immer mit ein und demselbem Wort im Griechischen wiedergegeben. Das ist praktisch nicht der Fall.
2. Die Übersetzung eines hebräischen *hapax legomenon* ist im Griechischen mehrfach belegt. Das heißt, daß entweder zwei oder mehr hebräische Wörter durch ein griechisches wiedergegegeben werden, der MT nicht den Originaltext hat oder daß die LXX nicht richtig bzw. gerade an dieser Stelle anders übersetzt hat.
3. Die Übersetzung eines hebräischen Wortes, das öfter im MT vorkommt, findet sich als *hapax legomenon* in der LXX. Das kann zurückgehen auf die Übersetzungstechnik des Übersetzers gerade dieser Stelle, auf die Tatsache, daß die Vorlage „falsch" ist und

---

[28] Van der Meer, *Formation* 2001, hier 437.
[29] S.o. Anm. 14.

dieses Nicht-*hapax legomenon* auch ein *hapax legomenon* hätte sein sollen, oder auf eine falsche Übersetzung bzw. auf eine andere Vorlage.

4. Ein Nicht-*hapax legomenon* im Hebräischen wird mit unterschiedlichen Wörtern im Griechischen übersetzt. Das ist am häufigsten der Fall.
5. Eine Übersetzung im Griechischen, die öfter vorkommt, geht auf verschiedene hebräische Wörter zurück. Auch das kommt oft vor.

Ein anderes Problem ist, daß die LXX nicht konkordant übersetzt zu haben scheint; die Verben und Präpositionen z.B. werden nicht einheitlich übersetzt, und es gibt sogar Variationen in der griechischen Wiedergabe gleicher hebräischen Ortsnamen.[30] Liegt die Ursache in einer Korrumpierung, einer anderen Vorlage, oder haben wir mit stilbedingten Variationen zu tun? Diesen Fragen ist stets im einzelnen nachzugehen.

Auch ist immer zu fragen, auf welcher Ebene eine Variante entstanden sein kann: bereits in der Tradierung der hebräischen Texte, während der Übersetzung des Hebräischen ins Griechische oder in der Tradierung der LXX selbst?

2.3. *Auflistung der Varianten zu Jos 15*

Zur Systematik für die griechischen Varianten:

1. Die griechische Variante.
2. Kurze Problembeschreibung.
3. Besprechung der Variante.
   In der Ortsliste vv 21b–62 fügen wir noch zwei weitere Unterteilungen ein, weil LXX^B fast durchgehend vom MT abweicht:
   a. Wo kommt der griechische Name über diesen Beleg hinaus im AT vor, und auf welche hebräischen Namen geht dieser griechische Name zurück?
   b. Welche Übersetzungen ins Griechische kann der Ortsname im MT haben? Wir haben es hier mit einer doppelten Sicherung zu tun, die hoffentlich mehr über die Art der „Übersetzung“ von B aussagen kann.
   c. Hier wird dann die Besprechung vorgenommen, wie sie oben unter Punkt 3 erschien.

[30] Vgl. auch Moatti-Fine, *Josué* 1996, 69.

† Bedeutet, daß sämtliche Stellen aus MT oder LXX aufgeführt sind. Das hoch geschriebene Kreuz deutet an, daß die Handschrift die einzige ist, die diese Lesart hat: Z.B. LXX[A†].

Die Rezensionen nach Margolis:

E Ägyptische Rezension.
C Konstantinopolitanische Rezension.
P Palästinische Rezension mit zwei Untergruppen: P_1 und P_2.
S Syrische Rezension.

Bemerkung: Alle Zeichen richten sich nach dem System von Rahlfs. Dazu wurden nach dem System von Brooke / McLean B[a]/B[b], A[a]/A[b] usw. aufgenommen, Zeichen, die auf zwei Korrekturen eines späteren Verfassers hinweisen. B[c] A[c] usw. aber weisen wie in dem System von Rahlfs im allgemeinen auf einen Korrektor.

Für eine bessere Übersicht geben wir nicht nur die variierten hebräischen Wörter, sondern den ganzen MT von Jos 15 wieder.

ויהי הגורל למטה בני יהודה למשפחתם (1a)

הגורל
1. τὰ ὅρια.
2. Normalerweise ist τὰ ὅρια die Übersetzung für גבול und nicht für גורל.
3. Es ist umstritten, ob die Vorlage גורל oder גבול hatte. Daher soll ausführlicher auf die Sache eingegangen werden. Zunächst sind andere griechischen Wörter zu untersuchen, mit denen גורל übersetzt wird, um die Bandbreite der Übersetzungen zu erfassen. Wichtig ist dabei, ob es sich bei einer griechischen Übersetzung um eine typische oder atypische Wiedergabe von גורל handelt. Um das zu wissen, sind hier auch die anderen hebräischen Wörter genannt, für die das jeweilige griechische Wort steht.

a. κληρονομία.
1. גורל: Jes 17,14; Ps 15 (16),5.†
2. Normalerweise ist κληρονομία auch in Jos die Übersetzung für נחלה.
3. גבול: 1Chr 21,12; Joel 3,6 (?).†

b. κλῆρος.
1. גורל: Num 26,55f; 33,54; 34,13; 36,2f; Jos 17,14. 17; 18,6. 8. 10. 11 (2×); 19,1. 10. 17. 24. 32. 40. 51; 21,4. 16; Ri 1,3 (2×); 20,9; 1Chr 6,54 (39). 61 (46). 63, u.ö.
2. נחלה: Num 16,14; 18,21. 24 (2×). 26; 26,62; 27,6; 31,19; 34,14. 15; 36,2. 3. 9; Dtn: durchgehend; Jos 13,6; 14,2. 3. 9. 13. 14; 17,4. 6. 14; 19,1. 2.9. 49; 23,4; 24,30.
3. ירשׁ: Num 33,54.
4. ירשׁה: Jos 1,15; 12,6. 7; 13,1; 24,4.
5. מחלקת: Jos 12,7.
6. משׁפחה: Jos 19,8.

7. חבל: Jos 19,2.
Meistens wird גורל also mit κλῆρος übersetzt, das aber auch oft für נחלה steht. In Dtn ist κλῆρος ausschließlich die Übersetzung für נחלה, doch in Chr umgekehrt nie für נחלה und immer für גורל. Außerhalb des Pentateuch und Jos wird נחלה nur noch 2× mit κλῆρος übersetzt (Ez 47,22; 48,29).

c. ὅριον / ὅρια.
1. גורל: Jos 15,1; 16,1; 17,1; 21,20. 38.† (גורל von Jos 21,40 ist nicht übersetzt worden.)
2. גבול: Das ist die überaus gebräuchliche Übersetzung, sowohl in Jos als im ganzen AT.
Allgemein: Da גורל fast nie mit ὅρια übersetzt wird, bilden Jos 15,1; 16,1; 17,1; 21,20. 38 die Ausnahmen (sowie auch die Wiedergabe von גורל mit κληρονομία in Jes 17,14 und Ps 15 [16],5).
Hier ist also entweder die Rede von einer Vorlage mit גבול statt גורל[31] oder von einer Verbesserung. Eine Verbesserung kann vorgenommen worden sein, entweder weil das *Los* erst ab Jos 18 tatsächlich geworfen wird—es handelt sich dann um Harmonisierung—oder weil die LXX die räumliche Konnotation von גורל nicht kannte und deswegen sinngemäß eine Übersetzung für גבול gegeben hat[32]. Letzteres ist am wahrscheinlichsten, da גורל sich in den nächsten Parallelen auf alle (Num 26,55f; 36,2. 3) oder auf 10 Stämme (Num 33,54; 34,13) bezieht und nicht auf ein Gebiet.[33]

למטה בני יהודה
1. φυλῆς Ιουδα.
2. בני fehlt.
3. An allen anderen Stellen, an denen מטה בני יהודה vorkommt[34], übersetzt die LXX mit φυλὴ υἱῶν Ιουδα. Wahrscheinlich ist בני hier nicht wiedergegeben, weil die Genitivkonstruktion sonst zu lang wäre: τὰ ὅρια φυλῆς [υἱῶν] Ιουδα. In Jos 15,20. 21 ist sie aber tatsächlich so lang. Deshalb bleibt die Vermutung einer stilistischen Verbesserung hypothetisch. Es gibt Hss., die υἱοι sehr wohl verzeichnen,[35] doch sind diese als spätere Verbesserungen zu betrachten.

אל־גבול אדום מדבר־צן נגבה מקצה תימן (1b)

אל־גבול
1. ἀπὸ τῶν ὁρίων.
3. S.u.

אדום
1. Ιδουμαίας[A]; Ιουδαίας[B].
3. Zu Ιουδαίας[B] vgl. Margolis: „… error for Ιδουμαίας“.[36]

---

[31] So u.a. Auld, *Studies* 1978, 125–136. 416f.
[32] So u.a. Steuernagel, *Josua* 1900, und sogar Holmes, *Joshua* 1914, 60.
[33] Anders: Cortese, *Josua*, 1990, 16 (vgl. 40); Auld, *Joshua* 1983, 56.
[34] Jos 15,20. 21; 21,9; 1Chr 6,50.
[35] Vgl. *Margolis* und *Brooke / McLean*.
[36] Vgl. auch Holzinger, *Josua* 1901, 57.

Ιδουμαία (A) ist der Name des edomitischen Gebiets, mit dem die LXX-Übersetzer am meisten vertraut waren. Es handelt sich also um Aktualisierung.[37]

מדבר

1. ἀπὸ τῆς ἐρήμου.
2. Plus: ἀπό.
3. Geht es auf eine hebräische Vorlage ממדבר zurück (Haplographie im MT), oder hat die LXX geglättet? Mit מן macht der MT in syntaktischer Hinsicht mehr Sinn. Außerdem kommt in dem Paralleltext Num 34,3 ממדבר mit מן vor. In Num 34,3 jedoch macht ממדבר Sinn, weil dort die Südseite des Landes Kanaan *von* der Wüste Zin her entlang Edom verläuft. Verstünde man aber Jos 15,1 in dem Sinn, daß sich das Gebiet Judas *von* der Wüste Zin nach Süden erstreckte, würde alles nördlich der Wüste Zin nicht mehr zu Juda gehören. Das entspricht nicht den geographisch-politischen Gegebenheiten. Oder muß man „von der Wüste Zin nach Süden" als Apposition zu „Gebiet Edoms" verstehen? Das empfiehlt sich nicht, weil Zin, das sicherlich in dieser Wüste liegt, in v 3 als zu Juda gehörend beschrieben wird. Der nächste Grenzfixpunkt liegt sogar südlich von Kadesch-Barnea, von dem bekannt ist, daß es *in* der Wüste Zin liegt.[38] Die Angaben in v 1b sind als eine asyndetische Explizierung der Erstreckung des Gebietes Juda nach Süden hin zu verstehen. Die Beschreibung verläuft von Nordosten nach Südwesten und ist folgendermaßen zu paraphrasieren: „zum Gebiet Edoms hin, zur Wüste Zin hin, bis zum äußersten Süden."[39] MT ist zu lesen, und LXX hat geglättet.

מדבר צן

1. A† hat τῶν ὁρίων Σιμ.
2. τὰ ὅρια ist normalerweise die Übersetzung für גבול (s.o. zu v 1a); Σιμ statt Σιν.
3. Die Verwechslung von *m* und *n* kommt öfter vor,[40] schwieriger zu erklären ist das ὁρίων. Wahrscheinlich ist es unter Einfluß von גבול אדום entstanden, einerseits weil es nahe beieinander steht, andererseits weil מדבר צן mit dem גבול אדום gleichgestellt zu sein scheint.

נגבה מקצה תימן

Einige Forscher wollen den scheinbar redundanten Ausdruck נגבה מקצה תימן kürzen.[41] „Südlich des Randes des Südens"[42] ist singulär im MT

---

[37] Vgl. aber zu v 21.

[38] Vgl. Num 20,1; in Num 33,36 wird es damit sogar gleichgesetzt, aber nach Num 13,26 scheint es in der Wüste Paran zu liegen.

[39] S.u. §3.3.1.

[40] Vgl. S. 582–583.

[41] Z.B. Steuernagel, *Josua* 1900, 208; Noth, *Josua* ²1953, 82.

[42] Für מקצה gibt es unterschiedliche Übersetzungsmöglichkeiten. Es kann mit „ab dem Rand" + Genitiv oder als „alles mitgerechnet" übersetzt werden (vgl. ³*HAL*, unter קצה, 1046). Die erste Möglichkeit ist hier zu wählen.

und fehlt in der LXX. Es ist höchst ungenau, aber nicht unmöglich oder unverständlich und deutet auf den äußersten Süden hin.

נגבה
1. πρὸς λίβα^B; πρὸς νότον^A (vgl. 15,2 [2×].3. 4. 7. 10).
3. B übersetzt (ה)נגב konsequent mit λίψ, A immer mit νότος.[43] Diese Differenz ist unbedeutend.

מקצה תימן
1. ἕως Καδης.
2. In v 1b ist nicht deutlich, welche griechischen Wörter sich auf welche hebräischen beziehen. Es gibt drei Möglichkeiten: 1. πρὸς λίβα^B / πρὸς νότον^A steht für נגבה, ἕως Καδης ist ein Plus in der LXX, und מקצה תימן ein Plus im MT. 2. πρὸς λίβα^B / πρὸς νότον^A steht für נגבה, und ἕως Καδης ist eine Wiedergabe für מקצה תימן. 3. πρὸς λίβα^B / πρὸς νότον^A ist eine Kondensierung für die ganze Formel נגבה מקצה תימן[44], und ἕως Καδης ist ein Plus. Hier zu entscheiden ist nicht möglich, da alle Lösungsansätze plausibel sind.
3. Es ist nicht ganz klar, ob תימן als Gebiet oder Himmelsrichtung (Süden) gesehen werden muß.[45] Es kann auch sein, daß der LXX-Übersetzer קצה תימן durch das ihm bekannte Kadesch ersetzt hat, weil נגבה מקצה תימן allzu südlich liegt. Holmes meint, daß die LXX קצה als קדש gelesen hat.[46] Wahrscheinlicher ist es aber, daß die LXX קדש harmonisierend mit מדבר־צן verbunden hat, weil das auch in Num 33,26 (und Num 27,14) passiert (מדבר צן הוא קדש) und es in Num 20,16 ein Ort an der Südgrenze Edoms darstellt,[47] oder weil Kadesch-Barnea in v 3 in der Grenzbeschreibung auftaucht. Barthélemy weist außerdem darauf hin, daß Kadesch in Josua nur als Kadesch-Barnea vorkommt und die LXX es immer mit Καδης Βαρνη wiedergibt.[48] Mit Barthélemy ist die Lesart des MT beizubehalten.[49] Wenn ἕως Καδης tatsächlich ein Plus in der LXX ist, ist es noch deutlicher eine Harmonisierung.

Noch einmal v 1b

MT und LXX unterscheiden sich also in v 1b in mehreren Punkten. Daher folgt hier eine hebräische Rückübersetzung der LXX, verglichen mit dem MT und der LXX.

---

[43] Zu den häufig auftretenden Präpositionalphrasen (vgl. vv 1. 2. 4. 12) für die Wiedergabe einer Himmelsrichtung (als *nomen rectum* in einer st.c.-Verbindung) vgl. Den Hertog, *Studien* 1996, 168. (Siehe auch unter v 10.)

[44] Moatti-Fine, *Josué* 1996, 178.

[45] Siehe ³*HAL*, unter תימן I und תימן II, 1589f.

[46] Holmes, *Joshua* 1914, 60.

[47] So *Margolis*.

[48] Barthélemy, *Critique* 1982, 32f.

[49] Ebd.

MT	אל־גבול אדום [] מדבר־צן נגבה מקצה תימן
Rückübersetzung:	מגבול אדום ממדבר־צן עד קדש נגבה:
LXX (Rahlfs):	ἀπὸ τῶν ὁρίων τῆς Ιδουμαίας ἀπὸ τῆς ἐρήμου Σιν ἕως Καδης πρὸς λίβα

Im MT läuft die Grenze nach Süden hin. Alle geographischen Angaben betreffen den Süden. In der LXX gibt es eine „מן-עד"-Formulierung, wobei die Grenze Edoms, die dann mit der Wüste Zin gleichzusetzen ist, immer noch nördlicher ist als Kadesch. Interessant ist, daß in der Darstellung der LXX das Gebiet Edoms zu Juda gehört, im MT aber nicht. Ist das zurückzuführen auf Aktualisierung der LXX zu einer Zeit, als die Grenze Idumäas viel nördlicher lag als die Grenze Edoms vor dem Exil,[50] oder handelt es sich um eine politische Aussage, in der man angeben will, daß Edom eigentlich zu Juda gehört? Beides ist möglich, aber es bleibt das Problem (s.o. zu מדבר), daß das Gebiet Judas wesentlich eingeschränkt wird. Darum bleibt auch die Möglichkeit, daß die LXX den schwer verständlichen v 1b nicht richtig verstanden und syntaktisch geglättet hat.

ויהי להם גבול נגב מקצה ים המלח (2a)

מקצה
1. ἕως μέρους.
2. ἕως ist nicht gleich מן.
3. μέρος ist in Jos 15 durchgehend die Übersetzung für קצה.[51] Warum die LXX hier ἕως hat, ist nicht zu erklären, verzeichnet sie doch an vergleichbaren Stellen ἀπὸ τοῦ μέρους …[52]

ים המלח
1. τῆς θαλάσσης τῆς ἁλυκῆς.
2. τῆς[1] fehlt in A und B[c].
3. Fehler.[53]

מן־הלשון הפנה נגבה: (2b)

ויצא אל־מנגב למעלה עקרבים ועבר צנה (3aα)

אל־מנגב
1. ἀπέναντι.
2. ἀπέναντι ist kein Äquivalent für אל־מנגב.[54]

---

[50] Vgl. auch v 44LXX.

[51] Jos 15,2. 5². 8; vgl. 3,8; 4,19; 13,27 [auch: ἕως μέρους θαλάσσης …]; 18,15. 16. 19.

[52] Jos 15,5; 18,15.

[53] Zur Wiedergabe eines Substantivs (hier: מלח) als *nomen rectum* mit einem Adjektiv (hier: ἁλυκός) vgl. Den Hertog, *Studien* 1996, 166–168. 167.

[54] Vgl. Jos 11,2.

3. ἀπέναντι wäre eine Übersetzung von מנגד.[55] In der Parallele Num 34,4 wird הגבול מנגב למעלה עקרבים = τὰ ὅρια ἀπὸ λιβὸς (vgl. Jos 15,3aβ) πρὸς ἀναβάσιν Ακραβιν, und das zweite מנגב ל־ um der Variierung willen mit πρὸς λίβα übersetzt. Es ist mit MT zu lesen, da מנגד ל־ im AT äußerst selten[56] und מנגב ל־ eher in geographischen Texten zu Hause ist.[57] Das ב ist fälschlich als ד gelesen worden.[58]

עקרבים

1. Ακραβ(ε)ιν^{B}.
2. ν für ם.[59]
3. Ein Wechsel zwischen *m* und *n* kommt öfter vor[60] und ist vielleicht auf aramäische Einflüsse zurückzuführen.

צנה

1. Σενναχ^{Bc} (Ενναχ^{B*†}); Σεννα^{W} (Rahlfs); Σενα^{A}.
2. Vielleicht ist ein ה-locale transkribiert worden.
3. צנה kommt nur hier und in Num 34,4 vor. Es ist demnach zu fragen, ob das ה– ein ה-locale ist[61] oder zum Ortsnamen gehört.[62] Vielleicht ist die LXX im Recht, und es handelt sich hier um eine Stadt mit einer Endung ה– im Unterschied zur Wüste Zin. Auch in Num 34,4 übersetzt sie mit Σεννα.[63] Das vorangehende עבר ist ein Verb der Bewegung, wird aber von den 8×, die es in Jos 15 vorkommt, nur 2× mit אל (v 7. 10^{1}) verbunden. 3× steht es mit direktem Objekt (3^{2}. 6. 11), und in den drei anderen Fällen (3^{1}.4.10^{2}) ist es ungewiß, ob es sich um ein direktes Objekt oder einen Ort mit ה-locale handelt, weil die betreffenden Orte alle auf ה– enden und dann das ה-locale weggelassen werden kann. Es ist auch möglich, daß die LXX hier einfach ein –α hinzugefügt hat, ohne daß dies auf eine Endung ה– oder ein ה-locale zurückgehen muß (vgl. Σ[ε]ινα für צן in Num 27,14^{A}). Die Übersetzung von צן ohne ה– ist Σ(ε)ιν.[64] Da 15,1 aber die einzige Stelle in Jos ist, wo צן genannt wird, gibt es zu wenig Vergleichsmaterial für die Beurteilung dieses Verses.
   Das κ in εννακ (B*†) und σεννακ (B^{c}) geht auf Dittographie des nächsten κ von καί zurück.[65]

---

[55] Vgl. *BHS*, z.St.
[56] Ri 20,34; Spr 14,7.†
[57] Num 34,4 (2×); Jos 15,3 (2×).7; 18,13; Ri 21,19; Ez 47,1.†
[58] Vgl. Barthélemy, *Critique* 1982, 20.
[59] Vgl. Num 34,4.
[60] Vgl. 1bα.
[61] So Hoftijzer, *Search* 1981, 57^{170}. 106; Moatti-Fine, *Josué* 1996, 178.
[62] Damit ist auch die Frage nach der Verbindung mit der Wüste Zin (v 1) angesprochen.
[63] Vgl. Jos 15,37^{B}, wo Σεννα für צנן steht.
[64] Vgl. z.B. 15,1.
[65] Vgl. auch Num 34,4$^{A.F}$.

ועלה מנגב לקדש ברנע (3aβ)

מנגב
1. ἐπὶ λίβος[B*]; ἀπὸ λίβος[A].
3. ἀπό ist richtig. Vgl. auch B[mg].

ועבר חצרון ועלה אדרה (3bα)

חצרון
1. Ασωρων[B]; Εσρωμ[A].
2. In A μ für ן.
3. Diese Konsonanten werden öfter verwechselt.[66]

אדרה
1. Σαραδα[B(†)]; Αραδα (= *E*; Margolis); Αδδαρα[A] (Rahlfs).
3. Metathesis von ר und ד ist möglich, weshalb die Form **אדרה** ursprünglich sein dürfte.[67] Bei Σαραδα[B] haben wir Dittographie des σ vom vorangehenden εἰς.

ועלה
1. καὶ ἐκπορεύεται[B] (Margolis); καὶ περιπορεύεται[A] (Rahlfs).
3. Die Verben werden nicht konsequent übersetzt oder gehen—weniger wahrscheinlich—auf eine andere Vorlage zurück. Die griechischen Textfamilien sind nicht nur untereinander verschieden, auch innerhalb einer Textfamilie werden die gleichen hebräischen Verben mit verschiedenen griechischen Verben wiedergegeben.[68]

ונסב הקרקעה: (3bβ)

הקרקעה
1. τὴν κατὰ δυσμὰς Καδης; Margolis cj.: Καδκαδις.
2. LXX und MT stimmen nicht überein. Außerdem taucht hier wiederum (vgl v 1) Kadesch auf.
3. δυσμὰς kann auf **ערבה**, **ערב**, **מערבה**, **מערב**, **מול**, **ים**, **מבוא**, **בוא**, oder **אחרון** zurückgehen, deutet aber meistens auf den Westen.[69] Diese Variante ist als interne Harmonisierung mit v 1 ἕως Καδης zu erklären. Außerdem scheint B den fernen Süden gerne mit dem ihm bekannten Καδης zu verbinden.[70] Margolis leitet sein Καδκαδις von der Zwischenform **הקדקדה** ab (mit ר-ד-

---

66 Siehe die Übersicht §11.1.3.
67 So Holmes, *Joshua* 1914, 60; vgl. auch Num 34,4.
68 Siehe die Liste der Verben mit ihren Übersetzungen in §11.1.1.
69 Moatti-Fine, *Josué* 1996, 63.
70 Vgl. v 1. Vgl. auch die Vorliebe von B in Jos 21,34: Καδης für קרתה; 2Esd 2,44; und die Fälle, in denen A für קֶדֶשׁ richtigerweise Κεδες hat und B wiederum Καδης: Jos 12,21 (22); 15,23; 19,37; 20,7; 21,32. Vgl. auch Ανκαδης in v 15,62[B].

Wechsel und danach ד für ע). Das ist eine Möglichkeit, obwohl die meisten Hss. τὴν κατὰ δυσμὰς Καδης haben, das dann in hohem Maße korrumpiert sein müßte.[71]

ועבר עצמונה ויצא נחל מצרים (4aα)

ועבר
1. καὶ ἐκπορεύεται[B] (Margolis); καὶ πορεύεται[A] (Rahlfs).
3. S.o. zu v 3bα (ועלה).

עצמונה
1. Σελμων[B†] (vgl. Ps 67 [68],15[B.S]; für weitere Hss. siehe Margolis); Ασεμωνα[A] (Rahlfs).
2. Σελμων[B] für עצמון.
3. Vgl. Margolis: „... by confusion with σελμωνα Nu 33 41". Diese „confusion" ist noch verständlich, da עצמ(ו)ן nur in diesem Vers und Num 34,4f vorkommt. Σελμωνα ist Wiedergabe von חשמונה (Num 33,29[B]. 30[B]), עצמון (Num 34,5[A72]) und צלמונה (Num 33,41. 42).

ויצא
1. διεκβαλεῖ[B]; διεκβάλλει[A.Bc] (Margolis)
2. B hat Futur statt des bis hierher gebräuchlichen Präsens (vgl. auch zu והיה und vv 7. 11 [3×]).
3. Präsens und Futur wechseln sich häufiger ab. ו mit pf. kann perfektisch, futurisch und, wenn eingeleitet von impf.cons. (vv 1. 2), auch präsentisch übersetzt werden. In 15,1–12 nach Rahlfs sehen wir 15× ein Futur gegenüber 24 Verbformen im Präsens (und 2× ein Aorist). Ein Prinzip für den unterschiedlichen Gebrauch ist nicht zu entdecken, einzig fällt auf, daß in den Versen, in denen διέξοδος[73] vorkommt (4. 7. 11), immer Verben im Futur auftauchen.[74] Es ist die Frage, ob die Übersetzer Fehler gemacht oder einfach variiert haben. Auf das erste weist die Tatsache, daß A und ein Korrektor von B die Zeit hier und in v 7 in Präsens geändert haben. Das haben sie aber nicht im Falle von διεκβαλεῖ (11 [3×]), ἔσται (4. 7. 11), ἐξάξει (9), περιελεύσεται (10), παρελεύσεται (10 [2×].11), καταβήσεται (10) und ὁριεῖ (12) getan. Trotzdem ist vorstellbar, daß das Futur im Zusammenhang mit διέξοδος, das eine implizit futurische Bedeutung hat, und die Tatsache, daß ו-pf. oft eine futurische Bedeutung hat, zu diesen fehlerhaften Futurformen geleitet hat.
   Mit Den Hertog[75] und Margolis ist von der Form διεκβάλλει auszugehen. Die LXX hat ו-pf. präsentisch aufgefaßt, als Beschreibung des Tatbestands.

---

[71] Vgl. dazu Den Hertog, *Studien* 1996, 74f. Übrigens bevorzugt Den Hertog, *Studien* 1996, 60f, mit *Margolis* die Lesart ἐκπορεύεται für נסב als älteren Text statt περιπορεύεται von *Rahlfs*. Umgekehrt in v 4 (ebd., S. 67).

[72] Gegen Ασλεμωνα für עצמן in 34,4.

[73] Vgl. zu diesem Wort Moatti-Fine, *Josué* 1996, 62.

[74] Ebenso: Den Hertog, *Studien* 1996, 93f.

[75] Ebd.

נחל מצרים

1. ἕως φάραγγος Αἰγύπτου.
2. Plus: ἕως.
3. Das Griechische ist als Stilverbesserung zu betrachten.

והיה תצאות הגבול ימה (4aβ)

והיה תצאות הגבול

Ein Substantiv im pl. wird mit einem Verb im sg. verbunden. Die Vokalisation ist aber die des pl.

Zu lesen ist mit Qere היו.[76] Es ist anzunehmen, daß es zu der Verbform im sg. aufgrund der Häufung von sg.-Verbformen in vv 3–11 gekommen ist.

זה־יהיה לכם גבול נגב: (4b)

זה

1. τοῦτό^{B}; ταῦτά^{A}.
3. ταὐτά in A (genauer: *S* und *C*) bezieht sich auf die plurale Form ὅρια. Beide Formen sind möglich.

זה־יהיה לכם

1. τοῦτο ἐστιν αὐτῶν.
2. Die LXX gibt *להם statt לכם wieder, und hat Präsenz, während man hier aufgrund des impf. im Hebräischen eher ein Futur erwarten würde.
3. Die LXX hat den besseren Text, da זה־יהיה לכם störend im Zusammenhang steht. Vorher wird *über* Juda in der 3. p. geredet. Außerdem wird hier den Judäern ihr Gebiet / Los zugeteilt, während היה impf. auf eine Unabgeschlossenheit hinweist. Der Text des MT ist offensichtlich aus Num 34,3[77] übernommen worden, denn da wird Israel angeredet, und die Landverteilung steht noch aus. Die LXX hat harmonisierend verbessert.[78]

וגבול קדמה ים המלח עד־קצה הירדן (5a)

ים המלח

1. πᾶσα ἡ θάλασσα ἡ ἁλυκὴ.
2. Plus: πᾶσα.
3. MT ist ungenau, da er keine Südecke der Ostgrenze nennt. Dies hat LXX verbessert. Sie nimmt das ganze (πᾶσα) Tote Meer als Westgrenze. Danach läßt sie קצה weg, weil der Jordan nicht zum Toten Meer gehört. „Rand" ist dann überflüssig. Den Hertog weist darauf hin, daß קצה nach einer Präposition im Josuabuch „mehrfach" (9,17; 15,5) weggelassen wird.[79]

---

[76] Vgl. Delitzsch, *LSF* 1920, §43a.
[77] Vgl. vv 6. 7. 9. 12.
[78] Vgl. Barthélemy, *Critique* 1982, 33.
[79] Den Hertog, *Studien* 1996, 47. 47[36].

וגבול לפאת צפונה מלשון הים מקצה הירדן: (5b)

וגבול
1. καὶ τὰ ὅρια αὐτῶν.
2. Plus: αὐτῶν.
3. Die LXX verdeutlicht öfter mit Hilfe eines Possessivpronomens.[80]

לפאת צפונה
1. ἀπὸ βορρᾶ[B]; ἐπὶ βορρᾶν[A] (Rahlfs).
2. (ל)פאת fehlt; ἐπί und ἀπό.
3. (ל)פאת kommt in keiner einzigen Beschreibung der Himmelsrichtungen in Jos 15 vor und ist eher in c 18 zu Hause. Die Nordgrenze Judas ist teilweise mit der Südgrenze Benjamins identisch. Daß sich für לפאת in der LXX keine Entsprechung findet, läßt sich als Harmonisierung bzw. Angleichung an die anderen Himmelsrichtungen verstehen. לפאת צפונה hat B sinngemäß mit ἀπὸ βορρᾶ übersetzt, während A ל hebraisierend mit ἐπί übersetzt hat.[81] Margolis kennt ἐπὶ βορρᾶν aber nur in *E*.

לפאת

Nach Ehrlich ist das ל Dittographie des ל von גבול und somit zu streichen.[82] Es stimmt zwar, daß das ל nicht in die Genitivkonstruktion וגבול לפאת צפונה paßt, aber es ist die Frage, ob der „Fehler" erst während der Textüberlieferung entstanden ist. לפאת kommt so oft vor,[83] daß es einschließlich des ל quasi zu einem Substantiv geworden ist. In der gleichen Genitivkonstruktion fungiert übrigens auch die Himmelsrichtung mit ה-locale als Substantiv statt als adverbiale Bestimmung. לפאת des MT ist also zu lesen.

מלשון הים מקצה הירדן
1. καὶ ἀπὸ τῆς λοφιᾶς τῆς θαλάσσης καὶ ἀπὸ τοῦ μέρους τοῦ Ιορδάνου
2. 2× begegnet ein extra καί.
3. In der LXX werden also „die Zunge des Toten Meeres" und „der Rand des Jordan" gleichgestellt, indem beide Angaben durch καί eingeleitet werden. Beide sind explikativ zu verstehen. Die LXX verdeutlicht hier.

ועלה הגבול בית חגלה ועבר מצפון לבית הערבה (6a)

ועלה
1. ἐπιβαίνει.
2. καὶ fehlt für ו.
3. Meistens fügt die LXX gerade καί hinzu, selbst wenn MT kein ו-*copulativum* hat. Nach Margolis wurde es hier weggelassen, weil es eben zuvor 2× καί nacheinander gegeben hat. Das ist sehr wohl möglich.

---

80 Vgl. die Übersicht §2.4.1.1.

81 Vgl. für ἐπί / ἀπό auch v 3aβ (allerdings umgekehrt).

82 Ehrlich, *Randglossen* III 1910, 45.

83 Vgl. Ex 26,18. 20; 27,9. 12; u.ö. in Ex; Jos 18,12. 14[1]. 20; Ez 47,15. Nur 2× begegnet es ohne ל in Jos: 18,14[2]. 15.

בית חגלה
1. Βαιθαγλααμ[B(†)]; Margolis cj.: Βαιθ Αγλαν; Βαιθαλα[A]; Βαιθαγλα[W] (Rahlfs).
3. Das –μ in B ist über –ν entstanden (vgl. Margolis), da ein auslautendes ה– auch mit einem –ν wiedergegeben werden kann. In A wurde ein ג übersehen bzw. elidiert.

בית הערבה
1. Βαιθαραβα.
2. Der Artikel fehlt. Er wird aber bis auf eine Ausnahme (v 60) in den Ortsnamen von Jos 15 nie transkribiert.[84]

(6b) ועלה הגבול אבן בהן בן־ראובן:

(7aα) ועלה הגבול דברה מעמק עכור וצפונה פנה אל־הגלגל

ועלה הגבול דברה מעמק עכור

Mit עלה wird öfter eine Präposition der Richtung oder ein ה-locale verbunden.[85] Deswegen ist ועלה הגבול דברה nicht unverständlich: „und die Grenze stieg hinauf nach Debir". דברה מעמק jedoch ist unverständlich, weil die Präposition מן, die immer eine Verhältnisbestimmung braucht, in der Luft hängt: Es fehlt der Bezug, es sei denn, man liest דברה als Präposition und nicht als Ortsbezeichnung mit ה-locale. So tut es Noth: „Dabei ist דְּבִר am ehesten eine der vielen aus Raumbezeichnungen sekundär gebildeten Präpositionen … der Stamm דבר hat die Grundbedeutung ‚hinten sein' ….".[86] Trotzdem ist sich Noth nicht so sicher: „Doch ist die obige Übersetzung unsicher, vor allem da die Verbindung von מִן mit דְּבִר ohne Analogie ist."[87] Es ist eher möglich, daß das folgende Wort צפונה ursprünglich zu מעמק עכור gehört hat. צפונה מעמק עכור macht Sinn. Zwar kommt צפ(ו)נה מן als adverbielle Bestimmung nicht im AT vor. Dafür aber ist die Bezeichnung mit einer anderen Himmelsrichtung sehr wohl belegt (נגבה מן, Jos 18,14). Man hätte dann in Jos 15,7 die Wortfolge ועלה הגבול דברה צפונה מעמק עכור. „Nördlich vom Achortal" wird somit eine Apposition zu Debir.

דברה
1. ἐπὶ τὸ τέταρτον.
2. LXX hat דבר als „Viertel" / „der vierte Teil" aufgefaßt.
3. דבר I bedeutet „hinten sein". Vgl. den דבר, den heiligen Raum in einem Tempel, der oft der vierte Teil ist (wenn man den דבר als eine Nische im Allerheiligsten, dem dritten Teil, betrachtet und nicht als das Allerheiligste selbst). Allerdings ist τὸ τέταρτον normalerweise die Übersetzung für רביעי

[84] Vgl. dazu allgemein Den Hertog, *Studien* 1996, 160–165 und die Übersicht § 2.4.1.2.

[85] In Jos 13–19: mit ה-locale: 15,3[2] (?); 18,12[2]; mit אל: 15,8[2]; 18,12[1]; mit ל: 15,3[1]; 19,11; ohne praep. und ohne ה-locale: 15,6 (2×). 8[1]; 16,1; 19,12.

[86] Noth, *Josua* [2]1953, 84.

[87] Ebd.

(vgl. z.B. Jos 19,17). Margolis führt darum die Verwirrung auf ein vermutetes רבעה im MT zurück. Das ר sei im Althebräischen mit einem ע verwechselt worden (und ד mit ר). Holzinger vermutet einen ähnlichen Vorgang: ein ursprüngliches הערבה, das als הארבע = τὸ τέταρτον mißverstanden worden wäre.[88] Beide Rekonstruktionen sind aber nicht überzeugend, weil das ע und ר (auch im Althebräischen) zu unterschiedlich sind (Margolis) und es unwahrscheinlich ist, daß ein ursprüngliches הערבה zu דברה (oder umgekehrt) geworden ist (Holzinger).
Die LXX hat hier „und die Grenze stieg hinauf bis zum hinteren (Ende) des Achortals". Hiermit zu vergleichen ist Noth: „bis hinter die Ebene Achor" (s.o.).[89] Der LXX-Übersetzer hat wahrscheinlich die Vorlage nicht verstanden und versucht zu etymologisieren.

וצפונה פנה

Die Vokalisation von פֹּנֶה als pt. befremdet innerhalb der Reihe der pf. In der Forschung ist man sich einig, daß hier וּפָנָה zu lesen und צפ(ו)נה als Dittographie von פנה zu betrachten ist, dem anschließend ein צ und ein ו-*copulativum* hinzugefügt wurde, um daraus eine Himmelsrichtung zu machen.[90] Dies ist eine Möglichkeit, die überdies mit der LXX übereinstimmt, die וצפונה nicht wiedergibt (s.u.).[91] Möglicherweise stand צפונה ursprünglich vor מעמק und ist an die falsche Stelle, zwischen ו und פנה, geraten (s.o.). Das isolierte פנה konnte danach nicht mehr als pf. vokalisiert werden und wurde als pt. vokalisiert.

וצפונה פנה

1. καὶ καταβαίνει.
2. צפונה fehlt.
3. Im MT liegt entweder Dittographie vor, oder eine Verwirrung wegen der vielfältig vorkommenden Himmelsrichtungen. Siehe die obige Rekonstruktion, in der verteidigt wird, daß צפונה vor מעמק עכור gestanden hat. LXX ist zu lesen und ו zu פנה zu ziehen.

אל

1. ἐπὶ[B]; ἀπὸ[A].
3. ἀπό ist ein Fehler. Vgl. vv 3. 5.

הגלגל

Ein Vergleich mit der nahezu identischen Grenzreihe in Jos 18,15–19a legt mit *BHS*[92] die Änderung von הגלגל in גלילות (Jos 18,17) nahe. Es ist eher verständlich, daß das relativ unbekannte גלילות in das bekanntere

---

[88] Holzinger, *Josua* 1901, 57.
[89] Noth, *Josua* ²1953, 84.
[90] Vgl. z.B. Noth, *Josua* ²1953, 84.
[91] Ehrlich, *Randglossen* III 1910, 45, will פנה gänzlich streichen, weil es für eine Grenzbeschreibung untypisch ist. Gerade davor aber (v 2) kommt das Verb פנה noch vor.
[92] Und Noth, *Josua* ²1953, 84.

הגלגל geändert wurde als umgekehrt.[93] Da die LXX auf die Form הגלגל zurückgeht, muß diese Änderung relativ früh stattgefunden haben.

הגלגל

1. Τααγαδ^{B}; Γαλγαλ^{A} (Rahlfs; Margolis).
2. Der Artikel fehlt in A. In dieser Form kommt es aber an einigen anderen Stellen im AT vor. B weicht stark ab.
3. Für den Artikel s.o. zu v 6a. Die Übersetzung von הגלגל ist übrigens nicht konsequent. Es gibt in Jos: Γαλγαλα für הגלגל+ה-locale: 10,6[94] (10,15 und 10,43 fehlen in der Übersetzung), aber auch für הגלגל ohne ה-locale: 5,9; 9,6; Γαλγαλοι*: 4,19. 20; 10,7. 9; und Γαλγαλ: 14,6^{B}; 15,7^{A}; Ri 2,1; 3,19, u.ö. 5,10 fehlt in der Übersetzung, und 12,23—Γαλιλαιας ist anders zu beurteilen.
   Die Variante ΤΑΑΓΑΔ in B ist durch eine falsche Lesart von ΓΑΛΓΑΛ entstanden.[95] Die Lesart des MT war die Vorlage der LXX.

אשר־נכח למעלה אדמים אשר מנגב לנחל (7aβ)

מעלה

1. τῆς προσβάσεως^{B}; τῆς προσαναβάσεως^{A} (Margolis).
3. Es handelt sich um unterschiedliche Äquivalente für מעלה.[96]

מנגב לנחל

1. κατὰ λίβα τῇ φάραγγι.
2. κατά steht für מן.
3. Die Präpositionen werden nicht konsequent übersetzt; vgl. v 3^{A} mit ἀπὸ λιβὸς ἐπὶ ... für מנגב ל־.[97]

ועבר הגבול אל־מי־עין שמש והיו תצאתיו אל־עין רגל (7b)

הגבול

1. Fehlt in der LXX.
3. Die Fassung der LXX ist stilistisch motiviert, denn auch so ist das Subjekt deutlich. Eine Häufung von τὰ ὅρια wäre kein schönes Griechisch. LXX hingegen fügt oft ein Subjekt hinzu, wenn dieses nicht klar ist. (S.u. v 13aβ.)

---

[93] Anders Barthélemy, *Critique* 1982, 34.

[94] Vgl. 2Sam 19,16. 41; 2Kön 4,38.

[95] Barthélemy, *Critique* 1982, 34.

[96] Vgl. auch Den Hertog, *Studien* 1996, 79f.81, der mit guten Argumenten πρόσβασις bevorzugt.

[97] S.u. §11.1.2.

מי־עין שמש
1. τὸ ὕδωρ πηγῆς ἡλίου[B]; τὸ ὕδωρ τῆς πηγῆς ἡλίου[A].
2. Der Name ist übersetzt worden.
3. שמש wird immer übersetzt.[98]

מי־עין שמש
Diese Bezeichnung wirkt redundant. Wir ändern aber nicht mit der Peschitta in מעין שמש, denn z.B. מי הים[99] oder מי הירדן[100], Formeln die aus zwei Wasserbezeichnungen bestehen, kommen auch vor.

אל
1. Fehlt in der LXX.
3. Es fehlt, weil πηγὴ Ρωγηλ als substantivisches Prädikativ zu ἡ διέξοδος übersetzt wurde.[101]

ועלה הגבול גי בן־הנם אל־כתף היבוסי מנגב (8aα)

גי בן־הנם
1. φάραγγα Ονομ[B]; φάραγγα Εννομ[A] (Margolis).
2. Die Entsprechung für בן fehlt.
3. Auch in der Parallele Jos 18,16 und weiter in v 8b fehlt בן, was darauf hinweisen könnte, daß בן hier nicht ursprünglich ist. Andererseits, und eher wahrscheinlich, hat der MT die *lectio difficilior*. Diese Form in der LXX könnte gerade eine Angleichung an v 8bα sein.[102]

כתף
1. νότου[B]; νώτου[A] (Rahlfs; Margolis).
3. Der Fehler von B („Süden" statt „Berglehne") ist angesichts der vielen Himmelsrichtungen in Jos 15 nachvollziehbar.

היבוסי
1. τοῦ Ιεβους[B]; Ιεβους[A].
2. Das Gentilicium, das auch im MT bereits als עיר היבוסי verstanden werden muß, ist (in A) ein Ortsname geworden.
3. Die LXX übersetzt sinngemäß.[103] Manchmal wird יבוסי mit Ιεβουσάι oder Ιεβουσαῖος/ι übersetzt.[104]

---

[98] Vgl. Jos 1,4. 15; 4,19; 8,29; 10,12; 10,13 (2×). 27; 12,1; 13,5. 8 (2×); 15,7. 10; 19,27. 34; 23,4. Siehe auch unten.
[99] Ex 15,19; Ps 33,7; u.ö.
[100] Jos 3,8; 4,7; u.ö.
[101] Vgl. Jos 17,9; 18,12; 19,29 (alle mit ה-locale).
[102] Vgl. ohne בן: Neh 11,30; und mit בן: 2Kön 23,10Q; Jer 7,31f; 19,2 (aber vgl. Apparat). 6; 32,35; 2Chr 28,3; 33,6.
[103] Vgl. v 63 und 18,16[A].28.
[104] Vgl. 18,16[B]; 15,63 (2×).

מנגב
1. ἀπὸ λιβός[B]; fehlt in A.
3. A hat מנגב wahrscheinlich nicht wiedergegeben, um deutlich zu machen, daß היבוסי, und nicht כתף היבוסי, mit dem in der Glosse genannten Jerusalem verbunden werden soll. מנגב ist also zu lesen.

היא ירושלם (8aβ)

ועלה הגבול אל־ראש ההר אשר על־פני גי־הנם ימה (8bα)

ההר
1. ὄρους.
2. Der Artikel fehlt.
3. Die Variante ist stilbedingt.[105]

ימה
1. πρὸς θαλάσσης[B] (Rahlfs); πρὸς θαλάσσῃ[Bc†] (Margolis).
3. Mit dem Korrektor von B und Margolis ist πρὸς θαλασσῃ mit Dativ statt Genitiv in diesem Kontext die einzig richtige Form. Der Genitiv drückt nämlich eine Bewegung vom Ort weg aus, was sich schlecht mit dem ה-locale in ימה verträgt.[106] Da dies ein innergriechisches Problem ist, beeinträchtigt die Variante nicht die Lesart des MT.

אשר בקצה עמק־רפאים צפונה: (8bβ)

בקצה
1. ἐκ μέρους.
2. Andere Präposition.
3. Die LXX macht hier wenig Sinn. Es liegt eine Verwechslung von ב und מ vor. MT ist zu lesen.

עמק
1. γῆς; Margolis cj.: νάπης.
2. Anders.
3. Nur hier kommt γῆ als Übersetzung für עמק vor, während es sonst meist die Übersetzung für ארץ ist. Normalerweise wird עמק mit κοιλάς[107] oder auch mit φάραγξ[108] übersetzt, das aber meistens die Übersetzung für נחל[109] oder גי[110] ist. Es ist also anzunehmen, daß die LXX hier entweder ארץ רפאים gelesen hat, oder—und das ist am wahrscheinlichsten—dem ihr bekannten Ausdruck in Dtn 2,20; 3,13 und Jes 26,19 entsprechend übersetzt hat, oder „... that there was some latitude in the use of γῆ as an equivalent

[105] Vgl. *BDR* §252.
[106] Gegen Den Hertog, *Studien* 1996, 45.
[107] Vgl. Jos 17,16; 19,48.
[108] Gen 14,3; Jos 10,12; 15,7; Jes 17,5; 22,7; 28,21.†
[109] Vgl. Jos 15,4. 7.
[110] Vgl. Jos 15,8 (2×).

for different Hebrew words"[111]. Mit Den Hertog[112] ist die von Margolis vorgenommene Konjektur unnötig.

רפאים
1. Ραφα(ε)ιν^B; Ραφαειμ^A.
3. B hat öfter aramäisierende Pluralformen, während A dem Hebräischen näher ist.[113] Die Vorlage bleibt dieselbe.

צפנה
1. ἐπὶ βορρᾶ^B; ἐπὶ βορρᾶν^A.
3. Beide sind legitime Übersetzungen, obgleich in Jos 15 (außer in v 8^B) für ἐπὶ + Himmelsrichtung immer der acc. verwendet wird (vv 2. 4. 10. 11 [2×]).

ותאר הגבול מראשׁ ההר אל־מעין מי נפתוח (9aα)

מעין מי נפתוח
1. πηγὴν ὕδατος Μαφθω^B; πηγὴν τοῦ ὕδατος Ναφθω^A.
2. Teilweise übersetzt; in B: μ für נ.

ויצא אל־ערי הר־עפרון (9aβ)

אל
1. Fehlt in A.
3. S.u.

ערי הר־עפרון

„Die Städte des Berges Efron" macht im Kontext der Grenzbeschreibung keinen Sinn. Dazu kommt, daß ערי in den meisten griechischen Hss. nicht wiedergegeben ist. Ehrlich bevorzugt die syrische Lesart קרן („Ausläufer"),[114] aber diese ist zu weit von der Lesart des MT entfernt.[115] Die von Abel vorgeschlagene Lesart יערי[116] macht als Grenzfixpunkt keinen Sinn. Mit Hilfe der LXX kann aber eine Entscheidung herbeigeführt werden:

ערי
1. Fehlt in vielen griechischen Hss.
3. B hat εἰς τὸ ὄρος Εφρων, A ὄρους Εφρων und *S* εἰς Γαι ὄρος Εφρων. Der „Berg Efron" (B) macht als Grenzfixpunkt Sinn, der Genitiv in A befremdet, und für Γαι gibt es im MT kein Äquivalent. Folgt man aber B (Rahlfs), so muß man ערי im MT erklären. Holmes schlägt dafür eine Dittographie von הר vor,[117] doch ist der dafür benötigte Wechsel von ה nach

[111] Walters / Gooding, *Text* 1973, 332[43].
[112] Den Hertog, *Studien* 1996, 75.
[113] Vgl. die Übersicht §2.4.1.8.
[114] Ehrlich, *Randglossen* III 1910, 45.
[115] Mit Barthélemy, *Critique* 1982, 34f. Er meint, daß die Lesart eher auf einen internen Lesefehler zurückzuführen ist. Das *yud* und *nun* im Syrischen gleichen einander, und von *ʿrn* statt *ʿry* nach *qrn* ist es kein großer Schritt.
[116] Abel, *GP* II 1938, 49.
[117] Holmes, *Joshua* 1914, 61.

ע nicht wahrscheinlich. Es ist eher damit zu rechnen, daß B vereinfacht hat. Für den Genitiv in A gibt es zwei mögliche Erklärungen. Margolis sah diese Variante als eine Belegstelle für seine These, daß *C* von *P* abhängig war.[118] Origenes habe mit Aquila ἐπὶ κώμας (=ערי) eingefügt und ὄρος folgerichtig in ὄρους geändert. In *C* wurde dies wieder weggenommen und der Genitiv beibehalten. Somit wäre ὄρους ein Überbleibsel einer Verbesserung nach einem proto-masoretischen Text. Den Hertog aber hält die Argumente von Margolis für nicht zwingend.[119] Er weist darauf hin, daß διεκβάλλω sehr wohl mit einem Genitiv stehen kann.[120] Dann muß die Lesart in A nicht notwendig auf ein verloren gegangenes Element zurückgehen. Für unsere Lesart würde das bedeuten, daß B und A sich gegenseitig stützen und auf die gleiche Vorlage zurückgehen können. Es bleibt das Problem, daß ערי im MT nicht erklärt ist. Deshalb sind wir mit Margolis, Barthélemy[121] und Den Hertog der Meinung, daß in B und A ein Element fehlt.
S, Theodotion und viele Minuskeln bieten mit Γαι (vgl. auch *VL*) wahrscheinlich die richtige Lesart, die nach Margolis auch der Lesart in *E* zugrunde liegt (ΓΑΙ → ΓΕ → ΤΕ → ΤΟ). Letzteres ist weniger wahrscheinlich, weil für einen Fehler relativ viele Schritte innerhalb einer Rezension vorausgesetzt werden müssen. Die Annahme, B (*E*) habe vereinfacht, ist plausibler. Γαι bleibt somit die wahrscheinlichste Lesart. Als hebräische Vorlage sind zwei Formen möglich: עי[122] oder עיי[123]. Aufgrund literarkritischer Überlegungen ist letztere Form die wahrscheinliche. In Jos 18,15 bietet die griechische Parallele εἰς Γα(ε)ιν oder εἰς Γασ(ε)ιν für ימה, das fehl am Platze ist. Hierfür vermutet Margolis ein ursprüngliches עימה „nach Ijim", das somit in Übereinstimmung mit Jos 15,9 cj. wäre: (הר־עפרון) עיי.[124] Eine weitere Parallele für einen mit Ijim zusammengesetzten Ort ist Ijje-Abarim (Num 33,44). Wir lesen also εἰς Γαει ὄρος Εφρων als Übersetzung für אל־עיי הר־עפרון.

הר
1. τὸ ὄρος[B]; Margolis: ὄρος (mit *S*); ὄρους[A].
3. S.o.

[118] Vgl. die Beschreibung bei Den Hertog, *Studien* 1996, 45–47.
[119] Ebd.
[120] Dieser ist möglich zum einen durch das Element –εκ–, zum anderen weil διεκβάλλω ein Verb des „Treffens / Berührens" ist.
[121] Barthélemy, *Critique* 1982, 34f.
[122] So *Margolis* und Walters / Gooding, *Text* 1973, 332f.
[123] So Barthélemy, *Critique* 1982, 34f.
[124] Margolis, *Presidential* 1925, 61–63.

ותאר הגבול בעלה (9bα)

בעלה
1. Ιεβααλ[B]; εἰς Βααλ[A] (Rahlfs).
3. B und A haben das ה als ה-locale aufgefaßt. Das verträgt sich aber nicht mit מבעלה in v 10aα. Bei B liegt eine Metathesis von ε und ι vor; σ ist weggefallen. MT ist zu lesen.

היא קרית־יערים: (9bβ)

ונסב הגבול מבעלה ימה אל־הר שׂעיר (10aα)

מבעלה
1. ἀπὸ Βααλ[B]; ἐπὶ Βααλ[A].
3. Da sowohl B als A Βααλ lesen, betrachten sie das ה irrtümlich als ה-locale (s.o.). Bei A hat dies wahrscheinlich zu der Form ἐπὶ geführt. Mit LXX[B], Rahlfs und Margolis ist jedoch ἀπό zu lesen und ἐπί als Fehler zu betrachten.[125]

אל־הר שׂעיר
1. καὶ παρελεύσεται εἰς ὄρος Ασσαρ[B*†] (... Ασσαρες[Bab] [Rahlfs]; Σηειρ[A]; Margolis cj.: ... Ασσαειρ).
2. καὶ παρελεύσεται extra.
3. Diesem Plus in der LXX steht ein Plus in v 10aβ (ועבר) gegenüber. In *P* ist ein erstes καὶ παρελεύσεται obelisiert und ein zweites asterisiert. A hat mit εἰς ὄρος Σηειρ καὶ παρελεύσεται die exakte Wortfolge des MT. Die Lesart von B ist als Stilverbesserung anzusehen.
   Ασσαρες in B[ab] setzt die Form הר־השׂעיר (mit Artikel) voraus, was aber im MT von den 15×, die הר in Verbindung mit שׂעיר erscheint, niemals belegt ist und von der LXX bis auf Jos 24,4 auch nicht wiedergegeben wird. MT ist zu lesen.

ועבר אל־כתף הר־יערים מצפונה היא כסלון (10aβ)

ועבר
1. Fehlt in der LXX.
3. S.o. unter 10aα.

הר־יערים
1. πόλιν Ιαρειν[B]; πόλιν Ιαρ(ε)ιμ[A] (Rahlfs; Margolis).
2. πόλις steht für קרית statt für הר.
3. Holzinger[126] vermutet Dittographie von v 9, und Margolis nimmt an, daß die LXX עיר in der Form ער versehentlich als הר gelesen hat. Am wahrscheinlichsten ist es aber, daß das bekanntere קרית יערים aus v 9 zu dieser Form geführt hat. MT ist zu lesen.

---

125 Siehe auch unter vv 3.5.7.

126 Holzinger, *Josua* 1901, 57.

וירד בית־שמש ועבר תמנה: (10b)

בית־שמש
1. Πόλιν ἡλίου.
2. שמש ist übersetzt, und בית ist „falsch" übersetzt.
3. Nur hier ist בית mit πόλις übersetzt worden. Es ist auch möglich, daß עיר־שמש vorgelegen hat[127] oder die LXX hier falsch, frei bzw. nach Vorbild von πόλιν Ιαρειν/μ übersetzt hat. Letzteres ist am wahrscheinlichsten.[128]

תמנה

Einige Hss. haben תימנה („südwärts"). Dies stimmt mit der LXX überein. Die geläufige Bezeichnung für „südwärts" im Josuabuch ist נגבה. Außerdem folgt in Jos 15 nach jedem Verb der Bewegung ein Grenzfixpunkt. MT ist zu lesen.

תמנה
1. ἐπὶ λίβα.
3. תמנה ist vom Übersetzer offensichtlich als תימנה („südwärts") und nicht als Ort gelesen. MT ist zu lesen.

ויצא הגבול אל־כתף עקרון צפונה ותאר הגבול שכרונה (11aα)

שכרונה
1. Σοχχωθ[B] (Margolis; Rahlfs gibt es im Apparat als Σοκχωθ wieder); Ακκαρωνα[A] (Rahlfs: Σακχαρωνα[pau]).
3. Ακκαρωνα[A] ist aus Haplographie des σ vom vorangehendem εἰς oder in Analogie zu Ακκαρων entstanden. Σοκχωθ[B] ist mit Margolis eine Folge der Lesart שכתה. רנ in שכרנה (ohne *mater lectionis*) kann als ת gelesen worden sein. MT ist zu lesen.

ועבר הר־הבעלה ויצא יבנאל (11aβ)

הר־הבעלה
1. ὅρια ἐπὶ λίβα[B]; ὄρος τῆς[pau] Βαλα[A] (Rahlfs); ὄρος γῆς Βαλα[A*]; ὄρος Γαβαλα[Ac]; Margolis cj.: ὅρια ἐπὶ πόλιν Βααλ.
3. γῆς und γα– sind Fehler für τῆς (Τ → Γ). Überzeugend ist die Erklärung Margolis' für die Variante in B: ὅρια ἐπὶ λίβα sei aus ὅρια ἐπὶ [πό]λῑ Βα[λ] entstanden. Das heißt, daß die ursprüngliche Lesart von B eine Angleichung an קרית־בעל enthielt.[129] ὅρια ist ein Fehler für ὄρος, der angesichts der vielen Erwähnungen von ὅρια leicht auftreten kann. MT ist zu lesen.[130]

---

127 Vgl. Jos 19,41.

128 Vgl. auch Den Hertog, *Studien* 1996, 76[82]: „Übersetzungs- … oder Abschreibfehler".

129 Vv 60; vgl. vv 9. 10.

130 Vgl. Den Hertog, *Studien* 1996, 75f.

יבנאל
1. Λεμνα^B; Margolis cj.: Ιεβναηλ; Ιαβνηλ^A (Rahlfs).
3. B hat מ statt ב gelesen. Dazu liegt wahrscheinlich eine Verwechslung mit dem bekannteren Libna (vgl. v 42) vor.

(11b) והיו תצאות הגבול ימה׃

(12a) וגבול ים הימה הגדול וגבול

וגבול[1]
1. καὶ τὰ ὅρια αὐτῶν.
2. αὐτῶν ist ein Plus.
3. Es handelt sich um Verdeutlichung.

ים הימה הגדול
Dieser Satz ist entstellt. Ein ausgehendes ה von *ימה ist durch Haplographie mit dem ersten ה von הימה weggefallen. Ursprünglich war also ימה „nach Westen hin" zu lesen. Das zweite ה von הימה ist aus Dittographie des ה von הגדול entstanden und ergibt dann הים הגדול „das große Meer", i.e. „das Mittelmeer". Gemeint ist also ימה הים הגדול „nach Westen hin, das große Meer".[131]

ים הימה הגדול
1. ἀπὸ θαλάσσης· ἡ θάλασσα ἡ μεγάλη.
3. Die Vorlage der LXX war: ימה הים הגדול. Dies macht Sinn, während MT entstellt ist. (S.o.)

וגבול[2]
1. ὁριεῖ
2. Es begegnet ein Verbum statt ein Kopulativ mit Substantiv.
3. Diese Form könnte auf eine Vorlage יגבול* zurückgehen.[132] Eine Verwechslung von ו und י kommt öfter vor. Man hätte dann als ursprünglichen Text: „und die Grenze nach Westen hin: das Mittelmeer begrenzt". Eher aber ist וגבול mit Mittmann als eingliedriger Nominalsatz mit ו-explicativum zu betrachten: „Eine Grenze ist es", den die LXX sinngemäß übersetzt hat.[133] Es besteht kein Anlaß, den MT hier zu ändern.

(12b) זה גבול בני־יהודה סביב למשפחתם׃

---

131 Vgl. u.a. Noth, *Josua* ²1953, 84; Fritz, *Josua* 1994, 156.
132 Vgl. Jos 18,20.
133 Mittmann, *ūgᵉbūl* 1991, 37–44; vgl. Moatti-Fine, *Josué* 1996, 62.181; §3.3.2.3.

ולכלב בן־יפנה נתן חלק בתוך בני־יהודה אל־פי יהוה ליהושע (13a)

אל־פי
1. ἀπὸ προστάγματος[B]; διὰ προστάγματος[Bab mg.A].
3. ἀπὸ προστάγματος kommt nur in Hi 4,9 vor, aber dort hat ἀπό eine andere Funktion, während διὰ προστάγματος 15× belegt ist.[134] ἀπό ist als Fehler zu betrachten.

פי יהוה
1. προστάγματος τοῦ θεοῦ.
2. πρόσταγμα bedeutet „Befehl / Gebot / Anordnung" und nicht „Mund"; ὁ θεός ist nicht die geläufige Übersetzung von יהוה.
3. Die LXX vermeidet Anthropomorphismen.[135] So auch in Jos 17,4; 19,50; 21,3; 22,9 (פי יהוה fehlt in 9,14). Nur in Jos 8,27 ist πρόσταγμα die Übersetzung für דבר. Außerhalb von Jos kommt die Übersetzung πρόσταγμα für פה nur noch in Num 9,18 und Jub 39,27 vor. Im Josuabuch ist θεός meistens die Übersetzung von אלהים, doch oftmals steht es auch für יהוה.[136] *S* und *P²* verzeichnen κύριου τοῦ θεοῦ. Auch das ist im Josuabuch mehrfach ein Äquivalent für יהוה.[137] MT ist zu lesen.

ליהושע
1. Fehlt in der LXX.
3. Wahrscheinlich ist es bewußte Weglassung, da nach Jos 14,6; Num 14,24 und Dtn 1,36 Gott nicht zu Josua, sondern zu Mose geredet hat. Josua taucht dann im nachfolgenden Plus auf.[138]

Nach יהוה
1. Plus: καὶ ἔδωκεν αὐτῷ Ἰησοῦς.
3. War das Subjekt von נתן bzw. des ersten ἔδωκεν unbestimmt geblieben, so wird hier nachträglich expliziert, daß es Josua war, der Kaleb den Teil gegeben hat. Hieran zeigt sich, daß der LXX-Übersetzer zunächst relativ wörtlich übersetzt und erst später die „Erläuterungen" hinzugefügt hat. Auch Auld bevorzugt in diesem und dem vorigen Fall die Lesart des MT.[139]

את־קרית ארבע אבי הענק היא חברון: (13b)

קרית ארבע
1. τὴν πόλιν Αρβοκ[B]; Αρβεκ[A]; Margolis cj.: Αρβεγ.
2. κ für ע.
3. Es ist die Entwicklung ע → γ → κ anzunehmen.

---

134 In Josua: 15,13; 17,4; 19,50; 21,3; 22,9.
135 Vgl. Moatti-Fine, *Josué* 1996, 49f.
136 Jos 5,6: 6,10(11); 9,27; 10,14; 14,7; 15,13; 17,4. 14; 19,50; 22,19; 23,1.
137 Jos 1,15; 2,10. 12; 5,1; 10,12; 22,23; 24,19. 27.
138 Vgl. Steuernagel, *Josua* ²1923, 209.
139 Auld, *Studies* 1976, 215.

אבי
1. μητρόπολιν[B]; μητρόπολις[A].
2. μητρόπολις bedeutet „Hauptstadt“ oder „Mutterstadt“, aber nicht „Vater“.
3. Im MT ist **אבי הענק** Apposition zu **ארבע**. Wahrscheinlich hat der LXX-Übersetzer gemeint, daß **אבי הענק** Apposition zu **קרית ארבע** ist, und daraus geschlossen, daß eine weibliche Bezeichnung folgen muß.[140] Vielleicht hat er **אם** gelesen bzw. lesen wollen.[141] μητρόπολις von A ist grammatisch falsch.[142]

הענק
1. Εναχ.
2. Der Artikel fehlt.
3. Aus dem vorangehenden μητρόπολιν zeigt sich, daß die LXX **ענק** als Ortsname gelesen hat, und Ortsnamen haben in der LXX mit einer Ausnahme keinen Artikel.[143]

וירש משם כלב את־שלושה בני הענק (14a)

Nach **כלב**
1. Plus: υἱὸς Ιεφοννη.
3. Kalebs Name wird oft mit **בן יפנה** erweitert.[144] Die LXX fügt die ihr bekannte Erweiterung hinzu.

הענק
1. Der Artikel fehlt.
3. Es ist wahrscheinlich wieder als Ortsname gelesen.[145]

את־ששי ואת־אחימן ואת־תלמי ילידי הענק (14b)

ואת־אחימן ואת־תלמי
1. καὶ τὸν Θολμ(ε)ι[pau] (Rahlfs; Margolis; Θοαλμει[B†]; Θαλμαι[A†]) καὶ τὸν Αχ(ε)ιμα[B] (Margolis: Αχ[ε]ιμαν[A]).
2. a. Die Reihenfolge der zwei letzten Söhne Enaks ist umgekehrt.
   b. In Αχιμα fehlt ein –ν. (mit –ν: vgl. Num 13,22; Ri 1,10).
3. a. Vgl. die Reihenfolgen in Num 13,22 (Αχιμαν καὶ Σεσσι καὶ Θελαμιν); Ri 1,10 (=Jos 15,14 MT).
   b. Ein auslautendes **ה** wird von der LXX oft mit –αν wiedergegeben. In B ist wahrscheinlich umgekehrt ein originales **מן**– zu –μα geworden.

ילידי הענק
1. Fehlt in der LXX.
3. In der Parallele Ri 1,10 wird es übersetzt (γεννήματα τοῦ Εναχ[AB]). **בנים** kann man noch mit einer Stadt verbinden (v 14a), aber **ילידים** nicht mehr. Wenn LXX mit γεννήματα τοῦ Εναχ übersetzt hätte (so nur *P*), wäre für

---

[140] Vgl. Hollenberg, *Charakter* 1876, 10.
[141] Vgl. *Margolis*.
[142] Vgl. Auld, *Studies* 1976, 215f: pro MT.
[143] S.o. zu v 6a.
[144] Vgl. Jos 14,6. 14; Num 13,6; 14,30; 26,65; 31,13 u.ö.
[145] S.o. zu vv 6. 13 und unten zu v 14b.

sie die Möglichkeit ausgeschieden, daß Enak als Stadt gesehen werden muß. Die Erklärung Holmes' ist weniger wahrscheinlich. Er schreibt: „The phrase [ילידי הענק im MT, JCdV] is both superfluous and inaccurate. The right phrase בני הענק has occurred immediately before."[146]

ויעל משם אל־ישבי דבר (15a)

Nach ויעל משם
1. Plus: Χαλεβ.
3. Die LXX verdeutlicht: Wir haben es noch immer mit Kaleb zu tun. Im MT fehlt ein Subjekt für ויעל.

ושם־דבר לפנים קרית־ספר (15b)

קרית־ספר
1. Πόλις γραμμάτων.
2. Der Name ist übersetzt worden; allerdings von einem pl. ספרים.
3. Vielleicht hat die LXX das *nomen regens*, das auch das Genus des *nomen rectum* bestimmen kann („Buchstadt"[147]), sinngemäß mit „Stadt der Bücher / Buchstaben" wiedergegegeben. τὸ γράμμα hat als Hauptbedeutung „Buchstabe", aber es kann u.a. „das Geschriebene" und somit „Buch" bedeuten.

ויאמר כלב אשר־יכה את־קרית־ספר ולכדה (16a)

אשר־יכה
1. ὃς ἐὰν (ἂν[A]) λάβῃ καὶ ἐκκόψῃ.
2. a. λάβῃ oder καὶ ἐκκόψῃ ist ein Plus in B. In A fehlt καὶ ἐκκόψῃ.
   b. λάβῃ oder ἐκκόψῃ sind nicht gleich יכה.
3. ἐκκόπτω bedeutet „zerstören". Das würde eher auf ירשׁ zurückgehen, obwohl es auch für יכה hi. belegt ist. λαμβάνω ist eher das Äquivalent für לכד (wie in v 17a). Wir hätten dann eine Kombination von ירשׁ und לכד, die aber im AT nie vorkommt.[148] Viele Hss. lassen καὶ ἐκκόψῃ aus.[149] Weil die LXX bereits das Verb λαμβάνω benutzt, will sie לכד um der Variation willen nicht nochmals mit einer Form von λαμβάνω wiedergegeben.[150] Die Kombination von λαμβάνω und ἐκκόπτω ist als Paraphrasierung von יכה hi. zu betrachten.[151]

ולכדה
1. καὶ κυριεύσῃ.
2. κυριεύω + Gen. hat die Grundbedeutung „Herr sein über", לכד „nehmen".
3. Siehe oben zu אשר־יכה.

---

[146] Holmes, *Joshua* 1914, 61.
[147] Vgl. *JM* §129f.
[148] Das gilt übrigens auch für die Kombination ירשׁ und נכה hi.
[149] Vgl. Holmes, *Joshua* 1914, 61.
[150] Holmes, ebd.
[151] Zum gleichen Schluß kommt Den Hertog, *Studien* 1996, 90; vgl. zum Verhältnis der LXX von Jos 15,16–19 und der von Ri 1,12–15 detailliert, id, *Studien* 1996, 125–134.

ונתתי לו את־עכסה בתי לאשה: (16b)

ונתתי
1. δώσω^B; καὶ δώσω^A.
2. καί fehlt in B.
3. A kommt dem MT am nächsten, aber eigentlich ist καί überflüssig. Ri 1,12 belegt καί ebensowenig.

את־עכסה
1. τὴν Ασχαν^B; Αχσαν^A.
3. In B gibt es Metathesis von σ und χ, und in A fehlt der Artikel. Vgl. mit Artikel Ri 1,12 A und B. Die Variante ist nebensächlich.

וילכדה עתניאל בן־קנז אחי כלב (17a)

אחי
1. ἀδελφοῦ^BA; ἀδελφὸς^W (Rahlfs; Margolis).
3. Es geht hier um die Frage, ob ἀδελφὸς Apposition zu עתניאל (Nominativ) oder קנז (Genitiv) ist, anders gesagt, ob Kaleb der Bruder Otniëls oder der von Kenas ist. Es kann hier nicht aufgrund des hebräischen Wortlauts entschieden werden. Margolis behauptet, daß „[t]he reading αδελφου is harmonistic and taken from Jd *1* 13." Das ist durchaus möglich, aber A z.B. liest dort ἀδελφὸς. Doch wird in Jos 15,17 die Lesart ἀδελφὸς von den gewichtigen Zeugen ο', α' und ϑ' unterstützt (nur σ' hat ἀδελφοῦ), so daß der Nominativ zu bevorzugen ist.

Nach כלב
1. Plus in A: ὁ νεώτερος.
3. A hat ὁ νεώτερος nach Vorbild von Ri 1,13 und 3,9 (MT: הקטן ממנו) hinzugefügt. In B (*E*) kommt es nicht vor, und in *P* ist es obelisiert. MT ist zu lesen.

ויתן־לו את־עכסה בתו לאשה: (17b)

ויתן־לו
1. καὶ ἔδωκεν αὐτῷ.
2. Eigentlich hätte nach der Art der LXX nach καὶ ἔδωκεν αὐτῷ noch ein Subjekt kommen müssen (wie Ri 1,13 LXX^B), weil nicht Otniël wie in v 17a, sondern Kaleb das gemeinte Subjekt ist.

Nach בתו
1. Plus: αὐτῷ^A; nicht in B.
3. Dies ist eine Verdeutlichung: αὐτῷ bezieht sich auf Otniël und geht nicht auf eine andere Vorlage zurück.

לאשה
1. γυναῖκα[B]; εἰς γυναῖκα[A].
2. Minus in B: –ל.
3. Vgl. A und B in v 16b. „Die erste Variante dürfte am ehesten den original griechischen Ausdruck wiedergeben, die zweite scheint einen Versuch darzustellen, das hebräische ל (לאשה) wiederzugeben …“.[152]

ויהי בבואה ותסיתהו לשאול מאת־אביה שׂדה (18aα)

בבואה
1. ἐν τῷ εἰσπορεύεσθαι (ἐκπορεύεσθαι[A]) αὐτὴν.
3. ἐκπορεύεσθαι von A ist mit Margolis als Fehler zu betrachten.[153]

ותסיתהו לשאול
1. καὶ συνεβουλεύσατο αὐτῷ λέγουσα Αἰτήσομαι.
2. λέγουσα ist ein Plus, Αἰτήσομαι ist kein passendes Äquivalent von לשׁאול.
3. Die Gruppe *S* reflektiert ויסיתה (3. m. sg. von סות mit einem suff. f.). „Darum ändert man die Recepta in וַיְסִיתֶהָ. Damit geben sich alle Erklärer zufrieden—denn es geht unter den modernen Exegeten zu, wie in der Schafherde: was der Leithammel tut, tun alle nach—allein abgesehen davon, dass ein solcher Schreibfehler unerklärlich wäre, passt dieses Verbum in gar keiner Form in unsern Zusammenhang.“[154] Weil „verführen“ nicht in den Zusammenhang passe, schlägt Ehrlich vor, ותסירהו („sie ließ ihn bei Seite treten“) zu lesen. Noth hat aber darauf hingewiesen, daß dieser Vorschlag weder sprachlich noch sachlich befriedigend ist.[155]
Aufgrund des extra λέγουσα könnte es so sein, daß der MT durch Haplographie von ל[אמר א]שאול entstanden ist. Wenn das stimmt, ist eines der zwei Probleme im MT behoben. Jetzt ist es nämlich so, daß Achsa das Subjekt von סות hi. ist und Otniël (indirektes) Objekt. *Er* soll *ihren* Vater um ein Feld bitten, während laut v 19 Achsa das dann doch selber tut. Falls אשאול zu lesen ist, wird Achsa Subjekt des Satzes in direkter Rede. Damit stimmt dann aber das Suffix ה– bei אב nicht mehr überein, das folglich in der LXX *י– geworden ist. Sicher ist das alles nicht, weil die LXX λέγουσα sehr gut aus Harmonisierungsgründen eingefügt haben kann. *S* läßt die Lesart ויסיתה vermuten, doch ist das nahezu sicher eine Harmonisierung.[156]
Das zweite Problem liegt in der Bedeutung von סות hi. συμβουλεύω kommt als Übersetzung für סות hi. nur hier vor. συμβουλεύω („beraten / Rat geben“) ist zudem in Jos nur hier belegt. Meistens ist es die Übersetzung für יעץ. Sogar in der Parallele Ri 1,14—im MT identisch—steht sowohl in A als B keine Form von συμβουλεύω, sondern καὶ ἐπέσεισεν („aufhetzen / antreiben

[152] Den Hertog, *Studien* 1996, 128.
[153] Vgl. Ri 1,14: ἐν τῇ εἰσόδῳ[B]; ἐν τῷ εἰσπορεύεσθαι αὐτὴν[A].
[154] Ehrlich, *Randglossen* III 1910, 45f.
[155] Noth, *Josua* ²1953, 86.
[156] Vgl. die bereits zitierten bissigen Bemerkungen von Ehrlich.

gegen") αὐτὴν (Γοθονιηλ^B). Mit Barthélemy[157] ist der griechische Text von Ri 1,14 als Vereinfachung zu betrachten. Das heißt aber, daß wir trotzdem wieder auf die *lectio(nes) difficilior(es)* in Jos 15,18 zurückgeworfen werden. Nun paßt aber συμβουλεύω überhaupt nicht in den Kontext. Wozu gibt Achsa Otniël Rat, wenn sie direkt darauf selbst die Frage stellt? Bei allen Problemen, die diese Stelle mit sich bringt, gehen wir trotzdem davon aus, daß καὶ συνεβουλεύσατο αὐτῷ die Übersetzung von ותסיתהו ist, wobei es fraglich bleibt, ob die LXX die genaue Bedeutung von סות hi. gekannt hat.[158]

מאת־אביה
1. τὸν πατέρα μου.
2. Es begegnet μου statt „ihren".
3. Siehe oben.

ותצנח מעל החמור (18aβ)

ותצנח
1. καὶ ἐβόησεν.
2. βοάω bedeutet „rufen / schreien", während man für צנח die Bedeutung „herabsteigen / herabkommen" vermutet.
3. „LXX did not know the word and gives ἐβόησεν. It may possibly have been read as ותצעק ...".[159] Da צנח nur 3× im AT belegt[160] und die Bedeutung dieses Verbs schwer zu ermitteln ist, ist es am wahrscheinlichsten, daß die LXX ihre Vorlage nicht verstanden hat und das ähnlich klingende passende Verb genommen: צוח, צרח oder צעק. Da צרח[161] und צוח[162] nicht öfter als צנח belegt sind und צעק zuviel von צנח abweicht, empfiehlt es sich nicht, eine andere Vorlage zu postulieren.

ויאמר־לה כלב מה־לך: (18b)

ותאמר תנה־לי ברכה כי ארץ הנגב נתתני (19aα)

Nach ותאמר
1. Plus: αὐτῷ.
3. Es handelt sich um Verdeutlichung: αὐτῷ bezieht sich auf Kaleb.

157 Barthélemy, *Critique* 1982, 35f.

158 Barthélemy, *Critique* 1982, 35f. Die Lesart vom MT wird sogar mit der Note A = „très hautement probable" (S. xvi) bewertet.

159 Holmes, *Joshua* 1914, 61; vgl. auch Holzinger, *Josua* 1901, 57.

160 Hier, in der Parallele Ri 1,14, und Ri 4,21.

161 Zeph 1,14; Jes 42,13 (hi.).†

162 Jes 42,11†; vgl. Jes 24,11; Jer 14,2; 46,12; Ps 144,14.†

ברכה

Ehrlich will בְּרֵכָה („Teich“) statt בְּרָכָה („Segen“) lesen.[163] Ersteres passe viel besser in den Kontext. Doch ist hier wahrscheinlich beides angesprochen. In der Bitte um den Segen klingt auch das Wasser bereits mit. Gerade in diesem Vers ist die Doppeldeutigkeit angestrebt, hat doch נגב auch zwei Konnotationen: „Südland“ und „Trocken“.

Nach כי

1. Plus: εἰς.
3. Die LXX hat aufgrund von Dittographie ארצה statt ארץ gelesen.

הנגב

1. Ναγεβ.
2. a. Der Artikel fehlt.
   b. הנגב ist transkribiert.
3. In v 21 wird בנגבה sehr wohl übersetzt. Manchmal übersetzt und manchmal transkribiert die LXX.[164]

ונתתה לי גלת מים (19aβ)

ונתתה

1. δός^{B}; καὶ δός^{A} (Rahlfs).
2. καί fehlt in B.
3. Die Variante ist als stilistische Verbesserung zu betrachten.

גלת מים

1. Βοϑϑανεις^{B}; τὴν Γολαϑμαιν^{A} (Rahlfs); Margolis cj.: Γωλαϑ Μαειν.
2. a. Extra: τήν^{A}.
   b. Nicht übersetzt.
   c. Sg. statt pl.
3. a. Stilistische Verbesserung.
   b. Wahrscheinlich haben die LXX-Übersetzer גלת מים nicht verstanden. B hat „considerable corruption“.[165] Der Lösungsvorschlag von Margolis vermag nicht zu überzeugen. Er rekonstruiert Γωλαϑμαειν folgendermaßen: βοϑϑανεις: βοϑϑα<γολαϑ, νε<μαι<μαιν, –ις<κ (Dittographie mit καὶ).
   c. Die Lesart in sg. statt pl. muß abgewiesen werden, da die Adjektive עליות und תחתיות in v 19b eindeutig einen pl. voraussetzen.

ויתן־לה את גלת עליות ואת גלת תחתיות (19b)

ויתן־לה

Für ויתן fehlt ein Subjekt. Darum wird in vielen Hss. das Subjekt כלב expliziert. Dies ist in Übereinstimmung mit der LXX. MT verdient als *lectio difficilior* aber den Vorzug.

---

[163] Ehrlich, *Randglossen* III 1910, 46, macht hierzu folgende Bemerkung: “Man muss sehr kurzsichtig sein, um nicht zu sehen, dass hier בְּרֵכָה statt בְּרָכָה zu sprechen ist.“

[164] Vgl. die Übersicht §11.1.3.

[165] Holmes, *Joshua* 1914, 61.

Nach ויתן־לה
1. Plus: Χαλεβ[A] (Rahlfs); nicht in B.
3. Es handelt sich um Verdeutlichung, weil das neue Subjekt, Kaleb, im MT fehlt.

את גלת עליות ואת גלת תחתיות
1. τὴν Γολαθμαιμ τὴν ἄνω καὶ τὴν Γολαθμαιν τὴν κάτω (Rahlfs); τὴν Γωλαθμαιν τὴν κάτω[A]; καὶ τὴν Γοναιθλαν τὴν ἄνω καὶ γῆν Γοναιθλαν τὴν κάτω[B].
2. a. Plus: 2× τήν.
   b. Plus: 2× –μαιν.
   c. Teilweise übersetzt.
3. In v 19a hat die LXX גלת מים nicht übersetzt, sondern lediglich transkribiert. Dies verpflichtet sie dazu, auch hier den ganzen Namen Γολαθμαιν konsequenterweise wiederzugeben. In A ist τὴν Γολαθμαιμ τὴν ἄνω καί durch Homoioarkton weggefallen. Die Lesart Γοναιθλαν von B ist wie in v 19a erheblich korrumpiert.

(20) זאת נחלת מטה בני־יהודה למשׁפחתם:

למשׁפחתם
1. למשׁפחתם fehlt in der LXX.
3. Tatsächlich wird die נחלת מטה בני־יהודה nicht nach Geschlechtern, sondern nach Orten aufgeführt. Daher wird die LXX harmonisiert haben.

(21aα) ויהי הערים מקצה למטה בני־יהודה

הערים
1. A hat αἱ vor πόλεις, B nicht (so Margolis).
3. In Überschriften wird öfters der Artikel weggelassen.[166]

Nach הערים
1. Plus: αὐτῶν.
3. Es handelt sich um eine Verdeutlichung.

מקצה למטה
1. πόλις πρώτη φυλῆς[A] (Rahlfs); πόλις πρὸς τῇ[B] (Margolis).
3. Der LXX[A]-Übersetzer hat wahrscheinlich gesehen, daß Städte und Rand nicht zu vergleichen sind. Deswegen hat er so übersetzt, daß die Reihe von Städten nicht mit einer Randbenennung anfängt, sondern mit der ersten Stadt.[167]

מקצה ל–
Ehrlich behauptet zu Recht, daß מקצה verbunden mit –ל „absolut unhebräisch ist".[168] Es ist daher eher anzunehmen, daß למטה בני־יהודה mit ויהי statt

---

[166] *BDR* § 252.
[167] Gegen Holmes, *Joshua* 1914, 62, der davon ausgeht, daß das α von ἀπὸ μέρους (מקצה) weggefallen ist, wodurch ΠΟΜΕΡΟΥΣ entstanden sei, das später als ΠΟΛΙΣΠΡΟΣ gelesen worden sei.
[168] Ehrlich, *Randglossen* III 1910, 46.

mit מקצה verbunden werden muß. Ob מקצה dann mit „alles mitgerechnet" übersetzt werden sollte, wie Ehrlich will,[169] bleibt fraglich. MT ist zu lesen.

אל־גבול אדום בנגבה (21aβ)

קבצאל ועדר ויגור (21b)

קבצאל

1. Καιβαισελεηλ^{B}; Καβσεηλ^{W} (Rahlfs); Margolis cj.: Καβεσεηλ; Κασθεηλ^{A}.
3. a. Βαισελεηλ (ohne Και–): בצלאל—Ex 31,2; 35,50; 36,1. 2, u.ö.
   b. Καβεσεηλ—2Sam 23,20; Καβασεηλ—1Chr 11,22.
   c. Aufgrund des im Textzusammenhang häufig auftretenden καί ist ein ursprüngliches Κα– zu Και– geworden. Im gleichen Rhythmus ist aus dem ב die Form –βαι– entstanden. Durch diesen Beginn ist der Schritt zur Verwechslung mit dem bekannten Personennamen Βαισελεηλ nicht mehr weit. Βαισελεηλ oder Βεσελεηλ steht immer, außer hier, für den Künstler בצלאל. Mit Margolis geht die Lesart von B auf ein ursprüngliches Καβεσεηλ zurück, die sich dann noch kaum von Καβσεηλ in W, P_2 und *C* unterscheidet. A ist korrupt. MT ist zu lesen.

ועדר

1. καὶ Αρα^{B}.
3. a. ארא—1Chr 7,38.†
   b. Αδερ—Gen 35,21$^{\alpha'}$†; Εδραιν—Jos 15,21^{A†}; Εδραι—Jos 15,21^{W}.
   c. Αρα als Wiedergabe von עדר kommt nur hier vor. Es ist durch Metathesis von ד und ר entstanden, wobei das letzte Δ weggefallen ist (durch Quasi-Haplografie: Barthélemy).
1. καὶ Εδραιν^{A†}; καὶ Εδραι^{W}.
3. a. אדרעי—Num 21,3^{F}; Jos 19,37^{A}.†
   b. S.o.
   c. Sehr wahrscheinlich liegt eine Verwechslung mit dem ähnlich klingenden אדרעי aus Jos 19,37 vor.

   Da *E*, zu der B gehört, und *S* die Buchstabenfolge *r* → *d* haben, jedoch *C*, zu der A und W gehören, wie auch *P* die Buchstabenfolge *d* → *r*, ist schwer auszumachen, was die ursprüngliche Lesart des MT war. עדר wäre die *lectio difficilior*, weil es nur hier und als מגדל־עדר in Gen 35,21 vorkommt. In dem Fall hätte LXX^{B} עדר mit dem bekannten ערד verwechselt (so Barthélemy). Margolis aber bevorzugt Αραδ mit *S*. Auch wir folgen dieser Rezension, in deren Richtung auch *E* weist, und lesen ערד. Dafür sprechen auch historisch-topographische Überlegungen, die an anderer Stelle zu erörtern sind.

ויגור

1. καὶ Ασωρ^{B}; καὶ Ιαγουρ^{A}; Margolis cj.: Ιαγωρ.
3. a. Ασωρ kommt nur hier als Wiedergabe von יגור vor. Gewöhnlich ist Ασωρ die Transkribierung von חצור.

---

169 Ebd.

b. Ιαγουρ—Jos 15,21[A].
c. Vgl. Margolis: ιαγωρ → αγωρ → ασωρ. Es muß unentschieden bleiben, ob יגוּר (so nach *P* und *C*) oder יגוֹר (so nach *E*, *S* und Margolis) zu lesen ist. Die Konsonanten im MT bleiben davon unberührt.

וקינה ודימונה ועדעדה (22)

וקינה
1. καὶ Ικαμ[B]; Margolis cj.: Καιν.
3. a. Ικαμ kommt nur in Jos 15,22[B] vor.
b. Κ(ε)ινα—Jos 15,22[A].
c. Margolis erklärt die Lesart von B folgendermaßen: καιν → καν → καμ → Dittographie von [κα]ι καμ → ικαμ. Jedoch ist Margolis' Καιν nicht belegt. Eher ist Κ(ε)ινα, das in *P* und *C* vorkommt, zu lesen. Eventuell könnte die Lesart von B erklärt werden als Metathesis von י und ק, Verwechslung von נ und מ und Wegfall von ה–. MT ist zu lesen.

ודימונה
1. καὶ Ρεγμα[B]; Margolis cj.: καὶ Ρεμμων.
3. a. Ρεγμα steht für: רעמא—1Chr 1,9†; רעמה—Gen 10,7[Dsil.E].
b. Διμωνα—Jos 15,22[A].†
c. Vielleicht liegt eine Verwechslung mit רעמא vor, das in 1Chr 1,9 allerdings ein kuschitischer Eigenname ist. Wie oben bei קינה ist es so, daß *P* und *C* MT getreu sind (Διμωνα) und *E* sowie *S* Ρεγμα bzw. Ρεμα lesen. Margolis gibt die folgende Erklärung: דימונה / רמון → ρεμμων → ρεμμαν → ρεμα → ρεγμα. Das sind zu viele Schritte, um den Weg glaubwürdig zu machen. Vor allem der Schritt von ρεμα nach ρεγμα vermag nicht zu überzeugen. Die Lesart von *E* ist als korrupt zu betrachten. Es ist aber sehr wohl möglich, daß im hebräischen Text ein ר (nach *E* und *S*) statt ד (nach *P* und *C*) zu lesen ist. Hier zu entscheiden ist nicht möglich.

ועדעדה
1. Αρουηλ[B].
3. a. Kommt nur hier vor.
b. Αδαδα—Jos 15,22[A].†
c. Eine Verwechslung von ר und ד ist durchaus möglich. So ergibt sich ערערה*. Dieser Ort ist nach Margolis und Noth[170] der ursprüngliche Name.[171] Eine Verwechslung von *d* und *l* ist nur innergriechisch—als Verwechslung von Δ und Λ—zu erklären. Nach der Lesart Αρουηλ von B konjiziert Barthélemy עֲרַעֲדָה, und עֲרַעֲד in 1Sam 30,28. Das ה sei nach Analogie der zwei vorigen Ortsnamen, die auf ה enden, entstanden.
Mit Noth und Margolis (u.v.a.) lesen wir ערער(ה) und betrachten das λ in Αρουηλ als eine tertiäre Entwicklung: ערער → ערעד → αρουηλ (gegen Barthélemy). ערער oder ערערה ist die vorausgesetzte Vorlage.

---

170 Noth, *Josua* ²1953, 88.
171 Vgl. 1Sam 30,28 (in Jos 12,2; 13,9. 16. 25; in Num 32,34 handelt es sich um einen anderen Ort).

וקדש וחצור ויתנן: (23)

קדש
1. Καδης[B] (Margolis); Κεδες[A].
3. Wieder (vgl. vv 1. 3) hat B die Form Kadesch.

וחצור יתנן
1. καὶ Ασοριωναιν[B].
2. Als Ort zusammengenommen.
3. a. Kommt nur hier vor.
   b. A hat eine andere Verbindung von Orten vorgenommen: Ιθναζιφ—Jos 15,23[A]† (+ זיף).
   c. Margolis schreibt „[t]he correction of ασεριοναιν into ασερ ιθναιν or ασερ ιθναν is easy". Damit meint er wahrscheinlich: Θ → Ο → Ω.[172] Er liest schließlich Ασερ Ιθναιν=חֲצַר יתנין (mit י=*S*). Barthélemy befürwortet die Form חצר יתנן—also ohne ו—im MT.[173] Obgleich es für die Form ohne י (Barthélemy) die meisten Textzeugen gibt und die Rekonstruktion relativ überzeugend ist, lesen wir aus später zu erörternden Gründen mit MT zwei Orte.[174]

וחצור
1. Die Entsprechung fehlt in A, und in B stellt sie keinen Einzelort dar.
3. Siehe den nächsten Vers.

ויתנן
3. Für A: siehe den nächsten Vers; für B: siehe unter וחצור ויתנן.

ויתנן זיף (23. 24)

1. καὶ Ιθναζιφ[A].
3. a. Dieser Ort kommt nur hier vor.
   b. זיף ist als Einzelort sehr wohl bekannt im AT: Αμηαχει—1Chr 4,16[B]† (*L*: Ζιφ); Ζειβ—2Chr 11,8[B]† (*L*: Ζιφ); Ζ(ε)ιφ—Jos 15,55; 1Kön 23,14. 15; 1Chr 2,42 u.ö.; in 2Kön 23,15 fehlt es im MT.
   c. Im MT fehlt vor זיף ein ו-*copulativum*. Es ist möglich, daß LXX[A] hier die originale Lesart hat, wenn sie יתנן und זיף zusammennimmt. Wir lesen aber wie im Falle von חצור ויתנן mit MT.

זיף וטלם ובעלות: (24)

זיף
1. Die Entsprechung fehlt in B und ist in A mit ιθναν (יתנן) zusammengenommen (Rahlfs).
3. Zu A s.o. Ob זיף mit *P* und *C* in der Vorlage vorkam, oder ob es mit *E* und *S* fehlte, ist schwer zu bestimmen. In diesem Zweifelsfall lesen wir mit MT.

---

172 Vgl. Barthélemy, *Critique* 1982, 38.

173 Barthélemy, ebd.

174 S.u. §3.4.4 und in diesem Paragraphen zu ויתנן זיף.

וטלם
1. καὶ Μαιναμ[B].
3. a. Kommt nur hier vor.
b. τελεμ—Jos 15,24[A].
c. Margolis kommt zu der Konjektur „ταιλαμ by combining ταναχ [*S*, JCdV] and μαιναμ.“ Das λ ist damit aber noch nicht erklärt. Die Lesart von B ist entweder korrupt oder geht auf eine andere Vorlage zurück. Wir gehen von der ersten Möglichkeit aus und ändern somit die Vorlage nicht.

ובעלות
1. καὶ Βαλμαιναν[B].
3. a. Kommt nur hier vor.
b. Βαλωθ—Jos 15,24[A].
c. Das Element -μαιναν ist aufgrund des vorigen Ortes in B entstanden. Die von Margolis vorgenommene Konjektur καὶ βααλαθ ist nicht notwendig. Wir lesen καὶ βαλωθ und ובעלות.

Nach ובעלות
1. Plus in LXX[B]: καὶ αἱ κῶμαι αὐτῶν.
3. Es kann sein, daß B in dem nächsten וחצור חדתה einen Anfang von וחצרי(הן) gesehen hat. Der Weg ist zu erklären, wenn man von einem ursprünglichen וחצור ausgeht: 1. Metathesis von ו und ר ergibt וחצרו. 2. Eine Verwechslung von ו und י ergibt וחצרי. 3. חדתה schwebt jetzt in der Luft und wird gestrichen—ob חדתה überhaupt in der Vorlage vorkam, ist im übrigen zu bezweifeln (s.u. zu v 25). Außerdem fehlt ein Possessivpronomen, das hinzugefügt wird. Die umgekehrte Annahme, daß die Vorlage וחצריהן enthielt, ist weniger wahrscheinlich, weil dann חדתה nicht erklärt werden kann[175] und man הן– im MT nicht streichen würde. Die Rekonstruktion durch Margolis, nach der LXX חצ(ו)ר [חד]תה als חצרתה gelesen hat, ist weniger wahrscheinlich. Erstens ist die Pluralform חצר(ו)ת in Jos 15 singulär—und das wäre dem LXX-Übersetzer sicherlich aufgefallen—und zweitens liest Margolis mit nur einer, allerdings zu *E* gehörenden Hs.[176] καὶ αἱ κῶμαι αὐτης, während *S* und das Hauptzeugnis von *E* … αὐτῶν verzeichnen.

(25) וחצור חדתה וקרית חצרון היא חצור:

חצור | חדתה
חצור | חדתה, das im MT getrennt erscheint, ist als ein Ort zu betrachten. Vermutlich ist חדתה eine Glosse (vgl. auch den *passeq*[177]), die diesen Ort von dem anderen Hazor im gleichen Vers und dem in v 25 unterscheiden muß. Noth hielt חצור־חדתה für einen möglichen Zusatz, da es u.a. in LXX[A] fehlt. Es fehlt allerdings auch in LXX[B].
חדתה ist in den meisten griechischen Hss. nicht wiedergegeben. Es ist bezeichnend, daß gerade das Äquivalent eines aramäisch geschriebenen

---

175 Falls es vorkam; s.u.
176 Hs. 120 aus dem 11. Jh.
177 *JM* §15m.

Adjektivs fehlt. In *P* ist καὶ Ασωρ τὴν καίνην asterisiert. In A (*C*) fehlen fast durchgehend die in *P* asterisierten Stellen, was darauf hinweisen kann, daß *P C* als Vorlage hatte oder *C* die asterisierten Stellen wieder gestrichen hat. Wir gehen davon aus, daß *P C* als Vorlage hatte. In dieser Vorlage, die hier mit der von *E* (B) übereinstimmte, kam **חדתה** nicht vor.[178]

וקריות חצרון

Dieser scheinbare pl. ist merkwürdig, zumal er später mit **היא חצור** fortgeführt wird. Der MT trennt beide Wörter mit einem *zāqēp qāṭōn*, das bei den meisten Varianten jedoch fehlt. Barthélemy vermutet mit Buber, daß es sich um einen st.c. handelt: „die Agglomerationen *von* Hezron".[179] Doch wäre eine Bezeichnung wie Dörfer / Agglomerationen statt eines Ortsnamens in der Ortsliste Judas singulär. Außerdem wird im MT durch den *zāqēf qāṭōn* deutlich gemacht, daß schon die Masoreten Kerijot als selbständig neben Hezron betrachtet haben. Wahrscheinlich haben wir es hier mit einem Ort mit der Endung **ות**– statt mit einer Pluralform zu tun.[180] MT ist zu lesen.

וקריות חצרון

1. καὶ πόλις Ασερων[A].
2. LXX hat sg., MT pl.; die Orte werden zusammengenommen.
3. a. Kommt nur hier vor.
   b. καὶ Πόλεις Ασερων—Jos 15,25[B].
   c. A hat wahrscheinlich dem scheinbar ungrammatischen Ausdruck im MT Rechnung getragen und das ursprüngliche pl. in ein sg. geändert. S.o.

היא חצור

Noth will dies als Zusatz betrachten, weil es in der Peschitta fehlt.[181] Diese Begründung überzeugt nicht, da fast alle anderen Textzeugen **היא חצור** wiedergeben.[182] MT ist zu lesen.

אמם ושמע ומולדה: (26)

אמם

1. καὶ Σην[B].
2. a. Plus: καὶ.
   b. Σην ist nicht gleich **אמם**.
3. a. Kommt nur hier vor.
   b. Αμαμ—Jos 15,26[A].
   c. Margolis will Ζειφ konjizieren, doch braucht er dafür zu viele Schritte um überzeugen zu können: Ζειφ → ζηφ → ζηβ → ζημ (vgl. *S*) → ζην → σην. Dagegen kann *S* mit ασημ das **מ** in **אמם** falsch gelesen haben. Die Form σην in B ist auf ähnliche Weise entstanden (**אמם** → αζημ → ζημ → ζην). **אמם** ist die ursprüngliche Lesart.

---

[178] Zu **חצור** s.o. zu v 24 unter „nach **בעלות**".
[179] Barthélemy, *Critique* 1982, 39; Buber, *Geschichte* 1958, 47.
[180] Vgl. Borée, *AOP* 1930, 49, und dessen Beispiele auf S. 46–48.
[181] Noth, *Josua* ²1953, 88.
[182] Vgl. auch Barthélemy, *Critique* 1982, 38f.

שׁמע
1. καὶ Σαλμαα[B].
3. a. Kommt nur hier vor.
b. Σαμα—1Chr 5,8†; Σαμαα—Jos 15,26[A]†; Σεμαα—1Chr 2,43[B].44†.
c. In B liegt eine Korruption vor.

מולדה
1. Μωλαδα[pl] (Rahlfs; Margolis); Μωδαδα[A].
3. Das erste δ in Μωδαδα[A] ist unter Einfluß des zweiten und/oder durch Verwechslung von Λ und Δ entstanden. MT ist zu lesen.

(27) וחצר גדה וחשׁמון ובית פלט׃

וחצר גדה
1. καὶ Σερι[B].
3. a. עזריאל—2Kön 21,8[B].†
b. Ασεργαδδα—Jos 15,27[A].†
c. Margolis konjiziert die nicht überzeugende ursprüngliche griechische Lesart Ασερ Γαδει: Ασερ Γαδει = חצר גדי → חצר גרי = (α)σερ γαρ(ρ)ει (Koptisch) → α]σερ [γαρ(ρ)](ε)ι → σερ(ε)ι. MT hätte also ursprünglich חצר גדי. Daß σερ auf ασερ = חצר zurückgeht ist plausibel. Es ist aber einfacher, das -ι durch Dittographie eines ו-Kopulativum zu erklären, das als י gelesen wurde. גדה wurde dabei einfach übersprungen.

וחשׁמון
1. Fehlt in B und A.
3. b. חשׁמון ist *hapax legomenon*.
c. Dieser Ort ist absichtlich gestrichen worden.[183]

ובית פלט
1. καὶ Βαιφαλαδ[B].
2. Das ת hat kein Äquivalent.
3. a. Kommt nur hier vor.
b. Βαιθφαλεθ—Jos 15,27[A]†; Βηβφαλτ—Neh 11,26[Sc.a.mg]†.
c. Elision des ϑ.

(28) וחצר שׁועל ובאר שׁבע ובזיותיה׃

וחצר שׁועל
1. καὶ Χολασεωλα[B].
3. a. Jos 15,28[B].
b. Αρσωλα—Jos 19,13[B]†; Ασαρσουλα—Jos 15,28[A]†; Εσερσοαλ—Neh 11, 27[Sc.L]†; Εσερσουαλ—2Chr 4,28[A]; Εσηρεουλαβ—1Chr 4,28[B]†; Σερσουλα—Jos 19,3[A]†.
c. Wir hätten es nach B mit einer Vorlage וחולה שׁעול(ה)* zu tun. Da diese Verbindung aber im AT nicht vorkommt, ist es unwahrscheinlich, daß ein Ort ein Element vom Stamm חלה („schwach / krank werden / sein") enthält.

[183] Siehe §3.3.4.

Zudem ist חצר שׁועל im AT sehr wohl bekannt und wird von der LXX meistens richtig übersetzt. Daher ist die Variante Χολασεωλα doch eher unwahrscheinlich.
1. καὶ Ασαρσουλα^A.
2. Plus: –α. Vgl. v 3aα.
3. c. Siehe oben. Ein zugefügtes –α kommt an vielen Stellen vor.

ובזיותיה

ובזיותיה gibt es nicht im Hebräischen. Es ist offensichtlich eine Fehlform für בנותיה.[184] נ wurde fälschlich als זי gelesen.[185]

ובזיותיה

1. καὶ αἱ κῶμαι αὐτῶν καὶ αἱ ἐπαύλεις αὐτῶν^{B.A}; Margolis cj.: καὶ αἱ κῶμαι αὐτῆς.
2. a. καὶ αἱ κῶμαι αὐτῶν καὶ αἱ ἐπαύλεις αὐτῶν ist nicht gleich בזיותיה bzw. ובנותיה.
   b. ה– ist nicht gleich αὐτῶν.
3. MT ist korrupt: ובזיותיה muß sein: ובנותיה. Die Lesart בנותיה wird durch die LXX bestätigt, obgleich das Äquivalent von בנות, eigentlich θυγατέρες sein muß (Neh 11,27^{Sc.L}), auch wenn es sich um Töchterstädte handelt. Doch hat LXX das vorliegende ובנותיה mit den in Jos 15 gebräuchlichen Wörtern κώμη und ἔπαυλις[186] paraphrasiert. Die Pluralform ist in Analogie zu den vielen anderen Pluralformen entstanden.[187]

בעלה ועיים ועצם: (29)

בעלה

In Jos 19,3 kommt der Ort בלה—also ohne ע—in einer nahezu identischen Reihe vor.[188] Es handelt sich bei בעלה und בלה somit aller Wahrscheinlichkeit nach um den gleichen Ort. Ein Fehler in beide Richtungen kann schnell entstanden sein, da בעלה und בלה ähnlich klingen. Welche Schreibweise ist ursprünglich? Wenn בעלה ursprünglich wäre, könnte der Fehler בלה entstanden sein, weil man das ע als א gehört hat[189], das dann als *aleph quiescens* gänzlich verschwunden ist.[190] Es kann jedoch auch bewußt weggelassen worden sein, um die Assoziation mit dem Gott Baal zu vermeiden. Wenn aber בלה ursprünglich wäre,[191] könnte בעלה versehentlich in Jos 15,29 eingedrungen sein, weil man so viele Orte mit dem Element –baal kennt.[192]

---

184 Vgl. Neh 11,27 und unten zur LXX.

185 Vgl. Barthélemy, *Critique* 1982, 39.

186 Vgl. vor allem vv 45. 47.

187 Vgl. u.a. vv 32. 36.

188 Falls der Ort Ijim gestrichen werden muß (s.u. zu v 29), ist die Reihe sogar völlig identisch.

189 Vgl. Tov, *Criticism* 1992, 251.

190 Vgl. Tov, *Criticism* 1992, 255.

191 So ohne Begründung Noth, *Josua* ²1953, 88.

192 Vgl. u.a. Jos 15,9. Hier könnte בעלה auch ein ה-locale enthalten, doch diese Stelle wird nicht in dem ausführlichen Werk Hoftijzers, *Search* 1981, zum ה-locale erwähnt.

Hier zu entscheiden ist kaum möglich, doch mit LXX^A verdient die Form בעלה noch am ehesten den Vorzug.

ועיים

Dieser Ort fehlt in Jos 19,3 und 1Chr 4,29. Noth betrachtet ihn (deswegen) als Dittographie zum folgenden Ort (עצם),[193] mit צ-י-Wechsel[194] und Dittographie des י.[195] Die Konjektur ist zwar in erster Linie durch einen literarkritischen Vergleich bedingt,[196] doch ist auch Noths textkritische Analyse überzeugend. עיים ist zu streichen.

ועיים

1. καὶ Βακωκ^B.
3. a. Kommt nur hier vor.
   b. Αυ(ε)ιμ—Jos 15,29^A; 18,23^A†; Γαι—Num 33,44. 45†; vgl. auch Num 21,11: עיי העברים.
   c. Die von Margolis vorgenommene Wiederherstellung der Form αὖειν ist zu hypothetisch.
1. καὶ Αυ(ε)ιμ^A.
3. a./b. Siehe oben.
   c. Es ist nicht möglich zu entscheiden, ob die Vorlage von A עיים oder עוים enthielt, da ו und י leicht verwechselt werden können.

(30) ואלתולד וכסיל וחרמה:

ואלתולד

1. καὶ Ελβωυδαδ^B; καὶ Ελθωδαδ^A; καὶ Ελθουλαδ^W (Rahlfs).
3. a. Die Form von B kommt nur hier vor.
   b. Ελθουδαδ—Jos 19,4^A†; Ελθουλα—Jos 19,4^B†; Θουλαδ—1Chr 4,29^pau; Θωλαδ—1Chr 4,29^A.
   c. Es fällt auf, daß es abgesehen von W nur eine Stelle gibt, bei der ein zweites –λ– erhalten, dafür aber das letzte –δ weggefallen ist.[197] Alle anderen haben dort ein –δ– statt des zweiten –λ–. Das kann auf eine Verwechslung von Δ und Λ zurückgehen. Für das –β– in Ελβωυδαδ—Jos 15,30^B haben wir keine Erklärung. Ob „the scribe may be thinking of ελμωδαδ Ge 10 26“ (Margolis) mit Verwechslung von μ und β, ist fraglich.

Außerdem wird es durch den folgenden Vers unwahrscheinlich gemacht. Hier steht מבעלה. Theoretisch bleibt es aber eine Möglichkeit, daß ein ה-locale ein integraler Bestandteil eines Ortsnamens werden kann; vgl. *JM* §93f.

[193] Als drittes Argument könnte gelten, daß, wenn man עיים streicht, der Rhythmus der Ortsliste durchbrochen wird, in der in den meisten Versen drei Orte genannt werden. Die Einteilung in Verse ist jedoch später entstanden.

[194] Vgl. Tov, *Criticism* 1992, 245.

[195] Noth, *Josua* ²1953, 88; Fritz, *Josua* 1994, 166.

[196] Siehe weiter §3.4.4.

[197] Jos 19,4^B; vgl. 1Chr 4,29.

וכסיל
1. καὶ Βαιθηλ[B]; καὶ Χασειρ[A]; καὶ Χασιλ[pau] (Rahlfs).
3. a. Es gibt mehrere hebräische Orte, die mit Βαιθηλ übersetzt werden. Die Verbindung von כסיל—Βαιθηλ ist jedoch singulär.
b. Εσπερος—Jub 9,9†; Ωριων—Jub 38,31†.
c. B hat nach dem ihm bekannten בית־אל transkribiert oder es vorgefunden. Margolis leitet βαιθηλ von כסיל / κεσειλ cj. ab: κ → β, ε → αι, σ → θ und ε[ι] → η, doch ist die Verwechslung von *b* und *k* besser im Hebräischen zu erklären. Der Wechsel von *t* zu *ś* oder umgekehrt ist sowohl innergriechisch als innerhebräisch verständlich. Es ist somit durchaus möglich, כסיל und Βαιθηλ miteinander in Verbindung zu setzen. Doch welcher der beiden Orte reflektiert den ursprünglichen? Für die Lesart von B sprechen die Parallelen Jos 19,4; 1Sam 30,27 und 1Chr 4,30, für die des MT die meisten griechischen Zeugen, unter die doch wohl auch LXX[A] zu rechnen ist. Auf der Ebene der Textkritik kann keine Entscheidung getroffen werden. Später entscheiden wir uns aus historisch-topographischen Gründen für die Form בתול.[198]

(31) וצקלג ומדמנה וסנסנה:

ומדמנה
1. καὶ Μαχαριμ[B].
3. a. Kommt nur hier vor.
b. Μαδεβηνα—Jes 10,31†; Μεδεβηνα—Jos 15,31[W] (Rahlfs; Βεδεβηνα[A])†; Μαδμηνα—1Chr 2,49[A]†; Μεδμηνα—1Chr 2,49[L].
c. Vielleicht hatte B בית מרכבות (Jos 19,5) vorliegen (so Margolis), wobei dann בית verloren gegangen und מרכבות entstellt sein kann. Sicher ist das aber nicht. Mit Margolis ist es sehr wohl möglich, daß βαιθ (בית) in der Form βαι– nach καὶ verlorengegangen ist. Das Element μαχαρ– kann auf μαρχα– (–מרכ) zurückgehen, aber es ist nicht möglich, –ριμ als Wiedergabe von –בות zu sehen. Die Konjektur Margolis' ist nicht überzeugend. Eine Alternative ist aber nicht in Sicht.
1. καὶ Μεδεβηνα[W] (Rahlfs); καὶ Βεδεβηνα[A].
3. a./b. Siehe oben.
c. Die meisten Hss. in *C* haben allerdings μεδεμηνα, so daß die Lesarten in A und W wohl auf Verwechslungen von ב und מ zurückgehen.[199]

וסנסנה
1. καὶ Σεθενναχ[B].
3. a. Kommt nur hier vor.
b. Σανσαννα—Jos 15,31[A].†
c. Das –κ ist als Dittographie mit κ[αὶ] zu betrachten. ΣΕΘΕΝΝΑ ist ein Lesefehler für ΣΕΝΣΕΝΝΑ. MT ist zu lesen.

---

[198] Siehe §7.1.1.3 zu „Kesil / Betul cj.".
[199] Vgl. Jes 10,31.

ולבאות ושלחים ועין ורמון: (32a)

ולבאות
1. καὶ Λαβως[B].
2. –ς für ת–.
3. a. Kommt nur hier vor.
   b. Λαβωθ[A].
   c. *s* und *t* können leicht verwechselt werden. (Margolis: „aramaizing form".) MT ist zu lesen.

שׁלחים

Man verbindet Schilhim oft mit den Parallelen Scharuhen (Jos 19,6) und Schaarajim (1Chr 4,31). Letztere Lesart wird als verderbt betrachtet, doch welcher der beiden verbleibenden Orte, wenn sie denn tatsächlich den gleichen Ort bezeichnen, ist der ursprüngliche? Falls der Ort Schilchim / Scharuhen mit dem in ägyptischen Quellen bekannten *šrḥn*[200] identisch ist, können beide hebräische Namensformen davon abgeleitet sein. Enthält einer der beiden den richtigen Wortlaut, oder sind beide Varianten eines ursprünglich anders klingenden Namens?[201]

Falls Schilchim die ursprüngliche Form ist, ist kaum zu verstehen, warum Jos 19,6 Scharuhen verzeichnet, es sei denn, der Verfasser der Simeonliste hätte die alten ägyptischen Quellen zu Gesicht bekommen, fälschlich das kanaanäische / hebräische *l* als *r* gelesen sowie das *ḥ* und *w/u* verwechselt. Das ist unwahrscheinlich. Ebenso unwahrscheinlich aber ist, daß auf der hebräischen Text- oder Sprachebene ein ל zu einem ר geworden ist, oder umgekehrt ein ר zu ל. Dann bleiben nur die Möglichkeiten, daß Schilchim und Scharuhen zwei Varianten eines ursprünglich ägyptischen Ortsnamens sind, oder daß es sich um zwei verschiedene Orte handelt. Wenn man sieht, daß die LXX von Jos 19,6 Scharuhen nicht wiedergibt (καὶ οἱ ἀγροὶ αὐτῶν = שׂדיהן*[202]), ist Vorsicht geboten bei der Gleichsetzung. Falls literarkritische und geographische Überlegungen nicht zu anderen Schlüssen zwingen, ist vorerst davon auszugehen, daß Schilchim und Scharuhen zwei unterschiedliche Orte sind.[203]

ושׁלחים
1. καὶ Σαλη[B].
3. a. Kommt nur hier vor.
   b. Σελεειμ—Jos 15,31[A].†
   c. שׁלחים → σαλειν (Margolis) → σαλη.

---

[200] Albright, *Vocalization* 1934, 53: *šȝ-ra-ḥu-na*; Na'aman, *Brook* 1979, 75[12]: *širḥon*.

[201] Siehe [3]*HAL*, unter שׁלחים, 1406, für eine Übersicht dieser drei Möglichkeiten. Noth, *Josua* [2]1953, 88, sieht als gemeinsame Grundlage die Form שׁרחן.

[202] Vgl. *Margolis*.

[203] Die Argumentation Fritz', *Josua* 1994, 156, ist nicht beweiskräftig. Er schreibt: "Da ein Ortsname ‚Schilchim' sonst nicht belegt ist, kann mit Jos 19,6 שׁרוחן gelesen werden." Es gibt mehr Orte in Jos 15, die sonst nicht belegt sind.

ועין ורמון

Dieser Ort ist mit *BHS*, der LXX, Jos 19,7, 1Chr 4,32, Neh 11,29, Barthélemy[204] und vielen anderen Exegeten als עין רמון zu lesen. Das ו im MT ist versehentlich hinzugefügt worden.[205]

ועין ורמון

1. καὶ Ερωμωθ^{B}.
3. a. Kommt nur hier vor.
   b. Ερεμμων—Jos 19,7^{B}.† Allerdings wird an drei Stellen (u.a. in A) רמון—also ohne עין—mit Ρεμμωθ übersetzt.[206] Jos 15,32^{A} hat Ρεμμων ohne עין.[207] B hat ועין רמון statt ועין ורמון als Vorlage gehabt. So ist MT zu lesen.
1. καὶ Ρεμμων^{A}.
2. עין fehlt.
3. Entweder entstand die Variante aufgrund von Num 33,19. 20, oder sie ist eine Harmonisierung mit der Summierung in v 32b. Für die hebräische Vorlage s.o.

כל־ערים עשׂרים ותשׁע וחצריהן: ס (32b)

כל־

1. Fehlt in A und B.
3. Nur dieser Distrikt in Jos 15 wird mit כל־ abgeschlossen. Einzig in Jos 19,8[208] kehrt es in variierter Form wieder, wo כל־ allerdings auch nicht übersetzt wird. Die LXX hat assimiliert, und MT ist zu lesen.

בשׁפלה אשׁתאול וצרעה ואשׁנה: (33)

וצרעה

1. καὶ Ραα^{B}.
3. a. Kommt nur hier vor.
   b. Σαραα—Jos 15,33^{A}; 19,41^{A}; Ri 13,2^{A}.25^{B}, u.ö.; Αραα—Ri 18,2^{A}; Σαραθ—Jos 19,41^{B}.†
   c. σα– ist versehentlich weggefallen. MT ist zu lesen.

ואשׁנה

1. καὶ Ασσα^{B}.
3. a. Kommt nur hier vor.
   b. Ασνα—Jos 15,33^{A}†; Ιανα—Jos 15,43^{B}†; Ασεννα—Jos 15,43^{A}†.
   c. Die Form geht nach Margolis auf eine Vorlage אשׁה zurück. Wahrscheinlicher ist aber, daß sie durch Assimilation entstanden ist.[209]

---

204 Vgl. z.B. Barthélemy, *Critique* 1982, 39–41.

205 Nach Barthélemy, *ebd.*, hat der Fehler in Jos 15,32 dazu geführt, daß עין רמון in Jos 19,7 und 1Chr 4,32 nachträglich als עֵין רמון vokalisiert und die Summierungen angepaßt wurden.

206 Num 33,19^{F}.20^{F}; Jos 19,7^{A}.

207 Vgl. Num 33,19^{AB}.20^{A}.

208 Eventuell noch 16,9.

209 Vgl. unten zu v 43.

(34) וזנוח ועין גנים תפוח והעינם:

וזנוח
1. καὶ Τανω^B; καὶ Ζανω^A.
2. a. Transposition: וזנוח ועין גנים × καὶ Ραμεν καὶ Τ/Ζανω.
   b. Bei B *z-t*-Wechsel.
3. a. Τανω kommt nur hier vor; Ζανω außerdem in Jos 15,56^A; 2Esd 13 (Neh 3),13.
   b. Ζανωε—2Esd 21 (Neh 11),29 (30)^Sc.a mg inf.
   c. Es liegt ein Wechsel *z-t* vor sowie die gebräuchliche Elision des ח.

ועין גנים
1. καὶ Ραμεν^B.A.
2. a. Transposition (s.o.).
   b. Abweichende Form.
3. a. Kommt nur hier vor.
   b. Kommt nur hier vor.
   c. Margolis will Ραμειν von Αἰν Γαννειμ ableiten: αιν → αι → fällt nach και durch Haplographie weg; γαννειμ → ραμειν. Das ist möglich, doch gegen diesen Vorgang spricht, daß sowohl A als auch B die variante Lesart haben. Vielleicht muß ein anderer Ort in der Vorlage postuliert werden. Als Vorlage für Ραμεν sind theoretisch רעמם*, רעמן*, רעמה*, ראמה*, רמה*, usw. möglich.

תפוח
1. καὶ Ιλουθωθ^B.
2. Plus καὶ und andere Transkription.
3. a. Kommt nur hier vor.
   b. תפוח hat folgende Transkriptionen: Αταφουτ—Jos 12,17^B; Θαφφου—Jos 12,17^A; 1Chr 2,43^A†; Ταφου—Jos 16,8^B†; Εφφοζε—Jos 16,8^A†; Ναφεθ—Jos 17,7^Ba.b.mg†; Θαθφωθ—Jos 17,7^A†; Θαφεθ—Jos 17,8^B†; Θαφθωθ—Jos 17,7^B.8^A†; Θαπους—1Chr 2,43^B†.
   c. Ιλουθωθ ist singulär. Die gewöhnliche Wiedergabe von תפוח kann man in zwei Teile zerlegen. Für תפ– begegnen Ατα–/ταφ–/τα–/θα–/θαφ–. εφ– und να– sind abweichend, und Θαθφωθ ergibt nach Metathesis auch das Element ταφ–. Das alles führt zum Schluß, daß θαφ– ursprünglich das erste Element ist. Für das zweite Element פוח– bleiben dann –φουτ, –φου, –φοζε, –φεθ, –φωθ und –πους. Das Element –θωθ finden wir nur in Jos 17,7^B.8^A, das aber über Metathesis auf –φωθ zurückzuführen ist. Die meisten Transkriptionen von תפוח enden auf –θ, davon 3× auf –ωθ. Daher ist es möglich, daß –ωθ sich auf (eine Vorform von) וח– bezieht. Ιλουθ– aber ist nicht zu erklären. A hat hier Αδιαθα(ε)ιμ (s.u. v 36), und daher ist es möglich, daß sich Ιλουθ– auf –עדית von עדיתים statt auf –תפ von תפוח bezieht. Das erklärt die Mischform sowie das Fehlen von Tappuach in der LXX. In der LXX steht diesem Minus ein Plus in Μεμβρα/Νεμρα (v 35) gegenüber, so daß die in v 36 genannte und die wirkliche Anzahl der Orte übereinstimmen. Die Konjektur Margolis' Αδουθωθ ist für LXX* zu lesen, auch wenn wir nicht davon ausgehen, daß es die Transkription von עדתות ist, einer varianten Form von עדיתים. Das ι– in Ιλουθωθ ist durch καὶ

entstanden, ein ursprüngliches α– ist weggefallen. Danach fand noch eine Δ-Λ-Verwechslung statt. Sollte sich Ιλουθωθ doch auf עדיתים beziehen, gäbe es weder in B noch A einen Beleg für תפוח. Dann wäre es auch möglich, daß *נמרה (s.u.) in der Vorlage stand und nicht תפוח.
Doch wahrscheinlicher ist es, daß die LXX im Rhythmus von עין גנים und העינם cj. (s.u.) עדיתים eingeschoben und תפוח übersehen hat.
1. καὶ Αδιαθαϊμ[A].
3. a./b. Transposition. Siehe unter v 36.
c. Tappuach fehlt, weil es in LXX* überschlagen wurde (s.o.). Siehe weiter oben und unter v 36.

והעינם
1. καὶ Μαιανι[B].
2. Abweichende Transkription; der Artikel fehlt.
3. a. Kommt nur hier vor.
b. Αναειμ—Jos 15,34[A].†
c. Für den Artikel s.o. zu v 6a. καὶ Καιανειμ (Dittographie von και) → μαιαν(ε)ι und Metathesis נ und י (Margolis). Das –μ ist weggefallen.
1. Ηνα(ε)ιμ[A].
3. Metathesis נ–י. Da sowohl B als A auf eine Form העינם zurückgehen, ist es sehr wohl möglich, daß diese die ursprüngliche Lesart ist. Wir lesen somit העינם.

(35) ירמות ועדלם שׂוכה ועזקה:

ירמות
1. καὶ Ιεϱμουθ[B]; καὶ Ιεϱ(ε)ιμουθ[A].
2. Plus καί und in A –(ε)ι– extra.
3. a. vgl. Ιεϱ(ε)ιμουθ von ירמות—1Chr 7,7[A]; 25,4, u.ö.; und von ירימות—Jos 10,3. 5. 23; 12,11[B.F].
b. Ιεϱιμου—Jos 12,11[A]†; Ιεϱμουθ—Jos 15,35[B]†; Ιεϱμωθ—Jos 21,29[A]†.
c. καί ist eine stilistische Ergänzung. Die Vorlage könnte sowohl ירמות als ירימות gewesen sein, wobei eine Entscheidung nicht getroffen werden kann.

עדלם
1. Οδολλα[A]; Οδολλαμ[pl] (Rahlfs; Margolis).
2. Bei A ist ein μ weggefallen.

Nach עדלם
1. Plus in B: καὶ Μεμβϱα, und A: καὶ Νεμϱα (Margolis).
3. a. Beide kommen nur hier vor.
c. Da die LXX תפוח übersprungen hat, hat sie aus Harmonisierungsgründen einen weiteren Ort eingefügt, der nicht in der Vorlage vorkam. μεμβϱα[B] ist als Korruption von νεμϱα zu verstehen (so Margolis). Falls aber תפוח nicht in der Vorlage vorkam (s.o.), könnte ein נמרה in der Vorlage gestanden haben.

שׂוכה
1. καὶ Σ(α)ωχω[B.A].
2. Plus καὶ.
3. S.o. zu ירמות.

ועזקה
1. καὶ Ιαζηκα[B].
3. Dittographie von [κα]ὶ.

ושׂערים ועדיתים והגדרה וגדרתים: (36a)

ושׂערים
1. καὶ Σακαριμ[B].
3. ע wurde zu γ und danach zu κ.
1. καὶ Σαργαριμ[A].
2. Ein -ρ- extra.
3. a. Jos 15,36[A].†
b. Σαργαριμ und Σακαριμ kommen nur hier vor.
c. Ein -ρ- extra aufgrund des nächsten ρ.

ועדיתים
1. Fehlt in A und B.
3. S.o. zu Jos 15,34[A] unter תפוח.

הגדרה
1. Γαδηρα[B.A].
2. Ohne Artikel.
3. a. 1Chr 4,23[A].†
b. Γαβαηρα—1Chr 4,23[B]† (Γαδειροις[L]).
c. S.o. zu v 6a.

וגדרתים
1. καὶ αἱ ἐπαύλεις αὐτῆς[B.A].
2. Nicht als Stadt betrachtet.
3. a. גדרה—Num 32,16. 24. 36†; הות—Num 32,41[2]; Ri 10,4†; הוץ—Num 22,39†; חצר—Jos 13,23; 15,45?.47?.54. 60; 19,23, u.ö.; בת, usw.
b. Vgl. גדרת: Γαδηρωθ—Jos 15,41[A]; 2Chr 28,18[A]†; Γεδδωρ—Jos 15,41[B]†; Γαληρω—2Chr 28,18[B]†.
c. גדרתים kommt nur hier vor. Die LXX hat die bessere Lesart und geht auf וגדרתיה̱ zurück, das auch im MT zu lesen ist.[210] Im Vergleich zu Num 32,16. 24. 36 ist eine Übersetzung von גדרת mit ἐπαύλεις sehr wohl möglich. וגדרתיה ist zu lesen. ἐπαύλεις steht für mehrere hebräische Wörter; vgl. v 28.

[210] Die Form וגדרתים befremdet Es scheint zusammengestellt zu sein aus pl. f. und pl. m. oder dualis.

(36b) ערים ארבע־עשׂרה וחצריהן:

(37) צנן וחדשׁה ומגדל־גד:

צנן
1. Σεννα[B].
2. Das zweite ן– fehlt.
3. a. לבנה—2Kön 8,22[B].
   b. Σενναν[A]—Jos 15,37.
   c. Der Wegfall des ν ist aus einem langen α in σενᾱ (← σεναν [cj. Margolis]) zu erklären.

וחדשׁה
1. καὶ Αδασαν[B].
2. Ein ν extra.
3. S.o.

ומגדל־גד
1. καὶ Μαγαδαγαδ[B].
2. –ל– ist nicht transkribiert.
3. a. Kommt nur hier vor.
   b. Μαγδαλγαδ—Jos 15,37[A].
   c. Elision des *l*.

(38) ודלען והמצפה ויקתאל:

ודלען
1. καὶ Δαλαλ[B].
2. –λ statt ן–.
3. a. Kommt nur hier vor.
   b. Δαλααν—Jos 15,38[A].†
   c. Im Rhythmus der gleichen Konsonanten (μαγαδαγαδ) kann Δαλαλ entstanden sein.

והמצפה
1. καὶ Μασφα[B.A].
2. Ohne Artikel.
3. Μασφα oder seine Äquivalente werden nie mit dem Artikel transkribiert. (S.o. zu v 6a.)

ויקתאל
1. καὶ Ιακαρεηλ[B].
2. –ϱ– statt –ת–.
3. a. Kommt nur hier vor.
   b. Ιεχθαηλ—Jos 15,38[A]†; Ιεκθοηλ—2Kön 14,7[A]†; Κατοηλ—2Kön 14,7[B]†.
   c. ιακαθεηλ (cj. Margolis) → ιακαδεηλ → ιακαρεηλ.
1. Ιεχθαηλ[A].
3. Ein ק ist als κ transkribiert und sekundär aspiriert worden.

(39) **לכיש ובצקת ועגלון:**

לכיש
1. καὶ Λαχις^A; καὶ Λαχης^Bc (Μαχης^B*).
2. Plus καὶ.
3. S.o. zu v 6a.

ובצקת
1. καὶ Βασηδωθ^B.
2. –δ– statt –ק– in B.
3. a. Kommt nur hier vor.
   b. Μασχαθ—Jos 15,39^A†; Βαζκαθ—Jos 15,39^W (Rahlfs); Βασουρωθ—2Kön 22,1†.
   c. Margolis cj.: βασηκωθ → βασηχωθ → βασηλωθ → βασηδωθ.
1. Μασχαθ.
3. Nur A hat diese Korruption, mit Verwechslung von ב und מ.

ועגלון
1. καὶ Ιδεαδαλεα^B.
3. a. Kommt nur hier vor.
   b. Αγλων—Jos 12,39^W (Rahlfs); 15,39^pl, u.ö.; Αιγλαμ—Jos 17,3^A†; Αιλαμ—Jos 12,12^B, u.ö.; Εγλωμ—Jos 12,12. 39^A; 15,39^A; Εγλων—Jos 12,12^F. Οδολαμ / Οδολλαμ—nur in Jos 10.
   c. Margolis betrachtet zu Recht Ιδεαδαλεα als Korruption von Οδολλαμ. In Jos 10,3 wird עגלון von den meisten griechischen Textzeugen mit Οδολλαμ wiedergegeben. Die Korruption ist wie folgt zu rekonstruieren: Οδολλαμ → Dittographie von κα[ί]: Ιοδολλαμ → Ιοδοδαλαμ → Ιδοδαλα → Ιδεαδαλεα.

(40) **וכבון ולחמס וכתליש:**

וכבון
1. καὶ Χαβρα^B; καὶ Χαββα^A.
3. a. Kommt nur hier vor.
   b. Es gibt nur die oben genannten Übersetzungen.
   c. –ββ– in A kann als Assimilation von –βρ– verstanden werden oder –βρ– als korrupte Lesart von –ββ– (so Margolis). Margolis leitet seine Urform χαββαν von einer aramäisierenden Form כַּבָּן ab. Da aber –βρ– die *lectio difficilior* ist und Assimilation zu –ββ– eher wahrscheinlich ist, vermuten wir כברן, כברון oder כברה als Vorlage von LXX^B.

ולחמס
   Mit Barthélemy und der Mehrzahl der Textzeugen ist ולחמס und nicht, wie manche wollen,[211] ולחמם zu lesen.

לחמס
1. καὶ Μαχες^B.
3. a. Kommt nur hier vor.
   b. Λαμας—Jos 15,40^A.†

[211] Vgl. Barthélemy, *Critique* 1982, 41f.

c. Das ל ist vielleicht deshalb weggefallen, weil es als Präposition angesehen wurde (Margolis). Danach fand Metathesis von ח und מ in B statt. In A ist das χ elidiert.

וכתליש

1. καὶ Μααχως^{B}.
3. a. Kommt nur hier vor.
b. Χαθλως—Jos 15,40^{A}.†
c. Wahrscheinlich wurden Μαχες und Χαθλως* nach einer Verwechslung von י und ו zusammengezogen aufgrund des Auslauts, wodurch ein Μααχως entstand (μαχ[ες χαθλ]ως). Die Rekonstruktion Margolis' ist nicht überzeugend: καθλως → μαδχως → μααχως.
1. καὶ Χαθλως^{A}.
2. Verwechslung von י und ו.
3. Da die meisten Hss. die Form mit –ω– haben, ist sehr wahrscheinlich mit einer Vorlage כתלוש zu rechnen. Zu überprüfen ist das nicht, da beide hebräischen Formen *hapax legomena* sind bzw. wären.

וגדרות בית־דגון נעמה ומקדה (41a)

וגדרות

1. καὶ Γεδδωρ^{B} (Margolis: Γεδωρ).
3. a. Kommt nur hier vor. Von גדור—1Chr 12,7^{S}.†
b. S.u. v 58.
c. Es ist schwer zu entscheiden, ob die Vorlage גדר oder גדר(ו)ת enthielt, da es für beide Möglichkeiten genügend Textzeugen gibt.

בית־דגון

1. καὶ$^{A.B}$ Βαγαδιηλ^{B}.
2. Plus in A und B: καί. B: andere Transkribierung.
3. a. Die Form von B kommt nur hier vor.
b. Βηθδαγων—Jos 15,41^{A}; 19,27^{A}; vgl. 1Makk 10,83$^{A.Sc.V}$; Βαιθεγενεθ—Jos 19,27^{B}†.
c. Von βαιθ ist nur βα– geblieben, während der Rest elidiert ist. Danach fand Metathesis von ג und ד statt, י und ו wurden verwechselt. Das ן erscheint als λ.[212] Wenn Βαγαδιηλ nicht auf בית־דגון zurückzuführen ist, muß es auf eine Form *בית גדיאל[213] zurückgehen. Wir lesen MT.

ונעמה

1. καὶ Νωμαν^{B}.
2. Mit –ν statt ה–.
3. a. Kommt nur hier vor.
b. Νωμα—Jos 15,41^{A}†; Νααμα—1Kön 14,21^{A}.31^{A}†; Νοεμα—Gen 4,22[214].
c. Einem auslautenden –α wurde ein –ν hinzugefügt.[215]

---

[212] Vgl. *Margolis*: δαγων → δαγιν → γαδινα → γαδιηλ.

[213] Vgl. Num 13,10.

[214] Νοεμα kann auch von נעמן (allerdings Personenname) stammen: Num 26,44 (40)^{A}.

[215] Vgl. oben vv 14. 37.

ומקדה
1. καὶ Μακηδαν^{B}.
2. Mit –ν statt ה–.
3. S.o.

(41b) ערים שׁשׁ־עשׂרה וחצריהן: ס

(42) לבנה ועתר ועשׁן:

לבנה
1. Λεμνα^{B}.
3. a. לבנה—Jos 10,39^{F}; 21,13^{B}; יבנאל—Jos 15,11^{B}.†
   b. Λεβνα—Jos 10,29 (2×)^{B}.31^{B}.32^{B}; 12,15^{B}; 15,42^{A}; 21,13^{A}†; Κεβωνα—Num 33,20^{AF}†; Λαβανα—Jes 37,8$^{\alpha'\sigma'}$; Jer 52,1$^{\alpha'\sigma'}$; Jes 37,8$^{\theta'}$†; Λαβμνα—Jos 10,31^{A}.32^{A}†; Λεβωνα—Num 33,21^{AF}† (vgl. לבונה—Ri 21,19); Λεμωνα—Num 33,20^{B}.21^{B}†; Λεβμνα—Jos 10,29 (2×)^{A}.39^{A}; 12,15^{A}†; Λοβενα—2Kön 23,31^{A}; Jes 52,1 (vgl. 2Chr 36,2a^{B})†; Λοβνα—2Kön 19,8; 1Chr 6,57 (42) (vgl. 2Chr 36,2a^{A}; 21,10^{A}; Jes 37,8$^{AB\Gamma}$†); Λομνα—2Kön 8,22^{A}, u.ö.; Σεννα—2Kön 8,22^{B} (vgl. Jos 15,37^{B}—Σεννα).
   c. ב ist als מ gelesen worden.

ועתר
1. καὶ Ιθακ^{B}; Margolis cj.: Αθαχ; καὶ Αφορ^{A†}; καὶ Αθερ^{pl} (=Rahlfs A; vgl. *C* und *P* bei Margolis).
3. a. Die Form von B kommt nur hier vor.
   b. Αθερ—Jos 15,42^{A}†; Βεθερ—Jos 19,7^{A}†; Ιεθερ—Jos 19,7^{B}[216].
   c. Die Lesart von B kann auf vier Weisen entstanden sein: 1. Sie ist durch 1Sam 30,30 beeinflußt, wo neben Asan, dort Bor-Asan, der Ort Atach statt Eter erscheint.[217] 2. Das ר wurde als ך gelesen. 3. Ιθακ geht auf eine Vorlage עתך zurück. Dafür würden die Lesarten von *E* mit Ιθακ und *S* mit Αθακ sprechen, dagegen die von *C* und *P* mit Αθερ. 4. Mit *VL* ist θακ oder θαχ zu lesen. Das I– in B geht auf Dittographie mit dem –ι von καί zurück. Dieses θακ* wäre dann mit תכן/θοκκαν aus 1Chr 4,32 zu verbinden. In den ersten zwei Fällen ist MT zu lesen, in den letzten beiden ist mit einer anderen Vorlage zu rechnen. Da Möglichkeit 2. die einfachste Erklärung für die Variante ist, lesen wir MT.[218]

ועשׁן
1. Fehlt in A und B.
3. b. Αισαν—1Chr 4,32^{A}†; Αισαρ—1Chr 4,32^{B†}; Ανωχ (nach *HR*)—Jos 15,43^{B†}; Ασαμ—Jos 19,7^{A}†; Ασαν—Jos 19,7^{B}†; 1Chr 6,59 (44)†.
   c. Zur Annahme eines Homoioteleueton oder Homoioarkton gibt es kaum (2× ע) oder keinen Anlaß. Somit kam entweder der Ort nicht in der Vorlage

---

216 Ιεθερ ist auch die Transkription für andere Orte.
217 Vgl. Rainey, *Division* 1980, 199f; *Margolis*.
218 Vgl. weiter §3.5.6.

vor, oder sowohl A als B (*E*, *C* und *S*; er begegnet lediglich in *P*) haben ihn versehentlich übersprungen. Die Bandbreite der Textzeugen spricht dafür, daß ועשן nicht in der Vorlage stand. Doch wenn man dies annimmt, stimmt die Summierung der Orte in v 44 nicht mehr. Vorläufig lesen wir darum MT. Diesem Minus steht übrigens ein Plus in v 44 gegenüber.

(43) ויפתח ואשנה ונציב:

ויפתח

1. καὶ Ανωχ[B]; Margolis: Ιανωχ.
3. a. Kommt nur hier vor.
   b. Laut *HR* Übersetzung für עשן; s.o.
   Für יפתח: Ιεφθα—Jos 15,43[A] (vgl. יפיע—Jos 10,3[B]); Ιεφθαε—Ri 11,1 (2×). 2. 3 (2×). 5, u.ö.
   c. Ανωχ bzw. Ιανωχ mit Margolis muß von ינוח stammen, das aber im AT nur als ephraimitischer bzw. israelitischer Ort begegnet (Jos 16,6. 7; 2Kön 15,29). Ob die Vorlage anders war, ist schwer zu entscheiden, denn *E* und *S* sprechen für die Lesart Ιανωχ, *P* und *C* für Ιεφθα.

ואשנה

1. καὶ Ιανα[B].
3. a. Kommt nur hier vor.
   b. Ασεννα—Jos 15,43[A]† (Margolis cj.: Ασνα); Ασνα—Jos 15,33[A]; Ασσα—Jos 15,33[B].
   c. ι ist aus Dittographie des ι in και entstanden. σ ist weggefallen (Elision?).

(44a) וקעילה ואכזיב ומראשה:

וקעילה

1. καὶ Κε(ε)ιλαμ[B].
2. –μ statt ה–.
3. a. Kommt nur hier vor.
   b. Κε(ε)ιλα—Jos 15,44[A]; 1Sam 23,1. 2. 4. 5, u.ö.; Κεηλα—1Sam 23,12[θ'].
   c. Das –μ ist über κε(ε)ιλαν* entstanden. S.o. zu v 41.

ואכזיב

1. καὶ Ακιεζι καὶ Κεζιβ[B].
3. a. Beide Formen kommen nur hier vor.
   b. Αχζεκ—Jos 15,44[A]†; Αζειφ—Jos 19,29[A*]†; Ασχαζει—Ri 1,31[B]†; Ασχενδει—Ri 1,31[A]†; Αχζειβ—Jos 19,19[Al]†; Εχοζοβ—Jos 19,29[B]†.
   c. Es liegt Dittographie der Hälfte des Wortes אכזיב vor. Das –ι– in Ακιεζι, das auf אכיזי(ב)* zurückgehen würde, bereitet kein Problem, da es freien Spielraum gab in der Weglassung und Hinzufügung von *matres lectiones*. Margolis: Ακεζειβ.
1. Αχζεκ[A] ; Αχζιβ[mu] (Rahlfs).
3. Nur A hat diese Lesart, die auf eine Verwechslung von ב und כ zurückgeht.

ומראשה

1. καὶ Βαθησαρ[B].
3. a. Kommt nur hier vor.

b. Μαρησα—Jos 15,44^A. Vgl. auch מרשה: Μαρεισα—1Chr 2,42, u.ö.; Μαρεισαν; Μαρεσα; Μαρησα; Μαρισηλ.
c. Das מ ist als ב gelesen worden. Vielleicht wurde danach ein -θ- eingefügt, um eine Form mit βαιθ / βαθ = בית zu erreichen. Es hat Metathesis von ר und שׁ stattgefunden, und das ה ist weggefallen.

Nach ומראשה
1. Plus in A und B; καὶ Εδωμ^A; καὶ Αιλων^B.
3. a. Εδωμ: Jos 15,21^A; Ri 5,4, u.ö. Αιλων: Jos 19,43, u.ö.
b. Αιλων ist ein Äquivalent für אילון und Εδωμ für אדום.[219]
c. Edom wurde in v 1^A in der aktualisierten Form Ἰδουμαία als zu Juda gehörend betrachtet. Da Marescha in der pers. Zeit die Hauptstadt von Idumäa wurde, lag es nahe, an dieser Stelle Edom hinzuzufügen. Daß Edom kein Ort war, war weniger wichtig. Indem dieser Pseudo-Ort hinzugefügt wurde, stimmte die Anzahl wieder mit der Summierung v 44b überein. Die Form Αιλων von B ist innergriechisch entstanden: Δ → Λ. MT ist zu lesen.

ערים תשע וחצריהן: (44b)

תשע
1. δέκα^B.
3. B hat das extra Κεζιβ (v 44a) mitgezählt.

עקרון ובנותיה וחצריה: (45)

ובנותיה וחצריה
1. καὶ αἱ κῶμαι αὐτῆς καὶ αἱ ἐπαύλεις αὐτῆς^A.
καὶ αἱ κῶμαι αὐτῆς καὶ αἱ ἐπαύλεις αὐτῶν^B.
2. B hat αὐτῶν im pl. statt im sg.
3. Vgl. v 28.

מעקרון וימה (46a)

Vor מעקרון
1. καὶ^A.
2. Plus καί.
3. Die Variante ist unbedeutend.

וימה
1. Γεμνα^B; Ιεμναι^A.
2. In B ohne καί; in beiden Hss. als Ortsname aufgefaßt.
3. a. Kommt nur hier vor.
b. Γαιν—Jos 18,15^A†; Γασειν—Jos 18,15^B†.
c. B und A setzen irrtümlich einen Ortsnamen ימנה voraus. Von hier aus sind beide Lesarten zu erklären. Margolis' Konjunktion Ιεβνα, für die es keine Textzeugen gibt, macht die Sache komplizierter, da das *b* in

[219] Vgl. v 42.

Ιεβνα / יבנה in *E*, *S*, P_l, *C* und MT ein *m* hätte werden müssen. Γ– in B ist innergriechisch zu erklären: Ι → Γ. Das Fehlen von καί in B ist unwichtig. MT ist zu lesen.

כל אשר־על־יד אשדוד וחצריהן: (46b)

כל
1. καὶ πᾶσαι[B.A].
2. Plus καί.
3. Die Variante ist unbedeutend.

וחצריהן
Das suff. im pl. kongruiert nicht mit der Stadt im sg. Anzunehmen ist, daß es in Analogie zu dem oft vorkommenden וחצריהן entstanden ist.[220] MT ist zu lesen.

וחצריהן
1. καὶ αἱ κῶμαι αὐτῆς[A].
2. αὐτῆς statt αὐτῶν.
3. Es fehlt bei A ein Stück Text, und zwar von –וחצרי (v 46) bis –וחצרי (v 47). A hat versehentlich –וחצרי = κῶμαι (αὐτῶν) mit dem Ausgang von –בנותי = κῶμαι (αὐτῆς) verbunden (Homoioarkton).

אשדוד בנותיה וחצריה (47aα)

(v 47) –אשדוד בנותיה וחצרי (v 46) הן–
1. Fehlt in A.
3. Siehe bei v 46b.

בנותיה
1. καὶ αἱ κῶμαι αὐτῆς[B].
2. Plus καί.
3. S.u.

עזה בנותיה וחצריה עד־נחל מצרים (47aβ)

בנותיה
1. καὶ αἱ κῶμαι αὐτῆς[B.A].
2. Plus καί.
3. Zweimal wird בנותיה asyndetisch angehängt. Die LXX hat dies verbessert.

והים הגבול וגבול: ס (47b)

והים הגבול
Im MT liegt ein Schreibfehler vor. Mit Q ist הים הגדול zu lesen.

הגבול
1. ἡ μεγάλη[B.A].
3. ἡ μεγάλη deutet auf eine Vorlage הגדול (=Q). Es macht mehr Sinn, über

---

[220] Vgl. Noth, *Josua* ²1953, 90.

„das große Meer" zu reden (LXX) als über „das Meer, die Grenze / das Küstengebiet" (MT). Der MT ist hier deutlich korrupt. Vgl. v 12 für הים הגדול.

וגבול
1. διορίζει[B.A].
3. MT ist zu lesen. Vgl. v 12.

(48) ובהר שׁמיר ויתיר ושׂוכה:

שׁמיר
1. Σαφ(ε)ιρ[A].
3. a. Kommt nur hier vor.
b. Σαμειρ—Jos 15,48[B]; Ri 10,1[B].2[B]†; Σαμαρεια—Jos 10,1[A].2[A]†; Σαμηρ—1Chr 24,24†.
c. Die Lesart von A geht auf eine ב-מ-Verwechslung zurück mit anschliessender Aspiration.

(49) ודנה וקרית־סנה היא דבר:

ודנה
1. καὶ Ρεννα[B.A].
3. a. Kommt nur hier vor.
b. Kommt nur hier vor.
c. ד-ר-Wechsel. Welcher Name ursprünglich ist, ist wegen des fehlenden Vergleichmaterials nicht zu bestimmen.

וקרית־סנה
Dieser Ort wird mit Debir verbunden, während Debir in Jos 15,15 gerade mit Kirjat-Sefer verbunden wurde. Daher lesen einige קרית־ספר.[221] קרית־סנה kann dann aufgrund des davor stehenden Ortes דנה entstanden sein.[222] Ähnliches gibt die LXX wieder: Sie hat Πόλις γραμμάτων (s.u.). Barthélemy streitet aber für die Beibehaltung der Namensform des MT.[223] Er weist darauf hin, daß die LXX wahrscheinlich assimiliert hat und hier eine kalebitische Namensform mit dem Element -anna vorliegen könnte.[224] Debir hätte dann drei Namen: Kirjat-Sefer → Kirjat-Sanna → Debir. MT ist zu lesen.

וקרית־סנה
1. καὶ Πόλις γραμμάτων[B].
3. a. Jos 15,15. 16. 49; 21,29; Ri 1,11. 12.†
b. S.o. zu v 15b.

---

[221] Vgl. u.a. Delitzsch, *LSF* 1920, 99b; Orlinsky, *Qiryat-Sannah* 1939, 255–261; Fritz, *Josua* 1994, 156.
[222] Gegen Noth, *Josua* ²1953, 92. היא דבר muß also auch nicht als „falsch erklärender Zusatz" (ebd.) verstanden werden. Vgl. die Kritik bei Cross / Wright, *Boundary* 1956, 220[44] und Orlinsky, *Qiryat-Sannah* 1939, 255–261.
[223] Barthélemy, *Critique* 1982, 42f.
[224] Vgl. Madmanna und Sansanna in Jos 15,31.

c. Die LXX hat entweder eine Vorlage mit וקרית־ספר gelesen oder bewußt verbessert. Letzteres ist wahrscheinlicher. (S.o.)
1. πόλις γραμμάτων^A.
2. καί fehlt.
3. Die Variante ist unbedeutend.

היא דבר
1. αὕτη Δαβιρ^B.
2. ἐστίν fehlt.
3. Die Variante ist unbedeutend.

ועָנב ואשׁתמה ועָנים: (50)

וענב
1. καὶ Ανων^B.
3. a. ארנן—Num 21,26^F†; הנון—2Kön 10,3^A.4^A.†
b. Ανωβ—Jos 11,21^AF; Jos 15,50^A†; Αναβωθ—Jos 11,21^B†.
c. Die Form mit auslautendem -ν ist wahrscheinlich aufgrund der vielen Orte mit -ν in v 50f entstanden (Εσκαιμαν, Αισαμ, Χαννα).

ואשׁתמה
1. καὶ Εσκαιμαν^B.
3. a. Kommt nur hier vor.
b. Eς—Jos 15,50^Bb; Μαν—Jos 15,50^Bb; Εσθεμω—Jos 15,50^A. Vgl. auch אשׁתמ(ו)ע.
c. Es liegt wieder eine Form mit -ν für ה- vor. -ת- ist offensichtlich als -ו gelesen und folglich mit καί übersetzt worden; vielleicht aufgrund des häufigen καί. Da -αν eine geläufige Transkribierung für ה- ist, soll die Form אשׁתמה nicht in die mehr gebräuchliche אשׁתמ(ו)ע geändert werden.[225]

ועָנים
1. καὶ Αισαμ^B.
3. a. Kommt nur hier vor.
b. Ανειμ—Jos 15,50^A.†
c. B (*E*) und *S* deuten auf eine Lesart ועינם, *P* und *C* auf ועָנים (vgl. Margolis). Beide Lesarten sind möglich.

וגשׁן וחלן וגלה (51a)

וגשׁן
1. καὶ Γοσομ.
3. Verwechslung ן-ם. *E*, *C*, *S* und *P* deuten alle auf die Vokalisation גֹּשֶׁן statt גֹּשֶׁן.

וחלן
1. καὶ Χαλου^B; Χιλουων^A.
3. a. Kommen beide nur hier vor.
b. Γελλα—Jos 21,15^B; Ωλων—Jos 21,15^A.

[225] Jos 21,14; 1Sam 30,28; 1Chr 4,17. 19.

c. Die Lesart von B geht auf χαλῶ=חלן zurück. A (*C*) kombiniert ω und ου (Margolis).

וגלה
1. καὶ Χαννα^B.
3. a. Kommt nur hier vor.
   b. Γηλων—Jos 15,51^A†; Γωλα—2Sam 15,12†.
   c. Margolis: גלן=γαιλαν → χαννα als Korruption.
1. καὶ Γηλων^A.
2. Ein –ν extra.
3. Die Lesart geht zurück auf γηλῶ.

ערים אחת־עשׂרה וחצריהן: (51b)

אחת־עשׂרה
1. δέκα^A.
3. Es ist unklar, warum A hier die Zahl 10 nennt, während sie 11 Städte zählt. Alle andere Rezensionen und MT nennen die Zahl 11. Vielleicht ist ἕν– von ἕνδεκα einfach weggefallen.

ארב ורומה ואשׁען: (52)

ארב
1. Αιρεμ^B.
3. a. Kommt nur hier vor.
   b. Ερεβ—Jos 15,52^A.†
   c. Das ב ist als מ gelesen worden.

ורומה ואשׁען
1. καὶ Εσαν καὶ Ρουμα^A.
2. Transposition.
3. Die Variante ist unbedeutend.

ורומה

Hier könnte man mit vielen Hss. auch ודומה lesen,[226] doch auch viele andere Hss., darunter LXX^A und wahrscheinlich LXX^B (s.u.), haben ורומה.[227] Aus textkritischen Gründen ist es schwer, hier eine Entscheidung zu treffen, obgleich das Zeugnis der LXX eher für Ruma spricht. Dazu kommt, daß die gebräuchliche und sichere Identifizierung von Duma mit *dēr ed-dōme* aus geographischen Gründen eher gegen die Form Duma an dieser Stelle spricht.[228]

ורומה
1. καὶ Ρεμνα^B; Ρουμα^A.†
3. a. Kommen nur hier vor.
   b. Kommen nur hier vor.

---

[226] So fast alle Kommentare. Eine Ausnahme ist Aḥituv, *Joshua* 1995, 264.
[227] Elitzur, *Rumah* 1994, 123–128. 125f.
[228] Aber dazu mehr unter §7.3.2.2 zu „Arab und Ruma".

c. *E* hat Ρεμνα und *S* [Αι]ϱεμμα, während P_1 und *C* die Form Ρουμα lesen. Nur P_1 und Eusebius (*Onomastikon* 78,21) liesen Δουμα, also mit *d*. Ob mit P_1 und *C* MT zu lesen, oder mit *E* und *S* רמנה bzw. רמה zu postulieren ist, ist schwer zu sagen.

ואשען
1. καὶ Σομα^B.
3. a. Kommt nur hier vor.
   b. Εσαν—Jos 15,52^A.†
   c. Wir folgen Margolis: εσαν → εσνα → σομα.

וינים ובית־תפוח ואפקה: (53)

וינים
Q hat וינום. So auch viele Hss. und die LXX. Das macht die Lesart von Q sehr wahrscheinlich.

וינים
1. καὶ Ιεμα(ε)ιν^B.
3. a. Kommt nur hier vor.
   b. Ιανουμ (ינום)—Jos 15,53^A.†
   c. Metathesis נ und מ.
1. καὶ Ιανουμ^A.
3. a/b. S.o.
   c. Verwechslung י und ו (=Q). Nach MT (K), *E* und *S* ist וינים zu lesen, nach MT (Q), *C* und *P* וינום. Mit MT (Q) lesen wir וינום.

ובית־תפוח
1. καὶ Βαιθαχου^B.
3. a. Kommt nur hier vor.
   b. Βεθθαπφουε—Jos 15,53^A.
   c. Es fand Metathesis von ח und פ statt. Das π/φ ist wahrscheinlich durch Elision weggefallen.

ואפקה
1. Φακουα^B.
3. a. Kommt nur hier vor.
   b. Αφακα—Jos 15,53^A; Αφεκα—Jos 13,4^A (auch für אפק); Ταφεκ—Jos 13,4^B.
   c. Die Variante ist wahrscheinlich aufgrund der Ähnlichkeit mit dem vorigen Ort תפ(ו)ח entstanden, wobei das א weggefallen ist und das ה als ח gelesen wurde (*פקח).

וחמטה וקרית ארבע היא חברון וציער (54a)

וחמטה
1. καὶ Ευμα^B.
3. a. Kommt nur hier vor.
   b. Χαμματα—Jos 15,54^A.†

c. Die Form von B ist korrupt: Das ט ist nicht wiedergegeben. Ob mit *VL*, die zu *S* gehört, χετμα cj. / חטמה (so Margolis) oder mit MT, *P* und *C* (χ)αμ(μ)ατα / חמטה gelesen werden muß, ist nicht mit Sicherheit zu sagen.

ארבע

1. Αρβοκ[B]; Αρβο[pau] (Rahlfs); Αρβοα[A].†
3. Das κ in B ist von γ herzuleiten, das für ע steht. Vgl. v 13.

ציער

1. Σωρθ[B*†]; Σωραιθ[Bc].
2. Σιωρ—Jos 15,54[A].
3. Die Form Σωραιθ ist durch Verwechslung von Γ und Τ und Metathesis entstanden: ΣΩΓΑΡ → ΣΩΡΑΓ → ΣΩΡΑΤ → ΣΩΡΑΘ → (ΣΩΡΘ) → ΣΩΡΑΙΘ oder ΣΩΓΑΡ → ΣΩΤΑΡ → usw. Das Ι kann auf Dittographie mit Τ oder Γ zurückgehen. Ob die Lesart, wie Margolis meint, auf צ(ו)ער zurückgeht, ist zu bezweifeln. Eher liegt Verwechslung mit der bekannten Stadt Zoar vor. MT ist zu lesen.

(54b) ערים תשע וחצריהן׃ ס

(55) מעון כרמל וזיף ויוטה׃

מעון

1. Μαωρ[B].
3. a. Kommt nur hier vor.
   b. Μαων—Jos 15,55[A]; Γαμων—Jer 31 (48),23[Sc.a]†; Μααν—1Kön 23,24[B], u.ö.; Μαδιαμ—Ri 10,12; Μαωθ—Jer 31 (48),23[S*]†, u.ö.
   c. Die Lesart von B geht auf eine Verwechslung von ן und ר zurück.

כרמל

1. καὶ Χερμελ[B.A].
2. Plus καὶ.
3. Die LXX hat assimiliert.

וזיף

1. καὶ Οζιφ[B].
3. ו– wurde als zum Namen gehörend betrachtet, anschließend wurde καί hinzugefügt (Dittographie?). Für זיף s.o. zu v 24.

ויוטה

1. καὶ Ιταν[B].
3. a. Kommt nur hier vor.
   b. Ιεττα—Jos 15,55[A].†
   c. Entstanden aus יֻטָּה ohne –ו–, und –ν statt ה–.
1. καὶ Ιεττα[A].
2. Ohne –ו–.
3. S.o.

(56) ויזרעאל ויקדעם וזנוח׃

ויזרעאל

1. Ιαριηλ[B].

2. ז ist in B nicht wiedergegeben.
3. a. Die Verbindung von B mit יזרעאל kommt nur hier vor; ערים—Jos 17,9[B].†
   b. Es gibt von יזרעאל viele Transkriptionen ins Griechische. Ιαριηλ jedoch ist einzigartig. A hat Ιεζδραελ und W Ιεζραελ (=Rahlfs)
   c. Es ist ein ζ weggefallen.

יקדעם
   Mit der LXX[B], 1Chr 2,44 und Barthélemy[229] ist ירקעם zu lesen.

יקדעם
1. καὶ Ιαρικαμ[B].
3. a. Kommt nur hier vor.
   b. Ιεκδααμ—Jos 15,56[A].†
   c. Metathesis ד und ק und Verwechslung ד und ר. Mit LXX[B] ist ירקעם zu lesen. S.o.

וזנוח
   Siehe die Bemerkungen zum nächsten Vers.

הקין גבעה ותמנה (57)

הקין (v 57) וזנוח (v 56)
1. καὶ Ζακανα(ε)ιμ[B]; καὶ Ζανωακιμ—Jos 15,56[A].†
2. Zusammengenommen. B und A haben abweichende Formen.
3. a. Kommt nur hier vor.
   b. וזנוח: Ζανω—Jos 15,34[A].56[A], u.ö.; Ζανωε; Ζαμων; Τανω; הקין: Ακιμ—Jos 15,57[A]† (vgl. Mi 1,10[AB]; Jer 30 [49],4[Bb]); Καιν—Gen 4,1.2.3, u.ö.; Καινα Ri 4,11[B]† (vgl. 1Chr 12,6[B.S]).
   c. Da die Summierung in v 57 MT mit der in vv 55–57 MT genannten Anzahl von Orten übereinstimmt, wollen wir הקין nicht mit זנוח von v 56 verbinden, wie es die LXX tut. Allerdings hat LXX die Summierung angepaßt (s.u.). Die Form in B ist über Metathesis von נ und ק zu erklären. In sowohl B als A liegt eine Verwechslung von ן und ם vor.

גבעה
1. καὶ Γαβαα[B.A].
2. Plus καί.
3. Die Variante ist unbedeutend.

ותמנה
1. καὶ Θαμναθα[B].
3. Die Variante geht auf תמנתה zurück. Aufgrund des im AT bekannten תמנתה (es gibt 9 Erwähnungen von תמנתה gegen 3 von תמנה) hat B diese Form genommen.

ערים עשׂר וחצריהן:

עשׂר
1. ἐννέα[B.A].

[229] Barthélemy, *Critique* 1982, 43f.

3. Die Anzahl in der LXX stimmt, da וזנוח (56) und הקין (v 57) zusammengenommen wurden (s.o.).

(58) חלחול בית־צור וגדור:

חלחול
1. Αλουα[B].
2. Ein –α statt ל.
3. a. Kommt nur hier vor.
   b. Αλουλ—Jos 15,58[B].†
   c. ל oder Λ ist weggefallen. „[S]light error for αλουλ" (Margolis).

וגדור
1. καὶ Γεδδων[B].
3. a. S.o. zu v 41.
   c. Es liegt Verwechslung von ר und ן vor.

(59) ומערת ובית־ענות ואלתקן

ובית־ענות
1. Βαιθαναμ[B]; Βαιθανωθ[W] (Rahlfs); Βαιθανων[A†] (so Brooke / McLean und Margolis; nach Rahlfs: Βαιθανωμ).
2. –μ / –ν statt ת– in A und B; kein –ו– in B.
3. a. Die Formen von B und A kommen nur hier vor.
   b. Vgl. בית־ענת: Βαιθαναχ—Ri 1,33.
   c. Auld[230] will mit LXX[B] und LXX[A] בית־ענ(ו)ן oder בית־ענם lesen. Das würde, so Auld, mit der als relativ sicher betrachteten Identifizierung *ḫ. bēt ʿēnūn* und Βαιτανη von Jud 1,9 korrespondieren. Das Zeugnis für die Lesart mit auslautendem *n* oder *m* ist zwar gering, aber diese Lesart ist möglich. Auch nach Margolis ist die Grundlage von *E* die Lesart Αναμ und von *S* Λααμιν, während *C* und *P* Ανωθ lesen. In der Gruppe *C* bildet A allerdings mit Βαιθανων die Ausnahme. Beide Lesarten sind möglich.

אלתקן
1. καὶ Θεκουμ[B].
3. a. Kommt nur hier vor.
   b. Ελθεκεν—Jos 15,59[A].†
   c. –אל fehlt, was auch innerhebräisch passieren kann (vgl. אלתולד / תולד; ?יבנאל / יבנה). ן–ם–Wechsel. Eine Vorlage תקן ist möglich, doch nicht zwingend.

(59) ערים שש וחצריהן:

[] (59LXX)
3. Nach v 59 hat die LXX ein großes Plus, das durch Homoioteleueton von וחצריהן im MT entstanden ist. Somit hat die LXX einen ganzen Distrikt mehr als der MT.

---

[230] Auld, *Sanctuary* 1977, 85–86.

Θεκω καὶ Εφραθα (αὐτη ἐστὶν Βαιθλεεμ). (59LXX[B])
1. Θεκω.
3. a. Vgl. 1Chr 11,28[B] (תקועי).
   c. תקוע ist zu lesen.
1. Εφραθα.
3. a. אפרתה: Gen 35,16, u.ö.; עפרה: Ri 6,11, u.ö.
   c. אפרתה ist zu lesen.
1. Βαιθλεεμ.
3. a. בית(־)לחם—Jos 19,15[A], u.ö.
   c. בית־לחם ist zu lesen.

καὶ Φαγωρ καὶ Αιταν (Αιταμ[A]) καὶ Κουλον.
1. Φαγωρ.
3. a. Kommt nur hier vor.
   c. פעור ist zu lesen.
1. Αιταν[B]; Αιταμ[A].
2. ν-μ-Wechsel.
3. a. עיתם—1Chr 4,3. 32[Aa?.B]; 2 Chr 11,6[Bab].†
   c. עיתם ist zu lesen.
1. Κουλον.
3. a. Kommt nur hier vor.
   c. Margolis vermutet, daß Κουλον zurückgeht auf γωλων = גלה = *bēt gāla*. Das ist möglich, besser aber ist es, כולן zu lesen.

καὶ Ταταμ (Ταταμι[A]) καὶ Εωβης (Σωρης[A]) καὶ Καρεμ.
1. Ταταμ[B]; Ταταμι[A].
3. a. Kommt nur hier vor.
   c. Möglicherweise ist ein ו-*copulativum* als י gesehen und in A an Ταταμ zugefügt worden. Auch der umgekehrte Vorgang von Haplographie des ו oder י ist denkbar. Somit ist תתם, תתמי, טטם oder טטמי zu lesen.
1. Εωβης[B]; Σωρης[A].
3. a. Kommen nur hier vor.
   c. Von der Gruppe *E* hat nur B und eine Minuskelhandschrift eine Form, die mit E– beginnt, alle anderen beginnen mit Σ–, so wie A und die Gruppen *P* und *C*. Der mittlere Buchstabe ist nur in Gruppe *E* ein –β–, während er in den anderen ein –ρ– ist. Σωρης ist die vermutete ursprüngliche griechische Lesart. שׁרשׁ ist zu lesen.
1. Καρεμ.
3. a. Kommt nur hier vor.
   c. כרם ist zu lesen.

καὶ Γαλεμ (Γαλλιμ[A]) καὶ Θεθηρ (Βαιθηρ[A]) καὶ Μανοχω.
1. Γαλεμ / Γαλλιμ.
3. a. גלים—Jes 10,30[A].
   c. גלים ist zu lesen.
1. Θεθηρ[B]; Βαιθηρ[A].
3. a. Kommen nur hier vor.

c. ביתר oder בית־תר ist zu lesen.
1. Μανοχω.
3. a. Kommt nur hier vor, aber vgl.: מנוח—Ri 13,2. 8. 9, u.ö. (Μανωε).
c. מנחו oder מנחה ist zu lesen.

Πόλεις ἕνδεκα καὶ αἱ κῶμαι αὐτῶν.

קרית־בעל היא קרית יערים והרבה (60a)

קרית־בעל
1. Καριαθβααλ[B.A].
2. Zusammengenommen; קרית nicht wie üblich in diesem Kapitel[231] mit πόλις übersetzt.
3. a. Jos 15,60; 18,14.† Anders Jos 18,15.
b. Καριαθβααλ.

היא קרית יערים והרבה

היא
1. αὕτη[B].
2. ἐστίν fehlt.
3. Vgl. v 49[B].

והרבה
1. καὶ Σωθηβα[B].
2. Artikel fehlt.
3. a. Kommt nur hier vor.
b. Αρεββα—Jos 15,60[A]†; Αραδ—Jos 13,25[B]; 2Sam 23,33[A] (meistens für ערד); Ραβα; Ραββα, usw.
c. Die Lesarten von *E* mit Σωθηβα und *S* mit Σωβα gleichen einander, während *P* und *C* beide Αρεββα haben. Es ist sehr wohl möglich, daß die Lesarten von *E* und *S* auf ein ursprüngliches צבה zurückgehen. Die Variante in *E* wäre dann auf folgende Weise zu erklären: θεσωβα / τσωβα → σεθωβα → σωθηβα. Somit sprechen zwei griechische Handschriftengruppen für ein ursprüngliches הרבה und zwei für ein ursprüngliches צבה. Könnte es sich eventuell um den gleichen Ort handeln, der צבה הרבה hieß, und manchmal nur mit seinem Adjektiv הרבה benannt wurde? Margolis ist mit seinem „guess" (δεββα → θενβα → ωθηβα → σωθηβα) nicht überzeugend.

Für den Artikel s.o. zu v 6a.
1. καὶ Αρεββα[A].
2. Der Artikel ist in den Namen aufgenommen worden.
3. S.o.

ערים שׁתים וחצריהן: ס

וחצריהן
1. καὶ αἱ κῶμαι αὐτῆς[A].
καὶ αἱ ἐπαύλεις αὐτῆς[B].

231 Vv 9. 13. 15. 16. 49. 54.

2. A und B haben unterschiedliche Übersetzungen. Anderes Possessivpronomen als im MT.
3. Das Possessivpronomen hat den falschen Numerus.

(61) במדבר בית הערבה מדין וסככה:

במדבר
1. καὶ Βαδδαργις[B]; Βαδδαργις[A].
2. במדבר ist nicht übersetzt worden; Plus καί in B.
3. a. Kommt nur hier vor.
   b. Μαβδαρειτις—Jos 5,5 (6)[A.Bab]; 18,12†; Μαδβαρειτις—Jos 5,5. 6[B*]†.
   c. Es gibt mehrere Belege, bei denen מדבר nicht übersetzt, sondern transkribiert worden ist. Allerdings ist es in 15,1 sehr wohl übersetzt. Βαδδαργ(ε)ις ist eine Korruption von Μαδβαρεις (Margolis).[232]

בית הערבה
1. καὶ Θαραβααμ[B].
2. Plus καί.
3. a. Kommt nur hier vor.
   b. Βαιθαβαρα—Jos 18,22[B]†; Βαιθαραβα—Jos 15,6; 18,22[A]†; Βηθαραβα—Jos 15,60[A]†.
   c. βαι– / βη– ist weggefallen, und das ה– ist über –ν ein –μ geworden.

מדין
1. Αινων[B]; Μαδων[A] (Margolis).
3. a. Die Lesart von B kommt nur hier vor.
   b. 2Sam 21,20.† Vgl. מדון—Μαδων—Jos 11,1[A]; 2Sam 21,20(Q).
   c. Es hat eine Verwechslung von י und ו stattgefunden, oder die Vorlage war מדון. Für letzteres spricht, daß *C*, *S* und *E* eine Form mit –ω– haben, während nur *P* –(ε)ι– liest. B ist korrumpiert, wahrscheinlich aufgrund des vorangehenden καί.

סככה
1. Αιχιοζα[B*†]; Αιοχοζα[Bc(†)]; Σοχοχα[A†].
3. a. Jos 15,61[B*].†
   b. Kommt nur hier vor.
   c. Αι– in B geht zurück auf Dittographie von [κ]αὶ. Ein –χ– ist weggefallen und das –ζ– steht an falscher Stelle.

(62a) הנבשן ועיר־המלח ועין גדי

הנבשן
1. καὶ Ναφλαζων[B].
2. Artikel fehlt.
3. a. Kommt nur hier vor.
   b. Νεβσαν—Jos 15,62[A].†

[232] Vgl. Den Hertog, *Studien* 1996, 86. 140. 143f.

c. Es ist versehentlich ein –λ– geschrieben worden und –ζ– steht für –שׂ–. Für den Artikel s.o. zu v 6a.

ועיר־המלח
1. καὶ αἱ πόλεις Σαδωμ[B].
2. Pl. πόλεις statt sg.; als andere Stadt interpretiert.
1. καὶ αἱ πόλεις ἁλῶν[A].
2. Auch pl.; מלח ist hier übersetzt, allerdings ohne Artikel. (S.o. zu v 6a.)
3. a. Jos 15,62[B].†
b. Die Übersetzung mit Σαδωμ findet sich nur hier.
c. Σαδωμ läßt sich gut erklären aus Dittographie des σ von πόλεις und einem Λ-Δ-Wechsel. Eine solche Verwechslung ist leicht möglich, da (die Städte von)* Sodom sich in der gleichen Gegend befinden bzw. befindet. Der pl. πόλεις läßt sich über Metathesis von ר und י erklären.

ועין גדי
1. καὶ Ανκαδης[B].
2. עין ist nicht übersetzt.
3. a. Kommt nur hier vor.
b. Αιγγαδαιμ; Ενγαδδει; Ενγαδδειν; Ενγαδει; Ηνγαδδι—Jos 15,62[A]; Ινγαδειν.
c. Nur in Jos 15,62[B] taucht –καδης auf.[233]

ערים שׁשׁ וחצריהן (62b)

שׁשׁ
1. ἑπτὰ[B.A].
3. Die Zahlen der LXX-Fassungen stimmen, weil sie במדבר als Stadt aufgefaßt haben.

ואת־היבוסי יושׁבי ירושׁלם (63aα[234])

יושׁבי
1. κατῴκει ἐν.
2. Sg. statt pl.
3. Die LXX hat den „falschen" pl. des MT verbessert und stilbedingt ἐν (–ב) hinzugefügt.

לא־יוכלו בני־יהודה להורישׁם (63aβ)

לא
1. καὶ οὐκ.
2. Plus καί.
3. Verbesserung des asyndetischen לא.

---

233 Vgl. dazu v 3bβ.
234 Vgl. zu v 63 Auld, *Judges I* 1975, 274f.

יוכלו

Mit LXX, vielen Hss. und Q ist יכלו (pf.) zu lesen, da יוכלו (impf.) keinen Sinn macht, so daß diese *lectio difficilior* eine *lectio impossibilis* ist.

וישב היבוסי את־בני יהודה בירושלם (63bα)

וישב היבוסי

1. καὶ κατῴκησαν οἱ Ιεβουσαῖοι.
2. Pl. statt sg.
3. Der pl. von κατοικέω für den sg. von ישב kommt öfter vor. Es handelt sich dann um eine *ad sententiam*-Übersetzung für z.B. *den* Amoriter oder den Kanaanäer, der in einem bestimmten Land oder Gebiet wohnt.[235] Gleiches ist hier der Fall.

את־בני יהודה

1. Fehlt in der LXX.
3. Es handelt sich hier um Harmonisierung der LXX mit Ri 1,21: Dort sind die Benjaminiter das Objekt. Außerdem zeigt sich hier eine Juda-freundliche Tendenz.[236]

עד היום הזה: (63bβ)

2.4. *Zusammenfassung und Bewertung der LXX-Varianten zu Jos 15*

2.4.1. *Zusammenfassung*

Im Folgenden wird in groben Linien Tovs System[237] gefolgt. Wir klassifizieren demnach die Varianten der LXX im Vergleich zum MT in Minusse (LXX>MT), Plusse (MT>LXX), Transpositionen und qualitative Abweichungen. Weil es sich um einen geographischen Text handelt, folgen über das System Tovs hinaus geographische Bezeichnungen, die übersetzt, sowie solche, die transkribiert worden sind. Danach kommen Orte, die im MT getrennt und in der LXX als ein Ort gelesen worden sind, und zuletzt eine Synopse mit geographischen Eigennamen in Jos 15. Nach jeder objektiven Feststellung einer Variante folgt eine kurze Deutung der Variante. Für die ausführlichere Begründung sei auf die obige Besprechung der Einzelvarianten verwiesen.

---

235 Vgl. Jos 6,24 (25); 12,2. 4; 13,13; 16,10; 24,8.
236 Gegen Auld, *Judges I* 1975, 261–285.
237 Tov, *Use* ²1997.

2.4.1.1. MT (Minus) < LXX (Plus)

v	*MT*	*LXX*	*Grund oder Zweck der Variante*
1	מדבר	ἀπὸ τῆς ἐρήμου	syntaktische Vereinfachung
1	–	ἕως Καδης	Harmonisierung
4	נחל מצרים	ἕως φάραγγος Αἰγύπτου	stilistische Verbesserung
5	ים המלח	πᾶσα ἡ θάλασση ἡ ἁλυκὴ	Verbesserung
5	וגבול	καὶ τὰ ὅρια αὐτῶν	Verdeutlichung
5	מלשון הים מקצה	καὶ ἀπὸ τῆς λοφιᾶς τῆς θαλάσσης καὶ ἀπὸ τοῦ μέρους	Verdeutlichung
10	אל־הר	καὶ παρελεύσεται εἰς ὄρος	stilistische Verbesserung
10	שֵׂעִיר	Ασσαρ^{B*} / Ασσαρης^{Bc}	ein Artikel dazugekommen und transkribiert
12	וגבול	καὶ τὰ ὅρια αὐτῶν	Verdeutlichung
13	–	καὶ ἔδωκεν αὐτῷ Ἰησοῦς	Verdeutlichung
14	–	υἱὸς Ιεφοννη	Harmonisierung
15	ויעל משם	καὶ ἀνέβη ἐκεῖθεν Χαλεβ	Verdeutlichung
16	–	λάβῃ oder καὶ ἐκκόψῃ^{B}	Beides zusammen Paraphrasierung von יכה. Siehe §2.4.1.4
17	–	ὁ εώτερος^{A}	Harmonisierung
17	–	αὐτῷ^{A}	Verdeutlichung
18	–	λέγουσα	Harmonisierung?
19	–	αὐτῷ	Verdeutlichung
19	ארץ	εἰς γῆν	Dittographie des ה
19	גלת מים	τὴν Γολαθμαιν^{A}	stilistische Verbesserung
19	–	Χαλεβ^{A}	Verdeutlichung
19	את גלת עליות ואת גלת תחתיות	τὴν Γολαθμαιν τὴν ἄνω καὶ τὴν Γολαθμαιν τὴν κάτω (Rahlfs)	Assimilierung
21	–	αὐτῶν	Verdeutlichung
24	(–)	καὶ αἱ κῶμαι αὐτῶν^{B}	Homoioarkton
26	אמם	καὶ Σην^{B}	Assimilierung
34	תפוח	καὶ Ιλουθωθ^{B}	Assimilierung
35	ירמות	καὶ Ιερ(ι)μουθ	Assimilierung
35	–	καὶ Μεμβρα^{B} / καὶ Νεμρα^{A}	Harmonisierung oder andere Vorlage
35	שׂוכה	καὶ Σ(α)ωχω	Assimilierung
39	לכיש	καὶ Λαχης^{Bc} / Λαχις^{A}	Assimilierung
41	בית־דגון	καὶ Βαγαδιηλ^{B} / Βηθδαγων^{A}	Assimilierung
44	ואכזיב	καὶ Ακιεζι καὶ Κεζιβ^{B}	Dittographie
44	–	καὶ Αιλων^{B} / καὶ Εδωμ^{A}	Harmonisierung
46	מעקרון	καὶ ἀπὸ Ακκαρων^{A}	Assimilierung
46	כל	καὶ πασα	Assimilierung
47	בנותיה	καὶ αἱ κῶμαι αὐτῆς^{B}	Assimilierung
47	בנותיה	καὶ αἱ κῶμαι αὐτῆς	Assimilierung
55	כרמל	καὶ Χερμελ	Assimilierung
57	גבעה	καὶ Γαβαα	Assimilierung
59	Im MT fehlt ein ganzer Distrikt zwischen vv 59 und 60		Homoioteleueton im MT
61	במדבר	καὶ Βαδδαργις^{B}	Assimilierung

v	*MT*	*LXX*	*Grund oder Zweck der Variante*
61	בית הערבה	καὶ Θαραβααμ^{B}	Assimilierung
63	יושבי	κατῴκει ἐν	stilistische Verbesserung
63	לא	καὶ οὐκ	stilistische Verbesserung

2.4.1.2. MT (Plus) > LXX (Minus)

a. nicht allgemein

v	*MT*	*LXX*	*Grund oder Zweck der Variante*
1	למטה בני יהודה	φυλῆς Ιουδα	stilistische Verbesserung
5	עד־קצה הירדן	ἕως τοῦ Ιορδάνου	Verbesserung
5	לפאת צפונה	ἀπὸ βορρᾶ^{B} / ἐπὶ βορρᾶν^{A}	Assimilierung
6	ועלה	ἐπιβαίνει	stilistische Verbesserung
7	וצפונה פנה	καὶ καταβαίνει	andere Vorlage; Dittographie oder Transposition im MT
7	הגבול	–	stilistische Verbesserung
7	אל־עין רגל	πηγὴ Ρωγηλ	stilistische Verbesserung
8	גי בן־הנם	φάραγγα Ονομ^{B} / Εννομ^{A}	Assimilierung
8	מנגב	–^{A}	Verdeutlichung
8	ההר	ὄρους	stilistische Verbesserung?
9	אל	–^{A}	stilistische Verbesserung
9	ערי	τὸ^{B} / –^{A}	andere Vorlage
9	הר in st.c.	ὄρους^{A}	andere Vorlage
10	ועבר	–	stilistische Verbesserung
13	ליהושע	–	Harmonisierung
14	ילידי הענק	–	Vorlage nicht verstanden
16	ונתתי	δώσω^{B}	stilistische Verbesserung
17	לאשה	γυναῖκα^{B}	stilistische Verbesserung
19	ונתתה	δός^{B}	stilistische Verbesserung
19	את גלת עליות ואת גלת תחתיות	τὴν γωλαθμαιν τὴν κάτω^{A}	Homoioarkton
20	למשפחתם	–	Harmonisierung
21	הערים	Πόλεις^{B}	stilistische Verbesserung
23	חצור	–^{A}	Harmonisierung
24	זיף	–^{B}	nicht in Vorlage
25	חדתה	–	nicht in Vorlage
27	חשמון	–	nicht in Vorlage
32	עין	–^{A}	Harmonisierung
32	כל־	–	Assimilierung
34	תפוח	–^{A}	Harmonisierung (?) oder nicht in Vorlage (?)
42	ועשן	–	Harmonisierung (?)
46	וימה	Γεμνα^{B}	Fehler
46	הן אשדוד– בנותיה וחצרי–	–^{A}	Homoioarkton
49	וקרית־סנה	Πόλις γραμματῶν^{A}	Fehler
63	את־בני יהודה	–	Harmonisierung

b. allgemein

Der Artikel in Ortsnamen und Personennamen wird fast durchgehend nicht transkribiert: v 6: בית הערבה—Βαιθαραβα; v 7: הגלגל—Γαλγαλ^A / Τααγαδ^B; v 13. 14: הענק—Εναχ; v 19 הנגב—Ναγεβ; v 34: העינם—Μαιανι^B; v 36: הגדרה—Γαδηρα^{B.A}; v 38: המצפה—Μασφα^{B.A}; v 56f: זנוח הקין—Ζακαναϊμ^B / Ζανωακιμ^A; v 60: הרבה—Σωθηβα^B v 62: הנבשן—Ναφλαζων^B / Νεβσαν^A. Anders: v 60: הרבה—Αρεββα^A; vgl. v 10: שׂעיר—Ασσαρ^{B*} / Ασσαρες^{Bab}.

2.4.1.3. Transpositionen

v	*MT*			*LXX*		
10	ועבר	×	... אל	καὶ παρελεύσεται εἰς ...	×	[–]
14	ואת־תלמי	×	ואת־אחימן	καὶ τὸν Θολμι	×	καὶ τὸν Αχιμα
34	עין גנים	×	זנוח	Ραμεν	×	Τανω^B / Ζανω^A
34. 36	תפוח (v 34)	×	עדיתים (v 36)	Αδιαθα(ε)ιμ^A (v 34; vgl. Ιλουθωθ^B)	×	[–]
52	ואשען	×	ורומה	καὶ Εσαν	×	καὶ Ρουμα^A

2.4.1.4. Qualitative Abweichungen

Zu den geographischen Eigennamen siehe die nächsten Paragraphen.

v	*MT*	*LXX*	*Grund oder Zweck der Variante*
1	הגורל	τὰ ὅρια	semantische Vereinfachung
1	אל־גבול	ἀπὸ τῶν ὁρίων	andere Topographie oder Ideologie oder syntaktische Vereinfachung
1	אדום	Ιουδαίας^B	Fehler aufgrund des Kontextes
1	אדום	Ιδουμαίας^B	Aktualisierung
1	מדבר צן	τῶν ὁριῶν Σιμ^A	Fehler aufgrund des Kontextes
1	מקצה תימן	ἕως Καδης	Harmonisierung
2	מקצה	ἕως μέρους	?
3	אל־מנגב	ἀπέναντι	Lesefehler: ב → ד
3	הקרקעה	τὴν κατὰ δυσμὰς Καδης	Harmonisierung (?)
4	ויצא	καὶ διεκβαλεῖ^B	Fehler
4	זה־יהיה לכם	τοῦτό ἐστιν αὐτῶν	Harmonisierung
7	דברה	ἐπὶ τὸ τέταρτον	Vorlage nicht verstanden; semantische Vereinfachung
7	אל	ἀπὸ^A	Fehler
8	כתף	νότου^B	Fehler aufgrund des Kontextes
8	היבוסי	Ιηβους^A	Verbesserung
8	בקצה	ἐκ μέρους	Lesefehler: ב → מ
8	עמק	γῆς	Fehler aufgrund des Bekannten
9	בעלה	Ιεβααλ^B / εἰς Βααλ^B	Vorlage nicht verstanden; ה weggefallen
10	מבעלה	ἐπὶ Βααλ^A	Vorlage nicht verstanden
10	הר־יערים	πόλιν Ιαρειν^B / Ιαρ(ε)ιμ^A	Fehler aufgrund des Bekannten / Kontextes
10	בית־שמש	πόλιν ἡλίου	Fehler aufgrund des Kontextes
10	תמנה	ἐπὶ λίβα	Vorlage falsch verstanden

v	*MT*	*LXX*	*Grund oder Zweck der Variante*
11	הר־הבעלה	ὅρια ἐπὶ λίβα[B]	2× Fehler aufgrund des Kontextes
11	הר־הבעלה	ὄρος γῆς Βαλα[A]	Τ → Γ
12	ים הימה הגדול	ἀπὸ θαλάσσης ἡ θάλασσα ἡ μεγάλη	andere Vorlage
13	אל	ἀπὸ[B]	Fehler
13	פי	προστάγματος	theologische Verbesserung
13	אבי	μητρόπολιν[B] / μητρόπολις[A]	Vorlage falsch verstanden
13	אחימן	Αχ(ε)ιμα	ן → α
15	ספר	γραμμάτων	stilistische Verbesserung
16	יכה	λάβῃ καὶ ἐκκόψῃ[B]	Paraphrasierung
16	ולכדה	καὶ κυριεύσῃ	stilistische Verbesserung
16	את־עכסה	τὴν Ασχαν[B]	Metathesis
18	בבואה	ἐν τῷ ἐκπορεύεσθαι αὐτὴν[A]	Fehler
18	ותסיתהו	καὶ συνεβουλεύσατο	semantische Vereinfachung
18	לשׁאול	λέγουσα αἰτήσομαι	Harmonisierung
18	מאת־אביה	τὸν πατέρα μου	Harmonisierung
18	ותצנח	καὶ ἐβόησεν	semantische Vereinfachung
19	גלת מים	Βοθθανεις[B]	?
19	גלת מים	Γολαθμα(ε)ιν[A]	Vorlage nicht verstanden; ם → ν
21	מקצה למטה	πόλις πρώτη φυλῆς[A]	Harmonisierung
24.25	וחצור	καὶ αἱ κῶμαι αὐτῶν	Assimilierung aufgrund Lesefehlers; Metathesis ו/ר; י → ו
28	ובזיותיה	καὶ αἱ κῶμαι αὐτῶν καὶ αἱ ἐπαύλεις αὐτῶν	andere Vorlage; Paraphrasierung; Assimilierung
36	וגדרתים	καὶ αἱ ἐπαύλεις αὐτῆς	andere Vorlage
44	תשׁע	δεκα[B]	interne Verbesserung
45	וחצריה	καὶ αἱ ἐπαύλεις αὐτῶν[B]	Fehler aufgrund des Kontextes
46	וחצריהן	καὶ αἱ κῶμαι αὐτῆς[A]	Possessivpronomen; aber siehe bei §2.4.1.2: Homoioteleueton
47	הגבול	ἡ μεγάλη	andere Vorlage
51	אחת־עשׂרה	δέκα[A]	?
57	עשׂר	ἐννέα	interne Verbesserung
60	וחצריהן	καὶ αἱ κῶμαι[A] / ἐπαύλεις[B] αὐτῆς	Fehler
62	שׁשׁ	ἑπτὰ	interne Verbesserung
63	יושׁבי	κατῴκει ἐν	stilistische Verbesserung
63	וישׁב היבוסי	καὶ κατῴκησαν οἱ Ιεβουσαῖοι	stilistische Verbesserung

2.4.1.5. Übersetzungen geographischer Bezeichnungen

v	*MT*	*LXX*
5	ים המלח	ἡ θάλασση ἡ ἁλυκὴ
7	מי־עין שׁמשׁ	τὸ ὕδωρ τῆς[A] πηγῆς ἡλίου
9	מעין מי נפתוח	πηγὴν τοὺ[A] ὕδατος Μαφθω[B] / Ναφθω[A]

v	*MT*	*LXX*
10	בית־שמש	πόλιν ἡλίου
15	קרית־ספר	Πόλις γραμμάτων
19	את גלת עליות	τὴν Γολαθμαιν τὴν ἄνω
	ואת גלת תחתיות	καὶ τὴν Γολαθμαιν τὴν κάτω (Rahlfs)
62	ועיר־המלח	καὶ αἱ πόλεις Σαδωμ[B] / καὶ αἱ πόλεις ἁλῶν[A]

2.4.1.6. Transkriptionen geographischer Bezeichnungen

v	*MT*	*LXX*
19	הנגב	Ναγεβ
19	גלתמ מים	τὴν Γολαθμαιν
19	את גלת עליות	τὴν Γολαθμαιμ τὴν ἄνω
	ואת גלת תחתיות	καὶ τὴν Γολαθμαιν τὴν κάτω
60	קרית־בעל	Καριαθβααλ
61	במדבר	καὶ Βαδδαργις
62	ועין גדי	καὶ Ανκαδης[B]

2.4.1.7. Orte, die im MT getrennt und in der LXX zusammen gelesen werden

v	*MT*	*LXX*
23	וחצור ויתנן	καὶ Ασοριωναιν[B]
23f	ויתן זיף	καὶ Ιθναζιφ[A]
25	וקריות חצרון	καὶ πόλεις[B] / πόλις[A] Ασερων
32	ועין ורמון	καὶ Ερωμωθ[B]
56f	וזנוח הקין	καὶ Ζακανα(ε)ιμ[B] / Ζανωακιμ[A]

2.4.1.8. Die geographischen Eigennamen, ihre Transkriptionen in LXX und Konjekturen

v	*MT*	*LXX*[B]	*LXX*[A]	*vom MT abweichende Vorlage*
Grenzbeschreibung				
1	אדום	Ιουδαίας	Ιδουμαίας	
1	צן	Σ(ε)ιν	Σιμ	
1	תימן	Καδης	Καδης	
3	עקרבים	Ακραβ(ε)ιν	Ακραββειμ[Ar]	
3	צנה	Σενναχ[Bc]	Σενα	
3	קדש ברנע	Καδης Βαρνη	Καδης Βαρνη	
3	חצרון	Ασωρων	Εσρωμ	
3	אדרה	Σαραδα	Αδδαρα	
3	הקרקעה	τὴν κατὰ δυσμὰς Καδης	τὴν κατὰ δυσμὰς Καδης	
4	עצמונה	Σελμων	Ασεμωνα	
5	מצרים	Αιγύπτου	Αιγύπτου	
5	הירדן	Ιορδάνου	Ιορδάνου	
5	הירדן	Ιορδάνου	Ιορδάνου	

v	MT	LXX^B	LXX^A	vom MT abweichende Vorlage
6	בית חגלה	Βαιθαγλααμ	Βαιθαλα	
6	בית הערבה	Βαιθαραβα	Βαιθαραβα	
6	(בהן)	Βαιων	Βαιων	
7	דברה	ἐπὶ τὸ τέταρτον	ἐπὶ τὸ τέταρτον	
7	(עכור)	Αχωρ	Αχωρ	
7	הגלגל	Ταγαδ	Γαλγαλ	
7	אדמים	Αδδαμ(ε)ιν	Αδομμι	
7	מי־עין שמש	τὸ ὕδωρ πηγῆς ἡλίου	τὸ ὕδωρ πηγῆς ἡλίου	
7	רגל	Ρωγηλ	Ρωγηλ	
8	בן־הנם	Ονομ	Εννομ	
8	(היבוסי)	τοῦ Ιηβους	Ιηβους	
8	ירושלם	Ιερουσαλημ	Ιερουσαλημ	
8	הנם	Ονομ	Εννομ	
8	רפאים	Ραφα(ε)ιν	Ραφαειμ	
9	נפתוח	Μαφθω	Ναφθω	
9	עפרון	Εφρων	Εφρων	
9	בעלה	Ιεβααλ	εἰς Βααλ	
9	קרית יערים	Πόλις Ιαριμ	Πόλις Ιαριμ	
10	בעלה	Βααλ	Βααλ	
10	שׂעיר	Ασσαρ	Σηειρ	
10	יערים	Ιαρ(ε)ιν	Ιαρ(ε)ιμ	
10	כסלון	Χασλων	Χασαλων	
10	בית־שמש	Πόλιν ἡλίου	Πόλιν ἡλίου	
10	תמנה	ἐπὶ λίβα	ἐπὶ λίβα	
11	עקרון	Ακκαρων	Ακκαρων	
11	שׁכרונה	Σοκχωθ	Ακκαρωνα	
11	הבעלה	ἐπὶ λίβα	γῆς Βαλα	
11	יבנאל	Λεμνα	Ιαβνηλ	

Kaleberzählung

v	MT	LXX^B	LXX^A	vom MT abweichende Vorlage
13	קרית־ארבע	Πόλιν Αρβοκ	Πόλιν Αρβεκ	
13	חברון	Χεβρων	Χεβρων	
15	דבר	Δαβιρ	Δαβιρ	
15	דבר	Δαβιρ	Δαβιρ	
15	קרית־ספר	Πόλις γραμμάτων	Πόλις γραμμάτων	
16	קרית־ספר	Πόλιν τῶν γραμμάτων	Πόλιν τῶν γραμμάτων	
19	הנגב	Ναγεβ	Ναγεβ	
19	(גלת מים)	βοθθανεις	Γολαθμα(ε)ιν	
19	את גלת עליות	τὴν Γωναιθλαν τὴν ἄνω	τὴν Γωλαιθμαιν τὴν –	
19	את גלת תחתיות	τὴν Γωναιθλαν τὴν κάτω	—κάτω	

Distrikt I

v	MT	LXX^B	LXX^A	vom MT abweichende Vorlage
21	קבצאל	(καὶ)Βαισελεηλ	Καβσεηλ^W	
21	עדר	Αρα	Εδραι	ערד
21	יגור	Ασωρ	Ιαγουρ	
22	קינה	Ικαμ	Κ(ε)ινα	
22	דימונה	Ρεγμα	Διμωνα	?דיבונה / ?ר(י)מונה
22	עדעדה	Αρουηλ	Αδαδα	ערער(ה)
23	קדש	Καδης	Κεδες	

v	*MT*	*LXX*^{B}	*LXX*^{A}	*vom MT abweichende Vorlage*
23	חצור	vgl. nächsten Ort	–	
23	יתנן	vgl. nächsten Ort	vgl. nächsten Ort	
23	חצור יתנן	Ασοριωναιν	vgl. nächsten Ort	
23. 24	יתנן זיף	vgl. vorigen Ort	Ιθναζιφ	
24	זיף	–	vgl. vorigen Ort	
24	טלם	Μαιμαν	Τελεμ	
24	בעלות	Βαλμαιναμ	Βαλωθ	
25	וחצור | חדתה	καὶ αἱ κῶμαι αὐτῶν	καὶ αἱ κῶμαι αὐτῶν	וחצור
25	קריות	πόλεις Ασερων	πόλις Ασερων	
25	חצרון			
25	חצור	Ασωρ	Ασωρ	
26	אמם	Σην	Αμαμ	
26	שמע	Σαλμαα	Σαμαα	
26	מולדה	Μωλαδα	Μωδαδα	
27	חצר גדה	Σερι	Ασεργαδδα	
27	חשמון	–	–	
27	בית פלט	Βαιφαλαδ	Βαιθφαλεθ	
28	חצר שועל	Χολασεωλα	Ασαρσουλα	
28	באר שבע	Βηρσαβεε	Βηρσαβεε	
29	בעלה	Βαλα	Βααλα	
29	עיים	Βακοκ	Αυ(ε)ιμ	עוים?
29	עצם	Ασομ	Ασεμ	
30	אלתולד	Ελβωυδαδ	Ελθωδαδ^{A}; Ελθουλαδ^{W}	
30	כסיל	Βαιθηλ	Χασειρ	בתול
30	חרמה	Ερμα	Ερμα	
31	צקלג	Σεκελακ	Σικελεγ	
31	מדמנה	Μαχαριμ	Βεδεβηνα^{A};Μεδεβηνα^{W}	
31	סנסנה	Σεθενναχ	Σανσαννα	
32	לבאות	Λαβως	Λαβωθ	
32	שלחים	Σαλη	Σελε(ε)ιμ	
32	עין	vgl. nächsten Ort	–	
32	רמון	vgl. nächsten Ort	Ρεμμων	
32	עין ורמון	Ερωμωθ	vgl. vorigen Ort	עין־רמון

Distrikt II

v	*MT*	*LXX*^{B}	*LXX*^{A}	*vom MT abweichende Vorlage*
33	אשתאל	Ασταωλ	Εσταωλ	
33	צרעה	Ραα	Σαραα	
33	אשנה	Ασσα	Ασσα	
34	זנוח	Τανω	Ζανω	
34	עין גנים	Ραμεν	Ραμεν	רמה, ראמה, usw.?
34	תפוח	+ עדיתים (v 34) →Ιλουθωθ	Αδιαθα(ε)ιμ	תפוח (ו)עדיתים
34	העינם	Μαιανι	Αναειμ	הענים
35	ירמות	Ιερμουθ	Ιεριμουθ	ירימות?
35	עדלם	Οδολλαμ	Οδολλα	
35	–	Μεμβρα	Νεμρα	
35	שוכה	Σαωχω	Σωχω	
35	עזקה	Ιαζηκα	Αζηκα	
36	שערים	Σακαριμ	Σαργαριμ	
36	עדיתים	—(vgl. v 34)	—(vgl. v 34)	–

v	*MT*	*LXX*^{B}	*LXX*^{A}	*vom MT abweichende Vorlage*
36	הגדרה	Γαδηρα	Γαδηρα	
36	גדרתים	αἱ ἐπαύλεις αὐτῆς	αἱ ἐπαύλεις αὐτῆς	גדרתיה
Distrikt III				
37	צנן	Σεννα	Σενναν	
37	חדשה	Αδασαν	Αδασα	
37	מגדל־גד	Μαγαδαγαδ	Μαγδαλγαδ	
38	דלען	Δαλαλ	Δαλααν	
38	המצפה	Μασφα	Μασφα	
38	יקתאל	Ιακαρεηλ	Ιεχθαηλ	
39	לכיש	Λαχης[Bc]	Λαχις	
39	בצקת	Βασηδωθ	Μασχαθ[A]; Βαζκαθ[W]	
39	עגלון	Ιδεαδαλεα Die meisten Hss. haben Αγλων	Εγλωμ	
40	כבון	Χαβρα	Χαββα	כברון / כברה? / כברן?
40	לחמס	Μαχες	Λαμας	
40	כתליש	Μααχως	Χαθλως	כתלוש
41	גדרות	Γεδδωρ	Γαδηρωθ	גד(ו)ר??
41	בית־דגון	Βαγαδιηλ	Βηθδαγων	
41	נעמה	Νωμαν	Νωμα	
41	מקדה	Μακηδαν	Μακηδα	
Distrikt IV				
42	לבנה	Λεμνα	Λεβνα	
42	עתר	Ιθακ Die meisten Hss. haben Αθηρ	Αφορ	
42	עשן	–	–	
43	יפתח	Ανωχ	Ιεφθα	
43	אשנה	Ιανα	Ασεννα	
43	נציב	Νασιβ	Νεσιβ	
44	קעילה	Κε(ε)ιλαμ	Κε(ε)ιλα	
44	אכזיב	Ακιεζι καὶ Κεζιβ	Αχζεκ	
44	מראשה	Βαθησαρ	Μαρησα	
44	–	Αιλων	Εδωμ	
Distrikt V				
45	עקרון	Ακκαρων	Ακκαρων	
46	עקרון	Ακκαρων	Ακκαρων	
46	ימה	Γεμνα	Ιεμναι	
46	אשדוד	Ασηδωθ viele Hss. haben Ασδωδ	Ασδωμ[A]; Ασδωδ[W]	
47	אשדוד	Ασιεδωθ	–	
47	עזה	Γαζα	Γαζα	
Distrikt VI				
48	שמיר	Σαμιρ	Σαφιρ	
48	יתיר	Ιεθερ	Ιεθερ	
48	שוכה	Σωχα	Σωχω	
49	דנה	Ρεννα	Ρεννα	רנה?

v	*MT*	*LXX*[B]	*LXX*[A]	*vom MT abweichende Vorlage*
49	קרית־סנה	Πόλις γραμματῶν	Πόλις γραμματῶν	
49	דבר	Δαβιϱ	Δαβιϱ	
50	ענב	Ανων	Ανωβ	
50	אשתמה	Εσκαιμαν	Εσθεμω	
50	ענים	Αισαμ	Ανιμ	עינם?
50	גשן	Γοσομ	Γοσομ	
51	חלן	Χαλου	Χιλουων	
51	גלה	Χαννα	Γηλων	
Distrikt VII				
52	ארב	Αιϱεμ	Εϱεβ	
52	רומה	Ρεμνα	Ρουμα	
52	אשען	Σομα	Εσαν	
53	ינים	Ιεμα(ε)ιν	Ιανουμ	ינום
53	בית־תפוח	Βαιθαχου	Βαιθθαπφουε	
53	אפקה	Φακουα	Αφακα	
54	חמטה	Ευμα	Χαμματα	
54	קרית־ארבע	Πόλις Αϱβοκ	Πόλις Αϱβο	
54	חברון	Χεβϱων	Χεβϱων	
54	ציער	Σωϱθ[B*] / Σωϱαιθ[Bc]	Σιωϱ	
Distrikt VIII				
55	מעון	Μαωϱ	Μαων	
55	כרמל	Χεϱμελ	Χεϱμελ	
55	זיף	Οζιφ	Ζιφ	
55	יוטה	Ιταν	Ιεττα	
56	יזרעאל	Ιαϱιηλ	Ιεζδϱαελ[A]; Ιεζϱαελ[W]	
56	יקדעם	Ιαϱικαμ	Ιεκδααμ	ירקעם
56	זנוח	Ζακαναϊμ	Ζανωακιμ	
57	הקין			
57	גבעה	Γαβαα	Γαβαα	
57	תמנה	Θαμναθα	Θαμνα	
Distrikt IX				
58	חלחול	Αλουα	Αλουλ	
58	בית־צור	Βαιθσουϱ	Βαιθσουϱ	
58	גדור	Γεδδων	Γεδωϱ	
59	מערת	Μαγαϱωθ	Μαϱωθ	
59	בית־ענות	Βαιθαναμ	Βαιθανωμ[A]; Βαιθανωθ[W]	
59	אלתקן	Θεκουμ	Ελθεκεν	תקן??
Distrikt X				
59a	–	Θεκω	Θεκω	תקוע
59a	–	Εφϱαθα	Εφϱαθα	אפרתה
59a	–	Βαιθλεεμ	Βηθλεεμ	בית־לחם
59a	–	Φαγωϱ	Φαγωϱ	פעור
59a	–	Αιταν	Αιταμ	עיתם
59a	–	Κουλον	Κουλον	כולן?
59a	–	Ταταμ	Ταταμι	תתמ(י) / טטמ(י)?

v	*MT*	*LXX^B*	*LXX^A*	*vom MT abweichende Vorlage*
59a	–	Εωβης	Σωρης	שׂרשׁ
59a	–	Καρεμ	Καρεμ	כרם
59a	–	Γαλεμ	Γαλλιμ	גלים
59a	–	Θεθηρ	Βαιθηρ	ביתר / בית־תר
59a	–	Μανοχω	Μανοχω	מנחה / מנחו
Distrikt XI				
60	קרית־בעל	Καριαθβααλ	Καριαθβααλ	
60	קרית־יערים	Πόλις Ιαριμ	Πόλις Ιαριμ	
60	הרבה	Σωθηβα	Αρεββα	צ(ו)בה הרבה?
Distrikt XII				
61	(במדבר)	Βαδδαργις	Βαδδαργις	
61	בית הערבה	Θαραβααμ	Βηθαραβα	
61	מדין	Αινων	Μαδων	מדון?
61	סככה	Αιχιοζα	Σοχοχα	
62	הנבשן	Ναφλαζων	Νεβσαν	
62	עיר־המלח	αἱ πόλεις Σαδωμ	αἱ πόλεις ἁλῶν	
62	עין גדי	Ανκαδης	Ηνγαδδι	

2.4.2. *Bewertung*

Weil die meisten textkritischen Probleme in Jos 15 durch den Vergleich mit der LXX aufgeworfen werden, ist im folgenden ausführlich darauf einzugehen.[238]

Es stellen sich zwei Fragen: 1. Hatte die LXX eine vom MT abweichende Vorlage? 2. Wie ging die LXX mit ihrer Vorlage um?

Die Antwort auf diese umstrittene Frage muß nach unserer Analyse lauten: Die LXX hatte nicht den MT selbst als Vorlage, weil es dafür zuviele Konjekturen gibt, die aufgrund der Lesart der LXX vorgenommen werden können; die LXX geht vielmehr auf einen Proto-MT zurück. Dieser ist allerdings dem MT sehr ähnlich. Unsere These lautet: Die meisten griechischen Varianten können als Abweichungen erklärt werden und gehen nicht auf eine andere als die Vorlage des MT zurück.[239]

Diese These ist im einzelnen zu begründen. Wenn ein Text kürzer ist, gilt die allgemeine Hauptregel, daß er wahrscheinlich älter ist. Wie sieht es mit dem Minus der LXX (=Plus des MT) aus? B hat in 25 und A in 28 Fällen ein Minus. Diesem Minus stehen 44 Fälle in B und 35 in

---

238 Die anderen sind leicht zu lösen; vgl. z.B. vv 12. 28. 47.

239 Wir kommen also zum gleichen Ergebnis wie Van der Meer, *Formation* 2001, aufgrund anderer Josuatexte.

A gegenüber, in denen die LXX ein Plus bietet. Zahlenmäßig spricht das also nicht für die LXX als älteren Text. Wenn man inhaltlich die Minus- und Plusfälle betrachtet, wird deutlich, daß die meisten als spätere Entwicklung beurteilt werden müssen.

Viele Minusfälle zeigen ein sprachlich und stilistisch besseres Griechisch.[240] B ist dabei dem griechischen Sprachstil am nächsten, während A mehr hebraisiert.[241] In einem Fall hat die LXX (B und A) ein unpassendes Wort nicht übersetzt,[242] und in einem weiteren Fall hat LXX^{A} zur Verdeutlichung ein Wort weggelassen, um Mißverständnisse zu vermeiden.[243] Ein anderes Mal wird eine Formel in B und A gestrichen, weil man die Vorlage anders (oder nicht) verstanden hat.[244] Andere Minusfälle sind durch Assimilierung entstanden: Abweichungen in Formeln sind ihren stereotypen Nachbarn angepaßt worden.[245] Daß die LXX auch inhaltlich eingegriffen hat, zeigt sich in harmonisierenden Weglassungen. Wahrscheinlich sind Orte gestrichen worden, um die Anzahl der in einem Distrikt aufgeführten Orte mit der in der Summierung genannten übereinstimmen zu lassen.[246] Auch grössere interne und externe Spannungen werden aufgehoben,[247] wobei es interessant ist, daß die LXX die Jebusiter nicht explizit mit den Judäern zusammen in Jerusalem wohnen läßt.[248] Zwei kleine Fehler sind durch ein Homoioteleueton entstanden[249] und zwei weitere dadurch, daß ein ו-*copulativum* bei der Übersetzung vergessen wurde.[250] Es bleiben Minusstellen, die wahrscheinlich nicht in der Vorlage vorkamen. Diese decken sich mit Korrumpierungen[251] bzw. Unstimmigkeiten[252] im MT. Was den ersten Distrikt betrifft (vv 21–32), ist aber sowohl im MT als auch in

---

[240] Vv 1. 6. 7 (2×). 8?. 9. 10. 16. 17. 19. 21. 63.

[241] Vgl. ונתתי: δώσω^{B}—καὶ δώσω^{A} (v 16); לאשה: γυναῖκα^{B}—εἰς γυναῖκα^{A} (v 17); ונתתה: δός^{B}—καὶ δός^{A} (v 19); und vgl. הערים: Πόλεις^{B}—αἱ Πόλεις (v 21). Zum Fehlen eines Äquivalents in A für אל (v 9), siehe unter v 9.

[242] V 5.

[243] V 8.

[244] V 14.

[245] Vgl. v 5b mit vv 2. 4. 5a. 12; v 8a mit v 8b; v 32 mit vv 36. 41. 44. 51. 54. 57. 59. [59LXX]. 60. 62.

[246] Vv 23^{A}.32^{A}.34$^{A?}$.42.

[247] Vv 13. 20. 63.

[248] V 63.

[249] Vv 19^{A}. 26^{A}.

[250] Vv 46^{B}. 49^{A}.

[251] V 7. 9.

[252] Vv 24^{A}. 27. 34$^{A?}$. חדתה in v 25 ist eine Glosse, die später ist als die Vorlage der LXX.

der LXX mit Erweiterungen im Vergleich zur Vorlage zu rechnen, denn die wirkliche Anzahl stimmt auch nach Abzug der wahrscheinlich nicht in der Vorlage vorkommenden Orte nicht mit den Anzahlen in den Summierungen überein. Trotzdem ist eines deutlich: Die LXX, und zwar sowohl B als auch A, hatte in Jos 15 die gleiche Vorlage wie der MT.

Aufgrund dieser Beurteilung können auch die Plusfälle in der LXX analysiert werden. Man stößt auf stilistische Verbesserungen[253], die bereits erwähnte Verbesserung in v 5, Verdeutlichungen[254], Assimilierungen, wobei es sich bis auf ein Mal um Hinzufügungen des Wortes *καί* in der Ortsliste handelt[255], auf syntaktische Vereinfachung[256], Harmonisierungen[257], Paraphrasierung[258] und Dittographie[259]. Die Vorlage der LXX ist aber um einen Distrikt reicher (v 59^{LXX}), der im MT durch ein Homoioteleueton weggefallen ist. Sonst gibt es keine Plusfälle in der LXX, die auf eine andere Vorlage zurückgehen könnten.

Auch für Wörter, die im Vergleich zum MT anders sind, kann bestätigt werden, daß sie nicht auf eine andere Vorlage als die des MT zurückgehen. Abgesehen von vielen kleineren technischen Fehlern[260] gibt es Assimilierungen[261] sowie stilistische[262] und sonstige[263] Verbesserungen. Interne Verbesserungen liegen vor, wenn die LXX aus Versehen einen Ort zusätzlich in einem Distrikt hat und folglich die Summierung angepaßt hat. Interessant ist neben einer Aktualisierung[264] eine theologische Verbesserung, in der die LXX einen Anthropomorphismus angepaßt hat.[265] Zweimal begegnen Paraphrasierungen.[266] Sonst kommen viele Fehler vor, die aller Wahrscheinlichkeit nach ihre Ursa-

---

253 Vv 4. 10. 19^{A}. 63 (2×).

254 Vv 5 (2×). 12. 15. 17^{A}. 19. 19^{A}. 21. V 13 enthält eine längere Explizierung.

255 *καί*: vv 26^{B}. 34^{B}. 35 (2×). 39. 41. (46^{A}. 46). 47^{B}. 47. 55. 57. 61^{B} (2×); nicht *καί*: 19.

256 V 1.

257 Vv 1. 14. 17^{A}. 18?. 35?. 44.

258 V 16^{B}.

259 Vv 19. 44^{B}.

260 Diese Fehler häufen sich in der Ortsnamenliste, vor allem in der von B. Darauf gehen wir gesondert ein. Verbleibende technische Fehler sind: Transpositionen (vv 10. 14. 52; der Transposition 34/36 folgen wir); graphische Lesefehler (3. 8. 11^{A}; vgl. 24); Homoioarkton (?) (24) und Metathesis (9^{B}. 16^{B}. 24).

261 V 24. 28.

262 Vv 15. 16. 63 (2×).

263 V 4. 8^{A}.

264 V 1.

265 V 13.

266 Vv 16. 28.

che in Unachtsamkeit haben.[267] Ein Großteil davon ist unter Einfluß des unmittelbaren Kontextes[268], ein anderer Teil durch Verwechslung mit einem bekannteren Namen[269] entstanden. Einige Male scheint die LXX ihre Vorlage nicht (richtig) verstanden[270] bzw. semantisch[271] oder syntaktisch[272] vereinfacht zu haben. Wenn man von den verbleibenden Varianten die Harmonisierungen[273] abzieht, bleiben nur wenige übrig, die auf eine andere Vorlage zurückgehen könnten.[274] Alle vier Varianten decken sich mit einem korrumpierten MT, der auch leicht zu rekonstruieren ist, und haben somit keine andere Vorlage als der MT.

Wie steht es aber um die Ortsliste von B, die doch fast durchgehend vom MT abweicht? Auch hier ist trotzdem keine andere Vorlage anzunehmen, denn fast alle Varianten der Ortsnamen sind als technische Fehler[275], Fehler aufgrund des Kontextes[276] oder Verwechslungen mit anderen aus dem AT bekannten Orten oder Personen zu betrachten.[277] Für die wenigen Varianten, deren Ursprung undeutlich ist, wollen wir keine andere Vorlage voraussetzen. Das ist theoretisch zwar möglich, aber die zahlreichen kleinen Abweichungen, die entsprechend dem MT wiederhergestellt werden können, lassen vermuten, daß auch in den unverständlichen Varianten Abweichungen vorliegen.

Die zweite zu Beginn gestellte Frage, nämlich wie die LXX mit ihrer Vorlage umging, ist, was die Ortsnamen betrifft, eindeutig zu beantworten: *C* (A) ist ungenau und *E* (B) sogar höchst ungenau. Ande-

[267] Vv 7^{A}. 13^{B}. 18^{A}. 60.

[268] Vv 1^{B}. 1^{A}. 4^{A}. 8^{B}. 10 (2×). 11^{B} (2×). 45^{B}.

[269] Vv 8 und viele Ortsnamen; s.u.

[270] Vv 7. 9. 10^{A}.10. 12. 13. 19^{A}(und 19^{B}?). 47.

[271] Vv 1. 7. 18 (2×).

[272] V 1.

[273] V 1. 3?. 4. 18 (2×). 21.

[274] Vv 12. 28. 36. 47.

[275] Metathesis in B: 3. 21. 22. 34. 40. 41. 44. 50. 52. 53. 54^{Bc}.56. 56f. 61. 62 und in A: 34. 62; ein oder mehrere Buchstaben sind weggefallen in B: 9. 10. 21. 22. 26. 27. 27. 32. 33. 34. 34. 37. 37. 39. 39. 40. 40. 41. 41. 43. 43. 44. 44. 50. 51. 52. 52. 53. 53. 54. 55. 56. 58. 59. 59. 61. 61 und in A: 6. 7. 9. 23f. 35. 40. 55. 59; Dittographie mit καὶ: in B: 3^{Bc}.21. 34. 34. 35. 39. 43. 50?. 52. 61. 61; sonstige Dittographie: 3. 55. 62; Buchstaben dazu gekommen in B: 10(Artikel). 26. 30. 35. 35. 35. 36. 41. 44. 44. 46. 51. 52. 54. 61. 62 und in A: 44. 46. 51. 56; Assimilation in B: 33; Verwechslung von Buchstaben kommt sehr oft in B, doch auch in A vor. Sie können sowohl auf hebräischer als griechischer Ebene stattgefunden haben. Zwei Beispiele dafür sind *b* ↔ *m*: 39^{A}. 42^{B}. 52^{B}. 31^{A}. 31^{B}. 35^{B}. 44^{B}. 52^{B} und *m* ↔ *n*: 3^{B}. 7^{B}. 8^{B}. 10^{B}. 26^{B}. 1^{A}. 3^{A}. 8^{A}. 22^{B}. 39^{B}. 50. 52^{B}. 56f. 59.

[276] Vv 1. 24^{B}. 38^{B}. 50^{Bc}. 53.

[277] In B: 4. 11. 21. 21. 22. 30. 41. 43. 54^{Bc}.62 und in A: 11. 21. 30. 57.

rerseits hat die LXX versucht, so weit wie möglich eine Eins-zu-Eins-Übersetzung zu bieten. Nur zweimal wird paraphrasiert. Sonst wird die Wortfolge so weit wie möglich beibehalten. Nur viermal gibt es Transpositionen. Verdeutlichungen wurden wenn möglich ans Ende einer Phrase gestellt.[278] Die LXX hat sich aber die Freiheit genommen, den Text stilistisch zu verbessern. Vor allem in den Übersetzungen der Präpositionen und Verben besteht ein großes Maß an Variationen.[279] Weiterhin sind alle Fehler oder vermeintlichen Fehler verbessert und Spannungen behoben. In den Fällen, in denen die Vorlage nicht verstanden wurde, wurde vereinfacht. Der Text der LXX ist besser verständlich als der des MT, was allerdings nicht für seine Ursprünglichkeit spricht.

Aus der ungenauen Wiedergabe der meisten hebräischen Ortsnamen von Jos 15 im Griechischen kann geschlossen werden, daß sie der LXX entweder unbekannt oder unwichtig waren. Nun ist aber Vorsicht geboten, da wir nur Hss. kennen, die mindestens 500 Jahre jünger sind als die Originalübersetzung des Josuabuches.[280] Die Abweichungen können somit auch im Laufe der griechischen Textgeschichte entstanden sein. Das gilt für die Abweichungen, die innergriechisch entstanden sind, doch kann nicht alles auf diesem Niveau erklärt werden. Zudem weichen auch die Rekonstruktionen der Vorlagen, z.B. von *E* und *C* für B und A, noch zu oft vom MT ab. Berücksichtigt man dazu die Annahme—über die relativer Konsens herrscht—, daß B (*E*) dem griechischen Urtext am nächsten steht, dann lagen die meisten Abweichungen bereits im Original vor. Um 200 v. Chr. kannte man in Ägypten die meisten Ortsnamen von Jos 15 offenkundig nicht. Das erklärt auch die Tatsache, daß viele „unbekannte" Ortsnamen durch bekanntere ersetzt wurden. A (*C*) ist dem MT näher, was auf bessere Ortskenntnisse zurückgehen dürfte.

Über die Ursache dieser Unkenntnis können wir nur spekulieren. Vielleicht haben die Übersetzer bei der Arbeit an der geographischen Liste aus Desinteresse und / oder Unachtsamkeit die vielen Fehler gemacht. Ebenso ist es möglich, daß sie den Großteil der Orte nicht kannten, weil diese entweder nicht mehr bestanden, und / oder die geographische Distanz Ägypten-Palästina zu groß war. Doch ist eines sicher: Hätte man die Orte für wichtig gehalten, wären sie mit mehr

---

[278] Das schönste Beispiel haben wir in v 13.

[279] Vgl. die Tabellen 11.1.1 und 11.1.2.

[280] Letztere ist um 200 v. Chr. anzusetzen (vgl. überzeugend Den Hertog, *Studien* 1996, 110–144), während B aus dem 4. und A aus dem 5. Jh. stammt.

Vorsicht behandelt worden. Wir gehen somit davon aus, daß die Orte nicht mehr die Bedeutung hatten, die sie einst, angesichts der Fülle von Ortsnamen in Jos, gehabt haben müssen.

2.5. *Kritischer Text und Übersetzung*

Erklärung der Zeichen:

[×]	Konjektur
(×)	mögliche Lesart
((×))	weniger wahrscheinliche Lesart
(×/)	mögliche alternative Lesart
([×]/)	mögliche alternative Konjektur
usw.	

Grenzbeschreibung (vv 1–12)

Überschrift (v 1)

ויהי הגורל למטה בני יהודה למשפחתם	1	Das Los des Stammes der Judäer nach ihren Geschlechtern war:
אל־גבול אדום מדבר־צן נגבה מקצה תימן		zum Gebiet Edoms hin, (zur) Wüste Zin (hin), bis zum äußersten Süden.

Südgrenze (vv 2–4)

ויהי להם גבול נגב	2	Ihre Südgrenze begann
מקצה ים המלח מן־הלשן הפנה נגבה		am Ende des Salzmeeres, an der Zunge, die sich nach Süden erstreckt,
ויצא אל־מנגב למעלה עקרבים	3	und sie verlief bis südlich von der Skorpionensteige,
ועבר צנה		zog sich hinüber nach Zin,
ועלה מנגב לקדש ברנע		ging hinauf bis südlich von Kadesch-Barnea,
ועבר חצרון		zog sich hinüber nach Hezron,
ועלה אדרה		ging hinauf nach Addar,
ונסב הקרקעה		wandte sich nach Karka,
ועבר עצמונה	4	zog sich hinüber nach Azmon,
ויצא נחל מצרים		verlief bis zum Bach Ägyptens,
[והיו] תצאות הגבול ימה		und die Grenze endete am Meer.
זה־יהיה לכם גבול נגב		Das wird eure Südgrenze sein.

Ostgrenze (v 5a)

וגבול קדמה	5a	Und die Ostgrenze war:
ים המלח עד־קצה הירדן		das Salzmeer bis zur Jordanmündung.

Nordgrenze (vv 5b–11)

וגבול לפאת צפונה	5b	Und die Grenze am Nordrand war:
מלשון הים מקצה הירדן		von der Zunge des Meeres, von der Jordanmündung;

ועלה הגבול בית חגלה	6	und die Grenze ging hinauf nach Bet-Hogla,
ועבר מצפון לבית הערבה		zog sich hinüber bis nördlich von Bet-Araba;
ועלה הגבול אבן בהן בן־ראובן		und die Grenze ging hinauf zum Stein Bohans, des Sohnes Rubens;
ועלה הגבול דברה [צפונה] מעמק עכור	7	und die Grenze ging hinauf nach Debir, nördlich vom Achortal,
[ו][][פנה] אל־[הגלילות]		und sie wandte sich nach Gelilot,
אשר־נכח למעלה אדמים אשר מנגב לנחל		das gegenüber der Adummimsteige liegt, die südlich des Tals liegt;
ועבר הגבול אל־מי־עין שמש		und die Grenze zog sich hinüber zum Wasser der Schemeschquelle,
והיו תצאתיו אל־עין רגל		verlief bis zur Rogelquelle;
ועלה הגבול גי בן־הנם	8	und die Grenze ging hinauf zum Ben-Hinnomtal,
אל־כתף היבוסי מנגב היא ירושלם		bis südlich der Berglehne des Jebusiters—das ist Jerusalem—;
ועלה הגבול אל־ראש ההר		und die Grenze ging hinauf zum Gipfel des Berges,
אשר על־פני גי־הנם ימה		der westlich gegenüber dem Hinnomtal
אשר בקצה עמק־רפאים צפנה		und am nördlichen Rand der Refaiterebene liegt;
ותאר הגבול מראש ההר אל־מעין מי נפתוח	9	und die Grenze drehte sich vom Gipfel des Berges zur Meneftoachquelle,
ויצא אל־[עיי] הר־עפרון		verlief bis nach Ijim im Efrongebirge;
ותאר הגבול בעלה היא קרית יערים		und die Grenze drehte sich nach Baala—das ist Kirjat-Jearim—;
ונסב הגבול מבעלה ימה אל־הר שׂעיר	10	und die Grenze wandte sich von Baala nach Westen, zum Seïrgebirge,
ועבר אל־כתף הר־יערים מצפונה היא כסלון		zog sich hinüber bis nördlich der Berglehne von Jearim—das ist Kesalon—,
וירד בית־שמש		ging hinunter nach Bet-Schemesch,
ועבר תמנה		zog sich hinüber nach Timna;
ויצא הגבול אל־כתף עקרון צפונה	11	und die Grenze verlief bis nördlich der Berglehne Ekrons;
ותאר הגבול שׂכרונה		und die Grenze drehte sich nach Schikkaron,
ועבר הר־הבעלה		zog sich hinüber zum Berg Baala,
ויצא יבנאל		verlief bis nach Jabneel;
והיו תצאות הגבול ימה		und die Grenze endete am Meer.

Westgrenze (v 12a)

וגבול [ימה	12	Und die Westgrenze war:
הים] הגדול וגבול		das Große Meer als Grenze.

Abschluß (v 12b)

זה גבול בני־יהודה סביב למשפחתם		Das ist die Grenze der Judäer ringsum nach ihren Geschlechtern.

Kaleberzählung (vv 13–19)

Kaleb und Hebron (vv 13–14)

ולכלב בן־יפנה נתן חלק בתוך בני־יהודה	13	Kaleb, dem Sohn des Jefunne, gab man einen Teil inmitten der Judäer
אל־פי יהוה ליהושע		nach dem Befehl JHWHs an Josua:
את־קרית ארבע אבי הענק היא חברון		Kirjat-Arba, den Vater Enaks—das ist Hebron—.
וירשׁ משם כלב את־שׁלושה בני הענק	14	Und Kaleb vertrieb von dort die drei Söhne Enaks:
את־שׁשׁי ואת־אחימן ואת־תלמי ילידי הענק		Sesai, Achiman und Talmi, Nachkommen Enaks.

Otniël und Debir (vv 15–17)

ויעל משם אל־ישבי דבר	15	Und von dort zog er hinauf zu den Einwohnern Debirs
ושם־דבר לפנים קרית־ספר		—Debir hieß früher Kirjat-Sefer—.
ויאמר כלב אשר־יכה את־קרית־ספר ולכדה	16	Und Kaleb sagte: Wer Kirjat-Sefer schlägt und es einnimt,
ונתתי לו את־עכסה בתי לאשה		dem gebe ich meine Tochter Achsa zur Frau.
וילכדה עתניאל בן־קנז אחי כלב	17	Da nahm Otniël, der Sohn des Kenas, der Bruder Kalebs, es ein.
ויתן־לו את־עכסה בתו לאשה		Und er gab ihm seine Tochter Achsa zur Frau.

Achsa und die Wasserbecken (vv 18–19)

ויהי בבואה ותסיתהו לשׁאול מאת־אביה שׂדה	18	Und als sie kam, reizte sie ihn, indem sie ihren Vater um Feld bat.
ותצנח מעל החמור ויאמר־לה כלב מה־לך		Und sie spuckte von ihrem Esel, und Kaleb sagte zu ihr: Was ist mit dir?
ותאמר תנה־לי ברכה	19	Und sie sagte: Gib mir doch eine Segensgabe,
כי ארץ הנגב נתתני ונתתה לי גלת מים		denn ein Trockenland hast du mir gegeben, gib mir doch auch Wasserbecken.
ויתן־לה את גלת עליות ואת גלת תחתיות		Und er gab ihr die Oberen Becken und die Unteren Becken.

Ortsliste (vv 20–62)

allgemein (v 20–21a)

זאת נחלת מטה בני־יהודה למשׁפחתם	20	Dies ist das Erbteil des Stammes der Judäer nach ihren Geschlechtern.
ויהיו הערים מקצה למטה בני־יהודה	21a	Und die Städte am Rand des Stamm(gebiet)es Juda erstreckten sich
אל־גבול אדום		bis zum Gebiet Edoms.

Negev (vv 21b–32)

בנגבה	21b	Im Negev:

Distrikt I (vv 21b–32)

קבצאל [וערד] ויגור		Kabzeel und Arad und Jagur
וקינה ודימונה (/ [ורימונה]) [וערערה]	22	und Kina und Dimona und Arara
וקדש וחצור ויתנן	23	und Kedes und Hazor und Jitnan,
זיף וטלם ובעלות	24	Sif und Telem und Bealot
וחצור (חדתה) וקריות חצרון היא חצור	25	und Hazor(-Hadatta) und Kerijot, Hezron—das ist Hazor—,
אמם ושמע ומולדה	26	Amam und Schema und Molada
וחצר גדה וחשמון ובית פלט	27	und Hazar-Gadda und Heschmon und Bet-Pelet
וחצר שועל ובאר שבע [ובנותיה]	28	und Hazar-Schual und Beerscheba und seine Tochterstädte,
בעלה ((ועיים / [עוים])) ועצם	29	Baala und Ezem
ואלתולד [ובתול] וחרמה	30	und Eltolad und Betul und Horma
וצקלג ומדמנה וסנסנה	31	und Ziklag und Madmanna und Sansanna
ולבאות ושלחים [ועין] []רמון	32	und Lebaot und Schilhim und En-Rimmon:
כל־ערים עשרים ותשע וחצריהן		im ganzen neunundzwanzig Städte und ihre Gehöfte.

Schefela (vv 33–45)

בשפלה	33	In der Schefela:

Distrikt II (vv 33–36)

אשתאול וצרעה ואשנה		Eschtaol und Zora und Aschna
וזנוח ועין גנים ([ורמה] / [וראמה])	34	und Sanoach und En-Gannim,
תפוח ((/ [])) [והענים]		Tappuach und Enajim
וירמות ועדלם (([ונמרה])) שוכה ועזקה	35	und Jarmut und Adullam, Socho und Aseka
ושערים ועדיתים ([]) והגדרה [וגדרתיה]	36	und Schaarajim und Aditajim und Gedera und seine Umzäunungen:
ערים ארבע־עשרה וחצריהן		vierzehn Städte und ihre Gehöfte.

Distrikt III (vv 37–41)

צנן וחדשה ומגדל־גד	37	Zenan und Hadascha und Migdal-Gad
ודלען והמצפה ויקתאל	38	und Dilan und Mizpe und Jokteel,
לכיש ובצקת ועגלון	39	Lachisch und Bozkat und Eglon
[וכברן] (/וכבון / [וכברה])	40	und Kabran und Lachmas und
ולחמס [וכתלוש] (/וכתליש)		Kitlosch
וגדרות (/ [גד[ו]ר]) בית־דגון ונעמה ומקדה	41	und Gederot, Bet-Dagon und Naama und Makkeda:
ערים שש־עשרה וחצריהן		sechzehn Städte und ihre Gehöfte.

Distrikt IV (vv 42–44)

לבנה ועתר ועשן	42	Libna und Eter und Aschan
ויפתח ואשנה ונציב	43	und Jiftach und Aschna und Nezib

וקעילה ואכזיב ומראשה	44	und Keïla und Achsib und Marescha:
ערים תשע וחצריהן		neun Städte und ihre Gehöfte.

Distrikt V (vv 45–47)

עקרון ובנותיה וחצריה	45	Ekron und seine Tochterstädte und seine Gehöfte;
מעקרון וימה	46	von Ekron aus westwärts;
כל אשר־על־יד אשדוד וחצריהן		alles neben Aschdod, einschließlich Gehöften;
אשדוד בנותיה וחצריה	47	Aschdod, seine Tochterstädte und seine Gehöfte;
עזה בנותיה וחצריה עד־נחל מצרים		Gaza, seine Tochterstädte und seine Gehöfte, bis zum Bach Ägyptens;
והים [הגדול] וגבול		und das Große Meer als Grenze.

Gebirge (vv 48–60)

ובהר	48	Im Gebirge:

Distrikt VI (vv 48–51)

שמיר ויתיר ושוכה		Schamir und Jattir und Socho
ודנה (/ [ורנה]) וקרית־סנה היא דבר	49	und Danna und Kirjat-Sanna—das ist Debir—
וענב ואשתמה וענים (/ [ועינם])	50	und Anab und Eschtemo und Anim
וגשן וחלן וגלה	51	und Goschen und Holon und Gilo:
ערים אחת־עשרה וחצריהן		elf Städte und ihre Gehöfte.

Distrikt VII (vv 52–54)

ארב ורומה ואשען	52	Arab und Ruma und Eschan
[וינום] ובית־תפוח ואפקה	53	und Janum und Bet-Tappuach und Afeka
וחמטה וקרית ארבע היא חברון וציער	54	und Humta und Kirjat-Arba—das ist Hebron—und Zior:
ערים תשע וחצריהן		neun Städte und ihre Gehöfte.

Distrikt VIII (vv 55–57)

מעון כרמל וזיף ויוטה	55	Maon, Karmel und Sif und Jutta
ויזרעאל [וירקעם] וזנוח	56	und Jesreel und Jorkoam und Sanoach,
הקין גבעה ותמנה	57	Kajin, Gibea und Timna:
ערים עשר וחצריהן		zehn Städte und ihre Gehöfte.

Distrikt IX (vv 58–59)

חלחול בית־צור וגדור	58	Halhul, Bet-Zur und Gedor
ומערת ובית־ענות ([/ובית־ענום])	59	und Maarat und Bet-Anot/m und Eltekon:
ואלתקן (([ותקן]))		
ערים שש וחצריהן		sechs Städte und ihre Gehöfte.

Distrikt X (v 59^LXX)

[תקוע ואפרתה היא בית־לחם	59^LXX	Tekoa und Efrata—das ist Betlehem—
ופעור ועיטם וכולן		und Peor und Etam und Kulon
ותתם ושרש וכרם		und Tatam und Schoresch und Kerem

וגלים ובית־תר ומנחו		und Gallim und Bet-Ter und Manocho:
ערים אחת־עשׂרה וחצריהן]		elf Städte und ihre Gehöfte.

Distrikt XI (v 60)

קרית־בעל היא קרית יערים ו[צובה] הרבה	60	Kirjat-Baal—das ist Kirjat-Jearim—und (Zuba-)Rabba:
ערים שׁתים וחצריהן		zwei Städte und ihre Gehöfte.

Wüste (vv 61–62)

במדבר	61	In der Wüste:

Distrikt XII (vv 61–62)

בית הערבה מדין (/ [מדון]) וסככה	61	Bet-Araba, Middin und Sechacha
והנבשׁן ועיר־המלח ועין גדי	62	und Nibschan und die Salzstadt und En-Gedi:
ערים שׁשׁ וחצריהן		sechs Städte und ihre Gehöfte.

Nichteroberung Jerusalems (v 63)

ואת־היבוסי יושׁבי ירושׁלם	63	Aber die Jebusiter, die Bewohner Jerusalems,
לא־[יכלו] בני־יהודה להורישׁם		konnten die Judäer nicht vertreiben.
וישׁב היבוסי את־בני יהודה בירושׁלם		So wohnen die Jebusiter mit den Judäern in Jerusalem
עד היום הזה		bis zum heutigen Tag.

KAPITEL 3

FORM- UND LITERARKRITIK

3.1. *Abgrenzung*

Jos 15 ist ein zusammenhängender Textabschnitt, der das Gebiet des Stammes Juda beschreibt und dabei auch die in ihm liegenden Orte nennt, die nicht direkt zu Juda gehören.

Das Kapitel beginnt mit einer stereotypen Formel (ויהי הגורל ... למטה), die sich später in identischer[1] oder variierter Form[2] für Gebietsbeschreibungen anderer Stämme wiederfindet. Der Abschluß ist weniger deutlich, doch folgt auf v 63 der deutliche Neueinsatz von Jos 16.[3] Umgekehrt gilt, daß 14,6–15 mit einer stereotypen Abschlußformel endet. Dazu kommt, daß c 15 im MT nach vorne und hinten durch Petuchot abgegrenzt wird.[4]

3.2. *Struktur*

Das Kapitel besteht aus vier Teilen, die sich voneinander in Stil und Thematik unterscheiden:

1–12 Die Grenzbeschreibung des Stammes Juda
13–19 Die Kaleberzählung
20–62 Die Ortsliste des Stammes Juda
63 Die Notiz von der Nichteroberung Jerusalems.

---

[1] Jos 17,1.

[2] Jos 16,1; 18,11; 19,1. 10. 17. 24. 32. 40.

[3] Mit ויצא הגורל לבני יוסף fängt die Landverteilung für eine neue Gruppe an.

[4] Mit dieser Einteilung gehören wir zu den 53 der 120 von Koorevaar, *Opbouw* 1990, 191–195. 191, untersuchten Einteilungen (52,4 %). Der Verdienst Koorevaars ist, daß er bereits bestehenden Einteilungen des Josuabuches theologische Stichwörter beigefügt hat, über deren Stichhaltigkeit aber zu Recht Zweifel angemeldet werden können. Er verteilt es in 1,1–5,12 (עבר); 5,13–12,24 (לקח); 13,1–21,45 (חלק); 22,1–24,33 (עבד). Des weiteren möchten wir uns der überzeugenden Kritik an der Methode Koorevaars bei Kooij, A. van der, *VT* 46 (1996), 416f; Noort, E., *NedThT* 50 (1996), 66f, und id., *Josua* 1998, 122, anschließen.

Die Grenzen Judas werden nach einer Überschrift (1) entsprechend den vier Himmelsrichtungen beschrieben: Süden (2–4), Osten (5a), Norden (5b–11) und Westen (12a). Das Ganze endet mit einer Abschlußformel (12b). Die Überschrift (1) besteht aus zwei Teilen, nämlich der Mitteilung, daß es sich um das „Los" Judas handelt (1a), und der Meldung, wie weit dieses sich erstreckt (1b). Die Abschlußformel „Das ist die Grenze der Judäer ringsum nach ihren Geschlechtern" (12b) nimmt v 1 wieder auf, doch spricht sie jetzt von גבול statt גורל. Was auffällt bei den Grenzbeschreibungen, sind ihre unterschiedlichen Längen. Die Ost- und Westgrenze werden nur kurz beschrieben—es handelt sich lediglich um Gewässer—, die Südgrenze dagegen detailliert und die Nordgrenze besonders detailliert.

In der Kaleberzählung (13–19) erfahren wir, daß Kaleb ein Stück Land in Juda gegeben wird. Dieser Abschnitt kann nach Person und Ort unterteilt werden in: Kaleb und Hebron (13f); Otniël und Debir (15–17); Achsa und die Wasserbecken (18f). Da alle Personen in Beziehung zu Kaleb stehen und der einleitende Satz v 13a allgemein über Kaleb spricht, ist die Bezeichnung Kaleberzählung für vv 13–19 berechtigt.

Es folgt eine lange Ortsliste. Die Überschrift hat mit v 1 gemein, daß sie zunächst allgemein über das Erbteil des Stammes Juda redet (20) und dann über die Erstreckung des ihm zugehörigen Gebietes (21a). Danach folgt die Liste in vier Hauptabschnitten und zwölf Unterabschnitten. Die vier Hauptabschnitte beziehen sich auf folgende geographische Einheiten: den Negev (21b–32), die Schefela (33–47), das Bergland (48–60) und die Wüste Judas (61f). Diese wiederum sind nach zwölf Gruppen (einschließlich v 59^{LXX}) unterteilt, die bis auf einmal (47) mit einer Summierung der aufgelisteten Städte und Ortschaften enden. Der Negev und die Wüste Judas enthalten jeweils nur eine Gruppe (I: 21b–32 und XII: 60f). Die Schefela hat derer vier (II: 33–36; III: 37–41; IV: 42–44; V: 45–47) und das Bergland sechs (VI: 48–51; VII: 52–54; VIII: 55–57; IX: 58–59; X: 59^{LXX}; XI: 60). Obwohl der Text den Begriff ערים für die aufgelisteten Ortschaften gebraucht, soll hier die Bezeichnung „Ort" verwendet werden. Die Übersetzung mit „Stadt" ist längst nicht in allen Fällen angebracht.[5] Daher bezeichnen wir, wie öfters in der Forschungsgeschichte, vv 20–62 als „Ortsliste".

[5] Eine Stadt unterscheidet sich von einem Dorf durch Größe, Verteidigungsanlage, Monumentalbauten, Planung und Arbeitsteilung; vgl. Fritz, *Stadt* 1990, 15f; Otto, עיר, 56–74.

Das Kapitel wird abgeschlossen mit der Bemerkung, daß die Judäer die Jebusiter nicht aus Jerusalem vertreiben konnten.

Die genaue Struktur ist somit:

1–12	*Die Grenzbeschreibung des Stammes Juda*		
	1	Die Überschrift	
	2–4	Die Südgrenze	
	5a	Die Ostgrenze	
	5b–11	Die Nordgrenze	
	12a	Die Westgrenze	
	12b	Der Abschluß	
13–19	*Die Kaleberzählung*		
	13–14	Kaleb und Hebron	
	15–17	Otniël und Debir	
	18–19	Achsa und die Wasserbecken	
20–62	*Die Ortsliste des Stammes Juda*		
	20–21a	Die Überschrift	
	21b–32	Der Negev	
		21b–32	Distrikt I
	33–47	Die Schefela	
		33–36	Distrikt II
		37–41	Distrikt III
		42–44	Distrikt IV
		45–47	Distrikt V
	48–60	Das Bergland	
		48–51	Distrikt VI
		52–54	Distrikt VII
		55–57	Distrikt VIII
		58–59	Distrikt IX
		59^{LXX}	Distrikt X
		60	Distrikt XI
	61–62	Die Wüste	
		61f	Distrikt XII
63	*Die Notiz von der Nichteroberung Jerusalems*		

3.3. *Formkritik*

3.3.1. *Einleitung*

Im Folgenden geht es um die Sprachgestalt des Textes. Wir fragen nach dem Text- und Sinnzusammenhang, und zwar so weit wie möglich auf synchroner Ebene, und behandeln die Frage nach dem historischen Ort später in c 8. Der Sitz im Leben ist ein Term, der für den Vergleich zwischen *interpretatio* und *interpretandum* erforderlich ist. Der vermutete Sitz im Leben ist darin zugleich Anfang und Resultat der Deutung. Weil wir aber nur den Text haben, entscheiden wir uns dafür, über die Interpretationen zu einem möglichen Sitz im Leben zu gelangen, um so einen Eingang in den unvermeidlichen hermeneutischen Zirkel zu finden. Erst danach arbeiten wir uns mit diesem Ergebnis aus dem postulierten Sitz im Leben wieder in die jüngere Geschichte vor.

3.3.2. *Die Grenzbeschreibung*

Die Überschrift enthält einige semantische und syntaktische Probleme. Die Konstruktion נגבה מקצה תימן befremdet. גורל und מטה haben umfassende Konnotationen, auch theologische. Dazu ist die Bedeutung von גבול in der Forschung umstritten.

Folgende Phrasen sind syntaktisch problematisch: Die Verbindung von גורל mit dem Verb היה[6]; die Stellung von למטה בני יהודה gegenüber למשפחתם; das Verhältnis der syntaktischen Elemente von v 1b zu v 1a sowie innerhalb der vv 1a und 1b. Eine hierarchische Ordnung der möglichen Interpretationen von v 1 sieht folgendermaßen aus:

V 1a			
1	Und das Los	– des Stammes der Judäer	– war nach ihren Geschlechtern:
2.			– war nach ihren Geschlechtern
3.			– war für ihre Geschlechter:
4.			– war für ihre Geschlechter
5.		– war für den Stamm der Judäer	– für ihre Geschlechter:
6.			– für ihre Geschlechter
7.			– nach ihren Geschlechtern:
8.			– nach ihren Geschlechtern
V 1b			
9.	bis zum Gebiet/ zur Grenze Edoms	– (bis zur) Wüste Zin, [asyndetische Aufzählung]	– bis südlich des Randes des Südens. [asyndetische Aufzählung]
10.			– südlich des Randes des Südens. [Apposition zu „Wüste Zin"]
11.			– südlich des Randes des Südens. [adverbielle Bestimmung]
12.		– (zur) Wüste Zin [Apposition]	– bis südlich des Randes des Südens. [asyndetische Aufzählung]
13.			– südlich des Randes des Südens. [Apposition zu „Wüste Zin"]
14.			– südlich des Randes des Südens. [adverbielle Bestimmung]

6 S. auch unter §3.3.2.1.

In Nr. 1–4 stehen גורל und למטה בני יהודה in st.c., was bei längeren Genitivverbindungen durch ל gekennzeichnet werden kann.[7] Bei Nr. 5–8 ist למטה בני יהודה indirektes Objekt. Für beide Möglichkeiten gibt es Argumente. Die meisten vergleichbaren Stammesbezeichnungen und -namen in ähnlichen Überschriften stellen unverkennbar ein indirektes Objekt dar.[8] Umgekehrt enthält die einzig eindeutige Genitivkonstruktion גורל מטה בני־בנימן (Jos 18,11) kein ל. Dagegen spricht, daß die unter Anm. 8 genannten Belege nicht mit dem Verb היה verbunden sind. Hier und in Jos 16,5; 17,1.2 ist die Sache komplizierter. Wir optieren für die Genitivkonstruktion aus folgenden Gründen: 1. גורל ist in Genitivkonstruktionen belegt.[9] 2. Gerade das oben genannte Beispiel Jos 18,11 spricht für eine Genitivkonstruktion, weil es die nächste Parallele zu Jos 15,1 ist. Es handelt sich dann um zwei Variationen: die eine mit und die andere ohne ל. 3. Einen zusätzlichen Hinweis geben die alten Übersetzungen. Sie interpretieren es als Genitivkonstruktion: τὰ ὅρια φυλῆς Ιουδα (LXX); fines Iuda (*VL*); sors filiorum Judae (V). Nr. 1–4 kommen somit in die engere Auswahl.

Bei Nr. 2 und 4, beide ohne Doppelpunkt, wird אל־גבול אדום zu ... ויהי הגורל gezogen. Diese zwei Lösungen sind unwahrscheinlich, weil היה nie zusammen mit אל in räumlichem Sinne „sein bis / sich erstrekken bis" vorkommt.[10] Dazu kommt, daß der Doppelpunkt in manchen vergleichbaren Überschriften unentbehrlich ist.[11] So bleiben Nr. 1 und 3. Wie sieht es in vergleichbaren Belegen aus? למשׂפחתם kommt in allen Überschriften und Abschlüssen zu den Gebietsbeschreibungen der Stämme in Jos 13–19 vor[12] sowie in der Liste der Leviten-

---

[7] *JM* §130c. Jos 17,1aα hatte ursprünglich die gleiche Struktur wie 15,1a; vgl. Noth, *Josua* ²1953, 102.

[8] Jos 13,15. 24. 29; 16,1; 17,2; 19,1. 10. 17. 24. 32. 40.

[9] Num 36,2; Jos 14,2; 18,11; 21,20. 40; Ri 1,3 (2×); Jes 57,6 u.ö.

[10] Die Verbindung von היה mit אל findet sich nach *DCH*, 264, auch in Ez 31,7b כי היה שׁרשׁו אל־מים רבים. Doch ist hier על als אל zu verstehen (Zimmerli, *Ezechiel* 1969, I,6 und II,749; vgl. auch Ez 7,16; 45,16). In Ri 6,39. 40 ist על zu lesen (vgl. *BHS*). Übrig bleibt eine unsichere Stelle in 2Sam 8,7. Allerdings hat die Verbindung ... אל ... היה מן sehr wohl eine räumliche Konnotation (vgl. Ez 45,2; 1Chr 17,5). Die einzig möglichen sicheren Parallelen wären ... והיו תצאותיו/תצאות הגבול אל (Jos 15,7; 18,14. 19), doch wird das אל nicht durch היה, sondern durch תצאות veranlaßt, das als Verb oft mit אל verbunden wird.

[11] Er ist unentbehrlich, wenn der Satz kein Objekt hat, obgleich dieses verlangt ist. So in Jos 13,15. 24. 29.

[12] Jos 13,15. 23. 24. 28. 29. 31; 15,1. 12. 20; 16,5. 8; 17,2 (2×); 18,11. 20. 21 (תיהם–). 28; 19,1. 8. 10. 17 (>LXX). 23. 24. 31. 32 (>LXX). 39. 40. 48.

städte[13], und zwar immer am Ende eines Satzes oder Halbsatzes. Es kann in allen Fällen weggelassen werden, ohne daß der Satz syntaktisch unmöglich wird.[14] Somit ist Möglichkeit drei höchst unwahrscheinlich, selbst abgesehen von der Inkongruenz mit v 1b, denn eine Gebietsbeschreibung nach „für ihre Geschlechter" paßt nicht.

Wir optieren somit für die erste Möglichkeit, weil למשפחתם immer am Ende eines Halbsatzes vor dem gedachten Doppelpunkt erscheint. Die alten Übersetzungen stützen uns darin.[15] למשפחתם ist dann der Parameter für die nachfolgende Aufzählung. Wir lesen V 1a somit als „Und das Los des Stammes der Judäer (aufgelistet) nach ihren Geschlechtern:". V 1a ist also eine klare Überschrift mit der Angabe, was und wie im Nachfolgenden aufgelistet wird.

Hierauf folgt eine allgemeine geographische Inhaltsbestimmung. Wie hängen die drei Elemente untereinander zusammen? „Wüste Zin" ist entweder Teil einer asyndetischen Aufzählung und damit nicht gleich „Gebiet / Grenze Edoms", oder sie ist Apposition zu „Gebiet / Grenze Edoms" und ist dann damit identisch. Nach Num 20,1, 27,14 und Dtn 32,51 lag Kadesch, eine der Lagerstätten der Israeliten, in der Wüste Zin. In Num 33,36 wird die Wüste Zin sogar mit Kadesch gleichgesetzt. Weil in Jos 15,3 Zin, nach dem die Wüste benannt worden ist, und Kadesch-Barnea (= Kadesch) erwähnt werden, muß die Wüste Zin zu Juda gehört haben. Wenn man der Grenzangabe in Num 34,3 und der Südgrenze Judas Rechnung trägt, erstreckt sich die Wüste Zin von Kadesch-Barnea bis zum Südpunkt des Toten Meeres. „Wüste Zin" ist somit als nächstes Element in der Aufzählung zu betrachten.

נגבה könnte eine nähere Erläuterung zum vorigen darstellen, doch durch das folgende מן ist das nicht möglich. Die wörtliche Übersetzung von נגבה מקצה תימן muß somit „südlich des Randes des Südens" sein; in Paraphrase heißt das: „nach Süden hin und dann noch weiter", „und noch weiter nach Süden" oder „bis zum äußersten Süden". Ist dies jedoch das nächste Element in einer Aufzählung (Nr. 9.12), oder wird nun appositionell die Wüste Zin (Nr. 10.13) bzw. das ganze „Los" (Nr. 11.14) als sehr südlich bezeichnet? Wir gehen von der ersten Möglichkeit aus, weil die Grenze Judas bis zum Bach Ägyptens ver-

---

13 Jos 21,7. 33. 40.

14 In Jos 18,11 könnte למשפחתם ein indirektes Objekt sein. Dies ist aber unwahrscheinlich.

15 κατὰ δήμους (LXX); secundum plebes illorum (*VL*); per cognationes suas ista (V).

läuft (v 4). Mit der Wüste Zin ist man noch nicht ans Ziel gelangt, und darum ist noch ein Element nötig, um die ganze Südgrenze zu bezeichnen.

Die Südgrenze wird von einem Standpunkt im Norden aus von Osten nach Westen hin in drei Abschnitten beschrieben, als ob jemand mit seinem Arm nach Süden weist: 1. bis zum Gebiet / Grenze Edoms; 2. bis zur Wüste Zin; 3. und noch weiter südlich. Bis dorthin erstreckt sich das Los Judas.

Der Abschluß der Grenzbeschreibung erfolgt in v 12b mit der für Listen typischen Formel: Demonstrativpronomen als Subjekt und das Beschriebene als substantivisches Prädikativ. Die Struktur gleicht der von v 1a, doch statt גורל finden wir גבול, מטה fehlt, und סביב erscheint zusätzlich. גורל und מטה fehlen wahrscheinlich aus theologischen Gründen,[16] aber warum taucht סביב auf? Die einzige Parallele in Josua ist 18,20,[17] gerade in einer Formel, die im übrigen mehr 15,20 als 15,12b ähnelt. In beiden Fällen wird aber ausgesagt, daß das Gebiet Judas bzw. Benjamins nach den umringenden (סביב) Grenzen beschrieben worden ist. Durch סביב „ringsum" bedeutet גבול hier somit „Grenze", und zwar nach den vier Himmelsrichtungen.

3.3.2.1. גורל

גורל hat zwei Hauptbedeutungen: eine konkrete und eine übertragene. Im ersten Fall handelt es sich um ein Los als Steinchen, Stab oder Pfeil,[18] im zweiten Fall um das, was einem Menschen durch das Los zufällt.[19] Letzteres kann weiter differenziert werden nach „Geschick" oder „Gebiet".

In Jos 15,1 bezieht sich גורל auf ein Gebiet, denn der Satz ויהי הגורל ל... wird durch eine Gebietsbeschreibung expliziert: „bis zur Grenze Edoms ...". Durch das Verb היה hebt sich dieser Vers von den meisten anderen Überschriften zu Gebietsbeschreibungen in Jos ab, wo

[16] S. §3.3.2.1 und 3.3.2.2.

[17] Andere Erwähnungen von סביב in Josua sind: 19,8; 21,11. 42. 44; 23,1.

[18] Vgl. Wellhausen, *Reste* [2]1927, 132f; Lindblom, *Lot-casting* 1962, 164–178; vgl. allgemein zu גורל: Dommershausen, גורל, 991–998 (mit Literatur).

[19] So [3]*HAL*, unter גורל, 178, und [17]*Gesenius*, unter גורל, 135. *BDB*, unter גורל, 174, verzeichnet die Bedeutungen „*lot* for dividing land", „*lot* for assigning to service, duty or punishment", „*thing assigned, apportioned, allotted ... allotment*" und „*portion=recompence, retribution*", doch sind die vier in zwei Gruppen zu unterteilen: das Instrument und das, was damit erworben wird; das gleiche gilt für [18]*Gesenius* unter גורל, 208f.

das Los „fällt auf“ (יצא[20] oder עלה[21]) einen Stamm. Wir meinen, daß das Verb היה nicht einfach eine Variation für die Verben יצא und עלה ist.[22] Darum *impliziert* גורל hier nicht nur ein Gebiet, sondern *bedeutet* es „Gebiet“. Die Verwendung des Wortes גורל in diesem Sinne ist atypisch.

In Jos finden wir גורל in der dinglichen Bedeutung und als „Gebiet“. Die Bedeutung „Geschick“ kommt nicht vor. Deshalb gehen wir darauf nicht weiter ein. Umgekehrt bedeutet oder impliziert es bei den Propheten nie Gebiet.[23] Mehr noch, nur in Jes 34,17 und Mi 2,5[24] kommt גורל im Zusammenhang mit dem Thema Land vor. In den *ketubim* gilt das gleiche, sieht man von 1Chr 6 und Ps 125,3 ab.[25] In Dtn kommt das Wort gar nicht vor, und im ganzen DtrG—abgesehen von Jos—nur dreimal in Ri.[26] Die Verbindung von גורל mit Gebiet finden wir nur in Num, Jos, Ri, Jes, Mi, Ps und 1Chr.[27]

Von den 13 Belegen von גורל im Pentateuch erscheinen sieben im Zusammenhang mit „Land“ bzw. „Gebiet“.[28] Bei fünfen von ihnen geht es um Ankündigungen der Landverteilung. Das Land soll בגורל[29] oder על־פי הגורל[30] verteilt werden. In Num ist die Wendung על־פי „nach dem Befehl von“ immer direkt oder indirekt mit Gott verbunden. Am häufigsten findet sich על־פי יהוה.[31] Nur einmal begegnet על־פי

[20] Jos 16,1; 18,11; 19,1. 17. 24. 32. 40.

[21] Jos 18,11; 19,10.

[22] So [18]*Gesenius* unter גורל, 209, für Jos 17,1: „Dann fiel das Los für …“ für ויהי הגורל ל־. Wir betrachten diese Übersetzung als eine Harmonisierung mit dem Kontext. Nicht konsequent ist, daß in [18]*Gesenius* unter גורל, 209, גורל aus Jos 17,1 unter der Bedeutung „(geworfenes) Los“ eingeordnet wird und גורל aus 15,1, obgleich es im selben Kontext wie Jos 17,1 vorkommt mit derselben Struktur und dem gleichen Verb, unter der zweiten Bedeutung „das jem. durch das Los Zugefallene, Losanteil“. Letztere Bedeutung muß somit für beide Stellen gelten.

[23] Jes 17,14; 57,6; Jer 13,25; Ez 24,6; Joel 4,3; Ob 11; Jona 1,7 (3×); Nah 3,10.

[24] Es ist umstritten, ob dieser Vers von Micha selbst stammt oder ein späterer Zusatz ist; vgl. zur Diskussion Wagenaar, *Judgement* 2001, 216–220; vgl. weiter Alt, *Micha* 1955, 373–381. 377ff.

[25] Ps 16,5; 22,19; Spr 1,14; 16,33; 18,18; Est 3,7; 9,24; Dan 12,13; Neh 10,35; 11,1; 1Chr 24,5. 7. 31; 25,8. 9; 26,13. 13. Zu Ps 125,3 (vgl. Ps 16,5) vgl. Dommershausen, גורל, 997.

[26] Ri 1,3 (2×); 20,9.

[27] Genauer: Num 26; 33; 34; 36; Jos 14–21; Ri 1; 20; Jes 34,17; Mi 2,5; Ps 125,3; 1Chr 6.

[28] Num 26,55. 56; 33,54 (2×); 34,13; 36,2. 3; nicht in Verbindung mit einem „Gebiet“: Lev 16,8 (3×). 8. 9. 10.

[29] Num 26,55; 33,54; 34,13.

[30] Num 26,56.

[31] 19 der 23 Belege; vgl. z.B. Num 3,16. 39. 51. Zwei Belege von על־פיו in 27,21

אהרן und ebenfalls nur einmal על־פי הגורל. Beide Formeln stehen in einer Rede Gottes zu Mose. Dadurch ist das, was nach dem Befehl Aarons oder des Loses geschieht, der Wille Gottes. Das Los selbst ist im AT eines der Instrumente, durch das ein Gottesbescheid[32] herbeigeführt wird.[33] Die Landverteilung על־פי הגורל ist dadurch eine Landverteilung nach Gottes Willen. Sprach Gott zu Mose noch direkt,[34] spricht er hier zu Josua und den anderen Landverteilern durch das Los.

In Jos 14,1f, der Einleitung zur Verteilung des cisjordanischen Landes, wird גורל wieder aufgenommen. Das Land soll בגורל verteilt werden. Es fällt auf, daß diese Verteilung durch das Los nur den neuneinhalb cisjordanischen Stämmen gilt. Es gibt also nur zehn „Lose".[35] Hier ist die Zahl Zehn wichtig und von der Zwölfzahl der Stämme abgeleitet. Die zweieinhalb transjordanischen hatten ihren Anteil bereits.[36] Eine ausführliche Darstellung der Vorbereitungen für das Loswerfen sowie seine Ausführung finden wir in Jos 18,1–10. Danach wird für sieben Stämme das Los geworfen. גורל ist hier sowie in 16,1 und 21,4 aufgrund der verwendeten Verben dinglich zu verstehen.

In Jos 15,1 bedeutet גורל, wie oben dargestellt, „Gebiet". Wie sieht das in anderen Belegen mit היה+גורל aus? In 17,1 ist die Lage etwas komplizierter. Statt der allgemeinen Bezeichnung des durch das Los angesprochenen Gebiets, wie sie in 15,1b begegnet, hat man in 17,2–6 zunächst eine geographische Genealogie. Erst in 17,7 beginnt die Gebietsbeschreibung, aufgrund derer גורל in v 1 auch „Gebiet" bedeutet.[37] גורל mit היה kommt weiter in Jos in 17,17; 21,10.40 vor.[38] Außerhalb von Jos begegnet es nur in 1Chr 6,39, einer Parallele von Jos 21,10.[39] In

können dazu gezählt werden, weil das Possessivsuffix יהוה betrifft.

[32] Vgl. zum Begriff „Gottesbescheid" Noort, *Gottesbescheid* 1977.

[33] Vgl. z.B. mit לפני יהוה; Jos 18,6. 8. 10; 19,51; und mit Urim statt Los: Num 27,21 (vgl. Dommershausen, גורל, 996f).

[34] Und in Jos 1 auch zu Josua.

[35] Vgl. Num 34,13 und Jos 17,14–18. In letzterem Abschnitt beklagen die Josefiten sich bei Josua mit den Worten, daß ihr Los viel zu klein ist für einen solchen großen Stamm (v 14). Josua sieht das ein und sagt, daß sie nicht nur ein Los haben werden (v 17). Damit wird die Zehnzahl gerettet. denn hätte Josef, der aus Manasse und Ephraim besteht, nur ein Los bekommen, wäre die Anzahl neun gewesen. Die Zehnzahl im Zusammenhang mit Los finden wir auch in Neh 11,1. Hier wird durch das Los entschieden, wer jeweils von einer Gruppe von zehn in Jerusalem wohnen wird und welche neun anderen auf dem Lande.

[36] Vgl. Jos 13 und Num 32.

[37] Vv 2–6 sind mit Fritz, *Josua* 1994, 174, als späterer Einschub anzusehen.

[38] Vgl. Jos 21,20.

[39] Ob היה in Num 33,54 zu גורל gehört, ist unklar. Mit der LXX sind wir eher der

Jos 17,17 ist die Lage eindeutig. Die Josefiten bitten Josua um ein zweites גורל, weil ein einziges für sie zu klein ist. Die zwingende Übersetzung für גורל ist hier „Gebiet". In Jos 21 und 1Chr 6 ist es komplexer. In Jos 21,4 lesen wir noch, daß das גורל „fiel auf" (יצא ל־). Somit ist es dinglich. Jedoch liest man danach im gleichen Vers, daß für NN בגורל eine X Anzahl von Städten ist.[40] Weil das Los das erste Mal „fällt" (יצא), ist es nicht wahrscheinlich, daß גורל weiter in Jos 21 auf einmal mit „Gebiet" oder in diesem Fall „Städte" zu übersetzen ist, obgleich dies mitklingt, denn die Leviten sollen durch das Los Städte bekommen. In 1Chr 6 ist die Lage ähnlich. Auch hier findet sich בגורל[41] und impliziert גורל in v 39 Städte. Ein Verb für „werfen" fehlt jedoch.[42] Der letzte Beleg ist Mi 2,5, wo das „Werfen der Meßschnur" בגורל stattfindet.

Vieles hängt von der Übersetzung der Präposition ב ab.[43] Wenn man ב mit „in" übersetzt, kann גורל nur die Bedeutung „Gebiet" haben. Das ist die einzig mögliche Übersetzung in Ri 1,3 (2×). Es ist jedoch möglich, das ב als ב-*essentiae* oder ב-*instrumentalis* zu betrachten. In 1Chr 6 und Jos 21 ist das ב-*essentiae* zu wählen und „sie hatten *als* Los ..." zu lesen. Das Los *impliziert* demnach Städte, *bedeutet* es aber nicht.[44] In den anderen Fällen, in denen גורל mit ב vorkommt, betrachten wir ב als ב-*instrumentalis*. Ein Vorgang geschieht *durch* das Los, wobei Los dann eine dingliche Konnotation hat.

Wir gehen davon aus, daß גורל zunächst dinglich verstanden wurde und erst in einem späteren Stadium „Gebiet" bedeutete. Der fließende Übergang der Bedeutung liegt in der Verteilung der Levitenstädte *durch das Los*, welche Städte zugleich als Los bezeichnet werden. Daß Los „Gebiet" bedeutet, findet sich in einer sehr beschränkten Anzahl von Textstellen: Jos 15,1; 17,1.17; Ri 1,3 (2×); Ps 125,3.[45] Zur Konnotation von Los ist zu sagen, daß es den Willen Gottes vermittelt, so daß die Landverteilung Ausdruck der göttlichen Ordnung ist. Zudem ist das Los mit der Zehnzahl der cisjordanischen Stämme verbunden.

Meinung, daß גורל hier fehlte und היה zu לו gehört.

[40] Jos 21,4. 5. 6.

[41] 1Chr 6,46. 48. 50.

[42] Die Beurteilung von כי להם היה הגורל in 1Chr 6,39 ist ein Problem für sich.

[43] Vgl. Jenni, *Beth* 1992.

[44] Ri 20,9 ist allerdings schwerer einzuordnen.

[45] Dommershausen, גורל, 997, gibt für גורל in Jos 16,1 auch die Bedeutung „Gebiet". Das ist jedoch durch die Verbindung mit dem Verb יצא unmöglich.

3.3.2.2. מטה

מַטֶּה hat zwei Grundbedeutungen: „Stab / Stock" und „Stamm".[46] Von den 252 Belegen ist es 184× mit „Stamm" zu übersetzen. Zu diesen Belegen gehört auch Jos 15,1, und darum konzentrieren wir uns auf מטה mit letzterer Bedeutung.

Nun hat שׁבט genau dieselben Bedeutungen wie מטה.[47] Im folgenden ist der Frage nachzugehen, ob eine bewußte Wahl von מטה statt שׁבט vorliegt. Manche beantworten diese Frage, indem sie מטה als Kennzeichen für P und שׁבט als typisch für den Dtr ansehen.[48] Doch ist dies nicht die einzige Differenz beider Begriffe. Gebrauch und Konnotationen von מטה unterscheiden sich von denen von שׁבט, wodurch die Bedeutung von מטה in Jos 15,1 in neuem Licht erscheint. Die Frage *e silentio*—warum nicht שׁבט gebraucht wird—ist somit durchaus berechtigt.

Die Belege von מטה und שׁבט sind auf verschiedene Texte verteilt. In Jos finden wir מטה nahezu exklusiv in cc 13–21[49], und davon fast die Hälfte in c 21 (27×). Alle anderen Belege stehen in Überschriften (11×[50]) und Abschlüssen (7×[51]) von Gebietsbeschreibungen der Einzelstämme sowie in der Einleitung (6×[52]) und dem Abschluß (1×[53]) der Gebietsbeschreibung der cisjordanischen Stämme. Außerhalb von Jos 13–21 begegnet מטה nur noch in Jos 7,1.18, wo sich מטה auf den Judäer Achan, sowie in 22,1, wo es sich auf den „halben Stamm Manasse"[54], und in 22,14, wo es sich auf die zehn Führer der cisjordanischen Stämme

---

[46] Vgl. ³*HAL*, unter מטה, 542f. ¹⁷*Gesenius*, unter מטה, 417, gibt drei Bedeutungen, doch kann „Ast / Rebe" unter „Stock" verbucht werden. Für eine gute Übersicht vgl. Simian-Yofre, Y. (/ Fabry, H.J.), מטה, 818–826.

[47] Vgl. ³*HAL*, unter שׁבט, 1291–1293, ¹⁷*Gesenius*, unter שׁבט, 801, und Zobel, שׁבט, 966–974.

[48] Die Zuordnung zu unterschiedlichen Schichten wird erst später (c 5) zu erörtern sein.

[49] 55 der 59 Belege in Josua. Auch בני mit einem Stammesnamen, wie z.B. יהודה, finden wir außer in Gen 46 und Num 1. 2. 7. 10. 26. 34 hauptsächlich in Jos 13–21. Die Kombination מטה בני mit Stammesnamen kommt nur in Num 10; 34 und Jos 13–19; 21 und 1Chr 6 vor.

[50] Jos 13,15. 24. 29; 15,1. 20. 21; 17,1; 18,11. 21; 19,1. 24. 40.

[51] Jos 16,8; 19,8. 23. 31. 39. 48.

[52] Jos 14,1. 2 (2×). 3 (2×). 4.

[53] Jos 19,51.

[54] Dieser Ausdruck findet sich in Num 34,14; Jos 21,5. 6. 27; 1Chr 6,56; 1Chr 12,32; und vgl. Jos 13,29; 21,25; 1Chr 6,46. 55.

bezieht. שׁבט hingegen erscheint nur neunmal[55] gegen 55× מטה in Jos 13–21 und bei 24 Belegen von שׁבט im restlichen Josuabuch.

Außerhalb von Jos kommt מטה mit der Bedeutung „Stamm" hauptsächlich in Num (91×)[56] und 1Chr (23×) vor. Die restlichen elf Belege stehen in Ex (6×), Lev (1×), 1Kön (2×), 2Chr (1×) und vielleicht Mi[57] (1×). Umgekehrt kann man sagen, daß מטה mit dieser Bedeutung in Gen, dem DtrG—abgesehen von Jos und 1Kön—, in den Propheten[58] und in den *ketubim*—außer in Chr—fehlt.[59] Statt dessen wird hier meistens שׁבט mit der Bedeutung „Stamm" verwendet.[60]

מטה kommt also hauptsächlich in Num, Jos 13–21 und 1Chr vor im Unterschied zu שׁבט, das hauptsächlich im DtrG begegnet, sieht man von Jos 13–21 ab. Wie ist diese Streuung zu beurteilen? Hängt sie mit einem Unterschied in Gebrauch, Gattungen, Datierungen, regionaler Herkunft oder mit verschiedenen Verfassern zusammen? Daß die Verwendung von מטה und שׁבט auf unterschiedliche Verfasser zurückgeht, liegt auf der Hand, betrachtet man die Streuung der Belege. שׁבט ist eher ein dtr und מטה eher ein priester(schrift)liches Wort, auch wenn diese Unterscheidung nicht exklusiv und über die Zuweisung an Verfasser noch einiges mehr zu sagen ist.[61] Was die Datierung betrifft, kann man מטה nicht als typisch „exilischen und nachexilischen Sprachgebrauch" kennzeichnen,[62] da sich auch שׁבט in exilischen oder nachexilischen Texten findet.[63] Eine regionale Differenzierung von מטה als Sprachgebrauch im Süden (P) im Gegensatz zu שׁבט im Norden ist unwahrscheinlich, da Ez, der aus dem Süden stammt, sowohl שׁבט als מטה benutzt.[64]

---

[55] Jos 13,7 (2×). 14. 29. 33; 18,2. 4. 7; 21,16.

[56] Vgl. zu בני mit Stammesnamen in Anm. 49.

[57] Zu מטה in Mi 6,9 vgl. Simian-Yofre, מטה, 826: „beugen / lenken"?

[58] Sieht man von Mi 6,9 ab; vgl. die vorige Anmerkung.

[59] Die Verteilung der Belege deckt sich übrigens weitgehend mit dem Gebrauch von מטה in der Bedeutung „Stab / Stock", wobei auch hier Num die meisten Belege aufweist: Gen (2×), Ex (21×; vor allem der Stab des Mose oder Aaron), Lev (1×), Num (20×), 1Sam (2×), Jes (8×), Jer (1×), Ez (9×), Hab (2×), Ps (2×).

[60] Mit dieser Bedeutung kommt es 145× von den 191× vor. (Zobel, שׁבט, 966f, verzeichnet zwei Belege zu viel.) Dtn hat kein einziges Mal מטה, aber 18× שׁבט, und zwar immer mit der Bedeutung „Stamm". Im DtrG kommt שׁבט oft vor, nämlich 98×, und davon nur 4× mit der Bedeutung „Stock / Stab" (nur in Ri 5,14; 2Sam 7,14; 18,14; 23,21) während מטה, wenn man die Belege in Jos nicht mitzählt, nur 4× vorkommt.

[61] Siehe c 5; Milgrom, *Priestly* 1978f, 76–79.

[62] So Noth, *ÜS* 1943, 184.

[63] Vgl. Belege in DtJes, TrJes, Ez, Chr.

[64] Theoretisch könnte Ezechiel den Terminus שׁבט in Babylon kennengelernt haben.

Somit können weder eine zeitliche oder regionale Differenzierung noch eine Unterscheidung nach Bedeutungsherkunft vorgenommen werden. Einzig im Hinblick auf den Gebrauch und die Gattungen, in deren Zusammenhang מטה bzw. שׁבט vorkommen, fallen Unterschiede auf. מטה begegnet uns hauptsächlich (152 von 184 Belegen),[65] שׁבט dagegen kaum in Listen.[66] In den Listen ist die Zwölfzahl wichtig,[67] wobei in einigen Fällen sogar expliziert wird, wie die zwölf Stämme zusammenhängen.[68] Bei שׁבט ist das auffallend seltener der Fall. Wenn z.B. Levi in Jos 13,7.33 als שׁבט bezeichnet und zugleich die Zwölfzahl in vv 7f betont wird, heißt das, daß der Terminus שׁבט selbst weniger mit dieser Zwölfzahl verbunden wird, weil es dann 13 Stämme gäbe. In Jos 14,3f dagegen, wo es auch um die Zwölfzahl geht und der Terminus מטה verwendet wird, wird die Bezeichnung הלוים ohne מטה gebraucht, so daß genau zwölf Stämme beschrieben werden. So begegnet מטה in Jos nur für die zwölf Stämme, die Land erhalten. Zwar kommt שׁבט auch in Verbindung mit der Zwölfzahl vor,[69] doch ist die Bezeichnung שׁבטי ישׂראל sehr viel häufiger.[70] Im allgemeinen gilt, daß שׁבט meistens ohne und מטה meistens mit Stammesnamen verwendet wird.[71]

Bei den 32 verbleibenden מטה-Stellen, die nicht in Listen vorkommen, geht es oft um wichtige Ereignisse.[72] Die größte Anzahl steht im Zusammenhang mit der bevorstehenden oder abgeschlossenen Landverteilung[73].

---

[65] Num 1,4–16; 1,17–43; 2,3–31; 10,12–28; 13,4–15; 34,17–29; Jos 13–21; 1Chr 6.

[66] Nur Jos 13,7 (2×). 14. 29. 33; 21,16.

[67] Vgl. z.B. 12 Belege von מטה in Num 1,17–43; 8 in Num 2,3–31 und 10,12–28, aber dazu sollen jeweils 4 Fahnenträger gezählt werden; 13 in Num 13,4–15, aber vgl. v 11.

[68] Vgl. Num 1,47. 49; 13,11; 34,13–15; 14,2–4.

[69] Gen 49,28; Ex 24,4; 28,1; 39,14; Dtn 1,23; Jos 3,12 (2×); 4,2. 4. 5. 8; Ez 47,13.

[70] Gen 49,16. 28; Ex 24,4; Num 36,3; Dtn 29,20; 33,5; Jos 3,12; 4,5. 8; 12,7; 24,1; Ri 18,1; 20,2. 10. 12 u.ö.

[71] Vgl. nur mit Benjamin: Ri 20,12; 1Sam 9,21; 10,20. 21; 1Kön 12,21; mit Levi: Num 18,2; Dtn 10,8; 18,1; Jos 13,14. 33; 1Chr 23,14; mit Juda: 1Kön 12,20; 2Kön 17,18; mit Dan: Ri 18,1. 30. Vgl. שׁבטי יעקב in Jes 49,6 und שׁבטי יה in Ps 122,4. So ist auch die Erwähnung von zwei שׁבטים in Jos 21,16 innerhalb eines Kapitels mit der höchsten Anzahl von Belegen von מטה zu erklären. Im restlichen Kapitel ist מטה immer mit einem Stammesnamen verbunden, während hier zusammenfassend gesagt wird, daß die genannten Levitenstädte aus zwei Stämmen (Juda und Simeon) kamen.

[72] Für שׁבט gilt dies nicht in dem Maße; vgl. u.a. Gen 49,16; Ex 24,4; Dtn 5,23.

[73] Landverteilung: Num 26,55; 32,28; 33,54; 34,13 (2×); Jos 14,1; 19,51; in anderen Zusammenhängen: Num 30,2; 1Kön 8,1; 2Chr 5,2. Num 36 mit 19 Belegen von מטה hat indirekt auch mit Landverteilung zu tun.

Noch eine Feststellung kann gemacht werden: מטה wird am häufigsten in Verbindung mit dem Stamm Juda verwendet.[74]

Nicht haltbar sind die folgenden Differenzierungen zwischen מטה und שֵׁבט. Nach Johnstone ist מטה „a tribe in the actual act of settling down", und שֵׁבט ein Stamm, der (noch) nicht angesiedelt ist.[75] Eine kleine Stichprobe zeigt, daß in Num מטה wandernde Stämme bezeichnet, während שֵׁבט z.B. in Ez belegt ist, wo die erste „Landnahme" mit Sicherheit bereits abgeschlossen war. Johnstones Belegstellen beschränken sich auf Jos, wo tatsächlich in dem Teil über die Landverteilung hauptsächlich מטה verwendet wird. Auch Simian-Yofres Annahme, „maṭṭæh werde benutzt, wenn vom Besitz eines Stammes die Rede ist"[76], läßt sich nicht beweisen. Die von ihm herangezogenen Belegstellen können seine These nicht unterstützen.[77]

Wir meinen aber, daß eine Differenzierung sehr wohl möglich ist. שֵׁבט ist die allgemeine Kennzeichnung eines Stammes, während מטה meistens gebraucht wird, wenn es sich um Aufteilung oder Verteilung handelt; oft werden die Zahlen dazu erwähnt. Diese Aufteilung oder Verteilung geschieht immer auf göttliche Anweisung hin und repräsentiert somit eine göttliche Ordnung.[78] Ein besonderer Fall liegt vor, wenn diese göttliche Anweisung durch das Los geschieht,[79] durch welches im Falle von Jos 7,1.18 auch geurteilt werden kann.[80] Wenn es sich nicht direkt um Auf- oder Verteilung handelt, geht es um neue göttliche Ordnungen[81] oder Handlungen, die mit Opfer- bzw. Tempeldienst zu tun haben.[82] מטה wird somit für die Bezeichnung der Einzelteile in einer göttlichen Ordnung gebraucht.

---

[74] מטה יהודה: Ex 31,2; 35,30; 38,22; Num 1,27; 7,12; 13,6; 34,19; Jos 7,1. 18; Jos 21,4; מטה בני יהודה: Jos 15,1. 20. 21; Jos 21,9; 1Chr 6,50. Dazu müssen die Belege Num 2,3 und 10,14 gezählt werden, weil Juda dort jeweils Fahnenträger einer Gruppe von vier Stämmen (מטות) ist. Die einzigen beiden Erwähnungen im ersten Teil des Josuabuches (7,1. 18) betreffen Juda; Oholiab aus dem Stamm Dan ist ein Mitarbeiter Bezalels aus dem Stamm Juda (Ex 31,6; 35,34; 38,23). Das heißt, daß auch er in Verbindung zu Juda steht; in Num 7 erhält nur der Stamm Juda die Bezeichnung מטה (v 12).

[75] Johnstone, *Technical* 1969, 311f.

[76] Simian-Yofre, מטה, 823.

[77] In Jos 7,1. 18 geht es um Zugehörigkeit, in Num 1,21–43 um die Anzahl der Stammesmitglieder.

[78] Vgl. z.B. Num 1,1–4 zur Liste 1,4–16; 1,18 zu 1,17–43; 2,1f zu 2,3–31.

[79] Num 26,55; 33,54; 34,13–15; Jos 14–21; 1Chr 6.

[80] Vgl. Lev 24,11.

[81] Num 30,2; 32,28; 36; vgl. Jos 22,1. 14.

[82] Ex 31,2. 6; 35,30. 34; 38,22. 23; Num 3,6; 18,2; 1Kön 7,14; 8,1 // 2Chr 5,2. Eine Ausnahme bildet die Bezeichnung „halber Stamm Manasse" in 1Chr 12,32.

In Num 17 wird die göttliche Ordnung der Stämme exemplifiziert. In vv 16–26 stehen die zwölf Stäbe (מטות) für die zwölf Stämme Israels,[83] und das in einem Buch, in dem מטה fast durchgehend „Stamm" bedeutet. Die Erwählung (durch ein Gottesurteil) Aarons ist die Hauptaussage des Abschnittes, doch ist auffällig, daß die Stäbe sehr direkt mit Gott in Beziehung gesetzt werden.[84] Daß mit dem Stab auch oft magische Kräfte verbunden werden, zeigt die Plagenerzählung sowie die Rolle des Stabes Gottes in der Amalekiterschlacht (Ex 17,9). Gen kennt ihn als Herrschaftssymbol.[85] In dem Begriff מטה schwingt auf der Symbolebene eine Konnotation von Herrschaft und magischen Kräften, die bei JHWH ihren Ursprung haben (מלפני יהוה; vv 22.24[86]), mit. Die Zwölfzahl und die Stämme Israels kommen dann von JHWH in der Form der zwölf Stäbe.

Wir fassen zusammen: 1. מטה kommt hauptsächlich in Num, Jos 13–21 und 1Chr 6 vor, שֵׁבט hauptsächlich im DtrG. 2. מטה wird vor allem in Listen verwendet, im Gegensatz zu שֵׁבט. 3. שֵׁבט ist die allgemeine Bezeichnung für „Stamm", während מטה nahezu ausschließlich durch einen Stammesnamen determiniert wird. 4. Bei מטה ist die Zwölfzahl wichtig. 5. מטה kommt oft im Zusammenhang mit der Landverteilung vor. 6. מטה wird am häufigsten mit Juda verbunden. 7. מטה wird im Zusammenhang mit göttlicher Ordnung gebraucht.

3.3.2.3. גבול

Bedeutet גבול[87] in Jos 13–19 „Gebiet", „Grenze" oder beides? Die Beantwortung dieser Frage ist nicht nur für das Textverständnis wichtig; einige Exegeten sehen den Gebrauch von גבול mit der Bedeutung „Grenze" als exklusives Kennzeichen für P an.[88] Es gibt noch einen Grund: Abhängig davon, wie man גבול auffaßt—als „Gebiet" oder „Grenze"—, ist die Karte der Gebiete der Stämme nach Jos 13–19 unterschiedlich zu zeichnen. Wenn man גבול als pure Grenzlinie

---

[83] Vgl. v 17. 21. Ob es einen extra Stab für Levi / Aaron gab (vgl. z.B. Dillmann, *Josua* ²1886, 97) oder nicht (so z.B. Noth, *Numeri* 1966, 115f), ist hier nicht wichtig.

[84] Sie liegen in dem Zelt der Begegnung (v 19) bzw. des Zeugnisses (v 22. 23), vor der Bundeslade (v 19) und vor JHWH (v 22. 24).

[85] Gen 38,18. 25. Vgl. auch die mögliche Verwandtschaft mit dem ägyptischen *mdw* = „Stab". Im Deutschen gilt das Gleiche: Der Stab ist sowohl ein „Stock" als auch ein „Würdezeichen" und in übertragenem Sinne die „Gruppe der verantwortlichen Offiziere"; vgl. Wahrig, G., *Deutsches Wörterbuch*, Gütersloh 1961, 3380f.

[86] Vgl. auch Num 20,9, wo Mose den Stab, mit dem er Wasser aus dem Felsen schlagen wird, מלפני יהוה nimmt.

[87] Vgl. Ottosson, גבול, 896–901.

[88] Vgl. Cortese, *Josua* 1990, 29. 40–43.

von einem zum nächsten Punkt versteht, wird nicht das ganze Land durch die Grenzbeschreibungen abgedeckt. Wenn man aber גבול ausschließlich als Gebiet begreift, bleibt je nach Interpretation kein Flekken unverteilt.

Wir gehen davon aus, daß die Bedeutungen „Grenze" und „Gebiet" einander meistens überlappen.[89] גבול ist oft „die Grenze" sowie „das durch die Grenzen umschlossene Gebiet".[90] In Jos 15,1b z.B. läuft „bis zum Gebiet Edoms"[91] auf das gleiche hinaus wie „bis zur Grenze Edoms"[92], weil das Gebiet mit einer Grenze beginnt.[93] In Gen 10,19 kann man sowohl „Gebiet"[94] als „Grenze[95] der Kanaanäer" übersetzen, obwohl wir für „Gebiet" optieren, weil die Anzahl der genannten Orte für eine Grenzbeschreibung recht kärglich ist. Und so gibt es mehr Beispiele.[96]

Daß eine Grenze eine verkürzte Form für „der Rand des Gebietes" ist, ist die These Kallais.[97] Die Grenzbeschreibungen seien damit Beschreibungen der aufeinanderfolgenden Randgebiete eines Territoriums, die, so Kallai, vom betreffenden Gebiet aus vorgenommen werden. Nun ist es zwar möglich, daß die Grenze in Jos 15 zusammen mit den diesseits dieser Grenze in Juda liegenden Grenzgebieten gedacht werden muß, doch ist sie so präzise, daß der äußerste Rand jener Grenzgebiete eine haarscharfe Linie bildet. In Jos 19 sind die Grenzbeschreibungen viel vager,[98] aber dies dürfte eher eine Folge der Unkenntnis des Kompilators[99] sein.

---

[89] Vgl. Ottosson, גבול, 898–900.

[90] Vgl. Bächli, *Liste* 1973, 2 und 2[10], mit der dort zitierten Literatur. Im Lateinischen gilt für die Pluralform *fines* das gleiche; vgl. Georges, K.E., *Ausführliches lateinisch-deutsches Handwörterbuch*, Hannover [11]1962 ([8]1913), 2767.

[91] So *ZB*; *NBG*; Noth, *Josua* [2]1953, 82; Fritz, *Josua* 1994, 154.

[92] So *BDB*, unter גבול, 147f; *EÜ*; *GNB*; Ottosson, גבול, 899.

[93] Das gilt somit für alle Verbindungen von גבול mit einem Volk, Gruppe oder Land, wenn sie in einer Richtungsangabe verwandt werden; vgl. z.B. in Jos 13–19: 13,4. 10; 15,21; 16,2. 3; 17,8.

[94] So *ZB*, *EÜ*; *RSV*.

[95] So *BDB*, unter גבול, 147f; *LÜ*; *KJV*; *NBG*; *GNB*.

[96] Vgl. Ottosson, גבול, 899f, die Beispiele unter II.2.c und g.

[97] Kallai, *HGB* 1986, 100f. 100f[5].

[98] Vgl. z.B. das Verbum פגע.

[99] Noth, *HGD* 1935=1971, 232[8], hätte ihn „Bearbeiter" genannt, weil er von einer ursprünglichen Grenzfixpunktreihe ausgeht, die eben von einem Bearbeiter mit verbindendem Text versehen wurde. In Bezug auf Jos 19 teilen wir Noths These nicht. Es liegt vielmehr eine Kompilation disparaten Materials vor.

Wenn גבול als Subjekt mit einem Verb der Ortsveränderung verbunden wird (wie עלה, ירד, יצא usw.[100]), ist es unmöglich, daß ein Randgebiet diesseits der Grenze impliziert ist. Ein Gebiet steht fest, während eine Grenze verläuft. Die Belegstellen der Verbindung von גבול als Subjekt mit einem Verb der Ortsveränderung sind auffällig: Diese Verbindung findet sich nur in Num 34 (6×) und Jos 15–19 (30×; davon 11×[101] in c 15).

Wenn גבול allerdings als Subjekt mit dem Verb היה verbunden ist, schwankt die eben gewonnene Eindeutigkeit in der Übersetzung wieder.[102] Denn ist ויהי להם הגבול oder ähnliches[103] als „und ihre Grenze(n) war(en)" oder als „und ihr Gebiet war" zu übersetzen? Im ersten Fall sieht man die Phrase als Überschrift für die Grenzbeschreibung, im zweiten Fall für das durch die Grenzen Beschriebene, und beides ist möglich. Das gleiche gilt für die Belege von גבול als Subjekt in Nominalsätzen.[104]

Doch wenn גבול wie in Jos 15,2 in einer Genitivverbindung mit einer Himmelsrichtung verbunden ist, haben wir es eindeutig mit der Überschrift einer Grenze zu tun, weil danach nur die Grenze der betreffenden Himmelsrichtung gezogen wird.[105] Diese Verbindung finden wir allerdings nur in Num 34; Jos 15 und 18, drei Texten, die eng miteinander zusammenhängen, sowie in variierter Form in Ez 47,17 und 48,28.[106]

Wir fassen zusammen: 1. גבול hat zwei einander überlappende Bedeutungen: „Grenze" und „Gebiet". 2. Mit der exklusiven Bedeutung „Grenze" kommt es nur in Num 34; Jos 15–19 und Ez 47 und 48 vor.[107] 3. In allen anderen Fällen bedeutet גבול „Gebiet" oder „Gebiet/

---

[100] Vgl. Bächli, *Liste* 1973, 1–14; Ottosson, גבול, 898f; und unter §3.3.2.4.

[101] Über *Lisowsky* hinaus ist גבול in Jos 15,11 zweimal belegt. Dazu ist גבול in Jos 15–19 noch 35× impliziertes Subjekt eines Verbs der Bewegung.

[102] Gegen Ottosson, גבול, 899, der im Falle von מן ... עד/אל/ל nur von der Bedeutung „Grenze" ausgeht.

[103] Vgl. in Jos: 13,16. 23. 25. 30; 16,5; 17,7; 19,18. 25. 33.

[104] Vgl. Jos 17,9; Ri 1,36; Ez 47,17 (aber vgl. die Näherbestimmung פאת קדמה); 48,28 (vgl. פאת נגב). In Am 6,2 bedeutet גבול „Gebiet". Spezialbedeutungen liegen vor in Ez 40,12 (2×); 43,13. 17; vgl. Ottosson, גבול, 898.

[105] Num 34,3. 6. 7. 9; Jos 15,2. 4. 5. 12; 18,12. 19 (vgl. 18,14) und öfter in Ez 47f.

[106] Siehe §3.5.

[107] Das Gleiche gilt für גבולה. Es kommt vor als „Grenze" in Num 34,2.12 (wenn ³*HAL*, unter גבולה, 164, לגבולתיה mit „Gebietsteile" übersetzt, scheint uns das nicht zutreffend zu sein, da in Num 34 nur von Grenzen die Rede ist. Die angestrebte Differenzierung zwischen גבולה und גבול entbehrt in diesem Fall einer sachlichen Grundlage); Jos 18,20; 19,49 (?) und als „Gebiet/Grenze" in Num 32,33 (vgl. dazu Jenni,

Grenze", aber nie exklusiv „Grenze". 4. Die Verbindung von גבול als Subjekt mit einem Verb der Ortsveränderung findet sich nur in Num 34,2–12 und Jos 15,2–12 und 18,11–20. Die Bezeichnung „Grenzbeschreibungen" ist somit für diese Texte angebracht.

In v 12a finden wir die Phrase וגבול, die u.a. durch die fehlende Determination auffällt, im Gegensatz zum Großen Meer, das sehr wohl determiniert ist.[108] גבול ist hier mit Mittmann eindeutig als „Grenze" zu verstehen.[109] Aus mehreren Gründen kann es nicht „Gebiet" bzw. „Ufergebiet" heißen. Bedeutete es „Gebiet", dann wäre das einerseits eine Einschränkung des Gebietes Judas, obgleich v 12a mit dem Mittelmeer eine deutliche Westgrenze darstellt. Andererseits ginge so die der Beschreibung eigene Präzision verloren. Wäre hier eine Gebietsbenennung gemeint, würde sie sich auffällig unterscheiden von der Süd-, Ost- und Nordgrenze, die als Linien dargestellt werden. Für die anderen Belegstellen von וגבול weist Mittmann überzeugend nach, daß es entweder unpassend oder unmöglich ist, גבול mit „Gebiet" zu übersetzen.[110] Wenn man allerdings die Übersetzung „Grenze" wählt, dann ist die Phrase וגבול eine Explikation des Vorausgehenden. In allen Fällen deutet וגבול auf Gewässer,[111] die keine Grenzfix*punkte*, sondern natürliche Grenz*linien* des Landes sind.[112] Das ו ist ein *waw*-explicativum und וגבול ist ein eingliedriger Nominalsatz.

Für וגבול gibt es nur sieben Belege. Der nächstliegende ist Jos 15,47, wo sich mit הים הגדול וגבול cj. eine Parallele zu v 12 findet. Die gleiche Formulierung wird in Num 34,6 für die Westgrenze Kanaans verwendet. Die anderen vier Belege sind Dtn 3,16f und Jos 13,23.27.

Beth 1992, 220: „das Land, gegliedert nach seinen Städten innerhalb von Stadtgebieten"); Jes 10,13; 28,25; Jer 31,17; Ps 72,17; Hi 24,2. Unsere Verteilung der Bedeutungen „Gebiet/Grenze" und „Grenze" trifft sich nur in Num 32,33 mit der von Ottosson (גבול, 898). Ob גבול(ה) mit der exklusiven Bedeutung „Grenze" P zugewiesen werden soll, ist später zu besprechen (§5.3.3.1).

[108] Mittmann, *ūgᵉbūl* 1991, 38f.

[109] Mittmann, *ūgᵉbūl* 1991, 37–44. Im Folgenden werden seine Argumente dargestellt.

[110] Vgl. z.B. Dtn 3,16: Die Grenze des transjordanischen Gebiets reicht nach v 16aα bis zum Arnontal. Dies wird in v 16aβ präzisiert mit „bis zur Mittes des Tales". Das darauf folgende וגבל kann dann nicht „und sein Ufergebiet" bedeuten, weil so die Präzisierung wieder aufgehoben würde (Mittmann, *ūgᵉbūl* 1991, 40).

[111] Das Große Meer: Num 34,6; Jos 15,12.47; das Arnontal: Dtn 3,16; der Jordan: Dtn 3,17; Jos 13,27.

[112] Daher ist die Übersetzung der LXX mit ὁϱίζω (v 12) bzw. διοϱίζω (v 47) sinngemäß.

Somit ist וגבול nur in Grenzbeschreibungen belegt, wobei drei von den sieben Belegen miteinander verwandt sind.

Zusammenfassend läßt sich sagen, daß וגבול eine Präzisierung des vorangehenden Gewässers als Wasser-Grenzlinie ist. וגבול bedeutet „und zwar als Grenze" und will präzisieren, daß das Wasser selbst nicht in das Gebiet mit eingeschlossen ist.

3.3.2.4. Die Verben

In den Grenzbeschreibungen gibt es eine Anzahl Verben, die den Verlauf von einem zum nächsten Punkt beschreiben.[113] Lediglich sieben Verben werden in Jos 15 verwendet: עבר „sich hinüberziehen",[114] יצא „verlaufen",[115] עלה „hinaufgehen",[116] תאר „sich drehen",[117] סבב ni. „sich wenden"[118], פנה „sich wenden"[119] und ירד „hinuntergehen"[120]. Vier dieser sieben Verben finden sich in Num 34 wieder.[121] Nur in Jos 15–19 und Num 34 ist die Grenze das Subjekt dieser Verben.

Die Bedeutungen der Verben bereiten wenig Probleme. Wir können uns kurz fassen, weil Bächli ihnen bereits eine detaillierte Behandlung gewidmet hat. Neutral ist יצא, das „die allgemeine Richtung ohne punktuelle Angabe (Anhöhe, Ort, Fluß, Meer, Himmelsrichtung)" bedeutet.[122] Weiter gibt es zwei Verben im Zusammenhang mit Anhöhen: עלה und ירד und drei für eine Richtungsänderung: תאר, פנה und סבב ni.[123] Bleibt das Verbum עבר, das nach Bächli „den Grenzverlauf quer durch ein Tal oder ein Wadi" bezeichnet.[124] Ob das wirklich so ist, muß später aus den Lokalisierungen der Grenzfixpunkte und der Wege, die sich vom einen zum anderen Grenzfixpunkt als am nächstliegenden

---

[113] Vgl. Noth, *HGD* 1935=1971, und Bächli, *Liste* 1973.

[114] Jos 15,3 (2×). 4. 6. 7. 10. 11; vgl. 16,2. 6; 18,13. 18. 19; 19,13.

[115] Jos 15,3. 9. 11; vgl. 16,2. 6. 7; 18,15. 17 (2×); 19,1. 12. 13. 27. 34.

[116] Jos 15,3. 6 (2×). 7. 8 (2×). 15; vgl. 16,1; 18,12; 19,11. 12.

[117] Jos 15,9 (2×). 11; vgl. 18,14. 17.

[118] Jos 15,3. 10; vgl. 16,6; 18,14; 19,14.

[119] Nur in Jos 15,7, wo mit LXX ופנה pf. zu lesen ist.

[120] Jos 15,10; vgl. 16,3. 7; 17,9; 18,13. 16 (3×). 17. 18. In cc 16–19 findet man noch drei andere Verben: הלך, פגע und שׁוב.

[121] עבר (Num 34,4 [2×]); יצא (Num 34,4. 9); סבב ni. (Num 34,4. 5); ירד (Num 34,11 [2×]. 12).

[122] Bächli, *Liste* 1973, 5.

[123] Nach Bächli, *Liste* 1973, 6, bezeichnet סבב ni. die „Änderung einer Himmelsrichtung"; wie weit der Wendegrad ist, ist fraglich, weil nur zwei- oder dreimal die neue Himmelsrichtung expliziert wird.

[124] Bächli, *Liste* 1973, 6.

herausstellen, geschlossen werden. Hier sei vermerkt, daß Bächli seine Vermutung nicht belegt.[125]

Problematisch ist das Tempus der Verben der Ortsveränderung. Ein kurzer Blick in einige Übersetzungen zeigt uns, daß sie unterschiedlich aufgefaßt werden: sowohl präsentisch[126] als imperfektisch[127]. *we-qatal* kann tatsächlich präsentisch, imperfektisch und dazu noch—und das kommt am häufigsten vor—futurisch übersetzt werden, abhängig davon, ob man es als invertiertes (pf.cons.[128]) oder als normales pf. betrachtet.[129] Für das Verständnis des literarischen, historischen und theologischen Ortes ist es entscheidend, ob „die Grenze verläuft", „verlief" oder „verlaufen wird". Mit anderen Worten: Liegt ein Bericht des Sachverhaltes vor (präsentisch), sprechen spätere Berichterstatter über eine einstmalige Grenze (imperfektisch), oder steht die Landverteilung an Juda noch bevor (futurisch)?

Weil das Tempus im Falle von *we-qatal* morphologisch nicht bestimmt werden kann, sind wir auf die Syntax und diskursive Struktur angewiesen; zwei Aspekte, die nach Peckham mit guten Gründen die Hauptindikatoren für Tempus und Modus eines Verbs darstellen.[130] Nehmen wir das erste Verb der Ortsveränderung, dann fällt auf, daß das Subjekt fehlt. Es ist das gleiche wie in v 2; vv 2 und 3 schließen also direkt aneinander an. Die Verbindung ist explikativ zu deuten, weil die Südgrenze von v 2 in vv 3f im einzelnen aufgeführt wird. Das *waw* in ויצא ist damit ein sogenanntes energisches *waw*[131], und ויצא ist als pf.cons. aufzufassen. Dadurch wird das Tempus von ויהי (v 2)[132] in v 3 weitergeführt. ויהי ist impf.cons., das immer auf ein abgeschlossenes Geschehen in der Vergangenheit weist.[133] ויצא in v 3 ist somit konsekutiv zu ויהי und imperfektisch aufzufassen. Alle nachfolgenden Verben der

---

[125] Bächli, *Liste* 1973, 6, zitiert hier Schwarzenbach, *Terminologie* 1954, 30ff. Dort haben wir nichts zur Unterstützung von Bächli finden können.

[126] *LXX*; *VL*; *V*; *EÜ*; *LÜ*; *RSV*; *GNB*; Noth, *Josua* ²1953, 82. 84; Butler, *Joshua* 1983, 176f; Fritz, *Josua* 1994, 154f.

[127] *ZB*; *KJV*; *NBG*; Cooke, *Joshua* 1918, 136–141 (vgl. auf S. 136 zu v 3 über das Tempus); Alfrink, *Josuë* 1952, 81f.

[128] Die Bezeichnung „consecutivum" ist unglücklich, weil in vielen Fällen nicht eine Folge, sondern eine Aufeinanderfolge impliziert ist (vgl. *JM* §387a¹). Trotzdem halten wir an dieser Bezeichnung fest, weil sie die meist geläufige ist.

[129] Vgl. *GK* §49. 112; *JM* §119.

[130] Peckham, *Tense* 1997, 139–168.

[131] Zu unterscheiden vom *waw* mit koordinierender Funktion; vgl. *JM* §117a.

[132] Es geht in v 2 um ויהי und nicht um פנה, denn das ist Teil eines Relativsatzes mit הלשון als Antezedent.

[133] Vgl. Peckham, *Tense* 1997, 145. 152f.

Ortsveränderung in der Südgrenze sind in gleicher Weise zu verstehen, weil die Sätze, in denen sie vorkommen, jeweils in parataktischem Verhältnis zu dem vorausgehenden Satz stehen.[134]

In v 4b ändert sich das Subjekt zwar grammatisch, aber inhaltlich spricht das hier auftretende „die Ausgänge der Grenze waren" das Gleiche an wie „die Grenze endete". Auch והיו (Q) ist somit imperfektisch aufzufassen.

Im Unterschied zur Südgrenze wird die Nordgrenze von einem Nominalsatz eingeleitet (5b) und mehrfach das Subjekt גבול expliziert[135]. Der erste Unterschied ist jedoch nur scheinbar, weil v 5b nach Analogie von v 2 elliptisch für גבול לפאת צפונה [ויהי להם] steht.[136] Für die mehrfache Explikation des Subjektes גבול gibt es auf der Ebene der Formkritik übrigens keine Erklärung, denn sie wäre nur einmal wegen einer vorausgehenden Subjektsänderung erforderlich.[137] Eines ist allerdings festzuhalten: Was für die Südgrenze gilt, gilt auch für die Nordgrenze: Die Verben der Ortsveränderung müssen imperfektisch verstanden werden.

3.3.2.5. Die Explikationen

In Jos 15 kommen acht Ortsnamen mit vorausgehendem היא vor.[138] Es handelt sich um Orte, die durch wahrscheinlich bekanntere Namen identifiziert werden. Von den 28×, die diese Formel im AT vorkommt, stellt Jos nahezu die Hälfte der Belegstellen, nämlich 13×. Daß sie hauptsächlich in den geographischen Teilen des Josuabuches auftauchen, darf uns nicht wundern. Etwas anderes ist sehr wohl auffällig: Immer beziehen sich die Explikationen auf Orte in Juda oder Benjamin.

Folgende geographische Bezeichnungen werden expliziert. Zum Vergleich sind auch die von הוא, לפנים und לראשונה eingeführten Explikationen beigefügt.

---

[134] Streng genommen sind alle Verben der Ortsveränderung in der Südgrenze konsekutiv zu ויהי und parataktisch zueinander; Peckham, *Tense* 1997, 153f, betrachtet sie nur als parataktisch. Die „paratactic *qātal* clause" ist „generally [...] preterite, marking punctual acts in completed past time. They regularly begin or end a sequence but also occur in sequences individually or in series." Pf.cons. würden „repeated or distributive actions in past time" ausdrücken (S. 152).

[135] Vv 6 (2×). 7 (2×). 8 (2×). 9 (2×). 10. 11 (2×).

[136] Auch vv 5a und 12a sind somit elliptische Verbalsätze.

[137] V 8. Erwünscht ist es allerdings in vv 61. 7².

[138] Jos 15,8. 9. 10. 13. 25. 49. 54. 60.

Geographische Bezeichnung	היא + *Ortsname*	*Belegstellen*
die Berglehne der Jebusiter	Jerusalem	Jos 15,8
Jebus	Jerusalem	Jos 18,28; Ri 19,10
die Davidsstadt	Zion	1Kön 8,1 // 2Chr 5,2
Jerusalem	Jebus	1Chr 11,4
Kirjat-Arba	Hebron[139]	Gen 23,2[140]; Jos 15,13.54; 20,7; 21,11
Mamre	Hebron	Gen 23,19
Mamre, Kirjat-Arba	Hebron	Gen 35,27[141]
Baala	Kirjat-Jearim	Jos 15,9
Kirjat-Baal	Kirjat-Jearim	Jos 15,60; 18,14
vgl. Kirjat-Jearim als „Lager Dans"	Kirjat-Jearim	Ri 18,12
Bethel	Lus	Gen 35,6; Jos 18,13
Ephrat	Bethlehem	Gen 35,19; 48,7
Bela	Zoar	Gen 14,2.8
En-Mispat	Kadesch	Gen 14,7
Wüste Zin	Kadesch	Num 33,36
Hazezon-Tamar	En-Gedi	2Chr 20,2
Jearimgebirge	Kesalon	Jos 15,10
Hezron	Hazor	Jos 15,25
Kirjat-Sanna	Debir	Jos 15,49

Geographische Bezeichnung	הוא + *geographische Bezeichnung*	*Belegstellen*
der vierte Fluß	Euphrat	Gen 2,14
der große Strom	Tigris	Dan 10,4
Esau	Edom	Gen 36,1; 36,8.19.43[142]
Siongebirge	Hermon	Dtn 4,48[143]

Ortsname	לראשנה + *Ortsname*	*Belegstellen*
Bethel	Lus	Gen 28,19
Dan	Lajisch	Ri 18,29

Ortsname	לפנים + *Ortsname*[144]	*Belegstellen*
Hebron	Kirjat-Arba	Jos 14,15; Ri 1,10
Debir	Kirjat-Sefer	Jos 15,15; Ri 1,11
Bethel	Lus	Ri 1,23

[139] Vgl. Auld, *Judges I* 1975 = 1998, 87f.

[140] Hier steht הוא statt היא, aber vgl. die Vokalisation.

[141] Hier sind die zwei gegensätzlichen Angaben in 23,2 und 19 harmonisiert worden.

[142] In den beiden letzten Stellen ist der Bezug zu Esau weniger einsichtlich. In 36,19 steht zwischen „Esau" und „das ist Edom" „und das sind ihre Fürsten", und in 36,43 bekommt man den Eindruck, als sei zu „den Fürsten von Edom" aufgrund des Vorkommens von Edom „Esau" hinzugefügt.

[143] Gen 15,2 haben wir nicht in die Übersicht aufgenommen, weil ובן־משק ביתי הוא דמשק אליעזר „schlechterdings unübersetzbar" ist (von Rad, *Genesis* [9]1972, 142).

[144] Vgl. Auld, *Judges I* 1975 = 1998, 87f.

In der היא-Reihe beziehen sich alle Orte auf Juda oder Benjamin. Davon sind Jerusalem und die beiden Levitenstädte Hebron und Kirjat-Jearim am häufigsten erläutert. Auffällig viele Heiligtümer sind in diesen Orten angesiedelt.

Die הוא-Explikationen enthalten keine Ortsnamen, sondern geographische Größen, wobei keine im Bereich Judas zu lokalisieren ist.

Bei den לראשׁנה- und לפנים-Reihen sehen wir mit einer Ausnahme (Dan-Lajisch) wieder Orte in Juda und Benjamin. Im Falle von Dan-Lajisch handelt es sich gerade um einen Stamm, der nach dem biblischen Bericht aus dem Süden kommt.

Wir lassen die הוא-Reihe außer Betracht, weil sie von den anderen zu stark abweicht, und folgern daraus, daß der Explikator nur an Juda, Benjamin und in diesen Regionen lokalisierten Heiligtümern interessiert war und somit sehr wahrscheinlich aus diesem Bereich stammte. Dieses Ergebnis ist kongruent mit der Genauigkeit in den Grenzbeschreibungen und Ortslisten von Juda und Benjamin.

3.3.3. *Die Kaleberzählung*

3.3.3.1. Allgemein

Vv 13–19 unterbrechen mit ihrer lebhaften Erzählung die Grenzbeschreibung und Ortsliste. Die inhaltliche Anbindung an das Gebiet Judas besteht darin, daß Kaleb einen Teil inmitten der Judäer erhält (v 13), die Stadt Kirjat-Arba. Die vv 14–17 haben weniger mit Landverteilung als mit Landnahme zu tun, weil Kaleb Kirjat-Arba einnimmt und Otniël[145] Debir. In vv 18f findet eine Landverteilung oder eher Gewässerverteilung an Achsa statt. Es ist Kaleb selbst, der dieses Land verteilt, im Gegensatz zur restlichen Landverteilung, die durch das Los geschieht (v 1). Vv 13–19 weichen sowohl inhaltlich als formal vom Kontext ab. Wir wollen hier auf einige sprachliche Auffälligkeiten eingehen.

v 13—Für נתן fehlt ein Subjekt. Die allgemeine Regel ist dann, daß man das unmittelbar vorausgehende Subjekt nimmt. Doch sowohl גבול als גורל kommen nicht in Frage.[146] Winther-Nielsen geht für seine Suche

[145] Zum Namen vgl. neuerdings Streck / Wenninger, *ʿOṯnīʾēl* 1999, 21–29; Sima, *ʿOṯnīʾēl* 2001.

[146] Dieser Subjektwechsel wird von Winther-Nielsen / Talstra, *Computational* 1995, 71, nicht notiert.

nach dem Subjekt bis Jos 14,6.13 zurück (Josua).[147] Das ist möglich—die LXX fügt es sogar hinzu—, aber Tatsache ist, daß der MT kein Subjekt expliziert. Auf dieser Ebene stellen wir somit fest, daß das Subjekt von נתן aus welchen Gründen auch immer nicht genannt ist.[148]

—אל־פי „nach dem Befehl von" als zusammengestellte Präposition kommt lediglich dreimal im AT vor gegen 66× על־פי mit der gleichen Bedeutung. Diese drei Belege finden sich hier, in Jos 17,4 und in Jos 21,3 im gleichen Kontext der Landverteilung. Die drei Belege stellen somit Ausnahmen dar. In Ezechiel werden öfter ohne feste Regeln על und אל vertauscht.[149] Rechnet man zudem mit dem Laryngalschwund als Kennzeichen einer späteren Entwicklung,[150] dann darf man אל־פי als spätere Erscheinung betrachten. Eine genaue zeitliche Festsetzung ist unmöglich, obgleich man den sicheren Punkt mit Ezechiel in der spätvorexilischen Zeit hat.[151]

Auf על־פי folgt sehr oft יהוה[152] und auf אל־פי sogar immer. Dieser Befehl scheint eine Anspielung auf Num 14,24 zu sein, wo der Befehl allerdings an Moses, nicht an Josua ergeht.[153] In Num finden wir die meisten Belege von על־פי, nämlich 23× und davon 19× mit יהוה. Damit soll betont werden, daß der Vorgang auf göttliche Anordnung geschieht.[154]

v 13f—אבי הענק, בני הענק und ילידי הענק. Enak ist ein Eponym für die Enakiten, eine Gruppe, die in irgendeiner Weise von Kirjat-Arba ausgegangen ist.[155] Das „Pseudogentilicium"[156] ענקים deutet auf diese Gruppenzugehörigkeit hin, obgleich die Belege dieser Form die Enakiten ins Sagenhafte versetzt haben.[157] Auch läßt sich die Frage, warum הענק determiniert ist, am leichtesten lösen, wenn man davon

---

[147] Winther-Nielsen, *Functional* 1995, 255.
[148] Vgl. unten §5.4.2.4.
[149] Zimmerli, *Ezechiel* 1969, I, 6.
[150] Meyer, *HG*, §23,3; *GK* §6q.
[151] In Jos kommt zweimal das gebräuchlichere על־פי vor: 19,50 und 22,9.
[152] 25×.
[153] Darum hat die LXX dies korrigiert.
[154] Vgl. die Ausführungen zu על־פי הגורל S. 104f.
[155] Diese auf den ersten Blick befremdende Kennzeichnung einer Stadt als Vater ist im AT durchaus bekannt, hauptsächlich aus 1Chr 2 und 4 (vgl. dazu Noth, *Liste* 1932, 97–142). Dort sind Personen bzw. Eponyme Vater einer Stadt (vgl. u.a. 1Chr 2,24. 49. 50), wie auch eine Stadt Vater einer anderen Stadt sein kann (1Chr 2,42. 45. 49; 4,4[?]).
[156] Vgl. Noth, *Josua* ²1953, 92.
[157] Vgl. Perlitt, *Riesen* 1990 (1994), 205–246.

ausgeht, daß es sich bei Enak um eine Gruppe handelt. Mit הענק liegt ein Appellativum vor, das „Halskettenleute" bedeutet.[158]

Enak kommt zwölfmal von den insgesamt 18× determiniert vor und determiniert mit dem Sg. wie hier siebenmal. Die Streuung der Belege ist auffällig. ענק determiniert im Sg. wird in folgenden Zusammenhängen verwendet: Num 13,22.28, Jos 15,13 und 14 (2×), in der Parallele Ri 1,20 und in Jos 21,11—allerdings mit der Form ענוק[159]—. Die Lage in Dtn ist anders. Von den sechs Belegen von ענק, kommt es nur einmal im Singular vor, dafür dann ohne Artikel[160], und fünfmal im Plural[161]. Dazu kommen die Pluralformen in Jos 11,21.22 und 14,12.15. Num 13,33 ist mit Dtn 9,2 die Ausnahme, da ענק undeterminiert und im Singular erscheint.

> In v 14 treten nebeneinander ילידי הענק und בני הענק auf. Da יליד und בן hier beide „Sohn" bedeuteten, stellt sich die Frage, ob es außer dem Lexem einen Unterschied zwischen beiden Begriffen gibt. יליד kommt zusammen mit בית vor und bedeutet dann „im Haus(halt) geborener Sklave"[162] und findet sich weiter mit הענק und הרפה/א. Die ילידי הענק kommen nur hier und in Num 13,22.28 vor. Die ילידי הרפה/א sind aus Davids Zeit bekannt als schwer gerüstete philistäische Krieger.[163] Kann es sein, daß ילידי הענק auch auf eine solche Kriegertruppe hindeutet?[164] יליד hätte dann weniger eine biologische als soziologische Konnotation, wie die Verbindung יליד הבית bereits vermuten ließ. Für eine Antwort ist die Textlage aber zu dürftig.

v 18—סות hi. bedeutet „verleiten, anstiften usw.",[165] wenn keine Präposition folgt.[166] Es kommt, abgesehen von dem vorliegenden Beleg und seiner Parallele Ri 1,14, noch zehnmal vor, und zwar immer mit

---

158 Vgl. Noth, *Josua* ²1953 und vgl. die Übersicht bei ³*HAL*, unter ענק II, 813. Daß es „die Langnackigen" bedeutet (so *BDB*, unter ענק, 778), ist weniger wahrscheinlich, stützt sich diese Übersetzung doch auf nur eine arabische Parallele (und wohl auf die Vermutung, daß wir es mit Riesen zu tun haben), während ענק im biblischen Sprachgebrauch „Halskette" bedeutet und man für diese Bedeutung mehr außerbiblische Parallelen aufweisen kann.

159 Vgl. zu dieser Form Lipiński, *ʿAnaq* 1973, 43.

160 Dtn 9,2².

161 Dtn 1,28; 2,10. 11. 21; 9,2¹.

162 ³*HAL*, unter יליד, 394; Gen 14,14; 17,12. 13. 23. 27; Lev 22,11; Jer 2,14.

163 2Sam 21,16. 18; 1Chr 20,4. Vgl. Na'aman, *Conquest* 1994, 263f.

164 So Na'aman, *Conquest* 1994, 264.

165 Vgl. ³*HAL*, unter סות, 707; ¹⁷*Gesenius*, unter סות, 540, verbucht „verlocken" als Hauptbedeutung und *BDB*, unter סות, 694, „incite, allure, instigate".

166 Mit מן bedeutet es „fortlocken" (Hi 36,16; 2Chr 18,31) und mit ב „aufreizen gegen" (1Sam 26,19; 2Sam 24,1; Jer 43,3; Hi 2,3); vgl. ³*HAL*, unter סות, 707.

negativer Konnotation.[167] Unter „Textkritik“ haben wir schon angedeutet, daß v 18 problematisch ist, weil Achsa zunächst Otniël dazu anstiftet, von ihrem Vater ein Stück Feld zu verlangen, während sie es danach dann doch selber tut. Das hat manche dazu veranlaßt, ותסיתהו in ויסיתה zu ändern: So wird Otniël die handelnde Person, die seine Frau dazu ansporнt, von ihrem Vater ein Stück Land zu erbitten. Doch mit Mosca gehen wir davon aus, daß diese Konjektur nicht nötig ist, wenn man ותסיתהו לשאול anders versteht.[168] Das Objektsuffix bezieht sich nicht auf Otniël, sondern auf Achsas Vater Kaleb. Daß das Objekt erst später erscheint (מאת אביה), ist auch anderswo im AT belegt. לשאול muß nicht als finale Fortsetzung von סות hi., sondern als „indem sie fragt / fragend“ aufgefaßt werden. Wie die bekannte Formel לאמור „sagend“ bedeutet, heißt לשאול „fragend“, und diejenige, die fragt, ist Achsa selbst. לשאול gehört wie לאמור zum Subjekt des vorangehenden Satzteils. Mosca weist darauf hin, daß von den zehn Fällen, in denen סות hi. von ל + Infinitiv fortgeführt wird, in nur zweien sich dieser Infinitiv auf das Objekt bezieht[169] und in allen anderen Fällen auf das Subjekt. Mosca hat die Belege von לשאול nicht einzeln untersucht, aber auch dort läßt sich diese Feststellung bestätigen: לשאול ist 14× belegt, davon bezieht es sich zwölfmal auf das Subjekt[170] und zweimal auf das Objekt[171]. Davon sind sieben Belege deutlich als Gerundien zu betrachten.[172] Wir übersetzen demnach v 18a wie folgt: „Und als sie kam, reizte sie ihn, indem sie ihren Vater um Feld bat“.

v 19—ברכה: Mit בְּרָכָה „Segen“ klingt auch בְּרֵכָה „Teich“ mit. So entsteht ein Wortspiel mit den גלת מים „Wasserbecken“.

3.3.3.2. צנח, eine crux interpretum

V 18 birgt eine *crux interpretum*: צנח. Es kommt nur hier, in Ri 1,14 und Ri 4,21 vor. Weil Ri 1,14 und Jos 15,18 direkte Parallelen sind, haben wir es eigentlich mit nur zwei unterschiedlichen Belegen zu tun.

---

167 Dtn 3,17; 1Kön 21,25; 2Kön 18,32; Jes 36,18; Jer 38,22; Hi 36,18; 1Chr 21,1; 2Chr 18,2; 32,11.15.

168 Mosca, *Who* 1984, 18–22. Im Folgenden stellen wir die Argumentierung Moscas dar.

169 Nämlich in 1Chr 21, und 2Chr 18,2.

170 Jos 15,18 / Ri 1,14; 1Sam 12,17.19; 22,15; 23,4; 2Kön 2,10; Jer 15,5; Ps 78,18; Hi 31,30; Esr 8,22; 1Chr 10,13.

171 2Sam 8,10; 1Chr 18,10.

172 Jos 15,18 / Ri 1,14; 1Sam 12,17.19; 2Kön 2,10; Ps 78,18; Hi 31,30 und vielleicht auch 1Chr 10,13.

In Jos 15,18 / Ri 1,14 „ותצנח" Achsa von (מעל) ihrem Esel. Die zusammengestellte Präposition מעל deutet daraufhin, daß צנח eine Bewegung meint, in diesem Falle mit dem Rücken des Esels als Ausgangspunkt. Ob diese Bewegung „springen" bzw. „herabsteigen" andeutet,[173] ist fraglich, denn eine solche gäbe Kaleb noch keinen direkten Anlaß, Achsa zu fragen, was mit ihr los ist. Sie war schließlich auf ihrem Esel „gekommen" (בבואה), und „absteigen" ist eine zu erwartende Fortsetzung. Das Verb צנח muß somit eine Konnotation von „Mißfallen" haben, und dieses „Mißfallen" Achsas muß ihrem Vater gelten (מעל). Die LXX kommt in Jos 15,18 und Ri 1,14 dieser Konnotation mit den Verben βοάω und κράζω (LXX[B]) „rufen / schreien" bzw. γογγύζω „brummen / murren" (LXX[A]) noch am nächsten.[174]

Driver zieht für die Bedeutung von צנח die akkadische Parallele *ṣanāḫu* heran, das „to discharge (blood, excrement)", „to bring up (food, phlegm)" oder „to cough" bedeute;[175] alles Handlungen, die auch für den Ausdruck von Mißfallen und Verachtung dienen können.[176] צנח übersetzt er mit „to belch" („rülpsen") oder „to break wind" („einen Wind fahren lassen").[177] Für diese Bedeutungen von צנח paßt der Kontext in Jos 15,18 / Ri 1,14: Mißfallen wird geäußert, und zwar auf dem Rücken des Esels sitzend in Richtung des Vaters. Die Frage Kalebs, was mit Achsa los ist, ist jetzt vom Kontext her verständlich. Ri 4,21 übersetzt Driver mit „his brains oozed out on the ground". Dabei nimmt er רקתו, von ihm mit „his (Sisera's) brains" übersetzt, als Subjekt von ותצנח, was aber nicht nötig ist, da man auch Jaël als Subjekt nehmen

---

[173] Vgl. [17]*Gesenius*, unter צנח, 688: „hinabsteigen"; [3]*HAL*, unter צנח, 972: „herabsteigen, herabkommen"; *BDB*, unter צנח, 856: „descend (meaning inferred fr. context)"; Gottstein, *Note* 1956, 99f: „prosternere, impingere (terrae allidere); Gibson, *ṣanaḥ* 1976, 275–283; Nicholson, *Problem* 1977, 259–266: „alighted or got down ...".

[174] Die LXX kann diese Verben in Ri 4,21 nicht einsetzen, weil der Kontext dies verbietet. Dort hat Jaël einen Zeltpflock und Hammer genommen und den Pflock durch die Schläfe Siseras ותצנח בארץ geschlagen. Ist der Zeltpflock das Subjekt von ותצנח und das *waw* somit konsekutiv („und der Pflock drang in die Erde"), oder ist Jaël noch immer Subjekt? Im letzten Fall kann das Verb intransitiv oder transitiv sein. Vielleicht ist ein Objekt zu ergänzen und „und sie (Jaël) drang (den Pflock) in die Erde" zu lesen. Da die LXX keinen Subjektwechsel notiert, was sie normalerweise tun würde, betrachtet sie Jaël als Subjekt von διεξέρχομαι (LXX[B]) bzw. διελαύνω (LXX[A]). Wahrscheinlich hatte צנח eine ganz andere Bedeutung, die die LXX nicht kannte und deshalb das vom Klang her nächstliegende Verb übersetzte, das zudem in den Kontext paßte.

[175] Vgl. von Soden, *AHW* III, 1081: „flüssigen Stuhl absondern".

[176] Driver, *Problems* 1957, 66–67.

[177] Driver, *Problems* 1957, 75.

kann. Im letzten Fall wäre vielleicht „und sie spuckte auf den Boden" zu übersetzen, ein Zeichen von Geringschätzung und Verachtung.

Auch in Jos 15,18 paßt die Übersetzung „spucken" aus zwei Gründen am besten: 1. Es ist vom Rücken des Esels aus möglich (מעל[178]). 2. Es drückt Mißfallen aus, das für Achsas Vater Anlaß ist, zu fragen, was mit ihr los sei. 3. Außerdem paßt diese Übersetzung zu dem vv 18f eigenen Gegensatz naß-trocken. Thema ist, daß Achsa als ברכה, das sowohl „Segen" als „Teich" bedeuten kann, kein ארץ הנגב, das hier „Trockenland" bedeutet, sondern Wasserbecken haben will.[179]

3.3.4. *Die Ortsliste*

3.3.4.1. Die Überschrift

Die Formel *n.tr.*-(מטה) זאת נחלת bildet normalerweise den Abschluß einer Gebietsbeschreibung,[180] doch in Jos 15,20 ist sie unseres Erachtens Teil einer Überschrift. Hierfür sind sechs Argumente geltend zu machen: 1. Die Grenzbeschreibung ist bereits durch v 12 abgeschlossen. 2. Die Formel, in der das Demonstrativum ein unabhängiges Subjekt ist, kann sowohl Überschrift als Abschluß einer Liste sein.[181] 3. Diese Formel bezieht sich immer auf listenartiges Material und schließt somit nicht vv 13–19 ab. 4. Mit v 21aα zusammen weist v 20 eine ähnliche Struktur wie die Überschrift v 1 auf: Allgemeine Bezeichnung (1a. 20) und geographische Inhaltsbestimmung (1b. 20aα). 5. Zehn

---

[178] In Ri 4,21 wird der Richtungsaspekt durch בארץ angegeben.

[179] Nicholson, *Problem* 1977, 259–266, kritisiert Drivers Lösungsvorschlag. Das akkadische *ṣanāḫu* bedeute lediglich buchstäblich „Durchfall haben" (S. 262). Doch schließt dies nicht aus, daß es im Hebräischen eine übertragene Bedeutung haben kann. Auch der Verweis auf die verschiedenen Übersetzungen in der LXX vermag nicht zu überzeugen. Man kann einzig daraus ableiten, daß die LXX das Verb צנח nicht kannte. Gibson, *ṣanaḥ* 1976, 275–283, hat die gleiche Kritik, und weist darüber hinaus darauf hin, daß es für „einen Wind fahren lassen" in akkadischer Sprache ein eigenes Verb gibt (*ṣarātu*), während *ṣanāḫu* ausschließlich in medizinischen Texten vorkommt. In vergleichbaren Phrasen mit einem Verb + מעל + Tier (1Sam 25,23; Gen 24,64) deutet das Verb immer auf eine Bewegung von oben nach unten. Gegen ersteres Argument ist wenig einzuwenden. Was das zweite betrifft: Spucken ist auch eine Bewegung von oben nach unten. Was bei Gibson fehlt, ist eine Erläuterung zur inhaltlichen Aporie in Jos 15,18f und Ri 1,14: Ein Absteigen wäre noch kein Anlaß für die Reaktion Kalebs. „Spucken" ist die meist passende, aber zugleich eine hypothetische Übersetzung.

[180] Jos 13,23. 28; 16,8; 18,20. 28; 19,8. 16. 23. 31. 39. 48.

[181] Vgl. z.B. אלה אשר, das in Jos 13,32 Abschluß und in 14,1 Überschrift ist. Vgl. weiter: אלה הנחלת (Jos 19,51: Abschluß); אלה בני מנשה (Jos 17,2: Abschluß); אלה שמות (Jos 17,3: Überschrift), אלה תולדות (Gen 2,4: Abschluß; Gen 6,9; 10,1; 11,10. 27; 25,12. 19; 36,1. 9; 37,2: Überschrift).

der elf anderen Abschlüsse mit זאת נחלת stehen nicht in der Mitte wie hier, sondern ganz am Ende der Gebietsbeschreibung eines Stammes. 6. Diese zehn unterscheiden sich von v 20 dadurch, daß sie immer durch הערים וחצריהן oder Ähnliches weitergeführt werden. In Jos 15,20 werden diese „Städte und Gehöfte" in einer langen Liste expliziert, welche durch ויהיו הערים (21) eingeleitet wird. Letztere Formel findet sich nur in 18,21 wieder am Anfang der Ortsliste Benjamins. Nun kann man einwenden, daß dem Vers 18,21 eine ähnliche Formel wie in 15,20 vorausgeht, die in 18,20 aber den Abschluß der Grenzbeschreibung bildet. Sie ist nur ähnlich, denn die Elemente, die in Jos 15 in zwei Versen erscheinen (12.20), sind in 18,20 vereint.

V 21aα ist, wie gesagt, die geographische Inhaltsbestimmung. Wie v 1b besagt er, daß sich die Städte „vom Rand des Stammes der Judäer" bis zur Grenze Edoms erstrecken. Der „Rand" muß somit die Nordgrenze sein. Von der Nordperspektive aus weist man in Richtung Süden. בנגבה gehört nicht zu גבול אדום; es ist wie בשפלה (33), בהר (48) und במדבר (61) Überschrift für den folgenden Unterabschnitt der Ortsliste.

3.3.4.2. נחלה

Die Formel זאת נחלת (+ מטה)+בני +*n.tr.* kommt zwölfmal vor in Jos.[182] Auf die Zwölfzahl wird Wert gelegt, denn über den Stamm Levi bzw. die Leviten wird einige Male ausgesagt, daß sie kein נחלה erhalten werden,[183] über die zweieinhalb transjordanische Stämme, daß sie ihr נחלה bereits haben[184], und Kaleb bekommt in Jos 15,13 kein נחלה, sondern ein חלק („einen Teil"[185]). Die Belegstellen von נחלה beschränken sich mit einer Ausnahme (11,23) auf cc 13–24 (49×). In Num, wo nach Jos die meisten Belege von נחלה vorkommen (46×), entfällt die Hälfte auf die Kapitel über die Töchter Zelofhads (27; 36). Neun betreffen die Leviten, fünf die zweieinhalb transjordanischen Stämmen und acht die Ankündigungen der Landverteilung.[186] Das heißt, daß in allen Ankün-

---

[182] Siehe Anm. 180.

[183] Jos 13,14. 33; 14,3; vgl. 18,7; außerhalb von Jos: Num 18,23. 24; 26,62; Dtn 10,9; 12,12; 14,27. 29; 18,1. 2; vgl. Ez 44,28.

[184] Jos 14,3; 18,7; vgl. 13,8; außerhalb von Jos: Num 34,14. 15; Dtn 29,7.

[185] Um deutlich zu unterscheiden, übersetzen wir נחלה immer mit „Erbteil" im Unterschied zum weniger prägnanten חלק, das wir mit „Teil" wiedergeben. Dementsprechend werden auch die Verben übersetzt: נחל qal „als Erbteil erhalten"; נחל ni. „als Erbteil zuteilen; חלק „verteilen" usw.

[186] Num 26,53. 54 (3×). 56; 33,54 (2×); 34,2; Num 16,14 steht isoliert da.

digungen der Landverteilung in Num das Land (nach der Anzahl der Stammesmitglieder[187] und dem Los[188]) in נחלות verteilt werden soll. Hiermit haben wir einen Unterschied zum Gebrauch von נחלה in Dtn, wo das Land als ganzes als נחלה bezeichnet wird.[189] Reste dieser Anschauungsweise scheinen in Jos 11,23; 13,6 und 23,4 vorzuliegen, während die übrigen Belege von נחלה in Jos immer Einzelstämme oder sogar Personen (Kaleb[190] und Josua[191]) betreffen.[192] Auffällig ist, daß im Unterschied zu den vorher untersuchten Begriffen נחלה bis auf drei Zitate[193] nicht in Chr vorkommt.

נחלה ist „unveräusserlicher Erbbesitz"[194]. Es handelt sich um Besitz, der in der Familie bleibt: Entweder verteilt der Vater seinen Besitz unter seine Söhne und manchmal unter die Töchter, oder Gott verteilt ihn unter seinem Volk.[195] Im letzten Fall ist Gott der eigentliche Besitzer des Landes. In Jos 13–19, in dem … זאת נחלת zwölfmal vorkommt, ist Gott mittelbar durch das Los[196] die Verteilungsinstanz der נחלות.

Hier ist von einer theologischen Konnotation von … זאת נחלת aus zwei Gründen auszugehen:[197] 1. Es kommt zwölfmal vor. 2. Es steht im Zusammenhang mit dem Los, das den göttlichen Willen vermittelt.

3.3.4.3. Die Summierungen

Jede Gruppe von Orten in Jos 15, abgesehen von vv 45–47 (s.u. §3.3.4.4), wird mit einer Summierung abgeschlossen.[198] Diese besteht aus: ערים + Anzahl + וחצריהן und ist zu verstehen als: Es gibt in der obi-

---

[187] Num 26,53. 54. 56; 33,54.

[188] Num 26,56; 33,54 und wahrscheinlich auch (vgl. נפל) 34,2.

[189] Z.B. Dtn 4,21; 12,9; 15,4; 19,10.

[190] Jos 14,9. 13. 14.

[191] Jos 19,49; 24,30.

[192] Vgl. Jos 24,28. 32.

[193] 1Chr 16,18 (Ps 105,11); 2Chr 6,27 (1Kön 8,36); 10,16 (1Kön 12,16).

[194] ^{3}*HAL*, unter נחלה, 649; Horst, *Eigentum* 1961; vgl. allgemein zu נחלה: Wanke, נחלה; Lipiński, נחל.

[195] Vgl. Wanke, נחלה und Lipiński, נחל.

[196] Vgl. Jos 14,2; 15,1; 19,51.

[197] Mit Horst, *Eigentum* 1961; gegen Gerlemann, *Nutzrecht* 1977, der von einer profanen Bedeutung („Wohnstätte") von נחלה ausgeht. Das schließt nicht aus, daß es durchaus Belege mit profaner Bedeutung gibt (vgl. u.a. Gen 31,14; Mi 2,2; 7,14).

[198] Jos 15,32. 36. 41. 44. 51. 54. 57. 59. 59^{LXX}. 60. 62.

gen Gruppe *n* Orte, und dazu kommen die zu den Orten gehörigen Gehöfte. Die einzige Abweichung liegt mit ... כל־הערים in v 32 vor. Hier jedoch ist die Anzahl der Orte sehr hoch im Vergleich zu den anderen Distrikten, so daß die Bezeichnung כל durchaus berechtigt ist.

Auch viele andere Orte der Stämme, außer denen Gads, Rubens, Ephraims, Manasses und Dans, werden mit dieser Formel gezählt und abgeschlossen.[199] Die meisten Gebietsbeschreibungen werden mit (כל) הערים (האלה) וחצריהן (מטה) + למשפחתם + *n.tr.* + זאת נחלת בני abgeschlossen, manche sogar direkt mit der Summierung.[200] Die Gebietsbeschreibungen von Juda, Benjamin und Simeon ähneln einander am meisten, da sie alle mehr als einen Distrikt haben, der jeweils durch eine Summierung abgeschlossen wird.

Damit sind die Belege der Verbindung עיר und חצר fast erschöpft. Sie kommt nur noch vor in Jos 21,12 // 1Chr 6,41 (für Hebron) und mit einem mit Namen genannten Ort in Jos 15,45 (Ekron), 15,46.47 (Aschdod), 15,47(Gaza), Neh 11,25 (Jekabzeel) und Neh 11,30 (Adullam).[201]

„Das Zählen gehört zu den Grunderfahrungen des Menschen. Mit seiner Hilfe findet er sich in der ihn umgebenden Welt, in Raum und Zeit zurecht."[202] Das mag sein, aber geschriebene Summierungen wie in Jos 15 findet man nicht allzu oft im AT. Sie begegnen in dieser straffen Form nur in Gen[203], Num[204], Jos[205], 1Chr[206], Esr[207] und Neh[208]. Es ist interessant, daß sich darunter verschiedene Listen befinden, die be-

---

[199] Jos 18,24. 28; 19,6. 7. 15. 22. 30. 38.

[200] כל־הערים וחצריהן: Jos 16,9; הערים האלה וחצריהן: Jos 19,16.31; הערים וחצריהן: Jos 13,23. 28; 19,16[LXX-B]. 23. 31[LXX-B]. 39. 48. In Jos 13,28 steht הם– statt des üblichen הן–. Entweder liegt hier ein einfacher Interpretationsfehler des Abschreibers vor (vgl. Peschitta), der וחצריהם auf בני־גד und nicht auf ערים bezieht, oder die vorige Stelle 13,23 muß mit dem Targum und der Arabica in וחצריהם verändert werden, so daß es sich auch dort auf die Stammesmitglieder bezieht. Wie *BHS* für die Lesart הם– die LXX aufführen kann, ist uns ein Rätsel, denn αὐτῶν verrät nicht, ob es auf ein männliches oder weibliches Suffix zurückgeht.

[201] Vgl. 1Chr 4,32. 33.

[202] Correns, *Zahl*, 2201.

[203] Gen 5.

[204] Num 1; 2; 3; 7; 26.

[205] Jos 12; 15; 18; 19; 21.

[206] 1Chr 4,32; 6; 7; 23–27.

[207] Esr 2.

[208] Neh 7.

reits durch מטה[209] bekannt waren. Den größten Block mit Auflistungen, Summierungen und גורל treffen wir in 1Chr 23–27. Hier werden die Aufgaben des Tempelpersonals mittels des Loses penibel verteilt und gezählt.

3.3.4.4. Der „Philisterdistrikt"

Vv 45–47 bilden einen Fremdkörper innerhalb der Ortsliste Judas. Wurden in den anderen Distrikten einzig die Orte aufgelistet und abgeschlossen durch die oben besprochene Summierung, wird hier ein Gebiet abgesteckt, und die Summierungen fehlen. Es erscheinen neben drei Ortsnamen Ortsbezeichnungen (בנות, חצרים), eine relativ allgemeine Gebietsbezeichnung (כל אשׁר על־יד אשׁדוד), Präpositionen (מן, על־יד, עד), ה-locale (ימה) und zwei Bezeichnungen, die gewöhnlich nicht in Ortslisten, sondern in Grenzbeschreibungen vorkommen (עד־נחל מצרים [vgl. v 4] und והים הגדול וגבול [vgl. v 12]). Obwohl das hier angedeutete Gebiet relativ groß ist, werden nur drei Städte genannt. Im Vergleich zur restlichen Ortsliste ist dieser Distrikt somit recht vage beschrieben. Wir verwenden im folgenden dafür den Terminus „Philisterdistrikt", weil die genannten Orte Ekron, Aschdod und Gaza als philistäisch bekannt sind; allerdings immer in Anführungszeichen, weil der Terminus „Philister" in Jos 15 nicht vorkommt.

3.3.4.5. Die Tochterstädte

In Jos 15,28(cj.).45.47(2×) wird den Orten Beerscheba, Ekron, Aschdod und Gaza ובנותיה nachgestellt. Bei diesen „Tochterstädten" ist an Orte zu denken, die zum Einflußbereich einer Stadt gehören.[210] Die geographischen und soziologischen Aspekte dieser „Töchter" sind jetzt nicht das Thema. Hier interessiert uns die Textlage. Auffälligerweise ist die Streuung dieses Begriffes sehr beschränkt. Er steht vor allem in Neh[211], Jos[212], Ez[213] und Chr[214]. Dazu kommt er nur noch in Num[215],

---

[209] Num 1; 2; 7; Jos 18; 19; 21; 1Chr 6.

[210] בת bezeichnet u.a. eine Abhängigkeit von etwas; vgl. [17]*Gesenius*, unter בת I, 121f: „Töchter, die zu ihrem [der Stadt; JCdV] Gebiet gehören"; [3]*HAL*, unter בת, 159: „Filialdorf". Vgl. auch Hopkins, *Daughters* 1980, 44–45.

[211] Neh 11,25 (2×). 27. 28. 30. 31.

[212] Außer an den oben erwähnten Stellen noch in: Jos 17,11 (6×). 16.

[213] Ez 16,46 (2×). 48. 49. 53 (2×). 55 (2×).

[214] 1Chr 2,23; 5,16; 7,28 (4×). 29 (4×); 8,12; 18,1; 2Chr 13,19 (2×); 28,18 (3×).

[215] Num 21,25. 32; 32,42.

Ri[216] und Jer[217] vor. Bei genauerer Betrachtung zeigt sich, daß sich ובנותיה nach einem Ort in wenigen isolierten Texten findet, während es in Chr eher gängig zu sein scheint. Im Pentateuch z.B. kommt es nur in Num 21 und 32 vor, in Jos nur in cc 15 und 17, in Ri nur in cc 1 und 11 und in Ez nur in c 16.

In v 28 ist die Hinzufügung ובנותיה atypisch innerhalb der bloßen Auflistung der Orte von Jos 15,21ff. Nur in den Summierungen finden wir zusätzliche Information, daß auch die Gehöfte der Städte zum betreffenden Gebiet gehören. Doch hier steht nichts über „Tochterstädte". Im „Philisterdistrikt" fällt ובנותיה weniger auf, weil der Abschnitt innerhalb der Ortsliste schon als Ganzes formal abweicht.[218] Dazu ist es inhaltlich passend, denn die Formel dient dazu, die Beschreibung des relativ großen Gebiets, in dem nur drei Städte mit Namen genannt werden, zu vervollständigen.

Neh 11,27 ist die einzige Parallele für „Beerscheba und seine Tochterstädte" (v 28), während es für „Ekron", „Aschdod" und „Gaza und seine Tochterstädte" keine Parallelen gibt. Neh 11,25–30 ist der einzige geschlossene Abschnitt im AT, in dem judäische Orte mit „Töchtern" und überdies mit „Feldern" und „Gehöften" erscheinen.[219] Dadurch, daß sowohl בנות als חצרים vorkommen, ist Neh 11,25–30 auch die nächste Parallele zur Formel ובנותיה וחצריה in Jos 15,45.47.

3.3.5. *Das nichteroberte Jerusalem*

Nach v 63 können die Judäer die Einwohner von Jerusalem, die Jebusiter, nicht vertreiben, so daß die Jebusiter „bis auf den heutigen Tag" zusammen mit den Judäern in Jerusalem wohnen. Der erste Teil dieses Satzes ist als Nicht-Eroberungsnotiz, der zweite Teil als ätiologische Formel bekannt. Die Nicht-Eroberungsnotiz wird gemeinhin als Kennzeichen des Dtr(N) gesehen, und darum behandeln wir sie unter §5.4.2.2.

216 Ri 1,27 (5×); 11,26 (2×).
217 Jer 49,2.
218 S.o.
219 Vgl. dazu 2Chr 28,18.

3.4. *Literarkritische Beobachtungen*

3.4.1. *Einleitung*

Jos 15 birgt einige mehr oder weniger offensichtliche Spannungen und Unebenheiten.[220] Sie werden hier der Vollständigkeit halber alle kurz notiert. Nicht behandelt werden die Fälle, für die wir unter „Textkritik“[221] oder „Formkritik“[222] bereits eine Lösung gefunden haben, sowie literarkritische Anfragen, die nicht durch Jos 15 selbst, sondern durch einen Vergleich mit anderen Texten entstehen. Die werden im nächsten Abschnitt untersucht. Am schwersten sind Spannungen geographischer Art zu lösen. Wir rechnen mit der Möglichkeit, daß es Orte gibt, die nicht in ihrem ursprünglichen literarischen und geographischen Kontext stehen. Doch um dies zu klären, ist man auf die Ergebnisse der historischen Geographie angewiesen.

Hier gehen wir auf die verbleibenden Spannungen und Unebenheiten ein sowie gesondert auf die Summierungen, ihre Zählweisen und die Kopulative in der Ortsliste. Die Frage, wie sie redaktionsgeschichtlich zu deuten sind, wird in c 5 untersucht.

3.4.2. *Spannungen*

v 1.20—למשׁפחתם: Weder in der Grenzbeschreibung noch in der Ortsliste spielen „die Geschlechter Judas“ eine Rolle. Die Beschreibung orientiert sich bei der Grenze an den Himmelsrichtungen und bei den Orten an den Distrikten. Ein Vergleich mit den Genealogien von 1Chr 2 und 4 zeigt, daß diese Ortsgruppen nicht mit den Territorien bestimmter Geschlechter oder Sippen zusammenfallen.[223]

v 1—... אל־גבול אדום: Das Gebiet Judas erstreckt sich nur „bis zur Grenze Edoms ...“, ohne daß ein Ausgangspunkt mit מן angegeben wird. Der Standpunkt scheint für den Schreiber (und die Leser) so eindeutig zu sein, daß er es gar nicht für nötig hält, ihn zu erwähnen. Der Ausgangspunkt liegt im Norden und ist wahrscheinlich mit Jerusalem gleichzusetzen.

[220] Spannungen und Unebenheiten definieren wir subjektiv als das, was wir als Spannungen und Unebenheiten *erfahren*. Spannungen nennen wir Widersprüche im Text oder Kontext, Unebenheiten sind auffällige Formulierungen (Redundanz, Inkonsistenz, Ungenauigkeit usw.), die aber keinen Widerspruch bilden.

[221] והיָה (v 4), דברה מעמק עכור (v 7), וצפונה פנה (v 7), מי עין שׁמשׁ (v 7); ערי הר עפרון (v 9).

[222] ותסיתהו לשׁאול (v 19), כל ערים (v 32).

[223] Noth, *Liste* 1932, 121f. Siehe weiter §4.4.3.1 und 4.5.1.3.

v 4—זה יהיה לכם: Hier begegnet auf einmal die 2. Person, während die gesamte Grenzbeschreibung in der 3. Person gehalten ist.[224]

v 13—Ein Subjekt von נתן fehlt. הגורל kann es nicht sein, weil das Los in den Gebietsbeschreibungen von Jos 14ff nur in Verbindung mit den Erbteilen (נחלות) der zehn kanonischen cisjordanischen Stämme vorkommt. Kaleb dagegen erhält einen Teil (חלק). Das alles steht in krassem Gegensatz zu Jos 14,13, wo Josua als Subjekt Kaleb einen Erbteil (נחלה) gibt (נתן). In 15,13 gibt es Josua zwar, aber er erscheint erst mit אל־פי יהוה ליהושע, was indirekt besagt, daß auch er nicht als Subjekt von נתן angesehen werden darf.

v 21—מקצה למטה בני־יהודה: In dieser Überschrift zur Ortsliste liegt ein ähnlicher Fall wie bei v 1 vor. „Der Rand des Stammes der Judäer" wird selbstverständlich im Norden angenommen, und die Orte reichen bis zum Gebiet Edoms.

3.4.3. *Unebenheiten*

v 1: Nach Cortese[225] hat die Gebietsbeschreibung Judas (wie alle anderen Gebietsbeschreibungen der Einzelstämme auch) eine doppelte Einleitung. Zunächst wird sie als Los eingeleitet (v 1a: ויהי הגורל למטה בני יהודה למשפחתם) und dann als Gebiet (v 2aα*: ... ויהי להם גבול). Die Einleitungen mit גורל seien allesamt Zusätze zu einem geographischen Urdokument, das nur die Gebiete (und keine Grenzen) der Stämme beschrieben hat. Die Einleitungen mit גבול sind die ursprünglichen.

Obgleich man auch argumentieren kann, daß die גורל-Einleitungen und die גבול-Einleitungen beide andere Aspekte der Landverteilung beschreiben und somit keine doppelte Einleitungen wären, vertreten wir die Ansicht, daß die גורל-Einleitungen sekundär vorangestellt wurden. Vv 1f wirken nämlich überfrachtet, und mit Cortese halten wir eine doppelte Einleitung in listenartigem und somit sachlichem Material für unpassend. Zweitens bedeutet die erste Einleitung eine Schematisierung—die Lose für die cisjordanischen Stämme werden gezählt—und eine Theologisierung—Gott spricht durch die Lose. Die Schematisierung und Theologisierung sprechen im Gegensatz zu einer „profanen" Gebietsbeschreibung eher für eine spätere Hand.

v 5—גבול לפאת צפונה: Die drei anderen Grenzen (vv 2.5a.12) werden ohne לפאת dargestellt. Geht es hier um Variation oder um bewußte

---

[224] Siehe weiter §3.5.2.

[225] Cortese, *Josua* 1990, 39–43.

Angleichung an andere Texte? Wir meinen letzteres und ziehen dafür Num 34 in Betracht.[226]

v 8—גי בן־הנם / גי הנם: In der Form גי הנם kommt das Tal nur hier und in Jos 18,16 vor sowie als גיא הנם in Neh 11,30. In allen anderen Fällen liegt die Form mit בן vor. Wie bei לפאת oben ist wieder zu fragen, ob die Form ohne בן durch Variation oder durch literarische Beeinflussung entstanden ist.

v 9—מעין מי נפתוח: Die zwei Gewässerbezeichnungen sind redundant. Es war Von Calice, der 1903 überzeugend vorschlug, מי נפתוח zusammenzulesen als den Namen des ägyptischen Königs Merenptah aus der 19. Dynastie.[227] Dieser Name sei später unbekannt gewesen. Eine Hand in Jos 15 habe ihn darum geteilt und als Namen und Gewässerbezeichnung verstanden. Wahrscheinlich handelt es sich bei der Meneftoachquelle um einen der „Wells of Mer-ne-Ptah ... which is on the mountain".[228]

v 28—ובנותיה: Die Information „und seine Tochterstädte" ist singulär innerhalb der „reinen" Ortsliste.[229]

v 36—וגדרתיה: Wie ובנותיה (v 28) ist auch וגדרתיה singulär.

v 47—אשדוד בנותיה וחצריה עזה בנותיה וחצריה: Für die zweifache Asyndese בנותיה haben wir keine Erklärung. Es könnten Glossen sein.

v 60—Der Distrikt fällt aus der Reihe, weil er nur zwei Orte auflistet.[230]

3.4.4. *Die Summierungen*

Die Ortsliste des MT behauptet, 112 Orte zu enthalten[231], die der LXX^{B} 124[232] und die der LXX^{A} 123[233]. In Wirklichkeit aber zählt die hebräische Ortsliste 122[234], LXX^{B} 125 und LXX^{A} 124 Orte.[235] Die Diskrepanz in v 36^{MT} ist leicht zu erklären, denn וגדרתים ist kein Ort, sondern mit

---

226 S.u.

227 Von Calice, *Menephthes* 1903, 224; vgl. auch Wolf, *Tagebuch* 1933, 42; Aharoni, *LoB* ²1979, 184. Die Transkribierung und die Regierungsjahren von König Merenptah (1224–1204) sind nach Hornung, *Grundzüge* ²1978.

228 Pritchard, *ANET*, 258.

229 Zu ובנותיה im „Philisterdistrikt" s.u. und s.o. unter §3.3.4.5.

230 Fritz, *Josua* 1994, 167.

231 29 Orte (v 32)+14 (v 36)+16 (v 41)+9 (v 44)+11 (v 51)+9 (v 54)+10 (v 57)+6 (v 59)+2 (v 60)+6 (v 62).

232 Der Unterschied zum MT ist: v 44: +1 Ort; v 57: –1; v 59^{LXX}: +11; v 62: +1.

233 Der Unterschied von LXX^{A} zu LXX^{B} ist: v 44: –1 (=MT).

234 In Distrikt I gibt es neun zusätzliche Orte und in Distrikt II einen.

235 Hierbei sind die Orte des „Philisterdistrikts" nicht mitgezählt, weil er keine Sum-

der LXX die Bezeichnung וגדרתיה („und seine Umzäunungen").[236] Die Zahl 14 des MT ist somit richtig. LXX^A und LXX^B sind abgesehen von einer Ausnahme (v 32) in sich stimmig. Im Vergleich zum MT gibt es drei Varianten in den Zahlen der Summierungen: LXX^B zählt und verzeichnet in v 44 zehn Orte, was auf Dittographie zurückgeht.[237] In v 61 haben LXX^B und LXX^A במדבר versehentlich mit καὶ βαδδαργις bzw. βαδδαργις wiedergegeben und es folglich als Ort mitgezählt (v 62). Die bedeutendste Abweichung ist v 59^LXX, der durch Homoioteleueton im MT verschwunden ist, aber zum ursprünglichen Bestand gehört.

Es bleibt der 1. Distrikt mit seiner Summierung in v 32. Vor allem im MT ist die Differenz zwischem dem, was geschrieben ist (29 Orte), und der wirklichen Anzahl (38) erheblich, im Gegensatz zur LXX, in der nur ein Ort mehr gezählt wird. Es gibt drei mögliche Lösungsansätze: 1. Wir folgen der LXX. 2. Wir lesen vv 29ff als Apposition zu ובנותיה und zählen dies nicht mit. 3. Wir rechnen mit einem späteren Zusatz. Diese Ansätze schließen einander nicht aus.[238]

1. בזיותיה (v 28) ist korrupt (zu lesen: ובנותיה). Die Ortsreihen וחצור ויתנן (v 23), וקריות חצרון (v 25) und ועין ורמון (v 32) sind mit LXX^B als jeweils ein Ort zu lesen (וחצר יתנן; וקריות חצרון; ועין רמון). Gleiches gilt für חצור | חדתה.[239] Dafür sind, auch mit LXX^B, die Orte זיף (v 24) und חשמון (v 27) zu streichen. Die LXX hat (חצור (חדתה (v 25) falsch gelesen und es nicht als Ort angesehen; MT ist zu lesen. Wir kommen auf 31 Orte, aber das sind immer noch zwei zuviel. Möglicherweise ist עין רמון ein späterer Zusatz[240] und עיים Dittographie zu עצם (v 29).

Der Vorteil dieses Ansatzes ist, daß es auf der Ebene der Textkritik möglich ist, die Ortszahl auf 30 zu reduzieren, so daß nur ein Ort mit Hilfe der Literarkritik gestrichen werden müßte, um auf 29 Orte zu kommen. Der Nachteil aber ist, daß wir für den Zuwachs im MT (Sif [v 24] und Heschmon [v 27]) keine Erklärung haben. Denn warum

---

mierung enthält. In diesem begegnen aber drei (MT), vier (LXX^B) oder fünf (LXX^A) Orte.

236 S.o. §2.3 zu v 36.

237 ואכזיב → καὶ Ακιεζι καὶ Κεζιβ; s.o. §2.3 zu v 44.

238 Vgl. z.B. Talmon, *Town Lists* 1965, der ausgehend von einer ursprünglichen simeonitischen Liste als Vorlage für Jos 15,26b–32 mit einem Zusatz (En-Rimmon), einer Einfügung rein judäischer Orte (Bet-Pelet aufgrund von Neh 11,26, Heschmon aufgrund der LXX [?] und Hazar-Gadda) und mit Korrumpierung (בזיותיה, עיים) rechnet; vgl. auch Augustin, *Simeoniten* 1989, 37f.

239 S.o. §2.3 zu v 25 und s.u. §3.4.5.

240 Vgl. Noth, *Josua* ²1953, 93. 113, und ausführlich unter §3.5.6.

sollte man die *hapax legomena* Heschmon und Sif[241] hinzufügen? Auch in außerbiblischen Texten kommen diese Orte nicht vor. Kann es sein, daß die LXX zwei unbekannte Orte herausgenommen hat, um die Zahl zu verringern? Das ist auf den ersten Blick problematisch, denn dann hätte sie einen Ort mehr heraus nehmen können, um die genaue Zahl 29 zu erreichen.[242] Zweitens ist der Negev-Distrikt voller *hapax legomena*, und die Streichung von Heschmon und Sif wäre somit willkürlich. Unter „Texkritik“ haben wir jedoch gesehen, daß man der LXX zu Jos 15 im allgemeinen nicht zuviel Vertrauen schenken darf[243] und sie sich u.a. durch Glättungen sowie Harmonisierungen auszeichnet. Kann es sein, daß die LXX tatsächlich darauf aus war, die Zahl der Orte zu reduzieren? Dann hat sie vielleicht im Falle von LXX^B Sif gestrichen, weil es noch ein Sif gab, und sie ein Irrtum vonseiten des MT vermutete.[244] Heschmon wurde gestrichen, weil es weder in der Parallele Jos 19,2–7 steht noch im übrigen AT.

Bevor wir fortfahren, ist es nützlich, die verschiedenen möglichen Zählweisen, die allerdings miteinander zu variieren sind, aufzulisten:

A. MT unkritisch: 38 Orte.
B. Kritische Rekonstruktion mit wenigen Eingriffen: **ובזיותיה** muß als **ובנותיה** gelesen werden. **חדתה | וחצור** (v 25) und **ועין ורמון** (v 32) sind als **חצור חדתה** bzw. **ועין רמון** zu lesen: 35 Orte.
C. Kritische Rekonstruktion mit einigen Eingriffen: **וחצור ויתנן** (v 23), **קריות חצרון** (zwei Orte; v 25) sind als **וחצר יתנן** bzw. **קריות חצרון** (ein Ort) zu lesen: 33 Orte.
D. Kritische Rekonstruktion mit vielen Eingriffen: **זיף** (v 24) und **חשמון** (v 27) sind mit der LXX und **עיים** (v 29) mit Jos 19,3 als Dittographie und **עין רמון** (v 32) als späterer Zusatz zu streichen: 29 Orte.

2. Wenn wir die Orte nach **ובנותיה** als Apposition betrachten[245] und sie nicht mitzählen, bleiben zu wenig Orte übrig. Bei Zählung B ist Beerscheba der 23., bei C der 21. und bei D der 19. Ort. Dürfen also nicht alle Orte nach Beerscheba als dessen „Tochterstädte“ betrachtet werden? In diesem Fall müßte man von hinten die fehlenden sechs,

[241] Als Ort im Negev ist Sif *hapax legomenon*.
[242] Vgl. Steuernagel, *Josua* ²1923, 267: „die LXX haben nicht willkürlich gestrichen“.
[243] Vgl. auch Holzinger, *Josua* 1901, 62: „das alles erweckt kein günstiges Vorurteil für LXX“.
[244] Das gleiche gilt für die Tilgung von Hazor bei LXX^A.
[245] So Noth, *Josua* ²1953, 93; anders Fritz, *Josua* 1994, 165.

acht oder zehn Orte hinzunehmen. Dann müßte die Zählung bei Ziklag (B) oder Betul (C) wieder aufgenommen werden. Bei Zählung D verbietet sich diese Lösung, weil dann nur Baala eine „Tochter" von Beerscheba wäre, was sich nicht mit dem Plural ובנותיה verträgt. Wenn man En-Rimmon nicht mitzählt, hat man mit Zählung D ohnehin die 29 Orte erreicht. Bei B und C müßte man von Horma bzw. Eltolad an weiterzählen.

Diese Lösungsansätze sind sehr verwickelt. Wie wir später sehen werden,[246] sind die Orte Baala bis Betul oder Horma trotzdem als Apposition zu betrachten.

3. Die dritte Möglichkeit ist es, von einem Zuwachs auszugehen. Es ist dann am einfachsten, von dem ersten Ort an bis 29 zu zählen und den Rest als Zuwachs zu betrachten. Dann kommt man bis zu Horma (B), Madmanna (C), oder Schilhim (D). Wieder stellt sich die Frage nach dem Grund für eine spätere Hinzufügung der *hapax legomena* Sansanna und Schilhim. Nur wenn Sansanna ein anderer Name für Hazar-Susa bzw. Hazar-Susim und Schilhim von Scharuhen wäre—und letzteres weisen wir ab[247]—, dann wäre die eventuelle Hinzufügung verständlich.

Ist die Liste vielleicht mit Orten aus anderen parallelen Listen angefüllt worden? Bei Zählung B müßten sechs Orte, bei C vier und bei D ein Ort „geliehen" sein. Jos 19,2–7 hat insgesamt 13 und drei Orte. Aus der zweiten Gruppe kommt nur En-Rimmon im ersten Juda-Distrikt vor, während Eter und Aschan erst im vierten Distrikt erscheinen. Aber 14 Orte sind zuviel für den „Import". Das bleibt auch so, wenn man nur die elf identischen Orte nimmt. Auch in 1Chr 4,28–32 (17 Orte) und Neh 11,25–29 (10 Orte im Negev) gibt es zuviele Orte, als daß sie als Ganzes in Jos 15,21ff übernommen sein könnten. Nur wenn Teile daraus in den Negev-Distrikt aufgenommen sein sollten, bleibt die Möglichkeit dieser Lösung. Welche Orte dann aufgenommen sein sollten, ist allerdings schwer zu rekonstruieren.[248] Wir meinen aber, daß

---

[246] S.u. §3.5.5.

[247] Siehe unter „Textkritik". Außerdem ist שׁרוחן in Jos 19,6 mit LXX eher als שׂדיהן zu lesen.

[248] Dillmann, *Josua* ²1886, 528 (vgl. auch Cooke, *Joshua* 1918, 146), geht mit einigen früheren Kommentatoren davon aus, daß Jeschua, Molada, Bet-Pelet, Hazar-Schual, Beerscheba und Bizjoteha (falsch gelesen) aus Neh 11,26f übernommen worden sind. Dabei setzt er voraus, daß Schema (Jos 15,26) und Jeschua (Neh 11,26) identisch sind (S. 526). Ausgehend von Zählung B (35 Orte), meint er, daß die sechs genannten Orte von

die Zusätze anläßlich Jos 19,2–7 vorgenommen worden sind. Weil hier Probleme des sogenannten „simeonitischen" Teils der Negev-Gruppe (vv 26b–32) mitspielen, behandeln wir dies gesondert.[249]

Mit der LXX auf 29 Orte zu kommen ist auf den ersten Blick die meist attraktive Lösung, weil man mit Hilfe der konkreten Textkritik zu 30 Orten gelangen kann. Wenn wir mit dieser Lösung Recht hätten, läge der LXX eine ältere Liste vor, die nur um En-Rimmon von 29 auf 30 Orte erweitert wäre. Alle nicht in der LXX vorkommenden Orte wären damit entweder Aktualisierungen, die zeitlich nach der Übersetzung der LXX stattfanden, oder frühe Interpolationen in einer anderen Handschrift. Weil jedoch die LXX für die Wiedergabe des Urtextes in Jos 15 nicht gerade zuverlässig ist,[250] müssen wir nach anderen Erklärungen suchen. Die plausibelste ist die, daß der Ortsbestand in der simeonitischen Liste Jos 19,2–7 der Anlaß für eine Erweiterung der Juda-Liste war, denn „ihr [von Simeon] Erbteil war inmitten des Erbteils von Juda" (Jos 19,1). Die nähere Begründung folgt unter §3.5.5. Es geht um Baala, Ezem, Eltolad und Kesil. Diese Orte könnten zugleich als Apposition zu ובנותיה (v 28) betrachtet werden, wobei sie dann nicht mitgezählt werden dürfen. Wir gehen mit Noth davon aus, daß es sich hier um einen Zusatz eines Bearbeiters handelt.[251] Möglicherweise wurde er „mit Rücksicht auf 19 2b–6" vorgenommen.[252] En-Rimmon ist ein späterer Zusatz.[253] Textkritisch sind בזיותיה und עיים für die Zählung zu streichen sowie חצור־חדתה als ein Ort zu lesen. Das macht 29 Orte (Grundliste) + 1 (späterer Zusatz) + 4 (Einschub; Apposition) + 2 (Orte, die zusammenzulesen sind) + 2 (Korrumpierungen) = 38 Orte.

---

einem Interpolator hinzugefügt worden sind, der diese in nachexilischer Zeit von Juden bewohnten Orte vermißte. Die Kraft dieser Lösung liegt in der Tatsache, daß nur die Orte in Jos 15,26–28 und Neh 11,26f die gleiche relative Reihenfolge aufweisen, und באר שׁבע ובנותיה nur in Neh 11,27 und Jos 15,28 cj. vorkommen. Zudem gelangt man zur Zahl 29. Die Schwachpunkte aber sind folgende: Die Gleichsetzung von Jeschua und Schema ist unbewiesen und nicht begründet (a.a.O., 526. 528). Es gibt keine Erklärung für die „Einschiebung" in Jos 15,27 von Hazar-Gadda und Heschmon. Außerdem ist es willkürlich, die Interpolation bei Jeschua / Schema anfangen und bei Bizjoteha aufhören zu lassen; vgl. die Kritik Steuernagels, *Josua* ²1923, 267, dessen Argumentation mit der LXX wir allerdings nicht überzeugend finden.

[249] S.u. §3.5.5.

[250] S.o. §2.4.2.

[251] Noth, *Josua* ²1953, 93.

[252] S.u. §3.4.4 und 3.5.5.

[253] S.u. §3.5.6.

3.4.5. *Die Kopulative*

Die Entscheidung für oder gegen eine bestimmte Zählung hängt von der Beurteilung der Kopulative ab. Normalerweise werden die Orte der Ortsliste durch Kopulative miteinander verbunden, falls sie nicht am Anfang eines Distriktes zu finden sind. Doch gibt es auch Ausnahmen. Sie liegen vor mit **זיף** (v 24), **חדתה** (v 25), **חצרון** (v 25), **אמם** (v 26), **בעלה** (v 29), **תפוח** (v 34), **ירמות** (v 35), **שׂוכה** (v 35), **לכישׁ** (v 39), **בית־דגון** (v 41), **כרמל** (v 55), **הקין** (v 57), **גבעה** (v 57), **בית־צור** (v 58) und **מדין** (v 61). **חדתה** gehört eindeutig zu **חצור**, das als **חצור חדתה** zu lesen ist. Von den verbleibenden asyndetisch angereihten Orten sind drei von der LXX als ein Ort gelesen worden, nämlich Ιθναζιφ^{A} (v 23f; von LXX^{B} gestrichen), πόλεις^{B} / πόλις^{A} Ασερων (v 25) und Ζακαναϊμ^{B} / Ζανωακιμ^{A} (v 56f). Auch wenn die LXX hier Recht haben würde, dann bleiben elf Orte ohne Kopulativ übrig.[254] Karmel könnte eine Landschaftsbezeichnung sein, die zu **מעון** (v 55) gehört, aber diese Auffassung ist eher unwahrscheinlich.[255] Dann gibt es Orte, die im MT mit Kopulativ und in der LXX als ein Ort erscheinen: **וחצור ויתנן**=καὶ Ασοριωναιν^{B} (v 23), **ועין ורמון**=καὶ Ερωμωθ^{B} (v 32). Letzterer Konjektur folgen wir.

Für diese Asymmetrie in der Ortsliste sind zwei Erklärungen möglich: 1. Bestimmte Kopulative sind durch Unachtsamkeit hinzugefügt bzw. gestrichen worden. Das ist in dieser langen Liste durchaus möglich. 2. Die Ortsliste oder deren Vorlage enthielt ursprünglich keine Kopulative. Dadurch sind manche Orte fälschlich getrennt bzw. miteinander verbunden worden. Diese Möglichkeit ist am wahrscheinlichsten, weil sich Orte ohne Kopulativ in der Schefela unerklärlich häufen. In der eventuellen Vorlage müssen die Orte entweder untereinander oder, was wahrscheinlicher ist, in Reihen und durch Worttrenner voneinander unterschieden aufgelistet gewesen sein. Das heißt für die Zählung, daß wir nicht allzuviel auf die Kopulative zu achten haben und manche Orte zu einem Ort verbinden dürfen.

---

[254] Man könnte die These aufstellen, daß der neue Ort ohne Kopulativ erscheint, wenn die Auflistung durch zusätzliche Information unterbrochen wird; vgl. **אמם** (v 26) und **בעלה** (v 29). Doch widerspricht ihr der Befund in vv 50. 54. 56.

[255] S.u. §7.3.3.1 Anm. 700. Zu **תפוח** s.o. §2.3 zu v 53.

3.5. *Literarische Beziehungen*

3.5.1. *Innerhalb von Jos 15*

Sechs Fälle in Jos 15 betrachten wir als Angleichungen innerhalb des Textes.[256] Erstreckt sich das Gebiet Judas nach v 1 „bis zur Grenze Edoms", so muß auch das Gebiet, das durch die Ortsliste abgedeckt wird, „bis zur Grenze Edoms" (v 21) laufen. Wir gehen davon aus, daß die Ortsliste auf ein Dokument zurückzuführen ist,[257] das eine solche Angabe nicht enthielt.[258] Doch auch מקצה למטה stellt eine Assimilierung mit dem gedachten Anfangspunkt der Beschreibung in v 1b dar. Damit bezieht sich die Ortsliste auf alle Städte Judas und damit wird das Mißverständnis vermieden, als lägen die Städte Judas nur im Negev. Als allgemeine Überschrift einer ursprünglich dokumentarischen Ortsliste wäre ויהי הערים ל(מטה בני־)יהודה[259] ohne ... מקצה völlig ausreichend gewesen.[260]

Jeweils zwei Explikationen zu Ortsnamen in der Juda-Liste wurden durch die Zusammensetzung der Ortsliste mit der Kaleberzählung erforderlich: Kirjat-Arba = Hebron[261] und Kirjat-Sefer / Kirjat-Sanna = Debir.[262] Explikationen zu Ortsnamen kamen gewiß nicht in der dokumentarischen Vorlage vor, denn ein Dokument ist ein zeitgenössischer Text, der nicht erzählt bzw. expliziert, sondern Sachverhalte festlegt.[263] Kirjat-Arba kam nicht in der Ortsliste vor, weil es wohl der nichtjudäische Name für den Ort Hebron ist.

In allen Fällen—abgesehen von Neh 11,25—, in denen Kirjat-Arba erwähnt wird, wird es in Verbindung mit Hebron genannt. Sechsmal lesen wir קרית (ה)ארבע היא / הוא חברון[264] und zweimal ושם חברון לפנים קרית ארבע[265]. Eine Explikation ist meist aktualisierend, und darum ist „Kirjat-Arba" als der ältere Name für Hebron zu betrachten. Die beiden לפנים-Stellen bezeugen dies explizit. Außerdem kommt Hebron sehr viel

---

[256] V 21 mit v 1; v 49 mit v 15f; v 54 mit v 13; v 60 (קרית־בעל) mit v 9f; v 60 (als Ganzes) mit v 9f; v 45–47 mit vv 4. 11.

[257] S.u. §8.3.1.

[258] Mit Noth, *Josua* ²1953, 88. 92.

[259] Vgl. Jos 18,21.

[260] Vgl. Fritz, *Josua* 1994, 155. 165, der jedoch den ganzen Vers 21a als redaktionellen Nachtrag einstuft.

[261] Vv 13. 54.

[262] Vv 15. 16. 49.

[263] Mit Noth, *HGS* 1935, 46.

[264] Gen 23,2; 35,27; Jos 15,13. 54; 20,7; 21,11.

[265] Jos 14,15; Ri 1,10.

öfter im AT vor und wird normalerweise das unbekanntere durch das bekanntere erweitert. Dazu kommt, daß Hebron und nicht Kirjat-Arba in 1Makk 5,65 genannt wird.[266] Doch in Neh 11,25, dem einzigen Beleg von Kirjat-Arba, der sich auf die Zeit nach dem Exil bezieht, erscheint Hebron nur als Kirjat-Arba. Wie ist dies zu beurteilen?

Ist mit einer dreifachen Entwicklung zu rechnen, z.B. daß Kirjat-Arba in Hebron umgenannt wurde und danach wieder in Kirjat-Arba?[267] Oder gar mit einer vierfachen, wenn man die Notiz in 1Makk dazu nimmt? Oder ist nur eine zweifache vorauszusetzen? Wenn letzteres der Fall ist, war dann Hebron die ältere Bezeichnung oder Kirjat-Arba?

Die Differenzierung zwischen Kirjat-Arba und Hebron braucht gar nicht historisch bedingt zu sein, denn eine Stadt kann zur gleichen Zeit von verschiedenen Gruppen verschieden genannt werden. Die Benennung „Hebron" ist am ehesten judäisch bzw. israelitisch zu deuten, weil Hebron in der Davidsgeschichte und als Levitenstadt eine wichtige Rolle spielt.[268] Aufgrund der Kaleberzählung ist es am wahrscheinlichsten, daß Kirjat-Arba der alte enakitische Name war. Vorsicht ist allerdings bei den Belegstellen für die „alten" Enakiten geboten, denn sie sind alle als spät (spät- und nach-dtr) zu betrachten,[269] und die Enakiten haben nach Perlitt lediglich eine theologische Funktion.[270] Daß die Stellen alle spät und theologisierend sind, heißt aber nicht, daß es Hebron / Kirjat-Arba in vorisraelitischer Zeit nicht gab. Außer in Gen und Neh 11,25 kommt Kirjat-Arba nur in engerem[271] oder weiterem[272] Zusammenhang mit Kaleb vor. In der nachexilischen Zeit ist nur die Form Kirjat-Arba belegt, wobei wir davon ausgehen, daß Neh 11,25ff auf ein Dokument aus nachexilischer Zeit zurückgeht.[273] Zu dieser Zeit lag die Südgrenze Judas bei Bet-Zur.[274] Südlich von Bet-Zur wohnten die Edomiter. Die

---

[266] Zwei Manuskripte, S und 58, haben in Jud 2,24 Χεβρων statt Αβρωνα. Doch macht der Kontext eine Lokalisierung in Hebron sehr unwahrscheinlich. Vgl. auch *L*, die Χευρων hat. Demgegenüber haben sowohl S[c] als *L* in 1Makk 15,41 Χεβρων statt Κεδρων.

[267] So Ferris, *Hebron*, 107.

[268] Wir vermuten, daß die Liste der Levitenstädte in 1Chr 6,39ff einer ursprünglichen Liste näher steht als die in Jos 21. In 1Chr 6,40 ist nur von Hebron die Rede, während die Liste in Jos den geschichtlichen Ereignissen im Buch Jos angepaßt ist. Dort werden Hebron und Kirjat-Arba gleichgesetzt.

[269] Num 13,22 (eine gelehrte Notiz); Jos 11,21; 14,15; 15,13 (s.u. §5.4.2.4); 21,11; Ri 1,10. 20.

[270] Perlitt, *Riesen* 1990 = 1994, 205–246. 236. Vgl. auch Welten, *Hebron*, 522.

[271] Jos 14,15; 15,13; 21,11 (vgl. v 12). In judaisierter Form: Ri 1,10. In der Wiederaufnahme v 20 wird nicht noch einmal die ausführliche Formel „der Name Hebrons war früher Kirjat-Arba" wiederholt.

[272] Jos 15,54; Jos 20,7; 21,11.

[273] S.u. §8.6.

[274] Stern, *Yehud* 1981, 19f.

Kalebiter nun werden indirekt von Edom abgeleitet.[275] Die Vermutung liegt nahe, daß die Form Kirjat-Arba in erster Linie über die kalebitische Bewohnerschaft zu erklären ist. Die Kalebiten haben entweder den Namen Kirjat-Arba geschaffen oder, was eher wahrscheinlich ist, ihn vorgefunden (enakitisch?) und übernommen. Sowohl Num 13f als Jos 14,6–15 und 15,13–19 machen es wahrscheinlich, daß sich Kaleb relativ früh im Süden Palästinas angesiedelt hat, u.a. in der Stadt Kirjat-Arba.[276] Der Name Kirjat-Arba haftet also an der kalebitisch geprägten Geschichte. Bei der Übernahme (politisch bzw. genealogisch[277]) des südlichen Teils Palästinas durch Juda fand der Name Hebron Eingang. In der nachexilischen Zeit, als dieser gleiche Süden (wieder) edomitisch geworden war, wurde Hebron wiederum Kirjat-Arba genannt, wie vorher von den „edomitischen" Kalebitern. In 1Makk heißt die Stadt Hebron, aber das hat mit der judäischen Sicht zu tun. Es ist also mit einer Entwicklung zu rechnen, die in erster Linie soziologisch bedingt ist: Der Name Kirjat-Arba ist im Zusammenhang mit (Enakiten), Kalebiten und Edomitern zu sehen, der Name Hebron mit Judäern und Makkabäern.

In der Kaleberzählung kam wahrscheinlich nur Kirjat-Arba vor und in der Ortsliste nur Hebron. Durch היא חברון (v 13) und קרית ארבע היא (v 54) sind beide Orte miteinander identifiziert worden.[278] Es handelt sich nicht um Glossen, sondern um Interpolationen, die bewußt angleichen wollen und zusammen mit der Einarbeitung der Kaleberzählung vorgenommen wurden.

Die gleiche Argumentation gilt für die Gleichsetzung von Kirjat-Sefer / Kirjat-Sanna und Debir. Ob v 49 ursprünglich Kirjat-Sefer oder Kirjat-Sanna verzeichnete, ist in diesem Zusammenhang unwichtig. Wichtig ist, daß ein Bearbeiter ein eventuelles Kirjat-Sanna für den gleichen Ort wie Kirjat-Sefer und Debir hielt. Durch die Kalebrede v 16 liegt die Vermutung nahe, daß in der Episode nur die Form קרית־ספר beheimatet war und v 15 also mit der Form דבר eine Aktualisierung darstellt. In v 49 ist umgekehrt קרית־סנה היא eine Interpolation in der gleichen Art wie קרית ארבע היא.[279]

---

[275] Kaleb wird Kenizziter genannt (Num 34,12; Jos 14,6. 14), während Kenaz in edomitischen Genealogien erscheint (Gen 36,11; 1 Chr 1,36).

[276] Vgl. Jericke, *Landnahme* 1997, 257–159. 324f. 330–333 und *passim*.

[277] Vgl. 1Chr 2. 4.

[278] Vgl. Noth, *HGS* 1935, 47^2.

[279] Noth, *HGS* 1935, behauptet einerseits, daß „Kirjat-Arba, das ist" (der erste Teil der Explikation) eine Glosse ist (S. 47^2), aber andererseits ist bei ihm „Kirjat-Sanna, das ist" keine Glosse, sondern der zweite Teil dieser Explikation „das ist Debir" (S. 45–47). Diese Ungleichmäßigkeit in der Glossierung begründet er damit, daß der Glossator immer zunächst den älteren Ortsnamen nennen will, und dann den neueren

Ähnlich ist der Fall בעלה היא קרית יערים (v 9) und קרית־בעל היא קרית יערים (v 60). Für den Bearbeiter / Glossator stellen Baala und Kirjat-Baal den gleichen Ort dar, und Jos 18,14 scheint dies mit קרית־בעל היא קרית יערים—hier in der Grenzbeschreibung wie in Jos 15,9—zu bestätigen.[280] Noth meint zu Recht, daß es unwahrscheinlich ist, daß Kirjat-Jearim, ein kanaanäischer Name, in kanaanäischer Zeit einen anderen Namen gehabt hat.[281] Eher sind Baala / Kirjat-Baal und Kirjat-Jearim als zwei unterschiedliche Orte zu betrachten, die „aus einem nicht ausgesprochenen und somit uns unbekannten Grunde“[282] miteinander gleichgesetzt wurden. Wahrscheinlich heißt Baala in v 60 Kirjat-Baal, weil es in der Ortsliste unmißverständlich einen Ort darstellen muß und nicht etwa ein Bergheiligtum, was man bei Baala vermuten kann.

Weil die 11. Gruppe im Vergleich zu den anderen mit nur zwei Orten sehr klein ist, betrachtet Fritz v 60 gänzlich als späteren Zusatz, dessen Ziel es war, „die Zugehörigkeit des Gebietes nördlich des *Wādi eṣ-Ṣarār* zu Juda sicherzustellen, da es nach der Grenzbeschreibung 15,9.10 jedenfalls zu Juda gehörte.“[283] Wir teilen diese Ansicht und meinen, daß

(S. 47[2]). Kirjat-Sanna habe der Glossator fälschlich mit Kirjat-Sefer, den älteren Namen, gleichgesetzt, und darum ist hier „das ist Debir“ später hinzugefügt. Im Falle von Hebron / Kirjat-Arba fand er in der Liste nur Hebron vor und mußte somit den älteren Namen nachliefern. Scharfe Kritik, der wir uns nur teilweise anschließen können, erhielt Noth von Orlinsky, *Qiryat-Sanna* 1939. Zu Recht bemerkt Orlinsky, daß es nicht mehr als eine Annahme ist, „das ist Debir“ als falsch erklärenden Zusatz zu betrachten, und berechtigerweise fragt er sich, warum ein Glossator im einen Fall den älteren und im anderen Fall den neueren Namen hinzufügen sollte. Die restlichen Argumente Orlinskys sind Folge seiner hohen Bewertung der Varianten der LXX von Jos 15, über die wir eine andere Meinung haben. Nicht einverstanden sind wir mit dem Argument Orlinskys, daß ein Glossator eher „Hebron, das ist Kirjat-Arba“ (und dann auch „Debir, das ist Kirjat-Sanna“) hätte schreiben müssen. Fast alle היא-Explikationen geben den neueren Namen und nicht den älteren; s.o. unter §3.3.2.5. Unbeachtet bleibt bei Orlinsky die historisch-geographische Kritik an Noth. Letzterer nimmt an, daß der alte kanaanäische Stadt Kirjat-Sefer / Debir nicht in einem Distrikt mit der anderen alten kanaanäischen Stadt Goschen (Hauptstadt des Landes Goschen; Jos 11,23) paßt. Darum ist Kirjat-Sanna ursprünglich und „das ist Debir“ falsch. Darum, und weil Debir auch nicht in einem anderen Distrikt vorkommt, schlußfolgert Noth, daß es Debir zur Abfassungszeit der Judaliste nicht gab. Das wiederum hat Konsequenzen für die archäologische Identifizierung von Debir. Noths Argumentation bildet hier deutlich einen Zirkelschluß.

280 Wie später noch im einzelnen zu begründen ist (s.u. §3.5.3, hängt Jos 18,11–28 literarisch von Jos 15 ab. Dann ist Jos 18,14 eine Harmonisierung von Jos 15,9. 60.

281 Noth, *Josua* [2]1953, 89f.

282 Noth, *Josua* [2]1953, 110. Einen Deutungsversuch unternehmen wir in §6.5.1.

283 Fritz, *Josua* 1994, 167.

wie andere Elemente in Jos 15 auch, der 11. Distrikt aus harmonisierenden Gründen hinzugefügt wurde.[284]

Auch der sogenannte Philisterdistrikt (vv 45–47) ist im Vergleich zur restlichen Ortsliste sekundär. Er füllt die Lücke, die durch den Vergleich der Grenzbeschreibung und der Ortsliste entsteht. In der Grenzbeschreibung laufen die Süd- und Nordgrenze bis zum (Mittel-)Meer (vv 4.11). Ohne vv 45–47 jedoch fehlt in der Ortsliste die ganze Küstenebene. Ekron, das in der Grenzbeschreibung vorkommt (v 11), ist als Ausgangspunkt genommen. Von dort bewegt sich die Beschreibung über Aschdod und Gaza bis zum Bach Ägyptens und weiter zum (Mittel-)Meer. Mit dem Bach Ägyptens ist der Anschluß an die Südgrenze erreicht (v 4). Sowohl die atypische Form der vv 45–47 innerhalb der Ortsliste sowie die fast offensichtliche Assimilierungstendenz verraten den „Philisterdistrikt" als sekundär.

3.5.2. *Die Südgrenze Judas*

Die Beschreibung der Südgrenze Judas entspricht so weitgehend der der Südgrenze Kanaans in Num 34,3b–5, „daß an einem nicht nur sachlichen, sondern auch literarischen Zusammenhang untereinander gar nicht gezweifelt werden kann."[285] Es stellt sich die Frage, in welcher Richtung eine literarische Abhängigkeit besteht. Dazu untersuchen wir zunächst die Unterschiede zwischen beiden Texten.

Jos 15,2–4	*Num 34,3b–5*
[2]ויהי להם גבול נגב	[3b]והיה לכם גבול נגב
מקצה ים המלח	מקצה ים־המלח קדמה:
מן־הלשון הפנה נגבה:	
[3]ויצא אל־	[4]ונסב לכם הגבול
מנגב למעלה עקרבים	מנגב למעלה עקרבים
ועבר צנה	ועבר צנה
ועלה	והיה תוצאתיו
מנגב לקדש ברנע	מנגב לקדש ברנע
ועבר	ויצא
חצרון	חצר־אדר
ועלה אדרה	
ונסב הקרקעה:	
[4]ועבר עצמונה	ועבר עצמנה:
ויצא	[5]ונסב הגבול מעצמון
נחל מצרים	נחלה מצרים

[284] Vgl. unten §3.5.5, 3.5.6 und 7.5.
[285] Noth, *HGD* 1935=1971, 230.

והיה תצאות הגבול ימה זה יהיה לכם גבול נגב:	והיו תוצאתיו הימה:

Einige Unterschiede lassen sich aus der unterschiedlichen Lage erklären: In Num 34 steht die Landgabe noch aus, während in Jos 15 das Land verteilt wird. Darum liest man in Num 34,3b והיה (pf.cons.)[286] und in Jos 15,2 ויהי (impf.cons.). Außerdem steht Num 34,2–12 in direkter Rede, was die zweite Person לכם in Num 34,3b.4 erklärt. Jos 15 dagegen steht in indirekter Rede, daher das להם in Jos 15,2.

Die aufgelisteten topographischen oder geographischen Punkte sind bis auf zwei Ausnahmen parallel. Die gemeinsamen Punkte sind: Rand des Salzmeeres; südlich der Skorpionensteige; Zin; südlich von Kadesch-Barnea; Azmon; Bach Ägyptens; Meer. Differenzen bilden in Jos 15,3 das Plus Karka, sowie Hezron und Addar gegenüber Hazar-Addar in Num 34,4. Für Noth ist gerade der letzte Unterschied zwischen den beiden Listen seine stärkste Stütze für die Theorie der Grenzfixpunkte.[287] Er meint, daß die Bearbeiter der Grenzbeschreibungen in Jos 15 und Num 34 die gleiche Vorlage hatten. Diese bestand nur aus Listen mit Grenzfixpunkten, Orten oder geographischen Merkmalen, die danach von Bearbeitern jeweils in einen verbindenden Text gebettet wurden.[288] Im Fall von Hazar-Addar versus Hezron und Addar hat, so Noth, der Bearbeiter von Jos 15 nicht gesehen, daß Hazar und Addar zusammen ein Ort sind, und sie versehentlich getrennt. Da Hazar für sich kein Ortsname sein kann, hat er es in Hezron geändert. Woher aber Karka rührt, das im AT nur in Jos 15,3 vorkommt, läßt Noth unerklärt.[289]

Die verwendeten Verben, die den Grenzverlauf von einem zum nächsten Ort beschreiben, weisen mehr Unterschiede auf. Diese sind für Noth ein weiteres Argument für seine These, daß der Bearbeiter nur Grenzfixpunkte vor sich hatte, an die er später verbindenden Text gefügt hat. Manche sind allerdings aus dem unterschiedlichen Kontext zu erklären. In Num 34,3 liegt der erste Grenzfixpunkt, der Rand des Salzmeeres, im Osten. Nach Jos 15,2 ist der Startpunkt die Zunge, die sich nach Süden erstreckt. In Jos ist die Richtung also bereits südlich und kann einfach zum nächsten Grenzfixpunkt „weiterlaufen" (יצא). In

---

[286] So auch in v 3a.

[287] Noth, *HGD* 1935=1971, 230–235.

[288] Noth schwankte allerdings in der Beurteilung der Vorlage; vgl. dazu Wüst, *Untersuchungen* 1975, 190f[607].

[289] Noth, *HGD* 1935=1971, 230. Zu τὴν κατὰ δυσμὰς Καδης s.o. §2.3 zu v 3bβ.

Num aber muß die Grenze „sich wenden" (סבב ni.), nämlich erst von der Ostseite des Salzmeeres nach Süden und dann in südwestlicher Richtung zur Skorpionensteige. Diese genaue und von Num 34 abweichende Bestimmung des Ausgangspunktes der judäischen Südgrenze war nötig, weil auch die Grenze Benjamins das Salzmeer als Grenzfixpunkt hat[290] und es keine Indizien dafür gibt, daß Juda Grundgebiet in Transjordanien hatte. In Jos 15,3b findet sich das Verb עבר, um nach Hezron zu kommen, im Unterschied zu Num 34,4, wo das allgemeinere יצא verwendet wird, um nach Hazar-Addar zu gelangen. Laut Bächli bezieht sich עבר in Grenzbeschreibungen auf einen Grenzverlauf „quer durch ein Tal oder ein Wadi".[291] Auch wenn Bächlis These noch eine geographische Stützung braucht,[292] ist doch wohl daran festzuhalten, daß עבר eine Ortsveränderung genauer festlegt als יצא.

Das heißt, daß, auch wenn der Bearbeiter von Jos 15 seine Vorlage falsch gelesen haben sollte, er trotzdem genaue Ortskenntnisse hatte, um beschreiben zu können, wie man zum „neuen" Ort gelangt. Es ist aber auch sehr wohl möglich, daß der Ort Hezron zur Zeit des Josua-Bearbeiters tatsächlich existierte, was auch für Addar und Karka gilt. Die Verben vor diesen Orten sind nämlich ebenfalls genau: עלה „hinaufsteigen" und סבב ni. „sich wenden". Umgekehrt aber ist Num 34,5 mit סבב ni. genauer als Jos 15,4 mit יצא.[293]

Interessant für unsere Untersuchung ist, daß Jos 15,4 in נחל מצרים im Unterschied zu Num 34,5 kein ה-locale hat. Jos 15 vermeidet eine Verwechslung mit נחלה „Erbteil", das in Jos 13ff eine exklusive Bedeutung hat.[294]

Da in Num 34 גבול gerade genannt war, reicht bei תוצאתיו das Possessivsuffix, um die Grenze anzudeuten. In Jos liest man statt dessen תצאות הגבול.

Der Unterschied zwischen ימה (Jos 15,4) und הימה (Num 34,5) kann man als variante Schreibweisen für das gleiche betrachten. Sie werden

290 Im Falle von Benjamin aber war das die Nordzunge (Jos 18,19).

291 Bächli, *Liste* 1973, 6.

292 S.o. §3.3.2.4.

293 Der Unterschied in den Verben ist schwer zu erklären. Entweder war die Richtung von Karka nach Azmon in Jos 15 eine andere als von Hazar-Addar nach Azmon in Num 34; die Grenze hat sich in Jos 15 nämlich bereits von Addar nach Karka gewendet. Die andere Möglichkeit ist, daß Jos 15 die Wiederholung des Verbes סבב ni. vermeiden wollte. Dagegen spricht aber, daß die Nordgrenze mehrere Wiederholungen eines Verbes kennt.

294 S.o. zu נחלה (§3.3.4.2).

öfter ohne Bedeutungsunterschied verwendet.[295] Es kann sowohl allgemein „Westen / westwärts“ als auch „Mittelmeer / in Richtung Mittelmeer“ bedeuten.

Es bleibt v 4b in diesem Zusammenhang zu besprechen, der völlig aus der Reihe fällt: זה־יהיה לכם גבול נגב „das wird für euch die Südgrenze sein“. Zum einen werden die Israeliten in Jos 15 außer hier nicht direkt angesprochen. Zum anderen wird das Land gerade verteilt, es liegt also nicht in der Zukunft. In Num 34 dagegen macht diese Formel sehr wohl Sinn. Dort ist sie für die Westgrenze (v 6) und die Nordgrenze (vv 7.9) sowie ohne זה und mit היה pf.cons. statt impf.cons. in v 3 für die Südgrenze zu finden.

Für die Art der literarischen Abhängigkeit gibt es vier Möglichkeiten: 1. Jos ist von Num abhängig. 2. Num ist von Jos abhängig. 3. Beide gehen auf eine gemeinsame Vorlage zurück. 4. Beide sind zur gleichen Zeit verfaßt worden, und die Unterschiede aus eigenständiger Weiterentwicklung zu erklären.[296] Wir sind der Meinung, daß Jos hier von Num abhängig ist.[297] Folgende Argumente lassen sich dafür geltend machen: Erstens ist das unpassende זה־יהיה לכם גבול נגב in Jos 15,4 nur von Num 34 her zu verstehen. Zweitens sind alle Unterschiede aus dem Kontext von Jos 13ff zu erklären: Das pf.cons. in Num 34 steht für die Verheißung, das impf.cons. in Jos 15 für die Erfüllung. Die genaue Bestimmung des südostlichen Ausgangspunktes (Jos 15,3) ist in Übereinstimmung mit den Gebietsbeschreibungen Benjamins (Jos 18,11ff) und mit der Tatsache, daß Juda wahrscheinlich kein Grundgebiet in Transjordanien hatte. Das danach auftretende Verb (סבב ni.; יצא) ist jeweils in Übereinstimmung mit dem Ausgangspunkt. Bis auf einmal[298] sind die Verben in Jos genauer. Wenn Num von Jos abhängig gewesen wäre, hätte es die genauen Verben in Jos durch allgemeinere, ungenauere ersetzen müssen, was unwahrscheinlich ist. Drittens ist mit der Möglichkeit zu rechnen, daß dem Verfasser von Num 34 die zusätzlichen Orte Hezron, Addar und Karka (noch) nicht bekannt gewesen sind. Und auch hier gilt: Es ist wahrscheinlicher, daß man Orte

---

[295] Vgl. Bächli, *Liste* 1973, 9.

[296] Die fünfte Möglichkeit wäre die einer zufälligen Übereinstimmung. Dafür aber gehen die Parallelen zu weit.

[297] Gegen Noth, *Numeri* 1966, 215: „Es ist nicht zweifelhaft, daß die hiesigen Angaben aus Jos. 15 geschöpft sind“.

[298] Jos 15,4 (יצא) und Num 34,5 (סבב ni.).

hinzufügt, als daß man sie streicht. Ein zusätzliches Argument ist, daß Jos den längeren Text hat, was als Regel meistens für eine spätere Entwicklung steht.

Wie steht es um Noths These? Noth geht aus von einer Num 34 und Jos 15 gemeinsamen Vorlage, die nur aus Grenzfixpunkten bestand, und einer selbständigen Weiterentwicklung des verbindenden Textes.[299] Wie besprochen, ist dafür der Unterschied zwischen Hazar-Addar versus Hezron und Addar ausschlaggebend, wobei er der Form Hazar-Addar aus Num 34,4 den Vorzug gibt, während Jos 15,3 falsch getrennt habe. Haben wir mit einer Kombination von literarischen Beziehungen zu tun, nämlich daß die Grenzfixpunkte eine gemeinsame Vorlage für Num 34 und Jos 15 sind und der verbindende Text entweder selbständig eingearbeitet wurde und / oder von Num 34 übernommen und / oder angepaßt?

Wir meinen im Unterschied zu Noth, daß nur Num 34 auf eine Vorlage mit Grenzfixpunkten und Jos 15 auf Num 34 zurückgeht. Als stärkstes und bereits oben gegebenes Argument gilt hierfür die Genauigkeit in den Verben in Jos 15. Jos 15 hat präzisiert. Zudem ist eher anzunehmen, daß Num 34 חצרון · אדר in der Vorlage hatte, das von Jos 15 wieder rekonstruiert wurde, als daß hier חצר־אדר stand. Hierfür gibt es drei Argumente: 1. Es fällt eher etwas weg (־ון) als daß etwas dazu kommt. 2. Orte mit dem Element חצר־ kommen oft vor, während חצרון als Ortsname nur in Jos 15,3.25 belegt ist. Das unbekanntere hat als *lectio difficilior* den Vorzug. 3. Der Bearbeiter von Jos hätte das Element ־ון hinzugefügt, weil er es durch seine angeblich falsche Trennung vermißte. Zudem müßte er ein zusätzliches Verb eingesetzt haben, um von dem von ihm geschaffenen Hezron nach Addar zu gelangen. Erstens ist die Hinzufügung unwahrscheinlich, weil חצר als חצור auch ein eigenständiger Ortsname sein kann, zweitens ist das von Jos 15 verwendete Verb עלה im Gegensatz zu יצא genau. Wie sich noch herausstellen wird, entsprechen die benutzten Verben genau den landschaftlichen Verhältnissen. Darum hat Num 34 falsch verbunden, wahrscheinlich, weil er den Ort Hazar-Addar nicht kannte. Darum hat er auch das neutrale Verb יצא benutzt. Ein weiteres Argument liegt in קדמה von Num 34,3. Noth übergeht dieses Problem, aber קדמה kam gewiß in der Vorlage der Grenzfixpunkte vor.[300] Es könnte sich allgemein auf den

---

[299] Noth, *HGD* 1935 = 1971, 231f.

[300] Auch Noth, *HGD* 1935 = 1971, 233f, selbst rechnet ימה der Nordgrenze zu dem Grenzfixpunkt ההר אשר על־פני גי (בן) הנם (Jos 15,9; 18,15). Mehr noch, für Noths These

Anfangspunkt der Grenzlinie beziehen, aber da die Lage des Salzmeeres als bekannt vorausgesetzt werden darf, ist eher davon auszugehen, daß קדמה zum Grenzfixpunkt קצה ים־המלח gehört.[301] Dies hat Jos 15 aus oben dargelegten Gründen ausgelassen und durch eine sehr präzise Bestimmung ersetzt. Noch ein Argument liegt in Karka. Noth kann nicht erklären, warum es in Num fehlt.[302] Wenn man aber davon ausgeht, daß Jos auf Num zurückgeht, ist es einfach als Aktualisierung zu deuten. Schließlich liegt in dem נחלה מצרים von Num 34,5 gegen נחל מצרים von Jos 15,4 ein starker Hinweis, daß Jos 15 auf Num 34 mit verbindendem Text zurückgeht. Nur mit verbindendem Text wird נחל מצרים von der Vorlage zu נחלה מצרים. Möglicherweise hat Jos 15 aus der originalen Vorlage ohne verbindenden Text geschöpft, aber mit den anderen Hinweisen zusammen ist es eher wahrscheinlich, daß er נחלה, das er in Num 34 vorgefunden hat, vermied.[303]

Hutchens Plädoyer, Num 34,1–12 nicht geographisch, politisch oder soziologisch, sondern kultisch zu verstehen,[304] ist in seinem Gesamtkonzept zuzustimmen,[305] auch wenn nicht alle seine Argumente im einzelnen haltbar sind.[306] Das heilige (cisjordanische) Land wird möglichst genau abgesteckt „to rescue the boundaries from the exigencies of history".[307]

Dürfen dann Jos 15 und Num 34 gar nicht in der oben angewandten Weise auf eine literarische Abhängigkeit befragt werden? Num 34 hätte weniger Wert auf Genauigkeit in den Verben der Ortsveränderung

---

muß ימה zu dem oben genannten Grenzfixpunkt gehören; s.u. §3.5.3.

301 Eine Formulierung wie *מקדם ל(מ)קצה ים־המלח ist ja unmöglich.

302 Noth, *HGD* 1935 = 1971, 230.

303 Wenn Jos 15 von Num 34 abhängig war, kann אל־גבול אדום מדבר צן (Jos 15,1b) sehr wohl ein Anklang an ממדבר־צן על־ידי אדום (Num 34,3a) sein.

304 Hutchens, *Defining* 1993, 215–230.

305 Num ist nicht nur von priesterlichen Verfassern erstellt worden, sondern auch von priesterlichen Interessen geprägt. Für den Kontext verweisen wir z.B. auf Num 35 und Num 36. Weiter beschreiben sowohl Num 34 als Ez 47f nur das cisjordanische Land.

306 Er meint, daß die Grenzen kultisch sind, weil einerseits das transjordanische Land fehlt, das zu Israel gehörte, und zweitens Philistäa miteinbegriffen ist, das nie zu Israel gehört hat. Das macht eine Grenze noch nicht notwendigerweise kultisch. Zweitens sagt er, daß es die Aufgabe eines Priesters ist, zwischen rein und unrein zu unterscheiden, und weil Num 34,1–12 zu P gehört, sind die Grenzen Kanaans die Grenzen des reinen Landes. Das ist ein Kurzschluß. Drittens vergleicht Hutchens Num 34 mit Ez 47f. Im letzteren Text tritt die Verwobenheit des Tempels mit dem (cisjordanischen) Land stark hervor. Obgleich er wenig Gemeinsamkeiten sieht zwischen Num 34 und Ez 47f, legt er trotzdem über eine gemeinsame Vorlage eine Verbindung zwischen beiden. Das ist nicht zu beweisen.

307 Hutchens, *Defining* 1993, 227.

gelegt, weil es ihm auf die Definition des heiligen Gebiets ankommt. In dem Fall hätte Num 34 auch Jos 15 kopieren können, oder, was dann näher läge, eine gemeinsame Grenzfixpunktreihe (Noth). Doch das war beides nicht der Fall. Erstens ist die Motivation der Grenzbeschreibung in Jos 15 nicht bekannt. Wir meinen, daß es auch in Jos 15 um die Definition von heiligem Land geht.[308] Zweitens ist die Südgrenze Kanaans in Num 34 die Grenze des noch bewohnten Gebietes, die zugleich eine Straße war. Sie programmatisch zu verwenden, lag auf der Hand, zumal auf der anderen Seite Edom lauerte. Es ist dann auch keine große Kunst, die Grenze mit Hilfe von (relativ allgemeinen) Verben der Ortsveränderung zu beschreiben. Wenn aber Num 34 Jos 15 gekannt hätte, hätte es sicher die genauere Beschreibung übernommen. Für die Begrenzung des heiligen Raums kann man nicht genau genug sein. Somit entkräftet auch eine kultische Deutung von Num 34,1–12 nicht unsere oben dargelegte Argumentation und bleibt Jos 15,2–4 von Num 34,3b–5 abhängig.[309]

3.5.3. *Die Nordgrenze Judas*

Auch der östliche Teil von Judas Nordgrenze und Benjamins Südgrenze sind nahezu identisch, was nicht verwundern darf, geht es doch um die gemeinsame Grenze.[310] Ein Vergleich beider Grenzbeschreibungen zeigt, daß sie literarisch voneinander abhängig sind. Wie oben besprechen wir zunächst die Unterschiede, um danach die Art der literarischen Abhängigkeit zu analysieren.[311]

*Jos 15,5b–9**	*Jos 18,15–19** *in umgekehrter Reihenfolge*
[5b]וגבול לפאת צפונה	זה גבול נגב
מלשון הים	אל־לשון ים־המלח צפונה
מקצה הירדן	אל־קצה הירדן נגבה
[6]ועלה הגבול	והיו תצאות הגבול (Q)
בית חגלה	כתף בית־חגלה צפונה
ועבר	[19]ועבר הגבול אל־
	הערבתה

308 S.u. c 9.

309 Vgl. auch Wüst, *Untersuchungen* 1975, 209[652].

310 Nur der Westteil der Nordgrenze Judas findet sich in der Südgrenze Benjamins nicht wieder, weil man diese Grenze später als Südgrenze für den Stamm Dan eingeräumt hat.

311 Man lese in der nachfolgenden Synopse die linke Spalte von oben nach unten und die rechte Spalte von unten nach oben, außer wenn eine Zeile eingerückt ist.

	וירד
מצפון לבית הערבה	כתף מול־הערבה צפונה
ועלה הגבול	18 ועבר אל־
אבן בהן בן־ראובן	אבן בהן בן־ראובן
7 ועלה הגבול	וירד
דברה [צפונה] מעמק עכור	
[ו][]פנה אל־	
[גלילות]	גלילות
אשׁר־נכח למעלה אדמים	אשׁר־נכח מעלה אדמים
אשׁר מנגב לנחל	
ועבר הגבול אל־	ויצא אל־
מי־עין שׁמשׁ	עין שׁמשׁ
והיו תצאתיו אל־	ויצא
	17 ותאר מצפון
עין רגל	עין רגל
8 ועלה הגבול אל־	וירד
גי בן־הנם	גי הנם
אל כתף היבוסי מנגב	אל־כתף היבוסי נגבה
היא ירושׁלם	
ועלה אל	וירד
ראשׁ ההר	קצה ההר
אשׁר על־פני גי־הנם ימה	אשׁר על־פני גי בן־הנם
אשׁר בקצה עמק־רפאים צפונה	אשׁר בעמק רפאים צפונה
9 ותאר הגבול מראשׁ ההר אל־	16 וירד הגבול אל־
מעין מי נפתוח	מעין מי נפתוח
ויצא אל־	ויצא אל־
[עיי] הר־עפרון	ימה
ותאר הגבול	ויצא הגבול
בעלה	
היא קרית יערים	קצה קרית יערים
	15 ופאת נגבה מ(ן)

Die Nordgrenze Judas wird von Osten nach Westen und die Südgrenze von Benjamin von Westen nach Osten beschrieben. Wenn also die Grenze im einen Fall hinaufgeht (עלה), geht sie im anderen Fall hinunter (ירד).[312] Auch sonst schließen die Grenzen fast nahtlos aneinander an: Hat die Grenze Judas z.B. das Salzmeer als Ausgangspunkt (מן), dann geht die Grenze Benjamins bis zum Salzmeer (אל);[313] wird ein Grenzfixpunkt in der Grenze Judas genannt, dann geht die Grenze Benjamins bis zum Rand (קצה)[314] oder zur Berglehne (כתף)[315] dieses

[312] Jos 15,7 / 18,17; 15,8 (2×) / 18,16 (2×).

[313] Jos 15,5 (2×) / 18,19 (2×).

[314] ראשׁ ההר (15,8) / קצה ההר (18,16); בקצה עמק־רפאים (15,8) / בעמק רפאים (18,16); קרית יערים (15,9) / קצה קרית יערים (18,15).

[315] בית חגלה (15,6) / כתף בית חגלה (18,19); מצפון לבית הערבה (15,6) / כתף מול־הערבה

Grenzfixpunktes. Die im Vergleich zur Grenze Judas zusätzlich genannten Himmelsrichtungen in der Grenze Benjamins dienen zur Vermeidung von Mißverständnissen. In 15,5b ist es durch die Nebeneinanderstellung von לשון הים und קצה הירדן eindeutig, daß hiermit der nördlichste Punkt des Toten Meeres gemeint ist.[316] Da jedoch אל־לשון ים־המלח bei Benjamin auch das Südende des Salzmeeres und קצה הירדן das Nordende des Jordans sein könnten, sind die Himmelsrichtungen beigefügt. Zweimal wird durch צפונה expliziert, daß die Grenze Benjamins nördlich des genannten Grenzfixpunktes verläuft.[317]

Abgesehen von den oben genannten Unterschieden bleiben Differenzen, die nicht aus der jeweiligen Richtung der Grenze oder der Blickrichtung erklärt werden können. Zwei davon sind für Noth wichtige Argumente seiner These, daß beide Texte auf eine gemeinsame Vorlage von Grenzfixpunkten ohne verbindenden Text zurückgehen:[318] 1. Die Verben sind bis auf dreimal עלה / ירד einmal עבר / עבר[319] und einmal והיו תצאתיו אל / ויצא[320] nicht kongruent.[321] Das läßt sich am einfachsten erklären, wenn man davon ausgeht, daß die Verben von den jeweiligen Bearbeitern der Grenzfixpunktreihen mit Hilfe ihrer eigenen Ortskenntnisse hinzugefügt wurden. 2. Bei Juda verläuft die Grenze von der Meneftoachquelle in westlicher Richtung nach Kirjat-Jearim (15,9), was sachlich zutrifft. Bei Benjamin dagegen beginnt die Grenze am Rand von Kirjat-Jearim und läuft umgekehrt zur Meneftoachquelle (18,15) in westlicher Richtung (ימה). Das ist seltsam, denn die Meneftoachquelle liegt östlich von Kirjat-Jearim. Nach Noth ist dieser Fehler folgendermaßen entstanden: Die Vorlage von Jos 18 bestand nur aus Grenzfixpunkten. In dieser stand:

צפונה. מי־עין־שמש (15,7) und עין שמש (18,17) sehen wir mit Elliger, *Grenze* 1930, 272f², als zwei unterschiedliche Punkte; vgl. auch Dillmann, *Josua* ²1886, 521. Das ist gegen Noth, *Josua* ² 1953, 89, der מי (ohne Argumente) als eine „Erweiterung des Wortlautes" betrachtet. Vgl. zur Bedeutung von כתף Kallai-Kleinmann, *Kateph* 1965, 177–179.

316 Es is nicht nachvollziehbar, warum לשון הים המלח und קצה הירדן zwei unterschiedliche Grenzfixpunkte sein sollen (so Noth, *HGD* 1935=1971, 234). Der „Rand" des Jordan scheint uns da zu liegen, wo der Fluß aufhört, und das ist das Salzmeer. Jos 18,19 braucht daher diese zwei Grenzfixpunkte nicht umzukehren.

317 כתף בית־חגלה צפונה (18,19) / בית חגלה (15,6); כתף מול־הערבה צפונה (18,18) / מצפון לבית הערבה (15,6).

318 Noth, *HGD* 1935=1971, 232–235

319 15,6; 18,19.

320 15,7; 18,17.

321 ועלה (15,6¹) / (Q) והיו תצאות הגבול אל (// יצא; 18,19); ועלה (15,6²) / ועבר אל (18,18); ועבר אל (15,7) / ויצא אל (18,17); ותאר (15,9) / וירד אל (18,16); ותאר (15,9) / ויצא (18,15).

ההר אשר על־פני גי (בן) הנם ימה · מעין מינפתוח.

Der Abschreiber hat für Jos 18 ימה fälschlicherweise zum nächsten Grenzfixpunkt מינפתוח מעין gezogen und ימה מעין מינפתוח als zusammengehörig gesehen. Dafür fehlt ימה nach קצה ההר אשר על־פני גי בן־הנם in 18,16.

Obgleich viel für Noths These spricht, spricht nach unserer Meinung noch mehr für die Annahme, daß 18,15–19 auf eine Vorform von 15,5b–9 mit verbindendem Text zurückgeht. Erstens sind nahezu alle Differenzen zwischen Jos 18 und Jos 15 aus der unterschiedlichen Situation der Grenzbeschreibung Benjamins zu erklären. Dabei zeigen wir, daß Jos 18,15–19 von Jos 15,5b–9 abhängig ist, und nicht umgekehrt. Zweitens muß Noth einen Kunstgriff anwenden, damit seine These aufgeht.[322] Denn nur wenn die nähere Bestimmung אשר ב(קצה) עמק־רפאים צפונה (15,8; 18,16) als späterer Zusatz zur Grenzfixpunktreihe aufgefaßt wird, kann ימה neben מעין מינפתוח stehen. Weil aber עמק רפאים und קצה עמק רפאים aufeinander ausgerichtet sind, muß der Relativsatz zunächst in einer Grenzbeschreibung eingefügt worden und dann in die andere übertragen sein. Das wären drei Stufen (Grenzfixpunktreihe, erster Relativsatz, zweiter davon abhängiger Relativsatz). Viertens setzt Noth bei dem Bearbeiter von Jos 18 Ortskenntnisse der Jerusalemer Umgebung voraus. Dann aber hätte jener den Fehler mit ימה nicht machen dürfen, denn die Meneftoachquelle und Kirjat-Jearim sind nicht allzuweit von Jerusalem entfernt.

Unsere These ist einfacher, was anhand der Differenzen zwischen den beiden Grenzbeschreibungen gezeigt wird. Die weniger bedeutenden Unterschiede übergehen wir.[323]

Mit Noth[324] ist הגלגל (15,7) nach 18,18 in הגלילות zu ändern, weil es besser vorstellbar ist, daß das unbekannte הגלילות in das sehr bekannte הגלגל geändert wird als umgekehrt.[325]

In 15,8 lesen wir גי בן־הנם gegenüber גי הנם in 18,16 und danach in den gleichen Versen גי הנם gegenüber גי בן־הנם.[326] Beide Fassungen

---

[322] Noth, *HGD* 1935=1971, 234[10].

[323] Es handelt sich hier um den Gebrauch von גבול, um הים versus ים המלח (15,5; 18,19) und um מנגב versus נגבה (15,8; 18,16).

[324] Noth, *Josua* ²1953, 84.

[325] S.o. §2.3 zu v 7.

[326] Die LXX hat kein einziges Mal „Sohn" (s.o. §2.3 zu v 8). Allerdings transkribiert sie גי הנם in 18,16b mit Γαιεννα; vgl. auch Butler, *Joshua* 1983, 198.

beginnen allerdings mit dem gleichen Begriff גי בן־הנם, um danach mit der Kurzform fortzufahren. Hier liegen also kaum Varianten vor.

היא ירושלם ist eine Glosse, die nicht in der Vorlage von Jos 18,15ff stand, denn sonst wäre sie übernommen worden.

Was בעלה היא קרית יערים betrifft, ist die Sachlage anders. In der Beschreibung der Westgrenze Benjamins war קרית־בעל bereits mit קרית יערים gleichgesetzt worden (18,14). Deswegen fährt der Text nur mit קרית יערים fort. Eine wirkliche Variante liegt dann in בעלה (15,9) versus קרית בעל (18,14) vor. Noth meint, wohl mit Recht, daß der Bearbeiter von Jos 18 aus בעלה und קרית יערים von 15,9 eine Mischform geschaffen hat.[327]

Die verschiedenen Verben für die Bewegung vom Berg zur Meneftoachquelle (15,8f; 18,16f) stellen kein Problem dar, weil im einen Fall die Grenze zum Gipfel des Berges und im anderen Fall zum Rand dieses Berges geht.

אשר מנגב לנחל (15,7) fehlt in 18,17 als nähere Bestimmung. Um den Schein zu vermeiden, daß Gelilot statt der Adummimsteige südlich vom Bach angenommen werden, läßt Jos 18 es weg. Der Bach bildet nämlich—wir werden das später erörtern—die natürliche Grenze zwischen Benjamin und Juda. Damit wird es übrigens wahrscheinlicher, daß אשר מנגב לנחל in Jos 15,7 sich nicht auf die Adummimsteige, sondern auf Gelilot bezieht.

Die unterschiedliche Lokalisierung ist auch der Grund für die verschiedenen Verben, die die Bewegung von den Gelilot zur Meneftoachquelle beschreiben.

Mit der durch Noth zurückgewiesenen These von Margolis[328] haben wir unter „Textkritik" argumentiert, daß ערי הר־עפרון als עיי הר־עפרון gelesen werden muß. Nun gibt es zwei Möglichkeiten, ויצא ימה in 18,16 zu erklären. Entweder stand in der Vorlage von Jos 18 עימה, das der Bearbeiter übernommen hat. Danach ist ein ע weggefallen, was bei den vielen Himmelsrichtungen in den Grenzbeschreibungen leicht passieren kann. הר עפרון in 15,9 wäre damit eine späte Interpolation bzw. Glosse mit dem Zweck, dieses עיים von עיי־העברים[329], von עיים[330]

---

[327] Noth, *Josua* ²1953, 110. Wenn aber Noth, a.a.O., 90, behauptet, daß היא קרית יערים eine unsachgemäße Identifizierung von בעלה, die „nur im Hinblick auf 18,14f. gemacht worden ist" sein soll, fragen wir uns, wie sich dies zur Mischform קרית־בעל verhält.

[328] Margolis, *Presidential* 1925, 61–63.

[329] Num 21,11; 33,44. 45.

[330] Jos 15,29 (falls es in dem Text vorkam).

oder sogar von dem bekannten עי(ה)[331] zu unterscheiden. Die zweite Möglichkeit ist, daß Jos 18 das ihm vorliegende עיי הר־עפרון kurz als עיימה wiedergegeben hat, wonach dann wieder das ע weggefallen ist. Hier zu entscheiden ist nicht möglich. Später hat man ימה in diesem Kontext nicht verstanden und darum das neutrale Verb יצא eingesetzt.

In 18,16 ist ימה nicht mehr nötig. Diente es in 15,8 dazu, „eine falsche Auffassung des על־פני im Sinne von ‚östlich' [zu] verhindern"[332], so war es in 18,16 von vornherein klar, daß es sich um einen Punkt westlich des Hinnomtals handelt, weil die Grenze von Westen kommt.

(Q) והיו תצאות הגבול (Jos 18,19) ist ein Standardabschluß, der das ursprüngliche ועלה durch die Umkehrung der Grenze Judas verdrängt hat.

Der ausschlaggebende Hinweis für die Richtung der Abhängigkeit liegt in dem Fehlen von ועלה הגבול דברה מעמק עכור וצפונה פנה in 18,17. Dieser Satz kann weder aus Versehen in Jos 15,8 geraten sein, noch gibt es Gründe, ihn als Glosse oder Interpolation zu betrachten. Die einfachste Lösung ist es anzunehmen, daß Jos 18 den korrupten und unverständlichen Satz ausgelassen hat.[333] Weil es unwahrscheinlich ist, daß eine Grenzfixpunktreihe bereits korrupt ist,[334] wird Jos 18 einen Text mit verbindendem Text vor sich gehabt haben.

Weitere Indizien für die Richtung der Abhängigkeit liegen in der Tatsache, daß die Grenze Judas fast immer den einfachen Grenzfixpunkt hat und Benjamin durch „Rand / Berglehne" usw. den davon abgeleiteten.

Für ותאר מצפון (18,17) haben wir—wie auch Noth[335]—keine Erklärung. Die Unterschiede zwischen 15,6 und 18,18 sind eine Folge der Korrumpierung von 18,18[336]. Trotzdem meinen wir ausreichend dargelegt zu haben, daß Jos 18,15–19 den vollständigen Text von Jos 15,5b–

---

331 So Margolis, *Presidential* 1925, 61–63.

332 Noth, *HGD* 1935=1971, 234[11].

333 Anders: Fritz, *Josua* 1994, 184.

334 Eine Grenzfixpunktreihe dürfte administrativen Zwecken gedient haben und darum präzise gewesen sein.

335 Noth, ²1953, 111. Die LXX verzeichnet es nicht.

336 Weil auf כתף kein Eigenname folgt, müßte es determiniert sein (vgl. Cooke, *Joshua* 1918, 170; Noth, ²1953, 108). Darum erwartet man eher בית הערבה als מול הערבה. Vielleicht hat ein Korrektor בית in כתף בית הערבה צפונה durch מול ersetzt, weil die Grenze in Jos 15,6 bereits nördlich von Bet-Araba verläuft. וירד הערבתה „beruht vermutlich auf Dittographie und ist als sekundär zu betrachten, zumal dieses Glied in LXX fehlt." (Fritz, *Josua* 1994, 182.); vgl. Butler, *Joshua* 1983, 198.

9 vor sich gehabt hat, allerdings ohne היא ירושלם, vielleicht ohne הר־עפרון und mit הגלילות statt הגלגל. Ob Jos 15,5b–9 seinerseits auf eine Grenzfixpunktreihe oder einen bereits gewachsenen Text zurückgeht, ist hier nicht entscheidend und muß bei der Frage nach dem Sitz im Leben der Grenzbeschreibungen behandelt werden.

3.5.4. *Kaleb*

Jos 15,15–19 und Ri 1,11–15 sind fast vollkommen identisch. Es gibt nur kleinere Abweichungen.[337] Die Abweichungen zwischen Jos 15,13f und Ri 1,10 sind aber größer, was mit der eigenen Intention von Ri 1 zusammenhängt. Kaleb, der ursprüngliche Handlungsträger, ist in Ri 1,10f durch Juda ersetzt. In dieser Juda-freundlichen Tendenz in Ri 1 liegt eine bewußte Abänderung der Kalebtradition vor, die damit zeitlich nach dieser entstanden sein muß. Es gibt aber mehr Hinweise dafür, daß Ri 1 von Jos 15 abhängig ist: ושם חברון לפנים קרית ארבע in v 10 ist mit Jos 14,15aα identisch. Somit kombiniert Ri 1,10ff Elemente aus der Kaleberzählung in Jos 14,6–15 sowie 15,13–19. Kaleb überrascht in v 12 als Subjekt, was nur zu erklären ist durch die Annahme, daß Ri 1,10ff Jos 15,13ff kopiert hat. לו in Ri 1,15 ist eine Verdeutlichung, die, hätte Jos 15 Ri 1 kopiert, nie gestrichen worden wäre. In Ri 1,20 werden noch einige Daten in einer Art Richtigstellung nachgeliefert. Sie stellt Kaleb wie in Jos 15,13ff in den Vordergrund, wobei das unsachgemäße אל־פי יהוה ליהושע (Jos 15,13) richtigerweise durch כאשר דבר משה (Ri 1,20) ersetzt wurde, in Übereinstimmung mit Jos 14,6–15.

ילידי הענק (Jos 15,14) kann eine Glosse sein, die den Vers mit Num 13,22.28 verbinden will. Wenn es in der Vorlage von Ri 1 gestanden hätte, hätte sie es wahrscheinlich übernommen. Doch läßt sich hierüber nichts mit Sicherheit sagen, denn auf der anderen Seite hätte Ri 1,20 es weglassen können, weil es die Bezeichnung בני הענק ausreichend fand.[338]

---

337 Jos 15,15—ויעל :: Ri 1,11—וילך; Plus in 1,13aβ הקטן ממנו gegenüber 15,17a (dieses Plus ist eine Glosse aufgrund von Ri 3,9; vgl. auch die LXX von Jos 15,17a); 15,18—שדה :: 1,14—השדה; 15,19—תנה :: 1,15—הבה; Plus von כלב als Verdeutlichung des Subjekts in 1,15 gegenüber 1,19; weiter gibt es noch Unterschiede in Plene- und Defektivschreibung: 15,15 (2× Def.) :: 1,11 (2× Plene); 15,19 (2× Plene) :: 1,15 (2x Def.).

338 Das Plus in Ri 1,13 הקטן ממנו ist durch Ri 3,9 veranlaßt. וילך (Ri 1,15) statt ויעל (Jos 15,15) muß die Verbindung mit Ri 1,10 andeuten und damit klar machen, daß es noch immer Juda ist der „geht"; vgl. Lindars/Mayes, *Judges* 1995, 26. Für den Unterschied תנה (Jos 15,19) und הבה (Ri 1,15) haben wir keine Erklärung.

Ri 1,10ff setzt Jos 15,13ff und 14,15 voraus. Vv 16–19 in der Kalebererzählung haben keine literarische Beziehungen und stellen somit eine eigenständige Tradition dar. Es ist sehr wohl möglich, daß die Verse auf eine mündliche Tradition zurückgehen.[339] Obwohl die drei Söhne Enaks auch aus Num 13 (vv 22.28.33) bekannt sind, ist dort von einer Eroberung Hebrons keine Rede. In Jos 14,13f dagegen *erhält* Kaleb Hebron von Josua. Auch die Eroberung Hebrons durch Kaleb (v 14) stellt somit wahrscheinlich eine eigenständige und wohl mündliche Tradition dar. Ob darin bereits die Söhne Enaks vorgekommen sind, ist schwer auszumachen.

Es bleiben vv 13 und 15. V 13 hat ein Bearbeiter geschaffen, als er die Kaleberzählung in die Gebietsbeschreibung Judas einfügte. Wir gehen davon aus, daß hier das Subjekt absichtlich undeutlich bleibt, weil nach Jos 14,12 und 15,14f Kaleb Hebron selbst eingenommen hat. Zugleich aber soll der Schein gewahrt werden, daß auch der Gebietserwerb Kalebs zur Landverteilung gehört. Das Los selbst kam als Subjekt nicht in Frage, da es keine Teile (חלקים), sondern Erbteile (נחלות) zuweist. V 15 ist eine redaktionelle Brücke zwischen der Kirjat-Arba- und der Kirjat-Sefer-Tradition.

3.5.5. *Die „simeonitischen" Orte*

Jos 15,26–32 ist mit der Ortsliste Simeons in Jos 19,2–7 nahezu identisch. Es ergeben sich die Fragen, ob sie literarisch miteinander zusammenhängen, und wenn ja, welche der beiden Listen primär ist. Ist Jos 15 die Grundlage, aus der dann später Teile herausgenommen worden sind, weil der Redaktor die Stämme beschreiben wollte?[340] Ist die Liste Judas sekundär gegenüber der Simeonliste[341], wobei beide sehr wohl auf eine gemeinsame simeonitische Ortsliste zurückgehen können?[342] Oder ist mit Kallai davon auszugehen, daß die beiden Listen

---

[339] Vgl. z.B. Fritz, *Josua* 1994, 160f.

[340] So Noth, *Josua* ²1953, 93. 113; Alt, *Judas Gaue* 1925, 285f⁴; Alt, *Beiträge III* 1935 = 1959, 417–419; Fritz, *Josua* 1994, 186.

[341] So Cross/Wright, *Boundary* 1956, 214f (die Listen spiegeln verschiedene Phasen der literarischen Überlieferung); Aharoni, *Negeb* 1958, 31f. Kallai-Kleinmann, *Town Lists* 1958, 158–160, sieht beide Listen als Dokumente aus verschiedenen Zeiten an, die das Gebiet Judas (Jos 15; zur Zeit Hiskias) bzw. das Gebiet Simeons (Jos 19; zur Zeit Hiskias) beschreiben. Vgl. die Darstellungen der Positionen bei Na'aman, *Inheritance* 1980, 143–145, und Myers, *Ezra, Nehemiah* 1965, 189f.

[342] Talmon, *Town Lists* 1965, 235–241. 238. Augustin, *Simeoniten* 1989, 37f, folgt Talmon; doch S. 38f befürwortet er, daß Jos 19,2–7 ein Auszug aus Jos 15,26b–32 ist; zu Augustin vgl. Noort, *Josua* 1998, 194.

selbständige und unabhängige Dokumente aus verschiedenen Zeiten sind?[343]

Nicht nur die beiden genannten Kapitel sind zu einem großen Teil parallel, auch die Listen in Neh 11,25–30 und in 1Chr 4,28–32 können miteinbezogen werden. Kallai meint—zu Recht, wie wir noch sehen werden—, daß Jos 19,2–7 mehr mit 1Chr 4,28–32 als mit Jos 15,26–32 gemeinsam hat.[344] Das heißt, daß es sich hier um zwei unterschiedliche Vorlagen gehandelt haben kann. Die Vorlage von 1Chr 4 und Jos 19 kann dann älter sein als die von Jos 15[345] oder jünger[346]. Für die erste These findet Kallai das Argument im AT selbst, denn in 1Chr 4,32 steht אלה עריהם עד־מלך דויד.[347] Deswegen stammt bei Kallai die Simeonliste aus der Zeit Davids und ist die Judaliste eine Bestandsaufnahme Judas aus der Zeit Hiskias.[348]

Die Fragen sind somit: 1. Hat Jos 19,2–7 die meisten Gemeinsamkeiten mit Jos 15,26–32 oder mit 1Chr 4,28–32? 2. Falls Jos 15,26–32 und Jos 19,2–7 literarisch zusammenhängen, wie ist dann das Verhältnis zu bestimmen? 3. Welche literarische Rolle spielt Neh 11,25–29? Um diese Fragen zu beantworten, geben wir eine Synopse der vier Texte. In der letzten Spalte wird die Anzahl der Belege des jeweiligen Ortes angeführt. Dazu müssen allerdings gleiche Orte mit abweichender Form diskutiert werden.

A—Jos 15,26b–32	*B—Jos 19,2–7*	*C—Neh 11,26–29*	*D—1Chr 4,28–32*	*Anzahl*
…	2Beerscheba		28Beerscheba	4
26bSchema	(Scheba = Schema)	…		2
		26Jeschua		1
Molada	Molada	Molada	Molada	4
27Hazar-Gadda				1
Heschmon				1
Bet-Pelet		Bet-Pelet		2
28Hazar-Schual	3Hazar-Schual	27Hazar-Schual	Hazar-Schual	4
Beerscheba		Beerscheba		s.o.
29Baala	Bala		29Bilha	3
(Ijim)				1
Ezem	Ezem		Ezem	3

[343] Kallai-Kleinmann, *Town Lists* 1958, 158–160.
[344] Kallai-Kleinmann, *Town Lists* 1958, 159.
[345] Kallai-Kleinmann, *Town Lists* 1958, 158–160.
[346] Cross / Wright, *Boundary* 1956, 214.
[347] S.u. §3.5.6.
[348] Kallai-Kleinmann, *Town Lists* 1958, 159. Jedoch trennt er nicht nach Zeit des Verfassers und beschriebener Zeit.

A—Jos 15,26b–32	*B—Jos 19,2–7*	*C—Neh 11,26–29*	*D—1Chr 4,28–32*	*Anzahl*
[30]Eltolad	[4]Eltolad		Tolad	3
Kesil =				
Betul	Betul		[30]Betuël	3
Horma	Horma		Horma	3
[31]Ziklag	[5]Ziklag	[28]Ziklag	Ziklag	4
Madmanna				1
	Bet-Markabot		[31]Bet-Markabot	2
		Mechona		1
Sansanna				1
	Hazar-Susa		Hazar-Susim	2
[32]Lebaot	[6]Bet-Lebaot			2
Schilhim				1
	(Scharuhen)			1
			Bet-Biri	1
			Schaarajim	1
			[32]Etam	1
En-Rimmon	[7]En-Rimmon	[29]En-Rimmon	En-Rimmon	4
	Eter	...		1
			Tochen	1
	Aschan		Aschan	2

Schema (Jos 15,26) / Scheba (Jos 19,2): Da Scheba in der Simeonliste auf Beerscheba folgt, ist es sehr wahrscheinlich, daß ein ursprüngliches *m* aufgrund des *b*s im fast gleichlautenden -scheba auch ein *b* geworden ist.[349] Es ist also Schema zu lesen. Die andere Möglichkeit ist, daß Scheba gänzlich auf Dittographie zurückgeht und nicht zur ursprünglichen Liste gehört,[350] denn es wird im Vergleich zur Summierung in 19,6 ein Ort zuviel verzeichnet.

Schema (Jos 15,26; 19,2) / Jeschua (Neh 11,26): Für die von Dillmann vorausgesetzte Gleichsetzung dieser zwei Orte sehen wir keinen Anlaß.[351]

Baala (Jos 15,29 / Bala (Jos 19,3) / Bilha (1Chr 4,29): Es handelt sich bei Baala und Bala um die gleichen Orte, wobei die Form Baala wahrscheinlich ursprünglich ist.[352] Auch Bilha aus 1Chr 4,29 darf mit Bala / Baala gleichgesetzt werden. Wahrscheinlich liegt mit Bilha Dittographie des ה vor. Wenn dem so ist, kann 1Chr 4,29 nicht von Jos 15,29, sondern nur von Jos 19,3 abhängig sein, da man im ersten Fall einen doppelten Fehler postulieren müßte: Elision eines ע und Dittographie des ה. Daß Jos 19,3 hier von 1Chr 4,29

[349] So u.a. Noth, *Josua* ²1953, 110.

[350] So u.a. Steuernagel, *Josua* ²1923, 281. Augustin, *Simeoniten* 1989, 33, hat eine merkwürdige Argumentation: Schema stand ursprünglich in Jos 19,2, ist dann unter Einfluß von Beerscheba in Scheba verschrieben worden. Derjenige, der die Summenzahlen hinzugefügt hat, hat dies später als Dittographie *empfunden*, und lediglich 13 Orte gezählt.

[351] Dillmann, *Josua* ²1886, 526; vgl. auch Steuernagel, *Josua* ²1923, 267 (mit Fragezeichen).

[352] S.o. §2.3 zu v 29.

abhängig ist, ist zwar möglich, aber Bilha ist die *lectio facilior*, weil der Name aufgrund des Namens der Nebenfrau Jakobs entstanden sein kann. Bala ist *hapax legomenon*.

Kesil (Jos 15,30) / Betul (Jos 19,4) / Betuël (1Chr 4,30): *Betul* (Jos 19,4) erscheint in 1Chr 4,30 als *Betuël*. Es sind trotzdem die gleichen Orte. Die Abweichung in der Schreibweise kann entweder durch Elision eines ursprünglichen א entstanden sein oder durch Hinzufügung eines א, weil es viele Orte mit dem Element אל gibt. Auf textkritischer Ebene ist es möglich—doch nicht zu entscheiden—, Kesil und Betul miteinander in Verbindung zu setzen. Wir gehen vorerst von dieser Gleichsetzung aus.

Lebaot (15,32) / Bet-Lebaot (19,6): Hier handelt es sich um Variation.[353]

Schilhim (15,32) / Scharuhen (19,6): Unter „Textkritik"[354] haben wir die Identität dieser zwei Orte abgelehnt.

Hazar-Susa (Jos 19,5) / 1Chr 4,31 (Hazar-Susim): Es geht um den gleichen Ort.

Welche Listen haben am meisten miteinander gemeinsam? Liste A enthält 20 Orte. Damit hat B zwölf gemeinsame Orte, C sechs und D elf. Auf den ersten Blick haben somit A und B die meisten Übereinstimmungen. Daß der Eindruck täuscht, zeigt sich, wenn in anderer Weise verglichen wird. Es geht dabei um: 1. Anfang und Ende der jeweiligen Listen; 2. Gemeinsamkeiten im Vergleich zu zwei anderen Listen bzw. einer anderen Liste sowie um Sondergut; 3. die relative Folge der Ortsnamen; 4. den Kontext.

Man beachte, daß nur B und D Listen enthalten, die nach vorne und hinten abgeschlossen sind.[355] Der Anfang in A mit v 26 ist künstlich. Ab v 26 gibt es Gemeinsamkeiten mit den anderen Listen, aber diese fangen erst mit Schema an. Das Gleiche gilt für Neh 11,26. In C, der ganzen Liste der Ortschaften der Judäer, kommen in vv 25 und 29f nicht im Negev liegende Orte vor. Ob Jeschua (Neh 11,26) somit zu unserer Sondergruppe der Negev-Orte gehört oder zu den Orten in v 25 gerechnet werden muß, ist ungewiß. Die erste Gemeinsamkeit liegt in Molada. Zora und Eschtaol (v 30) jedoch sind in der nördlichen Schefela zu suchen und gehören nicht mehr zur „simeonitischen" Ortsliste.

Für die Gemeinsamkeiten in den Listen ist eine Übersicht hilfreich:

---

353 Vgl. mit und ohne בית: (Bet-)Baal-Meon, (Bet-)Gader, (Bet-)Nimra und (Bet-)Asmawet.

354 S.o. §2.3 zu v 32.

355 Es handelt sich beide Male um die erste Gruppe von zweien.

Kombinationen	*A*	*B*	*C*	*D*	*Ortsnamen*
A=B=C=D	5	5	5	5	Beerscheba, Molada, Hazar-Schual, Ziklag, En-Rimmon
A=B=C	0	0	0	–	
A=B=D	5	5	–	5	Baala, Ezem, (El)tolad, Betu(ë)l und Horma
A=C=D	0	–	0	0	
B=C=D	–	0	0	0	
A=B	2	2	–	–	Schema, (Bet-)Lebaot
A=C	1	–	1	–	Bet-Pelet
A=D	0	–	–	0	
B=C	–	0	0	–	
B=D	–	3	–	3	Bet-Markabot, Hazar-Susa / Hazar-Susim, Aschan
C=D	–	–	0	0	
Sondergut	6	2	2	4	A: Hazar-Gadda, Heschmon, Ijim, Madmanna, Sansanna, Schilhim B: Scharuhen, Eter C: Jeschua, Mechona D: Bet-Biri, Schaarajim, Etam, Tochen
Total	19	17	8	17	

(A=Jos 15,26b–32; B=Jos 19,2–7; C=Neh 11,26–29*; D=1Chr 4,28–32)

Liste C hat außer den fünf in allen Listen vorkommenden Orten und zwei nur in Liste C vorkommenden Orten einen Ort mit Liste A gemeinsam. Die in den drei Listen (A, B, D) vorkommenden Orte stehen auffälligerweise alle an der gleichen Stelle, nämlich nach Hazar-Schual und im Falle von Jos 15,29f auch nach Beerscheba. Liste B und D haben drei Orte gemeinsam, während A und B lediglich zwei gemeinsame Orte haben. Wenn Kallai also behauptet, daß Jos 19,2–7 mehr mit 1Chr 4,28–32 zu tun hat als mit Jos 15,26–32, darf die Anzahl nicht ausschlaggebend sein.

Trotzdem teilen wir Kallais Meinung. Für diese Einschätzung gibt es einige Hinweise: 1. Nur in Listen B und D steht Beerscheba an erster Stelle, während in Listen A und C Beerscheba nach Hazar-Schual kommt. 2. Die Listen B und D haben von Molada bis Hazar-Susa / Hazar-Susim mit zehn Orten die gleiche Abfolge. Das gilt für keine andere Kombination von Listen.[356] 3. Die Listen B und D sind

[356] Vgl. auch die Mühe, die Noth, *Josua* ²1953, 113, hat mit den unterschiedlichen Reihenfolgen in A und B. Er meint, daß Jos 19,2ff zunächst nur die Orte ab Beerscheba aus Jos 15,28ff übernommen hat. Danach aber hat ein Bearbeiter Molada und Hazar-Schual merkwürdigerweise zwischen Beerscheba und Bala eingeschaltet. Den Beweis, daß dies später passiert ist, sieht Noth in der Tatsache, daß nur vor Molada und Hazar-Schual in 1Chr 4,28 kein ב steht. Falls Noth Recht hätte, müßte die Einschaltung von Molada und Hazar-Schual in Jos 19,2–7 recht spät vorgenommen worden sein. Noth bespricht leider nicht die Möglichkeiten, daß die zwei Orte in 1Chr 4,28 Glossen ohne ב sein können, oder—was eher in Noths Linie läge—auch 1Chr 4,28–32 auf

beide abgeschlossene und als simeonitisch definierte Ortslisten. Das gilt weder für A noch für C. Somit ist deutlich, daß Jos 19,2–7 mehr mit 1Chr 4,28–32 als mit Jos 15,26–32 zu tun hat. Außer der identischen relativen Reihenfolge gibt es noch einen Hinweis. Liste C hat, abgesehen von den fünf allen Listen gemeinsamen und den zwei nur hier vorkommenden Orten, den verbleibenden Ort (Bet-Pelet) nur mit Liste A gemeinsam. Dazu kommt, daß nur in diesen Listen Beerscheba ובנותיה erscheint.

Damit sind zwei Fragen noch nicht beantwortet: 1. Geht Jos 19,2–7 auf Jos 15,26–32 zurück? 2. Geht Jos 15,26–32 auf Neh 11,26–29 zurück? Die erste Frage ist eher mit Nein als mit Ja zu beantworten. Wie wir an der Diskrepanz zwischen den aufgezählten Orten und der Summierung sehen können, hat Jos 15,21–32 zweifellos Zusätze erfahren. Kommt dieser Zusatz aus Jos 19,2–7? Wenn umgekehrt Liste B auf A zurückginge, wäre unerklärlich, warum bestimmte Orte aus A nicht in B vorkommen, außer wenn B aktualisiert und nicht mehr existierende Orte gestrichen hätte. Wahrscheinlicher ist es, daß Hazar-Gadda, Heschmon, Bet-Pelet, Madmanna, Sansanna und Schilhim bereits in Jos 15 vorkamen und Jos 15 mit noch nicht in Jos 15 genannten Orten aus Jos 19 angefüllt wurde. Ein Bearbeiter sah sich dazu gezwungen, weil Simeons Erbteil „inmitten des Erbteils von Juda" (Jos 19,1) war. Gehen wir einmal davon aus, daß die in allen Listen genannten fünf Orte, Beerscheba, Molada, Hazar-Schual, Ziklag und En-Rimmon, so bekannt waren, daß sie bereits in Jos 15 vorkamen. Ebenso kam auch Horma aus noch näher zu erläuternden Gründen bereits vor. Der Bearbeiter von Jos 15 hatte die Liste von Jos 19 vor sich, mit Beerscheba an der Spitze. Die ersten Orte bis Hazar-Schual—und dann muß auch Schema dazu gehören—kamen schon in seiner Liste vor. Die folgenden vier aber nicht, und weil sie in der Simeonliste auf Beerscheba und Hazar-Schual folgen, fügt der Bearbeiter sie nach diesen Orten ein. Es handelt sich um Baala, Ezem, Eltolad und Betul. Dann müssen wir weiter annehmen, daß Bet-Markabot und Hazar-Susa alternative Namen für Madmanna bzw. Sansanna sind und daß Scharuhen entweder ein Alternativname für Schilhim ist oder in Jos 19,6 nicht vorkam.[357] Letzteres ist wahrscheinlicher.[358]

---

ein Dokument mit Ortslisten ohne ב zurückgehen könnte, das erst in Chr für die Beschreibung des Wohngebiets Simeons ausgenutzt worden ist.

[357] Vgl. die LXX.

[358] Die zweite Gruppe der simeonitischen Orte (Jos 19,7) hat eine andere Literarge-

Bei dieser Hypothese geht B auf ein unabhängiges Dokument zurück, das die Orte um Beerscheba registriert. Ob diese Orte wirklich den Bestand Simeons darstellen, ist nicht mehr ausfindig zu machen, doch auch nicht auszuschließen. Die Bestimmung des Verhältnisses von B und D ist für unsere Untersuchung weniger wichtig. Wir gehen mit den meisten Forschern davon aus, daß D von B abhängig ist,[359] wobei mit unabhängiger Weiterentwicklung gerechnet werden muß.[360]

Noch nicht besprochen ist Kallais These, daß die Listen A und B aus jeweils verschiedenen Zeiten stammen. Hiermit sind Unterschiede und, weil es sich um das gleiche Gebiet handelt, Übereinstimmungen zu erklären. Das ist mit der von uns vorgeschlagenen Literargeschichte sehr wohl möglich, wobei immer nach der Zeit des ursprünglichen Dokuments und der späteren Aufnahme in größere Textblöcke differenziert werden muß.

Von den späteren Zusätzen gesäubert, zeigt A die meisten Ähnlichkeiten mit C. Das Grundgerüst ist das gleiche: Bis auf Mechona (Neh 11,28) sind alle Orte gleich; die relative Reihenfolge ist gleich; die beiden Listen sind als judäisch definiert; beide Listen geben nur einen Teil des judäischen Bestandes wieder; nur in diesen beiden Listen steht באר־שׁבע ובנותיה. Daß A von C literarisch abhängig ist, ist möglich. Hierfür spricht vor allem das Auftauchen von באר־שׁבע ובנותיה. Schwerer aber ist, daß Mechona aus C nicht in A verzeichnet ist. Es könnte sich bei Mechona (Neh 11,28) und Madmanna (Jos 15,31) um den gleichen Ort handeln, aber textkritisch gibt es keine Hinweise auf einen Wechsel von –כ– und –דמ–. Somit ist lediglich zu sagen, daß Jos 15,26–32 und Neh 11,26–29 in Nähe zueinander gesehen werden müssen, wobei die Art der Abhängigkeit nicht zu bestimmen ist. Weiter ist mit einer eigenständigen Entwicklung von Jos 15,26–32 zu rechnen, da zumindest die Orte Hazar-Gadda, Heschmon und Schilhim in keiner anderen Liste verzeichnet sind.

---

schichte erfahren; s.u. § 3.5.6.

[359] Dafür sprechen das allgemeine Argument, daß Chr später ist als Jos (wobei natürlich nie auszuschließen ist, daß Chr alte Dokumente benutzt) sowie die Tatsache, daß Bilha eher aufgrund von Bala entstanden sein kann als umgekehrt. Anders mit Bezug auf die historische Notiz in 1Chr 4,31: Kallai-Kleinmann, *Town Lists* 1958, 158.

[360] Vgl. das Sondergut in 1Chr 4,31.

3.5.6. *En-Rimmon, Eter und Aschan*

Es wurde schon einige Male angedeutet, daß En-Rimmon in Jos 15,32 wahrscheinlich sekundär ist.[361] An dieser Stelle liefern wir die Begründung. Zudem werden wir ein Wachstumsmodell vorschlagen. Die Orte En-Rimmon, Eter und Aschan werden zusammen behandelt, weil sie in Jos 19,7 zusammen vorkommen und alle auch in Jos 15 belegt sind. Außerdem stehen sie exemplarisch für den innerbiblischen Umgang mit Ortsnamen aus verschiedenen Traditionen. Dies veranlaßt eine ausführlichere Behandlung dieser drei Ortsnamen.

Abgesehen von Neh 11,29, liest die Mehrzahl der Hss. der LXX Ajin und Rimmon immer als einen Ort En-Rimmon. Weil in Jos 19,7 und 1Chr 4,32 Ajin und Rimmon asyndetisch aufgeführt werden inmitten einer jeweils syndetischen Reihe und der Ort als En-Rimmon in Neh 11,29 erscheint, ist in allen Fällen die zusammengesetzte Form En-Rimmon zu lesen. Dabei setzen wir voraus, daß En-Rimmon aus Neh 11,29 mit den anderen identisch ist.[362]

Hierauf ist näher einzugehen. Die Ortsliste Simeons in Jos 19,2–7 besteht aus zwei Gruppen, von denen die zweite Ajin, Rimmon, Eter und Aschan enthält. LXX^B dagegen verzeichnet Ερεμμων καὶ Θαλχα καὶ (Ι)Εθερ[363] καὶ Ασαν. Zwei Dinge fallen auf: Ajin und Rimmon werden als ein Ort mit dem Namen En-Rimmon gelesen, und Talcha ist im Vergleich zum MT ein Zusatz. Dieses Talcha ist sehr wahrscheinlich ursprünglich, weil es besser vorstellbar ist, daß ein Ort versehentlich weggefallen ist, als daß ein Ort dazu erfunden wurde. Zweitens gibt es in der weitgehend parallelen Reihe 1Chr 4,32 den Ort Tochen^MT / Tokkan^LXX, das wir mit Talcha verbinden dürfen.[364] Es ist somit am plausibelsten, davon auszugehen, daß die LXX^B die ursprünglichen Lesarten enthält. Im MT ist dann ein Ort weggefallen, was zur Zerlegung von En-Rimmon in Ajin und Rimmon geführt hat, um die Summenzahl vier in Jos 19,7 zu retten. Auch in 1Chr 4,32 ist dergleichen geschehen: Wiederum werden in einer zweiten Gruppe von Orten Ajin und Rimmon als zwei Orte aufgelistet. Zusammen mit Etam, Tochen und Aschan ergibt das fünf Orte. Das stimmt mit der

---

361 So u.a. Noth, *Josua* ²1953, 93. 113; Fritz, *Josua* 1994, 166.

362 Später geben wir die Argumente dazu.

363 Das I ist mit *Rahlfs* und *Margolis* aus Dittographie entstanden.

364 Auch hier ist *תלכה wahrscheinlich primär und תכן sekundär, weil ein Zuwachs des ל nicht zu erklären wäre, aber Elision des ל oder mit der LXX (Τοκκαν) Assimilierung des ל sehr wohl.

Summierung überein. Doch in der LXX wird Ajin und Rimmon, wie in Jos 15,32, wieder als En-Rimmon gelesen.[365] Somit stimmt die wirkliche Anzahl der Orte in der LXX (4) nicht mit der Summierung (5) überein: Ein Ort fehlt. Des weiteren kommt Neh 11,29 der Ort En-Rimmon, also zusammengeschrieben, vor. Gerade hier aber helfen die meisten Hss. nicht weiter.

Wie wir gesehen haben, sind Jos 19,2–7 und 1Chr 4,28–32 eng miteinander verwandt. Wir führen nochmals eine Synopse vor, aber jetzt auch mit den Lesarten der LXX.

Jos 19,7				*1Chr 4,32*	
Rahlfs B	Rahlfs A	Margolis	MT	MT	Rahlfs
				עיטם	Αιταμ
Ερεμμων	Αιν	Αιν (cj.)	עין	ועין	καὶ Ηνρεμμων
	καὶ Ρεμμων	Ρεμμων	רמון	רמון	
καὶ Θαλχα		καὶ Θαχαν (cj.)		ותכן	καὶ Τοκκαν
καὶ Εθερ	καὶ Εθερ	καὶ Εθερ	ועתר		
καὶ Ασαν	καὶ Ασαν	καὶ Ασαν	ועשן	ועשן	καὶ Ασαν

Wenn man davon ausgeht, daß die LXX^{B} von Jos 19,7 stimmt und in 1Chr 4,32 Eter fehlt, sind alle Probleme zu lösen. Dann bestand eine ursprüngliche Liste in Jos 19,7 aus En-Rimmon, Talcha, Eter und Aschan (4 Orte) und in 1Chr 4,32 aus Etam, En-Rimmon, Tochen, Eter und Aschan (5 Orte).[366] In Jos 19,7^{MT} ist Talcha aus irgendeinem Grund weggefallen[367] und in 1Chr 4,32 Eter. Um die Summierungen zu retten, ist beide Male aus En-Rimmon Ajin Rimmon gemacht worden. Jos 15,32 kann nur von diesem zerlegten Ajin Rimmon abhängig sein, denn es wäre unerklärlich, warum in Jos 15,32, wo die Anzahl der Orte ohnehin im Vergleich zur Summierung zu hoch ist, ein ursprüngliches En-Rimmon in zwei Orte geteilt wäre.

Auffälligerweise erscheinen sowohl in Jos 19,7 als in 1Chr 4,32 En-Rimmon, Eter und Aschan in einer zweiten Gruppe. Geht es hier um einen späteren Nachtrag? Wir meinen ja. Aus bestimmten Gründen, auf deren mögliche Ursprünge wir gleich noch eingehen, ist einer bereits existierenden „Simeon"-Liste, die aus einer Gruppe bestand, eine zweite Gruppe hinzugefügt worden. Diese zweite Simeon-Gruppe

---

365 LXX^{B} und ein Teil der Hss. der lukianischen Rezension verzeichnen nur Ρεμμων; siehe *Rahlfs*.

366 So Rainey, *Division* 1980, 199. Zu עתך (1Sam 30,30) und Ιθακ als griechische Lesart für עתר s.o. §2.3 zu v 42.

367 Vgl. Dillmann, *Josua* ^{2}1886, 554.

fand auch Eingang in die Negev-Gruppe der judäischen Ortsliste. Wie so oft wurde der Nachtrag am Ende der bereits bestehenden Ortsliste angefügt. Weil aber Eter und Aschan bereits in einer Schefela-Gruppe verzeichnet waren (Jos 15,42), ging es nur um En-Rimmon, das abgeschrieben von Jos 19,7 als Ajin und Rimmon Eingang fand. Die ursprüngliche Liste von 29 Orten war um eine erweitert worden.

Es ergeben sich zwei Fragen: 1. Warum erscheint En-Rimmon nicht zusammen mit Eter und Aschan in der dritten Schefela-Gruppe? 2. Was war der Anlaß für den Nachtrag? Man kann nur Vermutungen anstellen. Es ist sehr wohl möglich, daß En-Rimmon lediglich in die Negev-Gruppe plaziert wurde, weil sich die anderen simeonitischen Orte von Jos 19,2–6 auch im Negev befanden und man somit davon ausging, daß Simeon im Negev gewohnt hat. Mit anderen Worten, wenn Eter und Aschan nicht bereits in Jos 15 vorgekommen wären, hätten sie bestimmt nach En-Rimmon im Negev ihren Platz gefunden. Ob En-Rimmon tatsächlich im Negev gelegen hat, ist außer Jos 15,32 keinem Text zu entnehmen, auch Neh 11,29 nicht.

Der Anlaß für den Nachtrag ist vielleicht in der historischen Notiz in 1Chr 4,31 zu finden. Dort steht nach der ersten Gruppe der Wohnsitze Simeons: אלה עריהם עד־מלך דויד „das waren ihre Städte bis zur Regierung Davids“. Hiernach kommt die zweite Gruppe von Wohnsitzen, die durch וחצריהם eingeleitet wird (v 32). Wir vermuten, daß der Chronist Jos 19 als Vorlage gehabt hat.[368] ערים und חצרים zusammen finden sich sehr oft in Jos 13ff, aber in Chr nur in 1Chr 4,31–33. Der Chronist hat dann das ursprüngliche ערים שׁלשׁ־עשׂרה וחצריהם benutzt, um seine historische Information einzutragen. Die Zahl 13 würde nicht in den Kontext passen und wurde somit weggelassen. Das heißt, daß der Chronist erklären wollte, warum die Orte Simeons in zwei Gruppen aufgelistet werden. Die eine Gruppe sind die Wohnorte Simeons bis zur Regierung Davids, die anderen also seit dessen Regierung. Besteht die erste Gruppe aus Wohnorten Judas bis zur Regierung Davids, oder die zweite, denn ein von אלה eingeleiteter Satz kann sowohl einen Abschluß als eine Überschrift darstellen. Für letztere These macht sich Rainey stark[369], der behauptet, daß die Simeoniter bis zur Regierung Davids in der Schefela gewohnt haben (Etam, En-Rimmon, Eter und Aschan) und von David zur Verteidigung der Südgrenze Judas in den Negev in und um Beerscheba angesiedelt wur-

---

[368] S.o. unter §3.5.5 für zwei andere Argumente für die Richtung der Abhängigkeit.

[369] Rainey, *Division* 1980, 199f. Die andere These ist *communis opinio*.

den. Für beide Vorstellungen kann man plausible Argumente anführen, doch über Vermutungen kommt man nicht heraus.

Wenn En-Rimmon sekundär ist und in der Summierung Jos 15,32 nicht mitgezählt wurde, müssen wir ohne En-Rimmon auf 29 Orte kommen. Dann gehörte Horma nicht zum Einschub aus Jos 19,2–6, sondern kam bereits in der Juda-Liste vor. Das ist sehr wohl möglich, denn Horma war eine nicht unbekannte und wahrscheinlich wichtige Stadt.[370] Falls—was wir für unwahrscheinlich halten—En-Rimmon bereits nach seinem Einschub mitgezählt wurde, gehörte Horma sehr wohl zum „simeonitischen" Nachtrag.

Zusammenfassend kann man folgendes sagen: Wahrscheinlich ist En-Rimmon ein Nachtrag zur Negev-Gruppe Jos 15,21–32, der aufgrund des Nachtrages in Jos 19,7 vorgenommen worden ist. Der Grund für den Nachtrag in Jos 19,7 ist undeutlich, aber der Hinweis kann in der historischen Notiz 1Chr 4,31 liegen. Die Literargeschichte von 15,21–32 sah folgendermaßen aus: 1. Jos 15,21–32 enthielt eine Liste mit 29 judäischen Orten im Negev, Jos 19,2–6 war eine selbständige Liste mit 14 „simeonitischen Orten". 2. Jos 19,2–6 erfuhr mit v 7 eine Erweiterung um vier Orte. Ein Ort ist weggefallen; En-Rimmon wurde in Jos 15,32 nachgetragen, die anderen zwei waren bereits in Jos 15 verzeichnet. 3. Es fiel einem Interpolator auf, daß vier Orte aus Jos 19,2–6 noch nicht in Jos 15,21ff vorkamen, obwohl Simeon inmitten von Juda wohnte (Jos 19,1.9), woraufhin er sie zwischen Beerscheba und Ziklag einschob.

3.5.7. *Die „danitischen" und „benjaminitischen" Orte*

Bet-Araba (Jos 15,61) und, wie manche meinen, Kirjat-Jearim (Jos 15,60) aus der Ortsliste Judas finden sich auch in der Ortsliste Benjamins (Jos 18,22.28); außerdem stehen Zora, Eschtaol (Jos 15,33) und Ekron (Jos 15,45) in der Ortsliste Dans (Jos 19,40.43). Alt sieht in diesen Überschneidungen die Reste der Trennung einer ursprünglichen Ortsliste des Königreichs Juda.[371] Dieses Dokument wurde nachträglich für die Beschreibung der Stämme benutzt und dazu kopiert (Simeon) oder zerlegt (Benjamin und Dan). Die Überschneidungen gehen, so Alt, auf Unachtsamkeit zurück.[372]

---

[370] Vgl. u.a. Jos 12,14; Ri 1,17.
[371] Alt, *Judas Gaue* 1925, 278.
[372] Ebd.

Obgleich es hier, wenn wir Alt folgen, um literarische Beziehungen geht, kann eine Entscheidung über die Art der Beziehung nur aufgrund eines postulierten Sitzes im Leben getroffen werden. Wenn die Ortslisten Benjamins, Dans und Simeons nicht einer ursprünglichen Südliste entnommen worden sind, sondern etwa auf eigenständige Dokumente aus vielleicht verschiedenen Zeiten zurückgehen[373], muß überhaupt keine direkte literarische Beziehung bestanden haben.

Es ist klar, daß wir an dieser Stelle nicht auf die vermeintlichen Überschneidungen eingehen können.[374]

3.5.8. *Das nichteroberte Jerusalem*

In 15,63 lesen wir, daß die Judäer Jerusalem nicht erobern konnten und deswegen bis auf den heutigen Tag mit den Jebusitern zusammen Jerusalem bewohnen. In 15,8, der Grenzbeschreibung Judas, zeigt sich aber, daß die Grenze äußerst genau Jerusalem aussparte. Laut der Grenzbeschreibung dürfen die Judäer also keinen Anspruch auf Jerusalem erheben. In Ri 1,8 nehmen die Judäer aber trotzdem Jerusalem ein. Etwas später lesen wir, daß die Benjaminiter die Bewohner von Jerusalem nicht vertreiben konnten, so daß die Benjaminiter und die Jebusiter bis auf den heutigen Tag Jerusalem zusammen bewohnen. Von diesen schlecht miteinander zu vereinbarenden Notizen interessiert uns hier nicht der historische Vorgang, sondern nur der literarische Sachverhalt. Als direkte Parallele zu Jos 15,63 gilt Ri 1,21.

Jos 15,63	*Ri 1,21*
ואת־היבוסי יושבי ירושלם	ואת־היבוסי ישבי ירושלם
לא־יוכלו בני־יהודה להורישם	לא הורישו בני בנימן
וישב היבוסי	וישב היבוסי
את־בני יהודה בירושלם	את־בני בנימן בירושלם
עד היום הזה	עד היום הזה

De Geus und Auld haben diese Parallelen ausführlich verglichen und sind zum Ergebnis gekommen, daß Ri 1,21, wie vieles in Ri 1, von Jos abhängig ist.[375] Ri 1,21 ist aus Jos 15,63 übernommen, aber auf die Benjaminiter ausgerichtet worden, da der Redaktor von Ri 1 aufgrund von Jos 15,8 wußte, daß Jerusalem nicht den Judäern gehörte. Ri 1,21 ist

---

[373] So Kallai-Kleinmann, *Town Lists* 1958.

[374] Vgl. dazu §8.3.2.1 und 8.3.2.2.

[375] Vgl. De Geus, *Richteren* 1966, 32–53; Auld, *Judges I* 1975 = 1998, 90–92; id., *Studies* 1976, 229–231. 309. 316; id., *Joshua* 1983, 35. 64. 67. 107.

laut Auld nicht ursprünglich, weil עד היום הזה in Ri singulär und eher in Jos geläufig ist. Dazu kommt, daß die Symbiose von Benjamin und den Jebusitern nur in Ri 1,21 vorkommt, während das Zusammenleben von Juda und den Jebusitern eher logisch ist.[376] In Ri 1,21 wurde die Information aus Jos 15,63 aus zwei Gründen abgeändert: 1. Nach Jos 15,8 gehörte Jerusalem entgegen Jos 15,63 und Ri 1,8 theoretisch zu Benjamin.[377] Zudem ist Jerusalem nach 2Sam 5,6–16 erst durch David von den Jebusitern erobert worden. 2. Man wollte Judas Ehre, die durch die Niederlage bei der vergeblich versuchten Eroberung Jerusalems getroffen war, schonen[378].

Alle Nicht-Eroberungsnotizen[379] sind mit Auld als „corrective notes" aufzufassen. Sie stehen immer am Ende der jeweiligen Textcorpora und sind also später hinzugefügt worden. Das gilt somit auch für Jos 15,63. Diesen Vers hat Ri 1,21 übernommen und abgeändert.

3.6. *Zusammenfassung*

Jos 15 ist ein deutlich abgegrenzter Text, der aus vier Teilen besteht: Vv 1–12: Grenzbeschreibung; vv 13–19: Kaleberzählung; vv 20–62: Ortsliste; v 63: Nicht-Eroberungsnotiz.

Zur Bedeutung, Streuung und Konnotation von Wörtern und Phrasen konnte Folgendes festgestellt werden:

Bedeutung: V 1 ist zu übersetzen: „Und das Los des Stammes der Judäer war [dargestellt / aufgelistet] nach ihren Geschlechtern: Bis zur Grenze Edoms, bis zur Wüste Zin und bis südlich des Randes des Südens." Somit ist למטה בני יהודה kein indirektes Objekt, sondern Teil einer Genitivkonstruktion, gibt למשפחותם den Modus der Darstellung an und v 1b die inhaltliche Erstreckung des Losanteils. Diese besteht aus einer asyndetischen Reihe von Punkten, die von einem Standpunkt im Norden aus gesehen werden. Diese Reihe verläuft von Osten nach

[376] Vgl. Auld, *Judges I* 1975 = 1998, 91f.

[377] Vgl. Auld, *Judges I* 1975 = 1998, 91f.

[378] Mit dieser judafreundlichen Tendenz treffen sich Jos 15,63^{LXX} und Ri 1,21^{MT}. Das heißt nicht, daß der MT von Ri 1 von der LXX von Jos 15 *abhängig* ist, so wie Auld, *Judges I* 1975 = 1998, es verteidigt. Es ist hier und in anderen Fällen (u.a. Jos 15,13) damit zu rechnen, daß die LXX Jos 15 mit Parallelen in Ri 1 in Einklang gebracht hat; s.o. §2.3 zu v 63.

[379] Also auch Jos 13,13; 16,10; 17,11–13; Ri 1,21. 27. 29ff. S.u. §5.4.2.2.

Westen. Die Grenze Edoms liegt im Südosten, die Wüste Zin im Süden, und „noch weiter südlich" ist die Gegend im Südwesten.

גורל bedeutet in 15,1 „Gebiet", was sehr selten ist. Normalerweise hat es eine dingliche Bedeutung, wie „Lossteinchen", „Losstäbchen", „Pfeil" und ähnliches oder eine übertragene Bedeutung „Geschick". Der fließende Übergang zwischen einer dinglichen Bedeutung und der Bedeutung „Stadt / Gebiet" findet sich in der Verteilung der Levitenstädte durch das Los, wobei zugleich die zugeteilten Städte als Los bezeichnet werden.

מטה „Stamm" (v 1) ist im Gegensatz zur allgemeinen Bezeichnung שׁבט (ebenfalls „Stamm") vorwiegend durch einen Stammesnamen determiniert.

Meistens zielt גבול auf „Gebiet" oder sowohl auf „Grenze" als auch (das durch die Grenze[n] umfaßte) „Gebiet". In Jos 15 jedoch hat es die exklusive Bedeutung „Grenze", was sehr selten ist.

Die Sonderform וגבול (vv 12.47) ist mit Mittmann als ein eingliedriger Nominalsatz aufzufassen, der das Vorangehende, immer ein Gewässer, präzisiert „als Grenze", wobei das Gewässer selbst nicht mehr zum betreffenden Gebiet gerechnet werden darf. והים הגדול וגבול bedeutet dann „und das Mittelmeer, und zwar als Grenze".

Das Tempus der *we-qatal*-Verben in der Grenzbeschreibung ist aufgrund der diskursiven Struktur imperfektisch aufzufassen.

ותסיתהו לשׁאול מאת אביה שׂדה (v 18) ist mit Mosca zu verstehen als: „und sie [Achsa] stachelte ihn [ihren Vater] an, *indem* sie von ihrem Vater ein Feld fragte". לשׁאול bezieht sich wie das bekanntere לאמר auf das Subjekt des vorangehenden Satzes und das Objektsuffix הו– in ותסיתהו bezieht sich nicht auf Otniël, sondern auf Achsas Vater Kaleb.

Die *crux interpretum* ותצנח (v 18) läßt sich am besten als „sie spuckte" übersetzen. Das ist vom Rücken des Esels möglich (מעל החמור) und es drückt Mißfallen aus, das für Achsas Vater Anlaß gab, zu fragen, was mit ihr los sei.

... זאת נחלת ist in Jos 15,20 eine Überschrift für die nachfolgende Ortsliste und leitet den unveräußerlichen Erbbesitz ein.

Streuung: Die Streuung ist auffällig. Fast alle entscheidenden Wörter und Phrasen finden sich überhaupt oder in einer bestimmten Bedeutung bzw. grammatischen Funktion nahezu exklusiv nur in Jos und Num.

למשׁפחותם ist ein Parameter, der aus Num 26, der zweiten Volkszählung, stammt.

Die Erstreckung des Gebietes bis „zur Grenze Edoms, der Wüste Zin" kennen wir aus Num 34.

גורל kommt im Zusammenhang mit Landverteilung nur vor in den Ankündigungen der Landverteilung in Num sowie in Jes 34,17 und Mi 2,5. Mit der *Bedeutung* „Gebiet" finden wir es jedoch nur in Jos 15,1; 17,1.7; Ri 1,3 und Ps 125,3. Der Übergang zur Bedeutung „Gebiet" ist in Jos 21 und 1Chr 6 anzunehmen.

Die große Mehrzahl der Belege von מטה mit der Bedeutung „Stamm" bietet Num (91×). Dann kommt Jos (55×) und dann 1Chr (23×). Dabei überlappen sich die Belegstellen von שׁבט und מטה beinahe nie. Innerhalb von Jos stehen 55 der 59 Belege von מטה in Jos 13–21 und umgekehrt nur neun der 33 Belege von שׁבט in Jos 13–21.

גבול mit der exklusiven Bedeutung „Grenze" kommt nur in Num 34, Jos 15–19 und Ez 47f vor. גבול als Subjekt eines Verbes finden wir aber nur noch in Num 34, Jos 15,2–12 und 18,11–20.

Die היא-Explikationen, die einen Ort durch einen anderen Namen explizieren, finden sich hauptsächlich in Jos. Das darf aber nicht wundern, denn hier kommen die meisten Ortsnamen vor.

אל־פי statt des „richtigen" על־פי ist nur in in Jos 15,13, 17,4 und 21,3 belegt und stellt eine wahrscheinlich späte (frühestens in die spätvorexilische Zeit fallende) Entwicklung dar.

הענק kommt in dieser Form, determiniert und im Sg., nur in Num 13,22.28, Jos 15,13.14(2×), Ri 1,20 und Jos 21,11 (הענוק) vor.

Listen mit Summenangaben kommen außer in Jos 13–21 vor allem in Gen, Num, Esr, Neh und 1Chr vor.

Ähnliches gilt für die Belegstellen von einem Ort mit „Tochterstädten". Der Ausdruck findet sich in Num, Jos, Ri, Jer, Ez, Neh und Chr. Beerscheba ובנותיה findet sich außer in Jos 15,28 nur noch in Neh 11,27.

Konnotation: Fast alles weist auf eine göttliche Ordnung hin, welche durch Grenzen und Zahlen genauestens definiert ist. Wir sehen das schon in der Tatsache, daß eine Grenzbeschreibung und eine Orstliste Judas in so detaillierter Form vorliegen. Bei der Ortsliste werden dazu genaue Anzahlen von Orten pro Gruppe gegeben. Aber auch einzelne Wörter bestätigen die Konstatierung. גורל ist ein Mittel, den Gottesbescheid herbeizuführen. Auf diese Weise geht die Landverteilung auf Gott selbst zurück. Die Verteilung durch das Los gilt allerdings nur den neuneinhalb cisjordanischen Stämmen. Es gibt darum zehn Lose, von denen sieben in Jos 19 explizit gezählt werden.

מטה ist die Bezeichnung der Einzelstämme in einer göttlichen Ordnung. Sie begegnet nur dann wenn es um Aufteilung oder Verteilung auf göttliche Anweisung hin geht. Darum sind auch hier die Zahlen wichtig. Im Gegensatz zu שׁבט bildet מטה fast immer eine Zwölfzahl. Interessant, aber nicht auszuwerten ist, daß es sich am häufigsten in Verbindung mit Juda findet.

גבול mit der exklusiven Bedeutung „Grenze" kommt nur in Num 34 und Jos 15.18 vor. Gerade Num 34 betrachten wir mit Hutchens als die Begrenzung des heiligen Raums. Hinter den Grenzen ist es unrein. Darum braucht man die genau bestimmten Grenzlinien.

Die היא-Explikationen beziehen sich vor allem auf Orte in Juda und Benjamin und zudem hauptsächlich auf Heiligtümer.

Auf אל־פי folgt immer יהוה und auf על־פי fast immer. Somit geschieht auch die Landgabe (נתן) an Kaleb (v 13) auf göttliche Anweisung hin.

Auch im Falle von נחלה ist die Zwölfzahl wichtig. Die Formel זאת ... נחלת z.B. kommt in Jos 13–19 zwölfmal vor. Es ist unveräußerlicher Erbbesitz. In Jos 13–19 sind die נחלות durch die Verbindung mit dem Los letztendlich Gottes Besitz.

Literarkritisch sind einige Beobachtungen zu machen. Die größten Spannungen und Unebenheiten liegen in v 4, der vom 3. zur 2. Person überwechselt, in den Summierungen, die in einigen Fällen nicht mit der wirklich genannten Anzahl von Orten übereinstimmen, und in den Kopulativen zwischen den Orten, die nicht immer erscheinen.

Die 2. Person in v 4 ist durch ein fehlerhaftes Abschreiben von Num 34, wo die 2. Person sehr wohl paßt, zustandegekommen. Mehr noch, die ganze Südgrenze in Jos 15 (vv 2–4) geht gegen Noth auf die Südgrenze zurück, wie sie in Num 34,3b–5 vorliegt. Alle Unterschiede sind aus den unterschiedlichen Situationen zu interpretieren.

Daß die Summierung in Jos 15,32 nicht stimmt, ist aus einer Angleichungstendenz zu erklären. Aus der Gebietsbeschreibung Simeons (Jos 19,2–7), dessen Gebiet in Juda liegt (Jos 19,1.9), sind fünf Orte in Jos 15 ergänzt worden, die noch fehlten. So kommt man, liest man Hazor und Hadatta sowie Ajin und Rimmon jeweils als einen Ort und streicht man Ijim als Dittographie und Bizjoteha als Ort zu 29 (ursprünglich)+5 (Zuwachs) Orten. Die restlichen Differenzen zwischen Summierung und wirklicher Anzahl sind textkritisch zu lösen.

Die Kopulative sind wahrscheinlich später und nicht immer konsequent bzw. genau in eine asyndetische dokumentarische Ortsliste eingefügt worden. Der Gebrauch eines Kopulativs oder sein Fehlen darf somit nicht der alleinige Grund sein, zwei Orte zu einem zusammenzufügen oder einen in zwei zu trennen.

Die Assimilierungstendenzen finden sich nicht nur im Vergleich zwischen Jos 19,1–9 und Jos 15,21ff, sondern auch innerhalb Jos 15. Sechs Fälle betrachten wir als solche. Wenn z.B. Kaleb Kirjat-Arba erobert und Hebron in der Ortsliste vorkommt, werden sie durch „[Kirjat Arba] das ist Hebron" bzw. „Kirjat-Arba, das ist [Hebron]" miteinander identifiziert. Weiter sind sowohl der „Philisterdistrikt" (vv 45–47) als der 11. Distrikt (v 60) später hinzugefügt worden, um die Grenzen der Ortsliste mit denen der Grenzbeschreibung übereinstimmen zu lassen.

Jos 15,2–4 ist von Num 34,3b–5 abhängig, Jos 18,15–19 von Jos 15,5b–9. Die Nordgrenze Judas und die teilweise damit übereinstimmende Südgrenze Benjamins gehen nicht auf eine gemeinsame Grenzfixpunktreihe zurück (wie Noth annimmt). Jos 18,11–20 hat die bereits in einem verbindenden Text überlieferte Nordgrenze Judas vor sich gehabt, allerdings außer **היא ירושלם** (v 8; Glosse), vielleicht **הר עפרון** (v 9; Glosse) und mit **הגלילות** statt **הגלגל** (v 7; *lectio difficilior*) vor sich gehabt.

Ri 1,11–15 setzt Jos 15,13–19 und 14,15 voraus sowie Ri 1,21 Jos 15,63. Jos 15,14 und 15–19 können sehr wohl auf mündliche Tradition zurückgehen. V 13 ist vom Bearbeiter geschaffen, der die Kaleberzählung in die Gebietsbeschreibung Judas einfügte.

KAPITEL 4

DER LITERARISCHE ORT VON JOS 15

4.1. *Einleitung*

Jos 15 kann nur mit Hilfe des Kontextes, d.h. an erster Stelle der Verteilung des Landes an die zehn cisjordanischen Stämme, literarisch beurteilt werden. Diese Verteilung wird in Jos 14–19 beschrieben, mit 14,1–5 eingeleitet und mit 19,49a.51 abgeschlossen. Im Vergleich dazu schildert Jos 13–21 die Landverteilung ausführlicher. Dabei werden auch die transjordanischen Stämme (c 13), Asyl- (c 20) und Levitenstädte (c 21) einbezogen. Zu diesem Text bildet 13,1.7aα die Einleitung und 21,43–45 den Abschluß. In unserer Analyse legen wir den Schwerpunkt auf den engeren Kontext, enthalten doch cc 13; 20f eine andere und für uns nur am Rande relevante literarische Problematik. Die Analyse verfolgt zwei Hauptziele: zum einen den literarischen Beziehungen des Kontextes von Jos 15 und dessen literarischer Eigenart auf die Spur zu kommen, zum anderen die relative diachronische Struktur von Jos 15 zu bestimmen. Das ist nur innerhalb des Komplexes Jos 14–19 bzw. 13–21 vor dem Hintergrund von Num 26; 32–35 möglich. Erst danach—und das geschieht im nächsten Kapitel—untersuchen wir, ob und inwieweit Jos 14–19 bzw. 13–21 priesterlich, deuteronomistisch oder anders zu nennen ist. Für die Untersuchung sind vor allem die inneren und äußeren Rahmen von großer Bedeutung, weil sie das geographische Material in den literarischen und theologischen Kontext setzen. Das eingerahmte geographische Material selbst ist, wie Alt und Noth gezeigt haben, zum Teil wohl dokumentarischen Ursprungs und erst durch die Rahmung zu biblischer Literatur geworden. Nicht den ursprünglichen, sondern den vorliegenden Kontext gilt es also zu untersuchen. Wir beschränken uns in diesem Kapitel auf das listenartige Material mit seinem Rahmen, denn das erzählende Material ist *literar*geschichtlich gesehen relativ unbedeutend. Die kurzen Geschichten haben unterschiedliche, auch mündliche, Herkunft und sind erst in späterer Zeit in das geographische Material eingefügt worden.[1]

4.2. *Die Struktur von Jos 13–21*

Jos 13–21 ist durch äußere und innere Rahmen strukturiert. Die äußeren sind Einleitungen und Abschlüsse zur Landverteilung, die inneren die Einleitungen und Abschlüsse zu den jeweiligen Gebietsbeschreibungen der zwölf Stämme. Da Levi kein Stammesgebiet erhält und Manasse und Ephraim nicht als „Söhne Josefs", sondern einzeln vorkommen, handelt es sich um die Gebietsbeschreibungen von insgesamt zwölf Stämmen.

Teile	*äußere Rahmen*				*innere Rahmen*		
	Einleitungen und Abschlüsse				*Stamm*	*Einleitung*	*Abschluß*
I	13,1.7aα	Einleitung I					
					Ruben	13,15	13,23
					Gad	13,24	13,28
					Manasse	13,29	13,31
	13,32	Abschluß I					
II	14,1–5	Einleitung II					
			14,6–15	Kaleb			
					Juda	15,1	15,20
	16,1–4	Josef					
					Ephraim	16,5	16,10
					Manasse	17,1	17,13
	17,14–18	Josef					
III	18,1–10	Einleitung III					
					Benjamin	18,11	18,28
					Simeon	19,1	19,9
					Zebulon	19,10	19,16
					Issachar	19,17	19,23
					Aser	19,24	19,31
					Naphtali	19,32	19,39
					Dan	19,40	19,48
	19,49a	Abschluß II					
			19,49b.50	Josua			
	19,51	Abschluß III					
IV			20	Asylstädte			
			21,1–42	Levitenstädte			
	21,43–45	Abschluß IV					

[1] Sehr wohl von Bedeutung für die literargeschichtliche Einordnung des heutigen Kontextes wären die redaktionellen Schaltstellen. Kann man Spracheigentümlichkeiten sowie Motivation der Eintragung bestimmen, lassen sich Tendenzen in der Landvertei-

Wir haben somit drei Gruppen von Stämmen: I. die transjordanischen Stämme—c 13; II. Juda und Josef (Ephraim und Manasse)—cc 15–17; III. die restlichen Stämme—18,11–19,48 sowie eine Art Anhang mit Asyl- und Levitenstädten einschließlich eines Gesamtabschlusses. Wir beginnen unsere Analysen mit den äußeren Rahmen, und zwar zunächst in ihrem engeren und dann in ihrem ausführlicheren Kontext. Anschließend untersuchen wir die inneren Rahmen.

4.3. *Die äußeren Rahmen*

4.3.1. *Jos 14,1–5*[2]

4.3.1.1. Inhalt und Struktur

In Jos 14,1–5 wird die Verteilung des cisjordanischen Landes eingeleitet. Der Abschnitt ist nach vorne und hinten deutlich abgegrenzt[3] und ist konzentrisch strukturiert. V 1 und 5b bilden den Rahmen: Die Israeliten führen aus, was in der Überschrift v 1 angekündigt wurde.[4] Die innere Rahmung ist durch den Rückverweis auf einen früheren Befehl in v 2b „wie JHWH durch Mose geboten hat" und die Wiederaufnahme in v 5a „wie JHWH Mose geboten hat" zusammen mit der Ausführungsformel „so taten die Israeliten" gestaltet. Dazwischen finden wir zuein-

---

lungstradition erhellen (s. c 5). Zudem kann eine eventuelle absolute Datierung einen *terminus post quem* für die Einarbeitung in das *corpus* der Landverteilung bieten. Darauf können wir leider nicht eingehen.

[2] Vgl. Auld, *Studies* 1976, 145–147; id., *Studies* 1978, 415–417; id., *Joshua* 1983, 55f; Cortese, *Josua* 1990, 52–57; Wüst, *Untersuchungen* 1975, 187–212.

[3] In Jos 13,32 findet sich eine ähnliche Formel wie in 14,1, die aber im Unterschied zu 14,1 in 13,32 das Vorige abschließt. Außerdem folgt eine Setuma. 13,33 gehört sachlich noch zu c 13 und hat mit כאשר דבר להם eine deutliche Abschlußformel. Jos 14 beginnt mit ואלה אשר־נחלו בני־ישׂראל בארץ כנען. Der Abschluß 13,32 wird jetzt als Überschrift aufgenommen. אלה als unabhängiges Subjekt weist hier auf den Anfang der Perikope hin (vgl. z.B. Jos 12,1). 14,5 beendet die Perikope. Erstens folgt eine Petucha, zweitens wird die Perikope sachlich und formell abgeschlossen. In v 5 führen die Israeliten aus, was in v 1 angekündigt worden ist. Die Ausführungsformel כאשר ... צוה ... כן עשׂו weist auf das formelle Ende hin. In v 6 fängt etwas Neues an mit einem neuen Subjekt, einem neuen Thema und dem Verb נגשׁ impf.cons., das in 21,1 ein neues Kapitel einleitet. Nach Koorevaar, *Opbouw* 1990, 144, gehören wir mit der Abgrenzung 14,1–5 zu 21 % der von ihm verwerteten Werke zum Buch Josua. Diese Zahl wird nur noch von der Einteilung Jos 14,1–15 (31,5 %) übertroffen. Jos 14,1–5 wäre dann eine kleinere Einheit innerhalb von 14,1–15. Jedoch gehört eigentlich auch ganz Jos 14–19 zusammen, wenn nicht ganz Jos 13–21 (S. 262) oder gar bis 22. Eines Tages erreichen wir die 100 %.

[4] Allerdings mit חלק statt נחל.

ander verschränkt zwei Erklärungen bzw. Erläuterungen über die transjordanischen Stämme und die Leviten.

Die Verteilung des cisjordanischen Landes wird von Eleasar, Josua und den Sippenhäuptern durchgeführt und geschieht durch das Los (vv 1b.2a). Die zweieinhalb transjordanischen Stämme haben ihr Erbteil bereits, und die Leviten bekommen keins, so daß die Verteilung nur noch die neuneinhalb übrigen Stämme betrifft (vv 2bβ–4). Indem Eleasar, Josua und die Sippenhäupter in einem zweiten von אלה abhängigen אשׁר-Satz erscheinen, werden sie mit Nachdruck als Subjekte der Landverteilung hervorgehoben. Das gleiche gilt für das Los. Dieses Landverteilungsprinzip wird dadurch extra betont, daß es isoliert zwischen der Ankündigung der Landverteilung und der Beschreibung der Übereinstimmung mit den Geboten JHWHs steht. Das bestätigt die formelle Wortstruktur. Der Text hat so, wie er vorliegt, allerdings ohne vv 1b und 2a, eine nahezu konzentrische Struktur.

1a: אלה אשר נחלו — 5aβ: כן + 5b: ויחלקו
1b: אשׁר נחלו אותם אלעזר ...
2a: בגורל נחלתם
2b: כאשׁר — 5aα: כאשׁר (+ 5aβ: כן)

3a: כי — 3b: ו — 4a: כי — 4bα: ו — 4bβ: כי

4.3.1.2. Literarkritische Beobachtungen

Die Perikope ist sachlich und formell nicht einheitlich. Seltsam ist bereits die Syntax in v 1. Der Satz besteht ganz normal aus einem Subjekt und einem Prädikat, das in diesem Fall die Form eines אשׁר-Satzes hat. Dann folgt aber ein zweiter אשׁר-Prädikativsatz, was sehr ungewöhnlich ist.[5] Ausführende der Landverteilung sind laut v 1b Eleasar, der Priester, Josua, der Sohn Nuns, sowie die Stammeshäupter der Israeliten. Dafür wird das Verb נחל pi. („Erbteil zuteilen") verwendet. V 1b korrigiert damit den Gedanken aus v 1a, daß die Israeliten unvermittelt ihr Erbteil erhielten (נחל qal). Auch wenn es in der Übersetzung „Erbteil *erhalten*" nicht zum Ausdruck kommt, hat נחל qal aktive Bedeutung, denn qal hat nie eine andere Konnotation als diese.[6] Die Israeliten werden die passiv Emfangenden.[7]

---

[5] *JM* §158p.

[6] *GK* §39e.f; *JM* §40f.

[7] Die LXX liest καὶ οὗτοι οἱ κατακληρονομήσαντες υἱῶν Ισραηλ ἐν τῇ γῇ Χαναααν. Damit sind die Israeliten in v 1a nicht mehr grammatisches Subjekt, sondern nur die in v 1b folgenden Eleasar, Josua und die Häupter. Dies ist als eine Harmonisierung der

Ein Problem liegt in dem Ausdruck בני ישׂראל vor, und zwar weil Jos 14,1–5 nach vv 2.3a die Einleitung der Landverteilung an *die cisjordanischen Stämme* ist. Sind die transjordanischen Stämme, denen in Jos 13 ihre Erbteile schon gegeben wurden, dann keine „Söhne Israels"? Um dieses Mißverständnis zu vermeiden, wird im Text expliziert, daß es sich in der bevorstehenden Landverteilung nur um die neuneinhalb transjordanischen Stämme handelt (v 2bβ).[8] Die Einleitung in v 1a ist sehr allgemein und läßt dann auch vermuten, daß es ursprünglich nicht so eingeschränkt gemeint gewesen ist. Noth nimmt darum an, daß v 1a der ursprüngliche Anfang der ganzen Landverteilung war und Jos 13 anfänglich am Ende der Landverteilung stand, um erst später an seinen jetzigen Platz zu gelangen.[9] So kann sich בני ישׂראל auf alle Israeliten beziehen. Eine andere Möglichkeit ist, daß es zunächst überhaupt keine Landverteilung an die ostjordanischen Stämme gab und das ganze Kapitel 13 erst später vorgeschaltet wurde (Wüst[10]). Das gleiche Problem besteht bei ארץ כנען: Gilt diese Bezeichnung dem Land aller Israeliten oder nur dem der cisjordanischen?[11] Ohne hier auf die literargeschichtliche Einbindung einzugehen, läßt sich auf den ersten Blick vermuten, daß v 1a einst die Israeliten im allgemeinen gemeint hat. Ob die cisjordanischen Stämmen dazugehörten, ist ein zweites.

In v 2a liest man, daß die Landverteilung „durch das Los ihres Erbteils" (בגורל נחלתם) geschah. Der Ausdruck ist singulär[12] und hinkt gewissermaßen nach. Nach dem bereits sehr langen v 1 folgt obendrein

---

im MT einander scheinbar ausschließenden Subjekte sowie als Angleichung an 13,32 (οὗτοι οὓς κατεκληρονόμησεν Μωυσῆς ...) zu bewerten. Dort ist es Mose, der in den Gefilden Moabs das Erbteil zugeteilt hat, hier findet die Zuteilung im cisjordanischen Land statt. Diese Gegenüberstellung ist in der LXX um so deutlicher, weil 13,33^{MT} fehlt. MT ist zu lesen.

[8] In Num 34,13–15 haben wir den gleichen Vorgang.

[9] Noth, *HGD* 1935 = 1971, 253–255; id., *Josua* ²1953, 15.73.

[10] Wüst, *Untersuchungen* 1975; bes. 207f.

[11] Es gibt übrigens keinen einzigen Grund, „Kanaan" in v 1a zu streichen, so wie Noth, *Josua* ²1953, 83, das möchte. Er schreibt dort: „Da der Ausdruck ארץ כנען sonst vor allem bei P üblich ist, ist er im hiesigen Zusammenhang vermutlich zum sekundären Gut zu rechnen". Wir haben den Eindruck, als habe Noth seine Erkenntnis, daß die Priesterschrift in Josua nicht vorkommt, der literarischen Beweisführung vorangestellt.

[12] Auch falls man aufgrund der LXX mit *BHS* (vgl. auch Holmes, *Joshua* 1914, 58; Alfrink, *Josuë* 1952, 79; Noth, *Josua* ²1953, 78; Görg, *Josua* 1991, 70; Fritz, *Josua* 1994, 149f) בגורל נחלתם durch אותם (pi.) בגורל נחלו „Durch das Los teilten sie es ihnen als Erbteil zu" ersetzt, gilt noch, daß der Ausdruck singulär ist. Demgegenüber folgt Wüst, *Untersuchungen* 1975, 202f, mit guten Gründen dem MT. Auch wir betrachten die Lesart der LXX als Glättung eines problematischen Textes.

der Modus der Landverteilung.[13] Unsere Vermutung, die später verifiziert werden soll, ist dann auch, daß v 1b eine nachträgliche Korrektur zu v 1a sowie v 2a zu v 1b ist.[14] Wahrscheinlich wurde v 2a vor v 2b eingetragen, damit er noch vor der Übereinstimmungsformel stand. Auf diese Weise war die Landverteilung durch das Los bereits im Pentateuch befohlen worden.

V 4a schließt inhaltlich nicht an v 3b, sondern an v 3a an, und v 4b nicht an 4a, sondern an 3b. Wird in 3a erklärt, daß Mose jenseits des Jordans zweieinhalb Stämmen bereits ihr Erbteil gegeben hat, und in 3b, daß die Leviten überhaupt kein Erbteil bekommen, so erklärt v 4a, daß die Söhne Josefs aus zwei Stämmen bestehen, und v 4b, daß man den Leviten kein Teil gegeben hat. V 4a bezieht sich auf 3a in dem Sinne, daß dadurch die Zwölfzahl gerettet wird. V 4b erklärt, daß die Leviten trotz des erweckten Eindrucks in v 3b noch Städte und Weiden hatten. Das prägnante Substantiv נחלה[15] wird dafür vermieden, statt dessen findet sich חלק. In v 4 liegen also zwei Korrekturen bzw. Erläuterungen zu v 3 vor.

Durch die Hinzufügung von v 4 wurde die oben bezeichnete konzentrische Struktur nicht gestört. Sie ist somit in Anlehnung an die Struktur von v 3 gebildet worden. Die beiden Zusätze vv 1b und 2a fallen jedoch aus der konzentrischen Struktur heraus. Wenn sich v 1a ursprünglich undifferenziert auf die Israeliten bezog, können wir außerdem alles, was zur Spezifizierung auf die cisjordanischen Stämme und die Zehnzahl (vv [2bα.] 2bβ–4) beiträgt, aus dem Urbestand ausklammern. V 2bα ist wahrscheinlich zusammen mit vv 2bβ–3 hinzugefügt worden, weil man sonst eine Dublette in vv 2bα und 5aα hätte. Wie noch zu zeigen sein wird, ist die Formel ביד משה als relativ spät zu betrachten. Wir postulieren vorerst folgende Literargeschichte:

I	1a.5:	Der Text ist inhaltlich zusammenhängend und sinnvoll. Das Land wird von den Israeliten als Erbteil empfangen (1a) und tatsächlich verteilt (5b), gemäß den Geboten JHWHs an Mose (5a).
II	1b.2b–3:	Das Land gilt jedoch nur den cisjordanischen Stämmen (3a), während Levi überhaupt kein Erbteil bekommt (3b). Auch dies hat JHWH durch Mose den neuneinhalb Stämmen bereits geboten (2b). Ausgeführt wird die Landverteilung durch eine Kommission unter der Leitung des Priesters Eleasar (1b).

[13] Das trifft auch zu, wenn man der Lesart der LXX folgt.

[14] Vgl. Wüst, *Untersuchungen* 1975, 202f.

[15] S.o. unter §3.3.4.2.

III.1 2a: Eine Korrektur zu v 1b.
III.2 4: Zwei Korrekturen zu vv 2f.

Wenn die obigen Ergebnisse sich in den anschließenden Untersuchungen zu den literarischen Beziehungen von 14,1–5 bestätigen lassen, hat man mit dem *corpus* des zu v 1a.5 sekundären Materials eine Hervorhebung von drei Topoi: 1. Die Landverteilung wurde von Eleasar, Josua und den Stammeshäuptern vollzogen und nicht von den Israeliten selbst. 2. Sie geschah durch das Los. 3. Die Zwölfzahl der Stämme wird betont. Wann und von wem das sekundäre Material hinzugefügt wurde und wie die interne Reihenfolge der dritten Stufe aussieht, ist vorerst nicht Gegenstand unserer Frage.

4.3.1.3. Literarische Beziehungen

Jos 14,1–5 steht hauptsächlich zu Num (vor allem c 34), den Rahmen innerhalb von Jos 14–19 sowie zu 13,32 in enger Beziehung. Diese kann aufgrund der manchmal wörtlichen Übereinstimmungen nur literarisch sein.

Jos 14,1a findet sich ähnlich in Num 34,29 wieder und ist die Ausführung dieses Befehls.[16] Die Israeliten in Jos 14,1a sind Subjekt des Verbes נחל, weil sie in Num 34,29 das Objekt des Befehls (mit נחל pi.) waren, das Land zu verteilen. Es gibt außer inhaltlichen auch nahezu exklusive, formelle Parallelen. Die Formel אלה אשר mit אלה als selbständigem Antezedent kommt nur sehr selten im AT vor.[17] Wir finden sie in Jos 14,1 als Einleitung zur Verteilung des cisjordanischen Landes, in Jos 13,32 als Abschluß der Verteilung des transjordanischen und in Num 34,29 als Abschluß der Grenzbeschreibung des cisjordanischen Landesteils. Hiervon abgesehen ist es nur noch zweimal belegt, allerdings in anderen Kontexten.[18] Doch nur mit Jos 13,32 und Num 34,29 hat es sowohl formelle als auch inhaltliche Parallelen. Dazu kann man Jos 19,51 fügen, das נחלות expliziert, was in Jos 14,1 und dessen Parallellen gedacht werden soll.[19] Obwohl man es anders erwarten würde,

[16] Man könnte auch noch vermuten, daß sich Jos 14,1 auf den Befehl in Num 34,1f.13 bezieht. Jedoch ist hier nicht von einem eigentlichen Befehl die Rede—es wird nur das Land und seine Grenzen *vorgestellt*; zweitens fangen Num 34,2b und 13b beide mit זאת הארץ statt dem einzigartigen אלה אשר an; anders Wüst, *Untersuchungen* 1975, 206–212.

[17] Vgl. Auld, *Joshua* 1983, 68[23]; und §5.3.3.2.

[18] Sach 1,10; 1Chr 6,16; vgl. Sach 8,17.

[19] Noth, *Josua* ^{2}1953, 73, und Fritz, *Josua* 1994, 150, ergänzen beide in Jos 14,1 נחלת, das sie mit „Gebiete" übersetzen. Fritz weist lediglich auf die Parallele Jos 19,51 hin.

findet sich ארץ כנען nicht so oft im Josuabuch.[20] Es ist eher ein Thema in der Vätergeschichte. Auch in Num begegnet es relativ selten,[21] doch in Num 34,29 ist es belegt. Der Ausdruck bezieht sich meist auf den cisjordanischen Landesteil, in Num 34 und Jos immer.

Der Eindruck der literarischen Verbindung mit Num 34,29 wird noch verstärkt, indem sowohl dort als auch in Jos 14,1b נחל pi. auftritt. Dies kommt nur an den genannten Belegstellen sowie an den von 14,1b abhängigen Stellen Jos 13,32 und 19,51 vor.[22]

אלעזר הכהן ויהושע בן־נון וראשי אבות[24] המטות לבני ישׂראל[23] (v 1b) finden sich verdeckt in Num 34 wieder. Werden in v 17 nur Eleasar und Josua genannt, so folgt in vv 18–27 die ganze Liste der Stammesführer. Fast identisch begegnet die Phrase in Num 32,28. Dort sind Eleasar, Josua und die Stammesführer zusammen mit Mose (oder an dessen Stelle) diejenigen, die das transjordanische Land verteilen sollen. In

Nur ein Hinweis kann jedoch nicht genügen, um eine Konjektur zu rechtfertigen. Bei Noth fehlt jegliche Begründung. Es gibt keine Variante, die die Lesarten von Noth und Fritz unterstützen. נחלת ist zwar sachlich richtig—was außer Gebieten soll verteilt werden—, darf aber nicht gelesen werden; vgl. Butler, *Joshua* 1983, 167.

[20] Nur in Jos 5,12; 14,1; 21,2; 22,9.10.11.32; 24,3.

[21] Num 26,19; 32,30.32; 33,40.51; 34,2.29; 35,10.14; vgl. dazu Noth, *ÜS* 1943, 190–206.217.

[22] S.u. §4.3.3. Ob die beiden Belege von נחל qal in Num 34,17.18 auch als pi. gelesen werden müssen, bleibt fraglich. Der Kontext gebietet pi., da die Männer nicht die einzigen sind, die das Land als Erbteil erhalten werden. Es wäre logischer, wenn sie das Land als Erbteil zuteilten (נחל pi.) „für euch" לכם. Auch in Jos 19,51 wird das indirekte Objekt mit ל gebildet, in 14,1 aber nicht. Wenn jedoch נחל qal gelesen wird, nehmen die Männer das Land *stellvertretend* in Empfang *für euch* (sc. die Israeliten). Die Vergleichsstellen im AT reichen nicht aus, um hier eine Entscheidung treffen zu können. Doch auch wenn man in 34,17.18 נחל pi. lesen muß, bleiben die נחל pi.-Texte auf Jos und Num 34 beschränkt. Im Zweifelsfall ist dem MT zu folgen, d.h. נחל qal zu lesen. Vgl. auch Wüst, *Untersuchungen* 1975, 194[615], der allerdings entschiedener für ein qal eintritt.

[23] Butler, *Joshua* 1983, 167, und Fritz, *Josua* 1994, 149, betrachten לבני ישׂראל nicht als Fortführung der Genitivverbindung ראשׁי אבות המטות, sondern als indirektes Objekt zu נחל pi. Das verbietet sich aber, weil direkt nach נחל pi. bereits ein Objekt auftritt. Daß sich dieses אותם auf die בני ישׂראל bezieht, wird schon aus dem ersten Satzteil deutlich. Komplexe Genitivverbindungen werden häufig mit ל konstruiert; vgl. *JM* §130c.

[24] Noth betrachtet ראשׁי אבות als Abkürzung für ראשׁי בית אבות; zur Genitivverbindung בית אבות vgl. *GK* §124r. Besser ist es, אבות mit ³*HAL*, unter אב, 2, „elliptisch" zu nennen. Im übrigen stimmen wir Noth zu, da es erstens für ראשׁי בית אבות genügend Parallelen gibt (Ex 6,14; Num 1,4; 7,2; 17,18; Jos 22,14; Esr 10,16; 1Chr 5,15.24; 7,2.7.9.40; 9,9.13; 24,4; vgl. Num 1,2; 4,2.22), es zweitens der Sache nach richtig ist und drittens die Einfügung von בית die Genitivverbindung wohl überfrachtet hätte. בית ist demnach indirekt genannt, darf aber nicht gelesen werden.

Jos werden sie außerdem noch in 19,51[25]; 21,1 und mit dem Begriff הנשׂיאים statt ראשׁי אבות המטות לבני ישׂראל in 17,4 genannt. Der letzte Vers gehört nach allgemeiner Überzeugung zu einem späteren Nachtrag in c 17.[26] Sonst kommt diese Kommission im AT nicht vor. Auffällig ist es, daß immer zuerst der Priester Eleasar genannt wird und erst an zweiter Stelle Josua.[27] Vergleichbar mit dieser Anordnung ist das Paar Mose und Aaron. Viele Male treten sie in dieser Reihenfolge auf, aber sechsmal als Aaron und Mose.[28] Ob dies etwas mit einer priesterlichen Redaktion zu tun hat, ist später zu fragen.[29]

Auf die singuläre Formel בגורל נחלתם (v 2a) gehen wir in §4.3.2.3.3 ausführlicher ein. An dieser Stelle können wir sagen, daß alle Erwähnungen des Loses im Zusammenhang mit der Landverteilung einer späteren Hand zuzuweisen sind.

Jos 14,2b.3a sind mit Num 34,13–15 in Verbindung zu setzen. In beiden geht die Landverteilung auf einen Befehl JHWHs an Mose zurück, wird sie auf die neuneinhalb cisjordanischen Stämme beschränkt und wird erklärt, daß die zweieinhalb transjordanischen Stämme ihr Erbteil jenseits des Jordans[30] bereits haben.[31] כאשׁר צוה יהוה ביד משׁה ist eine Wiedergabe des Befehls JHWHs an Mose in Num 34,13. כאשׁר צוה יהוה ist eine bekannte Wortfolge im AT.[32] Sie deutet darauf hin, daß JHWHs Befehl genau ausgeführt wurde. Auch Mose oder gar Josua kön-

[25] Es gibt minimale Abweichungen: Jos 19,51 hat למטות statt המטות und 21,1 hat vor אבות keinen Artikel.

[26] Es handelt sich um den Abschnitt Jos 17,2–6; vgl. z.B. Noth, *Josua* ²1953, 102f; Fritz, *Josua* 1994, 174: 17,2aβγ–6 ist nachpriesterlicher Einschub. Butler, *Joshua* 1983, 191, und Görg, *Josua* 1991, 79, sagen implizit, daß der Text nachgetragen ist.

[27] Vgl. Schäfer-Lichtenberger, *Josua und Salomo* 1995, 162–166.370.

[28] Ex 6,20.26; Num 3,1; 26,59; 1Chr 5,29; 23,13.

[29] S.u. §5.3.

[30] „Jenseits des Jordans" deutet bis auf vier Ausnahmen (Dtn 3,20.25; 11;30 1Chr 26,30) immer auf den transjordanischen Landesteil hin (Num 22,1; 32,19.32; 34,15; Jos 13,32; 14,3; 17,5; 18,7; 20,8; Ri 7,25; 1Chr 6,63; 12,38). Es wird dann auch mehrmals durch „im Osten" vervollständigt (Num 32,19; 34,15; Jos 13,32; 18,7; 20,8; 1Chr 6,63). Meistens wird es mit „(bei) Jericho" weiter präzisiert (außer in Jos 18,7). Einmal ist die Lokalisierung „jenseits des Jordans im Osten, wo die Sonne aufgeht" (Num 34,15). Vgl. zum Ganzen Gemser, *Borderland* 1952, 349–355. Er weist darauf hin, daß בעבר הירדן nicht „jenseits des Jordans" sondern „im Ufergebiet des Jordans" heißt. So wie z.B. das Rheinland liegt auch das „Jordanland" an beiden Seiten des Flusses.

[31] Die Verbindung mit Num 34,13 tritt in einigen Hss. (Peschitta und Targum[f]) noch stärker hervor, indem sie harmonisierend לתת in Jos 14,2 einfügen. In der LXX fehlt v 3a aufgrund von Haplographie; *BHS* läßt dies unberücksichtigt.

[32] Vgl. Liedke, צוה, 530–536 und García López, צוה, 936–959.

nen Subjekt dieses Befehlens sein,[33] aber der Befehl wird immer direkt oder indirekt auf JHWH selbst zurückgeführt.[34] Der Ausdruck ביד־משה dagegen ist relativ selten. In Jos finden wir ihn nur noch in 21,8. Daneben kommt er vor in Ex 35,29; Lev 8,36; Num 15,23; 36,13; Ri 3,4; Neh 8,14.[35] Es handelt sich dabei frühestens um exilische bzw. nachexilische Texte.[36] Ein Blick in die Konkordanz lehrt uns, daß der Ausdruck „neuneinhalb Stämme" sowie „zweieinhalb Stämme" ausschließlich auf Jos 14,2 und Num 34,13.15 beschränkt ist.[37] In beiden Texten geht es um die Zwölfzahl.

Auch Jos 14,3b.4a dienen dazu, die Zwölfzahl der Stämme zu betonen. Daß die Leviten kein Erbteil bekamen, ist öfter belegt, und es gibt dafür verschiedene Begründungen im AT.[38] In Jos 14,3 fehlt aber jegliche Begründung, da die Bemerkung nur dazu dient, daran zu erinnern, daß die Leviten kein Erbteil bekommen haben. Ohne diese Bemerkung würde man bei der Aufzählung der Stämme auf 13 statt 12 kommen. Darum auch wird Levi in vv 3 und 4 nicht mit *מטה (ה)לוים angedeutet, sondern einfach mit „Leviten", weil מטה auch mit der Zwölfzahl zu tun hat.[39] Dieses Levitenthema taucht in Num 34 nur indirekt auf, indem kein Führer des Stammes der Leviten in vv 19bff aufgelistet wird. An dessen Stelle geht es in Num 35,1–15 um Leviten- und Freistädte. Zur weiteren Klärung der Zwölfzahl erfahren wir, daß Josef aus zwei Stämmen besteht: Manasse und Ephraim (v 4a).[40] Ähnliche Explizierungen finden wir nur in Num 26,28; Jos 16,4; 17,17, allesamt späte Texte bzw. Zusätze.[41] V 4a ist also höchstwahrscheinlich sekundär.

---

33 Die LXX liest in Jos 14,2b „durch Josua" (ἐν χειρὶ Ἰησοῦ, vgl. aber v 5^LXX) statt „durch Mose". Wir haben es mit einer Harmonisierung in Anschluß an Jos 13,7 zu tun. MT ist zu lesen.

34 Vgl. García López, צוה, 942; und z.B. 1Kön 16,34.

35 Vgl. Esr 9,11; 2Chr 33,8. García López, צוה, 939, überzeugt nicht, wenn er ביד als Indiz für prophetische Texte betrachtet.

36 Nach Elliger, *Sinn* 1952=1966, 175, gehört Ex 35,29 zu P^G und Lev 8,36 vielleicht. Weimar, *Struktur* 1984, 85^18 und Lohfink, *Priesterschrift* 1978=1988, 222^29, folgen Elliger in der ersten Behauptung, Lev 8,36 rechnen sie aber nicht mehr zur Grundschicht von P. Num 36,13 wird von allen P^s zugerechnet. Ri 3,14 gehört zum DtrG. Neh 8,14 ist natürlich nachexilisch. Num 15,23 fehlt in jedem der drei genannten Artikel.

37 Vgl. mit שׁבט Jos 13,7.

38 In Num 18 sind die Abgaben der Zehnten ihr Erbteil (Num 18,21.23.24.26), in Dtn und Jos 13 ist JHWH ihr Erbteil (Dtn 10,9; 18,1f; Jos 13,14.33), und in Jos 18,7 ist es die Priesterschaft JHWHs. In Neh 11,20 haben die Leviten offenbar נחלה!

39 Vgl. dagegen mit מטה: Num 1,47.49; 3,6; 18,2.

40 Vgl. Num 34,23.

41 Vgl. De Geus, *Tribes* 1976, 70–96; bes. 83.83^60 zu Num 26,28; S. 82 zu Jos 17,17

V 4b, die nähere Erläuterung zu den Leviten, hat inhaltlich mit Num 35,2f zu tun, und einige gemeinsame Phrasen verstärken diesen Zusammenhang. Daß die Leviten sogenannte „Wohnstädte" haben, ist ein bekanntes Thema im AT. In der Verbindung ערים לשבת kommt es aber nur hier, in Jos 21,2, und in Num 35,2 vor.[42]

Num 26,53 und Jos 14,5 stehen in einem engen literarischen Verhältnis zueinander. In ersterem Text wird die Landverteilung angekündigt, in letzterem ausgeführt, beide Male mit Hilfe des Verbs חלק, das in nur wenigen Texten vorkommt.[43] Zudem sind nur in diesen beiden Texten Mose und die Israeliten Handlungsträger,[44] im Unterschied zu Jos 13,7 und 18,10, in denen Josua die Landverteilung durchführt. Sonst begegnet uns das Verb im Zusammenhang mit der Landverteilung nur noch in Ez 47,21[45] sowie in Num 26,55, der Korrektur zu v 53. Diese Korrektur ist später zu datieren als die Verbindung von Num 26,53 und Jos 14,5. In Num 26,55 wird nämlich die Landverteilung mit dem

und indirekt S. 79 zu Jos 16,4; vgl. S. 95: „Everywhere it could be shown that mention of a tribe of Joseph was either late, or secondary."

[42] Ob man diese Städte und Weideplätze auch als „Teil" (חלק)—aber dann eingeschränkt—betrachten muß, hängt von der Übersetzung des Nexus כי־אם ab. Diese Verbindung kann adversative oder exzeptive Bedeutung haben (*GK* §163; *JM* §172c.173b; ³*HAL* unter כי־אם, 449). Im ersten Fall wäre „Man gab ihnen keinen Teil im Lande, *sondern* Städte zum Wohnen ..." und im zweiten Fall „..., *außer* Städten zum Wohnen ..." zu übersetzen. Es gibt auch einige formelle Abweichungen zwischen Jos 14,4a und Num 35,2. Einzig in Jos und in Dtn wird nur mit dem Begriff חלק von den Leviten gesagt, daß sie keinen Teil haben. In Dtn lesen wir immer, daß sie keinen Teil (חלק) *und* kein Erbteil (נחלה) haben (Dtn 10,9; 12,12; 14,27.29; 18,1). Allein in Jos 18,7aα steht חלק in diesem Zusammenhang vereinzelt da. (Positiv steht in 18,7aβ, daß die Priesterschaft ihre נחלה ist.) חלק für die Leviten, verbunden mit dem Verb נתן, ist singulär im AT. (Überhaupt wird nur 3× im AT einen Teil חלק Land „gegeben" [נתן] bzw. „nicht gegeben": Jos 12,7; 14,4 und 15,13.) מקנה וקנין ist eine Verbindung, die in Gen (Gen 31,18; 34,28; 36,6) und Ez (Ez 38,12.13) vorkommt. ערים und מגרשים der Leviten kommt oft parallel vor in Num, Jos 21 und in Chr (Num 35,2.4.7; Jos 21,3.8.27.34.41; 1Chr 6,49; 13,2; 2Chr 11,14; 31,19), aber die Verbindung in dieser Form mit „ihren Feldern für ihr Vieh und ihrer Habe" erscheint nur hier.

[43] Was in Num 26,53 angekündigt wird, wird in Jos 14,5 ausgeführt. Im Falle von Num 26,53 ist es fraglich, ob eine ni.- oder pi.-Form vorliegt. Mit הארץ als Subjekt von חלק ni. ergibt sich ein Bruch mit v 54, in dem Mose in der 2. p. Subjekt ist von תרבה bzw. תמעיט. Darum schlägt *BHS* vor, in v 53 חלק pi. zu lesen, so daß Mose auch hier Subjekt ist. Das wäre dann später in ni. geändert worden, weil Mose nur das transjordanische Land zugeteilt hat, während zuvor Männer aller Stämme aufgelistet waren; vgl. Holzinger, *Numeri* 1903, 135. So findet man es auch in Jos 14,5, wo die Israeliten (in Übereinstimmung mit v 1) Subjekt der Landverteilung sind.

[44] Mose wird von JHWH angesprochen. Mit לאלה sind die Israeliten der vorhergehenden Volkszählung gemeint.

[45] Vgl. 1Kön 18,6.

Los verbunden, was sicherlich in Jos 14,5 aufgenommen wäre, wenn es Num 26,55 gekannt hätte.

Zusammenfassend können wir sagen, daß sich der von uns postulierte Wachstumsprozeß des Textes in den literarischen Beziehungen bestätigen läßt. Vv 1a.5 stellen die Ausführungen der Befehle in Num 34,29 und 26,53 dar, mit denen sie exklusive Verbindungen haben. V 1a kann sogar nur vor dem Hintergrund von Num 34,29 verstanden werden. In einer zweiten Stufe wurde die Kommission unter Anführung des Priesters Eleasar die Ausführende der Landverteilung; die Landverteilung wurde auf die neuneinhalb cisjordanischen Stämme eingeschränkt (vv 1b.2b–3). Dieses deckt sich exklusiv mit der (auch nachträglichen[46]) Einführung der Landverteilungskommission in Num 34,17–28; Num 32,28 und der Einschränkung auf die cisjordanischen Stämme in Num 34,13–15 einschließlich des Befehls Moses und der Information über die zweieinhalb transjordanischen Stämme. Daß dieser Befehl Moses textgeschichtlich später ist als der in v 5a, erweist sich erstens durch die Präzisierung und zweitens durch die Formel ביד משה. V 3b betrachten wir als eine indirekte Wiedergabe der Liste Num 34,19b–28, in der Levi nicht vorkommt. In einer lezten Phase ist Jos 14,1–5* um den Eintrag des Losprinzips (v 2a) sowie eine Erklärung (v 4a) und eine Korrektur (v 4b) erweitert worden. Die Formel בגורל נחלתם (v 2a) ist singulär, stimmt aber überein mit dem Modus der Landverteilung. In allen Fällen ist die Landverteilung durch das Los sekundär. V 4a erweist sich durch seine (wenigen) literarischen Beziehungen als ein späterer Nachtrag. Das gleiche gilt für die Präzisierung v 4b, die sich ähnlich in Num 35,2 und Jos 21,2 wiederfindet.

Die Ergebnisse der Analyse der literarischen Beziehungen decken sich weitgehend mit denen der literarkritischen Beobachtungen. Aufgrund der syntaktischen, strukturellen und inhaltlichen Spannungen kamen wir zu einer vorläufigen Literargeschichte. Auffallend ist, daß jede Stufe nahezu exklusive literarische Beziehungen hat: I. 1a.5: Num 26,53; 34,29; II. 1b.2b–3: Num 34,13–15.17.19b–28; 32,28; Jos 13,32; 19,51; 21,1.8. Bei Stufe III ist v 4b mit den schwer datierbaren Kapiteln Num 35 und Jos 21 zusammen zu sehen. Möglicherweise stellt v 4a eine späte Interpolation dar. V 2a ist singulär. Im Laufe dieses Wachstumsprozesses wird die Landverteilung immer mehr ritualisiert: I. Von einer Landverteilung durch die Israeliten selbst zu II. einer Landver-

---

[46] S.u. §4.5.1.3.

teilung durch eine Kommission unter Anführung eines Priesters und beschränkt auf die neuneinhalb cisjordanischen Stämme unter Ausschluß der Leviten zu III. einer Landverteilung durch das Los, das den Willens Gottes vermittelt, wobei die Leviten zwar kein Erbteil empfangen, aber trotzdem Wohnstädte und Weiden. Allmählich wächst somit ein Interesse in den Text hinein, das wir in §4.3.2.3 ein „priesterlich-levitisches Interesse" nennen. Das ist indirekt auch in Jos 15 vorhanden.[47]

4.3.2. *Jos 18,1–10*

4.3.2.1. Inhalt und Struktur

Jos 18,1–10 steht nicht nur ungefähr in der Mitte der Landverteilungstexte, sondern bildet auch die inhaltliche Mitte: Die transjordanischen Stämme sowie Juda und Josef haben ihr Erbteil bereits. Die Verteilung des Landes an die restlichen sieben Stämme steht noch aus. Nachdem das Zelt der Begegnung aufgerichtet ist, befiehlt Josua, eine Bestandsaufnahme des Landes für die sieben Stämme vorzunehmen, damit er es durch das Los verteilen kann.

Die Perikope ist deutlich nach hinten und vorne abgegrenzt und inhaltlich zusammenhängend.[48] Sie ist von einer Aufeinanderfolge von Verben[49] und direkter Rede[50] geprägt und steht dadurch stilistisch im Gegensatz zum unmittelbaren Kontext, der hauptsächlich listenartig ist.

Viermal begegnen invertierte Verbalsätze, die betonen bzw. Hintergrundinformation geben wollen. In v 1b wird ein erreichter Tatbestand mitgeteilt: „das Land war ihnen unterworfen"; in v 5b wird in zwei invertierten Verbalsätzen betont, daß Juda und Josef ihr Gebiet schon haben; 7b gibt mehr Hintergrundinformation.[51]

---

[47] S.u. §4.5.3.

[48] Mit einer feierlichen Formel sowie Subjekt- und Ortswechsel fängt in 18,1 etwas Neues an. In v 11 beginnt das tatsächliche Loswerfen für die sieben übrigen Stämme und deren Gebietsbeschreibung; (Ruben, Gad, Juda, Ephraim und Manasse hatten ihr Gebiet bereits.) Vor und nach unserem Abschnitt finden sich Petuchot.

[49] Impf.cons. in: vv 1 (2×). 2 . 3.8 (2×). 9 (4×). 10 (2×).

[50] Vv 18,3b–5a. 6a–7b. 8bβγ.

[51] Vgl. Den Hertog, *Verbalsätze* 1994, 277–291.

4.3.2.2. Literarkritische Beobachtungen

Jos 18,1–10 hat erhebliche Spannungen und Doppelungen.[52] Das wird vor allem anhand der Befehle und Ausführungen ersichtlich, die nicht aneinander anschließen und durch störende Einschübe unterbrochen werden.

Vv 4bβ und 5a geben Ausführungsbestimmungen zum Auftrag v 4a. Dabei fällt auf, daß deren Verbformen nicht kongruent sind: Vier impf. (v 4bβ) werden von einem pf.cons. והתחלקו (v 5a) weitergeführt, was äußerst selten vorkommt.[53] Der erwähnte Auftrag von v 5a wird aber von den Männern nicht ausgeführt, denn nur Josua verteilt das Land (v 10b). Ähnliches finden wir in v 6a: Auf ein impf., das durch das betont vorangestellte ואתם als iuss. zu deuten ist (v 6aα), folgt wieder ein pf.cons. והבאתם אלי (v 6aβ). Auch hier decken sich Auftrag und Ausführung nicht vollständig. Josua wird die in v 6aα angeforderte Beschreibung des Landes nie überreicht,[54] obwohl in v 9a berichtet wird, daß die Männer sie anfertigen. Ungewöhnlich ist, daß in der Beschreibung der Ausführung v 9a ein Element mehr auftaucht als im Auftrag (על־ספר).

Daß die Männer in v 8a aufstehen und gehen (sc. um den Auftrag Josuas [v 6a] auszuführen), ist eine logische Weiterführung der Erzählung, aber es wird ihnen erst in v 8b befohlen. Sie gehen in v 9a, doch ohne davor aufzustehen, obwohl das in v 4bβ doch auch angekündigt war (aber noch nicht befohlen). והתהלכו (v 8) schließt nicht an ויעברו (v 9), sondern wiederum an v 4bβ an. ושובו אלי (v 8) besagt zwar inhaltlich das gleiche wie ויבאו אל־יהושע (v 4.9), doch mit anderer Wortwahl.

Ein näherer Vergleich der Verben in den Ausführungsbestimmungen, Befehlen und deren Ausführungen in vv 4bβ.8bβ.9 zeigt, daß diese weitgehend parallel zueinander, jedoch variiert formuliert sind:

---

[52] Vgl. Fritz, *Josua* 1994, 178: „... zeigt deutliche Spuren starker Überarbeitung".

[53] Vgl. *GK* §112.eα; pf.cons. deutet dann auf ein nicht einmaliges Geschehen, hier ein duratives Verteilen, im Unterschied zum einmaligen Aufstehen, Sich-auf-den-Weg-Machen, Aufschreiben und Kommen.

[54] Dagegen verzeichnet die LXX mit ἤνεγκαν (v 9) als Äquivalent für וַיָּבִאוּ (hi.) statt ויבאו (qal) diese Überreichung sehr wohl. Das aber ist als Angleichung an והבאתם (v 6) und Harmonisierung angesichts der fehlenden Überreichung der Landbeschreibung zu betrachten. Weil ויבֹאו sich auf ויבאו von v 4b (nicht mit V als ויבִאו [hi.] zu lesen) und שׁוב (v 8b) bezieht, ist ויבאו (qal) zu lesen.

Ausführungsbestimmung	*Konsequenz*	*Befehl*	*Ausführung*
	4a הבו		
	4bα ואשׁלחם		
4bβ ויקמו		8bβ לכו	9a וילכו
ויתהלכו		והתהלכו	ויעברו
ויכתבו		וכתבו	ויכתבו
ויבאו		ושׁובו	9b ויבאו
5a והתחלקו			
		6a תכתבו	
6a והבאתם			
	6b ויריתי		
		8a ויקימו	
		וילכו	
	8bγ ואשׁליך		10a וישׁלך
			10b ויחלק

Nach dieser Analyse fallen vv 5.6.8a aus dem Zusammenhang: In beiden Versen begegnet uns die seltene impf.–pf.cons.-Folge. Dazu kommt, daß die pf.cons. inhaltlich in den Ausführungbeschreibungen nicht aufgenommen werden. Die Dublette in v 8b zum Auftrag von v 6 wirkt verwirrend, da die Männer doch gerade (v 8a) einen Teil des Befehls bereits ausgeführt haben. Befehl und Ausführung schließen im AT sonst aneinander an.[55] Weil der Befehl v 8b an die Ausführungsbestimmung v 4 sowie die Ausführung v 9 an den Befehl v 8 anschließt, sind der Auftrag in v 6 sowie die Ausführung in v 8a störend und wahrscheinlich spätere Zusätze.

Weitere Beobachtungen sind zu nennen. „Silo" in v 9 ist wohl später eingefügt worden, denn seine Erwähnung ist nicht recht vereinbar mit dem vorhergehenden מחנה.[56]

In v 2 ist der Zusammenhang gestört: Das Subjekt von ויותרו kommt reichlich spät, erst nach dem Relativsatz.[57] Kann es sein, daß „die sieben Stämme" erst später eingefügt wurden? Dies wird wahrscheinlicher, wenn man einen Blick auf zwei andere auffallende Elemente in unserem Abschnitt wirft. Der den Erzähllauf störende v 5b sieht wie

[55] Vgl. McEvenue, *Word* 1970, 104–110.

[56] Vgl. Dillmann, *Josua* ²1886, 550; Cooke, *Joshua* 1918, 167; Noth, *Josua* ²1953, 108. Bei Fritz, *Josua* 1994, 178, ist אל־המחנה שׁלה als Ganzes eine Glosse. Unter §4.3.2.3.1 gehen wir weiter auf „Silo" ein.

[57] Vgl. Ehrlich, *Randglossen* III 1910, 50f, und Fritz, *Josua* 1994, 178: „syntaktisch ungewöhnlich".

ein nachträglicher Zusatz aus, der erklären soll, warum das Land nur in sieben Teile geteilt werden muß.

Diese Erklärung schafft zudem Raum für das Loswerfen, das eine betonte Stellung in der Erzählung hat.[58] Der Ausdruck ירה גורל (v 6) ist singulär im AT, und die Betonung des „Hier“[59] durch הנה und פה sehr stark. Es darf offensichtlich kein Zweifel darüber entstehen, daß das Los hier bzw. dort, (vv 1.6 [2×].10), vor JHWH (vv 6.8.10), in Silo (vv 1.8.9.10), beim Zelt der Begegnung (v 1) geworfen wird. Der Kontext macht hier Sinn: Eine Flurkommission[60] nimmt das Land auf, und aufgrund von deren Aufzeichnungen verlost Josua die Teile an die sieben Stämme (vv 6.8.10). Trotzdem gehörte das Loswerfen nicht zur ursrpünglichen Erzählung. Erstens sind vv 6.8 Dubletten,[61] und zweitens ist es fraglich, ob die Flurkommission das Land tatsächlich in sieben Teile geteilt hat. Nimmt man nämlich an, daß sie bei der Verteilung ihrer Wohngebiete auf die Größe der Stämme geachtet hat, wäre dadurch das Loswerfen überflüssig. Hat sie das übriggebliebene Land aber in sieben gleiche Teile geteilt, dann steht das im Widerspruch zu Jos 18,11–19,48, wo nicht alle Stämme gleich große Gebiete haben.[62]

Auch v 7 fällt aus dem Kontext. Zu spät kommt die Erklärung, daß der Stamm Levi keinen Teil hat. Inhaltlich paßt diese Bemerkung zu v 5b, da weder für Levi noch für Juda und das Haus Josef hier das Los geworfen wird. V 6, in dem das Loswerfen angekündigt wird, durchbricht den Zusammenhang, so daß das doppelte כי von v 7a beziehungslos ist. V 7b wiederum erklärt, warum Gad, Ruben und der halbe Stamm Manasse kein Erbteil mehr bekommen. Sie haben ihren Teil schon erhalten (לקח[63]) auf der anderen Seite des Jordans im Osten. Mose hat es ihnen gegeben (נתן). Dieses „Geben“ ähnelt dem aus v 3bγ, wo אשר sich auch auf Land bezieht. Der Unterschied ist, daß das cisjordanische Land (v 3) von „JHWH, dem Gott eurer Väter“ gegeben ist, während das transjordanische von „Mose, dem Knecht JHWHs“

[58] In der Beurteilung wollen wir nicht so weit gehen wie Holzinger, *Josua* 1901, 73: „Einschiebung der pedantischen, überflüssigen und den Zusammenhang störenden ... Glosse v. 5^b“.

[59] פה fehlt in der LXX, um eine Dublette mit ὧδε (הנה) zu vermeiden.

[60] Dieser Terminus für die „drei Männer pro Stamm“ (v 4), stammt von Bächli, *Liste* 1973, 1–14.

[61] S.o.

[62] Zum gleichen Problem vgl. Num 26,53; 26,55f und 33,54 miteinander.

[63] לקח hat nicht nur die Bedeutung „nehmen“, sondern auch „empfangen“; vgl. [3]*HAL*, unter לקח, 507; Schmid, לקח, 875–879; Seebass, לקח, 588–594 (Seebass nennt diese Übersetzungsmöglichkeit nur, geht aber nicht auf sie ein).

gegeben ist. Vieles weist somit darauf hin, daß man die Verteilung des Landes nachträglich auf nur sieben Stämme bezogen hat. Darum waren die Einschübe in v 5b und 7 notwendig. Vv 1.3.10b zeigen, daß der Text ursprünglich von einer Landverteilung durch Josua an *alle* Israeliten sprach.

ואשלחם (v 4) stört den Zusammenhang zwischen dem Befehl und der Ausführungsbestimmung. Mit Holmes muß gesagt werden, daß der Satz ohne ואשלחם, so wie er in der LXX erscheint, eleganter ist.[64]. Unten begründen wir die Annahme, daß ואשלחם sekundär ist.

Auf den ersten Blick ist alles, was mit Losen und der Siebenzahl zu tun hat, sekundär zu einer vermuteten Grundschicht. In der folgenden Analyse soll diese Vermutung bestätigt werden. Dabei wird sich zudem herausstellen, daß nicht nur die Erwähnung von Silo in v 9, sondern die ganze Silo-Thematik sekundär ist.

4.3.2.3. Literarische Beziehungen

Die Perikope läßt direkt und indirekt ein priesterlich[65]-levitisches Interesse erkennen, das der Abschnitt ursprünglich nicht hatte. Direkt besagt v 7a, daß „die Priesterschaft JHWHS" das Erbteil (נחלה) der Leviten ist; eine hohe Würde. Ihr Erbteil ist somit nicht als Gebiet zu bestimmen, sondern besteht aus einem Amt. Es wundert darum auch nicht, daß das Zelt der Begegnung (v 1a) genau im Zentrum des bereits unterworfenen Landes (v 1b) zwischen Juda im Süden und Josef im Norden angenommen wird (v 5b). Aber auch das Los sowie die genaue Anzahl der Stämme Israels sind mit einem priesterlich-levitischen Interesse zu verbinden. Durch die folgende Analyse der literarischen Beziehungen von Jos 18,1–10 ist diese Tendenz auch indirekt aufzuzeigen. Dabei fällt auf, daß die von uns angenommene Grundschicht andere literarische Beziehungen aufweist als die späteren Hinzufügungen.[66]

Zunächst untersuchen wir die literarischen Beziehungen von Wörtern und Phrasen, die mit dem priesterlich-levitischen Interesse zu tun haben (das Heiligtum und seine Wärter, die Zahlen, das Los), um danach das Thema der vermuteten Grundschicht, nämlich die Aufnahme des Landes, zu behandeln.

---

[64] Holmes, *Joshua* 1914, 66. Das heißt aber nicht direkt, daß die LXX auf einen älteren Text zurückgeht.

[65] Nicht ein priester*schrift*liches Interesse.

[66] Die Hinzufügungen werden aufgrund textimmanenter Beobachtungen festgestellt, nicht aufgrund literarischer Beziehungen.

4.3.2.3.1. *Das Heiligtum und seine Wärter*

ויקהלו כל־עדת בני־ישׂראל *(v 1)*

Das Verb קהל ni. (und hi.) mit der Grundbedeutung „versammeln"[67] findet sich, wenn es nicht von על gefolgt wird, in feierlichen Zusammenhängen.[68] Es geht wie in 18,1 oft und im Tetrateuch nahezu ausschließlich[69] um ein Versammeln der „Gemeinde" עדה[70]. In Jos begegnet es außer hier nahezu parallel und auch in feierlichem Zusammenhang in 22,12.[71] Was für קהל ni. zutrifft, gilt umso mehr für כל־עדת בני ישׂראל. Wenn „die ganze Gemeinde der Israeliten" zusammengerufen wird oder im allgemeinen von ihr die Rede ist, muß etwas Gewichtiges bevorstehen.[72] Das Aufschlagen des Zeltes der Begegnung samt den nachfolgenden Ereignissen wird somit als etwas sehr Wichtiges angekündigt, das „die ganze Gemeinde der Israeliten" erleben soll. Diesen Charakter haben auch die Einführung des Sabbats (Ex 35,1) und die Weihung der Leviten (Num 8,9) wegen der mit Jos 18,1 gemeinsamen Verbindung von קהל + כל־עדת בני ישׂראל. Dabei stehen Num 8,9 und Jos 18,1 in enger Beziehung zueinander, weil darüber hinaus in beiden

[67] Vgl. ³*HAL*, unter קהל, 1008; Müller, קהל, 609–619; Fabry / e.a., קהל, 1204–1222.

[68] Wenn על hinzugefügt ist, handelt es sich immer um Aufruhr: „sie versammelten sich gegen …"; vgl. Ex 32,1; Num 1,18; 16,3.19; 17,7; 20,2; Dtn 4,10; Ez 38,7; vgl. Fabry / e.a., קהל, 1207.1213–1215 und Levy / e.a., עדה, 1079–1093.

[69] Die Ausnahmen sind Num 10,7 und 20,10. Auch in Ex 32,1 (mit על) fehlt עדה. In Dtn wird der Begriff עדה bekanntlich gar nicht verwendet. Vgl. Dtn 4,10; 31,12.28.

[70] Ex 35,1; Lev 8,3.4; Num 8,9; 20,8; Jos 18,1; 22,12; Ri 20,1.

[71] Was heißt aber „feierlicher Zusammenhang"? In Ex 35,1 ruft Mose die ganze Gemeinde der Israeliten (כל־עדת בני ישׂראל) zusammen, um sie an das Sabbatgebot zu erinnern. In Lev 8,3 befiehlt JHWH Mose, Aaron und dessen Söhne zu weihen und die ganze Gemeinde (כל־העדה) zusammenzurufen. In 8,4 führt Mose dies aus. Die erste Volkszählung in Num (1,17ff) wird mit einem Versammeln der ganzen Gemeinde (ואת כל־העדה הקהילו) und einer genauen Zeitbestimmung eingeleitet (1,18). Wieder eine Weihung, jetzt eine der Leviten, begegnet in Num 8,5–22. In 8,9 erfolgt der Auftrag JHWHs, die Leviten zum Zelt der Begegnung zu bringen und die ganze Gemeinde der Israeliten (כל־עדת בני ישׂראל) zu versammeln. Diese Auswahl aus den zahlreichen Belegstellen soll in diesem Zusammenhang genügen für die Begründung, daß קהל (ohne על) in feierlichem Zusammenhang steht.

[72] „Die ganze Gemeinde der Israeliten" kann in Wanderungsnotizen auftauchen (Ex 16,1.2; 17,1), wird im Zusammenhang mit Gottesnähe verwendet (Ex 16,9.10 [כבוד]; Num 27,20 [כבוד]) oder in Einführungen göttlicher Gebote (Ex 35,1.4.20; Lev 19,2). Weiter begegnet der Ausdruck am Anfang der Volkszählungen (Num 1,2; 26,2), bei der Weihung der Leviten (Num 8,9.20) und der Versöhnung durch Priester (Num 15,25f). Wenn die Kundschafter aus dem Lande Kanaan zurückkommen, berichten sie der „ganzen Gemeinde der Israeliten" (Num 13,26); später fallen Mose und Aaron vor ihr auf ihr Antlitz nieder (14,5); Josua und Kaleb zerreißen dramatisch ihre Kleider und sprechen zur ganzen Gemeinde der Israeliten. Die Formel kommt weiter noch in Num 17,6 und 25,6 vor.

משכן genannt wird. Die Weihung der Leviten und die Aufrichtung des Zeltes sind somit durch die Formulierung als sehr wichtige Ereignisse aufzufassen und zusammen zu sehen. In demselben Kapitel Num 8 treten die Leviten als Wächter am Zelt der Begegnung auf.[73] In der behandelten Phrase (Jos 18,1) zeigt sich demzufolge ein klares, wenn auch indirektes priesterlich-levitisches Interesse.

שלה *(vv 1.8.9.10)*
Silo kommt, abgesehen von der ganz unsicheren Stelle Gen 49,10[74], nicht im Pentateuch vor. Mehr noch, im AT ist es das erste Mal in Jos 18,1 belegt. Man findet Silo in Jos nur in Jos 18,1–10, in einem davon abhängigen Vers sowie in späteren Versen.[75] Des weiteren ist es relativ oft im DtrG belegt[76] (vor allem in 1Sam 1–4) sowie in Jer[77] und Ps 78,60.[78] In vv 8 und 10 ist Silo verbunden mit dem Loswerfen vor JHWH. Beide Verse schließen nahtlos aneinander an.

Zwischen der Ankündigung (v 8) und der Ausführung (v 10) des Loswerfens kommen die Männer der Kommission wieder zurück zum Lager, nach Silo.[79] Doch „Silo“ nach „Lager“ in v 9 klingt gezwungen und hinkt nach. Seltsam, wenn nicht falsch, ist, daß המחנה in Verbindung mit dem Eigennamen שלה determiniert ist. Oder muß man שלה als Ortsbestimmung ohne die Präposition ב betrachten?[80] Noth[81] meint

---

[73] Num 8,15.19.22.24.26.

[74] Die Bedeutung von שילו in Gen 49,10 ist schwer zu ermitteln und bezeichnet auf keinen Fall einen Ort. Das Einzige, was gesagt werden kann, ist daß es im Zusammenhang mit Juda steht. Vgl. Westermann, *Genesis* 1982 I/3, 260–263; bes. 262f; Von Rad, *Genesis* ⁹1972, 349, und neuerdings De Hoop, *Genesis 49* 1998, 122–139: „tribute to him“. Anders: Schley, *Shiloh* 1989, 161–163, der שילו sehr wohl als Ort betrachtet und „das Kommen Davids nach Silo“ mit dessen Bestreben verbindet, auch das Nordreich für sich zu gewinnen. Schley setzt sich jedoch nicht mit den anderen Übersetzungsvorschlägen auseinander.

[75] Jos 19,51 ist u.a. von 18,1–10 abhängig (s.u. §4.3.3), Jos 21,2 steht in dem Kapitel, das als „Anhang“ (Jos 20,1–21,42; vgl. Noth, *Josua* ²1953, 123) zu deuten ist, und Jos 22,12 gehört nach allgemeiner Ansicht zu einem späteren Einschub innerhalb von Jos 22.

[76] Ri 18,31; 21,12.19.21; 1Sam 1,3.9.24; 2,14; 3,21; 4,3.4.12; 14,3; 1Kön 2,27; 14,2.4.

[77] Jer 7,12.14; 26,6.9; 41,5.

[78] Jer und Ps 78 haben bekanntlich viele Berührungspunkte mit dem DtrG.

[79] In der LXX ist durch das Fehlen von v 10b das Loswerfen noch mehr betont als im MT. Daß Josua (v 10b) und nicht das Los (v 10a) das Land verteilt, wäre nicht mit dem göttlichen Los in Einklang zu bringen. V 10b ist somit absichtlich von der LXX gestrichen worden.

[80] Vgl. *JM* §126h.

[81] Noth, *Josua* ²1953, 108.

aber zu Recht, daß „Silo" und „Lager" nicht miteinander vereinbar sind, weil sich das Lager in Jos in der Regel auf Gilgal bezieht.[82] שׁלה ist in v 9 somit sekundär zu מחנה.[83]

Noth[84] merkt an, daß Silo nicht zwischen Juda und Josef liegt; ein Beweis dafür, daß alle Erwähnungen von Silo sekundär zur Grundschicht sind. Diese Meinung teilen wir, doch gegen Noth meinen wir, daß hier topographische Exaktheit nicht angestrebt ist. Entscheidend ist, daß der Ort, an dem das Zelt der Begegnung aufgerichtet wird, das Zentrum des Landes ist. In der Mitte des bereits verteilten cisjordanischen Landes wird es aufgerichtet. Das ist zwischen Juda und Josef (v 5). Den Ort Jerusalem konnte man dafür nicht nehmen, weil erst Salomo dort einen Tempel gebaut hat. Darum hat die Hand, die für v 1 verantwortlich ist, den Schauplatz in das altherkömmliche Heiligtum zu Silo verlegt.[85] Es ist selbstverständlich, daß man dann auch das Loswerfen in Silo stattfinden läßt. Gegen Noth sind wir uns dessen allerdings weniger sicher, daß die Erwähnung von Silo in v 1 der Anlaß war, den Ort in vv 8–10 nachzutragen. Sowohl v 1 als auch die Erwähnungen des Losens in vv 8.10 sind später anzusetzen. Dann sind vier Entstehungsmodelle möglich: 1. Als letztes ist v 1 einschließlich Silo eingefügt. Silo wurde in vv 8–10 nachgetragen (Noth). 2. Als letztes wurde das Loswerfen (vv 6.8.10) eingefügt. Der Ort Silo wurde wegen v 1 gleich expliziert. In v 9 wurde Silo nachgetragen. 3. V 1 sowie die Erwähnungen des Loswerfens sind von der gleichen Hand. In v 9 wurde Silo nachgetragen. 4. V 1 lag mit Silo und vv 8–10 ohne Silo vor. Eine spätere angleichende Hand hat Silo in vv 8–10 nachgetragen. Auf literarkritischer oder -historischer Ebene ist eine Entscheidung hier nicht zu treffen. Später entscheiden wir uns für die zweite Möglichkeit.[86]

---

[82] מחנה „Lager" kommt 16× in Jos vor: 15× im ersten Teil von Jos (1,11; 3,2; 5,8; 6,11.14.18.23; 8,13; 9,6; 10,5.6.15.21.43; 11,4.) und einmal im zweiten—nämlich hier—. Von den ersten 15 Belegen bedeuten drei nicht „Lager", sondern „Heer" (Jos 8,13; 10,5; 11,4). Zweimal ist das Lager noch jenseits des Jordans, weil die Israeliten den Jordan noch nicht überquert haben: einmal in Schittim und einmal direkt am Jordan. Einmal ist das Lager in Makkeda zu finden (Jos 10,21) und alle neun anderen Male in Gilgal (Jos 5,8; 6,11.14.18.23; 9,6; 10,6.15.43; vgl. 4,19; 5,10). D.h. daß Makkeda die Ausnahme ist, und Gilgal der Standort des Lagers war.

[83] אל המחנה שׁלה fehlt gänzlich in der LXX. Kann es sein, daß harmonisiert wurde, weil das Lager normalerweise in Gilgal anzunehmen ist?

[84] Noth, *Josua* ²1953, 108.

[85] 4Q522 gibt eine interessante Erklärung: Weil Josua das Orakel nicht befragt hat, konnte er Jerusalem nicht erobern. Doch damit machte er zugleich den Weg für David und Salomo frei; vgl. Puech, *4QProphétie de Josué* 1998, 39–74; Noort, *Joshua* 2000, 210f.

[86] S.u. §4.5.2.

וישכינו שם את־אהל מועד *(v 1)*
Warum läßt man ein Zelt wohnen? Normalerweise liest man im AT, daß man *in* einem Zelt wohnt oder daß man etwas oder jemanden in einem Zelt wohnen läßt,[87] während für das Aufschlagen eines Zeltes andere Verben benutzt werden.[88] Wie שכן hi. hier zu übersetzen ist, ist schwer zu bestimmen. In der Regel bedeutet es „wohnen lassen".[89] Man hätte hier eher erwartet, daß sich wie im Pentateuch die „Wolke" oder die „Herrlichkeit JHWHs" niederläßt[90] oder Gott seinen „Namen wohnen läßt", wie wir das aus Dtn kennen.[91] וישכינו שם hat unvokalisiert tatsächlich den Anschein, als stünde hier „und sie liessen *den Namen* wohnen". Obwohl es in diesem Zusammenhang keinen Sinn macht und es in allen anderen Fällen Gott als Subjekt hat, nehmen wir an, daß dies mitklingt.[92] In übertragenem Sinne kann es auch mit „Aufschlagen (eines Zeltes)" deckungsgleich sein. Dafür gibt es eine einzige Parallele, die allerdings שכן im pi. statt im hi. verwendet: Ps 78,60. Auch dort ist von Silo die Rede: Die „Wohnung Silos"[93] ist parallel zum „Zelt, das er (Gott) unter den Menschen wohnen ließ / aufgeschlagen hat (שכן pi.)".[94] Von einem Aufschlagen des Zeltes der Begegnung spricht das AT jedoch nie. Dieses Zelt ist Ex 27,21 einfach da, während wir vorher nur die Stiftshütte (משכן) kannten.[95] In Jos ist nur hier und in 19,51 von dem Zelt der Begegnung die Rede. In Num 32–35, mit dem Jos 14–19 viele Beziehungen hat, begegnet dieses Zelt überhaupt nicht, während es sonst in Num sehr wohl belegt ist. Außerdem taucht כבוד יהוה, das im Pentateuch oft mit dem Zelt der Begegnung verbunden ist, niemals im Josuabuch auf.[96]

---

87 Qal: Gen 9,27 u.ö; hi.: Ps 78,55; Hi 11,14.
88 נטע oder תקע.
89 Gen 3,24; Ez 32,4; Ps 7,6; 78,55; Hi 11,14. Vgl. [3]*HAL* unter שכן, 1389.
90 „Wolke": Ex 24,16; 40,35; Num 9,17.18.22; 10,12; „Herrlichkeit JHWHs": Ex 24,16; 40,35. In Num 9,17 liest man sogar, daß „an der Stelle, wo die Wolke sich niederließ (שכן), die Israeliten (בני ישראל) sich da (שם) lagerten". Aber die Wolke fehlt in Jos 18,1. Nennenswert ist auch Jer 7,12: „Geht doch einmal zu meiner Stätte in Silo, wo ich meinen Namen zuvor habe wohnen lassen"; vgl. dazu Schley, *Shiloh* 1989, 171–178.181–183.
91 Z.B. Dtn 12,5.11.
92 Vgl. auch Aḥituv, *Joshua* 1995, 291.
93 Im MT steht שלו, aber viele Hss. haben שילה.
94 In der LXX findet man allerdings die Übersetzung für שכן qal. Zum Ganzen vgl. Schley, *Shiloh* 1989, 167–171.
95 Vgl. Hulst, שכן, 907f, zum Verhältnis zwischen משכן und אהל מועד.
96 Vgl. Westermann, כבד, 802–812.

Unserer Meinung nach liegt in dem Ausdruck וישכינו שם את־אהל מועד eine indirekte Verbindung vom Zelt der Begegnung, dem Namen Gottes und der Stiftshütte vor, deren Bezeichnung von שכן herzuleiten ist. In Jos 22 wird sogar explizit gesagt, daß der משכן in Silo, im Lande Kanaan, wohnt (שכן).[97] Aus dem bereits erwähnten Kapitel Num 8 kennen wir die Leviten als Diener beim Zelt der Begegnung.[98]

והארץ נכבשה לפניהם *(v 1)*

Das Land liegt bereit, um verteilt zu werden. Es ist unterworfen, nachdem es in Jos 1–11 erobert worden ist. In der Regel sind Menschen das (logische) Objekt des Verbes כבש,[99] doch fünf von den 15 Belegstellen haben כבש in Verbindung mit ארץ, vier dieser fünf Belegstellen zeigen כבש im ni.,[100] während כבש ni. insgesamt fünfmal vorkommt.[101]

Sowohl in Num 32,29 als auch Jos 18,1 liegt das Land unterworfen vor Menschen und nicht vor JHWH wie in Num 32,22.[102] Die von Mose in Num 32,29 Angesprochenen sind Eleasar, der Priester, Josua, der Sohn Nuns, und die Sippenhäupter der israelitischen Stämme. V 29 wandelt damit v 22 ab, und die Kommission bekommt eine Mittlerrolle zwischen Gott und Volk.[103] In 18,1 dagegen ist die ganze Gemeinde um das Zelt versammelt, ein Mittler ist nicht erforderlich. עדה ist das Volk vor Gott. Num 32 meint nur das cisjordanische Land, aber weil das Zelt der Begegnung zwischen Juda und Josef aufgerichtet wird, ist das in Jos 18 wohl auch impliziert.[104] Auch wenn der Kontext völlig anders ist, muß Jos 18,1b aufgrund des Wortlauts und des Inhalts als

---

[97] „Silo" in Jos 22,9.12; משכן in vv 19.29; „Land Kanaan" in vv 9.10.11.32. Vgl. Schley, *Shiloh* 1989, 174f: „The usual translation of *wayyaškînû* here as ‚and they set up' may in fact miss the real point, namely that ‚they caused the tent of meeting to dwell there'". Ob „[t]his reading is in fact borne out by Jos. 22.19, where the *miškān* is said to ‚dwell' (*šākan*) in the land of Yahweh's possession", ist fraglich.

[98] S.o. Anm. 73.

[99] Vgl. ³*HAL*, unter כבש, 439, und Wagner, כבש, 54–60. Es kann auch die Bedeutungen „verpfänden" und „vergewaltigen" haben. Im allgemeinen kann man sagen: „*kāḇaš* gehört zu denjenigen hebr. Verben, die die Ausübung von Gewalt zum Ausdruck bringen wollen" (Wagner, כבש, 58).

[100] Num 32,22.29; Jos 18,1; 1Chr 22,18.

[101] Die Ausnahmen nach beiden Seiten sind: כבש qal + ארץ: Gen 1,28; כבש ni. mit Menschen: Neh 5,5.

[102] Vor beiden, JHWH und Menschen, liegt das Land unterworfen in 1Chr 22,18.

[103] Leider geht Schäfer-Lichtenberger, *Josua* 1995, 162–166, nicht auf die Autorität dieser Landverteilungskommission ein. Sie weist lediglich darauf hin, daß Josua hinter Eleasar zurücktritt.

[104] Darum nahm man früher mit Wellhausen, *Composition* ³1899, 128f, oft an, daß 18,1 ursprünglich vor 14,1 stand. Vgl. aber Smend, *Hexateuch* 1912, 313f.

eine Erfüllung von Num 32,22.29 betrachtet werden. Die transjordanischen Stämme dürfen laut Num 32 erst in ihr Gebiet zurückkehren, nachdem das cisjordanische Land unterworfen ist. Das stimmt mit der Ausführung in Jos 22 überein, nachdem die Landverteilung in 21,43–45 abgeschlossen ist.[105]

Es bleibt die bisher nicht betrachtete Parallele in Gen 1,28 zu behandeln. Die Literatur, die zum Abschnitt 1,26–28 geschrieben wurde, ist unübersehbar.[106] Wir wollen uns aber nur mit der sprachlichen Parallelität beschäftigen. In Gen 1,28 soll die Erde unterworfen werden. Dem Mehrungsauftrag „seid fruchtbar und vermehrt euch und erfüllt die Erde" פרו ורבו ומלאו את־הארץ folgt „und unterwerft sie" וכבשה.[107] Nur hier erscheint das Unterwerfen der Erde mit כבשׁ im qal,[108] und nur hier hat כבשׁ ein direktes Objektsuffix, anders als alle anderen Belegstellen von כבשׁ im AT, aber auch anders als die anderen Verben in Gen 1,28.[109] Deswegen bekommt es eine nachdrückliche Betonung. Der Auftrag zur Unterwerfung der Erde ist wichtig. Es ist sehr wohl möglich, daß Num 32,22.29 und Jos 18,1 als Erfüllung dieses Auftrags gemeint sind.[110] So wird ein großer Bogen geschlagen von der Schöpfung über Num 32, den Auftrag, das Land zu erobern, bis zur Errichtung des Zeltes der Begegnung im Land Kanaan, das unterworfen vor den Israeliten liegt.[111]

---

[105] Auf die Frage nach der Literargeschichte von c 13, wo den transjordanischen Stämmen ihr Gebiet bereits zugewiesen wird, können wir hier nicht eingehen; vgl. dazu ausführlich Wüst, *Untersuchungen* 1975, 213–239; Schorn, *Ruben*, 166–202.

[106] Vgl. den Exkurs bei Westermann, *Genesis* I/1 1974, 203–214.

[107] Auf die Frage, ob das nachfolgende ורדו (der Tiere) konsekutiv oder kopulativ verstanden werden soll, können wir hier nicht eingehen.

[108] Ein nif'al wäre unmöglich, weil die Menschen noch keine Möglichkeit gehabt haben, das Land zu unterwerfen.

[109] Weimar, *Struktur* 1984, 86f[23], betrachtet dieses Wort deswegen als sekundär; anders Zenger, *Bogen* [2]1987, 214–216. Westermann, *Genesis* I/1 1974, 222, ist leider kurz über v 28b.

[110] Vgl. Blenkinsopp, *Structure* 1976, 290f; und weiter u.a. Görg, *Josua* 1991, 82.

[111] Die Frage, ob damit Jos 18,1 auch zu P, der ja für die anderen Stellen verantwortlich ist, gehört, ist in §5.3.3.3 zu behandeln.

כי־כהנת יהוה נחלתו[112] *(v 5)*
Die Charakterisierung des Erbteils der Leviten als Priesterschaft JHWHs ist singulär im AT und deutet auf eine hohe Würde. Hiermit zu vergleichen sind Stellen wie Jos 13,14 und 33.[113]

כמחלקתם *(v 10)*
כמחלקתם kommt nicht oft in diesem Kontext vor. Es begegnet des öfteren dort, wo es um *Abteilungen* von Priestern, Leviten, Pförtnern usw. geht.[114] Daß das Land nach „Teilen" der Israeliten aufgeteilt wird, findet sich außer hier nur in Jos 11,23; 12,7; Ez 48,29.[115]

מחלקת ist ein Wortspiel. Der Stamm ist חלק, was in diesen Kontext paßt. Doch die *Abteilungen* des Tempelpersonals in 1Chr 23–27 klingen mit. Ist es zufällig, daß gerade dort die Aufgaben durch das Los verteilt werden? Wenn diese Anspielung tatsächlich beabsichtigt ist, bekommen die Erbteile der Stämme als Abteilungen eine dienende Funktion für das Zelt der Begegnung. Eine andere Erwähnung von מחלקת findet sich in Neh 11,36. Hier geht es um judäische Abteilungen der Leviten, die sich in Benjamin[116] ansiedeln. Wieder sehen wir eine Verbindung mit Leviten. Zudem wird auch in Neh 11 das Los geworfen (v 1).

4.3.2.3.2. *Die Zahlen*
ויותרו בבני ישׂראל אשר לא חלקו את־נחלתם שׁבעה שׁבטים *(v 2)*
Zwar macht der Satz mit „sieben Stämmen" auch Sinn—es wird dann eine Einschränkung des Subjekts „nämlich sieben Stämme"—, aber die Phrase wirkt nachhinkend. Außerdem ist es ungebräuchlich, daß ein

[112] μερὶς αὐτοῦ der LXX würde auf eine Vorlage חלקו statt נחלתו weisen. Wahrscheinlicher aber ist es, daß es aufgrund des ersten Vorkommens von חלק\μερίς in v 7a entstanden ist. Die Inkongruenz zwischen לוים und נחלתו ist in der LXX^A, Peschitta und dem Targum in נחלתם verbessert. Noth, *Josua* ²1953, 104, schlägt vor, hier „der Levit" zu lesen. Das wäre aber einzigartig im AT. Wir gehen davon aus, daß ein Verfasser an die Leviten als Kollektivum gedacht hat.

[113] S.o. Anm. 38.

[114] Neh 11,36; 1Chr 23,6; 24,1; 26,1.12.19; 27,1–15, u.ö.

[115] Die drei Stellen sind in etwa parallel. In allen drei Belegen ist von den Stämmen Israels die Rede. Es handelt sich immer um ein Geschenk. Im Buch Jos *gibt* Josua Land, in Ez wird es quasi vorgestellt („dies ist das Land"). Die Stellen in Jos haben am meisten miteinander gemein. Das einzige, was diese voneinander unterscheidet, ist eine etwas andere Wortfolge und in 12,7 ירשה statt נחלה. נחלה taucht dann in Ez wieder auf. In 1Sam 23,28 hat מחלקת eine andere Bedeutung.

[116] Oder mit LXX^L „Abteilungen der Leviten, die sich in Juda und Benjamin ansiedeln"; vgl. Bertholet, *Ezra* 1902, 83f.

Satz zwei Subjekte hat.[117] Die Phrase ist wohl nachträglich eingefügt. Die „sieben Stämme" kommen nur hier vor. Das Gleiche gilt übrigens für die „sieben Teile", die in 18,5.6.9 begegnen. Offensichtlich hat es keine Tradition von sieben Stämmen gegeben, auch nicht mit der Bezeichnung מטה. Wir können nur schlußfolgern, daß sich das Motiv der sieben verbleibenden Stämme von der Zwölfzahl ableitet.[118]

והתחלקו אתה לשׁבעה חלקים *(v 5)*
והתחלקו klingt wie התהלכו/יתהלכו in vv 4 und 8. Damit ist auch das einzig Mögliche gesagt, denn חלק hitp. kommt nur hier vor. Wahrscheinlich ist der hitp. gewählt, um zu betonen, daß es hier noch nicht um das tatsächliche Verteilen des Landes geht, sondern nur um die Vorbereitung dieser Verteilung, die laut v 10 von Josua vollzogen wurde.

וגד וראובן וחצי שׁבט המנשׁה לקחו נחלתם *(v 7)*
Dieser Satz will erklären, warum die zweieinhalb Stämme von den (gedachten) zwölf abgezogen werden müssen. Das Gleiche gilt für Juda, Josef (v 5) und Levi (v 7). Es ist auffällig, daß die zweieinhalb Stämme ihr Erbteil *empfangen* haben mit Verwendung des Verbs לקח.[119] Die Verbindung von לקח und נחלה ist selten.[120] Natürlich könnte man חלק statt לקח lesen, was einige Bibelübersetzungen offensichtlich getan haben,[121]

---

[117] Vgl. Fritz, *Josua* 1994, 178: „syntaktisch ungewöhnlich". אשׁר לא־חלקו את־נחלתם ist als Ganzes Subjekt zu ויותרו (vgl. *JM* §145a. 158l). Die Cairo Geniza und LXX lesen בני ohne die Präposition ב. Daß das Verb יתר ni. mit ב verbunden wird, ist jedoch nicht selten (vgl. Kronholm, יתר, 1079–1090; bes. 1082f. Zu ב vgl. Jenni, *Beth* 1992, 284: das ב gibt die Restmenge einer Anfangsmenge an [vgl. 1Kön 19,18]; zum Unterschied zwischen שׁאר und יתר vgl. Gerlemann, *Rest* 1974, 71–74). ב gibt dann den Ort der Handlung an. In dieser Zusammensetzung ist die Präposition aber seltsam, weil בני ישׂראל kein Ort ist. Es muß daher mit „unter den Israeliten" übersetzt werden. Normalerweise wird dafür jedoch die Präposition מן verwendet, wenngleich es auch Ausnahmen gibt (vgl. Ex 12,10 [2×]; 16,19.20; 29,34; Lev 2,3.10; 6,9 u.ö. und in Jos 21,5.20.34.40). In der LXX werden „Israeliten" statt des אשׁר-Satzes das Subjekt von ויותרו. So ergibt sich ohne „sieben Stämme" ein ganz normaler Satz: „und es blieben Israeliten übrig, die ihr Erbteil noch nicht verteilt hatten" (gegen Butler, *Joshua* 1983, 197: „The preposition ... is necessary in the Heb. construction."). Obwohl es verlockend wäre, mit der LXX zu lesen, betrachten wir ihre Lesart doch als eine gute Übersetzung der komplizierten hebräischen Syntax. Für Hinweise zu diesem Vers danke ich Dr. J.A. Wagenaar.

[118] 12 abzüglich 2,5 transjordanischer Stämme (Ruben, Gad, [Ost-]Manasse) ergibt 9,5 Stämme. 9,5 abzüglich der bereits behandelten 2,5 Stämme (Juda, Ephraim, [West-]Manasse) ergibt 7. Levi bekommt kein Erbteil, dafür aber besteht Josef aus 2 Stämmen.

[119] Vgl. z.B. 18,2 (חלק) und Auld, *Studies* 1978, 413f.

[120] Num 34,14.15; Jos 13,8; Ez 46,18; Hi 27,13.

[121] Z.B. die ZÜ, die LÜ und die NBG.

aber hierfür fehlt jeder Beleg. Die Formulierung findet sich weitgehend parallel nur in 13,8[122] und Num 34,14.15 wieder,[123] womit wir wieder auf die thematische und sprachliche Verwandtschaft mit Num 34 stoßen. Warum die Reihenfolge von Ruben und Gad in Jos 18,7 umgekehrt ist, bleibt unklar. Vielleicht ist es ohne Bedeutung. Sehr wohl bedeutsam ist die Tatsache, daß Jos 18 שׁבט liest im Unterschied zu מטה in Num. מטה ist immerhin der durchaus gebräuchliche Terminus in Jos 13–21.[124] Weil bei מטה die Konnotation der präzisen (Zwölf-)zahl sehr stark ist, hätte sowohl in v 2 als auch hier in v 7 מטה besser gepaßt. In v 4 ist das anders. Dort geht es um drei Männer pro Stamm, und wäre dies ein מטה-Kontext gewesen, hätte die Gesamtangabe (3×7=21) nicht fehlen dürfen. Innerhalb von Jos 13–21 ist nur c 13 mit fünf Belegen von שׁבט, auch mit genauen Zahlen (v 7), vergleichbar. In Kapitel 5 werden wir darlegen, daß der Gebrauch von שׁבט in Jos 13 und 18,2.7 einer anderen und späteren Hand als der von מטה zuzuordnen ist.

ויכתבוה לערים לשבעה חלקים על־ספר *(v 9)*

In v 9 wird das Land in sieben Teilen in einer Schrift festgelegt. Hier scheinen Zählen und schriftliches Festlegen in einem engen Zusammenhang zu stehen. כתב „schreiben“ (vv 4.8[2×].9) und על־ספר „in einer Schrift“ interessieren uns hier. „Die Schrift“ bezieht sich im Pentateuch oft auf die Tora.[125] Außerhalb des Pentateuchs treffen wir „die Schrift“ als Tora noch in 2Kön[126], Neh[127], 2Chr.[128] und Jos[129] an. Kann es sein, daß man versucht hat, die Landverteilung mit der Tora in Einklang zu bringen? Dafür spricht, daß es bei allen wichtigen Gelegenheiten in Jos auftaucht: am Anfang der Landnahme (1,8); bei dem Altarbau und der Gesetzesverlesung auf dem Ebal (8,31.34); bei der Landverteilung (18,9); und am Ende des Buches (23,6; 24,26).[130] Dagegen spricht aber, daß „Tora“ nicht genannt wird. Wahrscheinlich aber wollte man dennoch betonen, daß die Landverteilung auf ein schriftliches Dokument zurückgeht, was wohl einen größeren Wert hätte. In

---

[122] In v 8 fehlt der halbe Stamm Manasse. Er wird nur vage und kompliziert durch עמו vertreten. Vgl. Auld, *Studies* 1978, 413f, für eine mögliche Rekonstruktion der vv 7f.

[123] Vgl. dazu Auld, *Studies* 1976, 206–210; id., *Studies* 1978, 414, und unten §4.4.3.1.

[124] Vgl. §3.3.2.3.

[125] Vgl. z.B. in Dtn: 17,18 (משנה התורה); 28,58.61; 29,20; 30,10; 31,24.26.

[126] 2Kön 14,6; 22,8.11; 23,24.

[127] Neh 8,1.3.8.18; 9,3.

[128] 2Chr 17,9; 25,4; 34,14.15.

[129] Jos 1,8; 8,31.34; 23,6; 24,26. Vgl. noch Esr 7,6; Neh 8,9.13.

[130] Vgl. Noort, *Traditions* 1997, 161–180; id., *Josua* 1998, 69–87.

diesem Dokument ist dann die genaue Anzahl der Stämme samt ihren genauen Gebieten festgelegt. Den historischen Ort dieser Entwicklung zu bestimmen, in der die Schrift immer wichtiger wurde, ist hier nicht die Aufgabe. Durch die schriftliche Festlegung der Siebenzahl gewinnt diese an Bedeutung. Durch eine Anspielung auf die Tora wäre sie schier unveränderlich.

Was für על־ספר gilt, gilt weniger oder gar nicht für כתב, denn Aufschreiben gehört organisch zum Aufnehmen des Landes. Wie sonst hätte das Land genau verteilt werden müssen?

לפי נחלתם *(v 4)*
Diesen Ausdruck finden wir nur hier und mit dem Suffix 3.p. sg. in Num 35,8 in Bezug auf die Leviten. Hier wird eine Verbindung mit dem Kontext erreicht, in dem es nur zwölf Erbteile gibt.[131]

4.3.2.3.3. *Das Los*
Auf die literarischen Beziehungen von גורל gehen wir ausführlicher ein, weil die Kenntnis des literarischen und historischen Umfeldes von גורל sehr wichtig ist. Wurde in §3.3.2.1 die Bedeutung und Konnotation von גורל untersucht, gehen wir hier auf seine Belege literarkritisch und -geschichtlich ein. Zunächst betrachten wir die Belege im Zusammenhang mit der Landverteilung und danach die, in denen das Los für sonstige Verteilung verwendet wird. Schließlich versuchen wir, eine literarhistorische Ortsbestimmung vorzunehmen.

גורל kommt in Num 26,55 das erste Mal in Verbindung mit der Landverteilung vor.[132] Dort erscheint es zusammen mit חלק *und* נחל, zwei wichtigen Verben im Zusammenhang der Landnahme / -verteilung.[133] Num 26,52–56 folgt auf die Volkszählung (26,1–51) und bietet eine Einleitung zu der Landverteilung. Diese Einleitung stört den

[131] S.o. §3.3.4.2.

[132] Nur 3× vorher begegnet גורל im Pentateuch, und zwar in Lev 16,8.9.10. Diese Erwähnungen von גורל gehören jedoch zu einem anderen Kontext, weisen eine andere Form auf und beziehen sich nicht auf Land.

[133] Zusammen mit dem Verb חלק kommt גורל vor in Num 26,56 und Jos 18,10 (vgl. auch מחלקתם) und 1Chr 24,5 (pl.); vgl. auch Jos 18,6 (חלקים); Jes 17,14 (חלק / גורל); 34,17 (הפיל גורל / חלקתה); 57,6 (בחלקי־נחל חלקך הם הם גורלך); Ps 16,5 (חלקי / גורלי); 22,19 (יפילו גורל / יחלק); mit dem Verb נחל in Jos 14,1f (qal und pi. und גורל נחלתם in 14,2); und mit beiden Verben חלק und נחל in Num 26,55 (חלק pi. und נחל qal oder hitp.); Jos 19,51 (נחל pi. und חלק pi. und נחלת). In Num 26,56 finden wir eine Form von חלק, verbunden mit נחלתו. גורל kommt mit der Präposition ב und dem Verb חלק vor in Num 26,55 (in 26,56 verbessert in על־פי הגורל) und 1Chr 24,5 (pl.). בגורל kommt zusammen mit נחל vor in

Kontext, denn vv 57–65 fahren mit der Musterung der Leviten fort.[134] In vv 52ff wird zunächst gesagt, daß das Land nach der Anzahl der Namen (26,1–51) verteilt werden soll, und zwar so, daß ein großes Geschlecht ein großes Erbteil bekommt, und ein kleines Geschlecht ein kleineres (vv 52–54). Dann gilt aber in v 55 ein anderes Prinzip, das mittels אך hart eingeführt wird. Jetzt soll das Land nach dem Los verteilt werden. Die Verbindung mit den Namen (26,1–51) ist noch in dem לשמות מטות־אבתם (v 55b) zu erkennen. Daß sich die Verteilung nach Los und die nach Größe der Stämme nicht miteinander vereinbaren lassen, ist in v 56 erkannt worden. Da wird zwischen Groß und Klein nach dem Los unterschieden.[135] In vv 55 und 56 liegen zwei nachträgliche Korrekturen vor: eine zu vv 52–54 und eine zu vv 52–55.

Die zweite Erwähnung findet sich in Num 33,54. Auch hier folgt auf eine Liste (der Wanderstationen) eine Ankündigung der Landverteilung. Im Unterschied zu 26,55f wird hier, das Verb נחל hitp. verwendet und nicht חלק. Zudem findet sich jetzt in einem Vers wieder, was in 26,55f noch in zwei Versen berichtet ist: das Prinzip der Landverteilung nach dem Los *und* nach der Größe der Stämme. Jedoch steht 33,54 noch isolierter im Kontext als 26,55f. Sowohl das Vorangehende als das Nachfolgende spricht über die Land*eroberung*, nicht über die Land*verteilung*. Auch dieser Vers ist somit ein Zusatz, der hinzugefügt wurde, weil in einer Beschreibung dessen, was in dem zu erobernden Land zu geschehen hat, eine Verteilung durch das Los nicht fehlen darf. Außerdem wird auf diese Weise das nächste Kapitel vorbereitet, wo die Verteilung des Landes nach den Grenzen das Thema ist. Dieser Zusatz setzt den gewachsenen Text von Num 26 voraus.

In Num 34,1–12 werden die Grenzen Kanaans beschrieben. Danach, in v 13, sagt Mose: „Das ist das Land, das ihr durch das Los unter euch teilen sollt …". Hier ist wieder von einem Hinweis auf die künftige Landnahme im Anschluß an eine Liste die Rede. Zuerst wird das Land geschildert, danach wird gesagt, daß es eingenommen werden muß. Aber warum steht גורל nicht bereits am Anfang, in v 2? Sind vv 13ff auch ein Zusatz? Dies vermuten wir und werden es später ausführlicher begründen.[136]

Num 33,54 (hitp. und noch 2× נחלתו); 34,13 (hitp.); Jos 14,1f; 19,51; mit dem Verb נתן: Num 36,2; Jos 21,8; 1Chr 6,50.

[134] Vgl. z.B. Holzinger, *Numeri* 1903, 135.

[135] Zu על־פי הגורל vgl. §3.3.2.2.

[136] Siehe §4.5.1.3.

Die letzten Erwähnungen von גורל in Num finden sich in 36,2 und 3. Die Häupter der Sippen Gileads erinnern Mose in Num 36,2 an das Gebot aus 26,55f, daß man das Land zum Erbteil geben sollte. Dies ist das Thema von Num 27, mit dem Unterschied, daß dort die Töchter Zelofhads Mose um ein Erbgut bitten, während es hier die Häupter tun. Num 36 ist auf jeden Fall sekundär zu Num 27.[137] Das ganze Kapitel baut auf Num 27,1–11 auf und nennt dazu viele Termini im Zusammenhang mit Land. In Num 36,3 befindet sich die einzige Parallele zur Verbindung von גורל und נחלה mit Possessivsuffix, so wie sie in Jos 14,2a begegnet. Man vermutet, daß diese Verbindung eine späte Entwicklung darstellt, doch reichen dafür die zwei Belegstellen nicht aus.

Außer in c 36 sind alle Belegstellen von גורל in Num spätere Zusätze. Doch Num 36 ist als Ganzes spät zu datieren. Num 26,56 setzt v 55 und 33,54 26,55f voraus. Wie das Verhältnis zwischen den um die Primogenitur streitenden Num 26,55 und 34,13 ist, kann nicht entschieden werden. Num 34,13 paßt wohl am besten in den Kontext.

Auch in Jos sind alle Belege von גורל später nachgetragen. In 14,2 ist das deutlich zu erkennen. Es ist zwischen v 1 und כאשר צוה יהוה gezwängt worden um zu betonen, daß auch die Landverteilung durch das Los von JHWH befohlen wurde. Wie gesagt, kommt die Verbindung גורל נחלתם nur hier und mit Possessivsuffix 3.pl. fem. in dem späten Num 36,3 vor.[138]

Das tatsächliche Loswerfen wird erst mit 18,1–10 eingeführt. Doch wir haben bereits gezeigt, daß es nicht zur ursprünglichen textgeschichtlichen Phase gehört.[139] Eher ist mit Bächli davon auszugehen, daß der ursprüngliche Sitz im Leben ein Abschreiten der Grenze war, um die Grenze zu bestimmen, die einen Stamm vom nächsten trennte.[140]

Zusätzlich wollen wir auf zwei Auffälligkeiten in 18,1–10 hinweisen:

ואשלחם *(v 4)*: Wir vermuten, daß das störende ואשלחם nur mit der Absicht hinzugefügt wurde, eine Assonanz mit dem אשליך und וישלך von vv 8 und 10 zu erreichen. So klingt in dem Senden der Männer schon das Werfen des Loses an.[141] Es gibt mehr Wortspiele: וישכינו שם

---

[137] Vgl. die Ausführungen zur späten kompositorischen Gestalt von Num 28–36 bei Seebass, *Stand* 1998, 118f.

[138] Vgl. auch Auld, *Studies* 1978, 415–417 und 415[13].

[139] S.o. §4.3.1.2.

[140] Bächli, *Liste* 1973, 11–14.

[141] Vgl. auch הלך hi. (v 4) und חלק hi. (v 5).

(v 1) ist absichtlich mehrdeutig und הלך hitp. (vv 4.8) und חלק hitp. (v 5) bilden eine starke Assonanz.[142]

וירית׳ לכם גורל *(v 6)*: גורל verbunden mit ירה ist singulär. Obgleich das Verb auch „werfen" bedeuten kann, ist die übliche Übersetzung „schießen", und dann meist Schießen eines Pfeils.[143] Wurde etwa das Los durch Pfeilschießen bestimmt?[144] Ist ירה einfach ein Synonym für שׁלך hi., oder liegt ein Wortspiel mit ירה III „unterweisen/lehren"[145] vor? Angesichts der vielen Wortspiele in Jos 18,1–10 ist die Anspielung auf ירה III möglich, auch wenn dieses Verb nur im hi. vorkommt. Dann hätten wir in יריתי sehr wohl eine Anspielung auf die Tora, die in v 9 nach ספר zu direkt gewesen wäre.

Fahren wir mit den weiteren גורל-Landnahme-Stellen fort. גורל in Jos 19,51 setzt die literarischen Endphasen von Jos 14,1–5 und 18,1–10 voraus.[146]

Die Einleitungen zu den Gebietsbeschreibungen der Stämme in Jos 15–19 scheinen doppelt zu sein.[147] Erst ist die Rede vom „Los des Stammes N.N.", und dann folgt: „und ihr Gebiet war" oder Ähnliches. Auf die Einleitungen zu den Gebietsbeschreibungen gehen wir unten ausführlich ein,[148] doch können wir hier schon das Ergebnis vorwegnehmen: Sie sind sekundär zu einem Urdokument.

Jos 21 hat mindestens drei literargeschichtliche Phasen. Die acht Erwähnungen des Loses in Jos 21 gehören abgesehen von möglichen Interpolationen zur spätesten. Die ersten fünf Erwähnungen befinden sich in der vorgeschobenen Dublette vv 4–8, die zu Phase II gehört.[149] Die Absicht dieser Dublette war es, ein Ordnungsprinzip nach levitischen Geschlechtern einzuführen, wobei jeweils drei Stämme aus ihren Erbteilen Städte an eines der vier Geschlechter abtreten. Zur gleichen Phase gehören dementsprechend die jeweiligen Überschiften und Abschlüsse mit den Namen der levitischen Geschlechter (vv 13.19.20.26.27.33.34a.40). Eine ursprüngliche Liste (Phase I) enthielt nur eine Überschrift (v 3), die jeweiligen Namen der Stämme, aus deren Gebiet Städte abgetreten wurden (*n.tr.*-ממטה[ו]; vv 9.20.23.25.27.28.30.

---

142 Zu כמחלקתם (v 10) s.u.
143 ¹⁷*Gesenius*, unter ירה I, 317f; ³*HAL*, unter ירה I, 416; *BDB*, unter ירה, 434f.
144 Vgl. Wellhausen, *Reste* ²1927, 132f.
145 ³*HAL*, unter ירה III, 416f.
146 S.u. §4.3.3.
147 Vgl. Cortese, *Josua* 1990, 39–43.
148 S.u. §4.4.3.1.
149 Vgl. Fritz, *Josua* 1994, 210.216.

32.34.36.38), sowie die Städte selbst. Möglicherweise gehörten aber nur die „aaronitischen Städte" (vv 13–19) zur ersten Phase. In dem Fall hätten wir es mit vier Phasen zu tun. Die Systematisierung zu einem System mit zwölf Stämmen wäre sekundär. Ein Beispiel dafür findet sich in der Tatsache, daß der Stamm Dan in der Parallele 1Chr 6 nicht verzeichnet ist, dagegen in Jos 21 sehr wohl. Obgleich wir gegen Auld meinen, daß 1Chr 6 von Jos 21 abhängig ist und nicht umgekehrt, ist demgegenüber die Hinzufügung von Dan in Jos 21 ein späterer systematisierender Schritt. In Phase II[150] werden die Geschlechter der Leviten betont und somit die Leviten selbst. Aaron, der in früherer Zeit Eponym der zadokitischen Priesterklasse ist, wird mit Nachdruck als Levit dargestellt (vv 4.10). In der dritten (oder vierten) Phase erhalten die levitischen Geschlechter nach Analogie von Jos 18f ihre Städte durch das Los. Alle Erwähnungen des Loses kann man streichen, ohne daß der Text gestört wird. Umgekehrt stören die Loserwähnungen eher: Nach v 3 stört v 4a den Erzählgang, v 4b wäre dafür angemessener gewesen. Das בגורל in vv 4.5.6.8 kann man in Analogie zu vv 19.26.33 streichen. Das gleiche gilt für ויהי ערי גורלם in v 20 und ויהי גורלם in v 40. V 10b ist wahrscheinlich als späte Interpolation anläßlich Jos 15,13 und der Loserwähnungen in Jos 18–21 zu betrachten.

In der dritten Phase hat man durch das Los eine Hierarchie in den levitischen Geschlechtern und dadurch wohl auch in den mit ihnen verbundenen Stämmen: Die erste, und einzige explizite Losziehung gilt den Kehatitern (v 4). Diese werden weiter als Abkömmlinge des Priesters Aaron sowie als übrige Kehatiten definiert. Beide haben Städte „als Los" (בגורל; vv 4.5). Für die Aaroniten wird das Los hier das einzige Mal explizit gezählt (v 10). Für die übrigen Kehatiten erscheint ערי גורלם in der Einleitung zur Ortsliste (v 20). Die Gerschoniten und die Merariten kommen schlechter weg: Erscheint für Gerschon בגורל noch in v 6, so fehlt eine Erwähnung des Loses in vv 27–33. Das Umgekehrte gilt für Merari. Somit haben wir für die Kehatiten insgesamt fünf Erwähnungen, davon allgemein eine, für die Aaroniten zwei und für die übrigen Kehatiten zwei. Dazu kommen jeweils eine für die Gerschoniten und die Merariten. Zusammen mit בגורל in der Wiederaufnahme der Überschrift v 8 gibt es somit acht Erwähnungen mit einer strengen hierarchischen Ordnung. Wie in Jos 13–19 gehören Juda, Simeon und Benjamin zusammen und sind sie vorrangig.

[150] Oder Phase III, falls es vier Phasen gibt.

Außerhalb von Num und Jos kommt das Los in Zusammenhang mit der Landverteilung nur noch vereinzelt vor: Jes 34,17; Mi 2,5; Ps 16,5 und 125,3, wobei Jes 34,17[151] und Mi 2,5[152] wohl spätere Nachträge sind.

Die obige Behandlung der Belege hat gezeigt, daß bis auf Ps 16,5; 125,3 alle Erwähnungen von גורל in Zusammenhang mit der Landverteilung später hinzugefügt worden sind. Da Psalmen, wenn überhaupt, nur mit großer Mühe datiert werden können,[153] haben wir keine primären Anhaltspunkte für eine Datierung des historischen Ortes einer Landverteilung durch das Los.

גורל finden wir aber nicht nur im Zusammenhang mit der Landverteilung, sondern auch mit „Stadtverteilung". Eine interessante Stelle ist Neh 11,1. Durch das Los wird bestimmt, wer außer den Oberen des Volkes in Jerusalem wohnen wird. Es wird jeweils unter zehn Menschen gelost; einer wird nach Jerusalem, die anderen neun in andere Städte ziehen. Wie in Jos 15–19 ist גורל mit der Zehnzahl verbunden. Doch gibt es mehr Parallelen. Es ist auffällig, daß wie in Jos 18,1–10 nur für einen Rest das Los geworfen wird: ושאר העם הפילו גורלות (Neh 11,1). Die Oberen des Volkes wohnen bereits in Jerusalem (Neh 11,1). Steht dies in Analogie zu Jos 15–17, wo berichtet wird, daß Juda und Josef bereits angesiedelt sind? Es gibt eine Listenstruktur mit אלה als unabhängigem Subjekt (vgl. Neh 11,3). Die Listen werden mit Zwischen- und Totalsummierungen abgeschlossen. Das Erbteil (נחלה) ist betont (Neh 11,20). Das nach v 30 umgrenzte Gebiet deckt sich mit dem, das durch die Grenzbeschreibung und den Südteil der Ortsliste in Jos 15 umschlossen wird. Vv 25ff haben, wie schon gezeigt, auffällige und zum Teil exklusive Parallelen mit Jos 15,26ff. In v 36 begegnet das seltene (und seltsame) Wort מחלקות. Am Rande sei erwähnt, daß Neh 12 in gewisser Analogie zu Jos 20f mit einer Liste von Priestern und Leviten fortfährt. Für das in Neh 11 Erzählte (in Anschluß an Neh 7) ist der Vorgang historisch vorstellbar und sinnvoll.[154]

Die Belege in Jos 21 und 1Chr 6 sind für uns insoweit interessant, als daß sie einen Übergang in der Bedeutung von גורל anzeigen, und zwar von dem dinglichen Los zu dem verlosten Gebiet selbst—

---

[151] Snijders, *Jesaja* 1969 I, 334f. Anders Wildberger, *Jesaja* X/3 1982, 1332.1350.

[152] Wolff, *Micha* 1982, 40.50.

[153] Wenn man Ps 125 datiert, kommt noch am ehesten die nachexilische Periode in Frage; vgl. Kraus, *Psalmen* XV/2 ⁶1989, 1028f. [Hossfeld /] Zenger, *Psalmen* I 1993, 109, tritt entschieden für eine nachexilische Datierung des 16. Psalms ein.

[154] Die Zeit des Erzählers ist schwerer zu bestimmen; s.u. §8.6.

hier Städten—.[155] Wenn dieser Übergang einer historischen Entwicklung entspricht, müssen die Belege, in denen גורל „Gebiet" bedeutet—darunter befindet sich z.B. Jos 15,1—, jünger sein als die Stadtverteilungsbelege (Neh 11; Jos 21; 1Chr 6).

Wir können die Verwendung von גורל im Zusammenhang mit der Verteilung von Städten und Land wie folgt rekonstruieren: 1. Der historische Ort findet sich in Neh 11: Die Rückkehrer losen, wer von jeweils zehn Menschen in Jerusalem wohnen soll. 2. Verteilung durch das Los wird ausgeweitet auf alle wichtigen Ordnungen, um sie göttlich zu legitimieren: Verteilung des Landes, der Leviten und des Tempelpersonals. 3. Los bekommt die Bedeutung „Gebiet". Das Gebiet selbst wird damit Ausdruck des göttlichen Willens.

4.3.2.3.4. *Die Bestandsaufnahme des Landes*

Die Aufnahme des Landes gehört zum Grundbestand des Textes, allerdings ohne Angaben über Heiligtum, Zahlen und Los. Dieser Grundbestand weist andere literarische Beziehungen auf als die Texte, die bisher behandelt wurden.

עד־אנה אתם מתרפים *(v 3)*

Das Verb רפה, das im hitp. nur hier, in Spr 18,9 und 24,10 vorkommt, begegnet (allerdings nicht im hitp.) am häufigsten in dtr Kontext.[156] Es ist sehr wohl möglich, daß hier sowohl eine Anspielung auf als auch ein Gegensatz zu Jos 1,5 vorliegt: JHWH wird Josua nicht verlassen (רפה hi.; Jos 1,5), aber wie lange wird *das Volk* lässig sein (רפה hitp.; Jos 18,3)?

לבוא לרשת את־הארץ *(v 3)*

Für diesen Ausdruck, der eine Fortführung von „wie lange seid ihr so lässig" ist, gilt das gleiche. Die Verbindung von בוא und ירש findet sich sehr oft und nahezu ausschließlich in Dtn,[157] und außerhalb des Pentateuchs u.a. in Jos 1,11[158] und Ri 18,7.9. Überdies hat dieses „Einnehmen" in der Verbindung „kommen und einnehmen" bis auf

---

[155] S.o. §3.3.2.1.

[156] Jos 1,5; 10,6; Dtn 4,31; 9,14; 31,8; Ri 11,37; 19,9; 1Sam 11,3; 15,16; 2Sam 17,2.16.20.21.22 (2×); 24,16; 2Kön 4,27; Jer 38,4; 49,24, u.ö.

[157] Dtn 1,8; 4,1.5.38; 6,18; 7,1; 8,1; 9,1.4.5 u.ö. Vgl. Auld, *Judges I* 1975=1998, 82. Die einzige Ausnahme ist Num 14,24; vgl. dazu Schmidt, *Priesterschrift* 1993, 94–96: „vorpriesterlich".

[158] In der LXX fehlt in Jos 1,11 die Entsprechung von לרשת; vgl. dazu Holmes, *Joshua* 1914, 18.

drei Stellen in Dtn das Objekt „Land“. Von diesen haben zwei das Objekt אדמה, das zum gleichen semantischen Bereich gehört.[159] ירשׁ qal hat hier die Bedeutung „beerben / als Erbe antreten“ und weniger „erobern“,[160] weil sonst ein Widerspruch zu dem bereits unterworfenen Land in v 1b vorliegen würde. Die Übersetzung der LXX (κληρονομέω) bestätigt dies.

אשׁר נתן לכם יהוה אלהי אבותיכם *(v 3)*
Während die Formel „JHWH, der Gott eurer (bzw. ihrer / deiner, usw.) Väter“[161] sehr oft in Chr und auch in Esr vorkommt,[162] begegnet sie im Pentateuch nahezu ausschließlich in Dtn.[163] Sehr enge Parallelen zu 18,3 finden sich in Dtn 4,1 und Jos 1,11.

הבו לכם שׁלשׁה אנשׁים לשׁבט ואשׁלחם *(v 4)*
Daß pro Stamm drei Männer gestellt werden müssen, ist im AT singulär. Das heißt aber nicht, daß mehr dahinter steckt als eine Andeutung der Vollkommenheit, denn drei sind mehr als zwei.[164] Umgekehrt verträgt sich diese Angabe kaum mit den sieben Stämmen. Drei Männer pro sieben Stämme wären 21 Männer, gerade keine Zahl der Vollkommenheit. Wahrscheinlich wird hier ohne tiefere Bedeutung über drei Männer pro Stamm geredet. Auch zehn oder zwölf Stämme waren nicht der Blickpunkt, weil in allen anderen Fällen dann von nur einem Mann bzw. Führer oder Haupt die Rede ist. Dies ist ein weiteres Argument dafür, daß die Beschränkung auf sieben Stämme sekundär ist.

---

[159] Es handelt sich um Dtn 28,21.63. Die einzige Ausnahme ist 9,1.

[160] Vgl. ³*HAL*, unter ירשׁ I, 421; Schmid, ירשׁ, 778–781 (S. 780: „Man wird die Bedeutung »[be]erben« als die ursprüngliche ansehen müssen); und vor allem Lohfink, ירשׁ, 953–985.

[161] Die LXX verzeichnet ὁ θεὸς ἡμῶν für אלהי אבותיכם in Jos 18,3. Wir vermuten, daß die Phrase mit v 6 יהוה אלהינו / κυρίου τοῦ θεοῦ ἡμῶν in Einklang gebracht wurde. Weiter werden ἡμεῖς und ὑμεῖς in der LXX so oft verwechselt, daß aus dieser Variante nur mit Vorsicht Folgerungen gezogen werden dürfen; vgl. auch Den Hertog, *Studien* 1996, 38–41.

[162] 1Chr 29,20; 2Chr 7,22; 11,16 u.ö.; Esr 7,27; 8,28; 10,11.

[163] Dtn 1,11.21; 4,1; 6,3; 12,1; 26,7; 27,3; 29,24. Die Ausnahmen sind Ex 3,15.16; 4,5.

[164] Ehrlich, *Randglossen* III 1910, 51, meint, daß hier pro Stamm drei Männer aufgeführt werden, weil es sich um materielle Gegenstände für die jeweiligen Stämme handelt, über die nicht nur ein Mann pro Stamm entscheiden darf. Für diese Behauptung gibt es aber keine Parallelen. Vgl. für die Bedeutung der Zahlen Hehn, *Siebenzahl* 1907.

4.3.2.4. Zusammenfassung

Die Perikope Jos 18,1–10 stellt die strukturelle und inhaltliche Mitte der Landverteilung dar, weil Juda und Josef ihr Erbteil bereits haben (v 5; Jos 15–17), während das der restlichen Stämme noch verteilt werden muß (v 2; Jos 18,11–19,48). Doch auch in anderer Hinsicht bildet sie eine Mitte. In der Mitte des Landes (v 5) wird das Zelt der Begegnung aufgerichtet (v 1) und das Los geworfen (vv 6.8.10). Die Begegnung mit Gott durch Los und Zelt ereignet sich in der Mitte des Landes, nachdem der Auftrag וכבשׁה „und unterwerft sie [die Erde]" (Gen 1,28) mit והארץ נכבשׁה לפניהם „und die Erde/das Land war unterworfen vor ihnen" (v 1) erfüllt ist. Um Gottes Präsenz kann man Kreise des Heiligen ziehen, das nach außen zu abnimmt: Gott in der Mitte; dann die Leviten, die als Diener beim Zelt der Begegnung bekannt sind und nach v 7 die Priesterschaft JHWHs als Erbteil haben; weiter Juda und Josef, in deren Mitte das Zelt der Begegnung aufgeschlagen wird; und schließlich die restlichen (cisjordanischen) Stämme. Das alles hat seine Ordnung, denn es gibt genau zwölf Stämme und zwölf Erbteile (vv 2.5.6.7), und alles wird schriftlich festgelegt (6.8.9).

Gerade das alles ist aber nicht ursprünglich. Der Grundbestand, vv 3.4*.8*.9*.10b(*), beschreibt lediglich eine Aufnahme des Landes.[165] Eine Kommission von drei Männern aus einer ungenannten Anzahl von Stämmen (v 3) nimmt das Land auf (vv 4.8.9), woraufhin Josua es verteilt (10b). Die Grenzziehung ist mit Bächli der Sitz im Leben dieses Grundbestandes.[166]

Der restliche Text (vv 1f.4 [ואשׁלחם und לפי נחלתם].5–7.8*.9*.10a) ist später und von einem priesterlich-levitischen Interesse geprägt. Daß er jünger ist, zeigt sich an der Struktur, den Spannungen und Doppelungen sowie literarischen Beziehungen. Das priesterlich-levitische Interesse läßt sich anhand der starken Beachtung von 1. dem Heiligtum und seinen Wärtern, 2. den Zahlen und 3. dem Los festmachen.

[165] Anders Seebass, *Josua* 1985, 55–58; er schlägt vor, „V. 1.3.4.8a.9 (ohne ‚gemäß 7 Anteilen').10a für den Grundbestand, V. 2.5–6a.8b für eine absichtliche Redaktion und V. 7 für einen ausgleichenden Zusatz zu halten." (S. 56). Somit gehört bei ihm im Unterschied zu uns das Loswerfen und Silo zum Grundbestand. V 10b sei ein später Zusatz, der mit Recht nicht in der LXX vorkommt. Wir können der Aussage „man nimmt der Tradition ihre Substanz, wenn man das Losverfahren herausstreicht" (S. 56[13]) jedoch nicht zustimmen. Schließlich bildet auch unsere Grundschicht einen durchlaufenden Erzählfaden. Zu Silo s.o. §4.3.2.3.1. V 10b ist absichtlich von der LXX gestrichen worden; s.o. Anm. 79.

[166] Vgl. Bächli, Liste 1973, 1–14.

1. Die Leviten haben laut v 5 die Priesterschaft JHWHs als Erbteil. Das impliziert, daß sie beim Zelt der Begegnung (v 1) dienen. Zu diesem Zelt hat „die ganze Gemeinde der Israeliten" sich versammelt. „Die ganze Gemeinde der Israeliten" ist eine Phrase, die anderswo im AT direkt oder indirekt mit Leviten in Verbindung steht. Silo ist der Ort, an dem das Zelt aufgerichtet wird. Ob über Silo eine Verbindung mit den Leviten entsteht, ist schwer zu sagen, denn es ist nicht deutlich, ob die Eliden, die Priester dieses Heiligtums, Leviten genannt werden dürfen.[167] Auf jeden Fall war Silo als Heiligtum bekannt. Es liegt nach der Darstellung in Jos 18,1–10 in der Mitte des Landes, und die Erde / das Land ist unterworfen vor den Israeliten. Einige Wortspiele zeigen ein kultisch-rituales Interesse: In וישׁכינו „sie ließen wohnen / richteten auf" klingt מִשְׁכָּן „Stiftshütte" durch, und in der Verbindung וישׁכינו שׁם (v 1) „sie richteten dort [das Zelt der Begegnung] auf" klingt „sie ließen den Namen [Gottes] wohnen" mit. כמחלקתם „nach ihren Abteilungen" verweist auf die Abteilungen des Tempelpersonals in 1Chr 23–27. 2. Ein Hang nach Ordnung zeigt sich in der Betonung der richtigen Anzahl. Diese Ordnung darf man nicht stören, denn Gott selbst hat sie geschaffen, indem er durch das Los Israel sein Land zugeteilt hat. Die „heiligen" Zahlen zwölf und die davon abgeleitete sieben ragen heraus. Sieben Teile des Landes werden in einem ספר „Buch" aufgeschrieben. Durch die Verbindung von ספר und ירה hi. liegt hier vielleicht sogar eine Anspielung auf die Tora vor. Die Leviten sind als Wärter des Heiligtums auch Wärter der göttlichen Ordnung. 3. Das Los ist das Mittel, mit dem Gott seinen Willen kundtut. Im Text wird betont, daß es in Silo vor JHWH geworfen wird. Mit Ausnahme von Jos 18 wird in Jos das Los immer von einer Kommission von drei Männern unter Anführung des Priesters Eleasar geworfen. Hier, und das hat literargeschichtliche Gründe, tut es Josua selbst. Im übrigen AT erscheint das Werfen des Loses meist in rituellem Kontext und dabei öfters im Zusammenhang mit Leviten.

4.3.3. *Jos 19,49a.51*

Der Abschnitt Jos 19,49–51 folgt auf die Verteilung des Landes an die sieben übrigen Stämme (18,11–19,48) und steht vor den Kapiteln über Asyl- und Levitenstädte, einer Art Anhang zur Landverteilung. 19,49a

---

[167] 1Sam 2,27f könnte darauf hinweisen, sowie auch Ri 17,7–13 und Dtn 18,1. Doch vgl. Albertz, *Religionsgeschichte* I 1992, 343–345.

„und sie beendeten das Beerben (נחל qal)[168] des Landes nach ihren Gebieten" stellt deutlich den Abschluß der Landverteilung dar. Jedoch findet sich in 19,51b noch ein weiterer, aber jetzt mit dem Verb (חלק qal).[169] Zwischen den zwei Abschlüssen wird berichtet, daß die Israeliten Josua ein Erbteil (נחלה) geben. So umrahmen die beiden Helden der Kundschaftergeschichte (Num 13f), Kaleb und Josua, die Landverteilung (Jos 14,6–15; 19,49b.50).

Daß die Landverteilung zweimal abgeschlossen wird, stört. Einer der beiden Abschlüsse ist auf eine spätere Hand zurückzuführen. Wenn man v 51a als Korrektur und Spezifizierung betrachtet, hat v 49a wohl den ursprünglichen Abschluß gebildet. V 51b gehört entweder zu derselben Hand, die auch für 51a verantwortlich ist, oder ist noch später hinzugefügt worden.

Nach den im Großen und Ganzen überzeugenden Analysen Wüsts ist v 49a von 14,1a abhängig.[170] Nur aufgrund von 14,1a nämlich ist בני־ישׂראל als Subjekt von כלה[171] (v 49a) zu ergänzen. Das Verteilen des Landes (נחל), das in 14,1 begann und in Num 34,29 befohlen wurde, wird hier beendet. Doch hat 19,49a auch Num 34,2 gekannt; darauf weist לגבולתיה hin, das nicht in 14,1a, aber sehr wohl in Num 34,2 vorkommt.[172] Der unpassende Modus der Landverteilung למשׁפחתם („nach Geschlechtern")[173] ist hier vermieden worden, oder—und das ist eher wahrscheinlich—nicht hinzugefügt. Nur in Jos 19,49a, Num 26,55 und 33,54 wird das Verb נחל durch ל weiter präzisiert.[174] In Num 26 geschieht das „nach den Namen der Stämme ihrer Väter" und in Num 33 „nach euren Geschlechtern", „nach Groß und Klein" und „nach den Stämmen eurer Väter". Somit ist נחל mit לגבולתיה einzigartig, aber sachlich richtig im Gegensatz zu למשׁפחתם, weil vorher das Land tatsächlich nach Gebieten verteilt wurde.

[168] נחל qal hat die Bedeutung „als Erbteil erhalten". Im jetztigen Textzusammenhang kann diese Übersetzung jedoch nicht beibehalten werden.

[169] Es gibt außer den unterschiedlichen Verben noch zwei Differenzen: „nach ihren Gebieten" fehlt in 51b, und in 49a steht nach כלה pi. ל, in 51b מן.

[170] Wüst, *Untersuchungen* 1975, 205.

[171] Die LXX verzeichnet beide Male das Verb πορεύομαι für כלה . Wir gehen mit Holmes, *Joshua* 1914, 71, davon aus, daß die LXX versehentlich das Verb הלך gelesen hat.

[172] Vgl. Num 34,12 und Jos 18,20.

[173] Vgl. z.B. Jos 13,15.23.24.28.29.31; 15,1.12.20. Die Ausnahmen sind: Jos 11,23 „nach ihren Stämmen" und Jos 18,20: „nach seinen Grenzen ringsum".

[174] Vielleicht kann man noch Dtn 32,8 „nach der Anzahl der Israeliten" dazunehmen. Dieser Vers ist aber textkritisch problematisch.

Der erste Teil von v 51a (bis בני־ישׂראל) ist—auch darin folgen wir Wüst—von 14,1b abhängig.[175] Die Israeliten werden die passiv Empfangenden, und eine Kommission führt die Landverteilung durch. Wie in 14,1b ist sie das Subjekt der Landverteilung mit dem seltenen נחל im pi.[176] Doch über Wüst hinausgehend nehmen wir an, daß der erste Teil von v 51 zudem von 14,1a abhängig ist. Was in Jos 14,1 noch in zwei Versteilen erschien, findet sich hier zusammen. 14,1a beginnt mit אלה אשר־נחלו בני־ישׂראל. אלה ist dort ein selbständiges Subjekt des ganzen אשׁר-Prädikatsatzes. Es wird dort—wahrscheinlich durch die Abhängigkeit von Num 34,29—nicht durch הנחלת präzisiert. In 14,1b wird v 1a durch Wiederholung von אשׁר aufgenommen und korrigiert. In 19,51a nun kommen das אלה von 14,1a, gefolgt von nahezu allen Elementen aus 14,1b, in einem Satz zusammen. אשר־נחלו בני־ישׂראל ist neutralisiert als הנחלת in 19,51 aufgenommen worden. Dies ist sowohl eine Verbesserung von 14,1, denn dort steht אלה vereinzelt da, als auch eine logische Darstellung der Verhältnisse: Es geht im vorigen um „Erbteile". Weil 14,1 bereits gewachsen ist, muß der erste Teil von 19,51a zeitgleich oder später als 14,1b sein. Der Rest von v 51a wird diese Vermutung bestätigen.

Am Anfang von v 51 findet sich eine Reihe von näheren Bestimmungen: בגורל, בשׁלה, לפני יהוה und פתח אהל מועד. Alle begegenen uns auch in 18,1–10, nur פתח fehlt. Jos 19,51a nun hat dies alles zusammengefaßt und den Ort in Einklang mit dem Ort heiliger Handlungen aus dem Pentateuch gebracht, nämlich dem Eingang des Zeltes. Der zweite Teil von 19,51a ist somit später als das späteste Stadium von 18,1–10.

Die Verbindung von הלק pi. mit ארץ liegt nur in 19,51b; 13,7; 18,10 vor. Der Unterschied zu 18,10 und 13,7 ist aber, daß hier Josua das Land verteilt bzw. verteilen soll, während in Jos 19,51 die Kommission das Subjekt ist. Mit Wüst ist v 51b dennoch als Übernahme von 18,10b (und 13,7) zu betrachten, wobei das Subjekt Josua zugunsten der Kommission von 51a übergangen wurde.[177]

---

[175] Wüst, *Untersuchungen* 1975, 205.

[176] Es gibt zwei kleine Differenzen: 1. In 19,51 fehlt im Vergleich zu 14,1b („ihnen") ein Objekt. Es fehlt, weil in 49a kein explizites Subjekt genannt wurde. 2. In 19,51 findet man וראשׁי הַאבות לַמתות בני־ישׂראל gegenüber וראשׁי אבות הַמטות לַבני ישׂראל in 14,1. Im ersten Fall handelt es sich um die Genitivverbindungen „Sippenhäupter" und „Stämme Israels", die durch ל miteinander verbunden sind (vgl. *JM* §130c); beide Formeln bezeichnen aber das gleiche.

[177] Wüst, *Untersuchungen* 1975, 206.

Die Literargeschichte von Jos 19,49a.51 sieht wie folgt aus: 1. 19,49a ist der ursprüngliche Abschluß der Landverteilung, die mit 14,1a.5 anfing. Sowohl die Einleitung als auch der Abschluß basieren auf Num 34*. 2. Der Abschluß wird mit v 51a korrigierend erweitert, indem die Kommission Subjekt der Landverteilung wird. Dazu werden Ort und Modus präzisiert. In der gleichen literargeschichtlichen Phase wird der erweiterte Abschluß durch v 51b (ohne גורל) abgeschlossen. V 51 basiert auf den bereits gewachsenen Fassungen von Jos 14,1–5 und 18,1–10, aber ohne die Erwähnungen des Loses. Das Los ist als letztes eingetragen.

4.3.4. *Jos 13,1.7aα*

Daß Jos 13,1–7, die erste Einleitung zur Landverteilung, nicht aus einem Guß ist, ist schon früh erkannt worden.[178] Meistens nimmt man mit Smend an, daß vv 1abα.7 zusammengehören und vv 1bβ–6 später hinzugefügt wurden.[179] Eine etwas andere Position vertritt Wüst, der vv 1.6b zusammennimmt und vv 2–6a als später betrachtet.[180] Wir treten für eine Zwischenposition ein und halten vv 2–6 ohne 1bβ für einen Zusatz und vv 1.7aα für die ursprüngliche Einleitung der Landverteilung. Es folgen zunächst die Argumente der Rekonstruktionen Smends und Wüsts. Anschließend stellen wir unsere eigene Position dar.

Smend: Was am Anfang des ersten Teils des Josuabuches nebeneinander stand, nämlich Zustandsbeschreibung (Jos 1,1a), Gottesrede (1b–2a) und ein von ועתה eingeleiteter Befehl (2b), kehrt nach Smend in c 13 verzerrt wieder. Zwischen Zustandsbeschreibung und Gottesrede einerseits (13,1abα) und Befehl andererseits (13,7) erscheint eine lange Liste des nichteroberten Landes, die den Zusammenhang stört. Nicht nur aufgrund dieser formalen Beobachtung, sondern auch aufgrund inhaltlicher Spannungen muß nach seiner Auffassung 13,1bβ–6 als spätere Einfügung betrachtet werden: 1. Zweimal gibt es einen Auftrag zur Landverteilung (6b :: 7). 2. In v 6b betrifft die künftige Landverteilung

[178] Vgl. z.B. Dillmann, *Josua* ²1886, 440.507; Holzinger, *Josua* 1901, 49; Noth, *Josua* ²1953, 73f.

[179] Smend, *Gesetz* 1971, 497–500; id., *Land* 1983, 91–102. Smend erkannte übrigens in vv 1bβ–6 die Hand des DtrN. Siehe dazu §5.4.2.2.

[180] Wüst, *Untersuchungen* 1975, 222–227.225f; vgl. zu Smend und Wüst Auld, *Joshua* 1983, 52–55.

ganz Israel, in v 7 nur die neuneinhalb cisjordanischen Stämme. 3. Das zu verteilende Land ist in v 6 die Peripherie, in v 7 aber das Westjordanland.[181]

Wüst dagegen betrachtet vv 1.6b als ursprünglich zusammengehörig. Er hat dafür drei Argumente: 1. Jos 13* war ohne die transjordanischen Stämme ursprünglich die Verbindungsstelle zwischen Jos 1–12 und 14–19. Darum kann v 7, in dem die transjordanischen Stämme vorausgesetzt werden, nicht zum Grundbestand gehören. 2. Das Suffix 3.f.sg. in הפלה (v 6b) muß sich auf הארץ in v 1b beziehen; vv 2–6a stören diesen deutlichen Bezug. 3. Literarische Beziehungen zu Jos 1 und 23 bestätigen die Zusammengehörigkeit von vv 1.6b.

Gegen Smend fragen wir uns, warum v 1bβ nicht zum Grundbestand gehören kann. Mit vv 1.7aα hat man eine organische Einleitung für die Landverteilung an die cisjordanischen Stämme. Josua ist alt, und ein großer Teil des Landes ist noch immer nicht in Besitz genommen (v 1), wobei ירשׁ mit Lohfink genauer „als Erbe antreten"[182] heißt. Darum fordert JHWH Josua auf, dieses schon eroberte Land zu verteilen (v 7aα). Die Verbindung הארץ נשׁארה in v 1b war dann später Anlaß für die Einfügung des הארץ הנשׁארת (vv 2–5).[183] Gegen die Argumentation von Wüst haben wir folgende Einwände: 1. Wüst hat durch seine detaillierten Analysen überzeugend dargestellt, daß die Landverteilung an die Transjordanier erst in einem späten Stadium der an die Cisjordanier vorangestellt wurde. Doch schließt man v 7aβ.b aus, dann bildet v 7aα einen organischen Anschluß an v 1. V 7aβ.b wurde erst nach der Hinzufügung von zweieinhalb transjordanischen Stämmen notwendig.[184] 2. Das 3.f.sg. in v 6b kann auch ein Ausdruck des Neutrums sein und sich auf das Ganze in vv 2–5(.6) beziehen.[185] 3. Literarische Beziehungen können auch durch Nachahmung entstehen. Wir betrachten 13,1.7aα somit als ursprünglich zusammengehörig.

---

[181] Vgl. Smend, *Gesetz* 1971, 498ff.

[182] Lohfink, *Bedeutungen* 1981.

[183] Inhaltlich stimmen vv 2b–5 mit Jos 1,4 überein, in dem Sinne, daß das Gebiet, das nicht durch die Landverteilung in Jos 13–19 abgedeckt wird, hier als nicht-erobertes Gebiet erscheint. Wir gehen davon aus, daß vv 2–5 in sekundärer Anlehnung an Jos 1,4 oder allgemeiner: das euphratische Israel entstanden ist. V 6 ist in einem noch späteren Stadium hinzugefügt worden.

[184] Es ist nicht klar, was Fritz, *Josua* 1994, 141, meint mit „ursprünglich" in „Der Befehl an Josua zur Verteilung des Landes bezog sich ursprünglich allein auf das Westjordanland", denn der ganze v 7 sowie Teile aus der Landverteilung an die Rubeniten und Gaditen gehören bei ihm zum Grundbestand des DtrG / DtrH.

[185] Vgl. *JM* §152.

Der so herausgearbeitete Rahmen hat Ähnlichkeiten mit dem in c 1. In Jos 1,1–5 wird Josua, nachdem Mose gestorben ist, von JHWH beauftragt, den Jordan zu überqueren, damit er das Land in Empfang nehmen kann. In 1,6 wird auf die darauf folgende Landverteilung verwiesen. Damit ist die Haupteinteilung des Josuabuches schon gegeben: Landeroberung (cc 1–12) und Landverteilung (cc 13–21). Ist für die Darstellung der Landeroberung und die der Landverteilung die gleiche Hand verantwortlich? Jos 1,6 und Dtn 31,23 sind sicherlich miteinander verwandt, aber gilt das auch für Jos 1,6 / Dtn 31,23 und Jos 13,1.7aα? Das muß nicht notwendigerweise so sein. Der Befehl zur Landverteilung kann nach dem Vorbild des ursprünglichen Befehls zur Landeroberung gestaltet worden sein. Dann könnte das ganze *corpus* der Landverteilung der ersten Ankündigung der Landeroberung angeglichen sein. Ein bedeutender Unterschied liegt darin, daß in Dtn und Jos 1 die bevorstehende Verteilung des Landes durch Josua mit Hilfe des Verbs נחל hi. gestaltet, der eigentliche Auftrag zur Landverteilung (13,7) dagegen mit dem Verb חלק formuliert wird. Nun könnte das einerseits Resultat eines Bedeutungsunterschieds zwischen den beiden Verben sein: נחל hätte eine mehr allgemeine Bedeutung, während חלק das tatsächliche Verteilen bedeutete; auf den Auftrag ... ועתה חלק folgt בנחלה.[186] Andererseits hätte diese Formel dann auch bereits in Dtn 31,23 stehen können, um den literarischen Anschluß zu vollziehen. Außerdem ist, wie Jos 14,1a.b beweisen, auch eine Landverteilung mit Hilfe des Verbs נחל qal bzw. pi. möglich.

Abgesehen von den bereits erwähnten Formeln bringt uns der restliche Wortlaut von 13,1.7aα nicht in de Nähe des Dtn. Bereits den Anfang mit זקן בא בימים finden wir ähnlich nur in Gen 18,11; 24,11; 1Kön 1,1; Jos 23,2[187] wieder, die Verbindung von חלק und בנחלה ausschließlich in Jos 13,7 und Num 26,53.

Zusammenfassend läßt sich folgendes sagen: Wir betrachten Jos 13,1.7aαa als die ursprüngliche Einleitung zur Landverteilung. Ob sie von der gleichen Hand verfaßt wurde, die für Jos 1,6 verantwortlich ist, kann hier nicht entschieden werden. Es gibt Hinweise, die zur Annahme einer Nachahmung von Jos 1,6 durch Jos 13,1.7aαa führen.

---

[186] Das ב ist ein ב-*essentiae*; vgl. Jenni, *Beth* 1992, 89.

[187] Jos 23 setzt cc 13–22 voraus; vgl. Smend, *Gesetz* 1971.

4.3.5. *Jos 21,43–45*

Jos 21,43–45 ist der endgültige Abschluß der Landverteilung und -eroberung.[188] Der Text berichtet, daß JHWH alles getan hat, was er Israel geschworen hatte: Er hat das ganze Land gegeben (v 43); er hat ihm von allen Seiten Ruhe gegeben (v 44a); keiner der Feinde hat vor den Israeliten standgehalten (v 44b); alle Feinde hat JHWH in Israels Hände fallen lassen; alle Versprechen JHWHs an Israel sind erfüllt worden (v 45). Die Landnahme und -verteilung sind also *vollständig* gelungen. Das Wort כל kommt in diesem kleinen Abschnitt sechsmal vor und dazu zweimal לא + Substantiv (איש / דבר).[189] Was JHWH getan hat, hat er vorher versprochen; das wird dreimal betont, immer stärker: „wie er es ihren Vätern zugeschworen hatte" (v 43a); „*ganz* wie er ihren Vätern zugeschworen hatte" (v 44a); „*Nichts* fiel dahin von *all* dem Guten, das JHWH dem Hause Israel versprochen hatte; *alles* traf ein" (v 45). Diese Vollständigkeit kommt auch zum Ausdruck in der Nennung der Angesprochenen: „Israel" (v 43aα), „ihre Väter" (v 43aγ.44a) und „das Haus Israel" (v 45a). Damit werden sie alle angesprochen und wird das, was JHWH den Vätern zugeschworen hat, Realität für die Gegenwart, für das Haus Israel.

Viele betrachten vv 43–45 als den dtr Abschluß der Landverteilung. Obgleich die Etikettierung der Texte erst im nächsten Kapitel angesprochen wird, wollen wir hier zur Vorbereitung einige Wörter und Phrasen auf literarische Beziehungen hin untersuchen.[190] Zunächst fallen manche Einzelheiten auf. Wo bleibt Josua, die Hauptfigur der Landeroberung? Warum wird mit keinem Wort explizit über die vollzogene Landverteilung geredet? Wir erfahren weder etwas von dem gelungenen „Verteilen als Erbteil" (נחל qal oder pi.) noch von dem gelungenen „Verteilen" (חלק qal oder pi.). Nun kann man einwenden, daß die Land*verteilung* doch bereits in Jos 19,49a.51 abgeschlossen wurde. Das stimmt, aber die Land*eroberung* ist in Jos 11,23 beendet worden, und zwar auch vollständig. Wenn dieser Abschluß dann ein Abschluß von sowohl Land*eroberung* als auch Land*verteilung* gewesen wäre, hätte er doch beide Themen explizieren können. Statt dessen

---

[188] Vgl. dazu Noort, *Land* 1986, 94–113.

[189] Interessant ist auch das Wortspiel mit לא עמד איש (v 44b) und לא נפל דבר (45a); weder Mensch noch Sache kann stehen bzw. fallen. Auch hierin kommt die Vollständigkeit zum Ausdruck.

[190] Zu ישב / ירש werden wir uns in §5.4.1 äußern, weil es für Lohfink der Ausgangspunkt seiner Theorie eines DtrL ist.

lesen wir relativ allgemein über eine Landgabe und Ruhe vor den Feinden, die im Grunde schon den Vätern widerfahren waren. Und vor allem, wo ist Mose? In Jos 11,23 lesen wir z.B. „ganz wie JHWH zu Mose geredet hatte". Zugegeben, der Schwur JHWHs wird fast immer mit den Vätern verbunden, aber daß Mose ganz von der Bildfläche verschwunden ist, wirkt merkwürdig.

Daß Gott Israel das „Land" oder das „ganze Land" gibt (v 43a), ist ein aus dem Pentateuch bekanntes Thema. In Verbindung mit dem Schwur JHWHs kommt es hauptsächlich in Dtn vor.[191] In Jos begegnet es in 5,6 und hier sowie in direkter Rede JHWHs in 1,6. Danach taucht es nur noch in Jer 11,5 auf. Nach Jos 21,43 begegnet die Formel im DtrG nicht mehr. Einerseits hängt das mit dem Inhalt zusammen: Mit Jos 21,43ff sind die Landnahme und -verteilung beendet. Andererseits ist es verwunderlich, daß dieser stehende Ausdruck nicht etwa in Rückblicken oder Verweisungen vorkommt.[192] Auch die Form des Schwurs ist atypisch, denn sie bildet eine Zwischenform zwischen der sehr oft belegten Langform und der Kurzform.[193] Ist diese Schwurformel anders gestaltet, weil sie den Abschluß der Schwurformeln im DtrG darstellt? Eine Entscheidung zu treffen ist hier nicht möglich.

„JHWH hatte ihnen Ruhe gegeben von allen Seiten ringsum" (v 44) ist ein Satz, der im Zusammenhang mit der Landnahme im AT nur zweimal erscheint, und zwar in Dtn 12,10 und 25,19.[194] Beide Erwähnungen finden sich im Gesetzescorpus, einmal am Anfang und einmal am Ende. Das Gesetz wird mit dem Land verknüpft. Das Land ist der Ort, in dem sich der Gesetzesgehorsam entfalten kann;[195] die Israeliten leben in der Mitte, während die Feinde ringsum ausgegrenzt sind. Es gibt viele Gemeinsamkeiten der beiden Texte mit Jos 21,44,[196]

---

[191] Dtn 1,8; 4,21; 6,10; 10,11; 11,9.21; 19,8; 26,3; 31,7; 34,4; vgl. dazu Gen 24,7; 26,3. Vgl. Giesen, *Schwören* 1981, 24f. 268f; Perlitt, *Bundestheologie* 1969, 32–35; Kottsieper, שׁבע, 974–1000, bes. 987.

[192] Spricht dies für Lohfinks Annahme eines DtrL von Dtn 1–Jos 22? S.u. §5.4.1.

[193] Giesen, *Schwören* 1981, 230–238.231.

[194] Auch 2Chr 22,18 hat die Sprache der Landnahme. Es erscheinen nebst נוח hi. + מסביב: כי נתן בידי את יושבי הארץ und ונכבשה הארץ לפני יהוה ולפני עמו. Dieser Vers bezieht sich jedoch auf die Zeit Davids. Es sind übrigens von den Königen nur David (2Sam 7,1), Salomo (1Kön 5,18; 1Chr 22,9.18), Asa (1Chr 14,6; 15,15) und Josaphat (1Chr 20,30), denen JHWH ringsum Ruhe gegeben hat.

[195] Wir haben es somit nicht mit DtrN zu tun, weil in dieser Redakionsschicht der Gesetzesgehorsam die *Bedingung* für den Landbesitz ist.

[196] Der Duktus der beiden Texte Dtn 12,10 und 25,19 ist gleich, jedoch weichen sie

aber auch einige beachtenswerte Differenzen. In Dtn kommt die Ruhe, nachdem JHWH dem Volk das Land als Erbteil gegeben hat (נחל hi./ נתן ל- x נחלה). Das Verb נחל oder ein Derivat desselben erscheint in 21,43ff (wie bereits bemerkt) nicht. Außerdem wird in Dtn נוח hi. + מסביב mit מכל־איביכם/ך angefüllt, in Jos 21,44 nicht. Dafür aber kann man den ganzen Vers 44b, in dem כל־איביהם sogar zweimal erscheint, als inhaltliche Füllung der Aussage betrachten. Jos 21,44 ist in dem Sinne atypisch, daß alle anderen fünf Belege die Kurzform mit מכל־איבים (zum Teil mit Suffix) haben. Das gilt auch für die bisher nicht genannte Stelle Jos 23,1.

Die Form לא נפל דבר מכל הדבר הטוב (44.45) kommt in Dtn nicht vor. Wir kennen sie nur aus Jos 21,44; 23,14 und 1Kön 8,56. Diese Stellen lassen sich um zwei vermehren, die נפל hi. mit JHWH als Subjekt haben (1Sam 3,19; 2Kön 10,10). Allerdings fehlt dann das Attribut (טוב(ים.[197] In allen fünf Texten wird mit אשר דבר der Satz weitergeführt, in dem dann JHWH explizit oder implizit das Subjekt ist. Abgesehen von 21,45 finden wir nur in Jos 23,14 הכל באו[198]. Wir gehen mit Smend davon aus, daß c 23 ein Spätstadium im atlichen Schrifttum darstellt und vom Vorangehenden in Jos abhängig ist.[199] Übrigens kommt dort die ungewöhnliche Formel mit הדבר הטובים, also im pl. vor, die danach im gleichen Vers dann auch noch im sg. begegnet. Als eventuellen Bezugspunkt für die Formel haben wir also nur 1Kön 8,56. Wie das Verhältnis zu diesem innerhalb von 1Kön 8 späten Vers zu bestimmen ist, kann hier nicht Gegenstand der Untersuchung sein.

Auch die Form בית ישראל kommt nicht in Dtn vor. In der Fülle der Erwähnungen Israels oder der Israeliten ist der Ausdruck in Jos singulär. Er begegnet in Amos[200], Hosea[201], ProtoJesaja[202], Micha[203], und mit sehr vielen Erwähnungen in Jeremia[204] und Ezechiel[205]. Es ist

---

im Wortlaut manchmal voneinander ab. Auf den Unterschied der Angesprochenen im sg. und im pl.—ein bekanntes Problem in Dtn—können wir nicht eingehen (vgl. u.a. Minette de Tillese, *‚tu' et ‚vous'* 1962, 29–87).

[197] Zu דבר טוב siehe Bergman, דבר, 122.

[198] Der Plural ist *ad sententiam*. In der LXX haben wir es mit Homoioteleuton zu tun; vgl. Holmes, *Joshua* 1914, 78.

[199] Smend, *Gesetz* 1971, 501–504.

[200] Am 5,1.3.4.25; 6,1.4; 7,10; 9,9.

[201] Hos 1,4.6; 5,1; 6,10; 12,10.

[202] Jes 5,7; 8,14 (pl.); 14,2. Vgl. auch 46,3; 63,7.

[203] Mi 1,5; 3,1.9.

[204] Jer 2,4.26; 3,18.20 u.ö.

[205] Ez 3,1.4.5.7 (2×).17; 4,3.4.5 u.ö.

möglich, daß der Ausdruck nur bei Seßhaftigkeit Israels gebraucht wird und deshalb in Dtn fehlt. In Jos 21,45 war diese Seßhaftigkeit definitiv erreicht, was die Verwendung von בית ישׂראל ermöglichte. Dagegen spricht aber, daß der Ausdruck bereits im Pentateuch, also vor der Seßhaftigkeit, vorkommt[206] und DtrG ihn in seinem ganzen Werk nur zehnmal verzeichnet.[207] Im Vergleich zu der Fülle der Form שׁבטי ישׂראל und ישׂראל im DtrG und der Form בית ישׂראל bei den (hauptsächlich vorexilischen) Propheten, muß בית ישׂראל als atypisch für das DtrG betrachtet werden.

Zusammenfassend läßt sich folgendes sagen: Jos 21,43–45, der Abschluß der Landeroberung und -verteilung, hat einige auffällige Merkmale. Diese Verse haben relativ wenige oder atypische Beziehungen zum Tetrateuch oder dem Rest des DtrG, außer zum späteren Teil von 1Kön 8.[208]

4.4. *Die inneren Rahmen*

4.4.1. *Struktur*

Die Gebietsbeschreibungen aller Stämme werden formelhaft eingeleitet und fast alle auch formelhaft abgeschlossen. Sämtliche Überschriften enthalten folgende Teile:[209] 1. ויתן משה in c 13 und *weqatal* + (ה)גורל in cc 14–19; 2. *n.tr.*-בני; 3. למשפח(ו)תם; 4. ויהי להם (ה)גבול oder ויהי גבולם und einmal ויהי להם בנחלתם. Bisweilen werden noch hinzugefügt: 5. מטה; 6. ein Stammesname ohne weitere Hinzufügungen. Die Abschlüsse können in fünf Elemente aufgeteilt werden:[210] 1. זאת נחלת; 2. eventuell מטה; 3. *n.tr.*-בני; 4. למשפח(ו)תם; 5. bis auf dreimal הערים (האלה) וחצריהן.

4.4.2. *Die Anzahlangaben*

Die Anzahlangaben der verschiedenen Elemente in den inneren Rahmen sind wichtig. Bei der Behandlung der äußeren Rahmen wurde schon deutlich, daß in cc 13–19 die Tendenz offensichtlich wird, die Zwölfzahl der Stämme zu betonen. Alle anderen Zahlen der Stämme sind davon abgeleitet. Zählt man aber alle Einleitungen zu den Ge-

---

206 Ex 16,31; 40,38; Lev 10,6; 17,3.8.10; 22,18; Num 20,29.

207 Jos 21,45; 1Sam 7,2.3; 2Sam 1,12; 6,5.15; 12,8; 16,3; 1Kön 12,21; 20,31.

208 Hentschel, *1 Könige* 1980, 63: vv 54–61; Talstra, *Prayer* 1993, 247f.

209 S.u. §11.3.1.

210 S.u. §11.3.2.

bietsbeschreibungen zusammen, hat man deren 14. Das kommt dadurch, daß Manasse aus einer West- und einer Ostgruppe besteht und vor der Beschreibung Ephraims und Manasses eine Einleitung zu Josef erscheint. *n.tr.*-בני kommt dementsprechend 14× vor in den Einleitungen.[211] Die eigentlichen Einleitungen zu den Gebietsbeschreibungen, ויהי להם הגבול oder ähnliches, trifft man aber genau zwölfmal.[212]

In den Abschlüssen begegnet die Zwölfzahl öfter. Erstens gibt es davon genau zwölf, und keine 14. Weder Josef noch das transjordanische oder cisjordanische Manasse haben einen Abschluß. Benjamin aber hat zwei Abschlüsse (18,20.28), so daß die Zahl wieder zwölf beträgt. Sonst kommen זאת נחלת, *n.tr.*-בני und למשפח(ו)תם zwölfmal vor.

גורל begegnet zehnmal. Zehn ist die Zahl der cisjordanischen Stämme. Sie erhalten ihr Gebiet durch das Los im Unterschied zu den transjordanischen. Für die Josefiten geht auch ein Los aus (יצא; 16,1). Dadurch kann nur einer der zwei josefitischen Stämme darüber hinaus noch Gebiet über das Los bekommen, weil sonst die Zehnzahl verloren ginge. Die (übrigen) Manassiten sind die glücklichen, während die Gebietsbeschreibung der Ephraimiten nur von ויהי גבול eingeleitet wird.

Siebenmal wird in den Abschlüssen die Bezeichnung מטה gebraucht. Warum Ruben, Gad, Benjamin und Zebulon nicht מטה genannt werden, bleibt unklar. Vielleicht war das Erreichen der Siebenzahl der Grund.

Zusammenfassend läßt sich sagen, daß die Zahlen zwölf, zehn und sieben eine bedeutsame Rolle in cc 13–19 spielen, vor allem die Zwölfzahl.

4.4.3. *Überschriften und Abschlüsse*

4.4.3.1. Die Überschriften

ויתן משה / *wajjiqtol* + *(ה)*גורל

Die erste Verbindung kommt nur in c 13 vor,[213] weil die cisjordanischen Stämme ihr Erbteil direkt von Mose erhalten haben.[214] Der Rest der Landverteilung findet durch das Los (גורל) statt. Oben haben wir

[211] Das בני in der ersten Erwähnung von בני נפתלי (19,32) ist als versehentliche Assimilierung zu streichen.

[212] 19,2 ist nicht mitgezählt worden, weil גבול fehlt.

[213] Jos 13,15.24.29; vgl. 14,2.

[214] Vgl. Num 32.

behauptet, daß das Losprinzip bei der Landverteilung im ganzen spät ist.[215] Das gilt auch für die Einleitungen.

Cortese meint, daß alle Einleitungen bis למשפח(ו)תם sekundär sind. Allesamt seien sie Zusätze zu einem geographischen Urdokument, das nur die Gebiete und nicht die Grenzen der Stämme beschrieben habe.[216] Darauf, so Cortese, weise die Tatsache hin, daß jedes Stammgebiet doppelt eingeleitet werde: Nach jeder ersten Einleitung mit גורל folge ויהי להם הגבול oder ähnliches. Letztere seien die ursprünglichen Einleitungen. גבול sei in ihnen mit „Gebiet" zu übersetzen. Und weil גבול in der priesterlichen Tradition die Bedeutung „Grenze" habe, gehöre dieses גבול mit der Bedeutung „Gebiet" zum vorpriesterlichen Urdokument. Daß in listenartigem Material von Anfang an die Einleitung doppelt war, betrachtet Cortese zu Recht als unwahrscheinlich. Die Gebietsbeschreibungen sind durch die erste Einleitung stark schematisiert, und Schematisierungen weisen im allgemeinen auf eine spätere Hand.

Trotzdem birgt Corteses Rekonstruktion einige Probleme in sich. Erstens sind die Einleitungen nur in einem Fall doppelt, und zwar in Jos 16,5,[217] in allen anderen Fällen nicht: In 13,15f.24f gibt Mose etwas, und dieses Etwas wird erst durch ויהי להם הגבול spezifiziert. In 18,11f; 19,1f.10.17f.24f.32f.40f wird erst das Los geworfen und danach expliziert, worum es geht: nämlich die Gebiete jener sieben Stämme. Anders scheint es in den Einleitungen in Jos 15,1 und 17,1 zu sein. הגורל bedeutet hier außer „Los" auch „Gebiet",[218] und dann hätten wir eine doppelte Einleitung. Doch der Schein trügt, was 15,1f betrifft; denn hat man in 15,1 die allgemeine Explizierung des Gebietes Judas, so leitet v 2aα die genaue Beschreibung der Südgrenze ein. Jos 17,1f.7 ist schwerer zu beurteilen, weil vv 1–7 im Laufe der Zeit stark angewachsen sind, wodurch die erste und die zweite Einleitung verzerrt sind.

Die zweite Schwierigkeit bei Corteses Rekonstruktion ist, daß einige Wörter gestrichen werden müssen und man viele Schritte braucht. Normalerweise streicht eine spätere Hand nichts oder so wenig wie möglich. Nimmt man mit Cortese die ersten Einleitungen weg, dann bleibt ויהי להם הגבול oder ähnliches übrig, wobei dann nicht klar ist, auf welchen Stamm sich die Gebietsbeschreibung bezieht. Für eine Ände-

---

[215] S.o. §4.3.2.3.3.

[216] Cortese, *Josua* 1990, 39–43.

[217] Dazu gleich unten mehr.

[218] S.o. §3.3.2.1.

rung eines ursprünglichen *n.tr.*-ויהי גבול bräuchte man drei Schritte: man müßte den Stammesnamen streichen bzw. versetzen, גבול determinieren und להם hinzufügen. Die zweiten Einleitungen können somit nicht die ursprünglichen Einleitungen gewesen sein.

Cortese verbindet גבול in der ausschließlichen Bedeutung „Gebiet" mit einer früheren Hand. Er postuliert ein geographisches Urdokument, das nur die Gebiete und keine Grenzen beschrieben hat. Dann aber bleibt für Juda, Ephraim und Manasse nichts übrig, denn nach der jeweils zweiten Einleitung folgen nur Grenzen und keine Gebiete.[219] Das gilt auch für einige der galiläischen Stämme. Deren Gebietsbeschreibungen enthalten bis auf Simeon und Dan eine Mischung aus Grenzbeschreibungen und Ortslisten. Geht man von einer ursprünglichen Beschreibung aus, die nur Gebiete enthielt, dann bleibt auch für diese Stämme nicht viel übrig. Andererseits wird der Abschnitt über Simeon, der gerade keine Grenzbeschreibung enthält, nicht mit גבול, sondern mit נחלה eingeleitet (19,2), was allerdings nicht für Dan gilt. גבול bedeutet sowohl „Grenze" als „das durch die Grenzen umschlossene Gebiet".[220] Somit ist Corteses Rekonstruktion aufgrund verschiedener Bedeutungen von גבול unhaltbar.

n.tr.-בני

n.tr.-בני steht in jeder Überschrift und jedem Abschluß; מטה kann fehlen, *n.tr.*-בני nicht. Mit einigen Ausnahmen kommen die Verbindungen von בנים mit den kanonischen vierzehn (inklusive Josef, Ephraim, Manasse und Levi) Stämmen in einer festen Anzahl von Kapiteln vor. Sie begegnet in: Gen 46;[221] Num 1; 26[222]; 2 ; 10;[223] 7[224]; 32; 34[225]; Jos 13ff; 1Chr[226]; mit anderen Worten in den Texten, die wir außer Gen 46 bereits bei den Wortuntersuchungen betrachtet haben. Es ist ein typisches Listenwort. Nur die Daniten, die Judäer und die Benjaminiten

[219] Jos 15,1 fehlt bezeichnenderweise in Corteses (*Josua* 1990, 40) Liste der „Gebiets"-Einleitungen. Demgegenüber hätten u.E. 16,5 und 17,7a nicht auftauchen dürfen. Nur in 17,8; 18,5; 19,46.47, gerade keinen Einleitungen, hat גבול die Bedeutung „Gebiet".

[220] S.o. §3.3.2.3.

[221] Ohne Ephraim und Manasse.

[222] Außer Levi.

[223] Außer Josef, Levi und Ruben.

[224] Die Leviten und Judäer werden nicht mit בנים bezeichnet.

[225] Außer Levi. Juda und Benjamin werden mit מטה + *n.tr.*, ohne בנים, bezeichnet. In manchen Mss fehlt auch für Simeon das בנים.

[226] Alle „Söhne" begegnen in 1Chr außer den „Söhnen Dans" und „Zebulons".

sehen wir darüber hinaus noch in Ri 1 und anderen Erzählungen.[227] In Jos 13ff folgt למשפח(ו)תם immer auf *n.tr.*-בני. Unseres Erachtens verrät das seine Herkunft aus Num 26.

In sieben Einleitungen taucht, wie gesagt, der Begriff מטה auf. Davon weicht die Einleitung zu Manasse ab, die den Begriff שׁבט statt מטה verwendet (v 29a), und das findet sich innerhalb von Jos 13–19 nur in dieser Einleitung.[228] Später wurde der Begriff מטה, vielleicht als Glosse, nachgetragen (v 29b). Zudem fehlt für Manasse ein Abschluß, und das übrigens nicht nur hier, sondern auch in c 17.

למשׁפח(ו)תם

Für למשׁפח(ו)תם ist nahezu das gleiche zu sagen. Es begegnet gehäuft in Num 1; 3; 4; 26, also in Listen. Dort werden die Stämme so, wie jeweils expliziert wird, nach ihren Geschlechtern aufgeführt. Doch in der Landverteilungstradition Jos 13–19 weist nichts außer den Einleitungen und Abschlüssen darauf hin, daß die Stammesgebiete nach Geschlechtern verteilt werden. Vor allem die Ortsliste Judas hätte reichlich Gelegenheit gegeben, die Distrikte mit den Wohngebieten bestimmter Geschlechter zu verbinden, falls sie tatsächlich zusammenfielen. למשׁפח(ו)תם stört den Kontext. Es ist lediglich in die Landverteilungstradition eingetragen, um eine Verbindung mit Num herzustellen. Num 26 bietet die meisten Belege von למשׁפחתם[229] und zugleich eine Ankündigung der Landverteilung. Doch in der Ankündigung taucht למשׁפחתם nicht bzw. nur indirekt auf. Im ältesten Teil, vv 52–54, soll לאלה (v 52) das Land *nach der Anzahl der Namen* verteilt werden. לאלה bezieht sich angesichts des Kontextes wohl auf die Geschlechter Israels, auch wenn die Anknüpfung nur lose ist. Interessant ist, daß Num 33,54, das die Endgestalt von Num 26,52–54 und 55f voraussetzt, לאלה von Num 26,52 offensichtlich als למשׁפחתם verstanden hat. Die richtige Ordnung nach Geschlechtern wurde somit als wichtig erfahren. Wie in Jos 13–19 steht in Num 26 bis auf eine Ausnahme immer *n.tr.*-בני vor למשׁפחתם.[230] Das bedeutet, daß die Geschlechter stammesweise gezählt werden, genauso wie das Land in Jos 13–19 stammesweise verteilt wird. Die Verbindung von *n.tr.*-בני und למשׁפחתם kommt nicht so oft vor.

---

227 Naphtaliten und Zebuloniten begegnen nur noch in Ri 4,6.

228 Sonst kommt שׁבט innerhalb von Jos 13–19 nur noch in 18,1–10 vor.

229 Num 26,12.15.20.23.26.28.35.37.38.41.42 (2×).44.48.50.57.

230 Die Ausnahme betrifft Naftali (Num 26,50). Bei Ruben taucht למשׁפחתם überhaupt nicht auf (Num 26,5).

Von den insgesamt 55 Belegen finden sich 22 in Num, davon 13 in Num 26 und 29 in Jos, und davon wiederum 27 in Jos 13–19. Lassen wir Num 26 und Jos 13–19 außer acht, dann betreffen zwölf von den 15 Belegen Leviten bzw. Levitengeschlechter.[231] Kann man sagen, daß die Verbindung einen levitischen Hintergrund hat? Aufgrund dieser Beobachtungen allein nicht, aber nimmt man die bereits gemachten Hinweise für ein priesterlich-levitisches Interesse dazu,[232] dann schließt sich der Kreis.

ויהי להם הגבול *und Varianten*

Alle Überschriften werden mit einer Art zweiten Überschrift fortgesetzt. Mit ihr wird eine Gebietsbeschreibung eingeleitet, die sich ähnlich wiederum in Num 34 findet und darauf basiert.[233] Es gibt mehrere Formen: ויהי להם הגבול[234], ויהי גבולם[235] und ויהי גבול נחלתם.[236] Nur bei Simeon fehlt גבול gänzlich, weil nur Orte innerhalb Judas aufgelistet werden. Ob die verschiedenen Formen mehr sind als Variationen, bleibt unklar. Abweichungen liegen vor in 18,12 (ויצא גבול גורלם), 19,2 (ויהי גבול נחלתם) und 17,7 (ויהי גבול־מנשה). Die letzte Form betrachten wir als eine ursprüngliche, wie wir noch begründen werden.[237]

4.4.3.2. Die Abschlüsse

זאת נחלת (מטה) בני־*n.tr.*

Weil die Bezeichnungen מטה, בני־*n.tr.* und למשפחתם bereits besprochen worden sind, behandeln wir von dem ersten Teil der Abschlüsse nur זאת נחלת (מטה) בני־*n.tr.* Mit „dies ist das Erbteil (des Stammes) der *n.tr.*" werden die Gebietsbeschreibungen aller Stämme außer Manasse abgeschlossen.[238] In Num 34,2bα findet sich eine inhaltlich gleiche, wenn auch nicht parallele Formulierung: זאת הארץ אשר תפל לכם בנחלה „Dies ist das Land, das euch als Erbteil zufallen wird", eine Formulierung,

---

[231] Num 3,18.19.20; 4,2.29.34.38.42; Jos 21,7.40; 1Chr 6,47.48. Die Ausnahmen liegen vor in: Gen 10,20.31; Num 1,2.

[232] S.o. §4.3.2 und 4.3.2.4.

[233] Num 34,3.6.7.9.

[234] Jos 13,16.25; 18,12. In 15,2 fehlt das Determinativ vor גבול, aber weil es durch das nachfolgende נגב determiniert ist, gehört auch dieser Vers zur oben genannten Gruppe.

[235] Jos 13,30; 19,18.25.33.

[236] Jos 16,5; 19,10.41.

[237] S.u. §4.4.4.

[238] Auch Josef wird wird nicht mit dieser Formel abgeschlossen, doch ist Josef kein Stamm. Er kommt dementsprechend nie mit der Bezeichnung שבט oder מטה vor.

die sich nahezu gleich in Ez 48,29a und, was den Inhalt betrifft, parallel in Jos 13,6b wiederfindet.[239] Wir wissen schon, daß v 6b nicht zur ursprünglichen Einleitung der Landverteilung 13,1.7 gehört, und betrachten den halben Vers als eine Interpolation nach Num 34,2. Die Beschreibung Benjamins weicht in zwei Hinsichten ab: 1. Es begegnen zwei Abschlüsse (18,20.28); 2. in dem ersten Abschluß findet sich לגבולתיה סביב „nach seinen Grenzen ringsum". Die Erklärung zur ersten Abweichung liegt darin, daß die Formel *n.tr.*-זאת נחלת (מטה) בני zwölfmal auftauchen muß. Jedoch ist das eine Teilerklärung, denn die Frage verschiebt sich: Warum werden die Gebietsbeschreibungen Josefs und Manasses nicht mit *n.tr.*-זאת נחלת (מטה) בני abgeschlossen? Was Josef betrifft, ist es noch verständlich, weil es sich bei ihm nicht um einen Stamm handelt. Westmanasse hat diesen Abschluß nicht, weil es keine Ortsliste hat. נחלה bezieht sich nämlich primär auf Orte. Das kann man erstens daran sehen, daß 19,2 die Phrase ויהי להם בנחלתם für den Stamm Simeon ohne גבול verzeichnet, da für Simeon nur eine Ortsliste vorliegt. Zweitens zeigt dies gerade die zweite Abweichung in Benjamin: לגבולתיה סביב mußte in Jos 18,20 nach der Grenzbeschreibung 18,11–20 hinzugefügt werden, weil *n.tr.*-זאת נחלת (מטה) בני den Eindruck machte, als würde eine Ortsliste abgeschlossen. Aber warum wird dann die Grenzbeschreibung Judas nicht in dieser Weise abgeschlossen? Es gibt nur eine Antwort: זה גבול בני־יהודה סביב למשפחתם in Jos 15,12b ist der ursprüngliche Abschluß der judäischen Grenzbeschreibung. 18,20 wurde nach Analogie von 15,12 gebildet. זאת נחלת *n.tr.*-(מטה) בני wurde zugunsten der Zwölfzahl verwendet, und … גבול סביב in לגבולתיה סביב geändert.[240] Daß Ostmanasse den Abschluß mit *n.tr.*-זאת נחלת (מטה) בני nicht hat, liegt möglicherweise an der Tatsache, daß die Gebietsbeschreibung teilweise Makir betrifft, der nicht zu den kanonischen Stämmen gehört.

In Übereinstimmung mit der Zwölfzahl der kanonischen Stämme gibt es auch zwölf Abschlüsse, wobei in ihnen entscheidende Begriffe insgesamt zwölfmal vorkommen. Die Überschriften sind weniger systematisch. Anzunehmen ist, daß in den Abschlüssen eine spätere Systematisierung vorliegt.

[239] Vgl. Ez 47,14.

[240] Mit Noth, *Josua* ²1953, 111, ist es möglich, daß לגבולתיה סביב nachträglich eingesetzt wurde, um das Vorangehende im Unterschied vom Folgenden als Grenzlinie zu bezeichnen.

הערים וחצריהן *und Varianten*

Durch die Kombination ערים וחצריהן erweist sich, daß חצר nicht als „Innenhof" (sc. des Tempels) betrachtet werden muß, was bei P die geläufige Bedeutung ist, sondern als „Gehöft, Dorf". In dieser Weise, also mit dem Suffix 3.p.pl.f., kommt es selten vor. Die Stellen beschränken sich auf Jos 13–19; Jos 21,12; 1Chr 6,41.[241] Weil 1Chr 6,41 auf Jos 21,12 basiert und Jos 21,12 von Jos 15,13–19 abhängig ist, haben wir mit ערים וחצריהן eine in Jos 13–19 singuläre Kombination.

Es begegnen zwei Gruppen dieser Kombination: 1. וחצריהן *n* (כל) ערים gibt eine Summierung der aufgelisteten Orte. Diese Gruppe kann in drei weitere unterteilt werden: a. Die Summierung kommt einmal pro Stamm vor;[242] b. die Summierung kommt mindestens zweimal vor und schließt somit mehrere Distrikte ab;[243] c. es gibt überhaupt keine Summierung.[244] 2. כל הערים (האלה) וחצריהן erscheint achtmal direkt nach זאת נחלת בני-*n.tr.* למשפח(ו)תם. Auffällig ist, daß die Formel fehlt, wenn es zwei oder mehr Distrikte gibt. Damit gehören die Ortslisten von Juda, Benjamin und Simeon formal zusammen.

4.4.4. *Zusammenfassung und Schlußfolgerungen*

Die Struktur der Überschriften und Abschlüsse ist formelhaft. Dazu spielen die Zahlen zwölf, zehn und sieben eine wichtige Rolle. Sie dienen dazu, die richtige Ordnung zu betonen. Gegen Cortese sind die Überschriften bis auf Jos 16,5 nicht doppelt, obgleich sie auch nicht aus einem Guß sind. Das im Kontext von Jos 13–19 nicht zutreffende למשפח(ו)תם rührt aller Wahrscheinlichkeit nach von Num 26 her, wo es sehr wohl zutrifft. Die Kombination des „Listenwortes" *n.tr.*- בני mit למשפח(ו)תם kommt außer in Num 26 und Jos 13–19 nahezu ausschließlich im Zusammenhang mit Leviten vor. ויהי להם גבול und Ähnliches kennen wir anderswo im AT nur noch in Num 34. Die Abschlüsse sind gekennzeichnet durch die Zahl zwölf und ihre Systematisierung, die noch stärker hervortritt als in den Überschriften. Die Verbindung von הערים mit וחצריהן findet sich außer in Jos 13–19 nur noch in Verbindung mit Leviten in Jos 21,12 und 1Chr 6,41; das gleiche gilt für לפי נחלתם (v 4), das nur noch in Num 35,8 erscheint. Die formale Struk-

---

[241] Vgl. 1Chr 4,31–33.

[242] Jos 19,15.22.30.38.

[243] Jos 15,32.36.41.44.51.54.57.59.59^LXX. 60.62; 18,24.28; 19,6.7.

[244] Die hätten vor Jos 13,23.28; 19,48 stehen müssen.

tur der Abschlüsse sowie der Einteilung in Distrikte hebt die Grenzbeschreibungen von Juda, Benjamin und Simeon von den restlichen ab.

Nach den obigen Analysen können folgende Schlußfolgerungen über die Entstehungsgeschichte der inneren Rahmen gezogen werden. Dafür ziehen wir die atypischen Formulierungen heran. In den Gebietsbeschreibungen von Juda und Josef ist גורל mit dem Verb היה verbunden[245], und nur bei Josef mit יצא[246]. Nun macht es mehr Sinn, wenn ein Los „ausgeht" als daß es „ist", und darum stellen 15,1 und 17,1 eher die Ausnahmen dar. Dagegen fehlt die Erwähnung des Loses bei Ephraim (Jos 16,5). Es findet sich lediglich ... ויהי גבול. Aber gerade das war die ursprüngliche Einleitung—auch von Juda (15,1) und Manasse (17,7)—. Jos 16,1–4 insgesamt ist sekundär den Gebietsbeschreibungen von Manasse und Ephraim vorangestellt.[247] In diesem Stadium hatte man die Möglichkeit, die Los-Einleitung mit den Los-Einleitungen von Jos 18,21–19,49 in Einklang zu bringen und das Verb יצא einzusetzen. Weil die Lose strikt auf zehn beschränkt waren, mußte man nach Einfügung von 16,1–4, in dem ein Los bereits an Josef vergeben war, die Einleitung eines Stammes intakt lassen. Die Einleitung von Ephraim blieb unverändert. Bei Juda und Manasse hat man ein ursprüngliches גבול in גורל geändert.[248] Weil jetzt auch die Gebiete von Juda, Josef und Manasse durch das Los zugeteilt wurden, wurde das deutlich als Einfügung erkennbare בגורל נחלתם in 14,2 notwendig. Mit 16,5 und 17,7 könnte auch die Bezeichnung מטה in Jos 13–19 später sein. Ein Grund für die Einfügungen von מטה ist allerdings schwer erkennbar. Wir haben oben gesehen, daß מטה am häufigsten in Verbindung mit Juda vorkommt.[249] Das trifft sich mit der Tatsache, daß es dreimal in der Gebietsbeschreibung von Juda und jeweils zweimal in denen von Stämmen erscheint, die mit Juda verwandt sind (Benjamin, Simeon, Dan).[250] Warum Asser auch zweimal מטה verzeichnet,[251] bleibt rätselhaft. Daß manche Stammesnamen (Gad, Ost-Manasse, Simeon,

[245] Jos 15,1; 17,1.

[246] Jos 16,1.

[247] Mit De Geus ist die Zusammenfassung von Ephraim und Manasse in Josef als eine späte Entwicklung zu betrachten; De Geus, *Tribes* 1976, 70–96.

[248] Vor der Einführung der *matres lectionis* mußte dafür nur ein Buchstabe geändert werden.

[249] S.o. §3.3.2.2.

[250] Jos 15,1.20.21; 18,11.21; 19,1.8; 19,40.48.

[251] Jos 19,24.30.

Issachar, Naftali) doppelt vorkommen,[252] einmal einfach[253] und einmal mit בנים gibt mit Cortese Anlaß zur Annahme, daß die zweite Erwähnung später hinzugefügt wurde, um das Ganze zu systematisieren. Es gibt aber keine signifikanten Abweichungen in den Gebietsbeschreibungen der Stämme, deren Namen doppelt erwähnt sind. Darum müssen wir annehmen, daß es sich entweder um eine einfache Variation handelt[254] oder daß der Bearbeiter den Namen mit der Gebietsbeschreibung oder einem Teil davon vorgefunden hat.[255] Ob der einfache Stammesname in allen Fällen ursprünglich war, ist nicht auszumachen. Auffällig ist, daß die doppelten Erwähnungen nur im ersten und zweiten Teil der Gebietsbeschreibungen (Jos 13; 18f) vorkommen. Kann es sein, daß Teil II (Jos 15–17) ursprünglich einen Anhang mit Städten von Gad, Manasse, Simeon, Issachar und Naftali hatte, die später mit בנים versehen und in das Zwölfstämmesystem eingebaut wurden? Handelt es sich vielleicht um die ersten geplanten Ansiedlungen vom Kerngebiet (Juda und Josef) aus?

Das unpassende למשפח(ו)תם ist auch später eingefügt worden, um den Anschluß an Num 26 zu erreichen. In der Endfassung von Num 26 einschließlich der Ankündigung der Landverteilung durch das Los begegnen alle Elemente, die hier sekundär zu sein scheinen: גורל, מטה, *n.tr.*-בני, למשפחתם. Was übrigbleibt, *n.tr.*-ויהי גבול, treffen wir in Jos 17,7 und mit בנים in Jos 16,5. So muß, wie auch Cortese annimmt, die Einleitung des geographischen Urdokuments ausgesehen haben. Doch über die Art und den Umfang dieses Urdokuments sind wir anderer Meinung als Cortese.

Die Formel למשפח(ו)תם *n.tr.*- זאת נחלת בני erweist sich durch ihre straffe Systematisierung als sekundär. Um die Zwölfzahl zu erreichen, mußte der Abschluß bei West-Manasse fehlen. Möglicherweise kam die Formel anfänglich nur bei Juda vor. Dort fungierte (und fungiert) sie als *Einleitung* der Ortsliste statt als Abschluß der ganzen Gebietsbeschreibung. Diese Einleitung ist modifiziert als Einleitung in der Ortsliste Benjamins aufgenommen. In einem weiteren Stadium ist die Formel als Abschluß benutzt worden, um weitere zehn Gebietsbeschreibungen abzuschließen. Damit kam die Gesamtzahl auf zwölf. Die Formulie-

[252] Jos 13,24.29; 19,1.17.32.

[253] Außer bei Naftali (Jos 19,32).

[254] Die zweifache Erwähnung steht bei der zweiten, vierten und sechsten der Gebietsbeschreibungen der sieben übrigen Stämme.

[255] Unwahrscheinlich ist, daß dem „Redaktor des Urdokuments" entgangen ist, „daß der Name des Stammes schon einmal geschrieben war."; so Cortese, *Josua* 1990, 41.

rung mit זאת und נחלה könnte sehr wohl Num 34,2b entlehnt sein, angesichts der vielen Berührungspunkte zwischen Jos 15 und Num 34 bzw. Jos 13–21 und Num 34. Vielleicht ist auch ויהי להם בנחלתם in Jos 19,2 als Einleitung zur Ortsliste Simeons ursprünglich, weil sich נחלה in erster Linie auf Orte bezieht.

Nur die Gebietsbeschreibungen von Juda, Benjamin und Simeon haben eine gegliederte Ortsliste mit Zwischensummierungen. Das findet sich nur noch in den Listen der Levitenstädte (Jos 21; 1Chr 6). Wieder zeigt sich ein indirektes priesterlich-levitisches Interesse. Die Belegstellen von ערים *n* וחצריהן beschränken sich auf Jos 15; 18f und sind sonst nur noch mit שׂדה העיר ואת־חצריה (Jos 21,12 / 1Chr 6,41[256]) vergleichbar. Die beiden letzten Stellen beziehen sich auf das Kaleb zugewiesene Gebiet und sind deutlich von Jos 14f abhängig. Die Formel ist damit für Jos 15; 18; 19 singulär. Später werden wir zeigen, daß die Summierungen nicht zur ursprünglichen Liste gehören.[257]

4.5. *Die diachrone Struktur*

4.5.1. *Die literarischen Beziehungen von Jos 13–21 zu Num*

Die zahlreichsten Verbindungen haben die Landverteilungstexte mit Num, und sie sind meistens exklusiv. Es ist allgemein anerkannt, daß sie wegen der detaillierten Übereinstimmungen literarisch sein müssen. Es handelt sich um die Kapitel 26; 32–35(.36). In §4.3.2.3.3 sind wir den Loserwähnungen in Num nachgegangen (Num 26,55ff; 33,54; 34,13; 36,2), so daß diese nicht mehr analysiert zu werden brauchen. Num 35 (wie auch Jos 21) birgt sehr viele eigene Probleme, wie z.B. die Datierung und die Bestimmung des literarischen Ortes. Darum entscheiden wir uns dafür, Num 35 in diesem Zusammenhang nicht heranzuziehen. Wir gehen also im folgenden auf Num 26; 32; 34 ein.

4.5.1.1. Zu Num 26

In Num 26,52ff wird zum ersten Mal die Landverteilung befohlen. Durch לאלה wird dieser Nachtrag[258] mit der Volkszählung verbunden, bei der große Geschlechter viel und kleine wenig Land erhalten. In Jos 13–21 ist von diesem Prinzip nur wenig zu erkennen. Anhand der

256 Vgl. 1Chr 4,32.33; Jes 42,11.
257 S.u. §7.2.1.5.
258 Vgl. Holzinger, *Numeri* 1903, 135.

Geschichte 18,1–10 kann man noch vermuten, daß die Aufnahme des Landes einer gerechten Verteilung dient. Doch wie wir herausgestellt haben, ist diese nicht mit einer Verteilung durch das Los zu vereinbaren.[259] Nur למשפח(ו)תם *n.tr.*-בני in allen Einleitungen und Abschlüssen der jeweiligen Gebietsbeschreibungen stellt eine Verbindung mit dem Prinzip der Verteilung nach Größe der Stämme dar. לאלה konnte in Jos 13–21 nicht übernommen werden, weil ihm keine Namensliste vorangeht. Doch innerhalb von Num 26,1–51 kommt למשפחתם *n.tr.*-בני 16× vor.[260] Auch wenn Num 26,1–51.57–56 nicht aus einem Guß ist, paßt למשפחתם hier und in Jos 13–21 nicht. Darum gehen wir davon aus, daß die Formel למשפח(ו)תם *n.tr.*-בני nachträglich in Jos 13–21 eingesetzt wurde, um den Text mit Num 26 zu verbinden.

4.5.1.2. Zu Num 32

In Num 32 geht es um das Land für die transjordanischen Stämme. Das Kapitel hat zwei Hauptteile: 1. vv 1–32: Gad und Ruben bitten Mose um Weideland und Städte; Mose erfüllt ihren Wunsch unter der Bedingung, daß sie mit über den Jordan ziehen; 2. vv 33–42: Mose gibt Gad, Ruben und jetzt auch Halb-Manasse Land; sie bauen Städte und Dörfer. Vv 28–32 stellen eine Dublette zu vv 20–24 dar und sind ein späterer Zusatz.[261] Mose wiederholt hier die Bedingung, die er den Gaditern und Rubenitern gestellt hat. Jetzt aber redet er zu Eleasar,

---

[259] S.o. §4.3.2.3.3.

[260] Num 26,12.15.20.23.26.28.35.37.38.41.42 (2×).44.48.50.57.

[261] Auf die zahllosen literarkritischen und -historischen Probleme von Num 32 können wir hier nicht erschöpfend eingehen. Wir nennen einige Probleme. Fraglich ist, worum die Gaditen und Rubeniten eigentlich bitten: Um Weideland, um Städte, um Land (ארץ), um Besitz (אחזה) oder um ein Erbteil (נחלה)? Auf wen bezieht sich אליו in v 16, und wer ist das Subjekt von ויאמרו? Warum sagen die Gaditen und Rubeniten in vv 4f, daß sie „*deine* Knechte“ sind, obgleich sie gerade Mose *und* Eleasar, den Priester und die Führer der Gemeinde angeredet haben (v 2). Und warum gehört Josua in v 28 auf einmal zu den Angeredeten? (Vgl. zur Gestalt Josuas im Pentateuch, Noort, *Naamsverandering* 1987, 55–70.) Warum werden die „Führer der Gemeinde“ aus v 2 in v 28 „Sippenhäupter der Stämme der Israeliten“ genannt? V 3 paßt kaum in den Zusammenhang. Woher kommen die Frauen in v 26 (von ihnen war bisher noch nicht die Rede gewesen)? Woher kommt plötzlich der halbe Stamm Manasse in v 33, und warum wird er mit dem vorher noch nicht verwandten שׁבט angedeutet? Warum ist die Reihenfolge eigentlich Gad–Ruben und nicht Ruben-Gad, so wie es meistens im AT vorkommt? Die Fülle der Unstimmigkeiten hat Wüst, *Untersuchungen* 1975, 95–109, dazu veranlaßt, folgende Literargeschichte in Num 32,1–38 zu postulieren: die Grundschicht: vv 1*. 16a. 16b. 17.20aα. 34–38 und 24 (v 24 fehlt in dem Titel auf S. 95); zwei Ergänzungsschichten: I. 20aβ. 22aβa. 23; II. 2abα (bis משה). 5 (ohne ויאמרו). 6.25.28f; und übrige Ergänzungen: 2b (ab ואל אלעזר). 4.5 (ויאמרו; 3; 7–11.12–15; 18.19a.19b;

Josua und den Sippenältesten *über* die Gaditen und Rubeniten. Diese Kommission hat die Aufgabe, die Landverteilung durchzuführen; sie soll darauf achten, daß Gad und Ruben mit über den Jordan ziehen und mitkämpfen. Sie soll ihnen danach das Land Gilead zum Besitz (אחזה) geben. Diese Kommission taucht unerwartet auf. In v 2 ist nur von Mose, Eleasar und den Fürsten der Gemeinde die Rede. In v 28 kommt Josua dazu, und „Führer (נשׂיא) der Gemeinde" ist in „Sippenhäupter (ראשׁ) der Stämme der Israeliten" geändert worden. Zuvor wird Josua nur beiläufig erwähnt (v 12). Die Landverteilungskommission wird immer wichtiger: In v 22 sollte das Land „unterworfen" (נכבשׁה) sein „vor JHWH", in v 28 „vor euch", d.h. der Kommission. In v 28 soll sie Ruben und Gad Land geben (ונתתם להם את־ארץ גלעד לאחזה), während es in v 22 ihnen gehören wird „vor JHWH" (לאחזה הארץ הזאת לכם לפני יהוה והיתה). Auch wenn JHWH nicht, wie im Fall des Westjordanlands, das Land selbst gibt (v 9), ist er doch stark mit einbezogen in v 22. In v 28 hat JHWH direkt nichts mehr mit der Landverteilung an Gad und Ruben zu tun.[262] Der Gedanke der Rubeniten und Gaditen, daß sie Land als Erbteil (נחלה) empfangen werden (v 19), wird in vv 29f subtil geändert. Jetzt werden sie nur noch Besitz (אחזה) erhalten, und auch im cisjordanischen Land werden sie nie נחלה bekommen (נאחזו).[263]

Auch die Tatsache, daß das Objekt von צוה in v 28 das eine Mal mit ל und das andere Mal mit der *nota accusativi* eingeleitet wird, weist darauf hin, daß die Kommission wohl später hinzugefügt wurde.[264] Der Verfasser oder Redaktor konnte das zweite indirekte Objekt schlecht mit ל einleiten, da er bereits ein ל vor בני ישׂראל hat, das dort in einer

---

20b. 21.22aα; 26f; 30–32; 33). Vgl. weiter die detaillierten Angaben bei Mittmann, *Deuteronomium* 1975, 95–104; Schorn, *Ruben* 1997, 139–165; Seebass, *Erwägungen* 1999.

[262] Da לפני יהוה häufig in Num 32 erscheint (vv 20.21 [2×].22.27.29.32), sind die Abweichungen desto bedeutsamer (vv 16.29).

[263] Es ist auffällig, daß Mose hinsichtlich der Gaditen und Rubeniten nie die Wurzel נחל oder ein Derivat verwendet, sondern nur אחזה (vv 22.29). Die Gaditen und Rubeniten jedoch nennen ihr eigenes zukünftiges Gebiet נחלה (v 20). Nur in v 5 nennen sie es gleichfalls אחזה. In v 32 werden beide Termini zusammengefaßt als אחזת נחלתנו.

[264] Ein Problem liegt vielleicht innerhalb von v 28 vor. „Mose befahl" wird von zwei indirekten Objekten fortgeführt. Im Unterschied zum ersten indirekten Objekt mit ל wird anschließend את verwendet. Beide Konstruktionen kommen jedoch im AT vor: Das Objekt von צוה pi. kann sowohl direkt mit את, wie auch mit ל gebildet werden; vgl. [17]*Gesenius*, unter צוה, 676f, und [3]*HAL*, unter צוה, 947f. Beide tauchen aber nie zusammen als von צוה pi. abhängig in einem Vers auf. (Vgl. aber mit angehängtem Objektssuffix und 2× einem Objekt, das von אל eingeführt wird Ex 25,22 mit את und אל. ל in Num 8,20 leitet kein indirektes Objekt ein. Alle Stellen, in denen jemandem etwas befohlen wird [את], zu tun [ל + Inf.], haben wir außer Betracht gelassen.)

Genitivverbindung steht. Ursprünglich gab es nur להם, das sich auf die vorher genannten Gaditen und Rubeniten bezogen hat.

Auffallend ist, daß sich der Ausdruck בני ישׂראל in Num 32 im Gegensatz zu den בני־גד und בני ראובן auf die cisjordanischen Stämme zu beschränken scheint.[265] Das ist in Jos 13–21 auch der Fall.

All dies weist darauf hin, daß mit vv 28–30 innerhalb von vv 28–32 eine Korrektur vorliegt. Diese will betonen, daß Mose nur indirekt für die Landverteilung zuständig war. Vielmehr hat eine Kommission, bestehend aus einem Priester, einem Heerführer und den Repräsentanten des Volkes, die Landverteilung vermittelt.[266] Außerdem fällt auf, daß die נחלת auf die cisjordanischen Stämme beschränkt sind und die Sippenhäupter nur jene vertreten.

Die Parallelen zwischen Jos 13–19 und Num 32,28–32 sind folgende: בני ישׂראל beschränkt sich auf die cisjordanischen Stämme. Nur in Num 32,28 findet sich außerhalb von Jos die genaue Parallele zu ראשׁי אבות המטות לבני ישׂראל (Jos 14,1b). Die Kommission ist wie innerhalb von Jos 14,1–5 später eingefügt worden. Nur in Num 32,22.29 finden sich die weitgehenden Parallelen zu והארץ נכבשׁה לפניהם (Jos 18,1), von denen v 29 am meisten mit Jos 18,1 gemein hat. Der Anschluß ist auch einer von Verheißung und Erfüllung: Nachdem das Land in Jos 18,1 tatsächlich unterworfen ist, wie in Num 32,29 versprochen, wird das Zelt der Begegnung aufgerichtet, damit JHWH in der Mitte des (cisjordanischen) Landes wohnen kann. Erst danach kehren die transjordanischen Stämme zu ihrem Gebiet zurück (Jos 22).

Wie ist das Verhältnis zwischen Jos 13–19 und Num 32,28–32 zu beurteilen? Nach Num 32,29 soll das cisjordanische Land unterworfen werden. Das war es im Josuabuch bereits nach Jos 11,23. Warum erscheint hier nicht schon „und das Land war unterworfen vor ihnen", sondern erst in Jos 18,1? Wir nehmen an, daß die Stellung von Jos 18,1b einer späteren Entwicklung angehört. Dazu kommt, daß Jos 18,1 eine spekulative Mischung von theologischen Themen aus dem Pentateuch bietet, was auf eine Spätentwicklung hinweist, die wohl von Num 32,29 abhängig ist. Es liegt sehr nahe anzunehmen, daß Num 32,22 zusammen mit oder abhängig von Gen 1,28 entstanden ist als Ankündigung

[265] Vgl. vv 7.9.17.18.28. Wenn es sich um alle Stämme handelt, wird עדה verwendet (vv 2f).

[266] Nach Wüst, *Untersuchungen* 1975, 95–109, gehören ואל־אלעזר הכהן ואל־נשׂיאי העדה auch nicht zur Grundschicht. Nur so läßt sich erklären, daß sich die Gaditen und Rubeniten in vv 4f auf nur eine Person beziehen. Auch אליו in v 16a wird so verständlich: Es bezieht sich nur auf Mose.

der Erfüllung des Unterwerfungsauftrages. Num 32,29 hat dies zugunsten der Landverteilungskommission abgeändert. Jos 18,1b kannte alle diese Verse.[267] Jos 14,1b ist die nächste Parallele zu Num 32,28. Hier ist das Verhältnis, wie Wüst überzeugend darlegt, umgekehrt: Num 32,28 ist von 14,1b abhängig. „Da die Kommission im Blick auf die Landverteilung an die Weststämme eingesetzt worden war, kann ihr Auftreten im Rahmen der ostjordanischen Gebietsverteilung gegenüber Jos 14,1b keine Selbständigkeit beanspruchen. Die Identität der Formulierung führt vielmehr zu dem Schluß, daß 32,28 bereits unter dem Eindruck von Jos 14,1b formuliert ist—anscheinend aber noch ohne Kenntnis von Jos 13, wo die Aufteilung des Ostjordanlandes auf Ruben und Gad als schon durch Mose vollgültig vollzogen beschrieben ist."[268]

Das Abhängigkeitsverhältnis ist folgendes: Jos 18,1b kannte Num 32,28–32.29; Num 32,28–32 ist eine Dublette zu Num 32,20–24, und Num 32,29 ist von Jos 14,1b abhängig. Nachträglich werden in Num 32,28–32 wie in Num 34 und Jos 14–19* die Landverteilungskommission und die Erbteile (נחלת) betont. Das Los fehlt jetzt bezeichnenderweise, gilt es doch nur den cisjordanischen Stämmen.

4.5.1.3. Zu Num 34

Num 34 besteht aus drei Teilen: Vv 1–12; vv 13–15; vv 16–29. Im ersten und dritten Abschnitt redet JHWH zu Mose, im zweiten Mose zum Volk. Im ersten Teil wird das Land Kanaan nach seinen Grenzen vorgestellt; im zweiten wird erläutert, daß es durch das Los an neuneinhalb Stämme verteilt wird; im dritten werden die Namen der Männer genannt, die das Land an die Israeliten verteilen werden. Zwischen den Teilen bestehen Differenzen, die denen in Jos 14,1–5 ähneln: 1. Unvermittelte Landverteilung an bzw. durch die Israeliten (Num 34,1–12; Jos 14,1a.5); 2. Landverteilung durch eine Kommission unter Anführung von Eleasar, dem Priester (Num 34,17b.18; Jos 14,1b); 3. Beschränkung auf neuneinhalb Stämme (Num 34,13bβγ.14.15; Jos 14,2bβ.3.4); 4. Landverteilung durch das Los (Num 34,13bα; Jos 14,2a).

Die Differenzen sind auf vier Stufen der Literargeschichte zurückzuführen. „[W]as ohnehin stört, ist daß v. $13^{ba\beta}$ ein Kopf ist, zu dem der Leib fehlt: was ist das Land, das für das Verteilungsverfahren in Frage

---

[267] Jos 18,1 gehört nicht zur ersten Phase, und darum kann die erste Phase von Jos 18,1–10 älter sein als Num 32,28–32.

[268] Wüst, *Untersuchungen* 1975, 99^{314}.

kommt?"[269] V 13 wurde in Anlehnung an vv 1f gebildet, um nachträglich zu erklären, daß die Landverteilung lediglich neuneinhalb Stämme betrifft. Wie bereits gezeigt, ist die Land- (oder Stadt-)Verteilung eng mit der Zehnzahl verbunden:[270] für neuneinhalb Stämme gibt es zehn Lose und zehn Teile. V 19a ist eine Dublette zu v 17aα und wohl eine Wiederaufnahme nach einer Einfügung. Vv 17b–19 stellen mit Wüst diese Einfügung dar,[271] wobei offen bleiben muß, ob der Relativsatz v 17aβ zur gleichen Einfügung gehörte. Die ursprüngliche Überschrift der Liste mit den Namen der Repräsentanten der zehn cisjordanischen Stämme (vv 19b–28) war v 17aα oder v 17a. Im ersten Fall haben wir eine Überschrift einer bloßen Namensliste, im zweiten die einer Liste mit Namen von Männern, die das Land verteilen sollen. Diese Liste, deren Sitz im Leben oder in der Literatur nicht mehr zu bestimmen ist, wurde erst sekundär mit der Grenzbeschreibung verknüpft.[272] In v 12b haben wir einen zutreffenden Abschluß der Grenzbeschreibung, während der Abschluß in v 29 mit אלה relativ vage bleibt. Zudem ist im Gegensatz zu dieser Liste bei der Grenzbeschreibung (vv 1–12) keine Stammesstruktur erkennbar.[273]

Die literarhistorische Einordnung von v 29 spielt eine entscheidende Rolle für die Literargeschichte von Num 34 sowie in der Bestimmung der Beziehung zwischen Jos 14,1a und Num 34. V 29 kann nicht der Abschluß der Namensliste sein, denn sonst wäre אלה שמות האנשים geschrieben. Wegen „im Lande Kanaan" kann אלה sich nicht (auch) auf die Grenzbeschreibung beziehen, denn sonst müßte es Objekt statt Ortsbestimmung sein.[274] Somit muß אלה sich in irgendeiner Weise auf die Liste der Landverteiler beziehen. Daß אלה aber so vage ist, kann nur durch die Einfügung der Bezeichnung נשיאים (vv 18.22–

[269] Holzinger, *Numeri* 1903, 166.

[270] S.o. §3.3.2.1 und 4.4.2.

[271] Wüst, *Untersuchungen* 1975, 194, gibt folgende Argumente: 1. Die Dublette zeigt, daß ein Zuwachs vorliegt. 2. V 17a leitet eine Liste ein, die unmöglich auf nur zwei Menschen, Eleasar und Josua, hingeführt hat. 3. V 17aα wird mit einer nach dem Relativsatz verfehlten Imperativform תקחו wiederaufgenommen. 4. In v 18 wird der Begriff נשיאים und in vv 17.19 אנשים verwendet. Auch die Erwähnungen von נשיא in der Liste (vv 19–28) betrachtet Wüst somit als nachträglich (ebd., 194[616]).

[272] Dann spätestens wäre v 17aβ eingefügt worden.

[273] Die strukturellen Parallelen zwischen vv 1.2b und 17a sind wohl in sekundärer Anlehnung entstanden. Es handelt sich um וידבר יהוה אל־משה לאמר + Nominalsatz mit Demonstrativum als Subjekt + Relativsatz; nebeneinander erscheinen die Beschreibung des Landes und die Auflistung der Männer, die dieses Land austeilen sollen.

[274] Vgl. Num 34,13.17.18.

28) veranlaßt gewesen sein. Obgleich die Liste mit der Überschrift „Namen der Männer" beginnt, konnte man damit nicht abschließen, weil manche „Männer" als „Führer" (נשׂיאים) gekennzeichnet sind. Weil wir es für unwahrscheinlich halten, daß in v 29 ein ursprüngliches שׁמות האנשׁים* gestrichen worden wäre, gehen wir davon aus, daß die Liste der Männer ursprünglich keinen Abschluß hatte und erst sekundär mit der Gebietsbeschreibung verknüpft wurde.[275] Auch die ungewöhnliche pi.-Form von נחל kann darauf hinweisen, daß jetzt die Führer der Stämme das Land den Israeliten (את־בני־ישׂראל) zuteilen sollen im Gegensatz zu v 13bα, wo die Israeliten selbst das Land als Erbteil erhalten.

Die Verteilung durch das Los (v 13bα) gehört einer späteren Phase an, denn sonst wäre in vv 2[276].18.29 sicherlich explizit gesagt worden, daß die Landverteilung durch das Los zu geschehen hat.

Wir postulieren für Num 34 folgende Literargeschichte: 1. Eine erste Phase spiegelt sich in vv 1–12: die Grenzbeschreibung des Landes Kanaan.[277] 2. Dieser Teil wurde sekundär mit einer Liste von Männern der zehn cisjordanischen Stämme (vv 17a[α].19b–28[ohne die Bezeichnungen נשׂיא]) verknüpft,[278] die dieses Land verteilen sollen (vv 16.[17aα]). Vielleicht sind in diesem Stadium bereits vv 18.29 sowie die Bezeichnungen נשׂיא in vv 19b–28 hinzugefügt worden. Andernfalls wäre noch eine weitere Phase zu postulieren. Wahrscheinlich stammt auch die Erklärung für die Neuneinhalb-/Zehnzahl (vv 13–15 [ohne אשׁר תתנחלו אתה בגורל]) aus dieser Phase des Textes. 3. Die Liste wurde um Eleasar und Josua erweitert (vv 17b[279].18). 4. In der letzten Phase wurde das Prinzip der Landverteilung durch das Los eingebracht (v 13bα). Wie in Jos 14–19 werden somit die richtige Zahl und Ordnung, die Mittelbarkeit der Landverteilung durch eine Kommission unter Anführung eines Priesters sowie das Los nachträglich betont.

In §4.3.1.3 haben wir gesehen, daß Jos 14,1a nur von Num 34,29 her zu verstehen ist.[280] Weil v 1a zur ersten Phase von 14,1–5 gehört, ist diese von der zweiten von Num 34 abhängig. Obgleich die Liste in Num 34,19bff vor der Landverteilung angesetzt wird, entstammt sie

---

[275] So wie z.B. die Ortsliste Jos 15,20–62 auch keinen Abschluß kennt.

[276] Nichts deutet darauf, daß mit dem Verb נפל ein Loswerfen impliziert ist.

[277] Das heißt nicht, daß vv 1–12 aus einem Guß sind. Vv 1.2a stellen wohl eine nachträgliche Verbindung mit Num 33,51 dar; vgl. Wüst, *Untersuchungen* 1975, 192f.

[278] Vgl. Auld, *Joshua* 1983, 73ff.

[279] Vgl. dazu Noth, *ÜP* 1948, 193[495]: „ganz sekundär".

[280] Anders Cortese, *Josua* 1990, 52f, der sowohl Num 34,13–29 als auch Jos 14,1–5 zu P^s rechnet.

gewiß späterer Zeit: Erstens erscheinen die Stämme in geographischer Reihenfolge,[281] was vor der Landverteilung unerwartet käme, zweitens findet sich in v 25 der persische Name Parnach.[282] Somit ist der *terminus a quo* für Jos 14,1a die persische Zeit.[283]

Es fällt auf, daß man sowohl in der zur zweiten Phase gehörenden Liste, Num 34,17a.18.19b–29, als auch in Jos 14–19 zwei Gruppen von Stämmen entdecken kann. In der Liste wird der Begriff נשׂיא nur für die Führer der Nordstämme verwendet. Juda, Simeon und Benjamin, die ersten drei aufgelisteten, müssen ohne Führer auskommen, die ihnen das Land zuteilen sollen. Das trifft sich mit der Tatsache, daß ihre Gebietsbeschreibungen innerhalb von Jos 14–19 formell von denen der restlichen Stämme abweichen. Sowohl in Num 34 als auch in Jos 19 handelt es sich um sieben restliche Stämme, obgleich Benjamin und West-Manasse den Rang gewechselt haben. Was den Aufbau der Stammesliste betrifft, ist Num 34,19b–28 nur mit Jos 14–19 und Ri 1 verwandt. Die Abweichungen sind zu erklären, wenn man die geographisch geordnete Stammesliste Num 34,19b–28[284] als Ursprung der beiden anderen annimmt. Ri 1 hat bis auf zwei Ausnahmen die gleiche Anordnung wie Num 34,19bff.[285] Dagegen hat Jos 14–19 im Vergleich zu Num 34,19bff mehr Abweichungen. Wie in Ri 1 ist Dan der zuletzt beschriebene Stamm, doch jetzt in Übereinstimmung mit seinem späteren Wohngebiet im Norden. Josef, Ephraim und Manasse stehen in Jos vor und in Num 34 nach Benjamin (und Dan).[286] Diese Verschiebung der „Josefstämme" in Jos bewirkt folgendes: 1. Indem Juda und Josef als

[281] Noth, *Numeri* 1966, 216.

[282] Noth, *IP* 1928, 8.64.

[283] Auch wenn die Liste der Männer nicht aus einem Guß ist, bleibt der *terminus a quo* für Jos 14,1a die persische Zeit. Eventuell bestand die Liste ursprünglich nur aus den Vertretern von Juda und Benjamin (und vielleicht Simeon). Nur beide kommen vor in der einfachen Form *n.tr.*-למטה + N.N. + N.N.-בן, und nur bei Juda, Benjamin und Simeon fehlt die Bezeichnung נשׂיא. Weil aber Jos 14,1a auf die Liste der zweiten Stufe, also die vollständige Liste einschließlich der Bezeichnungen von sieben Stammesvertretern als „Führern" zurückgeht, bleibt die relative Datierung von Jos 14,1a unbeeinträchtigt. Warum allerdings Juda, Simeon und Benjamin nicht mit dem Terminus נשׂיא erscheinen, bleibt unerklärbar.

[284] Nur Simeon hätte geographisch gesehen vor Juda stehen sollen. Weil Juda den Vorrang hat und eine Enklave innerhalb Judas bildet, ist er auf den zweiten Platz verwiesen worden.

[285] Weil die Stämme in Ri 1 nach dem Maß der gelungenen Landeroberung geordnet sind, und Dan aus seinem Gebiet vertrieben wurde (Ri 1,34f), steht er ganz am Ende. Was mit Issachar passiert ist, interessiert uns hier nicht weiter, denn er erscheint in Ri 1 überhaupt nicht mehr.

[286] Außerdem kommt in Jos 16f Ephraim vor Manasse und in Num 34 und Ri 1

erste ihr Gebiet erhalten, wird eine Mitte des Landes geschaffen, in der das Los für die restlichen Stämme geworfen werden kann (Jos 18,1–10).[287] 2. Es entstehen zwei Blöcke mit Gegensätzen: Juda und Josef sowie Benjamin und die restlichen sechs Stämme. Immer wird der erste der zwei Blöcke am ausführlichsten beschrieben. Juda hat eine detaillierte Ortsliste, während eine solche sowohl bei Ephraim als auch bei Manasse fehlt. Benjamin hat wie Juda eine deutlich getrennte Grenzbeschreibung und Ortsliste, die anderen haben sie nicht. Durch die Umsetzung werden Juda und Benjamin somit als wichtigste Stämme gekennzeichnet. Auch Simeon kommt mit seinen zwei Distrikten nicht schlecht weg. Juda und die mit ihm verwandten Stämme sind durch Stellung und Umfang der Beschreibung in Jos 14–19 also vorrangig.

Wie schon in §3.5.2 gezeigt wurde, ist auch Jos 15,2–4 von Num 34,3ff abhängig. Darum ist Jos 14–19* als die Erfüllung des als Landverheißung gestalteten Textes Num 34* in seiner zweiten literargeschichtlichen Phase zu sehen. Ob die Einfügung von Eleasar und Josua als Erste der Landverteilungskommission gleichzeitig oder nacheinander in Num 34 und Jos 14–19 vorgenommen wurde, kann nicht entschieden werden. Wichtig ist, daß sie in beiden Texten einer späteren Phase angehören. Das gleiche gilt für das noch spätere Los-Motiv. Auf die Frage, ob Jos 14–19 mit Cortese einen Anhang zu Num darstellt, gehen wir im nächsten Kapitel ein.

4.5.2. *Jos 13–21*

Bei der Behandlung der Rahmen haben wir die jeweils frühesten Phasen erkennen können. Diese lassen sich aufgrund inhaltlicher Kriterien nicht einer Hand zuweisen, weil es zwei unterschiedliche Ausführungsinstanzen gibt: Josua bzw. die Israeliten. In den Rahmen besteht die „Josua-Phase" aus: Jos 13,1.7aα; 18,3.4*.8*.9*.10b*, die „Israeliten-Phase" aus: Jos 14,1a.5; 19,49a. Beide unterscheiden sich nicht nur durch die Handlungsträger, sondern auch durch unterschiedlichen Stil: Die erste ist erzählerisch, die zweite bietet eher eine bloße Aufzählung von Einzelheiten. In der ersten wird berichtet, wie JHWH, Josua, die Israeliten und „drei Männer pro Stamm" an der Landverteilung

Manasse vor Ephraim. Letztere Reihenfolge wird allgemein als die ursprüngliche angesehen.

[287] Das Gebiet Benjamins wäre im Verhältnis zu dem Judas zu klein, so daß die Mitte zwischen Juda und Benjamin in dem Fall nicht zentriert wäre.

beteiligt sind. Die zweite Phase dagegen ist formal. **אלה** (Jos 14,1a), ihr erstes Wort, ist als selbständiges Subjekt eine typische Einleitung zu einer Liste. Wie unten erläutert wird, ist die „Josua-Phase" jünger als die „Israeliten-Phase". Unsere Analysen haben gezeigt, daß die Landverteilungskommission und das Los als weitere Handlungsträger der Landverteilung jeweils später eingetragen wurden. Ebenfalls nachträglich haben die Leviten eine immer stärkere Position bekommen. Der größte Teil der (listenartigen) Gebietsbeschreibungen ist zeitlich mit der Listeneinleitung 14,1a zu verbinden. Wir postulieren folgende Entwicklungsgeschichte des Textes, die aus den bisher notierten Spannungen und Widersprüchen resultiert und sie erklärt:

a. postulierte dokumentarische Vorlagen

1	*Grenzfixpunktreihen:*	Nordgrenze Judas	15,5b–11*
		Grenze Ephraims	16,5b–8a*
		Grenze Manasses?	17,7–9*?
2	*Ortslisten:*	Juda / Benjamin	15,21–59*.59[LXX*].61–62*+18,21–28*
		Simeon	19,2–6*
3	*vielleicht dokumentarische Ortslisten:*	Gad	13,25–27*
		Ost-Manasse	13,30–31*
		Issachar	19,18–22*
		Naftali	19,(33f)35–39*

b. biblische Literargeschichte von Jos 13–21

1 **14**,1a.5; **15**,1–12*.21–27.28*.30*.31.32*.33–44.48–59*.59[LXX*].61–62*; **16**,5–9*; **17**,7–10*[288]; **18**,11–28*; **19**,1a*.2–6.10*.11–15.17*.18–22a.24*.25–30a.32*.33–38a.40*.41–46.49a
2 **13**,1.7aα; **18**,3.4*.8bα.9*.10b(*); **14**,6–15*; **17**,14–18[289]; **19**,47.49b–50
3 **14**,1b; **18**,2*; **13**,7aβ–12.15–23a*.24–27*.29–31*.32; **14**,1b.2b–3; **19**,51a
4 **13**,2–6.13; **15**,63; **16**,10; **17**,11–13
5 **13**,14.23b.28.33; **14**,4; מטה בני in **15**,1; למשפחתם in **15**,1.12; **15**,13–20.45–47.49 (וקרית־סנה היא).54 (וקרית־ארבע היא).60*; **16**,1–4; **17**,1–6[290]; **18**,1.2 (שבעה שבטים).5–6a.7–8a.9 (שילה + לשבעה חלקים על־ספר); למשפח(ו)תם, בני und vielleicht מטה in **19**,1.10.17.24.32.40; außerdem 19,1b.7–9.16.22b–23.30b–31.38b–39.48.51b*; **20**; **21**

---

288 Wahrscheinlich wurde zunächst das Gebiet von Manasse und dann das von Ephraim beschrieben; vgl. Elliger, *Grenze* 1930, 267; Noth, *Josua* ²1953, 100; De Geus, *Tribes* 1976, 79f; Seebass, *Exegese* 1984, 70–83; bes. 71.78.

289 Auf die komplizierte Entstehungsgeschichte von Jos 17,14–18 gehen wir nicht ein.

290 S.o. Anm. 26.

6 **14**,2a; **15**,28 (ab ובנותיה cj.)–30 (bis ובתול cj.).32 (ועין רמון cj.); **18**,4 (ואשׁלחם). 6b.8bβ.10a.10b (כמחלקתם) und גורל in: **15**,1*; **17**,1; **18**,11; **19**,1.10.17.24.32.40. 51b; **21**,4.5.6.8.10.20.40

Beschreibung der Phasen:
Phase a. 1
Nur die Gebietsbeschreibungen von Juda, Benjamin, Ephraim und Manasse enthalten deutlich erkennbare Grenzbeschreibungen, während die der restlichen Stämme—außer Simeon—eine Mischung aus Grenzbeschreibung und Ortsliste darstellen. Weil die Südgrenze Benjamins zum größten Teil von der Nordgrenze Judas abhängig ist sowie die Nordgrenze Benjamins von der Südgrenze Ephraims, hat die Grenzbeschreibung Benjamins keinen eigenständigen Stellenwert.[291] Die Süd- und Westgrenzen Judas wurden aus Num 34,3b–6 übernommen, die Ostgrenze aus Num 34,12. Somit bleiben als ursprüngliche Grenzen nur die Nordgrenze Judas sowie die Grenzen Ephraims und vielleicht Manasses[292] übrig.[293]

Phase a. 2
Nur Juda, Benjamin und Simeon enthalten deutlich als Ortslisten erkennbare Reihen. Diese drei Ortslisten haben überdies gemeinsame formale Merkmale, die sie von den anderen abheben. Nimmt man dazu, daß der zweite Distrikt in Simeon später hinzugefügt wurde, dann rücken die Ortslisten von Juda und Benjamin formal zusammen, weil sie als einzige mehr als einen Distrikt enthalten. Sie stammen, wie Alt und Noth gezeigt haben, wohl aus einem einzigen Dokument, das, wie wir noch sehen werden, in die späte Königszeit zu datieren und als administrative Liste des Königreichs Judas zu deuten ist.[294] Nicht zur Ortsliste Judas gehörten der 5. (15,45–47) und der 11. Distrikt (15,60) sowie einige spätere Zusätze.

[291] Vgl. Schunck, *Benjamin* 1963, 149–152.
[292] Die Grenze Manasses ist wahrscheinlich doch eher ein künstliches Gebilde: 17,7.8f „macht den Eindruck, als sei er aus der Grenzbeschreibung Ephraims 16,6 herausgebrochen worden.“ (Fritz, *Josua* 1994, 173). Die Südgrenze von v 9 kommt mit der Nordgrenze von Ephraim überein, der Rest ist ein verdeutlichender Zusatz.
[293] Für die Datierung dieser Grenzbeschreibungen und ihrer Vorlagen siehe c 8.
[294] S.u. §7.6 und 8.3.1.

Phase a. 3
Die Ortslisten von Issachar, Naftali sowie vielleicht Gad und Ost-Manasse könnten auch dokumentarisch gewesen sein, weil bei ihnen der Stammesname jeweils doppelt genannt wird. Möglicherweise war *n.tr.*-ל die Überschrift einer Ortsliste und nicht einer Grenzbeschreibung. Wie die Ortsliste Simeons (19,2b–6), die auch eine doppelte Erwähnung des Stammesnamens hat und in der nichts auf eine Grenzbeschreibung hinweist, war die Gebietsbeschreibung von Issachar ursprünglich nur eine Ortsliste, denn gegen Noth und mit Fritz deuten wir 19,18b–22 nicht als Grenzfixpunktreihe, sondern als Ortsliste. Erstens verteilen sich die lokalisierbaren Orte über das ganze Gebiet von Issachar, und zweitens ist die Summierung stimmig.[295] Nur flüchtig (v 22) erweckt die Liste von Issachar den Anschein, eine Grenzbeschreibung zu sein. Bei Naftali ist die ursprüngliche Ortsliste noch deutlich in 19,35–38 zu erkennen, während der Rest durch die Verwendung einiger Verben zu einer Grenzbeschreibung umgestaltet wurde. Obgleich auch bei Gad und Ost-Manasse der Stammesname doppelt genannt wird und in ihren Gebietsbeschreibungen dokumentarische Ortslisten verarbeitet sein können, nehmen wir an, daß es sich hier nicht um eine Bearbeitung eines Dokumentes, sondern um die einer literarischen Phase handelt. Die Gebietsbeschreibungen Gads und Ost-Manasses bieten keine reinen Ortslisten oder Grenzfixpunktreihen. Sie sind eher zusammen mit Phase b. 2 geschaffen worden, um die fehlenden Gebiete nachzutragen. Die doppelten Einleitungen sind hier Zeichen der Systematisierung und Vereinheitlichung, die Phase b. 4 kennzeichnen.

Phase b. 1
Diese Phase ist als ursprünglich zu deuten. Die Israeliten selbst erben das Land (14,1a; 19,49a), das zwischen der formelhaften Einleitung und dem Abschluß nach den Grenzen und Gebieten der cisjordanischen Stämme beschrieben wird. Dafür trägt der „Verfasser“ der ursprünglichen Phase unterschiedliches Material zusammen. Er arbeitet die Vorlagen von Phase a und vielleicht auch andere uns nicht als Vorlagen erkennbare Texte ein, schöpft aus Num 34,2–12, kopiert, harmonisiert und aktualisiert. Bei Juda und Benjamin kann er nach Grenzbeschreibung und Ortsliste trennen, bei den galiläischen Stämmen versucht er,

[295] Noth, *Josua* ²1953, 116f; Fritz, *Josua* 1994, 193.

Orte, die man für eine Grenzbeschreibung benutzen kann, mit verbindendem Text zu versehen, während er andere lediglich auflistet. Offensichtlich findet er keine Grenzbeschreibung oder Grenzfixpunktreihe vor. Aufgrund seiner ungenauen Kenntnisse kann er im Vergleich zu den Grenzbeschreibungen Judas und Benjamins nur relativ vage Angaben machen.

Die Überschrift der jeweiligen Beschreibung der Grenzen besteht aus: *n.tr.*-ויהי גבול ל, gefolgt von der (eventuell nach den Himmelsrichtungen gegliederten) Grenzbeschreibung. Bei Juda und Benjamin wird die Ortsliste durch ויהיו/והיו הערים eingeleitet. Möglicherweise fangen die Gebietsbeschreibungen der galiläischen Stämme lediglich mit *n.tr.*-ל an. In den Ortslisten Judas, Benjamins und Simeons werden Teilsummierungen eingesetzt, in denen der restlichen Stämme Totalsummierungen und allgemeine Abschlüsse.

Die Sprache von 14,1a und der Aufbau der Gebietsbeschreibungen zeigt die enge Verwandtschaft mit Num 34 in seiner zweiten Phase.[296] Die Gebietsbeschreibungen der Stämme werden mit einigen erklärbaren Abweichungen in der Reihenfolge von Num 34,19b–28 aufgelistet. Ziel dieser „Kompilation" ist es, die in Num 34 angekündigte Landverteilung inhaltlich zu füllen.

Phase b. 2

In b. 2 wird b. 1 an die Darstellung der Landnahme (Jos 1–11.[12]) gebunden und angeglichen. Jetzt wird Josua die handelnde Person. Indem Jos 13,1.7aα als Einleitung vor 14,1.5 geschaltet wird, ist dies erreicht. Wie im Vorhergehenden wird die Landverteilung narrativ erweitert und der Vorgang durch 18,3.4*.8bα.9*.10b eingeleitet. Zu b. 2 gehören auch die Anekdoten zu Josua (19,49b–50), eine zu Kaleb (14,6–15) sowie eine Geschichte über die Josefstämme (17,14–18). Durch die Einfügung von 19,49b–50 „umrahmt" Josua die Landverteilung. Wegen ihrer Unterschiede in Stil und Handlungsträger können Phase b. 2 und b. 1 nicht von Anfang an zusammen existiert haben. Gab es eine Landverteilungstradition, die erst später mit der Landnahmetradition verbunden worden ist?[297]

---

[296] S.o. §4.5.1.3.

[297] S.u. c 5.

Phase b. 3
Wie in Num 32 und 34 wird eine Landverteilung, bei der die Israeliten Handlungsträger sind, geändert in eine Landverteilung durch eine Kommission, die aus dem Priester Eleasar, Josua und Sippenhäuptern besteht. Diese Korrektur ist wahrscheinlich zur gleichen Zeit in Num und in Jos vorgenommen worden. Nach Phase b. 2 korrigiert sie zudem die Vorstellung, als hätte Josua allein die Landverteilung durchgeführt. Er wird vielmehr auf den zweiten Platz verwiesen. Wie die transjordanischen Stämme im Pentateuch vor den anderen ihr Gebiet erhalten, so werden ihre Gebietsbeschreibungen an den Anfang des Landverteilungscorpus gesetzt. Ob diese, wie Noth annimmt, schon in den Landverteilungstexten, und dann am Ende, vorkamen, ist fraglich.[298] Die literarischen Verbindungen von 14–19 mit Num 34 zeigen, daß nur die Gebiete der cisjordanischen Stämme verzeichnet waren.[299] Zu dieser Phase gehören ebenfalls die meisten Explikationen zur Zahl der Stämme. Hiermit und durch 13,32 wird die Landverteilung der cisjordanischen deutlich von der der transjordanischen Stämme abgehoben.

Phase b. 4
Zu dieser Phase gehören Korrekturen in Jos 13–21. Es wird, z.B. in 15,63, darauf hingewiesen, daß, obwohl dieser Eindruck erweckt worden ist, nicht das ganze Land eingenommen worden ist. Phase b. 4 gehört wahrscheinlich vor Phase b. 5, denn wenn man davon ausgeht, daß 13,13–14 allmählich gewachsen ist, ist die Notiz über die Leviten v 14 nach v 13 entstanden.

Phase b. 5
Die Leviten und das Heiligtum in der Mitte des Landes werden jetzt hervorgehoben. Sie werden als Wärter des Heiligen ausdrücklich betont: 13,14.33; 14,4b[300]; 18,7a. Die Gebietsbeschreibungen werden ritualisiert, und Juda und Benjamin bekommen eine Vorrangstellung. Dafür wird der Text umgestellt. 18,1–10* wird jetzt die Mitte des Landes und der Landverteilung. Wahrscheinlich wird im gleichen Stadium der Text Jos 20,1–21,42 angefügt. Zudem braucht man einen neuen Abschluß: 21,43–45. Die Leviten sind nicht nur Wärter des Heiligen, sondern auch der richtigen Ordnung. Formelhafte Einleitungen und

[298] Vgl. Anm. 9.
[299] Vgl. ausführlich und überzeugend Wüst, *Untersuchungen* 1975, 221–227.
[300] Vgl. mit v 3b.

Abschlüsse werden eingesetzt, die die Landverteilungstradition systematisieren. Dabei wird darauf hingewiesen, daß Josef aus zwei Stämmen besteht (Jos 14,4; 16,4). Nur durch die Zusammenfassung von Ephraim und Manasse in Josef kann für Levi Platz in dem Zwölfstämmesystem geschaffen werden. Zudem werden Verbindungen mit Texten aus Num hergestellt. Die Ortsliste Judas wird durch Hinzufügung zweier Distrikte zu einer Liste mit zwölf Distrikten umgeformt. Die Stellung von 13,14.33 innerhalb der Gebietsbeschreibungen der transjordanischen Stämme zeigt, daß letztere schon vorlagen und b. 4 somit nach b. 2 anzusetzen ist. Daß b. 5 auch nach b. 3 zu datieren ist, zeigt sich daran, daß der Einschub 13,33 den Gegensatz zwischen 13,32 und 14,1 stört.

Phase b. 6
Das Los wird als Entscheidungsinstrument Gottes für die Landverteilung der cisjordanischen Stämme eingeführt. Es ist möglich, daß die Phasen b. 5 und b. 6 zusammengehören, aber weil in vielen Fällen das Los sehr deutlich als Nachtrag zu erkennen ist, was nicht in dem Maße für die Textelemente von Phase b. 5 gilt, gehen wir davon aus, daß es einer weiteren Phase angehört. Durch das Los werden auch Grade von Heiligkeit angedeutet: Das Zelt der Begegnung mit den Leviten als Wärtern in der Mitte des Landes, dann die Gebiete Judas und Josefs *als* Lose, die Gebiete der restlichen sieben Stämme *durch* das Los und schließlich die Gebiete der transjordanischen Stämme ohne Los.

Durch diese Rekonstruktion der Entstehungsgeschichte des Textes werden Probleme im Landverteilungskomplex erklärbar:

a. *Einleitungen und Abschlüsse*: Einer ursprünglichen Einleitung: 14,1a.5 (b. 1) wird eine auf Josua ausgerichtete vorgeschaltet: 13,1.7aα; 18,3.4*.8bα.9*.10b (b. 2). Ein Teil dieser späteren Einleitung wird versetzt und bildet so eine dritte Einleitung: 18,1–10* (b. 5). Auch die Abschlüsse sind durch nachträgliche Erweiterungen entstanden. Der ursprüngliche Abschluß ist 19,49a (b. 1). Weil die Israeliten als Handlungsträger durch eine Landverteilungskommission ersetzt werden, muß auch der Abschluß angeglichen werden: 19,51a (b. 3). Durch die Einfügung der Gebietsbeschreibungen der transjordanischen Stämme muß man diese abschließen, um sie von denen der cisjordanischen zu trennen: 13,32 (b. 3). Die

Zusätze über den genauen Handlungsort in Jos 18,1–10 sind der Anlaß, den Abschluß 19,51a um v 51b (ohne גורל) zu erweitern (b. 5). Als 20,1–21,42 angefügt wird, braucht man für diese erweiterte Landnahme einen weiteren Abschluß: 21,43–45 (b. 5). Als das Los eingefügt wird, wird es auch in den Abschluß eingetragen: 19,51b (b. 6).

b. *Handlungsträger*: Es gibt verschiedene Männer, die die Landverteilung durchführen; sie gehören alle unterschiedlichen Phasen an. In Phase b. 1 führen die (cisjordanischen) Israeliten die Landverteilung aus. In Phase b. 2 tut es Josua, der Held der Landnahme. Er wird in Phase b. 3 in eine Landverteilungskommission unter Anführung des Priesters Eleasar integriert, wobei Josua auf den zweiten Platz verwiesen wird. Indirekt machen in Phase b. 5 die Leviten ihren Einfluß geltend. Geht es in Phase b. 5 um sie als Vermittler des Göttlichen, so geht es in Phase b. 6 um das Vermittlungsinstrument des Göttlichen, das Los.

c. *Transjordanien*: Gehörte die Beschreibung von Transjordanien ursprünglich zu den Landverteilungstexten? Die ursprünglichen Einleitungen sowohl von Phase b. 1 als auch b. 2 betreffen nur die cisjordanischen Stämme und das cisjordanische Gebiet. Darauf weisen die Bezeichnungen ארץ כנען und בני־ישׂראל. Die erste wird nur für das cisjordanische Land gebraucht, die zweite meistens auch.[301] Auch innerhalb der Texte 14,1–5 und 18,1–10 wird klar, daß sie so verstanden werden. Als die Gebietsbeschreibungen der transjordanischen Stämme nachgetragen werden, werden auch die Erklärungen, daß sie ihr Land direkt von Mose bekommen haben, nachgetragen (b. 3).

d. *Die Stellung von Jos 18,1–10*: Jos 18,1–10 hat eine komplizierte Geschichte. Anfänglich gehört seine erste Phase zur Einleitung der Landverteilung von Phase b. 2. V 2* wird in Phase b. 3 hinzugefügt, um die transjordanischen von den cisjordanischen Stämmen abzuheben. Als in Phase b. 5 Juda und Josef ausgesondert werden, um eine Mitte für die Landverteilung zu schaffen, bekommt 18,2–10* einen anderen Platz und wird erweitert. Durch diese Verschiebung wird es notwendig zu betonen, daß die Landverteilung jetzt nur noch sieben Stämmen gilt. Zudem wird das altherkömmliche Heiligtum Silo als Ort der Handlung ein- und nachgetragen. So

[301] Vgl. vor allem Num 34 und Jos 22,9–34.

sind die gelegentlichen Störungen durch die Betonungen der Siebenzahl (vv 3.5.7) und Silo (v 9) zu verstehen.

e. *Gezwungen wirkende Verbindungen mit Texten aus dem Pentateuch*: In der „Levitenphase" (b. 5) wird ein Anschluß an die Genealogie Num 26 angestrebt. Von da stammt z.B. die Landverteilung למשפח(ו)תם, die dort paßt, hier aber nicht. Zudem werden die Gebietsbeschreibungen in ihren Einleitungen und Abschlüssen in Analogie zu Num 26 systematisiert, wodurch „überfüllte" Einleitungen und Abschlüsse entstehen.

f. *Das Los*: Daß das Los des öfteren den Kontext stört oder nachklappt, erklärt sich daraus, daß es einer der spätesten Phasen angehört.

4.5.3. *Jos 15*

In Jos 15 finden sich vier der sechs Phasen: 1; 4–6 sowie einige späte Nachträge.[302]

Phase b. 1

Diese Gebietsbeschreibung Judas existiert von Anfang an in einer biblisch-literarischen Gestalt. Der „Verfasser" dieses Textes hat unter Verwendung von Num 34 und außerbiblischen Vorlagen eine Grenzbeschreibung und eine Ortsliste geschaffen. Die Überschrift der Grenzbeschreibung ist ויהי הגבול ליהודה (v 1*), die der Ortsliste ויהיו הערים (v 20). Die Grenzbeschreibung ist nach Süd- (v 2), Ost- (v 5a), Nord- (v 5b) und Westgrenze (v 12) unterteilt, die Ortsliste nach vier Regionen (21b.33.48.61) und zehn Distrikten (vv 21b.33.37.42.48.52.55.58.59[LXX].61). Auch die Teilsummierungen gehören zu dieser Phase. Ohne sie wären die geographisch zusammengehörenden Distrikte nicht von den sie umgebenden getrennt. Außerdem kommen sie der Übersichtlichkeit zugute. In c 7 zeigen wir, daß die Ortsliste einige Aktualisierungen kennt.[303] Weil die Teilsummierungen außer in v 32 aber stimmig sind, müssen die Aktualisierungen Phase 1 angehören.[304] Ein ursprünglich nichtbiblisches Dokument ist somit bereits erweitert in den Bibeltext aufgenommen. Auch die allgemeinen Bemerkungen über die Erstrekkung des judäischen Gebietes (vv 1b.21a) gehören zu dieser Phase.

---

[302] S.u. Anhang §11.4.2.

[303] S.u. §7.5.

[304] Eine andere Möglichkeit wäre, daß die Zahlen mit der Aktualisierung angepaßt wurden. Die vorgeschlagene Lösung ist aber einfacher.

V 1b ist als eine Bearbeitung von Num 34,3a zu deuten. In v 21b wird die Bemerkung an die Ortsliste angepaßt.

Phase b. 4
Nur die Notiz über die Nichteroberung Jerusalems (v 63) gehört in dieses Stadium.

Phase b. 5
Jetzt wird eine Verbindung mit Num 26 angestrebt (מטה, [*n.tr.*-]בני und למשפחתם in vv 1.12). Die Ortsliste erhält eine zweite systematisierende Einleitung (זאת נחלת מטה בני־יהודה למשפחתם). Außerdem wird die Geschichte von Kaleb eingetragen, denn er erhält ein Gebiet innerhalb von Juda. Darum steht die Geschichte an dieser Stelle. Ausdrücklich wird die Bezeichnung נחלה für das Gebiet Kalebs vermieden, denn diese bezieht sich lediglich auf die zwölf kanonischen Stämme. Mündliches Material über die Oberen und Unteren Wasserbecken (vv 18–19) sowie über die Eroberung Debirs (vv 16–17) wird mit der aus 14,6–15 bekannten Eroberung Kirjat-Arbas (v 13b.14) verknüpft (15). V 13a bildet die Verknüpfung mit der Gebietsbeschreibung Judas. Der fünfte (vv 45–47) und der zehnte (60) Distrikt werden nachgetragen, um die Ortsliste mit der Grenzbeschreibung zu synchronisieren.

Phase b. 6
גבול wird in גורל geändert, wodurch das Gebiet selbst ein Los wird. Weil wir Neh 11 als Sitz im Leben der Phase betrachten, in der das Los eingetragen wurde,[305] und ובנותיה bis ובתול (vv 28–30) u.a. starke Verbindungen mit Neh 11,25ff hat, vermuten wir, daß dieser Nachtrag zu Phase b. 6 gehört. Er muß nach Phase b. 5 datiert werden, weil die Summierung in v 32 nicht stimmt.

Späte Nachträge
Zu den späten Nachträgen gehören Verdeutlichungen.

---

[305] S.u. §8.6.

KAPITEL 5

REDAKTIONSKRITIK UND -GESCHICHTE

5.1. *Einleitung*

Was man Quelle bzw. Dokument, Redaktion, Bearbeitung, Kompilation, Interpolation, Glosse oder schlicht Hand nennt, ist oft schwer zu bestimmen. Der Übergang ist meistens fließend. Weil wir aber in diesem Kapitel versuchen, Josua 15 bzw. 13–21 in die Entstehungsgeschichte des Pentateuch und des DtrG einzuordnen, muß die Nomenklatur präzise sein. Die Ansicht, daß J, E, D und P ursprünglich voneinander unabhängige Dokumente darstellten, hat man schon längst fallen lassen. Darum nennen wir nur das ein Dokument, was eine von den biblischen Quellen unabhängige literarische Existenz geführt hat. Eine Redaktion ist an einer eigenständigen Bearbeitung in Form, Stil und Tendenz erkennbar, die sich über mehrere Kapitel oder Bücher hinweg erstreckt. Den Terminus „Bearbeitung / Bearbeiter" benutzen wir neutral.[1] Ein Kompilator verbindet bestehende Texte auf eine weniger eigenständige Weise als ein Redaktor. Interpolationen sind vereinzelte Zusätze. Eine Glosse verstehen wir streng textkritisch als eine interlineare oder marginale Notiz.

Im Nachfolgenden werden wir nachweisen, daß das nicht-listenartige Material von Jos 13–21 eine Mischung aus dtr und P-Sprache bietet, ohne daß es dtr oder priesterschriftlich genannt werden darf. Sie entstammen eher einem Stadium des literarischen Werdegangs, in dem spätere Redaktoren sowohl die dtr als die P-Sprache und -Motive kannten und verwandten.

Unsere redaktionsgeschichtliche Rekonstruktion hat in mancherlei Hinsicht mehr Ähnlichkeiten mit den Auffassungen der kritischen Forscher aus dem 19. und Anfang des 20. Jh. als mit denen Alts und Noths. Darum wird den älteren Forschern eine relativ ausführliche Darstel-

---

[1] Bei Noth, *HGD* 1935=1971, 232[8] jedoch ist „der Bearbeiter" derjenige, der die dokumentarischen Grenzfixpunktreihen mit verbindendem Text versehen hat. Wir haben in §3.5.2 und 3.5.3 bereits argumentiert, daß wir in Josua einen solchen Bearbeiter nicht voraussetzen.

lung gewidmet (§5.2). Sie schreiben die Landverteilungstexte P oder Verfassern in der Tradition von P zu. Die entscheidende Wende trat in den 20er und 30er Jahren des 20. Jh. mit Alt und Noth ein. Sie sehen das geographische Material in den Landverteilungstexten als Material *sui generis*. Es entstammt nicht-biblischen Dokumenten und darf keiner klassischen Quelle zugeschrieben werden. Beide behandeln die Ursprünge und ursprünglichen Funktionen des in den Landverteilungstexten verarbeiteten Materials. Darum werden sie in c 8 behandelt. Im Jahre 1943 veröffentlicht Noth seine berühmte These, daß Jos zum DtrG gehört und P hier überhaupt nicht zu finden ist. Fast alle Forscher sind Noth in seiner Beurteilung gefolgt. Neuerdings gibt es aber wieder Stimmen, die Jos 13–21 mehr im Zusammenhang mit P sehen wollen.[2]

Folgende Fragen sind zu beantworten: 1. Wie priesterlich (§ 5.3) und 2. wie deuteronomistisch (§5.4) sind die Landverteilungstexte? 3. Welcher Anteil ist dokumentarisch, und was ist von wem und wann zusammengearbeitet sowie 4. Welche Absicht steht dahinter? (§5.5)?

5.2. *Die ältere Forschung*[3]

Für die Beschreibung der forschungsgeschichtlichen Periode bis Alt beginnen wir mit mit Hollenberg, weil dieser als erster den deuteronomistischen Gehalt von Jos betont hat.[4] Er repräsentiert dadurch den Anfang der „modernen“ Theorien, die zu einer Auffassung von Jos als Teil des DtrG führten. Mit Procksch endet unser erster Abschnitt, da er den Übergang zu einer neuen Phase in der atlichen Forschung darstellt, die mit dem Namen Gunkel verbunden werden kann. Nach Procksch gilt das Interesse hauptsächlich der Traditions- und Gattungsgeschichte. Man richtet den Blick auf Sagen[5] und Mythen, die hin-

---

[2] Blenkinsopp, *Structure* 1976; Lohfink, *Priesterschrift* 1978 = 1988; Petersen, *Priestly* 1980; Cortese, *Josua* 1990.

[3] Grundlage für den Überblick dieser Periode werden die folgenden Werke sein: Hollenberg, *Bestandtheile* 1874, 462–506; Wellhausen, *Composition* ³1899; Dillmann, *Josua* ²1886; Kuenen, *HCO* 1885; Steuernagel, *Josua* 1900; Holzinger, *Josua* 1901; Procksch, *Sagenbuch* 1906; Smend, *Hexateuch* 1912; vgl. auch die Forschungsüberblicke: Kraus, *HKE* ²1969; Houtman, *Pentateuch* 1994; Noort, *Josua* 1998; und weiter: Smend, *Hexateuch* 1912, 1–8; Kaiser, *Einleitung* ⁵1984, 45–57.

[4] Er nennt den deuteronomistischen Bestandteil abgesehen vom Titel allerdings nicht dtr, sondern D^2. Wellhausen, *Compostion* ³1899, nennt ihn aber deuteronomistisch unter Berufung auf Hollenberg; s.u.§5.2.1.

[5] Vgl. die sehnsüchtigen Worte Prockschs, *Sagenbuch* 1906, 2f, über die Sage: „In

ter der atlichen Überlieferung verborgen sind. Daß man sich, was Jos betrifft, hauptsächlich Jos 1–12 zugewendet hat und nicht so sehr dem rein geographischen Material, ist dann verständlich.

5.2.1. *Quellen in Josua*[6]

Vor Alt und Noth gingen die meisten kritischen Forscher davon aus, daß alle klassischen Quellen in Jos wiederzufinden sind, wenn auch nicht immer vollständig.[7] Es zeigt sich z.B. an den Spannungen, ausgedehnten Verweisungen und einer „peinlichen" Dublette in den Kapiteln 23 und 24,[8] daß sich in Jos mehrere Quellen finden. Die meisten Forscher zeigen in genauen Untersuchungen auf, daß die klassischen Quellen J, E, D, und P sowie JE und JED in Jos vorkommen. Vor allem Kuenen hat hier Großes geleistet, indem er die sprachlichen Verbindungen Josuas zum Pentateuch herausgearbeitet hat.[9] Wir skizzieren kurz ihre Argumente und Quellenzuweisungen für Jos 15.

Für die Bestimmung von J in Jos weichen in dieser Periode der Forschung viele auf Ri 1 aus, denn im Pentateuch lassen sich J und E infolge der jehovistischen Überarbeitung kaum trennen.[10] Über Ri 1

---

ihr wird uns die mächtige Wirkungskraft jener Vergangenheit auf das Innenleben des Volkes deutlich. Es ist, als träume seine Seele in ihr von den Menschen und Geschichten, die für sein geschichtliches ganzes Leben entscheidend geworden sind, und die ernste Poesie der Geschichte ergreift uns in solchen Wirkungen besonders mächtig."

[6] S.u. den Anhang §11.4.1.

[7] S.u. §5.2.2.

[8] Holzinger, *Josua* 1901, viii. Vgl. auch Holzingers Bemerkungen anläßlich der Achan-Geschichte (Jos 7,1–8,29): „in 7 25 wird Achan gesteinigt, verbrannt und noch einmal gesteinigt—das ist zu viel;" (ix) und anläßlich 8,30–35: „eine böse Unterbrechung" (ebd.).

[9] Kuenen, *HCO* 1885, 102–106.118–135.140.155–157[20]. Vgl. zu Kuenen: Kraus, *HKE* [2]1969, 248–254; Kaiser, *Einleitung* [5]1984, 50f; Dirksen/van der Kooij, *Kuenen* 1993; Houtman, *Pentateuch* 1994, 73–76; Noort, *Josua* 1998, 66–69, vgl. S. 66: „Eine detaillierte Analyse des Entstehungsprozesses des Buches Josua legte der Holländer A.KUENEN in seiner glänzenden, bis heute unübertroffenen Einleitung vor. Mit einer auch jetzt noch sehr lesenswerten Argumentation …". Übrigens zitieren wir nach der Ausgabe aus dem Jahre 1885 und nicht nach *Historisch-kritisch onderzoek* [mit *k* statt *c*] aus dem Jahre 1861. In seinem früheren Werk bewegt Kuenen sich mehr auf dem Feld der Urkundenhypothese Hupfelds (E[1], E[2], J), während er im späteren die neuere Urkundenhypothese vertritt (J, E, D, P; P sei mit dem älteren Elohisten Hupfelds gleich und sei nicht die älteste, sondern die jüngste Schicht des Hexateuch).

[10] Vgl. die Bemerkung Steuernagels, *Josua* 1900, 133: „Für die Ermittelung der jahvistischen Bestandteile … leistet Jud 1 unschätzbare Dienste." Vgl weiter: Meyer, *Kritik* 1881, 142f; Kuenen, *HCO* 1885, 139f.251–255; Dillmann, *Josua* [2]1886, 442; Budde *Josua* 1887, 93–166.155–157.159ff; Wellhausen, *Compostion* [3]1899, 116.116[2];

dagegen denkt man, daß der Text rein jahwistisches (sprich: judäisches) Material enthält. J hat in Bezug auf Landverteilung und Landnahme drei Merkmale: 1. Die Landnahme ist von einzelnen Stämmen getragen. 2. Nicht das ganze Land wird erobert. 3. Die Gestalt Josuas tritt fast vollständig zurück. Meyer geht noch weiter, indem er behauptet, daß diese Quelle die Figur Josua überhaupt nicht gekannt hat.[11] Steuernagel schließt sich ihm an und folgert daraus, daß nur wenig in Jos 1–12, wo Josua die Hauptperson ist, von J stammen kann.[12]

Jos 15,13–19 wird im allgemeinen J oder JE zugeschrieben, weil es Ri 1,10–15.20 sehr ähnlich ist.[13] Manchmal wird 15,13 einem späteren Bearbeiter zugeschrieben,[14] u.a. weil hier Josua auftritt, und אל־פי יהוה ליהושע in der Parallele Ri 1,20 fehlt.[15] Auch 15,63, die Nicht-Eroberungsnotiz, gehört nach Ansicht vieler Forscher zu J oder JE.[16] Alle negativen Besitzverhältnisse werden nämlich in Analogie zu Ri 1 J oder JE zugeschrieben.

Nach Procksch ist E die Quelle, die am meisten an die ursprüngliche Geschichte erinnert.[17] Darum schreibt er—allerdings als einer der wenigen—Jos 15,1–12a E zu. Bemerkenswert ist Prockschs Aussage über den dt Charakter der E-Quelle: „Die E-Quelle aber erscheint in Josua nicht im alten pentateuchischen Stil, sondern wie in einem deuteronomischen Fluidum gebrochen"[18] und „[w]ir haben also E hier in

---

Holzinger, *Josua* 1901, x; Smend, *Hexateuch* 1912, 271–279 (J[1] und J[2]); Mowinckel, *Quellen* 1946, 23–25; id., *Tetrateuch* 1964, 17–33. Anders Cortese, *Josua* 1990, 107f; Schmidt, *Einführung* [3]1985, 73; Kaiser, *Einleitung* [5]1984, 93.147; id., *Grundriß* 1992, I, 63–70.64; Auld, *Joshua* 1983, 27ff.

[11] Meyer, *Kritik* 1881, 133f; vgl. auch Wellhausen, *Compostion* [3]1899, 116.116[2].

[12] Steuernagel, *Josua* 1900, 134: Die Stellen, wo Josua genannt wird, sind entweder redaktionell oder stammen von J[2]. Das wird allerdings von Kuenen, *HCO* 1885, 227.231[14], stark angezweifelt.

[13] J: Dillmann, *Josua* [2]1886, 515 (seine Quelle C ist J); Kuenen, *HCO* 1885, 104[49]; Procksch, *Sagenbuch* 1906, 389.389[1]. Hollenberg, *Bestandtheile* 1874, 501f, bemerkt, daß Jos 15,19, Num 13f und Ri 1,10–15 von dem gleichen Verfasser geschrieben worden sind. JE: Wellhausen, *Compostion* [3]1899, 129; Holzinger, *Josua* 1901, xx: In 15,13 sind sowohl Teile aus J als auch aus JE vorhanden. 15,14ff, obwohl JE, enthält auch J.

[14] So z.B. Dillmann, *Josua* [2]1886, 515f: Der Redaktor hat in 15,13 einiges geändert; Bennett, *Joshua* 1895, 13: 15,13=P[2]; Steuernagel, *Josua* 1900, 134: 15,13bα ist eine Glosse und das Subjekt davor auffallend unbestimmt geblieben.

[15] Steuernagel, *Josua* 1900, 134.209.

[16] J: Bennett, *Joshua* 1895, 14; Steuernagel, *Josua* 1900, 133.207; JE: Dillmann, *Josua* [2]1886, 515 (die Quelle BC ist JE); Wellhausen, *Compostion* [3]1899, 129f. J oder JE: Holzinger, *Josua* 1901, xx.

[17] Procksch, *Sagenbuch* 1906, 5; vgl. zu Procksch Kraus, *HKE* [2]1969, 385.

[18] Procksch, *Sagenbuch* 1906, 128.

deuteronomischer Ausgabe. Davon zu scheiden sind spätere Ansätze und Einsätze aus deuteronomischer Schule, die nichts mit der alten E-Quelle zu tun haben."[19] In dieser Einschätzung stimmt er mit der Auffassung Steuernagels überein, daß sich die Geschichtsdarstellungen von E und D² inhaltlich vollständig decken.[20] Steuernagel weist darauf hin, daß die Figur Josua hier im Gegensatz zu der Darstellung von J eine herausragende Rolle spielt.[21] Die Landnahme wird als eine gemeinsame Aktion der Israeliten vorgestellt.

Weil Wellhausen der Überzeugung ist, daß man J und E im einzelnen nicht unterscheiden kann, beschreibt er nur JE. Dies findet er in Jos 15 in den vv 4b.12b.13–19.63. V 63 betrachtet er als einen übriggebliebenen Anhang zu einer verloren gegangenen JE-Ortsliste von Juda.[22] Dagegen glaubt Steuernagel kaum an die Existenz von JE in Josua.[23]

Es ist schon früh vielen Forschern aufgefallen, daß es zwischen Jos und Dtn mannigfache sprachliche und inhaltliche Übereinstimmungen gibt.[24] Dies macht es wahrscheinlich, daß in Jos ein Verfasser von Dtn oder ein Redaktor in dessen Stil gearbeitet hat. Die Übereinstimmungen finden sich hauptsächlich in dem ersten Teil, Jos 1–12, kommen jedoch auch in Jos 13ff vor. Hollenberg weist als erster darauf hin, daß sich in Jos viele Berührungspunkte nicht mit Dtn allgemein, sondern mit dessen Rahmen finden (Dtn 1–4.29–34). Seines Erachtens sind der Verfasser des Rahmens von Dtn und der der dt[25] Stücke in Jos nicht mit dem Verfasser des Dtn identisch.[26] Die dt Teile in Jos können teils einem Verfasser, teils einem Redaktor zugeschrieben werden. Laut Hollenberg war es dieser Redaktor, der das dt Corpus Dtn 5–28 nach hinten mit vor allem Num und nach vorne mit Jos verbunden hat. Er

[19] Procksch, *Sagenbuch* 1906, 129
[20] Steuernagel, *Josua* 1900, 138.
[21] Steuernagel, *Josua* 1900, 135.
[22] Wellhausen, *Compostion* ³1899, 129f. Vgl. dafür Jos 17,12 und 16,10 zu 17,11 und 16,9.
[23] Steuernagel, *Josua* 1900, 132f; s.u. §5.2.2.
[24] Vgl. den Forschungsüberblick bei Hollenberg, *Bestandtheile* 1874, 462ff.
[25] Dt=deuteronomisch. Wir verwenden den Term „deuteronomistisch" hier noch nicht, weil man dabei zu leicht an das erst später definierte deuteronomistische Geschichtswerk denken kann. Überdies werden die Termini *deuteronomisch* und *deuteronomistisch*, wobei an einen oder mehrere Verfasser / Redaktoren im Geiste und im Stil schreibend vom deuteromischen Corpus gedacht wird (Dtn 5ff), ohne klare Differenzierung benutzt.
[26] Hollenberg, *Bestandtheile* 1874, 462–467, bes. 466.

geht davon aus, daß der dt Redaktor einen aus den klassischen Quellen bestehenden Rahmen vorgefunden und ihn mit Zusätzen und Überarbeitungen versehen hat.

Die These Hollenbergs hat nahezu allgemeine Zustimmung gefunden,[27] u.a. bei Kuenen[28] und Wellhausen. Letzterer betrachtet den Deuteronomisten als einen Schriftsteller, „der das deuteron. Gesetz in die Geschichte eingearbeitet hat ...“[29]. Etwas abgeändert findet man die These Hollenbergs bei Steuernagel. Er meint zwar, daß die Quellen J, E, P und vielleicht JE in Jos vorkamen und auch daß ein dt Redaktor diese bearbeitet hat. Der Redaktor hat jedoch das Vorgefundene nach seinen Kriterien neu geordnet; er liefert also den Rahmen. In Jos 13–19 allerdings wurde D kaum und in Jos 15 überhaupt nicht gefunden.[30]

Die Quelle P dagegen begegnet uns reichlich in Jos 13–19. Die Grenzbeschreibungen und Ortslisten werden von vielen Forschern P zugeschrieben, zum einen weil P im Pentateuch auch gerne Listen benutzt und zum anderen aufgrund von Wortparallelen und Parallelen zu hauptsächlich den P-Teilen in Num. Bei P oder allgemein in Jos 13ff tritt Josua zurück. „Es scheint, dass die priesterschriftlichen Schriftsteller sich schwer darein finden konnten, dass ein Ephraimit der Führer und Vertreter des ganzen Volkes sein sollte.“[31] Nach Steuernagel, von dem das Zitat stammt, ist es auch leicht verständlich, daß P Juda und sein Gebiet viel ausführlicher behandelt als alle anderen.[32]

Eine Ausnahme bilden die Quellenzuweisungen Kuenens und Smends Sr.[33] Letzterer glaubt nicht, daß die Ortslisten das Werk von P sind.[34] In Jos 19 erscheinen nämlich Ortslisten sehr unsystematisch inmitten der Grenzbeschreibungen. Unsystematisch vorzugehen paßt nicht zu P, und deshalb sind diese Verse[35] einer anderen Quelle zuzuordnen. „Dann ergibt sich aber als notwendige Konsequenz, daß auch

---

27 Vgl. Holzinger, *Josua* 1901, xii.

28 Kuenen, *HCO* 1885, 127f.134f; Anm. 30; zu Kuenen unten mehr.

29 Wellhausen, *Compostion* ^{3}1899, 117.

30 Hollenberg, *Bestandtheile* 1874, 503, findet ihn nur in 18,7. Steuernagel, *Josua* 1900, 143, sieht mehr D^2-Stellen in 13–19: 13,1abα.7; 18,2–5a.6.8–10a. Die Umstellung von Ephraim und Manasse sei vielleicht auch nach der Disposition von D^2 erfolgt.

31 Steuernagel, *Josua* 1900, 142.

32 Ebd.

33 Kuenen, *HCO* 1885, 104^{50}.104^{51}; vgl. weiter 327–329; Smend, *Hexateuch* 1912. Vgl. zu Smend: Kraus, *HKE* ^{2}1969, 374f.443; Houtman, *Pentateuch* 1994, 144f, 96; Kaiser, *Einleitung* ^{5}1984, 51f; Noort, *Josua* 1998, 74–79.

34 Smend, *Hexateuch* 1912, 329.

35 Jos 19,13.15.18–22.25b.26a.28a.30.33a.35–38.

die Aufzählungen der Städte Simeons 19 2–7 und Dans 19 41[b]–46[a] nicht aus P stammen, und dasselbe ist weiterhin für die Städteverzeichnisse Judas und Benjamins 15 21–62 18 21–28 anzunehmen."[36] Die Ortslisten gehen bei Smend auf das Konto von J[2],[37] der wußte, daß das Land unvollständig erobert war (vgl. Ri 1) und deswegen nur Orte und keine Gebiete auflistete. Außerdem wird in 18,9 (J) explizit gesagt, daß das Land nach Städten beschrieben wurde.[38] Aufgrund der Parallele Num 34,3–5 (P)/Jos 15,2–4 behauptet Smend, daß P sehr wohl Grenzbeschreibungen hatte.[39]

Bei den meisten aber stammen die Listen 15,1–12* und 15,20–62* von P. Dabei kann man noch zwischen P[1]/P[G] und P[2]/P[s] unterscheiden. Redaktionelle Zusätze, darunter die Überschriften und Abschlüsse, können P[2] zugeschrieben werden.[40]

Bei Kuenen stammt das geographische Material, abgesehen von den Rahmen, möglicherweise aus anderen unbekannten Quellen. „Hoe ... de geografische data tusschen P[2] en die andere bronnen moeten worden verdeeld, is dikwerk moeilijk uit te maken: de lijsten van steden kunnen soms even goed uit genen als uit dezen zijn overgenomen en waren wellicht in beiden van den aanvang af nagenoeg identisch."[41] Später wird Alt die Eigenständigkeit dieser Listen herausarbeiten.

---

[36] Ebd.

[37] Smend postulierte zwei J-Quellen: J[1] und J[2]. Es ist hier die Rede von der „neuesten Urkundenhypothese"; vgl. Houtman, *Pentateuch* 1994, 144ff.

[38] Smend, *Hexateuch* 1912, 329f.

[39] Smend, *Hexateuch* 1912, 327: „Sodann stimmt die Südgrenze Judas 15 2–4 mit Num 34 3–5 P, und man muß danach annehmen, daß die Grenzbeschreibungen zumeist überhaupt aus P genommen sind."

[40] Jos 15,1–12 ist P: Bennett, *Joshua* 1895, 12f; Wellhausen, *Compostion* [3]1899, 129 (4b ausgenommen); Steuernagel, *Josua* 1900, 140. Jos 15,1–12 ist P[G*]: Holzinger, *Josua* 1901, xx. Jos 15,1 ist P[2]: Kuenen, *HCO* 1885, 102. Jos 15,13 ist P: Bennett, *Joshua* 1895, 13. Jos 15,20–63 ist P: Procksch, *Sagenbuch* 1906, 318. Jos 15,20–62 ist P: Bennett, *Joshua* 1895, 13f; Wellhausen, *Compostion* [3]1899, 129f. Jos 15,20–44.48–62 ist P: Steuernagel, *Josua* 1900, 140. Jos 15,20–44.48–62 ist P[G*]: Holzinger, *Josua* 1901, xx. Ähnlich Dillmann, *Josua* [2]1886, 515, allerdings mit anderer Nomenklatur: 15,21–44.48–62 gehört A (= älterer Elohist/Buch der Ursprünge) an. Diese Quelle wurde später als P bezeichnet. Jos 15,20 ist P[2]: Kuenen, *HCO* 1885, 102.

[41] Kuenen, *HCO* 1885, 102.104[50]. Es muß noch hinzugefügt werden, daß Kuenen mit noch späteren Zusätzen (also nach P[2]) rechnet. Ein Indiz der fortdauernden Erweiterung von Jos sieht er in der Textgestalt der LXX. Dabei fundiert Kuenen seine Datierung aber, wie das im 19. und im Anfang des 20. Jh. üblich war, auf der Grundlage des historischen Gehalts. Vgl. S. 106: Jos 22,9–34 z.B. ist jünger als P[2]: „het verhaal is door en door onhistorisch, eene tendentieuse verdichting in het belang van de eenheid des heiligdoms, die hier voorkomt als geheel gevestigd en in het volksbewustzijn opgenomen."

5.2.2. *Der Hexateuch*

„Es ist ... ein gegebenes Vorurteil, dass das Buch Josua dieselbe Entstehungsgeschichte habe, wie der Pentateuch, dass also zwei alte Quellen J und E zu JE verbunden worden sind, dass JE im Zusammenhang mit der Einfügung des Dtn eine dtn-istische Bearbeitung erfahren hat und dass schliesslich P hinzugekommen ist." Das schreibt Holzinger 1901.[42] Diese Aussage findet sich nicht nur bei ihm, sondern ähnlich bei vielen anderen.[43] Die Behauptung, daß die Quellen des Pentateuch auch in Jos vorhanden sind, stützt sich auf die Tatsache, „dass die früheren Bücher fort und fort über sich hinausweisen und die Erzählung des Jos. vorbereiten ..."[44] und auf die Annahme, daß der Pentateuch mit seinen wiederholten Landverheißungen ohne die Landnahme und -verteilung ein Torso wäre.[45] Daß Jos und Pentateuch im Hexateuch zusammengehören, ist in dieser Zeit *communis opinio*.[46] Der Streit geht um das Wie. Es gibt zwei Probleme: Erstens ist das Verhältnis der Quellen zueinander anders als im Pentateuch; zweitens bietet keine einzige Quelle in Jos einen durchlaufenden Erzählfaden. Im Pentateuch stellt P den Rahmen für die Eingliederung aller anderen Quellen, in Josua ist das nicht so. Abgesehen von kurzen redaktionellen Zusätzen, die in oder als Rahmen vorkommen, meistens aber einem späteren P (P^s oder P^2) zugeschrieben werden, findet sich der Hauptbestandteil von P *innerhalb* der jeweiligen Rahmen. P ist demnach nicht der Rahmen selbst. Das führt dazu, daß z.B. Dillmann nicht bezweifeln kann, „dass eine deuteronomische Hand an diesem Buch gearbeitet, ja ihm seine letzte Gestalt gegeben hat."[47]

Ist das Buch Josua eine Fortsetzung des Pentateuch als Corpus, oder bieten die Quellen in Josua eine Fortsetzung der Quellen des Pentateuch? Mit anderen Worten: Gab es einen Hexateuch als Einheit, oder gab es verschiedene „Hexateuche", in dem Sinne, daß jede einzelne

---

[42] Holzinger, *Josua* 1901, ix.

[43] Wellhausen, *Compostion* ³1899; Dillmann, *Josua* ²1886; Kuenen, *HCO* 1885, 138: „Het is *a priori* waarschijnlijk, dat E en J beiden zich niet tot den patriarchalen tijd bepaald, maar ook de redding van Israël uit Egypte en de vestiging der stammen in Kanaän beschreven hebben."; Procksch, *Sagenbuch* 1906. Etwas abweichend ist Steuernagel, *Josua* 1900, der meint, daß ein JE in Josua kaum zu erkennen ist.

[44] Steuernagel, *Josua* 1900, 131 (mit Belegstellen).

[45] Ebd.

[46] Vgl. auch Kuenen, *HCO* 1885, 14ff.138.

[47] Dillmann, *Josua* ²1886, 440.

Quelle die Zeit bis zur Landnahme und -verteilung abdeckte?[48] Ersteres war mehr oder weniger Gemeingut, für letzteres entscheidet sich u.a. Steuernagel.[49] Für ihn sind zwar alle Quellen in Jos vorhanden, doch bildete das Buch, so wie es von späteren Redaktoren zusammengearbeitet ist, keine Einheit mit dem Pentateuch. Nach Steuernagel muß die Abtrennung vom Pentateuch schon frühzeitig erfolgt sein.[50] Ähnlich äußert sich Wellhausen.[51] Er behauptet aufgrund von Jos 8,31, Jos sei kein Abschluß, sondern Anhang, weil die Thora Moses schon vorgelegen habe. Bei der Abtrennung vom Pentateuch müßten dann auch die Quellen gekürzt worden sein.

In der Grundschicht von Josua fehlt P laut Holzinger.[52] Die Frage ist dann, woraus die Grundschicht bestand und wie das Buch Josua zu seiner jetzigen Gestalt gekommen ist. Bei Holzinger ist JED die Grundschrift, in die P eingearbeitet worden ist. Hierin liegt der Unterschied zur Entstehungsgeschichte des Pentateuch. Ansonsten verlief die redaktionelle Arbeit, so behauptet er, in der gleichen zeitlichen Reihenfolge nach folgendem Schema: J+E, JE+D, JED+P.[53] In Jos hat die jehovistische Redaktion viele Ähnlichkeiten mit D.[54] Holzinger[55] und Wellhausen[56] behaupten, daß Jos 18,1 (P)[57] ursprünglich vor 14,1–5 gestanden hat, weil es die logische Einleitung zur Landverlosung bietet und die Formulierung mehr auf eine Verteilung des *ganzen* Landes und damit des *ganzen* Israels hinweist[58] als auf eine Verteilung unter nur sieben Stämme. Hiermit hätte also die ganze Landverteilung in Silo stattgefunden, und Juda wäre weniger hervorgehoben. In der heutigen Gestalt verläuft die Landverteilung in zwei Phasen.[59] Der Text in

---

48 Wenn dann nicht von einer Quelle alle Vorgänge berichtet werden, ist das auf Kürzung zurückzuführen, nicht auf ein Fehlen.

49 Steuernagel, *Josua* 1900, 131*: „Das aus den Quellen zusammengearbeitete Buch hat niemals mit dem Pentateuch eine Einheit gebildet."

50 Steuernagel, *Josua* 1900, 131.146.

51 Vgl. Wellhausen, *Compostion* ³1899, 117. Vgl. zu Wellhausen: Kraus, *HKE* ²1969, 255–274; Houtman, *Pentateuch* 1994, 107–114; Noort, *Josua* 1998, 69–72.

52 Holzinger, *Josua* 1901, xiii.

53 Holzinger, *Josua* 1901, x.

54 Ebd., xii.

55 Ebd., xiii.

56 Wellhausen, *Compostion* ³1899, 128f.

57 Anders Smend, *Hexateuch* 1912, 314.

58 Vgl. auch Jos 19,51.

59 Vgl. Kuenen, *HCO* 1885, 103.105[52].

der heutigen Gestalt ist Produkt einer Umordnung mit dem Ziel, die P-Erzählung mehr mit der vorliegenden JE-Erzählung in Einklang zu bringen.

Etwas abweichend ist die Rekonstruktion der Redaktionsgeschichte bei Steuernagel[60]. Er glaubt nicht, daß sich in Jos eine jehovistische Bearbeitung herausschälen läßt, denn in dem Fall wäre die Redaktion viel besser und glatter geworden. Im Pentateuch nämlich werden die Quellen J und E immer zusammengearbeitet. In Jos dagegen finden wir z.B. Jos 14,6–15 (E) und 15,13–19 (J) selbständig nebeneinander, was darüber hinaus noch durch P-Material getrennt ist. E und J können nie gleichzeitig in Jos eingefügt worden sein, denn kein Redaktor hätte das auf die beschriebene Weise getan. Nach Steuernagel[61] wurde zunächst D^2 mit P kombiniert;[62] danach wurde J eingefügt und zuletzt E und P^2 eingearbeitet. E zeigt viele Übereinstimmungen mit D. Deswegen ist es wahrscheinlich, daß E, der zusammen mit P^2 eingearbeitet wurde, bereits „dtnistisch", von D^1, bearbeitet war. Diese Redaktionsarbeit kann frühestens ab 445 begonnen haben, weil 445 v.Chr. die Entstehungszeit von P ist. Kurz nach dem Exil gab es von allen Quellen, J, E, D und P, einen Bericht über die Landnahme.

Auch wir sind der Überzeugung, daß Josua in enger Verbindung mit dem Pentateuch steht, daß in ihm priesterschriftliche und dtr Sprache zu finden ist. Anders als bei den älteren Forschern entstammt diese Sprache unseres Erachtens meistens nicht direkt der Priesterschrift oder dem Deuteronomisten des Pentateuch, sondern steht in der Tradition der beiden.

5.3. *Die priesterliche Bearbeitung*

5.3.1. *Einleitung*

Die ältere Forschung setzte die Existenz von P in Jos als selbstverständlich voraus. Es war Noth, der P infolge seiner These des DtrG aus Jos verbannt hat. Es gebe lediglich kleinere Zusätze in priesterschriftlichem Stil.[63] Auf der anderen Seite steht Cortese, der meint, daß Noth P zu

---

[60] Steuernagel, *Josua* 1900, 142–148.

[61] Steuernagel, *Josua* 1900, 144.

[62] Für D^2 s.o. §5.2.1.

[63] Vgl. Noth, *ÜS* 1943, 180–213 und bes. 190: „Das eindeutige Ergebnis ist mithin, daß die ‚Hexateuch'-Quelle P im Buche Josua völlig fehlt."

radikal aus Josua wegradiert hat[64] (und demnach auch aus Num 34).[65] Bei der Frage nach dem Verhältnis von P bzw. P^G / P^s, Dtr und dokumentarischem Material gibt es genug Gründe davon auszugehen, daß Jos sehr wohl priesterliches, jedoch nicht priesterschriftliches Material enthält, und daß es sich dabei um mehr als Zusätze handelt.[66]

Um diese Annahme zu begründen, müssen wir zunächst auf das Problem von P in Josua eingehen. Doch was ist P?[67] Gerade diese Frage läßt sich kaum und immer schwerer beantworten. Ist P Quelle oder Redaktion?[68] Gibt es eine Trennung zwischen P^G und P^s, und ist das Kriterium, um zwischen beiden zu unterscheiden—Geschichte versus Gesetzesmaterial—das richtige?[69] Und was ist P^s: der Terminus für alles, was später zu P^G gekommen ist, oder nur eine einzige sekundäre Schicht? Wo endet P: in Lev 16, Num 9, Dtn 34, Jos oder gar 1Kön 8? Ist P vorexilisch, exilisch oder nachexilisch zu datieren?[70] P scheint am ehesten für $P^{(roblem)}$ zu stehen. Wir gehen von einer *Quelle* P aus und unterscheiden nach P^G und P^s.[71] Dabei ist allerdings nicht immer genau auszumachen, was zur ursprünglichen und was zur sekundären Schicht gehört.[72] Doch wir reservieren mit Noth und Zenger die Bezeichnung P^s „streng für den … sekundären Zuwachs zu der noch selbständigen P-

[64] Cortese, *Josua* 1990, 5–13 und *passim*; vgl. auch Mowinckel, *Quellen* 1946, *passim*; id., *Tetrateuch* 1964, 56 und *passim*.

[65] Mowinckel, *Tetrateuch* 1964, 57, macht hier auf eine Inkonsequenz bei Noth aufmerksam, indem er darauf hinweist, daß, wenn Noth Num 35,(1–8).16–34; 36,1–13 spätere Zusätze zu P nennt, es dann vorher P-Stücke gegeben haben muß.

[66] Eine Forschungsüberblick zur Frage nach Jos 13ff und P findet sich bei Noort, *Josua* 1998, 173–181.

[67] Vgl. grundsätzlich zu P: Zenger, *Priesterschrift*.

[68] Vgl. Vervenne, *‚P' Tradition* 1990, 67–90.

[69] Vgl. Pola, *Priesterschrift* 1995, und dessen Besprechung bei Otto, *Forschungen* 1997, 20–27.

[70] Vor allem in Israel verficht man eine Frühdatierung von P.

[71] Die Unterscheidung zwischen Quelle, Redaktion und Kompilation ist, was P betrifft allerdings fließend, wenn wir P als *Neukonzeption* betrachten. Wir stimmen Lohfink, *Priesterschrift* 1978 = 1988, 221f, in folgender Beurteilung zu: „Auch eine ursprünglich selbständige priesterliche Geschichtserzählung darf vielleicht nicht einfach als unabhängige Paralleltradition zu den anderen, älteren Pentateuchtraditionen betrachtet werden; vielmehr ist sie vielleicht als bewußt Bezug nehmende und bewußt sich absetzende Neukonzeption zu betrachten." Vgl. ähnlich Schmidt, *Priesterschrift* 1993, *passim* (und zu dieser Arbeit Otto, *Forschungen* 1997, 9–20). Wenn wir allgemein über P reden, meinen wir P^G.

[72] Vgl. die hilfreiche Synopse von P^G bei Jenson, *Graded* 1992, 220–224. Daran zeigt sich, daß vor allem Weimar P^G in hohem Maße atomisiert hat. Man kann sich fragen, ob dies noch eine zusammenhängende Grunderzählung ergibt.

Erzählung.“[73] Die Bezeichnung P^{ss}, die Cortese verwendet, ist unsinnig, denn was ist sekundärer als sekundär?[74] $P^{t(ertiär)}$ wäre eher angebracht. Doch bei diesem Unternehmen käme kein Ende in Sicht, denn auch das Tertiäre ist nicht immer einheitlich, usw. Besser ist es hier, von R^{P} zu sprechen. Diese Redaktion kennzeichnet sich durch sowohl priesterlichen als auch deuteronomistischen Sprachgebrauch.[75] Wir werden sehen, daß einiges in Jos 13–21 als R^{P} zu bezeichnen ist.[76]

Auf den ersten Blick scheint die Landverteilung in Jos priesterschriftlichen Ursprungs zu sein, darin muß man den älteren Forschern Recht geben. Struktur, Komposition, Sprache und Motive sind die von P.

5.3.2. *Struktur und Komposition*

P wird gekennzeichnet durch Künstlichkeit, Formelhaftigkeit und intensives theologisch-ordnendes Denken. P bringt Name, Zahl und Ordnung in die Geschichte hinein.[77] Dies erkennt man an Struktur und Komposition.[78] Die Texte sind streng komponiert (aber nie straff symmetrisch)[79] mit paarweiser Zuordnung, Inklusionen, feierlichen Abschlußformeln, deutlicher theologischer Motivik und strukturellen Entsprechungen zwischen Einzeltext und Gesamtwerk[80] sowie zwischen Verheißung und Erfüllung. Geht man dem allgemeinen Eindruck von den Landverteilungstexten nach, dann kann man nicht anders, als sie P zuweisen.

Jos 13ff ist voller Listen. Schon diese Tatsache verbindet den Textkomplex mit den priesterlichen Teilen im Pentateuch. Kennzeichnend ist, daß die Angaben immer zunächst allgemein sind und dann detaillierter werden. In Jos 15,1ff folgen nacheinander: 1. die allgemeine Überschrift, um anzudeuten, daß das Losgebiet Judas folgt (v 1a), 2. die allgemeine Erstreckung dieses Gebiets in Stilform einer Aufzählung

---

[73] Noth, *ÜS* 1943, 9^{15}; zustimmend zitiert von Zenger, *Priesterschrift*, 436.

[74] Cortese, *Josua* 1990, *passim*.

[75] Zenger, *Priesterschrift*, 436. Bezeichnend ist, daß von den 16 Begriffen, die Cortese, *Josua* 1990, 31, P^{ss} zuweist, dieser 10 auch D zuweist. Umgekehrt sind bei ihm nur zwei Begriffe weder P^{s} noch P^{ss}, sondern exklusiv D zuzuweisen.

[76] S.u. §5.6.

[77] So Lohfink, *Priesterschrift* 1978=1988, 228ff; vgl. auch oben cc 3 und 4.

[78] Vgl. dazu vor allem Elliger, *Sinn* 1952=1966; McEvenue, *Word* 1970; id., *Narrative* 1971; Lohfink, *Priesterschrift* 1978=1988; Weimar, *Struktur* 1984.

[79] McEvenue, *Narrative* 1971, 113ff u.ö. Vgl. S. 115: „Again perfect symmetry is avoided“. Vgl. auch Cortese, *Josua* 1990, 53.

[80] Man denke hier z.B. an die Ausführungsformeln sowie die sogenannten *completion formulae*.

(v 1b), 3. die Beschreibungen der Süd-, Ost-, Nord- und Westgrenze. In c 21 findet man nacheinander eine allgemeine Beschreibung der Levitenstädte und anschließend noch einmal das Gleiche, aber dann detaillierter. Das ähnelt vielen Listen in P^G.[81]

Inklusionen, ein anderes Kennzeichen von P, kommen auch reichlich in der Landnahmetradition vor. Jos 14,1 findet seine Entsprechung in 19,49a, und die Einleitungen entsprechen genauestens den Abschlüssen. Nimmt man c 22 dazu, dann umklammern zwei Kapitel über die transjordanischen Stämme, cc 13; 22, die Kapitel über die cisjordanischen.[82]

Die paarweise Anordnung ist in der Gegenüberstellung der Kernstämme Juda und Josef (cc 15–17) gegenüber den restlichen sieben cisjordanischen Stämmen (cc 18,11–19,48) zu sehen. Innerhalb dieser Panelen finden sich wiederum Gegenüberstellungen. Juda kommt durch die Vorrangstellung und detaillierte Beschreibung besser weg als die Josefstämme. Das Gleiche gilt für Benjamin gegenüber den anderen sechs Stämmen. Weiter kann man an das Paar Eleasar/Josua denken, das in Num 27 eingesetzt wird und in Jos 14ff die Landverteilung leitet.[83]

Nicht nur das Paar, die Zahl zwei, ist in P von Bedeutung, sondern auch die Zahlen sieben und zehn.[84] Man denke nur an die sieben Schöpfungstage und die zehn Generationen bis zur Flut. Auch in Josua spielen diese Zahlen eine entscheidende Rolle. Die Verteilung des cisjordanischen Landes gilt zehn Stämmen, und es gibt genau zehn Lose. Nachdem Juda und Josef ihr Land in Empfang genommen haben, gilt die restliche Landverteilung noch sieben Stämmen, und die Bezeichnung מטה kommt in den Abschlüssen der einzelnen Landverteilungen siebenmal vor.[85] Auch wenn dies kein exklusives Kriterium für P ist,[86] so ist P doch bekannt für seine Vorliebe für diese Zahlen.

Es gibt aber einen, bereits von den älteren Forschern bemerkten, wichtigen Unterschied zwischen P im Pentateuch und der vermeintlichen P in Josua: Im Pentateuch bildet P den Rahmen, in Josua nicht. Die Rahmenkapitel in Jos weisen dtr Sprache oder dtr Stil auf: Jos 1; 11; 12(?); 13; 23; 24(?). Die geographischen Texte jedoch wurden in der

[81] Vgl. z.B. Num 1; 3f.
[82] Vgl. Spronk, *Jozua* 1994, 17.
[83] Dazu unter §5.3.3.2 mehr.
[84] Vgl. Lohfink, *Priesterschrift* 1978=1988, 233.233[44].
[85] S.o. §4.4.2.
[86] Auch in Jos 6 z.B. ist die Zahl Sieben prägend; vgl. Noort, *Jericho* 1996, 274f.

ersten literarischen Phase (b1) in priesterschriftlichem Stil eingeleitet (14,1a) und abgeschlossen (19,49a). Auch die Innenrahmen, die Einleitungen und Abschlüsse der Einzelbeschreibungen der Stammesgebiete, sind in priesterschriftlichem Stil gehalten.[87]

5.3.3. *Sprache*

Geben Struktur und Komposition Anlaß, die Landverteilungstexte P zuzuweisen, so ist die Sprache hierin weniger eindeutig. Es gibt einige Wörter und Sätze, die man mit gutem Gewissen priesterschriftlich nennen kann, viele andere aber gewiß nicht. Im Folgenden behandeln wir die Wörter, Phrasen und Verse, die manchmal P zugewiesen werden. Wir greifen dabei auf die in cc 3 und 4 gemachten literarischen Beobachtungen zurück. Basis für die Argumentation ist die Annahme einer Quelle P im Pentateuch sowie die Unterscheidung zwischen P^G und P^s.

Diejenigen, die P in Josua erkennen wollen, weisen für die Landverteilung auf Jos 14,1f; 18,1; 19,51 und 20f hin. Cc 20f ziehen wir wegen ihrer ganz eigenen Thematik nicht heran. Wir gehen nur auf Jos 14,1–5; 18,1–10; 19,49a.51 ein sowie außerdem auf mögliche priesterschriftliche Wörter und Phrasen in Jos 15.

5.3.3.1. Jos 15

גורל

Außer in Lev 16 und Num 26; 33; 34; 36 kommt גורל im Pentateuch nicht vor. Betrachtet man die Erwähnungen näher, dann entbehrt eine Zuweisung zu P^G oder P^s jeglicher Grundlage.[88] Lev 16, das P^s oder vielleicht P^G zuzurechnen ist,[89] steht nicht im Zusammenhang mit der Landverteilung. Es bleiben die Erwähnungen in Num 26–36. Num 28–36 als Ganzes ist (sehr) spät anzusetzen.[90] Num 26 gehört noch P^s an. Doch alle Erwähnungen des Loses in Num 26–36 sind, wie wir gezeigt haben,[91] späte Interpolationen, die als solche deutlich erkennbar sind.

---

[87] Unten (§5.5) geben wir hierfür eine mögliche redaktionsgeschichtliche Erklärung.

[88] Gegen Petersen, *Priestly* 1980, 133; Cortese, *Josua* 1990, 29 („ein relativ sicheres priesterliches Kennzeichen").31

[89] Lev 16 wird meistens zu P^s gerechnet; vgl. aber Zenger, *Priesterschrift*, 442: „Zur priesterschriftlichen Theologie gehört auch Lev 16 als Mitte des Pentateuchs."

[90] Seebass, *Stand* 1998, 118f.

[91] S.o. §4.3.2.3.3.

מטה

מטה („Stamm") kann man im Unterschied zu seinem Synonym שׁבט mit Recht einen Begriff aus der P-Tradition nennen.[92] Es kommt hauptsächlich in Num, Jos 13–21 sowie 1Chr 6 vor, im restlichen Pentateuch sowie DtrG, abgesehen von Jos 13–21, dagegen kaum. Zu den Belegen von מטה in Num gehören als P^G und P^s anerkannte Stellen. שׁבט begegnet umgekehrt kaum in Num sowie Jos 13–21 und desto öfter im restlichen DtrG. In der Regel sind die Belegstellen für מטה und שׁבט so verteilt, daß, wenn מטה auftaucht, שׁבט fehlt und umgekehrt.[93] Dies sind deutliche Hinweise darauf, daß der Begriff מטה in der P-Tradition zu lokalisieren ist.

בנים + *n.tr.*

Auch die Verbindung von בנים mit einem Stammesnamen kann man der P-Tradition zuweisen.[94] Sie kommt vor allem in Gen 46; Num 1; 2; 7; 10; 26; 32; 34 sowie in Jos 13–21 und 1Chr 7 vor. Hier gilt das Gleiche wie bei מטה: Unter den Belegen in Num befinden sich P^G- sowie P^s-Stellen. Die Verbindung von מטה mit בנים + *n.tr.*, so wie sie in Jos 15,1 vorliegt, findet sich allerdings nur in Num 10; 34; Jos 13–19; 21 und 1Chr 6. Das ist ein Anzeichen dafür, daß Jos 13ff nicht mit P^G, sondern mit der späteren P-Tradition zu verbinden ist.

למשׁפחתם / משׁפחה

Die Verbindung בנים + *n.tr.* + למשׁפחתם kommt fast ausschließlich in Num und Jos 13–21 vor.[95] In Num 26 tritt sie wiederholt und stereotyp auf im Gegensatz zu seiner älteren Parallele Num 1,[96] wo sie nur einmal in der allgemeinen Überschrift auftaucht (Num 1,2). Num 26 ist frühestens P^s zuzuweisen. Mit Cortese kann משׁפחה ein typisch priesterschriftliches Wort genannt werden, weil es in priesterschriftlichen Texten oft vorkommt und umgekehrt in den dtr Texten Jos 1–11(12); 23f nur dreimal und in Dtn lediglich einmal.[97]

---

[92] Mit Cortese, *Josua* 1990, 25.31.

[93] Für die Detailangaben s.o. §3.3.2.2.

[94] Sie wird allerdings weder bei Petersen, *Priestly* 1980, noch bei Cortese, *Josua* 1990, genannt.

[95] Vgl. (auch für das Nachfolgende) §4.4.3.1.

[96] Gegen Noth, *System* 1930, 122–132, der Num 1 nach Num 26 datiert.

[97] Cortese, *Josua* 1990, 25.

גבול

Es ist schwierig, גבול eindeutig literarisch einzuordnen. Cortese differenziert zwischen גבול mit der Bedeutung „Gebiet" und גבול mit der Bedeutung „Grenze". Letzterer Gebrauch sei auf die Hand von P^s und P^{ss} zurückzuführen, ersterer gehöre zum Urdokument der Landverteilung.[98] In §3.3.2.3 haben wir argumentiert, daß in den meisten Fällen גבול „Gebiet" oder sowohl „Gebiet" als auch „Grenze" bedeutet. Nur in Num 34; Jos 15–19; Ez 47f bedeutet es ausschließlich „Grenze", während sonst in P גבול mit dieser exklusiven Bedeutung nicht vorkommt. Die erwähnten Texte stehen in Bezug zueinander und bilden auf vielerlei Weise eine Sondertradition. Darum kann die Verwendung von גבול mit der exklusiven Bedeutung „Grenze" kein Kriterium für die Zuweisung zu P sein.

מדבר־צן

Diese Wüste finden wir ein- bzw. zweimal in Jos 15 und siebenmal im Pentateuch. Im Pentateuch ist sie eine der Wanderungsstationen und darum relativ wichtig. Petersen hält sie für ein Anzeichen von P.[99] Diese sieben Erwähnungen, wovon eine in Dtn (Dtn 32,51=P?[100]) steht, reichen jedoch nicht aus, um definitiv bestimmen zu können, ob der Gebrauch von „Wüste Zin" die Hand von P verrät.

קרית־ארבע

„Kirjat-Arba" kann mit seinen zwei Erwähnungen im Pentateuch nicht als Kriterium für die Bestimmung von P verwandt werden.[101]

חלק

Es bleibt unverständlich, wie Cortese das Verb חלק so leicht P^s und P^{ss} zuweisen kann. Sieht man von Gen 14,15 ab, wo חלק eine reflexive Bedeutung hat, sowie von Gen 49,27 und Ex 15,9, wo es um Verteilung einer Beute geht, bleiben im Tetrateuch nur die Belegstellen Gen 49,7 und Num 26,53.55.56 übrig. Das macht das Verb חלק noch nicht auf den ersten Blick zu einem typischen P-Wort. Zudem bildet gerade

[98] Cortese, *Josua* 1990, 29.31.40–43.
[99] Petersen, *Priestly* 1980, 133.
[100] P: vgl. Lohfink, *Priesterschrift* 1978=1988, 222f[29]. Nicht P: Perlitt, *Priesterschrift* 1988, 123–143; Schmidt, *Priesterschrift* 1993, 211–221.
[101] Gen 23,2; 35,27 (beide P^G). Gegen Petersen, *Priestly* 1980, 133.

Num 26,53–56 eine Interpolation. חלק als Substantiv kommt sogar achtmal im Dtn vor gegenüber siebenmal in Gen-Num. Auch Corteses Behauptung, חלק eines Einzelnen sei D und חלק von Sippen P^{ss} zuzuschreiben, ist nicht überzeugend. Bei D geht es meistens um den „Anteil der Leviten“[102], bei P^{ss} z.B. um den „Anteil von Kaleb“[103]. Aber weder ist „der Levit“ eine Einzelperson, noch ist Kaleb eine Sippe. Beide sind als kollektive Bezeichnungen aufzufassen. Zusammenfassend behaupten wir, daß es keine Basis gibt, חלק literarisch auszuwerten, wenngleich es theologisch in Jos 13ff sehr wohl bewußt verwandt wird. Es wird an den Stellen eingesetzt, wo das prägnante נחל oder נחלה aus theologischen Gründen vermieden werden sollte.

נחלה[104]

In Jos 13–21 ist נחלה in den Abschlußformeln den zwölf kanonischen Stämmen vorbehalten. Es betrifft somit nicht das ganze Land, sondern das Gebiet einzelner Stämme. Das stimmt mit dem Gebrauch des Wortes in Num (dem Buch mit 46 der 49 Belege von נחלה in den ersten vier Büchern) überein, wo keine einzige Erwähnung das ganze Land betrifft. Dagegen steht in Dtn נחלה meistens für das ganze Land. Auffällig ist, daß unter den Belegstellen in Num keine einzige zu P^{G} gehört.[105] Wo נחלה direkt mit der Landverteilung im allgemeinen verbunden wird, haben wir es in sieben von acht Fällen sogar mit späten Interpolationen zu tun.[106] Hinweise auf die Landverteilung an die transjordanischen Stämme begegnen nur in späteren Phasen innerhalb der jeweiligen Abschnitte.[107] Sonst kommt נחלה entweder im Zusammenhang mit den Leviten[108] oder in den späten Kapiteln Num 27–36[109] vor. Der Gebrauch von נחלה für Teile des Landes gehört somit zur späteren priesterschriftlichen Tradition.

[102] Dtn 10,9; 12,12, u.ö.

[103] Jos 15,13.

[104] Siehe §4.4.3.2.

[105] Nach Lohfink, *Priesterschrift* 1978, 198[29], gehören Num 34,2.14.15 zu P^{G}.

[106] Num 26,53.54 (3×).56; 33,54 (2×). Num 34,2 ist anders zu beurteilen; dazu unten §5.5.

[107] Zu Num 32,18.19.32 s.o. §4.5.1.2 Anm. 261. Zu Num 34,14.15 s.o. §4.5.1.3.

[108] Und dann konzentriert (6×) in Num 18.

[109] Und dann konzentriert (23×) in den Kapiteln über die Töchter Zelofhads, Num 27; 36.

ערים וחצריהן / חצר

Die Verbindung ערים וחצריהן ist singulär in Jos 13–21 und sonst nur in den von ihm abhängigen Stellen zu finden.[110] Doch auch das Wort חצר können wir nicht der P-Tradition zuschreiben, denn dort deutet es fast immer auf den Vorhof des Tempels und nur gelegentlich auf ein Dorf oder eine Siedlung.[111]

ובנותיה / בת

Wir können Cortese in seiner Behauptung, בת in der Bedeutung „Tochterstadt" sei typisch für D und P^{ss}, nicht zustimmen.[112] Im Tetrateuch kommt es in dieser Bedeutung dreimal vor und im DtrG (davon allein fünfmal in Ri 1,27) sechsmal vor.[113] Somit entbehrt eine Zuweisung zu P oder D jeder Grundlage.

Zusammenfassend läßt sich über die Wörter, die der P-Tradition zugewiesen werden könnten, folgendes sagen: גורל ist kein exklusives Merkmal für P^G oder P^s. Im Zusammenhang mit der Landnahme ist es im Pentateuch sogar nur in späten Interpolationen zu finden. קרית־ארבע, ובנותיה und חלק müssen als literarisch neutral bezeichnet werden. מדבר־צן gehört vielleicht in die P-Tradition. גבול, mit der exklusiven Bedeutung „Grenze", sowie die Verbindung ערים וחצריהן stellen Sondergut dar. Dabei ist חצר in der Bedeutung „Dorf/Gehöft" eher untypisch für P. Nur מטה, בנים + *n.tr.*, למשפחתם und נחלה für die kanonischen Stämme kann man priesterschriftlich nennen, wobei nur מטה auch zu P^G gehört. Die anderen Begriffe sind P^s oder noch späteren Händen zuzuweisen. Eben diese Begriffe erscheinen, und zwar ausschließlich, in den *Rahmen* von Jos 15: vv 1.12.20.21. Das scheint darauf hinzuweisen, daß ein Redaktor in der priesterschriftlichen Tradition hier am Werke war. Weil die Sprache der Rahmen insgesamt aber nicht direkt priesterschriftlich ist, die Tradition aber sehr wohl, verwenden wir den Begriff „priesterlich".

---

110 S.o. §4.4.3.2.

111 Gegen Cortese, *Josua* 1990, 30.31. Vgl. dagegen bereits Bennett, *Joshua* 1895, 28: „not an ordinary P term".

112 Cortese, *Josua* 1990, 31.

113 S.o. §3.3.4.5.

5.3.3.2. Jos 14,1–5

אלה *als unabhängiges Subjekt + prädikatives Substantiv oder* אשר*-Satz*
Die Formel, bei der auf ein Demonstrativum als unabhängiges Subjekt ein prädikatives Substantiv oder ein אשר-Satz folgt, gehört zu den typischen struktur- und ordnungsbildenden Elementen in P. Sie sind in P als Überschrift einer Liste zahlreich.[114] Auch in Jos finden wir sie als strukturbildende Elemente. Jos 13,15ff wird in v 32 mit אלה ... אשר abgeschlossen. Ein späterer Redaktor hat v 33 noch hinzugefügt, doch ursprünglich war 13,32 der Abschluß von 13,15ff.[115] Die Formel erscheint dann in 14,1a.b als Einleitung zu 14,1–5 bzw. cc 14–19. In 19,51 wird die ganze Landverteilung der cisjordanischen Stämme (wie in 13,32 die der transjordanischen) mit Hilfe einer Inklusion abgeschlossen. Darauf folgt der deutliche Neuanfang: „Und der Herr redete mit Josua und sprach".[116] Den Beleg Jos 17,2aβγb–6 betrachten wir als eine spätere Einfügung.[117] Damit sind die אלה-Formeln in vv 2.3, beide Einleitungen zu Geschlechtsregistern, auch später anzusetzen.[118] Zusammenfassend können wir sagen, daß—sehen wir von den Stellen 17,2.3 ab—13,32; 14,1 und 19,51 deutlich strukturbildende Elemente sind. Dabei stehen 14,1 und 19,51 als Einleitung und Abschluß in einer Inklusion, während der Abschluß 13,32 ohne entsprechende Einleitung bleibt. Nach unserer relativen Chronologie der Entstehungsgeschichte von Jos 13–21 gehören allerdings nur 14,1a und 19,49a der gleichen Phase an.[119] Jos 14,1a findet seine Parallele nur in Num 34,29, und zwar in sekundärer Anlehnung. Nur in Num 34,29 und in davon sekundär und tertiär abhängigen Texten begegnet uns die Form ... אלה אשר. Damit ist sie, im Unterschied zu אלה + Substantiv, für P untypisch, noch einmal abgesehen von der Frage, wie Num 34,29 literargeschichtlich etikettiert werden soll. Vermutlich wird hier P nachgeahmt.

[114] Vgl. im Pentateuch אלה שמות: Gen 25,13.16; 36,10.40; 46,8; Ex 1,1 (!); 6,16; Num 1,5; 3,2.3.18; 13,4.16; 27,1; 34,17.19. Weimar, *Struktur* 1984, 85[18], rechnet davon Gen 25,13.16; 36,10; Ex 1,1 zu P[G].

[115] S.o. §4.5.2.

[116] וידבר יהוה אל־*nn* לאמר ist im Pentateuch ein überaus anerkanntes strukturbildendes Element. In Jos erscheint es allerdings nur hier in Anlehnung an Num 35,1.

[117] Mit Fritz, *Josua* 1994, 174.

[118] Jos 12,1 „das sind die Könige ..." ist ein deutlicher Neuanfang nach Jos 11,23, das übrigens eine eindeutige (deuteronomistische [s.u. §5.4.2.1]) Abschlußformel ist. Über den literarischen Hintergrund von Jos 12 läßt sich streiten (vgl. Fritz, *Liste* 1969, 136–161). Hier genügt die Feststellung, daß es ein Fremdkörper in Jos ist.

[119] S.o. §4.5.2.

ארץ כנען

Auch die Klausel „Land Kanaan" gilt in der kritischen Forschung häufig als Merkmal des priesterlichen Verfassers. Noth möchte die Ortsbestimmung sogar streichen, denn „da der Ausdruck ארץ כנען sonst vor allem bei P üblich ist, ist er im hiesigen Zusammenhang vermutlich zum sekundärem Gut zu rechnen."[120] Doch Noth hätte ארץ כנען gar nicht auf das Prokrustesbett zu legen brauchen, denn der Ausdruck ist keineswegs exklusiv P zuzuschreiben, wie Rendtorff überzeugend nachgewiesen hat.[121]

נחל

Cortese meint, daß נחל qal (und pi.) P^s zugeschrieben werden muß, mit der Begründung, daß diese Form *vielmals* in priesterlichen Texten gebraucht wird, während נחל hi. von Dtr bevorzugt wird.[122] Das sieht in Bezug auf נחל qal und pi. aber anders aus, wenn man die Belegstellen betrachtet. Num 26,55 ist eine Interpolation zu einer Interpolation zu Num 26. Num 32,19 steht in einer sekundären Schicht. Das gleiche gilt für Num 34,17f. Num 35,8 ist vielleicht sehr spät.[123] Cortese mag vieles in Num 28–36 noch zu P^G oder P^s rechnen, für genannte Stellen muß ein weiteres Siglum eingesetzt werden. Es bleiben Ex 23,30; 32,13; 34,9; Num 18,20.23.24, zu wenige Stellen, um das Verb als typisch priesterschriftlich bezeichnen zu können. Außerdem begegnet נחל qal mit dem sehr wohl typisch dtr Begriff ירשׁ[124] zusammen in Dtn 19,14. Die These, daß נחל qal und pi. beide einer Hand zuzuweisen sind, scheint uns ebenfalls nicht haltbar zu sein, weil 14,1a und 1b aufgrund verschiedener Intentionen nicht einer Hand zugeschrieben werden können, während doch in v1a נחל im qal und in v1b im pi. erscheint. נחל hi. begegnet in Jos 1,6. Diese Form findet sich oft in Dtn, dazu in 1Sam 2,8; Jer 3,18; 12,14, so daß die Vermutung naheliegt, es sei dtr Gebrauch. Da man נחל hi. aber auch in Jes 49,8; Ez 46,18; Sach 8,12; Spr 8,21; 13,22; 1Chr 28,8 findet, ist es nicht exklusiv dtr.[125] Im Josuabuch allerdings kommt im „dtr" Teil vom Stamm נחל nur נחל hi. in der genann-

---

[120] Noth, *Josua* ²1953, 83; vgl. dazu oben Anm. 11 in c 4.

[121] Rendtorff, *ÜPP* 1977, 119; vgl. weiter Perlitt, *Deuteronomium* 1990, 47.

[122] Cortese, *Josua* 1990, 26.31.

[123] S.o. die Ausführungen unter §4.5.1, 4.5.1.2 und 4.5.1.3; zu Num 35,8 vgl. Noth, *Numeri* 1966, 218f.

[124] S.u. §5.4.1.

[125] Vgl. aber Cortese, *Josua* 1990, 26, der sie als exklusiv deuteronomistisch betrachtet.

ten Stelle Jos 1,6 vor. Somit kann man nicht sagen, daß der Gebrauch von נחל qal oder pi. typisch priesterschriftlich ist, aber umgekehrt, daß er *nicht* dtr ist. Der Dtr benutzt נחל hi.

אלעזר הכהן

Die Erwähnung von Eleasar, dem Sohn Aarons, beschränkt sich auf wenige Textcorpora im AT.[126] Nachdem er in Num 20,22ff zum Nachfolger Aarons bestimmt wird,[127] bildet er zusammen mit Mose die Leitung.[128] Diese paarweise Anordnung könnte ein Anzeichen für die priesterschriftliche Tradition sein.[129] Vorher wird Eleasar in Geschlechtsregistern sorgfältig vorbereitet[130], als Priester bezeichnet[131] und sogar oberster Führer der Leviten genannt[132]. Außer in Dtn 10,6 kommt er im Pentateuch nur in priesterlichen Texten vor, wobei die P^{S}-Stellen überwiegen.[133]

Aufgrund des Inhalts (Priestertum und Levitentum), der paarweisen Anordnung (obgleich in Jos 14,1 eine Trias auftaucht) sowie der Mehrzahl der Texte, in denen Eleasar genannt wird, kann die Eleasartradition als priesterlich bezeichnet werden. Zusammen kommen Eleasar und Josua, sieht man ab von Num 27,22, allerdings nur in Texten vor, die später als P^{G} anzusetzen sind.[134] Durch die Erwähnung von Eleasar,

[126] Eleasar, der Sohn des Aaron, kommt im AT 49× vor. Davon erscheint er 39× im Pentateuch und davon wieder 32× in Num. Außerhalb des Pentateuch taucht er einmal im Geschlechtsregister von Esr (Esr 7,5) und sonst nur noch in 1Chr auf.

[127] Vgl. Schäfer-Lichtenberger, *Josua* 1995, 162–166.370.

[128] Num 26,1.3.63; 27,2.19.21.22; 31,12.13.21.26.29.31.41.51.54; 32,2.28; 34,17; Dtn 10,6. Nach Vink, *Date* 1969, steht dies in Analogie zur Auffassung Sacharjas, daß es eine priesterliche und eine weltliche Macht geben muß. In Sacharja sind das der Priester Josua (!) und Serubbabel. Vink zieht u.a. aus diesem Ergebnis den Schluß, daß P, die für diese paarweise Anordnung verantwortlich sei, auch aus der Zeit Sacharjas stamme. Jedoch gibt es nur eine einzige Stelle (Num 34,17), in der nur die zwei, Eleasar und Josua, vorkommen; zweitens müßte das Verhältnis von P zu Sacharja genauer bestimmt werden, als Vink es tut. Die übliche Kritik an Vink ist, daß er nicht zwischen P^{G} und P^{S} unterscheidet. Dagegen sei erwähnt, daß diese Differenzierung äußerst kompliziert und oft nicht genau durchzuführen ist. Trotzdem sollte man es versuchen. Vgl. aber die ausführliche und überzeugende Kritik am Aufsatz Vinks von McEvenue, *Narrative* 1971, 19f[34], und Blenkinsopp, *Structure* 1976, 284[36].

[129] Vgl. aber Anm. 128.

[130] Ex 6,23.25; Num 3,2; vgl. Num 26,60 und Esr 7,5; 1Chr 5,29; 6,35; 24,1.

[131] Ex 28,1; Lev 10,6.12.16; Num 3,2.4; 4,16; 17,2.4; 19,3f; vgl. Num 25,11; 1Chr 24,2.

[132] Num 3,32.

[133] Zu P^{G} gehören: Ex 28,1; Num 20,25.26.28; 27,19.21.22; zur späteren P-Tradition: Ex 6,23; Lev 10,12.16; Num 3,2.4; 4,16; 17,2.4; 19,3.4; 25,7.11; 26,1.60; 27,2; 31,6.12.21; 32,2.28; 34,17; ein Zweifelsfall ist Num 3,32.

[134] Num 32,28; 34,17; Jos 14,1; 17,4; 19,51; 21,1; Esr 8,33.

dem Priester, und zwar an erster Stelle in der Landverteilungskommission, wird Jos 14ff deutlich priesterlich, und weil er oberster Führer der Leviten ist: levitisch, eingefärbt. Obwohl in priesterschriftlicher Tradition stehend, ist אלעזר הכהן in Jos 14ff nicht P^G zuzuweisen, sondern zumindest P^s, aber wahrscheinlich einer noch späteren Hand.[135]

צוה *pi.*

García López macht P für die Ausführungsformel, in der צוה pi. auftaucht, verantwortlich.[136] Tatsächlich weist P eine genaue Übereinstimmung zwischen Auftrag und Ausführung auf.[137] Die Ausführung in Jos 14,2b bezieht sich auf Num 34,13. Damit bewegt sich die Formel in der priesterlichen Tradition. Unten werden wir uns der Frage widmen, wie Num 34,13 zu etikettieren ist.[138]

מעבר לירדן

Nach Petersen und Cortese ist diese Form von Ortsbestimmung typisch für P bzw. P^s im Gegensatz zu D, der בעבר הירדן verwendet.[139] P^{ss} nutzt, so Cortese, beide Formen.[140] Der Textbefund bestätigt die Differenzierung zwischen $P^{(s)}$ und D. In Dtn kommt der Ausdruck בעבר הירדן neunmal vor und im DtrG 16×. Außerhalb von Dtn / DtrG begegnet er nur in Gen 50,10.11. In Jos finden wir den Ausdruck in cc 13–19 nur in 13,8, dafür aber zwölfmal in cc 1–12.22–24.[141] Umgekehrt kommt מעבר לירדן innerhalb von Jos nur in cc 13–19 vor.[142] Es gibt wieder die üblichen Beziehungen zum letzten Teil von Num[143], zu denen aber Num 22,1 hinzukommt. מעבר לירדן begegnet noch dreimal in Chr[144] und einmal im DtrG, was eine Ausnahme darstellt.[145]

---

[135] אלעזר הכהן gehört wahrscheinlich einer noch späteren Hand an, weil 14,1b deutlich als Korrektur zu 14,1a zu erkennen ist, während 14,1a bereits frühestens zu P^s gehört; s.o. §4.5.1.3.

[136] García Lopez, צוה, 936–959.

[137] McEvenue 1970, *Word* 104–110.

[138] S.u. §5.5.

[139] Petersen, *Priestly* 1980, 133; Cortese, *Josua* 1990, 23.31.

[140] Wiederum decken sich bei Cortese die sprachlichen Bestimmungen von D und P^{ss}; s.o. Anm. 75.

[141] עבר הירדן ohne Präposition erscheint noch in Dtn 4,29 und Jos 13,27.

[142] Jos 13,32; 14,3; 17,5; 18,7; 20,8.

[143] Num 32,19; 34,15; 35,14.

[144] 1Chr 6,63; 12,38; 26,30.

[145] Ri 7,25. Wir nehmen an, daß der Gebrauch in Dtn von בעבר הירדן „im Uferland des Jordan" (vgl. Gemser, *Borderland* 1952) auch vom Standpunkt in Dtn her bestimmt ist. Das in Dtn Geschilderte spielt in Moab. Im Gegensatz zu ב, das hier einen Standort

Zusammenfassung
Aus den Untersuchungen der Wörter und Phrasen ist deutlich geworden, daß Jos 14,1–5 in priesterschriftlicher Tradition steht. Die meisten Wörter und Phrasen sowie die Beziehung zu Num 34 und das Sondergut weisen darauf hin, daß wir es mit einer relativ späten priesterlichen Tradition zu tun haben. In §4.5.1.3 haben wir gesehen, daß die früheste Phase von Jos 14,1–5 von der zweiten von Num 34[146] oder gar einer späteren abhängig ist. Die Frage verlagert sich auf die nach der literarischen Zugehörigkeit der zweiten und weiterer Phasen von Num 34. Die erste (nicht einheitliche) Phase (vv 1–12) muß mit vielen Forschern P^{s} zugewiesen werden,[147] die zweite $P^{ss}=P^{t}$. Für die weiteren Phasen brauchen wir noch mehr Siglen. Dann fällt die früheste Phase von Jos 14,1–5 entweder mit der zweiten Phase von Num 34 zusammen oder ist jünger. Hält man an den P-Siglen fest, wären Phase I von Jos 14,1–5 als $P^{\text{tertiär}}$ oder $P^{\text{quartär}}$ und die zwei weiteren Phasen von $P^{\text{quartär oder quintär}}$ bis $P^{\text{quintär oder sextär}}$ zu bezeichnen. Wenn man dieses doch etwas sinnlose Unterfangen vermeiden möchte, ist vorerst das allgemeine Siglum R^{P} für die priesterschriftliche Tradition das beste. Später werden wir hier sehr wohl eine Differenzierung vornehmen, die sich aber nicht allein an literarkritischen, sondern auch an theologischen Kriterien orientiert.[148]

Grundsätzlich kann das Sondergut natürlich älter oder jünger als P sein. Wie wir jedoch in unserer literarkritischen Analyse gezeigt haben, sind die Sondergutstellen innerhalb von Jos 14,1–5 literargeschichtlich nach den Phasen in priesterschriftlicher Tradition anzusetzen. Trotzdem stehen sie in der priesterlichen Tradition, greifen sie doch Themen von P auf, ohne allerdings deren Terminologie zu verwenden.

andeutet, deutet מן ... ל auf eine relative Richtungsbestimmung. Im Falle von מעבר לירדן heißt das „jenseits des Jordan". Gemser, *Borderland* 1952, unterscheidet allerdings weder nach Bedeutung noch nach literarischer Zugehörigkeit zwischen מעבר לירדן und בעבר הירדן.

[146] Num 34,(16.)17a.(18.)19b–28(.29).

[147] Anders Cortese, *Terra* 1972, 41–51; id., *Josua* 1990, 5.51.51^{3}.67.

[148] S.u. §5.5.

5.3.3.3. Jos 18,1–10

Nur in v 1 herrscht eine klare priester(schrift)liche Atmosphäre. Die in diesem Vers enthaltene theologische Motivik wird unter §5.3.4.1 und 5.3.4.2 besprochen. An dieser Stelle erfolgt die sprachliche Argumentation. Die restlichen Verse sehen, was die Sprache betrifft, im allgemeinen eher dtr aus.

ויקהלו כל־עדת בני־ישׂראל

Wir haben gezeigt, daß diese Phrase sich am stärksten an das priesterschriftliche Num 8,9 anlehnt.[149] Ob der Vers zu P^G gehört, ist allerdings nicht sicher.[150] Genau das gleiche gilt für die weiteren Parallelen zu 18,1: Ex 35,1; Lev 8,3.4; Num 20,8.

שׁלה

Silo kann mit seiner vielleicht einzigen Erwähnung im Pentateuch (Gen 49,10[151]) nicht als priesterschriftlich gekennzeichnet werden. Dagegen ist es relativ oft im DtrG bezeugt.[152]

וישׁכינו שׁם את־אהל מועד

Dieser Vers sieht aus, als ob priesterschriftliche theologische Motive zur Präsenz Gottes genannt bzw. angedeutet und miteinander verbunden worden sind: וישׁכינו spielt auf die Stiftshütte an wie שׁם auf den Namen (Gottes); genannt wird אהל מועד: Zelt der Begegnung. In dieser „krea-

---

149 §4.3.2.3.1.

150 Siehe die Übersicht bei Jenson, *Graded* 1992, 223.

151 S.o. Anm. 74.

152 Die traditionsgeschichtlichen Ausführungen Schleys, *Shiloh* 1989, betrachten wir als überzeugend, seine literarkritische Behandlung der Silo-Texte jedoch nicht. Schley unterscheidet u.a. eine priesterliche Silo-Tradition (S. 185f). Diese Bezeichnung führt er auf die Belegstellen von Silo in Jos 14–21 und 22,9–34 zurück. Mit Blenkinsopp, *Structure* 1976, meint er, daß P bis in Jos reicht, wobei er (wie Blenkinsopp) nicht nach P^G und P^s unterscheidet. Da Silo vor allem in den Büchern des DtrG erscheint, sollte das Verhältnis vom DtrG zu P genauer herausgearbeitet werden, als Schley das tut. Sein Kriterium „the traditions bearing the distinctive impress of the priestly language and style known from the Hexateuch" (S. 185), um priesterliche Traditionen zu bestimmen, die er implizit (wie Blenkinsopp) zu P rechnet, ist zu ungenau. Spätere Fortschreiber können sich ja priesterliche und deuteronomistische Sprache angeeignet haben. Wenn dem so ist, geraten auch die traditionsgeschichtlichen Ergebnisse Schleys in Gefahr, da er aufgrund der Zuweisung einiger Silo-Stellen an P (die von ihm *vor* dem Deuteromisten datiert wird) behauptet, daß Silo bei P das wichtigste Heiligtum war versus Jerusalem und die Priesterschrift dem Norden verhaftet.

tiven" Verbindung kommt es aber nie im Pentateuch vor.[153] In diesem Vers liegen theologische Anspielungen auf die priesterschriftliche Tradition vor, die darum später anzusetzen sind als letztere.

והארץ נכבשה לפניהם

Meistens hat כבשׁ Menschen als Objekt.[154] Hier, in 18,1, ist es mit Land verbunden. Wird das „Land" hier personifiziert? Das Land wäre dann „verpfändet" oder sogar „vergewaltigt". Das ist möglich, vor allem wenn man 18,1 in Verbindung zu Num 13f sieht. In Num 13,32, das durchgängig P[G] zugeschrieben wird, ist das Land personifiziert. Sind es in den Stücken, die nicht P zuzuschreiben sind, die Riesen / die Enakiten, die die Gefahr des Landes bilden, so wird bei P durch die Kundschafter das Land selbst ein Menschenfresser ארץ אכלת יושׁביה הוא genannt.[155] In Num 13f wird deutlich, daß P aber das Verschmähen dieses doch guten Landes als Sünde betrachtet. Jetzt, in Jos 18,1, ist das Land noch immer nicht bewohnt, obwohl es doch unterworfen vor den Israeliten liegt. Daher fordert Josua sie (sc. die sieben übrigen Stämme) auf, das Land einzunehmen, mit den Worten „wie lange seid ihr so lässig, … das Land einzunehmen" (v 3 [ירשׁ[156]]). Eine ähnliche Sünde wie in Num 13f (Verleumdung des Landes), nämlich die Vernachlässigung des Landes, droht auch hier begangen zu werden. Interessanterweise referiert Mose in Num 32,8–15 in einer Predigt ausgerechnet über die Sünde in Num 13f, und zwar gerade vor dem Auftrag, das Land zu unterwerfen (vv 22.29), der in Jos 18,1 erfüllt wird. Damit steht „die Unterwerfung des Landes" von Num 13f, über Num 32,8–15, 32,22.29 bis Jos 18,1 in priesterschriftlicher Tradition. Wäre Jos 18,1 die Erfüllung (auch) des Unterwerfungsauftrags in Gen 1,28, dann wäre der priester-

---

[153] Zur Detailanalyse siehe §4.3.2.3.1.

[154] S.u. §4.3.2.3.1.

[155] Vgl. ausführlich und überzeugend McEvenue, *Narrative* 1971, 90–144; bes. 116.122f.135. In 1Chr 22,18 zeigt sich darüber hinaus daß כבשׁ ni. mit dem Objekt ארץ in späterer Zeit durchaus vorkommt. Vgl. aber als Beispiel eines Zirkelschlusses bei Wagner, כבשׁ, 59: „Der größte Teil der Belege kommt in späten Texten des ATs vor, so daß die wenigen möglicherweise älteren Belege (Num und Jer) unter den Verdacht geraten, daß zumindest ihre mit kāḇaš formulierten Wendungen jüngeren Datums sind" und id., כבשׁ, 55: „Da in Jos 18,1 eine ganz späte priesterliche zusammenfassende Bemerkung … die gleiche formelhafte Bemerkung (נכבשׁה ארץ oder umgekehrt, JCdV) gebraucht … möchte man an die Altertümlichkeit der Numeri-Stellen nicht recht glauben." Obwohl wir auch nicht an die Altertümlichkeit dieser Numeri-Stellen glauben, ist der Satz logisch unhaltbar. Eine späte Hand in Jos 18,1 weist nicht notwendigerweise auf eine späte Hand in Num 32, sondern lediglich auf eine relative Datierung.

[156] S.u. §5.4.2.3.

schriftliche Traditionsbogen noch breiter. Geht man mit Weimar davon aus, daß כבשוה in Gen 1,28 nicht zu P^G, sondern zu P^s gehört, dann ist das Thema der Unterwerfung des Landes frühestens ab P^s belegt.[157]

Zusammenfassung

Jos 18,1 sieht priesterschriftlich aus, was die Sprache und, wie sich zeigen wird, auch was die Motivik betrifft. ויקהלו כל־עדת בני־ישׂראל sowie כבשׁ weisen eher in die Richtung von P^s. Der ganze Vers muß aber noch später sein, weil in v 1aβ theologische Motive aus dem Pentateuch angesprochen werden, aber nie genau mit der Terminologie des Pentateuch. Zudem werden diese Motive auf eine Weise miteinander verbunden wie sie im Pentateuch nie miteinander verbunden werden. Weil „Silo" in der Priesterschrift wahrscheinlich nicht vorkommt,[158] darf es nicht als exklusives Kriterium für eine Bestimmung von P verwendet werden.

5.3.3.4. Jos 19,49a.51

In Jos 19,49a.51 wird die Verteilung des Landes abgeschlossen. Ist dieser Abschluß mit den feierlichen und strukturbildenden Abschlüssen in den P-Teilen des Pentateuch zu verbinden? Dort werden die Schöpfung (Gen 2,2) und die Errichtung der Stiftshütte bzw. des Zeltes der Begegnung (Ex 39,32; 40,33) mit einer feierlichen Formel abgeschlossen. Die Schöpfung und die Errichtung des Wüstenheiligtums sind absichtlich parallel konstruiert:[159] eine paarweise Anordnung. Blenkinsopp und Lohfink beziehen auch Jos 18,1, die Aufrichtung des Heiligtums im Lande, und 19,51 (ohne v 49a), die Vollendung der Landverteilung, in das groß angelegte Konzept von P ein.[160] Damit hätte man die Folge „Erde–Heiligtum in der Wüste" — „Heiligtum im Lande–Land": zwei Panelen, die auch noch einen Chiasmus bilden.

Sprachlich ist diese Annahme schwer zu begründen. In 19,51 erscheint das Verb כלה pi. „vollenden"[161] verbunden mit der Präposition מן, was bei den Abschlußformeln im Pentateuch nicht der Fall ist

157 Wir rechnen mit Zenger, *Bogen* 1983, 40f, allerdings mit der Möglichkeit, daß כבשוה aufgrund von Jos 18,1 in Gen 1,28 hineingeraten ist, um die problematische kriegerische Landnahmetheologie schöpfungstheologisch abzusichern.

158 S.o. Anm. 74.

159 Vgl. vor allem Janowski, *Tempel* 1990.

160 Blenkinsopp, *Stucture* 1976; Lohfink, *Priesterschrift* 1978 = 1988.

161 *HAL*^{3}, unter כלה I, 454.

und überhaupt kaum im Pentateuch vorkommt.[162] Normal ist, daß auf כלה pi. entweder ein direktes Objekt oder die Präposition ל mit Infinitiv folgt. Eben letzteres ist der Fall in Jos 19,49a: ויכלו לנחל את־הארץ לגבולתיה. Das ist eine Formel, die zwar in den priesterschriftlichen Teilen des Pentateuch gebräuchlich ist,[163] aber gerade nicht in den feierlichen Abschlußformeln Gen 2,2 und Ex 39,32; 40,33. Gen 2,2 und Ex 40,33 haben ein direktes Objekt, und Ex 39,32 ist mit seiner qal-Form intransitiv. Die Sachverhalte, deren Vollendung berichtet wird, sind מלאכה oder עבודה. Ein priesterschriftlicher Autor hätte Jos 19,49a oder 51 sicherlich den anderen Abschlußformeln angeglichen. Sicher ist, daß sowohl 19,49a als auch 19,51 in der priesterschriftlichen Tradition stehen, ohne aber priesterschriftlich zu sein.

5.3.4. *P und das Land*

5.3.4.1. Die Präsenz Gottes inmitten des Landes

In P geht es, so Janowski, um die Präsenz Gottes inmitten der Israeliten. Diese hat sich in Lev 9 am Sinai bereits feierlich gezeigt, aber nicht im Lande selbst. Die Einwohnung Gottes (משכן) sowie das Zelt der Begegnung (אהל מועד) sind die Orte, wo Gott inmitten der Israeliten wohnt und das Volk ihm begegnen kann. Diese Vorstufen des Tempels werden in der früheren dt Theologie durch die Einwohnung des Namens ersetzt.[164] Beide Konzepte erscheinen in Jos 18,1 wieder. Eben diese Tatsache verbietet es, den Vers P zuzuschreiben. Jos 18,1 zeigt eine Mischung aus priesterschriftlicher und dtr Theologie auf, wodurch Jos 18,1 zeitlich nach beiden Traditionen anzusetzen ist. Die כבוד יהוה, die sich in Lev 9,23f dem Volk zeigt und auch sonst in P^{G} eine herausragende Rolle spielt,[165] fehlt bezeichnenderweise nicht nur hier, sondern in ganz Josua.[166] Die Herrlichkeit des Herrn scheint überhaupt dem Land nicht anzuhaften, denn ab Num 25 wird sie nicht mehr erwähnt, also auch nicht in den Kapiteln über die künftige Landnahme. Sie kommt erst wieder in 1Kön 8,10f, der Einweihung des Tem-

---

[162] Nur in Ex 34,33 und Lev 16,20 (2 der 42 כלה pi.-Stellen im Pentateuch).

[163] Vgl. bei P^{G}: Gen 17,22; 49,33; Ex 31,18; Num 4,15.

[164] Die spätere dtr Theologie nimmt eine Differenzierung zwischen dem Namen Gottes auf Erden und Gott im Himmel vor; vgl. 1Kön 8,27; vgl. weiter Reiterer / Fabry, שֵׁם, 162–164; Van der Woude, שֵׁם, 954–958; ob שם hier allerdings als Hypostase aufzufassen ist, ist sehr fraglich.

[165] Vgl. Janowski, *Tempel* 1990, 48.50.

[166] Anders in Jos 7,19.

pels, vor. Eben diese Verse sind Lev 9,23f sehr ähnlich. Darf die Herrlichkeit Gottes nicht genannt werden, weil sie erst bei der Einweihung des Tempels erscheint, oder haben die Autoren von Jos 18,1 nicht mehr die Autorität, über die Herrlichkeit Gottes zu schreiben? Die priesterschriftlichen und dtr Konzeptionen zur Präsenz Gottes lagen schon vor. Der Verfasser von Jos 18,1 spielt auf beide Traditionen an, aber ohne direkt die Sprache aus P oder Dtr zu übernehmen, ohne Gott oder die Herrlichkeit Gottes zu nennen und somit ohne von Gott als im Lande präsent zu sprechen. Nur indirekt erscheint er in וישכינו שם und darin, daß Josua das Los hier vor Gott wirft.

Indirekt oder nicht, in Jos 18,1–10 ereignet sich die Präsenz Gottes inmitten des Landes. Hierdurch entsteht, wie Jenson es nennt: „Graded Holiness. A Key to the Priestly Conception of the World."[167] Der Grad an Heiligkeit nimmt mit der Entfernung vom Heiligtum ab. Auf diese Art ist die Rangfolge der Heiligkeit: Gott und das Heiligtum selbst; die Leviten; Juda und Josef; Benjamin und die sieben restlichen Stämme. Dazu kommen eine Gegenüberstellung von Juda und Josef, wobei Josef, was seine Orte betrifft, schlecht wegkommt,[168] sowie eine Gegenüberstellung von Benjamin und den restlichen Stämmen. Nach den Leviten stehen also Juda und Benjamin in der Nähe zum Heiligen. Diese Kompositionsart ist kennzeichnend für P. Vor allem deren Tradition wird hier fortgeschrieben, ohne daß die Fortschreibung P zugeschrieben werden kann. In P ist Gott präsent inmitten des Volkes und nicht im Lande, in Josua ist Gott im Unterschied zu P nur indirekt präsent, und zwar im Lande.

5.3.4.2. Die Gabe des Landes

P hat ein großes Interesse am Land. Das wird u.a. deutlich durch die Landverheißungen an die Erzväter,[169] den Ankauf eines Grundstücks durch Abraham,[170] die Auskundschaftung des Landes,[171] den Zensus

---

[167] Jenson, *Graded* 1992.

[168] Die Gebietsbeschreibungen von Ephraim und Manasse enthalten keine Ortslisten und werden so im Vergleich zu der ausführlichen Ortsliste Judas disqualifiziert. Mowinckel, *Quellen* 1946, 32f und id., *Tetrateuch* 1964, 73f, postuliert hier anti-samaritanische Gefühle. Diese setzt er auf das Konto von P, die er für die Abfassung aller Listen verantwortlich hält.

[169] Von den vielen Landverheißungen im Pentateuch gehören folgende Stellen eindeutig zu P^G: Gen 17,8; 28,4; 35,12; 48,4; Ex 6,4.8; Num 13,2; 27,12.

[170] Gen 23 (P^G).

[171] Num 13f (P^G und P^s). Eine ausführliche Studie zur Priesterschrift in Num 13f

und die Ordnung des Lagers.[172] Der Wichtigkeit des Landes entsprechend ist die Verleumdung dieses Landes bei P eine große Sünde.[173] Elliger meint sogar, daß das Land Kanaan das eigentliche Ziel von P ist.[174] Wird in P dieses Ziel auch erreicht? Für die alten Forscher war das selbstverständlich, und darum gingen sie von einem Hexateuch aus. Die Verheißung des Landes ist in P gegeben, wie steht es um die Erfüllung?

Um die thematischen Verbindungen zwischen dem Josuabuch, insbesondere der Landverteilung, mit den priesterschriftlichen Stellen im Pentateuch zu untersuchen, gehen wir folgenden Fragen nach: 1. Inwieweit werden die Hauptfiguren der Landverteilung, Josua und Eleasar, im Pentateuch in Verbindung mit einer späteren Eroberung und/oder Verteilung des Landes gesehen? 2. Was genau wird in den Landverheißungen im Pentateuch versprochen? 3. Enthält P eine Eroberung und/oder Verteilung des Landes? 4. Wo und wie beschreibt P die Erfüllung der Landverheißung (vorausgesetzt, es gibt sie)?

Josua erscheint im Pentateuch als Diener Moses und Heerführer und wird nicht als Landverteiler vorbereitet.[175] Nur in Num 34,17b wird er in Verbindung mit der Landverteilung gebracht. Dieser Vers jedoch gehört weder zu P^G noch zu P^s.[176] Er wird somit in den P-Texten des Pentateuch im Kontext der Landverteilung nicht genannt. Eher noch müßte er als Heerführer im Zusammenhang mit der Landeroberung gesehen werden, obgleich dies nie explizit gesagt wird.[177] Der Priester Eleasar ist im Pentateuch mehr um die Heiligkeit bemüht als um das Land. Nur viermal (von den 42×) erscheint er im Zusammenhang mit

findet sich u.a. bei McEvenue, *Narrative* 1971, 90–144; Schmidt, *Priesterschrift* 1993, 73–113; Seebass, *Numeri* 1993, 76–129, bes. 84–89.

[172] Num 1 (P^G) .2 (P^G).26 (P^s?). Vgl. zum Ganzen Blenkinsopp, *Structure* 1976, 287.

[173] Vgl. Num 13,32 (P^G); 14,36f (P^G); Lohfink, *Sünden* 1977, 217–220; id., *Priesterschrift* 1978, 212; Seebass, *Numeri* 1993, 112.124f. Der Tadel Josuas an den sieben übriggebliebenen Stämmen in Jos 18,3 ist vielleicht im Zusammenhang der Verleumdung des Landes zu sehen. Doch gerade v 3 zeigt innerhalb von 18,1–10 die meisten Ähnlichkeiten mit dtr Sprache.

[174] Elliger, *Sinn* 1952=1966, 182.

[175] Als Diener und Nachfolger Moses: Ex 24,13; 32,17; 33,11; Num 27,18.22; Dtn 31,14; 34,9. In kriegerischem Kontext: Ex 17,9.10.13.14; Num 27,16f.22; Dtn 31,3. Vgl. die Berichte über Josua als einen der Kundschafter: Num 13,16; 14,6.30.38 (26,65); 32,12.28; auch die Auskundschaftung ist eher mit Landeroberung als mit Landverteilung in Verbindung zu bringen. Zu Josua im Pentateuch vgl. Noort, *Josua* 1994, 71f; zur literarkritischen Auswertung vgl. Noth, *ÜP* 1948, 192–194.

[176] S.o. §4.5.1.3.

[177] Auch nicht in Num 27.

der Landnahme: Num 27,21 (?); 32,2.28; 34,17. Dabei ist die Stelle Num 34,17 die einzige, die direkt mit der gesamten Verteilung des Landes zu tun hat. Sonst liest man über Eleasar nur indirekt, daß er ins Land kommen wird, „denn er [Aaron] soll nicht in das Land kommen, das ich den Israeliten gegeben habe …“ (Num 20,24); Eleasar somit sehr wohl. Ebenso indirekt könnte man Eleasar und Josua mit einer Landeroberung verbinden. In Num 27,21, soll Josua „treten vor Eleasar, den Priester; der soll für ihn die Entscheidung der Urim vor JHWH erfragen. Nach dessen Befehl sollen aus- und einziehen er und alle Israeliten mit ihm und die ganze Gemeinde“.[178] Dabei ist es allerdings fraglich, ob v 21 mit dem JHWH-Krieg zu tun hat.[179] Eher geht es hier um die Tatsache, daß Eleasar den Willen JHWHs vermittelt und es somit JHWH ist, der durch seinen Priester das Volk führt.[180] Zudem erfährt man nichts über einen Einzug in das Land. Somit werden im Pentateuch weder Josua noch Eleasar bis auf einige Ausnahmen mit einer Landnahme oder -verteilung verbunden. Josua ist Diener Moses und Heerführer, Eleasar Priester, oberster Führer der Leviten, bemüht um die Heiligkeit. Nur in Num 34,17 (wie wir gesehen haben, ein späterer Vers innerhalb von c 34) kommen Eleasar und Josua als Verteiler des künftigen Landes in den Blick. Sofern P über die Erfüllung der Landverheißungen berichtet, spielen dabei Eleasar und Josua auf jeden Fall keine Rolle.

---

[178] Eigene Übersetzung.

[179] Zum Verhältnis von v 21 zu v 17 vgl. Seebass, *Josua* 1985, 58–61; Noort, *Numbers 27,21* 1999, 110–112. V 17 hat eine militärische Konnotation, v 21 eher nicht. Im Unterschied zu Seebass und Noort meinen wir, daß v 21 nicht zu P^G gehört. Eher ist damit zu rechnen, daß der Person Josua nachträglich ein Teil der göttlichen Herrlichkeit (הוד; Num 21,20) zugesprochen wurde; dadurch erhielt er die Autorität, die er für die Eroberung des Landes brauchte. Gerade aber in dem Teil über die Eroberung des Landes (Jos 1–11f) kommt Eleasar, der Josua den Teil der göttlichen Herrlichkeit vermittelt hat, nicht vor, noch die Herrlichkeit für Josua. Gehörte Num 27,21 zu P^G, wäre auf diese Stelle in Jos 1–11 in der Endfassung direkt oder indirekt sicherlich angespielt worden. Bei der Landverteilung des cisjordanischen Landes (Jos 14–19) dagegen spielt Eleasar die Hauptrolle. Nichts ist über die Herrlichkeit von Josua zu lesen, der einzige Bezug zu Eleasar besteht darin, daß Josua an zweiter Stelle, nach Eleasar, für die Durchführung der Verteilung des Landes verantwortlich ist. Da, wo man Eleasar erwartet hätte, Jos 18,1–10, wirft Josua das Los. Wir betrachten die Stellen über das Loswerfen als sehr spät und nehmen an, daß im Laufe der Geschichte Josua immer weniger die Rolle eines Heerführers und immer mehr die eines Priesters bekommen hat. Auch im Buch Jos selbst ist die Verbindung von der Landverteilung mit der Person Josua eine späte Entwicklung, in P^G gab es sie nicht.

[180] Seebass, *Josua* 1985, 60f; Noort, *Numbers 27,21* 1999, 112: „It is the priestly function and its institutionalisation which is upgraded here.“

In priesterschriftlichen Teilen des Pentateuch verheißt Gott den Erzvätern und ihren Nachkommen mehrmals das Land. Dieses wird in den meisten Fällen allgemein als „das Land Kanaan" bezeichnet.[181] Wie Gott ihnen das Land gibt, wird nicht ausgeführt. Das einzige, was man erfährt, ist, daß Gott das Land geben (נתן) wird.[182] Über eine Verteilung des Landes wird nicht geredet, auch nicht über eine Eroberung.[183] Vermittler der Landgabe werden nicht genannt. Nur Gott ist Subjekt der Landgabe.

Weder wird angekündigt, daß Josua und das Volk die Landeroberung ausführen werden, noch ist die Rede von Eleasar, Josua und den Sippenhäuptern als Ausführende der Landverteilung. Braucht P überhaupt eine Landeroberung und / oder -verteilung? Gott verheißt nichts anderes, als den Nachkommen der Erzväter das Land zu *geben*.

Das paßt zu P. P beschreibt Ordnung, keine Aktion.[184] Wenn sie die Erfüllung der Landverheißung berichtet, ist diese eher in Listen, im Präsentieren des Landes zu erwarten. Auf diese Weise beschreibt P die Erfüllung einer Verheißung.[185] Vielleicht brauchen wir gar nicht nach einer Landeroberung und -verteilung von P zu suchen, sondern vielmehr nach der Darstellung, der Präsentation des Landes.[186] Wir betrachten Lohfinks Behauptung, P sei pazifistisch und habe darum keine Landnahme, nicht als angemessen,[187] weil dies nicht in das Ordnungsdenken von P paßt.[188]

---

[181] In Gen 15,18 handelt es sich um das sogenannte euphratische Israel.

[182] Möglicherweise wird in Gen 28,4 (P^G) mit ירשׁ (zur Bedeutung s.u. §5.4.1) in לרשׁתך את־ארץ מגריך eine Aktion impliziert.

[183] Es schwingt höchstens in dem ירשׁ mit; s.o. Anm. 182.

[184] Vgl. Lohfink, *Priesterschrift* 1978 = 1988, 228ff.

[185] Man denke z.B. an die Erfüllung des Mehrungsauftrags von Gen 1,22 im Geschlechtsregister von Gen 5.

[186] Vgl. auch, obwohl er später andere Wege geht, Cortese, *Josua* 1990, 12f.49f.

[187] Als Hintergrund weist Lohfink, *Priesterschrift* 1978 = 1988, 238f, auf die Perserzeit hin, zu deren Zeit er P^G ansetzt. Nichts mußte erobert werden, man brauchte nur aus dem Exil heimzukehren; vgl. auch Blenkinsopp, *Structure* 1976, 288, der es als selbstverständlich betrachtet, unter der Herrschaft der Perser nichts über eine Eroberung zu schreiben. Allerdings präsentiert Lohfink den Begriff „Pazifismus" sehr vorsichtig.

[188] Es gibt in P am Rande sogar „nicht-pazifistische" Andeutungen, z.B. in Num 14,9. Hier wird impliziert, daß sich die Israeliten das Land erobern müssen. Doch Thema von P ist dies keineswegs; vgl. Schmidt, *Priesterschrift* 1993, 109.

Überzeugender finden wir hier Köckert.[189] Gott ist nicht nur Subjekt der Landverheißungen, sondern Gott gehört das Land.[190] Eine Land*nahme* würde somit der priesterschriftlichen Theologie widersprechen. Die Israeliten haben nur ein Recht darauf, das Land zu nutzen, und zwar „ewig" (אחזת עולם; Gen 17,8). Die Landverheißung steht nicht aus, sondern das Land wird den Israeliten ab Abraham, von Generation auf Generation immer wieder zur Nutzung übereignet, so Köckert.[191] In Gen 28,4 segnet Isaak Jakob mit der Zusage, Gott werde Jakob das Land geben, das er Abraham *gegeben hat*: אשר נתן אלהים לאברהם. In Gen 35,12 kommt Isaak dazu: אשר נתתי לאברהם וליצחק. Und nach Ex 6,4 haben alle Erzväter ihr Land bereits bekommen.[192] Gott hat das Land also bereits den Erzvätern übereignet.

Wo erfahren wir, daß den Israeliten, den Nachkommen der Erzväter, das Land gegeben ist? Es gibt jetzt, da wir nicht mehr nach einer Land*nahme* zu suchen brauchen, mehrere Möglichkeiten, die allerdings alle ihre Probleme haben. Wir können sie suchen in dem priesterschriftlichen Teil von Num 13f oder eben Jos 14–19* und vielleicht Num 34[193]. Im Falle von Jos 14–19* könnte Jos 19,51 das Ende von P sein. In den anderen Fällen ist es schwerer, das Ende von P zu lokalisieren.[194]

Köckert verteidigt mit guten Gründen eine Landgabe innerhalb von Num 13f.[195] Ganz organisch findet sich die Landgabe nach dem Aufbruch vom Sinai (Num 10,11).[196] In der P-Fassung werden keine Kundschafter, sondern mit Namen genannte Repräsentanten der Stämme Israels und Würdenträger in das Land geschickt, und „ihr Zug gleicht eher einer Prozession."[197] Gott ist im Begriff, das Land zu geben (Num 13,2), und im „Akt des Abschreitens" geschieht die Übereignung des Landes. Daß die Landgabe tatsächlich stattgefunden *hat*, zeigen die Perfekt-Formen in Num 20,12 und Num 27,12: הארץ אשר נתתי ...

---

[189] Köckert, *Land* 1995.

[190] Dafür zieht Köckert, *Land* 1995, 156, Lev 25,23f heran, das nun gerade nicht zu P^G gehört; doch weist er darauf hin, daß es eine konzeptionelle Übereinstimmung mit P^G gibt (ebd., 156[29]).

[191] Köckert, *Land* 1995, 155. Gen 17,8: an Abraham; 35,12: an Jakob; 48,4: an Jakobs Söhne = Israel. Allerdings fehlt die Landverheißung an Isaak bei P, eine Tatsache, auf die Köckert nicht eingeht.

[192] Köckert, *Land* 1995, 154.154f[26].

[193] Dazu unter §5.5.

[194] Zum Ende von P^G vgl. ausführlich Zenger, *Einleitung* ³1998, 148–152.

[195] Köckert, *Land* 1995, 156–158.

[196] In P^G folgt Num 13,1 direkt auf 10,12. In P^s auf 10,28.

[197] Köckert, *Land* 1995, 157.

להם/לבני ישׂראל. Das in Num 13f verwendete Verb תור bedeutet, so Köckert, nicht „ausspähen", sondern „begutachten".[198] Es geht um das Begutachten des Landes. Gerade das Land, und zwar „die Stellungnahme der Israeliten zu dem Land Kanaan und ihre Folgen", ist das Thema der priesterlichen Fassung.[199] Das „sehr gute Land" (so Kaleb und Josua; Num 14,7), das von Gott den Israeliten geschenkt wird, wird von den anderen aber verleumdet, eine Hauptsünde bei P.[200] Gottes Gabe wird von zehn der zwölf Vertreter als eine Art Antischöpfung aufgefaßt. Im Gegensatz zu Gen 1,29f und 9,2f, wo die Menschen vom Lande essen, frißt jetzt das Land die Menschen (Num 13,32). Wiederum im Anklang an die Schöpfungsgeschichte sagen Kaleb und Josua dann aus, daß das Land „sehr gut" ist (Num 14,7). In der Schöpfung ging es um die ganze Welt (ארץ) und um alles, was sehr gut war (את־כל־אשׁר עשׂה; Gen 1,31), in Num 13f geht es, nachdem Gottes Verheißungen ab Gen 12 Abr(ah)am und seinen Nachkommen gelten, um das Land Kanaan (Num 13,2). Eine Verleumdung der sehr guten Schöpfung endete mit der Sintflut, die nur Noah und seine Familie überlebt haben, die Verleumdung des sehr guten Landes endete damit, daß die Wüstengeneration das Land nicht betreten durfte, außer Kaleb und Josua. Hier liegt dann gleich das Problem in der Auffassung Köckerts: Denn wann bekommen die Israeliten der nächsten Generation ihr Land? Zwischen Num 20,12 und 27,12, wo das Land als an die Israeliten gegeben vorausgesetzt wird, findet keine Landgabe mehr statt. Zudem führt Köckert die Repräsentanten der Stämme auf, die sich das durch Gott übereignete Land aneignen. Doch Num 13,3b–17aα, die Liste der Männer, gehört eben nicht zu P^G, sondern zu P^S. Müssen wir doch Noth recht geben, der das Land als eschatologisches Thema in P^G betrachtet?

Lohfink und Blenkinsopp lassen P^G bis Jos 19,51 reichen.[201] Erst dort finde sich der ruhende Schluß[202] der priesterschriftlichen Geschichte. Der Halbschluß sei in Jos 18,1 in der Wiederaufnahme des Schöpfungsauftrages „und unterwerft sie [die Erde]" (Gen 1,28) zu sehen. Oben haben wir schon gezeigt, daß Jos 18,1 was die Sprache betrifft, nicht zu P^G gehören kann. Dazu kommt, daß Jos 19,51 auf den bereits

[198] Seebass, *Numeri* 1995, 101; Köckert, *Land* 1995, 157.
[199] Schmidt, *Priesterschrift* 1993, 113.
[200] Vgl. Lohfink, *Ursünden* 1970. 52–54.
[201] Lohfink, *Priesterschrift* 1978 = 1988, 246f; Blenkinsopp, *Structure* 1976.
[202] Vgl. Zenger, *Bogen* 1983, 36.

gewachsenen Fassungen von Jos 14,1–5 und 18,1–10 (beide ohne die Erwähnungen des Loses) basiert.[203] Dieser Text kann somit keinesfalls zu P^G gehören. Zenger gibt weitere überzeugende Argumente gegen eine Zuweisung von Jos 18,1; 19,51 zu P[204]: 1. In P^G ist Gottes Wohnen im Gegensatz zu Jos 18,1 eben nicht an einen festen Ort gebunden. 2. Gen 1,28 wird in Ex 1,17 mit einer Wiederaufnahme aller Verben (außer כבשׁ) erfüllt, in Jos 18,1 kommt nur das Verb כבשׁ vor. Wenn Jos 18,1 nach Ex 1,17 eine zweite Erfüllung wäre, so dürfte man eine weitergehende strukturelle Anlehnung erwarten. 3. Die gewaltsame Konnotation des Verbes כבשׁ, das in Jos 18,1 genannt wird, wäre nicht mit der Land*gabe*theologie (mit Hilfe des Verbes נתן), so wie sie in P^G vorliegt, zu vereinbaren. 4. Das für die Heiligtumstheologie von P^G so wichtige und in Jos 18,1 zu erwartende Erscheinen der Herrlichkeit JHWHs fehlt. Somit finden wir in den cc 13–19 keine Texte von P^G.

Nach Elliger erscheint bei P „als das eigentliche Ziel, als der Inbegriff der göttlichen Geschichtslenkung der Besitz des Landes Kanaan als der materiellen und ideellen Basis, auf der das Leben des Volkes und selbstverständlich der Kultus als wichtigste Funktion sich erst richtig entfalten kann".[205] Wie ist dies möglich, wenn das Land nirgendwo in P^G ausdrücklich gegeben wird?[206] Oder müssen wir mit Köckert zwischen *Zentrum* und *Ziel* der P^G unterscheiden? Das *Zentrum* wäre Gottes Gegenwart am Sinai und die Stiftung des Kultus, das *Ziel* läge „im Land, das der Weltschöpfer dem Gottesvolk zur Nutzung übereignet hat und in dem es, um das Heiligtum geschart, in der Gegenwart seines Gottes lebt." Wenn dem so ist, liegt dieses Ziel aber außerhalb von P^G. Das Ziel wird *nicht* oder mit den Erzvätern, Kaleb und Josua *nur teilweise* erreicht. Sie wanderten vor Gott (Gen 17,1) oder hörten auf Gott (Num 14,22), und darum erreichten sie das Land. Sie waren ohne Sünde und konnten das gute Land, und vielleicht darf man hier sagen: das heilige Land, betreten. Hauptperson des Pentateuch war Mose, dem Gott das Gesetz, die Konstituierung der Kultgemeinde, gegeben hat. Der Vorgang der Landgabe selbst war für P von geringer Bedeutung. Gott hat das Land bereits gegeben, aber man darf darin nicht

[203] S.o. §4.3.3.

[204] Zenger, *Bogen* 1983, 36–41; id., *Einleitung* ³1998, 151f; vgl. auch Blum, *Komposition* 1990, 225–228.

[205] Elliger, *Sinn* 1952 = 1966, 182.

[206] Vgl. die ausführliche Besprechung von Elligers Behauptung und der Stellung des Landes in P^G bei Schmidt, *Priesterschrift* 1993, 256–271; vgl. weiter Zenger, *Einleitung* ³1998, 148–159.

leben, wenn man des Landes nicht würdig ist, wenn man es oder Gott verachtet. Gott selbst ist von dem Land nicht abhängig, er wohnt in einem Wanderheiligtum.

Das Interesse für das Land ist somit in der Zeit nach P^G stark gewachsen. In deutlicher Anlehnung an die priesterschriftliche Sprache erscheinen größere Texteinheiten, die dem Land gewidmet sind. Wir finden sie in den späteren Teilen von Num sowie, davon deutlich abhängig, in Jos 14ff. Hat man eine klare Landgabe und Landverteilung später dann doch in P^G vermißt?

5.4. *Die deuteronomistische Bearbeitung*

5.4.1. *Einleitung*

Seit Noth 1943 in seinen *Überlieferungsgeschichtlichen Studien (ÜS)* die Thesen bezüglich eines Deuteronomistischen Geschichtswerks (DtrG[207]) dargelegt hat,[208] ist die Existenz eines solchen von Dtn bis 2Kön laufenden DtrG eine Grundvoraussetzung der modernen atlichen Forschung geworden.

> Dem Modell Noths jedoch sind in vielem Modifizierung widerfahren und im einzelnen sogar Ablehnung. Über die Entstehung des DtrG gibt es heutzutage drie Sichtweisen: Das Blockmodell, das Schichtenmodell und das Kompromißmodell. Das erste, von Cross entworfene Modell rechnet mit zwei Blöcken.[209] Es geht im Grunde auf die alte literarkritische Differenzierung nach Dtr1 und Dtr2 zurück, wie sie vor Noth üblich war.[210] Das Dtr1 stamme aus ca. 620, der Zeit Josias, und reiche bis 2Kön 23,25 (positive Bewertung von Josia). Der zweite Block (Dtr2) sei im Exil hinzugefügt worden und reiche bis zum Ende von 2Kön. Mit diesem Modell wird man u.a. dem Problem gerecht, daß das DtrG bereits in 2Kön 23,25 ein Ende zu haben scheint. Das zweite Modell ist das von Smend, Dietrich und Veijola entwickelte Göttinger Modell[211]

---

[207] Als Abkürzungen verwenden wir: Deuteronomistisches Geschichtswerk–DtrG; Deuteronomist/-en–Dtr; deuteronomistisch–dtr; deuteronomisch–dt. Es sei darauf hingewiesen, daß wir DtrG nicht als kritische, sondern als formale Größe behandeln. DtrG beinhaltet somit den ganzen Inhalt der Bücher Dtn–2Kön.

[208] Vgl. zu Noths *ÜS* vor allem: Jenni, *Jahrzehnte* 1961, 99–104; Radjawane, *Geschichtswerk* 1973, 180–186; Weippert, *Geschichtswerk* 1985, 218–219.

[209] Cross, *Themes* 1973, 274–289; vgl. zum Blockmodell: Weippert, *Geschichtswerk* 1985, 235–245; Preuß, *Geschichtswerk* 1993, 385; Noort, *Josua* 1998, 38.

[210] S.o. §5.2.1 zu Kuenen.

[211] Smend, *Gesetz* 1971; Dietrich, *Prophetie* 1972; Veijola, *Dynastie* 1975.

(Dtr^Gö212), das mit Schichten statt Blöcken rechnet.[213] Eine historiographische Grundschicht (DtrH) habe eine prophetisch Überarbeitung erfahren (DtrP). In DtrP wurde betont, das die Propheten Volk und König immer gewarnt haben, so daß das Volk um seine Sünde gewußt hat. DtrP komme allerdings in Josua nicht vor.[214] Das gelte nicht für die nächste Schicht, die von Smend sogar zu einem großen Teil aufgrund von Texten aus Josua entwickelt wurde (1,7–9; 13,1bβ–6; 23; aus dem Richterbuch: 1,1–2,9; 2,17.20f.23). Diese dritte Schicht DtrN (=nomistischer Deuteronomist) habe die Geschichte und die Landgabe durch Gesetzesgehorsam bedingt. Die Landgabe sei in der Situation des Exils geschrieben, was bedeute, daß nicht nur der Landverlust durch Gesetzesungehorsam erklärt wird, sondern daß es auch Hoffnung auf eine neue Landgabe gebe, wenn man dem Gesetz gehorcht. Diese Schicht, die als Ergänzungsschicht zu bezeichnen sei,[215] habe aber wahrscheinlich mehrere Überarbeitungen erfahren.[216] Das basiere auf der Tatsache, daß Jos 1,7 v 6 zu korrigieren scheine, vv 8f aber v 7 anfülle und wieder auf v 6 zurückgreife. In neuerer Zeit gewinnt vor allem das sogenannte Kompromißmodell Terrain.[217] Es verbindet das Block- und das Schichtenmodell. Das heißt, daß es sowohl zwei große Blöcke gibt, die in unterschiedlichen Zeiten entstanden seien, daß die Blöcke aber andererseits auch ineinandergreifen und zudem mit dem zweiten Block die literarische Geschichte des DtrG nicht aufhöre. Danach gab es noch nomistische und vielleicht auch andersartige Bearbeitungen. Wie bereits von Smend angedeutet, kann die nomistische Bearbeitung nicht als eine einzige betrachtet werden, sondern als Sammlung mehrerer nomistischen Bearbeitungen. Nach Lohfink gab es nach den nomistischen Bearbeitungen noch eine DtrÜ (=Überarbeitung).[218] Mit anderen Worten, es sieht danach aus, daß wir eher mit einer Fortschreibung[219] an einer dtr Grundschicht zu rechnen haben als mit klar abgegrenzten Blöcken oder Schichten.[220]

---

212 Preuß, *Geschichtswerk* 1993, 388.

213 Vgl. zum Schichtenmodell: Weippert, *Geschichtswerk* 1995, 231–235; Preuß, a.a.O., 388–392; Noort, *Josua*, 199f. Radjawane, *Geschichtswerk* 1973, hat das Schichtenmodell noch nicht verarbeitet. Roth, *Geschichtswerk*, 543–552, bekennt sich zu stark zum Smendschen Schichtenmodell in einem doch lexikalisch angelegten Werk (TRE).

214 Nur Schwienhorst, *Eroberung* 1986, 99–103, findet in Josua noch DtrP in 6,21b.24a.26.

215 Smend, *Gesetz* 1971, 505: „DtrN ist Ergänzer, kein selbständiger Erzähler, für den man einen durchlaufenden Zusammenhang nachweisen müßte."

216 Smend, a.a.O., 497.

217 Vgl. Weippert, *Geschichtswerk* 1985, 245–249; Preuß, *Geschichtswerk* 1993, 392–395; Noort, *Josua*, 38. (Weippert und Preuß äußern sich sehr positiv zum Kompromißmodell.)

218 Lohfink, *Kerygmata* 1981=1991.

219 Gab es eine dtr Schule? Vgl. Weinfeld, *Deuteronomy* 1972.

220 Vgl. Preuß, *Geschichtswerk* 1993, 393–395.

Die Neuerung Noths gegenüber der älteren Forschung besteht darin, daß er das DtrG als eine literarische Schöpfung eines einzelnen Verfassers mit einer Einheit in Stil, Chronologie und Theologie betrachtet. Daß es mannigfache Beziehungen zwischen Jos–2Kön und Dtn gibt, war schon bekannt. Was das Buch Josua betrifft, haben Forscher wie z.B. Hollenberg[221], Kuenen[222] und Wellhausen[223] bereits vor Noth darauf hingewiesen, daß viel Textmaterial in Jos bis Kön sprachliche Wendungen des Dtn aufweist.[224] Die älteren wie auch die neueren Forscher halten sich jedoch auffallend zurück, wenn es um das genaue Aufweisen der dtr Bestandteile im zweiten Teil des Josuabuches (cc 13ff) geht, und Noth, der schließlich von einem einheitlichen DtrG ausgeht, nennt diesen Teil „sekundär deuteronomistisch".[225] Den Rahmen der Landverteilung, den Auftrag zur Landverteilung (Jos 13,1.7) und deren Abschluß (Jos 21,43–45) schreibt man meistens Dtr zu. Ein Teil von c 22 wird auch noch dem Dtr zugerechnet (vv 1–6[.8]), und c 23 ist eine geschichtsdeutende Rede, die sicherlich von der Hand eines Dtr stammt.[226] Ob und inwieweit c 24 dtr ist, bleibt eine unbeantwortete Frage.[227]

Wir beschränken uns auf die Landverteilungstexte Jos 13–21. Diese Einheit wird von scheinbar dtr Texten eingerahmt. Auffallend ist, daß sich diese Eingrenzung von der des priesterlichen Materials in Josua unterscheidet (cc 13–19), aber dazu später mehr.

Die Texte in Jos 13–21, die als dtr betrachtet werden könnten, sind: der Rahmen (13,1.7; 21,43–45); die innerhalb der Landverteilung auftauchenden erzählenden Texte (14,6–15; 15,[13.]14–19; 17,14–18;

---

[221] Hollenberg, *Bestandtheile* 1874, 462–506.

[222] Kuenen, *HCO* 1885. Kuenen hat dabei noch zwischen Dtr1 und Dtr2 differenziert. Dtr1 basiere auf der Sprache des Grundbestands von Dtn, während Dtr2 Berührungen mit der des Rahmens von Dtn aufweise.

[223] Wellhausen, *Prolegomena* 1883.

[224] S.o. §5.2.1.

[225] Noth, *Josua* ²1953, 10.

[226] Mit Smend, *Gesetz* 1971, gehört Jos 23 frühestens zu dem oder den DtrN.

[227] In Koopmans' ausführlicher Monographie, *Joshua* 1990, 128–141, wird eine dtr Zuteilung abgelehnt. Noort, *Josua* 1998, 103f, plädiert dafür, 103f, Jos 24 als Text *sui generis* zu betrachten, der vorexilische Verhältnisse reflektiert. Römer / Brettler, *Deuteronomy 34* 2000, dagegen betrachten Jos 24 als Produkt eines nachexilischen Redaktors, der nicht nur P und Dtr gekannt, sondern auch deren stilistische Merkmale übernommen hat. Dieser Redaktor sei für die Schaffung eines Hexateuch verantwortlich. Interessant ist, daß sowohl Noort als auch Römer / Brettler Jos 24 als theologische Schlüsselstelle ansehen und zu ähnlichen theologischen Schlußfolgerungen kommen.

18,1–10*; 19,47); die Nicht-Eroberungsnotizen[228] (13,13; 15,63; 16,10; 17,[11.]12f) und die Auflistung des übriggebliebenen Landes (13,2–6).[229] Redaktionsgeschichtlich stehen diese Gruppen nicht auf gleicher Ebene. Es wird meistens angenommen, daß in den erzählenden Texten vor-dtr Material vorliegt. Dabei bleibt aber offen, wann dieses vor-dtr Material eingefügt wurde, ob es bereits vor der Existenz des DtrG in einer *Sammlung* vorlag[230] und inwieweit es vom Dtr über- oder be-arbeitet wurde.[231] Man nimmt meistens an, daß die Nicht-

[228] Lohfink, *Bedeutungen* 1981, 26–32, spricht lieber über Nicht-Vernichtungsnotizen statt Nicht-Eroberungsnotizen, weil es um mißlungene Vernichtung statt mißlungene Vertreibung geht.

[229] Vgl. für dtr Material in 13–22 bereits Holzinger, *Josua* 1901, xix-xxi ([13,1*].7*.8bγδ.9*.10.12; dtr Überarbeitung einer E-Erzählung in 14,6–14; 18,3bβγδ; 21,43–45; 22,1–6 [D^a in vv 1–4.6 und D^s in v 5] [.8*]); dann natürlich den Vater der Deuteronomistik Noth in *Josua* ²1953, 9f. (14,6aβb–15 [das laut Noth direkt auf 11,21–23a folgte und mit 11,23b/14,15b abschloß]; 21,43–22,6; 23,1–16; das ganze Corpus 13,1–21,42 ist sekundär dtr [exilisch]); und weiter Alfrink, *Josué* 1952, 8–14 (er nennt den Verfasser von Josua R, über den er behauptet, daß er stark dtr Züge aufweist. Er findet ihn in: 13,1–7.8–12.13.14.33; 14,4b.5.7–9.12.14.15; 15,12b.13–19.63; 16,10; 17,4aβ.12; 18,2.3.6.7a.bβ.8.9b.10; 20,4–6; 21,2.3.8b.11.12.41.42.43–45); Bright/Sizoo, *Joshua* 1953, 543.545; Butler, *Joshua* 1983, xxi (13,1–14.32–33; 14,1–5.14–15; 15,13–15; 17,3–6; 18,1.7; 19,51; 20,8–9; 21,1–3.43–45; 22,1–6); Cortese, *Josua* 1990, 87–94 (14,6–15; 15,16–19; 17,11–13.14–18; 21,43–45; 22,1–8); Fritz, *Josua* 1994, 3 (RedD in: 13,1–7*; 14,6a.7–10a.12a.13 [in der Einleitung nicht erwähnt]; 15,13.15–19; 16,6a.7–10.12a.13 20,1–5.7.8); Miller/Tucker, *Joshua* 1974, 7f; Noort, *Josua*, 850 (die 1. dtr Redaktion war verantwortlich für 1,1–5; 8,30–35; 12; 21,43–22,6; 24 und die 2. [DtrN] für 1,7–9; 13,2–6; 23.); Wright in Boling/Wright, *Joshua* 1982, 71: „... it can be argued that the *final* compiler is Dtr, who thus did not compose this book of Joshua *without* chaps. 13–19." Woudstra, *Joshua* 1981, 12.13.13–16, ist einer der wenigen, der davon ausgeht, daß das ganze Josuabuch ein einheitliches Buch aus der Zeit Josuas ist.

[230] So Noth, *Josua* ²1953.

[231] Die meisten nehmen an, daß die Lokaltraditionen in Jos 1–11(.12) zum Großteil auf vor-dtr Erzählungen zurückgehen, jedoch vom Dtr in sein Gefüge eingebaut und von ihm überarbeit wurden. Da in Jos 13ff auch einige sogenannte vor-dtr Erzählungen vorkommen, gehen wir auf die diesbezüglichen Positionen ein. Noth, *ÜS* 1943, 95–100, postulierte, und das war neu, einen vor-dtr Sammler von Lokaltraditionen um 900, dessen Sammlung als Vorlage für den Dtr gedient hat. Für diese Sammlung machte er einen „Sammler" verantwortlich. Das Ende des 9. Jh. ist in der Urkundenhypothese die Zeit des J. Noths Neuerung aber war es, Josua keine Pentateuch-Quellen zuzugestehen. Bei Langlamet, *Gilgal* 1969, aber war R^{JE}, der Verantwortliche. Für Fritz, *Josua* 1994, sind sie sogar Kreationen der deuteronomistischen Grundschicht. Van Seters, *Campaign* 1990, betrachtet sie als Schöpfung von DtrH. Wenn man auch noch die Richterzeit als kontemporäre Entstehungszeit dazunimmt, hat man eine Spannweite von fast sechs Jahrhunderten. Es ist von großer Bedeutung, ob der Dtr bestehende Texte oder Sammlungen übernommen oder für seine eigenen Zwecke geschaffen hat. Unsere Position werden wir bei der Behandlung des „vor-dtr" Textteils Jos 15,(13.)14–19 darlegen. Bei aller Uneinigkeit ist man sich relativ einig, daß das dtr Rahmenwerk der

Eroberungsnotizen erst später, wahrscheinlich von einem DtrN, hinzugefügt wurden. Das gleiche gilt für die Liste des übriggebliebenen Landes. Dieses soll ein Ausgleich sein zwischen den Grenzen des davidischen Großreiches und den Grenzen, wie sie sich aus der Landverteilung ergeben. Jos 18,1–10 wird entweder gar nicht als dtr betrachtet oder nur zu einem Teil bzw. in einer Grundschicht.[232]

Bevor die oben genannten Texte einer kritischen Analyse unterzogen werden, möchten wir noch allgemein auf die literarischen und theologischen Beziehungen des dtr Josua eingehen. Zwei Studien möchten wir als Beispiele heranziehen, die von Lohfink[233] und die von Wenham[234]. Lohfink ist mehr redaktionsgeschichtlich interessiert,[235] während Wenham eher die theologischen Themen in Dtn und Jos untersucht.

Über die Forschung zu Bedeutung und Gebrauch von ירשׁ[236] kommt Lohfink zum Ergebnis, daß dieses Verb sehr bewußt von verschiedenen Dtr eingesetzt wurde.[237] Seiner Meinung nach gab es ein vordtr dt Gesetzescorpus, den Kernbestand von Dtn, in dem das Verb ירשׁ nicht vorkam. Dieses Gesetzescorpus war laut Lohfink noch nicht historisiert. Erst ein Dtr sei für die Historisierung verantwortlich gewesen. In der vorliegenden Form sei das Gesetz Mose kurz vor seinem Tod und kurz vor dem Jordanübergang in den Mund gelegt worden. Die künftige Landnahme sei mit den Begriffen עבר (des Jordan), בוא (in das Land) und ירשׁ (des Landes) stereotypisiert worden. Eine erste dtr Schicht: DtrL (= deuteronomistische Landeroberungserzählung)[238], habe diese Historisierung vollzogen, und zwar in einem „*Darstellungsgefüge, das von Dtn 1 bis Jos 22 reicht*“.[239] Dabei seien nicht nur historische Teile vorangestellt und angefügt, sondern das Gesetzescorpus selber

---

Eroberungstraditionen in Jos 1 und 11,15–23 vorliegt; vgl. z.B. Smend, *Entstehung* ³1984, 125f; Kaiser, *Einleitung* ⁵1984, 139–142.

232 S.o. Anm. 211 und Auld, *Studies* 1976, 148–150.222–229.341; id., *Joshua* 1983, 61–64; Boling / Wright, *Joshua* 1982, 422 („bulk of verses“ gehört zu Dtr1 und vv 1.10 zu Dtr2); Noth, *Josua* ²1953, (2–3.5a.6.9*.10b); Wüst, *Untersuchungen* 1975, 228–239.

233 Lohfink, *Kerygmata* 1981 = 1991; vgl. auch id., *Darstellung* 1962 = 1990.

234 Wenham, *Deuteronomic* 1971, 140–148.

235 Er ist sicherlich auch kerygmatisch / theologisch interessiert. Der Artikel Lohfinks trägt sogar den Titel *Kerygmata des deuteronomistischen Geschichtswerks*. Es ist aber auf den Plural zu achten. Lohfink beschreibt nämlich die Kerygmata / die Intentionen der von ihm differenzierten *deuteronomistischen Schichten*.

236 Lohfink, ירשׁ, 953–985; id., *Textkritisches* 1981, 273–288; id., *Bedeutungen* 1981, 14–33; vgl. auch Bird, *yrš* 1971 und Schmid, ירשׁ, 778–781.

237 Lohfink, *Kerygmata* 1981 = 1991.

238 Und nicht DtrLohfink.

239 Lohfink, *Kerygmata* 1981 = 1991, 132.

auch überarbeitet worden. DtrL habe nur das qal von ירשׁ verwendet mit den Israeliten als Subjekt[240] und meist mit dem Land als Objekt.[241] ירשׁ sei ein Verb für das „Inbesitznehmen (des Landes)" mit der Konnotation, daß man die erbliche Nachfolge antrete. Der Begriff beziehe sich auf die „privilegrechtlich gedachte königliche Landzuweisung an einzelne Lehnsträger".[242] DtrL habe dieses Verb bewußt eingebracht, um „einen Schenkungs- oder Verleihungsakt Jahwes (נתן) in Korrespondenz zum ירשׁ Israels" zu setzen.[243] Die historische Situation, in der dies besonders gewirkt habe, sei die Zeit des Königs Josia gewesen. Dieser König habe Teile des Nordreichs oder sogar das ganze Nordreich von den Assyrern erobert. Dasjenige, was DtrL nun impliziere, nämlich Israel als rechtmäßigen Erbfolger, und das Gesetz JHWHs als das richtige bzw. einzige Gesetz, müßte für die Assyrer, aber auf jeden Fall für die Nordreich-Israeliten unmißverständlich sein; vor allem, wenn dafür ein privilegrechtlicher Terminus aus dem königlichen Bereich verwendet werde.

Für die Abgrenzung von DtrL gibt Lohfink ein inhaltliches Argument und vier formale. Inhaltlich gilt, daß die Landeroberungserzählung Propaganda für Josias Eroberungen gewesen ist. Die formalen Argumente:[244] 1. Bereits ab Jos 24 taucht für die Landnahme des Cisjordanlandes nicht ירשׁ qal auf; andererseits wird dieses Verb nur für Esau und das Ostjordanland gebraucht. 2. Für die Vertreibung der Völker wird das—so Lohfink—von DtrL bewußt vermiedene Verb גרשׁ verwendet. 3. ירשׁ qal fehlt in Ri–2Kön in einer Dtn und Jos vergleichbaren Verwendung. 4. Außerdem fehlt der dazugehörige Landverheißungseid.

Mit DtrL hörte nach Lohfink aber die dtr Tätigkeit nicht auf. Erweiterungen im Dtn, die gerade vor den Fehlschritten warnen, die in den Königsbüchern geschehen, seien der gleichen Hand zuzuschreiben.[245] Es gebe so viele Bezüge zwischen dieser Erweiterungsschicht in Dtn und den Königsbüchern, daß man „mit einer ein Aussagensystem schaffenden Hand zu rechnen"[246] habe. Das Ziel dieses „Aussagensy-

---

[240] Lohfink, *Kerygmata* 1981 = 1991, 131[29].
[241] Lohfink, *Kerygmata* 1981 = 1991, 134.
[242] Lohfink, *Kerygmata* 1981 = 1991, 134f.
[243] Lohfink, *Kerygmata* 1981 = 1991, 134.
[244] Lohfink, *Kerygmata* 1981 = 1991, 136f.
[245] Vgl. z.B. Dtn 12,29–31 mit 1Kön 14,24; 21,26; 2Kön 16,3; 17,8; 21,2 und Dtn 12,31 mit 1Kön 14,24.
[246] Lohfink, *Kerygmata* 1981 = 1991, 138.

stems" sei die „Feststellung der Schuld Israels an seinem Untergang".[247] Es gehöre aufgrund dieser Thematik in die Zeit des Exils und sei wahrscheinlich mehr oder weniger identisch mit der exilischen Ausgabe des DtrG. Dieses DtrG habe neben anderen Wörtern aus dem gleichen semantischen Umkreis ירשׁ qal mit dem Objekt der Person verwendet.

Aber die dtr Arbeit habe noch immer nicht aufgehört. Gab es in DtrL noch „eine Art schwebendes Gleichgewicht zwischen den Themen »Gesetz« und »Land«",[248] so sei bei der nächsten Schicht, DtrN, der Gehorsam gegenüber dem Gesetz Bedingung für den Landbesitz geworden. Wie Smend, Dietrich und Veijola aus der Göttinger Schule datiert Lohfink sie in das Exil.[249] DtrN gebrauche sowohl das qal als auch das hi. von ירשׁ. Im Falle von ירשׁ hi. sei nicht mehr Israel, sondern seien einzelne Gruppen das Subjekt dieses Verbes. Objekt sei nicht mehr das Land, sondern die Landesbewohner. Wenn der Satz mit ירשׁ hi. negiert werde, gehe es um Korrekturen zum Bild der vollständigen Eroberung des Landes: „X aber konnte die Bewohner der Stadt Y nicht erobern". Gegen Dietrich[250] meint Lohfink, daß dieser DtrN nur in Dtn-Ri zu finden sei und nicht in den restlichen Büchern des DtrG.[251]

Aber auch nach DtrN wurde an dem DtrG weiter gearbeitet. Es folgte eine DtrÜ (= deuteronomistische Überarbeitung[252]), die Gott zum alleinigen Subjekt der Landnahme machte. Für das Buch Josua gibt Lohfink jedoch weder für DtrÜ noch für das „Aussagensystem des DtrG" Belegstellen. Somit haben wir es in seiner Sicht nur mit DtrL und DtrN im Josuabuch zu tun.

Positiv bei Lohfink ist, daß er ein DtrG schildert, an dem ständig weiter gearbeitet wurde, dabei trotzdem aber Blöcke *und* Schich-

---

247 Lohfink, *Kerygmata* 1981=1991, 137.

248 Lohfink, *Kerygmata* 1981=1991, 134.

249 Lohfink, *Kerygmata* 1981=1991, 140: „Auch diese Bindung des Landbesitzes und der Vernichtung der anderen Völker an die vorauslaufende Gesetzesbeobachtung konnte natürlich zunächst einmal im Exil erklären, warum die Geschichte Israels so bitter geendet hatte. Doch enthielt sie zugleich eine Weisung für Gegenwart und Zukunft. Wenn Israel das Gesetz wieder beobachtete, konnte es hoffen sein Land wiederzuerhalten."

250 Dietrich, *Prophetie* 1972.

251 Das heißt aber nicht, daß Lohfink das Vorhandensein *anderer* DtrN in den Samuel- und Königsbüchern ausschließt.

252 Lohfink, *Kerygmata* 1981=1991, 141, gibt selber zu, daß die Gefahr einer Sigleninflation groß ist. Seiner Meinung nach könnte das, was er DtrÜ nennt, die von Wolff, *Kerygma* 1961=1964, 184, nicht weiter differenzierte „zweite Hand" sein. Diepold, *Land* 1972, 24, kommt zu einem vergleichbaren Ergebnis.

ten aufzeigt. Immer greifen die Autoren von Blöcken bearbeitend in das Vorliegende ein.[253] Mit Lohfink meinen wir, daß es fruchtbar ist, Dtn und Jos literargeschichtlich zusammen zu sehen und von so etwas wie einer DtrL auszugehen. Die Sprache und die Themen der beiden Bücher berühren sich eng; es gibt mehr Gemeinsamkeiten von Jos mit Dtn als von Jos mit Ri-Kön. Neben Lohfink hat auf thematischer Ebene vor allem Wenham diesen Zusammenhang herausgearbeitet. Es ist allerdings gefährlich, ein einziges Verb (ירשׁ hi.) zum Kriterium für die Bestimmung einer Schicht zu verwenden. Doch inhaltlich bietet DtrL eine von P völlig abweichende Sicht auf das Land: In P wird das Land als gegeben vorausgesetzt, in DtrL wird es als Erbe angetreten. Ungewiß muß jedoch die zeitliche Ansetzung der DtrL bleiben. Für die Ausbreitung nach Norden sieht Lohfink nur zwei geschichtliche Situationen: die Eroberungen Josias und die Heimkehr aus dem babylonischen Exil. Da ירשׁ aber eine militärische Konnotation hat und die Heimkehr friedlich vorgegangen ist, kann DtrL nur aus der Zeit des Königs Josia stammen: Das ist Lohfinks einziges Argument. Andererseits muß zugegeben werden, daß das DtrL, wenn man es als eine Art Propagandaschrift des Königs Josia liest, erstens sehr wohl zu dessen vermutlichen Aspirationen passen und zweitens dem literarischen Tatbestand in 2Kön 22f gerecht würde.

Was Lohfink leider nur streift, ist die Frage nach der Zugehörigkeit der Landverteilungstraditionen zum DtrG. Daß das Thema der Landverteilung für DtrG nicht unbekannt gewesen ist, hat er in einem Aufsatz im Jahre 1962 bereits herausgearbeitet.[254] Für die Landverteilungstexte selbst (Jos 13–22) kommt er nicht weiter als bis zu der Feststellung, daß ein Grundstock derselben auch DtrL zuzuschreiben sein dürfte;[255] eben davon sind wir nicht überzeugt, wie wir unten zeigen werden. Auch in anderen Artikeln läßt Lohfink sich kaum über die literarische Zugehörigkeit dieser Texte aus.[256]

In *The Deuteronomic Theology of the Book of Joshua*[257] weist Wenham auf fünf Dtn und Jos gemeinsame theologische Leitmotive hin. In Jos 1 werden diese alle bereits vorgestellt. Es sind: 1. der heilige Krieg; 2. das

[253] Lohfink ist damit ein Repräsentant des Kompromißmodells; s.o. S. 279–280.

[254] Lohfink, *Darstellung* 1962 = 1990.

[255] Lohfink, *Darstellung* 1962 = 1990, 92f. Vgl. auch Cross / Wright, *Boundary* 1956, 202: „Into this traditional framework are fitted the town and boundary lists, no doubt by the Deuteronomic editor."

[256] Vgl. z.B. Lohfink, ירשׁ, 961.

[257] Wenham, *Deuteronomic* 1971, 140–148.

Land und seine Verteilung; 3. die Einheit Israels; 4. die Rolle Josuas; 5. der Bund. Wenham schlußfolgert dann, daß die „theology of the book of Joshua is largely dependent on the ideas to be found in Deuteronomy";[258] daher der Titel „deuteronomic" und nicht „deuteronomistic theology".

Seine Ausführungen sind weitgehend überzeugend und gut belegt, wenn er behauptet, daß Dtn und Jos mehr miteinander gemein haben als Jos mit dem Tetrateuch einerseits und den Vorderen Propheten andererseits.[259] Jedoch nennt Wenham als Belege für die dt theologischen Motive in Jos nahezu ausschließlich Stellen aus cc 1–12 und 22–24. Nur wenn er das Land und seine Verteilung behandelt, verweist er nach der Art der Sache auf Kapitel 13–21. Gerade hier überzeugt Wenham keineswegs. Die sprachlichen Belege beschränken sich auf sprachliche Anklänge. Auf die gerade andersartige Terminologie in cc (13.)14–21 im Vergleich zu der im Dtn geht Wenham nicht ein. Außerdem beachtet er zu wenig die starken Gemeinsamkeiten der Kapitel 13–21 mit Num 26–34(.36). Wenham will sich nicht entscheiden, welche Theorie die beste ist, um den literarischen Ort von Jos deutlich zu machen, *in casu* Tetrateuch-Quellen in Jos oder DtrG. Das ist soweit überzeugend. Nicht überzeugend ist seine Behandlung von cc 13–21. Er rechnet sie dem DtrG zu, ohne dabei mehrere Bearbeitungen vorauszusetzen, und das mit der alleinigen Begründung: „Chs. 13–21 of Joshua are sufficiently integrated into the rest of the book of Joshua that is seems unnecessary to postulate that they were inserted by a secondary deuteronomistic editor."[260] Wie „sufficiently integrated" die Landverteilungstradition ist, müssen unsere weiteren Analysen deutlich machen.

5.4.2. *Sprache*

5.4.2.1. Der Rahmen

In §4.1 haben wir über eine engere Schilderung der Landverteilung in cc 14–19 und eine ausführlichere in cc 13–21 gesprochen. Die Einleitung (14,1–5) und der Abschluß (19,49a.51) der knapperen Darstellung der Landverteilung sind in priesterschriftlichem Stil gehalten. Im allgemei-

---

[258] Wenham, *Deuteronomic* 1971, 148.
[259] Wenham, *Deuteronomic* 1971, 148.
[260] Wenham, *Deuteronomic* 1971, 148.

nen wird davon ausgegangen, daß die Einleitung (13,1.7aα[261]) und der Abschluß (21,43–45) der ausführlicheren Beschreibung der Landverteilung dtr sind. Wir werden zeigen, daß sie—ähnlich wie die vermeintlichen priesterschriftlichen Texte—zwar dtr aussehen, es aber nicht sind.

Lohfink meint, daß der Dtr sehr sorgfältig Landnahme und -verteilung vorbereitet, indem er Josua die zwei dazu passenden Ämter zuerkennt.[262] Bereits in Dtn werden sein Feldherrn- und Landverteilungsamt mit dem Vokabular בוא, עבר und נחל hi. angekündigt.[263] Danach folgt die Einsetzung in das Amt des Feldherrn (Dtn 31,23) und des Landverteilers (Jos 1,6). Diese Ereignisse sind sprachlich in eine bestimmte Form, ein sogenanntes Amteinsetzungsformular gegossen.[264] Daran schließt sich jeweils ein göttlicher Befehl an: in Jos 1,2 zur Eroberung und in 13,7 zur Verteilung des Landes. „Damit ist wohl erwiesen, daß die dtr Darstellung Schritt für Schritt vorangeht … “.[265] Wir haben jedoch in §4.3.4 bereits gezeigt, daß die Formulierung in 13,7 doch nicht ganz so sorgfältig an die dtr Formeln anschließt. Wäre die gleiche dtr Hand für Jos 1,6 und Dtn 31,23 verantwortlich gewesen, hätte sie in Jos 13,7 eher nicht das Verb חלק, sondern das in Dtn und Jos 1,6 verwendete נחל hi. eingesetzt. Zudem enthält Jos 13,1.7aα Phrasen, die für Dtn untypisch sind. Die Einleitung zur Landverteilung in Jos 13,1.7aα ist darum nicht dtr. Warum sieht sie dann dtr aus? Die Antwort ist vielleicht darin zu suchen, daß man nach der Ankündigung der Landverteilung in Jos 1,6 den dazu gehörigen göttlichen Befehl vermißte. Darum hat man diesen in einem dtr wirkenden Stil nachgeliefert.

Jos 21,43–45 betrachtet man gemeinhin als den dtr Abschluß der Landverteilung.[266] In §4.3.5 haben wir jedoch gezeigt, daß sich diese Annahme nicht halten läßt. Abgesehen davon, daß wichtige dtr Themen fehlen, die hier sehr wohl gepaßt hätten, ist auch der Wortlaut für Dtr atypisch. Es stellen sich zwei Fragen: 1. Wo findet sich die Erfüllung

---

[261] Zu dieser Abgrenzung s.o. §4.3.4.

[262] Lohfink, *Darstellung* 1962=1990.

[263] Dtn 1,38; 3,21.28; 31,3.7.23.

[264] Dieses Formular bestehe aus drei Elementen: 1. Ermutigungsformel (חזק ואמץ); 2. Nennung einer Aufgabe (… כי אתה); 3. Beistandsformel (ואנכי אהיה עמך).

[265] Lohfink, *Darstellung* 1962=1990, 96. Damit sagt er implizit, daß das Corpus der Landverteilung auch zur dtr Darstellung gehört.

[266] Jos 22,1–8 gehört nach allgemein herrschender Auffassung auch noch zur dtr Darstellung. Es berichtet die Wiederkehr der transjordanischen Stämme in ihr Gebiet im Osten. Lohfink, *Darstellung* 1962=1990, läßt sein Darstellungsgefüge der DtrL dort enden. Da wir uns aber mit der dtr *Landverteilung* beschäftigen und diese explizit in Jos 21,43–45 abgeschlossen wird, liegt bei diesem Abschnitt unsere Abgrenzung.

der in Jos 1,6 angekündigten Landverteilung? 2. Wer ist für die Rahmen, die der dtr Sprache ähneln, nicht aber von einem Dtr geschrieben sein können, verantwortlich? Die letzte Frage wird unter §5.5 behandelt, als Antwort auf die erste Frage schlagen wir die Abschlußformel Jos 11,23 vor. Sprache[267] und Motive[268] sind eindeutig die des Dtr. Die kriegerische Landnahme ist abgeschlossen, jetzt verteilt Josua das ganze Land, wie in Jos 1,6 angekündigt. Ein göttlicher Befehl zur Verteilung des Landes ist in Jos 1,2–6 mit einbegriffen. Jos 1,6 ist somit kein Amteinsetzungsformular, sondern eine Weiterführung des Befehls von v 2. Außerdem ist der Dtr nicht an einer genaueren Unterteilung nach Stämmen interessiert, so wie sie in Jos 13,1.7aα eingeleitet und in 13–19(21) dargestellt wird. Er schreibt allgemein über die Stämme Israels, und נחלה deutet bei ihm immer auf das ganze Land.[269] Eben das finden wir in 11,23.

5.4.2.2. Die Nicht-Eroberungsnotizen[270]

Nicht-Eroberungsnotizen finden wir in 13,13; 15,63; 16,10; 17,[11.]12f und eine Liste des nichteroberten Landes in 13,2bβ–6.[271] Eigentlich können die Nicht-Eroberungsnotizen nicht zusammengenommen werden, da sie verschiedene Formen aufweisen.[272] Das, was sie aber verbin-

---

[267] Jos 11,23 knüpft an die Aufträge zur Landverteilung in Dtn an. נתן לנחלה ist die Ausführung von נתן hi. Die Verbindung von ארץ und שׁקט kommt vor in: Ri 3,11.30; 5.31; 8,28; 18,7; 2Kön 11,20. Sonst findet sie sich noch 11× in nicht dtr Kontext. Nur כמחלקתם לשבטיהם ist für den Dtr untypisch. Vielleicht haben wir es hier mit einer Interpolation anläßlich der Kapitel 13–19 zu tun.

[268] Josua und Mose werden im Gegensatz zu Jos 21,43–45 beide genannt. Daß das Land vom Krieg ruht, kennen wir auch sonst vom Dtr; siehe die vorige Anmerkung.

[269] S.o. §3.3.2.2, 3.3.4.2 und 5.3.3.1.

[270] *Vgl.* Smend, *Land* 1983, 91–102; Na'aman, *Borders* 1986, 39–73; Herrmann, *Besitzverzeichnis* 1993.

[271] Die Belegstellen lassen sich übrigens lediglich in Jos 13–17 und Ri 1 finden. Eine etwas andere Aussage begegnet in Num 33,55; Jos 23,13; Ri 2,21.23. JHWH warnt in Num 33,55 das Volk: Wenn sie die Einwohner des Landes nicht vernichten, werden sie zu Dornen und Stacheln werden. Er wird dem Volk dann antun, was er ihnen anzutun gedacht hatte. In Jos 23,13 und Ri 2,21 teilt Gott dem Volk mit, daß er die Einwohner des Landes nicht länger mehr vertreiben wird, in Ri 2,23, daß er das nur langsam machen wird. So ist der Weg zur Richterzeit geöffnet, ist das Volk vorher gewarnt und sind die Landesbewohner ein Instrument der Strafe Gottes geworden. Die Texte (Num 33,55; Jos 23,13; Ri 2,21.23) haben, so Smend, *Land* 1983, 224, „... gemeinsam, daß sie ihn [den Tatbestand der unvollständigen Eroberung; JCdV] auf Gott zurückführen, ohne dessen mächtiges Handeln für die Bibel nichts so fundamental Wichtiges denkbar ist."

[272] Als Folge für die Nichteroberung gibt es verschiedene Möglichkeiten: 1. Die alten

det (sieht man von 13,2bβ–6 ab), ist das negierte Verb ירשׁ hi.[273] sowie eine inhaltliche Übereinstimmung: Die Landesbewohner werden nicht vollständig vernichtet.[274]

Im Unterschied zu den anderen Nicht-Eroberungsnotizen ist es in Jos 13,2bβ–6 Gott selbst, der verspricht, die Völker in dem bis dahin übriggebliebenen Land zu vernichten. In den anderen Belegen sind es einzelne Stämme oder die Israeliten, die bestimmte Bewohner nicht vernichten können. Von Gott ist nicht einmal die Rede. Weder streitet er für sie, noch verhindert er, daß die Stämme oder Israeliten die Einwohner vernichten können. Die Nicht-Eroberungsnotizen sind in Jos nicht mit den „sieben übrigen Stämmen" (cc 18,11–19,49) verbunden,[275] sondern lediglich mit den drei großen Stämmen Juda, Ephraim und Manasse sowie bezogen auf ganz Israel (13,13). Den Texten gemeinsam ist ihre Stellung am Ende einer Gebietsbeschreibung. Durch Stellung und Inhalt wird der Eindruck einer Korrektur geweckt. Wir stimmen der Beurteilung dieser Texte durch Smend zu: Das dt-dtr Ideal war eine nationale, totale und radikale Einnahme des Landes.[276] Daß dieses Ideal nicht der Wirklichkeit entsprochen hat, sei von späteren Redaktoren peinlich empfunden worden. Bei der ständigen Aktualisierung der Landnahmetexte seien die Nicht-Eroberungsnotizen hinzugefügt worden. In Verbindung mit dem sehr jungen Text Num 33,50–56.55[277] sowie Jos 23 und Ri 2,21.23 (letztere beide DtrN) bedeute dies, daß die

Bewohner „wohnen inmitten" (ישׁב בקרב) Israels oder der Einzelstämme (Jos 13,13; Ri 1,29.30.32.33). 2. Sie wohnen „mit" (ישׁב את) den Stämmen (Jos 15,63; Ri 1,21). 3. Sie haben es geschafft, wohnen zu bleiben (יאל לשׁבת), wo sie wohnten (Jos 17,12; Ri 1,27; vgl. auch Ri 1,35). In drei Fällen ist die Formel עד היום הזה beigegeben (Jos 13,13; 15,63; Ri 1,21).

273 Auch dabei gibt es noch verschiedene Formen: 1. לא הורישׁ(ו) (Jos 13,13; Ri 1,27.29.30.31.32.32); 2. לא יוכלו להורישׁ(ם) (Jos 15,63; 17,12; wahrscheinlich auch Ri 1,19); 3. והורישׁו לא הורישׁ (Jos 17,13; Ri 1,28).

274 Jos 17,11, wo gesagt wird, daß Manasse im Stammgebiet von Aser und Issachar einige Städte hatte, ist umgekehrt für Aser und Issachar eine Besiedlungslücke. Durch v 12 wird es eine Nicht-Eroberungsnotiz für die Manassiter. In Ri 1,27 erscheint Jos 17,11 fast ähnlich, aber jetzt als „richtige" Nicht-Eroberungsnotiz in einem Vers. Auch Ri 1,34f ist indirekt eine Nicht-Eroberungsnotiz. Erweitert, abgewandelt und juda-freundlich kommen die Nicht-Eroberungsnotizen in Ri 1, im sogenannten negativen Besitzverzeichnis wieder vor; vgl. Weinfeld, *Period* 1967, der im Gegensatz zu Auld, *Judges I* 1975 = 1998, den MT von Ri 1,18 vor der LXX bevorzugt. Das heißt, daß Juda in Ri 1 eine totale Eroberung durchzieht.

275 Anders in Ri 1,27–35.

276 Smend, *Land* 1983, 224.

277 Smend, *Land* 1983, 224, meint sogar, daß hier priesterliche und dtr Sprache miteinander verbunden sind.

Israeliten das Unheil selbst über sich ausgerufen haben. Gott habe sie gewarnt (Num 33,55; vgl. Jos 23).

Leider verzichtet Smend auf eine literarkritische Analyse des Verhältnisses der Aussagen untereinander.[278] Sie können nicht zur Grundschicht des DtrG gehören, weil sie mit den Aussagen von Jos 1,4 und 11,16–20.23 inhaltlich unvereinbar sind. Sie sind auch nicht zusammen mit den Gebietsbeschreibungen entstanden,[279] dafür sind sie zu deutlich als Korrekturen gestaltet. Weiter müssen sie noch vor der Entstehung von Jos 23 (DtrN) eingefügt worden sein, da dieses Kapitel auf das Vorhergehende zurückgreift und es theologisiert. Darum sind die Korrekturen als eine eigene Phase im Wachstumsprozeß von Jos 13–21 zu beurteilen.[280]

5.4.2.3. Jos 14,6–15

In der Perikope gibt es einige innere wie auch äußere Spannungen. So beginnt sie damit, daß die Judäer vor Josua treten, während danach Kaleb das Wort führt. Von ihm wird jedoch behauptet, er sei Kenasiter. Die Kenasiter wiederum erscheinen im AT gerade nicht als Judäer.[281] In v 9 wird behauptet, daß Mose Kaleb Land zugeschworen hat (v 9).[282] In Num 13f und Dtn 1,35f tut JHWH das aber, und in Jos 15,13 scheint die Landverleihung sogar auf einen Befehl Josuas zurückzugehen. Außerdem wird in v 11f impliziert, daß Kaleb sein Gebiet kriegerisch erwerben wird, während er es laut v 13f von Josua bekommt. V 15 enthält offensichtlich zwei Interpolationen zu Hebron und Arba. Aufgrund von 14,15b („und das Land hatte Ruhe vom Kriege“) fragt man sich, wie das mit der Ruhe nach 11,23, wo diese Formulierung auch steht, weitergegangen sein soll.[283]

---

[278] Smend, *Land* 1983, 223.

[279] So auch Smend, *Land* 1983, 221.

[280] Phase b. 4; s.o. §4.5.2.

[281] Kenas erscheint als Enkel Esaus in Gen 36,11 und 1Chr 1,36. Vgl. noch Gen 36,42 und 1Chr 1,53. An anderen Stellen scheint Kaleb wieder ein Judäer zu sein: In 1Chr 2.4 erscheinen Kaleb und dessen Nachfahren innerhalb der Genealogie Judas (vgl. dazu Willi, *Chronik* 1991ff, 82.86.94); in Num 13,6 ist er Kundschafter des Stammes Juda. Vgl. Beltz, *Kaleb-Traditionen* 1974, 64–70.

[282] Das ist auch das einzige Mal im AT, daß Mose zuschwört.

[283] Problematisch ist die Bitte Kalebs um „dieses Gebirge“ (v 12). Der Ort der Szene ist Gilgal, das in der Nähe Jerichos liegt. Später aber bekommt Kaleb Hebron, das erheblich weiter südlich liegt. „Dieses Gebirge“ samt dem Weichbild Hebrons müßte somit ziemlich ausgedehnt gewesen sein.

Im Vergleich zum Kontext gibt es auch einige Probleme. In 14,1–5 wird die Landverteilung an neuneinhalb Stämme eingeführt. Von Land*verteilung* ist jedoch in 14,6–15 nur teilweise die Rede, und außerdem gehört Kaleb nicht zu den neuneinhalb Stämmen. Beide Unstimmigkeiten werden jedoch sofort wieder gelöst, da nach v 6 Kaleb den Judäern zugerechnet wird und in vv 13f eindeutig von Landverteilung die Rede ist. Ein zweites Problem liegt darin, daß der Passus ähnlich in Jos 15,13–19 erscheint. Soweit die Beobachtung der Spannungen. Im folgenden sind einige sprachliche Merkmale von 14,6–15 zu analysieren.

Der Abschnitt wird allgemein dem Dtr zugesprochen. Der Sprachgebrauch weist tatsächlich eindeutig darauf hin.[284] Wir beschränken uns darum in der nachfolgenden Analyse hauptsächlich auf die Wörter und Wortverbindungen, die auch auf einen anderen literarischen Hintergrund hinweisen könnten.

נגשׁ *pf.cons. (v 6)*
Diese Form markiert in Jos 21,1 und öfter im AT einen neuen Abschnitt oder eine neue Szene.[285] Da sie sowohl im Tetrateuch als im DtrG wie auch in Esr und Chr vorkommt,[286] kann nichts über eine exklusive literarische Zugehörigkeit gesagt werden.

(הקניזי) כלב בן־יפנה *(vv 6.13.14)*
Die volle Form כלב בן־יפנה הקניזי kommt unter den 35 Stellen, in denen Kaleb im AT genannt wird, nur dreimal vor. Es sind Jos 14,6.14 und Num 32,12. Der Dtr verwendet in seiner Darstellung der Kundschafter-

---

[284] Dtr Motive, Wörter und Wortverbindungen sind: Josua als autoritative Instanz (14,6.13); vor allem in v 13 steht Josua eine höhere Autorität als in der restlichen Landverteilungstradition zu; Gilgal als Schauplatz (14,6; vgl. Jos 4,19.20; 5,9.10; 10,6.7.9.15.43); Vermittlung des Gotteswillens an Josua über Mose הדבר אשר דבר יהוה אל־משה (14,6 und ähnlich 14,10 [2×].12 [2×]); Mose mit dem Epitheton „Knecht JHWHS" (14,7); רגל pi. (14,7; vgl. Jos 2,1; 6,22.23.25; 7,2.2; Ri 18,2.14.17; 1Sam 10,3; 15,10; 19,28; vgl. aber auch Gen 42,30; Num 21,32 und 1Chr 19,3.) als Verb für das Auskundschaften (statt des von P verwendeten תור Num 13,2.16.17.21.25.32; 14,6.7.34.36.38); der Ausdruck הארץ אשר דרך רגליך בה (14,9; vgl. Dtn 1,36; 11,25; und mit מקום statt ארץ: Dtn 11,24; Jos 1,3); Kaleb ist ein Mann, der „JHWH folgt" מלא pi. + אחרי יהוה (4,8.11.12; vgl. Dtn 1,36; 1Kön 11,6; nicht im DtrG: Ex 7,25; Num 14,24; 32,11.12); יהוה und אלהים in einer Genitivverbindung, die יהוה in persönliche Beziehung setzt (יהוה אלהי (ישׂראל (14,8.9.12); Sprache des JHWH-Krieges מלחמה, בוא und יצא (14,11); ירשׁ hi. mit Objekt der Person (14,12); „das Land hatte Ruhe vom Kriege" (14,15).

[285] Vgl. Gen 18,23; 27,22.27; 33,6.7.19 u.ö.

[286] Und in Jer 42,1.

geschichte (Dtn 1,36) nicht diese Langform, sondern die kürzere ohne הקניזי (wie in Jos 14,13). Weiter im DtrG, in Num und Chr begegnet uns auch nur diese Form sowie das einfache כלב.[287] Wenn diese Formen nicht auf funktionelle Unterschiede zurückgeführt werden können—und die sind in beiden Texten nicht zu entdecken—heißt das, daß 14,6 die Darstellung der Kundschaftergeschichte in Num 32,8–13 gekannt hat oder aus einer Zeit bzw. einem Kreis stammt, zu der bzw. bei dem diese volle Namensgebung üblich war. Nicht nur die Vollform des Kalebnamens, sondern mehrere Elemente können auf die Nähe zu Num 32,8–13 hinweisen. Die Langform ist nicht dtr.

איש־האלהים *(v 6)*

Die Bezeichnung Moses als איש־האלהים ist eigenartig. Sie wird im allgemeinen für Propheten verwendet.[288] Für Mose kommt sie nur in späten Texten vor[289] und in den weniger gut datierbaren Texten Dtn 33,1 und Ps 90,1. Unter den Belegen befindet sich kein einziger für eine dtr Kennzeichnung Moses als איש־האלהים.[290]

קדש ברנע *(vv 6.7)*

Der Ort, an den erinnert wird, ist wie in Num 32,8 Kadesch-Barnea, während das in Num 13f die Wüste Paran ist.[291] Dagegen gilt aber, daß auch in Dtn 1,22–36 Kadesch-Barnea der Ausgangspunkt ist.[292] Darum ist diese Wüste nicht exklusiv einer literarischen Schicht zuzuweisen.

Zeit- und Altersangaben (vv 7.10)

Die Zeit- und Altersangaben kommen sowohl in Num 32,11.13 als auch Jos 14,7.10 vor. In Dtn 1 wird die Geschichte lediglich in einem „Einst" vor der Zeit von Moses Rede datiert (Dtn 1,3).

---

[287] כלב בן־יפנה: Num 13,6; 14,6.30.38; 26,65; 34,19; Jos 14,13; 15,13; 21,12; 1Chr 4,15; 6,41; כלב: Num 13,30; 14,24; Jos 15,14.17.18; Ri 1,12.13.14.15.20; 3,9; 1Sam 30,14; 1Chr 2,18.19.24.42.46.48.49.50. Als כלובי in 1Chr 2,9.18 (vgl. Willi, *Chronik* 1991ff, 88) und als כלוב in 1Chr 4,11; Oeming, *Israel* 1990, 105, betrachtet die Identifizierung von כלוב mit כלב als nicht sicher; er gibt dafür aber keine Argumente, während er eben davor meint, die Identifizierung von כלב mit כלובי scheine sicher (S. 102); anders Willi, *Chronik* 1991ff, 128f.

[288] Vgl. 1Sam 2,27; 1Kön 12,22; 13,1 u.ö.

[289] Esr 3,2; 1Chr 23,14; 2Chr 30,16.

[290] Normaler ist die Bezeichnung Moses als עבד יהוה.

[291] קדשה in Num 13,26 ist ein später Zusatz; vgl. Schmidt, *Priesterschrift* 1993, 75.

[292] Dtn 1,2.19.

מלא אחרי יהוה *(v 8.9.14)*

Daß Kaleb מלא אחרי יהוה, kommt in allen drei vorigen Fassungen der Kalebgeschichte vor,[293] in Num 32 jedoch zweimal: einmal negativ, um die Menschen zu kennzeichnen, die das Land nicht betreten werden, und einmal positiv, um Kaleb und Josua als Ausnahmen zu bestätigen. Indem Jos 14,6–15 die Phrase dreimal verwendet, bewegt es sich möglicherweise in der Tradition von Num 32. Die Phrase von v 14 יען אשׁר מלא אחרי ייהוה אלהי ישׂראל findet sich jedoch nahezu identisch in Dtn 1,36, aber dort ohne אלהי ישׂראל. Letztere Gottesbezeichnung kommt überhaupt nicht in Dtn vor, dafür aber oft im restlichen DtrG.

מסה *hi. (v 8)*

Wenn המסיו (von מסה hi.) mit der *BHS* als המסו (von מסס hi.[294]) zu lesen ist—was wir für wahrscheinlich halten—, liegt eine Verbindung zu Dtn 1,28 und dem Vorhergehenden in Jos vor.[295] Außerdem wäre das hi. von מסה mit (ב)לב singulär und in diesem Kontext unpassend, während מסס hi. öfter vorkommt.[296] Das Verb findet sich sowohl in dtr als nicht-dtr Kontext, ist aber hier durch den Anklang an Dtn 1,28 eher als dtr Tradition zu betrachten.

(ה)ענקים *(vv 12.15)*

Die früheren Bewohner erscheinen mit der einfachen Bezeichnung (ה)ענקים oder הענק nur hier, in Jos 11,21f, 15,13.14 und in Dtn 2,10.11.21. Sonst werden sie בני / ילידי (ה)ענק oder בני ענקים genannt.[297] Die unmittelbare Parallele Dtn 1,28 hat also eine andere Form, und man fragt sich, ob unserem Abschnitt eine ältere Form bzw. Tradition zugrundeliegt. Die Form im Plural ist allerdings in Dtn die gebräuchliche,[298] doch für eine literarkritische Zuweisung reichen die Belegstellen nicht aus.

---

[293] Num 14,24; 32,11.12; Dtn 1,36.

[294] Zu beiden Verben vgl. ^{3}*HAL* unter מסה, 572, und מסס, 574; Ringgren, מסה / מסס.

[295] Jos 2,11; 5,1; 7,5.

[296] Dtn 1,28; 20,8; Jos 2,11; 5,1; 7,5; 2Sam 17,10(2×); Jes 13,7; 19,1; Ez 21,12; Nah 2,11; Ps 22,15. Vgl. Ringgren, מסה / מסס, 1018.

[297] Num 13,22.28.33; Dtn 1,28; 9,2.2; Ri 1,20.

[298] S.o. §3.3.3.1.

לפנים *(v 15)*
In der Explikation zu Hebron begegnet לפנים nur hier und in den Parallelen Jos 15,15 und Ri 1,10.11.23, so daß man von einer singulären Tradition sprechen muß.

Zusammenfassung
Obgleich der Text voller dtr Begriffe ist, weisen uns der Inhalt und Wortlaut von vier der zehn von uns untersuchen Wörter / Wortverbindungen in die Nähe von Num 32,8–12(13),[299] einem späten Text. Zwei Begriffe sind singulär bzw. spät: איש האלהים als Bezeichnung für Mose; die Explikation zu Hebron mit לפנים. Der Rest muß als literarkritisch neutral gesehen werden. Die späten / singulären Begriffe kommen damit im Anfangs- und Endvers vor. Nur vorsichtig (das Vergleichsmaterial ist nicht üppig) könnte man sagen, daß aufgrund von Spannungen sowie Sprachgebrauch vv 6 und 15 eher auf einen nicht-dtr Redaktor hinweisen. In v 6 ist nachträglich eine Verbindung zur Landverteilung an die neuneinhalb Stämme geschaffen worden, denn indem Kaleb als Teil der Judäer betrachtet wird, fällt er nicht außerhalb dieses Rahmens. Jos 14,6–15 liegt wohl eine alte Erzählung über die Eroberung Hebrons durch Kaleb zugrunde. Diese ist dtr überarbeitet worden und aufgrund der geographischen Lage des kalebitischen Wohnsitzes innerhalb von Juda sowie der Bedeutung Kalebs in der dtr Tradition (Dtn 1,20–35) in dem Landverteilungskomplex vorangestellt worden. V 15 ist wahrscheinlich erst zum Abschluß des literarischen Werdegangs hinzugefügt worden, wobei v 15b wahrscheinlich nach v 15a hinzukam, um die kriegerische Landnahme endgültig abzuschließen. Die Aporie liegt dabei in der Perikope selbst: Ist 14,6–15 eine Landeroberungs- (vv 12f) oder eine Landverteilungserzählung (vv 13)? Wenn ersteres der Fall ist, gehört die Perikope in den ersten Teil des Josuabuches, im zweiten Fall in den zweiten. Aus zwei Gründen ist sie an ihre heutige Stelle gelangt. In der priesterlichen Darstellung von Num 13f sind es Kaleb und Josua, die als einzige das Land sehen und darin wohnen werden (Num 14,30). Diese beiden Gestalten bilden den inneren Rahmen der Landverteilung (14,6–15 und 19,49b–50 innerhalb 14,1–5 und 19,49a.51). Die Erzählung ist alles andere als kriegerisch: Statt des in Dtn übliche Verb נחל hi. wird נתן לנחלה (v 13) oder היה לנחלה (v 14a) gebraucht.

[299] Es handelt sich um die Vollform (הקניזי) כלב בן־יפנה, Zeit- und Altersangaben, die Betonung auf das מלא אחרי יהוה und vielleicht auch קדש ברנע.

Von der Seite des Dtr betrachtet, gehört die Perikope nicht in das Gesamtgefüge des ersten Teils des Josuabuches hinein, da dort immer von den Israeliten als Gesamtheit die Rede ist, während hier eine Lokaltradition vorliegt. Weil die Landverteilung ihrerseits nur aus Lokaltraditionen besteht, gehört sie in diesen Teil.

5.4.2.4. Jos 15,13–19

Die Perikope zeigt einen schönen Erzählzusammenhang mit szenenhaften Wechseln von Ort und Protagonisten. Durch die Angabe, daß Kaleb einen Teil inmitten der Judäer bekommt, paßt sie auch in den stämmegeographischen Zusammenhang. Sie gehört somit zur Landverteilung an Juda (c 15) und zur Land*verteilung* statt *-eroberung*: Nach v 13 wird Kaleb ein Stück Land *gegeben* (נתן). Doch im Unterschied zu v 13 sind vv 14–17 doch mehr kriegerisch. Kaleb vernichtet (ירשׁ hi.) die drei Enakiten aus Hebron (v 14), zieht dann hinauf (עלה) nach Debir (v 15), woraufhin Otniel Debir schlägt (לכד; v 16f). Nun muß das nicht unbedingt im Widerspruch zu der Landverteilung stehen; es kann auch so sein, daß der Teil, den Kaleb nach v 13 bekommen hat, zur Eroberung freigegeben wurde. Das heißt, Kaleb hat ihn zugewiesen bekommen, um ihn selber zu erobern. Das mag sein, wahrscheinlich ist es nicht. Es gibt nämlich noch mehr Probleme in v 13. Man bekommt den Eindruck, daß hier bewußt eingegriffen worden ist, um die Perikope mit der Landverteilung an die Judäer in Einklang zu bringen. Auffällig ist bereits, daß das Subjekt von נתן fehlt. Man läßt es absichtlich offen, um den Widerspruch zwischen 14,6–15 und 15,13–19 aufzuheben. In 14,6–15 ist es Josua, der Kaleb Hebron als Erbteil gibt (v 13), aber in Jos 15 ist Josua von der Bildfläche verschwunden. Das Los (15,1) bestimmt hier die Grenzen und Orte für die Judäer. Nur in v 13aβ erscheint Josua. Es wird expliziert, daß die Landverleihung an Kaleb „nach dem Befehl JHWHs an Josua" geschah. In drei Hinsichten ist dieser Versteil problematisch: 1. Im Rest des AT erging dieser Befehl nicht an Josua.[300] Nur wenn man bis Jos 13,1.7 zurückgeht, könnte man rechtfertigen, daß der Befehl, Land an Kaleb zu erteilen, in indirekter Weise an Josua erging. In 14,1f taucht Josua zwar auf, ist jedoch nicht der einzige Handlungsträger der Landverteilung. 2. אל־פי ist (soweit man das in Anbetracht einer toten Sprache sagen kann) falsches Hebräisch für das richtige על־פי. Wir haben bereits argumentiert, daß dies

[300] S.o. §5.4.2.3.

eine Späterscheinung der hebräischen Sprache ist.[301] 3. Unterbrochen von der Nachricht, daß die Landverleihung nach dem Befehl JHWHs an Josua geschah, erscheint in v 13b die etwas nachhinkende Explizierung des ersten Akkusativs von נתן (חלק), nämlich Kirjat-Arba. Darauf folgen zwei Notizen; erstens, daß Arba der Vater des Enakiten ist und zweitens, daß Kirjat-Arba gleich Hebron ist. Hier muß eine Angleichung an 14,6–15 vorliegen, weil dort gerade von der Verleihung Hebrons und nicht eines Teils (חלק) berichtet wurde. Mit anderen Formulierungen erscheinen dort auch die Mitteilungen über Hebron und die Enakiten. Die Notiz, daß Arba der größte Mann unter den Enakiten ist, so 14,15, braucht man in 15,13b nicht, weil sich die Aufmerksamkeit im nachfolgenden Vers nicht auf ihn, sondern auf seine Söhne, Sesai, Achiman und Talmi richtet. V 15 ist eine redaktionelle Brücke zwischen zwei Traditionen.[302]

v 13 Während 13aα noch als eine bewußt und richtig gestaltete Überschrift für eine Einschaltung der Perikope in die Landverteilung betrachtet werden kann, muß für 13aβ.b gesagt werden, daß es etwas holprige Zusätze sind, sowohl bezüglich der Sprache als auch der größeren literarischen Konsistenz. Darum gehen wir davon aus, daß 13aβ.b nach 13aα hinzugefügt worden sind. V 13aα kann schwerlich von der Hand eines Dtr sein, da dieser sich selbst dann aufgrund von 14,9.13 widersprechen würde (Mose versus Josua und נחלה versus חלק). Ob 13aα einem Dtr entstammt, ist aufgrund der Sprache nicht zu entscheiden. Weder die Bezeichnung Kalebs als בן יפנה noch das einfache Kaleb lassen eine literarische Zuordnung zu. Das gleiche gilt für die Verbindung נתן חלק, das nur hier und in Jos 14,4 vorkommt.[303]

v 14 Gibt es in v 13 kein einziges Anzeichen für eine dtr Hand, so haben wir in v 14 das Verb ירשׁ hi. mit Objekt der Person, was ein starkes Indiz für einen dtr Verfasser ist. Die drei Söhne des Enakiten kommen jedoch wiederum nur hier und in den parallelen Traditionen vor (Num 13,21; Ri 1,10).

v 15.16 Ob der Gebrauch des Verbs לכד von einem Dtr stammt, ist schwer zu sagen. Das Verb kommt im DtrG oft vor,[304] jedoch

[301] S.o. §3.3.3.1.
[302] S.o. §3.5.4.
[303] Vgl. Jos 12,7 mit נתן ירשה.
[304] Vgl. Dtn 2,34.34; 3,4; Jos 6,20; 8,19.21; 10,1 u.ö.

nicht ausschließlich.[305] Weiter gibt es keine eindeutigen Anzeichen für eine dtr Hand in Jos 15,13–19. Nur das Verb ירשׁ hi. kann auf sie zurückgeführt werden.

Nicht nur was den Inhalt,[306] sondern auch was die Sprache betrifft, liegt somit die Vermutung nahe, daß es sich in 15,14.16–19 um alte Lokaltraditionen handelt. Dieser alte Grundstock ist mit v 13 nicht von einem dtr Redaktor eingeleitet worden. Über die redaktionelle Schaltstelle v 15 ist literarkritisch nichts auszusagen. Ein Vergleich mit Num 13f, der hier im einzelnen nicht durchgeführt wird, zeigt, daß Jos 15,14ff mehr Gemeinsamkeiten mit diesen Kapiteln als mit Dtn 1,22–36 hat. Mehr noch, es bezieht sich auf die ältere Nicht-P-Erzählung innerhalb Num 13f.[307] Wie alt die Nicht-P-Erzählungen über Kaleb in Num 13f und Jos 15,14ff sind, ist weniger wichtig, da es darum geht, *wann* Jos 15,14ff in den heutigen Textzusammenhang geraten ist. Gerade hier fehlen aber die Entscheidungsmerkmale, weil die Sprache sich auf sehr wenige Textcorpora beschränkt.

Die Datierung *ante quem* ist aber die Datierung von Ri 1,[308] weil dort die Episode nahezu gleichlautend auftaucht. In Ri 1,10–15.21 wird aber die Fassung aus Jos 15,13–19 vorausgesetzt. Seit der Veröffentlichung Smends *Das Gesetz und die Völker* wird Ri 1 oft DtrN zugeschrieben. Diese dtr Schicht wird in das späte Exil datiert. Somit muß Jos 15,13–19 (in der Smendschen Auffassung, der wir zustimmen) früher in das Kapitel 15 eingefügt worden sein. Mehr ist literargeschichtlich über diese Perikope nicht zu sagen.

5.4.2.5. Jos 18,1–10

Die bereits durchgeführten Analysen von 18,1–10 haben gezeigt, daß der Abschnitt in der heutigen Textgestalt erst von einem späteren priesterlichen Verfasser / Redaktor stammen kann. Wir haben aber auch die Möglichkeit offen gelassen, daß eine Grundschicht vom Dtr geschaffen wurde, die aus vv 3*.4*.8*.9*.10b(*) besteht. Vor allem die vv 3 und 10b sind von dtr Sprachgebrauch geprägt. V 3b enthält *in nuce* das Programm für die Landnahme, nachdem das Volk den Jordan überquert

---

305 Num 21,32; 32,39.41.42; Jes 8,15; 29,1 u.ö.

306 S.o. §3.5.4.

307 Vgl. für eine sehr detaillierte literarische Behandlung Schmidt, *Priesterschrift* 1993, 73–113.

308 De Geus, *Richteren* 1966; Auld, *Judges I* 1975 = 1998.

hat: בוא—kommen (in das Land); ירש את־הארץ—das Land beerben.[309] Von diesem Land wird gesagt, daß es von „JHWH, dem Gott eurer Väter euch gegeben ist". Hiermit wird auf die Landverheißung JHWHs an die Erzväter Bezug genommen. Er hat den Israeliten das Land proleptisch bereits gegeben, sie mußten es nur noch beerben. Für die Vernachlässigung dieses Geschenks tadelt Josua die Israeliten (v 3a).

Nach v 10b verteilt Josua das Land an die Israeliten. Dtr Merkmale sind: die Person Josua als Handlungsträger sowie die sprachliche und inhaltliche Nähe zu Jos 11,23 und 12,7. Diese zwei Verse sind höchstwahrscheinlich dtr. Zusammen mit den anderen Versen der Grundschicht ergeben die vv 3 und 10b einen durchgehenden Erzählfaden.

Bei näherem Hinsehen ist die Lage aber doch nicht so eindeutig dtr, wie anfänglich vermutet. Sogar in den „deuteronomistischsten" Versen gibt es Anzeichen für eine nicht dtr Herkunft: Das hitp. des Verbes רפה in v 3a ist Dtn und dem Dtr unbekannt, kommt dafür zweimal in Spr vor;[310] das gleiche gilt für das zusammengestellte Interrogativum עד־אנה im gleichen Versteil; es begegnet nur zweimal im Pentateuch[311] und im DtrG nur hier. Etwas bekannter ist es aus Ps und Hi.[312] Mit anderen Worten, auch wenn der Inhalt von v 3 durchaus dtr ist (Josua ist Handlungsträger, die Israeliten werden getadelt für die Vernachlässigung des von Gott geschenkten Landes sowie der Wortgebrauch von v 3b), die Sprache von v 3a ist das keineswegs. כמחלקתם in v 10b ist auch nicht typisch dtr—und das gleiche gilt für die Erwähnungen dieses Wortes in Jos 11,23 und 12,7.[313] Dafür aber kommt es sehr oft vor in Neh und Chr. Stammt es etwa von einer Hand, die den Gebrauch in Neh und Chr kannte (dort deutet es auf „die Abteilungen" des Tempelpersonals hin) und es wegen des Stammes חלק „verteilen" hier eingesetzt hat? Mit so wenig Deuteronomistik kann man sich fragen, ob nicht v 3 und 10b* im *Stil* des Dtr geschrieben wurden. Ein alter Grundstock, in dem es um das Abschreiten und Aufnehmen des Landes ging, wurde dann erst später mit Josua und damit dem dtr Erzählbestand in Verbindung gebracht. Reste davon finden wir in den „Rahmenversen" dieser Phase, vv 3 und 10.

309 In Dtn-Jos 4 ist das Programm dreiteilig, weil die Jordanüberquerung noch aussteht (עבר את־הירדן).

310 Spr 18,9; 24,10.

311 Ex 16,28; Num 14,11.

312 Ps 13,2.3; 62,4; Hi 8,2; 18,2; 19,2. Die einzig übrigbleibende Erwähnung findet sich in Jer 47,6.

313 Die dritte und letzte vergleichbare Stelle ist Ez 48,29.

5.4.3. *Dtr und das Land*

Das künftige Land ist in Dtn äußerst wichtig. Das ganze dt Gesetz wird vor den Pforten des verheißenen Landes gesprochen. Immer wieder wird auf den bevorstehenden Einzug in das Land verwiesen. Dabei müssen die Israeliten nur in das Land, das Gott gegeben hat (נתן pf.), versprochen hat zu geben (שׁבע ni. pf. + ל + נתן inf.c.) oder im Begriff ist zu geben (נתן pt.), „hineinziehen" (בוא) und es „einnehmen" (ירשׁ).[314] In manchen Fällen wird auch noch auf das Überqueren (עבר) des Jordan hingewiesen.[315] Über eine Verteilung des Landes hören wir nichts.[316] Nur allgemein wird mit נחל hi. das Beerben des Landes angedeutet. Dabei ist in den Rahmenkapiteln Josua das Subjekt, in den übrigen Gott selbst.[317] Ein Verteilen des Landes mit Hilfe des Verbes חלק kommt in Dtn nicht vor, und נחלה deutet immer allgemein auf das ganze Land. Dtn hat somit das ganze Land im Blick, das in Besitz genommen werden mußte, nicht die Gebiete der Einzelstämme.[318] Eine Verteilung des Landes war außerhalb der Perspektive.

Auch in Josua gab es keine dtr Verteilung des Landes. Dafür gibt es folgende Argumente: 1. Eine Verteilung des Landes war in Dtn nicht vorbereitet, nur ein allgemeines Beerben (נחל hi.), und darauf wird in Jos 1,6 Bezug genommen. 2. Ein passender Abschluß der dtr Landnahme und des dtr Beerbens des Landes findet sich in Jos 11,23 vor der Landverteilung. 3. Der Dtr ist nicht an den Einzelstämmen interessiert, nur an Israel oder den Stämmen Israels als Ganzheit. 4. Daß Josua in 13,1 alt und hochbetagt ist, kommt zu früh, nachdem er laut 11,23 noch imstande war, das ganze Land einzunehmen.[319] 5. Die bisher für dtr gehaltenen Texte innerhalb des Landverteilungskomplexes können bis auf 14,6–15* nicht als dtr, sondern höchstens als Texte in dtr Stil gelten.

[314] Zu dieser Verbindung vgl. Dtn 1,8; 4,1; 10,11; 11,31; 17,14; 26,1.

[315] Z.B. in Dtn 11,31.

[316] Nur Dtn 19,3.14 werden kleinere Erbteile angesprochen.

[317] Mit Josua als Subjekt: Dtn 1,38; 3,28; 31,7; mit Gott als Subjekt: Dtn 12,10; 19,3.14; vgl. 32,8.

[318] Lediglich über die Leviten hören wir, daß sie keinen Teil und kein Erbteil im Lande haben werden.

[319] Mit Smend, *Gesetz* 1971, betrachten wir 23,1 als eine Wiederaufnahme von 13,1 und nicht 13,1 als eine Vorwegnahme von 23,1. Ein ähnlicher Vorgang liegt vor in der Wiederaufnahme von Num 27,12–23 in Dtn 31,1–8.

5.5. *Versuch einer Zusammenschau des literarischen Werdegangs von Jos 13–21*

Wir schlagen ein Entwicklungsmodell für Jos 13–21 vor, das aus den bisherigen Analysen hervorgeht. In §4.5.2 haben wir sechs Phasen unterschieden. Diese sind weiter inhaltlich zu füllen. Nach den unterschiedlichen Handlungsträgern und / oder Interessen, die sich über den ganzen Landverteilungskomplex erstrecken, können wir fünf Phasen wie folgt benennen: Israeliten- (Phase 1), Josua- (Phase 2), Eleasar- (Phase 3), Leviten- (Phase 5) und Los-Bearbeitung (Phase 6). Phase 4 mit den Nicht-Eroberungsnotizen ist eher als Korrekturnachtrag zu betrachten. Dabei ist die Israeliten-Bearbeitung noch am ehesten als „Grundschicht" zu betrachten. Es erfolgt die Besprechung der Redaktionsphasen.

Literargeschichte von Jos 13–21

1 Israeliten-Bearbeitung	**14**,1a.5; **15**,1–12*.21–27.28*.30*.31.32*.33–44.48–59*.59$^{\mathrm{LXX}*}$.61–62*; **16**,5–9*; **17**,7–10*[320]; **18**,11–28*; **19**,1a*.2–6.10*.11–15.17*.18–22a.24*.25–30a.32*.33–38a.40*.41–46.49a
2 Josua-Bearbeitung	**13**,1.7aα; **18**,3.4*.8bα.9*.10b*; **14**,6–15; **17**,14–18; **19**,47.49b–50
3 Eleasar-Bearbeitung	**14**,1b; **18**,2*; **13**,7aβ–12.15–23a*.24–27*.29–31*.32; **14**,1b.2b–3; **19**,51a
4 Korrekturnachtrag	**13**,2–6.13; **15**,63; **16**,10; **17**,11–13
5 Leviten-Bearbeitung	**13**,14.23b.28.33; **14**,4; מטה בני in **15**,1; למשפחתם in **15**,1.12; **15**,13–20.45–47.49 (וקרית־סנה היא).54 (וקרית־ארבע היא).60*; **16**,1–4; **17**,1–6; **18**,1.2 (שׁבעה שׁבטים).5–6a.7–8a.9 (+ שׁילה לשׁבעה חלקים על־ספר); למשפח(ו)תם, בני und vielleicht מטה in **19**,1.10.17.24.32.40; außerdem 19,1b.7–9.16.22b–23.30b–31.38b–39.48.51b*; **20**; **21**
6 Los-Bearbeitung	**14**,2a; **15**,28 (ab ובנותיה cj.)–30 (bis ובתול cj.).32 (ועין רמון cj.); **18**,4(ואשׁלחם).6b.8bβ.10a.10b (כמחלקתם) und גורל in: **15**,1*; **17**,1; **18**,11; **19**,1.10.17.24.32.40.51b; **21**,4.5.6.8.10.20.40

Die Israeliten-Bearbeitung

Phase 1 ergibt eine zusammenhängende Verteilung des Landes an die zehn cisjordanischen Stämme. Sprache und Inhalt schließen fast nahtlos an Num 34 in seiner zweiten Phase an. Die These Corteses, daß Jos 13–21 ursprünglich ein Anhang zum Tetrateuch war, hat einiges für

[320] Wahrscheinlich wurde zunächst das Gebiet von Manasse und dann das von Ephraim beschrieben; vgl. Elliger, *Grenze* 1930, 267; Noth, *Josua* ²1953, 100; De Geus, *Tribes* 1976, 79f; Seebass, *Exegese* 1984, 70–83; bes. 71.78.

sich.[321] Nach seiner Auffassung gehört Num 33,50–36,13 (außer 33,54) zu P^G. Das priesterschriftlich modifizierte geographische Dokument Jos 13,15–21,42* sei eine sekundäre Exemplifizierung des in Num 34 angekündigten Landes. Damit gehöre Jos 13,15–21,42* zu P^s, und sei „ein nüchterner geographischer Anhang zur priesterschriftlichen, tetrateuchischen Quelle."[322] Erst später habe es seine Stellung innerhalb des DtrG erhalten. Mit Cortese halten wir es sehr wohl für möglich, daß es einen geographischen Anhang zu P gab, doch sieht unser Vorschlag etwas anders aus. In Dtn lernt das Volk Israel das Gesetz, *bevor* es in das Land hineinzieht. Zu der Zeit, zu der Dtn an den Tetrateuch gefügt wurde und Josua gegenüber Dtn ein eigenständiges Buch wurde,[323] zu dieser Zeit wurde alles aus dem neu entstandenen Pentateuch in Josua eingetragen, was darauf hindeutet, daß man schon im Lande wohnt, und dazu gehört natürlich dessen Verteilung. Möglicherweise gab es eine priesterschriftliche Fortschreibung, bevor der Pentateuch einerseits und Jos–2Kön andererseits als größere Einheiten entstanden, in denen das Wohnen im Lande nicht so ängstlich vermieden wurde. P brauchte, wie oben gezeigt, keine explizite Gabe oder Verteilung des Landes—das Land war den Erzvätern und ihren Nachkommen bereits gegeben, und zwar für ewig. Es darf angenommen werden, daß Fortschreiber diese Verteilung zu Recht vermißten. Die listenfreudige priesterschriftliche Tradition hat darum das Land Kanaan beschrieben (Num 34,1–12), diejenigen, die das Land austeilen sollen (Num 34,13–29), und die tatsächliche Verteilung dieses Landes (Jos 14–19*). In der Art der P bewegt sich die Texteinheit von einer allgemeinen zu einer immer detaillierteren Darstellung. Als Jos 14–19* dann seinen heutigen Platz erhielt, blieb Num 34* stehen und wurde zu einer Verheißung umgebildet (vgl. Num 34,2). So sind die mannigfachen Verbindungen zu Num 34 in Jos 14–19* zu erklären. Die Israeliten-Redaktion bewegt sich also deutlich in der priesterschriftlichen Tradition.

---

[321] Cortese, *Josua* 1990, 108.

[322] Ebd.

[323] Hierbei gehen wir von einer bearbeitenden Hand im Sinne der DtrL aus. Zur Entstehung des Pentateuch s. Zenger, *Einleitung* ³1998, 87–122. Neuerdings haben Römer / Brettler, *Deuteronomy* 2000, einen wichtigen Beitrag zum Verhältnis von Pentateuch und Hexateuch geliefert. Sie zeigen, daß Dtn und Jos zunächst zusammengelesen, dann von einem Hexateuch-Redaktor überarbeitet wurden, um Analogien zwischen Mose und Josua herzustellen. Dieser Redaktor war auch für den Abschluß des Hexateuch, Jos 24, verantwortlich. In einer letzten Phase wurde Jos von Dtn getrennt, wodurch der Pentateuch entstand. Diese drei Phasen sind in Dtn 34 wiederzuerkennen.

Anders als Cortese meinen wir, daß die geographische Grundschicht aus Jos 14–19* und nicht 13–21 bestand, und weiter, daß Num 34 nicht zu P^G, sondern frühestens zu P^s gehört.[324] Die erste These ist schon begründet worden,[325] die zweite noch nicht. Das hängt wieder mit der Frage nach dem Verhältnis von P und Land zusammen. Wenn in Num 20,12 und 27,12 (beide P^G) das Land als den Israeliten bereits gegeben vorausgesetzt wird, ist es unwahrscheinlich, daß die Beschreibung dieses Landes erst in Num 34 erfolgt. Es ist ebenfalls unwahrscheinlich, daß dieses Kapitel einstmals vor Num 20,12 gestanden hat. Sinnvoller ist es, Num 28ff als Anhänge zu P zu sehen. Ob sie vor dem Tod Moses (Dtn 34,1.7–9) eingeschoben wurden, oder ob der Tod Moses direkt nach Num 27,12–23 beschrieben wurde, ist nicht zu entscheiden, obwohl wir die zweite Möglichkeit bevorzugen. Somit gehört Num 34 frühestens zu P^s. Da sie nicht einheitlich ist, kommen noch weitere Phasen vor. Jos 14–19* ist von der zweiten Phase in Num 34 abhängig, und müßte darum als $P^{q(uartär)}$ bezeichnet werden oder einfacher als R^P.[326]

Die Josua-Bearbeitung

Als Jos 14–19 dann in das DtrG versetzt wurde, wurde es seinem Kontext angeglichen. Nicht die Israeliten (Jos 14,1), sondern Josua (13,1.7aα) wurde derjenige, der die Landverteilung durchführt, so, wie er vorher die Landeroberung durchgeführt hatte. Seiner jetzigen Bedeutung entsprechend bekommt Josua auch ein Erbteil (Jos 19,49b.50). Im Anschluß an Lohfink setzen wir eine Art DtrL voraus, nur nehmen wir nicht an, daß diese in Jos 22,8, sondern in 11,23 endete. Jos 14–19* brauchte dann nur angehängt und eingerahmt zu werden. Lokaltraditionen, die eigentlich mehr mit Landverteilung als mit Landeroberung und mit Einzelstämmen / -personen statt mit dem ganzen Volk Israel zu tun hatten (Jos 14,6–15*; 17,14–18*), sowie die alte Geschichte über die Aufnahme des Landes (18,3.4*.8bα.9*.10b[*]) konnten jetzt in der zweiten Hälfte des Josuabuches untergebracht werden. Für die Zusammenfügung verwendete man (selbstverständlich) Sprache in dtr Stil (13,1.7aα; 18,3.10b), ohne daß sie typisch dtr ist. Indem er Josua das

---

324 Gegen u.a. Cortese, *Josua* 1990, *passim* und 51[3]; Seebass, *Josua* 1985, 62–63.

325 S.o. §4.3 und 4.5.2.

326 Zu einer ähnlichen (aber vgl. die vorige Anmerkung) Entwicklungsgeschichte vgl. Seebass, *Josua* 1985.

Land erteilen läßt, alt und hochbetagt als er ist (Jos 13,1), lehnt dieser Redaktor sich an Texte wie Gen 48; 49 an.

Die Eleasar-Bearbeitung

Eleasar verwies Josua auf die zweite Stelle. Nicht der Heerführer Josua, sondern der Priester Eleasar sollte an erster Stelle das Land verteilen. Erst an zweiter Stelle erscheint Josua und an dritter die Sippenhäupter der Stämme Israels (Jos 14,1b; 19,51a). Für diesen Bearbeiter in der priesterschriftlichen Tradition konnte es nicht angehen, daß ein Heerführer das Land verteilen sollte.[327] Die Rolle war dem Nachfolger Aarons vorbehalten.

Die Leviten-Bearbeitung

Die Sakralisierung setzt sich durch. Die Leviten, deren oberster Führer übrigens Eleasar ist (Num 3,32), melden sich. Der ganze Landverteilungskomplex wird geordnet und umgeordnet. Das Land selbst wird heilig, und zwar so, daß seine Heiligkeit in der Mitte, im Heiligtum, am größten ist, und nach außen hin abnimmt. Diese Bearbeitung hat wahrscheinlich mit einer (oder einem Versuch zur) Verstärkung der Bedeutung der Leviten zu tun.

Die Los-Bearbeitung

Auch die Los-Bearbeitung gehört in den Bereich der Leviten. *Sie* warfen das Los, und damit wurden sie diejenigen, die den Bescheid Gottes präsentieren konnten. Die Einteilung des Landes wurde eine von Gott gewollte und somit unzerstörbar. Das Land selbst wurde heilig.

5.6. *Zusammenfassung*

In Jos 13–21 findet sich weder authentische Sprache von P^G oder P^s noch von Dtr (mit Ausnahme von 14,6–15*), vielmehr sind zahlreiche Texte *im Stil* von P und Dtr gehalten.

Die Annahme von den früheren und einigen neueren Forschern, Josua enthalte P und das Ende von P sei in 19,51 zu finden, ist durchaus verständlich. Struktur, Komposition, Motive und Sprache innerhalb des Landverteilungskomplexes scheinen eindeutig auf einen priesterschriftlichen Verfasser hinzuweisen. Außerdem suchten sie nach der

[327] Vgl. Seebass, *Josua* 1985; Noort, *Joshua* 2000.

Erfüllung der priesterschriftlichen Verheißungen des Landes. Das war für sie der Grund, von einem Hexateuch auszugehen.

Nach unserer Analyse könnten Struktur und Komposition tatsächlich auf P hinweisen, Sprache und Motive jedoch nicht. Der Rahmen der Landverteilungslisten Jos 14,1–5* und 19,49a.51, der Rahmen von Jos 15 (vv 1.12.20.21) sowie die Mitte der Landverteilung 18,1–10* stehen eindeutig in der priesterschriftlichen Tradition. Immer jedoch sind bestimmte Wortverbindungen in diesen Texten entweder für P untypisch oder sie kommen gar nicht in P vor. Die verbleibenden „typischen" Wortverbindungen sind fast immer mit P^S- oder späteren P-Texten in Beziehung zu setzen. Auch was die Motive betrifft, kann Jos 13–21 nicht zu P^G gehören. Jos 18,1 enthält eine Art „kreative" Verbindung theologischer Motive aus der P- und der dtr Tradition, die in dieser Weise nie im Pentateuch vorkommt. In Jos 14–19 ist Gott indirekt über das Los und die Errichtung des Heiligtums in Silo (18,1) im Lande präsent, aber die Herrlichkeit des Herrn ist nicht da. In P dagegen ist Gott nicht an ein Stück Land gebunden, sondern direkt mit seiner Herrlichkeit im Wanderheiligtum anwesend, jedoch nicht im Land selbst. Ab Num 25, vor den Kapiteln, die das künftige Land betreffen, wird die Herrlichkeit des Herrn nicht mehr genannt. Wahrscheinlich hatten die priesterlichen (nicht priesterschriftlichen) Redaktoren von Jos 14–19 nicht (mehr) die Autorität, Gott direkt als im Land präsent zu beschreiben.[328]

Doch auch aus theologischen Gründen kann P nicht in Josua vorhanden sein. Eine Landeroberung kann P prinzipiell nicht enthalten haben, gehört das Land doch Gott und ist den Erzvätern und ihren Nachkommen nur zur ewigen Nutzung übergeben. Von Gott kan man das Land nicht erobern. Auch eine Verteilung des Landes wird in P nicht vorbereitet, nur eine Gabe. Diese Übergabe hat im Tetrateuch/Pentateuch bereits stattgefunden. Das Land ist für P wichtig, nicht aber dessen Verteilung. Das Land hat eine theologische Funktion: Es ist von Gott gegeben, und nur wenn man diese Gottesgabe verleumdet, verliert man sie (Num 13f). Kaleb und Josua folgten dem Herrn, und darum werden sie das Land sehen, die anderen nicht. Das Sehen selbst, wie Noth überzeugend gezeigt hat, ist etwas Eschatologisches.

Auch dtr Sprache enthält Jos 13–21 (außer 14,6–15*) nicht, doch sehr wohl Sprache in dessen Stil (Jos 13,1a.7aα; 18,3.4*.8bα.9*.10b*; 21,43–

[328] Am Rande sei erwähnt, daß Josua und Eleasar im Pentateuch außer in Num 34,17 gar nicht mit einer Landverteilung in Verbindung gebracht werden.

45). Ähnlich wie bei den Texten im P-Stil kann gesagt werden, daß die Sprache entweder untypisch für Dtr ist oder gar nicht im DtrG vorkommt. Nur Jos 14,6–15 verrät eindeutig dtr Sprache. Es gehört wahrscheinlich zu einer späteren dtr Phase, weil es das späte Num 32,8–12(13) gekannt haben muß. Die uns vorliegende Erzählung enthält eine Mischung aus einer Eroberungs- und Landverteilungsgeschichte. Jos 15,13, das die Kaleb-Erzählung mit der Landverteilung, und 15,15, das die alten (mündlichen) Traditionen 15,14 und 15,16–19 miteinander verbindet, können literarisch nicht etikettiert werden.

Eine Verteilung des Landes paßt aus folgenden Gründen nicht zu Dtr: 1. Sie wird in Dtn nicht vorbereitet. 2. Ein passender Abschluß der dtr Landnahme und des Beerbens des Landes (נחל hi.), das sehr wohl in Dtn und Jos 1,6 vorbereitet wird, findet sich in Jos 11,23. 3. Der Dtr ist nicht an den Einzelstämmen interessiert. 4. Die Erwähnung in Jos 13,1, daß Josua alt und hochbetagt ist, kommt zu früh, nachdem er laut 11,23 noch imstande war, das ganze Land einzunehmen.

Der literarische Werdegang von Jos 13–21 sah möglicherweise wie folgt aus: 1. Jos 14–19* (Phase b1) gehörte, wie Cortese nachgewiesen hat, hinter Num 34* zum Anhang des priesterschriftlichen Tetrateuchs. Num 34,1–12* war eine Exemplifizierung der göttlichen Landgabe, Num 34,17–29* und Jos 14–19* eine Exemplifizierung der Verteilung dieses Landes. Das alles ist in einem Prozeß, in dem das ursprüngliche Darstellungsgefüge von P^G fortgeschrieben wurde, entstanden.[329] Es ist somit verständlich, daß die Sprache dieser Phase sich an die der P^G anlehnt. Eine Art DtrL, die von Dtn bis Jos 11,23 reichte und das Gesetz mit der Eroberung des Landes verband, existierte bereits.[330] 2. Als dann diese DtrL in ein Gesetzes- und ein Landesteil getrennt

---

[329] Es würde den Rahmen dieser Arbeit sprengen, detailliert auf Modelle der Entstehungsgeschichte des Pentateuch einzugehen, doch ähnelt unser Ansatz in gewisser Weise dem Blums (*Komposition* 1990). Auch er (a.a.O., 224–228) nennt die „priesterlichen Stücke" in Jos und Num 28ff Weiterführungen der von ihm so bezeichneten priesterlichen Komposition (Kp). Der Unterschied zu unserem Entwurf besteht darin, daß Blum von einer Kp ausgeht, der zum Teil eine eigenständige Schrift ist, zum Teil auf Kd (deuteronomistische Komposition) aufbaut bzw. darauf reagiert, während wir von einem priesterschriftlichen Tetrateuch (P^G mit den Erweiterungen P^s und weiteren Fortschreibungen in priesterlichem Stil) und einer Frühform des DtrG (Kernbestand von Dtn bis Jos 11,23) ausgehen, die zunächst nebeneinander bestanden und später getrennt und zum Teil umdisponiert wurden, wodurch ein Pentateuch entstand. Es ist sehr wohl möglich, daß dem noch ein Hexateuch (Römer / Brettler, *Deuteronomy 34* 2000) vorangegangen ist.

[330] Siehe dazu oben S. 182.

wurde, und ein Pentateuch entstand, in dem die Eroberung und Verteilung des Landes noch ausstanden, mußten Teile aus ihm in das Buch Josua verlagert werden. Der Komplex Jos 14–19* kam an seine jetzige Stelle, hinter den Schluß dieser DtrL. Jos 14–19* wurde an deren Darstellung angepaßt: Josua und Kaleb kamen als Hauptpersonen dazu. Für diese Anpassung verwandte man Sprache in dtr Stil. Was die alten Forscher bereits gesehen haben, nämlich daß P hier im Gegensatz zum Pentateuch nicht den Rahmen bildet, wird hiermit erklärbar. Nach dieser Phase kamen weitere Anpassungen in priesterschriftlichem Stil, wobei die Rolle von Priestern (b. 3) und Leviten (b. 4) immer wichtiger, die Präsenz Gottes indirekt beansprucht (b. 5) und das Land immer wichtiger, und man könnte sagen: heiliger, wurde. Das Land wurde zunächst systematisiert, dann ritualisiert und schließlich theologisiert. Aus dieser Entwicklung, die die Bedeutung des Landes durchmachte, kann man schließen, daß das Land im Laufe der Zeit an theologischer Bedeutung gewann.

TEIL B

DAS LAND JUDA IN HISTORISCH-GEOGRAPHISCHER SICHT

KAPITEL 6

DIE GRENZEN

6.1. *Einleitung zu den Kapiteln 6 „Die Grenzen" und 7 „Die Orte"*

Ziel der beiden nächsten Kapitel ist es, die Grenzbeschreibung und die Ortsliste Judas—wo möglich—mit *sites* zu verbinden und mit Hilfe der literarischen und archäologischen Quellen zu einer Datierung dieser beiden Teile zu kommen.[1] Zunächst werden die Grenzen Judas, dann seine Orte behandelt. Weil die Behandlung der Orte relativ viel Platz einnimmt, widmen wir ihr ein gesondertes Kapitel.

Vier Hauptfragen werden an die übrigens meist spärlichen literarischen Quellen gestellt: 1. Ist der auch in anderen Texten belegte Ort oder Grenzfixpunkt (einschließlich orthographischer Varianten) der gleiche wie in Jos 15?[2] 2. Welche Anhaltspunkte gibt es für eine Datierung sowohl des Bestandes als auch der Komposition der Grenzbeschreibung und der Ortsliste? 3. Welche Anhaltspunkte gibt es für die Bestimmung ihrer historischen Funktion? 4. Gibt es Hinweise über die Bewohner der Orte?

---

[1] Leider sind nur die wenigsten Identifizierungen völlig sicher, was angesichts der methodisch schwierigen Verbindung von Text, Geschichte, Topographie und Archäologie nicht verwunderlich ist. Natürlich könnte man deshalb dieses Unternehmen ganz lassen, wir aber wollen uns der Herausforderung stellen und wenigstens mögliche Ansätze aufzeigen. Die Ergebnisse haben ihren Wert durch die Fülle der in ihr verarbeiteten Daten im Rahmen der heute weitgehend anerkannten Datierungen; dazu bemerkt Franken, *Heilig-land* 1962, 29, ironisch: „Het kan ons niet verbazen, dat er bij de gesignaleerde identificatie-haast van archeologische met bijbelse gegevens één is, die archeologische sport bij uitstek zou kunnen worden genoemd: de identificatie van plaatsen met ruïneheuvels."

[2] In Jos 15 gibt es viele *hapax legomena*. Der Terminus ist in Bezug auf Orte weiter zu differenzieren. Es gibt nämlich Nicht-*hapax legomena*, die sich aber in anderen Texten auf einen anderen Ort beziehen, so daß der betreffende Ortsname im Grunde ein *hapax legomenon* ist. Wir nennen dies „homonymisches *hapax legomenon*". Andererseits kann ein Ortsname, der *hapax legomenon* ist, in variierter Schreibweise anderswo belegt sein und somit im Grunde kein *hapax legomenon* sein. Das nennen wir „synonymisches Pseudo-*hapax legomenon*".

Neben den literarischen Quellen spielt die Feldarchäologie bei der Identifizierung biblischer Orte eine Rolle. Die in Frage kommenden *sites* werden in einem chronologischen Rahmen von der SBZ bis zur pers. Periode untersucht. Dabei versuchen wir, die in der Forschung vorgenommenen unterschiedlichen zeitlichen Bestimmungen vor allem der EZ II miteinander zu synchronisieren. Aus diesem Grunde nennen wir—wo möglich—die Jahrhunderte statt der archäologischen Phasen. Basis für die Untersuchung sind die Ausgrabungs- und *survey*-Berichte, wobei die ausführlichen *survey*-Berichte Dagans über die Schefela[3] und die Ofers über das Bergland Judas[4] sehr hilfreich sind.

Für die Identifizierung gelten folgende Leitfragen: 1. Gibt es eine philologische Verbindung des biblischen Namens mit einem bestimmten *site*? 2. War der *site* bewohnt zu der Zeit, als die topographischen Listen eine wirkliche Funktion hatten, vorausgesetzt sie haben eine solche gehabt? 3. Stimmt die topographische Lage des *site* mit dem postulierten geographischen Schema der Grenzbeschreibung und Ortslisten überein?[5] Dieses postulierte Schema hängt einerseits von der Funktionsbestimmung der zweiten Frage ab, andererseits von den schon bekannten topographischen Gegebenheiten einer Grenzbeschreibung oder einer Ortsliste. Die Forschungsgeschichte zeigt, daß die Gefahr eines Zirkelschlusses hier am größten und leider auch nicht immer zu umgehen ist.

In den Anmerkungen zu den Identifikationsvorschlägen wird die neuere Literatur chronologisch erwähnt. Dabei kann beobachtet werden, wie treu oftmals eine bestimmte Meinung weitergegeben wird. Wo nötig bekommt Eusebs *Onomastikon* den ihm gebührenden Platz.[6] Wenn die Identifikation *communis opinio* ist, nennen wir lediglich eine beschränkte Anzahl wichtiger Titel.

6.2. *Die allgemeine Einleitung—15,1*

In v 1b wird eine geographische Bestimmung von גורל gegeben, die sich aber nicht gerade durch Klarheit auszeichnet. Es ist mit „zum Gebiet Edoms hin, (zur) Wüste Zin (hin), bis zum äußersten Süden"

[3] Dagan, *Shephelah* 1992; id., *Map 98* 1992.

[4] Ofer, *Hill* 1994.

[5] Wir nennen das im weiteren „relative Lage" bzw. „relative Lokalisierung".

[6] Für alle anderen antiken Quellen verweisen wir auf das nützliche Buch von Tsafrir / e.a., *Tabula* 1994.

wiederzugeben; es wird einfach in Richtung Süden gewiesen.[7] Dies muß nicht weiter erstaunen angesichts der natürlichen Gegebenheit der Südgrenze, sind in der Wüste scharfe Grenzen doch selten nötig.

6.3. *Die Südgrenze—15,2–4*

6.3.1. *Die literarischen Quellen*

Von den zehn in der Beschreibung der Südgrenze vorkommenden Grenzfixpunkten sind drei als homonymische *hapax legomena* zu bezeichnen: Hezron 1, Addar und Karka[8]. Zin[9] und Azmon begegnen nur noch in der Beschreibung der kanaanäischen Südgrenze Num 34,3b–5 (vv 4.5), von der die Beschreibung der Südgrenze Judas literarisch abhängig ist, und diese beiden Namen sind damit quasi *hapax legomena*. Es bleiben fünf Grenzfixpunkte für die Besprechung übrig.

Das Salzmeer

Der Name ים המלח findet sich nur in zwei Zusammenhängen: in Grenzbeschreibungen (Num 34,3.12; Jos 15,2.5; 18,19) und in Gen 14,3. Da Jos 18,11–20 von Jos 15,5b–9 abhängig ist und damit 18,19 von 15,5[10] und Jos 15,2 von Num 34,3,[11] bleiben hier nur Num 34,3.12 und Jos 15,5 als eigenständige Aussagen zum Salzmeer als Grenze übrig. Interessant ist weiter Gen 14,3, wo berichtet wird über die heroische Schlacht in dem Tal Siddim, dort, wo nun das Salzmeer ist. Das könnte bedeuten, daß hier eine Erinnerung an eine Zeit vorliegt, zu der das Salzmeer sehr viel tiefer lag als zur Zeit des Erzählers.[12] Da Gen 14 eine späte archaisierende Geschichte bietet, ist es jedoch gefährlich, dem Kapitel zu großen historischen Wert beizumessen. Dem Deuteronomisten ist das Salzmeer als ים הערבה bekannt; allerdings vier der sechs Male von ים המלח gefolgt. Es ergeben sich zwei Zusammenhänge: Grenzbeschreibungen (Dtn 3,17; 4,49; Jos 12,3; 2Kön 14,25) und der Zug durch den

---

[7] S.o. §3.3.2. Die LXX ist hier deutlicher. Sie verzeichnet „von der Grenze Idumäas, der Wüste Zin bis Kadesch südwärts". In der LXX gehört das edomitische Gebiet—von ihr zu Idumäa aktualisiert—zu Juda, während es in dem MT außen vor bleibt.

[8] Es ist übrigens nicht sicher, ob Karka ein Ortsname ist oder schlicht „Flur" bedeutet.

[9] Zin ist als Ortsname und nicht als Name einer Wüste aufzufassen; s.u. §6.3.2.

[10] S.o. §3.5.3.

[11] S.o. §3.5.2.

[12] Vgl. Klein, *Fluctuations* 1986.

Jordan, wobei das Wasser südlich der Landbrücke bis zum Toten Meer hinunterlief (Jos 3,16).[13]

Die Skorpionensteige

Dreimal wird die Skorpionensteige im AT erwähnt. Jos 15,3 und Num 34,4 sind parallel, aber Ri 1,36 lehrt uns, daß südlich der Skorpionensteige das Gebiet Edoms[14] anfängt. Das stimmt mit Jos 15,1b überein. Nach Görg begegnet die Skorpionensteige auf zwei ägyptischen Reliefs, und zwar von Tutmoses III. und Amenophis III.[15] Im 15. Jh. war dieser Paß somit bereits bekannt.

Kadesch-Barnea[16]

„Der böse Ort" (Num 20,5) Kadesch-Barnea bzw. Kadesch[17] oder En-Mispat, bekannt als Wanderstation der Israeliten,[18] grenzt an das Gebiet der Edomiter, denn von dort ergeht die Bitte an deren König, Israel durch sein Gebiet ziehen zu lassen.[19] Das stimmt mit Jos 15,1b überein, wo nacheinander das Gebiet Edoms und die Wüste Zin, in der Kadesch-Barnea liegt,[20] genannt werden. Num 20,16 besagt explizit, daß Kadesch eine „Stadt an deiner [des Königs der Edomiter] Grenze" ist. Auch in Jos 10,41, wo Josua die Könige des Landes von Kadesch-Barnea bis Gaza schlägt, bildet der Ort einen Grenzpunkt. Kadesch liegt an den Grenzen des Kulturlandes, weil es Ausgangspunkt für die Kundschafter war.[21] In der erzählten Zeit taucht Kadesch von Abraham bis Josua auf.[22] Doch sind die Texte durch ihre starken Überarbeitungen für eine Konstruktion der Frühgeschichte Israels nicht oder nur mit großer Vorsicht verwendbar.[23]

---

[13] Bei den Propheten ist das Tote Meer als Östliches Meer bekannt: Ez 47,18; Joel 2,20; Zach 14,8.

[14] Das ist wohl zu lesen statt האמרי.

[15] Görg, *Skorpionenpass* 1974; vgl. id., *Ortsnamen* 1974, 156–163.

[16] Vgl. Jericke, *Landnahme* 1997, 107–109.

[17] Zu unterscheiden von Kedesch in Galiläa.

[18] Num 20,1.22; 33,36.37; Dtn 1,2.19.46; Ri 11,16.

[19] Num 20,14; Ri 11,17.

[20] Num 20,1. In Num 33,36 wird sogar die ganze Wüste Zin mit Kadesch gleichgesetzt.

[21] Num 32,8; Dtn 9,23; 14,6.7. In Num 13,26 ist Kadesch eine Interpolation (s.o. §5.4.2.3, Anm. 291).

[22] Abraham: Gen 14,7; 16,4; 20,1; Josua: Jos 10,41; 14,6.7; 15,3; vgl. auch den Rückblick in Ri 11,16f.

[23] Jericke, *Landnahme* 1997, 28f.

Der Bach Ägyptens

Der Bach Ägyptens stellt in vielen atlichen Beschreibungen (wie auch assyrischen des 7. Jh.[24]) die äußerste Südgrenze des Landes Kanaan oder Israel dar.[25]

Das Meer

„Das Meer" ist in diesem Fall mit dem Mittelmeer gleichzusetzen, das in v 12 „das Große Meer" genannt wird.

6.3.2. *Der Verlauf der Grenze*

Wahrscheinlich ist diese Südgrenze, die sich von der der Ortsliste unterscheidet, nie so wichtig gewesen. Sie verläuft sich in Sand und Felsen. Es ist eher anzunehmen, daß vv 2–4 nicht so sehr eine bestimmte Linie beschreiben als vielmehr eine Aufzählung von Extrempunkten enthalten und/oder Stationen einer alten Handelsroute nach Ägypten nennen. Übrigens ist die Abgrenzung gegen Edom nicht zu übersehen (15,1b.21a).

Die Lage von vier der zehn Punkte in der Südgrenze ist gesichert:

Grenzfixpunkt	*Folgenr.*[26]	*Identifizierung*	*Grid*
die Skorpionensteige	2	*naqb eṣ-ṣafā*[27]	162.035
Kadesch-Barnea	4	*t. el-qudērāt*[28]	094.006
der Bach Ägyptens	9	*w. el-ʿarīš*	
das Meer	10	das Mittelmeer	

Die Identifizierungen von Zin, Hezron 1, Addar, Azmon und Karka sind unbekannt, während das südliche Ende des Salzmeers nur ungefähr (184.045) zu bezeichnen ist.

---

[24] Rainey, *Toponymic* 1982.

[25] Vgl. Num 34,5; Jos 15,4 (vgl. v 47); 1Kön 8,65/2Chr 7,8; 2Kön 24,7; Jes 27,12.

[26] In dieser Spalte sind die relativen Folgenummern der geographischen Bezeichnungen verzeichnet.

[27] Abel, *GP* II 1938, 47; Noth, *Josua* ²1953, 87; Harel, *Road* 1959; Görg, *Skorpionenpass* 1974, 508–509; Fritz, *Josua* 1994, 158f. Aḥituv, *Joshua* 1995, 242, schwankt zwischen *naqb eṣ-ṣafā* und *umm el-ʿaqārib* in Transjordanien.

[28] Der Name ist in *ʿēn qudēs* enthalten, aber der Ort selbst wird seit Woolley/Lawrence, *Zin* 1914–1915, 64–71, mit *t. el-qudērāt* verbunden; vgl. ausführlich Jericke, *Landnahme* 1997, 83–98; zur archäologischen Lage vgl. Cohen, *Kadesh-Barnea*, 843–847. Nelson, *Joshua* 1997, 288, verzeichnet *ʿēn el-qudērāt* (096.006).

Vom Salzmeer bis Kadesch-Barnea

Die Grenze beginnt bei dem Rand des Salzmeers, und zwar an dessen südlicher Spitze. לשון muß doch wohl „Wasserzunge" bedeuten, im Gegensatz zum heutigen *el-lisān*, das gerade die Landbrücke zwischen dem Nord- und Südteil des Toten Meers bezeichnet. Da מן־הלשון הפנה נגבה Apposition ist zu מקצה ים המלח, ist der südlichste Punkt des Toten Meers der erste Grenzfixpunkt. Dieser lag für die Grenzbeschreibung wahrscheinlich südlicher als jetzt.[29]

Die Lage der Skorpionensteige, des nächsten Fixpunkts, ist mit *naqb eṣ-ṣafā* gesichert. Vom Toten Meer erreicht man die Skorpionensteige durch das *w. el-fiqra*, auch wenn das Verb יצא nicht direkt darauf hinweist, im Unterschied zu z.B. עבר, das für ein Ziehen durch ein *wādi* gebraucht wird.[30] Trotzdem ist *w. el-fiqra* der wahrscheinlichste Weg. Der Anfang dieses *wādi*s könnte sich mit dem damaligen Südpunkt des Toten Meers treffen.

Zin muß ein Ort gewesen sein, nach dem die Wüste Zin genannt wurde. Daß der Name hier eine Wüste bezeichnet, ist nicht anzunehmen, weil dann nicht das ziemlich spezifische Verb עבר benutzt worden wäre. Außerdem liegt der nächste Grenzfixpunkt, Kadesch-Barnea, nach Num 20,1 in der Wüste Zin, und wäre Zin eine Wüste, stellte Kadesch-Barnea keinen auf Zin folgenden nächsten Punkt dar. Wo sich die Wüste Zin befindet, ist nicht genau zu sagen. Somit ist auch nicht klar, wo Zin sich befand. Kadesch-Barnea muß mit *t. el-qudērāt* gleichgesetzt werden. Zin muß dann irgendwo zwischen *naqb eṣ-ṣafā* und *t. el-qudērāt* gelegen haben.

Von Kadesch-Barnea bis zum Bach Ägyptens und weiter zum Mittelmeer

Wie die Orte zwischen Kadesch-Barnea und dem Bach Ägyptens auf der Landkarte zu verteilen sind, ist schwer auszumachen. Wenn man aufgrund des Namens Azmon mit *el-quṣēme* (089.008) oder einem benachbarten Ort gleichsetzt, bleibt zwischen *t. el-qudērāt* und *el-quṣēme* nur wenig Raum für weitere drei Orte: Hezron 1, Addar und Karka. Nun kann man sich fragen, ob Karka wirklich ein Ort ist. Dem Namen nach könnte es statt eines Ortes auch irgendeine Flur sein. Außerdem war die Oase von Kadesch, in der sich drei Quellen finden, dicht besiedelt. Nach einem Survey von Haiman, der nur einen Teil der

[29] Vgl. unten §6.5.2.
[30] S.o. §3.3.2.4.

Oase untersucht hat, gab es dort z.B. in der EZ II 16 *sites*.[31] Es ist aber auch möglich, daß Kadesch-Barnea kein Wohnort ist, sondern lediglich ein heiliger Ort. Dann käme dafür *ʿēn qudēs* in Betracht. Dann bliebe *t. el-qudērāt* für Hezron oder Addar. Mit *w. el-ʿarīš*=der Bach Ägyptens befinden wir uns wieder auf sicherem Boden. Folgen wir ihm, kommen wir von selbst zum Mittelmeer.

6.4. *Die Ost- und Westgrenzen—15,5a.12a*

Das Tote Meer in seiner ganzen Länge ist die Ostgrenze von dem Südpunkt bis hin zum Norden, wo der Jordan einmündet. Nun ist es die Frage, wie weit sich das Tote Meer zur Zeit der Grenzbeschreibung nach Norden und Süden erstreckt hat. Bei der Behandlung der Nordgrenze gehen wir weiter darauf ein. Als Westgrenze gilt das Mittelmeer, und zwar ungefähr ab dem Punkt, wo *nahr rūbīn* in das Meer einmündet,[32] bis zum Süden, wo *w. el-ʿarīš* das Meer erreicht. Das Mittelmeer ist eine theoretische Grenze, denn wahrscheinlich erstreckte sich das Gebiet Judas nie in der Geschichte ganz bis zum Mittelmeer.[33]

6.5. *Die Nordgrenze—15,5b–11*

6.5.1. *Die literarischen Quellen*

In der ganzen Nordgrenze Judas gibt es nur wenige Orte, über die wir mehr wissen, als daß sie zur Nordgrenze Judas bzw. Südgrenze Benjamins gehören. Ijim im Efrongebirge, das Seïrgebirge, die Berglehne von Jearim und der Berg Baala sind *hapax legomena*. Dazu kann man die homonymischen *hapax legomena* zählen: Debir 1, Kesalon, Schikkaron[34], Jabneel. Des weiteren gibt es Grenzfixpunkte, die nur hier und in der fast identischen Südgrenze Benjamins vorkommen, so daß sie quasi *hapax legomena* sind: der Stein Bohans, Gelilot, die Adummimsteige,[35] die Schemeschquelle und die Meneftoachquelle[36]. Das Achortal, das

[31] Haiman, *Qadesh Barneʿa* 1984; s. auch Jericke, *Landnahme* 1997, 79–105.

[32] S.u. §6.5.2.

[33] S.u. §8.3.2.4.

[34] שִׁכָּרוֹן bedeutet auch „Trunkenheit" (Jer 13,13). Das ist hier wohl nicht gemeint.

[35] In 18,17 muß mit der LXX wahrscheinlich auch למעלה אדמים gelesen werden.

[36] Der Unterschied zwischen 15,9 und 18,15 ist, daß 15,9 מעין מי נפתוח hat und 18,15 nur מי נפתוח. Der Abschreiber in 18,15 wußte nicht mehr, daß Me-Neftoach eigentlich als Meneftoach zu lesen ist, und hat dann eine der zwei Bezeichnungen für Wasser gestrichen.

mit Ruben in Verbindung gesetzt werden kann, besprechen wir unten im Zusammenhang mit dem Stein Bohans. Auf Bet-Schemesch gehen wir unter §7.6.2 ausführlich ein, weil es für die Datierung der Ortsliste Judas eine große Rolle spielt. Folgende Orte sind noch zu besprechen.

Bet-Hogla und Bet-Araba

Bet-Hogla und Bet-Araba gehören nach der Grenzbeschreibung zu Juda (15,6),[37] doch nach der Ortsliste Benjamins liegen sie in dessen Gebiet (18,21.22). Daß nur Bet-Araba auch noch in der Ortsliste Judas vorkommt (15,61), macht die Sache noch komplizierter, denn warum erscheint Bet-Hogla, das weiter südlich als Bet-Araba liegt, nicht ebenfalls in der Ortsliste Judas? Wie gerade diese Überschneidungen zu interessanten Hypothesen über den Sitz im Leben der Grenzbeschreibungen und Ortslisten geführt haben, ist später darzustellen.[38] Jetzt geht es darum, ob die Bibelstellen etwas über die relativen Lagen von Bet-Hogla und Bet-Araba hergeben. Über Bet-Hogla, das außer in 15,6 noch in der Grenzbeschreibung und Ortsliste Benjamins erscheint, ist nur wenig ausfindig zu machen, über Bet-Araba etwas mehr.

Nach den weitgehend parallelen Grenzbeschreibungen Judas und Benjamins liegt Bet-Araba zwischen dem Gebirge und der Jordanmündung[39] und nach Eusebius an der Grenze des unbewohnbaren Gebiets.[40] Nach 15,61 liegt es im gleichen Distrikt wie das relativ sicher zu identifizierende En-Gedi im Süden. In 18,22 wird es zusammen mit sicher zu identifizierenden Orten im Norden aufgereiht (Jericho, Bethel). Entweder geht es hier um ein anderes Bet-Araba, was angesichts der Bedeutung des Namens möglich ist, oder—und das ist eher wahrscheinlich—Bet-Araba muß zwischen Jericho und En-Gedi gesucht werden. Die letzte Annahme trifft sich mit der Tatsache, daß es nach den Grenzbeschreibungen in der Nähe der Jordanmündung zu lokalisieren ist.

---

[37] Vgl. 18,18 cj. 19. Ob man in 18,18 aufgrund der LXX בית הערבה oder mit dem MT הערבה lesen soll, ist letztendlich nicht wichtig, da es sich auch mit הערבה um den gleichen Ort handelt. Der Kontext und die Tatsache, daß öfter das Element בית wegfallen bzw. dazukommen kann, machen dies deutlich.

[38] S.u. §8.3.2.2.

[39] Noth, *Name* 1955 = 1971, 334–340.

[40] Eusebius, *Onomastikon*, 50,21.

Sodann ist mit der Möglichkeit zu rechnen, daß Abialbon (2Sam 23,31) bzw. Abiël[41] (1Chr 11,32), der Arbatiter, aus Bet-Araba stammt. Das heißt, daß es zur Zeit Davids bewohnt gewesen sein muß. Weniger wahrscheinlich, doch auch möglich ist, daß „der Arbatiter" sich auf den Landstrich Araba im allgemeinen bezieht.[42]

Das Tal

Diese einfache Benennung scheint auf ein bekanntes und prägendes Merkmal zu verweisen. Als erstes denkt man dabei an das *w. el-qelṭ*.[43] Wahrscheinlich darf auch der in Am 6,14 genannte Araba-Bach (Am 6,14), der die Südgrenze des Nordreichs darstellt, mit diesem Tal verbunden werden.[44] Darauf weist zum einen die Bezeichnung des Toten Meers als „Meer der Araba" hin, was für den Araba-Bach bedeutet, daß er in dessen Nähe einmünden muß, zum anderen der Ort Bet-Araba und die *ʿēn el-ġarabe*. Da Am 6,14 aller Wahrscheinlichkeit nach zu den authentischen Amosworten gehört,[45] haben wir es bei dem Araba-Bach mit einer Grenze zwischen Israel und Juda in der Zeit um 760 zu tun.

Die Rogelquelle

Als Absalom meint, die Macht ergreifen zu können, und in Jerusalem weilt, halten sich Jonatan und Achimaaz bei der Rogelquelle verborgen, um von einer Magd Nachrichten über die Lage in der Stadt zu bekommen, die sie dann David, der am Jordan ist, weitersagen (2Sam 17,17). Da die Magd Informationen über Absalom und seine Männer geben kann, befindet sie sich wahrscheinlich in deren Nähe. Dies bedeutet, daß die Rogelquelle in der Nähe Jerusalems sein muß—schließlich kann die Magd nicht zu lange wegbleiben, um nicht aufzufallen—, aber auch weit genug davon entfernt, um nicht gesehen werden zu können. Adonja, der sich bei der Rogelquelle befindet (1Kön 1,9), kann das Schreien und Jauchzen in der Stadt hören (1Kön 1,41f).[46] Als die zwei entdeckt werden, fliehen sie nach Bahurim. Bahurim ist wahrscheinlich mit *rās eṭ-ṭāmim* (175.133) zu identifizieren.[47] Es muß zwischen der

[41] Vgl. zu den Namen Elliger, *Helden* 1935 = 1966, 31.31[1].
[42] Elliger, *Helden* 1935 = 1966, 48f.
[43] S.u. §6.5.2.
[44] Vgl. Alt, *Institut* 1929, 57f; Wolff, *Amos* 1969, 335f.
[45] Wolff, *Amos* 1969, 334.
[46] Vgl. Priebatsch, *Brunnenstraße* 1975, 26[20].
[47] Vgl. u.a. Abel, *GP* II 1938, 260; Höhne, *BHH* 1979.

Rogelquelle und dem Jordan liegen, denn von hier aus fliehen sie weiter zum Jordan. Wahrscheinlich haben sie die nachmalige Römerstraße dafür benutzt.[48]

Das Hinnomtal

Das Hinnom- oder Ben-Hinnomtal[49] befindet sich nach Jer 19,2 bei dem Scherbentor. Letzteres ist nicht mehr zu lokalisieren, aber nach Jos 15,8 muß das Hinnomtal westlich der Rogelquelle und südlich von Jerusalem liegen. Es ist bekannt als ein Tal, in dem Greueltaten begangen werden,[50] denen Josia ein Ende zu setzen versucht.[51] Interessant ist Neh 11,30, weil die Grenze des Gebietes der Judäer, die nicht in Jerusalem wohnen, von Beerscheba bis zum Hinnomtal reicht.[52] Das kommt also mit der Nordgrenze Judas überein.

Die Berglehne des Jebusiters

Durch eine Glosse[53] wird der Berghang des Jebusiters mit Jerusalem identifiziert (v 8). Miller zweifelt die Gleichsetzung an und meint, daß der Glossator sich irrt.[54] Das konnte, so Miller, leicht passieren, weil der Sinn des Glossierens darin besteht, etwas Unbekanntes zu erklären. Er meint, daß das Mißverständnis durch 2Sam 5,6–10 entstanden ist. Dort zieht David gegen Jerusalem, „gegen die Jebusiter, die im Lande wohnten" (2Sam 5,6). Das müsse aber nicht bedeuten, daß Jebus mit Jerusalem identisch sei, es könne auch bedeuten, daß Jebusiter Jerusalem bewohnten. In 1Chr 11,4–5 sei die Gleichsetzung dann vollzogen. Jebus sei, so Miller, in *šaʿfāt*, nördlich von Jerusalem, zu suchen (171.135). Abgesehen von topographischen Bedenken, die wir unten ausführen werden, ist es doch sehr unwahrscheinlich, daß eine Gleichsetzung mit dem sehr bekannten Jerusalem auf einem Mißverständnis beruht.[55] Von allen Belegen, in denen Jebus oder ein Derivat genannt wird, erscheint es nur einmal ohne Explikation, und zwar in Jos 18,16. Das spricht eher dafür, daß die Explikationen hinzugefügt worden sind, nachdem die

---

[48] Vgl. Beauvery, *Route* 1957, Pl. 1; Dorsey, *Roads* 1991, 204f.

[49] In 15,8 und 18,16 werden beide Bezeichnungen parallel gebraucht.

[50] 2Kön 33,6; Jer 7,31.32; 19,6; 32,15; 2Chr 28,3. Wahrscheinlich deutet „das Tal" (Jer 2,23) und „Tal" in dem Namen Taltor (2Chr 26,9; Neh 2,13.15; 3,13) auch auf das Hinnomtal hin.

[51] 2Kön 23,10Q.

[52] S.u. §8.6.

[53] S.o. §3.5.3.

[54] Miller, *Jebus* 1974, 115–127.

[55] Vgl. auch die Kritik von Priebatsch, *Brunnenstraße* 1975, 24–29.

Südgrenze Benjamins von der Nordgrenze Judas abgeschrieben worden ist.[56] Der Glossator von 15,6 fand es nicht nötig, in der Wiederholung 18,16 nochmals zu betonen, daß der Berghang des Jebusiters mit Jerusalem identisch ist, oder er hat es schlicht vergessen.[57] Auf das Problem, daß Jerusalem nach den Grenzbeschreibungen Judas und Benjamins nicht zu Juda gehört, aber nach 15,63 sehr wohl, gehen wir unter §8.5 ein.

Die Refaiterebene

Die Refaiterebene ist vor allem als Einmarschgebiet der Philister in Richtung Jerusalem bekannt,[58] dazu bei Jesaja als fruchtbare Ebene[59]. Die erzählte Zeit erstreckt sich somit von David bis Jesaja.

Baala und Kirjat-Jearim

Jos 15,9 wirft die Frage auf, ob Baala und Kirjat-Jearim den gleichen Ort bezeichnen, wie uns das AT glaubhaft machen will. Von Baala (und der Variante Kirjat-Baal [15,60])[60] wird bis auf eine Ausnahme (Jos 15,10) immer gesagt, daß es mit Kirjat-Jearim identisch ist.[61] In 15,10 aber ist diese Erwähnung nicht nötig, da sie bereits in v 9 vorliegt. Da Kirjat-Jearim in der Explikation erscheint, muß theoretisch Baala der ältere Namen sein.[62] Das liegt auch nahe, weil man den Namen Baala nicht gerne mit Israel in Verbinding sah. Kirjat-Jearim ist auch als nichtisraelitische Stadt bekannt.[63] Jos 9,17 entnehmen wir, daß es vor der Zeit der Israeliten eine gibeonitische Stadt

---

[56] S.o. §3.5.3.

[57] Es kann natürlich auch sein, daß derjenige, der die Nordgrenze Judas abgeschrieben hat, es nicht nötig fand, die Glosse zu übernehmen, oder nicht präzise genug gewesen ist. Für letzteres gibt es mehrere Beispiele.

[58] 2Sam 5,18.22; 23,13; 1Chr 11,15; 14,9.

[59] Jes 17,5.

[60] Zu dieser Form s.o. §8.5. מבעלי יהודה, das im heutigen Kontext von 2Sam 6,2 kaum Sinn macht, muß aller Wahrscheinlichkeit nach gelesen werden als בעלה היא קרית יערים אשר ליהודה aufgrund von 4QSam[a] und 1Chr 13,6; vgl. McCarter, *II Samuel* 1984, 162.

[61] So auch Eusebius, *Onomastikon*, 48,22–24; 114,19.23–27, obwohl seine Meilenangaben unterschiedlich sind. In 114,25 verzeichnet er 9, in 48,24 10 Meilen für den Abstand zwischen Jerusalem und Kirjat-Jearim.

[62] Vgl. Schunck, *Benjamin* 1963, 145[45].

[63] Wir nehmen nicht an, daß Kirjat-Jearim mit Ort 25 der Scheschonkliste, gelesen als Qiryathaim, gleichgesetzt werden darf, wie Mazar, *Campaign* 1957, 61, vorschlägt. Siehe weiter unter Aditajim (§7.2.1.1). Ob Kirjat-Jearim mit *yaramu EA* (333,18) identisch ist, ist im Hinblick auf die unsichere Lesung schwer zu sagen; vgl. Knudtzon, *EA* II 1915, 1355; Moran, *AL* 1992, 392.

war; in 1Chr 2,5.50.52.53 wird Kirjat-Jearim über Schobal mit den Kalebiten in Verbindung gesetzt. Gerade wenn es um eine nichtisraelitische Zugehörigkeit geht, findet sich der Ortsname Kirjat-Jearim ohne Baala.[64] Baala erscheint in zwei Kontexten: 1. Grenzbeschreibung (Jos 15,9.10; 18,14) und Ortsliste (Jos 15,60); 2. Lade (2Sam 6,2; 1Chr 13,6). Ist aufgrund der zwei Kontexte anzunehmen, daß es sich bei Baala und Kirjat-Jearim um zwei unterschiedliche Orte handelt? Nach 1Sam 6,21 und 7,1.2 wird die Lade, als sie in Bet-Schemesch nicht länger willkommen ist, nach Kirjat-Jearim geführt „ins Haus Abinadabs auf dem Hügel" (1Sam 6,21).[65] Nach 2Sam 6,2 und 1Chr 13,6 aber holt David die Lade aus Baala ab, um sie nach Jerusalem zu überführen. Demnach ist der Hügel, auf dem die Lade sich befand, Baala und nicht Kirjat-Jearim. Der Name Baala deutet darauf hin, daß es ein heiliger Ort war. Offenbar war der Name mit dem Element Baal kein Hindernis für David, die Lade dort aufstellen zu lassen. Wie man weiß: Götter kommen und gehen, aber der Ort bleibt.[66] Es ist deutlich, daß der Hügel bei Kirjat-Jearim lag, und das hat Anlaß zur Gleichsetzung gegeben, vor allem zu einer Zeit, als auch Kirjat-Jearim zu Juda gehörte. Wenn man das verbindet mit der Tatsache, daß Kirjat-Jearim und nicht Baala gibeonitisch bzw. kalebitisch war, kann es doch sehr gut sein, daß anfänglich nur Baala, *bei* Kirjat-Jearim, „judäisch" war. Das scheint die Notiz אשר ליהודה in 1Chr 13,6 und 2Sam 6,2 cj.[67] zu bestätigen. Es findet sich nicht אשר ביהודה, Baala liegt also nicht *in* Juda, sondern der heilige Ort *gehört* zu Juda. Zu einer Zeit, als auch Kirjat-Jearim zu Juda gehörte und in Juda lag, hat sich dann die Bezeichnung auch auf diese Stadt ausgedehnt (Jos 18,14; Ri 18,12). Die Notizen in Jos 18,14 und Ri 18,12 sind historisch schwer zu beurteilen, mehr können wir aber der Liste der Rückkehrer aus dem Exil (Neh 11) entnehmen. Nach ihr wurde Kirjat-Jearim von Juden bewohnt. Sonst hören wir nur noch, daß zur Zeit Jeremias ein Prophet mit Namen Uria in dieser Stadt lebte. Es ist fraglich, ob Kirjat-Jearim zur Zeit Davids

---

[64] Vielleicht bedeutet dies, daß Baala eben doch der jüngere Name ist; vgl. zu israelitischen Baal-Bildungen Isserlin, *Place Names* 1957, 135.137.

[65] Dieser Erzählung kann man überdies entnehmen, daß es einen Weg von Bet-Schemesch zu diesem Ort gab.

[66] Gegen Schunck, *Benjamin* 1963, 145[45], der meint, daß Baala und Kirjat-Jearim den gleichen Ort bezeichnen. Wenn das so wäre, hätte man, wie in 1Sam 6,21; 7,1.2; 2Sam 6,2; 1Chr 13,6 gleich den Ort Baala weglassen können und nur Kirjat-Jearim zu erwähnen brauchen.

[67] S.o. Anm. 60.

schon judäisch war, weil er die Lade aus Baala, und nicht aus Kirjat-Jearim holt. Vielleicht hatte die Stadt eine noch relativ unabhängige (gibeonitische) Existenz. Nicht Kirjat-Jearim, sondern Baala war ein Grenzfixpunkt in der Nordgrenze Judas, auch wenn sie in großer Nähe zueinander gelegen haben.

Zusammenfassend kann man sagen, daß Kirjat-Jearim und Baala zwei aneinander angrenzende, aber unterschiedliche Orte sind. Kirjat-Jearim gehörte anfänglich nicht zu Juda. Das trifft sich mit der Tatsache, daß der sogenannte südliche kanaanäische Querriegel zeitweise nicht israelitisch war. Erst für die spätvorexilische (Jer 26,20) und die (früh-)nachexilische Zeit (Esr 2,25; Neh 7,2) ist sicher zu behaupten, daß es zu Juda gehörte.

Timna

Es gibt drei Orte mit dem Namen Timna: 1. in der Küstenebene; 2. im südlichen Bergland; 3. in der Schefela. Bei unserem Timna geht es um das erste. Es ist aus der Simson-Geschichte und einer Notiz in 2Chr als philistäisch bekannt.[68] In Jos 19,43 gehört es zu Dan.

Ekron

Ekron ist als eine der fünf Hauptstädte der Philister bekannt.[69] Nur in Jos 15 und Ri 1,18 gehört die Stadt theoretisch zu Juda, obgleich die Judäer sie nach Ri 1,18 nicht erobern konnten. Das scheint nur einmal unter Samuel gelungen zu sein.[70] In Jos 19,43 gehört Ekron wie Timna zu Dan.

6.5.2. *Der Verlauf der Grenze*

Folgende Orte oder Punkte können mit relativer Sicherheit identifiziert werden:

Grenzfixpunkt	*Folgenr.*	*Identifizierung*	*Grid*
die Adummimsteige	6	*tal'at ed-damm*	184.136
das Hinnom-Tal	9	*wādi er-rabābe*	
die Berglehne des Jebusiters	10	Jerusalem; Ofel	172.130

[68] Ri 14,1.2.5; 2Chr 28,18.
[69] Jos 13,3; 1Sam 5,10; 6,16.17; 17,52; Jer 25,20; Am 1,8; Zef 2,4; Zach 9,5.7.
[70] 1Sam 7,14.

Grenzfixpunkt	*Folgenr.*	*Identifizierung*	*Grid*
der Gipfel des Berges, der westlich gegenüber dem Hinnomtal und am nördlichen Rand der Refaiterebene liegt	11	*rās en-nādir*[71]	172.130
die Refaiterebene	11	*el-baqʿa*	
		w. el-ward	
		Oberlauf des *wādi eṣ-ṣarār*	
die Meneftoachquelle	12	*ʿēn lifta*[72]	168.133
Kirjat-Jearim	14	*dēr el-azhar*[73]	159.135
Kesalon	16	*keslā*[74]	154.132
Bet-Schemesch	17	*t. er-rumēle*[75]	147.128
Timna	18	*t. el-bāṭāšī*[76]	141.132
Ekron	19	*ḫ. el-muqannaʿ*[77]	135.131
Jabneel	22	*yebna*[78]	126.142
das Meer	23	das Mittelmeer	

Gelilot und Ijim können nicht identifiziert werden, während Unsicherheit besteht über folgende Orte und Punkte:

Grenzfixpunkt	*Folgenr.*	*Identifizierung*	*Grid*
die Jordanmündung	1	bei der *maġādat ḥağle*	201.136
Bet-Hogla	2	*t. muḥalḥil*	192.133
		site bei *ʿēn ḥağle*[79]	199.137

[71] Abel, *GP* II 1938, 49.

[72] Dillmann *Josua* ²1886, 521; Procksch, *Sagenbuch* 1906, 153; Greßmann, *AOB* ²1927, 96f; Wolf, *Tagebuch* 1933, 39ff; Abel, *GP* II 1938, 49; Pritchard, *ANET* 1955, 258.

[73] Cross / Wright, *Boundary* 1956²²¹; Fritz, *Josua* 1994, 256; Lechevallier / Avi-Yonah, *Abu Ghosh*.

[74] Dillmann, *Josua* ²1886, 522; Procksch, *Sagenbuch* 1906, 153¹; Noth, *Josua* 1953², 90; Aharoni, *Province-list* 1959, 239.

[75] *t. er-rumēle* wurde zuerst von Robinson, *BR* II ³1867, 224f, identifiziert. Es liegt etwas westlich des heutigen arabischen Dorfes *ʿēn šems*. Daß das Element *bēt* durch das Element *ʿēn* ersetzt werden kann, ist z.B. von בית ערבה = *ʿēn el-ġarabe* und בית־חגלה = *ʿēn ḥağle* bekannt. Der Name des nahegelegenen Dorfes, die Lokalisierung und archäologische Fundlage von *t. er-rumēle* sind positive Hinweise für die Gleichsetzung mit Bet-Schemesch; vgl. weiter Abel, *GP* II 1938, 49f. S. weiter §7.6.2.

[76] Aharoni, *Boundary* 1958, 29; Kelm / Mazar, *Batash, tel* (mit Literatur).

[77] Die von Naveh, *Ekron* 1958, vorgeschlagene Identifizierung ist durch eine Inschrift bestätigt worden, die den Namen Ekron enthält (s. Gitin / Dothan, *Inscription* 1996); vgl. auch Mazar, *Shephelah* 1989.

[78] Dillmann, *Josua* ²1886, 522; Procksch, *Sagenbuch* 1906, 153; Abel, *GP* II 1938, 50; Kallai-Kleinmann, *Eltekeh* 1952, 62–64; id., *Town Lists* 1958, 145; Fritz, *Josua* 1994, 255.

[79] Dinur, *ʿEn Hogla* 1986, 118: Name, Lokalisation und Funde. Nelson, *Joshua* 1997, 286, verzeichnet *dēr ḥağle* (197.136)

Grenzfixpunkt	*Folgenr.*	*Identifizierung*	*Grid*
Bet-Araba	3	*t. muḥalḥil*[80]	192.133
		ḫ. qumrān[81]	193.127
		ʿēn el-ġarabe[82]	197.139
der Stein Bohans	4	*ruǧm es-samalīye*[83]	190.136
		ruǧm el-qiblīye[84]	191.134
		ḥaǧar el-aṣbāḥ[85]	192.132
Debir	5	*t. muḥalḥil*	192.133
		ṯōġret ed-debr	183.136
das Achortal	5	*el-buqēʿa*	ung. 18.12
		en-nebī mūsā[86]	190.132
		w. en-nuwēʿime	
das Tal	6	*w. el-qelṭ*[87]	
das Wasser der Schemeschquelle	7	*ʿēn el-ḥōḍ*[88]	175.131
		ʿēn er-rawābe[89]	177.135
die Rogelquelle	8	*bīr ʿeyyūb*[90]	172.130
		ʿēn ed-darāǧ[91]	172.130
Ijim im Efrongebirge	13	*qalōnyā*	165.133
		bei *qalōnyā*	165.134
das Efrongebirge	13	das Gebirge zwischen *liftā* und *dēr el-azhar*	
Baala	14	bei *dēr el-azhar*	160.135
das Seïrgebirge	15	der Berg, auf dem *sārīs* liegt[92]	156.133
die Berglehne von Jearim	16	bei *keslā*	154.132
die Berglehne Ekrons	19	nördlich von *ḫ. el-muqannaʿ*	

---

80 Fritz, *Josua* 1994, 254.

81 Cross, *CMHE* 1973, 110.

82 Abel, *GP* II 1938, 267: muß in der Nähe des *ʿēn el-ġarabe* (197.139) sein; Cross / Wright, *Boundary* 1956, 223f; Bar-Adon, *JSG* 1972, Nr. 83; Keel / Küchler, *OLB* II 1982, 471; Nelson, *Joshua* 1997, 286.

83 Noth, *Josua* ²1953, 142: oder *ruǧm el-qiblīye*.

84 Noth, *Josua* ²1953, 142.

85 Abel, *GP* II 1938, 48; Höhne, *BHH* 1979.

86 Abel, *GP* II 1938, 48.

87 Abel, *GP* II 1938, 48; Noth, *Josua* ²1953, 89.

88 Guérin, *Samarie* I 1874, 159f; Conder / Kitchener, *SWP* III 1883, 42; Abel, *GP* II 1938, 49.49²; Noth, *Josua* ²1953, 88; Höhne, *BHH* 1979; Fritz, *Josua* 1994, 154; Aḥituv, *Joshua* 1995, 246.

89 Van Kasteren, *Umgegend* 1890, 116; Buhl, *Geographie* 1896, 310; Miller, *Jebus* 1974, 119.

90 Dillmann, *Josua* ²1886, 521; Procksch, *Sagenbuch* 1906, 152⁴.

91 Vgl. Conder, *En Rogel* 1885, 20.

92 Dillmann, *Josua* ²1886, 522; Procksch, *Sagenbuch* 1906, 151¹.

Grenzfixpunkt	*Folgenr.*	*Identifizierung*	*Grid*
Schikkaron	20	*qaṭra*[93]	129.136
		zernūqa[94]	130.143
		t. el-fūl[95]	132.136
Berg Baala	21	*el-qubēbe*[96]	128.144
		el-maġār[97]	129.138

Von der Jordanmündung bis Bet-Araba

Der östliche Teil der Nordgrenze ist schwer zu ziehen. Der Sand und die Steine der Wüste scheinen die Grenzlinie verwischt zu haben. Sicher ist, daß sie an der Jordanmündung anfing, da, wo der Jordan in das Tote Meer strömt.[98] Wo sich aber die Jordanmündung zur Zeit der Abfassung der Liste befand, ist nicht auszumachen. Am wahrscheinlichsten ist es, daß sie östlich von Bet-Hogla zu suchen ist, da für die Strecke von der Jordanmündung bis Bet-Hogla weder ein Verb, das eine Richtungsänderung impliziert, noch eine Richtungsangabe verwendet wird. Das Verb עלה kann nur darauf hindeuten, daß die Grenze vom Jordantal westlich in Richtung des Gebirges verlief. Nun ist der Wasserspiegel des Toten Meers nicht immer so tief gewesen wie jetzt. Es ist sogar mit einer Fluktuation von 75m im Laufe der Geschichte zu rechnen.[99] In den extrem nassen Zeiten lag die Nordgrenze des Toten Meers 20 km nördlicher als jetzt. So weit im Norden wird sie sich während der Abfassung der Grenzbeschreibung wohl nicht befunden haben, doch lag sie wahrscheinlich nördlicher als jetzt. Wenn die Oberfläche des Toten Meers auf -375m läge, befände sie sich westlich von *ruǧm el-qiblīye*.[100]

Bet-Hogla ist in der Nähe von *ʿēn ḥaǧle* zu suchen. Ein *site* mit ez Resten unweit von der Quelle enthält möglicherweise das alte Bet-

---

[93] Kallai, *HGB* 1986, 123; Fritz, *Josua* 1994, 160 (oder mit Aharoni pro *t. el-fūl*); Aḥituv, *Joshua* 1995, 248.

[94] Abel, *GP* II 1938, 50.

[95] Aharoni, *Boundary* 1958, 30; Höhne, *BHH* 1979; Fritz, *Josua* 1994, 257 (mit zwei Fragezeichen).

[96] Abel, *GP* II 1938, 50.

[97] Aharoni, *Boundary* 1958, 30: Ab Schikkaron = *t. el-fūl* ist dies der einzige Berg in der Ebene; außerdem wird in Jos 19,44 Baalat, das sich in der Nähe von Schikkaron befinden muß, nach Ekron, Elteke und Gibbeton genannt.

[98] מקצה הירדן „von der Jordanmündung" muß als Apposition zu מלשון הים „von der Zunge des Meeres" verstanden werden.

[99] Klein, *Fluctuations* 1986, 197–224; vgl. auch Wright, *Tongue* 1911, 18–28.

[100] Abel, *GP* II 1938, 48: 7 km nördlicher.

Hogla.[101] Sonst gibt es in der Nähe keine ez Funde.[102] Fritz meint deswegen, daß Bet-Hogla weiter westlich liegen muß—ihm war oben genannter *site* noch nicht bekannt—und schlägt *t. muḥalḥil* vor, das er übrigens auch für Bet-Araba erwägt.[103] Doch wenn man *t. muḥalḥil* bereits in Bet-Hogla sucht, kann man nicht mehr durch ein *wādi* nördlich von Bet-Araba vorbeiziehen (עבר; v 6). Unmittelbar südlich von *t. muḥalḥil* gibt es nämlich keinen ez Ort, außer einem am Punkt 1927.1313[104], aber den hat man schon passiert, wenn man Bet-Hogla in *t. muḥalḥil* ansetzt. Wir gehen darum für die Lokalisierung von Bet-Hogla von dem Bereich des *ʿēn ḥaǧle* aus. Wenn man von dem Bereich des *ʿēn ḥaǧle* in umgekehrter Richtung zum Jordan geht, müßte sich die frühere Jordanmündung ungefähr bei der *ḥaǧle*-Furt (*maġādat ḥaǧle*) befunden haben.

Das *wādi*, das sich für das Verb עבר ganz natürlich anbietet, ist *w. el-qelṭ*. Es ist die einzige natürliche Nordgrenze und, wie wir später darstellen werden, das einzige *wādi*, das als הנחל in Erwägung gezogen werden kann. Durch dieses *wādi* zieht man nördlich an Bet-Araba vorbei (v 6). Nun tut sich allerdings ein weiteres Problem auf, denn südlich von *w. el-qelṭ* gibt es, bevor es in die Berge eintritt, keine ez Ortslagen, während Bet-Araba, falls unser Zug durch das *w. el-qelṭ* stimmt, südlich davon liegen muß, und zwar noch vor dem Eintritt ins Gebirge, denn man geht nach Bet-Araba zum Stein Bohans hinauf, der wahrscheinlich irgendeinen deutlich erkennbaren Felsen im Gebirge oder am Gebirgsrand darstellt. *ʿēn el-ġarabe*, in dem der Name ערבה enthalten zu sein scheint, liegt genau südlich vom *w. el-qelṭ*, aber ez Reste fehlen. Aller Wahrscheinlichkeit nach ist trotzdem der Name in dieser Quelle enthalten und muß Bet-Araba in ihrer Nähe gesucht werden. Bet-Araba darf nicht mit *t. muḥalḥil* gleichgesetzt werden,[105] weil es dann zu weit südlich läge, um der Aussage, daß die Grenze „nördlich von Bet-Araba" vorbeizieht, gerecht zu werden. Statt des *w. el-qelṭ* ein anderes, südlicheres *wādi* als Anfang der Nordgrenze zu nehmen, verbietet sich aufgrund von 18,19, wo die Südgrenze Benjamins Bet-Hogla nördlich passiert. Fritz setzt auch Bet-Hogla südlicher an, doch der Name ist eindeutig in *ʿēn ḥaǧle* vorhanden, und bekanntlich wan-

---

[101] Dinur, *ʿEn Hogla* 1986, 118.

[102] Vgl. Bar-Adon, *JSG* 1972, Nr. 74: *ʿēn ḥaǧle*, zwei kleine *tulūl* mit röm.-byz. und arab. Überresten; Nr. 76: kleiner *tell* südlich von *dēr ḥaǧle*: byz. und arab.

[103] Fritz, *Josua* 1994, 159.

[104] Vgl. Bar-Adon, *JSG* 1972, Nr. 85.

[105] So Fritz, *Josua* 1994, 159.

dert ein Name normalerweise nicht viel mehr als ein paar Kilometer.[106] Da in der Nähe von *ʿēn ḥağle* auch *ʿēn el-ġarabe* gefunden werden kann, ist es eher wahrscheinlich, daß trotz des mangelnden Oberflächenbefunds hier irgendwo Bet-Araba und Bet-Hogla gelegen haben, als daß sie beide irgendwo anders gesucht werden müßten. Ein anderes Argument für eine Lage so weit nördlich wie möglich ist die Tatsache, daß nach 18,21.22 Bet-Hogla und Bet-Araba in der Ortsliste Benjamins auftauchen. Wenn die beiden Orte zu einer bestimmten Zeit Benjamin zufielen, ist es wahrscheinlicher, daß sie in der Nähe Benjamins lagen, als daß sie sich weiter südlich befanden.[107] Nach dieser Darstellung haben wir uns auch von der Identifizierung von Bet-Araba mit *ḫ. qumrān* zu verabschieden. Sie wird hauptsächlich durch den Grenzverlauf in v 7a veranlaßt, der noch zu behandeln ist.

Vom Stein Bohans bis zur Adummimsteige

Wo der Stein Bohans (v 6) zu finden war, ist nicht auszumachen. In der Wüste gibt es genug Steinhaufen, die diesen Namen getragen haben können. Man kann ihn mit Noth in *ruğm es-samalīye* oder *ruğm el-qiblīye* suchen, aber gesichert ist das keineswegs.[108] Früher dachte man auch an *ḥağar el-aṣbāḥ*, weil *aṣbāḥ* „Finger“ und בהן „Daumen“ in Beziehung zueinander gesetzt werden können. Jedoch ist der Name *aṣbāḥ* nicht korrekt geschrieben, und außerdem liegt die Felsenformation zu weit südlich.[109] Doch bedarf der Stein Bohans näherer Erläuterung. Er scheint eine allen (außer uns) bekannte Felsenformation zu sein. Ist Bohan historisch oder einfach als Daumenstein zu interpretieren? Wenn es Daumenstein bedeutet, sagt dies nur etwas über die Form des Steines aus. Von Bohan wird aber ausdrücklich gesagt, daß er der Sohn Rubens ist, so daß Bohan eher historisch zu verstehen ist. Dieser Bohan ist sonst nicht im AT belegt, die Tatsache jedoch, daß er Rubeniter ist, läßt uns nach weiteren Spuren Rubens suchen. Die Ebene Achor, die in der Grenzbeschreibung nach Debir kommt (v 7), ist aus 7,24 bekannt.[110] Es ist die Ebene, in der Achan und seine Familie gesteinigt wurden. Achan ist der Sohn des Judäers Karmis (7,1.18), der anderswo auch

---

[106] Aharoni, *LoB* ²1979, 123f.

[107] Daß trotzdem Bet-Araba in der Judaliste auftaucht, ist ein anderes Problem.

[108] Noth, *Lehrkursus* 1955, 53[91], selbst nimmt von seinen früheren Identifizierungen wieder Abstand.

[109] Conder / Kitchener, *SWP Memoirs III* 1883, 199–201.

[110] Zur Erwähnung und Identifizierung der Ebene Achor in Hos 2,17 vgl. Wolff, *Hosea* 1961, 51–53.

als Rubeniter bekannt ist.[111] Anzunehmen ist darum, daß hier eine alte Erinnerung an den Stamm Ruben vorliegt, der mit dem Stein Bohans und der Ebene Achor verbunden wird. Hat der Stamm Ruben einst (auch) in Cisjordanien gewohnt? Dafür spricht einiges. Erstens ging der Stamm Ruben nach der dtr Darstellung zunächst mit über den Jordan, um das Land zu erobern, um danach wieder nach Transjordanien zurückzukehren. Zweitens scheint Ri 5,15.16 auf ein Wohnen Rubens in Cisjordanien hinzuweisen. Von Gilead wird gesagt, daß er „jenseits des Jordan" blieb (Ri 5,17), von Ruben nicht. Wohnte er bereits diesseits des Jordan?[112] War dann vielleicht der Stein Bohans die Pforte zur Ebene Achors, die zu Ruben gehörte bzw. wo Ruben sich aufhielt?[113] Möglicherweise gehörten der Stein Bohans, Debir und das Achortal nicht zur judäischen Nordgrenze, denn geographisch wenigstens machen sie keinen Sinn. Ist das der Fall, dann ist sehr wohl *ruğm es-samalīye* oder *ruğm el-qiblīye* für den Stein Bohans zu erwägen, aber nicht als Nordgrenze Judas, sondern als geographischer Punkt im Siedlungs- bzw. Wanderungsgebiet Rubens.[114]

Daß die Ebene Achor mit *el-buqēʿa* gleichgesetzt werden muß, hat Noth einleuchtend begründet.[115] Dafür sprechen der Name, die geographischen Gegebenheiten und die relative Lokalisierung. Der Ort Debir hat seinen Namen in dem *w. ed-dabr* hinterlassen. Es ist eine Überlegung wert, den Ort Debir mit *t. el-muḥalḥil* gleichzusetzen. Es gibt hier ez Reste, er liegt am *w. ed-dabr* und nördlich von der Ebene Achor (v 7 cj.). Daß Debir in *ṯōğret ed-debr* gefunden werden kann, ist weniger wahrscheinlich, liegt es doch westlich von *talʿat ed-damm*, das mit relativer Sicherheit mit der Adummimsteige identifiziert werden kann, während diese Steige erst nach Debir genannt wird. Außerdem macht dann die Bestimmung „nördlich von Debir" wenig Sinn, da sie zu weit weg und doch eher im Südosten liegt.

111 Gen 46,9; Ex 6,14; Num 26,6; 1Chr 5,3. In 1Chr 2,4.7 erscheint er innerhalb der Judagenealogie, wird aber, wie es scheint, ohne Vorbereitung erwähnt. Alles was der Chronist über die Linie Serachs finden konnte, hat er zusammengetragen (Willi, *Chronik* 1991ff, 85).

112 Nebenbei sei darauf hingewiesen, daß Ezechiel Ruben in seiner neuen Landverteilung nördlich von Juda zwischen Juda und Ephraim ansetzt (Ez 48,6f).

113 Hos 2,17. Vielleicht ist Ri 5,15f eine Anspielung auf die vielen Bächlein, die es in diesem Gebiet gibt, obwohl das Wort פלגות auch als „Unterabteilungen" übersetzt werden kann; vgl. [3]*HAL*, unter פלגה, 878, und [17]*Gesesnius*, unter פלגה, 642.

114 Vgl. dazu ausführlich Schorn, *Ruben* 1997, 197–200.

115 Noth, *Lehrkursus* 1955, 42–55; anders Wolff, *Achor* 1954; id., *Hosea* 1961, 51f.

Die Frage ist aber, wie man von Bet-Araba nach Debir (*t. el-muḥalḥil*) gelangen kann. Zieht man eine gerade Linie zwischen beiden Orten, dann kommt man auf den Weg von Jericho nach *en-nebi musa* und von dort weiter in die Umgebung Hebrons. Diese Linie verläuft von Nord nach Süd, während wir nach Bet-Araba keine explizite Richtungsveränderung von der bis dahin von Ost nach West verlaufenden Grenze in dem Text finden. Postuliert man aber, daß Bet-Araba und Debir (den Stein Bohans lassen wir außer Betracht, weil dessen Lokalisierung zu unsicher ist) ursprünglich nichts miteinander zu tun haben, dann ist zu erwägen, ob mit Debir (oder schon mit dem Stein Bohans?) nicht einfach eine andere Grenze oder auch nur lediglich ein Ort angedeutet wird. Läßt man (den Stein Bohans und) Debir aus, macht die Grenzlinie von Bet-Araba zu den Gelilot gegenüber der Adummimsteige wieder Sinn. Es ist unmöglich, die Gelilot zu identifizieren, aber die Adummimsteige ist, wie schon erwähnt, sehr wahrscheinlich das heutige *tal'at ed-damm*. Die Gelilot gegenüber der Adummimsteige liegen dann entweder südlich des *w. el-qelṭ* zwischen *w. el-qelṭ* und *tal'at ed-damm* oder sogar südlich der *tal'at ed-damm.*[116] Diese Gelilot erreicht man, wenn man von Bet-Araba südlich an *w. el-qelṭ* entlang nach Westen zieht. *w. el-qelṭ* stellt eine natürliche Grenze dar, und ginge man nördlich daran vorbei, dann wäre man im Gebiet von Benjamin. *w. el-qelṭ* wird הנחל genannt, denn es gibt kein anderes *wādi*, das diesen recht allgemeinen Namen verdienen kann als das tief eingeschnittene *w. el-qelṭ*. Auch die Lokalisierung der Adummimsteige oder Gelilot südlich des Baches stimmt hiermit überein. Nun stellt sich die Frage, worauf sich das אשר מנגב הנחל bezieht: auf die Adummimsteige oder Gelilot? Geht man davon aus, daß הנחל mit dem *w. el-qelṭ* identisch ist und Gelilot sich südlich davon befindet, dann macht es nicht mehr so viel aus, wie man diese unlösbare Frage zu beantworten versucht. Um von Bet-Araba nach Gelilot zu kommen, hat man wohl die nachmalige Römerstraße benutzt, die durch *w. el-qelṭ* bis zum Georgskloster läuft und danach mehr oder weniger dem Lauf des *w. tal'at ed-damm* folgt.[117] Vorausgesetzt ist natürlich, daß es diese Straße in biblischen Zeiten bereits gab. Geht man jedoch von dieser Linie aus, machen die topographischen und geographischen Angaben Sinn.

Betrachten wir nochmals v 7. Wie schon gezeigt, macht die Linie Bet-Araba — (Stein Bohans) — Debir im heutigen Kontext wenig

---

[116] S.u. zu אשר מנגב לנחל.

[117] Beauvery, *Route* 1957.

Sinn, aber wie ist es mit Debir — Gelilot? Von Debir=*t. muḥalḥil* kann man in Richtung Adummimsteige ziehen, doch kommt man dann östlich von *ṯōġret ed-debr* heraus, zudem durch schwer zugängliches Terrain; man endet schließlich bei der Adummimsteige, während man doch bei den Gelilot gegenüber der Adummimstiege herauskommen sollte.

Die Ebene Achor, Debir und vermutlich auch der Stein Bohans waren wahrscheinlich Punkte am Wege von Jericho nach Betlehem und stellen keine Nordgrenze dar.[118] Wie oben bereits angenommen, hat man es hier mit dem Siedlungs- bzw. Weidegebiet des Stammes Ruben zu tun, der später in den Osten abgedrängt wurde. Da dieses Gebiet zur Zeit der Abfassung aber Juda gehörte, hat man es als alten Rest der ehrwürdigen Stammestraditionen in die Grenzbeschreibung Judas aufgenommen. Noch mehr aber hat die Tatsache, daß in der Geschichte des Judäers Achan die Ebene Achor genannt wird (7,26), den Verfasser dazu genötigt, diese Tradition aufzunehmen; eine Tendenz, der wir bereits begegnet sind und noch öfter begegnen werden.[119]

Von der Adummimsteige zur Rogelquelle

Die bereits erwähnte Römerstraße, die durch *w. ṭalʿat ed-damm* lief, führte weiter nach *qaṣr er-rawābi*. Der nächste Grenzfixpunkt, die Schemeschquelle, wird aber gemeinhin mit *ʿēn er-ḥōḏ*, weiter südlich, identifiziert. Welche Anhaltspunkte gibt es für diese Identifizierung? Erstens liegt es zwischen *bīr eyyūb*, das sehr wahrscheinlich mit der Rogelquelle zu identifizieren ist, und der Adummimsteige; zweitens ist es eine Quelle;[120] drittens könnte in *ʿirāq eš-šems*, das unweit nordöstlich der Quelle liegt, der Name enthalten sein.[121] Doch gibt es auch eine Quelle *ʿēn er-rawābe* an besagter Römerstraße. Van Kasteren weist darauf hin, daß sie in einer natürlichen Linie mit der von Jericho kommenden Straße liegt. Er vermutet außerdem, daß sie früher—als er sie fand, war sie verschüttet—mehr Wasser gab als *ʿēn el-ḥōḏ*.[122] Dem kann man noch hinzufügen, daß für die Bewegung von der Adummimstiege zur Schemeschquelle das Verb עבר verwendet wird (v 7). Jedoch setzt Van Kasteren seine Identifizierung nicht in Beziehung zum

[118] Vgl. Cross, *CMHE* 1973, 110.
[119] Vgl. z.B. §3.5.1, 3.5.5 und 3.5.6.
[120] Vgl. Guérin, *Description* IV 1874, 159f.
[121] Abel, *GP* II 1938, 49².
[122] Van Kasteren, *Umgegend* 1890, 116.

nächsten Grenzfixpunkt, der Rogelquelle. Wenn man mit Van Kasteren von einer Identifizierung der Schemeschquelle mit *ʿēn er-rawābe* ausgeht, wird es schwierig, von dort eine einleuchtende Grenzlinie zu *bīr eyyūb* zu ziehen, es sei denn, man setzt die Rogelquelle irgendwo anders an. Das tut Miller, der sie mit der unbedeutenden Quelle *ʿēn el-madowera*, unweit südlich von *el-ʿaiṣawīye*, gleichsetzt. Doch seine Überlegungen überzeugen nicht.[123] Früher wurde auch das etwas nördlicher von *bīr eyyūb* liegende *ʿēn umm ed-darāǧ* vorgeschlagen, weil *bīr eyyūb* eigentlich keine Quelle ist und zu weit im Süden liegt. Doch *bīr eyyūb* liegt nahe der Kreuzung des Kidron- und Hinnomtals, und das Hinnomtal wird das nächste Tal sein, das die Grenze durchläuft. Die Lage stimmt also genau. Als zweites Argument gilt, daß die Versio Arabica für die Rogelquelle *bīr eyyūb* hat. Auch wenn die Versio Arabica ein relativ später Textzeuge ist, besagt dies trotzdem, daß es eine Tradition gab, die die Rogelquelle mit *bīr eyyūb* in Verbindung setzte. Am besten ist es somit, von der üblichen Ansetzung in *bīr eyyūb* auszugehen, auch wenn dieser Brunnen keine Quelle ist.[124]

Es bleibt die Frage, wie man sich die Grenze von der Adummimsteige bis zur Rogelquelle vorzustellen hat. Die erste Möglichkeit wäre, daß sie wie die nachmalige Römerstraße zur Schemeschquelle, die dann mit *ʿēn er-rawābe* gleichgesetzt werden muß, dann direkt südlich am heutigen Auguste-Victoria-Gelände vorbei bis zum Kidrontal verlief und schließlich durch das Kidrontal nach *bīr eyyūb*. Diese Route ist, wie oben dargelegt, weniger wahrscheinlich. Die zweite Möglichkeit wäre, daß sie den gleichen Verlauf wie der heutige alte Jerichoweg nahm.[125] Dieser ging weiter südlich vom Auguste-Victoria-Gelände über den Ölberg und endete im Kidrontal. Von dort kann man dann zum *bīr eyyūb* gelangen. Mit diesem Weg hätte man eine mehr oder weniger direkte Linie von der Schemeschquelle = *ʿēn el-ḥōḍ* zur Rogelquelle = *bīr eyyūb*. Ob dieser Weg, den es ab dem 19. Jh. n.Chr. gab, aber bereits in atlicher Zeit bestand, ist nicht auszumachen.[126]

Eine dritte Möglichkeit ist, daß die Rogelquelle nicht zur Nordgrenze gehört, sondern Teil der Stadtgrenze Jerusalems ist. Die meist natürliche Route von der Schemeschquelle zur Meneftoachquelle verliefe nämlich über die nachmalige Römerstraße von *ʿēn er-rawābe* bis

---

[123] S.o. §6.5.1 und die Kritik von Priebatsch, *Brunnenstraße* 1975, 24–29.
[124] Vielleicht war er früher eine Quelle; vgl. Aḥituv, *Josua* 1995, 246; Heidel, *Rogel*.
[125] Vgl. Dorsey, *Roads* 1991, 204–206.
[126] Dorsey, *Roads* 1991, 205f.

nördlich der Altstadt Jerusalems und dann direkt weiter zur Meneftoachquelle = *ʿēn liftā* (15,9). Da Jerusalem nach 15,63 nicht durch die Judäer erobert werden konnte, durfte es auch nicht durch die Grenzbeschreibung Juda zufallen. Die Linie von der Rogelquelle bis zur Meneftoachquelle wäre dann als die Südwestgrenze Jerusalems, und nicht Judas aufzufassen, deren Beschreibung dann an dieser Stelle eingesetzt wurde.[127]

Von der Rogelquelle zur Meneftoachquelle

Diese Linie ist relativ einfach und führt westlich an Jerusalem vorbei. Von der Rogelquelle geht die Grenze hinauf zum Hinnomtal, und zwar „südlich der Berglehne des Jebusiters[128], das ist Jerusalem." אל־כתף היבוסי מנגב היא ירושלם muß als Apposition zu גי בן־הנם verstanden werden. Das Hinnomtal ist das heutige *w. er-rabābe*. Es führt zunächst südlich an Jerusalem vorbei, um bei der Schottischen Kirche nach Norden abzubiegen. Genau hier ist der „Gipfel des Berges, der westlich gegenüber[129] dem Hinnomtal" und „am nördlichen Rand der Refaiterebene" liegt, anzusetzen. Die Refaiterebene fängt da an, wo sich jetzt der Bahnhof befindet. Dann geht die Grenze durch das Hinnomtal weiter, um bei der Meneftoachquelle anzukommen. Diese liegt in *liftā*, so daß die Grenze quer durch das heutige West-Jerusalem gegangen sein muß. Dabei lief sie ungefähr über die heutige Jaffastraße, um dann da, wo jetzt die Autobahn nach Tel Aviv anfängt, in den *naḥal šoreq* hinein zur Quelle von *liftā* zu gelangen.

Die Identifizierung der Meneftoachquelle mit *ʿēn liftā* ist gesichert. Die Lage stimmt, es gibt eine Quelle, und die Namen können miteinander in Verbindung gesetzt werden.[130] Nach Von Calice bedeutet der Name „Quelle von Meneftach", d.h. Quelle des ägyptischen Königs Merenptah.[131] Es ist dann sehr wohl möglich, daß die Meneftoachquelle eine der „Wells of Mer-ne-Ptah ... which is on the mountain" ist, die in PapAnast III genannt werden.[132] Historisch gesehen bedeutet dies, daß Merenptah eine Straße mit Brunnen auf dem Bergrie-

---

[127] Zu einer Datierung dieser Grenze vgl. §8:2.3.3 und Anm. 62 auf S. 306.

[128] Zu כתף vgl. Kallai, *Kateph* 1965, 177–179.

[129] על־פני bedeutet hier einfach „gegenüber". Die Bedeutung „östlich" ist nach ³*HAL*, unter פנה, 890, fraglich und hier sogar unmöglich.

[130] Vgl. Abel, *GP* II 1938, 398: Das ח in נפתח ist elidiert und *e* im byzantinischen Νεφθω ist zum *i* geworden und das *n* zum *l* (vgl. Manocho–*malḥa* und Bethel–*bētīn*).

[131] Von Calice, *Menephthes* 1903, 224.

[132] Vgl. Pritchard, *ANET* 1955, 258.

gel westlich von Jerusalem benutzt haben kann, um nach Jerusalem vorzudringen.[133] An Wasser fehlte es in diesem Gebiet wahrlich nicht. Man wird nicht fehlgehen in der Annahme, daß die Straße Merenptahs zu einem großen Teil mit der späteren Römerstraße gleichzusetzen ist. Über diese Straße wollen wir unsere Grenzziehung fortsetzen.

Von der Meneftoachquelle nach Baala

Die Lage von Kirjat-Jearim ist mit *dēr el-azhar* gesichert, und Baala muß in direkter Nähe dazu gelegen haben.[134] Wo genau Baala lag, ist schwerer zu sagen. Es ist anzunehmen, daß es näher bei Juda zu suchen ist als Kirjat-Jearim. Der Hügel unmittelbar östlich von *dēr el-azhar*[135] käme dafür sehr wohl in Betracht. Er liegt bei Kirjat-Jearim, und zwar an der Straße, die von Bet-Nequfa herführt und, wie anschließend zu zeigen ist, vermutlich die Grenzlinie darstellt. Zudem sind am Fuß dieses Hügels sehr viele Scherben aus der EZ II gefunden worden.[136] Auf dem Hügel selbst gibt es kaum ez Scherben, aber diese können in späterer Zeit abgetragen worden sein, um die Terrassen zu bauen, in denen es sehr wohl ez Scherben gibt. Wenn die Ansetzung stimmt, kann man sich noch vor Kirjat-Jearim Richtung Süden wenden und den Weg nach Bet-Schemesch verfolgen, so daß Kirjat-Jearim selbst gerade nicht zu Juda gehört.

Von *liftā* bis nach *dēr el-azhar* gab es eine Römerstraße, die aller Wahrscheinlichkeit nach auf eine ez Straße zurückgeht. Dafür sprechen die ez Ortslagen, die man entlang der Römerstraße finden kann, und die Wanderung der Lade, die von Kirjat-Jearim nach Jerusalem gebracht wurde.[137] Die Straße verlief von *liftā* südlich der modernen Autobahn nach Tel Aviv bis Moza,[138] von dort über die Autobahn bis Bet-Nequfa, um dann die Autobahn zu verlassen und in nordwestlicher Richtung nach *dēr el-azhar* weiterzugehen. Zwischen der Meneftoachquelle = *ʿēn liftā* und Kirjat-Jearim = *dēr el-azhar* ist Ijim im Efrongebirge zu suchen. Das Efrongebirge ist wahrscheinlich das Gebirge zwischen *liftā* und *dēr el-azhar* mit dem Berg, auf dem *el-qastel* liegt (792 m), als

---

133 Priebatsch, *Brunnenstraße* 1975, 22.
134 S.o. §6.5.1.
135 730 m hoch; Koordinaten: 16060.13540.
136 Finkelstein / Magen, *Benjamin* 1993, Nr. 261 und 262.
137 Vgl. Dorsey, *Roads* 1991, 186f, und 2Sam 6.
138 Der Versuch von North, *Hills* 1956, 210–212, in ויצא von 15,9 ein *qatal*- statt *maqtal*-Bildung für Moza zu sehen, ist nicht überzeugend. Zu einem solchen Mißverständnis hätte man es in einem Text wie diesem nicht kommen lassen.

markantestem Berg. Bei Ijim kann man an *qalōnyā* oder den benachbarten *site* mit den Koordinaten 16505.13410 denken, beides Orte mit Keramik aus der EZ II.[139] *qalōnyā* hat außerdem Reste aus der FBZ I, was auf die Bedeutsamkeit dieses Ortes weisen kann.[140] Wenn mit Ijim „Ruinen" angedeutet sind, kann nämlich auch ein zur Zeit des Erzählers verlassener Ort gemeint sein.

Von Baala nach Bet-Schemesch

Bet-Schemesch liegt auf dem *t. er-rumēle*; daran zweifelt niemand, aber wie gelangt man durch hohes Gebirge von Baala nach Bet-Schemesch? Daß es in atlicher Zeit einen Weg von Bet-Schemesch nach Baala gab, ist sicher aufgrund von 1Sam 6,20–7,1. Ob die Boten aus Bet-Schemesch den Weg, der in Jos 15,10 gemeint ist, genommen haben, ist nicht deutlich, doch zu vermuten. Nach Baala stellt das Seïrgebirge den nächsten Punkt in der Grenzbeschreibung dar. Bei Baala wendet die Grenze sich nach Westen. In der LXX liest man für Seïrgebirge Ασσαρες, was auf den Ort *sārīs* hinweist. Der Bergrücken, auf dem *sārīs* liegt, muß dann das Seïrgebirge sein. Die Grenze lief südlich von diesem Bergrücken durch *w. el-ḥamār*. Wenn man dieses *wādi* weiter verfolgt, kommt man nördlich an *keslā* vorbei, was genau mit der Beschreibung „[und die Grenze] zog sich hinüber bis nördlich der Berglehne von Jearim—das ist Kesalon—" (v 10) übereinstimmt. Das Verb עבר trifft sich mit der Tatsache, daß die Grenze durch ein *wādi* geht, und Kesalon ist ohne Zweifel mit *keslā* gleichzusetzen. Der Berg Jearim muß dann das Gebirge sein, auf dem *keslā* liegt. Es besteht keine Notwendigkeit, dieses Gebirge unmittelbar mit Kirjat-Jearim in Verbindung zu setzen, da die Bezeichnung Jearim = „Wälder" auf mehrere Orte oder Berge zutreffen kann, wenn es genug Bäume gibt.[141] Hat man nun *w. ġarāb* und *w. el-maṭlūq* hinter sich, kann man von *w. eṣ-ṣarār* aus Bet-Schemesch liegen sehen. Diese vorgeschlagene Grenzlinie läßt sich am einfachsten erklären.[142]

---

139 Vgl. Finkelstein / Magen, *Benjamin* 1993, Nrs. 291 und 294.

140 Später haben die Römer es als Lagerplatz ausgebaut. Daher der Name *qalōnyā* = *colonia*.

141 Gegen North, *Hills* 1956, 212.

142 Mit dieser Grenzlinie braucht man nicht wie North, *Hills* 1956, die Positionen der Berge Seïr und Jearim miteinander zu vertauschen; vgl. auch Fritz, *Josua* 1994, 160.

Von Bet-Schemesch nach Ekron

Um von Bet-Schemesch nach Timna, das mit *t. el-bāṭāšī* zu identifizieren ist, zu gelangen, kann man einfach dem *w. eṣ-ṣarār* folgen (עבר). Man muß aber von Timna aus nördlich des Berghanges von Ekron=*ḫ. el-muqannaʿ* ankommen. Ob man dafür in dem *w. eṣ-ṣarār* bleiben kann oder doch näher an Ekron vorbeiziehen muß, ist nicht ganz deutlich. Bei einer so großen Stadt, wie es Ekron war, ist durchaus mit der Möglichkeit zu rechnen, daß sich ihr Territorium ganz weit nach Norden erstreckte.[143]

Von Ekron bis zum Mittelmeer

Die Lage Ekrons ist gesichert wie auch die Jabneels. Denn dieser Ort kann in *yebna* angesetzt werden. Von dort konnte man am *nahr rūbīn* entlang zum Mittelmeer gelangen. Wo die Orte zwischen Ekron und Jabneel zu suchen sind, ist äußerst unsicher. Man kann vermuten, daß sich die Grenze am *naḥal šōrēq* entlang zog. *naḥal šōrēq* macht am Punkt 135.138 einen Knick nach Westen, was mit dem Verb תאר in Übereinstimmung stände. Für Schikkaron gibt es zwei mögliche Identifizierungen: *t. el-fūl* und *qaṭra*. Beide liegen am *naḥal šōrēq* und zwischen Ekron und Jabneel.[144] Somit haben wir eine ungefähre Angabe. Für *t. el-fūl* hat Aharoni drei Argumente:[145] 1. der archäologische Befund paßt. Es sind Scherben aus der SBZ, EZ I und II gefunden worden; 2. es liegt am *naḥal šōrēq*, das auch Aharoni als Grenze annimmt; 3. Felder, südlich von *t. el-fūl* werden *eš-šiqre* genannt. Was letzteres Argument betrifft, gibt Aharoni selbst aber zu, daß ein *k* und ein *q* eigentlich nicht zu verwechseln sind.[146] Für *qaṭra* gelten die ersten zwei Argumente auch. Da das dritte Argument nicht ausschlaggebend ist, haben beide *sites* die gleichen Chancen, das alte Schikkaron zu sein. Doch wenn man die *sites* gleichmäßig über die Grenze verteilt, kommt *t. el-fūl* eher in Betracht, weil zwischen Schikkaron und Jabneel auch noch Platz für den Berg Baala übrigbleiben muß. Setzt man Schikkaron jedoch in *qaṭra* an, dann ist man schon fast in Jabneel angelangt.

---

[143] So Aharoni, *Boundary* 1958, 27–31.

[144] Nebenbei sei erwähnt, daß Abel, *GP* II 1938, 50, Schikkaron in *zernūqa* ansetzt und den Berg Baala in *el-qubēbe*. Doch dagegen spricht ganz entscheidend, daß man dann zusammen mit der Identifizierung Jabneel=*yebna* drei Grenzfixpunkte hat, die sehr nahe beieinander liegen. Das kommt außer im Falle der Grenze um Jerusalem nicht vor. Der Abstand von Ekron, *ʿāqir* bei ihm, nach *zernūqa* ist dafür zu groß.

[145] Aharoni, *Boundary* 1958, 30.

[146] Aharoni, *Boundary* 1958, 30³.

Auch für die Identifizierung des Berges Baala folgen wir Aharoni. Er weist darauf hin, daß die einzige Erhebung, die in diesem sonst so flachen Land die Bezeichnung Berg tragen darf, der Bergrücken ist, auf dem sich *el-maġār* befindet. Man kann noch hinzufügen, daß er auf halbem Wege zwischen Schikkaron=*t. el-fūl* und Jabneel=*yebna* liegt und das Verb für die Bewegung von Schikkaron zu dem Berg Baala auf ein Ziehen durch das *wādi* hinweist.

Am Ende dieses Abschnittes möchten wir darauf hinweisen, daß die Grenze ab Ekron, wenn nicht schon ab Timna, nur theoretisch ist, da die Israeliten die südliche Küste wahrscheinlich nie besessen haben. Wir gehen auf dieses Thema unter „Geschichte" noch ein.[147]

6.6. *Die Datierung der Grenzbeschreibung*

6.6.1. *Die Südgrenze*

Der Ertrag der literarischen sowie der archäologischen Untersuchung der Südgrenze ist für deren Datierung nicht ergiebig. Kadesch-Barnea spielt in der frühen Geschichte eine bedeutende Rolle, doch die Oase selbst wurde erst später bewohnt. Der Bach Ägyptens ist nach der erzählten Zeit seit der Königszeit belegt (sieht man ab von Num 34,5 und Jos 15,4). Die Skorpionensteige ist seit dem 15. Jh. aus ägyptischen Inschriften bekannt. Für eine Datierung aufgrund der Archäologie kommen nur Kadesch-Barnea=*t. el-qudērāt* und vielleicht *el-quṣēme* (= Azmon?) in Betracht. Das Problem bei *t. el-qudērāt* (und der ganzen *ʿēn el-qudērāt-* und *ʿēn qudēs*-Oase) ist, daß es zur Zeit der Wüstenwanderung (SBZ / frühe EZ I) nicht bewohnt war.[148] Erst seit dem 11. / 10. Jh. gibt es einige Belege für Bewohnung, die meisten allerdings seit dem 8. Jh. *el-quṣēme* weist überhaupt keine ez Funde auf,[149] doch in dessen Nähe befinden sich das „Aharoni Fortress" und noch ein kleines Gebäude mit Resten aus dem 11. / 10. Jh.

Literarisch können wir für die Südgrenze Judas nicht hinter dessen Vorlage Num 34,3b–5, die Südgrenze Kanaans, zurück. Num 34 ist in der Tradition von P entstanden und somit jünger als P. Es ist wohl in nachexilischer Zeit anzusetzen. Vor dieser Zeit liegen Blüteperioden der *ʿēn el-qudērāt-* und *ʿēn qudēs*-Oasen. Der ganze Handelsweg

---

[147] S.u. §8.3.2.4.

[148] Vgl. Cohen, *Kadesh Barnea* 1981; Jericke, *Landnahme* 1997, 97f.

[149] Jericke, *Landnahme* 1997, 82.

nach Ägypten war in der EZ IIc durch Festungsanlagen gesichert, und *tell el-qudērāt* = Kadesch-Barnea spielte dabei eine herausragende Rolle. Es ist durchaus anzunehmen, daß man Verhältnisse aus späterer Zeit in die Geschichte zurückverlegt und zur Wanderstation der Israeliten erklärt hat.[150] Ob die Verfasser von Num 34,3b–5 eine zu ihrer Zeit bestehende Südgrenze beschrieben, muß offen bleiben. In der pers. Zeit waren die Oasen sehr spärlich bewohnt. Vielleicht haben die Verfasser Material aus der Blütezeit der Oasen und Festungen verwendet (EZ IIc). Historisch-politische Argumente sollen diese Vermutung unterstützen.[151]

6.6.2. *Die Nordgrenze*

Viele Grenzfixpunkte sind natürliche Gegebenheiten wie Berge, Täler und Felsenformationen[152] und somit nicht archäologisch und nur in geringem Maße literarisch oder historisch für eine Datierung auszuwerten.[153] Kirjat-Jearim darf für die Datierung der Grenzbeschreibung nicht mit herangezogen werden, weil es in einer Explikation zu Baala vorkommt. Somit bleiben nur Bet-Schemesch, Timna und Ekron. Ekron war die meiste Zeit philistäisch,[154] und es ist fraglich, ob es je zu Juda gehört hat. Nur Samuel soll es nach 1Sam 7,14 erobert haben,[155] aber frühestens unter David war es wahrscheinlich (wieder)

---

[150] Vgl. Jericke, *Landnahme* 1997, 105.

[151] S.u. §8.2.3.4.

[152] Bei *ruǧm el-qiblīye*, das vielleicht mit dem Stein Bohans verbunden werden kann, sind zwar Überreste gefunden, aber erst aus byz. und arab. Zeit; Bar-Adon, *JSG* 1972, Nr. 79.

[153] Das Hinnomtal war auf jeden Fall zur erzählten Zeit von Josia und Jeremia bekannt. Das einzige, was man in literarischer Hinsicht über diese natürliche Gegebenheiten sagen kann, ist, daß sie in der erzählten Zeit als bekannt vorausgesetzt wurden. Doch vielleicht waren sie nur in der Zeit des Erzählers bekannt.

[154] Was „philistäisch" genau bedeutet, ist schwer zu beurteilen. Im Laufe der Geschichte hat sich die Bedeutung dieses Begriffs gewandelt (vgl. z.B. den Status der Philister vor dem, während des, nach dem vereinten Königreich und während der assyrischen Oberherrschaft; Ehrlich, *Philistines* 1996). Auch wenn die Philister in der prophetischen Literatur als eine von den Judäern / Israeliten gesonderte Gruppe betrachtet werden (vgl. Noort, *Seevölker* 1994, 33–38; aber vgl. Sach 9,7 und dazu Noort, a.a.O., 35), ist später (7. Jh.?) mit einem friedlichen Zusammenleben zwischen Philistern und Judäern (und Israeliten?) zu rechnen bzw. einer Vermischung ihrer Traditionen, zumindest in den mehr im Binnenland gelegenen Orten Gat und Ekron; vgl. zu Ekron z.B. Noort, a.a.O., 171f, u.ö.; Ehrlich, a.a.O., 15.53f; Zwickel, *Grundlagen* 1994, 586f. Letzterer weist darauf hin, daß die Ölindustrie im Ekron des 7. Jh. nur mit Hilfe judäischer Arbeitskräfte sowie Oliven vom judäischen Gebirge möglich war.

[155] Doch der Text hat eher die Absicht zu zeigen, daß das Königtum Sauls nicht

philistäisch, wenn auch unter davidischer Vasallenherrschaft.[156] Timna, nach der Simsongeschichte auch eine philistäische Stadt, könnte ab einem bestimmten Zeitpunkt zu Juda gehört haben, bis König Achaz es an die Philister verlor (2Chr 28,18), aber wahrscheinlich ist das nicht.[157] Das gleiche trifft auf Bet-Schemesch zu, doch weil es die Lade beherbergte, gehörte es seit der Richterzeit zu Israel.[158] Sieht man ab von den geographischen Texten in Jos, dann scheint Bet-Schemesch noch zu Israel/Juda gehört zu haben, jedoch Timna eher und Ekron fast nur philistäisch zu sein. Alle Städte waren in der Richterzeit bekannt.

Für eine archäologische Datierung bleiben zehn Orte übrig, die mit mehr oder weniger großer Sicherheit identifiziert werden können.[159] Beginnt man mit den sicher zu identifizierenden Ortslagen, dann fallen das 13. und 12. Jh. für eine Datierung der Grenzbeschreibung aus. Kesalon=*keslā* dürfen wir nur mit Vorsicht in die Überlegungen mit einbeziehen, weil es in einer Explikation zur Berglehne von Jearim erscheint und somit später als die Grenzbeschreibung sein kann. Wenn sie allerdings gleichzeitig ist, dann scheiden das 13. bis 11. Jh. aus, weil *keslā* erst in der EZ II bewohnt war. Von den übrigen sicher zu identifizierenden Orten, Bet-Schemesch, Timna, Ekron und Jabneel, ist über die ersten drei durch Ausgrabungen viel bekannt. *t. er-rumēle* IVB und der größte Teil von III, wenn nicht das ganze Stratum III, *t. el-bāṭāšī* V und *ḫ. el-muqannaʿ* VII–V sind aufgrund des Vorkommens von MycIIIC und *bichrome ware* als nicht israelitisch zu deuten.[160] Damit fallen das 13. bis 11. Jh. für eine Datierung aus. Ein *terminus ante quem* liegt ungefähr bei 670, wenn *t. er-rumēle* definitiv verlassen wird,[161] und

---

mehr nötig war, weil die philistäische Bedrohung gewichen war, und es JHWH ist, der zum Sieg verhilft; vgl. Stoebe, *1. Samuelis* 1973, 175; Noort, a.a.O., 50.

156 Wie eigenständig der Vasallenstaat Philistäa unter David war, ist ein umstrittenes Problem; vgl. Noort, a.a.O., 43–50; ein anderes Problem ist, ob David die im Binnenland gelegenen Orte Gat und Ekron lediglich seiner Herrschaft unterworfen oder eingenommen hat; vgl. Ehrlich, *Philistines* 1996, 34f.

157 Noort, a.a.O., 39; anders Ehrlich, a.a.O., 155f.

158 Mehr unter §7.6.2. Problematisch ist allerdings, daß es in der EZ I die gleiche materielle Kultur wie Timna (*t. el-bāṭāšī*) hatte, das nach dem AT in der Richterzeit philistäisch war (z.B. Ri 14,2); vgl. dazu Ehlich, a.a.O., 20f.

159 S. die Übersicht §11.4.1.

160 Vgl. Noort, *Seevölker* 1994, 113–128.142–148 sowie Bunimovitz/Lederman, *Beth-Shemesh*; Dothan/Gitin, *Miqne, tel*; Mazar/Kelm, *Batash, tel*.

161 Erst in der hell. Zeit wird es wieder bewohnt.

eigentlich bereits um 700, wenn Stratum IIC zerstört wird.[162] Somit bleiben das 10. bis 8. Jh. übrig. Wir können die Datierung noch weiter auf das 10. oder 8. Jh. einschränken, weil *ḫ. el-muqanna'* im 9. Jh. kaum oder vielleicht gar nicht bewohnt war und erst im 8. Jh. wieder an Bedeutung gewann. Für *t. er-rumēle* ist auch nicht ganz deutlich, ob es im 9. Jh. bewohnt war oder nicht.[163] Dieser Datierung stehen die wahrscheinlichen Identifizierungen (Bet-Hogla, Debir 1, Baala und Schikkaron) nicht entgegen, obgleich die betreffenden *sites* nicht ausgegraben wurden und die Kennzeichnungen der Funde in der Literatur relativ allgemein mit EZ I, EZ II oder gar EZ angedeutet werden. Auf jeden Fall kennt keiner dieser Orte (wahrscheinlich betrifft das auch *t. el-fūl*) Bewohnung in der bab. / pers. Zeit. Mehr ist vorerst aufgrund archäologischer Ergebnisse nicht zu sagen. Vielleicht aber gehörten zur Abfassungszeit der Grenzbeschreibung Ekron und Timna nicht zu Juda und muß der westliche Teil der Grenzbeschreibung ab Timna als Fiktion verstanden werden. Später wird die Entscheidung aufgrund weiterer historischer Überlegungen für das 10. Jh. als Datierung eines Hauptteils der Nordgrenze fallen.[164]

---

[162] Wahrscheinlich im Jahre 701 von Sanherib.

[163] Bunimovitz und Lederman äußern sich in der NEAEHL nicht deutlich über das 9. Jh., während sie in *Beth-Shemesh* 1996, 48, keine Bewohnung von 931–800 voraussetzen. Auch nach Cross / Wright, *Boundary* 1956, gibt es keine Bewohnung im 9. Jh. (s. dazu §7.6.2). Dem widerspricht Kallai-Kleinmann, *Town Lists* 1958, 149–151.

[164] S.u. §8.2.3.3.

KAPITEL 7

DIE ORTE

7.1. *Der Negev*

Während man heutzutage das ganze Dreieck vom Südende des Toten Meeres bis Elat, von dort bis Rafia und von dort wieder zum Südende des Toten Meeres als Negev bezeichnet, bezieht sich der Name im biblischen Sprachgebrauch auf einen relativ schmalen Landstreifen mit Beerscheba als Zentrum. Die Nordgrenze bilden die südlichen Ausläufer der Schefela und des judäischen Gebirges. Genau ist die Nordgrenze nicht festzulegen, was sich z.B. daran zeigt, daß in 15,19 auch das Gebiet um Debir dazu gehört, obgleich es sonst zum Bergland gerechnet wird. Im allgemeinen kann man sagen, daß der biblische Negev ungefähr das Gebiet ist, das zwischen der 300- und 100 mm Isohyete liegt. Die Regenmenge reicht gerade noch für spärliche Land- und Viehwirtschaft aus. Es handelt sich um das Gebiet, das ca. 20 km nördlich von Beerscheba beginnt und sich bis ungefähr 20 km südlich dieser Stadt erstreckt. Seine Ostgrenze ist die Araba. Im Westen geht es in die südliche Küstenebene über. Auch diese Grenze ist somit unscharf.

In der ausgehenden EZ I bzw. der beginnenden EZ II wurden im Negev viele Festungen gebaut, und zwar auch südlich des oben beschriebenen Gebiets.[1] Die Zerstörung der Festungen wird mit dem Einfall des Pharao Scheschonk in Verbindung gebracht.[2] Gewöhnlich nimmt man an, daß sich die vielen Orte mit dem Element *ḥgr* in der Scheschonkliste auf diese Festungen beziehen. Für unsere Untersu-

[1] Vgl. Cohen, *Negev* (mit Literatur); id., *Map 168* 1981; id., *Emergency* 1982; id., *Emergency* 1983; Mazar, *Sites* 1988; Haiman, *Negev* 1989; id., *Sites* 1994, 36–61; Lender, *Map 196* 1990; Mayerson, *Observations* 1996; Meshel, *Architecture* 1992; Meshel / Cohen, *Refed* 1980.

[2] Zur Frage des Ursprungs der Festungen gibt es zwei verschiedene Auffassungen: 1. Salomo hat eine Verteidigungslinie gebaut, um sich gegen Nomaden zu verteidigen und die Handelswege zu schützen. 2. Die „Festungen" waren keine Festungen, sondern Wohnorte von sich ansiedelnden Nomaden. Vgl. zur ersten Auffassung: Aharoni, *Forerunners* 1967, 13–17; Cohen, *Fortress* 1979; id., *Fortresses* 1985; id., *Defense Line* 1986; Herzog, *Settlements* 1983; Meshel, *Who* 1979; Mayerson, *Frontier* 1990, 271f; Meshel / Goren,

chung hat die Liste aber geringe Bedeutung, denn viele der darin aufgeführten Orte sind südlicher anzusetzen als die Südgrenze des ersten Distriktes, und eine Datierung in das 10. oder 11. Jh. ist für die Ortsliste Judas ausgeschlossen, wie sich noch zeigen wird. Die Scheschonkliste könnte sich eher mit der Grenzbeschreibung in 15,2–4 decken, aber gerade dort werden im Vergleich zu den vielen „Festungen" nur wenige Orte genannt. Die Scheschonkliste nennt nur sehr wenige Orte aus 15,21–32, und auch das Zentrum Judas und die Schefela kommen dort nicht vor.

Eine zweite Siedlungswelle gab es im ausgehenden 7. bzw. beginnenden 6. Jh. Es finden sich viele nur kurze Zeit bewohnte Festungen mit Kasemattenmauern, wiederum auch südlich des biblischen Negev. Es ist möglich, daß sie angesichts der am Anfang des 6. Jh. anrückenden Edomiter aufgegeben wurden.[3] Weil Distrikt I, wie schon bemerkt, keine Orte südlich des biblischen Negev enthält, muß die Negevliste entweder aus der Zeit vor der zweiten Siedlungswelle oder aus der Zeit, zu der viele Orte schon wieder aufgegeben waren, stammen; also vor dem ausgehenden 7. Jh. oder nach der Mitte des 6. Jh. Die folgende Behandlung der Orte muß eine Entscheidung in dieser Frage herbeiführen.

Im Verhältnis zwischen dem archäologischen Befund und den biblischen Berichten über die Vorzeit Israels tut sich eine erste Kluft auf, denn im Negev gibt es bis auf *ḫ. el-mšāš* keine Siedlungen aus der SBZ.[4]

7.1.1. *Distrikt I—15,21b–32*

7.1.1.1. Die literarischen Quellen

Weil die Summierung in v 32 von der genannten Anzahl der Orte abweicht, muß Distrikt I literarisch gewachsen sein.[5] In §3.4.4, 3.5.5 und 3.5.6 haben wir herausgearbeitet, daß die „simeonitischen" Orte

---

Fortress 1992. Vgl. zur zweiten Auffassung: Finkelstein, *Fortresses* 1984; id., *Sites* 1986; id., *Trade* 1988; id, *Fringe* 1990, 103–126, bes. 103–109; Finkelstein / Perevolotsky, *Process* 1990.

[3] Wann genau der edomitische Einfall einsetzte, ist nicht deutlich. Sicher ist, daß sie mit Nebukadnezars Zug gegen Juda zusammenhängt. Möglicherweise hatte Nebukadnezar bereits 598/7 den südlichen Teil des Negev den Edomitern überlassen; vgl. Jer 13,18f und Donner, *Geschichte* II ^{2}1995, 407.421 (mit Literatur).

[4] Vgl. Fritz, *Erwägungen* 1975; Na'aman, *Inheritance* 1980, 136.

[5] Svensson, *Towns* 1994, 31f; *table* 5, poniert, daß, wenn man die Ortsnamen übersetzt, die Negevliste ein Lied darstellt. Die Begründung und Herausarbeitung dieses Liedes ist aber äußerst dürftig.

Baala, Ezem, Eltolad, Betul und En-Rimmon ursprünglich nicht zur Negevliste gehörten, wobei die ersten vier möglicherweise älter sind als die Orte des Grundbestands der Negevliste.[6]

In c 2 wurden folgende Konjekturen vorgenommen: עדר ist als ערד (v 21), דימונה vielleicht als דיבונה oder רימונה (v 22), עדעדה als ערערה (v 22), בזיותיה als בנותיה (v 28), כסיל als בתול (v 30) und ועין ורמון als ein Ort ועין רמון (v 32) zu lesen. Außerdem ist עיים als Dittographie zu streichen (v 29).

Der Negev-Distrikt enthält nicht nur von allen Distrikten in c 15 die meisten Orte, sondern auch die meisten *hapax legomena*. Sieben Orte sind als solche zu bezeichnen: Jagur,[7] Dimona, Jitnan,[8] Hazor-Hadatta,[9] Amam,[10] Hazar-Gadda[11] und Heschmon. Dazu kommen die homonymischen *hapax legomena*: Kina,[12] Kedes, Hazor 1, Sif 1,[13] Bealot, Kerijot,[14] Hezron 2,[15] Hazor 2 und Schilhim[16]. Auf alle diese Orte wird nicht näher eingegangen. Synonymische Pseudo-*hapax legomena* sind: Arara cj., Telem, Schema, Baala 2, Sansanna und Lebaot.

[6] Der MT zählt 38 Orte, die nach textkritischem Eingriff auf 34 zurückgebracht werden können; s.o. c 2 und §3.4.4.

[7] Wahrscheinlich ist Jagur noch in Arad-Ostrakon 42,1 erwähnt; vgl. Aharoni, *Inscriptions* 1981, 76.

[8] Es sei denn, Etnan aus 1Chr 4,7 wäre mit dem Ort zu verbinden. Das ist aber nicht gesichert; vgl. Willi, *Chronik* 1991ff, 125.

[9] Vgl. auch Eusebius, *Onomastikon*, 20,3–5, der ein Neu-Hazor im Gebiet von Askalon im Osten erwähnt.

[10] Die Lesart בית אמם in Ostrakon 1,4 von *t. es-seba'* ist sehr unsicher; vgl. Renz / Röllig, *HAE* I/1 1995, 234; Naveh, *Ostraca* 1979.

[11] Es ist eventuell möglich, wenn auch über einen Umweg, *p3 ḥqr ỉrqd* aus der Scheschonkliste (Simons, *ETL* 1937, XXXIV,96f) als חצר אלגד zu lesen und so mit Wegfall des Elements אל und Hinzufügung der femininen Endung zu חצר גדה zu gelangen; vgl. Mazar, *Campaign* 1957, 65. Eusebius, *Onomastikon*, 68,18f, weiß zu Γαδδα noch zu bemerken, daß es an der äußersten Grenze der Daroma im Osten am Toten Meer liegt.

[12] Kina kommt im Arad-Ostrakon 24,12 vor; s.u. zu Arad.

[13] Es gibt zwei Orte mit dem Namen Sif: ein Sif im Gebirge, das unten besprochen wird, und ein anderes im Negev. Letzteres wird nur hier genannt. Ob der Name im Arad-Ostrakon 17,5 vorkommt (Aharoni, *Inscriptions* 1981, 33), ist fraglich. Renz / Röllig, *HAE* I/1 1995, 381.381[7], lesen להם statt לזף. Die Befunde tragen nichts zur Klärung der Lokalisierung bei.

[14] Mit קרית in der Mesa-Inschrift, Z. 13, ist Kerijot (*qurēyāt 'alēyān*) im Ostjordanland gemeint (vgl. Jer 48,24); vgl. *TUAT* I, 648.

[15] Hazor in ägyptischen Quellen und in den Amarna-Briefen bezieht sich auf Hazor vom Stamm Naphtali im Norden; vgl. Aḥituv, *Toponyms* 1984, 116f; Knudtzon, *EA* II 1915, 1320; Moran, *AL* 1992, 390.

[16] Eigentlich kann man Schilhim auch als *hapax legomenon* bezeichnen, denn als Eigenname kommt es nur in 15,32 vor, sonst ist es pt. pl. m. von שׁלח.

Einige Orte der „Simeongruppe" innerhalb der Negevliste (vv 26–32) sind nur hier und in Jos 19,2–7 belegt; einige finden sich auch in 1Chr 4,28–32. Sowohl Jos 15 als 1Chr 4 sind hier von Jos 19 abhängig.[17] Obgleich der Ortsbestand in Jos 19,2–7 alt sein kann, ist die Komposition, in der er vorkommt, spät, und die davon abhängigen Texte sind somit noch später.[18] Durch diesen zeitlichen Abstand können die Orte nur historisch-geographisch datiert werden. Darum gehen wir bei der Behandlung der literarischen Quellen nicht weiter auf Schema,[19] Baala 2,[20] Eltolad,[21] Sansanna[22] und Lebaot[23] ein. Die Ortsangaben in den Erzählungen um David in den Samuelbüchern (vor allem 1Sam 30; 2Sam 23) nehmen wir sehr wohl auf, da es durchaus möglich ist, daß die in ihnen genannten Orte tatsächlich die Zeit Davids betreffen.[24] Schwerer ist es, Neh 11,25–30, die Liste der Orte, in denen sich die Rückkehrer aus Babylon ansiedelten, historisch auszuwerten.[25]

Kabzeel

Für die relative Lokalisierung von Kabzeel bietet Neh 11,25, dort mit der Schreibweise Jekabzeel[26], eine wichtige Information. Es wird als Wohnort für die judäischen Rückkehrer zwischen Dibon und Jeschua genannt, wobei Dibon mit Dimona aus dem judäischen Negev-Distrikt

---

[17] S.o. §3.5.5 und vgl. Japhet, *Conquest* 1979; Willi, *Chronik* 1991ff, 144.

[18] S.o. §4.5.2.

[19] In Jos 19,2 wird dieser Ort Scheba genannt; s.o. §3.5.5 שמע kommt sonst mit anderer Vokalisation nur noch als Personenname vor (1Chr 5,8; 8,13; 11,44; Neh 8,4). Aharoni, *LoB* ²1979, 244, weist darauf hin, daß *šmʿt*, das in einer Inschrift Ramses' II. steht und im Land der Beduinen lokalisiert wird, vielleicht in Beziehung zum Namen Schema steht. Der Quasi-Personenname in der Judagenealogie von 1Chr 2 (vv 43.44) ist nicht mit unserem Schema zu verbinden, weil es zusammen mit Orten auf dem Bergland erscheint (anders Willi, *Chronik* 1991ff, 102). (Vgl. den „Vater" Hebron und den „Bruder" Tappuach. Unter den „Söhnen" erscheint Jorkoam und unter der „Familie" u.a. Maon und Bet-Zur.)

[20] Baala 2 ist mit Bala (Jos 19,3) und Bilha (1Chr 4,29) gleichzusetzen (vgl. Willi, a.a.O., 144); s.o. unter §2.3 zu v 29 und §3.5.5.

[21] Jos 19,4; 1Chr 4,29 (als תולד; die Peschitta [und die Arabica] liest *ʾltwld*, doch das ist eine Harmonisierung mit Jos 15,30; 19,4). Die Lesart תלד in einem Ostrakon von *t. es-sebaʿ* (1,2) ist äußerst unsicher; vgl. Renz / Röllig, *HAE* I/1 1995, 233f.

[22] Als Hazar-Susa in Jos 19,5 und Hazar-Susim in 1Chr 4,31; s.o. §3.5.5.

[23] Als Bet-Lebaot in Jos 19,6. Für eine Gleichsetzung von (Bet-)Lebaot mit Bet-Beri (1Chr 4,31; so z.B. Steuernagel, *Josua* ²1923, 267; Noth, *Josua* ²1953, 88; Willi, *Chronik* 1991ff, 71.144) gibt es keine textkritischen Hinweise.

[24] Vgl. z.B. Stoebe, *1. Samuelis* 1973, 510.

[25] S.u. §8.6.

[26] LXX^{L}, Peschitta und *V* geben aber die Form *qbṣʾl* wieder.

gleichzusetzen ist.[27] Die Liste in Neh 11,25–30 beginnt mit Kirjat-Arba, nennt dann erst die Orte südwärts Richtung Beerscheba und Ziklag und weiter die Orte in nördlicher Richtung. (Je)Kabzeel ist nach der relativen Topographie östlich von Beerscheba zu suchen. Das trifft sich mit der vermuteten und noch weiter herauszustellenden Anordnung des 1. Distrikts, die von Osten nach Westen führt. Weil Jekabzeel nach diesem Text auch Gehöfte besaß, kann es nicht unbedeutend gewesen sein.

Über Kabzeel erfährt man weiter, daß Benaja, einer der Männer Davids, aus diesem Ort stammte (2Sam 23,20; 1Chr 11,22). Nach dem biblischen Befund müßte Kabzeel also zur Zeit Davids sowie nach dem Exil bewohnt gewesen sein.

Arad cj.

Arad kommt fünfmal im AT als geographischer Name vor,[28] davon viermal im Zusammenhang mit Horma[29] sowie in Jos 15,21.[30] Dort erscheint Arad fast am Anfang der Negev-Liste, während Horma erst gegen Ende erwähnt wird.

Arad wirft folgendes Problem auf: Für einen historischen Anspruch der biblischen Texte müßte es in vorisraelitischer Zeit bewohnt gewesen sein.[31] Nun kann Arad mit an Sicherheit grenzender Wahrscheinlichkeit in *t. ʿarād* lokalisiert werden. Hier fehlt aber jede Spur von sbz Resten.[32] Für dieses Problem gibt es fünf Lösungsvorschläge:[33] 1. Das kanaanäische Arad ist von dem israelitischen zu unterscheiden (Aharoni[34]). Das kanaanäische wäre in *t. el-milḥ* und das israelitische in *t. ʿarād* zu suchen. 2. Der König von Arad[35] war ein Stammesherrscher im Gebiet von Arad. Arad selbst muß nicht notwendigerweise eine befe-

[27] S.u. zu „Dimona". Jeschua kommt nur in Neh 11,25 vor.

[28] Einmal als Personenname: 1Chr 8,15.

[29] Num 21,1; 33,40; Jos 12,14; Ri 1,16; s.u. zu „Horma".

[30] Vgl. zu den späteren Quellen Tsafrir / e.a., *Tabula* 1994, 66.

[31] Die Liste der besiegten Könige, Jos 12,9–24, in der Arad begegnet (v 14), geht zurück auf eine ursprüngliche Ortsnamenliste, die aus Jos 12,10–24a* bestand; vgl. Fritz, *Liste* 1969. Es gab jedoch keine Zeit, zu der alle identifizierbaren Orte gleichzeitig bewohnt waren. Damit entfällt eine Datierung in die Zeit Salomos; vgl. Fritz, *Josua* 1994, 136 (gegen Fritz, *Liste* 1969, 156–160). Wir halten es durchaus für möglich, daß sich in der ursprünglichen Liste disparate Erinnerungen an alte kanaanäische Städte niedergeschlagen haben.

[32] Aharoni, *Arad*, 82–87, bes. 82.

[33] Vgl. Fritz, *Arad* 1966, 336; Na'aman, *Inheritance* 1980, 140f; Aharoni, *Arad*, 85f.

[34] Vgl. z.B. Aharoni / Amiran, *Excavations* 1964, 144–147; Aharoni, *Arad*, 85f.

[35] Vgl. Num 21,1; 33,40; Jos 12,14.

stigte Stadt gewesen sein (Glueck[36]). 3. Arad war keine Stadt, sondern das Gebiet um die Stadt Horma (= *t. el-milḥ*), in welcher der König von Arad seinen Sitz hatte (B. Mazar[37]). 4. Num 21,1–3 bezieht sich auf Horma (= *t. el-ḫuwēlife*) und nicht auf Arad (Na'aman[38]). Arad muß in Num 21,1 als eine späte Glosse betrachtet werden. 5. Die Erzählungen um Arad sind lokalätiologischer Natur und müssen nicht mit der ausgehenden BZ bzw. der beginnenden EZ verbunden werden (Fritz[39]).

Was den ersten Lösungsvorschlag betrifft, sind wir der Meinung, daß der Sprung von der SBZ ins 10. Jh., in dem *t. ʿarād* erst bewohnt wurde, wohl zu schnell gemacht wird. Außerdem ist es unwahrscheinlich, daß ein Ortsname 12 km von *t. el-milḥ* nach *t. ʿarād* wandert.[40] Für Annahmen 2. und 3., die einander ähneln, wird argumentiert, daß Arad aufgrund der Verbindung Negev Arad (Ri 1,16) eine Gebiets- bzw. Stammesangabe zu sein scheint. Dieses Argument ist nicht zwingend. Negev kommt zwar in Verbindung mit Stammesnamen vor,[41] aber erstens gibt es für die Parallelen nur zwei Belegstellen im gleichen Buch und Kontext, zweitens ist das vergleichbare מדבר in vielen Fällen sehr wohl mit einem Ortsnamen verbunden[42].

Die beiden letzten Lösungsvorschläge, denen wir zustimmen, sind literarkritischer Art. Num 33,40 setzt 21,1 voraus. Im Itinerar von Num 33 ist v 40 eine Interpolation, die 21,1 zusammenfaßt,[43] während die begonnene Erzählung keine Fortsetzung erhält. Somit bleibt im Pentateuch nur noch Num 21,1 selbst übrig. Gerade das מלך ערד nach הכנעני ist als eine Interpolation zu betrachten,[44] denn es ist unwahrscheinlich, daß der König von Arad mit dem Kanaanäer schlechthin gleichzusetzen ist. Der Kontext zwingt uns, הכנעני als *pars pro toto* für die Kanaanäer zu sehen.[45] Erst nachträglich ist die Erzählung mit Arad

[36] Glueck, *Rivers* 1959, 114.
[37] Mazar, *Sanctuary* 1965, 299.
[38] Na'aman, *Inheritance* 1980, 138.
[39] Fritz, *Arad* 1966.
[40] Ebd., 337f.
[41] 1Sam 27,10: Negev Judas, Negev der Jerachmeeliter, Negev der Keniter; 1Sam 30,14: Negev Kalebs, Negev der Keretiter.
[42] Vgl. Wüste von Beerscheba (Gen 21,14); von Bet-Awen (Jos 18,12); von Gibeon (2Sam 2,24); von Damaskus (1Kön 19,15); von Sif (1Sam 23,14.15; 26,2 [2×]) usw.
[43] Num 33,40 hat im Vergleich zu Num 21,1 בארץ כנען extra.
[44] Vgl. u.a.: Holzinger, *Numeri* 1903, 88: „Glosse"; Noth, *Numeri* 1966, 136: „Zusatz"; Na'aman, *Inheritance* 1980, 138 (mit Literatur).
[45] Vgl. die Bezeichnung העם und die Suffixe im Plural in vv 2.3. Noth, *Numeri* 1966, 135, spricht ohne weitere Erklärung über „die Kanaaniter".

und dem König von Arad verbunden worden, weil man „den Ort" (המקום; v 3) lokalisieren wollte. Dafür bot sich Arad an: Es lag im Negev (v 1), und es war in der FBZ eine mächtige Stadt, deren Ruinen sich zur Zeit der Interpolation von מלך ערד (v 1) trefflich mit einer Vernichtungsgeschichte (חרם hi.; vv 2.3; חרמה; v 3) verbinden ließen.[46] Als Analogien können die Geschichten um Jericho und Ai angeführt werden, die zur Zeit der Einwanderung nicht oder nur spärlich bewohnt waren und sicher keine Mauer hatten.

Mit Fritz meinen wir, daß die Notwendigkeit, ein sbz Arad suchen zu müssen, entfällt. „Die Ruinen der frühbronzezeitlichen Stadt genügen als Haftpunkt für die biblische Tradition, die nur noch in einem Rest greifbar ist."[47]

In der Scheschonkliste werden nacheinander zwei Festungen (*ḥqrm*, Nr. 107[48]) mit dem Namen Arad genannt: Großarad (Nr. 108f) und Arad des Hauses Jerocham (Nr. 110–112).[49] Großarad muß wohl mit der damaligen, im 10. Jh. gegründeten Festung zu Arad gleichgesetzt werden. Umstritten ist, wo das andere Arad zu suchen ist.

Weiter kommt der Name Arad dreimal in den Arad-Ostraka vor (24,12; 48,1; 99), von denen 24,12 historisch interessant ist, weil es im Zusammenhang mit einer Bedrohung durch Edomiter erscheint.[50] Fünf Männer[51] aus Arad und eine ungenannte Anzahl aus Kina werden nach Ramat-Negev entboten, um dort den Edomitern entgegenzutreten. Die paläographische Datierung ins beginnende 6. Jh.[52] trifft sich mit der Datierung der Bedrohung durch die Edomiter. Kina, Ramat-Negev und Arad müssen somit bis zu dieser Zeit existiert haben. Ostrakon 99 scheint für eine Schreibübung benutzt worden zu sein.[53] Darauf ist der Name Arad fünf- bzw. sechsmal in archaischer Weise und zum

---

[46] Vgl. Na'aman, *Inheritance* 1980. Vgl. für eine ähnliche Argumentation Fritz, *Arad* 1966, 338–342. Fritz geht von der historischen Unzuverlässigkeit der Berichte über Arad aus. Eine ätiologische Begründung jedoch braucht einen historischen Hintergrund nicht auszuschließen. Es bleibt eine Möglichkeit, daß hier wirklich eine Tradition über die Vernichtung von Arad zugrunde liegt.

[47] Fritz, *Arad* 1966, 342. Wir sind allerdings der Ansicht, daß sich dieser „Rest" mehr auf Horma als auf Arad bezieht; s.u. zu Horma.

[48] Mazar, *Campaign* 1957, 64; vgl. auch Aḥituv, *Toponyms* 1984, 65f.

[49] Simons, *ETL* 1937, XXXIV,108f.110–112; vgl. Fritz, *Arad* 1966.

[50] Vgl. Aharoni, *Inscriptions* 1981, 46–49; Renz / Röllig, *HAE* I/1 1995, 389–393.

[51] Vgl. zur Zahl der Männer—es handelt sich wohl um Soldaten—, die von Aharoni als 50 gelesen wurde, Renz / Röllig, *HAE* I/1 1995, 391[2].

[52] Renz / Röllig, *HAE* I/1 1995, 389.

[53] Vgl. Renz / Röllig, *HAE* I/1 1995, 119f.

Teil falscher Richtung der Buchstaben belegt. Diese Scherbe ist eine der Stützen für die Identifizierung mit *t. ʿarād.*

Dimona

Zu überlegen ist, ob das *hapax legomenon* mit Dibon (דיבן) aus Neh 11,25 zu verbinden ist. Eine ב-מ-Verwechslung wäre in beide Richtungen möglich.[54] Gibt es auch geographische Hinweise für eine Gleichsetzung? Dibon und Kabzeel erscheinen in Neh direkt nacheinander. Dagegen sind in Jos 15,21f beide Orte durch Arad, Jagur und Kina voneinander getrennt. Weil aber die relative Reihenfolge dieselbe ist, Jos 15,21ff im Unterschied zu Neh 11,25ff eine detailliertere Ortsliste bietet und weil in Neh 11,26ff noch andere Negev-Orte genannt werden, ist die Gleichsetzung von Dibon und Dimona wahrscheinlich. Leider ist die Liste in Neh 11,25ff zu knapp, als daß sie Genaueres über die Lage von Dibon / Dimona hergäbe. Geht man von einer geographischen Ordnung der Liste Neh 11,25ff aus (s.o. unter Kabzeel), dann weiß man nur, daß Dibon zwischen Kirjat-Arba und Jekabzeel gelegen hat. Die Lage von Kirjat-Arba / Hebron ist zwar bekannt, aber für eine genauere Lokalisierung zu weit im Norden, die Lage von Jekabzeel / Kabzeel ist unbekannt. Der Text läßt nur annehmen, daß Dibon / Dimona in nachexilischer Zeit bewohnt war.

Arara cj.

Wahrscheinlich, aber nicht sicher, ist das *hapax legomenon* Arara cj. mit dem Aroër von 1Sam 30,28 identisch,[55] weil in 1Sam 30,27–30 Orte im Negev aufgelistet werden. Für eine genauere Lokalisierung von Aroër / Arara trägt der Abschnitt wenig bei, da die Süd-Nord-Anordnung nicht präzise genug ist. Falls die Gleichsetzung von Arara mit Aroër stimmt, müßte es aufgrund von 1Sam 30,28 zur Zeit Davids bewohnt gewesen sein.

Ob das auch in der SBZ der Fall war, hängt davon ab, ob *araru* (*EA* 256,25), eine der Städte des Landes *garu,* mit Arara gleichgesetzt werden darf.[56] Folgen wir Noth, dann ist diese Identifizierung abzulehnen, weil die anderen Städte des Landes *garu* sehr viel nördlicher

[54] Hier zu entscheiden ist nicht möglich, weil es weder textkritische Hinweise für die Lesart דיב(ו)נ(ה) in Jos 15,22 noch für דימ(ו)ן in Neh 11,25 gibt.

[55] Zu unterscheiden von Aroër in Transjordanien.

[56] So Knudtzon, *EA* II 1915, 1319; Alt, *Beiträge* II 1932 = 1959, 402. Anders: Naʾaman, *Biryawaza* 1988, 182; Moran, *AL* 1992, 388.

lagen (sogar bis Migdal-Gad im 3. Distrikt).[57] Folgen wir Na'aman und Moran, dann ist diese Gleichsetzung sogar völlig ausgeschlossen, da das Land *garu* nicht im Bereich Judas zu suchen ist.[58]

Kedes

Weil Kadesch-Barnea (v 3) im AT auch unter dem Namen Kadesch bekannt ist, stellt sich die Frage, ob Kedes mit Kadesch (Barnea) gleichzusetzen ist. Dadurch wäre eine Kongruenz mit der Grenzbeschreibung zu erreichen, die Kadesch-Barnea als Grenzfixpunkt nennt.[59] Gegen eine Identifikation spricht aber, daß man eine nähere Erklärung „das ist Kadesch-Barnea" erwarten würde. Andere Orte in c 15, auch im Negev-Distrikt, werden nämlich sehr wohl erläutert.[60] Auch die später vorzunehmenden Identifizierungen der vor und nach Kedes aufgelisteten Orte bringen uns nicht in die Nähe von Kadesch-Barnea. Kedes ist somit ein homonymisches *hapax legomenon.*

Telem

Als Ortsname kommt טלם nur hier vor, aber als Telaïm (הטלאים) auch noch in 1Sam 15,4.[61] In Telaïm wird das Volk, zu dem auch Judäer gehören, für die Schlacht gegen die Amalekiter gemustert. Nun kann Telaïm im Grunde überall zwischen Gilgal, dem Ausgangslager Sauls (1Sam 11,14), und der Stadt[62] der Amalekiter (1Sam 15,5) gelegen haben. Da Saul über Karmel (v 12), das sicher mit *ḫ. el-kirmil* gleichzusetzen ist, wieder nach Gilgal zurückkehrt, ist es wahrscheinlich, daß er über diesen Weg gekommen ist.[63] Es sieht so aus, als habe Saul einen

---

57 Noth, *HGS* 1935, 203[21].

58 Siehe weiter unter §7.2.2.1 zu „Migdal-Gad" und §7.3.1.1 zu „Goschen".

59 So Kallai, *HGB* 1986, 378.378[99]; Abel, *GP* II 1938. Anders: Aharoni, *LoB* [2]1979, 353.

60 Jos 15,8.9.10.13.25.49.54.59[LXX].60; s.o. §3.3.2.5.

61 Dafür ist allerdings Folgendes vorauszusetzen: Die ursprüngliche Form des Ortsnamen war טלאָם oder טלאַם bzw. טלאַיִם (vgl. ירושלַם und ירושלַיִם). Wie bei Jerusalem / Jerusalajim sind *-em* und *-ajim* häufiger vorkommende Varianten. Über Telam— in diesem Fall mit *-ā* wegen des א— kommt man durch Elision des א zu der Form טלם. Artikel sind manchmal fakultativ: Vgl. הגלגל und גלגל. Eine Gleichsetzung mit dem Ort עולם (so [17]*Gesenius*, unter טלם, 276; [3]*HAL*, unter טלאים, 359) ist zu unsicher.

62 Oder „den Städten", vgl. LXX.

63 Die LXX läßt Saul das Volk in Gilgal mustern. Hier wurde harmonisiert, weil es befremdlich ist, daß Saul erst in einem später als judäisch bekannten Ort das Volk mustert. Es wäre logischer, wenn er das bereits in seinem Ausgangsort gemacht hätte, oder vielleicht noch logischer, wenn es die Israeliten in Gilgal und die Judäer in Telem getan hätten.

östlichen Weg von Gilgal zur Stadt der Amalekiter genommen. Weil Karmel im Bergland lag (Jos 15,55) und die Stadt der Amalekiter im Süden des Negev zu suchen ist[64], muß Telaïm zwischen beiden Orten gelegen haben.

Molada

Molada kommt außer in Jos 19,2 und 1Chr 4,28 in Neh 11,26 vor. Nach der internen Ordnung von Neh 11,25ff muß Molada zwischen Kirjat-Arba und Beerscheba gelegen haben. Weiter findet sich der Name Molada auf einem Ostrakon aus *ḫ. ġazze*, das schwer zu datieren, aber wahrscheinlich dem Beginn des 7. Jh. zuzuordnen ist.[65] Molada könnte somit in der späten Königszeit sowie in nachexilischer Zeit bewohnt gewesen sein.

Bet-Pelet

Bet-Pelet kommt vor in Neh 11,26 und könnte somit in nachexilischer Zeit bewohnt gewesen sein.[66]

Hazar-Schual

Hazar-Schual kommt außer in Jos 19,3 und 1Chr 4,28 in Neh 11,27 vor. Aufgrund von Neh 11,27 lag es wohl in der Nähe von Beerscheba und war wahrscheinlich in nachexilischer Zeit bewohnt.

Beerscheba[67]

Beerscheba ist im AT durch die drei Erzväter bekannt.[68] Obwohl der soziologische Hintergrund der Erzvätererzählungen sehr wohl ein höheres Alter zuläßt, sind die Erzählungen selbst oft später zu datieren. Deswegen ist eine Datierung der topographischen Angaben mit viel Unsicherheit verbunden.

Beerscheba wird in Gebietsangaben oft als einer der beiden Extrempunkte für die Ausdehnung von Israel genannt. Auf der Ebene der

---

[64] Es ist sehr wohl möglich, daß sie mit *ḫ. el-mšāš* gleichzusetzen ist; vgl. Finkelstein, *AIS* 1988, 41–46.

[65] Renz / Röllig, *HAE* I/1 1995, 443–445.

[66] Ob der Quasi-Personenname Pelet aus 1Chr 2,47 im Zusammenhang mit Bet-Pelet gesehen werden muß, ist nicht deutlich; vgl. Willi, *Chronik* 1991ff, 102. Mazar, *Campaign* 1957, verbindet Ort Nr. 121 der Scheschonkliste (vgl. Simons, *ETL* 1937, XXXIV,121), den er als *fltm* liest, mit Pelet. Simons liest hier aber *frìm*.

[67] Vgl. für eine ausführliche Behandlung der Bibelstellen: Schoors, *Beer-Sheba* 1990. Zu späteren Quellen vgl. Tsafrir / e.a., *Tabula* 1994, 75.

[68] Abraham: Gen 21,13.31.32; 22,19 (2×); Isaak: Gen 26,23.33; Jakob: 28,10; 46,1.5.

erzählten Zeit befinden wir uns dabei in dem Zeitraum von der Richterzeit bis zur nachexilischen Zeit.[69] Die bekannteste Formel „von Dan bis Beerscheba" will „die Größtausdehnung des Landes angeben (...) im Sinne von faktisch Besetztem und Besiedeltem."[70] Im Vergleich zum sogenannten euphratischen Israel[71] erweckt „von Dan bis Beerscheba" einen historisch zuverlässigeren Eindruck.

Laut der Angaben in 2Kön 12,2; 2Chr 24,1 stammte die Mutter von Joas aus Beerscheba. Am 5,5; 8,14 berichten darüber, daß Amos das dortige Heiligtum kritisiert. In 1Kön 19,3 steht, daß Elia nach Beerscheba floh, von dem ausdrücklich gesagt wird, daß es zu Juda gehört. Obgleich die sagenhaften Elia-Erzählungen historisch schwer zu beurteilen sind, haben wir keinen Grund, die topographischen Angaben anzuzweifeln.

Die restlichen Stellen lassen Beerscheba als Ort von Juda bzw. Simeon erkennen (Jos 15,28; 19,2; 1Chr 4,28).

In Beerscheba gab es ein Heiligtum,[72] zu dem Pilgerfahrten gemacht wurden[73] und wo Recht gesprochen wurde[74]. Das alles weist daraufhin, daß es ein nicht unbedeutender Ort gewesen sein muß, den es wahrscheinlich ununterbrochen vom 11. bis nach dem 5. Jh. gab.

Betul cj.

Wenn Kesil tatsächlich mit Betul, Betuël gleichzusetzen ist,[75] begegnet uns das bekannte Muster: Es war ein Wohnort Judas (Jos 15,30) sowie Simeons (Jos 19,4). In 1Sam 30,27 gehört Betul zu Juda. Von den Orten, deren Älteste von David mit Geschenken bedacht werden, wird es als erster genannt. Das dürfte auf eine südliche Lage hinweisen.[76]

---

[69] Richter: Ri 20,1; Samuel: 1Sam 3,10; David: 2Sam 3,10; 17,11; 24,2.15; vgl. 1Chr 21,1; Salomo: 1Kön 5,5; nachexilische Zeit: Neh 11,30. Die Belegstelle in Ri 20,1 ist mit Vorsicht zu behandeln, denn Ri 20 gehört zum späten Rahmen des Richterbuches. Andererseits ist der zeitliche Abstand (in der erzählten Zeit) von Samuel zur Richterzeit nicht allzu groß, so daß auch die Erwähnung in Ri 20,1 den historischen Verhältnissen entsprechen könnte. Die Belegstelle 2Chr 30,5 bietet durch ihren starken ritualen Charakter keine ausreichende Basis für unsere Frage.

[70] Sæbø, *Grenzbeschreibung* 1974, 21f, hier 22.

[71] Vgl. Jos 1,4.

[72] 2Kön 23,8; Am 5,5. Vgl. Gen 21,33; 26,33 und Gen 46,1.

[73] Am 8,14.

[74] 1Sam 8,2.

[75] S.o. §2.3 zu v 30 und s.u. §7.1.1.3 zu „Betul".

[76] S.o. unter „Arara cj."

Ezem

Auch Ezem war ein Wohnort Judas und Simeons (Jos 19,3; 1Chr 4,29). Außerdem wird es genannt in der Scheschonkliste (Nr. 66)[77] aus dem 10. Jh. und vielleicht in einem Ostrakon aus *t. eš-šerīʿa* (1,1), das in die zweite Hälfte des 7. Jh. datiert werden kann.[78]

Horma

Horma kommt neunmal im AT vor. Davon sind, wie Na'aman dargelegt hat, zwei Belegstellen abzuziehen: עד החרמה in Num 14,45 bedeutet „bis [die Israeliten] mit dem Bann geschlagen waren". Dtn 1,44 bezieht sich auf Num 14,45 und hat החרמה als Ortsname mißverstanden.[79] Dann bleibt im Pentateuch nur noch die Etymologie von Horma in Num 21,3 übrig. Horma wird hier verbunden mit dem „mit dem Bann Schlagen" (חרם hi.) des Kanaanäers (v 1). Die Etymologie ist später nachgetragen,[80] denn die Städte im Plural (vv 2.3) sind nicht mit der einen Stadt Horma kongruent. Eine erwünschte Etymologie für Horma dürfte mit der ersten Eroberungsgeschichte verbunden worden sein, zumal hier das Verb חרם hi. vorkommt. Daß man hierfür eine altbekannte, vorisraelitische Stadt genommen hat, liegt nahe. Aus Num 21,1–3 kann man schlußfolgern, daß Horma am Wege oder in der Nähe des Weges der Atarim (v 1) gesucht werden muß. Wo dieser Weg der Atarim genau lag, ist nicht so sicher, wie Aharoni es darstellt.[81] Der Verlauf hängt sehr davon ab, ob man die Erwähnung des Königs von Arad als primär oder sekundär zu Horma betrachtet. Weil wir von letzterem ausgehen (s.o.), muß u.E. der Weg der Atarim nicht notwendigerweise nach Arad geführt haben.

Ri 1 baut auf vorliegenden Traditionen auf und hat kompilatorischen Charakter.[82] Es ist sehr wohl möglich, daß der Kompilator von Ri 1 die Inkongruenz zwischen „Städten des Kanaanäers" und der einen Stadt Horma in Num 21,3 gesehen hat und daher die Judäer und Simeoniter den Kanaanäer, der in *einer einzigen* Stadt wohnt, schlagen läßt. In Ri 1,17 hieß Horma früher Zefat.[83] Zefat ist nur hier belegt

---

[77] Vgl. Simons, *ETL* 1937, XXXIV,66; Mazar, *Campaign* 1957, 64; Aḥituv, *Toponyms* 1984, 93.

[78] Renz / Röllig, *HAE* I/1 1995, 344f.

[79] Na'aman, *Inheritance* 1980, 139.

[80] So auch Mittmann, *Ri. 1,16f.* 1977, 223[23].

[81] Aharoni, *Forerunners* 1967, 11.

[82] De Geus, *Richteren* 1966; Auld, *Judges I* 1975=1998.

[83] Vgl. Mittmann, *Ri. 1,16f.* 1977.

und existierte womöglich gar nicht, sondern diente einzig dem Erzählzusammenhang. In Zefat (von צפה I = Ausschau halten[84]) hielten die Kanaanäer Ausschau nach den aufrückenden Judäern und Simeonitern. Zefat ist also ein Name, für den viele Höhen im Negev in Betracht kämen.

So bleiben vier Erwähnungen übrig, die gut in das Bild der vorigen Orte passen. Horma begegnet wiederum als Ort Judas[85] und Simeons[86]. Die Erwähnung in 1Sam 30,27–31 trägt wegen der vielen nicht identifizierbaren Orte zur Lokalisierung wenig bei. Horma dürfte zur Zeit Davids bewohnt gewesen sein.

Ziklag

Ziklag wird häufig im AT erwähnt. Es ist ein Ort Judas und Simeons[87] und erscheint ebenfalls in der Ortsliste der Rückkehrer Neh 11,28. Es wird dort zwischen Beerscheba und dem unbekannten Mekona angesetzt.

Außerdem ist Ziklag aus den Geschichten um David bekannt.[88] Er erhält es von dem philistäischen König Achis als „Lehen"[89]. Nun ist es die Frage, ob Achis David eine genuin philistäische Stadt geschenkt hat oder eine durch die Philister eroberte judäische oder simeonitische Stadt. Letzteres ist wahrscheinlicher, ist es doch schwer vorstellbar, daß er eine ursprünglich philistäische Stadt einem Ausländer überlassen hätte. Archäologisch gesehen, ist es natürlich nicht oder nur sehr schwer auszumachen, was eine ursprünglich oder eine sekundär philistäische Stadt ist. Für die Lokalisierung ist dies aber eine entscheidende Frage. Im ersten Fall muß Ziklag in Philistäa selbst gelegen haben, im zweiten Fall kann es auch in dem durch Eroberungen entstandenen Einflußbereich der Philister lokalisiert werden. Es gibt aber keine Quellen, die bezeugen könnten, wieweit sich dieser Einflußbereich in den Negev erstreckte. Es müssen also andere Bibelstellen herangezogen werden.

---

[84] ^{3}*HAL*, unter צפה I, 977.

[85] Jos 15,30; 1Sam 30,30.

[86] Jos 19,4; 1Chr 4,30.

[87] Jos 19,5; 1Chr 4,30 (mit *mater lectionis* wie auch in 1Chr 12,1 und 21).

[88] 1Sam 27,6 (2×); 30,1 (3×).14.26; 1Kön 1,1; 4,10; 1Chr 12,1.21. Vgl. auch Noort, *Seevölker* 1994, 46f.

[89] 1Sam 27,6. Wenn Ray, *Etymologies* 1986, Recht hat mit seiner Verbindung der Form Ziklag mit dem Seevolk der Tsik(k)elu, hätte man ein Indiz für dessen ägäische Herkunft. Doch ist seine Beweisführung nicht zwingend.

1Sam 30,1.14 sind entscheidend. V 1 berichtet, daß die Amalekiter ausgezogen waren אל־נגב ואל־צקלג, als David wieder nach Ziklag kam. Ist das *waw* kopulativ oder explikativ zu verstehen? Mit anderen Worten: Liegt Ziklag im Negev oder nicht? Das letzte ist am wahrscheinlichsten, weil sonst ein Text wie „sie zogen aus in den Negev und schlugen dort Ziklag" oder ähnliches besser gepaßt hätte. V 14 bestätigt, daß Ziklag nicht im Negev lag. Die Amalekiter waren ausgezogen in den Negev der Keretiter, Judas und Kalebs, und Ziklag hatten sie verbrannt. Wenn Ziklag im Negev gelegen hätte, hätte man das sicher spezifiziert. Auch 1Sam 27,10 zeigt, daß Ziklag nicht im Negev lag. Wenn David Achis erzählt, wo er eingefallen ist, nennt er den Negev Judas, der Jerachmeeliter und der Keniter. Weil Ziklag seine Ausfallsbasis ist, liegt es nicht in einem dieser „Negevs". Eine Lokalisierung in der Schefela oder der Küstenebene, angrenzend zum Negev, ist somit zu bevorzugen. Jedoch muß es zur gleichen Zeit so weit wie möglich von der philistäischen Pentapolis entfernt sein, weil es wahrscheinlich keine ursprünglich philistäische Stadt war und David offensichtlich viel Spielraum hatte. In Neh 11,28 wird Ziklag direkt nach und in Jos 15,33 sowie Jos 19,5 unweit von Beerscheba aufgelistet, was vermuten läßt, daß Ziklag und Beerscheba nicht allzuweit voneinander entfernt waren.

Folgt man den biblischen Angaben, so dürfte Ziklag zur Zeit Davids sowie in nachexilischer Zeit bewohnt gewesen sein. Die ätiologische Formel „daher gehört Ziklag den Königen von Juda bis auf den heutigen Tag" in 1Sam 27,6 scheint darauf hinzuweisen, daß es auch in der dazwischen liegenden Zeit bewohnt war. Sie kann von einem Glossator oder—und das ist wahrscheinlicher—von einem der dtr Redaktoren herrühren. Damit bezieht sich der „heutige Tag" mindestens auf die Zeit Josias und kann in nachexilische Zeit reichen. Das heißt, daß Ziklag tatsächlich von der Zeit Davids bis zur nachexilischen Zeit (vgl. auch Neh 11,28) bewohnt gewesen ist. Außerdem zeigt die Formel, daß Ziklag einen Sonderstatus hatte.

Madmanna

Der Ort Madmanna, der wahrscheinlich als Bet-Markabot in Jos 19,5 vorkommt,[90] war in 1Chr 2,49 wohl eine kalebitische Ortschaft. Dort gehört Madmanna über „dessen Vater" Schaaf zur kalebitischen Unterabteilung der judäischen Genealogie.[91]

[90] S.o. §3.5.5.

[91] Allerdings werden von Jahdai, dem Vater Schaafs, keine Ahnen erwähnt; vgl.

Schilhim

Schilhim setzen wir aus literarkritischen[92] und historischen[93] Gründen nicht mit Scharuhen gleich. *šrḥ[?]* der Scheschonkliste (Nr. 125[94]) ist, falls der letzte Buchstabe ein *n* oder *m* ist, mit Na'aman zwar mit der bekannten Hyksosfestung Scharuhen—von ihm als Schirchon gelesen—identisch, aber von unserem Schilhim zu unterscheiden.[95] Schilhim begegnet somit nur hier und läßt sich darum schwerlich lokalisieren.

En-Rimmon

Viermal kommt En-Rimmon im AT vor: hier als Ort Judas und in Jos 19,7 sowie 1Chr 4,32 als Ort Simeons. Aus Neh 11,29 wissen wir, daß es auch in nachexilischer Zeit bewohnt war. Über die relative Lokalisierung läßt sich streiten. In Neh 11,29 erscheint En-Rimmon in einem Vers zusammen mit Zora und Jarmut, eindeutig Orte in der nördlichen Schefela. Muß man En-Rimmon in deren Nähe oder in der Nähe von Ziklag und Mechona aus dem vorhergehenden v 28 ansetzen? Ein ähnliches Problem wirft 1Chr 4,32 auf. Aschan wird in Jos 15 (v 42) in der Schefela lokalisiert. Liegt das En-Rimmon aus dem gleichen Vers auch in der Schefela? Vv 30f weisen eher auf den Negev hin. In Jos 19,7 kommt En-Rimmon in einem Vers vor mit Orten in der Schefela: Eter und Aschan (Jos 15,42). Wahrscheinlich liegt En-Rimmon somit in der Schefela.[96] Wenn wir die Texte insgesamt betrachten, fällt auf, daß En-Rimmon bis auf Neh 11,29 immer in einer zweiten Gruppe genannt wird: In Jos 19,7 im zweiten Distrikt Simeons; in 1Chr 4,32 in der Gruppe der Orte der Simeoniter bis zur Regierung Davids. In Jos 15 erscheint es ganz am Ende des 1. Distrikts. Es wurde hinzugefügt, weil es auch in Jos 19,7 und 1Chr 4,32 als Wohnstatt Simeons zu finden ist und die Orte Simeons auch in Jos 15,26ff aufgenommen worden sind.[97]

---

weiter Willi, *Chronik* 1991ff, 103–105.

[92] S.o. §2.3 zu v 32.

[93] S.u. §8.3.2.4.

[94] Simons, *ETL* 1937, XXXIV,125.

[95] Na'aman, *Brook* 1979, 75[12]. Anders: Mazar, *Campaign* 1957, 65.

[96] Anders Willi, *Chronik* 1991ff, 144.

[97] S.o. §3.5.6.

7.1.1.2. Zusammenfassung der literarischen Belege

Über die Mehrzahl der Orte läßt sich nichts sagen, weil sie *hapax legomena* oder homonymische *hapax legomena* sind. Auch die Orte, die nur in Jos 15 und Jos 19,2ff (Schema / Scheba) oder Jos 15, Jos 19,2ff und 1Chr 4,28ff (Baala / Bala / Bilha, Ezem, Eltolad / Tolad, Sansanna / Hazar-Susa / Hazar-Susim, Lebaot / Bet-Lebaot / ?Bet-Beri) erscheinen, verraten wenig zur Geschichte und Lokalisierung, da die Texte weitgehend parallel sind. Eher interessant sind der literarhistorische Vergleich und die historischen Schlüsse, die aus den Varianten der Namensformen gezogen werden könnten. Bei drei Orten, die nur noch in dem Geschlechtsregister Judas (1Chr 2.4) erscheinen, ist es nicht sicher, ob sie mit dem Ort in Jos 15 gleichgesetzt werden dürfen (Etnan / Jitnan, Schema, Pelet). Der vierte „Ort", Madmanna, erscheint in der kalebitischen Genealogie.

Als proto-israelitische Orte erscheinen Arad, Beerscheba und Horma. Doch stellen sich die Erzählungen um Arad und Horma als legendär heraus. Es besteht keine Notwendigkeit, sie in der vorisraelitischen Zeit anzusetzten. Das schließt natürlich keineswegs aus, daß beide Städte viel älter sind. Ihre Erwähnung in der Scheschonkliste und in einigen Arad-Ostraka weist auf jeden Fall darauf hin, daß Arad im 10. und 7. / 6. Jh. bewohnt gewesen sein muß. Auch Beerscheba wird in den Erzvätererzählungen als proto-israelitische Stadt geschildert. Weil die Erzvätergeschichten auf verschiedenen soziologischen und literargeschichtlichen Ebenen anzusiedeln sind, ist über eine Besiedlung von Beerscheba in proto-israelitischer Zeit nur mit großer Vorsicht etwas zu sagen.

Historisch sicherer könnten die Ortsangaben sein, die im Zusammenhang mit David erscheinen: Kabzeel, Arara / Aroër, Telem / Telaïm, Horma und Ziklag.

Darauf folgt eine große zeitliche Lücke, da sich, abgesehen von Beerscheba, nun erst die nachexilische Zeit in der Liste der Rückkehrenden widerspiegelt. Wir begegnen folgenden Orten: Jekabzeel / Kabzeel, Dimona / Dibon, Molada, Bet-Pelet, Hazar-Schual, Beerscheba, Ziklag und En-Rimmon. Nur Beerscheba ist von der (Erzväter- und) Davidzeit bis in nachexilische Zeit belegt. Außerbiblische Erwähnungen unserer Negev-Orte sind äußerst selten, was angesichts ihrer marginalen Lage auch nicht weiter verwunderlich ist.

Über die relative Lage einiger Orte ist folgendes bekannt: Kabzeel muß östlich von Beerscheba gesucht werden, Dimona zwischen

Kabzeel und Kirjat-Arba / Hebron, Telem zwischen Karmel und Ir-Amalek, Molada zwischen Kirjat-Arba / Hebron und Beerscheba, Betul cj. im Süden, Horma in der Nähe des Weges der Atarim, Ziklag westlich des Negev, nämlich in der Nähe von Beerscheba, und En-Rimmon vielleicht im Norden, in der Schefela.

7.1.1.3. Die Identifizierungen

Die folgenden Identifizierungen sind relativ sicher, wobei die von Arad von der Richtigkeit der Konjektur abhängt.[98] Leider ist die Ernte äußerst mager, was auf die große Besiedlungslücke im Negev, durch die wenige biblische Namen erhalten sind, zurückzuführen ist.[99]

Ort	*Folgenummer*	*Identifizierung*	*Grid*
Arad cj.	2	*t. ʿarād*[100]	162.076
Kerijot	14	*ḫ. el-qaryetēn*[101]	163.083
Sansanna	31	*ḫ. eš-šamsānīyāt*[102]	141.084

Die meisten Orte sind nicht zu identifizieren: Kabzeel[103] (1), Jagur[104]

---

[98] Andererseits ist es unwahrscheinlich, daß ein solcher relativ großer *site* wie *t. ʿarād* nicht in der Ortsliste verzeichnet wäre.

[99] Vgl. Fritz, *Josua* 1994, 165.

[100] Abel, *GP* II 1938, 88.248f; vgl. Aharoni, *Arad* (mit Literatur).

[101] Abel, *GP* II 1938, 89.417; Aharoni, *LoB* ²1979, 438 (mit Fragezeichen); Boling / Wright, *Joshua* 1982, 382; Fritz, *Josua* 1994, 165 (unter dem Namen *ḫ. el-quryatē*). Vgl. für den archäologischen Befund Derfler / Govrin, *Kerioth* 1993; Govrin, *Qerayot* 1993. Kallai, *HGB* 1986, 377f, meint aber, daß *ḫ. el-qaryetēn* nicht im Negev, sondern schon im Gebirge liegt. Jedoch liegt *ḫ. el-qaryetēn* am Fuß des Gebirges und somit eher im Negev. Alt identifiziert *ḫ. el-qaryetēn* mit Kesil / Betul (siehe dazu unten). Noth, *Josua* ²1953, 93, und Höhne, *BHH* 1979, halten die Ortslage für unbekannt.

[102] Alt, *Institut* 1933, 15; Abel, *GP* II 1938, 89.447; Aharoni, *LoB* ²1979, 353.441; Nelson, *Joshua* 1997, 289. U.a. Aḥituv, *Joshua* 1995, 257, nennt folgende Argumente: 1. Namensähnlichkeit; 2. archäologischer Befund; 3. Nähe zu Madmanna, das er mit *ḫ. tātrēt* gleichsetzt.

[103] Allerdings identifiziert Aharoni, *Negeb* 1958, 36–38, bes. 37, Kabzeel mit *ḫ. el-ġarra* (148.071), weil dieser *tell* relativ groß ist (vgl. Govrin, *Map 139* 1991, Nr. 240) und damit als Hauptstadt des 1. Distrikts in Frage kommt. Weil Kabzeel die Negevliste eröffnet, nimmt Aharoni an, daß es die Hauptstadt ist—eine unbewiesene Vermutung. Vgl. auch Boling / Wright, *Joshua* 1982, 381, und Aharoni, *Province-list* 1959, 238, hier allerdings mit Fragezeichen. Der Zweifel hat sich durchgesetzt, denn in *LoB* ²1979, 410, verzichtet Aharoni auf eine Identifizierung. Abel, *GP* II 1938, 89.411, schlägt *ḫ. ḥōrā* (143.077) vor, aber ohne positive Anzeichen (vgl. auch mit zwei Fragezeichen Höhne, *BHH* 1979). Die meisten halten Kabzeel für unidentifizierbar; vgl. u.a. Noth, *Josua* ²1953, 93; Fritz, *Josua* 1994, 165; Aḥituv, *Joshua* 1995, 254.

[104] Abel, *GP* II 1938, 89.353, und Simons, *GTT* 1959, 142, mit einem Fragezeichen, vermuten Jagur in *ḫ. el-ġarra*. Der Name sei im *w. ḥōrā* enthalten. Höhne, *BHH* 1979,

(3), Dimona[105] (5), Kedes (7), Hazor 1 (8), Jitnan[106] (9), Sif 1[107] (10), Telem[108] (11), Bealot[109] (12), Hazor-Hadatta[110] (13), Hezron 2/Hazor 2 (15), Amam[111] (16), Schema[112] (17), Hazar-Gadda[113] (19), Heschmon (20),

---

hat hier zwei Fragezeichen. Der *tell* ist relativ groß (siehe vorige Anmerkung) und daher wahrscheinlich nicht der Ort des anscheinend unbedeutenden Jagur. Der Vorschlag Alts, *Beiträge III* 1935=1959, 433[4], Jagur in *t. el-milḥ* zu finden, muß, wie er selber beteuert, hypothetisch bleiben (vgl. Noth, *Josua* ²1953, 93).

[105] Es gibt einen Namensanklang in zwei Orten: *ḫ. umm dēmne* (143.086) (vgl. Aḥituv, *Joshua* 1995, 254), und *umm dumne* (nicht in *GL* verzeichnet; ung. 154.054) bei dem heutigen Dimona (vgl. Höhne, *BHH* 1979: mit zwei Fragezeichen). Für Abels, *GP* II 1938, 89.305, Identifizierung mit *el-qebāb* (auch nicht in *GL* verzeichnet; ung. 157.068) gibt es keine positiven Anzeichen.

[106] Nur Abel, *GP* II 1938, 88.345, der Hazar-Jitnan liest und auch südlichere Orte für den 1. Distrikt in Betracht zieht, bietet eine Identifizierung: „el-ǧebariye sur le W. Umm Eṭnān"; vgl. auch Boling/Wright, *Joshua* 1982, 382.

[107] Der einzige Namensanklang findet sich in *ḫ. ez-zēfe* (148.047 oder 145.047 nach *GL*), wofür Abel, *GP* II 1938, 89.490, optiert; vgl. auch Boling/Wright, *Joshua* 1982, 382. Es ist unwahrscheinlich, daß der Distrikt sich so weit südlich erstreckt. Die meisten gehen davon aus, daß dieses Sif nicht zu identifizieren ist; vgl. u.a. Noth, *Josua* ²1953, 93; Fritz, *Josua* 1994, 165; Aḥituv, *Joshua* 1995, 254.

[108] Für Telem gilt das gleiche wie für Sif: Geht man mit Abel, *GP* II 1938, 88.477f, davon aus, daß auch weit südlich gesucht werden darf, kann *ḫ. umm eṣ-ṣalafa* (146.045) in Erwägung gezogen werden; vgl. auch Boling/Wright, *Joshua* 1982, 382. Die gleichen Autoren, die unter Sif genannt sind, halten es aber für unbekannt. Vgl. dazu noch Aharoni, *LoB* ²1979, 317[6].

[109] Abel, *GP* II 1938, 88.258, sucht es irgendwo zwischen *el-ḫalaṣa* und *biyār aslūǧ*. Dabei geht geht er davon aus, daß Bealot mit Baalat-Beer und Ramat-Negev identisch ist. Letztere Orte werden aber in der Regel nördlicher, z.B. in *ḫ. ġazze*, angesetzt; vgl. Beit-Arieh, *'Uza b.*

[110] Abel, *GP* II 1938, 89.345, lokalisiert es irgendwo westlich von *ḫ. el-kirmil* und *t. maʿīn*, im Gebiet von *el-ḫudēra*, südwestlich von *t. et-tuwāni* (165.090).

[111] Abel, *GP* II 1938, 242, ist hier unsicher: irgendwo am *w. eṣ-ṣīni* (ung. 100.070). Na'aman, *Inheritance* 1980, 146, will es in *bīr el-ḥamām* suchen, weil ein Bet-Amam in einem Ostrakon aus Beerscheba genannt wird (vgl. Aharoni, *Beer-Sheba* I 1973, 72) und somit in dessen Nähe liegen müsse. Für die Identifizierung gibt es aber keine positiven Indizien.

[112] Für Schema gibt es nicht weniger als drei Identifizierungen, die aber alle nicht überzeugend sind. Was *t. es-saʿwe* (149.076) (so Albright, *Egypt* 1924, 152; vgl. Boling/Wright, *Joshua* 1982, 382) betrifft, hat Noth, *Josua* ²1953, 93, bereits darauf hingewiesen, daß es sich hier um einen natürlichen Hügel handelt. Abels, *GP* II 1938, 452, *ḫ. el-fār* (106.074), stützt sich auf die Notiz in der *Notitia Dignitatum* 72,10; 73,22, in der Birsama genannt wird. Die interessanteste Identifizierung findet man bei Govrin, *Yatir* 1991, 22* (vgl. Aḥituv, *Joshua* 1995, 256), der erwägt, Schema, das er als Scheba liest, auf dem *t. es-sebaʿ* zu suchen. Wir gehen aber von der Form Schema statt Scheba aus und halten Schema vorerst für nicht zu identifizieren.

[113] Abels, *GP* II 1938, 344, Argument „*Kh. Ġazza* au sud-ouest de Rās Zuweira est le nom qui s'en rapproche le plus" ist nicht stichhaltig. Eusebius, *Onomastikon*, 20,3–5, vermerkt, daß es an den äußersten Grenzen der Daroma am Toten Meer liegt.

Bet-Pelet[114] (21), Hazar-Schual[115] (22), Baala 2[116] (24), Eltolad[117] (26) und Lebaot (32). Auch Schilhim kann nicht identifiziert werden. Da es aber viele mit Scharuhen gleichsetzen und dessen Identifizierung in der Datierung der Ortsliste eine Rolle spielt, ist später kurz auf diesen Ort einzugehen.

Über die Identifizierung der restlichen Orte besteht Unsicherheit:

Ort	*Folgenummer*	*Identifizierungen*	*Grid*
Kina	4	*ḫ. sumrā*[118]	163.071
		ḫ. eṭ-ṭaiyibe[119]	164.079
		ḫ. ġazze[120]	165.068
Arara cj.	6	*ḫ. ʿarʿara*[121]	147.062
		t. esdar[122]	147.064
Molada	18	*naḥal yattir site*[123]	140.072
		ḫ. el-waṭan[124].	142.074

[114] Früher wurde Bet-Pelet von Petrie, *Beth Pelet* I 1930, und *Beth Pelet* II 1932, mit *t. el-fārʿa* (S) (100.076) gleichgesetzt, weil sowohl *fārʿa* als auch פלט die Grundbedeutung „entkommen" hätten. Doch ist eine solche Identifizierung durch Übersetzung nur bei Dan = *t. el-qāḍī* und vielleicht bei Molada = *ḫ. el-waṭan* anzunehmen. Dazu kommt, daß einerseits diese Bedeutung des arabischen *frʿ* fraglich ist—es gibt das bessere Äquivalent *flt* oder *flṭ*, und zweitens, daß *t. el-fārʿa* zu groß ist (ung. 16,5 a; vgl. Yisraeli / Gophna, *Far'ah*, 441) für einen anscheinend so unbedeutenden Ort, wie es Bet-Pelet ist. Abel, *GP* II 1938, 278, schlägt *ḫ. el-mšāš* (146.069) vor. Aharoni, *LoB* ²1979, 410, erwägt *t. es-saqāṭi* (141.079); vgl. auch Boling / Wright, *Joshua* 1982, 382. Weil es für die beiden letzten Hypothesen keine positiven Anzeichen gibt, muß auch Bet-Pelet unidentifiziert bleiben.

[115] Abel, *GP* II 1938, 89, hat ohne Begründung *ḫ. el-waṭan* (142.074), das von Höhne, *BHH* 1979, mit zwei Fragezeichen übernommen worden ist.

[116] Abel, *GP* II 1938, 259, hat *ḫ. abū tulūl* (145.065) aufgrund der Lage; vgl. auch Boling / Wright, *Joshua* 1982, 383.

[117] Abel, *GP* II 1938, 88.314: *ḫ. erqa saqra* in der Nähe des heutigen Dimona (nicht in *GL*).

[118] Abel, *GP* II 1938, 418.

[119] Aharoni, *Ostraca* 1970, 21f; id., *LoB* ²1979, 123.406.438; id., *Inscriptions* 1981, 46–49.

[120] Aharoni, *Negeb* 1958, 35[18]: „tentatively"; Aharoni, *LoB* ²1979, 123.406.438; Lemaire, *Ramat-Negeb* 1973, 18–22; Mittmann, *Ri. 1,16f.* 1977, 234f; Kallai, *HGB* 1986, 378, mit Aharoni. Weniger sicher sind Fritz, *Josua* 1994, 165.256, Aḥituv, *Joshua* 1995, 254; Nelson, *Joshua* 1997, 288.

[121] Abel, *GP* II 1938, 88.250; Aharoni, *LoB* ²1979, 117.353.430; Boling / Wright, *Joshua* 1982, 382; Nelson, *Joshua* 1997, 285. Noths anfänglicher Zweifel in *HGS* 1935 = 1971, 203[21] an dieser Identifizierung ist in *Josua* ²1953, 93, behoben.

[122] Biran, *David* 1983.

[123] Govrin, *Yatir* 1991.

[124] Siehe die Karte bei Aharoni, *Negeb* 1958, 29; id., *Province-list* 1959, 238, mit Verweis auf B. Mazar; Aharoni, *LoB* ²1979, 410.439; Boling / Wright, *Joshua* 1982, 382; Aḥituv,

Ort	*Folgenummer*	*Identifizierungen*	*Grid*
		t. el-milḥ[125]	152.069
		ḫ. kusēfe[126]	156.073
Beerscheba	23	*bīr es-seba'*[127]	130.072
		t. es-seba'[128]	134.072
		t. es-seba' und *bīr es-seba'*[129]	
Ezem	25	*umm el-'aẓām*[130]	148.051
Betul cj.	27	*t. umm bētīn*[131]	138.076
		ḫ. er-rās[132]	145.107
		ḫ. el-qaryetēn[133]	163.083
Horma	28	*t. eš-šerī'a*[134]	119.088
		t. es-seba'[135]	134.072
		t. el-ḫuwēlife[136]	137.087
		ḫ. el-mšāš[137]	146.069

Joshua 1995, 256; Nelson, *Joshua* 1997, 288. Kallai, *HGB* 1986, 358, sieht es nur als Möglichkeit. Höhne, *BHH* 1979, hat zwei Fragezeichen wie auch Fritz, *Josua* 1994, 165.256.

[125] Dillmann, *Josua* ²1886, 526; Abel, *GP* II 1938, 391f.

[126] Albright, *Egypt* 1924, 152; vgl. auch Abel, *GP* II 1938, 391f.

[127] Abel, *GP* II 1938, 89.263; Noth, *Josua* ²1953, 93; Fritz, *Erwägungen* 1975, 32[8].32f[11]; Höhne, *BHH* 1979; Fritz, *Beitrag* 1990, 81f; id., *Josua* 1994, 165. Aḥituv, *Josua* 1995, 256, zweifelt, aber bevorzugt doch *bīr es-seba'*.

[128] Siehe die Karte bei Aharoni, *Negeb* 1958, 29; Aharoni, *LoB* ²1979, 431, u.ö.; id., *Beer-sheba* I 1973, 1f; Nelson, *Joshua* 1997, 285, und vor allem Herzog, *Tel Beersheba*. Obgleich er die Identifizierungen von *t. es-seba'* diskutiert (S. 168), setzt er es trotzdem mit dem biblischen Beerscheba gleich. Jedoch neigt er auch dazu, in *bīr es-seba'* das Nachfolger-Beerscheba zu sehen. Vgl. für die Archäologie Herzog, *Tel Beersheba*, und die dort genannte Literatur (S. 173).

[129] Aharoni, *Beer-sheba* I 1973, 110f; und siehe die vorige Anmerkung

[130] Albright, *Egypt* 1924, 146.154; Abel, *GP* II 1938, 88.254; siehe die Karte bei Aharoni, *Negeb* 1958, 29; Boling / Wright, *Joshua* 1982, 383; Cohen, *Ezem*, 213. Weniger sicher sind: Höhne, *BHH* 1979; Kallai, *HGB* 1986, 352; Fritz, *Josua* 1994, 165.255. Vgl. Zorn, *Ezem*.

[131] Na'aman, *Inheritance* 1980, 147; Fritz, *Josua* 1994, 165.254: mit zwei Fragezeichen; Aḥituv, *Joshua* 1995, 257.

[132] Abel, *GP* II 1938, 89.283.

[133] So Alt in einem Anhang zu: Beyer, *Civitas* 1953, 85–87; Höhne, *BHH* 1979: mit Fragezeichen.

[134] Albright, *Egypt* 1924, 155; id., *Researches* 1924, 6f.

[135] Alt, *Beiträge* III 1935 = 1959, 433f; Abel, *GP* II 1938, 89.350; Noth, *Josua* ²1953, 93: mit Alt 1935, ebd.; Höhne, *BHH* 1979.

[136] Na'aman, *Inheritance* 1980, 142f; Fritz, *Josua* 1994, 165.255: mit einem Fragezeichen; Jericke, *Landnahme* 1997, 210f.

[137] Aharoni, *Arad* 1968, 31; reserviert: Aharoni / e.a., *Tel Masos* 1972, 243: „The identification of the site with the biblical city of Ḥorma could not be proved.“; Aharoni / e.a., *Tel Masos* 1974, 72f; Aharoni / e.a., *Tel Masos* 1975, 114–124; Boling / Wright,

Ort	*Folgenummer*	*Identifizierungen*	*Grid*
		ḫ. el-ġarra[138]	148.071
		t. el-milḥ[139]	152.069
Ziklag	29	*ḫ. zuḥēlīqa*[140]	114.094
		t. eš-šerīʿa[141]	119.088
		t. es-sebaʿ[142]	134.072
		t. ḫuwēlife[143]	137.087
		ḫ. el-mšāš[144]	146.069
Madmanna	30	*ḫ. tātrēt*[145]	143.084
		ḫ. umm dēmne[146]	143.086
[Scharuhen cj.]	33	*t. el-ʿağğūl*[147]	093.097
		t. el-fārʿa (S)[148]	100.076

Joshua 1982, 383; Aḥituv, *Joshua* 1995, 257; Nelson, *Joshua* 1997, 287. Aharoni, *LoB* ²1979, 201.215f.260.353.436. Nach Aharoni wurde der Ort später nach *ḫ. el-ġarra* umgesiedelt.

138 Aharoni, *LoB* ²1979, 215f.

139 Siehe die Karte bei Aharoni, *Negeb* 1958, 29. Vgl. Aharoni, *Province-list* 1959, 238: „proposals of Prof. Mazar"; Mazar, *Sanctuary* 1965, 298f; Fritz, *Erwägungen* 1975, 31⁴, sieht es als Möglichkeit.

140 Dies ist die ältere Annahme, vgl. u.a.: Dillmann, *Josua* ²1886, 527.

141 Vgl. die Karte mit ez Ortslagen bei Aharoni, *Negeb* 1958, 29. Kallai-Kleinmann, *Town Lists* 1958, 156: mit Mazar; Aharoni, *Province-list* 1959, 238; id., *LoB* ²1979, 433 (mit Fragezeichen) u.ö.; Boling / Wright, *Joshua* 1982, 383; Oren, *Seraʿ*, 1329; Nelson, *Joshua* 1997, 289. Mit einem Fragezeichen: Kallai, *HGB* 1986, 355f; Rainey, *Ziklag*. Rainey erwägt auch noch die Möglichkeit, daß Ziklag in *t. el-mulēḥa* (128.096) zu suchen ist, geht aber darauf nicht weiter ein.

142 Fritz, *Beitrag* 1990, 78–85; id., *Josua* 1994, 165, sieht es als Möglichkeit.

143 Alt, *Beiträge* III 1935 = 1959, 429–431; Abel, *GP* II 1938, 89.465 und Noth, *Josua* ²1953, 93, mit Alt 1935; Cross / Wright, *Boundary* 1956, 219; Höhne, *BHH* 1979: mit Fragezeichen.

144 Crüsemann, *Überlegungen* 1973.

145 So Kochavi, *JSG* 1972, Nr. 249. Aharoni, *LoB* ²1979, 353.383 und Kallai, *HGB* 1986, 358, folgen ihm; Fritz, *Josua* 1994, 165, schließt sich Aharoni an; Aḥituv, *Josua* 1995, 257; Nelson, *Joshua* 1997, 288.

146 Noth, *HGS* 1935 = 1971, 199⁶; Abel, *GP* II 1938, 89.372; Noth, *Josua* ²1953, 93; siehe die Karte bei Aharoni, *Negeb* 1958, 29; Höhne, *BHH* 1979. Vgl. Boling / Wright, *Joshua* 1982, 383.

147 Kempinski, *Tell el-ʿAjjûl* 1974; Fritz, *Josua* 1994, 165: wahrscheinlich; Nelson, *Joshua* 1997, 289.

148 Albright, *Topography* 1924, 150¹¹; id., *Archaeology* ⁴1954, 53.187; Alt, *Institut* 1934, 17f; id., *Beiträge* III 1935 = 1959, 423ff; Abel, *GP* II 1938, 88.451: mit Albright; Noth, *Josua* ²1953, 93: wahrscheinlich, mit Alt, *Beiträge* III 1935; Cross / Wright, *Boundary* 1956, 213f; Aharoni, *LoB* ²1979, 442, u.ö.; Höhne, *BHH* 1979 (mit Fragezeichen); Boling / Wright, *Joshua* 1982, 384; Kallai, *HGB* 1986, 353f.

Ort	*Folgenummer*	*Identifizierungen*	*Grid*
En-Rimmon cj.	34	*ḫ. umm er-ramāmīm*[149]	137.086
		t. el-ḫuwēlife[150]	137.087
		ḫ. er-rummāne	137.105

Kīna

Dem Namen nach ist Kina am *w. el-qēnī* zu suchen.[151] Meistens wird hierfür *ḫ. ġazze* in Betracht gezogen, weil dieser Ort das *w. el-qēnī* beherrscht. Aufgrund der günstigen archäologischen Lage kam Aharoni zu dieser Identifizierung, jedoch „tentatively".[152] Das ebenfalls am *w. el-qēnī* gelegene *ḥorbat radum* (165.066) war allem Anschein nach nur ein Vorposten von *ḫ. ġazze*.[153] Das von Abel erwogene *ḫ. sumrā* scheidet aus, weil es im Unterschied zu *ḫ. ġazze* nicht direkt am *w. el-qēnī* liegt[154] und nur chalkolithische Überreste aufweist.[155] Später lokalisiert Aharoni Kina aufgrund der Erwähnung in Arad-Ostraka 24 in *ḫ. eṭ-ṭaiyibe*.[156] Hierfür gibt es jedoch keine positiven Hinweise, außer daß *ḫ. eṭ-ṭaiyibe* in der Nähe von *t. ʿarād* liegt, was für *ḫ. ġazze* aber auch gilt.[157] Wenn man die Lage am *w. el-qēnī* als Kriterium für die Identifizierung voraussetzt, muß Aharonis spätere Gleichsetzung zurückgewiesen werden; *ḫ. ġazze* ist die wahrscheinlichste Identifizierung.

Lemaire gibt noch drei weitere Argumente für die Gleichsetzung von Kina mit *ḫ. ġazze*:[158] 1. Die ersten Orte in Jos 15,21ff würden offensichtlich in Nord-Süd-Richtung beschrieben. Dann müsse Kina südlich von Arad liegen. 2. Weil es hell. und byz. Überreste auf der *ḫ. ġazze* gebe, könne der Ort mit dem Kana von Josephus gleichgesetzt

---

[149] Dillmann, *Josua* ²1886, 528; Abel, *GP* II 1938, 89.318; Noth, *Josua* ²1953, 113; Höhne, *BHH* 1979; Boling / Wright, *Joshua* 1982, 384.

[150] Aharoni, *LoB* ²1979, 262.353.410.434; Kallai, *HGB* 1986, 357; Aḥituv, *Joshua* 1995, 257; Nelson, *Joshua* 1997, 287.

[151] Vgl. Aharoni, *LoB* ²1979, 123.

[152] Aharoni, *Negeb* 1958, 35[18]. Vgl. allgemein zu den archäologischen Befunden: Beit-Arieh, *ʿUza a*, und id., *ʿUza b*, (mit Literatur). Laut Aharoni sind Scherben aus dem 8. und 7. Jh. und vereinzelte aus dem 10. und 9. Jh. gefunden worden, nach Beit-Arieh nur aus dem 7. und 6. Jh.

[153] So Beit-Arieh, *Ḥorvat Radum* 1990. Vgl. weiter zur Archäologie von *ḥorbat radūm*: Beit-Arieh, *Radum*; Beit-Arieh / Cresson, *Ḥ. Radum* 1990; Beit-Arieh, *Horvat Radum* 1992.

[154] Siehe Aharoni, *Negeb* 1958, 35[7].

[155] Vgl. Aharoni, *Ostraca* 1970, 21[18].

[156] Aharoni, *Ostraca* 1970, 21f; vgl. Kallai, *HGB* 1986, 378.378[98] und Renz / Röllig, *HAE* I/1 1995, 390f.

[157] Aharoni, *Ostraca* 1970, 24, nimmt diesen Ort für Ramat-Negev im Anspruch.

[158] Vgl. Lemaire, *Ramat-Negeb* 1973, 20.

werden.[159] 3. Es gebe eine Festung aus der EZ II wie in Arad. Das treffe sich gut mit der Tatsache, daß in Arad-Ostrakon 24 Kina und Arad implizit als Festungen nebeneinander erschienen. Die Argumente 2 und 3 sind überzeugend, das erste ist im Verlauf dieses Kapitels zu überprüfen. Somit ist *ḫ. ġazze* der beste Kandidat für Kina.

Arara cj.

Der alte Name Arara findet sich in *ḫ. ʿarʿara.* Wenn man jedoch damit rechnet, daß dieser Ort zur Zeit Davids bewohnt war, sollte man ihn im nahegelegenen *t. esdar* lokalisieren. In *ḫ. ʿarʿara* gibt es nämlich keine Besiedlung vor dem 7. Jh,[160] während *t. esdar* vom 12. bis zum 10. Jh. bewohnt war,[161] aber nicht danach. Es ist möglich, daß sich beide Orte auf Arara beziehen: *t. esdar* wäre das Arara / Aroër zur Zeit Davids, und *ḫ. ʿarʿara* das Arara, das in der Judaliste erscheint. Biran vermutet, daß *t. esdar* im 10. Jh. verlassen wurde, weil es in der Fläche lag und somit schwierig zu verteidigen war. Der Name wurde dann später mit dem ungefähr einen Kilometer weiter gelegenen *ḫ. ʿarʿara* verbunden.[162] Falls die Judaliste zur gleichen Zeit entstanden ist, zu der es die darin verzeichneten Orte gab, haben wir ein wichtiges Indiz für die Entstehungszeit der Judaliste.

Molada

Molada wird aufgrund des Namens mit *ḫ. el-waṭan* gleichgesetzt. *waṭan* wäre eine Übersetzung von מולדה (√ילד). Eine direkte Übersetzung aber ist, wie Aharoni zu Recht bemerkt, äußerst ungebräuchlich. Eine solche liegt wahrscheinlich nur im Falle von Dan = *t. el-qāḍī* vor. Die Gleichsetzung muß also hypothetisch bleiben.[163] Die Vermutung Abels aber, Molada sei auf dem *t. el-milḥ* zu suchen, hat etwas für sich.[164] Nach seiner Meinung muß der Ort sich aufgrund des biblischen Befundes (vor allem Neh 11,26) in der Nähe von Beerscheba befinden. Dies ist möglich, aber nicht zwingend. Erstens kann über die relative Lage Moladas mit Hilfe von Neh 11,26 nicht mehr gesagt werden, als daß

---

159 Josephus, *Antiq.* XIII, XV, 1.

160 Biran, *Aroer*. Kallai, *HGB* 1986, 351[38], rechnet damit, daß der Ort seit dem 8. Jh. bewohnt war.

161 Kochavi, *Esdar*.

162 Biran, *David* 1983.

163 Aharoni, *LoB* ²1979, 121. Das von Aharoni stets angebrachte Fragezeichen (S. 260.439) verschwindet allerdings auf S. 410.

164 Vgl. auch Dillmann, *Josua* ²1886, 526.

es zwischen Kirjat-Arba und Beerscheba lag, und zweitens liegt *ḫ. el-waṭan* näher, wenn man Molada nahe an Beerscheba ansetzen möchte. Das gleiche gilt für das von Albright bevorzugte und auch von Abel erwogene *ḫ. kusēfe*, das römische Mala(a)tha. Das heißt, daß die gleichen Bedeutungen der Namen Molada und *ḫ. el-waṭan* für die Identifizierung ausschlaggebend sind, jedoch keineswegs endgültig.

Neuerdings hat Govrin den *naḥal yattir site* mit Molada gleichgesetzt. Die Reste aus der EZ I und aus der pers. Zeit stimmen seiner Meinung nach mit dem biblischen Befund überein: Die ez mit den Listen Simeons (Jos 19,7 und 1Chr 4,28) und die pers. mit Neh 11,26. Er geht jedoch nicht auf Jos 15 ein. Wenn man aber von einer Datierung der Ortsliste Simeons in der EZ I ausgeht, muß man in Jos 15, wie sich noch zeigen wird, sehr viele andere Identifizierungen fallen lassen, weil die wenigsten Orte in der EZ I bewohnt waren.

Beerscheba

Beerscheba wird entweder mit *t. es-seba'* oder mit *bīr es-seba'* gleichgesetzt und in einem Fall mit beiden. *bīr es-seba'* liegt unter dem heutigen Beerscheba, was eine archäologische Überprüfung schwierig macht, obwohl an der Oberfläche und bei einer kleinen Grabung Scherben aus u.a. der EZ I und II gefunden worden sind.[165] Wir optieren mit vielen anderen für *bīr es-seba'* statt des auch geläufigen *t. es-seba'*. Hierfür gibt es vier Argumente.

Beerscheba ist aus dem AT als Kultzentrum bekannt.[166] Davon ist aber trotz der Versuche von Aharoni und Yadin auf *t. es-seba'* bis auf einen Hörneraltar nie etwas Greifbares gefunden worden.[167]

Als Ort für den Hörneraltar meint Aharoni einen Tempel im sogenannten *basementbuilding* (*room* 32) im westlichen Teil des *tell*s gefunden zu haben.[168] Die Orientierung war wie die Tempel von Arad und Jerusalem Ost-West. Östlich des Tempels gab es einen großen Platz mit weißem Boden. Das *basementbuilding* von Stratum II nun ist nach Aharoni anstelle des Tempels von Stratum III gekommen. Der ganze Tempel sei im Gefolge der Kultmaßnahmen von Hiskia Stein für Stein entfernt worden. Hiskia habe im übrigen auch der Stratum III-Stadt ein

[165] Gophna, *Beersheba* 1963; Cohen, *Beersheba* 1968; Gophna / Yisraeli, *Soundings* 1973. Vgl. auch Fritz, *Erwägungen* 1975, 32f[11].

[166] Vgl. Schoors, *Beer-Sheba* 1990.

[167] Vgl. Aharoni, *Altar* 1974; Herzog, *Sanctuaries* 1981; Shanks, *Altar* 1975. Vgl. die Kritik dazu bei Fowler, *Beer-sheba* 1982.

[168] Aharoni, *Tel Beersheba* 1974b; id., *Altar* 1974, 5.

Ende gesetzt. Obgleich die äußeren Daten die Existenz eines Tempels zu bestätigen scheinen, beruht die ganze Beweislast somit nur auf negativen Argumenten.

Yadin bestreitet die Zerstörung von Statum III durch Hiskia.[169] Seiner Meinung nach war es Josia, der das Heiligtum von Beerscheba, ein *bama*, geschleift hat.[170] Außerdem muß nach Yadin aufgrund einer Exegese von 2Kön 23,8 ein *bama* in der Nähe des Stadttors gefunden werden. Für einen Tempel gibt es keine Hinweise, aber ein *bama* findet er in *room* 430, in der Nähe des Stadttors. In diesem Raum befinden sich eine Treppe und ein Kanal, der neben der Treppe anfängt. Der Kanal mußte das Blut abführen. Der in Teilen aufgefundene Hörneraltar soll hier und nicht, wie Aharoni annimmt, in einem Tempel gestanden haben.

Herzog / e.a. haben aber darauf hingewiesen, daß die Argumente Yadins nicht schlüssig sind[171]: 1. Die Zerstörung von Stratum III kann aufgrund keramischer Evidenz nicht mit Josia in Zusammenhang gebracht werden. Sie muß eher in die Zeit Hiskias datiert werden. 2. Yadin datiert die Mauer von Stratum V später als Aharoni es tut.[172] Das ist wohl möglich, aber es ist nicht zwingend, alle späteren Schichten dann auch gleich hundert Jahre später zu datieren. 3. *Room* 430 wurde weiter verwendet, auch in Stratum II. Das heißt, daß auch nach Josia das *bama* benutzt wurde, denn Stratum II wird von Yadin von Josia bis 587 datiert. 4. Der Kanal fing nicht am Altar an, sondern am Dach eines nahegelegenen Hauses und war mit dem Wassersystems der Stadt verbunden. Dieses Wasser sollte getrunken werden und durfte nicht von Blut verunreinigt werden. 5. Der Altar war zu groß für *room* 430. Er hätte den Eingang versperrt.

Zusammenfassend läßt sich sagen, daß bis auf einen Hörneraltar nichts Kultisches gefunden wurde. Jener kann nicht von Josia geschleift worden sein, weil er zu Stratum III gehörte, das um 700 zu Ende ging. Außerdem kann das *bama*, wenn es eines gegeben hat, nicht durch Josia zerstört worden sein, weil *t. es-seba*ʿ damals verlassen war. Ob es, wie Aharoni annimmt, einen Tempel gegeben hat, ist fraglich. Erstens gibt es dafür keinen positiven Beweis, weder textlich noch archäologisch, zweitens gibt es weder textliche noch archäologische Indizien, daß die Steine eines Tempels bis zum Boden abgetragen wurden.

Die Erwähnung in dem Arad-Ostrakon 3 weist darauf hin, daß Beerscheba wahrscheinlich nicht nur ein kultisches, sondern auch ein administratives Zentrum gewesen ist. Dafür ist *t. es-seba*ʿ im Vergleich zu *bīr*

[169] Yadin, *Beer-sheba* 1976.
[170] 2Kön 23.
[171] Herzog / e.a., *Stratigraphy* 1977.
[172] Vgl. dazu Jericke, *Tell es-Seba*ʿ 1992.

*es-seba*ʿ doch recht klein. *bīr es-seba*ʿ maß wahrscheinlich mindestens 25 a und war somit zehnmal so groß wie *t. es-seba*ʿ.[173]

Weil Arad-Ostrakon 3 in das beginnende 6. Jh. datiert werden kann,[174] und *t. es-seba*ʿ nach der Zerstörung von Stratum II am Ende des 8. Jh.[175] kaum noch eine Stadt von Bedeutung war, kann sich das *bʾršb*ʿ aus dem Ostrakon schwerlich auf *t. es-seba*ʿ bezogen haben.

Obwohl *bīr es-seba*ʿ unter der heutigen Stadt verborgen ist, so sprechen die Größe der Stadt, die Namensgleichheit mit Beerscheba, die archäologischen Überreste und die Erwähnung in den Arad-Ostraka für die Gleichsetzung mit dem biblischen Beerscheba.

Der Versuch Aharonis, das biblische Beerscheba in beiden *tulūl* wiederzufinden[176], ist von Naʾaman schon überzeugend widerlegt worden.[177]

Ezem

Mit *umm el-ʿaẓām*—unweit östlich des heutigen Dimona—läge der südlichste Ort des Negev-Distriktes vor. Jedoch spricht gerade die südliche Lage gegen die Gleichsetzung. *umm el-ʿaẓām* befindet sich mehr als 10 km weiter südlich als das bereits südliche Arara cj. = *ḫ. ʿarʿara.* Gerade in diesem öden Gebiet ist das eine große Entfernung. Dazu kommt, daß Ezem in Jos 19,4 zu Simeon gerechnet wird, Aroër, das nördlicher liegt, aber nicht.[178]

Aharoni vermutet, daß Ezem in der Nähe von *t. eš-šerīʿa* gelegen hat, weil der Name in einem Ostrakon aus diesem Ort auftaucht.[179] Diese Vermutung hat einiges für sich, wenngleich sie keineswegs zwingend ist. Erstens muß ein in einem Ostrakon genannter Ort nicht selbstverständlich in der Nähe des Fundortes liegen, zweitens ist die Lesart *ʿṣm* nicht ganz sicher, und drittens ist das Ostrakon so klein, daß eigentlich keine Angaben über Inhalt und Gattung gemacht werden können. Wir betrachten die Ortslage von Ezem somit als unbekannt.

---

173 Gophna / Yisraeli, *Soundings* 1973.
174 Renz / Röllig, *HAE* I/1 1995, 18.360–363.
175 Aharoni / Aharoni, *Stratification* 1976.
176 Aharoni, *Beer-sheba I* 1973, 110f.
177 Naʾaman, *Inheritance* 1980, 150.
178 Kallai, *HGB* 1986, 352; Aḥituv, *Joshua* 1995, 256f. Nach Aḥituv paßt auch der archäologische Befund nicht zu dieser Annahme.
179 Aharoni, *LoB* ²1979, 260; vgl. Renz / Röllig, *HAE* I/1 1995, 344f.

Kesil / Betul cj.

Alt hat als erster vorgeschlagen, Betul mit *ḫ. el-qaryetēn* gleichzusetzen. In einem Kreuzfahrertext aus dem Jahre 1239 wird von dem Ort Civitas Ficuum gesagt, daß er früher Bethula hieß. Civitas Ficuum—„Feigenstadt", so Alt, sei eine falsche Übersetzung von *qaryetēn*, das als *qaryet (et-) tīn*, „Feigendorf", gelesen sei. Nach Fritz ist die Gleichsetzung von Betul mit *ḫ. el-qaryetēn* aber zweifelhaft.[180] Er bevorzugt die von Na'aman vorgeschlagene Identifizierung mit *t. umm bētīn*, einem kleinen *site* in der Nähe von Beerscheba.[181] Diese Identifizierung ist die wahrscheinlichste. Die Lage paßt, und in dem Namen ist ein Anklang an Betul vorhanden.[182] Die Argumente Alts zu *qaryetēn* treffen zudem auch—und vielleicht sogar noch besser—auf *t. umm bētīn* zu, gelesen als *t. umm bēt tīn**.

In c 2 mußte die Entscheidung zwischen den Lesarten כסיל und בתול offen bleiben.[183] Da es aber nun für Betul eine durch Lage und Namen mögliche Identifizierung gibt, lesen wir in Jos 15,30 Betul statt Kesil. Dies ist der gleiche Ort wie in Jos 19,4; 1Sam 30,27 und 1Chr 4,30.

Horma

Für Horma gibt es nicht weniger als sechs Identifizierungsvorschläge. Wie oben ausgeführt, muß Horma in der Nähe von Ziklag und nicht in der von Arad liegen,[184] wobei Ziklag im Westen zu suchen ist.[185] Somit fallen *ḫ. el-mšāš*,[186] die gebräuchlichste Annahme, *ḫ. el-ġarra*, die vermeintliche Nachfolgesiedlung von *ḫ. el-mšāš*[187], und *t. el-milḥ* aus. Es

[180] Fritz, *Erwägungen* 1975, 32[8].

[181] Na'aman, *Inheritance* 1980, 147; Fritz, *Josua* 1994, 165.

[182] Ein vergleichbarer Fall liegt in dem Wechsel Bethel zu *betīn* vor.

[183] S.o. §2.3 zu v 30.

[184] So z.B. Aharoni, *LoB* ²1979, 201.215f. Dabei ist es wichtig zu wissen, daß Aharoni das *kanaanäische* Arad auf dem *t. el-milḥ* lokalisiert. Die Nähe zu *ḫ. el-mšāš* ist dann noch größer. S.u. zu „Ziklag".

[185] So auch Kallai, *HGB* 1986, 357. Nur Crüsemann, *Überlegungen* 1973, lokalisiert Ziklag im Osten; s.u. zu „Ziklag".

[186] (Kempinski /) Fritz, *Tel Masos* 1977, 156, weist darauf hin, daß aufgrund der großen Besiedlungslücke dieser *site* schwerlich Horma gewesen sein kann: „The site was uninhabited for most of the period of the Kingdom of Judah, while heavily fortified cities stood on Khirbet el-Gharra and Tell el-Milḥ (Kochavi 1967) in the near vicinity of Tel Masos." Hier sei noch bemerkt, daß der Argumentationsgang Aharonis, *LoB* ²1979, 215f, (vgl. Aharoni / e.a., *Tel Masos* 1975, 119[16]), nicht überzeugend ist. Seiner Meinung nach zieht am Anfang der Monarchie der Ort nach *ḫ. el-ġarra* um. Daher stammt der Name Zefat für Horma, weil *ḫ. el-ġarra* auf einem Berg liegt (*ḫ. el-mšāš* nicht). Der Name Zefat erscheint in Ri 1,17 aber als der ältere Name.

[187] Es ist möglich, daß *ḫ. el-ġarra* eine Nachfolgesiedlung von *ḫ. el-mšāš* war, obgleich

bleiben *t. eš-šerīʿa*, *t. es-sebaʿ* und *t. el-ḫuwēlife* als Kandidaten übrig. Für alle drei sind gute Argumente geltend zu machen, und alle weisen sie einen passenden archäologischen Befund auf.[188]

Mit Alt[189] gehen wir davon aus, daß *t. eš-šerīʿa* zu weit westlich liegt, um den biblischen Angaben über Horma gerecht werden zu können. Vielmehr sind beide Orte, *t. es-sebaʿ* und *t. el-ḫuwēlife*, gute Kandidaten. Hauptsächlich, weil Alt *t. el-ḫuwēlife* für Ziklag bevorzugt, sucht er Horma in *t. es-sebaʿ*. Dazu kommt noch, daß *t. es-sebaʿ* südlicher liegt, was dann besser zur Tatsache passen würde, daß die Israeliten bei ihren Vormarsch auf dem Wege von Atarim aus dem Süden kamen.[190] Weiterhin meint Alt, daß sich die Westgrenze Judas bzw. Simeons nicht weiter als bis zum Höhenzug zwischen *t. el-ḫuwēlife* und *bīr es-sebaʿ* erstreckt.

Entweder müssen wir von dem Paar Horma–*t. es-sebaʿ* und Ziklag–*t. el-ḫuwēlife* (Alt) oder von Horma–*t. el-ḫuwēlife* und Ziklag–*t. eš-šerīʿa* ausgehen. Für letztere Möglichkeit hat sich Naʾaman stark gemacht.[191] Auch er geht davon aus, daß Horma nicht in der Nähe von Arad, sondern in der von Ziklag zu suchen ist. Diesen Ort vermutet er in *t. eš-šerīʿa*. Wenn Horma nun übereinstimmend mit dem biblischen Befund wirklich eine kanaanäische Stadt gewesen ist, kommt von den Alternativen nur *t. el-ḫuwēlife* in Frage. Nur dort sind Reste aus der SBZ gefunden worden, im restlichen Negev nicht. *t. el-ḫuwēlife* ist außerdem hoch gelegen und bietet einen guten Überblick über die Gegend; das paßt ausgezeichnet zum Namen Zefat, das wahrscheinlich von צפה I „ausschauen" herzuleiten ist.[192]

---

auch damit zu rechnen ist, daß das prämonarchische *ḫ. el-mšāš* nie israelitisch gewesen ist. Vgl. dazu Finkelstein, *AIS* 1988, 41–46. Naʾaman, *Inheritance* 1980, 142, zweifelt den Umzug an, weil eine große Lücke zwischen der Aufgabe von *ḫ. el-mšāš* (Anfang des 10. Jh.) und der Gründung von *ḫ. el-ġarra* (Ende des 8. Jh.) klafft und es für die Wanderung eines Toponyms, gleich nach der Zerstörung, keine Parallele gibt. Die zeitliche Lücke wäre geschlossen, wenn man *t. el-milḥ* als Nachfolgesiedlung betrachtet (vgl. Jericke, *Landnahme* 1997, 210f). Am Rande sei noch erwähnt, daß Yadin, *Division* 1961, 9f, das *mmšt* von den *lmlk*-Krugstempel in *ḫ. el-ġarra* vermutet.

[188] Folgende Bewohnungsperioden sind interessant: *t. eš-šerīʿa* war u.a. vom 13. bis zum 4. Jh. bewohnt (vgl. Oren, *Seraʿ*), *t. es-sebaʿ* vom späten 12. bis zum 8. und vielleicht dem 7. und 6. Jh. (vgl. Herzog, *Tel Beersheba*) und *t. el-ḫuwēlife* vom 13. bis zum 4. Jh. (vgl. Seger / Borowski, *Ḥalif*).

[189] Alt, *Beiträge* III 1935 = 1959, 428f.

[190] Num 21,1.

[191] Naʾaman, *Inheritance* 1980.

[192] ³*HAL*, unter צפה I, 977.

Die Rekonstruktion Na'amans verdient den Vorzug, obgleich die von Alt auch möglich bleibt. Die Entscheidung hängt von vier Vorfragen ab: 1. Wie historisch zuverlässig sind die biblischen Berichte? 2. Auf welche Zeit beziehen sie sich dann? 3. Muß Horma wirklich in der Nähe von Ziklag gesucht werden? 4. Wo lag Ziklag? Wie ausgeführt, sind die biblischen Berichte bezüglich Horma etymologischer Art. Jedoch kann für die Etymologie—wie bei Jericho und Arad—eine alte Stadt genommen sein. Die dritte Frage haben wir positiv beantwortet: Horma lag in der Nähe von Ziklag. Das Gegenargument, daß der Weg der Atarim nicht an *t. el-ḫuwēlife* oder *t. eš-šerīʿa* vorbeiführt, ist nicht stichhaltig, denn Arad, das vermeintliche Ziel des Weges, wurde in Num 21,1–3 später eingefügt. Die Beantwortung der zweiten Frage, auf welche Zeit sich die Ereignisse um Horma beziehen, muß Ziel der Ausführungen und nicht deren Ausgangslage sein. Vieles hängt also von der Beantwortung der letzten Frage ab: Wo lag Ziklag?

Ziklag

Früher setzte man Ziklag in *ḫ. zuḥēlīqa* an, weil der Name dem von Ziklag gleicht. Doch ist dieser Anklang, wie Alt und Rainey bemerken, nur oberflächlich.[193] Zudem sind auf der *ḫirbe* nur Reste seit dem byz. Zeitalter gefunden worden. Somit scheidet dieser Ort für die Identifizierung aus.

Die meisten gehen davon aus, daß Ziklag mit *t. eš-šerīʿa* zu identifizieren ist. Dafür spricht vor allem die Lage. Aus den Davidserzählungen wissen wir, daß David Ziklag als „Lehen" von dem philistäischen König Achis bekommen hat. Von dort aus hat er seine Überraschungsangriffe vorgenommen.[194] Es wird deutlich, daß Ziklag nicht in Juda selbst bzw. im Gebiet der Jerachmeeliter oder Keniter gelegen hat.[195] Diese aus dem AT gewonnene relative Lagebestimmung stimmt mit der westlichen Lage überein und spricht sogleich gegen alle anderen Identifizierungen (*t. es-sebaʿ*, *ḫ. el-mšāš*[196]), abgesehen von *t. el-ḫuwēlife*.[197]

---

[193] Alt, *Beiträge* III 1935 = 1959, 430; Rainey, *Ziklag*, 984.

[194] 1Sam 27,8.10.

[195] S.o. §7.1.1.1 zu „Ziklag".

[196] Crüsemann, *Überlegungen* 1973. Vgl. die zutreffende Kritik von Aharoni / e.a., *Tel Masos* 1975, 117.

[197] Auf diese Tatsache geht Fritz, *Beitrag* 1990, kaum (vgl. nur S. 79f) ein, obwohl er doch gerade versucht, biblische und archäologische Daten miteinander zu vergleichen. Fritz hat sich demgegenüber für *t. es-sebaʿ* stark gemacht. Doch sind seine Argumente nicht überzeugend. Voraussetzung ist bei ihm, daß aufgrund des atlichen Textbefunds der *site* von Ziklag eine kontinuierliche Besiedlung aufweisen muß von der Zeit Davids

In *t. eš-šerīʿa* sind außer Resten aus der SBZ (Strata XI–X) Reste aus der EZ gefunden (Strata IX–V).[198] In Schicht VIII der EZ I ist reichlich philistäische Ware aufgedeckt worden. Weil es keinen Bruch zwischen Schicht VIII und VII gibt, geht Oren davon aus, daß „the ethnic nucleus at Tel Seraʿ in the Iron Age I–II was Philistine."[199] Diese Vermutung spricht zusammen mit der Tatsache, daß *t. eš-šerīʿa* zur Zeit Davids bewohnt war (Straten VIII und VII), für eine Identifizierung mit Ziklag.

Alt entschied sich jedoch für *t. ḫuwēlife*.[200] Es lag noch innerhalb der von ihm postulierten Grenze Judas, am Rand des Negevdistrikts und an günstigen Verkehrswegen. Von hier aus konnte David gut seine Streifzüge vornehmen.

Nun kann man dagegen einwenden, daß, wenn die Grenze etwas weiter westlich gelegen hat, *t. eš-šerīʿa* auch noch innerhalb der Grenzen läge und daß auch *t. eš-šerīʿa* verkehrstechnisch günstig gelegen ist. Es bleiben archäologische Hinweise, und zwar zu *t. es-sebaʿ*: entweder haben wir es, wie oben schon gesagt, mit dem Paar Horma–*t. es-sebaʿ* und Ziklag–*t. el-ḫuwēlife* (Alt) oder mit Horma–*t. el-ḫuwēlife* und Ziklag–*t. eš-šerīʿa* (Na'aman) zu tun. In *t. el-ḫuwēlife* sind Reste aus der SBZ gefunden worden, in *t. es-sebaʿ* nicht. Das heißt, daß die Kombination Horma–*t. el-ḫuwēlife* und Ziklag–*t. eš-šerīʿa* gewählt werden muß, wenn man einen historischen Hintergrund für die im AT überlieferten Geschehnisse um Horma in der SBZ datiert. Kallai weist noch darauf hin, daß Ziklag leichter als philistäisches Lehen anzusehen ist, wenn man es in *t. eš-šerīʿa* lokalisiert.[201] Auch war es weit genug von Gat entfernt, um David noch ausreichend Spielraum zu lassen.[202]

---

bis zum 9. oder 8. Jh. Für das 9. oder 8. Jh. wird auf die Datierung der Ortsliste in Jos 15 verwiesen. (Allerdings nur nebenbei [Anm. 12 auf S. 80] und mit der Qualifizierung „wahrscheinlich" für die Datierung.) Zwei Voraussetzungen sind bei ihm nicht herausgearbeitet: 1. Ob Ziklag zwischen der Regierungszeit von David und der Entstehung der Ortsliste bewohnt geblieben sein muß. Es ist nämlich von vielen Orten im Negev bekannt, daß sie um 900 verlassen wurden; 2. Die Datierung der Ortsliste Jos 15. *t. ḫuwēlife*, *t. eš-šerīʿa* und *ḫ. el-mšāš* z.B. wurden im 7. Jh. neu besiedelt.

198 Oren, *Seraʿ* (mit Literatur).

199 Oren, *Seraʿ*, 1331.

200 Alt, *Beiträge* III 1935 = 1959, 430f.

201 Kallai, *HGB* 1986, 355f.

202 Kallais Argument, daß es *t. eš-šerīʿa* sein muß, weil es auch unter den Orten Simeons aufgelistet wird (Jos 19,5), die sich in dem Negev befinden, ist nicht völlig überzeugend, da *t. el-ḫuwēlife* auf der Grenze von Negev und Schefela liegt und somit auch noch zum Negev gerechnet werden kann.

Für die Identifizierung Hormas war es wichtig zu wissen, wo Ziklag gelegen hat. Wir meinen mit der Wahl für das Duo Horma–*t. el-ḫuwēlife* und Ziklag–*t. eš-šerīʿa* den biblischen, geographischen und archäologischen Tatbeständen am besten gerecht zu werden.

Madmanna

ḫ. tātrēṭ und *ḫ. umm dēmne* streiten sich um die Ehre, das alte Madmanna zu sein. Früher ging man von *ḫ. umm dēmne* aus, weil hierin der Name erhalten zu sein schien. Weil der archäologische Befund aber nicht paßt,[203] identifiziert Kochavi Madmanna mit dem nahegelegenen *ḫ. tātrēṭ*.[204] Unter den Funden befinden sich Scherben aus der EZ II und der hell. Zeit, während der Name dann in *ḫ. umm dēmne* erhalten geblieben ist. Weiter weist Kochavi darauf hin, daß Madmanna in der Nähe von *ḫ. eš-šamsānīyāt* liegt, das allgemein mit Sansanna identifiziert wird, setzt man Madmanna mit *ḫ. tātrēṭ* gleich. Das stimmt mit der Tatsache überein, daß Madmanna und Sansanna in Jos 15 zusammen vorkommen. Außerdem liegt *ḫ. umm dēmne* zu weit nördlich, eher im Bergland als im Negev. Daher spricht mehr für eine Identifizierung von Madmanna mit *ḫ. tātrēṭ*.

Schilhim / Scharuhen cj.

Alt sowie Cross und Wright haben die Erwähnung von Scharuhen in der Ortsliste Judas für deren Datierung verwertet.[205] Da diese Liste nach ihrer Auffassung einen so weit westlich gelegenen Ort—*t. el-fārʿa* bei ihnen—enthält, kann sie nur aus der Zeit Josias stammen, ist doch nur er so weit nach Westen vorgedrungen. Man identifiziert Scharuhen gemeinhin entweder mit *t. el-fārʿa* oder mit *t. el-ʿaǧǧūl*.[206] Beide liegen sehr weit westlich im Vergleich zu den anderen Negev-Orten, *t. el-fārʿa* dazu noch sehr weit südlich. Auf den ersten Blick sind beide Identifikationen somit unwahrscheinlich. Dazu kommt, daß in Jos 15,32 nicht Scharuhen gelesen werden soll, sondern Schilhim, dies aber ist nicht zu identifizieren.

---

203 Kochavi, *JSG* 1972, Nr. 224; Lehmann, *Survey* 1994. Vgl. aber Ofer, *Highland* II 1993, 2a:17, der dort sehr wohl Reste aus der EZ II gefunden hat und es mit Madmanna identifiziert.

204 Kochavi, *JSG* 1972, Nr. 249.

205 S.u. §8.3.3.5.

206 Görg, *Scharuhen* 1991.

En-Rimmon
Fritz bestreitet mit Na'aman die Identifizierung mit *ḫ. umm er-ramāmīm*, weil ez Keramik völlig fehlt.[207] Auch die Gleichsetzung von En-Rimmon mit dem nahegelegenen *t. el-ḫuwēlife*[208] wird von ihm verworfen, weil sich aufgrund des Namens in der Nähe eine Quelle befinden muß. Außerdem ist in *t. el-ḫuwēlife* eher das alte Horma zu suchen.[209]

Eine ganz andere bisher nicht betrachtete Möglichkeit ist, En-Rimmon in der Schefela, im Gebiet des 3. Distrikts, in *ḫ. er-rummāne*, anzusetzen. Die Erwähnungen im AT können nämlich sehr wohl auf eine Lage dort hinweisen.[210] Dann wären alle Orte des zweiten Simeon-Distriktes (Jos 19,7) und wahrscheinlich auch des zweiten Teils von 1Chr 4,28–32 in der Schefela zu lokalisieren. Auch hier fehlt allerdings eine Quelle.

Restliche Identifizierungen
Unsere These ist, daß die Orte nach dem Lauf der *wādi*s aufgereiht werden. Dieses Ordnungsprinzip tritt im 2. Distrikt deutlich zutage. Mit Hilfe der (nur wenigen) identifizierbaren Orte ist es möglich, zwei Linien zu ziehen: 1. in nordost-südwestlicher Richtung von Arad bis Beerscheba, 2. in südwest-nordöstlicher Richtung von Beerscheba nach Sansanna (En-Rimmon). Die erste Linie folgte dem *w. el-milḥ* und / oder *w. el-mšāš*. Lag nördlich oder südlich des *wādi* ein Ort, machte man beim ersten folgenden Neben*wādi* einen Abstecher. So ist Kina = *ḫ. ġazze* über das *w. er-rabwe* zu erreichen. Dazwischen liegt *ḫ. sumrā*, hinter dem sich wahrscheinlich das alte Jagur verbirgt. Der erste folgende zu identifizierende Ort ist Arara cj. = *ḫ. ʿarʿara*, wohin man über das *w. ʿarʿara* kommt. Zwischen Arara und Kina begegnet in 15,22 der Ort Dimona. Kann das mit einem der drei vorher passierten Orte, *ḫ. el-mšāš*, *ḫ. el-ġarra* oder *t. el-milḥ*, am *w. el-milḥ* / *w. el-mšāš* identifiziert werden? Weil *t. el-milḥ* auch in der pers. Zeit bewohnt war,[211] wird dieser Ort den biblischen Angaben (Neh 11,25) über Dimona / Dibon am

207 Fritz, *Josua* 1994, 187; Na'aman, *Inheritance* 1980, 136 152; vgl. auch Borowski, *Identity* 1988, 25; Kloner, *Rimmon*.

208 So u.a. Borowski, *Identity* 1988.

209 Daß En-Rimmon und Horma sich auf die gleichen Ortslagen beziehen, ist unwahrscheinlich. Man hätte dann eine Explikation wie bei einigen anderen Orten in Jos 15 erwartet: „Horma, das ist En-Rimmon".

210 S.o. §7.1.1.1 zu „En-Rimmon".

211 Der *site* war bewohnt vom 10. bis zum 6. Jh.; vgl. Kochavi / e.a., *Malḥata*, 934–936; Beit-Arieh, *Malḥata* 1994.

besten gerecht. *ḫ. el-mšāš* ist wahrscheinlich mit der Stadt der Amalekiter zu verbinden.[212] Vielleicht verbirgt sich in *ḫ. el-ġarra* das alte Ramat-Negeb. Es liegt auf einer hohen Kuppe, was den Namen Rama rechtfertigt. Zudem war es im 10. und 7. Jh. bewohnt,[213] was zeitlich gut übereinstimmt mit den Angaben in 1Sam 30,27 und Arad-Ostrakon 24,12. Von der Festung *ḫ. el-ġarra* wären vom Süden her aufrückende Edomiter (Arad-Ostrakon 24,12) gut wahrzunehmen gewesen.[214] Aufgrund der gewonnenen Richtung der Ortsbeschreibung muß Kabzeel nördlich bzw. nordöstlich von Arad gelegen haben. Vielleicht ist es mit dem von Aharoni für Kina in Erwägung gezogenen *ḫ. eṭ-ṭaiyibe* gleichzusetzen.

Mit den Orten Beerscheba bis Sansanna haben wir wieder eine mehr oder weniger geschlossene Reihe identifizierbarer Orte. In Beerscheba = *bīr es-sebaʿ* beginnend passieren wir, folgt man dem *w. el-ḫalīl / w. en-nār*, Betul cj. = *t. umm bētīn* und später Madmanna = *ḫ. tātrēṭ* und Sansanna = *ḫ. eš-šamsānīyāt*. Vorher biegt man durch das *naḥal rimmōn* und das *naḥal gerār* nach Horma = *t. el-ḫuwēlife* und Ziklag = *t. eš-šerīʿa* ab. Zwischen Beerscheba und Betul cj. werden in 15,28–30 noch drei Orte, Baala, Ezem und Eltolad, genannt. Baala könnte mit *t. es-sebaʿ* identisch sein, wenn der Name Baala in Verbindung mit dem dort aufgefundenen Altar zu setzen ist. Doch ist seine Gleichsetzung äußerst unsicher, denn es ist die Frage, ob *t. es-sebaʿ* zur Linie Kabzeel—Beerscheba oder Beerscheba—Sansanna gehört. Oder gibt es neben der Linie Kabzeel—Arara (oder Kabzeel—Hazor-Hadatta) noch eine dritte Linie Kerijot—Beerscheba, mit der *t. es-sebaʿ* verbunden werden muß? Wir haben zu wenig Anhaltspunkte, weil von den Orten 7 bis 22 nur Kerijot und Molada identifiziert werden können. Das heißt, daß auch wir *t. es-sebaʿ* nicht identifizieren können. „Nun hängen im Negev alle Lokalisierungen wie in einem Mobile zusammen, mit einem neu plazierten Namen geraten andere Teile in Bewegung. Die Identifizierung weiterer Namen ist damit die notwendige Stütze, das sich fleißig drehende Karussell der Vorschläge zur Ruhe zu bringen."[215]

---

[212] S.o. Anm. 64. Später wird sich zeigen, daß entweder das 8. oder das 7. Jh. für eine Datierung der judäischen Ortsliste in Frage kommt. Zu dieser Zeit war *ḫ. el-mšāš* nicht bewohnt; vgl. u.a. Kempinski, *Masos*. Außerdem ist es fraglich, ob die Festung aus dem 7. Jh. judäisch war, denn die materielle Hinterlassenschaft ist eher edomitisch.

[213] Beit-Arieh, *'Ira*; anders: Govrin, *Map 139* 1991, Nr. 240 (8. bis 4. Jh.).

[214] Die Edomiter kamen nicht aus dem Osten, denn sonst hätte man keine Soldaten aus Kina und Arad nach Ramat-Negeb geschickt.

[215] Fritz, *Beitrag* 1990, 84.

7.2. *Die Schefela*

Geologisch ist die Schefela in zweierlei Hinsicht gekennzeichnet: Sie besteht aus äozenem Kalkstein im Unterschied zu dem zenomanen Kalkstein des judäischen Gebirges.[216] Zudem wird sie vom Bergland getrennt durch einen Graben, der in etwa von Bet-Horon bis Debir in nord-südlicher Richting verläuft. Schefela bedeutet „Niederung" und bezieht sich auf die im Vergleich zum Bergland niedrigen Hügel. Die Grenze nach Osten hin ist somit relativ einfach auszumachen. Nach Westen hin liegt die Grenze ungefähr bei der 300 m-Höhenlinie.[217] Schwerer ist es, die Nordgrenze zu ziehen. Meistens betrachtet man das Ajalontal als solche, doch die niedrigen Hügel unmittelbar nördlich davon können auch noch zur Schefela gerechnet werden.[218] Auch die Südgrenze ist unscharf. Sie liegt ungefähr bei *t. el-ḫuwēlife*.

7.2.1. *Distrikt II—15,33–36*

7.2.1.1. Die literarischen Quellen

Der erste Schefela-Distrikt enthält laut der Summierung in v 36b 14 Städte, während tatsächlich 15 Städte genannt werden. Da aber **וגדרתים** als **וגדרתיה** „und seine Umzäunungen" zu lesen ist, läßt sich die Zahl 14 leicht rekonstruieren. Die LXX^{A} und LXX^{B} haben, obgleich sie stark von dem MT abweichen, in sich stimmige Summierungen. Statt **העינם** ist **העינים** zu lesen.

Aschna 1,[219] En-Gannim[220] und Tappuach[221] sind homonymische *hapax legomena*. Tappuach in der judäischen Genealogie (1Chr 2,43) ist mit Bet-Tappuach im Bergland (v 53) zu verbinden.[222] Nach Abzug

---

[216] Baly, *Geography* 1957, 14.

[217] Mit Baly, *Geography* 1957, 143; Keel / Küchler, *OLB* II 1982, 568: 250 m.

[218] Es gibt auch eine weniger bekannte Schefela in Israel (Jos 11,1–3.16). Siehe dazu Finkelstein, *Shephelah* 1981.

[219] Im Vergleich zur dürftigen Stellenlage ist die Zahl der Identifizierungen auffällig und erstaunlich groß; (s.u.). Borée, *AOP* 1930, 69, will mit Burchardt, *AFEA* 1909, Nr. 994, *kntìsn* (Urk. IV 783,44) mit Aschna gleichsetzen, doch weist letzterer lediglich auf Orte „wie אַשְׁנָה" hin, und müßte zweitens *kntìsn* durch Gat-Aschna wiedergegeben werden. Vgl. 15,43 für das Aschna im Bergland.

[220] Es gibt ein En-Gannim im Gebiet Issachars, das auch als Levitenstadt bekannt ist: Jos 19,21; 21,29; 1Chr 6,58 cj.

[221] Das bekanntere Tappuach liegt in Ephraim: 12,17; 16,8; 17,8; vgl. auch **ארץ תפוח** in 17,8 und **עין תפוח** in 17,7.

[222] Es kann sich nicht auf Tappuach in der Schefela beziehen, weil es unter den Söhnen Hebrons genannt wird; vgl. weiter Willi, *Chronik* 1991ff, 102. Ein kleiner

der homonymischen *hapax legomena* bleiben somit elf der 14 Orte für die Besprechung übrig. Aditajim behandeln wir, obgleich es ein *hapax legomenon* ist, wegen einer möglichen Erwähnung in der Scheschonkliste trotzdem.

Eschtaol und Zora

Unter allen sieben atlichen Belegen von Eschtaol gehört nur das vorliegende Eschtaol zu Juda. Alle anderen Male wird es Dan zugeschrieben.[223] Mehr noch, zusammen mit Zora und Machane-Dan[224] bildet Eschtaol das Kerngebiet dieses Stammes. Eschtaol und Zora erscheinen also in der Danliste (Jos 19,41), in der Simson-Geschichte[225] und in den Erzählungen über den Auszug der Daniten aus ihrem Gebiet nach Lajisch / Dan[226]. Nur noch 1Chr 2,53 läßt vermuten, daß die Eschtaoli-

---

Unterschied ist, daß in Jos 15,53 Tappuach *plene* geschrieben wird und in 1Chr 2,43 nicht.

[223] Vgl. grundsätzlich zu Dan: Niemann, *Daniten* 1985; zu späteren Quellen vgl. Tsafrir / e.a., *Tabula* 1994, 123.

[224] Gemeint ist hier das Machane-Dan, das zwischen Zora und Eschtaol liegt. Es gab nämlich zwei Lager Dans (vgl. Niemann, *Daniten* 1985, 172–175): eben dieses und ein anderes bei Kirjat-Jearim. Das westliche, und nach Niemann das frühere, war das danitische Lager vor der Abwanderung nach Norden, und das spätere dasjenige nach der Abwanderung. Ein Teil der Daniten sei, so Niemann, also nicht mit nach Norden gezogen; (anders und weniger überzeugend: Lehmann / e.a., *Zora* 1996, 392–396, die einen Zug von Norden nach Süden postulieren). Moore, *Judges* 1895, 326, will hier מנחת־דן statt מחנת־דן lesen, denn „‚Camp of Dan' is a much more natural place in Judah than for one in the midst of the Danite settlements about Zorah." Diese beiden Einwände überzeugen nicht: Erstens kann der Name eine Reminiszenz an einen Ursprung des Lagers sein; zweitens ist es möglich, daß das Lager nach Dan heißt, weil Dan äußerst klein und somit dieses Lager mehr oder weniger deckungsgleich ist mit dem Gebiet des Stammes. Daß das Lager dann den Namen des Stammes trägt, ist keineswegs abwegig. Die Stadt Dan im Norden hat auch den Namen des Stammes; drittens kann es auch sein, daß das Lager tatsächlich in Juda liegt. Vgl. auch Van der Hart, *Camp* 1975, mit der interessanten These, daß die beiden Machane-Dan zwei verschiedene Wanderstationen der Lade repräsentieren. Dan sei in diesem Fall kein Stammes-, sondern ein Gottesname, vergleichbar mit den Lagern JHWHS in 2Chr 31,2. Dies hat aber keine Folgen für die Lokalisierung von Machane-Dan.

[225] Ri 13,25; 16,31. Ort der Handlung ist nach 13,25 Machane-Dan, das zwischen Zora und Eschtaol liegt. In 16,31 kann Machane-Dan vermutet werden.

[226] Ri 18,2.8.11. Niemann, *Daniten* 1985, 81f, (vgl. auch Lehmann / e.a., *Zora* 1996, 392–396), betrachtet die Erwähnungen von Zora und Eschtaol in Ri 18 als nicht ursprünglich. Diese Annahme ist u.E. nicht notwendig. Recht hat er aber mit seiner Behauptung, daß mit der Erwähnung eines danitischen Lagers in der Simson-Geschichte, das *zwischen* Zora und Eschtaol angenommen wird, nicht direkt impliziert wird, daß letztere Orte auch zu den Daniten gehören. Es ist aber eher wahrscheinlich, daß Zora und Eschtaol zu Dan gehörten, weil der Vater Simsons aus Zora stammt und Zora und Eschtaol in Ri 18 explizit genannt werden. Das Vorkommen dieser Namen

ten und die Zoratiten irgend etwas mit Juda zu tun haben. Hier werden sie nämlich von den Geschlechtern von Kirjat-Jearim abgeleitet.[227] Von letzterem Ort wird im AT mehrmals gesagt, daß er judäisch sei.[228] Es liegt darum nahe zu vermuten, daß nach Abzug der Daniten judäische Geschlechter nach Norden aufgerückt sind.

Zora wird oft in einem Atem mit Eschtaol genannt und in den Amarna-Briefen mit dem nahegelegenen Ajalon.[229] Darüber hinaus erfahren wir über Zora, daß Simsons Vater aus Zora stammte, das darum wahrscheinlich danitisch war.[230] Demgegenüber ist Zora in 2Chr 11,10 und Neh 11,29 judäisch, einmal als Festungsstadt Rehabeams[231] und einmal als Ort, in den die Exulanten aus Babylon zurückgekehrt sind. Auch die Erwähnungen der Zoratiten in 1Chr innerhalb des Geschlechtsregisters von Juda weisen auf judäische Verbindungen.[232]

Ist Dan somit ein judäisches Geschlecht, hat Juda Dan aus diesem Gebiet später verdrängt oder ist beides der Fall? Daß Dan Verbindungen zu Juda hatte, wird außer aus den judäischen Verbindungen Zoras und Eschtaols vor allem aus der Simson-Geschichte deutlich. Wenn Simson den Philistern Schaden zufügt, werden die Judäer darauf angesprochen, und sie werden aufgefordert, Simson auszuliefern. Ermöglicht dies die These, daß ein Geschlecht, stammend aus dem Territorium Judas,[233] nördlicheres Gebiet besiedelt hat? Dan hätte somit ein *status aparte* innerhalb Judas oder hätte sich Juda angeschlossen[234]: Er kam aus Juda und gehörte zu Juda, andererseits wohnte Dan in einem wahrscheinlich später zu Juda gekommenen Gebiet[235] und war

---

in Jos 19,41 kann nicht in die Argumentation einbezogen werden, weil die Danliste nur mit Hilfe vieler Vermutungen zu verstehen ist.

227 Gerade 1Chr 2,52b (nach ראיה cj.)–55 wird im allgemeinen als späterer Zusatz angesehen; vgl. weiter Willi, *Chronik* 1991ff, 104–106.

228 Jos 18,14; Ri 18,12; 1Chr 13,6.

229 In den Amarna-Briefen werden *ayyaluna* und *ṣarḫa* nebeneinander erwähnt (*EA* 273,20.21). Niemand zweifelt daran, daß es sich um das biblische Ajalon und Zora handelt; vgl. Knudtzon, *EA* II 1915, 1328; Moran, *AL* 1992, 388.391.

230 S.o. Anm. 226.

231 Vgl. zur strategischen Lage Zoras Lehmann / e.a., *Zora* 1996, 347–349.

232 1Chr 2,53.54; 4,2.

233 Das ursprüngliche Siedlungsgebiet der Daniten lag, wie Niemann, *Daniten* 1985, 237–243, überzeugend dargelegt hat, bei dem heutigen *el-māliḥa*. Die These von Lehmann / e.a., *Zora* 1996, 392–396, und Niemann, *Zorah* 1999, 30–36, Dan sei aus dem Norden nach Süden gewandert, ist dagegen zu spekulativ, von zu vielen einzeln anfechtbaren Voraussetzungen abhängig und unnötig kompliziert.

234 Vgl. Niemann, a.a.O 1985, 182f; id., a.a.O. 1999, 30–39.

235 Vgl. das ältere Jos 15,10b mit dem späteren zweiten Distrikt.

mehr oder weniger selbständig. So lassen sich die Überschneidungen zwischen cc 15 und 19 sowie die Einbettung der „danitischen" Orte in das Geschlechtsregister Judas in der genealogischen Vorhalle am besten erklären.[236]

Sanoach 1

Sanoach[237] existierte vor und nach dem Exil. Nach Neh 11,30 war es einer der Orte, die von den Rückkehrern aus dem Exil besiedelt wurden. Dort wird Sanoach zwischen Jarmut und Adullam aufgelistet, was sich ausgezeichnet deckt mit der Reihenfolge im 2. Distrikt. Der Ortsname erscheint in 1Chr 4,18 als Sohn Jekutiëls (= Jokteël), der ein Sohn Mereds und dessen judäischer Frau ist. Durch die Abstammung von ihr wird Sanoach abgehoben von z.B. Eschtemoa, das über die Verbindung Mereds mit der Tochter des Pharao entstanden ist.[238]

Enajim cj.

Dieser Ort ist zusammen mit Adullam und Kesib aus Gen 38 bekannt.[239] Juda hatte offensichtlich Kontakte mit der kanaänischen Bevölkerung. Seine Frau Schua war kanaanäisch und seine Söhne, von denen letztendlich nur Sela übrigblieb, somit halb-kanaanäisch.[240] Im allgemeinen wird zu Recht angenommen, daß diese Geschichte eine Ausdehnung Judas vom Bergland her in die Schefela reflektiert.[241] Die Archäologie zeigt, daß das Bergland in der EZ I neu besiedelt wurde.[242] Wenn diese ez Neugründungen auf die Israeliten zurückgehen, was am

---

[236] Vgl. jetzt noch einmal die Bemerkung Moores in Anm. 224.

[237] Zu unterscheiden von Sanoach im Bergland (v 56).

[238] Die Lesart *zunu* in *EA* 220,3 (vgl. Borée, *AOP* 1930, 24) ist zu unsicher; vgl. Moran, *AL* 1992, 285.

[239] Aḥituv, *Joshua* 1995, 259, verbindet beide Orte nicht, gibt hierfür aber keine Argumente.

[240] Der Chronist hatte offensichtlich große Schwierigkeiten mit dieser kanaanäischen Verwandtschaft Judas. Wird in Gen 38 zumindest noch eine Begründung für den Tod Onans gegeben, so wird in 1Chr 2,3 die wenig begründete Erklärung für den Tod Ers einfach bis auf die zweite Erwähnung von יהוה aus Gen 38,7 übernommen, dafür aber werden Onan und Sela übergangen; vgl. Willi, *Chronik* 1991ff, 84. Daß der Targum auch noch über das Sterben Onans berichtet, ist kein Grund, wie *BHS* das möchte, es in den MT von 1Chr 2,3 einzufügen. Vgl. zur Abwertung des Nicht-Israelitischen beim Chronisten Oeming, *Israel* 1990, 121–123.

[241] Vgl. u.a. Von Rad, *Genesis* ⁹1972, 292.295f; Westermann, *Genesis* I/3 1982, 43f; Donner, *Geschichte* I ²1995, 153; Thiel, *Entwicklung* ²1985, 92[12] mit Literatur.

[242] Finkelstein, *AIS* 1988; Ofer, *Hill* 1994. Vgl. bereits Noth, *Ansiedlung* 1934=1971, der auf textlicher Basis zum gleichen Ergebnis kommt.

wahrscheinlichsten ist,[243] kann nur eine Ausdehnungsrichtung in die Schefela von Osten nach Westen in Frage kommen. Obgleich diese Sicht die wahrscheinlichste ist, ist sie nicht ohne Probleme, denn hier liegt ein Zirkelschluß vor, den es noch zu durchbrechen gilt. Dabei ist es die Frage, *wann* Juda nach Westen gelangte. Möglicherweise soll mit dieser Geschichte König David kritisiert werden.[244] Dann könnte auch die Zeit Davids für eine solche Westbewegung angesetzt werden. Die Verbindung mit David wird noch stärker, wenn wir einen seiner Aufenthaltsorte mit einbeziehen: die Höhle bei Adullam,[245] die auch in Gen 38 genannt wird.

Jarmut

Jarmut ist vor allem als amoritische bzw. kanaanäische Stadt bekannt. Zum einen durch den Krieg der Südkoalition gegen Josua,[246] zum anderen durch die Liste der besiegten kanaanäischen Städte.[247] Diese Darstellung als vorisraelitische Stadt trifft sich, trotz der unsicheren Datierung des in Jos 12 verarbeiteten Materials,[248] mit der Tatsache, daß sie bereits in einem Amarna-Brief aus *t. el-ḫāsi* vorkommt.[249] Die Rückkehrerliste in Neh 11,29 berichtet, daß Jarmut auch nach dem Exil von Judäern bewohnt wurde.[250] Nach Abel müssen wir das biblische Jarmut nicht mit Eusebius' Ιεριμουθ,[251] sondern mit Ιερμους / Ιερμοχως,[252] zehn Meilen von Eleutheropolis entfernt auf dem Weg nach Ailia, verbinden.[253] Damit kommt man genau in das Gebiet südlich von *ḫ.*

243 Dever, *Ceramics* 1995.

244 Vgl. z.B. die Ähnlichkeit zwischen בת־שוע und בת־שבע.

245 1Sam 21,1; 23,13 / 1Chr 11,15.

246 Jos 10,3.5.23.

247 Jos 12,11; vgl. Anm. 31.

248 S.o. Anm. 31.

249 *EA* 333,10: *yaramu*. Gegen Knudtzon, *EA* II 1915, 1355, und Borée, *AOP* 1930, 87f, ist der Ort nicht mit Kirjat-Jearim zu identifizieren, sondern mit Jarmut; vgl. Albright, *Case* 1942, 36[30].37; anders Moran, *AL* 1992, 392, der die Identifizierung als unsicher betrachtet. Das *yarim(m)uta / yarmuta* sowie Jarmut in den Ächtungstexten und auf der kleineren Besanstele Sethos' I. sind nach Görg, *Ortsnamen* 1974, 126–136, mit Jarmut in Issachar zu verbinden; vgl. auch Moran, *AL* 1992, 392. *Iarmuti* in einem Text Sargons I. ist „nordwestlich von Mari gelegen." (*TUAT* I, 354; vgl. *ANET*, 267f).

250 ירמות in Jos 21,29 muß als רמת gelesen werden; vgl. dazu Jos 19,21 und LXX[B.129].

251 Eusebius, *Onomastikon*, 106,9.

252 Eusebius, *Onomastikon*, 106,24f. Vgl. Tsafrir / e.a., *Tabula* 1994, 151, unter »Iermucha« .

253 Abel, *GP* II 1938, 356.

yarmūk,[254] das mit an Sicherheit grenzender Wahrscheinlichkeit mit Jarmut gleichgesetzt werden kann. Die Stadt muß nach den Quellen also mindestens in der SBZ, der nachexilischen Zeit und dem 4. Jh. n.Chr. bewohnt gewesen sein.

Adullam

Auch Adullam finden wir in der Königsliste Jos 12 (v 15). Sonst ist dieser Ort, wie gesagt, mit David zu verbinden. Er flieht vor dem philistäischen König Achis aus Gat nach Adullam.[255] Später kämpft er von hier aus gegen die Philister.[256] Nicht nur für David, auch für Rehabeam war dieser Ort wichtig. In Adullam hat Rehabeam eine seiner Festungen gebaut.[257] Sanherib hat Adullam aller Wahrscheinlichkeit nach bedrängt oder zerstört. Auf diese Weise ist die Liste in Mi 1,10–15 zu verstehen.[258] Später aber ist der Ort doch wieder von Rückkehrern bewohnt worden (Neh 11,30). Folgt man den atlichen Angaben, müßte Adullam im 11./10. Jh., im 8. und im 6./5. Jh. bewohnt gewesen sein und vielleicht auch in kanaanäischer Zeit (Jos 12,15).[259]

Socho 1

Dieses Socho—zu unterscheiden von Socho aus v 48[260]—kommt noch in anderen Zusammenhängen im AT vor. Detaillierte Lokalangaben stehen in 1Sam 17,1: „Die Philister sammelten ihre Heere zum Kampf und kamen zusammen bei Socho in Juda und lagerten sich zwischen Socho und Aseka bei Efes-Dammim.“ Hier findet dann später der berühmte Kampf zwischen David und Goliat im Eichgrund, der mit dem *naḥal hā-ēlā* gleichzusetzen ist, statt.[261] Die Lokalangabe stimmt

---

[254] Die Meilenangaben gelten nur dem nächstliegenden Meilenstein an der Römerstraße; vgl. Noth, *Angaben* 1943 = 1971, 310f und *passim*.

[255] 1Sam 22,1.

[256] 2Sam 23,13 / 1Chr 11,15.

[257] 2Chr 11,7.

[258] Mi 1,15. Wenn im Apparat der *BHS* vorgeschlagen wird, mit der Peschitta עד־עולם statt עד־עדלם zu lesen, geht dies am Sinn dieser Prophetie vorbei. Micha wählt ausdrücklich bestimmte Städte für Wortspiele. Adullam klingt wie עד־עולם, und zwar beabsichtigt. Das heißt aber nicht, daß es darin zu ändern ist.

[259] S.o. Anm. 31.

[260] Es gibt auch noch ein Socho in Israel (vgl. 1Kön 4,10). Alle Erwähnungen von Socho (*śk*) in ägyptischen Quellen sind mit diesem nördlichen Socho zu verbinden; vgl. Aḥituv, *Toponyms* 1984, 178f. Wo das Socho aus 1Chr 4,18 anzusetzen ist, kann hier nicht entschieden werden.

[261] Einer Frage ist genauer nachzugehen: Warum wird bei Socho extra erwähnt, daß es in Juda liegt? Vergleichbare Angaben kennen wir nur von Städten in den Randge-

völlig überein mit der Tatsache, daß auch in Distrikt II Aseka direkt nach Socho genannt wird. Rehabeam hat hier eine Festung gebaut,[262] und falls 2Chr 28,18 historischen Quellenwert hat, verliert Juda unter Achaz Socho wieder an die Philister. Für die Datierung ist noch interessant, daß Socho als *śk* in Urk. IV 784,67a.c vorkommt.[263]

Aseka

Wir haben soeben auf Davids Kampf gegen die Philister bei Socho und Aseka (1Sam 17,1) verwiesen. Zur (erzählten) Zeit Josuas ist es der Schauplatz des Krieges zwischen der kanaanäsichen Koalition und dem Volk Israel (Jos 10,10.11).[264] Diese Erzählung läßt eine vorisraelitische Existenz Asekas vermuten. Allgemein wird der Ort mit *t. zakarīye* identifiziert, das tatsächlich Spuren aus vorisraelitischer Zeit zeigt.[265] Die Bedeutung dieser einstmals großen Stadt wird durch die Notiz in Jer 34,7 betont. Wenn Nebukadnezar Juda einnimmt, sind es außer Jerusalem nur Lakis und eben Aseka, die noch standhalten. Nebenbei lesen wir, daß es befestigte Städte waren. Dies ist zu verbinden mit dem, was in dem Lachischbrief 4,10–13 geschrieben ist: „Und er

---

bieten Judas: Beerscheba (1Kön 19,3), Kirjat-Jearim (Jos 18,14; Ri 18,12; 1Chr 13,6) und Bet-Schemesch (2Kön 14,11 / 2Chr 25,21; vgl. auch noch Elat [2Kön 14,22] und Hamat und Damaskus [2Kön 14,28]). Es handelt sich hier um Orte, bei denen es nicht selbstverständlich ist, daß sie zu Juda gehören, und gilt das dann auch für Socho? Andererseits kann die Notiz in 1Sam 17 auch dazu dienen, zu betonen, daß die Philister bis in judäisches Gebiet vorgedrungen waren. Eine dritte Möglichkeit ist, daß es durch die Spezifierung vom israelitischen Socho unterschieden wird, doch wir haben oben bereits gesehen, daß es mehrere Orte gibt mit israelitischen Namensgenossen, die nicht weiter präzisiert werden. Außerdem ist die Erzählung 1Sam 17 nur schwerlich historisch; vgl. dazu Noort, *Seevölker* 1994, 48f; Ehrlich, *Philistines* 1996, geht nicht einmal auf diesen Text ein; etwas positiver ist Stoebe, *1. Samuelis* 1973, 314f, der die Historizität nicht von vornherein ausschließt. Die Geschichte kann eine Reminiszenz an eine spätere Zeit als die Davids enthalten. Dennoch liefert die Geschichte brauchbares topographisches Material.

262 2Chr 11,7.

263 Vgl. Burchardt, *AFEA* 1909, Nr. 810. Der Vollständigkeit halber sei erwähnt, daß es sich bei diesem Socho um das Socho der *lmlk*-Stempelabdrücke handelt.

264 Die Erwähnungen Asekas gehören zum Grundbestand von c 10. Noth, *Josua* [2]1953, 60–63 und id., *Höhle* 1937=1971, 282[3], dagegen meint, daß sie lediglich dazu dienen, die Gibeonüberlieferung (vv 1–15) mit der Makkedaüberlieferung zu verbinden. Wenn wir diesem Prinzip folgen, sind aber die meisten Ortsangaben innerhalb einer Route im AT als sekundär zu betrachten. Es liegen keine text- oder literarkritische Gründe vor, Aseka aus dem Grundbestand zu streichen. Die Erwähnung von Makkeda in v 11 ist, wie Noth, ebd.; Elliger, *Josua* 1934, 47, und Noort, *Mythos* 1988, 158–160, darlegen, sehr wohl sekundär.

265 Stern, *Azekah* a.

(mein Herr) möge wissen, daß wir auf die Signale von Lachisch achten entsprechend allen Zeichen, die mein Herr gibt. Denn wir können ʿAzēqā nicht sehen."[266] Es ist nicht verwunderlich, daß sich die aus dem Exil Zurückkehrenden wieder in dem starken Aseka ansiedelten.[267]

Schaarajim

Wie in 1Sam 17,52 erzählt wird, konnte man von Schaarajim bis nach Gat und Ekron kommen. Ob nun Schaarajim östlich des Schauplatzes Efes-Dammim oder westlich davon gelegen hat, ist schwer auszumachen. Nach dem Ablauf der Erzählung ist es jedoch wahrscheinlicher, daß es westlich lag.[268] Erstaunlicherweise erscheint der Ort in 1Chr 4,31 als simeonitischer. Gab es Simeoniter in der Schefela? En-Rimmon sowie die später zu behandelnden Orte Eter und Aschan scheinen darauf hinzuweisen.[269]

Aditajim

Aditajim ist in der Bibel ein *hapax legomenon*, doch kommt es vielleicht in der Scheschonkliste vor (Nr. 25). Die Gleichsetzung von *qdṯm* mit Aditajim, befürwortet von Abel,[270] steht nach Noth aber auf schwachen Füßen, weil ein ägyptisches *q* auf ein urhebräisches *ġajin* zurückgehen müßte. Das sei aber durch die hexaplarische Wiedergabe der LXX unmöglich gemacht, während LXX^A und LXX^B den Ort überhaupt nicht verzeichnen.[271] Dagegen kann man aber einwenden, daß es in in LXX^A sehr wohl vorkommt, allerdings in 15,34. Die Septuaginta verzeichnet für ein *ġ* tatsächlich ein γ (vgl. עזה / Γαζα). Es besteht aber die Möglichkeit, daß ein Hörfehler vorliegt, vor allem zu einer Zeit, als das *ajin* und *ġajin* noch kaum zu unterscheiden waren bzw. das *ġajin* gar nicht in der Landessprache vorkam, während der Ort Gaza schon von alther samt seiner Aussprache bekannt war.[272] Allerdings wäre Aditajim

---

266 Renz / Röllig, *HAE* I/1 1995, 422.

267 Neh 11,30.

268 Der Kampf findet zwischen Socho und Aseka bei Efes-Dammim statt (1Sam 17,1f). Wenn dann die Philister in Richtung Gat und Ekron fliehen (v 51f), werden sie bestimmt den kürzesten Weg genommen haben. Der verläuft in westlicher Richtung.

269 Vgl. zu einer möglichen Erwähnung Schaarajims in 1Makk 15,39 unten zu Gedera.

270 Abel, *GP* II 1938, 238

271 Noth, *Wege* IV 1938=1971, 78[22].

272 Kampffmeyer, *Alte Namen* I 1892, 71.

dann ziemlich weit nördlich, vielleicht zu nördlich,[273] zu lokalisieren, weil es in der Scheschonkliste zwischen Bet-Horon (*bt-ḥwrn*) und Ajalon (*ỉyrn*) erwähnt wird.

Gedera

Auch über diesen Ort verrät das AT wenig, außer daß hier Töpfer wohnten (1Chr 4,23). Oeming ist der Meinung, daß sie im Dienste Salomos standen, um Töpfe für den Tempelbau zu produzieren.[274] Darauf weist die Phrase עם־המלך במלאכתו (v 23b), die sich nach seiner Auffassung auf den Tempelbau bezieht. Wenn das stimmt, müssen wir für die Identifizierung einen Ort finden, der im 10. Jh. bewohnt war.[275]

Gedera erscheint unter den Namen Gederot wahrscheinlich in 2Chr 28,18. Dort wird erzählt, daß als Strafe Gottes die Philister Bet-Schemesch, Ajalon, eben Gederot, Socho, Timna und Gimso von Ahas eroberten.[276] Wenn die Notiz historisch ist und es sich tatsächlich um den gleichen Ort handelt, gehörte Gederot somit bis zu dieser Niederlage (8. Jh.) zu Juda.

Eusebius irrt sich wahrscheinlich, wenn er Γιδωρα bei Jerusalem ansetzt.[277] Eher ist Γεδουρ in Betracht zu ziehen, ein „Großdorf", das zehn Meilen von Diospolis entfernt auf dem Weg nach Eleutheropolis liegt.[278] Damit kommt man in die Richtung des 2. Distrikts.

Ob man Gedera mit Cedron von 1Makk 15,39.41 und 16,9 gleichsetzen darf, ist ungewiß. Die zwei gewöhnlichen Alternativen sind *qaṭra* in der Küstenebene und *ḫ. ğedīre* unweit westlich von Latrun. Die Frage der Lokalisierung von Cedron wird aber sehr interessant, wenn man Goldsteins Vorschlag folgt. Er meint, daß 1Makk 15,38 zu lesen ist als „... with orders to establish bases against Judaea. In particular, he [the king, JCdV] ordered him to fortify Kedron and [to strengthen, JCdV[279]] Shaarayim ..."[280] statt des gebräuchlichen „Er gab ihm den Auftrag, an den Grenzen Judäas ein Lager aufzuschlagen; den Ort Kidron auszubauen und mit festen Toren zu versehen ...".[281] Goldstein liest also τὰς

[273] Vgl. Thompson, *Approach* 1993, 206f.
[274] Oeming, *Israel* 1990, 127.
[275] Vgl. Willi, *Chronik* 1991ff, 137f.
[276] הגדרתי in 1Chr 12,5 bezieht sich auf das benjaminitische Gedera.
[277] Eusebius, *Onomastikon*, 68,20f.
[278] Eusebius, *Onomastikon*, 68,22f.
[279] Goldstein, *I Maccabees* 1976, 520.
[280] Goldstein, *I Maccabees* 1976, 518.
[281] *EÜ*.

πύλας als Schaarajim, weil seiner Meinung nach die Übersetzer ihre Vorlage mit dem Ortsnamen שערים als „Tore" gelesen haben. Hebräisches Idiom hätte aber immer „ihre Tore" oder „die Tore von Stadt X" verlangt. Somit haben wir wie in Jos 15,36 Schaarajim und Gedera wahrscheinlich zusammen.

Naor befürwortet eine Identifizierung Kedrons mit *ḫ. ǧedīre*. Er weist eine Lokalisierung in *qaṭra* ab, weil es nicht überzeugend ist, daß Kendebäus von Jabne nach *qaṭra* geht, um die Straßen Judas zu blockieren (1Makk 15,41), und es zudem unlogisch wäre, daß Simon seine Söhne nach Modiin schickt, um gegen Kendebäus zu kämpfen, während *qaṭra* doch relativ weit von Modiin entfernt ist.[282] Jedoch ist für Naor Kedron das Gederot von Jos 15,41. Gemeinhin wird für die Identifizierung mit *qaṭra* auf 1Makk 15,38 und 16,5 gewiesen. Ersterer Vers besagt, daß Kendebäus Befehlshaber wird über die Küste, und letzterer, daß die Makkabäer früh am Morgen von Modiin in die Ebene ausrückten. Das scheint eher auf *qaṭra* hinzuweisen, doch gibt es bei *ḫ. ǧedīre* auch eine Ebene, nämlich die heutige Ebene von Ajalon. Der Bach, der in 1Makk 16,5 genannt wird, ist dann *naḥal ayyālōn*. Außerdem ist es weniger weit von Modiin, was wichtig ist, weil die Makkabäer in Modiin übernachtet haben (16,4) und am frühen Morgen schon mit der Armee von Kendebäus zusammenstoßen (16,5).

Das letzte Argument liegt in der Bedeutung von κατὰ πρόσωπον in 1Makk 15,39. Kendebäus muß ein Lager aufschlagen κατὰ πρόσωπον Juda. *LSJ* verzeichnet „in front, facing",[283] mit anderen Worten: so nah wie möglich an Juda. Auch in dieser Hinsicht ist eher mit *ḫ. ǧedīre* als mit *qaṭra* zu rechnen.

7.2.1.2. Zusammenfassung der literarischen Belege

Von den 14 im zweiten Distrikt genannten Orten kommen im AT vier nur hier vor: Aschna 1, En-Gannim, Tappuach und Aditajim. Über die ersten drei läßt sich demzufolge wenig ermitteln, Aditajim begegnet noch in der Scheschonkliste. Zwei Städte werden in Jos 12 als alte kanaanäische Königsstädte vorgestellt, Adullam und Jarmut, während Jarmut auch noch in den Amarna-Briefen erwähnt wird. Dazu kommt noch Aseka, das wir aus Jos 10 als amoritisch kennen.[284] In den Amarna-

---

[282] Naor, *Bet Dagon* 1958, 125f.

[283] *LSJ*, unter κατὰ πρόσωπον.

[284] Auf die Frage, wer mit Amoriten und Kanaaniten genau angesprochen ist, können wir hier nicht eingehen, doch wurden diese Gentilizien nicht streng angewandt.

Briefen werden außer Jarmut noch Zora und Sanoach genannt. Eine große Anzahl der Festungsstädte Rehabeams ist in Distrikt II zu finden. Es gibt derer vier aus den 14 genannten Orten (Zora, Adullam, Socho 1 und Aseka).[285] Von hier aus wurden die Wege aus dem Bergland Judas und dorthin bewacht.[286] So ist es verständlich, daß die Rückkehrer aus dem Exil sich gerne wieder in diesen Städten ansiedelten. Bis auf Socho 1 werden alle wieder besiedelt.[287] Insgesamt lassen die Exulanten sich in fünf der Orte in Distrikt II nieder, was auf eine gewisse Beliebtheit dieses Gebietes schließen läßt.

Die Erwähnung Schaarajims in einer simeonitischen Chronologie könnte auf eine einstmals simeonitische Bewohnung weisen.

Gen 38 belegt, daß Juda mit dem Gebiet von Distrikt II vertraut war. Es ist aber zweierlei zu fragen: 1. Wohnte er hier auch, oder hatte Juda nur gute Kontakte mit (bestimmten) Einwohnern von Adullam und Timna?[288] Die Erzählung in Gen 38 stellt Juda als Kleinviehhirten dar. Somit ist zu vermuten, daß er entweder vorübergehend in oder bei einer Stadt gewohnt hat. 2. Ob und in welcher Weise sich hinter Gen 38 eine historische Erinnerung verbirgt, bleibt umstritten.

Eines ist deutlich: In den Vätergeschichten spielt die Schefela kaum eine Rolle, und die meisten Geschichten spielen sich, was das Gebiet Juda betrifft, im Bergland ab. Aufgrund des biblischen und archäologischen Befundes ist es am wahrscheinlichsten, daß sich Juda vom Bergland aus nach Westen erstreckt hat. Aber auch mit einer Ausdehnung nach Norden ist zu rechnen, wenn wir davon ausgehen dürfen, daß Dan eine Vorhut Judas war. Die Grenze der Grenzbeschreibung wäre dann älter als die durch die Ortsliste abgesteckte. Sehr wahrscheinlich ist auch mit einer teilweise simeonitischen Bevölkerung der Schefela zu

---

Nach Perlitt, *Deuteronomium* 1990, 47, gelten die Vorbewohner der Israeliten als „nur eine massa perditionis". „Amoriten" sei nach Perlitt, ebd., 42, „[i]n der dtr Literatur ... ein Kunstbegriff für die vorisraelitischen Landesbewohner Palästinas".

[285] In 1Chr 11,6–10 erscheinen 15 Orte. Davon liegen Gat und Ajalon außerhalb der Grenzen Judas. Wenn sich dann vier von den 13 übriggebliebenen Orten in Distrikt II befinden, ist das viel.

[286] Vgl. Aharoni, *LoB* ²1979, 330.

[287] Man würde erwarten, daß Socho 1 auch in der Liste auftaucht. Es liegt nämlich zwischen Adullam und Aseka, die beide neu besiedelt werden. Der Grund der Nichterwähnung entzieht sich unserer Einsicht.

[288] Auch Kesib, das mit Achsib aus Jos 15,44 (Distrikt IV) gleichzusetzen ist, wird in Gen 38 genannt. Es ist wahrscheinlicher, daß Juda in diesem Ort tatsächlich gewohnt hat, weil ihm dort ein Sohn geboren wird.

rechnen. Somit können mindestens vier Völkerschaften in Distrikt II vorausgesetzt werden: Kanaanäer / Amoriter, Judäer, Simeoniten und Daniten.[289]

Das AT und die außerbiblischen Quellen stellen die Städte chronologisch wie folgt dar[290]:

Zeitalter / Ort	*Eschtaol*	*Zora*	*Sanoach*	*Enajim cj.*	*Jarmut*	*Adullam*	*Socho I*	*Aseka*	*Schaarajim*	*Aditajim*
kanaanäisch / *EA*		×	×		×	×		×		
Väterzeit				×		×				
Richterzeit	×	×								
David						×	×	×	×	×
Rehabeam / Scheschonk		×				×	×	×		
Achaz							geht verloren			
Nebukadnezar						×		×		
Nachexilisch		×	×		×	×		×		

7.2.1.3. Die Identifizierungen

Sicher identifizierbar sind sechs der 14 Orte:[291]

Ort	*Folgenummer*	*Identifizierung*	*Grid*
Zora	2	*ṣarʿa*[292]	148.131
Sanoach	4	*ḫ. zanūʿ*[293]	150.125
Jarmut	8	*ḫ. yarmūk*[294]	147.124

289 Auch die Philister waren hier von Zeit zu Zeit.

290 Jos 15 und 1Chr 2.4 haben wir nicht verzeichnet, weil Jos 15 Gegenstand der Untersuchung ist und 1Chr 2.4 eine sehr späte Rekonstruktion der Frühgeschichte sind. Dementspechend sind vier *hapax legomena* sowie Gedera weggelassen.

291 Vgl. Fritz, *Josua* 1994, 166. Aharoni, *LoB* ²1979, 353.434, rechnet darüber hinaus die Identifizierung von Eschtaol mit *išwaʿ* (151.132) zu den sicheren. Kallai, *HGB* 1986, 384, geht auch von einer bekannten oder akzeptierten Identifizierung aus, allerdings mit *ḫ. dēr šubēb* (368). Zu Eschtaol s.u.

292 Aharoni, *LoB* ²1979, 353.443, u.v.a. Vgl. Tsafrir / e.a., *Tabula* 1994, 263. Zum archäologischen Befund vgl. Dagan, *Shephelah* 1992, Nr. 7.

293 So Aharoni, *LoB* ²1979, 353.443, u.v.a. Für den Wechsel von ח zu *ajin* siehe ebd., 122. Vgl. noch Albright, *Researches* 1925, 11: Der Ort sei auch noch unter dem Namen *zanūḫ* bekannt. Die Identifikation ist gesichert durch Name, Lage und Funde; vgl. zu den Funden Dagan, *Shephelah* 1992, Nr. 27. Die von Abel, *GP* II 1938, 489, vorgeschlagene Identifizierung mit *ḫ. bēt ʿamrā* (155.095) ist bereits von Kochavi, *JSG* 1972, Nr. 198, wegen des archäologischen Befundes kritisiert worden. Vgl. weiter Tsafrir / e.a., *Tabula* 1994, 261.

294 Daß ein *k* statt eines *t* in *yarmūk* erscheint, ist nach Aharoni, *LoB* ²1979, 121, dem bekannten *nahr el-yarmūk* zu verdanken. Vgl. zur Archäologie: De Miroschedji, *Jarmuth*, mit Literatur, und darüber hinaus die anschließenden Kurzberichte von De Miroschedji, *Yarmut* 1992; 1993; 1994a; 1994b; 1997 (hier wird u.a. über den Fund einer

Ort	*Folgenummer*	*Identifizierung*	*Grid*
Adullam	9	*ḫ. eš-šēḫ madkūr*[295]	150.117
Socho 1	10	*ḫ. ʿabbād*[296]	147.121
Aseka	11	*t. zakarīye*[297]	144.123

Aufgrund dieser sicheren Identifizierungen ist ein Ordnungsprinzip der Orte im 2. Distrikt in Umrissen zu erkennen. Die Bewegung verläuft im Großen und Ganzen von Norden nach Süden, aber auch von Osten nach Westen.[298] Von Osten nach Westen bewegt die Beschreibung sich entlang des *w. eṣ-ṣarār* sowie des *w. es-sanṭ*; das sind zwei wichtige *wādi*s, die den Zugang ins judäische Bergland ermöglichen.[299] Vor allem bei den drei sicher zu identifizierenden Orten Adullam, Socho 1 und Aseka wird die Bewegung deutlich, die dem *w. es-sanṭ* entlang stromabwärts verläuft. Wenn sich dieses Prinzip auch bei den weniger sicher zu identifizierenden Orten bestätigen sollte, hätten wir ein weiteres Indiz für die Identifizierung bestimmter Orte.

Folgende Identifikationsvorschläge sind für die übrigen Orte gemacht worden:

ägyptischen Plakette aus dem 10./9. Jh. berichtet). Eine ausführlichere Beschreibung findet man in De Miroschedji, *Fouilles* 1993, 823–852. Vgl. weiter Tsafrir/e.a., *Tabula* 1994, 151. Dagan, *Shephelah* 1992, Nr. 34, berichtet über Reste aus der EZ I und II.

295 Die Gleichsetzung ist *communis opinio*. Der Name ist in dem nahegelegenen *ʿid el-mā* (*ʿid el-mīyā*) enthalten, das nach Aharoni, *LoB* ²1979, 121, eine Art Volksetymologie zu Adullam bietet, und nach Tsafrir/e.a., *Tabula* 1994, 197, das spätere Odollam enthält. Vgl. noch Aharoni, *LoB* ²1979, 353.429, und zum archäologischen Befund Dagan, *Shephelah* 1992, Nr. 130.

296 Der Name ist in dem nahegelegenen Ort *ḫ. eš-šuwēke* (148.120) enthalten. Auch der archäologische Befund paßt. Vgl. für die Identifizierung bereits Dalman, *Jahresbericht* 1909, 13; vgl. außerdem Albright, *Researches* 1924, 9; id., *Researches* 1925, 10f; Aharoni, *LoB* ²1979, 442, u.v.a. Zum archäologischen Befund vgl. Dagan, *Shephelah* 1992, Nr. 105, und zu späteren Texten Tsafrir/e.a., *Tabula* 1994, 234.

297 Vgl. Stern, *Azekah* a (mit Literatur); id., *Azekah* b. Im Gegensatz zu den vorigen sicheren Identifizierungen ist diese relativ sicher (vgl. aber das Fragezeichen bei Höhne, *BHH* 1979). Die Identifizierung basiert auf Eusebius' Angaben „zwischen Eleutheropolis und Aelia" (18,12), der Madeba-Karte und der Bibel. Alle geben nur relative Lokalisierungen. Das spätere Azeca muß in *ḫ. el-ʿalmi*, am Fuß von *t. zakarīye*, gesucht werden; vgl. Tsafrir/e.a., *Tabula* 1994, 72.

298 Auf keinen Fall ist die Bewegung konzentrisch, wie es erstaunlicherweise Eshel, *Note* 1995, für die ganze Juda-Ortsliste postuliert; s.u. §7.4.1.2 zu „Middin, Sechacha und Nibschan".

299 Vgl. für die *wādi*-Einteilung der Schefela-Distrikte vor allem Rainey, *Shephelah* 1983, bes. 2 und 7; id., *Division* 1980; Dagan, *Cities* 1996.

Ort	*Folgenummer*	*Identifizierung*	*Grid*
Eschtaol	1	*ḫ. dēr šubēb*[300]	148.133
		ʿarṭūf[301]	149.129
		išwaʿ[302]	151.132
		ḫ. dēr abū qābūs[303]	151.132
Aschna 1	3	*ḫ. ismallāh*[304]	145.132
		ḫ. wādi ʿallīn[305]	149.128
		ʿaslīn[306]	150.132
En-Gannim	5	*ḫ. umm ǧinā*[307]	146.128
		ʿēn faṭīr[308]	149.126
		ḫ. umm eḏ-ḏiyāb[309]	150.123
Tappuach	6	*ḫ. el-bīre*[310]	143.129
		ḫ. ǧudrāya	149.121
		bēt nettīf[311]	149.122
		ḫ. šumēla[312]	149.123

300 So Kallai, *HGB* 1986, 368; Fritz, *Josua* 1994, 254; Aḥituv, *Joshua* 1995, 258 (mit einem Fragezeichen); Nelson, *Joshua* 1997, 287.

301 So Malky, *Eshtaol* 1946; Höhne, *BHH* 1979, und Boling / Wright, *Joshua* 1982, 384, mit einem Fragezeichen. Auch Niemann, *Daniten* 1985, 169[112], neigt zu dieser Gleichsetzung.

302 Schick, *'Artūf* 1887 (er bietet detaillierte Angaben über die Umgebung; vgl. die positive, doch auch kritische Aufnahme Schicks bei Niemann, *Daniten* 1986, 181f.181[168]. 182[169]); Cross / Wright, *Boundary* 1956, 221; Aharoni, *LoB* ²1979, 434; Dagan, *Cities* 1996, 137f; Lehmann / e.a., *Zora* 1996, 375–378; Niemann, *Zorah* 1999, 26–28. Zu späteren Texten vgl. Tsafrir / e.a., *Tabula* 1994, 123.

303 Guérin, *Description* II 1868–1880, 382; Abel, *GP* II 1938, 320f; Rainey, *Shephelah* 1983, 7. Zum archäologischen Befund vgl. Lehmann / e.a., *Zora* 1996, 349–352.

304 Dagan, *Cities* 1996, 138.

305 So Boling / Wright, *Joshua* 1982, 384; Rainey, *Shephelah* 1983, 7; Thompson, *Joshua* 1978, 170–174. Von Höhne, *BHH* 1979, bereits für Elon in Anspruch genommen (allerdings mit zwei Fragezeichen).

306 Abel, *GP* II 1938, 254f: *ḫ. ḥasan* und *ḫ. el-ḥaǧ ḥasan* sind in der Nähe. Mit zwei Fragezeichen Höhne, *BHH* 1979.

307 So Simons, *GTT* 1959, 146; Dagan, *Cities* 1996, 138; und beide mit einem Fragezeichen: Höhne, *BHH* 1979, und Aḥituv, *Joshua* 1995, 259.

308 Abel, *GP* II 1938, 317; Boling / Wright, *Joshua* 1982, 384f: *bēt ǧimāl*.

309 Thompson, *Joshua* 1978, 170–174. Zum archäologischen Befund vgl. Dagan, *Shephelah* 1992, Nr. 60.

310 Dagan, *Cities* 1996, 138.

311 Abel, *GP* II 1938, 475; Simons, *GTT* 1959, 146. Von Höhne, *BHH* 1979, mit einem Fragezeichen für Gederotajim in Anspruch genommen. Vgl. für die späteren Quellen Tsafrir / e.a., *Tabula* 1994, 84, unter »Betholetepha, Pella«.

312 Thompson, *Joshua* 1978, 175–176. *ḫ. šumēla* kommt in dem *survey* von Dagan nicht vor, doch ist es wahrscheinlich mit den Strukturen um den Wasserbrunnen

Ort	*Folgenummer*	*Identifizierung*	*Grid*
Enajim cj.	7	*ḫ. el-ḫēšūm*[313]	145.126
		ḫ. en-nebī būlus[314]	148.124
		ḫ. ʿalyā[315]	148.124
Schaarajim	12	*ḫ. eš-šarīʿa*[316]	145.124
		ḫ. es-saʿīre / ṣaġīre[317]	145.124
		ḫ. saʿ īre[318]	152.127
Aditajim	13	*ḫ. el-ḥadaṯa*[319]	151.143
		el-ḥadīṯe[320]	145.152
		ḫ. danab el-kalb	154.142
Gedera	14	*qaṭra*[321]	129.136
		ḫ. ǧedīre[322]	146.137
		ḫ. ǧudrāya[323]	149.121
		bēt nettīf[324]	149.122
		t. el-ǧudēde[325]	141.115
		ḫ. ǧudēra[326]	158.141

---

auf Punkt 14992.12366 zu verbinden, wo auch einige Reste aus der EZ II gefunden worden sind; vgl. Dagan, *Shephelah* 1992, Nr. 59. Übrigens lokalisiert Thompson Tappuach in seiner Dissertation, *Approach* 1993, 222–225, allgemein am *w. nebī būlus.*

[313] Dagan, *Cities* 1996, 138. Zum archäologischen Befund vgl. Dagan, *Shephelah* 1992, Nr. 17.

[314] Thompson, *Joshua* 1978, 175–176.

[315] Thompson, *Approach* 1995, 122–125.

[316] Dagan, *Cities* 1996, 129; zur archäologischen Lage vgl. Dagan, *Shephelah* 1992, Nr. 32.

[317] Aḥituv, *Joshua* 1995, 260.

[318] Rainey, *Identification* 1975, 70.

[319] Abel, *GP* II 1938, 238; Simons, *GTT* 1959, 146, und Höhne, *BHH* 1979, mit zwei Fragezeichen.

[320] Aditha von Eusebius, *Onomastikon* 24,24, wird meistens mit diesem *site* identifiziert; vgl. Tsafrir / e.a., *Tabula* 1994, 138.

[321] Vgl. Tsafrir / e.a., *Tabula* 1994, 161, zu „Kedron".

[322] Abel, *GP* II 1938, 329; Cross / Wright, *Boundary* 1956, 215: „simplest and most obvious identification"; Höhne, *BHH* 1979, läßt trotzdem ein Fragezeichen stehen.

[323] So Fritz, *Josua* 1994, 166.255, und Dagan, *Cities* 1996, 139. Nach Aḥituv, *Joshua* 1995, 260, ist nur der Name in *ḫ. ǧudrāya* enthalten.

[324] Alt, *Institut* 1934, 12f; Noth, *Josua* ²1953, 94: der Name ist in *ḫ. ǧudrāya* enthalten.

[325] Albright, *Divisions* 1925, 50f.

[326] Höhne, *BHH* 1979, mit zwei Fragezeichen.

Eschtaol[327]
Guérin hat von alten Einwohnern *išwaʿ*s noch gehört, „qu' *Achoua'* s'appellait jadis *Achoua'l* ou *Achtoua'l*, l'*Echthaol* de l'Écriture sainte."[328] Jedoch spricht laut Simons die Lage sowie der archäologische Befund gegen den Ort. Daher schlägt er vor, wie Malky bereits vor ihm,[329] Eschtaol mit *ʿarṭūf* zu identifizieren.[330] Kallai kommt mit den gleichen Beobachtungen bezüglich *išwaʿ* jedoch zu einer Identifizierung mit *ḫ. dēr šubēb*, weil die Lage und der archäologische Befund besser passen.[331] Aus den gleichen Gründen weist er auch die Identifizierung mit *ḫ. dēr abū qābūs* zurück, die z.B. von Abel befürwortet wurde.[332] Kuschke, Dagan und Lehmann / e.a. haben jedoch auch in *išwaʿ* ez Keramik gefunden, was sie dazu bringt, diesen *site* mit Eschtaol zu verbinden.[333]

Welches ist der beste Vorschlag? Eschtaol muß in der Nähe von Zora liegen, weil Eschtaol und Zora oft als Paar genannt werden und das Lager Dans zwischen diesen Orten bestimmt wird.[334] Es ist deshalb nicht ersichtlich, warum die Lage *išwaʿ*s nicht passen soll, wie Simons behauptet. Ob in *išwaʿ* tatsächlich der Name Eschtaol weiterlebt (so Guérin), ist mit Lehmann / e.a. zu Recht anzuzweifeln.[335] Eusebius erwähnt, daß Eschtaol zehn Meilen nördlich von Eleutheropolis liegt, auf dem Weg nach Nicopolis.[336] Doch hilft das nicht so viel weiter, weil die zehn Meilen bis zum Abstecher nach Eschtaol gelten. Außerdem muß es in der Nähe von Jarmut sein,[337] aber das gilt für alle Vorschläge.

Beziehen wir die Angaben aus dem AT mit ein, dann ist die beste Lage für das Lager Dans in dem *w. el-maṭluq*. Das Gebiet zwischen *ṣarʿa* und *ḫ. dēr šubēb* ist dafür nicht geeignet, weil es für ein Lager zu

---

[327] Eine kurze Übersicht von Identifizierungsvorschlägen findet man bei Niemann, *Daniten* 1985, 169[112].

[328] Guérin, *Description* II 1868–1880, 382.

[329] Malky, *Eshtaol* 1946.

[330] Simons, *GTT* 1959, 146. Vgl. auch Noth, *Josua* ²1953, 94: „ohne archäologische Grundlage".

[331] Kallai, *HGB* 1986, 386.386[78].

[332] Abel, *GP* II 1938, 320–321.

[333] Kuschke, *Beiträge* 1971, hat einige ez Reste unter der Mehrzahl der byz. und arab. Scherben gefunden. Darunter befand sich auch ein *lmlk*-Krughenkel; Dagan, *Shephelah* 1992, Nr. 6; Lehmann / e.a., *Zora* 1996, 375–378 (vgl. die überzeugende Argumentation auf S. 384–386).

[334] S.o. und Eusebius, *Onomastikon*, 158,18, falls er mit Σωρηκ den Ort Zora meint.

[335] Lehmann / e.a., *Zora* 1996, 385[148].

[336] Eusebius, *Onomastikon*, 88,12–14; vgl. dazu Lehmann / e.a., *Zora* 1996, 384[140].

[337] Eusebius, *Onomastikon*, 106,10.

hügelig ist. Zudem sind in *ḫ. dēr ābū qabūs*[338] keine Scherben gefunden worden, die älter als byz. sind. Somit kommt entweder *ʿarṭūf* oder *išwaʿ* für Eschtaol in Frage.[339] *ʿarṭūf* liegt auf einem charakteristischen Hügel[340] wie auch *ṣarʿa*. So würde die Angabe „zwischen Zora und Eschtaol" Sinn machen,[341] während das dazwischen liegende *wādi* sich als Lagerplatz eignen würde. Doch Keramik der EZ II fehlt in *ʿarṭūf*, so daß es nicht das alte Eschtaol sein kann. Dagegen war *išwaʿ* in der EZ II bewohnt. Die Lage und der archäologische Befund sprechen somit für *išwaʿ*.

Aschna 1

Gegen *ʿaslīn* spricht, daß sich der Verlauf der Ortsliste wieder nach Zora, Richtung Osten, wenden würde, während sie mit (allen Identifizierungsvorschlägen von) Eschtaol gerade aus dem Osten kam.[342] Darum ist entweder *ḫ. ismallāh*, östlich von Zora, oder *ḫ. wādi ʿallīn*, südlich von Zora, zu wählen. Dagan entscheidet sich für den ersten Ort aufgrund der von ihm postulierten geographisch geordneten Gruppen innerhalb der Schefela-Distrikte. Weil der nächste Ort, Sanoach–*ḫ. zanūʿ*, östlich gegen das Gebirge am äußersten Ostrand des Distriktes liege und die Ausrichtung von Eschtaol-Zora von Osten nach Westen gehe, könne Aschna nicht die nächste Reihe eröffnen. Daher müsse es zur ersten Gruppe gehören, deren Orte sich nördlich des *w. eṣ-ṣarār* befänden. Dagans geographische Ordnung ist zwar möglich, aber sehr hypothetisch. Die allgemeine Ausrichtung des Distriktes geht im großen und ganzen von Norden nach Süden, und darum ist nicht nur *ḫ. ismallāh*, sondern auch *ḫ. wādi ʿallīn* für eine Identifizierung heranzu-

338 Lehmann / e.a., *Zora* 1996, 351.

339 Es ist nicht verständlich, warum Simons und Kallai die Lage von *ʿarṭūf* und Kallai die von *ḫ. dēr abū qābūs* für unpassend halten. Beide wie auch die von *išwaʿ* entsprechen den biblischen Aussagen.

340 So Malky, *Eshtaol* 1946. Die anderen Argumente, die Malky bietet, sind nicht überzeugend. Vgl. auch die treffende Kritik bei Lehmann / e.a., *Zora* 1996, 384f.

341 Dazu kommt, daß der Blickpunkt völlig mit dem biblischen „Handlungsverlauf" übereinstimmt. Die Schefela wurde in Jos 15 vom judäischen Bergland her beschrieben; Eschtaol kommt dann, wenn es in *išwaʿ* zu suchen ist, als erstes. In den Simson-Dan-Erzählungen ist ein Zug von der Nähe Jerusalems (Manoach, Manachat) aus in dieses Gebiet hinein vorauszusetzen. Die Daniten haben sich also sehr wahrscheinlich in dem *w. el-maṭluq* gelagert, und zwar mit dem Gesicht nach Süden, aus Jerusalem kommend (über den Weg an der Nordgrenze Judas entlang, vgl. Dorsey, *Roads* 1991, 186). Wenn sie dann auch von Nordosten nach Südwesten beschreiben, ist die Verbindung jetzt „Zora-Eschtaol" statt „Eschtaol-Zora" wie in Jos 15,33.

342 Gegen Höhne, *BHH* 1979, und Simons, *GTT* 1959, 146 (beide mit Fragezeichen).

ziehen. Für *ḫ. wādi ʿallīn* könnte man noch ein ursprüngliches *ḫ. wādi ʿaslīn** voraussetzen. Mit einem Wechsel von *l* zu *n* käme man dicht in die Nähe der Namensform *Aschna*.

Was den archäologischen Befund betrifft, nehmen die zwei Konkurrenten sich nicht viel. Sowohl in *ḫ. ismallāh*[343] als in *ḫ. wādi ʿallīn* ist EZ II-Keramik gefunden worden,[344] wobei der Befund in *ḫ. wādi ʿallīn* genauer als Lachisch III- und II-Keramik zu bestimmen ist.[345] Dennoch bevorzugen wir *ḫ. wādi ʿallīn*, weil die Form *ʿallīn* vielleicht mit der Namensform Aschna in Verbindung gesetzt werden kann. Obwohl die Gleichsetzung nicht gesichert ist, wird sie im weiteren Verlauf durch die Identifizierungen anderer Orte und die dadurch zu bestimmende Ausrichtung der Beschreibung der Orte des 2. Distrikts immer wahrscheinlicher.[346]

En-Gannim

Dagan berichtet von *ḫ. umm ǧinā* als einem *site* von 25 bzw. 20 Dunam, auf dem auch EZ II-Keramik gefunden wurde.[347] Sowohl die Namensähnlichkeit als auch die ez Keramik lassen vermuten, daß En-Gannim hiermit zu identifizieren ist.[348] Abel weist jedoch daraufhin, daß sich in der Nähe von *ḫ. umm ǧinā* keine Quelle befindet, die es dem Namen nach geben sollte. Deswegen sucht er En-Gannim bei der Quelle *ʿēn faṭīr* (149.126). Einen Brunnen gibt es aber ungefähr einen Kilometer von *ḫ. umm ǧinā* entfernt bei *ḫ. el-ʿuqda* (145.128) mit dem Namen *bīr el-lēmūn* (145.128).[349] Möglicherweise wurden Brunnen und Quellen nicht immer streng voneinander unterschieden,[350] und darum bleibt die Ansetzung in *ḫ. umm ǧinā* eine Möglichkeit.[351]

---

343 Dagan, *Shephelah* 1992, Nr. 5; leider betrifft die Angabe nur ganz allgemein EZ II.

344 Dagan, *Beth Shemesh* 1991, 142; id., *Shephelah* 1992, Nr. 16.

345 Dagan, *Shephelah* 1992, Nr. 16.

346 Vgl. Noth, *Josua* ²1953, 94; Fritz, *Josua* 1994, 166; Aḥituv, *Joshua* 1995, 258.260.

347 Dagan, *Beth Shemesh* 1991, 141f; id., *Shephelah* 1992, Nr. 11.

348 Noth ist gegen die Identifizierung, weil einerseits der Namensanklang allein eine schwache Begründung sei und andererseits *ḫ. umm ǧinā* seiner Lage nach einem anderen Distrikt angehöre. Dieser andere Distrikt jedoch ist der von ihm so definierte 5. (danitische) Gau, dessen Annahme jeder Grundlage entbehrt (s.u. §8.3.2.1). Somit ist der Namensanklang nicht mehr das einzige Argument.

349 Die Lage spricht gegen das von Thompson, *Approach* 1993, 222–225, als Möglichkeit eingebrachte *ḫ. ʿalyā*. Er erwägt aber auch eine Identifizierung mit Enajim.

350 Vgl. für Belegstellen im AT *BDB*, unter באר, 91.

351 Hat Eusebius, *Onomastikon*, 94,18f, etwa Bethel und Bet-Schemesch vertauscht, wenn er En-Gannim bei Bethel ansetzt?

Tappuach

Folgt man der Ansetzung der Orte den *wādi*s entlang, dann könnte Tappuach westlich von En-Gannim oder südlich von Sanoach anzunehmen sein. Westlich von *ḫ. umm ǧinā* gibt es die von Dagan bevorzugte Identifizierung mit *ḫ. el-bīre*. Der *site* setzt die mit Sanoach begonnene Linie am *w. eṣ-ṣarār* fort. Außerdem ist hier Keramik aus der EZ II gefunden worden—allerdings nur wenig —[352], und es gibt in der Nähe eine trockene Quelle.[353] Der Scherbenbefund von dem durch Thompson vorgeschlagenen *ḫ. šumēla*, südlich von Sanoach, dagegen ist weniger deutlich zu interpretieren.[354] Mit Dagan bevorzugen wir *ḫ. el-bīre*, wobei die Lage sowie der archäologische Befund ausschlaggebend sind.[355]

Enajim cj.

Der Eingang von Enajim liegt nach Gen 38 am Wege nach Timna, und zwar wahrscheinlich zwischen Timna und Adullam. Juda ging mit Hira aus Adullam nach Timna. Die geographische Vorstellung ist, daß Juda und Hira entweder von Adullam oder Kezib aus aufbrachen; letzterer Ort war nach Gen 38,5 ein Aufenthaltsort Judas. Da Kezib nicht weit von Adullam entfernt ist,[356] haben sie, ob sie nun von Adullam oder Kezib aus aufbrachen, den gleichen Weg nach Timna genommen. Welcher das ist, hängt von der Lokalisierung der Orte ab. Kesib und Adullam sind relativ sicher mit *t. el-bēḍa* und *ḫ. eš-šēḫ madkūr* zu identifizieren. Die Bestimmung der Lage von Timna ist schwieriger. Das philistäische Timna = *t. el-bāṭāšī* liegt zu weit nördlich für den Schauplatz von Gen 38, und außerdem gehen Hira und Juda hinauf (עלה; Gen 38,12) nach Timna, was sich nicht mit der Lage des philistäischen Timna im *w. eṣ-ṣarār* verträgt. Das Timna im Bergland (Jos 15,57) liegt zu weit im Südosten.[357] Somit sind wir mit Emerton der Meinung, daß das Timna von Gen 38 in *ḫ. tibne* (144.127) zu

[352] Dagan, *Shephelah* 1992, Nr. 10.

[353] Dagan, *Cities* 1996, 138.

[354] Dagan, *Shephelah* 1992, verzeichnet den *site* nicht. Wahrscheinlich ist es aber mit seiner Nr. 59 zu verbinden (14922.12366). Thompson läßt jedoch in *Approach* 1993, 122–125, die Identifizierungen für En-Gannim, Tappuach und Enajim fallen, um nur noch allgemein über Lokalisierungen am *w. nebī būlus* zu sprechen. Nur für En-Gannim erwägt er noch *ḫ. ʿalyā*.

[355] Für nicht zu identifizieren halten daher Noth, *Josua* ²1953, 94; Fritz, *Josua* 1994, 166, und Aḥituv, *Joshua* 1995, 259, den Ort.

[356] S.u. zu „Adullam" und §7.2.3.2 zu „Achsib".

[357] Vgl. Noort, *Straßenschild* 1993, 116.

suchen ist.[358] Enajim muß sich dann zwischen *t. el-bēḍa / ḫ eš-šēḫ madkūr* und *ḫ. tibne* befinden. Juda und Hira müssen also den Weg nordwärts durch das *w. eṣ-ṣūr* genommen haben. Wenn Enajim und Jarmut in Jos 15,36 wie Aschna 1 und Sanoach eine Nord-Süd-Linie bilden, muß Enajim nördlich von Jarmut=*ḫ. yarmūk* gelegen haben. Ist vielleicht mit Thompson an *h. ʿalyā* (148.124) zu denken? Es liegt nordöstlich von Jarmut und an einer Straße, die in nordwestliche Richtung nach Timna–*ḫ. tibne* führt. Außerdem kann der Ort den Namen Enajim enthalten, wenn ein ursprüngliches *n* durch ein *l* ersetzt wurde; ein Vorgang, für den es mehrere Parallelen gibt.[359] Auch der archäologische Befund ist passend.[360] Noch besser aber ist Dagans Identifizierung mit *ḫ. el-ḫēšūm*. Es liegt am Punkt, wo man vom *w. būlus* aus den Weg nach Timna–*ḫ. tibne* einschlägt, womit es am besten dem Ausdruck פתח עינים אשר על־דרך תמנתה (Gen 38,14) entspricht. Außerdem hat es Reste aus der EZ II[361], und es gibt Quellen in seiner Nähe.[362]

Schaarajim

1Sam 17,52 weist auf eine westliche Lage von Schaarajim hin. Die Israeliten verfolgen die Philister bis nach Gat (=*t. eṣ-ṣāfī*[363]) und Ekron (=*ḫ. el-muqannaʿ*[364]). Wenn man von Aseka aus nach Gat geht, kann man am gleichen *wādi* bleiben. Somit muß Schaarajim zwischen Aseka und Gat angenommen werden. Dann liegt *ḫ. saʿīre* (152.127)[365] zu östlich, um das alte Schaarajim sein zu können. Wenn in 1Makk 15,39 tatsächlich Schaarajim zu lesen ist, hat Kendebäus eine wichtige Straße zum Bergland Judas zu blockieren versucht. Der Name Schaarajim könnte dann bedeuten, daß es am Eingang der Schefela ein Tor in zwei Rich-

---

[358] Emerton, *Problems* 1975, 343f. Anders Noort, *Straßenschild* 1993, 116–118, bes. 116, der Timna aus Gen 38 mit *ḫ. et-tabbāna* (1548.1224) gleichsetzt (vgl. auch Höhne, *BHH* 1979). Enajim müßte dann in *bēt nettīf* (149.122) oder *ḫ. ǧudrāya* (149.121) gesucht werden, weil beide Orte am Weg nach Timna gelegen haben dürften. Doch spricht gegen diese mögliche Gleichsetzung von Enajim (und damit auch von Timna), daß sie die postulierte Ordnung des 2. Distrikts, die sich im Laufe dieser Untersuchung bestätigen wird, durchbricht.

[359] Vgl. z.B. Manocho–*māliḥa* und umgekehrt Bethel–*bētīn*.

[360] Dagan, *Shephelah* 1992, Nr. 35.

[361] Dagan, *Shephelah* 1992, Nr. 17.

[362] Unsere Voraussetzung ist allerdings, daß עינים in פתח עינים ein Ortsname ist und nicht lediglich eine Andeutung für eine „Kreuzung"; vgl. Emerton, *Problems* 1975, 341–343.

[363] Rainey, *Identification* 1975.

[364] S.o. §6.5.2 Anm. 77.

[365] Rainey, *Identification* 1975, 69f.

tungen gab: eines nach Ekron und eines nach Gat. Sowohl *ḫ. eš-šarīʿa* und das benachbarte *ḫ. es-saʿīre* eignen sich für eine Identifizierung: In den Namensformen kann Schaarajim enthalten sein, und sie liegen an einer Weggabelung. Von dort gelangt man in nördlicher Richtung zum *w. būlus*, durch das man weiter zum *w. eṣ-ṣarār* kommt, an dem Ekron liegt. In östlicher Richtung braucht man nur dem *w. es-sanṭ* zu folgen, um Gat zu erreichen. Der archäologische Befund läßt einzig die Entscheidung für *ḫ. eš-šarīʿa* zu. Da *ḫ. es-saʿīre* (145.124) von Dagan nicht verzeichnet wird, wird es wohl keine ez Reste enthalten, im Gegensatz zu *ḫ. eš-šarīʿa*, das Scherben vom 10. bis zum 8. Jh. aufweist (Lachisch V–III).[366]

Aditajim

Hält man mit Eusebius Adia bei Gaza oder Aditha περὶ Διόσπολιν (Lod) für Aditajim,[367] gerät man in Schwierigkeiten. Adia bei Gaza liegt zu weit im Südwesten, und setzt man Aditha bei Diospolis in *el-ḥadīṯe* (145.152) an, dann läge es zu weit im Nordwesten, um noch zum 2. Distrikt Judas gehören zu können. Wenn aber das περί von Eusebius bzw. *circa* von Hieronymus eine Entfernung von ungefähr 15 km zuläßt, kann der Name Aditha auch in *ḫ. el-ḥadaṯa* (151.143) erhalten sein. *qdṯìm* der Scheschonkliste, das mit Aditajim gleichzusetzen ist, wird zwischen Bet-Horon und Ajalon erwähnt; eine Lage, die ausgezeichnet zu der von *ḫ. el-ḥadaṯa* paßt. Der *site* hat aber nur Scherben ab der pers. Zeit,[368] und darum kann es nicht das *qdṯìm* der Scheschonkliste sein. Zwei *sites* in der Nähe enthalten ältere Funde: *qalʿat eṭ-ṭantūra* und *ḫ. danab el-kalb*. Die Lage und die Funde sprechen für den letzteren. Er liegt genau zwischen Bet-Horon und Ajalon, was sich mit der Reihenfolge in der Scheschonkliste deckt, und er liegt in einem Hügelland, das als Schefela zu deuten ist. Es ist also von einer nördlicheren Lage der Schefela auszugehen. *ḫ. danab el-kalb* enthält Reste aus der EZ II,[369] auch wenn es nicht viel ist (4%). Doch existierte es auch bereits in der MBZ und vielleicht in der SBZ. Historisch gesehen ist es möglich, daß Scheschonk die Stadt zerstört hat, die dann einige Zeit verlassen war und in der späten Königszeit wieder besiedelt wurde. Auch denkbar und aus später darzustellenden Gründen wohl wahrscheinlich ist, daß

---

366 Dagan, *Shephelah* 1992, Nr. 32.
367 Eusebius, *Onomastikon*, 24,23f.
368 Finkelstein / Magen, *Benjamin* 1993, Nr. 108.
369 Finkelstein / Magen, *Benjamin* 1993, Nr. 125.

in der pers. Zeit der Name Aditajim von *ḫ. danab el-kalb* zum an der anderen Seite des Tals liegenden *ḫ. el-ḥadaṯa* gewandert ist.[370]

Dagan dagegen lokalisiert Aditajim in *ḫ. qēyāfā*, weil es nach seinem geographischen Schema nördlich des *w. es-sanṭ* liegen muß, im Gegensatz zur vorigen geographischen Gruppe (Jarmut und Enajim), die südlich des *w. es-sanṭ* zu finden ist. Das aber durchbricht sein eigenes geographisches Schema, in dem immer zuerst die nördlich eines *wādi*s gelegenen Orte genannt werden und dann erst die südlichen. An der Identifizierung mit *ḫ. el-ḥadaṯa* ist festzuhalten. Diese weicht zwar noch mehr vom geographischen Schema ab, aber das hat literargeschichtliche und nicht topographische Gründe.[371] Was die nördliche Lage im Vergleich zu den restlichen Orten des 2. Distriktes betrifft, ist folgendes einzuwenden: 1. Daß *ḫ. danab el-kalb* in danitischem Gebiet liegt (vgl. Jos 19,41–46), ist nicht direkt problematisch, weil das auch für Zora und Eschtaol gilt und die Danliste ein theoretisches Konstrukt ist. *ḫ. danab el-kalb* bzw. *ḫ. el-ḥadaṯa* liegen überdies nicht allzu weit von Eschtaol und Zora entfernt. 2. Auch von Gedera ist es nicht weit entfernt, was im Folgenden begründet wird. 3. Aditajim muß nach der Angabe in Jos 15,33 in der Schefela liegen, aber daß die Schefela bei Ajalon aufhört, ist ein Postulat. Die niedrigen Hügel dieser Gegend widersprechen der Bezeichnung „Schefela" keinesfalls.

Gedera

Von den sechs Identifizierungsvorschlägen sind zwei nicht überzeugend. *qaṭra* liegt in der Küstenebene und *ḫ. ǧudēra* im Bergland. Die Ansetzung auf *t. el-ǧudēde* ist zwar möglich, aber durch seine südliche Lage eher für den 4. Distrikt angebracht. Es bleiben drei Orte übrig. *bēt nettīf* wird von Noth als Ortslage von Gedera aufgrund des benachbarten *ḫ. ǧudrāya* in Erwägung gezogen.[372] Fritz vermutet, daß es letzterer Ort selber ist.[373] Beide Orte durchbrechen aber die vermutete Anordnung des 2. Distriktes. Nun gilt das natürlich um so mehr, wenn man Gedera in *ḫ. ǧedīre* ansetzt. Aber gerade seine nördliche Lage könnte der Beweis für die Richtigkeit der Identifizierung sein.

Folgt man Eusebius' Angaben, so gelangt man nach *ḫ. ǧedīre*. Warum sollte Eusebius nicht einfach recht haben mit seinen Angaben? Was

[370] S.u. §7.5.
[371] S.u. §7.5.
[372] Noth, *Josua* ²1953, 94.
[373] Fritz, *Josua* 1994, 166; vgl. noch Kuschke, *Beiträge* 1971.

Aditajim betrifft haben wir dargelegt, daß es sehr wahrscheinlich im Norden liegt. Könnten diese beiden Orte ein später Zusatz sein? Historisch kann man dies sehr wohl mit einer Expansion Judas durch das Ajalontal nach Nordwesten hin verbinden. Nach 2Chr 28,18 scheinen auch Ajalon und Gimso (*ǧimzū*) judäisch gewesen zu sein, bevor es die Philister eroberten. Diese Orte gehören, ihrer Lage nach am ehesten zum 2. Distrikt und sind als Nachtrag am Ende des Textes angefügt worden.

7.2.1.4. Unstimmigkeiten zwischen der Grenzbeschreibung und der Ortsliste

Weil sich Distrikt II in der nördlichen judäischen Schefela befindet, müßten die Orte, die in der Grenzbeschreibung 15,10b genannt werden, theoretisch hier wieder auftauchen.[374] Daß dieses für den Ort Bet-Schemesch nicht zutrifft, haben viele nicht nur erkannt, sondern auch zum Anlaß genommen, die ganze Ortsliste aufgrund des Fehlens von Bet-Schemesch zu datieren. Die eventuellen historischen Hintergründe werden später untersucht. Hier wird die geographische Auffälligkeit notiert.[375] Da Zora (v 33) mit *ṣarʿa* (148.131) und Eschtaol (v 33) mit *išwaʿ* (151.132) zu verbinden sind, liegen diese Orte aus Distrikt II nördlicher als die Nordgrenze in Jos 15,10b. Nun könnte man mit Alt diese Orte hier streichen,[376] doch ist das zu einfach.[377] Die Unstimmigkeit ist anders zu erklären. Dazu gibt es zwei Möglichkeiten: Entweder ist die Differenz historisch bedingt, oder man muß sie in dem historischen Ort der jeweiligen Grenzbeschreibung und der Ortsliste suchen. Aus der späteren Behandlung der archäologischen Lage Judas wird sich zeigen, daß der Unterschied historisch bedingt ist.

---

[374] Die in v 10a beschriebenen Orte werden bei Distrikt XI behandelt. Die in v 11 genannten Orte gehören theoretisch zu Distrikt V oder zu Dan.

[375] Auch Timna (Jos 15,10) kommt nicht in der Ortsliste vor. Das bereitet aber weniger Probleme, da Bet-Schemesch schon fehlt, die Westgrenze des 2. Distrikts also östlich von Bet-Schemesch zu ziehen ist und Timna=*t. el-baṭāšī* westlich von Bet-Schemesch liegt.

[376] Alt, *Judas Gaue* 1925, 117 (nicht in *KS*).

[377] Siehe schon Noth, *Josua* ²1953, 94.

7.2.1.5. Zusammenfassung

Es scheint sich also trotz aller schwierigen und unsicheren Identifizierungen zu bestätigen, daß Distrikt II vom Blickpunkt des Berglands beschrieben worden ist. Mit dem Gesicht in westliche Richtung hat man die Orte von Osten nach Westen und von Norden nach Süden beschrieben. Die zwei großen *wādis*, *w. eṣ-ṣarār* und *w. eṣ-ṣur / w. es-sanṭ*, wurden von Osten nach Westen abgeschritten. Stieß man auf ein Neben*wādi*, dann ging man an ihm in südlicher Richtung entlang und listete die daran liegenden Orte auf. Wenn wir den 2. Distrikt vom Blickpunkt der *wādi*s beschreiben, kommen wir zu den folgenden Linien:

1. *w. el-ġirab*: Eschtaol, Zora;
2. *w. en-naǧīl*: Aschna 1, Sanoach 1;
3. *w. eṣ-ṣarār*: En-Gannim, Tappuach;
3. *w. būlus*: Enajim, Jarmut;
4. *w. eṣ-ṣur* und *w. es-sanṭ*: Adullam, Socho 1, Aseka, Schaarajim;
5. *naḥal ayyālōn*: Aditajim, Gedera.

Gruppe 5 durchbricht die allgemeine Nord-Süd-Ausrichtung, doch ist sie später hinzugefügt. Weil die Summierung von 14 Orten mit der wirklichen Anzahl übereinstimmt, müssen die Summierungen erst mit oder nach dem Nachtrag eingesetzt worden sein.

7.2.2. *Distrikt III—15,37–41*

7.2.2.1. Die literarischen Quellen

Zenan, Hadascha, Migdal-Gad, Dilan, Kabran cj., Lachmas[378] und Kitlosch cj.[379] sind *hapax legomena*,[380] Mizpe,[381] Jokteel,[382] Gederot,[383] Bet-Dagon[384] und Naama[385] homonymische *hapax legomena*, insgesamt zwölf von den 16 Orten des 3. Distrikts. Doch ist Zenan mit Zaanan (Mi 1,11) und Jokteel wohl mit Jekutiël aus 1Chr 4,18 gleichzusetzen. Von letzterem Ort stimmen die Formen ohne *matres lectiones* genau überein, und zudem werden beide in der Schefela angenommen.[386] Hadascha, Migdal-Gad und Bet-Dagon sind möglicherweise[387] in außerbiblischen Texten belegt. Boling / Wright erwägen, Machbena aus 1Chr 2,49 mit Kabbon gleichzusetzen.[388] Das ist aber sehr fraglich, weil man dann einerseits erklären muß, warum ein מ zu כבון gekommen ist, und andererseits, warum Machbena in 1Chr 2,49 innerhalb der Kaleb-Genealogie vorkommt. Die Kalebiter werden im Bergland und im nördlichen Negev vermutet, nicht in der Schefela.[389] Außerdem lesen wir die Konjektur Kabran, womit der Bezug zu Machbena noch schwächer wird. Kabran cj. bleibt darum ohne weiteren atlichen Bezug. Bei der Behandlung der literarischen Quellen ist somit nur auf neun Orte einzugehen.

---

378 Auch die Variante Lachmam (s.o. §2.3 zu v 40) wäre *hapax legomenon*.

379 Boling / Wright, Joshua 1982, 386, wollen Kitlisch mit „Kentisna" verbinden. Wenn es sich hierbei um *kntìśn* (Simons, *ETL* 1937, I,44) handelt, ist das eher unwahrscheinlich. Der Ortsname ist als Zusammenstellung mit *knt* = גת zu betrachten. Außerdem müßte man Metathesis zwischen *n* / *l* und *t* postulieren; vgl. auch oben Anm. 219. Zu einer möglichen Erwähnung auf Lachisch-Becher 3 s.u. Anm. 412.

380 Streng genommen soll גדרות auch zu den *hapax legomena* gezählt werden. Der Unterschied zu dem den gleichen Ort betreffenden הגדרות ist aber zu klein.

381 Es gibt noch drei andere Orte mit dem Namen Mizpa oder Mizpe: in Moab, in Gilead und in Benjamin (= *t. en-naṣbe*).

382 Jokteel ist der Name, den Amazja dem von ihm geschlagenen Sela gibt (2Kön 14,7). Auch wenn die Lokalisierung von Sela schwierig ist, sicher ist, daß es nicht in der Schefela lag.

383 Zu Naors Gleichsetzung mit Kedron in Makk. s.o. §7.2.1.1 zu „Gedera".

384 Bet-Dagon kommt, ohne *mater lectionis*, als Ort in Ascher (Jos 19,27) und als „Tempel Dagons" (1Sam 5,2.5; 1Chr 10,10) vor.

385 Naama ist auch ein Frauenname (Gen 4,22; 1Kön 14,21.31 / 2Chr 12,13).

386 Jekutiël ist in Chr der „Vater" Sanoachs und „Onkel" Sochos. Beide Orte sind in der Schefela anzunehmen.

387 S.u. zu „Migdal-Gad" und „Bet-Dagon".

388 Boling / Wright, *Joshua* 1982, 386.

389 Vgl. Jos 15,13–19.

Zenan

Der Ort Zenan ist nach allgemeiner Auffassung mit Zaanan (Mi 1,11) gleichzusetzen.[390] Die Bestimmung der Anordnung der Orte in Mi 1,10ff ist zwar schwierig, doch sicher ist, daß es Zenan / Zaanan zur Zeit Michas (Ende des 8. Jh.) gegeben hat. Eusebius verzeichnet für Zaanan aus Mi 1,11 drei Namen: Σεννααϱ, Σενναaν und Ευϑηνουσα.[391] Der erste Name spielt in der üblichen Identifizierung eine große Rolle.[392]

Hadascha

Nach Burchardt ist Hadascha mit dem ägyptischen *ḥdśt* gleichzusetzen, das in dem großen Tempel Ramses' II. in Karnak und, abgeschrieben von dessen Liste in dem großen Tempel Ramses' III., in Medinet Habu vorkommt.[393] Doch reichen uns die Angaben nicht aus, um eine Identifizierung zu wagen, ganz abgesehen von der sehr allgemeinen Bedeutung des Namens Hadascha, wodurch es im Grunde überall vorkommen kann. Aḥituv neigt zur Gleichsetzung mit einem Ort in der Nähe von Baʿalbek, was aber sehr weit von Juda entfernt ist.[394] Ein unbekanntes Hadascha wird nach Aḥituv auch in der Scheschonkliste genannt (Nr. 54),[395] doch ist gerade diese Stelle der Liste zu unsicher (*qdšt* oder *ḥdšt*),[396] um aussagekräftig sein zu können, und außerdem ist es nicht in dem 3. Distrikt anzusetzen, sondern in der Nähe von Penuel.[397] Eusebius irrt sich, wenn er Hadascha in Juda und zur gleichen Zeit bei Gophna (=*ǧifna*; 170.152) lokalisiert.[398] Hieronymus bemerkt dann auch zu Recht, daß es in Ephraim liegt. Man kann auch Hadasa aus Makk[399]

[390] Ein *aleph-quiescens* kann einfach verschwinden; vgl. die Beispiele bei Kellerman, *Überlieferungsprobleme* 1978, 426[17]: הברתי (1Chr 11,39) und הבארתי (2Sam 4,2); צבוים (Dtn 29,22Q) und צבאים (Hos 11,8); מראשה und מרשה. Die Differenz kann nach Kellerman vier Gründe haben: 1. unterschiedliche masoretische Überlieferungsvarianten; 2. Dialektunterschiede; 3. Umgangssprache versus offizielle Sprache; 4. Umbenennungen im Laufe der Geschichte. Wir möchten hinzufügen, daß das *aleph* im Dienste des Wortspiels in Mi 1,11 hinzugefügt worden sein dürfte. Zaanan ist mit Von Soden, *Ortsbenennungen* 1990, 218, als bewußt entstellter Ortsname zu betrachten, mit dem „sorglos, zu sicher dahinlebend" ausgedrückt wird.

[391] Eusebius, *Onomastikon* 156,22.

[392] S.u. §7.2.2.2 zu „Zenan".

[393] Burchardt, *AFEA* 1909, Nr. 707; vgl. Simons, *ETL* 1937, Nr. XXIII,23 und XXVII,87.

[394] Aḥituv, *Toponyms* 1984, 108.

[395] Aḥituv, ebd.

[396] Vgl. Mazar, *Campaign* 1957, 61; Simons, *ETL* 1937, XXXIV,54.

[397] Mazar, *Campaign* 1957, 61f.

[398] Eusebius, *Onomastikon* 26,1.

[399] 1Makk 7,40.45; 2Makk 14,6 (Dessau). Vgl. für weitere Quellen: Tsafrir / e.a., *Tabula*

nicht mit unserem Hadascha gleichsetzen, weil ersteres nördlich von Jerusalem anzunehmen ist. Alles in allem bleibt auch nach Heranziehung außerbiblischer Texte Hadascha im 3. Distrikt Judas ein *hapax legomenon*.

Migdal-Gad

Wird Migdal-Gad in den Amarna-Briefen genannt? Von den sieben Belegen für *magdalu*[400] könnte nur *magdalu*, eine Stadt des Landes *garu* (*EA* 256,26), für Migdal-Gad in Betracht gezogen werden.[401] Da vier andere Städte des Landes *garu* eventuell in der Nähe von *ḫ. el-meğdele* zu lokalisieren sind, dem *site*, der den Namen von Migdal-Gad enthält,[402] hielt Alt es für möglich, daß sich *magdalu* und Migdal-Gad tatsächlich auf den gleichen Ort beziehen. Na'aman jedoch hat herausgearbeitet, daß sich das Land *garu* am nördlichen Ufer des *nahr el-yarmūk* befindet.[403] Die ägyptischen Erwähnungen von *migdal* betreffen andere Orte.[404]

Jokteel

1Chr 4,18, wo Jokteel als Jekutiël begegnet, läßt keine historischen oder geographischen Schlußfolgerungen zu. Erstens ist der Text verderbt, und mit *BHS* ist vor v 18 wohl ולמרד שׁתי נשׁים אשה מצריה ואשה יהדיה zu ergänzen. Zweitens ist die Herkunft Esras, des Vaters Mereds, völlig dunkel (v 17). Wir wissen nur, daß Jekutiël der „Vater" von Sanoach (1) ist.[405]

Lachisch

Von den Festungsstädten Rehabeams findet sich in diesem Distrikt nur Lachisch (2Chr 11,9). Es ist die südlichste Festungsstadt im Westen. Daß eine Festung nicht in jeder Hinsicht Schutz bieten kann, zeigt sich daran, daß sie die Ermordung von Amasja nicht hat verhindern

---

1994, 57.

400 *EA* 69,20; 70,9; 185,29.34; 186,28; 234,29; 256,26.

401 Vgl. Knudtzon, *EA* II 1915, 1320; Alt, *Beiträge II* 1932=1959, 402f. Bei Moran, *AL* 1992, 390, findet sich keine Gleichsetzung.

402 Es würde sich handeln um *Udumu=ḫ. ed-dōme; Aduru=dūra; Ḫeni-anabi=*עין ענב*=ḫ. ʿanāb; Ḫayyunu=*ענים*=ḫ. ġuwēn eṭ-ṭaḥtā* (wahrscheinlich aber eher zusammen mit *ḫ. ġuwēn el-fōqa*, s.u. §7.3.1.2 zu „Anim"); vgl. Noth, *HGS* 1935=1971, 203.

403 Naʿaman, *Biryawaza* 1988, 182.

404 Aḥituv, *Toponyms* 1984, 141f; vgl. Zertal, *Fortresses* 1995, 266–269.

405 S.o. §7.2.1.1 unter „Sanoach".

können (2Kön 14,19 / 2Chr 25,27). Nimmt man einen historischen Kern in diesem Bericht an, dürfte Lachisch zur Zeit Amasjas (Beginn des 8. Jh.) bewohnt gewesen sein. Nach weiteren atlichen Belegen dürfte es auch zur Zeit Michas (Mi 1,11; Ende des 8. Jh.), Jeremias (Jer 34,7; Beginn des 6. Jh.) wie in nachexilischer Zeit (Neh 11,30) existiert haben. In der Zwischenzeit ist es in die Hände Sanheribs gefallen (701). Wir hören davon nicht nur im AT selbst,[406] sondern auch in den Texten Sanheribs.[407] Die Belagerung von Lachisch ist auf den Palastreliefs aus Ninive zu sehen.[408] Wahrscheinlich hat Sanherib versucht, so schnell wie möglich eine der stärksten Städte Judas zu erobern. Von Lachisch aus ist er dann nach Libna aufmarschiert,[409] was auf die Stärke und strategische Lage auch dieser Stadt weist. Der Kampf Sanheribs gegen Lachisch und Libna scheint ebenso der Hintergrund des bekannten Lachisch-Briefes 4,10 zu sein.[410] Da Lachisch in den Amarna-Briefen[411] und in der 19. und / oder 20. Dynastie im Ägyptischen belegt ist,[412] muß es in der SBZ bewohnt gewesen sein. Im voraus kann schon gesagt werden, daß die Identifizierung von Lachisch mit *t. ed-duwēr* allen eben genannten Tatbeständen gut entspricht.

Bozkat

Von Bozkat ist nur bekannt, daß es im 3. Distrikt lag und Jedida, die Mutter Josias, aus diesem Ort stammt (2Kön 22,1). Bozkat gehörte somit zur Zeit Josias sehr wahrscheinlich zu Juda.[413]

---

406 2Kön 18,14.17; 19,8; Jes 36,2; 37,8; Jer 34,7; 2Chr 25,27; 32,9.

407 Die Erläuterungen zu dem in der folgenden Anmerkung erwähnten Palastrelief; und *TUAT* I/4, 389. Lachisch gehörte aller Wahrscheinlichkeit nach zu den von Sanherib eingenommenen „46 mächtige[n] ummauerte[n] Städte[n]".

408 Siehe *ANEP*, 129–132 (*pictures* 371–374) und ausführlich bei Ussishkin, *Conquest* 1982.

409 2Kön 19,8.

410 S.o. §7.2.1.1 zu „Aseka".

411 *EA* 287,15; 288,43; 328,5; 329,6; 335,10.16. An der Gleichsetzung mit dem biblischen Lachisch besteht kein Zweifel; vgl. Knudtzon, *EA II* 1915, 1353, und Moran, *AL* 1992, 390.

412 Vgl. Albright, *Vocalization* 1934, 48; Borée, *AOP* 1934, 116f; Aḥituv, *Toponyms* 1984, 129f. Der Name auf dem Lachisch-Becher No. 3 könnte auch als Kitlisch gelesen werden (Aḥituv, *Toponyms* 1984, 130).

413 Diese Schlußfolgerung ist allerdings nicht zwingend. Rehabeam z.B. hatte eine ausländische Mutter (1Kön 14,21.31; 2Chr 12,13).

Eglon

Außer hier begegnet Eglon noch sechsmal in c 10[414] sowie in 12,12. Der zweiten Stelle sowie 10,3.5.23 können wir nur entnehmen, daß Eglon wahrscheinlich eine kanaanäische Stadt war. In geographischer Hinsicht läßt c 12 keine Rückschlüsse zu. Das ist anders in c 10, das, wie Elliger gezeigt hat, keinen geographischen Unsinn darstellt; demzufolge kann man von Lachisch nach Eglon (v 34) und von Eglon nach Hebron ziehen (v 36). Diese Erkenntnis wird bei der Identifizierung noch eine entscheidende Rolle spielen.[415]

Bet-Dagon

Das *hapax legomenon* Bet-Dagon kommt außerhalb des AT dreimal vor: in Medinet Habu auf dem Relief Ramses' III.,[416] in dem Bericht vom dritten Feldzug Sanheribs[417] und bei Eusebius. In dem Bericht Sanheribs weist die Reihenfolge der eroberten Städte—Askalon, Bit Daganna, Japho—eindeutig auf eine Lage in der Küstenebene hin. In dem Relief von Medinet Habu folgt *byt dqn* auf *rbnt*, das wohl mit Libna[418] zu identifizieren ist. Wenn die Reihenfolge geographisch ist, dann haben wir es wieder mit Bet-Dagon an der Küste zu tun.[419] Eusebius ist sehr deutlich über die Lage von Bet-Dagon: Es liegt zwischen Lod und Jamnia.[420] Bet-Dagon muß somit an der Küste gesucht werden und war wohl im 12. und 8. Jh. v.Chr. sowie im 4. Jh. n.Chr. bewohnt.

Makkeda

Makkeda weist die gleiche Quellenlage auf wie Eglon: Es begegnet außer hier in cc 10 und 12. Die Beurteilung ist aber differenzierter. Der Beleg in 12,12 ist mit Fritz wohl als zur ursprünglichen Ortsnamenliste gehörig zu betrachten.[421] Damit wird Makkeda als kanaanäische Stadt vorgestellt. In c 10 jedoch sind einige Belege mit der an der Höhle bei

---

[414] Jos 10,3.5.23.34.36.37.

[415] S.u. §7.2.2.2 zu „Eglon".

[416] Simons, *ETL* 1937, XXVII,72; Aḥituv, *Toponyms* 1984, 77.

[417] *TUAT* I, 389.

[418] S.u. §7.2.3.1 zu „Libna".

[419] Aḥituv, *Toponyms* 1984, 77, meint aber, daß es sich um das Bet-Dagon in Ascher handelt.

[420] Eusebius, *Onomastikon*, 50,15. Für weitere spätere Quellen, siehe Tsafrir/e.a., *Tabula* 1994, 80.

[421] Fritz, *Liste* 1969, 137–143.

Makkeda haftenden ätiologischen Sage vv 16–27 sekundär verknüpft worden (vv 10.21).[422] Der Bericht über die Eroberung Makkedas im dritten Teil (vv 28) steht, gegen Elliger, nicht im Verdacht, sekundär zu sein,[423] und falls er das trotzdem ist, bleibt er in seinen geographischen Angaben doch zuverlässig. Welche Zeit c 10 genau reflektiert, ist schwerer auszumachen,[424] doch Makkeda wird sowohl durch cc 12 als 10 als kanaanäisch vorgestellt.[425]

7.2.2.2. Die Identifizierungen

Von den 16 in Distrikt III genannten Orten ist nur einer relativ sicher zu identifizieren:[426]

Ort	*Folgenummer*	*Identifizierung*	*Grid*
Lachisch	7	*t. ed-duwēr*[427]	135.108

[422] Wenn die Erwähnung ועד־מקדה in v 10 ursprünglich gewesen wäre, hätte v 11 nach עד־עזקה bestimmt ועד־מקדה expliziert; Elliger, *Josua* 1934, 48.

[423] Elliger, ebd., 49–53.

[424] Na'aman, *Conquest* 1994, 255f, z.B. optiert für die Zeit Hiskias.

[425] Makkeda erscheint noch in einem schwer datierbaren (7. Jh.?) Ostrakon aus *ḫ. ġazze* (1,4); vgl. Renz / Röllig, *HAE* I/1 1995, 443f.

[426] Nach Fritz, *Josua* 1994, 166, und Kallai, *HGB* 1986, 384, gehört auch Eglon zu den sicher zu identifizierenden Orten. Hierüber wird aber heftig diskutiert, was sich bereits in den unterschiedlichen „sicheren" Identifizierungen zeigt (s.u. zu „Eglon"). Die bisher verteidigte Identifizierung von Migdal-Gad mit *ḫ. el-meǧdele* kann mit Dagan nicht als sicher angesehen werden (s.u. zu „Migdal-Gad").

[427] Zuerst von Albright, *American* 1929, 3^2, identifiziert; ausführlich bei Elliger, *Heimat* 1934=1966, 28–40; Rainey, *Division* 1980, 196. Vgl. Dagan, *Map 98* 1992, 21*–22*. Den älteren Vorschlägen, Lachisch in *bēt ʿauwā* (145.101), *ed-dawāyime* (141.105), *t. el-ḥāsi* (124.106) (vgl. dagegen Alt, *Institut* 1934, 14f) oder *ʿirāq el-mensīye* (129.113) zu finden, wird nicht mehr gefolgt. Vgl. aber Ahlström, *Lachish* 1980, der Lachisch mit *t. ʿēṭūn* verbindet. Er wurde durch Davies, *Lachish* 1982, widerlegt. Die darauf folgende Kritik Ahlströms, *Lachish* 1983, an Davies trifft nur teilweise zu. Ahlströms Bestrebungen, Libna in dem *t. ed-duwēr* zu suchen, weil Eusebius Λοβανα in der Nähe von Eleutheropolis ansetzt, sprechen doch eher für Libna in *t. bornāṭ*. Auch das Argument, daß Libna eine große Stadt gewesen sein muß, um gegen Juda einen Aufstand zu wagen, ist nur teilweise richtig, weil Lachisch auch eine große Stadt gewesen sein muß, da Sanherib sie als erste angegriffen hat. Problematisch bleibt aber die Abstandsangabe von Eleutheropolis zu Lachisch bei Eusebius (aber vgl. Rainey, *Lachish* 1987). Wir rechnen stark mit der üblichen Identifizierung, doch darf sie nicht als endgültig angesehen werden. Vgl. weiter Davies, *Lachish* 1985, und Ahlström, *Lachish* 1985. Zur archäologischen Lage von *t. ed-duwēr* siehe Ussishkin, *Lachish* (dort weitere Literatur).

Auf die überhaupt nicht oder nur sehr hypothetisch zu identifizierenden Orte Hadascha[428] (2), Mizpe[429] (5), Jokteel[430] (6) und Bozkat[431] (8) gehen wir nicht weiter ein; es bleiben noch elf Orte übrig, für die sich eine Diskussion vielleicht lohnt.

Ort	*Folgenummer*	*Identifizierung*	*Grid*
Zenan	1	*ʿirāq el-ẖarāb*[432]	131.112
		ǧebel ṣelāḥ[433]	147.106
Migdal-Gad	3	*ẖ. el-muǧedilāt*[434]	135.091
		ẖ. el-meǧdele[435]	140.105
		ed-dawāyime[436]	141.105

[428] Abel, *GP* II 1938, 340, will Hadascha wegen des Namens in *ẖ. el-ǧudēde* (124.109) lokalisieren, doch ist dies kein ausreichender Grund. S.u. „restliche Identifizierungen" zum Identifizierungsversuch Dagans, *Cities* 1996, 140, mit *ẖ. firǧās* (145.104) aufgrund der relativen Lokalisierung zwischen Zenan—*ǧebel ṣelāḥ* (147.106) und Migdal-Gad—*ed-dawāyime* (141.105) und des archäologischen Befunds vgl. Dagan, *Shephelah* 1992, Nr. 189.

[429] Auch Eusebius, *Onomastikon*, 130,1–3, hilft hier nicht viel weiter. Wo Eusebius noch zwei Orte hat, einen in den Bergen von Eleutheropolis und einen auf dem Weg man nach Jerusalem, hat Hieronymus diese beiden in seiner Beschreibung zusammengenommen. Früher ist noch *t. eṣ-ṣāfī* vorgeschlagen worden, das jetzt allgemein für das atliche Gat gehalten wird; vgl. Aharoni, *LoB* ²1979, 434; Albright, *Libnah* 1921; Elliger, *Heimat* 1934=1966; id., *Gath* 1934; Mazar / Kelm, *Gath* 1954; Rainey, *Identification* 1975. Arnold, *Mizpe*, erkennt das judäische Mizpa in *t. eṣ-ṣafi* aufgrund des Namensanklangs wieder, womit er *t. eṣ-ṣafīye* meint, wie aus den Koordinaten (135.123) zu schließen ist. Dieser Standpunkt ist sehr fragwürdig. Dagan, *Cities* 1996, 140, sieht Mizpa aufgrund der gleichen Bedeutung des Namens in *ẖ. er-rās*. Das ist möglich, aber wegen der allgemeinen Bedeutung beider Namen schwer zu beweisen. Siehe weiter unten zu „restliche Identifizierungen".

[430] Dagan, *Cities* 1996, 140, schlägt *ẖ. bēt lēy* (143.108) vor aufgrund der relativen Lokalisierung und des archäologischen Befunds; vgl. Dagan, *Shephelah* 1992, Nr. 167: Lachisch II-Keramik. Siehe weiter unten zu „restliche Identifizierungen".

[431] An dieser Stelle sei noch hingewiesen auf die äußerst unsichere Gleichsetzung mit *ed-dawāyime* (141.105; Abel, *GP* II 1938, 261; Höhne, *BHH* 1979) und *t. eš-šēḫ aḥmed el-ʿarēnī* (129.113; Dagan, *Cities* 1996, 140); zu Dagan siehe weiter unten zu „restliche Identifizierungen".

[432] Abel, *GP* II 1938, 455; Höhne, *BHH* 1979, mit zwei Fragezeichen.

[433] Dagan, *Cities* 1996, 140.

[434] Kellermann, *Überlieferungsprobleme* 1978, 428; zum archäologischen Befund vgl. Dagan, *Shephelah* 1992, Nr. 275. Bei Kallai, *HGB* 1986, ist die Ortslage von Migdal-Gad unbekannt; siehe dazu unten §7.2.4.

[435] Elliger, *Heimat* 1934=1966, 36[87], hat diesen Ort 1934 als erster vorgeschlagen. Fast alle sind ihm darin gefolgt (vgl. vor allem Rainey, *Division* 1980, 196), wenn auch manche mit einem Fragezeichen (Simons, *GTT* 1959, 146; Aharoni, *LoB* ²1979, 439; Höhne, *BHH* 1979).

[436] Dagan, *Cities* 1996, 140.

Ort	*Folgenummer*	*Identifizierung*	*Grid*
Dilan	4	*t. en-nağīle*[437]	127.101
		rasm dihnah[438]	143.105
Eglon	9	*t. el-ḥāsi*[439]	124.106
		t. bēt mirsim[440]	141.096
		t. ʿēṭūn[441]	143.099
Kabran cj.	10	*ḫ. ḥebrā*[442]	140.106
		t. el-ḫirāqa[443]	133.103
Lachmas	11	*ḫ. el-laḥm*[444]	140.108
		t. ma'aḥaz[445]	131.102
Kitlosch cj.	12	*ḫ. el-maqḫaz*[446]	130.102
		ḫ. umm el-baqar[447]	130.104
		ḫ. kilkīt[448]	131.102
Gederot	13	*t. el-mulēḥa*[449]	128.096
		qaṭra[450]	129.136
Bet-Dagon	14	*bēt değen*[451]	134.156
		ḫ. el-muğedilāt[452]	135.091

[437] So Abel, *GP* II 1938, 305, und mit zwei Fragezeichen Höhne, *BHH* 1979.

[438] Dagan, *Cities* 1996, 140.

[439] So Albright, *Researches* 1924, 7–8; id., *Researches* 1925, 8. Ihm folgen u.a. Abel, *GP* II 1938, 311; Kallai-Kleinmann, *Town Lists* 1958, 156; Aharoni, *LoB* ²1979, 124.271.353. 434, und Kallai, *HGB* 1986, 384.381.

[440] So Elliger, *Josua* 1934, 66–67; Kellermann, *Überlieferungsprobleme* 1978, 428.

[441] So u.a. Noth, *Höhle* 1937 = 1971, 290–291; Albright, *Trip* 1929, bes. 3; Rainey, *Identification* 1975, 66; id., *Division* 1980, 197; Aḥituv, *Joshua* 1995, 260 (mit Fragezeichen); Dagan, *Cities* 1996, 140; Nelson, *Joshua* 1997, 286. Vgl. aber die Besprechung bei Simons, *GTT* 1959, 147.

[442] So aufgrund der Lesart der LXX^B von Jos 15,40 Abel, *GP* II 1938, 298; Simons, *GTT* 1959, 147, und mit zwei Fragezeichen Höhne, *BHH* 1979.

[443] Dagan, *Cities* 1996, 141.

[444] So Abel, *GP* II 1938, 368; mit einem Fragezeichen Simons, *GTT* 1959, 147, und Boling / Wright, *Joshua* 1982, 386, und mit zwei Fragezeichen Höhne, *BHH* 1979.

[445] Dagan, *Cities* 1996, 141.

[446] So aufgrund der Lesart der LXX^B Abel, *GP* II 1938, 299, und Simons, *GTT* 1959, 147.

[447] Dagan, *Cities* 1996, 141.

[448] Mit zwei Fragezeichen bei Höhne, *BHH* 1979.

[449] Dagan, *Cities* 1996, 141.

[450] Abel, *GP* II 1938, 296.330.

[451] Abel, *GP* II 1938, 269, und Höhne, *BHH* 1979, mit zwei Fragezeichen.

[452] Dagan, *Cities* 1996, 141.

Ort	*Folgenummer*	*Identifizierung*	*Grid*
Naama	15	*ḫ. ez-zaʿaq*[453]	137.091
		ḫ. farād[454]	140.130
Makkeda	16	*t. eš-šēḫ aḥmed el-ʿarēnī*[455]	129.113
		t. bornāṭ[456]	138.115
		tell bēt mirsim[457]	141.096
		ḫ. el-qōm[458]	146.104

Zenan

Die LXX[A.Br] und Eusebius[459] geben das mit Zenan identische Zaanan in Mi 1,11 mit Σενναaϱ wieder, die Arabica mit *ʿarāq*. Diese Verbindung Σενναaϱ-*ʿarāq* bringt Abel dazu, Zaanan / Zenan mit *ʿirāq el-ḫarāb* zu verbinden. Er bewegt sich dabei aber, wie Kellermann dargelegt hat, auf einer sehr schmalen Grundlage.[460] Nur in 7,21 finden wir die Verbindung Σενναaϱ-*ʿirāq* als Wiedergabe von Sinear. Die Arabica hat deutlich aktualisiert, denn Iraq war für seine Textilien bekannt, und in 7,21 geht es um einen bestimmten Mantel.[461] Iraq bezieht sich also auf das *Land* Iraq und nicht auf einen Ort mit dem Element *ʿirāq*. Wahrscheinlich hat die LXX in Mi 1,11 einfach einen Fehler beim Transkribieren gemacht. Eusebius hat diesen übernommen, meldet aber, daß Aquila Σενναaν hat, was er selber bei 15,37 auch verzeichnet.[462] Wir sind somit nicht weiter als Elliger im Jahre 1934, als er schrieb: „Leider ist ein Namensanklang in dieser Gegend nicht zu finden. Weitere literarische Nachrichten stehen auch nicht zur Verfügung. Daher ist eine Identifikation vorläufig unmöglich.“[463] Vielleicht

---

[453] Dagan, *Shephelah* 1992, *map* 8.

[454] Abel, *GP* II 1938, 393.

[455] Kallai, *HGB* 1986, 384.381: oder *t. bornāṭ*.

[456] Kallai, *HGB* 1986, 384.381: oder *t. eš-šēḫ aḥmed el-ʿarēnī*.

[457] Dagan, *Cities* 1996, 141f.

[458] So als erstes vorgeschlagen von Kellermann, *Überlieferungsprobleme* 1978, 428; ausführlicher bei Dorsey, *Makkedah* 1980; vgl. weiter Rainey, *Division* 1980, 196; Nelson, *Joshua* 1997, 188. Bei Aḥituv, *Joshua* 1995, 260, ist es nur eine Möglichkeit. Kotter, *Makkedah*, 478, sieht „no satisfactory candidate for the site“. Viel differenzierter ist Holladay, *Kom, Khirbet el-*.

[459] Eusebius, *Onomastikon* 162,10.

[460] Kellermann, *Überlieferungsprobleme* 1978, 425–427.

[461] Eine Lösung für den mysteriösen Mantel gibt Stec, *Mantle* 1991: שׁנער sei eine Verschreibung für שׂער „haarig“.

[462] Eusebius, *Onomastikon* 156,22.

[463] Elliger, *Heimat* 1934 = 1966, 49.

aber ist Zenan aufgrund der postulierten Lage und des archäologischen Befunds mit *ǧebel ṣelāḥ* (Dagan) zu verbinden.[464]

Migdal-Gad
Die Identifizierung mit *ḫ. el-meǧdele* wird schon seit Jahren mit einigen guten Gründen—Name und Lage—als sicher betrachtet. Dagan aber weist darauf hin, daß dort nur Reste aus der EZ I sowie der byz. Zeit und keine Reste aus der EZ II aufgedeckt wurden.[465] Deshalb schlägt er das naheliegende *ed-dawāyime* vor, das sehr wohl EZ II-Reste enthält. Die Entscheidung für einen dieser beiden Orte hängt von der Datierung der Ortsliste ab, die erst am Ende dieses Kapitels vorgenommen werden kann.[466] Vorweg aber können wir sagen, daß weder die EZ I noch die byz. Zeit in Frage kommen. Migdal-Gad ist somit in *ed-dawāyime* zu suchen.[467] Das von Kellermann vorgeschlagene *ḫ. el-muǧedilāt* scheidet aus, denn die Form *muǧedilāt* kann nicht direkt mit מגדל in Verbindung gebracht werden.

Dilan[468]
Gegen die Identifizierungen mit *t. en-naǧīle* spricht, daß der *tell* mit seinen 14 *strata* viel zu groß ist für einen sehr wahrscheinlich so unbedeutenden Ort wie Dilan, dessen Name doch nur ein *hapax legomenon* ist.[469] Dazu kommt, daß es für den 3. Distrikt wohl zu weit westlich liegt und es keine Namensanklänge gibt. Das Einzige, das noch für die Identifizierung sprechen könnte, ist die Tatsache, daß *t. en-naǧīle* in der EZ II bewohnt war. Gerade dann ist die Besiedlung spärlich und auf eine kurze Zeit beschränkt (1. Hälfte 7. Jh.). Trotz daß der Ort dann klein ist, bleibt eine Gleichsetzung mit Dilan unwahrscheinlich, da der *tell* durch seine Größe und lange Geschichte einen bekannten Ortsnamen haben müßte. Aufgrund seiner geographischen Ordnung der Orte und weil es Reste aus der EZ II enthält, schlägt Dagan *rasm dihna* vor.[470]

---

464 S. dazu unten zu „restliche Identifizierungen".
465 Dagan, *Shephelah* 1992, 280f; id., *Cities* 1996, 140.
466 S.u. §7.6.
467 Jedoch wurden keine Reste aus der SBZ, die es nach den Amarna-Briefen geben sollte, aufgedeckt. Ist *magdalu* andernorts zu suchen?
468 Vgl. zum Namen Koehler, *Dilʿan* 1949.
469 Vgl. zur Archäologie von *t. en-naǧīle*: Amiran / Eitan, *Nagila, Tel.*
470 Dagan, *Shephelah* 1992, Nr. 180: EZ II.

Dieser *site* ist jedoch aufgrund der postulierten Lage noch eher mit Hadascha zu verbinden.[471] Dilan muß unidentifiziert bleiben.

Eglon[472]

Aus der obigen Übersicht wird klar, daß die Identifizierung Eglons umstritten ist. Es gibt drei Vorschläge. *t. el-ḥāsi* hat den Vorteil, in der Nähe von *ẖ. ʿağlān* zu liegen, das den Namen zu enthalten scheint, und auch die Funde—SBZ bis pers. Zeit—stehen einer Identifizierung nicht im Wege.[473] Elliger jedoch hat sie aufgrund von c 10 abgelehnt. Er geht davon aus, daß c 10, obgleich es literarhistorisch keine Einheit darstellt, in geographischer Hinsicht Sinn haben muß; Eglon muß dann auf dem Weg von Lachisch nach Hebron liegen.[474] Deswegen schlägt er vor, es in *t. bēt mirsim*[475] zu suchen. Im Lichte des Itinerars in c 10 wäre die Verbindung von Eglon mit *t. el-ḥāsi* unsinnig. Die größte Zustimmung hat Noth durch seine Gleichsetzung mit *t. ʿēṭūn* bekommen. Nach seinen Ausführungen liegt *t. ʿēṭūn* an einer natürlichen Route von Lachisch nach Hebron durch das *naḥal ădorayim*. Funde (SBZ bis pers. Zeit) und Lokalisierung passen,[476] letzteres im Unterschied zu *t. bēt mirsim*, das wohl zu weit südlich liegt.

Nun hängt die Entscheidung für eine Identifizierung von zwei Voraussetzungen ab: 1. Wie weit dehnte sich der dritte Distrikt nach Süden und Westen aus? 2. Wie ernst ist Jos 10 in geographischer Hinsicht zu nehmen? Die letzte Frage haben wir schon positiv beantwortet. Zur 1. Frage: Rainey bestimmt die Grenzen der Hauptgebiete und Distrikte in c 15 nach natürlichen Grenzen. Deswegen liegt seiner Meinung nach *t. el-ḥāsi* außerhalb der von ihm als äozene Hügel definierten Schefela.[477] Obwohl er mit seiner Argumentation durchaus überzeugt, kann nicht von vornherein ausgeschlossen werden, daß Judas Gebiet sich weiter nach Westen und also auch weiter als die natürliche Westgrenze der Schefela ausgedehnt hat. Die in Mi 1,10–16 genannten Orte scheinen darauf hinzuweisen, daß auch Gat zu Juda gehört hat. Dann kann *t. el-ḥāsi* wieder in Erwägung gezogen werden. Dagegen spricht aber, daß in

[471] S.u. zu „restliche Identifizierungen".

[472] Vgl. Kellermann, *Überlieferungsprobleme* 1978, 428.

[473] Vgl. zum archäologischen Befund Vargo, *Ḥesi, t. el-*.

[474] Elliger, *Josua* 1934, 54.

[475] Zum archäologischen Befund vgl. Albright / Greenberg, *Beit Mirsim, Tell*; Noth, *HGS* 1935, 197–209.

[476] Zum archäologischen Befund vgl. Rainey, *Eglon*; Zimhoni, *Pottery* 1985.

[477] Rainey, *Shephelah* 1983, 7; vgl. auch Wright, *Problem* 1971.

Mi 1,10ff nicht von einem Distrikt die Rede ist, es sich wahrscheinlich um eine andere Zeit handelt, *t. el-ḥāsi* auch eine Entsprechung im 5. Distrikt hätte finden können und daß als arabische Entsprechung von Eglon eigentlich *ʿağlūn* statt *ʿağlān* hätte auftreten müssen.[478] Nun ist es um den Namensanklang Eglon—*ʿēṭūn* natürlich noch schlechter bestellt. Die Erklärung für das Vorkommen dieses Namens ist indirekt. Der alte Name sei verloren gegangen, und der neue stamme von dem nahegegelegen *ḫ. ʿēṭūn eṭ-ṭaḥta.* Wir gehen mit Rainey davon aus, daß die natürliche Westgrenze der Schefela wahrscheinlich auch die politische Westgrenze der Schefela-Distrikte ist.

Wenn *t. el-ḥāsi* also ausscheidet, hängt es von der Beurteilung der inneren geographischen Logik in c 10 ab, ob *t. bēt mirsim* oder *t. ʿeṭūn* für Eglon übrig bleibt. *t. ʿēṭūn* ist dann der beste Kandidat, weil man über diesen Ort am schnellsten von Lachisch nach Hebron gelangt.[479]

Kabran cj.

Kellermann warnt uns vor der Gleichsetzung Kabbon—*ḫ. ḥebrā.* Sie sei lediglich auf die Namensähnlichkeit mit der Lesart der LXX^B^ gegründet, während der archäologische Befund ungünstig ist.[480] LXX^B^ hat hier aber die *lectio difficilior,*[481] die hier zu bevorzugen ist.Wenn *ḫ. ḥebrā* selbst nicht mit Kabran identifiziert werden kann, kommt vielleicht ein nahegelegener *site* in Frage. Wahrscheinlich ist dies aber nicht, denn innerhalb von 2 km gibt es keinen Kandidaten, und zudem ist die Lage in der postulierten Bewegung der Beschreibung der Orte wohl unpassend. Das gilt nicht für *t. ḫirāqa* (Dagan), dessen Identifizierung mit Kabran cj. allerdings hypothetisch bleiben muß.[482]

Lachmas

Auch die Gleichsetzung von Lachmas mit *ḫ. el-laḥm* ist problematisch. Es müßte begründet werden, warum das *s* fehlt. Nur wenn man davon ausginge, daß die ursprüngliche Form לחמם wäre,[483] wäre die Identifizierung mit *ḫ. el-laḥm* eine Möglichkeit. Für die Identifizierung mit

---

478 Vgl. Rainey, *Shephelah* 1983, 10.
479 Eusebius, *Onomastikon,* 24,21, gibt die Angaben für Adullam statt für Eglon.
480 Kellermann, *Überlieferungsprobleme* 1978, 429–431.
481 S.o. §2.3 zu v 40.
482 S.u. zu „restliche Identifizierungen“.
483 Siehe aber §2.3 zu v 40.

t. maʾḥaz hat Dagan keine Argumente, außer daß es Reste aus der EZ II gibt[484] und es in die von ihm postulierte geographische Ordnung paßt.[485]

Kitlosch cj.
Vermutlich ist Μααχως (LXX^B^) aus μαχ[ες χαθλ]ως (Lachmas und Kitlosch cj.) entstanden.[486] Somit entfällt die Voraussetzung, aufgrund der Lesart der LXX^B^ Kitlosch mit *ḫ. el-maqḫaz* oder dem benachbarten *ḫ. kilkīt* zu identifizieren. Dagans Identifizierung mit *ḫ. umm el-baqar* ist hypothetisch, aber möglich.[487]

Gederot
Eine Gleichsetzung mit *qaṭra* ist nach Kampffmeyer linguistisch zu vertreten, auch wenn sie ohne Analogie ist: ג könne im Arabischen theoretisch durch *q* wiedergeben werden; hypothetischer ist die Verbindung ד mit dem arabischen ṭ.[488] Abel verbindet Gederot mit Γεδουρ/Γεδρους im Onomastikon,[489] das von Eusebius auf 10 Meilen von Diospolis auf dem Weg nach Eleutheropolis angesetzt wird. Das trifft sich genau mit dem Punkt, von dem aus man auf dem besagten Weg nach Westen in Richtung *qaṭra* abbiegen kann. Das ς in Γεδρους entspricht dann auch dem ת in גדרות. Jedoch ist die Lage auf den ersten Blick geographisch ungeeignet für den 3. Distrikt. Dagan sucht Gederot in *t. el-mulēḥa*, nicht wegen des Namens, sondern wegen der Lage am *naḥal šiqma*, an dem er auch die zwei folgenden Orte lokalisiert.[490] Hierfür muß er aber eine ungebräuchliche Lokalisierung für Makkeda postulieren, während seine Lokalisierung von Bet-Dagon äußerst unsicher ist.[491] Das heißt also, daß es für eine Lage an dem *naḥal šiqma* keine positiven Indizien gibt. U.E. ist Gederot mit *qaṭra* zu identifizieren, für dessen unerwartete nordwestliche Lage wir noch eine Erklärung schulden.[492]

---

484 Dagan, *Shephelah* 1992, Nr. 207.
485 Dagan, *Cities* 1996, 141. S. weiter unten zu „restliche Identifizierungen".
486 Vgl. auch Kellermann, *Überlieferungsprobleme* 1978, 431.
487 S.u. zu „restliche Identifizierungen".
488 Vgl. Kampffmeyer, *Alte Namen* I 1892, 19–21.91; id., *Alte Namen* II 1893, 31.
489 Eusebius, *Onomastikon*, 68,22f.
490 Es gibt eigentlich drei folgende Orte, aber Dagan hat den Ort Naama in *Cities* 1996, 141, und in *Shephelah* 1992, 287, vergessen. In Dagan, *Shephelah* 1992, *map* 8, identifiziert er es aber mit *ḫ. ez-zaʿaq* (137.091).
491 S.u. zu „Bet-Dagon".
492 S.u. §7.5.

Bet-Dagon

Alle bisherigen Identifizierungen, die von dem MT ausgehen, weisen auf *bēt deǧen* (134.156) an der Küste hin, das aber sehr weit nordwestlich liegt.[493] Auch fast alle außerbiblischen Texte unterstützen eine Lokalisierung dort. Es gibt drei Lösungsvorschläge für dieses Problem: 1. Bet-Dagon muß tatsächlich an der Küste gesucht werden. 2. Es muß im Bereich der lokalisierten Orte des 3. Distrikts angenommen werden. 3. Es ist mit LXX^B auf eine Vorlage *בית גדיאל zu schließen, für das ein passender *site* gesucht werden muß. Die erste Möglichkeit ist in geographischer Hinsicht auf den ersten Blick problematisch, weil *bēt deǧen* für den 3. Distrikt zu weit nördlich liegt. Doch können weder für Bet-Gadiel* noch für Bet-Dagon im Umkreis des 3. Distriktes passende Lagen gefunden werden. Auch *ḫ. muǧedilāt* ist keine Entsprechung zu Bet-Gadiel*.[494] Ist dann Bet-Dagon tatsächlich mit *bēt deǧen* gleichzusetzen? U.E. sehr wohl. Eine Erklärung für die nordwestliche Lage wird immer wünschenswerter.

Naama

Wieder findet sich der Namensanklang nur in der Küstenebene, und zwar in *ḫ. dēr en-nuʿmān* (138.129) und *ʿirāq naʿmān / ʿirāq el-bēḏā* (137.130). Da die passenden archäologischen Überreste in diesen *sites* fehlten, hat Abel das benachbarte *ḫ. farād* für die Identifizierung herangezogen. Wir folgen ihm in dieser Gleichsetzung, doch bleibt es problematisch, wie bei Gederot und Bet-Dagon, daß es zu weit im Nordwesten liegt.[495]

Makkeda

Für eine Identifizierung mit *ḫ. el-qōm* hat Dorsey viele Argumente geltend gemacht.[496] Der Name ist in dem naheliegenden *ḫ. bēt maqdūm* (147.104) enthalten. Durch eine Verbindung von Jos 15, wo Makkeda und das sicher zu identifizierende Lachisch in dem gleichen Distrikt verzeichnet sind, und Jos 10, wo man von Makkeda über Libna nach Lachisch zieht,[497] ist Makkeda in der Nähe von Lachisch (und Libna) zu suchen. *ḫ. bēt maqdūm* hätte eine passende Lokalisierung und enthielte

[493] Naor, *Bet Dagon* 1958, 124–128. Er will Bet-Dagon mit *t. el-baṭāšī* gleichsetzen, doch ist dieser *tell* mit Timna zu verbinden.

[494] Dagan, *Cities* 1996, 141: allerdings mit einem Verweis auf die Übereinstimmung mit der hebräischen Form.

[495] Zur Identifizierung mit *ḫ. ez-zaʿaq* s.u. zu „restliche Identifizierungen".

[496] Dorsey, *Makkedah* 1980.

[497] Vgl. Elliger, *Heimat* 1934=1966.

außerdem den alten Namen. Diese *ḫirbe* ist das Makkeda, das Eusebius erkannt hat und das acht Meilen östlich von Eleutheropolis liegt.[498] *ḫ. bēt maqdūm* selbst kann aber wegen der mangelnden archäologischen Voraussetzungen nicht Makkeda sein. *ḫ. el-qōm*, 600 m von *ḫ. bēt maqdūm* entfernt, entspricht ihnen allen.[499] Boling / Wright sind in ihrem Josua-Kommentar nicht überzeugend. Sie behaupten, daß *ḫ. bēt maqdūm*—und damit auch *ḫ. el-qōm*—zu weit von Aseka entfernt sind. Das aber ist eine Fehlinterpretation von 10,10. עד־עזקה ועד־מקדה heißt nicht, daß beide Orte in unmittelbarer Nähe zueinander liegen müssen, wie bereits von Dorsey gezeigt worden ist.[500]

Die Identifizierung mit *t. bēt mirsim* (Dagan) ist unwahrscheinlich. Außer daß viele Indizien für *ḫ. el-qōm* sprechen, spricht gegen *t. bēt mirsim*, daß es zu weit südlich liegt. Vor allem kommt man dann in Konflikt mit den Angaben von Eusebius, weil es weit mehr als acht Meilen von Eleutheropolis entfernt ist. Das betrifft umgekehrt auch die Identifizierung mit *t. bornāṭ* (Kallai), das zu nahe an Eleutheropolis liegt. Was die alternative Identifizierung Kallais mit *t. eš-šēḫ aḥmed el-ʿarēnī* betrifft, ist zu bezweifeln, ob es noch zur Schefela gehört.

Restliche Identifizierungen

Der dritte Distrikt gibt nur eine sichere Identifizierung her (Lachisch—*t. ed-duwēr*), drei wahrscheinliche, die aber nicht zu dem eigentlichen Gebiet (Gederot—*qaṭra*; Bet-Dagon—*bēt deǧen*; Naama—*ḫ. farād*) gehören sowie drei wahrscheinliche, die in ihm liegen (Migdal-Gad—*ed-dawāyime*; Eglon—*t. ʿēṭūn*; Makkeda—*ḫ. el-qōm*). Damit wird es schwierig, das geographische Ordnungskritierium herauszufinden. Vielleicht ist es das gleiche wie bei den ersten zwei Distrikten, nämlich, daß man von Norden nach Süden die *wādi*s von Osten nach Westen durchgeht.

Weil Dagan das gleiche Prinzip anwendet, sind dessen Lokalisierungen der Orte des 3. Distriktes zu besprechen.[501] Er nimmt aufgrund seines *survey* eine Datierung der Ortsliste Judas in die späte EZ II (Josia) vor. Ausgehend von den sicheren Identifizierungen verteilt er die übrigen *sites* mit Resten aus der EZ II im Umkreis der sicher identifizierbaren *sites* über die restlichen Orte des Distriktes. Er postuliert dabei,

---

[498] Eusebius, *Onomastikon* 126,22–25.

[499] Vgl. Dever, *Qôm, Khirbet el-*: Fundamente aus dem 10. / 9. Jh. und Keramik aus EZ II sowie hell. Zeit.

[500] Außerdem ist die Erwähnung von Makkeda in 10,10 als spätere Verknüpfung mit vv 16ff zu betrachten; s.o. Anm. 422.

[501] Dagan, *Cities* 1996, 136–146.92*.

daß die Orte an *wādi*s entlang beschrieben werden. Für den 3. Distrikt gibt es den drei großen *wādi*s (*naḥal lāḵīš*, *naḥal ădōrayim* und *naḥal šiqmā*) entsprechend drei Untergruppen. Es handelt sich um die folgenden:

1. *naḥal lāḵīš*: Zenan—*ǧebel ṣelāḥ* (147.106); Hadascha—*ḫ. firǧās?* (145.104); Migdal-Gad—*ed-dawāyime* (141.105); Dilan—*rasm dihna* (143.105); Mizpe—*ḫ. er-rās* (145.107); Jokteel—*ḫ. bēt lēy* (143.108); Lachisch—*t. ed-duwēr* (135.108); Bozkat—*t. eš-šēḫ aḥmed el-ʿarēnī* (129.113).
2. *naḥal ădōrayim:* Eglon—*t. ʿēṭūn* (143.099); Kabbon—*t. el-ḫirāqa* (133.103); Lachmas—*t. maʾaḥaz* (131.102); Kitlisch—*ḫ. umm el-baqar* (130.104).
3. *naḥal šiqmā:* Gederot—*t. el-mulēḥa* (128.096); Bet-Dagon—*ḫ. el-muǧedilāt* (135.091): Naama—?; Makkeda—*t. bēt mirsim* (141.096).

Wir vermuten mit Dagan, daß die Beschreibung der Orte sich an den *wādi*s orientiert, aber weil die Lokalisierung von Lachisch die einzig sichere ist, müssen die anderen Identifizierungen hypothetisch bleiben. Dazu gibt es einige Ungereimtheiten in der Rekonstruktion Dagans: 1. Warum wendet sich die ost-westliche Richtung von Zenan bis Migdal-Gad, in west-östliche Richtung von Migdal-Gad nach Dilan, während *rasm dihna* doch genau zwischen *ǧebel ṣelāḥ* und *ed-dawāyime* liegt? Für den zweiten Distrikt hatte Dagan postuliert, daß es eine Gruppe nördlich (Eschtaol, Zora, Aschna) und südlich vom *naḥal šoreq* (Sanoach, En-Gannim, Tappuach) gab. Dieses Prinzip kann hier aber nicht gelten, weil Dagan Zenan nördlich, Hadascha und Migdal-Gad südlich und Dilan wieder nördlich vom *naḥal lāḵīš* sucht. Wenn man dem *wādi*-Prinzip folgt, wäre es einleuchtender, Hadascha mit *rasm dihna* zu verbinden und für Dilan einen anderen *site* zu suchen. 2. Bozkat muß mit Dagan wohl westlich von Lachisch gesucht werden, da Eglon—*t. ʿēṭūn* direkt gegen das Bergland liegt, so daß für einen Ort östlich von Eglon kein Platz mehr ist. Ob aber *t. eš-šēḫ aḥmed el-ʿarēnī*, das nicht mehr in der Schefela, sondern in der Küstenfläche liegt und das früher für das philistäische Gat gehalten wurde, mit Bozkat zu identifizieren ist, halten wir für sehr fraglich. Außerdem stimmt das Argument Dagans, daß Bozkat gleich weit von Lachisch entfernt ist wie Lachisch von Jokteel—*ḫ. bēt lēy* nur teilweise, denn alle anderen Orte vor Jokteel liegen sehr viel näher beieinander. 3. Die Identifizierungen von Kabbon (Kabran cj.) bis Kitlisch (Kitlosch cj.) sind hypothetisch, aber was ihre Lage betrifft sehr wohl möglich. 4. Bei den Orten Bet-Dagon bis Makkeda durchbricht Dagan wieder seine Ost-West-Nord-Süd-*wādi*-Ordnung.

Auf einmal springt man von Bet-Dagon am *w. el-mulēḥa* in nördliche Richtung nach Naama am *w. umm kalḫa* und dann weiter nördlich nach Makkeda am *w. el-buṭm*. 5. Die Identifizierung von Makkeda paßt, wie Dorsey gezeigt hat, besser auf *ḫ. el-qōm* als auf *t. bēt mirsim*.

Da auch wir die *wādi*s als richtunggebend für die Beschreibung der Orte betrachten, wollen wir zum Teil in Anlehnung an Dagan die folgende hypothetische Rekonstruktion geben:

1. *naḥal lāḵīš*: Zenan—*ğebel ṣelāḥ* (147.106); Hadascha—*rasm dihna* (143.105); Migdal-Gad—*ed-dawāyime* (141.105); Dilan—?; Mizpe—*ḫ. er-rās* (145.107); Jokteel—*ḫ. bēt lēy* (143.108); Lachisch—*t. ed-duwēr* (135.108); Bozkat—?.
2. *naḥal ădōrayim:* Eglon—*t. ʿēṭūn* (143.099); Kabran cj.—*t. el-ḫirāqa* (133.103); Lachmas—*t. maʾaḥaz* (131.102); Kitlisch—*ḫ. umm el-baqar* (130.104).
3. Später hinzugefügte Orte: Gederot—*qaṭra* (129.136); Bet-Dagon—*bēt değen* (134.156); Naama—*ḫ. farād* (140.130); Makkeda—*ḫ. el-qōm*.

Die Anordnung ist bei den ersten zwei Gruppen immer von Osten nach Westen entlang den zwei großen *wādi*s. Nur im Falle von Dilan (?), Mizpe und Jokteël wird das *naḥal lāḵīš* kurzzeitig verlassen, weil man auf den Weg von Debir nach Lachisch stößt.[502] Nachdem dieser in nördlicher Richtung bis Jokteël abgeschritten ist, kehrt man wieder zum *naḥal lāḵīš* zurück, um von dort aus mit der Beschreibung fortzufahren.

Der Unterschied von unserer Rekonstruktion zu der Dagans ist, daß wir von später hinzugefügten Orten ausgehen. Dadurch darf Makkeda die geographische Ordnung durchbrechen und wird das 4. bei Dagan notierte Problem bezüglich Gederot, Bet-Dagon und Naama behoben.[503]

7.2.3. *Distrikt IV—15,42–44*

7.2.3.1. Die literarischen Quellen

Die Summierungen in MT und LXX^{A} stimmen miteinander und mit der Zahl der Orte überein. LXX^{B} hat durch Dittographie einen Ort mehr, der konsequenterweise mitgezählt wurde. Im Vergleich zum vorigen Distrikt verringert sich die Zahl der *hapax legomena*. Einzig מראשה ist nur hier zu lesen. Doch selbst hier trügt der Schein, denn als מרשה

[502] Vgl. Dorsey, *Roads* 1991, 197.
[503] S.u. §7.6.

begegnet es um so öfter. Dagegen sind Jiftach und Aschna 2 homonymische *hapax legomena.* Nezib wird noch in einem Amarna-Brief erwähnt, kommt als Ortsname allerdings im AT nur hier vor.

Libna

Von den 16 Erwähnungen Libnas im AT[504] spielen vor allem zwei in der Forschung eine wichtige Rolle. Es handelt sich um 2Kön 8,22 und die erweiterte Parallele in 2Chr 21,10. In den Tagen Jorams von Juda fällt Libna von Juda ab. Das ist am einfachsten zu erklären, wenn Libna am Rande Judas gelegen hat. Bei der Identifizierung versucht man darum, eine Stadt zu finden, die so weit wie möglich im Westen lag. Stillschweigend, und wohl zu Recht, geht man davon aus, daß Libna sich mit den Philistern verschworen hat. Da es sich traute von Juda abzufallen, war es wahrscheinlich ein starker Ort. Diese Vermutung wird durch andere Texte bestätigt, denn es ist eben Libna, das Sanherib nach der Einnahme von Lachisch belagert (2Kön 19,8; Jes 37,8). Umgekehrt tat es Josua. Er stritt zunächst gegen Libna, um anschließend nach Lachisch zu ziehen (Jos 10,29).[505] Außerdem war Libna eine Levitenstadt, was seine Bedeutung noch steigerte (Jos 21,13; 1 Chr 6,42).[506] Die westliche Lage scheint durch die Erwähnungen auf zwei Reliefs Ramses' III. in Medinet Habu bestätigt zu werden:[507] Ein Ort *rbnt* wird vor *byt dqn* genannt, das vielleicht mit Bet-Dagon in der Küstenebene zu identifizieren ist. Aḥituv identifiziert *rbnt* jedoch mit einem Libnat im Norden, wovon der Name in Shichor-Libnat enthalten sei. *byt dqn* ist bei ihm das ascheritische Bet-Dagon.[508] Eusebius gibt an, daß Libna im Distrikt von Eleutheropolis liegt.[509]

Eter

Der Ort Eter kommt nur zweimal im AT vor. Ein Problem liegt darin, daß die Belege einander geographisch auszuschließen scheinen. Das eine Mal erscheint Eter im 4. Distrikt (15,42), das andere Mal in der

---

[504] Jos 10,29(2×).31.32.39; 12,15; 15,42; 21,13; 2Kön 8,22; 19,8; 23,31; 24,18; Jes 37,8; Jer 52,1; 1Chr 6,42; 2Chr 21,10. Das Libna von Num 33,20.21 ist ein anderes. Beyer, *Beiträge* 1931, 150–154, gibt eine gute Besprechung der Bibelstellen. Seinen Identifizierungsvorschlag teilen wir allerdings nicht; s.u.§7.2.3.2 zu „Libna".

[505] Der Fall Libnas hat tiefen Eindruck gemacht; vgl. Jos 10,31.32.39.

[506] Am Rande sei erwähnt, daß Jeremia, der Großvater (mütterlicherseits) zweier Könige, aus Libna stammte.

[507] Simons, *ETL* 1937, XXVII,71; XXIX,9. Vgl. Borée, *AOP* 1930, 37.

[508] Aḥituv, *Toponyms* 1984, 132.

[509] Eusebius, *Onomastikon*, 120,23–25.

Simeonliste (19,7[510]). Beide Male ist sogar die gleiche Abfolge Eter—Aschan zu finden. Weil aber vor Eter—Aschan in 19,7 En-Rimmon auftaucht, das in c 15 im Negev-Distrikt steht (v 32), gibt es Vorschläge, die beiden Orte so weit südlich wie möglich in der Schefela zu lokalisieren, damit sie einen nördlichen Ausläufer des Negev-Distrikts bilden (Kallai). Eine andere Möglichkeit ist es, mit einem früheren Wohngebiet der Simeoniter in der Schefela zu rechnen (Rainey). Wir werden unten sehen, daß dieses Problem eine wichtige Rolle spielt in der Bestimmung der Ausrichtung der Distrikte III und IV.[511]

Aschan

Abgesehen von den zwei unter Eter behandelten Texten finden wir Aschan als Levitenstadt in Jos 21,16 (cj.), 1Chr 6,42 und innerhalb der Simeongenealogie (1Chr 4,24–43) in v 32. Was die Levitenstädte betrifft, wird undifferenziert gesagt, daß die Gruppe der Aaroniten ihre Städte von den Stämmen Juda und Simeon bekommen haben. Ob aber Eter und Aschan zu Simeon oder zu Juda gehörten, wird nicht deutlich. Falls Bor-Aschan (1Sam 30,30) mit Aschan identisch ist, gehörte es zur Zeit Davids nicht zu Simeon, weil v 26 die in v 27ff genannten Orte zu Juda rechnet. Bor-Aschan wird aufgelistet zwischen Horma, Atach und Hebron. Das heißt, daß man sich von Horma im Süden nach Hebron im Norden bewegt. Horma haben wir mit *t. el-ḫuwēlife* identifiziert.[512] Aschan müßte dann auf jeden Fall weiter nördlich als *t. el-ḫuwēlife* liegen.[513] Eusebius setzt es 15 Meilen in westlicher Richtung von Jerusalem entfernt in dessen Bergen an.[514] Diese Angabe führt uns in die Gegend von Keïla–*ḫ. qīla*.[515]

Nezib

Als Ort in Juda kommt Nezib nur hier in der Bibel vor. Nach Müller findet sich Nezib auch in der Palästinaliste Thutmoses' III.[516] Das wäre ein Hinweis auf Besiedlung in der SBZ. Das *naziba* in *EA* 206,4 ist

[510] Die Form עתר ist die ursprüngliche und nicht in עתך zu ändern; s.o. §2.3 zu v 42.
[511] S.u. §7.2.4.
[512] S.o. §7.1.1.3 zu „Horma".
[513] Zur möglichen Gleichsetzung mit *kntìśn* s.o. Anm. 219.
[514] Eusebius, *Onomastikon* 26,4f.
[515] Vielleicht ist auf einem Ostrakon aus Lachisch „Wein aus Aschan" zu lesen (so Ussishkin, *Lachish* 1978, 83f), obgleich es auch „fermentierter Wein" bedeuten kann (so Renz / Röllig, *HAE* I/1 1995, 312f).
[516] Müller, *Palästinaliste* 1907, Nr. 11.

eher nicht mit unserem Nezib identisch,[517] obgleich die Erwähnung sich zeitlich an die in der Thutmoses-Liste anschließen würde. Nach Eusebius liegt Nasib sieben Meilen von Eleutheropolis entfernt in Richtung Hebron.[518]

Keïla

Man kann davon ausgehen, daß Keïla zur Zeit Davids noch nicht zu Juda gehörte. Die Männer Davids haben in Juda bereits Angst vor den Philistern, aber umso mehr, wenn sie nach Keïla gehen (1Sam 23,3[519]: הנה אנחנו פה ביהודה יראים ואף כי־נלך קעילה). Auch die Bezeichnung בעלי קעילה (1Sam 23,11f), und die Tatsache, daß sie imstande sind, David an Saul auszuliefern, weisen darauf hin.[520] Zur Zeit Nehemias und des Wiederaufbaus der Mauer und Pforte Jerusalems gehörte Keïla auf jeden Fall zu Jehud. Es ist sogar ein Distrikt nach dieser Stadt benannt worden.[521] Das weist darauf hin, daß es in nachexilischer Zeit eine nicht unbedeutende Stadt war. 1Chr 4,19a cj.[522] gibt historisch-geographisch wenig her, denn der Name Nacham, der Vater Keïlas, und dessen Bezeichnung „Garmiter" sind *hapax legomena*. Keïla kann sicher mit *qiltu* aus den Amarna-Briefen identifiziert werden, in denen es nicht weniger als sechsmal erwähnt wird.[523] Das trifft sich also mit der aus den atlichen Texten deutlich werdenden Wichtigkeit der Stadt. Nach Eusebius liegt es acht Meilen östlich von Eleutheropolis.[524]

Achsib

In Kesib, das mit Achsib gleichzusetzen ist,[525] wird Sela, ein Sohn Judas, geboren (Gen 38,5). Er gehört zu den halb-judäischen Söhnen, die alle in der Schefela anzusetzen sind. Das weist also darauf hin, daß

---

[517] Knudtzon, *EA* II 1915, 1296, ist unsicher, weil in drei fast gleichlautenden Briefen Orte genannt werden, die viel weiter im Norden zu suchen sind; vgl. auch Moran, *AL* 1992, 391: „town south of Damascus".

[518] Eusebius, *Onomastikon*, 136,21f.

[519] Vgl. zu 1Sam 23: Veijola, *Keila* 1990.

[520] Vgl. zu *n.l.*-בעלי: Jos 24,11 (Jericho); Ri 9,2.3.6.7.18.20.23.24.25.26.39 (Sichem); 2Sam 21,12 (Jabesch Gilead).

[521] Neh 3,17f.

[522] Mit vielen ist zu lesen: ובני אשתו היהודיה אחות נחם אבי קעילה הגרמי.

[523] Vgl. Knudtzon, *EA* II 1915, 1330f; Moran, *AL* 1992, 391; *EA* 279,12; 280,11.18; 287,11 (nicht im Register von Moran verzeichnet); 289,28; 290,10.18.

[524] Vgl. für weitere Quellen, Tsafrir / e.a., *Tabula* 1994, 102.

[525] Vgl. Elliger, *Heimat* 1934 = 1966, 45[125].

dieser Landesteil anfangs nicht zu Juda gehörte. In 1Chr 4,22 finden wir die Notiz aus Gen 38,5 umgekehrt wieder. Jetzt ist Koseba, das auch mit Achsib gleichzusetzen ist, Sohn des Sela. Weiter ist noch zu erwähnen, daß Achsib in der Prophetie Michas gegen die Städte Judas genannt wird.[526] Frühestens seit der Zeit Michas gehörte Achsib also zu Juda.[527] Nach Lachisch Ostrakon 8,7 scheint Achsib, wenn hier keine Verbalform von כזב „Lügen" vorliegt, von dem edomitischen König Kemosch bedroht zu sein, da Lachisch um Hilfe gebeten wird.[528] Der Brief wird in den Beginn des 6. Jh. datiert.[529] Nicht unter dem Namen Αχζειβ (26,7), sondern Χασβι (172,6) gibt Eusebius an, daß es in der Nähe von Eleutheropolis liegt.

Marescha

Auch Marescha gehörte nach Mi 1,15 zur Zeit Michas zu Juda. Doch aus dem Bericht über den Krieg von König Asa gegen die Kuschiter bekommen wir den Eindruck, daß Marescha zu dessen Zeit bereits judäisch war (2Chr 14,8f). Mehr noch, schon unter Rehabeam war das der Fall (2Chr 11,8). Ähnlich wie Achsib war auch Marescha anfangs nicht judäisch, weil es als Sohn Selas in 1Chr 4,21 erscheint. Zu Eusebius' Zeit ist es eine Ruine.[530] 1Chr 2,42 gibt eine andere Information. Dort ist Marescha ein „Sohn" Kalebs innerhalb der Judagenealogie. Ob das in *EA* 335,17 genannte *muḫraštu* mit Marescha oder eher mit Moreschet-Gat verbunden werden muß, ist unsicher.[531]

---

[526] Mi 1,14; vgl. dazu Demsky, *Achzib* 1966, der in בתים „workshops" sieht; Elliger, *Heimat* 1934 = 1966, 44–47.

[527] Es gibt auch ein Achsib im Norden; siehe Jos 19,29 und Ri 1,31.

[528] Renz / Röllig, *HAE* I/1 1995, 428f.429[3]. Lachisch Ostrakon 22,10 (einer Lieferliste) ist nur zu entnehmen, daß es Achsib oder Bet-Achsib im 6. Jh. gab.

[529] Renz / Röllig, *ebd.*

[530] Eusebius, *Onomastikon*, 130,10. Vgl. für viele weitere Quellen, Tsafrir / e.a., *Tabula* 1994, 179f.

[531] Vgl. Moran, *AL* 1992, 391.

7.2.3.2. Die Identifizierungen

Für ein Drittel der neun Orte von Distrikt IV steht die Identifikation zweifellos fest:

Ort	*Folgenummer*	*Identifizierung*	*grid*
Nezib	6	*ḫ. bēt neṣīb eš-šarqīye*[532]	151.110
Keïla	7	*ḫ. qīla*[533]	150.113
Marescha	9	*t. sandaḥanne*[534]	140.111

Die Lage Jiftachs[535] (4) ist völlig unbekannt. Der Streit konzentriert sich auf die Identifizierung von Libna, Eter, Aschan, Aschna 2 und Achsib. Vor allem die Lokalisierung von Libna spielt eine große Rolle in der Lage des ganzen 4. Distrikts. Es geht nämlich darum, ob dieser Distrikt vertikal (Kallai) oder horizontal (Rainey) ausgerichtet war. Zunächst eine Übersicht:

[532] Vgl. Abel, *GP* II 1938, 399; Noth, *Josua* ²1953, 95; Simons, *GTT* 1959, 148; Kochavi, *JSG* 1972, Nr. 96; Aharoni, *LoB* ²1979, 353f.440; Höhne, *BHH* 1979; Rainey, *Division* 1980, 197f; Rainey, *Shephelah* 1983, 11; Kallai, *HGB* 1986, 385; Fritz, *Josua* 1994, 166; Nelson, *Joshua* 1997, 288; Aḥituv, *Joshua* 1995, 261: aufgrund des Namens, der Angaben des Eusebius und der Fundlage.

[533] Guérin, *Description* III 1868–1880, 341–343; Alt, *Institut* 1925, 21f; Abel, *GP* II 1938, 416f; Simons, *GTT* 1959, 148; Kochavi, *JSG* 1972, Nr. 70; Aharoni, *LoB* ²1979, 353f.438; Höhne, *BHH* 1979; Rainey, *Division* 1980, 198; Kallai, *HGB* 1986, 385; Fritz, *Josua* 1994, 166; Aḥituv, *Joshua* 1995, 261; Nelson, *Joshua* 1997, 288.

[534] Der alte Name ist in dem benachbarten *ḫ. mer'aš* enthalten. Für die Identifizierung siehe: Elliger, *Heimat* 1934 = 1966; Abel, *GP* II 1938, 379; Simons, *GTT* 1959, 148; Noth, *Josua* ²1953, 95; Aharoni, *LoB* ²1979, 353.439; Höhne, *BHH* 1979; Rainey, *Division* 1980, 197f; Aḥituv, *Joshua* 1995, 261; Nelson, *Joshua* 1997, 288. Vgl. zur Archäologie: Avi-Yonah / Kloner, *Maresha* (dort weitere Literatur).

[535] Abel, *GP* II 1938, 365, und Simons, *GTT* 1959, 148, schlagen eine mögliche Identifizierung mit *terqūmya* (151.109) vor; vgl. auch Boling / Wright, *Joshua* 1982, 387. Der Hinweis Abels auf den Kontext vermag hier aber nicht zu überzeugen.

Ort	*Folgenummer*	*Identifizierung*	*grid*
Libna	1	*t. eṣ-ṣāfī*[536]	135.123
		t. bornāṭ[537]	138.115
		t. el-ğudēde[538]	141.115
Eter	2	*ḫ. el-ʿaṭār*[539]	138.113
		ḫ. el-haṭira[540]	genaue Koordinaten unbekannt; 10 km südwestlich von *bīʾr es-sebaʿ*
Aschan	3	*ḫ. ʿasan*[541]	genaue Koordinaten unbekannt; in Karte 12.07
		t. bēt mirsim[542]	141.096
Aschna 2	5	*iḏna*[543]	147.107
Achsib	8	*t. el-bēḍā*[544]	145.116

Libna[545]

Elliger hat überzeugend deutlich gemacht, daß Libna nicht auf dem *t. eṣ-ṣāfī* gesucht werden darf.[546] Er gibt nicht weniger als sieben Argumente dafür: 1. Die Lage stimmt nicht mit den Orten aus Distrikt IV

[536] Albright, *Libnah* 1921, 6; Beyer, *Beiträge* 1931, 150–159; Abel, *GP* II 1938, 369f; Cross / Wright, *Boundary* 1956, 217f.

[537] Albright, *Researches* 1925, 9 (vgl. die vorige Anmerkung); Elliger, *Josua* 1934, 60–63; Noth, *Josua* ²1953, 95; Aharoni, *LoB* ²1979, 332.353.403.439 (hier mit Fragezeichen); Höhne, *BHH* 1979 (mit Fragezeichen); Boling / Wright, *Joshua* 1982, 386; Rainey, *Division* 1980, 198; id., *Shephelah* 1983, 10f; Fritz, *Josua* 1994, 166; Aḥituv, *Joshua* 1995, 171.260 (mit Fragezeichen); Nelson, *Joshua* 1997, 288.

[538] Kallai-Kleinmann, *Town Lists* 1958, 155–156; id., *HGB* 1986, 379–382.385, und implizit Aharoni, *LoB* ²1979, 252.

[539] Albright, *Egypt* 1924, 160; Abel, *GP* II 1938, 321; Cross / Wright, *Boundary* 1956, 214; Kallai-Kleinmann, *Town Lists* 1958, 159¹; Aharoni, *LoB* ²1979, 353f.434; Rainey, *Division* 1980, 198f; Nelson, *Joshua* 1997, 287. Höhne, *BHH* 1979, hat zwei Fragezeichen.

[540] Simons, *GTT* 1959, 153: „Although this is not a place-name".

[541] Abel, *GP* II 1938, 52; Noth, *Josua* ²1953, 113; Höhne, *BHH* 1979, mit einem Fragezeichen.

[542] Aharoni, *LoB* ²1979, 261f; bei Kallai, *HGB* 1986, 357, und Aḥituv, *Joshua* 1995, 261, ist es eine Möglichkeit.

[543] Abel, *GP* II 1938, 255; Simons, *GTT* 1959, 148; Boling / Wright, *Joshua* 1982, 387.

[544] Elliger, *Heimat* 1934 = 1966, 45–47. In Nachfolge Elligers: Abel, *GP* II 1938, 237; Noth, *Josua* ²1953, 95.142; Höhne, *BHH* 1979; Boling / Wright, *Joshua* 1982, 387; Kallai, *HGB* 1986, 385; Fritz, *Josua* 1994, 166; Nelson, *Joshua* 1997, 285. Für Simons, *GTT* 1959, 148, ist die Lokalisierung eher unsicher. *t. el-bēḍā* betrachtet er nur als Möglichkeit. Das Gleiche gilt für Aharoni, *LoB* ²1979, 429.

[545] Schmitt, *Libna* 1990.

[546] Elliger, *Josua* 1934, 60–63.

überein.[547] 2. Die Madeba-Karte kennt einen Ort mit Namen Σαφιθα, während Eusebius Libna mit Λεβνα / Λοβανα verbindet.[548] Da beide Orte also zur gleichen Zeit existiert haben, ist es wahrscheinlicher, daß Σαφιθα mit *t. eṣ-ṣāfī* identifiziert werden muß als mit Libna. 3. In *t. eṣ-ṣāfī* ist eher das alte Gat zu suchen.[549] 4. Man darf davon ausgehen, daß Jos 10, auch wenn es literarisch nicht ganz einheitlich ist, doch in geographischer Hinsicht einen Sinn hat. Dann muß Libna in der Fortsetzung der Linie Bet-Horon—Aseka liegen. Darüber hinaus muß es südlich von Aseka und nördlich von Lachisch gesucht werden. *t. eṣ-ṣāfī* liegt dafür zu weit westlich. 5. In 2Kön 8,22 wird der Abfall Libnas von Juda berichtet. Daß es sich hier um eine Verschwörung mit den Philistern handelt, ist wohl anzunehmen. Aufgrund dieser Erzählung ist es wahrscheinlich, daß Libna so nahe wie möglich an der Grenze mit Philistäa zu suchen ist, aber nicht in Philistäa selbst.[550] 6. Aus 2Kön 23,31; 24,18; Jer 52,1 ergibt sich, daß Libna am Ende des 7. Jh. noch zu Juda gehörte. Davor aber ist es von Sanherib beseitigt worden.[551] Wenn es wie *t. eṣ-ṣāfī* in der Ebene gelegen hätte, hätten die Philister bestimmt ihren Anspruch auf den Ort geltend gemacht. Im Gebiet von Distrikt IV, im Umkreis des sicher zu lokalisierenden Marescha, findet Elliger in *t. bornāṭ* den besten Kandidaten.[552] 7. Es ist ein relativ großer *tell*,[553] was zu der im AT und den Annalen Sanheribs betonten Wichtigkeit paßt.[554] Nach Lachisch erobert Sanherib Libna (2Kön 19,8), weil *t. bornāṭ* das Tor zu Marescha und von daher ins judäische Bergland war.[555] Zu diesen Argumenten Elligers kommt noch hinzu, daß hier Keramik aus der

---

547 Vgl. Rainey, *Shephelah* 1983, 10: „it is impossible to visualize an administrative district reaching from Maresha to Tell eṣ-Ṣâfî."

548 Eusebius, *Onomastikon* 120,23–25. Die Stelle, an der man Λοβανα* auf der Madeba-Karte hätte erwarten dürfen, ist abgebrochen.

549 S.o. Anm. 429.

550 S.o. §7.2.3.1 zu „Libna".

551 Cogan, *Lamashtu* 1995, fragt sich, ob die bei *t. bornāṭ* gefundene *lamaschtu*-Plakette mit neo-assyrischer Inschrift aus dem 1. Millennium etwa von einem Soldaten aus der Armee des Sanherib verloren wurde. Die Idee hat etwas für sich, aber Cogan gibt selber zu, daß sie reine Spekulation ist.

552 Cross / Wright, *Boundary* 1956, 217f, fragen sich, wie es möglich ist, daß Marescha und Libna, wenn mit *t. bornāṭ* gleichgesetzt, in dem gleichen Distrikt liegen können, während das näherliegende Lachisch–*t. ed-duwēr* zu einem anderen Distrikt gehört. Wir fragen uns aber, was daran problematisch ist. Arnheim liegt auch näher bei Essen als an Amsterdam, während dieser Ort doch im gleichen Land liegt wie Arnheim.

553 Dagan, *Shephelah* 1992, Nr. 136: 35 Dunam.

554 Gegen Cross / Wright, *Boundary* 1956, 217f, die behaupten, daß *t. bornāṭ* für eine so wichtige Stadt wie Libna zu klein ist; vgl. auch Ahlström, *Lachish* 1983, 103f.

555 Vgl. auch Rainey, *Shephelah* 1983, 10.

SBZ und EZ gefunden worden ist.[556] Rainey, der Elligers Argumenten zustimmt, gibt noch zwei weitere:[557] Gegen die Gleichsetzung mit *t. eṣ-ṣāfī* aufgrund der Bedeutungen von *ṣāfī* und לבנה weist er darauf hin, daß *ṣāfī* nicht „weiß" wie Libna bedeutet, sondern „strahlend". Für die Gleichsetzung mit *t. bornāṭ* nennt er die Tatsache, daß Libna eine Levitenstadt war, was eine Lage an der Grenze vermuten läßt.

Somit muß die alte Identifizierung mit *t. eṣ-ṣāfī* aufgegeben werden. Wie aber steht es mit Kallais Vorschlag, Libna in *t. el-ǧudēde* anzusetzen?[558] Wie Elliger weist er die Identifizierung mit *t. eṣ-ṣāfī* zurück,[559] um sich bei den Alternativen *t. bornāṭ* und *t. el-ǧudēde* für letzteren Ort zu entscheiden. Tatsächlich macht die Archäologie dieses Ortes auch eine Identifizierung mit Libna möglich.[560] Unter §7.2.4 werden wir uns aber für *t. bornāṭ* entscheiden.

Eter[561]

Die Identifizierung von Eter mit *ḫ. el-ʿaṭār* wird von vielen zurückgewiesen, weil Eter auch in der Simeonliste (19,7) vorkomme und folglich im Negev zu suchen sei.[562] Mit Rainey ist aber davon auszugehen, daß Eter ursprünglich in der Schefela gelegen hat.[563] Dann steht nichts mehr einer Identifizierung mit *ḫ. el-ʿaṭār* im Wege, das Reste aus der EZ II enthält[564] und sich nur 1,5 km von *t. bornāṭ*–Libna entfernt befindet. *ḫ. el-haṭira* scheidet dann aus, weil es zu weit südlich liegt.

Aschan

Daß das alte Aschan in *ḫ. ʿasan*, nordwestlich von *bīr es-sebaʿ*, gesucht werden muß, ist wegen der südlichen Lage, die auch den biblischen Daten nicht gerecht wird,[565] unwahrscheinlich. Alle anderen Orte des 4.

---

[556] Vgl. Dagan, *Shephelah* 1992, Nr. 136. Ist es also doch mit dem ägyptischen *rbnt* gleichzusetzen (s.o. §7.2.3.1 zu „Libna")?

[557] Rainey, *Shephelah* 1983, 10–11.

[558] Kallai-Kleinmann, *Town Lists* 1958, 155f; Kallai, *HGB* 1986, 379–382.

[559] Ohne Elliger zu nennen.

[560] Siehe für die Archäologie von *t. el-ǧudēde* Broshi, *Judeideh*; vgl. weiter: Abel, *GP* II 1938, 392; Jeremias, *Moreseth-Gath* 1933; Sagiv/e.a., *Tel Goded* 1995; Weippert, *PvZ* 1988, 607.614.

[561] Rainey, *Shephelah* 1983, 11.

[562] Vgl. u.a. Kallai, *HGB* 1986, 385, und Aḥituv, *Joshua* 1995, 260. Abel, *GP* II 1938, 321, unterscheidet dieses Eter von dem simeonitischen Eter. Das judäische findet er in *ḫ. el-ʿaṭār*, das simeonitische in *ḫ. ʿattīr* wieder.

[563] S.o. §7.2.4.

[564] Dagan, *Shephelah* 1992, Nr. 142.

[565] S.o. §7.2.3.1 zu „Aschan".

Distrikts befinden sich in der Nähe von Marescha–*t. sandaḥanne*. Auch wenn man mit Kallai von einer vertikalen Ausrichtung des 4. Distrikts ausgeht, liegt *ḫ. ʿasan* noch zu weit südlich. Das gilt weniger für das von ihm vorgeschlagene *t. bēt mirsim*.[566] Dagegen ist zu fragen, ob *t. bēt mirsim* zur Schefela oder—wie wir meinen[567]—eher zum Bergland gerechnet werden muß. Die Angabe von Eusebius, daß Asan bzw. Bet-Asan 15 Meilen von Jerusalem entfernt ist, wird keiner der beiden Identifizierungen gerecht.[568] Doch meint er hier ein anderes Asan, das in *ḫ. dēr hassan* (160.145) zu suchen ist.[569] Wenn er später Asan in Simeon behandelt, gibt er keine Identifizierung.[570] Wo Aschan also gelegen hat, muß offen bleiben.

Aschna 2

Rainey ist geneigt, der Identifizierung Abels[571] aufgrund der Namensformen in der *VL* (Idna) und bei Eusebius (Ιεδνα)[572] mit *idna* zu folgen. Doch die Formen in der *VL* und bei Eusebius basieren auf einem fehlerhaften Abschreiben des ebenfalls fehlerhaften ΙΑΝΑ der LXX^{B}. ΙΑΝΑ ist aus ΚΑΙΑΣΝΑ entstanden, wobei das Ι zum Ortsnamen gezogen wurde und das Σ weggefallen ist. Danach wurde es als ΙΔΝΑ gelesen. Daher lassen wir die Identifizierung offen.[573]

Achsib

Aufgrund der relativen Lokalisierung und des archäologischen Befundes hat Elliger Achsib mit *t. el-bēḏā* gleichgesetzt. Vor allem das Zeugnis von Eusebius ist hierbei wichtig. Er lokalisiert Kezib aus Gen 38,5, das mit Akzib aus Jos 15 identisch ist, in dem Gebiet von Eleutheropolis in der Nähe von Adullam.[574] Da dies mit *ḫ. eš-šēḫ madkūr* gleichgesetzt werden kann, ist *t. el-bēḏā* der beste Kandidat für Achsib in Adullams Nähe. Der ursprüngliche Name, so Elliger, ist aber verloren gegangen, da die Stadt nach dem Exil nicht mehr existierte.

566 Kallai, *HGB* 1986, 357-385; vgl. auch Aḥituv, *Joshua* 1995, 261.
567 S.u. §7.3.1.1 und 7.3.1.2 zu „Goschen".
568 Eusebius, *Onomastikon*, 26,4.
569 Vgl. dazu Tsafrir/e.a., *Tabula* 1994, 80.
570 Eusebius, *Onomastikon*, 28,13.
571 Abel, *GP* II 1938, 255.
572 Eusebius, *Onomastikon* 106, 15f.
573 So auch Kallai, *HGB* 1986, 385; Aḥituv, *Joshua* 1995, 261.
574 Eusebius, *Onomastikon* 172,6.

7.2.4. *Eine vertikale oder horizontale Ausrichtung der Distrikte III und IV*

Kallai hat entgegen der geläufigen horizontalen Ausrichtung der Distrikte III und IV vorgeschlagen, sie vertikal ausgerichtet nebeneinander zu sehen.[575] Damit wären zwei Probleme aus der Welt geschafft: 1. Die merkwürdige Anordnung, wobei man von Distrikt II in der nördlichen Schefela, mit Distrikt IV dann in die südliche springt, um danach mit Distrikt III in der Mitte zu landen, wird ersetzt durch Distrikt II im Norden und dann III im Südwesten und IV im Südosten. Distrikt III wäre dann in der niedrigeren Schefela und IV in der höheren zu finden. 2. Es gibt die Möglichkeit, Eter und Aschan von 15,42, die nach 19,7 zu Simeon gehören und folglich in dem Negev anzusetzen sind, so weit südlich wie möglich, sozusagen in einen nördlichen Ausläufer des Negev bzw. einem südlichen der Schefela, anzusetzen.

Diese Ansicht ist von Rainey überzeugend widerlegt worden.[576] Sein Ausgangspunkt ist die Identifizierung von Makkeda mit *ḫ. el-qōm*. Wenn eine Stadt des 3. Distrikt bereits so westlich, nahe am Gebirgsrand, liegt, ist es unmöglich, daß der 4. Distrikt sich von Norden nach Süden erstreckt. Makkeda läge nämlich im Wege. Wenn man dazu noch zwei andere sichere Identifizierungen des 3. Distrikts nimmt, entstünde mit Lachisch—*t. ed-duwēr* und Migdal-Gad—*ḫ. el-meǧdele* eine Ost-West-Barriere. Eglon setzt Rainey in *t. ʿeṭūn* an, das südwestlich von Lachisch liegt. Westlich von *t. ʿeṭūn* gibt es dann kaum mehr Platz für einen 4. Distrikt. Alle sicher zu identifizierenden Orte des 4. Distriktes, Marescha—*t. sandaḥanne*, Keïla—*ḫ. qīla* und Nezib—*ḫ. bēt neṣīb eš-šarqīye*, liegen nördlich der Linie Lachisch—Makkeda. Das gilt auch für die weniger sicheren Gleichsetzungen von Libna mit *t. bornāṭ* und Eter mit *ḫ. el-ʿaṭār*.[577]

Na'aman fügt noch hinzu, daß die Auflistung der Orte in etwa der längst möglichen Achse des betreffenden Distriktes folgt. Im Negev z.B. ist das die Ost-West-Achse, im 2. Distrikt die Nord-Süd-Achse. Demzufolge werden im Negev die Orte von Osten nach Westen und im 2. Distrikt von Norden nach Süden beschrieben. Da im 3. und 4. Distrikt

---

[575] Kallai, *HGB* 1986, 397–386.

[576] Rainey, *Division* 1980, 194–202; vgl. auch Na'aman, *Kingdom* 1991,16–22, mit einer Übersicht der Auffassungen.

[577] Rainey, *Division* 1980, 199f, geht davon aus, daß der Stamm Simeon auch in der Schefela gewohnt hat.

die Anordnung der sicher identifizierbaren Orte in etwa an der Ost-West-Achse orientiert ist, müssen sie waagerecht angeordnet sein.[578]

Oben haben wir dargelegt, daß Kallai Libna in *t. el-ǧudēde*, weiter östlich, ansetzt. Damit würde Libna östlich von Marescha liegen, was sich aber nicht verträgt mit einer westlichen Lage, die mit dem biblischen Befund übereinstimmt. Außerdem hat man mit dem Paar Libna—Eter in 15,42 und den Identifizierungen *t. bornāṭ* und *ḫ. el-ʿaṭār* zwei benachbarte Orte. Setzt man zudem Libna in *t. el-ǧudēde* an, ist die Nord-Süd-Erstreckung der Distrikte noch nicht gerettet; auch nicht, wenn man mit Kallai Eglon mit *t. el-ḥāsi* identifiziert, was eher unwahrscheinlich ist. Migdal-Gad und Makkeda blieben im Wege. Das Gleiche gilt für die Identifizierung von Aschan mit *t. bēt mirsim*.[579]

Makkeda aber, die östlichste Stadt im 3. Distrikt, wurde—wie wir meinen—später hinzugefügt.[580] Dann kann die Lage von Makkeda, die bei Rainey von entscheidender Bedeutung ist, keine Rolle mehr spielen. Jedoch bleiben Orte wie Nezib, Keïla und Marescha des 4. Distrikts nördlich von Migdal-Gad, Lachisch und beiden möglichen Lagen für Eglon. Außerdem ist Libna so weit westlich wie möglich anzusetzen. Makkeda ist auch als späterer Zusatz dem geographisch passenden Distrikt zugeordnet worden.

Eine Ost-West-Erstreckung deckt sich mit den natürlichen Gegebenheiten der Schefela. Zwar gibt es einen Unterschied in nordsüdlicher Richtung zwischen niedriger und höherer Schefela, aber noch entscheidender sind die *wādi*s, die die Schefela von Osten nach Westen durchziehen. Nach Rainey liegt die Grenze zwischen Distrikt III und IV an der Wasserscheide zwischen dem *wādi el-qubēbe* und dem *wādi el-ifranǧ*.[581] Wir schließen uns dieser Auffassung an.

7.3. *Das Bergland*

Weil Distrikt V nie als judäischer Distrikt existiert hat,[582] gehen wir direkt über zu den Distrikten im Bergland. Dies hat Höhen bis über 1000 m und ist nach Westen hin durch einen langen nordsüdlich ver-

---

578 Naʾaman, *Kingdom* 1991, 19–22.

579 Man kann bei Aḥituv, *Joshua* 1995, 259, sehen, wie unwahrscheinlich die Grenze zwischen dem 3. und 4. Distrikt aussieht, wenn man trotzdem von der Gleichsetzung von Makkeda mit *ḫ. el-qōm* und Aschan mit *t. bēt mirsim* ausgeht.

580 S.u. §7.6.

581 Rainey, *Division* 1980, 197.

582 Für Distrikt V verweisen wir auf §3.3.4.4 und 8.3.2.4.

laufenden Graben von der Schefela mit ihren niedrigen Hügeln (250–450 m) getrennt. Nach Süden hin geht es in den Negev über. Im Osten liegt die Grenze mit der Wüste Judas, in der keine Landwirtschaft mehr möglich ist. Das Bergland geht im Norden in das Bergland Samarias über, obgleich die Berge zwischen Jerusalem und Ramallah etwas weniger hoch sind, was eine vage natürliche Grenze bildet.

7.3.1. *Distrikt VI—15,48–51*

7.3.1.1. Die literarischen Quellen

Ist es um die Identifizierungen der Orte gut bestellt—sechs von elf sind relativ sicher zu lokalisieren—, so kommen die gleichen Orte nur spärlich im AT vor. Danna[583] und Anim[584] sind *hapax legomena* und Schamir, Goschen[585] und Socho 2 homonymische *hapax legomena*,[586] Kirjat-Sanna ein synonymisches Pseudo-*hapax legomenon*. Anim und vielleicht Goschen werden allerdings in außerbiblischen Quellen genannt.

Jattir

Diesen Ort kennen wir noch aus zwei anderen Zusammenhängen: als Levitenstadt (Jos 21,14 / 1Chr 6,42) und aus der Liste der Ältesten Judas (1Sam 30,27). Die LXX weicht in der Wiedergabe von Jattir erheblich ab. Doch Eusebius kennt es als Levitenstadt (πόλις ἱερατική) und zudem als großes Dorf (Ιεθειρα), 20 Meilen von Eleutheropolis entfernt, in der Nähe von Malatha.[587] Wenn er Eter von 19,7 mit Jattir verbindet,[588] irrt er sich wahrscheinlich, weil das eher mit Eter aus 15,42 zu verbinden ist.[589]

---

583 Eusebius, *Onomastikon*, 78,18, verwechselt Δεννα mit Kirjat-Sefer; Debir liest er fälschlich als Δαυιδ (78,20), das er folglich nicht identifizieren kann. Die Lesart *rntn* in einem Ostrakon aus *ḫ. ġazze* (Z. 3) ist zu unsicher und eher als *rptn* zu lesen; vgl. Renz / Röllig, *HAE* I/1 1995, 445.

584 ענם von 1Chr 6,58 muß als עין גנים gelesen werden.

585 Zu „Land Goschen" vgl. Jos 10,41; 11,16; und viele Stellen in Gen.

586 Zweimal bezieht sich Schamir auf einen Ort im Bergland von Ephraim (Ri 10,1.2), einmal ist es ein Personenname (1Chr 24,24Q). Eusebius, *Onomastikon*, 156,23, hat den Ort mit LXX[A] als Σαφειρ gelesen. S.o. §2.3 zu v 48.

587 Eusebius, *Onomastikon*, 108,1–4; vgl. 110,17f.

588 Eusebius, *Onomastikon*, 88,3.

589 Vgl. auch Tsafrir / e.a., *Tabula* 1994, 151f.

Kirjat-Sanna
Debir hat wahrscheinlich drei aufeinanderfolgende Namen gehabt: Kirjat-Sefer, Kirjat-Sanna und Debir.[590] Weil Kirjat-Sanna hier mit Debir gleichgesetzt und in Jos 15,15 und Ri 1,11 gesagt wird, daß Debir früher Kirjat-Sefer hieß, können wir mit Hilfe eines Syllogismus Kirjat-Sefer und Kirjat-Sanna gleichsetzen. Orte, die mit *-anna* enden, gab es häufiger im Süden (Madmanna, Sansanna, Danna), so daß nichts gegen die Form spricht. Darum darf auch Debir in die Besprechung einbezogen werden. Nach den biblischen Angaben ist es eine alte vorisraelitische Stadt, die von Josua und den Israeliten erobert wurde (10,38.39; 12,13). Sind es in c 10 noch Amoriter, die Debir bewohnen, so werden sie in 11,21 Enakiten genannt. Zwei der drei dort aufgeführten enakitischen Städte werden von Kaleb und Otniël erobert:[591] Hebron (Jos 15,13; Ri 1,10.20) und Debir (Jos 15,15.16; Ri 1,11.12). Beide haben ältere Namen: Hebron hieß früher Kirjat-Arba und Debir Kirjat-Sefer. Wenn diese Orte eine solche lange onomastische Geschichte haben, dann ist es nicht unwahrscheinlich, daß Debir nochmals einen Namenswechsel erfahren hat. Außer in diesen legendären Erzählungen um Debir erscheint der Ort weiter noch als Levitenstadt (Jos 21,15; 1Chr 6,43).

Burchardt verzeichnet für Debir das ägyptische *dpr* und für Kirjat-Sefer *qrttpr* cj. im Papyrus Anastasi I 22,4.[592] Gardiner hat aber die Konjektur des letzten Ortes überzeugend bestritten und beharrt auf *byttpr*.[593] Bet-Sefer kann natürlich noch immer mit Kirjat-Sefer verbunden werden, da es zusammen mit Kirjat-Anab vorkommt, das dann mit Anab gleichgesetzt wird. Problematisch ist allerdings die Tatsache, daß *dpr* und *byttpr* als zwei unterschiedliche Orte, durch *qrtʿnb*, getrennt, erscheinen. Es ist auch fraglich, ob *qrtʿnb* mit Anab gleichgesetzt werden darf. In der Ortsliste Sethos' I. in Karnak ist *qrtʿnb* nämlich mit *ʿēnāb* südlich von Beirut zu identifzieren,[594] und das wird wohl auch für die anderen ägyptischen Belege gelten.[595] Die Pharaonen marschierten

[590] S.o. §2.3 zu v 49 und den Exkurs unter §3.5.1.
[591] Eine gute Zusammenfassung finden wir bei Eusebius, *Onomastikon*, 78,12–14, leider ohne Richtungsangaben.
[592] Burchardt, *AFEA* 1909, Nr. 1186 (*dpr*) und Nr. 929 (*qrttpr* cj.).
[593] Gardiner, *Papyrus Anastasi* I 1911, 24^7.
[594] Noth, *Wege* II 1937=1971, 32f.
[595] Simons, *ETL* 1937, XIII,63; XIV,65; XVI,a,4 (alle von Sethos I.); XXIV,41 (Ramses II.); unsichere Lesart in XXXIII,b,4 (Ramses III.).

im allgemeinen über die Via Maris direkt nach Norden und haben „das samarische und judäische Gebirge (…) wie die anderen Pharaonen des Neuen Reiches abseits liegen lassen.“[596] Wenn aber *qrtʿnb* aus Pap. Anast. I 22,4 das gleiche ist wie die anderen, was naheliegt, dann gehört es nicht zu Juda. Folglich ist es äußerst unwahrscheinlich, daß *dpr*[597] und *byttpr* in Juda zu suchen sind.[598]

Anab

In 11,21 ist Anab eine der drei enakitischen Städte.[599] Sonst kommt es im AT nicht vor. Wie oben unter Kirjat-Sanna gezeigt, darf man Anab nicht mit dem oftmals in ägyptischen Quellen erwähnten *qrtʿnb* verbinden. Das gilt ebenso für *ḫeni-anabi* in *EA* 256,26, eine der Städte des Landes *garu*.[600]

Eschtemoa

Eschtemoa kommt vor als Levitenstadt (Jos 21,14; 1Chr 6,42), in der Ältestenliste Judas (1Sam 30,28) und im Geschlechtsregister Judas (1Chr 4,17.19). Eschtemoa endet nur hier auf ה, in allen anderen Fällen auf ע.[601] Die Erwähnung in Sam könnte als Hinweis darauf gelesen werden, daß Eschtemoa zur Zeit Davids existierte und wahrscheinlich judäisch war. Zur Zeit des Eusebius' ist es eine große Stadt im Gebiet von Eleutheropolis.[602]

---

596 Noth, *Wege* II 1937=1971, 28.

597 Den Namen *dpr* finden wir auch auf einem Relief von Ramses II., doch scheint die topographische Liste den Ort im westlichen Galiläa anzusetzen; vgl. Simons, *ETL* 1937, 66.

598 Vgl. Noth, *Wege* II 1937, 33[152]; Galling, *Debir* 1954, 138[4]; Aḥituv, *Toponyms* 1984, 127.

599 S.o. unter „Debir“ und unten §7.3.2.1 unter „Kirjat-Arba“.

600 Vgl. Knudtzon, *EA* II 1915, 1320: *ḫinianabi* steht für En-Anab. Das Element En kann aber wegfallen; Alt, *Beiträge* II 1932=1959, 402; Noth, *HGS* 1935=1971, 203; Abel, *GP* II 1938, 243; Höhne, *BHH* 1979. Anders Aḥituv, *Toponyms* 1984, 127; Moran, *AL* 1992, 390; Na'aman, *Biryawaza* 1988, 182; s.o §7.2.2.1 zu „Migdal-Gad“ und weiter unten zu „Goschen“.

601 Ob ein ה statt ע ein Zeichen für ein spätes Abfassungsdatum der Ortsliste ist, läßt sich schwer beurteilen. Zur Elisie des ע in späterer Zeit vgl. Meyer, *HG*, §22.

602 Eusebius, *Onomastikon*, 86,20 und 26,11. Vgl. auch Tsafrir/e.a., *Tabula* 1994, 123.

Anim

Eusebius verzeichnet zwei Anim, eins von Juden und ein anderes von Christen bewohnt,[603] was sich ausgezeichnet mit der Tatsache deckt, daß in Arad-Ostrakon 25,2f, von dem ausgehenden 7. oder beginnenden 6. Jh. ein Ober- und ein Unter-Anim erwähnt werden.[604]

Goschen

In Jos komt Goschen dreimal vor, zweimal als Land (10,41; 11,16) und einmal als Ort (15,49). Noth ging davon aus, daß das Land nach dem Ort genannt worden ist.[605] Er betrachtet das Land Goschen als den südlichen Teil des Berglands bzw. den nördlichen Teil des Negev. Zwischen beiden besteht ein fließender Übergang. Symptomatisch sieht man das an Debir: Wird es in 15,19 noch im Negev angesetzt, gehört es hier, in v 49, zum Bergland. „Dieses Schwanken der Überlieferung in der Abgrenzung zwischen Gebirge und Negev hat in der Gestalt der Landschaft selbst ihren einfachen Grund."[606] Eine solche Hypothese verträgt sich gut mit den Angaben in cc 10 und 11. In 10,41 wird der ganze Süden durch die vier Ecken beschrieben: Kadesch-Barnea im Südwesten, Gaza im Nordwesten, das Land Goschen im Südosten, Gibeon im Nordosten.[607] In 11,16 finden sich die Landschaftsbezeichnungen für

---

[603] Eusebius, *Onomastikon*, 26,13f.9f. Vgl. Tsafrir / e.a., *Tabula* 1994, 62, zu »Anaea I« und »Anaea II«.

[604] Aharoni, *Inscriptions* 1981, 50f; Renz / Röllig, *HAE* I/1 1995, 394[4]. Dieser Ort ist nicht mit *ḫayyunu*, einer der Städte *garus* (*EA* 256,28) in Verbindung zu setzen; so Moran, *AL* 1992, 390; Na'aman, *Biryawaza* 1988, 182; s.o. §7.2.2.1 zu „Migdal-Gad". Anders Knudtzon, *EA* II 1915, 1320; Alt, *Beiträge* II 1932=1959, 402; Noth, *HGS* 1935, 203; Abel, *GP* II 1938, 244; Noth, *Josua* ²1953, 97; Höhne, *BHH* 1979.

[605] Noth, *HGS* 1935=1971, 197–204.

[606] Noth, *HGS* 1935=1971, 200.

[607] Anders Moran, *AL* 1992, 390. Galil, *Districts* 1984, 208f, geht von falschen Annahmen aus. Er bezieht die Angaben in c 10 auf den Süden, Westen, Norden und Osten, statt auf Südwesten, Nordwesten, Nordosten und Südosten. Aber auch wenn die Auswertung Galils zuträfe, müßte Goschen, die Hauptstadt des Landes Goschen, nicht ganz im Osten liegen, wie Galil es annimmt. Er lokalisiert Goschen in *ḫ. el-qaryetēn*, statt in den gebräuchlicheren *t. bēt mirsim* oder *t. el-ḫuwēlife*. Seine Argumente sind: 1. Es gibt Keramik aus der EZ II. 2. Goschen darf nicht im Negev liegen, weil es in c 15 zum Bergland gerechnet wird. Sowohl *t. bēt mirsim* und *t. el-ḫuwēlife* liegen jedoch in dem Negev. 3. Es paßt in die von Galil vorgeschlagene Subordnung des 6. Distrikts in 4 Gruppen. Goschen=*ḫ. el-qaryetēn* gehört bei ihm zur 4., am weitesten östlichen Untergruppe. Bei näherer Prüfung hält jedoch nur das erste Argument stand. Ad 2.: Hier zeigt sich gerade die von Noth dargelegte Ungenauigkeit in der Bezeichnung des Negev. Galil geht zu stark von einer strengen Scheidung zwischen Negev und Bergland aus. Ad 3: Die interne Ordnung der Distrikte ist bei Galil ein Postulat. Gerade wenn Goschen nicht in *ḫ. el-qaryetēn* lokalisiert wird, sondern in *t. bēt mirsim* oder *t. el-*

Juda und Israel mit folgenden Bezeichnungen: Bergland, Negev, das Land Goschen, die Schefela, die Araba, das Bergland Israels und dessen Schefela. Es bleibt für das Land Goschen eigentlich nur das von Noth angedeutete Gebiet.

Die Frage ist, ob „das Land *garu*“ (*EA* 256,23) mit jenem Gebiet gleichzusetzen ist, einem Gebiet mit Gerar als Hauptstadt (Alt) oder mit einem Gebiet nördlich des *nahr el-yarmūk* (Na'aman).[608] Alt hat stärkere linguistische Argumente, aber Probleme mit dem sehr ausgedehnten Gebiet des Landes *garu*, Noth ist geographisch einleuchtender[609]—das Gebiet des Landes *garu* gleicht seinem Gebiet des Landes Goschen—, muß aber für den Namen *garu* einen Schreibfehler eines ursprünglichen Gascha postulieren. Na'amans Gleichsetzung mit dem Gebiet nördlich des *nahr el-yarmūk* paßt am besten in den Kontext.

Holon

Wie Jattir, Debir und Eschtemoa ist Holon eine Levitenstadt.[610] Somit ist Distrikt VI reich mit Levitenstädten gesegnet.[611]

Gilo

Ahitofel, der sich zusammen mit Absalom gegen David verschwört, und dessen Sohn Eliam, der zu den Helden Davids gerechnet wird,[612] stammen beide aus Gilo. Es handelt sich also wieder um einen Ort, der nach den biblischen Angaben zur Zeit Davids existierte.

ḫuwēlife, wird seine Systematisierung unwahrscheinlich. Dann müßte nämlich Goschen zu Gruppe 2 gerechnet werden. Es bleibt also nur Argument 1. Doch das Vorhandensein ez Keramik ist als einziges Argument zu wenig, um den Ort—dessen Namen eher an Kerijot (v 25; hier gehört es zum Negev!) erinnert—mit Goschen zu verbinden.

608 Alt, *Beiträge* II 1932=1959, 396–409; Na'aman, *Biryawaza* 1988, 181f.

609 Noth, *HGS* 1935=1971, 203; s.o. Anm. 402.

610 In 1Chr 6,43 hat sie aber die Form חילן. Holon aus Jer 48,21 ist ein anderer Ort.

611 Ob man daraus schließen darf, daß der *Stamm* Levi sich hier angesiedelt hat, wie Galil, *Districts* 1984, 211, meint, scheint uns überaus fraglich.

612 Elliger, *Helden* 1935=1966, 100f.

7.3.1.2. Die Identifizierungen

Der 6. Distrikt kennt vier relativ sichere Identifizierungen:

Ort	*Folgenummer*	*Identifizierung*	*grid*
Jattir	2	*ḫ. ʿattīr*[613]	151.084
Socho 2	3	*ḫ. eš-šuwēke*[614]	150.090
Kirjat-Sanna=Debir	5	*ḫ. er-rabūḏ*[615]	151.093
Eschtemoa	7	*es-semūʿa*[616]	156.089

Nicht zu identifizieren sind Danna[617] (4), und Holon[618] (10). Albright hat angenommen, daß Goschen, Holon und Gilo ursprünglich in einem anderen Distrikt lagen.[619] Er kann dann Holon mit *ḫ. ʿālīn* (152.118) und

---

[613] Robinson, *BR* I ³1867, 494; Guérin, *Description* III 1868–1880, 197–199; Conder/Kitchener, *SWP* III 1881–1883, 404; Alt, *Institut* 1932, 15f; Elliger, *Josua* 1934, 64; Abel, *GP* II 1938, 356; Noth, *Josua* ²1953, 97; siehe die Karte bei Aharoni, *Negeb* 1958, 29; Aharoni, *LoB* ²1979, 354.437; Höhne, *BHH* 1979; Kallai, *HGB* 1986, 378; Ofer, *Highland* I 1993, 3:3; Fritz, *Josua* 1994, 166: früheste Bewohnung ab EZ II; Aḥituv, *Joshua* 1995, 263; Nelson, *Joshua* 1997, 287. Aharoni, *LoB* ²1979, 122, weist auf den י-א-Wechsel am Anfang eines Toponyms und das arabische Äquivalent א-ʿ hin.

[614] Elliger, *Josua* 1934, 64; Abel, *GP* II 1938, 467; Noth, *Josua* ²1953, 97; siehe die Karte bei Aharoni, *Negeb* 1958, 29; Kochavi, *JSG* 1972, Nr. 229; Aharoni, *LoB* ²1979, 354.442; Höhne, *BHH* 1979; Kallai, *HGB* 1986, 387; Ofer, *Highland* I 1993, 3:3; Fritz, *Josua* 1994, 166; Aḥituv, *Joshua* 1995, 259f; Nelson, *Joshua* 1997, 289.

[615] Noth, *HGS* 1935=1971, 204–209; Galling, *Debir* 1954; Kochavi, *Debir* 1974, 2–33; Ofer, *Highland* I 1993, 3:3; Fritz, *Josua* 1994, 133; Nelson, *Joshua* 1997, 286. Kochavi, *Rabud*. Noth, *Josua* ²1953, 94.97, geht davon aus, daß Kirjat-Sanna nicht mit Debir/Kirjat-Sefer gleichzusetzen ist. Die Lage von Kirjat-Sanna ist bei ihm unbekannt. Alle älteren Identifizierungen scheitern entweder aufgrund einer unpassenden Lage oder wegen der archäologischen Befunde. Das betrifft *t. bēt mirsim, t. ṭarrāme, eḏ-ḏaherīye* und, in minderem Maße, *ḫ. zanūtā*.

[616] Elliger, *Josua* 1934, 64; Abel, *GP* II 1938, 321; Noth, *Josua* ²1953, 97; Kochavi, *JSG* 1972, Nr. 235; Aharoni, *LoB* ²1979, 354.434; Höhne, *BHH* 1979; Kallai, *HGB* 1986, 387; Ofer, *Highland* I 1993, 3:3; Fritz, *Josua* 1994, 166; Aḥituv, *Joshua* 1995, 263f; Nelson, *Joshua* 1997, 287.

[617] Abel, *GP* II 1938, 90, schlägt *dēr eš-šems* (151.090) oder *ḫ. es-sīmye* (153.092) vor. Letztere Identifizierung ist offensichtlich von Höhne, *BHH* 1979 (allerdings mit zwei Fragezeichen) übernommen worden. Keiner der beiden Orte weist aber Reste aus der EZ auf (vgl. Ofer, *Highland* I 1993, 3:41; II 2a:34.37). Vgl. für eine Beschreibung der beiden Orte Guérin, *Description* III 1868–1880, 202f. Die Identifizierung Ofers, *Highland* I 1993, 3:4 mit *ḫ. zanūtā* (149.086) ist möglich, aber abgesehen von der geographisch und archäologisch passende Lage (ebd., 3:41), fehlen positive Indizien.

[618] Das von Ofer, *Highland* I 1993, 3:4, vorgeschlagene *ḫ. bism* (153.096) liegt zu weit nördlich. Es kommt eher für den nächsten Distrikt in Betracht. Zur Identifizierung mit *ḫ. ʿālīn* s.u.

[619] Albright, *American* 1929, 2; id., *Researches* 1924, 10f. So auch Cross/Wright, *Boundary* 1956, 220.

Gilo mit *ḫ. ǧāla* (157.114) gleichsetzen. Diese Rekonstruktion ist unwahrscheinlich, weil die Orte dann zum 10. Distrikt gehören müßten.[620]

Für folgende Orte stehen Identifizierungsvorschläge zur Diskussion

Ort	*Folgenummer*	*Identifizierung*	*grid*
Schamir	1	*ḫ. sōmera*[621]	143.091
		el-bīre[622]	143.093
		ḫ. ʿanāb eṣ-ṣaġīr[623]	145.091
Anab	6	*ḫ. ʿanāb el-kebīr*[624]	143.089
		ḫ. ʿanāb eṣ-ṣaġīr[625]	145.091
Anim	8	*ḫ. ġuwēn eṭ-ṭaḥtā*[626]	156.084
		ḫ. ġuwēn eṭ-ṭaḥtā und *ḫ. ġuwēn el-fōqa*[627]	157.085
Goschen	9	*t. bēt mirsim*[628]	141.096
		ḫ. tātrēṭ[629]	143.084
		ḫ. el-qaryetēn[630]	161.083
Gilo	11	*ḫ. kafr ǧūl*[631]	145.093
		eḍ-ḍaherīye[632]	147.090
		ḫ. ǧāla[633]	157.114

[620] Die Identifizierung mit *ḫ. ʿālīn* (152.108) (so u.a.: Abel, *GP* II 1938, 349; Cross / Wright, *Boundary* 1956, 220) ist eine „vage und archäologisch nicht bestätigte (...) Möglichkeit" (Noth, *Josua* ²1953, 97).

[621] Boling / Wright, *Joshua* 1982, 388; Aḥituv, *Joshua* 1995, 263: als Möglichkeit.

[622] Alt, *Institut* 1934, 15f; Abel, *GP* II 1938, 446; Noth, *Josua* ²1953, 97; Höhne, *BHH* 1979; Fritz, *Josua* 1994, 166. Es ist nicht nachzuvollziehen, wie Galil, *Districts* 1984, 210, zur Identifizierung mit *ruǧm rās ḫallat el-ǧaḥš* (152.088) kommt.

[623] Ofer, *Highland* I 1993, 3:3.

[624] Ofer, ebd.

[625] Vgl. Noth, *Josua* ²1953, 97; Aharoni, *LoB* ²1979, 354.430; Kallai, *HGB* 1986, 378; Fritz, *Josua* 1994, 166; Aḥituv, *Joshua* 1995, 263; Nelson, *Joshua* 1997, 285. Bei Abel, *GP* II 1938, 243, wird nicht deutlich, um welches der zwei *ʿanāb*s es sich handelt.

[626] Abel, *GP* II 1938, 244; Noth, *Josua* ²1953, 97; siehe die Karte bei Aharoni, *Negeb* 1958, 29; Kochavi, *JSG* 1972, Nr. 250; Höhne, *BHH* 1979; Kallai, *HGB* 1986, 378; Fritz, *Josua* 1994, 166; Aḥituv, *Joshua* 1995, 264. Zur archäologischen Lage vgl. Amit, *ʿAnim*.

[627] Aharoni, *LoB* ²1979, 354; Ofer, *Highland* I 1993, 3:3; Nelson, *Joshua* 1997, 285.

[628] Noth, *HGS* 1935, 197–209; Noth, *Josua* ²1953, 97. Vgl. aber Fritz, *Josua* 1994, 166. Hier sei noch erwähnt, daß Boling / Wright, *Joshua* 1982, 388, *eḍ-ḍaherīye* vorschlagen. Zum archäologischen Befund vgl. Albright / Greenberg, *Beit Mirsim*.

[629] Ofer, *Highland* I 1993, 3:4.

[630] Galil, *Districts* 1984, 208f.

[631] Cross / Wright, *Boundary* 1956, 220: oder *ḫ. ǧāla*.

[632] Ofer, *Highland* I 1993, 3:4.

[633] Cross / Wright, *Boundary* 1956, 220: oder *ḫ. kafr ǧūl*.

Schamir
Daß der Name in *ḫ. sōmera* enthalten ist, ist kaum zu bezweifeln. Doch ist der bauliche Befund für eine Identifizierung mit Schamir ungeeignet, weil die Ruine nur Reste aus dem Mittelalter aufzeigt.[634] Deswegen zieht man oft das naheliegende *el-bīre* für Schamir in Betracht. Das aber hat ebenfalls keine passenden Reste.[635] Mit Ofer identifizieren wir Schamir darum mit *ḫ. ʿanāb eṣ-ṣaġīr*, das Keramik aus dem 9. bis zum 7. Jh. aufweist[636] und in der Nähe von *ḫ. sōmera* liegt.

Anab
Nach Eusebius, der Anab in dem Gebiet von Eleutheropolis lokalisiert, kämen sowohl *ḫ. ʿanāb el-kebīr* als *ṣaġīr* in Frage.[637] Doch war es bisher gebräuchlich, Anab in *ḫ. ʿanāb eṣ-ṣaġīr* anzusetzen, weil man in *ḫ. ʿanāb el-kebīr* keine ez Reste gefunden hat.[638] Das *survey* unter Leitung von Ofer hat darin aber Veränderung gebracht.[639] Die in unmittelbarer Nähe aufgefundenen bz Gräber sind vielleicht mit der Erinnerung an enakitische Bewohnung (10,41) und der Nennung in den Amarna-Briefen zu verbinden.

Anim
Aharoni zieht beide Orte, *ḫ. ġuwēn eṭ-taḥta* und *ḫ. ġuwēn el-fōqa*, für Anim in Betracht, weil es zur Zeit der Arad-Ostraka (Nr. 25[640]) Ober- und Unter-Anim gab. Ofer meint wohl zu Recht, daß die zwei Orte in biblischer Zeit zusammengehört haben müssen, wenn sie mit dem gleichen Namen und beide mit Resten aus der EZ II so nahe beieinander liegen. Dagegen verbinden viele Anim mit *ḫ. ġuwēn eṭ-taḥta*, weil in *ḫ. ġuwēn el-fōqa* eine Kirche gefunden wurde. Aufgrund der Notiz des Eusebius, daß es zu seiner Zeit ein jüdisches und ein christliches Anaea gab, wäre *ḫ. ġuwēn eṭ-taḥta* dann das jüdische Anaea. Damit ist aber nicht gesagt, daß es auch mit dem biblischen Anim gleichzusetzen ist. Wir verbinden das biblische Anim wie Aharoni und Ofer mit beiden Fundstätten.

---

634 Kochavi, *JSG* 1972, Nr. 224; Ofer, *Highland* I 1993, 3:3.84; II 2a:15.

635 Kochavi, *JSG* 1972, Nr. 211; Ofer, *Highland* I 1993, 2a:16. Mit dem Hinweis des Eusebius (*Onomastikon*, 156,23) Schafir (für Schamir) liege zwischen Eleutheropolis und Askalon, ist wenig anzufangen. Damit ist eher der 4. Distrikt angesprochen.

636 Ofer, *Highland* I 1993, 3:84; II 2a:16; vgl. auch Kochavi, *JSG* 1972, Nr. 225 (EZ II).

637 Eusebius, *Onomastikon*, 26,8. Die Notiz zu Ανωβ (20,15–17) kann nichts mit unserem Anab zu tun haben. Vgl. auch Tsafrir / e.a., *Tabula* 1994, 62.

638 Kochavi, *JSG* 1972, Nr. 234.

639 Ofer, *Highland* I 1993, 3:71f; II 2a:17.

640 S.o. §7.3.1.1 zu „Anim".

Goschen

Wie oben bereits ausgeführt, muß sich das Land Goschen im südlichen Bergland befinden. Auch die Stadt, die dem Land den Namen gegeben hat, muß dann hier lokalisiert werden. Die einzigen größeren *tulūl*, die man hier finden kann, sind *ḫ. er-rabūd* und *t. bēt mirsim*. *ḫ. er-rabūd* ist mit Debir gleichzusetzen, so daß *t. bēt mirsim* als Kandidat übrigbleibt. Es liegt auf der Grenze zwischen Schefela, Bergland und Negev, ist ein imposanter *tell* mit guter Aussicht nach allen Seiten und kommt somit als Hauptstadt des Landes Goschen in Frage. Daß es nicht mehr im eigentlichen Bergland liegt, ist weniger entscheidend, denn Goschen ist im Übergangsgebiet zwischen dem Negev und dem Bergland zu suchen. Der 6. Distrikt hätte dadurch eine Ost-West-Erstreckung. Das von Ofer vorgeschlagene *ḫ. tātrēṭ* ist mit Madmanna zu verbinden.[641]

Gilo

Cross und Wright schlagen als mögliche Identifizierungen *ḫ. ǧāla* oder *ḫ. kafr ǧūl* vor, beides aufgrund des Namensanklangs.[642] *ḫ. ǧāla* liegt aber zu weit nördlich, während in *ḫ. kafr ǧūl* mit Funden seit der byz. Zeit die archäologische Voraussetzung fehlt.[643] Ofer sucht deswegen Gilo in der Nähe von *ḫ. kafr ǧūl*. Er schlägt *eḍ-ḍaherīye* vor.[644] Obgleich verlockend, muß die Identifizierung doch hypothetisch bleiben, weil *ḫ. kafr ǧūl* 3,5 km von *eḍ-ḍaherīye* entfernt ist, was für eine Ortswanderung bereits etwas weit ist.[645]

7.3.2. *Distrikt VII—15,52–54*

7.3.2.1. Die literarischen Quellen

Dieser Distrikt wird im AT stiefmütterlich behandelt. Sieben der neun Orte sind *hapax legomena*: Arab, Eschan,[646] Janum,[647] Bet-Tappuach, Afeka, Humta und Zior. Davon kommen Arab und Bet-Tappuach noch

---

641 S.o. §7.1.1.3 zu „Madmanna".

642 Cross / Wright, *Boundary* 1956, 220.

643 Kochavi, *JSG* 1972, Nr. 212; Ofer, *Highland* I 1993, 3:3; II 2a:16.

644 Vgl. zum archäologischen Befund Ofer, *Highland* I 1993, 3:33f; II 2a:16.

645 Aharoni, *LoB* ²1979, 123f.

646 Die Rekonstruktion von Eschan in Mi 1,11 durch Elliger, *Heimat* 1934=1966, 13, ist spekulativ.

647 Auch Janim (K) ist *hapax legomenon*. ינמ begegnet, allerdings ohne Zusammenhang, auf Arad-Ostrakon 19; vgl. Aharoni, *Inscriptions* 1981, 39; Renz / Röllig, *HAE* I/1 1995, 385¹.

mit varianter Schreibweise vor. Nur Hebron bzw. Kirjat-Arba wird oft im AT genannt.

Arab

Paarai, einer von Davids Helden, war Arabiter (2Sam 23,35).[648] Nach der Davidüberlieferung war Arab zu der Zeit also bewohnt.

Ruma

Ruma, nicht in Duma zu ändern,[649] kommt außer hier noch einmal im AT vor, und zwar in 2Kön 23,36, wo mitgeteilt wird, daß Jojakims Mutter aus Ruma stammte. Bei der Behandlung der Identifizierungsfrage muß sich zeigen, ob es sich um das gleiche oder ein anderes Ruma handelt. Eusebius gibt es als Δουμα wieder,[650] was für die übliche Identifizierung eine große Rolle spielt.[651]

Bet-Tappuach

Tappuach in 1Chr 2,43 ist mit Bet-Tappuach identisch,[652] weil es unter den Söhnen Hebrons auftaucht und sich somit nicht auf das Tappuach im Norden beziehen kann. Wenn Eusebius es hinter Rafia ansetzt, muß er ein anderes Bet-Tappuach gemeint haben.[653]

Hebron

So ist eigentlich nur über Hebron mehr zu sagen.[654] Es spielte in verschiedenen Zeiten eine wichtige Rolle.[655] Entscheidend ist, daß Hebron nach dem biblischen Zeugnis durchgehend bewohnt war, von der Väterzeit (Gen 13,8 u.ö.) bis zur Zeit der Rückkehr aus dem Exil (Neh

---

648 Vgl. Elliger, *Helden* 1935=1966, 102.

649 S.o. §2.3 zu v 52. Das heißt aber nicht, daß *udumu* (*EA* 256,24) nicht auf ein דומה zurückgehen kann; anders Moran, *AL* 1992, 392; s.o. Anm. 402.

650 Eusebius, *Onomastikon*, 78,21.

651 S.u. §7.3.2.2 zu „Ruma".

652 S.o. S. 227 und Anm.222.

653 Eusebius, *Onomastikon*, 50,18. *bttpw[ḥ]* in der Schoschenkliste (Simons, *ETL* 1937, XXXIV,39) ist auch ein anderes Bet-Tappuach; vgl. Noth, *Wege* IV 1938=1971, 79f; Mazar, *Campaign* 1957, 62. Es gibt eventuell noch Spuren eines Tappuach in der gleichen Liste (Nr. 82), das aber auch nicht mit unserem Bet-Tappuach gleichzusetzen ist, sondern im Negeb gelegen haben muß; vgl. Aḥituv, *Toponyms* 1984, 188.

654 Es ist nicht klar, ob *ḫbr* auf dem Relief von Medinet Habu (Simons, *ETL* 1937, XXVII,77; XXIX,10) mit Hebron verbunden werden darf.

655 Vgl. den guten Übersichtsartikel Weltens, *Hebron.* Die wichtigsten Stellen bei Eusebius, *Onomastikon*, sind 170,25–27 und 6,8–16. Zu späteren Quellen vgl. Tsafrir/e.a., *Tabula* 1994, 141.

11,25), und daß es auch immer eine wichtige Stadt war. Zum Beispiel war es die erste Stadt in Kanaan, die von den Kundschaftern beschrieben wurde (Num 13,22). Die Notiz in Num 13,22, daß Hebron sieben Jahre vor Zoan in Ägypten gebaut wurde, muß das Alter dieser Stadt unterstreichen.[656] Es sollte betont werden, daß es sie schon gab, bevor die Israeliten ins Land kamen (Jos 10,3.5.23.36.39; 11,21; 12,10). Wie wichtig Hebron für Israel war, zeigt sich auch daran, daß es eine Asyl- und Levitenstadt war (Jos 20,7; 21,11.13; 1Chr 6,42), daß es in Hebron war, wo David zum König über Juda (2Sam 2,1.3.11.32; 1Chr 11,1.3 [2×]; 12,39) und später über Juda und Israel (2Sam 5,1.3) gekrönt wurde, und daß Rehabeam die Stadt zu einer Festung ausgebaut hat (2Chr 11,10).

In Neh 11,25, dem einzigen Text, der die nachexilische Zeit betrifft, erscheint Hebron als Kirjat-Arba. Dieser Name ist im Gegensatz zu Hebron mit nicht-judäischen Bewohnern zu verbinden.[657] Tatsächlich lag in nachexilischer Zeit die Südgrenze Jehuds bei Bet-Zur, während südlich davon Edom begann.[658] Da die Judäer sich aber hier niederlassen, muß eine enge Verbindung zwischen den beiden Gruppen bestanden haben. Die „judäische" Genealogie in 1Chr 2.4 scheint dies zu bestätigen, weil Kalebiter, die mit den Edomitern in Verbindung zu sehen sind,[659] unvermittelt unter den Judäern auftauchen.[660] Vorweg kann gesagt werden, daß die sichere Identifizierung von Hebron mit *ǧebel er-rumēde* den biblischen Tatbeständen entspricht.

---

[656] Es macht darum auch wenig aus, ob man mit dem MT צען oder mit der LXX Τανιν liest.

[657] S.o. §3.5.1.

[658] Ebd.

[659] Kaleb wird Kenizziter genannt (Num 34,12; Jos 14,6.14), während Kenaz in edomitischen Genealogien erscheint (Gen 36,11; 1Chr 1,36).

[660] Die Nähe der Edomiter / Kalebiter zu Juda geht sehr viel weiter als die von Beltz, *Kaleb-Traditionen* 1974, 69, postulierten „[l]ediglich geschäftliche[n] Beziehungen …".

7.3.2.2. Die Identifizierungen

Die Identifizierungen von Bet-Tappuach und Hebron sind gesichert.

Ort	*Folgenummer*	*Identifizierung*	*grid*
Bet-Tappuach	5	*taffūḥ*[661]	154.105
Kirjat-Arba=Hebron	8	*ǧebel er-rumēde*[662]	159.104

Nicht identifizierbar sind: Eschan[663] (3), Janum[664] (4) und Humta (7). Die folgenden Identifizierungsvorschläge fordern zur Diskussion heraus:

Ort	*Folgenummer*	*Identifizierung*	*grid*
Arab	1	*ḫ. er-rābiye*[665]	153.093
		ḫ. umm el-ʿamed[666]	154.094
		ḫ. ʿarabīye[667]	165.104

---

[661] So Abel, *GP* II 1938, 283; Noth, *Josua* ²1953, 97; Aharoni, *LoB* ²1979, 432; Höhne, *BHH* 1979; Kallai, *HGB* 1986, 388; Ofer, *Highland* I 1993, 3:4.28; Fritz, *Josua* 1994, 167; Nelson, *Joshua* 1997, 286. Aharoni, *a.a.O.*, 120f, beschreibt die arabische Namensform. Zur Archäologie siehe Ofer, *Highland* II 1993, 2a:45.

[662] So mit vielen anderen Abel, *GP* II 1938, 345–347; Höhne, *BHH* 1979. Zur Archäologie siehe Ofer, *Hebron*, und id., *Highland* II 1993, 2a:30.

[663] Abel, *GP* II 1938, 320, optiert für *ḫ. ḫallat samʿa* (147.093) aufgrund der Lesart Σωμα in LXX^{B}. Höhne, *BHH* 1979, folgt mit zwei Fragezeichen. Eine Voraussetzung dabei ist, daß *ḫ. ḫallat samʿa* in der Nähe von Duma cj. liegt, das mit *ḫ. ed-dōme* gleichgesetzt wird. Ruma ist aber zu lesen und nicht mit *ḫ. ed-dōme* gleichzusetzen (s.u. zu „Ruma"). Des weiteren sollte man angesichts des korrumpierten Charakters der LXX^{B} sehr vorsichtig sein mit Identifizierungen auf Grundlage der LXX. Mit Margolis gehen wir auch bei Σωμα von einem ursprünglichen Εσαν* aus (s.o. §2.3 zu v 52). Ofer, *Highland* I 1993, 3:20, nennt als Möglichkeit *ḫ. en-naṣāra* (158.106), wo es ez Reste gibt (id., II, 2a:30). Er meint außerdem, daß der Name vielleicht in *ḫ. iṣḥā* (158.108), das er auch als *isha* liest, fortlebt. Soweit uns bekannt, gibt es aber keine Parallele für den Wechsel von ע zu *ḥ* oder *h*; vgl. Kampffmeyer, *Alte Namen* I 1892, 70–72. Somit bleiben nur die ez Reste als Hinweis auf eine Identifikation, und das ist zu wenig.

[664] Höhne, *BHH* 1979, hat mit zwei Fragezeichen *benī naʿīm* (165.102). Auch Noth, *Josua* ²1953, 97, ist unsicher. Die Lage würde freilich stimmen. Kochavi, *JSG* 1972, Nr. 151, erwähnt aber keine Keramikfunde und identifiziert mit Avi-Yonah, *Geography* 1966, 116, den Ort nicht mit Janum, sondern mit Caphar Baricha. Allerdings weist er darauf hin, daß *benī naʿīm* auf älteren Resten gebaut ist. Eine Datierung gibt er leider nicht. Das tut Ofer, *Highland* II 1993, 2a:33 (u.a. 9. und 8. Jh.), aber er streitet zu Recht den Namensanklang ab und schlägt *ḫ. kanʿān* (II, 2a:30) als Möglichkeit vor (I, 3:5.50f). Eusebius, *Onomastikon*, 108,5–8, hilft uns nicht viel weiter, weil er selber zugibt, daß er wahrscheinlich über den falschen Ort schreibt.

[665] So Elliger, *Helden* 1935=1966, 102; Abel, *GP* II 1938, 248; Noth, *Josua* ²1953, 97, mit Elliger; Kochavi, *JSG* 1972, Nr. 217; Höhne, *BHH* 1979, mit Fragezeichen; Boling / Wright, *Joshua* 1982, 389; Fritz, *Josua* 1994, 167, mit Elliger (S. 253 hat er jedoch zwei Fragezeichen); Nelson, *Joshua* 1997, 285.

[666] Ofer, *Highland* I 1993, 3:5.19.

[667] Thomsen, *LS* 1907, 62; Beyer, *Beiträge* 1931, 246ff.

Ort	*Folgenummer*	*Identifizierung*	*grid*
Ruma	2	*ḫ. ed-dōme*[668]	148.093
Afeka	6	*ḫ. el-marāǧim*[669]	152.099
		ḫ. el-ḥadab[670]	155.098
		ḫ. kanʿān[671]	157.102

Arab und Ruma

Was gegen die beiden Identifizierungen von Arab mit *ḫ. er-rābiye* und Ruma—Duma gelesen—mit *ḫ. ed-dōme* spricht, ist, daß sie zu weit südlich liegen. *ḫ. ed-dōme* gehört wegen seiner zu Debir=*ḫ. er-rabūd* benachbarten Lage eher zum 6. Distrikt, falls man nicht mit einer fremdartigen Südzunge des 7. Distrikts, westlich an *ḫ. er-rabūd* vorbei, rechnen will.[672] Die Lage spricht, wenn man von Debir=*ḫ. er-rabūd* ausgeht, gegen Ruma (bzw. Duma)=*ḫ. ed-dōme*. Die Lage von Debir scheint aber gesichert zu sein.

Die Identifizierung mit *ḫ. ed-dōme* ist nur über die konjizierte Form Duma statt Ruma möglich. Eusebius[673] hat in der Sache Ruma / Duma mehr Gewicht gehabt als der MT (רומה), die LXX^A, die Hexapla (beide Ρουμα) und die LXX^B (Ρεμνα) zusammen. Über Δουμα bemerkt Eusebius, daß es ein großes Dorf in der Daroma ist und 17 Meilen von Eleutheropolis entfernt liegt. Das trifft ungefähr auf *ḫ. ed-dōme* zu. Doch besteht die Möglichkeit, daß in Eusebius' Vorlage bereits Duma statt Ruma stand und er dieses mit dem zu seiner Zeit großen Dorf Δουμα gleichgesetzt hat. Aus textkritischen Gründen sowie aufgrund fehlender Identifizierungsmöglichkeiten muß Ruma unbekannt bleiben.[674]

---

668 Bereits Guérin, *Description* III 1868–1880, 359–361. Vgl. weiter Abel, *GP* II 1938, 308f; Noth, *Josua* ²1953, 97; Kochavi, *JSG* 1972, Nr. 213; Aharoni, *LoB* ²1979, 354.433; Höhne, *BHH* 1979; Boling / Wright, *Joshua* 1982, 389; Kallai, *HGB* 1986, 389; Ofer, *Highland* I 1993, 3:4.40; Fritz, *Josua* 1994, 167; Nelson, *Joshua* 1997, 286.

669 Kochavi, *Debir* 1974, 3²; Boling / Wright, *Joshua* 1982, 389; Aḥituv, *Joshua* 1995, 264f (oder *ḫ. el-ḥadab*; vgl. folgende Anm.); vgl. zum archäologischen Befund Ofer, *Highland* II 1993, 2a:36.

670 Alt, *Institut* 1932, 16f; Kochavi, *JSG* 1972, Nr. 176; Kallai, *HGB* 1986, 388; Aḥituv, *Joshua* 1995, 264f (oder *ḫ. el marāǧim*; vgl. vorige Anmerkung).

671 So Abel, *GP* II 1938, 247; und mit zwei Fragezeichen Höhne, *BHH* 1979.

672 Fritz, *Josua* 1994, 167, meint, daß *ḫ. er-rabīye* gerade eine passende Lage hat. Im Zusammenhang mit seiner Identifizierung von Duma cj. mit *ḫ. ed-dōme* (ebd.) stimmt das. Da er aber Debir auf *ḫ. er-rabūd* ansetzt (S. 166), wird seine These problematisch. Keel / Küchler, *OLB* II 1982, 577, umgehen das Problem, indem sie Debir beim falschen Distrikt einzeichnen.

673 Eusebius, *Onomastikon*, 78,21f.

674 Elitzur, *Rumah* 1994, 123–128.

Wenn man sowohl von der Lokalisierung von Duma in *ḫ. ed-dōme* ausginge und von Arab in *ḫ. er-rābiye*[675], gäbe es sogar zwei südliche Ausläufer des 7. Distrikts. Der erste wurde bereits beschrieben, dann schließt sich östlich ein Teil des 6. Distrikts an, weiter östlich folgt der zweite südliche Ausläufer des 7. Distrikts und dann kommt mit Jutta=*yaṭṭa* der 8. Distrikt bzw. mit Eschtemoa=*es-semūʿa* nochmals der 6.

Elliger schrieb hinsichtlich *ḫ. er-rābiye* noch hoffnungsvoll: „Ob der archäologische Befund die Identifikation zuläßt, bleibt abzuwarten."[676] Es gibt aber nur Überreste seit der röm. Zeit.[677] Deswegen schlägt Ofer vor, *ḫ. umm el-ʿamed*, ungefähr 1,5 km von *ḫ. er-rābiye* entfernt, als das alte Arab zu betrachten. Dieser *site* hat ez Reste[678] und liegt etwas weiter nördlich als *ḫ. er-rābiye*, womit er ein guter Kandidat ist.

Afeka

Dem Namen nach muß sich Afeka („Bachbett / Quellbach"[679]) in der Nähe von Wasserquellen befinden. Darum lehnt Kochavi die Identifizierung von Afeka mit *ḫ. kanʿān* ab, weil Wasserquellen zu weit von dort entfernt seien. Dazu komme, daß es kein Wohnort, sondern lediglich eine Wegfestung gewesen sei.[680] Stattdessen bevorzugt Kochavi mit Alt[681] *ḫ. el-ḥadab* aufgrund der Lage, der Archäologie und weil es in der Gegend ausreichend Wasserquellen gibt.[682] Das alles gilt aber noch mehr für *ḫ. el-marāǧim*, weshalb wir diesen Ort bevorzugen, den Kochavi in einem späteren Aufsatz vorgeschlagen hat.[683]

---

[675] Für Elliger, *Helden* 1935=1966, 102, ist die benachbarte Lage zu *ed-dōme*, in dem er Duma sieht, der Grund, Arab in *ḫ. er-rabīye* statt *ḫ. ʿarabīye* zu suchen.

[676] Elliger, ebd.

[677] Stoebe, *Lehrkursus* 1966, 19; Kochavi, *JSG* 1972, Nr. 217; Ofer, *Highland* II 1993, 2a:37.

[678] Ofer, *Highland* II 1993, 2a:38.

[679] ³*HAL* unter אפק, 77.

[680] Kochavi, *JSG* 1972, Nr. 149; vgl. Kallai, *HGB* 1986, 388.

[681] Alt, *Institut* 1932, 16f.

[682] Vgl. Kochavi, *JSG* 1972, Nr. 176.

[683] Kochavi, *Debir* 1974, 32; vgl. Ofer, *Highland* I 1993, 3:5.18.

Zior

Abel und viele andere wollen den Ort aufgrund des Namensanklangs mit *seʿīr* (163.110) verbinden.[684] Die Identifizierung wird aber zu Recht von Kochavi abgelehnt, denn der Lage nach müßte dieser Ort zum 9. Distrikt gerechnet werden.[685] Außerdem versperrt Bet-Anot/m, aus dem 9. Distrikt, den Weg zwischen Zior und Hebron, beide aus dem 7. Distrikt, wenn man es mit *ḫ. bēt ʿēnūn* oder dem nahegelegenen *rās eṭ-ṭawīl* verbindet. Die Angaben des Eusebius können nicht stimmen, weil er Zior zwischen Ailia und Eleutheropolis ansetzt,[686] während es aufgrund der Lage des 7. Distrikts zwischen Jerusalem und Hebron liegen muß.

7.3.3. *Distrikt VIII—15,55–57*

7.3.3.1. Die literarischen Quellen

Maon[687]

David hat Abigail, eine seiner Frauen, in Maon kennengelernt.[688] Da Nabal, der erste Mann Abigails, seinen Betrieb, seine Schafe und Ziegen in Karmel hatte, während er in Maon wohnte,[689] können diese zwei Orte nicht weit voneinander entfernt gewesen sein.[690] Nun befinden wir uns in der glücklichen Lage, daß beide Orte sicher identifiziert werden können, womit diese Angabe verifiziert werden kann. In 1Sam 23,24f wird noch näher berichtet, daß es auch eine „Wüste Maon" gibt, die in der Araba zu suchen ist und südlich von הישימון liegt. Die „Wüste Maon" ist wahrscheinlich der Teil östlich von Maon in Richtung des Toten Meeres, vergleichbar mit „Wüste Sif",[691] „Wüste En-Gedi"[692] und „Wüste Tekoa"[693]. הישימון ist schwer zu deuten, heißt aber wahr-

---

684 Abel, *GP* II 1938, 464; vgl. auch Stoebe, *Lehrkursus* 1966, 19; Höhne, *BHH* 1979, mit Fragezeichen; Kallai, *HGB* 1986, 389; Ofer, *Highland* I 1993, 3:4.78; Aḥituv, *Joshua* 1995, 265f. Zum archäologischen Befund vgl. Ofer, *Highland* II 1993, 2a:22.

685 Kochavi, *JSG* 1972, Nr. 100; vgl. bereits Noth, *Josua* ²1953, 97f.

686 Eusebius, *Onomastikon*, 156,3f.

687 Vgl. Har-El, *Jerusalem* 1981.

688 1Sam 25.

689 1Sam 25,2.

690 Keel/Küchler, *OLB* II 1982, 751, halten Karmel mit Jepsen, *Karmel* 1959, für eine Landschaftsbezeichnung und gehen davon aus, daß Nabal in Maon-Karmel wohnte und seine Schafe im Karmelgebiet hatte.

691 1Sam 23,14f; 26,2 (2×).

692 1Sam 24,2.

693 2Chr 20,20. מעון in Ri 10,12 muß wohl als מדין gelesen werden.

scheinlich auch „Wüste“.[694] Nabal war ein Kalebiter,[695] und außerdem erscheint Maon, sein Wohnort, innerhalb der Kaleb-Genealogie als Vater Bet-Zurs (1Chr 2,45). Wieder haben wir ein Indiz für die Nähe von Juda und Kaleb zueinander.[696]

In Arad-Ostrakon 25 begegnet uns Maon (25,4) zusammen mit Ober- und Unter-Anim.[697] Aharoni postuliert demnach einen neuen Distrikt, zu dem Maon aus Distrikt VIII und Anim aus Distrikt VI gehören. Dabei stützt er sich außerdem auf die Funde von *lmlk*-Siegeln in allen drei Orten, in denen Sif erwähnt wird. Diese Schlußfolgerung ist nicht notwendig. Erstens müssen Maon und Anim nicht in einem Distrikt liegen, wenn sie in einem Ostrakon zusammen erwähnt werden. Zweitens werden die *lmlk*-Siegel im allgemeinen in der Zeit Hiskias angesetzt, während Ostrakon 25 aus dem Ende des 7. bzw. dem Beginn des 6. Jh. stammt, so daß ungefähr ein Jahrhundert dazwischen liegt.

Karmel

Daß Nabal seinen Betrieb in Karmel hatte, wurde oben bereits erwähnt. Dieser Nabal wurde, obgleich in Maon wohnhaft, ein Karmeliter genannt.[698] Das gilt auch für Davids Frau Abigail.[699] Sonst ist Karmel noch bekannt als Ort, in dem Saul nach dem Krieg gegen die Amalekiter ein Siegeszeichen errichtet hat.[700] Der Karmeliter Hezro[701] wagte den Kampf mit David.[702]

Sif 2

Die Sifiter waren David offensichtlich nicht sehr freundlich gesonnen und verrieten ihn an Saul,[703] während er sich in der „Wüste Sif“ aufhielt.[704] Die Verbindung Sifs mit Kaleb sehen wir im Geschlechts-

---

694 Vgl. Simons, *GTT* 1959, 22f.

695 1Sam 23,3.

696 S.o. §7.3.2.1 zu „Hebron“.

697 Aharoni, *Inscriptions* 1981, 50f; Renz / Röllig, *HAE* I/1 1995, 393f.

698 2Sam 2,2. In 1Sam 27,3 und 30,5 haben einige Hss. הכרמלי andere הכרמלית. Das eine Mal bezieht sich das *gentilicium* auf Nabal, das andere Mal auf Abigail.

699 2Sam 3,3; 1Chr 3,1 sowie vielleicht 1Sam 27,3 und 30,5.

700 1Sam 15,12. Dieser Vers scheint doch zu bestätigen, daß Karmel ein Ort war. Trotzdem sind die Argumente Jepsens (s.o. Anm. 690) überzeugend. Es ist mit der Möglichkeit zu rechnen, daß Karmel sowohl ein Gebiet als auch ein Ort war.

701 So 1Chr 11,37. In 1Sam 23,35 heißt er חֶצְרַו K bzw. חצרי Q.

702 2Sam 23,35; 1Chr 11,37.

703 1Sam 23,19.24; 26,1.

704 1Sam 23,14.15.26 (2×). Es hielt die Tradition nicht davon ab, David in der Situation Ps 54 dichten zu lassen.

register Kalebs (1Chr 2,42[705]), das Sif nennt.[706] Rehabeam hat es als Festung ausgebaut (2Chr 11,8).

Jutta

Jutta war als Levitenstadt bekannt, jedoch nur in Jos 21,16.[707] Görg meint, daß es in der Scheschonkliste vorkommt. Er liest das bekannte *ydhmrk* als *ywdhmrk* und deutet es als *ywṭ hmlk*–„königliches Jutta".[708] Nun ist diese Gleichsetzung linguistisch möglich, aber geographisch sehr problematisch. Mit Ort 27 in der Scheschonkkliste sind wir noch in Megiddo, und wenn Nr. 32 als Aruna gelesen wird, bleiben wir bis dahin im Norden. Es kann sich also nicht um unser Jutta handeln.

Jesreel

Für Jesreel—nicht mit der bekannten Residenz im Norden zu verwechseln—gilt ungefähr die gleiche Textlage wie für Karmel. Achinoam, aus Jesreel,[709] wird meist zusammen mit der karmelitischen Abigail genannt.[710] In 1Chr 4,3 ist Jesreel ein Sohn Etams.

Jorkoam cj.[711]

In Jorkoam cj. liegt eine Verbindung mit dem Geslechtsregister Kalebs in 1Chr 2,44 vor.

Gibea

Gibea—zu unterscheiden von Gibea im Norden—ist wahrscheinlich ebenfalls mit dem Geschlechtsregister Kalebs zu verbinden.[712] Eusebius kennt den Ort als Γαβαθα, 12 Meilen von Eleutheropolis entfernt.[713]

[705] Ob Sif in 1Chr 4,16 dieses Sif oder dasjenige im Negev betrifft, ist unklar.

[706] Zu späteren Quellen vgl. Tsafrir / e.a., *Tabula* 1994, 262.

[707] Es erscheint hier יטה ohne *mater lectionis*. Jutta kommt nicht in 1Chr 6 vor; ein bemerkenswerter Sachverhalt. Zu späteren Quellen vgl. Tsafrir / e.a., *Tabula* 1994, 155.

[708] Görg, *Namenseintrag* 1997; vgl. Simons, *ETL* 1937; XXXIV,29.

[709] 1Sam 25,43.

[710] 1Sam 27,3; 30,5; 2Sam 2,2; 3,2; 1Chr 3,1.

[711] Zu dieser Form s.o. §2.3 zu v 56.

[712] Allerdings hat die Form גבעא (1Chr 2,49) ein א mehr.

[713] Eusebius, *Onomastikon*, 70,23. Es liegt nicht in Ephraim, wie er uns glauben läßt.

Sanoach,[714] Kajin und Timna[715] sind homonymische *hapax legomena*: Zusammenfassend kann man sagen, daß die Orte als (ursprünglich) kalebitisch (Karmel, Sif, Jesreel, Jorkoam, Gibea) und / oder kenitisch (Kajin[716], Karmel) gelten dürfen. Vier Orte sind aus den Erzählungen über David bekannt: Maon, Karmel, Sif und Jesreel.

7.3.3.2. Die Identifizierungen

Am 10. Mai 1838 hat Robinson Maon, Karmel, Sif und Jutta bereits identifiziert.[717] Diese über den Namensanklang vorgenommenen Gleichsetzungen sind in der wissenschaftlichen Literatur bis heute anerkannt. Daß in den Identifizierungen für Maon, Karmel und Sif auch Reste aus der EZ IIa gefunden worden sind, trifft sich mit den Geschichten um David.

Ort	*Folgenummer*	*Identifizierung*	*grid*
Maon	1	*t. maʿīn*[718]	162.090
Karmel	2	*ḫ. el-kirmil*[719]	162.092
Sif	3	*t. zīf*[720]	162.098
Jutta	4	*yaṭṭa*[721]	158.095

---

[714] Obwohl nicht deutlich auszumachen ist, wo sich das Sanoach von Neh 3,13 befindet, ist es wahrscheinlich mit dem Sanoach in der Schefela identisch.

[715] Eusebius verzeichnet dieses Timna nicht.

[716] Aufgrund der Bedeutung des Ortsnamens.

[717] Robinson, *BR* II ³1867, 494–498.

[718] So Abel, *GP* II 1938, 377; Noth, *Josua* ²1953, 98; Aharoni, *Negeb* 1958, 29; Aharoni, *LoB* ²1979, 354.439; Höhne, *BHH* 1979; Kallai, *HGB* 1986, 390; Kochavi, *JSG* 1972, Nr. 231; Fritz, *Josua* 1994, 167; Aḥituv, *Joshua* 1995, 266; Nelson, *Joshua* 1997, 288. Zum archäologischen Befund vgl. Ofer, *Highland* II 1993, 2a:43.

[719] Abel, *GP* II 1938, 296; Noth, *Josua* ²1953; Aharoni, *Negeb* 1958, 29; Kochavi, *JSG* 1972, Nr. 222; Aharoni, *LoB* ²1979, 354.433; Höhne, *BHH* 1979; Kallai, *HGB* 1986, 390; Fritz, *Josua* 1994, 167; Aḥituv, *Joshua* 1995, 266; Nelson, *Joshua* 1997, 286. Zum archäologischen Befund vgl. Ofer, *Highland* II 1993, 2a:44.

[720] So Abel, *GP* II 1938, 490; Noth, *Josua* ²1953, 98; Aharoni, *Negeb* 1958, 29; Kochavi, *JSG* 1972, Nr. 178; Aharoni, *LoB* ²1979, 355.443; Höhne, *BHH* 1979; Kallai, *HGB* 1986, 330; Fritz, *Josua* 1994, 167; Aḥituv, *Joshua* 1995, 266; Nelson, *Joshua* 1997, 289. Zum archäologischen Befund vgl. Ofer, *Highland* II 1993, 2a:44.

[721] Abel, *GP* II 1938, 366f; Noth, *Josua* ²1953, 98; Aharoni, *Negeb* 1958, 29; Aharoni, *LoB* ²1979, 354.437; Höhne, *BHH* 1979; Kallai, *HGB* 1986, 390; Fritz, *Josua* 1994, 167; Ahituv, *Joshua* 1995, 266; Nelson, *Joshua* 1997, 288. Vgl. zum archäologischen Befund Dinur, *Yatta* 1986, und Ofer, *Highland* II 1993, 2a:42.

Nicht zu identifizieren sind: Jesreel[722] (5), Gibea[723] (9) und Timna 2[724] (10). Es bleiben drei Orte übrig, die ansatzweise identifiziert werden können:

Ort	*Folgenummer*	*Identifizierung*	*grid*
Jorkoam cj.	6	*ḫ. raqʿa*[725]	160.096
Sanoach	7	*ḫ. zanūtā*[726]	149.086
		ḫ. bēt ʿamrā West[727]	154.095
		ḫ. bēt ʿamrā Ost[728]	155.095
Kajin	8	*ḫ. yaqīn*[729]	164.100

[722] Abel, *GP* II 1938, 365, schlägt *t. ṭarrāme* (153.098) vor, was Höhne, *BHH* 1979, mit einem Fragezeichen übernimmt. Der *tell* liegt aber zu weit westlich, um zum 8. Distrikt gehören zu können. Außerdem gibt es keine ez Reste (vgl. Ofer, *Highland* II 1993, 2a:37). Wenn man alle genannten Vorschläge übernimmt, also Debir in *ḫ. rabūd*, Arab in *ḫ. er-rābiye*, Ruma als Duma in *ḫ. ed-dōme* und Jesreel in *t. ṭarrāme* sucht, erhält man einen Wirrwarr von Grenzlinien in diesem Gebiet. Ofer, *a.a.O.* I, 3:6.49, findet Jesreel in *ḫ. umm el-asfe* (164.094), weil dies der *site* ist, der nach Abzug der sicheren Identifizierungen übrigbleibt und EZ IIa enthält.

[723] Abel, *GP* II 1938, 333, hat *ǧebaʿ* (157.120). Kochavi, *JSG* 1972, Nr. 36, bemerkt zu Recht, daß die geographische Lage nicht paßt. Außerdem sprechen die Funde—ausschließlich seit der pers. Zeit—gegen die Identifizierung. Ofer, *Highland* I 1993, 6, erwägt zwei mögliche *sites* für Gibea: *t. et-tuwāni* (165.090; S. 29f) liegt innerhalb des durch die sicher identifizierten Orte definierten Gebiets von Distrikt VIII und auf einem ausgeprägten Hügel, 50m höher als seine Umgebung, was mit dem Namen Gibea übereinstimmen würde. Jedoch gibt es dort kaum Scherben. Daher wählt Ofer doch den *site* von *beni naʿīm* (165.102; S. 29f), wodurch er das Gebiet von Distrikt VIII nach Norden ausdehnt. Er geht aber nicht weiter auf die Tatsache ein, daß dort keine Scherben aus dem 7. Jh. gefunden wurden (II, 2a:33), während er doch die Ortsliste Judas in die Zeit Josias datiert.

[724] Abel, *GP* II 1938, 481, schlägt *ḫ. tibne* (144.127) vor. Für Höhne, *BHH* 1979, ist das sehr zweifelhaft. Aufgrund der Lage muß die Identifikation aber entschieden abgelehnt werden. Ofer, *Highland* I 1993, 6.85f, erwägt eine mögliche Gleichsetzung mit *ḫ. faṭṭūḫ* (160.095), wo ez Scherben gefunden wurden (II, 2a:43). Mehr als eine Möglichkeit kann dies nicht sein.

[725] Abel, *GP* II 1938, 365; Kochavi, *JSG* 1972, Nr. 194; Kallai, *HGB* 1986, 390; Ofer, *Highland* I 1993, 3:6.51; Aḥituv, *Joshua* 1995, 266. Höhne, *BHH* 1979, hat hier zwei Fragezeichen.

[726] Abel, *GP* II 1938, 489.

[727] Ofer, *Highland* I 1993, 3:7.42f.

[728] So Abel, *GP* II 1938, 489.

[729] Alt, *Institut* 1926, 76f; Abel, *GP* II 1938, 91; Kochavi, *JSG* 1972, Nr. 162; Aharoni, *LoB* ²1979, 390; Höhne, *BHH* 1979, mit einem Fragezeichen; Kallai, *HGB* 1986, 390; Boling/Wright, *Joshua* 1982, 389; Ofer, *Highland* I 1993, 3:6.78f; Fritz, *Josua* 1994, 167; Aḥituv, *Joshua* 1995, 266; Nelson, *Joshua* 1997, 288.

Jorkoam
Für Jorkoam cj. kann *ḫ. raqʿa* für die Identifizierung herangezogen werden. Die geographische und archäologische Lage passen.[730] Auch der Name scheint auf eine Verbindung mit Jorkoam hinzuweisen,[731] wenn dies auch nicht völlig überzeugt. Daß ein י am Anfang wegfällt, bereitet keine Probleme. Schwieriger ist das fehlende *m*. Anzunehmen ist, daß es im Laufe der Zeit elidiert ist oder im Laufe der Zeit ein dem atlichen Ort ähnlich klingender arabischer Name gewählt wurde.

Sanoach
Kallai weist darauf hin, daß *ḫ. zānūta* zu weit südlich liegt und *ḫ. bēt ʿamrā* (am *w. abū zannāḫ*) archäologisch gesehen nicht paßt.[732] Nun hat aber Ofer in einem *site* westlich von *ḫ. bēt ʿamra* ez Reste gefunden, was ihn dazu bringt, diesen mit Sanoach zu verbinden. Der Name bleibt in *w. abū zannāḫ* erhalten. Die Lage ist zwar sehr weit westlich, wodurch Sanoach in die Nähe des 6. und 7. Distrikt kommt, ist aber durch seine Nähe zu *yaṭṭa* noch möglich.

Kajin
Als einziger Ort, der archäologisch und topographisch paßt, bleibt *ḫ. yaqīn* übrig.[733] Es ist sehr wohl möglich, daß sich in seinem Namen הקין verbirgt.

7.3.4. *Distrikt IX—15,58–59*

7.3.4.1. Die literarischen Quellen

Alle Ortsnamen außer Bet-Zur und Gedor sind *hapax legomena*. Maarat, Bet-Anot/m und Eltekon werden vielleicht noch in außerbiblischen Quellen erwähnt.

Bet-Zur
In 1Chr 2 wird Bet-Zur zu den „Söhnen" Kalebs gerechnet (1Chr 2,45). Rehabeam hatte in diesem Ort eine seiner Festungen gebaut (2Chr 11,7). Allgemein wird angenommen, daß hier in nachexilischer Zeit

---

[730] Vgl. Kochavi, *JSG* 1972, Nr. 194, und Ofer, *Highland* II 1993, 2a:43.
[731] Kallai, *HGB* 1986, 390.
[732] Kallai, *HGB* 1986, 390; vgl. auch Kochavi, *JSG* 1972, Nr. 198, und Ofer, *Highland* II 1993, 2a:39.
[733] Zum archäologischen Befund vgl. Ofer, *Highland* II 1993, 2a:32.

die Grenze Jehuds mit Edom verlief.[734] Daß ein Distrikt nach Bet-Zur genannt wurde, könnte hiermit zusammenhängen.[735] In der Makkabäerzeit wurde der Ort wieder befestigt—ein Indiz für die strategisch günstige Lage—und spielte eine wichtige Rolle bei vielen Kriegen. Zu der Zeit stellte es sicher die Grenze mit Idumäa dar.[736]

Gedor

Gedor erscheint außer hier nur in dem Geschlechtsregister Judas (1Chr 4,18).[737] Weil das Gedor von 1Chr 4,4 mit Efrata und Bethlehem in Verbindung gesetzt wird, handelt es sich dabei wahrscheinlich um einen anderen Ort. Wegen der Bedeutung des Namens darf es auch nicht verwundern, daß es mehrere „Gedors" gab. Als *qdr* erscheint der Name zum Beispiel in der topographischen Liste Sethos' I. (Nr. 62),[738] aber auch hier ist es ein anderes. Nach Noth ist es zusammen mit *bṯʿnṯ* (Nr. 59) und *qrtʿnb* (Nr. 63; s.o.) im Libanon zu suchen,[739] während Aḥituv die Orte in Galiläa und Baschan ansetzt.[740] Sie befanden sich aber auf keinen Fall in Judäa. Eusebius verwechselt dieses Gedor mit Gedera von 15,36 oder Gederot von 15,41.[741]

Maarat

Ein *mqrt* begegnet in der Liste Tutmoses' III. (Nr. 106),[742] aber nach dem Kontext, in dem Gezer–*qḏr* (Nr. 104) und Rubute–*rbt* (Nr. 105) stehen, kann es schwerlich im Umkreis des 9. Distriktes zu finden sein.[743]

Bet-Anot / Bet-Anom cj.

Was schon für Gedor zu sagen war, gilt auch für Bet-Anat: Die Gleichsetzung von *bṯʿnṯ* in der Liste Sethos' I. mit Bet-Anot ist nicht zu halten. Das trifft übrigens auch für die anderen Erwähnungen auf ägyp-

---

734 Vgl. Stern, *Yehud* 1981, 19f.

735 Neh 3,16.

736 Vgl. 1Makk 4,61: „... Bet-Zur ließ er befestigen und legte eine Besatzung hinein, um das Volk gegen Idumäa abzusichern."

737 Gedor von 1Chr 12,8 liegt in Benjamin, und גדר in 1Chr 4,39 muß als גרר gelesen werden; anders: Willi, *Chronik* 1991ff, 68.71.

738 Simons, *ETL* 1937, XIII,62, und wahrscheinlich auch XXI,24 (Ramses II.).

739 Noth, *Wege II* 1937 = 1971, 31–33.

740 Aḥituv, *Toponyms* 1984, 75f.127.

741 Eusebius, *Onomastikon*, 68,22f.

742 Simons, *ETL* 1937, Iabc,106.

743 Aḥituv, *Toponyms* 1984, 134.134[345].

tischen Reliefs von Bet-Anat zu.[744] Auch wenn sie vielleicht nicht alle den gleichen Ort meinen, so bezeichnen sie auf keinen Fall das Bet-Anot/m in 15,59.[745] In der Scheschonkliste wird noch ein anderes Bet-Anat erwähnt,[746] das aber aufgrund des Kontextes im Negev oder dem nördlichen Sinai lokalisiert werden muß.[747] Bei Eusebius finden wir den Ort als Βηθανιν oder Βηθενιμ, von ihm fälschlicherweise mit Ajin und Enajim gleichgesetzt.[748]

Eltekon
Eusebius setzt Eltekon mit Tekoa gleich, das er zwölf Meilen von Jerusalem entfernt lokalisiert, was Hieronymus in neun Meilen verändert hat.[749] Die Parallele Tolad–Eltolad zeigt, daß das Element „El-" weggelassen werden kann. Wahrscheinlich liegt aber ein Fehler des Eusebius vor.[750]

7.3.4.2. Die Identifizierungen

Auch wenn das AT über Zeit und Lage der Orte nicht sehr viel hergibt, können drei der sechs Orte sicher identifiziert werden.

Ort	*Folgenummer*	*Identifizierung*	*grid*
Halhul	1	*ḥalḥul*[751]	160.109
Bet-Zur	2	*ḫ. eṭ-ṭubēqa*[752]	159.110

[744] Vgl. Aḥituv, a.a.O., 75f.
[745] Noth, *Wege* V 1941=1971, 106[21].
[746] Simons, *ETL* 1937, XXXIV,124.
[747] Aḥituv, *Toponyms* 1984, 76.
[748] Eusebius, *Onomastikon*, 24,15–18; 94,20; vgl. 50,17.
[749] Eusebius, *Onomastikon*, 86,13–15.
[750] Daß unser Eltekon mit Eltekon aus dem Pap. Leiden I 343– I 345 gleichgesetzt werden muß, ist, wie Aḥituv (*Toponyms* 1984, 92) gezeigt hat, äußerst unwahrscheinlich.
[751] Nach Eusebius, *Onomastikon*, 86,11, befindet es sich bei Hebron. Das stimmt also überein mit der üblichen Identifizierung. Vgl. u.a. Abel, *GP* II 1938, 341; Noth, *Josua* [2]1953, 98; Kochavi, *JSG* 1972, Nr. 103; Aharoni, *LoB* [2]1979, 355.435; Höhne, *BHH* 1979; Kallai, *HGB* 1986, 391; Ofer, *Highland* I 1993, 3:47; Fritz, *Josua* 1994, 167; Nelson, *Joshua* 1997, 287. Das alte Halhul befindet sich unter dem neuen. Zur archäologischen Lage vgl. Ofer, *Highland* II 1993, 2a:32.
[752] Abel, *GP* II 1938, 283, gibt vier Argumente: 1. Die Lage steht im Einklang mit der Bibel (vgl. vor allem 2Makk 11,5). 2. Sie stimmt mit der im Onomastikon 52,2 angedeuteten Lage überein (20 Meilen auf dem Weg von Jerusalem nach Hebron) und 3. mit der Madeba-Karte. 4. Im Mittelalter gab es eine Burg mit Namen *bēt ṣūr*. Dazu kann man jetzt hinzufügen, daß auch die Archäologie zur Identifizierung paßt (vgl. Funk, *Beth-Zur*, und Ofer, *Highland* II 1993, 2a:15). Vgl. weiter Noth, *Josua* [2]1953, 98f; Aharoni, *LoB* [2]1979, 355.433; Höhne, *BHH* 1979; Kallai, *HGB* 1986, 391; Ofer,

Gedor	3	*ḫ. ğedūr*[753]	158.115

Nicht zu identifizieren sind aber: Maarat[754] (4) und Eltekon[755] (6). Die Gleichsetzung des folgenden Ortes ist umstritten.

Ort	*Folgenummer*	*Identifizierung*	*grid*
Bet-Anot/m	5	*ḫ. bēt ʿēnūn*[756]	162.107
		rās eṭ-ṭawīl[757]	163.108

Bet-Anot / Bet-Anom cj.

Der Name ist wahrscheinlich in *ḫ. bēt ʿēnūn* enthalten. Diese Verbindung wird noch stärker, wenn der ursprüngliche Name von Bet-Anot mit LXX[A], LXX[B] und Eusebius tatsächlich בית ענם oder בית ענ(ו)ן gewesen ist.[758] Doch weist Ofer darauf, daß die eine dort aufgefundene Scherbe aus der EZ II nicht gerade ausreicht, um es mit Bet-Anot/m zu identifizieren. Demgegenüber gibt es, nur 1,5 km von *ḫ. bēt ʿēnūn* ent-

Highland I 1993, 3:27; Fritz, *Josua* 1994, 167; Aḥituv, *Josua* 1995, 266; Nelson, *Joshua* 1997, 286.

753 Eusebius, *Onomastikon*, 68,20–22; Noth, *Ansiedlung* 1934=1971, 192.192[38]; Abel, *GP* II 1938, 330; Kochavi, *JSG* 1972, Nr. 60; Aharoni, *LoB* ²1979, 355.435; Höhne, *BHH* 1979; Kallai, *HGB* 1986, 391; Ofer, *Highland* I 1993, 3:30f; Fritz, *Josua* 1994, 167; Aḥituv, *Joshua* 1995, 267; Nelson, *Joshua* 1997, 287. Zum archäologischen Befund vgl. Ofer, *Highland* II 2a:15; Ben-Arieh, *Gedor.*

754 Boling/Wright, *Joshua* 1982, 390. Ofer, *Highland* I 1993, 3:60f, schlägt *ḫ. ez-zāwiye* (165.112) vor. Er geht davon aus, daß der 9. Distrikt aus einem westlichen (Halhul, Bet-Zur und Gedor) und einem östlichen Teil (Maarat, Bet-Anot/m und Eltekon) besteht mit Zior—*seʿīr* als nördlichem Ausläufer des 7. Distrikt in der Mitte. Sein östlicher Teil basiert auf der Identifizierung von Bet-Anot/m mit *rās eṭ-ṭawīl* bei *ḫ. bēt ʿēnūn* (s.u.). In dem Gebiet um Bet-Anot/m gibt es nur zwei *sites* mit Funden aus der EZ II: *ḫ. el-ʿudēse* (163.106) und eben *ḫ. ez-zāwiye*. Er verteilt die *sites* auf Eltekon und Maarat. Diese Identifizierungen sind möglich, müssen aber hypothetisch bleiben. Erstens ist nicht gesagt, daß mit Maarot bereits der östliche Teil beginnt. Zweitens ist die Anordnung der Orte in den anderen Distrikten des Berglands nicht streng geographisch. Drittens gibt es keine Namensanklänge. Gold, *Maarath*, 196, hat *ḫ. qūfīn* (160.114). Dieser Ort hat aber keine ez Reste; vgl. Ofer, *Highland* II 1993, 2a:25.

755 Abel, *GP* II 1938, 314, hat *ḫ. ed-dēr* (159.121); vgl. Boling/Wright, *Joshua* 1982, 390. Von der Lage her würde das aber eher zum 10. Distrikt passen. Falls Eusebius, *Onomastikon*, 86,13ff, mit seiner Meilenangabe recht hat, dann gelangt man in die Umgebung von Halhul und *seʿīr*, was ausgezeichnet passen würde (nur nicht zu Tekoa). Zur Identifizierung Ofers mit *ḫ. el-ʿudēse* siehe die vorige Anmerkung zu Maarat.

756 Alt, *Institut* 1925, 20; Abel, *GP* II 1938, 267; Noth, *Josua* ²1953, 99; Aharoni, *LoB* ²1979, 355.431; Höhne, *BHH* 1979, mit einem Fragezeichen; Kallai, *HGB* 1986, 391; Kochavi, *JSG* 1972, Nr. 118; Boling/Wright, *Joshua* 1982, 390; Fritz, *Josua* 1994, 67; Aḥituv, *Joshua* 1995, 267.

757 Ofer, *Highland* I 1993, 3:24–26.

758 Auld, *Sanctuary* 1977=1998.

fernt, einen *tell* mit Resten durchgehend von der EZ I bis zur pers. Zeit, den er als Bet-Anot vorschlägt.[759] Das ist eine gute Möglichkeit.

7.3.5. *Distrikt X—15,59*[LXX]

7.3.5.1. Die literarischen Quellen

Da der Distrikt nur in der LXX erhalten ist, können die Orte ausschließlich über Rückübersetzungen mit dem MT verglichen werden. Fünf von ihnen sind relativ sicher: תקוע, בית־לחם / אפרתה, פעור und עיטם. Das sind auch die einzigen Orte, für die sichere Identifizierungen vorliegen. Die anderen Rückübersetzungen müssen als hypothetisch betrachtet werden. Es handelt sich um: כולון / כולן / גלה, תתמ(י), מנחו / מנוחה / מנחה / מנוחו[760], בית־תר / ביתר, גלים, כרם, שׂרשׁ.

Außer Schoresch, Gallim und den fünf sicheren Rückübersetzungen sind alle erschlossenen Formen *hapax legomena*. Doch ist Gallim nicht mit dem Gallim aus 1Sam 25,44 und Jes 10,30 identisch, weil letzteres nördlich von Jerusalem liegt.[761] Auch Peor ist homonymisches *hapax legomenon*, denn alle andere Erwähnungen von Peor beziehen sich auf den bekannten Ort (bzw. Gott) in Transjordanien.[762] Kerem ist vielleicht mit Bet-Kerem gleichzusetzen. Die Quellenlage ist dürftig, denn Eusebius hat 15,59[LXX] offenkundig nicht gekannt. Er nennt zwar Efrata und Betlehem, aber diese Orte sind auch anderswo in der Bibel bekannt. Nur Tekoa erscheint in der Ausgabe von Klostermann mit dem Hinweis „Jos 15,59[a]", doch ist hier „Jos 15,59" zu lesen, weil Eusebius Eltekon (15,59) mit Tekoa verwechselt hat.[763]

Tekoa

Tekoa, bekannt als Amos' Heimatort,[764] wurde von Rehabeam zu einer Festung umgebaut.[765] Viele andere Erwähnungen Tekoas sind im militärischen Bereich angesiedelt. Ikkesch, ein Held Davids, stammte aus Tekoa.[766] In Jer wird hier wegen des Feindes aus dem Norden die

---

759 Mit mehr als einer Scherbe aus der EZ II. Siehe Ofer, *Highland* II 1993, 2a:32.

760 Vgl. zu diesen Formen Niemann, *Daniten* 1985, 161.

761 Anders: Miller, *Jebus* 1974, 123.

762 Num 25,3.5; Jos 22,17; Ps 106,28; u.ö.

763 S.o. §7.3.4.1 zu „Eltekon".

764 Am 1,1.

765 2Chr 11,6.

766 2Sam 23,26; 1Chr 11,28; vgl. 1Chr 27,9.

Posaune geblasen.[767] Die Liturgie eines JHWH-Krieges wird nach 2Chr 20 im Bereich der Wüste Tekoas lokalisiert.[768] Nach dem Exil helfen die Tekoiter mit bei dem Wiederaufbau der Stadtmauer Jerusalems. Doch die „Vornehmen beugten ihren Nacken nicht zum Dienst für ihre Herren."[769] Eine positive Rolle spielt eine Frau aus Tekoa, die David wieder mit Absalom versöhnen muß.[770] Die zwei übriggebliebenen Stellen in der Juda-Geneaologie in 1Chr 2.4 sind problematisch. Tekoa erscheint als Sohn Aschhurs. Vor allem mit 1Chr 2,24, in dem auch Efrata auftaucht, haben sich schon manche kritische Geister abgeplagt.[771]

Betlehem / Efrata

Der Ort ist im AT bekannt als Geburtsort Davids und scheint zum Kerngebiet der Judäer zu gehören. Schröder hat 1915 *bēt-ninib* (*EA* 290,16) mit Betlehem gleichgesetzt,[772] doch ist das nach Lipiński unmöglich. Wenn bei *bēt-ninib* an einen judäischen Ort zu denken ist, dann eher an Bet-Schemesch.[773]

Etam

Es gibt mehrere Etams. Eines begegnet in der Simsongeschichte. Simson versteckte sich in der Felskluft von Etam.[774] Wie Niemann in Anlehnung an Schick überzeugend wahrscheinlich gemacht hat, ist die Felsenkluft von Etam in der Nähe von Zora und Eschtaol zu suchen.[775] Somit kann dieses Etam nicht im 10. Distrikt angesetzt werden. Das gleiche gilt für ein Etam der Simeoniter in 1Chr 4,32.[776] Auch wenn es

---

[767] Jer 6,1. S.u. zu „Bet-Kerem".

[768] 2Chr 20,20.

[769] Neh 3,5; vgl. 3,27.

[770] 2Sam 14,2.4.9.

[771] Vgl. Willi, *Chronik* 1991ff, 95. Zu den vielen Erwähnungen von Tekoa in späteren Quellen vgl. Tsafrir / e.a., *Tabula* 1994, 248.

[772] Schröder, *Bethlehem*, 1915, 294–295.

[773] Lipiński, *Beth-Schemesch* 1973. In den späteren Quellen ist Betlehem reichlich verzeichnet; vgl. Tsafrir / e.a., *Tabula* 1994, 83.

[774] Ri 15,8.11.

[775] Niemann, *Daniten* 1985, 180f.

[776] Etam kommt nicht in den Parallelen 15,26–32 und 19,2–8 vor. Das gibt aber weder den Grund zu behaupten, daß „[t]he omission of Etam in Joshua 19 is most probably a simple scribal error", so Kotter, *Etam*, 644, noch daß 1Chr 4 Etam hinzugefügt hat, so Rudolph, *Chronikbücher* 1955, 39. Es gibt immerhin die Möglichkeit, daß der Chronist andere Quellen zur Verfügung hatte. Trotzdem ist Rudolphs Vermutung am wahrscheinlichsten. Doch leider gibt er keine Argumente für die Addition; vgl. weiter Willi, *Chronik* 1991ff, 144.

in der Schefela statt im Negev zu lokalisieren ist, gehört es immer noch nicht zum 10. Distrikt. Es bleiben zwei Erwähnungen Etams übrig: Etam als Festungstadt Rehabeams (2Chr 11,6) und innerhalb der Judagenealogie in einem textkritisch schwierigen Vers (1Chr 4,3).[777]

Schoresch

שׁרשׁ kommt, falls richtig ins Hebräische übertragen, nur noch in 1Chr 7,16, als Sohn Maachas und Machirs vor. Da es sich hier um Manasse handelt, können dieses שׁרשׁ und der Ort aus 1Chr 7 nicht die gleichen sein. Außerdem sind die griechischen Formen unterschiedlich.[778] Falls mit LXX[B] צובה zu rekonstruieren ist, liegt auch ein homonymisches *hapax legomenon* vor, weil Zoba sonst als aramäisches Land bekannt ist.[779]

Kerem

Kerem als Ort ist *hapax legomenon*, aber vielleicht kann es mit dem Ort Bet-Kerem gleichgesetzt werden.[780] In Jer 6,1 bereitet sich Bet-Kerem zusammen mit Tekoa auf die Gefahr aus dem Norden[781] vor. Das dort erwähnte משׂאת muß wohl als Feuerzeichen, ähnlich wie in Ri 20,38–40, Jes 30,27 und in den Lachisch-Briefen 4,10, aufgefaßt werden, so daß Bet-Kerem auf einer Höhe gelegen haben muß, von wo aus das Feuerzeichen auch in Tekoa gesehen werden konnte. Neh 3,14 zeigt uns Bet-Kerem als Hauptstadt eines pers. Distriktes. Somit dürfte Bet-Kerem auf jeden Fall in spätvorexilischer und in pers. Zeit bewohnt gewesen sein. Es wird sich gleich zeigen, daß Bet-Kerem am wahrscheinlichsten in *ḫ. ṣaliḥ* zu vermuten ist. Ob dieser *site* auch der richtige für Kerem ist, hängt von den anderen Lokalisierungen ab.[782]

---

777 Vgl. Willi, *Chronik* 1991ff, 124. Zu späteren Quellen vgl. Tsafrir / e.a., *Tabula* 1994, 123f.

778 Σωρης in Jos 15,59[LXX] und Σορος in 1Chr 7,16[LXX].

779 Vgl. 1Sam 14,47.

780 So implizit Aharoni, *LoB* ²1979, 355.

781 Oder aus dem Süden; vgl. die Besprechung bei McKane, *Jeremiah* I 1986, 139f.

782 Vgl. zu späteren Quellen bezüglich Bet-Kerem Tsafrir / e.a., *Tabula* 1994, 82, der übrigens über *ʿēn karīm* redet.

Manocho

Den Fragen, ob Manocho etwas mit Manoach, dem Vater Simsons,[783] und dem Ort Manachat,[784] zu tun hat, ist Niemann gründlich nachgegangen.[785] Sein Ergebnis ist, daß Manocho nichts mit Manachat zu tun hat. Sich an die Untersuchungen Rudolphs[786] anschließend, meint er, daß die zweite in 1Chr 2 vorkommende Kaleb-Genealogie (1Chr 2,18f.50aβ–55[787]) in der Manachat genannt wird, „‚greifbar nachexilische Verhältnisse' zeige, in denen Kalebiter, vor dem Druck aus dem Süden nachdrängender Edomiter ausweichend, nach Norden in ehemals judäisches Gebiet gezogen seien".[788] Seiner Meinung nach können diese Orte nicht miteinander verbunden werden, da „Manoach" in der Richterzeit spielt, während „Manachat(iter)" in einem deutlich nachexilischen Text erscheint. Dagegen ist einzuwenden, daß die Gleichsetzung trotzdem eine Möglichkeit bleibt, weil beschriebene Zeit und Zeit des Verfassers nicht deckungsgleich sein müssen. Sein zweites Argument entnimmt Niemann 1Chr 8,6. Dort wird von einer Deportation aus Geba nach Manachat gesprochen. Wenn Manachat mit Manoach gleichzusetzen und Manoach das heutige *el-māliḥa* ist, dann wäre Manachat nur 15 km von Geba=*ǧebaʿ* entfernt, was für eine Deportation zu wenig wäre. Nun ist das eine nicht bewiesene Voraussetzung. Deswegen bleibt die Möglichkeit der Gleichsetzung Manoach–Manachat(iter) weiterhin bestehen. So rücken die Manachatiter aus 1Chr 2,52 cj. und 54 über die Herleitung der einen Hälfte von Kirjat-Jearim in die Nähe des 11. Distrikts. Die andere Hälfte wird von Betlehem abgeleitet, womit es sich bereits im 10. Distrikt befindet.

Überzeugend dagegen ist Niemanns Beweisführung für eine Verbindung von Μανοχω mit מנוח, dem Vater Simsons.[789] Zwischen מנוח und Μανοχω gibt es drei Differenzen, die sich alle erklären lassen: 1. Das lange ו wird durch ein kurzes Omikron wiedergegeben. Das ist aber keine Seltenheit. Niemann weist auf ערוער–Αροηρ und אשתאול–Εσθαολ als Beispiel hin.[790] 2. Das *pataḥ-furtivum* in מנוח dient nur der Überleitung

[783] Ri 13,2.8.9(2×).11.12.13.15.16(2×).17.19(2×).20.21(2×).22; 16,31.

[784] 1Chr 8,6. Manachat aus Gen 36,23 und 1Chr 1,40 werden von Esau hergeleitet. Manachatiter kommen vor in 1Chr 2,52 cj. und 54.

[785] Niemann, *Daniten* 1985, 152–165.

[786] Rudolph, *Chronikbücher* 1955, zur Stelle.

[787] Die frühere Kaleb-Genealogie stehe in 1Chr 2,42–50aα; vgl. Willi, *Chronik* 1991ff, 90f.

[788] Niemann, *Daniten* 1985, 153.

[789] Niemann, a.a.O., 161–163.

[790] Niemann, a.a.O., 161[79].

zum ה und stellt somit keine wesentliche Differenz dar. 3. Der Auslaut ו– ist um so bedeutender, weil er ein nur Ortsnamen anhaftendes Suffix ist. Der Unterschied stellt sich aber gerade als der Beweis für die Verbindung מנוח–Μανοχω heraus. Handelt es sich bei מנוח um eine Person, so geht es bei Μανοχω um den Ort im Zusammenhang mit der Person.

Auch überzeugt Niemanns Beweisführung, daß Μανοχω aus sprachlichen Gründen nicht mit *manḫate*, das in *EA* 292,30 genannt wird, gleichgesetzt werden darf.[791] Jedoch kann Manachat(iter) sehr wohl mit Manocho gleichgesetzt werden und *manḫate* sehr wohl mit Manachat(iter), so daß man über den Umweg von Manachat(iter) doch von Manocho zu *manḫate* kommt. Das heißt, daß der Ort in der SBZ bewohnt gewesen sein muß.

7.3.5.2. Die Identifizierungen

Vier von 11 Orten können mit relativer Sicherheit identifiziert werden:

Ort	*Folgenummer*	*Identifizierung*	*grid*
Tekoa	1	*ḫ. tequ*ʿ[792]	170.115
Efrata=Betlehem	2	*bēt laḥm*[793]	169.123
Etam	4	*ḫ. el-ḫōḫ*[794]	167.121
Bet-Ter	10	*ḫ. el-yehūd*[795]	162.126

Nicht zu identifizieren ist Tatam[796] (6). Die restlichen Identifizierungen sind umstritten.

791 Anders Aharoni, *LoB* ²1979, 172.174.

792 Abel, *GP* II 1938, 478f; Kochavi, *JSG* 1972, Nr. 62; Aharoni, *LoB* ²1979, 355.442; Höhne, *BHH* 1979; Noth, *Josua* ²1953, 99; Fritz, *Josua* 1994, 167; Aḥituv, *Joshua* 1995, 267; Nelson, *Joshua* 1997, 289. Zum archäologischen Befund vgl. Ofer, *Highland* II 1993, 2a:28.

793 Zum archäologischen Befund vgl. Ofer, *Highland* II 1993, 2a:13; Stekelis/e.a., *Bethlehem*.

794 Abel, *GP* II 1938, 321; Noth, *Josua* ²1953, 99; Kochavi, *JSG* 1972, Nr. 35; Aharoni, *LoB* ²1979, 355; Höhne, *BHH* 1979; Kallai, *HGB* 1986, 392; Fritz, *Josua* 1994, 254; Aḥituv, *Joshua* 1994, 267, Nelson, *Joshua* 1997, 287. Der Name ist im nahegelegenen *ʿēn ʿaṭān* beibehalten. Eine ausführliche Argumentation mit einer Besprechung älterer Quellen und Forschungen findet man bei Kraus, *Chirbet el-chōch* 1956. Zum archäologischen Befund vgl. Ofer, *Highland* II 1993, 2a:13.

795 Abel, *GP* II 1938, 271; Noth, *Josua* ²1953, 99; Kochavi, *JSG* 1972, Nr. 4; Aharoni, *LoB* ²1979, 355.432; Höhne, *BHH* 1979; Kallai, *HGB* 1986, 393; Fritz, *Josua* 1994, 167.254 (mit Fragezeichen); Aḥituv 1995, 265; Nelson, *Joshua* 1997, 286. Der Name ist in *bittīr* enthalten. Zum archäologischen Befund vgl. Ussishkin, *Betar* 1992; id., *Betar* 1993.

796 Die Verbindung aufgrund eines vagen Namenanklangs von Tatam mit Netopha —*ḫ. (umm) sēbaʿa* (169.118), so Ofer, *Highland* I 1993, 3:48, ist zu hypothetisch, wie auch die zwei Fragezeichen bei Ofer bezeugen.

Ort	*Folgenummer*	*Identifizierung*	*grid*
Peor	3	*ḫ. fāġūr / ḫ. zakanda*[797]	164.119
		ḫ. umm el-qiṭa'[798]	165.120
Kulon	5	*keslā*[799]	154.132
		bēt ǧālā	167.124
Schoresch	7	*ḫ. zunuqle*[800]	157.134
		sārīs[801]	156.133
		ṣūbā[802]	161.133
Kerem	8	*ʿēn karīm*[803]	165.130
		el-ḫaḍer[804]	165.123
		ḫ. ṣāliḥ[805]	170.127
Gallim	9	*bēt ǧālā*[806]	167.124
Manocho	11	*el-māliḥa*[807]	167.128

Peor

Daß der Name in *ḫ. fāġūr* enthalten ist, steht außer Frage. Doch gehörten nach Ofer auch das unweit südlich davon gelegene *ḫ. zakanda* wie auch das nördlich davon gelegene *ḫ. umm el-qiṭa'* zu Peor.[808] Wenn

[797] Abel, *GP* II 1938, 91; Noth, *Josua* ²1953, 99; Kochavi, *JSG* 1972, Nr. 46; Aharoni, *LoB* ²1979, 355.440; Höhne, *BHH* 1979; Kallai, *HGB* 1986, 392; Fritz, *Josua* 1994, 167; Aḥituv, *Joshua* 1995, 267; Nelson, *Joshua* 1997, 288.

[798] Ofer, *Highland* I 1993, 3:75–77.

[799] Ofer, *Highland* I 1993, 3:52.

[800] So Noth, *Josua* ²1953, 99 mit Dalman, *Seïr* 1921, 97 (der allerdings nicht behauptet, daß es mit dem atlichen Saris gleichzusetzen ist, sondern nur, daß *ḫ. zunuqle* die ältere Vorgängerin von *sārīs* ist); Höhne, *BHH* 1979.

[801] So Abel, *GP* II 1938, 91; zweifelnd Ofer, *Highland* I 1993, 3:84f.

[802] So mit einem Fragezeichen: Aharoni, *LoB* ²1979, 355.443; Kallai, *HGB* 1986, 393.

[803] Abel, *GP* II 1938, 295f; Noth, *Josua* ²1953, 95; Cross / Wright, *Boundary* 1956, 221; Höhne, *BHH* 1979 (mit zwei Fragezeichen); Boling / Wright, *Joshua* 1982, 391; Fritz, *Josua* 1994, 167. Ofer, *Highland* I 1993, 3:21f, und Aḥituv, *Joshua* 1995, 267, zweifeln zwischen *ʿēn karīm* und *ḫ. ṣāliḥ*.

[804] Alt, *Institut* 1928, 19–21.

[805] Aharoni, *Ramat Rahel* 1956, 152ff; id., *Beth-Haccherem* 1967; id., *Province-list* 1959, 243; id., *LoB* ²1979, 355.432; Nelson, *Joshua* 1997, 288; vgl. zum archäologischen Befund Aharoni, *Ramat Raḥel*.

[806] So Abel, *GP* II 1938, 91. Er geht aber nicht weiter auf diesen Ort ein. Ofer, *Highland* I 1993, 3:34: als Möglichkeit.

[807] Alt, *Institut* 1927, 15; Abel, *GP* II 1938, 377; Noth, *Josua* ²1953, 99; Aharoni, *LoB* ²1979, 355.439; Höhne, *BHH* 1979, mit einem Fragezeichen; Boling / Wright, *Joshua* 1982, 391; Kallai, *HGB* 1986, 393; Ofer, *Highland* I 1993, 59; Aḥituv, *Joshua* 1995, 268; Nelson, *Joshua* 1997, 288. Vgl. zum archäologischen Befund Edelstein, *Manaḥat* 1988f; Edelstein / e.a., *Emeq Refa'im* 1989f; Edelstein / Milevski, *Rural* 1994.

[808] Ofer, *Highland* I 1993, 3:75–77.

es aber um die Identifizierung von Peor in c 15 geht, verweist Ofer nur auf *ḫ. umm el-qiṭaʿ*, da er die Ortsliste in die Zeit Josias datiert und nur in *ḫ. umm el-qiṭaʿ* Reste aus dem 7. Jh. gefunden wurden.[809] Wenn dieser Datierung tatsächlich zu folgen ist, wäre Peor wahrscheinlich hier zu suchen.

Kulon

Wenn Margolis recht hat mit seiner Behauptung, daß κουλον über γωλων von גלה herzuleiten ist,[810] dann kann Kulon, statt Gallim, mit *bēt ǧālā* verbunden werden. Der Name bereitet weniger Probleme als im Falle von Gallim.[811] Doch handelt es sich hier natürlich um eine Konjektur, die hypothetisch bleiben muß. Ofers Identifizierung mit *keslā* über die Konjektur Kesalon,[812] ist noch hypothetischer.

Schoresch

Den Namen Schoresch könnte man in *sārīs* wiederfinden. Der Ort war im 8. und 7. Jh. bewohnt.[813] Das gilt nicht für *ḫ. zunuqle*. Doch die Lage beider Orte ist alles andere als günstig. Sie liegen westlich von Kirjat-Jearim, was heißt, daß sie eher für den nächsten Distrikt in Betracht gezogen werden müssen. Auf die Gefahr eines Zirkelschlusses hin ist es aber auch möglich, mit der ägyptischen Rezension Σωβης zu lesen.[814] Dann könnte man den Ort mit *ṣūbā* identifizieren. Doch ist letzterer Ort wahrscheinlich mit Rabba gleichzusetzen.[815] Darum optieren wir für eine Gleichsetzung mit *sārīs*, auch wenn sie unsicher ist.

---

809 Ebd. Hier behandelt er auch die Sprachverwirrung, was die drei *sites* angeht. *ḫ. fāǧūr* ist auch als *ḫ. el-ḥumēdīye* bekannt, aber fälschlich unter dem Namen *ḫ. aḥmadīye*. *ḫ. aḥmadīye* ist nämlich der alternative Name für *ḫ. umm el-qiṭaʿ*. *ḫ. zakanda* und *ḫ. fāǧūr* werden oft gleichgesetzt, doch sind es zwei unterschiedliche *sites*. Siehe zu den archäologischen Befunden aller *sites* Ofer, *Highland* II 1993, 2a:12.25.

810 Dieses Gilo ist dann ein anderes als das von 15,51. Wahrscheinlich ist es aber mit dem Gilo von 2Sam 15,12 identisch; vgl. גילני in 2Sam 15,12 und 23,34.

811 S. dazu unten.

812 Ofer, *Highland* I 1993, 3:52.

813 Vgl. Kallai, *HGB* 1986, 392f, mit Literatur.

814 Und nicht Hs. B, wie Kallai, *HGB* 1986, 393, meint. B hat Εωβης.

815 S.u. §7.3.6.2 zu „Rabba".

Kerem

Für die Identifizierung von Bet-Kerem und nicht Kerem mit *ḫ. ṣalīḥ* gibt Aharoni sechs Argumente:[816] 1. Die Zeit, zu der der *site* bewohnt war, steht im Einklang mit den biblischen Berichten. 2. Um 600 wurde ein königlicher Palast gebaut, der wahrscheinlich der gleiche ist wie der, gegen den Jeremia prophezeit (Jer 22). 3. Es sind viele Jehud-Siegel gefunden worden, was darauf hinweist, daß es wahrscheinlich eine Distrikthauptstadt in pers. Zeit war (Neh 3,14). 4. Es liegt auf einem gut sichtbaren Platz, so daß die Feuerzeichen (Jer 6,1) auch von Tekoa gesehen werden können. 5. Nach einigen außerbiblischen Quellen liegt Bet-Kerem nahe an Jerusalem.[817] 6. Ein so wichtiger *site* muß in der Bibel erwähnt sein.[818] Seine Argumente sind überzeugend. Es bleibt aber die Frage, ob das hier genannte Kerem auch Aharonis Bet-Kerem ist?

Weil Alt auch fand, daß Bet-Kerem gut zu sehen sein mußte, aber meinte, daß Jeremia von Jerusalem aus zwei am Horizont liegende Orte beschrieben hat, schlägt er *el-ḫaḍer* vor. Der Berg des Feuerzeichens läge dann südlich mit einem Gipfel von 994 m. Die Lage paßt ausgezeichnet, weil es dann zwischen Etam und Bet-Ter zu lokalisieren ist und eine ungefähre Anordnung der Orte des 10. Distrikts von Süden nach Norden zu bestätigen scheint. Doch droht hier einerseits die Gefahr eines Zirkelschlusses, und außerdem haben *ḫ. ṣalīḥ* und *ʿēn karīm* bessere Karten. Für *ʿēn karīm* spricht der Name. Über die relative Lage kann nicht viel mehr gesagt werden.

Gallim

bēt ǧālā ist aufgrund von Lage und Archäologie[819] ein passender Ort für Gallim. Der Name könnte aber ein Problem bereiten, weil das *m* fehlt. Wahrscheinlich liegt hier der gleiche Fall vor wie bei Jorkoam cj.—*ḫ. raqʿa*. Das heißt, entweder ist ein *m* elidiert, oder Gallim verbirgt sich in einem ähnlich klingenden arabischen Namen.[820] Das erste ist wahrscheinlich, da Eusebius den Ort Gallim aus 1Sam 25,44 mit Γαλλει wiedergibt.

---

[816] Aharoni, *Beth-haccherem* 1967; id., *Ramat Raḥel*.

[817] Vgl. Tsafrir / e.a. 1994, *Tabula* 82.

[818] Übrigens teilt der Herausgeber der *NEAEHL* am Ende des Artikels von Aharoni mit, daß Bet-Kerem auch mit *mmšt* von den *lmlk*-Stempelsiegeln gleichgesetzt werden kann; führt aber leider keine Argumente an.

[819] Anders Kallai, *HGB* 1986, 393.

[820] Es sei hier nochmals erwähnt, daß Margolis, *bēt ǧālā* in Κουλον über die Zwischenform Γωλων=גלה findet; s.o. §2.3 zu v 51.

Manocho
Relativ wenig spricht gegen die Gleichsetzung von Manocho mit *el-māliḥa*. Ein *n* und *l* können vertauscht werden,[821] und die Lage sowie die Archäologie (MBZ und EZ II) scheinen zu passen.

Noch einmal Kerem
Da die Entscheidung, welcher *site* das alte Kerem beherbergt, schwer zu treffen war, ist noch einmal, nachdem alle hypothetischen Identifizierungen vorgestellt worden sind, darauf zurückzukommen. Die sicheren Identifizierungen scheinen eine Bewegung von Süden nach Norden und von Westen nach Osten vorauszusetzen. Im Süden beginnt Tekoa, danach kommt gleich die Ausnahme Betlehem, mit den südwestlich gelegenen Peor und Etam. Dann sind erst Bet-Ter und Manocho wieder gesichert. Falls eine Anzahl von Orten in einer Gruppe zusammen eine Art West-Ost- oder Ost-West-Linie bilden, dann gehören entweder Soba–*ṣūbā* und Kerem–*ʿēn karīm* zusammen oder Kerem–*ḫ. ṣāliḥ* und Gallim–*bēt ǧālā*. Wir optieren für die Verbindung von Kerem mit Bet-Kerem, und Bet-Kerem mit *ḫ. ṣāliḥ*. Dann ist Gallim mit *bēt ǧālā* zu verbinden. Der Vorzug für *ḫ. ṣāliḥ* rührt, worauf Aharoni hingewiesen hat, vor allem daher, daß es kaum vorstellbar ist, daß ein so wichtiger Ort wie *ḫ. ṣāliḥ*, der seit dem 8. Jh. belegt ist, nicht in der Ortsliste verzeichnet sein sollte.

7.3.6. *Distrikt XI—15,60*

7.3.6.1. Die literarischen Quellen

Distrikt XI enthält lediglich zwei Orte. Davon ist Rabba *hapax legomenon*. Kirjat-Baal / Kirjat-Jearim ist bereits behandelt worden.[822]

Rabba
Rabba wird oft mit *rubute* aus den Amarna-Briefen (*EA* 289,13; 290,11[823]) und dem Taanakbrief (I,25)[824] sowie mit *rbt* aus der Scheschonkliste (Nr. 13)[825] und der Liste Tutmoses' III.[826] identifiziert. Grundsätzlich

[821] Aharoni, *LoB* ²1979, 123.
[822] S.o. §6.5.1 unter „Baala und Kirjat-Jearim" und §6.5.2 unter „Von der Meneftoachquelle nach Baala".
[823] Vgl. Moran, *AL* 1992, 391.
[824] Vgl. Albright, *Prince* 1944, bes. 19.
[825] Simons, *ETL* 1937, XXXIV,13.
[826] Simons, *ETL* 1937, Ia,b,c, 105.

ist es fragwürdig, einen so allgemeinen Namen wie Rabba mit anderen Quellen in Verbindung zu setzen.[827] Eine weitere Frage ist, ob sich die oben genannten Namen auf ein und denselben Ort beziehen. Albright hat die These aufgestellt, daß *rubute* aus dem Taanachbrief sicher nicht mit den anderen identisch ist.[828] Doch die verbleibenden Orte können theoretisch miteinander identisch sein. In der Thutmosesliste erscheint *rbt* nach *qḏr*=Gezer sowie wahrscheinlich auch in der Scheschonkliste,[829] während es in den Amarna-Briefen als eine Stadt westlich von Jerusalem vorkommt.[830]

Wir kommen zurück zur Frage, ob sie dann mit Rabba aus 15,60 identisch sind. Aḥituv weist mit Hilfe von *EA* 290,5–18 darauf hin, daß *rubute* im Gebirge gelegen haben muß.[831] Die Ostgrenze des Gebiets von Gezer reichte bis zu den Orten Ajalon und Zora, welche die Westgrenze von Jerusalem darstellten. Da *rubute* zu Jerusalem gehörte, muß es östlich von Ajalon und Zora gelegen haben. Damit nähert man sich dem 11. Distrikt, so daß eine Gleichsetzung mit Rabba durchaus möglich ist. Die Identifizierung von Rabba mit *rbt* in der Scheschonkliste—wie auch mit *rubute*—wird aber unmöglich, da *rbt* vor Ajalon (Nr. 26) und Bet-Horon (Nr. 24) verzeichnet wird,[832] und somit aller Wahrscheinlichkeit nach nicht im Gebirge lag.

7.3.6.2. Die Identifizierungen

Kirjat-Jearim wird fast ausnahmslos am Ort des *dēr el-azhar* lokalisiert, und zwar seit Eusebius[833]. Baala muß in der Nähe des *dēr el-azhar* gelegen haben.

Ort	*Folgenummer*	*Identifizierung*	*grid*
Kirjat-Baal	1	bei *dēr el-azhar*[834]	160.135

Die Identifizierung von Rabba ist weniger sicher:

---

[827] Noth, *Wege* IV 1938=1971, 80[33].
[828] Albright, *Prince* 1944, 19[36]; Noth, a.a.O., 80[33].
[829] Wenn man mit Mazar, *Campaign* 1957, Nr. 12 als Geser liest.
[830] Vgl. Knudtzon, *EA* II 1915, 1342; Moran, *AL* 1992, 391.
[831] Aḥituv, *Toponyms* 1984, 166.
[832] Wenn man mit Mazar, *Campaign* 1957, bustrophedisch liest, was wohl sehr wahrscheinlich ist.
[833] Eusebius, *Onomastikon*, 48,22–24 (10 Meilen von Jerusalem); 114,23–27 (9 Meilen von Jerusalem). Vgl. für die anderen Erwähnungen Abel, *GP* II 1938, 419–422.
[834] S.o. §6.5.2 unter „Von der Meneftoachquelle nach Baala".

Ort	*Folgenummer*	*Identifizierung*	*grid*
Rabba	2	*ḫ. bīr el-ḥilu*[835] / *ḫ. ḥamīde*	149.137
		ṣūbā[836]	161.133

Rabba

Die Gleichsetzung von Rabba mit *ṣūbā* geschieht aufgrund der griechischen Variante Σωθηβα in der ägyptischen Rezension, was nach Abel ein Fehler für Σωβα (= Syrische Rezension) ist.[837] Es ist sehr wohl möglich, daß הרבה ein Appellativum zu *צובה war und *צובה der eigentliche Name der Stadt war. Beweise hierfür gibt es außer in den oben genannten Varianten nicht. Außerdem wird *ṣūbā* auch von der Konjektur Σωβης (15,59[LXX]) beansprucht. *ṣūbā* ist ein isolierter *tell* von hoher strategischer Bedeutung. Von hier aus konnte man die Zugangswege nach Jerusalem bewachen. Des weiteren liegt es in der Nähe von Kirjat-Jearim, was die Identifizierung auch wahrscheinlich macht.

Gerade der letzte Punkt aber war für Aharoni der Anlaß, Rabba mit *ḫ. ḥamīde* zu identifizieren.[838] Wenn nämlich Rabba und Kirjat-Jearim so nahe beieinander lägen, sei der 11. Distrikt wohl sehr klein. Deswegen optiert er für das weiter westlich gelegene *ḫ. ḥamīde*. Dagegen ist einzuwenden, daß die Größe eines Distriktes variabel ist. Der Negev-Distrikt z.B. ist im Vergleich zu den anderen sehr groß. Die Größe eines Distriktes kann historische Hintergründe haben oder auch wirtschaftliche. Als historischer Hintergrund könnte z.B im Falle des 11. Distrikts eine spätere Aneignung dieses (kleinen) Gebietes in Frage kommen, als wirtschaftlicher Hintergrund könnte man an die Tatsache denken, daß das Gebiet im Unterschied zum Negev ein fruchtbares landwirtschaftliches Gebiet ist. Außerdem muß Rabba, falls es mit *rubute* aus den Amarna-Briefen identisch ist, östlich von Ajalon und Zora liegen. Die Gleichsetzung mit *ṣūbā*, einem *tell*, der durch seine Lage den Namen Rabba sicherlich verdient, ist also zu bevorzugen.

---

835 Aharoni, *Rubute* 1969.
836 Abel, *GP* II 1938, 423f; Höhne, *BHH* 1979, mit zwei Fragezeichen.
837 So Abel, *GP* II 1938, 423.
838 Aharoni, *Rubute* 1969.

7.4. *Die Wüste*

Die Wüste Judas beginnt östlich der nord-südlichen Wasserscheide auf dem Bergland Judas und endet beim Toten Meer. Sie ist gekennzeichnet durch im Durchschnitt geringen Regenfall, einen steilen Abfall in Richtung des Toten Meeres und tief ausgeschliffene *wādi*s. Ansiedlung ist in dieser „Mondlandschaft" kaum möglich.

7.4.1. *Distrikt XII—15,61–62*

7.4.1.1. Die literarischen Quellen

Das AT und Eusebius verraten wenig über den zwölften Distrikt. Von den sechs Orten sind vier *hapax legomena*: Middin, Sechacha, Nibschan und die Salzstadt, so daß nur Bet-Araba und En-Gedi literarisch analysiert werden können. Davon ist Bet-Araba bereits unter §6.5.1 behandelt worden.

En-Gedi

En-Gedi kommt sechsmal im AT vor.[839] In Ez 47,10 werden En-Gedi und En-Eglaim als zwei Orte am Toten Meer genannt. In En-Gedi versteckte sich David vor Saul (1Sam 24,1.2). Nach 2Chr 20,2 ist En-Gedi mit Hazezon-Tamar gleichzusetzen, wo die Feinde Josaphats lagern. Nur noch in Hld 1,15 und Gen 14,7 begegnet der gleiche Ort; in letzterem Text als Wohnstätte der feindlichen Amoriter. Einen historischen Hintergrund haben die Texte aber nicht. Auch die Gleichsetzung von En-Gedi mit Hazezon-Tamar ist mit Skepsis zu betrachten.[840]

7.4.1.2. Die Identifizierungen

Allgemein akzeptiert ist bisher die Identifizierung von En-Gedi mit dem *t. el-ǧurn*, das nahe dem *ʿēn ǧidi* liegt.

Ort	*Folgenummer*	*Identifizierung*	*grid*
En-Gedi	6	*t. el-ǧurn*[841]	187.096

[839] Jos 15,62; 1Sam 24,1.2; 2Chr 20,2; Hld 1,15; Ez 47,10. Vgl. außerdem Eusebius, *Onomastikon*, 86,16–19, und Tsafrir / e.a., *Tabula* 1994, 121.

[840] Williamson, *Chronicles* 1982, 294f: eine ungefähre Gleichsetzung; vgl. auch Aharoni, *LoB* ²1979, 140. Die Palmstadt (Ri 1,16; 3,13), auch ein Ort mit dem Element „Tamar", darf nicht mit En-Gedi gleichgesetzt werden (vgl. Soggin, *Juges* 1987, 31).

[841] Abel, *GP* II 1938, 316f; Noth, *Josua* ²1953, 99f; Cross / Wright, *Boundary* 1956, 224; Aharoni, *LoB* ²1979, 434; Höhne, *BHH* 1979; Nelson, *Joshua* 1997, 286. Fritz, *Josua* 1994,

Nach B. Mazar ist *t. el-ğurn* seit dem 7. Jh. bewohnt.[842] Das heißt, daß wir mit dem Ort einen *terminus post quem* für diesen Teil der judäischen Ortsliste hätten. Nun meint aber Aharoni, daß es eine frühere Siedlung gegeben haben muß, weil sich ältere Gräber in der Nähe von *t. el-ğurn* finden.[843] Das ist aber nicht zwingend, kann es sich dabei doch auch um Gräber von (Halb-)Nomaden handeln. Man kann sich des Eindrucks nicht erwehren, daß Aharoni hier für eine frühere Zeit optiert, weil er die Ortsliste Judas in der Zeit des Usija ansetzt.[844]

Die Lage aller restlichen Orte ist (höchst) unsicher. Bet-Araba ist oben schon besprochen worden.[845]

Ort	*Folgenummer*	*Identifizierung*	*grid*
Bet-Araba	1	bei *ʿēn el-ġarabe*[846]	197.139
Middin	2	*ḫ. abū ṭabaq*[847]	188.127
		ḫ. māzīn[848]	192.121
		ruğm el-baḥr	198.131
Sechacha	3	*ḫ. es-samrā*[849]	187.125
		ḫ. qumrān[850]	193.127

254, hat zwei Fragezeichen.

842 Mazar, *En Gedi.*

843 Aharoni, *LoB* ²1979, 351; vgl. auch Fritz, *Josua* 1994, 168.

844 Vgl. auch Fritz, a.a.O., 168.

845 S.o. §6.5.2 unter „Von der Jordanmündung bis Bet-Araba".

846 S.o. §6.5.2.

847 Cross / Milik, *Explorations* 1956, 15f. So auch, aber weniger sicher: Aharoni, *LoB* ²1979, 356.439; Höhne, *BHH* 1979; Boling / Wright, *Joshua* 1982, 392. Zum archäologischen Befund siehe Bar-Adon, *JSG* 1972, Nr. 92.

848 Bar-Adon, *Suggestion* 1979; id., *Excavations* 1989, 18f (S. 18–29 für eine Beschreibung des archäologischen Befundes); Ofer, *Highland* I 1993, 3:55f; Eshel, *Note* 1995. Abels, *GP* II 1938, 386, Identifizierung mit *ḫ. qumrān* ist nicht so wahrscheinlich.

849 Cross / Milik, *Explorations* 1956, 15f. Aharoni, *LoB* ²1979, 356.441, und Höhne, *BHH* 1979, zweifeln; vgl. auch Boling / Wright, *Joshua* 1982, 392.

850 Allegro, *Treasure* 1960, 68–74.144–147; Kallai, *HGB* 1986, 396[143]; Bar-Adon, *Suggestion* 1979; id., *Excavations* 1989 (mit Beschreibung des archäologischen Befundes); Ofer, *Highland* I 1993, 3:65; Eshel, *Note* 1995; Nelson, *Joshua* 1997, 289. Fritz, *Josua* 1994, 168.257 (mit einem Fragezeichen), folgt Allegro, meint aber zu Unrecht, daß dieser Sechacha mit *ḫ. abū ṭabaq* gleichsetzt. Die Identifizierung mit *ḫ. el-dekki* (Abel, *GP* II 1938, 452f) ist nicht so wahrscheinlich, weil der Ort zu weit westlich liegt.

Ort	*Folgenummer*	*Identifizierung*	*grid*
Nibschan	4	*ḫ. el-maqāri*[851]	186.123
		ʿēn el-ġuwēr[852]	189.114
		ʿēn el-ġuwēr +	189.114
		ʿēn et-turābe[853]	188.112
die Salzstadt	5	*umm zoġal*[854]	186.060
		ʿēn et-turābe[855]	188.112
		ʿēn el-ġuwēr +	189.114
		ʿēn et-turābe	188.112
		ḫ. qumrān[856]	193.127
		ruǧm el-baḥr[857]	198.131

Middin, Sechacha und Nibschan

Cross / Milik gehen von einer linearen Anordnung der Orte des 12. Distrikts von Norden nach Süden aus.[858] Bet-Araba (bei *ʿēn el-ġarabe*) sei der nördlichste, En-Gedi (*t. el-ǧurn*) der südlichste. Mit Noth befürworten sie die Identifizierung der Salzstadt mit *ḫ. qumrān* aus. Somit bleiben für sie drei unbekannte Orte übrig. Diese verbinden sie mit den von ihnen auf der *buqēʿa* gefundenen ez Orten: *ḫ. abū ṭabaq*, *ḫ. es-samrā* und *ḫ. el-maqāri*. Nach der Nord-Südlinie identifizieren sie diese mit Middin, Sechacha und Nibschan. Da jedoch nur En-Gedi relativ sicher zu identifizieren ist, die anderen Orte aber nicht, bleiben beide Voraussetzungen unbewiesen.

Eshel rechnet auf der anderen Seite mit einer Ausdehnung des Distriktes bis zum Südende des Toten Meeres und einer kreisförmigen statt linearen Anordnung der Orte.[859] Der erste der drei in einem Vers vorkommenden sei immer der nördliche, der zweite der südliche

---

851 Cross / Milik, *Explorations* 1956, 15f. Aharoni, *LoB* ²1979, 356.440, und Höhne, *BHH* 1979, folgen Cross und Milik zweifelnd; vgl. auch Boling / Wright, *Joshua* 1982, 392. Zum archäologischen Befund siehe Bar-Adon, *JSG* 1972, Nr. 104.

852 Bar-Adon, *Suggestion* 1979; id., *Excavations* 1989, 33–40. Zum archäologischen Befund siehe Bar-Adon, *JSG* 1972, Nr. 141 (ohne Datierung); id., *Excavations* 1989, 33–40.

853 Eshel, *Note* 1995, 37–40. Zur archäologischen Lage siehe Bar-Adon, *JSG* 1972, Nr. 145.

854 Eshel, *Note* 1995, 37–40.

855 Bar-Adon, *Suggestion* 1979; id., *Excavations* 1989, 41–49.

856 Noth, *Name* 1955 = 1971. Mit ihm: Cross / Wright, *Boundary* 1956, 224, und Cross / Milik, *Explorations* 1956, 15f; Boling / Wright, *Joshua* 1982, 391; Cansdale, *Identity* 1993. Weniger sicher: Aharoni, *LoB* ²1979, 18f.356.433, und Höhne, *BHH* 1979. Zur archäologischen Lage vgl. De Vaux / Broshi, *Qumran* (mit Literatur).

857 Ofer, *Highland* I 1993, 3:69–71.

858 Cross / Milik, *Explorations* 1956, 15f.

859 Eshel, *Note* 1995.

und der dritte der mittlere. Dieses Schema sei für die sechs Orte also zweimal zu beobachten.[860]

Sechacha identifiziert er mit *ḫ. qumrān*, Bet-Araba müsse in der Nähe von *ʿēn el-ġarabe* gesucht werden und Middin sei aufgrund der Namensähnlichkeit mit *w. māzīn* in *ḫ. māzīn*[861], das genau zwischen beiden Orten liege, zu lokalisieren. Den gleichen Vorgang, Norden–Süden–Mitte, wiederholt er für die Orte von v 62. En-Gedi müsse der mittlere Ort sein, was heißt, daß Nibschan nördlich und die Salzstadt südlich davon liegen müßten. Südlich von En-Gedi gebe es drei Sites mit EZ II: *massad*, *ʿēn boqeq* und *umm zoġal*. Letzterer Ort sei der wahrscheinliche Kandidat, „because of its proximity to Mount Sodom."[862]

Die Behauptungen Eshels gehen über Vermutungen und unbewiesene Voraussetzungen nicht hinaus. Auch wenn für die Liste Issachars (und Dans) nachgewiesen werden könnte, daß sie konzentrisch angeordnet ist, heißt das noch nicht, daß das automatisch in 15,21ff auch der Fall ist. Mehr noch, bei den anderen judäischen Distrikten konnte diese Anordnung nicht festgestellt werden. Des weiteren ist die Übertragung auf Distrikt XII wegen der besonders unsicheren Identifizierung der Orte sehr zweifelhaft. Zudem ist es die Frage, warum die Salzstadt in der Nähe des Berges Sodom liegen muß. Läßt sich der Verfasser durch die LXX verwirren, die πολεις Σοδομ hat?

Sechacha und die Salzstadt

Im allgemeinen wird entweder die Salzstadt oder Sechacha für die Identifizierung von *ḫ. qumrān* in Anspruch genommen.[863] Noth entschied sich für die Salzstadt,[864] Allegro für Sechacha.[865] Noth gibt drei Argumente an: 1. Die Anordnung der Orte des Distriktes verläuft wahrscheinlich von Norden nach Süden, d.h. vom Bereich des *ʿēn el-ġarabe* bis zum *t. el-ǧurn*. 2. Der Name Salzstadt weist auf eine Lage am Toten Meer hin. 3. Zwischen *ʿēn el-ġarabe* und *t. el-ǧurn* ist *ḫ. qumrān* der ein-

---

[860] Der Autor stützt sich dabei auf die Tatsache, daß das gleiche Schema in der Dan- und Issacharliste vorliege. Er verweist hierfür auf Kallai, *HGB* 1986, 421, der in diesem Zusammenhang aber nur über Issachar redet.

[861] Der Name *ḫ. māzīn* ist nicht der ursprüngliche Name, sondern *qaṣr el-yehūd*; vgl. Bar-Adon, *Excavations* 1989, 18–29.

[862] Eshel, *Note* 1995, 40.

[863] Früher wurde „die Salzstadt" aufgrund des Namens in *t. el-milḥ* (152.069) angenommen (vgl. Abel, *GP* II 1938, 453). Doch liegt dieser *tell* zu weit westlich und wird außerdem für andere biblischen Orte in Anspruch genommen.

[864] Noth, *Name* 1955.

[865] Allegro, *Treasure* 1960, 68–74.144–147.

zige Ort mit ez Funden. Das erste Argument ist, wie bei Cross und Milik, eine bloße Voraussetzung. Noth begründet jedoch die These mit der Aussage, daß südlich von *t. el-ǧurn* am Westrand des Toten Meeres wegen des kargen Charakters der Landschaft keine Besiedlung zu erwarten ist. Es gibt aber sehr wohl einige Orte aus der EZ, wie wir oben schon gesehen haben (*umm zoġal, massad* und *ʿēn boqeq*), doch ist es sehr fraglich, ob sie durch eine Straße mit *t. el-ǧurn* verbunden waren.[866] Da sie nur aus dem Negev zu erreichen waren, alle anderen Orte des 12. Distriktes jedoch aus dem Bergland, bilden sie wahrscheinlich keine Einheit mit den nördlicher gelegenen Orten. Das alles macht es sehr wahrscheinlich, daß En-Gedi wirklich der südlichste Ort des 12. Distrikts war. Noths zweites Argument, daß die Salzstadt am Toten Meer anzusetzen ist, ist völlig überzeugend.[867] Das dritte Argument jedoch ist überholt. Zwischen *ʿēn el-ġarabe* und *t. el-ǧurn* liegen mindestens vier ez Orte:[868] *ruǧm el-baḥr, ẖ. qumrān, ẖ. māzīn* und *ʿēn el-ġuwēr* + *ʿēn et-turābe*. Die beiden letztgenannten sind aller Wahrscheinlichkeit nach als ein Ort zu betrachten, da zwischen ihnen ez Häuserreste gefunden wurden.[869] Alle drei Ortslagen sind für die Salzstadt in Betracht zu ziehen. Hinzu kommt Eshels überzeugender Hinweis darauf, daß *ẖ. māzīn* am meisten der Namensform von Madon / Middin gleicht. Somit bleibt für die Salzstadt die Wahl zwischen *ruǧm el-baḥr, ẖ. qumrān* und *ʿēn el-ġuwēr* + *ʿēn et-turābe*.

Da es keine positiven Entscheidungshinweise für die Identifizierung der Salzstadt gibt, ist zunächst auf Sechacha einzugehen. Auch dieser Ort wird in *ẖ. qumrān* lokalisiert. Dafür spricht, daß Sechacha in der Kupferrolle (3Q15) auftaucht, und zwar in einer Weise, die eine Identifizierung mit *ẖ. qumrān* möglich macht. Sechacha erscheint dort nach der Ebene Achan, die aller Wahrscheinlichkeit nach mit der *buqēʿa* identisch ist, und vor dem Weg von Jericho nach Sechacha.[870] Das widerspricht einer Ansetzung in *ẖ. qumrān* nicht. Pixner hat sich ausführlichst mit der Topographie der in der Kupferrolle angedeuteten Verstecke beschäftigt.[871] Er kann für jede Erwähnung eines Verstecks in und um

---

866 Dorsey, *Roads* 1991, 147.

867 Das heißt aber nicht, wie Cansdale, *Identity* 1993, 123, meint, daß nur *ẖ. qumrān* die Salzstadt sein kann, weil dort wahrscheinlich Salz gewonnen wurde.

868 Für weitere *sites* siehe Dorsey, *Roads* 1991, 149.

869 Vgl. Bar-Adon, *JSG* 1972, Nr. 126א.196. Nr. 196 ist in die EZ I zu datieren; für Nr. 126א gibt Bar-Adon verschiedene Datierungen: EZ II (S. 127) und EZ I (S. 146).

870 3Q15 V,2.5.13 und als גי הסככא in 3Q15 IV,13.

871 Pixner, *Unravelling* 1983.

Sechacha eine Lage in oder um *ḫ. qumrān* angeben.[872] Gegen die Gleichsetzung spricht aber, daß eine Erwähnung Sechachas in der Rolle nicht gleichzusetzen ist mit einer Identifikation mit *ḫ. qumrān*. Es kann ebenso in der Nähe von Qumran, etwa in einem benachbarten *wādi*, liegen.[873] Auch andernorts können Verstecke gefunden werden, die nach den Beschreibungen derjenigen in und um Sechacha in Frage kämen.

Trotzdem spricht mehr für die Gleichsetzung als gegen sie. Da Sechacha nach der Ebene Achan genannt wird, kommen die drei von Cross / Milik beschriebenen Orte eher nicht in Betracht, liegen sie doch in der östlichen *buqēʿa*.[874] Dann bleibt bei dem heutigen Forschungsstand nur *ḫ. qumrān*, das den Angaben in der Kupferrolle am ehesten gerecht wird. Da Pixner in der Lage ist, eine genaue Topographie zu beschreiben und die Salzstadt nicht mehr unbedingt in *ḫ. qumrān* gesucht werden muß, ist es am wahrscheinlichsten, daß Sechacha mit *ḫ. qumrān* und die Salzstadt mit *ʿēn el-ġuwēr* + *ʿēn et-turābe* oder *ruǧm el-baḥr* gleichzusetzen sind. Allegro sieht außerdem einen Verband zwischen Kippa, Qumran und Sechacha.[875] In 3Q15 V,12–14 wird über einen Schatz in *w. kippā* gesprochen. *kpp* ist seiner Meinung nach mit dem hebräischen und aramäischen *qmr* identisch, wovon *qumrān* abgeleitet ist, und hat als Grundbedeutung „bend over, arch“. *skk*, das „überschatten“ bedeutet und von dem Sechacha abgeleitet ist, kann hiermit in Verbindung gebracht werden. Sechacha muß dann am *w. qumrān* gesucht werden. Auch wenn die letzte These spekulativ bleibt, ist von den drei möglichen Orten *ḫ. qumrān* derjenige, der am besten den Beschreibungen in der Kupferrolle gerecht wird und in archäologischer Hinsicht möglich ist.

Für die Salzstadt bleiben zwei mögliche *sites*: *ʿēn el-ġuwēr* + *ʿēn et-turābe* oder *ruǧm el-baḥr*. Ofer optiert für *ruǧm el-baḥr*, weil diese vormalige (Halb-)Insel am ehesten für den Namen Salzstadt in Betracht gezogen werden kann. Außerdem hatte es einen Steg. Ersteres Argument ist

---

[872] Pixner, a.a.O., 336.347f. Die Kritik von Cansdale, *Identity* 1993, 117–125, an der Ansetzung von Sechacha in *ḫ. qumrān* ist nicht überzeugend. Er behauptet z.B., daß die Gleichsetzung unmöglich ist, weil in der Kupferrolle ein Teich Salomos genannt wird, der nicht verbunden werden kann mit *ḫ. qumrān*, das erst seit dem (8. /)7. Jh. existierte und also keine Reste aus dem 10. Jh., der Zeit Salomos, aufweist.

[873] So Fritz, *Josua* 1994, 168.

[874] Da fünf der sechs Orte mit mehr oder weniger großer Sicherheit am Toten Meer lokalisiert werden können (Bet-Araba [Am Jordanmund], Middin, Sechacha, die Salzstadt und En-Gedi), ist es wahrscheinlich, daß auch der letzte dort angenommen werden muß.

[875] Allegro, *Treasure* 1983, 68–74.144–147.

überzeugend, letzteres aber nicht. Ein Steg ist für die Salzgewinnung nicht notwendig, so daß auch *ʿēn el-ġuwēr* + *ʿēn et-turābe* die Salzstadt sein könnte. Es ist ein langgestreckter *site*, demnach einer mit einem langen Strand, der für die Salzgewinnung günstig ist. Ein weiteres Argument ist die Anordnung des 12. Distrikts, die von Norden nach Süden zu verlaufen scheint. *ʿēn el-ġuwēr* + *ʿēn et-turābe* ist der erste *site* südlich von *ḫ. māzīn*.[876]

Middin und Nibschan
Von den durch Cross / Milik gemachten Identifizierungsvorschlägen bleibt nur einer übrig: Nibschan–*ḫ. el-maqāri*. Middin und Sechacha wurden schon behandelt. Die Nord-Süd-Anordnung hat sich im großen und ganzen wahrscheinlich machen lassen: Bet-Araba, Sechacha, die Salzstadt und En-Gedi. Nur Middin fällt bei unserer Ansetzung aus der Reihe zwischen Sechacha und der Salzstadt. Auf die offensichtliche Gefahr eines Zirkelschlusses hin kann man wegen der Anordnung Middin auch zwischen Bet-Araba und Sechacha ansetzen und Nibschan in *ḫ. māzīn*. Zwischen Bet-Araba und Sechacha gibt es noch einen ez Ort, und zwar *ruǧm el-baḥr*. Der Name enthält keinen Anklang an Middin, aber das gilt auch für Sechacha und die Salzstadt.

Zusammenfassend ist Folgendes zu sagen: 1. Alle Identifizierungen bis auf die von En-Gedi sind sehr hypothetisch. 2. Es besteht keine Notwendigkeit, die von Cross / Milik auf der *buqēʿa* gefundenen Orte für die Identifizierung mit Orten aus dem 12. Distrikt in Betracht zu ziehen. Das bedeutet, daß sie auch nicht für eine Datierung der Ortsliste Judas ausgewertet werden dürfen. 3. Wenn man von der Identifizierung Middin—*ḫ. māzīn* ausgeht, bleiben für Nibschan und die Salzstadt *ʿēn el-ġuwēr* + *ʿēn et-turābe* und *ruǧm el-baḥr*, wobei die Identifizierung Salzstadt—*ʿēn el-ġuwēr* + *ʿēn et-turābe* und Nibschan—*ruǧm el-baḥr* die bestmögliche Lösung ist. Wenn man nicht von der Identifizierung Middin—*ḫ. māzīn* ausgeht, kann eine Nord-Süd-Anordnung des 12. Distrikts beibehalten werden: Bet-Araba—*ʿēn el-ġarabe*, Middin / Madon—*ruǧm el baḥr*, Sechacha—*ḫ. qumrān*, Nibschan—*ḫ. māzīn*, Salzstadt—*ʿēn el-ġuwēr* + *ʿēn et-turābe* und En-Gedi—*t. el-ǧurn*.

---

[876] Bar-Adon, *Excavations* 1989, trennt *ʿēn el-ġuwēr* und *ʿēn et-turābe* und identifiziert das erste mit Nibschan und das zweite mit der Salzstadt. Dagegen spricht, daß die zwei *sites* als einer gesehen werden müssen und es unwahrscheinlich ist, daß zwei biblische Orte eines Distrikts so nahe beieinanderliegen.

7.5. *Nachträge in der Ortsliste*

Wie erkennt man, ob Orte in einer Ortsliste später hinzugefügt wurden? Das ist theoretisch nur möglich aufgrund einer von den anderen Orten abweichenden Datierung oder Lokalisierung. Gerade Datierung und Lokalisierung der ganzen Ortsliste gilt es aber zu bestimmen, und es wäre zu einfach, die Orte, die, was ihre Lokalisierung und Datierung betrifft, nicht zu den meisten anderen Orten passen, herauszustreichen und sie als Zusätze zu bezeichnen. Trotz dieses argumentativen Dilemmas gibt es Hinweise auf spätere Zusätze: 1. In den letzten zwei Schefela-Distrikten kommen jeweils Orte vor, die nacheinander genannt werden, nicht aber in dem Gebiet zu lokalisieren sind, das von den restlichen Orten des betreffenden Distriktes abgesteckt wird. Dagegen können sie in dieser Kombination in einem anderen Gebiet sehr wohl lokalisiert werden. 2. Diese Orte begegnen immer am Ende einer Distriktbeschreibung. 3. Die betreffenden fünf Orte bilden eine geographisch relativ geschlossene Linie (vom Ajalontal bis zur Mittelmeerküste).

Distrikt	*Ort*	*Folgenr.*	*site*
II	Aditajim	13/14	bei *ḫ. el-ḥadaṯa* *ḫ. danab el-kalb*?
	Gedera	14/14	*ḫ. ğedīre*
III	Gederot	13/16	*qaṭra*
	Bet-Dagon	14/16	*bēt değen*
	Naama	15/16	bei *ḫ. dēr en-nu‘mān* und *‘irāq na‘mān* *ḫ. farād*?

Dazu kommen Orte, die—wie bereits dargestellt[877]—aus Gründen der Harmonisierung hinzugefügt wurden:

Distrikt	*Bezeichnung / Grund*	*Ort*	*Folgenr.*
I	Tochterstädte von Beerscheba	Baala Ezem Eltolad Betul	24/34 25/34 26/34 27/34
	„zweiter simeonitischer Distrikt"	En-Rimmon	34/34

[877] S.o. §3.5.1, 3.5.5 und 3.5.6.

Distrikt	*Bezeichnung / Grund*	*Ort*	*Folgenr.*
III	Harmonisierung mit Jos 10	Makkeda	16/16
V	Ausgleich mit der Grenzbeschreibung	der ganze Distrikt	
XI	Ausgleich mit der Nordgrenze	der ganze Distrikt	
XII	Ausgleich mit der Grenzbeschreibung	Bet-Araba	1/6

Wenn die Identifizierung von Gederot, Bet-Dagon und Naama mit *sites* in der Küstenebene zutrifft, liegen drei der vier in v 41 genannten Orte nicht in dem durch die relativ sicher zu identifizierenden Orte Lachisch, Migdal-Gad und Makkeda definierten Gebiet des 3. Distriktes, sie gehören nicht einmal zur Schefela. Zwischen Distrikt III und diesen drei Orten liegt sogar noch Distrikt II und, wie wir gezeigt haben, auch Distrikt IV. Außerdem ist der nächste Ort nach diesen dreien Makkeda, womit wir wieder in dem Gebiet sind, das zum 3. Distrikt zu gehören scheint. Wie ist dies alles zu erklären? Daß drei aufeinander folgende Orte alle in der Küstenebene lokalisiert werden können, ist ein Hinweis für die Richtigkeit der Identifizierungen. Bei Distrikt I ist es wegen der falschen Summierung in v 32 sicher, daß Orte nachträglich in die Liste aufgenommen wurden. Warum sollte das für Gederot, Bet-Dagon und Naama nicht auch gelten? Die bisher notierten Zusätze finden sich, abgesehen von den mit Beerscheba zu verbindenden Orten Baala, Ezem, Eltolad und Betul (v 29f), immer am Ende des jeweiligen Distriktes (v 32: En-Rimmon; v 36: Aditajim, Gedera). Wenn Makkeda außer Betracht gelassen wird, stehen auch Gederot, Bet-Dagon und Naama am Ende des Distriktes (v 41); mehr noch: am Ende der Schefela-Abteilung, denn es ist anzunehmen, daß Distrikt III einst der letztgenannte Distrikt der Schefela war. Aber warum finden wir die drei Orte nicht in einem Anhang zum 4. Distrikt, bei dessen Gebiet sie viel näher liegen, so wie Aditajim und Gedera zum 2. Distrikt gezogen wurden? Es gibt nur eine Antwort: Sie müssen der Schefela als ganzer hinzugefügt worden sein, am Ende der Schefela-Distrikte, von denen Distrikt III ursprünglich der letzte war. Daß die Judäer so weit nördlich gewohnt haben, wird aus vielen Texten deutlich. Somit ist es keineswegs ausgeschlossen, daß das hier angedeutete Gebiet zu Juda gehört haben kann.

Doch warum wird das im ursprünglichen Gebiet des 3. Distriktes zu lokalisierene Makkeda nach drei in der Küstenebene liegenden Orten genannt? Dafür gibt es einen einfachen Grund. Makkeda wurde noch später als diese drei Orte hinzugefügt und steht somit ganz am Ende der ursprünglichen Schefela-Abteilung. Makkeda wurde nachgetragen, weil dieser in c 10 so wichtige Ort in der Judaliste nicht fehlen durfte. Eventuell ist sogar mit der Möglichkeit zu rechnen, daß Distrikt III und IV vertauscht wurden, um Makkeda und Libna nacheinander nennen zu können wie in 10,29.

Es lassen sich noch weitere Vermutungen anstellen. Bet-Araba könnte in dem 12. Distrikt hinzugefügt worden sein, um eine Kongruenz mit der Beschreibung der Nordgrenze zu erreichen. Das würde die Überschneidung mit der benjaminitischen Ortsliste erklären. Gab es den 10. Distrikt in der ursprünglichen hebräischen Fassung? Wir wissen, daß er zur Zeit der El-Amarna-Briefe zum Gebiet von Jerusalem gehörte. Sollte dies später auch noch so gewesen sein und unsere Ortsliste im Zusammenhang mit Steuereinziehung zu sehen sein, wäre es vorstellbar, daß Jerusalem und sein Gebiet, von wo aus die Steuer eingezogen wurde, nicht in der Liste vorkamen. Die LXX hat den Distrikt dann vermißt und dieses „Kerngebiet Judas" hinzugefügt. Es wäre jedoch auch möglich, daß Distrikt X in der Überlieferung des hebräischen Textes herausgestrichen wurde, weil Jerusalem, und damit auch sein Gebiet, nach 15,63 nicht zu Juda gehören durfte. Doch bleibt die Annahme des Verlustes des 10. Distriktes durch Homoioteleueton noch immer am wahrscheinlichsten.

7.6. *Die Datierung der Ortsliste*

Im folgenden wird versucht, die Ortsliste aufgrund archäologischer Ergebnisse zu datieren. Dabei stützen wir uns auf die in der Forschung gemachten Angaben. Es ist nicht möglich, im Rahmen dieser Arbeit eine erschöpfende Analyse zu bieten. Für eine solche brauchte man genaue Daten aller *sites* über die Anzahl signifikanter sowie deren Verhältnis zu anderen signifikanten Scherben und eine ausführliche statistische Auswertung. Weil wir aber die Funde relativ vieler *sites* miteinander vergleichen—von den 128 Orten in 15,20–62 können nach unserer Untersuchung 32 sicher, 41 wahrscheinlich und 17 möglicherweise identifiziert werden (90 insgesamt)—, bietet unsere Untersuchung trotzdem einen recht sicheren Anhalt für die Datierung der Ortsliste insgesamt. Ziel ist es, ein Jahrhundert zu bestimmen, in dem die meisten Orte aus der Liste bewohnt waren. Nicht alle müssen allerdings in diesem Jahrhundert bewohnt gewesen sein: 1. Es gibt Hinzufügungen zur Liste, die entweder spätere Aktualisierungen sind oder ältere Sachverhalte nachtragen. 2. Nicht alle Identifizierungen sind gleich sicher. Wir haben sie vier Kategorien zugewiesen (sicher, wahrscheinlich, möglich und nicht identifizierbar). Doch auch über diese Zuweisungen können die Meinungen auseinander gehen. 3. Wenn in einem bestimmten *site* keine Reste aus einem bestimmten Jahrhundert gefunden wurden, heißt das noch nicht immer, daß dieser *site* in diesem Jahrhundert nicht bewohnt war. Für die Zuordnung der Funde zu Jahrhunderten ist der Keramikbefund von *t. ed-duwēr*—Lachisch ausschlaggebend. Dabei findet Lachisch III 701 und nicht 587 sein Ende.[878]

7.6.1. *Archäologische Daten*[879]

Für eine Datierung kommt nur die EZ II in Frage. In der ausgehenden SBZ,[880] der EZ I[881] sowie der bab./pers. Zeit[882] waren zu wenige Orte der Judaliste bewohnt. Eine Datierung der Ortsliste vor dem 8. Jh. ist aufgrund der archäologischen Befunde unwahrscheinlich. Viele der Orte, die sicher oder wahrscheinlich identifiziert werden konnten, bestanden im 10. oder 9. Jh. noch nicht.[883]

Es bleiben das 8. und 7. Jh. in der engeren Auswahl. Fast alle *sites*, die für die Identifizierung herangezogen werden können, weisen Reste einer Besiedlung aus beiden Jahrhunderten auf; doch nicht alle, und hier liegt das Problem. Manche Orte waren im 8. Jh. bewohnt und im 7. Jh. nicht, während andere im 7. Jh. bewohnt waren, nicht jedoch im 8. Jh. *t. el-ğurn*—En-Gedi und *ḫ. ʿarʿara*—Aroër z.B. wurden erst im 7. Jh. besiedelt, während *t. ʿēṭūn*—Eglon (?), *t. bēt mirsim*—

---

[878] Unsere Analysen basieren auf dem jetzigen archäologischen Forschungsstand, was angesichts der Entwicklung von Untersuchungsmethoden nicht mehr als eine Momentaufnahme sein kann. Doch selbst wenn z.B. der Keramikbefund von Lachisch anders datiert würde, hätte dies für unsere Ergebnisse nur eine relative Verschiebung zur Folge.

[879] Siehe die Übersichten §11.7.1, 11.7.2 und 11.7.3.

[880] Von den sicher identifizierten Orte sind nur 7 der 32 in der SBZ bewohnt.

[881] Von den sicher identifizierten Orte sind nur 12 der 32 in der EZ I bewohnt. Dabei ist es fraglich, ob Arad XII in das 12./11. Jh. zu datieren ist, während Lachisch VI nur am Anfang des 12. Jh. bestand und danach bis zum 10. Jh. verlassen war. Ob es in Bet-Ter—*ḫ. el-yehūd* eine Besiedlung in der EZ I gab, ist nicht sicher.

[882] Von den sicher identifizierten Orten sind 5 der 32 in der bab./pers. Zeit nicht bewohnt. In Zora—*ṣarʿa* wurde nur eine einzige Scherbe aus dieser Zeit gefunden. Dazu kommen folgende wahrscheinlich identifizierbaren Orte, die in pers. Zeit verlassen waren: *ḫ. ġazze*—Kina, *ḫ. ʿarʿara*—Aroër, *bīr es-sebaʿ*—Beerscheba, *qaṭra*—Gederot, *ḫ. ʿanāb el-kebīr*—Anab, *t. el-bēḍā*—Achsib, *ḫ. raqʿa*—Jorkoam cj., *ḫ. bēt ʿamrā* (West)—Sanoach 2, *el-māliḥa*—Manocho und *ḫ. qumrān*—Sechacha.

[883] Dazu gehören Orte wie: *t. sandaḥanne*—Marescha, *ḫ. eṭ-ṭubēqa*—Bet-Zur; *t. el-ğurn*—En-Gedi; *ḫ. ʿarʿara*—Aroër (?).

Goschen (?) und *t. es-sebaʿ*—Baala 2 (??) wahrscheinlich keine Reste aus diesem Jahrhundert aufweisen, und wenn, nur spärliche. Auch *ḫ. er-rummāne*—En-Rimmon (??) hat keine Reste aus dem 7. Jh., doch ist diese Identifizierung unsicher und der Ort in Jos 15,32 literarisch sekundär.

Bei alledem spricht mehr für eine Datierung der Ortsliste in das 7. Jh. als in das 8. Jh. Erstens stehen alle mehr oder weniger sicheren Identifizierungen einer Datierung in das 7. Jh. nicht im Wege; mehr noch, geht man davon aus, daß En-Gedi mit *t. el-ǧurn* gleichzusetzen ist, ist das 7. Jh. die einzige Möglichkeit, gab es doch *t. el-ǧurn* davor nicht. Zweitens ist es prinzipiell möglich, daß in einem *site* die jüngere Schicht aus dem 7. Jh. weggeschwemmt oder abgetragen wurde, so daß es scheinbar Besiedlung nur bis zum 8. Jh. gibt. Andersherum ist es unwahrscheinlich, Material aus dem 7. Jh. zu finden, aber nicht aus dem 8. Jh., wenn ein *site* in beiden Jahrhunderten bewohnt war. Wir gehen also mit Dagan und Ofer, die ihre Datierung auf groß angelegte Oberflächenuntersuchungen stützen, von einer Datierung der Ortsliste in das 7. Jh. aus, wofür Alt bereits mit historischen Argumenten plädiert hat. Ofer hat für alle biblischen Orte des Berglandes und des Wüstendistrikts Identifizierungen mit *sites* geltend gemacht, die Reste aus dem 7. Jh. enthalten. Dagan war hierin leider weniger konsequent. Er hat einige *sites* vorgeschlagen, die nach seinem *survey* im 7. Jh. nicht bewohnt waren,[884] obwohl er von einer Datierung der Ortsliste in dieses Jahrhundert ausgeht.[885]

Eine Datierung in das 7. Jh. ist demnach die wahrscheinlichste, mit der man dem Fehlen von Resten aus dem 8. Jh. in *t. el-ǧurn* Rechnung trägt und die meisten *sites* identifizieren kann.

7.6.2. *Bet-Schemesch*

In der Forschung wurde ein Sachverhalt immer wieder herausgehoben: Bet-Schemesch fehlt in Distrikt II, obgleich es in der Grenzbeschreibung (15,10) zum Gebiet Judas gehört. Da Bet-Schemesch immer wieder zur Datierung der Ortsliste herangezogen wird, ist hier ausführlicher auf diesen Fall einzugehen. Dabei wird zugleich deutlich, auf welche Weise so manche Datierungen zustande kommen. Wir wer-

---

884 Es handelt sich um *t. ʿēṭūn*—Eglon, *t. el-mulēḥa*—Gederot und *t. bēt mirsim*—Makkeda.

885 Dagan, *Cities* 1996, 138.

den zunächst das Problem schildern, um danach die literarischen und anschließend die archäologischen Befunde zu besprechen.

Wenn man bedenkt, daß in der Ortsliste nicht weniger als 128 Orte erscheinen, ist das Fehlen von Bet-Schemesch zumindest auffallend, und darum ist dieses *argumentum e silentio* zu besprechen. Cross / Wright haben dieses Fehlen zum Anlaß genommen, die ganze Ortsliste, vv 21b–62, in das 9. Jh. zu datieren.[886] Ihrer Ansicht nach muß das Fehlen von Bet-Schemesch zu der Annahme führen, daß zur Abfassungszeit der Ortsliste Bet-Schemesch nicht existierte. Daher suchten sie eine Besiedlungslücke in Bet-Schemesch, welches nach allgemeiner Ansicht mit *t. er-rumēle* (147.128) gleichzusetzen ist. Sie fanden eine solche zwischen Stratum IIA und IIB. Die Lücke wurde von ihnen in das 9. Jh. datiert. Stratum IIA könne, so Cross / Wright, von Scheschonk zerstört worden sein—918 v. Chr. in ihrer Datierung.[887] Im 8. Jh. müsse Bet-Schemesch aufgrund der vielen Keramik, die diesem Jahrhundert zuzuschreiben sei, wieder bewohnt gewesen sein. Daher bleibe nur das 9. Jh. als Anwärter für die Lücke. Nun ist es aber so, daß die ebenfalls in der Ortsliste erwähnten Orte auf der *buqēʿa* nach Cross / Milik erst ungefähr 850 gegründet wurden. Bedenkt man, daß viel Keramik auf *t. er-rumēle* aus dem 8. Jh. stammt, so bleibt laut Cross / Wright für die Datierung der judäischen Ortsliste nur die zweite Hälfte des 9. Jh. übrig.[888]

Gegen diese Datierung ist berechtigte Kritik aufgekommen. Kallai weist unter anderem darauf hin, daß eine Besiedlungslücke nicht notwendigerweise ein ganzes Jahrhundert dauern muß, sie kann auch eine Sache von einigen Jahren sein.[889] Außerdem zeigt er, daß viele Scherben von *t. er-rumēle* aus dem 9. Jh. stammen.[890] Er datiert die Ortsliste

[886] Cross / Wright, *Boundary* 1956, 202–226.

[887] Die Datierung dieses Feldzuges ist jedoch problematisch. Nach 1Kön 14,25 und nahezu parallel 2Chr 12,2 fand der Siegeszug Scheschonks im 5. Regierungsjahr Rehabeams statt, also im Jahre 921 oder 920. Scheschonk aber regierte von 945 bis 924. Eine der beiden Chronologien stimmt nicht. Vgl. dazu mit weiterführender Literatur Donner, *Geschichte* ²1995, 321f[14].

[888] Als extra Argument führen Cross / Wright, *Boundary* 1956, 213f, an, daß Scharuhen (= *t. el-fārʿa* [Süd]) als Schilhim (15,32) auch in der Ortsliste genannt wird. *t. el-fārʿa* (Süd) ist ab dem Ende des 9. Jh. nicht mehr bewohnt. Voraussetzung ist dabei natürlich die Gleichsetzung Schilhims mit Scharuhens, die wir ablehnen, und die Scharuhens mit *t. el-fārʿa* (Süd); s.o. §2.3 zu v 32.

[889] Kallai-Kleinmann, *Town Lists* 1958, 134–160; id., *Note* 1961; Kallai, *HGB* 1986, 339–342.

[890] Kallai-Kleinmann, *Town Lists* 1958, 149–151.

in die Zeit Hiskias (725–697).[891] Diese Datierung stimmt mit der der Wüstenorte, die erst ab 850—so Cross und Wright—bewohnt waren, und mit der der Keramik überein.

Welche Informationen bieten die literarischen Quellen? Das südliche Bet-Schemesch begegnet uns 16× im AT.[892] Dazu kommt das Synonym Ir-Schemesch.[893] In der atlichen Darstellung ist Bet-Schemesch eine Grenzstadt Judas (15,10), eine Levitenstadt in Juda (Jos 21,16 / 1Chr 6,44) und dann zur gleichen Zeit auf einmal eine Stadt im Gebiet Dans (19,41). Zur Zeit Samuels beherbergt die Stadt die Lade (1Sam 6,9.12 [2×].13.15.19.20). Aufgrund von 1Kön 4,9, der Beschreibung des 2. Distrikts Salomos, scheint Bet-Schemesch nicht mehr zu Juda, sondern zu Israel zu gehören. Man nimmt an, daß in der Distriktliste Salomos (1Kön 4,7–19) nur das Nordreich abgedeckt wird.[894] Später aber wird Amasja von Juda bei Bet-Schemesch durch Joas von Israel besiegt (2Kön 14,8–14 / 2Chr 25,17–24). Bet-Schemesch scheint also in der Zeit nach Salomo an Juda gefallen zu sein. Ob Joas von Israel Bet-Schemesch auch eingenommen hat, ist nicht zu ermitteln. Wenn er das getan hat, muß es kurz darauf doch wieder judäisch geworden sein, denn Achas von Juda verliert Bet-Schemesch an die Philister (2Chr 28,18).

Das alles ist verwirrend. Wem gehört nun wann die Stadt Bet-Schemesch? Dem Stamm Juda, dem Stamm Dan, dem Königreich Israel, dem Königreich Juda oder den Philistern? Daß die Stadt sowohl in der Gebietsbeschreibung Judas als der Dans vorkommt, ist eher unproblematisch. Wie oben bereits angedeutet, gibt es Überschneidungen zwischen den topographischen Angaben Dans und Judas. Dazu kommt, daß die Gebietsbeschreibung Dans ein hohes Maß an kompositorischer Künstlichkeit besitzt. Es ist, wie Kallai gezeigt hat, damit zu rechnen, daß diese Beschreibung aus dem 2. salomonischen Distrikt

---

[891] Kallai-Kleinmann, *Town Lists* 1958, 151–154.

[892] Es gibt auch noch ein Bet-Schemesch in Issachar (Jos 19,22), in Naftali (Jos 19,38; Ri 1,33 [2×]) und ein mit „Sonnentempel" zu übersetzendes in Ägypten (Jer 43,13).

[893] Jos 19,41. Man hat früher erwogen (Steuernagel, *Josua* ²1923, 286; Holzinger, *Josua* 1901, 84; vgl. Boling / Wright, *Joshua* 1982, 462), עיר־שמש als Korruption bzw. Variante von עין־שמש zu lesen. Das ist aber unwahrscheinlich, weil die Verwechslung von ן und ר selten ist und En-Schemesch zu weit östlich liegt. Wenn es aber um eine Quelle bei Bet-Schemesch geht, kann es natürlich sein, daß die *Stadt* zu Juda gehörte, während die *Quelle* Dan zufiel. Es ist möglich, aber keinesfalls sicher, daß sich Har-Cheres aus Ri 1,35 auf den gleichen Ort bezieht.

[894] Eine Ausnahme bildet Albright, *Archaeology* ⁴1954, 140.

zusammengesetzt ist.[895] Damit kommen wir dann gleich zu dem historisch am besten verwertbaren Dokument, 1Kön 4,7–19.[896] Wir gehen mit Alt[897] davon aus, daß der 2. bis 7. der salomonischen Distrikte, denen allen keine Stammesnamen zugeordnet sind, nicht ursprünglich israelitische Gebiete sind. Entweder schon David oder erst Salomo hat die Gebiete der Distrikte II–VII erobert.[898] Nach der Erzählung von der Lade müßte Bet-Schemesch schon zur Zeit Samuels zu Israel gehört haben. Das heißt, daß entweder Bet-Schemesch nicht erst von David erobert wurde oder daß in der Erzählung von der Lade eine spätere Zeit durchschimmert. Der Bericht über den Krieg zwischen Amasja und Joas darf als historisch zuverlässig betrachtet werden,[899] so daß auf jeden Fall am Anfang des 8. Jh. Bet-Schemesch judäisch war.

Für die Besiedlungslücke in Bet-Schemesch gibt es kaum einen Hinweis im AT. Nur zwei Perioden kämen in Frage: Die Zeit von Amasja und Joas (erstes Viertel des 8. Jh.) und die von Achas (drittes Viertel des 8. Jh.). Im Falle von Amasja und Joas weist nichts darauf hin, daß

---

[895] Kallai, *HGB* 1986, 361–371.

[896] Alt, *Israels Gaue* 1913, 76–89; vgl. 76: „... eine Urkunde von hohem geschichtlichem Wert", die auch tatsächlich aus der Zeit Salomos stamme. Alt gibt dafür die folgenden zwei Argumente: 1. Dieses „nüchtern-einfache" Dokument unterscheidet sich deutlich von dem Kontext. 2. Dieses Dokument steht aufgrund von Sprache und Stil so auf sich und ist so anders im Vergleich zu dem, was wir sonst über die Zeit Salomos wissen, daß es einfach original sein muß. Vgl. weiter u.a. die folgenden Kommentare: Brongers, *1 Koningen* 1967, 57 (Dokument aus der Kanzlei Jerusalems); Noth, *Könige* 1968, 55ff.62 (authentisches Dokument aus der Zeit Salomos; spätestens aus der königlichen Kanzlei Jerusalems); Würthwein, *Könige* 1977, 45 (Archiv zu Jerusalem; hoher historischer Wert). Mettinger, *Solomonic* 1971, 115f.119.126, betont die Tendenz, die Größe und den Glanz Salomos hervorzuheben, ohne aber den historischen Wert zu verneinen. Vgl. weiter für eine gründliche Besprechung von 1Kön 4,7–20: Kallai, *HGB* 1986, 313–317.

[897] S. vorige Anmerkung.

[898] Die Distrikte II bis V sind in einem Bogen um das Kernland Ephraim lokalisiert. Distrikte VI und VII sind Kolonien von Manasse. Sonst treffen sich die Distrikte mit dem, was in Josua und Ri 1 als nichterobertes Gebiet erscheint. Geht man von einer ursprünglichen israelitischen Besiedlung auf dem zentralpalästinischen Bergland aus, dann bleibt für eine solche Besiedlung der Distrikte II bis VII nur eine spätere Zeit übrig. Weil Salomo alle Distrikte beherrschte, müssen II bis VII auf jeden Fall zur Zeit Salomos oder vor ihm zu Israel gekommen sein.

[899] Für den historisch-topographischen Hintergrund der Erzählung von 2Kön 14,8–14 ist es wichtig, daß der Krieg aus nord-israelitischer Sicht geschildert ist und trotz umstrittener Zugehörigkeit Bet-Schemesch selbst in dieser Sicht und zu dieser Zeit zu Juda gehört (2Kön 14,11). Obwohl mit legendarischen Zügen geschmückt, hat die Erzählung höchstwahrscheinlich einen historischen Hintergrund in den Grenzstreitigkeiten zwischen Israel und Juda. Selbst Würthwein, *Könige* 1984, 370, rechnet die Erzählung zum vordeuteronomistischen Textbestand.

Bet-Schemesch auch zerstört wurde, und im Falle von Achas hat man mit einer stark theologisch gefärbten Notiz zu tun. Außerdem deckte sich eine mögliche Zerstörung zeitlich nicht mit der Besiedlungslücke von Cross / Wright, da für sie Bet-Schemesch im 8. Jh. wieder bewohnt war.

Gibt es also keine positiven Indizien, ist ein weiteres negatives Indiz heranzuziehen. In der Festungsliste Rehabeams (2Chr 11,5–9) kommt Bet-Schemesch auffälligerweise nicht vor, während andere Städte in seiner Nähe, Aseka (*t. zakarīye*), Zora (*ṣarʿa*) und Ajalon (*yālo*), sehr wohl genannt werden. Was bedeutet das? Nach Cross / Wright hat Scheschonk Bet-Schemesch am Ende des 10. Jh. zerstört.[900] Diese Behauptung ist aufgrund der drei folgenden Probleme unwahrscheinlich: 1. Wenn Scheschonk Bet-Schemesch tatsächlich zerstört hat, warum hat Rehabeam es dann nicht vorher befestigt und dementsprechend in seiner Liste aufgeführt?[901] 2. Falls Rehabeam die Festungen nach dem Siegeszug Scheschonks ausgebaut hat, bleibt die Frage, warum Bet-Schemesch nicht in der Liste vorkommt. Gehörte es etwa nicht zu Juda und auch nicht zu Israel? Es könnte auch philistäisch und / oder unter ägyptischer Oberherrschaft gewesen sein, denn es fällt auf, daß Scheschonk augenscheinlich bequem durch Philistäa marschieren konnte. Die philistäischen Orte Timna (*t. el-bāṭāṣī*) und Ekron (*ḫ. el-muqannaʿ*) waren Nachbarn von Bet-Schemesch. So unwahrscheinlich ist das also nicht. Allerdings fehlt jeglicher Beweis für diese Annahme. 3. Bet-Schemesch ist nicht in der Scheschonkliste verzeichnet.

Kallai geht davon aus, daß in der Festungsliste Rehabeams nur die hinzugekommenen Festungen genannt werden.[902] Das hängt mit seiner Einschätzung der Rolle der Levitenstädte zusammen. Er meint, daß diese eine Verteidigungslinie aus der Zeit Salomos oder vielleicht schon Davids bilden.[903] Unter diesen Städten befindet sich Bet-Schemesch, so daß es nicht noch einmal in der Festungsliste Rehabeams genannt werden muß.[904] Wenn so das Fehlen von Bet-Schemesch in der Festungs-

---

900 Simons, *ETL* 1937, XXXIV; Noth, *Wege* IV 1938 = 1971, 73–93; Mazar, *Campaign* 1957; Herrmann, *Operationen* 1964, 55–79; Redford, *Studies* 1973, 3–14.

901 Kallai-Kleinmann, *Town Lists* 1958, 151.

902 Kallai, *HGB* 1986, 339.

903 Für die Levitenstädte sind folgende Datierungen vorgeschlagen worden: Die Zeit Davids (Albright); Salomos (Mazar, Kallai); Josias (Alt); die nachexilische Zeit (Noth). Auch gibt es Forscher, die die Levitenstädte als Fiktion betrachten (Wellhausen); vgl. die einschlägigen Kommentare.

904 Nur Tsafrir, *Beth-Shemesh* 1975, meint, daß nicht das Bet-Schemesch in Juda, sondern das in Naftali gemeint ist. Seine Argumente sind aber nicht überzeugend.

liste erklärt werden könnte, gilt dies aber nicht ohne weiteres für sein Fehlen im 2. judäischen Distrikt. Wenn man Kallai folgt—was angesichts der umstrittenen Datierung und Funktion der Levitenstädte nicht unproblematisch ist—, könnte man zwei Gründe für die Nicht-Erwähnung von Bet-Schemesch im zweiten Distrikt finden. Erstens ist es möglich, daß der Ort noch zum Nordreich gehörte, was dann durch die Zuschreibung von Ir-Schemesch an Dan zum Ausdruck gebracht wurde. Zweitens kann es sein, daß Scheschonk die Verteidigungs-/ Levitenstadt Bet-Schemesch tatsächlich zerstört hat, auch wenn der Ort in seiner Liste nicht auftaucht. Letzteres ist eher unwahrscheinlich.

Wann Rehabeam seine Festungen (aus)gebaut hat, vor oder nach dem Feldzug Scheschonks, ist noch ein anderes Problem. Wichtiger ist aber, wozu er das getan hat. Bildeten die Festungen die Außengrenzen Judas, Hinzufügungen zu den Außengrenzen Judas oder seine Innengrenzen? Betrachtet man sie als Innengrenzen,[905] hätten sie die Funktion, das gerade geteilte Königreich Juda in seinem Inneren zusammenzuhalten. Wir gehen fürs erste aber davon aus, daß die Festungen die Außengrenzen bewachen mußten, zumal es eine tatsächliche Bedrohung von seiten Ägyptens gab. Außerdem fehlt die Nordgrenze in dem Festungssystem, die man erwarten müßte, ginge es um den Schutz der Innengrenzen. Somit sind die Festungen Indizien für die Ausdehnung Judas zur Zeit Rehabeams, wobei wir diese Liste für authentisch halten.[906] Zu der Zeit lag Bet-Schemesch somit nicht in Juda, konnte also nicht unter den Festungen Rehabeams genannt werden und wurde nicht von Scheschonk zerstört.

Mehr ist den literarischen Zeugnissen nicht zu entnehmen. Wie steht es um die archäologische Befunde? *t. er-rumēle* (147.128) liegt in der nordöstlichen Schefela an der Grenze zur Küstenfläche auf einem kleinen Bergrücken, der im Norden von dem *w. eṣ-ṣarār* und im Westen und Osten von dem *w. ʿallīn* begrenzt wird. Es befindet sich an einem der wenigen Wege, die den östlichen Teil der *via maris* mit dem judäischen

[905] Siehe die Argumente zusammengefaßt bei Noort, *Seevölker* 1994, 41–42.

[906] Vgl. u.a. Japhet, *Chronicles* 1993, 662–672, hier 663. Sie hat die zwei folgenden Argumente für die Authentizität: 1. Es gibt wenig vergleichbare Notizen in Chr, so daß es also nicht typisch ist. 2. Nichts deutet auf Künstlichkeit hin. Die Meinungen über die Datierung der Liste differieren: Die meisten datieren sie einfach in die Zeit Rehabeams. Vgl. u.a.: Kallai-Kleinmann, *Rehobeam* 1971, 245–254. Andere Datierungen sind: Zeit Hiskias: Na'aman, *Hezekiah* 1986, 5–21; Zeit von Josia: Fritz, *List* 1981. Weitere Literatur zu den Festungen Rehabeams: Beyer, *Beiträge* 1931, 113–114; Evans, *Rehobeam*.

Bergland verbinden. Das *w. eṣ-ṣarār* gab Zugang zu Jerusalem. Durch den alluvialen Boden war Landbau in *t. er-rumēle* gut möglich. Wegen der günstigen Lage und des fruchtbaren Bodens war der Ort schon früh bewohnt.

McKenzie, der erste Ausgräber von Bet-Schemesch (1911f), hat vier „Städte" gefunden, von denen er II und III in die EZ datierte. Obgleich seine Stratigraphie in späterer Zeit verfeinert worden ist, sind McKenzies Ergebnisse wichtig, weil seine Datierung der Zerstörung der Stadt III im Jahre 701 mit der der jüngsten Ausgräber übereinstimmt. Stadt II existierte s.E. von 1200 bis 1050 und hat eine starke Zerstörungsschicht („red burnt stratum"). Sie stand in kanaanäischer Tradition, war ungeplant und aller Wahrscheinlichkeit nach unbefestigt. Stadt III beginnt danach und besteht, bis Sanherib sie zerstört.

Bei den Ausgrabungen, die Grant zunächst allein und später zusammen mit Wright (1928–1933) durchführte, sind sechs Strata entdeckt worden, vom Chalkolithikum bis zum Mittelalter.[907] Die Strata der EZ sind III und II, wobei in ihrer Einteilung McKenzies Stadt II ihr Stratum III wird. Dieses umfaßt laut Grant / Wright die Periode von 1200 bis 1050. Es hat bichrome Keramik und steht in einer kanaanäischen Tradition.[908] Die Stadt wird nach ihrer Zerstörung in der frühen Königszeit wieder befestigt: Stratum II. In ihm findet sich eine konzentrisch geplante Stadt mit Kasemattenmauer. Eine Ringstraße trennt die gegen die Mauer gebauten Häuser von den restlichen. Stratum II sei von Israeliten bewohnt gewesen. Sie unterteilen es wiederum in drei weitere Substrata: IIA, IIB und IIC. IIA und IIC zeigen eine deutliche Zerstörungsschicht auf, IIB nicht. Die Unterscheidung in IIB und C wurde vor allem aufgrund kleiner Differenzen in der Höhe der Böden, nicht aber durch Differenzen in Keramik oder Architektur vorgenommen.[909] Es gibt freilich einige Renovierungsspuren in IIC im Vergleich zu IIB und an einigen Stellen auch eine dünne Zerstörungsschicht, aber die sind nicht mit denen von IIA und IIC vergleichbar. Stratum IIC und vielleicht—falls von IIC zu trennen—auch IIB hat bereits keine Kasemattenmauer mehr. Häuser sind einfach auf der Mauer gebaut worden. Interessant ist, daß *lmlk*-Siegel gefunden wurden. Grant und Wright datieren diese noch in das 7. Jh., so daß ihnen

[907] Grant, *Beth-Shemesh* 1929; id., *'Ain Shems* 1931–1932; id., *'Ain Shems* II 1932; id., *Rumeileh* 1934; Grant / Wright, *Ain Shems* 1938; id, *'Ain Shems* 1939a; id., *Ain Shems* 1939b.

[908] Vgl. auch Fritz, *Stadt* 1990, 36–39.

[909] Wightman, *Date* 1990, 97.

nichts im Wege stand, IIC dem 7. und dem Anfang des 6. Jh. zuzuordnen.[910] Das Ende von IIC kam ihrer Meinung nach mit dem babylonischen Einfall in Palästina. IIA wurde um 800 zerstört.[911]

Für unsere Untersuchung ist Stratum IIA, dessen Zerstörung Cross/Wright (anders als Grant/Wright) Scheschonk (913) zuschreiben, von Bedeutung. Cross/Wright weisen darauf hin, daß Stratum IIA davidisch gewesen sein muß. Die Keramik stimmt nämlich mit der in den von ihnen als davidisch betrachteten Strata von Megiddo (VA–IVB) und *t. qasīle* überein. U.E. sind, abgesehen von der höchst umstrittenen Datierung des Stratums VA–IVB in Megiddo, auch ihre folgenden Argumente wenig überzeugend:[912] Die Kasemattenmauer von *t. er-rumēle* ist der von *t. bēt mirsim*[913] so ähnlich, daß sie von ein und derselben Person geplant sein müssen. Nur David war ihrer Meinung nach dazu in der Lage. Schließlich weisen sie auf die Übereinstimmungen des gleichzeitig existierenden Palastes und Speicherhauses von Lachisch (*t. ed-duwēr*). Lachisch ist die wichtigste Stadt von Distrikt III. Bet-Schemesch hätte demnach als befestigte Stadt die wichtigste Stadt von Distrikt II sein müssen. Auffallend ist weiter, daß Wright zusammen mit Grant die Zerstörungsschicht von IIA zuerst um 800 ansetzt, um sie dann später zusammen mit Cross Scheschonk zuzuschreiben. Man kann sich nicht des Eindrucks erwehren, daß sie auf diese Weise Platz für eine Besiedlungslücke im 9. Jh. Platz schaffen wollen, um so die Ortsliste 15,21ff in die zweite Hälfte des 9. Jh. datieren zu können.

Wightman hat 1990 die Ergebnisse Grants und Wrights einer gründlichen Analyse unterzogen.[914] Er zeigt, daß vieles, was sie noch Stratum IIA zuschreiben, in Wirklichkeit Stratum III zugehört. Grant und Wright haben die Keramik des Speicherhauses mit der Kasemattenmauer (IIA) verbunden. Ein Teil von ihr ist aber auf die Westmauer des Speicherhauses gebaut worden. Das Speicherhaus muß also älter sein. Wightman konstruiert dann eine Vorphase von IIA, die er IIIC nennt—mit anderen Worten eine Spätphase von III. Ob diese in die Zeit des vereinten Königreichs fällt, ist seinen Darstellungen nicht zu

---

[910] Vgl. u.a. Na'aman, *Campaign* 1979; id., *Hezekiah* 1986.

[911] Für die Zerstörung von IIB kommen drei Feinde in Frage: Die Assyrer (734 war Tiglat-Pileser in Philistäa); Joas, wie bereits ausführlich dargestellt; die Philister, die zur Zeit von Achas Bet-Schemesch eingenommen haben sollen.

[912] Vgl. weiter §8.3.3.1.

[913] Nach ihrem Urteil ist es mit Debir gleichzusetzen. Heute wird Debir aber meistens mit *ḫ. er-rabūd* identifiziert.

[914] Wightman, *Date* 1990, 97.

entnehmen. Auf jeden Fall rücken jetzt die Phasen IIA, B und C zeitlich etwas auf. Die Phasen IIB und C haben eine nur kurze Dauer. IIB datiert er von 735 bis 732. Die Zerstörung dieses Substratums schreibt er irgendeinem lokalen Grund oder Tiglat-Pileser III zu. Die dritte Phase dauerte von 732 bis 701. Sanherib hat ihr ein Ende bereitet. Ab 700 gibt es keine nennenswerte Besiedlung mehr: eine Datierung, die erheblich von der Grants und Wrights abweicht. Dazu kommt, daß man die *lmlk*-Stempel jetzt gemeinhin mit Hiskia in Verbindung bringt und sie also nicht in das 7. Jh datiert.[915] Eine weitere Schlußfolgerung Wightmans ist, daß nicht nur IIB und C, sondern auch IIA eine kurze Dauer hatten. Er stützt sich dabei auf die vielen Scherben aus dem 8. Jh. und auf die Tatsache, daß die Flure verschiedener *loci* auf derselben Höhe liegen, sowie auf das Fehlen von Renovierungen. Weder über die Gründungszeit von IIA noch über die Datierung von IIIC sagt er aber Näheres. Indirekt kann man aus dem Artikel Wightmans schließen, daß es bereits im 9. Jh. spärliche Besiedlung gab.

Dem wird aber in jüngster Zeit von den Ausgräbern Bunimovitz und Lederman widersprochen. Seit 1990 graben sie an der Nordostecke des *tell*s, dem Teil, der bis dahin noch nicht angeschnitten worden war. Sie widersprechen nicht dem Schluß Wightmans, daß es ab 701 noch kaum Bewohnung gab,[916] aber der Wertung des 9. Jh. In ihrer Sicht kommt diesem Jahrhundert eine viel größere Bedeutung zu.[917] Sie begründen das wie folgt: In Area C wurden zwei starke Mauern gefunden, deren vordere mit der von McKenzie als „strong wall" aus der MBZ bezeichneten gleichzusetzen ist. Die aber ist eine Stützmauer für die hintere, die entweder eine Stadt- oder Festungsmauer war. Sie hat eine gerade Ecke. An die hierdurch entstandene Ostseite schließt sich eine Kasemattenmauer an. In dem Zwischenraum zwischen der vorderen und der inneren Mauer befand sich Keramik, die man nicht vor dem 10. Jh. datieren kann. Aus diesen Gründen setzen die Ausgräber die Anlagen in der Zeit des vereinten Königreiches an. Auf dem Komplex, der eine Festung gewesen sein könnte, befindet sich sogar eine Toranlage, was Bunimovitz / Lederman noch mehr Grund gibt, das 9. Jh. als wesentlich wichtiger zu betrachten, als Cross / Wright es taten.

Zusammenfassend läßt sich also sagen, daß, wenn wir nach einer Lücke in der Besiedlung von Bet-Schemesch suchen, nur die Zeit

---

915 Vgl. Anm. 910.
916 Bunimovitz / e.a., *Bet Shemesh* 1991, 142–144.
917 Bunimovitz / Lederman, *Beth-Shemesh*.

nach 701 in Frage kommt. Es ist aber ebenso gut möglich, daß Bet-Schemesch absichtlich nicht Juda zugeschrieben wurde für die Zeit Josuas, weil es schon in der Danliste genannt wurde. Dies könnte sich auch mit der Tatsache decken, daß es Bet-Schemesch zur Zeit des Verfassers bzw. Redaktors nicht mehr gab. So bekommt die klassische Datierung der Ortsliste durch Alt in das 7. Jh. eine weitere Stütze. Ein zweiter Grund könnte darin liegen, daß Bet-Schemesch zur Zeit der Abfassung bzw. Redaktion der Liste weder zu Israel noch zu Juda oder Dan gehörte, sondern vielleicht zu den Philistern.[918] Die unmittelbare Nähe zu Philistäa macht das sicher nicht unwahrscheinlich. Außer der historisch schwer verwertbaren Notiz in 2Chr 28,18 deutet aber nichts darauf hin.

Das Fehlen von Bet-Schemesch ist als Indiz für die Datierung der Liste verwendbar. Dabei muß zwischen einer ursprünglichen Abfassung der Liste und einer eventuellen nachträglichen Streichung von Bet-Schemesch unterschieden werden. In beiden Fällen aber ist eine Zeit nach 701 die wahrscheinlichste. Unser Ergebnis ist somit, daß der Grundstock der judäischen Ortsliste in das 7. Jh. zu datieren ist.

[918] Vgl. zum Status der Philister zu dieser Zeit Anm. 154 auf S. 338.

TEIL C

DAS LAND JUDA IN HISTORISCH-THEOLOGISCHER SICHT

KAPITEL 8

GESCHICHTE

8.1. *Einleitung*

Ziel dieses Kapitel ist es, die historischen Orte von Jos 15 zu bestimmen. Dabei sind mehrere historische Orte aufzudecken, weil der Text aus verschiedenen Teilen zusammengesetzt ist, die jeweils in anderen Zusammenhängen beheimatet sind. Das gilt auch für den Zeitpunkt oder die Zeitpunkte dieser Zusammensetzung(en). Es ist somit grundsätzlich unmöglich, Jos 15 als Ganzes zu datieren, sieht man von der Datierung der Letztgestalt ab. Für die Einzelteile: Grenzbeschreibung, Kalebgeschichte, Ortsliste und Nicht-Eroberungsnotiz kann man durchaus versuchen, Datierungen vorzunehmen. Dabei tun sich zwei Probleme auf: 1. Inwieweit gehören die Grenzbeschreibung und die Ortsliste Judas jeweils zu umfassenderen Systemen, die das ganze Land bzw. einen größeren Teil des Landes abdecken? 2. Wie sind die literarischen Phasen innerhalb von Jos 15 zu datieren? Die literarischen und historisch-topographischen Analysen haben bereits gewisse Ansätze ergeben. Die Analyse des Wachstumsprozesses läßt für die älteste literarische Phase von Jos 15 auf einen Verfasser / Kompilator schließen, der in der Tradition von P steht und somit nach P anzusetzen ist. Wenn man P in der exilischen Zeit ansetzt, ist mit einer Abfassungszeit nach dem Exil zu rechnen. Die archäologische Analyse ergibt, daß der Kernbestand der Grenzbeschreibung in das 10. oder 8. Jh. zu datieren ist und der der Ortsliste in das 7. Jh. Die beschriebene Zeit ist die nach der Eroberung des Landes unter Josua. Geht man dafür vom 12. Jh. aus, haben wir bereits eine Zeitspanne vom 12. bis frühestens zum 6./5. Jh. In diesem Kapitel datieren wir die Textteile aus Jos 15 soweit wie möglich anhand dessen, was über die Geschichte Judas bekannt ist. Der Vorgang erfolgt in zwei Schritten: Wir untersuchen, ob sie sachlich in die von anderen oder uns vorgeschlagenen Zeiten passen. Erst danach werden die Ergebnisse mit den bereits in den vorigen Kapiteln gewonnenen in Verbindung gebracht.

Bislang war in der Forschung der Begriff „Sitz im Leben" geläufig. Er taucht demnach in den forschungsgeschichtlichen Einleitungen auf, nicht aber in unserer eigenen Darstellung, denn es ist unmöglich, für Jos 15 (wie auch für Jos 13–22) wegen der starken Überarbeitung und der collage-artigen Zusammensetzung einen Sitz im Leben herauszuarbeiten.[1] Außerdem ist es fraglich, ob sich eine solche Bestimmung überhaupt lohnt. Nicht der Sitz im Leben, sondern der Sitz in der Literatur ist erforschenswert. Aus welchem Grund und mit welchem Ziel hat man bestimmte Texte in den Landverteilungskomplex eingebunden? Erst aus der Perspektive dieser Fragestellung nach Ursprung und Ziel der Texte ist ihre zeitliche Einordnung sinnvoll.

8.2. *Die Grenzbeschreibung*

8.2.1. *Forschungsgeschichtliche Einleitung*[2]

Die 1925 und 1927 erschienenen Artikel Alts, *Judas Gaue unter Josia* und *Das System der Stammesgrenzen im Buche Josua*, waren bahnbrechend für die weitere Forschung zu Jos 13ff. Vor Alt versuchte man vor allem, das geographische Material den Pentateuchquellen zuzuordnen. Mit Alt verschob sich das Interesse: Er sah die geographischen Texte innerhalb Jos als selbständige Größe, die nicht mit den Pentateuchquellen in Verbindung zu sehen sind, sondern aus unabhängigen Dokumenten zusammengesetzt sind. Von jetzt an galt, mit wenigen Ausnahmen, das Interesse dem Sitz im Leben und der Funktion der Grenzbeschreibungen und Ortslisten. Erst in den siebziger Jahren des 20. Jh. wandte man sich wieder den Quellenfragen zu.[3] Alt unterscheidet zwischen Grenzbeschreibungen und Ortslisten—von ihm Städtelisten genannt—, die jeweils einen eigenen Sitz im Leben und eine eigene Funktion haben, sowie kurze Notizen über Einzelereignisse, erweitert mit knappen Angaben über nichtisraelitische Stadtstaaten. Weil das ganze Land durch die Grenzbeschreibungen abgedeckt wird, redet Alt (und später Noth) von einem „System der Stammesgrenzen".[4]

Nach Alt lagen die Grenzbeschreibungen dem Redaktor von Jos 13ff bereits in diesem System vor.[5] Dies gab ihm den festen Rahmen für

[1] Dadurch wird auch der Begriff „Gattung" hinfällig, der mit einem Sitz im Leben und einer eigenen Form zu verbinden ist.

[2] Vgl. zur Forschungsgeschichte Noort, *Josua* 1998, 181–197.

[3] S.o. §5.1 und 5.3.

[4] Alt, *System* 1927 = 1953; Noth, *HGD* 1935 = 1971.

[5] Die Grenzbeschreibungen waren für den Redaktor von Jos 13ff am wichtigsten (Alt, *System* 1927 = 1953). Das zeigt sich daran, daß sie immer am Anfang der Beschreibung der jeweiligen Stammesgebiete stehen, ausführlich sind und manchmal wörtlich

sein geographisches Bild der Stämme. Der Redaktor kann das System nicht selber geschaffen haben, weil es in einem sehr wichtigen Punkt von seinen eigenen Ansichten abweicht: Es ist nicht nach dem Zwölfstämmeschema aufgebaut. Simeon, Dan und nach Alt auch Issachar hatten keine Grenzbeschreibungen, was der Redaktor versucht hat auszugleichen (vgl. Jos 17,11; 19,9).[6] Die Annahme Alts ist somit, daß der Redaktor von Jos „... das System als eine fertige Größe vorfand, die er nicht entbehren wollte, aber auch nicht so leicht seinem eigenen Schema anpassen konnte."[7] Alt fragt dann nach der literarischen und sachlichen Herkunft des Systems. Diese Frage ist, so Alt, nicht mit Hilfe der Quellenzugehörigkeit zu lösen, denn die Grenzbeschreibungen bilden eine Einheit, die für sich betrachtet werden muß.[8] Obwohl der Redaktor das System nach eigenen Ansichten erweitert hat—er hat die Grenzen überdehnt, um das ganze Land abzudecken[9]—ist dem System wahrscheinlich weiterhin zu vertrauen.[10]

Das System der Stammesgrenzen deckt sich sowohl hinsichtlich des Inhalts als auch was den Widerspruch zwischen Postulat und Wirklichkeit betrifft mit Ri 1. Dort wird wie in Jos 13ff das Bestreben deutlich, das ganze Land innehaben zu wollen, und es zeigt sich ein starkes Eigenleben der einzelnen Stämme. Überdies finden wichtige stammesgeschichtliche Ereignisse statt, die mit dem System der Stammesgrenzen kongruieren: Das Haus Josef löst sich auf in Ephraim und Manasse; Simeon sinkt zurück in den äußersten Süden; Dan wird gehindert, seßhaft zu werden; und Issachar beugt sich den kanaanäischen Herren. Andererseits weist die territoriale Geschlossenheit auf das alte Wissen

wiederholt werden. Allerdings war die Lage im Norden anders. Die Grenzbeschreibungen für Asser und Naftali scheinen mit anderem Material vermischt zu sein, und für Issachar gab es, so Alt, überhaupt keine eigentliche Grenzbeschreibung. Die letzte Grenzbeschreibung sei nicht mehr als eine Kopie der Nordgrenze Manasses.

[6] Nach Noth, *HGD* 1935=1971, 235–237, ist die Westgrenze Benjamins künstlich; s.u. §8.3.2.1.

[7] Alt, *System* 1927=1953, 194.

[8] Sie sind eine Einheit aufgrund von Stil und geographischer Geschlossenheit (Alt, *System* 1927=1953, 195).

[9] Alt, *System* 1927=1953, 196: „Damit macht sich in dem System ein starkes theoretisches Interesse geltend, ein Streben nach geographischer Abrundung der unvollkommenen geschichtlichen Tatbestände, und der Autor folgt diesem Drange mit solcher Selbstverständlichkeit, daß er es nicht einmal für nötig hält, anzugeben, wo der wirkliche Besitz der Stämme aufhört und ihr bloßer Besitzanspruch beginnt."

[10] Alt führt hierfür die Tatsache an, daß die Gebiete von Benjamin und Sebulon sehr klein sind und die Grenzangaben oft Schwankungen zeigen. Beides kann nur tatsächliche Verhältnisse widerspiegeln (Alt, *System* 1927=1953, 196).

der Stammeszusammengehörigkeit hin.[11] Ri 1 stamme aus der späteren vorstaatlichen Zeit. Nach Alt versteht es sich von selbst, daß in dieser Zeit[12] die Festlegung der Grenzen ein unmittelbares Bedürfnis war. Die Grenzbeschreibungen dienten der Sicherung des Stammesgebietes in vorstaatlicher Zeit, so Alt und auch Noth. Bei Streitigkeiten zwischen den Stämmen gab es ein Dokument der Grenzbeschreibungen, anhand dessen man entscheiden konnte, was dem einen und was dem anderen Stamm gehörte.

Es gibt also Übereinstimmungen zwischen Ri 1 und den Grenzbeschreibungen. Das heißt aber noch nicht, daß sie in der gleichen Zeit entstanden sein müssen. Vielleicht hat der Verfasser um die älteren Besitzverhältnisse gewußt und mit dieser Kenntnis später die Grenzbeschreibungen konstruiert. Für die Datierung des geographischen Materials aus Jos greift Alt auf 1Kön 4,7ff zurück, weil diese salomonische Verwaltungsliste sicher datierbar sei. Die Unterschiede der Grenzbeschreibungen im Vergleich zu 1Kön 4 lassen auf ältere Verhältnisse schließen. Überdies sind in den Grenzbeschreibungen auch genuine Reste aus vorstaatlicher Zeit vorhanden.[13]

Sachlich passen die Grenzbeschreibungen also in die vorstaatliche Zeit, und aufgrund der Übereinstimmungen mit Ri 1 in die späte vorstaatliche Zeit. Sie können aber auch nicht zu lange nach der sachlichen Entstehung verfaßt worden sein, da man sich schon früh gezwungen sah, die Grenzen festzulegen. „Aber wenn einmal der tatsächliche Besitzstand und der theoretische Besitzanspruch der einzelnen Stämme verfestigt war, so konnte er natürlich immer neue Darstellungen in wechselnden literarischen Formen finden, selbst nachdem ihn die Verwaltungseinteilung der Reiche Israel und Juda in mancher Hinsicht antiquiert hat.“[14] Mit Hilfe einer ägyptischen Parallele weist Alt darauf hin, daß alte Grenzen einen Nimbus heiliger Ursprünglichkeit besaßen und demnach in ihrem wesentlichen Bestandteil unveränderlich waren. Um die Landnahme zu beschreiben, konnte der Verfasser von Jos nichts Besseres tun, als auf dieses alte Dokument zurückzugreifen.

---

[11] Alt, *System* 1927=1953, 198.

[12] Alt redet hier von der Entstehungszeit der Texte, nicht von ihrer schriftlichen Fixierung. Letztere muß man in die staatliche Periode datieren.

[13] Alt, *System* 1927=1953, 200, weist z.B. auf die Eigentümlichkeiten bezüglich Tappuachs und der Grenze zwischen Ephraim und Manasse (Jos 16f) sowie auf die eigentümliche Linienführung der Grenze zwischen Benjamin und Juda bezüglich Jerusalems.

[14] Alt, *System* 1927=1953, 201f.

Noth begründet in seinen *Studien zu den historisch-geographischen Dokumenten des Josuabuches* 1935[15] die These, daß der Bearbeiter[16] der Grenzbeschreibungen eine Liste mit Grenzfixpunkten vorgefunden hat, die von ihm mit verbindendem Text versehen wurden. Seine Argumentation bezüglich der Grenzen Judas und der Südgrenze Benjamins haben wir bereits dargestellt.[17] Zu den Grenzbeschreibungen der Nordstämme merkt Noth an, daß sie viel ungenauer sind. Oft begegnet uns das „reichlich nichtssagende Verbum פגע (anstoßen, angrenzen)",[18] oft auch fehlen Verben überhaupt. Das deutet darauf hin, daß der Bearbeiter die Grenzfixpunkte vor sich hatte, aber nicht mit der geographischen Lage im Norden vertraut war. Wahrscheinlich war er Jerusalemer, so Noth. Dan scheint überhaupt keine Grenzbeschreibung zu haben. Mit Alt glaubt auch Noth, daß die Grenzbeschreibungen in die späte vorstaatliche Zeit datiert werden müssen und der Feststellung der Stammesgrenzen dienten. Im Falle von Streitigkeiten war dieses Dokument dann ausschlaggebend.[19]

Bächli steht dem oben beschriebenen Aufsatz Martin Noths nahe.[20] Er untersucht die Vokabeln, die verwendet wurden, um die vorliegenden Grenzfixpunktreihen in zusammenhängenden Text zu gießen. Dazu bietet er eine Analyse der Verben für Bewegung sowie der Bezeichnungen der Himmelsrichtungen. Nach Bächli ist der verbindende Text älteren Listen[21] hinzugefügt worden, um sie lesbarer zu machen. Die „Anschaulichkeit" verdanken sie der Tätigkeit einer sogenannten Flurkommission. „... der Grenzverlauf wird von der Flurkommission abgeschritten—hinauf, hinunter, hinüber, hinaus, nach allen Himmelsrichtungen".[22] Diese Kommission ist in der Zeit Josias anzusetzen, von dem man annimmt, daß er den Heerbann wieder aktiviert

---

15 Noth, *HGD* 1935=1971. Vgl. auch Noth, *Josua* 1938, ix-x und *passim*; id., *Josua* ²1953, 13–15 und *passim*; id., *Geschichte* 1950, 55 und *passim*. Vgl. zu Noths Theorie der Grenzfixpunkte: Kallai, *HGB* 1986, 7–10, und zu den Gegnern dieser Theorie S.10–13.

16 Noth unterscheidet zwischen einem Bearbeiter und einem Redaktor. Der Bearbeiter hat die Reihen der Grenzfixpunkte mit dem verbindenden Text versehen, und der Redaktor hat diese Grenzbeschreibung in dem historisch-geographischen Teil des Josuabuch mit verarbeitet (Noth, *HGD* 1935=1971, 232[8]).

17 S.o. §3.5.3.

18 Noth, *HGD* 1935=1971, 238.

19 Vgl. auch Aharoni, *LoB* ²1979, 87.

20 Bächli, *Liste* 1973.

21 Wie alt die „ältere Listen" sind, geht aus dem Artikel nicht hervor.

22 Bächli, *Liste* 1973, 13.

hat.[23] Aufgaben dieser Kommission, und hier folgt Bächli Aharoni[24], sind die Steuerschätzung, die militärische Aushebung, die Grundbuchführung sowie die Volkszählung.[25]

Obgleich die Grenzfixpunkttheorie Noths viele Nachfolger fand,[26] ist sie doch kein Gemeingut in der Forschung geworden. Gegner dieser Theorie sind u.a. Mowinckel und Kallai, allerdings mit unterschiedlichen Voraussetzungen.[27] Mowinckel lehnt eine Datierung der Grenzfixpunktreihen in die späte vorstaatliche Zeit aus folgenden Gründen ab: 1. Es überzeugt nicht, daß es einen Bedarf bei den Stammesmitgliedern gab, ihr Gebiet schriftlich festzulegen, da in vorstaatlicher Zeit das Wissen um die Stammesgrenzen Gemeingut war. 2. Alt und Noth rechnen viel zu wenig mit einer mündlichen Tradition, die in der von ihnen postulierten Zeit eher gebräuchlich war. Mowinckel dagegen meint, daß man in dieser Zeit kein Interesse daran hatte, solche Listen auswendig zu lernen. Man kannte sein Gebiet einfach, auch ohne aufwendige Listen. 3. Das System in Jos 13–19 setzt die idealen Grenzen des Davidreiches voraus. Es war die Priesterschrift, die durch diese Brille das Land beschrieben hat. Es geht also um die nachexilische Zeit.[28] 4. Ein Argument Alts ist die Ähnlichkeit in der Unvollzähligkeit der Stämme und dem Verhältnis von Realität und Ideal zwischen Ri 1 und Jos 13–19. Mowinckel weist aber darauf hin, daß Ri 1 doch realistischer wirkt als Jos 13–19.[29] 5. Mowinckel fragt sich, welche Instanz in der Richterzeit bei Streitigkeiten zwischen den Stämmen die Gewalt hatte zu entscheiden. Ein Amphiktyoniegericht kann das laut Mowinckel nicht gewesen sein, da dieses nur Entscheidungsgewalt über religiöse Angelegenheiten hatte.[30] 6. Auch die Ausdehnung des beschriebenen

[23] Ebd. mit Literatur.

[24] Aharoni, *LoB* ^{2}1979, 87f.

[25] Bächli, *Liste* 1973, 14.

[26] Vgl. außer Bächli noch Cross / Wright, *Boundary* 1956, 207f; Aharoni, *Province List* 1959; Hertzberg, *Josua* ^{2}1959, 97; Görg, *Josua* 1991, 72; Fritz, *Josua* 1994, 7. Implizit zustimmend ist Soggin, *Joshua* 1972, 11.11^5.

[27] Mowinckel, *Quellen* 1946; id., *Tetrateuch* 1964, 63–67; Kallai-Kleinmann, *Town Lists* 1958, 135; Kallai, *HGB* 1986, *passim*.

[28] Mowinckel, *Tetrateuch* 1964, 66f. Es sei daran erinnert, daß Noth, *ÜS* 1943, das Vorhandensein von P in Jos abweist; s.o. §5.3.1.

[29] Mowinckel, *Quellen* 1946, 16.20ff.

[30] Mowinckel bestreitet übrigens die Amphiktyonie-These, in der Art, wie sie von Noth entwickelt ist. Heutzutage wird sie grundsätzlich abgelehnt.

Territoriums stimmt nicht mit der in der vorstaatlichen Zeit überein;[31] es gibt Orte und Gebiete, die erst in staatlicher Zeit von Israel/Juda annektiert wurden.

Die Ablehnung Noths durch Kallai hängt mit zwei anderen Annahmen zusammen:[32] Erstens setzt Kallai voraus, daß das System der Grenzbeschreibungen eine einzige historische Periode beschreibt und keine Mischung aus Geschichte und Ideal darstellt. Es hat einschließlich der verbindenden Verben als Ganzes vorgelegen.[33] Die zweite Voraussetzung ist, daß die „Grenzfixpunkte" keine Orte bezeichnen, sondern den Ort samt seinem Territorium.[34] Die Grenzbeschreibung bietet eine Bestandsaufnahme des davidisch-salomonischen Reiches, ähnlich wie Davids Zensus (2Sam 24). Sie diente administrativen Maßnahmen, wahrscheinlich der Steuer- bzw. Abgabenerhebung zur Versorgung des Hofes.[35]

8.2.2. *Die Schaffung des Grenzsystems*

Im Gegensatz zu Alt gehen wir davon aus, daß dem Redaktor von Jos 13ff kein System der Stammesgrenzen vorlag, sondern daß der Redaktor selbst ein System mit Hilfe unterschiedlicher Vorlagen geschaffen hat. Diese Vorlagen sind entweder im AT selber vorhanden, z.B. in Num 34,3b–5 für die Südgrenze Judas, oder gehen auf alte, nicht im AT enthaltene Dokumente zurück, wie wir es für einen Teil der Nordgrenze Judas vermuten. Obgleich mündliche Überlieferung nicht auszuschließen ist, gehen doch viele Grenzbeschreibungen auf das Konto der Kreativität des Redaktors. Die Beschreibung der Südgrenze Benjamins zum Beispiel ist eine angepaßte Kopie der Nordgrenze Judas, und viele Grenzbeschreibungen im Norden sind eher kreative Verbindungen zwischen im jeweiligen Gebiet liegenden Orten und Verben, welche in Jos 15 und 18 für die Grenzbeschreibung verwandt werden. Ziel des Redaktors war es, das (cisjordanische) Land flächendeckend zu beschreiben. Dieses System wurde von darauf folgenden Bearbeitern immer weiter *systematisiert*.

---

31 Vgl. ausführlich bei Kallai, *HGB* 1986, 279–293.

32 Vgl. vor allem Kallai, *HGB* 1986, 100–102.

33 Vgl. die Aussage Kallais, *HGB* 1986, 16: „The fundamental basis of our examination of these lists will be the premise that these descriptions constitute a picture of a once-existing reality and are not the fabrications of an ancient writer, nor a prophetic vision or theory, for they clearly bear the stamp of reality."

34 S.o. §3.3.2.3 zu גבול.

35 Vgl. auch Görg, *Josua* 1991, 7f; Spronk, *Jozua* 1994, 15.

Eine nähere Untersuchung der Grenzbeschreibungen der Nordstämme macht Alts „System“ noch weniger wahrscheinlich. Im Gefolge von Alt hat man immer wieder andere Textabschnitte als Grenzbeschreibungen der Nordstämme angesehen.[36] Das erklärt sich aus der Gestalt des Materials selbst. Daß Jos 15,1–12 und 18,11–20 Grenzbeschreibungen und Jos 15,21–62 und 18,21–28 Ortslisten enthalten, ist unverkennbar. Ob und inwieweit aber in Jos 19, das die galiläischen Stämme betrifft, Ortslisten und Grenzbeschreibungen zu unterscheiden sind, kann nicht einwandfrei geklärt werden. Die Beschreibungen sind hier offensichtlich anders als bei den Südstämmen; es scheint eine Art Mischung zwischen (bruchstückhaften) Grenzbeschreibungen und Ortslisten vorzuliegen. Auch die Grenzbeschreibungen der „Mittelstämme“ (Ephraim und Manasse) sehen anders aus, und man kann sich fragen, ob für die transjordanischen Stämme überhaupt eine Grenzbeschreibung vorliegt.[37] Auch nach Alt selbst gab es Stämme ohne Grenzbeschreibung: Simeon, Dan und Issachar. Alt meint dann aber, daß die anfangs längeren galiläischen Grenzbeschreibungen aus dem ursprünglichen System gekürzt wurden. (Simeon hatte als Enklave im Gebiet von Juda eine Sonderstellung.) Diese Vermutung überzeugt nicht und stützt sich einseitig auf die Annahme, daß dieses System als eine fertige Größe vorlag. Wir sehen keinen Grund, warum das „System“ der Grenzbeschreibungen gekürzt worden sein sollte, wenn es doch dazu angelegt war, das ganze Land zu beschreiben. Auch die These, daß ein Redaktor, der dieses System schriftlich zusammengetragen hat, aus Unkenntnis der galiläischen Landschaft oder aus mangelndem Interesse in dem System gekürzt hätte, ist nicht überzeugend.[38]

Indem wir von einer Systematisierung statt eines vorliegenden Systems ausgehen, können wir auch Kallai nicht folgen. Sein Postulat ist es, daß sich in den Grenzbeschreibungen wirkliche Verhältnisse der Zeit Davids oder Salomos spiegeln und das ganze Land beschrieben wird. Zu letzterem behauptet er, daß גבול nicht „Grenze“, sondern „Gebiet“ bedeutet. Das Gebiet sei dann von innen nach außen beschrieben; auf diese Weise kann das ganze Land abgedeckt werden. Diese Annahme haben wir oben bereits abgelehnt.[39] Einzelgrenzen

[36] S.u. §11.8.1.

[37] Das postuliert Noth, *HGD* 1935 = 1971, 262–280; vgl. Cortese, *Josua* 1990, 33ff.

[38] Vgl. auch Mowinckel, *Quellen* 1946, 27–40.32; id., *Tetrateuch* 1964, 73; und Aharoni, *Province-list* 1959, 234f; Cortese, *Josua* 1990, 34 (aber vgl. S.46).

[39] S.o. §3.3.2.3.

oder eben Teile der Einzelgrenzen entsprechen möglicherweise historischen Verhältnissen, nicht aber die Grenzbeschreibungen im allgemeinen. Die Grenzen schließen einander nämlich teilweise historisch aus, wie sich unten noch zeigen wird.[40]

Unsere Vorgehensweise steht der von Mowinckel nahe, der die Grenzbeschreibungen als ein Produkt nachexilischer priesterschriftlicher Verfasser ansieht. Im Unterschied zu ihm nennen wir die Verfasser der frühesten literarischen Phase nicht nachexilisch-priesterschriftlich, sondern nachexilisch-nachpriesterschriftlich. Zudem schließen wir den Gebrauch älterer schriftlicher Vorlagen keineswegs aus. Mowinckel tat das, weil er davon ausging, daß Dokumente im Tempel aufbewahrt wurden und diese Dokumente die Zerstörung im Jahre 587 nicht überlebt haben können.[41] Dieses Argument ist alles andere als überzeugend.[42]

8.2.3. *Datierungen*

8.2.3.1. Vorfragen

Wie man zu einer Datierung der Grenzbeschreibung Judas kommt, hängt davon ab, ob man: 1. alle Beschreibungen der Grenzen ursprünglich als zu einem System gehörend betrachtet und infolgedessen zur gleichen Zeit datiert; 2. die Grenzbeschreibungen als eine Beschreibung von realen territorialen Verhältnissen ansieht (Kallai) oder als Mischung von Fiktion und Realität (Alt).

Zu 1: Die Grenzbeschreibung Judas ist aus verschiedenen Texten zusammengetragen. Die Südgrenze stammt aus Num 34, und die Nordgrenze vom Jordantal bis zu Kirjat-Jearim oder Bet-Schemesch könnte auf eine Liste von Grenzfixpunkten (Noth) zurückgehen. Dabei ist mit der Möglichkeit zu rechnen, daß Teile dieser Nordgrenze unterschiedliche historische Funktionen hatten.[43] Über die Ost- und Westgrenzen ist geschichtlich wenig zu sagen, weil diese Wassergrenzen durch die Natur selber gegeben sind. Die Nord- und Südgrenze stammen aus verschiedenen Zeiten, und für die Bestimmung ihrer Funktionen müßte man die Zeitspanne/n kennen, in der/denen sie eine Rolle

[40] S.u. §8.2.3.

[41] Mowinckel, *Quellen* 1946, 7.

[42] Es ist möglich, daß Kopien dieser Dokumente bestanden.

[43] Es ist wahrscheinlich eine Angabe eines rubenitischen Weidegebiets sowie eines Teils der Stadtgrenze Jerusalems enthalten.

gespielt haben. Dabei ist nicht einmal mit Sicherheit zu sagen, ob diese Grenze bzw. Grenzen zur Zeit des ersten Redaktors von Jos 15 bestanden. Zu 2: Weil die Beschreibung der Grenzen Judas ein Konstrukt ist, ist sie als eine Mischung von Fiktion und Realität zu sehen. Dieses Konstrukt nimmt Texte aus verschiedenen Quellen und Zeiten auf und harmonisiert sie, wenn nötig.

Wie schält man dann historisch-reale Grenzbeschreibungen aus diesen Texten heraus? Die Stationen der Südgrenze sind im AT so unbekannt, daß sich nur wenig über ihre zeitliche Ansetzung sagen läßt. Grund dafür ist ihre Lokalisierung in der Wüste, in der eine Grenze naturgegeben von nur geringer Bedeutung ist. Ganz anders ist das im Norden; Teile der Nordgrenze könnten sehr wohl mit politischen Verhältnissen in Zusammenhang gebracht werden.

8.2.3.2. Die vorstaatliche Zeit

Die von Alt und Noth vorgenommene Datierung der Grenzbeschreibung in die späte vorstaatliche Zeit ist nicht zu halten. Erstens argumentiert Alt nicht konsequent. Ri 1 und Gen 49 zeigen zusammen mit den Landverteilungstexten aus Jos, so Alt, daß in der späteren vorstaatlichen Zeit Issachar kaum existierte. In Jos 19 gibt es nämlich für diesen Stamm keine Grenzbeschreibung, während er in Ri 1 überhaupt nicht (mehr) auftaucht. Doch wenn Alt Issachar eine Grenzbeschreibung abspricht, muß er sie auch Naftali absprechen, dessen Gebietsbeschreibung fast die gleiche Form wie die von Issachar hat. Das tut Alt aber nicht. In Ri 1 kommt Naftali sehr wohl vor, und wir vermuten daher, daß Alt die Sachverhalte aus Ri 1 in die Landverteilungstexte hineingelesen hat.[44] Zweitens ist die Annahme Alts, daß sich in Ri 1 und Jos 13–19 Realität und Ideal in ähnlicher Weise mischen, nicht überzeugend. Mowinckel weist zu Recht darauf hin, daß Ri 1 realistischer wirkt als Jos 13–19,[45] auch wenn Ri 1 mit seiner starken Juda-freundlichen Tendenz ein ideologisch-schematischer Text ist. Drittens ist es mit Mowinckel fraglich, wer oder welche Instanz in der vorstaatlichen Zeit die Gewalt hatte, bei territorialen Stammeskonflikten zu entscheiden. Ein Amphiktyonie-Gericht kann das laut Mowinckel (wie oben schon gesagt) nicht gewesen sein.[46] Viertens muß für die vor-

---

[44] Vgl. die Kritik Kallais, *HGB* 1986, 287f, an Alts Datierung.

[45] Mowinckel, *Quellen* 1946, 16.20ff.

[46] S.o. §8.2.1.

staatliche Zeit ein bedeutend kleineres Territorium angenommen werden, als in Jos 13–19 durch die Grenzbeschreibungen abgesteckt wird (Cross / Wright, Kallai[47]).

Inzwischen datiert kaum noch ein Forscher den Ursprung der Grenzbeschreibungen in die vorstaatliche Zeit. Das betrifft demnach auch die Datierung von Noths Grenzfixpunktreihen. Nur Hess hat neuerdings wieder für eine Datierung in vorstaatliche Zeit plädiert.[48] Zu einer Zeit, in der das Volk sich auf dem Gebirge ansiedelt, braucht man Grenzen um Identität zu schaffen. Die Instanz, die dem zugrunde liegt, ist, so Hess, eine Art Amphiktyonie, eine „divinely recognized authority", die wir oben schon abgelehnt haben.[49] Des weiteren vergleicht er Grenzbeschreibungen (und Ortslisten[50]) aus der SBZ mit den Grenzbeschreibungen aus Jos 13–19 und sieht Übereinstimmungen. Wie z.B. in den außerbiblischen Parallelen der hethitische König durch einen Vertrag die Grenzen des Landes festlegt und das Land Untertanen übereignet, so legt Gott die Grenzen der Stämme fest und übereignet es ihnen. Leider begründet Hess 1. nicht, warum er außerbiblische Grenzbeschreibungen aus der SBZ mit denen in Jos 13–19, die frühestens aus der EZ I stammen können, vergleicht; 2. wirken die Vergleiche mit den außerbiblischen Grenzbeschreibungen gezwungen;[51] 3. macht er nicht deutlich, inwieweit Jos 13–19 als Beschrei-

---

[47] Cross / Wright, *Boundary* 1956; Kallai-Kleinmann, *Town Lists* 1958; id., *Note* 1961; Kallai, *HGB* 1986.

[48] Hess, *Asking* 1994; id., *Boundary* 1994.

[49] Hess, *Asking* 1994, 224.

[50] Z.B. Hess, *Asking* 1994, 200f; id., *Boundary* 1994, 136. Es ist sehr fraglich, ob man Grenzbeschreibungen mit Ortslisten vergleichen darf.

[51] Hess, *Boundary* 1994, nennt S. 135f drei Übereinstimmungen zwischen den Grenzbeschreibungen Kanaans (bes. in Num 34) und wirtschaftlichen Verträgen aus Emar: 1. Sie beginnen beide mit der Südgrenze. 2. Die Grenze des Gebietes wird in beiden Texten durch außerhalb dieses Territoriums liegende Orte oder Gebiete definiert. 3. In beiden Texten geht es um die Inhaber des eigenen Gebietes, nicht, wie bei Vertragstexten, um die Landeigentümer an beiden Seiten der Grenze. Zu 1: Daß eine Grenzbeschreibung mit dem Süden anfängt, ist nicht spezifisch für die genannten Texte, sondern ist Charakteristikum für den ganzen Alten Orient. In Richtung Osten schauend, wo die Sonne aufgeht, fängt man Gebiets- oder Grenzbeschreibungen rechts (ימין) an. Zu 2: Indem man ein Gebiet durch ein außerhalb dieses Gebiets liegendes Territorium bestimmt, kann man die Grenze genauer, auch politisch, abstecken. Diese Feststellung ist weiter nicht auffällig. Zu 3: Hieran zeigt sich, daß man Num 34 eben nicht mit älteren Vertragstexten vergleichen darf. Hess geht zu sehr davon aus, daß die Grenzbeschreibungen im AT Vertragstexte sind, die ohnehin mit sbz Vertragstexten verglichen werden dürfen. Die Landverteilungstexte aus Jos 13–19 vergleicht Hess,

bung eines Vertrages anzusehen ist; 4. unterscheidet er nicht nach Sitz im Leben und Sitz in der Literatur. Die Übereinstimmungen, die er aufzeigt, sind eher als selbstverständlich und aus der Art der Sache gegeben denn als voneinander abhängig anzusehen.

Die Südgrenze Judas nach Jos 15 gab es in vorstaatlicher Zeit nicht. Ob es sich nun um eine Grenze oder einen durch Festungen verstärkten Handelsweg handelte, für eine solche „Grenze" so weit südlich in der Wüste hätte man eine zentrale Gewalt gebraucht. Zwischen dem bewohnten Gebiet und der Südgrenze liegt noch ein ganzer Streifen öder Wüste. Wer sollte an dieser Südgrenze interessiert gewesen sein, zumal jegliche Infrastruktur in diesem Gebiet in vorstaatlicher Zeit fehlte? Auch eine Bewachung eines Handelsweges wäre somit schwer zu gewährleisten gewesen.

Gehen wir davon aus, daß der größte Teil der Nordgrenze vom Jordantal bis zu Baala / Kirjat-Jearim historischen Verhältnissen entspricht, dann wäre für diesen Teil eine Datierung in die vorstaatliche Zeit theoretisch möglich. Sie entspräche einer Abgrenzung des Gebietes, das von den frühen Israeliten bewohnt war, gegenüber dem sogenannten kanaanäischen Querriegel. Letzterer könnte zu einem großen Teil das Gebiet der gibeonitischen Tetrapolis gewesen sein. Doch auch diese Datierung ist eher unwahrscheinlich. Das Gebiet südlich dieses Querriegels war in der EZ I kaum bewohnt, und die geographischen Punkte der Nordgrenze, die in etwa zu datieren sind, weisen auf eine spätere Zeit.

S. 136f, mit Texten aus Ugarit und Ḫattuša: 1. Es gibt Übereinstimmungen in Form und Einzelheiten: Grenzbeschreibungen werden mit Ortslisten und Kurzerzählungen vermischt, und beide Grenzbeschreibungen enthalten Einleitungen und Summierungen mit Angabe der Gruppe, der das Land zugeteilt wurde. 2. Das Land an beiden Seiten der Grenze wird mit betrachtet. In Jos 13–19 geht es dann um die verschiedenen Stämme. 3. Beide Textgruppen stehen in einem Kontext, in dem das Verhältnis zwischen den Vertragspartnern formal definiert wird. In Jos 13–19 ist es Gott, der offiziell den Stämmen ihr Gebiet überträgt. Zu 1: Die Übereinstimmungen in Form und Einzelheiten sind eher logisch als chronologisch zu werten (vor allem das Auftauchen von Überschriften und Summierungen); das gilt auch für 2. Worauf Hess nicht eingeht, ist, daß auch in Chr Listen- mit Erzählmaterial vielfältig verflochten ist. Zu 3: Daß es Gott ist, der im Kontext von Jos 13–19 das Land den Stämmen überträgt, stimmt voll und ganz, doch dafür braucht man den Vergleich mit außerbiblischen Texten nicht.

8.2.3.3. Die Zeit des vereinten Königreichs

Kallai datiert das System der Stammesgrenzen in die letzten Regierungsjahre Davids oder in die Periode Salomos.[52] Er setzt voraus, daß dieses System reale historische Verhältnisse einer bestimmten Zeit spiegelt, und begründet seine Schlußfolgerung mit folgenden Argumenten: 1. Nur zur Zeit Davids oder Salomos kann das beschriebene Territorium diese Ausdehnung gehabt haben. Vorher war das Land noch nicht vollständig erobert, nachher gab es die Einheit der Stämme nicht mehr, so wie sie in Jos besteht. 2. Die Ausdehnung der Grenzbeschreibungen stimmt mit der des Zensus Davids (2Sam 24,5–7) und der Distriktliste Salomos (1Kön 4,7ff) überein. 3. Daß sich keine Grenzbeschreibungen von Simeon und Dan in Jos finden, läßt sich ebenso mit der vorgeschlagenen Datierung vereinbaren, so Kallai, da Simeon in dieser Zeit bereits in Juda aufgegangen (vgl. 2Sam 24,7) und Dan bereits in den Norden gewandert (Jos 19,47; Ri 18,1) war. 4. Daneben nennt Kallai weitere Details in den Grenzbeschreibungen, die seiner Ansicht nach auf die Zeit Davids oder Salomos schließen lassen.

Anders als Alt und Noth sieht Kallai weitgehende Übereinstimmungen zwischen der Ausdehnung des Territoriums, wie sie in der Beschreibung der Stammesgrenzen hervortritt, und dem Umfang des Gebietes, das durch den Zensus Davids und die Liste der administrativen Distrikte Salomos (1Kön 4,7ff) beschrieben wird. Die Differenzen erklärt er aus den verschiedenen Sichtweisen der Listen: Die Grenzbeschreibungen beschreiben den Besitz der Stämme, die beiden anderen Listen sind verwaltungstechnischer Natur. Daß Jerusalem in der Grenzbeschreibung Judas so genau ausgespart wird, paßt nach Kallai in die Zeit Davids. David hatte es nämlich den Benjaminitern geschenkt, so Kallais Vermutung, um diese an Juda zu binden.[53]

Gegen Kallai ist einzuwenden, daß die Zensusliste Davids und die Distriktliste Salomos zuviele Differenzen aufweisen, als daß sie sich territorial mit den Grenzbeschreibungen decken könnten. Der Hinweis auf verschiedene Interessen dieser Listen reicht als Erklärung für die Unterschiede nicht aus. Zwei für uns relevante Differenzen sind zu nennen:[54] 1. In der Zensusliste liegt die Südgrenze bei Beerscheba, während sie in Jos 15,2–4 weiter südlich zu finden ist. Natürlich geht

[52] Kallai, *HGB* 1986, 279–291.

[53] S.u. §8.5.

[54] Na'aman, *Borders* 1986, 44–47.54f.98–102, hat die Unterschiede zwischen den Grenzbeschreibungen und der Zensusliste genau behandelt.

es bei einem Zensus um das Zählen von Menschen und bei einer Grenzbeschreibung um die Grenze eines Stammesgebietes, aber wenn die in Jos 15,2–4 enthaltene Südgrenze zu Davids Zeit wirklich als Grenze eine Funktion hatte, wäre sie gerade in einer Wüste, in der eine exakte Grenze im allgemeinen eher unnötig ist, befestigt und somit in den Anlagen bewohnt gewesen. Das gilt ebenso für einen möglichen Handelsweg. In diesen Fällen hätten die dort wohnenden Menschen mitgezählt werden müssen. Die Südgrenze Judas muß somit entweder aus einer anderen Zeit stammen, oder sie hat eine so unterschiedliche Funktion, daß ein Vergleich mit der Zensusliste Davids sinnlos ist. Unten wird sich herausstellen, daß beides zutrifft. 2. In der Distriktliste Salomos liegt Bet-Schemesch im Nordreich, weil das Gebiet von Juda in dieser Liste nicht verzeichnet war,[55] nach der Beschreibung der Nordgrenze Judas gehört diese Stadt zu Juda.

Verläßt man aber das unhaltbare Postulat Kallais, die Grenzbeschreibungen insgesamt beschrieben reale historische Verhältnisse zu einer bestimmten Zeit,[56] dann ist mit Schunck *für die Nordgrenze Judas* sehr wohl eine Datierung in die Zeit Davids möglich.[57] Durch die Salbung zum König über Juda (2Sam 2,1–11) bekam David bzw. Juda eine Sonderposition gegenüber den anderen Stämmen. Abner dagegen machte Isch-Boschet zum König über ganz Israel (v 9), also auch über das nördlich an Juda grenzende Benjamin. Zu einer solchen Zeit ist eine genaue Abgrenzung zwischen dem Nord- und dem Südreich wichtig. Benjamin entschied sich zunächst für das Nordreich, waren doch die Beziehungen zu David durch die Ereignisse um den Benjaminiter Saul, dessen Familie und David bekanntlich getrübt. Daß die Nordgrenze Judas in etwa hier verlaufen sein muß, zeigt sich z.B. an den wechselnden Inhabern von Bet-Schemesch und Baala / Kirjat-Jearim.[58] Diese Datierung deckt sich mit einer der zwei aufgrund (allerdings dürftiger) archäologischer Daten vorgeschlagenen Datierungen der Nordgrenze, und zwar in das 10. Jh.[59]

---

[55] Damit wenden wir uns mit Kallai, *HGB* 1986, 44–46, gegen die Behauptung, Juda sei in der salomonischen Distriktliste verzeichnet (Albright, *Divisions* 1925, 26f.34–36).

[56] In unseren Analysen haben wir gezeigt, daß das „System der Stammesgrenzen" aus unterschiedlichem Material zusammengetragen ist und nicht einer einzigen Periode angehört.

[57] Schunck, *Benjamin* 1963, 144–146. Er meint übrigens, daß Jos 16,1–3 die Südgrenze Ephraims und also die Nordgrenze Benjamins, zur Zeit Rehabeams die Nordgrenze Judas darstellte.

[58] Zu Bet-Schemesch s.o. §7.6.2; zu Baala und Kirjat-Jearim s.o. §6.5.1.

[59] Schunck, *Benjamin* 1963,146–149. Vgl. auch Cross / Wright, *Boundary* 1956, 222.

Ob David Jerusalem den Benjaminitern geschenkt hat, um sie auf diese Weise an sich zu binden, wie Kallai meint, scheint uns sehr fraglich zu sein. In der Beschreibung der Nordgrenze Judas wird Jerusalem genauestens ausgespart (Jos 15,7–9), und aufgrund von Ri 1,21 sollte die Stadt den Benjaminitern zufallen, die jedoch in der Eroberung scheiterten. Diese letzte Stelle ist aber als eine Juda-freundliche Bearbeitung von Jos 15,63 aufzufassen, wo die Judäer die Stadt Jerusalem nicht erobern konnten. Darum ist Jerusalem (theoretischer) Besitz der Judäer. In der historisch-geographischen Analyse hat sich gezeigt, daß die Aussparung Jerusalems nur schwerlich in die Nordgrenze hineinpaßt. Wir haben bereits die Vermutung geäußert, daß die Aussparung auf einem sekundären Vorgang beruht. Betrachtet man die biblische Geschichte, dann konnte man nicht anders als Jerusalem aussparen, denn es durfte erst von David erobert werden (2Sam 5,6ff), während man sich hier noch in der erzählten Zeit von Josua befindet.

Wir gehen davon aus, daß die Nordgrenze Judas (bis auf den „rubenitischen" Teil) nördlich von Jerusalem verlief, und zwar in einer direkten Linie vom Wasser der Schemeschquelle zur Meneftoachquelle. Über die in Jos 15,7–9 gezeichnete Grenze Jerusalems ist historisch nur wenig auszumachen. Sie geht aber auf keinen Fall auf das Jerusalem der Amarnabriefe zurück, weil das Gebiet Jerusalems damals sehr viel ausgedehnter war.[60] Dazu kommt, daß nicht einmal sicher ist, ob dieses „Urusalim" sich an der gleichen Stelle wie die Davidsstadt befand.[61] Weil die Grenze erst beim „Berg" (der heutigen Schottischen Kirche) nach Norden abbiegt, war die sogenannte „Mischne" einbezogen. Sie wurde in der EZ IIC in die Stadt integriert, vermutlich um die Flüchtlinge aus dem Norden nach dem Fall des Nordreichs zu beherbergen.[62] Zur Zeit Nehemias (2. Hälfte des 5. Jh.) lag die Westgrenze wieder beim Tyropeiontal.[63] *Terminus post quem* der in Jos 15,5–7 vorliegenden Grenze Jerusalems ist der Fall des Nordreichs (722) und *terminus ante quem* die Zeit des Wiederaufbaus der Mauer unter Nehemia (445).[64]

[60] Vgl. Na'aman, *Boundaries* 1991; id., *Jerusalem* 1992.

[61] Franken / Steiner, *Urusalim* 1992; Steiner, *Jerusalem* 1996.

[62] Vgl. dazu ausführlich und überzeugend Bieberstein / Bloedhorn, *Jerusalem* 1994, 73–77.

[63] Bieberstein / Bloedhorn, a.a.O., 86–89.91–94.

[64] Siehe weiter §8.5.

8.2.3.4. Das 8./7. Jh.

Eine Datierung der Nordgrenze in das 8. oder 7. Jh. ist unwahrscheinlich. Im 8. Jh. lag die Nordgrenze Judas nördlicher als die Grenze, wie sie in Jos 15,5b–11 beschrieben wird. Das gilt auch für die Abgrenzung zur assyrischen Provinz Samerina. Anders verhält es sich mit der Südgrenze. Hooker hat aufgrund assyrischer Quellen gezeigt, daß die Bezeichnung „Bach Ägyptens" (Jos 15,4) erst nach dem Feldzug von Sargon II. nach Raphia (720) den *w. el-ʿārīš* betraf, während sie davor den *naḥal beśōr* meinte.[65] In der Südgrenze Judas kann der Bach Ägyptens nur mit dem *w. el-ʿārīš* gleichgesetzt werden. Damit hätten wir einen *terminus post quem* für die Südgrenze am Ende des 8. Jh. Diese Datierung trifft sich mit der der Grenze Jerusalems in der Nordgrenze und mit der möglichen Datierung der Südgrenze in die EZ IIC aufgrund (sehr dürftiger) archäologischer Daten.

8.3. *Die Ortsliste*

8.3.1. *Forschungsgeschichtliche Einleitung*[66]

Fast alle Forscher sind sich darüber einig, daß der Ursprung der Ortsliste Judas auf irgendeine Weise im Zusammenhang mit administrativen Verwaltungsmaßnahmen zu sehen ist. Dazu gibt es mehrere Positionen.

Alt geht davon aus, daß die Ortsliste Judas Teil einer Beschreibung des Territoriums des Königreichs Juda ist. Dieses durch die ursprüngliche „Südliste" abgesteckte Gebiet war in zwölf Verwaltungsbezirke unterteilt[67]—dabei decken sich die Distrikte allerdings oft noch mit alten Sippengebieten[68]—und wurde erst später in die Ortslisten von Juda, Simeon, Benjamin und Dan zerteilt. Jeden Monat nahm einer der zwölf Distrikte einen Teil der Dienstleistung für den Hof auf seine Rechnung. Das Postulat, daß die Ortsliste aus zwölf Distrikten bestand, ist bei Alt (und vielen nach ihm) grundlegend. Er erklärt damit sowohl die Funktion als auch den Sitz im Leben der Ortsliste, muß dafür aber eine zwölfteilige Ortsliste konstruieren, die sowohl die Judas als auch die Benjamins, Dans und Simeons abdeckt. Dazu verbindet er den 12. Distrikt Judas (15,61f) mit dem 1. Distrikt Benjamins (18,21–24), den 11.

---

[65] Hooker, *Brook* 1993.

[66] Vgl. zur Forschungsgeschichte Noort, *Josua* 1998, 181–197.

[67] Alt, *Judas Gaue* 1925 = 1953, 279–283.

[68] Alt, *Judas Gaue* 1925 = 1953, 286.

Distrikt Judas (15,60) mit dem 2. Benjamins (18,25–28) und bezieht auch die Danliste (19,41–46) in dieses System mit ein. Den von ihm konstruierten Wüsten-Jericho-Distrikt (15,61f+18,21–24) kann er wegen seiner langen nord-südlichen Ausdehnung nicht aus der Geographie erklären. Es bleibt für ihn nur noch die Möglichkeit, daß es sich hier um eine Beschreibung des Territoriums des Königreichs Juda handelt. Nur Josias Königreich erstreckte sich nach Alt so weit nach Norden.

Mowinckel dagegen meint, daß echte, außerbiblische Ortslisten anders aussehen. In ihnen wird nämlich immer der administrative Zweck genannt (vgl. auch 1Kön 4,7ff).[69] Seiner Meinung nach sind die Ortslisten eine Schöpfung des priesterlichen Verfassers, der das Land nach dem Exil in seiner vollen Ausdehnung beschreiben wollte.

Ähnlich äußert sich Hess, der aus dem Vergleich mit außerbiblischen, meist sbz, Ortslisten, schließt, daß die Ortslisten in Jos 13–19 ursprünglich administrative Funktionen gehabt haben dürften, jetzt aber theologisch interpretiert werden müßten.[70]

Die meisten Forscher sehen in der Ortsliste Judas eine Abgabenliste.[71] Jeden Monat mußte ein Distrikt von den zwölfen Abgaben leisten. Ob diese aus persönlichen Dienstleistungen oder materiellen Produkten bestanden, ist schwierig zu entscheiden. Die Größe eines Distriktes könnte dann aus seinem landwirtschaftlichen Reichtum erklärt werden.[72] Da z.B. der Negev mit seinem trockenen Klima wenig Produkte liefern kann, ist dieser Distrikt größer als alle anderen.

Einen neueren Sitz im Leben, so Yadin,[73] hat die Liste erfahren durch die Einteilung in vier: Negev, Gebirge, Schefela und Wüste. Diese Einteilung, die die Zwölfereinteilung aber nicht zerstört, stimmt seiner Meinung nach mit den vier Bezeichnungen auf den sogenannten königlichen Krugstempeln überein, die oftmals im Gebiet Judas gefunden worden sind (*mmšt*—Negev; Socho—Schefela; Hebron—Gebirge; Sif—Wüste).[74] Da von diesen königlichen Krügen bekannt ist, daß sie mit Verteidigungsmaßnahmen zu tun haben,[75] muß also auch die Viereinteilung Judas in 15,21ff eine militärische und keine agrarische sein.

---

[69] Mowinckel, *Quellen* 1946, 18.

[70] Hess, *Typology* 1996.

[71] Vgl. Alt, *Judas Gaue* 1925=1953, 284; Aharoni, *Province-list* 1959, 226; Fritz, *Josua* 1994, 162; Spronk, *Jozua* 1994, 15.

[72] Vgl. z.B. Fritz, *Josua* 1994, 162.

[73] Yadin, *Division* 1961, 6–12.

[74] Vgl. Weippert, *PvZ* 1988, 165–167.

[75] Früher ging man davon aus, daß sie mit Verteidigungsmaßnahmen Josias zusam-

8.3.2. *Der ursprüngliche Umfang der Ortsliste*

Um einen möglichen ursprünglichen Zweck der Ortsliste bestimmen zu können, muß zuerst ihr Umfang geklärt werden. Dem aber gehen noch zwei weitere Fragen voran: 1. Deckten die Ortslisten das ganze Land ab? 2. Wieviele Ortslisten hat es gegeben? Drei, eine für den Süden, einschließlich Juda, Benjamin, Simeon und Dan, eine verlorengegangene für die Mitte und eine für den Norden (Alt[76])? Gab es zwei Listen, eine für den Süden und eine für die galiläischen und transjordanischen Stämme, wobei letztere auf die Distriktliste Salomos zurückgeht (1Kön 4,7ff; Aharoni[77])? Oder gab es nur eine für den Süden (Cross / Wright[78]) und vielleicht noch eine Erweiterung in Transjordanien (Noth[79])? An dieser Stelle interessiert uns nur die postulierte Südliste. Ihr Umfang nämlich bestimmt ihren Zweck: War sie eine Ortsliste des Stammes Juda, eine des Königreichs Juda, der Provinz Jehud oder ein in erster Linie literarisch-theologisches Produkt? Gab es diese Südliste ohne Dan (Cross / Wright, Aharoni[80]) oder auch ohne Benjamin (Kallai[81]); oder war sie nur mit einem Teil Benjamins (Aharoni) verbunden? Oder gab es eine fortlaufende Erweiterung und Ergänzung von Grunddokumenten (Schunck[82])? Zur Beantwortung dieser Fragen untersuchen wir die in der Forschung aufgeworfenen Verbindungen der Judaliste mit denen der Südstämme Dan, Benjamin und Simeon sowie den Ort des „Philisterdistriktes".

8.3.2.1. Das Verhältnis zur Ortsliste Dans

Alt und Noth setzen eine Distriktliste des Königreichs Judas voraus, in der auch das Stammesgebiet Dans verzeichnet war. Der Grund, warum dieses jetzt inmitten der galiläischen Stämme beschrieben wird, ist einfach. Nach Jos 19,47, Ri 1,34f und Ri 18 (13–16) war Dan zunächst

---

menhingen, heute aber verbindet man sie, infolge einer Umdatierung von Schicht III von Lachisch, in der solche Krugstempeln gefunden wurden, eher mit Hiskia; s.o. §7.6.

[76] Alt, *Judas Gaue* 1925=1953. Die These Alts, *Ortsliste* 1927, daß die Nordliste einer Ortsliste der assyrischen Provinz *magiddu* entstammt, die dann von Josia übernommen worden ist, hat sich nicht bewährt (vgl. Noth, *HGD* 1935=1971, 251–262; Cross / Wright, *Boundary* 1956, 206f.)

[77] Aharoni, *Province-list* 1959, 236f; id., *LoB* ²1979, 349.

[78] Cross / Wright, *Boundary* 1956, 211.

[79] Noth, *HGD* 1935=1971, 262–280; id., *Josua* 1938, ix, und ²1953, 14.

[80] Cross / Wright, *Boundary* 1956; Aharoni, *Province-list* 1959.

[81] Kallai-Kleinmann, *Town Lists* 1958; id., *Note* 1961; Kallai, *HGB* 1986.

[82] Schunck, *Benjamin* 1963.

westlich vom Stammesgebiet Benjamins beheimatet und ist später nach Norden gezogen.[83] Der Redaktor / Verfasser des Josuabuches wußte noch um Dans ursprüngliches Siedlungsgebiet, aber weil Dan zu seiner Zeit schon im Norden wohnte, hat er die Beschreibung von dessen Gebiet aus der Südliste herausgenommen und ihr unter den galiläischen Orten einen Platz gegeben. Dabei hat er aber die Orte aus dem Südwesten des Landes stehen lassen, und es sind überdies einige Reste bei der Umgruppierung durch Unachtsamkeit stehengeblieben.[84] Diese finden sich in den sowohl in 15,21ff als auch in 19,41ff vorkommenden Orten: Eschtaol und Zora (beide: 15,33; 19,41) sowie Ekron (15,45; 19,43).

Daß Dan aber nicht zur Südliste gehören kann, haben Cross und Wright mit literarischen und historischen Argumenten klar gemacht.[85] Sie weisen zu Recht darauf hin, daß Alt sich nicht deutlich über die Stelle in Jos 15 äußert, aus der die Danliste herausgenommen wurde.[86] Sie kann theoretisch in v 33 oder in v 45 gestanden haben. Noth war genauer als Alt, indem er in Ekron (15,45; 19,41) die Schnittstelle sah. Laut Cross und Wright aber bietet 15,45 keinen Anlaß für einen Einschub von 19,41ff. 15,45–47 hat einen deutlich sekundären Charakter, und es ist sehr die Frage, ob dieses Territorium ehemals zum Reich Juda gehört hat. Weiter weisen sie darauf hin, daß Eschtaol und Zora gut in den Kontext von 15,33–36 passen. Auch formal gibt es einen Unterschied: Die Danliste hat anders als die übrigen Südlisten keine weitere Unterteilung und zeigt mehr formale Ähnlichkeiten mit den Nordlisten. Alt erntete Kritik von u.a. Cross / Wright und Kallai für die Annahme von „Unachtsamkeiten“[87], die bei der Umgruppierung aufgetreten seien.[88] Sie finden es nicht überzeugend—und dem schließen wir uns mit vielen anderen an—, daß ein Redaktor so unsauber vorgegangen sein sollte.

---

[83] Vgl. vor allem Niemann, *Daniten* 1985. Die Bemerkung Cross' und Wrights, *Boundary* 1956, 211[12], daß Dan vielleicht überhaupt nicht nach Norden gezogen ist, ist unbegründet. Eine Wanderung der Daniten von Norden nach Süden wird (gegen Niemann, *Daniten* 1985) von Lehmann / e.a., *Zora* 1996, und Niemann, *Zorah* 1999, 30–36.45f, verteidigt; s. dazu oben §7.2.1.1 Anm. 233.

[84] Die literarischen Aspekte bezüglich Dans sind oben bereits erörtert worden.

[85] Cross / Wright, *Boundary* 1956; vgl. weiter u.a.: Soggin, *Joshua* 1972, 176–180; Aharoni, *Province-list* 1959; id., *LoB* [2]1979, 87f.; Fritz, *Josua* 1994, 162–168.

[86] Cross / Wright, *Boundary* 1956, 204f.209–211.

[87] Alt, *Judas Gaue* 1925 = 1953, 278.

[88] Cross / Wright, *Boundary* 1956, 209; Kallai, *HGB* 1986, 329–333.337.

Wozu gehörte Dan dann? Nach Noth wirkt die Westgrenze Benjamins unnatürlich. Normal wäre es gewesen, wenn das Meer die Westgrenze gewesen wäre. Er behauptet, daß ein Redaktor sekundär einen Teil Benjamins an der Nord-Süd-Linie Unteres Bet-Horon—Kirjat-Jearim abgeschnitten hat, um Platz für den Stamm Dan zu schaffen. Zur Zeit des Redaktors habe Dan schon im Norden gewohnt, aber der Redaktor habe die Stammesgebiete zur Zeit Josuas beschreiben wollen. Daher habe er eine künstliche Lücke für Dan in den Grenzbeschreibungen zwischen Benjamin im Osten, Ephraim im Norden und Juda im Süden geschaffen.[89] Nach Kallai gibt es jedoch keine Lücke für Dan. Weil גבול nach seiner Auffassung nicht „Grenze", sondern „Gebiet" bedeutet, können die „Gebiete" Judas und Ephraims unmittelbar aneinander grenzen.[90] Er geht davon aus, daß die Danliste mit dem zweiten Distrikt Salomos gleichzusetzen (1Kön 4,9) und auch in die gleiche Zeit zu datieren ist.[91] Doch sind u.E. die Auffassungen Kallais sehr gut mit der Annahme einer Lücke für Dan zu vereinbaren: Die Danliste entstammt dem Dokument aus salomonischer Zeit, und ein Redaktor / Verfasser hat sie sekundär für die Beschreibung des Besitzstandes Dans verwendet. Dafür mußte dann auch nachträglich eine Lücke geschaffen werden.

8.3.2.2. Das Verhältnis zur Ortsliste Benjamins

Zwischen der Juda- und der Benjaminliste[92] gibt es Überschneidungen: Bet-Araba (15,61 / 18,22[93]) findet sich sowohl im 1. Distrikt Benjamins (18,21–24[94]) als auch im 12. Judas (15,61f), Kirjat-Jearim (15,60 / 18,28[95]) sowohl im 2. Benjamins (18,25–28) als auch im 11. Judas (15,60). Alt ging von einer zwölfteiligen Distriktliste aus, die das Königreich Juda beschrieb. Außerdem hatten Benjamin und Juda bekanntlich enge Beziehungen zueinander, und darum verband Alt 18,25–28 über Kirjat-Jearim mit dem ungewöhnlich kleinen 11. Distrikt Judas (15,60) und

[89] Noth, *HGD* 1935 = 1971, 235–237.

[90] S.o. §3.3.2.3.

[91] Kallai, *HGB* 1986, 361ff.

[92] Die Ortsliste Benjamins besteht aus zwei Distrikten: 18,21–24 und 18,25–28. Nach Kallai-Kleinmann, *Town Lists* 1958, 139, gab es drei Ortslisten Benjamins. Die mittlere wäre aber durch Haplographie verloren gegangen.

[93] Bet-Araba kommt auch in beiden Grenzbeschreibungen vor: 15,6; 18,18.

[94] Allerdings mit Bet-Hogla. Diese Verbindung findet man auch in 15,6.

[95] Auch dieser Ort erscheint in den Grenzbeschreibungen: 15,9 / 18,14.

18,21–24 über Bet-Araba mit 15,61f.[96] Bei Alt und Noth gehörte auch der danitische Distrikt (19,41–46 bzw. 15,45 + 19,41–46) zur ursprünglichen Südliste, doch nach der Kritik von Cross und Wright hat man diese Ansicht verlassen. Die Zugehörigkeit der benjaminitischen Distrikte zu einer postulierten ursprünglichen zwölfteiligen Südliste wird unterschiedlich gesehen: 1. Der 1. Distrikt Benjamins (18,21–24) gehört zum 12. Judas (15,61f) und der 2. Benjamins (18,25–28) zum 11. Judas (15,60) (Alt; Noth); 2. Der 1. Distrikt Benjamins ist ein eigenständiger Distrikt, der 2. gehört zum 11. Judas (Cross / Wright); 3. Der 1. Distrikt Benjamins hat nie zur judäischen Südliste gehört, der 2. ist ein eigenständiger Distrikt (Aharoni); 4. Der 11. Distrikt Judas (15,60) ist zu streichen, beide benjaminitischen Distrikte gehören zur Südliste (Fritz); 5. Die benjaminitischen Distrikte haben nie zur Südliste gehört, und die zwölf Distrikte liegen in 15,21ff selber vor (Kallai).

Zunächst aber ist die Vorfrage zu behandeln, *ob* Benjamin zu Juda gehörte, und, wenn ja, ob man hier noch *zeitlich differenzieren* muß. Gehörte *ganz* Benjamin zu Juda oder nur ein Teil? Die Zeit Rehabeams ist die früheste vorgeschlagene Datierung für den Ursprung der Ortsliste Judas. Bereits damals gehörte Benjamin in irgendeiner Weise zu Juda (1Kön 12,24 / 2Chr 11,1). Es wird aus den Texten allerdings nicht klar, wieviel Gebiet von Benjamin zu Juda gehörte und ob Benjamin auch in das Distriktensystem Judas (falls es das gab) integriert war. Vielleicht eroberte Abia Gebiet bis Geba in Ephraim, Zemaraim, Ofra und Bethel, also über das Gebiet Benjamins hinaus (2Chr 13,9). Das läßt vermuten, daß er Herr über Benjamin war. Auch Asa hatte Städte auf dem ephraimitischen Gebirge eingenommen (2Chr 15,8), in denen danach von seinem Sohn Joschafat Garnisonen eingerichtet wurden (2Chr 17,2). Josia schließlich hatte einen Altar in Bethel zerstört (2Kön 23,15). Dies alles macht es wahrscheinlich, daß Benjamin zu Juda gehörte, wenn auch zu unterschiedlichen Zeiten auf unterschiedliche Weise.

Alts 11. Distrikt[97] (15,60 + 18,21–24) ist nach Cross und Wright viel zu langgestreckt, um als Verwaltungsbezirk fungiert haben zu können.[98] Dieses Problem hat Alt zu lösen versucht, indem er postulierte, daß

---

[96] Alt, *Judas Gaue* 1925 = 1953, 278f. Alt erwähnt hier das doppelte Vorkommen von Bet-Hogla nicht.

[97] Noth, *Josua* 1938 und ²1953 übernimmt die Ergebnisse Alts, was die Zuordnung der Benjaminlisten betrifft, kritiklos.

[98] Cross / Wright, *Boundary* 1956, 208f; vgl. auch Aharoni, *Province-list* 1959, 227.

das Tote Meer damals wesentlich tiefer gestanden hat, so daß man gute Verkehrsverbindungen in diesem sich von Norden nach Süden erstreckenden Distrikt hatte, und nicht in die Berge gleich westlich des Toten Meeres ausweichen mußte.[99] Cross und Wright bleiben aber dabei, daß der Distrikt eine geographische Anomalie bildet. Sie unterstellen Alt, daß er 18,21–24 und 15,60f zusammengenommen hat, um seine Zwölfzahl zu retten, die durch den Einschub der Danliste gefährdet war. Das doppelte Vorkommen von Bet-Araba betrachten sie als Spur späterer Expansion des 12. judäischen Distriktes.[100] 18,21–24 sehen sie als einen eigenständigen Distrikt an,[101] während sie den 2. Distrikt Benjamins (18,25–28) dem in ihren Augen viel zu kleinen 11. Distrikt Judas (15,60) anhängen.[102] Damit liegt die Grenze zwischen ihren Distrikten X (15,60 + 18,25–28) und XI (18,21–24) genau auf der Wasserscheide.

Laut Aharoni aber ist eine Wasserscheide nicht trennend, sondern verbindend. Er ist der Auffassung, daß Distrikt I von Benjamin (18,21–24) nur israelitische und keine judäischen Städte enthält und somit nie zur judäischen Südliste gehört hat, und daß nur Distrikt II (18,25–28) zu bestimmten Zeiten zu Juda gehörte.[103] Schunck stimmt den Auffassungen Aharonis mit einigen Korrekturen zu.[104] Allerdings geht er von einer fortlaufenden Erweiterung von Grunddokumenten aus. Die Unebenheiten zwischen den verschiedenen Listen der Stämme seien damit historisch erklärbar. Was Schunck von Aharoni trennt, ist die Zuordnung des 1. Distrikts von Benjamin (18,21–24). Nach Aharoni wäre dies der *israelitische* Teil Benjamins. Nach Schunck ist das nicht möglich.[105] Einerseits führte das Gebiet Benjamins nie an Bethel (18,22)

---

[99] Alt, *Judas Gaue* 1925 = 1953, 280[1].

[100] Na'aman, *Kingdom* 1991, 9f, postuliert den umgekehrten Vorgang: Anfänglich gehörten Bet-Araba und Bet-Hogla noch zu Juda (vgl. 15,6), aber später kamen sie in die Hände von Israel. Der Verfasser von 15,21ff paßte seine Judaliste der älteren Grenzbeschreibung an, indem er Bet-Araba auflistete, obwohl genannte Orte in seiner Zeit zu Benjamin gehörten; vgl. unten zu Kirjat-Jearim.

[101] Cross / Wright, *Boundary* 1956, 222f.

[102] Cross / Wright, *Boundary* 1956, 221f. Damit taten Cross und Wright im Grunde das gleiche, was sie bei Alt kritisiert hatten: Sie nahmen zwei Distrikte aufgrund gemeinsamer Namen zusammen. Dafür kritisiert sie Aharoni, *Province-list* 1959, 228. Auch weist er darauf hin, daß sie keine ausreichende Erklärung für das doppelte Vorkommen von Bet-Araba bieten.

[103] Aharoni, *Province-list* 1959, 231–233.

[104] Schunck, *Benjamin* 1963, 153–168; ebd., 158f (vgl. 164f): Das benjaminitische Ortsverzeichnis (18,25–28) führte nur bis וצלא האלף; was danach kommt, ist sekundär.

[105] Schunck, *Benjamin* 1963, 163.

vorbei, andererseits ist kein Grund zu finden, weshalb Ephraim einen Teil seines Gebietes Benjamin zugestehen sollte.[106] Daß Bet-Araba doppelt vorkommt, führt Aharoni auf zwei Dokumente zurück.[107]

In der Auffassung von Fritz gehörte 15,60 nicht zum ursprünglichen Dokument, sondern ist eine sekundäre Erweiterung des Redaktors, um die Ortsliste der Grenzbeschreibung anzupassen, in der Kirjat-Jearim vorkommt.[108] Bei ihm gehören die beiden benjaminitischen Distrikte zur ursprünglichen Südliste.

Kallai nimmt an, daß die Listen Benjamins und Judas aus jeweils verschiedenen Zeiten stammen.[109] Die ursprüngliche Judaliste enthielt keine benjaminitischen Distrikte und bestand nur aus den in Jos 15 erwähnten Distrikten. Wenn man den „Philisterdistrikt" (15,45–47) und den nur in der LXX verzeichneten 10. Distrikt (15,59^{LXX}) mitzählt, enthält 15,21ff nämlich bereits 12 Distrikte. Obwohl 15,60 tatsächlich einen kleinen Distrikt bildet, darf man ihn deswegen noch nicht, so Kallai, zu Benjamin rechnen.[110] Dazu kommt, daß Kirjat-Jearim nach Kallai und Aharoni überhaupt nicht doppelt verzeichnet ist, denn in 18,28 ist nicht von קרית יערים, sondern von גבעת קרית יערים cj. die Rede.[111] Na'aman dagegen meint, daß in 18,28 zwei Städte erwähnt werden: Gibea und Kirjat-Jearim.[112] Das bedeutet, daß doch sowohl in 15,60 als auch in 18,28 Kirjat-Jearim genannt wird. Na'aman erklärt das (ähnlich wie Fritz) aus der Tatsache, daß der Verfasser von 15,21ff seine Liste der um zwei Jahrhunderte älteren Grenzbeschreibung anpassen wollte. Da gehört Kirjat-Jearim nämlich noch zum Gebiet Judas.

Die Lösung Kallais, ganz Benjamin von der Judaliste abzugrenzen, ist nur zum Teil überzeugend, da, wie wir oben gesehen haben, Benjamin stets in irgendeiner Weise zu Juda gehört hat. Vielleicht gab

---

[106] Schunck, *Benjamin* 1963, 164.

[107] Aharoni, *Province-list* 1959, 234; id., *LoB* ^{2}1979, 347–351. Die Vermutung Mowinckels, *Quellen* 1946, 10, daß wir hier mit Text- oder Überlieferungsschäden zu tun haben, ist zwar möglich, aber nicht völlig überzeugend.

[108] Fritz, *Josua* 1994, 167.

[109] Kallai-Kleinmann, *Town Lists* 1958, 137: „The town-lists of the southern tribes were not cut up from a single administrative document with overlapping owing to careless editing, as asserted by Alt's school. These lists are separate documents, each describing its tribe at a certain period and are not necessarily all of one time."

[110] Kallai-Kleinmann, *Town Lists* 1958, 157; id., *HGB* 1986, 394f.

[111] Vgl. Kallai-Kleinmann, *Town List* 1958, 157; Aharoni, *Province-list* 1959, 229, und id., *LoB* ^{2}1979, 350f.; Kallai, *HGB* 1986, 134f.

[112] Na'aman, *Kingdom* 1991, 8–11.9 (wie vor ihm Steuernagel, *Josua* 1900, 224–225; Holmes, *Joshua* 1914, 68; Albright *Tell el-Ful* 1924, 32; Noth, *Josua* ^{2}1953, 108).

es aber einen ganz anderen historischen Ort für die Ortslisten Judas und Benjamins als den einer zwölfteiligen Distriktliste. Dann könnte es tatsächlich so sein, daß die Benjaminliste nicht zur Judaliste gehört, kommen sie im AT doch auch nicht nebeneinander vor. Obgleich wir aus literarkritischen Gründen davon ausgehen, daß der 11. Distrikt Judas nicht ursprünglich ist, fragen wir uns trotzdem mit Aharoni, ob es ein Problem ist, daß der Kirjat-Jearim-Distrikt kleiner ist als alle anderen.[113] Es ist möglich, daß nicht die Größe, sondern der stammes- / familiengeschichtliche Hintergrund entscheidend ist für die Zugehörigkeit einiger Städte zu einem Distrikt.[114] Außerdem könnte es sein, daß jeder Distrikt eine bestimmte Anzahl Produkte liefern mußte. Der Kirjat-Jearim-Distrikt war reich an Produkten und konnte klein bleiben. Der Wüsten- und der Negevdistrikt, arme, trockene Distrikte, waren deshalb viel größer (Fritz[115]). Was auch immer der Hintergrund von Jos 15,60 ist, wir schließen uns der Kritik Aharonis an Cross und Wright an, sie dürften Alt nicht für etwas kritisieren (daß er nämlich aufgrund des doppelten Vorkommens bestimmter Namen zwei Distrikte miteinander verbindet), was sie anschließend an anderer Stelle selbst tun (Verbindung von 15,60 mit 18,25–28 zu einem Distrikt). Was Kirjat-Jearim betrifft, sind wir der Überzeugung, daß es keine Überschneidung zwischen Jos 15,60 und 18,28 gibt. In 18,28 steht nämlich nicht קִרְיַת־יְעָרִים, sondern גִּבְעַת קִרְיַת עָרִים אַרְבַּע־עֶשְׂרֵה וְחַצְרֵיהֶן. Es handelt sich hier um Haplographie zumindest für … גבעת קרית יערים ערים. Somit ist hier nicht die Rede von קרית יערים, sondern von גבעת קרית יערים, offensichtlich auch ein Ort, so daß hier das Gebiet Benjamins von dem Judas scharf getrennt wird. Auf Bet-Araba darf man nicht zu viel Gewicht legen, da theoretisch jeder Ort in der Araba diesen Namen tragen kann. Wir meinen übrigens, daß Bet-Araba in der Ortsliste Judas nachgetragen wurde, weil es aufgrund der Grenzbeschreibung Judas dazu gehören mußte.

[113] Aharoni, *Province-list* 1959, 235.
[114] Vgl. auch Kallai-Kleinmann, *Note* 1961, 224.
[115] Vgl. Fritz, *Josua* 1994, 162.

8.3.2.3. Das Verhältnis zur Ortsliste Simeons

In §3.5.5 und 3.5.6 haben wir verteidigt, daß 19,2–6(.7) 15,26–32 vorgelegen hat. Weil nach 19,1.9 Simeon inmitten der Judäer wohnte, mußte der Verfasser/Redaktor von 15,21ff der Vollständigkeit halber die in 19,2–6(.7) über 15,26–32 hinaus vorkommenden Orte Simeons in die Judaliste aufnehmen. Die Tatsache, daß im zweiten Schefela-Distrikt die Orte Eter und Aschan auftauchen, braucht aber auch eine Erklärung. Sie gehören zur Simeon-Liste (19,2–7), erscheinen aber nicht in 15,26ff, im Negev-Distrikt, wo Simeon angenommen wird. Rainey meint[116] aufgrund von 1Chr 4,28–32, daß Simeon zunächst in der Schefela beheimatet war. In 1Chr 4,28–33 werden Simeons Städte aufgelistet bis in davidische Zeit (עד־מלך דויד). Nun werden aber Städte vor dieser Angabe genannt und auch Städte danach. Es ist also die Frage, ob sich das עד־מלך דויד auf die vorhergehende Reihe der Städte in 1Chr 4,28–31 bezieht, die eindeutig im Negev zu lokalisieren sind (Kallai), oder auf die folgenden Orte, deren Lokalisierung nicht so eindeutig ist (Rainey). Kallai meint, daß hier ein Dokument aus der Zeit Davids zitiert wird. Wegen der Ähnlichkeit mit 1Chr 4,28–33[117] muß, seiner Auffassung nach, auch die Simeonliste in 19,2–7 in die Zeit Davids datiert werden.[118] Rainey dagegen ist der Ansicht, daß sich die Orte, die in v 32 erwähnt werden (Etam, En-Rimmon, Tochen, Eter[119] und Aschan), nicht im Negev befinden müssen.[120] Er postuliert, daß David die Simeoniter, die zuerst in der Schefela ansässig waren, in den Negev umgesiedelt hat, um sie die Grenzen bewachen zu lassen. Dies wäre in Übereinstimmung mit einer Lokalisierung von Eter und Aschan in der Schefela (15,42; 1Chr 4,32) und umgekehrt mit der Tatsache, daß zur Zeit Sauls und Davids nicht von einem Negev der Simeoniter die Rede ist, sondern vom Negev Judas, obwohl Orte verzeichnet sind, die als simeonitisch bekannt sind (1Sam 27,10; 30,14.26–30).[121] Die Ergebnisse unserer historisch-geographischen Untersuchungen unterstützen die Raineys These.[122]

---

116 Rainey, *Division* 1980,199f.
117 Cross/Wright, *Boundary* 1956, 214.
118 Kallai-Kleinmann, *Town Lists* 1958, 158–160.
119 Eter ist von Rainey mit guten Gründen auf textkritischer Basis der Liste hinzugefügt; s.o. §3.5.6.
120 Rainey, *Division* 1980, 199f.
121 Vgl. Kallai-Kleinmann, *Town Lists* 1958, 159.
122 S.u. §7.2.4. Anders Willi, *Chronik* 1991ff, 144f.

8.3.2.4. Der „Philisterdistrikt“

Der „Philisterdistrikt“ (15,45–47) wird in die meisten Rekonstruktionen der Südliste nicht mit einbezogen, weil er deutlich sekundär ist. Hat Kallai 1958 noch die Philisterstädte als Distrikt mitgezählt,[123] tut er dieses 1961[124] und 1986 in seinem *Historical Geography of the Bible* nicht mehr, nachdem Aharoni[125] darauf hingewiesen hat, daß Kallais geschichtliche Darstellung nicht stimmen kann. Er rechnet nämlich die philistäischen Städte zu Juda, aber dann ist nicht zu verstehen, warum Bet-Schemesch hier nicht vorkommt, das doch näher am Kernland liegt als die Philisterstädte.[126] Somit zählt Kallai in *Historical Geography of the Bible* nur elf Distrikte Judas. Er gibt aber weder dort noch vorher in den Artikeln von 1958 und 1961 eine befriedigende Erklärung für den Sitz im Leben dieser Liste, die nämlich von den Anhängern der Zwölfereinteilung sehr wohl gegeben wird.

Die formkritischen und literarkritischen Analysen haben ergeben, daß vv 45–47 sekundär sind. Es gibt keinen Grund, den „Philisterdistrikt“ historisch auszuwerten; er wurde hinzugefügt, um die Ortsliste mit der Grenzbeschreibung Judas zu harmonisieren.

8.3.3. *Datierungen*

Für die Datierung der Ortsliste ist die Beantwortung zweier Fragen entscheidend: 1. Wann hatte Juda die Ausdehnung, wie sie in den Listen skizziert wird? 2. Wann existierten die Orte, die in der Liste erscheinen? Es kann aber weiter gefragt werden: Zu 1: Wie groß war die Ausdehnung von Juda? Wie wir oben gesehen haben, ist es die Frage ob, wie und wann die Distrikte Benjamins zu Juda gehörten. Zu 2: Beziehen sich alle Orte in 15,21ff auf die gleiche Zeit? Es wird doch von den meisten Forschern angenommen, daß z.B. 15,45–47 sekundär ist. Gilt das auch für andere Städte? Es ist *communis opinio*, daß sich dieses Dokument, abgesehen von 15,45–47, auf eine einzige Zeit bezieht, doch wir haben durch unsere literarische und historisch-geographische Analysen Teile der Ortsliste für sekundär erklärt.[127] Es bleibt aber ein Kernbestand, den zu datieren die Aufgabe ist.

---

[123] Kallai-Kleinmann, *Town Lists* 1958, 137.

[124] Kallai-Kleinmann, *Note* 1961.

[125] Aharoni, *Province-list* 1959, 240.

[126] Kallai-Kleinmann geht 1961, *Note*, auf die meisten Argumente Aharonis, jedoch nicht auf alle ein. Das Problem der Philisterstädte behandelt Kallai hier nicht mehr.

[127] S.o. §7.5.

8.3.3.1. David (1004/3–965/4?)

Die Urfassung der Ortsliste geht nach Cross und Wright auf David zurück. Hierfür bieten sie eine etwas merkwürdige und wenig überzeugende Argumentation. In Bet-Schemesch IIa sind architektonische Überreste gefunden worden, die große Ähnlichkeiten mit einer zeitgleichen verstärkten Anlage aus Debir (*tell bēt mirsim* B3[128]) zeigen. Beide stammen wiederum aus der gleichen Zeit wie der Palast und das Vorratshaus aus Lachisch V. Das alles kann nur durch zentrale Planung entstanden sein. Da Debir und Lachisch Hauptstädte von Distrikten in Jos 15,21ff sind und Bet-Schemesch eigentlich die wichtigste Stadt in der Provinz von Zora ist, ist die Provinzeinteilung unter David entstanden. Bet-Schemesch sei später, durch Joschafat, ausgelassen worden, um es den neuen Umständen anzupassen.

Diese These baut auf zu vielen Voraussetzungen auf, um überzeugend sein zu können. Daß größere öffentliche Gebäude unter zentraler Planung entstanden sind, ist zwar wahrscheinlich, aber nicht zwingend. Lokale Herrscher könnten auch Anlagen aus anderen Städten imitiert haben. Für die Annahme, die Distrikte hätten Hauptstädte gehabt, gibt es keine formalen Hinweise in Jos 15,21ff. Sie werden nicht als solche angegeben und stehen nicht an einem herausragenden Platz, wodurch sie als Hauptstädte erkennbar wären. Die Orte werden eher in geographischer Reihenfolge beschrieben.[129] Natürlich könnte Joschafat die Stadt Bet-Schemesch ausgelassen haben, aber letztendlich ist dies ein *argumentum e silentio*, das in einer Reihung von Annahmen, die aufeinander aufbauen, nicht gerade beweiskräftig ist.

8.3.3.2. Rehabeam (926–910)

Alt datiert die Ortsliste Judas in die Zeit Josias, die *Entstehung* der administrativen Liste mit zwölf Distrikten jedoch in die Zeit Rehabeams.[130] Weil er die Ortsliste als eine Beschreibung des Territoriums des Reiches Juda betrachtet, kann ihre Entstehung erst nach der Entstehung des Reiches Juda angesetzt werden. Da aber die Ausdehnung des Reiches in 15,21ff größer ist als das Gebiet, das aufgrund von 1Kön 4,7ff (der salomonischen, israelitischen Gauliste) für Juda übrigbleibt (Alt rechnet die zwei benjaminitischen Distrikte und den danitischen Distrikt zur

---

128 Heute wird Debir aber in *ḫ. er-rabūd* gesucht.

129 Vgl. z.B. §7.1.1.3.

130 Alt, *Judas Gaue* 1925=1953, 276–288.285.

Südliste), kommt nur eine Entstehung nach Salomo in Frage. Unter Rehabeam habe es Annektierung israelitischer Gebiete gegeben.

Mehr Argumente bietet Alt nicht. Er belegt die mutmaßliche Annektierung Rehabeams nicht und meint 1. einfach, daß die Liste Josias alte Wurzeln haben muß, weil eine Distrikteneinteilung meistens ziemlich konservativ ist, und 2. daß man, was die Entstehung dieser Liste betrifft, nicht weiter zurückgehen kann als in die Zeit Rehabeams.[131] Aus den Texten wird aber nicht deutlich, wie weit sich das Reich Rehabeams ausdehnte. In 1Kön 12,24/2Chr 11,4 wird behauptet, daß dieser König auf das Wort eines Propheten hört und nicht gegen Israel streiten wird, nachdem er dazu Juda *und Benjamin* aufgerufen hat (1Kön 12,21/2Chr 11,1). Man fragt sich, ob Benjamin dann bereits zu Juda gehört oder nicht. Für letzteres spräche, daß nur Juda Rehabeam diente (1Kön 12,20), für ersteres, daß Rehabeam seine Söhne in Benjamin ansiedelt (2Chr 11,23; vgl. 1Kön 12,20[LXX]!). Die zweite Frage ist, *wie* Benjamin zu Juda gehörte. Gehörte das *Gebiet* Benjamins auch bereits zu Juda, und um wieviel Gebiet ging es da, oder wollte Benjamin sich gerade von Israel loslösen, indem es sich Juda anschloß? Der Krieg hat also nach 1Kön 12,21/2Chr 11,1 nicht stattgefunden. 1Kön 14,30/2Chr 12,15[132] dagegen berichten, daß es zwischen Jerobeam und Rehabeam ständig Krieg gab. Hier wird allerdings nicht erwähnt, ob die Benjaminiter mitgekämpft haben. Keine der Städte, die Rehabeam nach 2Chr 11,5–17 befestigt haben soll, taucht in der Benjaminliste (18,21–28) auf.[133] Umgekehrt gehört Bethel, das sehr wohl in der Benjaminliste erscheint (18,22), eindeutig zum Nordreich (1Kön 12,29; 13,1).

Ein weiteres Problem liegt in Ajalon. Diesen Ort hat Rehabeam nach 2Chr 11,10 befestigt, aber er kommt weder in der judäischen noch in der benjaminitischen Ortsliste vor. Für Alt war das allerdings kein Problem, weil er die Danliste, in der uns Ajalon begegnet, als

---

131 Alt, *Judas Gaue* 1925=1953, 285.285[1.2].

132 Vgl. auch 1Kön 5,6.

133 Die Liste der Festungsstädte Rehabeams (2Chr 11,5–10) wird historisch unterschiedlich gewertet. Es können Festungen sein, die Rehabeam gebaut hat, um sich gegen einen Angriff von Seiten des Königs Scheschonks (926) zu wehren—und nur die Festungen, die er extra gebaut hat, werden genannt (Kallai)—, oder Festungen, die nach dem Angriff Scheschonks gebaut wurden (Cross/Wright), oder es kann auch eine Liste von Festungen zur Zeit Josias sein; vgl. Donner, *Geschichte* ^{2}1995, 274.274[54] (mit Literatur). Wir gehen davon aus, daß die Festungsliste tatsächlich aus der Zeit Rehabeams stammt; s.o. §7.6.2, Anm. 906.

zur Judaliste gehörend betrachtet. Da das aber sehr fraglich ist,[134] wird das Fehlen von Ajalon ein starkes Gegenindiz für eine Datierung des zwölfteiligen Distriktensystems Judas, auch wenn es möglich ist, daß Ajalon nach der Regierung Rehabeams verlorengegangen ist, so daß es in der zur Zeit Josias aktualisierten Liste (Alt) nicht mehr vorkam.

8.3.3.3. Abia (910–908)

Kallai datiert die Benjaminliste 18,21–28 (die er übrigens nicht mit der judäischen Ortsliste zusammennimmt) in die Zeit Abias, weil die nördliche Ausdehnung mit den Eroberungen Abias bis in ephraimitisches Gebiet (Geba [Ephraims], Ofra, Zemaraim?, Bethel) übereinstimmt (2Chr 13,19).[135] Dabei nimmt er an, daß das Geba von 18,24 nicht das Geba Benjamins, sondern Ephraims ist, in der Nähe von Jeschana.

Daß dieser Ort im 1. benjaminitischen Distrikt (18,21–24) fehlt, während er in der Eroberungsliste Abias (2Chr 13,19) auftaucht, erklärt Kallai aber nicht. Efron aus 2Chr 13,19 identifiziert er implizit und stillschweigend mit Ofra aus Jos 18.[136] Dazu kommt, daß die Historizität von 2Chr 13 anzuzweifeln ist. Hier wird ein Krieg in sehr theologischer Weise für Juda zu einem guten Ende gebracht.[137] Sonst wird von Abia nur erwähnt, *daß* er Krieg mit Jerobeam geführt hat (1Kön 15,7 / 2Chr 13,2).

Auch Cross und Wright sehen in den Eroberungen Abias den Ursprung der weit vorgeschobenen Nordgrenze. Im Unterschied zu Kallai gehört bei ihnen die Benjaminliste zur Judaliste und gehen sie von Geba in Benjamin statt in Ephraim aus.[138] Dadurch muß die Datierung der heutigen Liste in einer späteren Zeit angesetzt werden, in der Jeschana, das in der Eroberungsliste Abias (2Chr 13,19) genannt wird und nördlich von Bethel und Geba (Benjamins) liegt, wieder an Israel verloren ging, weil es in der Südliste nicht vorkommt. Auch diese Argumentation baut zu einseitig auf der Historizität von 2Chr 13,19 auf.

---

[134] S.o. §8.3.2.1.

[135] Die Judaliste datiert er in die Zeit Hiskias. S.u. §8.3.3.7.

[136] Kallai-Kleinmann, *Town Lists* 1958, 140 und die Karte auf S.138.

[137] Vgl. Donner, *Geschichte* ²1995, 276f.277⁴.

[138] Vgl. auch Aharoni, *Province-list* 1959, 232.

8.3.3.4. Asa (908–868)

In 2Chr 15,8 steht, daß auch Asa Städte auf dem Gebirge Ephraim eingenommen hat. Cross und Wright vermuten, daß es sich hier um den 1. benjaminitischen Distrikt handelt, den Asa wie sein Vater Abia innehatte.[139] Allerdings setzen sie die Datierung der Judaliste aufgrund archäologischer Überlegungen später als die Regierung Asas an.

Der Fehler liegt aber darin, daß in 2Chr 15,8 über die Städte auf dem ephraimitischen Gebirge geredet wird, die von Asa *eingenommen* (לכד) worden sind. Dies verträgt sich nicht mit einem Distrikt, der schon von seinem Vater *eingenommen* war. Entweder stimmt die Behauptung Cross' und Wrights nicht, oder die in 2Chr 15,8; vielleicht auch beide nicht.

Die Schilderung Asas in Chr ist sehr viel ausführlicher als die in Kön. Man muß darum zunächst nach der Intention des Chronisten fragen, bevor man Chr historisch auswertet. Das einzig relativ Sichere bezüglich der Ausdehnung des Reiches Asas ist, daß er Geba in Benjamin und Mizpa verstärkte (1Kön 15,22; vgl. Jer 41,9), nachdem er König Basa aus Rama vertrieben hatte.[140] Das könnte heißen, daß Asa Gebiet verloren hat, das unter seinem Vater noch zu Juda gehörte (2Chr 13,19).[141] Bethel, das zum 1. Benjamin-Distrikt gehört, liegt aber nördlicher.

8.3.3.5. Joschafat (868–847)

Cross und Wright stellen folgende Überlegungen an:[142] Schilhim (15,32), das sie mit Scharuhen (19,6) gleichsetzen,[143] welches sie wiederum mit *tell el-fār'a* (S) identifizieren, weist kaum Überreste aus der Zeit zwischen dem 9. Jh. und der pers. Zeit auf. Das hieße, daß die Liste in 15,21ff nicht später als im 9. Jh. angesetzt werden darf. Dieses Ergebnis stimmt mit dem Befund von Bet-Schemesch überein. Diese wichtige Stadt fehlt nämlich in Jos 15. Laut Cross / Wright gab es eine Bewohnungslücke in Bet-Schemesch im 9. Jh., wahrscheinlich durch Scheschonk 918 verursacht, der die Stadt erobert und ihr Gebiet den Philistern zugeschla-

[139] Cross / Wright, *Boundary* 1956, 223.

[140] In 2Chr 16,6 erscheint Geba ohne „in Benjamin". Ob dies eine weitere Bedeutung hat, muß offen bleiben.

[141] Kallai-Kleinmann, *Town Lists* 1958, 141; Aharoni, *Province-list* 1959, 230f.

[142] Cross / Wright, *Boundary* 1956, 213f.

[143] Für eine andere Beurteilung s.o. §2.4.2 zu v 32a.

gen habe.[144] Zora, das in der Nähe von Bet-Schemesch liege, wird sehr wohl in Jos 15 genannt. Gerade diese Stadt sei von Rehabeam befestigt worden (2Chr 11,10), weil sie eine Grenzstadt zu Philistäa geworden sei. Im 8. Jh. tauche wieder Keramik in Bet-Schemesch auf. Die Liste müsse also in das späte 10. oder ins 9. Jh. datiert werden. Das stimme überein mit dem Befund in Jericho (18,21), das erst im 9. Jh., vielleicht im 10., wieder besiedelt worden sei. Die Orte auf dem *buqēʿa*, der Hochebene westlich von En-Gedi, seien in der EZ II sogar erst gegründet worden.

Der König, den Cross und Wright für die heutige Ortsliste und somit auch für eine neue Verwaltungseinteilung Judas verantwortlich halten, ist Joschafat. Er hat in den von Abia eroberten und von Asa erhaltenen Städten Garnisonen eingerichtet (2Chr 17,2). Andere Könige können es ihrer Meinung nach nicht gewesen sein. Von Abia sei zwar bekannt, daß er Gebiet vom Nordreich erobert habe,[145] aber der habe zu früh gelebt. Dessen Sohn Asa sei ein Schwächling gewesen und daher ungeeignet, eine neue Verwaltungseinteilung vorzunehmen. Unter Asas Enkel Achasja habe Bet-Schemesch nach biblischer Angabe, die sich mit den archäologischen Daten treffe, wieder zu Juda gehört. Joschafat, der von 868 bis 847 regierte, bleibe dann übrig.[146] Cross und Wright kommen zu folgender Schlußfolgerung: „We conclude therefore, that Josh 15 21–62 represents a revised edition of the Judahite province list, brought up to date *in the court of Jehoshaphat during the second quarter of the 9th century B.C.* The seventh or sixth century editor of Joshua 15–19 has used it with other material in order to give a full delineation of the territory claimed by Judah after the conclusion of the conquest."[147]

Bei genauer Betrachtung ist die Datierung von Cross / Wright nicht zu halten. 2Chr 17–20 verrät in keiner Weise, ob Joschafat eine neue Verwaltungseinteilung eingeführt hat. Nur die Tatsache, daß er in den Städten Garnisonen angesiedelt (2Chr 17,2) und das Gericht neu organisiert hat (2Chr 17,14–19), könnte eventuell darauf hinweisen.[148] Außer-

---

[144] Dazu ausführlich in §7.6.2.

[145] 2Chr 13,19; 15,8; 2Kön 23,8.

[146] Übrigens ist von Joschafat bekannt, daß er eine Heeresmacht in den verstärkten Städten Judas und den Städten Ephraims, die von seinem Vater Asa eingenommen worden waren, ansiedelte (2Chr 17,2). So schwach war Asa demnach nun auch wieder nicht.

[147] Cross / Wright, *Boundary* 1956, 226.

[148] Übrigens sieht auch Kallai-Kleinmann, *Town Lists* 1958, 237, den *Ursprung* der Ortslisten aufgrund von 2Chr 17,2 in die Zeit Joschafats. Hiervon abgesehen drängt sich die grundsätzliche Frage auf, inwieweit man Chr historisch auswerten kann, sind

dem ist es interessant zu beobachten, daß Joschafat wegen der gleichen Nachlässigkeit getadelt wird wie Asa vor ihm, nämlich daß er die Opferhöhen nicht geschleift hat.[149] Für Cross und Wright war gerade diese „Schwäche" Asas der Grund dafür, daß er keine neue Distrikteneinteilung einführen konnte. Aharoni zweifelt zu Recht daran, daß gerade in der Zeit Joschafats eine Distrikteneinteilung mit Gebiet, das sich so weit nach Norden erstreckt, ihren Ursprung findet. Zu dieser Zeit gab es doch gute Beziehungen mit Israel (1Kön 22,1–38.45; 2Chr 18,1–19,3).[150]

8.3.3.6. Usija (773–736?)

Auch für Aharoni ist die Besiedlungslücke in Bet-Schemesch entscheidend für die Datierungsfrage.[151] Bei ihm jedoch endet Bet-Schemesch IIb nicht 918 (Cross / Wright), sondern erst am Ende des 9. Jh. Wahrscheinlich wurde es von Joasch im Krieg gegen Amazja zerstört (vgl. 2Kön 14,11–13; 2Chr 25,21–23). Die in Frage stehende Zeit dauert, so Aharoni, von 795 bis ungefähr 750. Außerdem gibt es erst seit der zweiten Hälfte des 9. Jh. Orte in der Wüste Judas. Diese Daten kombiniert Aharoni mit 2Chr 26 (v 10), wo steht, daß Asarja / Usija Türme baute und Brunnen in der Wüste grub. Historisch gesehen ist die Periode Usijas auch am wahrscheinlichsten, so Aharoni, für eine administrative Einteilung Judas, denn vorher gab es noch zu viel Streit mit Israel, so daß die Könige Judas die Grenzen noch nicht definitiv festlegen wollten. Wahrscheinlich lief die Grenze zu Usijas Zeit bis Mizpe. Nur unter Abia, Asa (in seinen ersten Regierungsjahren) und Josia verlief die Nordgrenze nördlicher (vgl. 2Chr 13,19; 15,8; 2Kön 23,8). Weil Aharoni aber bestreitet, daß Distrikt I von Benjamin zu Juda gehört,[152] ist die Nordgrenze, wie Alt sie annimmt, nicht mehr wichtig für die Datierung. Gegen Kallai merkt Aharoni aber an, daß ein Teil von Benjamin immer zu Juda gehört hat.

---

diese Texte doch in erster Linie theologisch zu verstehen.

[149] Cross / Wright, *Boundary* 1956, 226. Sie führen dafür 2Chr15,17ff an, wo Asa zwar die Opferhöhen nicht geschleift hat, aber sein sonstiger Lebenwandel in Ordnung war. Joschafat aber wird wegen der gleichen Nachlässigkeit getadelt (1Kön 22,45; 2Chr 19,3; 20,33; aber vgl. 2Chr 17,6).

[150] Aharoni, *Province-list* 1959, 231.

[151] Aharoni, *Province-list* 1959, und id., *LoB* ²1979, 347ff.

[152] S.o. §8.3.2.

Auch Schunck datiert aus territorialgeschichtlichen Überlegungen und aufgrund der seiner Meinung nach überzeugenden Argumente Aharonis die Judaliste in die Zeit Usijas.[153] Allerdings rechnet er, anders als Aharoni, mit einer Erweiterung der Liste in der Zeit Josias, um sie den neuen Verhältnissen anzupassen.[154] Es war in dieser Zeit, daß der 1. benjaminitische (18,21–24) und der danitische Distrikt (19,41–46) hinzugefügt wurden.

Das wenige Territorialgeschichtliche der Zeit Usijas, das wir aus dem Bericht in 2Kön herleiten können, ist, daß er Elath befestigt und es Juda zurückgegeben hat. Doch warum nennt er diese Stadt sowie die Orte, die sich zwischen ihr und dem südlichsten Ort der Judaliste Arara (15,22) befinden, dann nicht? Bleiben also nur die archäologischen Daten und der im Vergleich zu 2Kön 14,22; 15,1–7 sehr ausführliche und prächtige Bericht in 2Chr 26. Mißt man diesem historische Zuverlässigkeit zu, dann besaß Usija im Vergleich zur Südliste aber zuviel Gebiet im Westen,[155] vor allem, weil—wie wir meinen—der „Philisterdistrikt" (15,45–47) als sekundär zur Ortsliste zu betrachten ist. Doch auch wenn man anderer Auffassung ist, stimmen die Angaben nicht überein. Nach 2Chr 26,7 hat Usija Gat, Jabne und Aschdod geschleift, doch warum wird dann in Jos 15,45–47 von diesen Orten nur Aschdod genannt?

8.3.3.7. Hiskia (725–697)

Alle von Cross und Wright für ihre Datierung in die Zeit Joschafats herangezogenen archäologischen Daten können, so Kallai, mit gleichem Recht für die Zeit Hiskias aufgeführt werden.[156] Dabei ist auch für ihn die Archäologie von Bet-Schemesch entscheidend. Die von Cross und Wright postulierte Besiedlungslücke im 9. Jh. hat, so Kallai, aber kein ganzes Jahrhundert gedauert. Das kann er anhand einer Fülle materieller Funde, die seiner Meinung nach dem 9. Jh. entstammen, deutlich machen.[157] Zudem weist er darauf hin, daß die Tatsache, daß die *buqēʿa* erst im 10. Jh. besiedelt wurde, seiner Datierung nicht im Wege steht.

---

[153] Schunck, *Benjamin* 1963, 153–168. Es war aber Josia, der die Liste aktualisiert und 18,21–24 sowie 19,41–46 hinzugefügt hat (S. 162).

[154] Schunck, *Benjamin* 1963,162.

[155] Kallai-Kleinmann, *Note* 1961, 223–227.

[156] Kallai-Kleinmann, *Town Lists* 1958; id., *Note* 1961. Vgl. die Kritik Na'amans, *Kingdom* 1991, 9.

[157] Kallai-Kleinmann, *Town Lists* 1958, 150.

Schließlich bezweifelt er—wie auch wir—, ob Scharuhen wirklich mit Schilhim zu identifizieren ist.[158]

Den historischen Hintergrund für das Fehlen von Bet-Schemesch sieht Kallai in 2Chr 28,18. Dort steht, daß Ahaz, Hiskias Vorgänger, Städte an Philistäa verloren hat: Bet-Schemesch, Ajalon, Gederot, Socho, Timna und Gimzo. Gerade in der Judaliste kommen diese Städte bis auf zwei nicht vor, auch Bet-Schemesch nicht. Kallai[159] datiert daher die Liste in die Zeit Hiskias, der das Land bei seinem Antritt in dem Zustand vorfand. Dabei sei Bet-Schemesch noch nicht durch Hiskia rückerobert worden. Socho und Gederot kommen aber sehr wohl in Jos 15,21ff vor; im Falle von Gederot handelt es sich, laut Kallai, wahrscheinlich um eine andere Stadt mit gleichem Namen. Socho wurde wahrscheinlich durch Hiskia wieder von den Philistern zurückerobert. In 2Chr 4,41 liest Kallai, daß dieser König administrative Maßnahmen durchgeführt hat, weshalb er die Ortsliste erstellt haben könnte.

Auch führt Kallai das Vorkommen der philistäischen Städte an, um seine Datierung besser zu begründen. Er geht davon aus, daß die Liste wirkliche Verhältnisse beschreibt; also gehören 15,45–47 dazu.[160] Auffallend ist, daß unter den philistäischen Städten Aschkelon und Gat nicht genannt werden. Das aber stimmt überein mit den Berichten in 2Kön 18,8 und den Annalen Sanheribs, daß Hiskia und Sidka von Askelon zusammen gegen Ekron, Aschdod und Gaza gekämpft haben.

Auch wenn der Bericht von Hiskias Vordringen in philistäisches Gebiet (2Kön 18,8) historisch verläßlich ist, ist Aharoni völlig zuzustimmen, wenn er darauf hinweist, daß entweder eine Zeit der Expansion am Ursprung der Judaliste liegen muß, in der das Auftauchen der philistäischen Städte erklärlich ist, oder eine Zeit der nachlassender Größe, in der das Fehlen von (vor allem) Bet-Schemesch und Ajalon zu erklären ist. Daher ist es nicht möglich, 15,45–47 als zum ursprünglichen Dokument Judas gehörend zu betrachten. Auf jeden Fall kann es nicht angehen, daß Kallai einerseits bemerkt, 15,45–47 sei irgendwie sekundär und gehöre trotzdem zum heutigen Dokument, und es dann *histo-*

[158] Er postuliert auch verschiedene Datierungen für die Simeon- und die Judaliste. Das heißt bei ihm, daß es in der Zeit der Simeonliste (der Zeit Davids) Scharuhen noch gegeben hat, während es in der Zeit der Judaliste nicht mehr existiert; Kallai-Kleinmann, *Town Lists* 1958, 134–160.140ff.

[159] Kallai-Kleinmann, *Town Lists* 1958, 134–160.153.

[160] Jedoch ist sein Schwanken angesichts dieser Verse in Kallai, *HGB* 1986, 372f, auffallend. Jos 15,45–47 fehlen in der Beschreibung der Distrikte (S. 377–396).

risch für die Datierung von 15,21ff auswertet. Zur Belegstelle 2Chr 4,41 ist anzuführen, daß bei ויבאו אלה הכתובים בשמות בימי יחזקיהו erstens nur von dem Aufschreiben der Namen und nicht von einer neuen Distriktseinteilung die Rede ist. Zweitens ist es die Frage, ob der Satz mit „und diese kamen in den Tagen Hiskias, deren Namen [früher / vorher] aufgeschrieben wurden" oder tatsächlich mit „und diese, deren Namen in den Tagen Hiskias aufgeschrieben worden waren, kamen" übersetzt werden muß.

8.3.3.8. Josia (639–609)

Die Datierung der Ortsliste in die Zeit Josias stammt aus Alts berühmtem Aufsatz *Judas Gaue unter Josia*[161] und basiert auf den (indirekten) Berichten über die Gebietserweiterungen Josias (2Kön 23,15) sowie den Listen der Rückkehrer aus Babylon (Esr 2 / Neh 7). Letztere siedeln sich in dem Gebiet an, das, so Alt, kurz vor dem Exil von Juda erobert worden sein muß. Daß in den Rückkehrerlisten auch Orte vorkommen, die in der Südliste (zu ihnen zählt Alt auch die Distrikte Benjamins und Dans) nicht genannt werden (Geser, Lod, Hadid, Ono, Afek, Jafo), darf kein Problem bereiten. Sie liegen am Rand vom Gebiet Dans, das nach Alt auch zur Judaliste zählt, und wären eben noch nicht erobert gewesen. Die Südliste kann nicht aus der nachexilischen Zeit stammen, denn nach dem Exil gehörte, nach Alt, das Gebiet südlich von Bet-Zur nicht mehr zur Provinz Juda.[162] Der *terminus ante quem* der Südliste liegt nach Jer 13,19[163] „Die Städte des Negev sind verschlossen—und niemand öffnet" wahrscheinlich sogar im Jahr 598 (spätestens 587), denn in Jos 15,21–32 kommen die Städte des Negev noch vor. Es war nur Josia, der sein Reich so weit nach Norden expandiert hat, wie es mit der Nordgrenze der Benjamindistrikte übereinstimmt. Obwohl von Josia nicht berichtet wird, daß er die in Jos 18,21.22.23 erwähnten Orte Bethel, Ofra und Jericho erobert hat, ist doch von ihm bekannt, daß er nach Megiddo aufrückte (2Kön 23,29) und einen Altar in Bethel zerstörte (2Kön 23,15). Für Alt gehört auch Ekron zu Juda (als Teil der Danliste). Da aber die Philister Gebiet von Ahaz erobert hatten (2Chr 28,18), wobei Ekron dann selbstverständlich nicht mehr zu Juda gehörte, muß Josia Ekron gerade überrannt haben, auch wenn dafür

---

[161] Alt, *Judas Gaue* 1925 = 1953.

[162] Alt, *Judas Gaue* 1925 = 1953, 280f. Vgl. jedoch Neh 11,25ff und Alt, ebd., 280.280[5].

[163] Vgl. auch 1Makk 11,34.

die Quellen fehlen.[164] Viele sind Alt in seiner Datierung gefolgt, darunter Noth und Na'aman. Letzterer aufgrund einer neuen Untersuchung der historischen und archäologischen Daten.[165] Doch er vertritt die These, daß Josia nicht nach Megiddo aufrücken konnte, weil er das Nordreich annektiert hatte, sondern weil er vom ägyptischen König Necho herzitiert wurde.[166] Die Ägypter wurden nach dem Machtverlust der Assyrer, also in der zweiten Hälfte der Regierungsperiode Josias, die eigentlichen Herrscher Palästinas.

Trotzdem ist diese Datierung nicht ganz unproblematisch. Daß Josia den Altar in Bethel zerstörte, bedeutet noch lange nicht, daß er Bethel auch besaß. Und wenn Josia bis nach Megiddo aufmarschieren konnte, heißt das noch weniger, daß er das Gebiet bis dorthin auch innehatte.[167] Bethel lag immerhin näher an Juda als Megiddo. Darum ist die Kritik von Cross und Wright nicht überzeugend, wenn sie behaupten, daß, wenn die Liste aus der Zeit Josias stammte, er das ganze Gebiet bis Megiddo und nicht nur bis Bethel in seiner Liste aufgeführt hätte.[168] Das Argument von Alt, Ekron sei gerade wieder von Josia erobert, ist nicht gerade stark, aber wenn man nicht von der Zugehörigkeit der Danliste zur Judaliste und von der späteren Aufnahme der Philisterstädte in die Judaliste ausgeht, besteht überhaupt kein Problem mehr. Ein größeres Problem für die genaue Bestimmung des Territoriums Judas unter Josia bleibt aber die theologisierte und wahrscheinlich idealisierte Darstellung der Verhältnisse zur Zeit Josias. Es ist sehr wohl möglich, daß die Zerstörung des Altars in Bethel (2Kön 23,15) eine Schöpfung des Dtr ohne historischen Quellenwert ist.[169] Die Datierung zur Zeit Josias hängt mit der Ausdehnung des Reiches Juda zusammen, die Alt aus der Ortsliste Judas herausliest. Diese Ortsliste besteht bei ihm aus 15,21–62; 18,21–28; (19,2–7) und 19,41–46. Sieht man einmal von der Ortsliste Dans ab und betrachtet nur einen Teil Benjamins (18,21–24) als zu Juda gehörend, gibt es keinen Grund mehr für eine

---

[164] Alt, *Judas Gaue* 1925=1953, 283.

[165] Vor allem die Verbreitung von *lmlk*- und Rosette-Stempeln; Na'aman, *Kingdom* 1991.

[166] Na'aman, *Kingdom* 1991.

[167] Daß Josia Necho nicht in Juda abpassen konnte, sondern sich dafür in den Engpaß bei Megiddo zurückzog, kann auch als Zeichen der Schwäche erklärt werden.

[168] Cross / Wright, *Boundary* 1956, 222.

[169] Spieckermann, *Juda* 1982, 112–116; vgl. S. 112: „Wer hier Josia die Heldentat des Übergriffs auf das ehemalige Nordreich und damit den Versuch der Restitution des einstigen davidischen Großreiches vollbringen sieht, verwechselt Historiographie mit schriftgelehrter Arbeit."

Datierung in die Zeit Josias. Das Reich Juda hatte nämlich in den meisten Zeiten diese Ausdehnung (Aharoni[170]). Spieckermann merkt an: „Niemand würde allein von der Ortsliste Jos 15,21–62 her auf die Idee kommen, sie mit Josia in Verbindung zu bringen …“[171]

8.3.3.9. Nach dem Exil

Eine Datierung in die persische Zeit finden wir bei Mowinckel.[172] Nach ihm ist der priesterliche Verfasser für die geographischen Teile des Josuabuches verantwortlich. Er hat sich dabei vor allem auf lokale mündliche Traditionen gestützt.[173] Weil es s.E. unmöglich ist, daß der priesterliche Verfasser aus der Ferne—also Babylonien, wo er normalerweise angesetzt wird—das Land so genau beschrieben hat, kommt P bei ihm aus Palästina selbst. Hier liegt ein klarer Zirkelschluß vor.

Auch wenn wir meinen, daß Mowinckel das Maß an mündlicher Tradition zu hoch einschätzt, ist es aber sehr gut möglich, daß die Endgestalt der Liste die pers. Zeit reflektiert. Wie oben dargelegt, sind gegen alle vorgeschlagenen Datierungen der Judaliste Einwände zu erheben. Daß gerade Aschkelon nicht in der Liste vorkommt, könnte eine Datierung in pers. Zeit unterstützen, da Aschkelon in dieser Zeit der Name einer Provinz war, die man eventuell nicht nannte, um Mißverständnisse zu vermeiden. Doch warum Gat nicht genannt wird, bleibt bei dieser Datierung unverständlich.

8.4. *Die Kalebgeschichte*

Da gerade Hebron, die Hauptstadt Judas unter David, nach Jos 15,13f von Kaleb erobert wurde, während von David nicht bekannt ist, daß er Hebron erobert hat, ist zu vermuten, daß die Kalebiten mehr Einfluß auf die Entstehung Judas gehabt haben, als im AT erwähnt wird. Nicht nur ist es außer Josua nur Kaleb, der von der Wüstengeneration das Land sehen wird (Num 13f), sondern auch bei der Landverteilung wird ein ansehnlicher Teil den Kalebiten gewidmet (Jos 14,6–15; 15,13–

---

170 Aharoni, *Province-list* 1959, 240.

171 Spieckermann, *Juda* 1982, 150f[268]; vgl. S.93, wo er schreibt, daß die unübliche Bezeichnung „von Geba bis Beerscheba“ (2Kön 23,8) „ziemlich exakt das von Josia beherrschte Territorium umreißen dürfte …“.

172 Mowinckel, *Quellen* 1946; id., *Tetrateuch* 1963.

173 Die beschriebene Zeit ist allerdings nicht die pers. Sachlich gibt Mowinckel Alt und Noth in ihrer Ansicht Recht, daß der größte Umfang des Reiches Juda unter Josia erreicht wurde; Mowinckel, *Quellen* 1946, 7.

19). Über die frühe Geschichte der Kalebiten ist nur wenig bekannt. Doch in Chr gibt es sie in signifikanter Weise. In 1Chr 2.4 wird die Genealogie Kalebs mit der Judas verknüpft.[174] Das läßt entweder auf eine anfängliche große Bedeutung Kalebs in der Geschichte Judas schließen und/oder auf eine zur Zeit des Chronisten große Bedeutung. Doch die Kalebgeschichten in Jos 15,14.16–19 gehen wahrscheinlich auf alte mündliche Überlieferung zurück, über deren Herkunft nichts ausfindig zu machen ist.

8.5. *Die Nichteroberung Jerusalems*

Kallai datiert, wie schon vorher das System der Grenzbeschreibungen, auch die Liste der nicht eroberten Städte, die sogenannten „Conquest Lacunae", in die Zeit Davids oder Salomos. Seiner Auffassung nach bekunden die „Conquest Lacunae" nämlich die letzte Phase der Eroberung und Seßhaftwerdung, die mit der Zeit Davids/Salomos zusammenfällt. Von den weiteren Einzelheiten, die er zur Unterstützung seiner These aufführt, geben wir nur die wieder, die mit Jos 15 zusammenhängen. Die Tatsache, daß Jerusalem im System auftaucht, weist eindeutig auf eine Zeit nach der Eroberung Jerusalems durch David. Daß es zum Gebiet Benjamins gehört, sieht Kallai, wie bereits erwähnt, als weitere Bestätigung seiner Datierung. Er meint nämlich, daß Jerusalem Benjamin zugewiesen wurde mit dem Ziel, Benjamin an Juda zu binden.[175] Viele andere Forscher folgen Kallai in seiner Datierung der Grenzbeschreibungen, wenn auch nicht immer mit den gleichen Argumenten.[176]

Wir sind jedoch der Überzeugung, daß Jerusalem nicht nur in der Grenzbeschreibung nachträglich ausgespart wurde, sondern auch seine Nichteroberung in der Notiz v 63 betont nachgetragen wurde. Der Zweck war, Platz für eine Eroberung durch David zu schaffen. In der Grenzbeschreibung wäre die Nordgrenze Judas logischer und natürlicher, wenn sie nördlich an Jerusalem vorbeigelaufen wäre,[177] in v 63 nun wird explizit betont, daß die Judäer Jerusalem nicht erobern konn-

---

[174] 1Chr 2,9b.18–20.24?.42–50a.50b–54; 4,11f.15.(13f?). Über Ben-Hur, den „ältesten Sohn von Efrata", wird sogar das sogenannte Kerngebiet Judas mit Kaleb in Verbindung gebracht (2,50b–54); vgl. weiter Anm. 281 auf S. 174.

[175] Kallai-Kleinmann, *Boundaries* 1960, 51–52.

[176] Vgl. Albright, *Topography* 1926, 236; Bright [/Sizoo], *Joshua* 1953, 545; Hertzberg, *Josua* ²1959, 98; Kaiser, *Grundriß* 1992, 106; Fritz, *Josua* 1994, 158.

[177] S.o. §6.5.2.

ten. Damit wird implizit gesagt, daß sie es also nicht bereits vor David getan haben. Die Nicht-Eroberungsnotiz in Ri 1,21 harmonisiert die Beschreibung der Nordgrenze Judas mit der Notiz in v 63. Aufgrund dieser Harmonisierung und der judafreundlichen Tendenz in Ri 1 sind es jetzt die Benjaminiter, die Jerusalem nicht erobern konnten.[178]

Wenn diese These stimmen sollte, ist vielleicht mit einer andersartigen Geschichte Jerusalems zu rechnen als wie sie in der biblischen Geschichte bezeugt ist. Dann wäre es möglich, daß Jerusalem *von Anfang an* bereits *in irgendeiner Weise* zu *Juda* gehört hätte. Die durch Kursivdruck hervorgehobenen Wörter deuten aber die Probleme an, die damit verbunden sind, und darum kommen wir in diesem Abschnitt nicht über Vermutungen hinaus. Was heißt *von Anfang an*? Wann entstand Juda? Diese Frage ist aber unlöslich mit der Frage „*Was ist Juda?*“ verbunden. War Juda eine Landschaftsbezeichnung, ein Stammesname, der Name des Königreichs Juda? Oder hatte Juda im Laufe der Geschichte wechselnde Bedeutungen? Wir vermuten mit Lipiński, daß Juda anfänglich eine Landschaftsbezeichnung war[179] für ein Gebiet, das sich vom Bergland, vereinfachend formuliert, südlich von der Benjaminitischen Platte und dem kanaanäischen südlichen Querriegel bis südlich von Beerscheba erstreckte. Aus Rekonstruktionen der biblischen Geschichte und den archäologischen Befunden ist auszumachen, daß die Schefela nicht zu Juda gehörte. Ob einige nomadisierende Stämme (Kenasiten, Jerachmeeliten, Keniten), die sich in der Wüste Judas und dem Negev aufhielten, sich auch zum judäischen Land gehörig ansahen, ist eher unwahrscheinlich. Die wichtigsten Städte im Gebiet Judas waren von jeher Debir und Hebron, eben kalebitische Städte. Bedenkt man, daß *der Judäer* David zuerst in Hebron zum König gekront wird, dann stellt sich die Frage, ob Juda zu der Zeit nicht eher ein Konglomerat von Stämmen *im Gebiet Judas* war. Erst mit David könnte der Name zu einem soziologisch-politischen Begriff geworden sein, der somit von David selber getragen wurde.[180] Er hat eine Einheit geschaffen, die Juda als Selbstbezeichnung akzeptiert hat.[181] In 1Chr 2.4 sieht man den

---

[178] Interessant ist die Erklärung in 4Q522. Hier vergißt Josua das Orakel zu befragen, und darum kann er Jerusalem nicht erobern; vgl. dazu Noort, *Joshua* 2000, 210f.

[179] Vgl. Lipiński, *Etymologie* 1973: Juda bedeute „terre ravinée“, so wie die Landschaft Judas aussieht; anders Millard, *Meaning* 1974, der „Juda“ als Personenname deutet.

[180] Gegen Smend, *Juda* 1967=1987. Für eine mehr wirtschaftliche Erklärung zur Entstehung Judas siehe Zwickel, *Landnahme* 1993.

[181] Noort, *Philister* 1998, zeigt mit archäologischen und textlichen Argumenten (vor allem aufgrund von 2Sam 5,8), daß David ohne Gewalt die Macht über Jerusalem

deutlichsten Beweis dafür, wie andere Genealogien in die der Familie Davids eingearbeitet werden. Es ist mit einer ständigen Neudefinierung des Gebietes Judas im Laufe seiner Geschichte zu rechnen. In Jos 15 haben sich mehrere Momente aus dieser Geschichte niedergeschlagen: ab der Zeit Davids bis zur Zeit von Neh 11 und vielleicht bis zu noch späteren Zeiten. Warum wir eine Verbindung mit Neh11 sehen und was „die Zeit von Neh 11" ist, ist Gegenstand des nächsten Paragraphen.

8.6. *Neh 11 und der historische Ort der Landverteilung*

In §4.3.2.3.3 haben wir auf inhaltliche Gemeinsamkeiten zwischen Neh 11 und der Landverteilung in Jos hingewiesen. Hier folgen noch einmal die Übereinstimmungen: 1. Es wird gelost, um das Land zu verteilen (Neh 11,1). 2. Es gibt zehn Lose. 3. Es besteht eine Listenstruktur mit אלה als unabhängigem Subjekt (v 3). 4. Die Listen werden mit Zwischen- und Totalsummierungen abgeschlossen. 5. Das Erbteil נחלה wird betont (v 20). 6. Das nach v 30 umgrenzte Gebiet deckt sich mit dem, das durch die Grenzbeschreibung Judas und den Südteil der Ortsliste in Jos 15 umschlossen wird. 7. Vv 25ff enthalten signifikante sprachliche Parallelen zu Jos 15,26ff. 8. In v 36 begegnet das seltene und seltsame Wort מחלקות. 9. Es handelt sich um die Stämme Juda und Benjamin, und in Jos 13–19 sind Juda und Benjamin formal und inhaltlich am meisten betont. 10. Die Oberen des Volkes wohnen bereits in Jerusalem (v 1). Das kann man eventuell im Zusammenhang mit der Tatsache sehen, daß die Leviten ihr Erbteil bereits haben (vgl. Jos 14,4; 18,7). 11. Vielleicht kann man das auf Neh 11 folgende Neh 12, die Liste von Priestern und Leviten, in Strukturanalogie sehen zu Jos 20f, den Asyl- und Levitenstädten, nach Jos 13–19.

In der erzählten Zeit ist der Vorgang von Neh 11 historisch vorstellbar: Die Exulanten kehren in ihre Heimat zurück und verteilen das Land. In einer solchen Zeit wäre aber auch die Verteilung des Landes in Jos (13.)14–19 vorstellbar, auch wenn nur Judäer und Benjami-

---

erlangt hat. Das läßt sich gut mit unserer These vereinbaren, daß der Großteil des östlichen Teils der Nordgrenze Judas nördlich an Jerusalem vorbeilief und Jerusalem somit zu Juda gehörte, obgleich dieser Teil der Grenze aus der Zeit stammt, zu der David König über Juda war und Jerusalem noch nicht erobert hatte. Geht man von einer anfänglichen Landschaftsbezeichnung Juda aus, dann gehörte Jerusalem theoretisch zu Juda. Daß David die Stadt ohne Gewalt hat übernehmen können, zeigt vielleicht, daß die Jebusiten sich mit Juda (geographisch und jetzt auch politisch) verbunden fühlten.

niter aus dem Exil zurückkamen, während es im Text von Josua um zehn bzw. zwölf Stämme geht. Die Sprache der Landverteilungstexte, die auf ein Stadium nach P und Dtr hinweist, haben wir frühestens frühnachexilisch datiert. Die untersuchten historisch-topographischen Gegebenheiten sind früher zu datieren, stehen damit aber einer Datierung der sprachlichen Rahmen ab der frühnachexilischen Zeit nicht im Wege. Wenn in Neh 11 tatsächlich der historische Ort von der oder einer der letzten Phasen von Jos (13.)14–19 zu finden ist, wovon wir also ausgehen, dann ist der Komplex der Landverteilung in Josua eher nach Neh 11, aber in enger Anlehnung an diesen Text, anzusetzen. Hier geht es dann um eine Art „Nachholrunde", in der das ganze Land—neu und jetzt grundsätzlich—verteilt wird. Die Leviten und anderes religiöses Personal (vgl. Neh 11,3) sowie die Einzigartigkeit des Landes und des Volkes, Themen in Nehemia, werden mit dem Sonderstatus der Leviten und den über das Los durch Gott gegebenen Stammesgrenzen im Landverteilungskomplex von Josua bereits grundsätzlich konstituiert. Implizit hört man: Eigentlich gehört das ganze Land Israel in seiner von Gott gegeben Umgrenzung und Unterteilung nach zwölf oder zehn Stämmen bzw. zehn Losen zu unserer Gruppe. Betrachtet man diese Gegebenheit aus dtr Sicht, dann kann man auch sagen: Das Land, das wir mit dem Exil verloren haben, ist nicht nur von Gott gegeben, sondern seine innere und äußere Ordnung, Außen- und Innengrenzen sowie die Fülle der Orte, die sie einschließen, sind von Gott gesetzt. Dazu wird *ad maiorem dei gloriam* das Land prächtig ausgemalt, das später verloren gehen wird. Ob Jos (13.)14–19 mehr ein impliziter Machtsanspruch religiöser (levitisch-priesterlichen) Kreise oder mehr ein implizites Sündenbekenntnis ist, muß offenbleiben. Vielleicht war es beides.

Eine Frage bleibt allerdings: War das transjordanische Land auch im Blickfeld von Neh 11? Nimmt man an, daß das Prinzip der Verteilung durch das Los in Jos von Neh 11 herrührt, dann gehörte entweder das transjordanische Land nicht dazu, weil es nicht durch das Los festgesetzt wird, oder es gehörte sehr wohl dazu, wurde aber dadurch, daß es nicht durch das Los zugeteilt wurde, diffamiert. Weil wir die Text- und Strukturelemente, die Parallelen mit Neh 11 zeigen (Phasen b. 5 und b. 6) nach der Phase datieren, in der u.E. die transjordanischen Stämme in den Landverteilungskomplex aufgenommen wurden (Phase b. 4), wird durch die Einbringung des Losprinzips das Land auf das cisjordanische begrenzt und das transjordanische durch die letzten Bearbeitungen tatsächlich diffamiert. Dazu kommt die in diesen Phasen herausgearbeitete Vorrangstellung der Leviten sowie Judas und Benjamins; der Stämme, die aus dem Exil ins Land zurückgekehrt sind.

Doch gerade die Datierung von Neh 11, dem *terminus post quem* für eine oder die letzte Phase von Jos 13–21, ist sehr umstritten. Neh 11 ist nicht aus einem Guß,[182] und gerade v 1, in dem das Los genannt wird, gehört zur spätesten Phase innerhalb des Textes. Das Loswerfen soll dem Verfasser des ChrG[183] oder einem „priestly revisor of the Chronicler's original work, one who was particularly concerned for the disposition of the Jerusalem cult at a date considerably later than Nehemiah"[184] zugeschrieben werden. Williamson zieht dafür das Ende der pers. Zeit heran.[185] Das eröffnet die Möglichkeit einer spätpers. Datierung der Loserwähnung in Jos 15, falls sie tatsächlich mit der in Neh 11 zu tun hat. Da in allen Fällen die Erwähnungen des Loses im Zusammenhang mit der Landverteilung die spätesten Phasen der jeweiligen Texte darstellen, ist eine solch späte Datierung keineswegs abwegig. Dazu kommt, daß die Anfänge des sogenannten samaritanischen Schismas vielleicht schon in der spätpers. Zeit gesucht werden können.[186] Ist das etwa der Grund dafür, daß die „samaritanischen" Stämme Ephraim und Manasse ohne Ortslisten so kärglich in Jos 13ff wegkommen? Doch wir verlassen immer mehr den noch relativ sicheren Boden der Interpretation von „Daten" (Text und Archäologie) zugunsten historischer Konstruktionen und einer Tendenzgeschichte. Für uns bleibt am wahrscheinlichsten, daß die letzte Phase der Landverteilungstexte in Jos 13–21 eher am Ende der pers. Zeit als an ihrem Anfang zu suchen ist, steht sie doch am Ende eines längeren literarischen Prozesses.

8.7. *Zusammenfassung und Schlußfolgerungen*

Jos 15 ist in einem längeren Prozeß entstanden. Darin sind mehrere historische Momente zu unterscheiden, die allerdings nur durch ein Zusammenspiel von textlichen, historisch-geographischen, archäologischen und historischen Daten mehr Profil bekommen.[187] Für die Datierung des Textes ist von entscheidender Bedeutung, daß Jos 15 als ein Kompositum zu sehen ist. Es ist aus sehr unterschiedlichem Material

[182] Vgl. u.a. Kellermann, *Listen* 1966; Williamson, *Nehemiah* 1985, 342–350.
[183] Kellermann, *Listen* 1966.
[184] Williamson, *Nehemiah* 1985, 344–346; hier: 346.
[185] Willliamson, *Origin* 1979, 265–268.
[186] So zumindest Donner, *Geschichte* ^{2}1995, 469–471.
[187] Vgl. Aharoni, *LoB* ^{2}1979, 351.

zusammengesetzt, dessen Teile jeweils eine andere Herkunft und einen anderen historischen Ort haben können.

Es gab kein System der Grenzbeschreibungen, das dem Verfasser / Redaktor von Jos 13–19 vorgelegen hat (gegen u.a. Alt, Noth, Kallai), sondern der Verfasser / Redaktor von Jos 13–19 hat aus verschiedenem Material ein System von Stammesgrenzen geschaffen. Alle Grenzen oder Teilgrenzen sind somit nach ihrem eigenen Wert zu beurteilen.

Die Nordgrenze ist aller Wahrscheinlichkeit nach aus vier Teilen zusammengesetzt: einem „davidischen", einem „rubenitischen" und einem künstlichen Teil sowie der Ost-, Süd- und Westgrenze Jerusalems. Die „davidische" Grenze liegt in einem Abschnitt des östlichen Teils der Nordgrenze vor (15,5–6a.7 [ab ופנה אל־הגלילות cj.].7bα.9 [ab אל־מעין מי נפתוח].[10 bis בית־שמש?]) und kann mit Noth sehr wohl auf eine Grenze zurückgehen, die durch Grenzfixpunkte abgesteckt wurde.[188] In der Zeit, als David König über Juda war, kann sie eine politische Rolle gespielt haben in Abgrenzung von Benjamin. Die Beziehungen zwischen David und dem Benjaminiter Saul und dessen Familie waren getrübt, und Benjamin entschied sich zunächst für das Nordreich. Die topographischen Gegebenheiten aus den Erzählungen, die diese Zeit betreffen, scheinen diesen ungefähren Grenzverlauf zu bestätigen. Auch die Ergebnisse der archäologischen Untersuchungen machen diese Zeit wahrscheinlich.

Als der Verfasser / Redaktor die Beschreibung der Nordgrenze Judas zusammenstellte, lag ihm wahrscheinlich eine Grenzfixpunktreihe oder eine Beschreibung des Weidegebiets Rubens vor (15,6b–7 [bis מעמק עכור]). Diese durfte er wegen der Altertümlichkeit in seiner Grenzbeschreibung nicht auslassen, da er die Zeit Josuas darstellen wollte. Zudem konnte er so auf die Sünde Achans (7,1–8,28), des Judäers, der indirekt im AT als Rubeniter bezeichnet wird, anspielen.

In dem östlichen Teil der Nordgrenze ist die sehr detaillierte Grenze Jerusalems (15,7 [ab והיו תצאתיו אל־עין רגל]–9 [bis אל־מעין מי נפתוח]) sekundär im Verhältnis zur „davidischen" Grenze. Jerusalem

---

[188] Es gab aber kein *System* von Grenzfixpunkten, das dem *System* der Grenzbeschreibungen zugrunde lag.

mußte aus biblisch-historischer Sicht ausgespart werden, weil erst David die Stadt erobert hat. (Von daher rührt auch die Notiz in v 63, daß die Judäer Jerusalem nicht erobern konnten, auch wenn sie mit der Grenzbeschreibung nicht kongruiert.) Die topographisch-geographische Analyse der Nordgrenze hat ergeben, daß der am ehesten natürliche und logische Verlauf von der Schemeschquelle direkt zur Meneftoachquelle, nördlich an Jerusalem vorbei, war. Dann gehörte Jerusalem zu Juda. Der *terminus post quem* für die Aussparung Jerusalems ist die Zeit nach dem Fall des Nordreichs, denn die sogenannte Mischne, die erst nach 722 entstanden ist, scheint durch den Verlauf der Stadtgrenze mit einbezogen zu sein.[189]

Die „davidische" Nordgrenze Judas ist nicht weiter als bis Kirjat-Jearim (v 9) oder Bet-Schemesch (v 10) zu verfolgen. Der westliche Teil der Nordgrenze (15,10 [ab ועבר תמנה?].11) ist zu dieser Zeit als Konstrukt zu betrachten. Zum einen wurde hier künstlich Platz für die Ortsliste Dans (19,41–46) geschaffen, was die betreffenden Teile der Grenzen Judas, Benjamins und Ephraims sekundär macht, zum anderen verlief der Einflußbereich Davids, als er nur König über Juda war, nicht bis zum Mittelmeer, quer durch philistäisches Gebiet; und auch für die Zeiten danach ist diese Ausdehnung eher unwahrscheinlich. Dazu kommt, daß der westliche Teil der Nordgrenze im Vergleich zum östlichen viel ungenauer ist, was den Verdacht bestätigt, daß hier ein Konstrukt vorliegt.

Die Südgrenze ist aufgrund archäologischer Daten wahrscheinlich in die EZ IIc zu datieren. Entscheidend ist der Gebrauch der Bezeichnung „Bach Ägyptens", der nach der topographisch-geographischen Analyse mit dem *w. el-ʿarīš* gleichzusetzen ist. Erst mit dem Feldzug Sargons II. nach Raphia (720) galt diese Gleichsetzung; zuvor wurde der Bach Ägyptens im *naḥal besōr* lokalisiert. In der assyrischen Zeit hätte eine Südgrenze außerdem politische Bedeutung in der Abgrenzung gegen Ägypten. In den meisten anderen Zeiten brauchte man in der öden, kaum oder nicht bewohnten Wüste keine genaue Grenze.

Über die Kaleberzählung ist, was den historischen Ort betrifft, wenig auszusagen. Sie geht in ihrem Kern (vv 14.16–19) wohl auf mündliche Tradition zurück. Als die Erzählung in Jos 15 eingefügt wurde (Phase b. 5), wurde Kaleb allerdings für so wichtig befunden, daß ihm ein

[189] S.o.S. 306 und Anm. 62.

Platz in der Gebietsbeschreibung des Stammes Juda zustand. Nimmt man die historischen Daten im AT zusammen, dann scheint Kaleb allerdings eine größere Rolle in der Entstehung des judäischen Stammverbands gespielt zu haben, als unmittelbar deutlich wird. In späteren (pers.; hell.) Texten gewinnt er an Bedeutung.

Die Ortsliste besteht aus einem Kernbestand und verschiedenartigen Hinzufügungen. Im AT selbst gibt es keine ausschlaggebenden Hinweise für ihre Datierung, und keine der in der Forschung vorgeschlagenen Datierungen ist stichhaltig oder gar unwiderlegbar. Aufgrund archäologischer Daten ist der Kernbestand der Ortsliste eindeutig in das 7. Jh. zu datieren. Doch auch diese Datierung ist mit biblisch-historischen Daten nicht zu bestätigen. Die seit Alt geläufige Ansetzung in der Regierungszeit Josias ist gezwungen. Wollen wir die ursprüngliche Ortsliste historisch orten, sind eben Daten, die nicht mitgeteilt werden, mit den archäologischen zu verbinden. Ausgehend vom 7. Jh. als Entstehungszeit der Ortsliste, kommen in einer solchen Argumentation *e silentio* mehr judäische Könige als nur Josia in Frage. Der größte Teil des 7. Jh. wird aber von Manasse abgedeckt, einem König, über den das AT wenig Positives mitteilt. Er ist (mit Amon) der sündige König zwischen den guten Königen Hiskia und Josia. Alles, was positiv für ihn spräche, kann im letztendlich theologisch interessierten DtrG ausgelassen worden sein; dazu gehört auch eine verwaltungstechnische Einteilung des Reiches.

Es folgen die Vermutungen, die kumulativ eine Datierung des Kernbestandes der Ortsliste in die Zeit Manasses und nicht in die Josias wahrscheinlich machen: 1. Die Analyse der historisch-topographischen, historisch-geographischen und archäologischen Daten weist auf das 7. Jh. hin. 2. Wenn Josia einen (größeren) Teil des Nordreiches erobert hätte (Jos 18,21–28), wäre das sicherlich berichtet worden, um ihn in ein noch besseres Licht zu stellen. Umgekehrt hätte man eine solche Eroberung durch Manasse, den „sündigen" König, eher verschwiegen. 3. Nachdem Sanherib vor Jerusalem gestanden hat (701) und Juda in ein Vasallenverhältnis zu den Assyrern geraten ist, ist eine neue Verwaltungseinteilung Judas gut vorstellbar. Manasse als Strohmann der Assyrer war für sie verantwortlich. Assur, das das Nordreich bereits eingenommen hatte (722), konnte einen Teil des Nordreichs, die zwei „Distrikte Benjamins" (18,21–28), an Juda anschließen mit dem Ziel, eine Pufferzone zwischen Nord- und Südreich herzustellen und/oder dem Nordreich eines der zwei religiösen Zentren abzusprechen, indem Bethel Juda zufiel. 4. Die Assyrer müssen an einer guten verwaltungstechnischen Einteilung ihres enormen Reiches einschließlich ihrer Vasallenstaate interessiert gewesen sein. 5. Manasse hat nach atlicher Angabe die Religion „assyrisiert". Das gilt wahrscheinlich auch für die Politik, denn sonst hätte er nicht 55 Jahre regieren können.

Akzeptiert man diese Datierung der ursprünglichen Ortsliste in die Zeit Manasses, sind folgende Überlegungen anzustellen: Eine Einteilung einer Distriktliste in zwölf Teile ist verwaltungstechnisch am wahrscheinlichsten; wir haben 1Kön 4,7ff als Vorbild. Jeden Monat hat einer der zwölf Distrikte eine Aufgabe (materiell oder persönlich) für den Hof zu leisten. Da Distrikte V (15,45–47) und XI (15,60) der Judaliste sekundär sind, müssen die beiden zwei Distrikte Benjamins (18,21–24.25–28) zur Südliste gehört haben. Erst später wurde diese Südliste in einen Juda- und einen Benjaminteil aufgebrochen, um eine Beschreibung des Besitzstandes der Stämme zur Zeit Josuas zu schaffen.[190] Dabei stimmte die Nordgrenze des Reiches Juda unter David mehr oder weniger mit der Grenze zwischen den nördlichen Distrikten Judas und den zweien Benjamins überein.

Die ursprüngliche Ortsliste wurde auf zwei Weisen erweitert: durch Harmonisierungen und Aktualisierungen.[191] Soweit wie möglich wird die Orstliste mit der Grenzbeschreibung, aber auch mit weiteren Texten aus dem AT harmonisiert. So müssen z.B. die in der älteren Ortsliste Simeons (19,2–6) aufgereihten Orte natürlich auch in der Judaliste auftauchen, weil Simeon in Juda aufgegangen ist. Doch es gibt auch eine Aktualisierung: Einige über die Distrikte verteilte sekundäre Orte ergeben zusammen einen Streifen, der sich nördlich der Nordgrenze der Ortsliste befindet und sich ungefähr vom Ajalontal nordwestlich bis zum Mittelmeer erstreckt. Es ist bekannt, daß dieser Streifen nach dem Exil zu Juda gelangte. Man konnte aber keine weiteren Distrikte erstellen, weil die Zahl zwölf innerhalb von Jos 15 (zusammen mit den sekundären Distrikten) schon gegeben war und die Nordgrenze durch die Grenzbeschreibungen Judas und Ephraims schon festlag. So hat man unter Beibehaltung der früheren Darstellung kreativ erweitert.

---

[190] Für Simeon wurde eine ältere Liste gefunden (Jos 19,2–6; 7 ist sekundär), und für Dan hat man den zweiten salomischen Distrikt (1Kön 4,9) verwendet.

[191] S.o. §7.5.

Obwohl der Brauch des Losens um Land oder Orte sehr alt ist,[192] ist der Vorgang in Jos 14ff als eine späte Entwicklung zu sehen, deren Hintergrund wir aufgrund wörtlicher und inhaltlicher Parallelen in (einem späteren Teil von) Neh 11 und vielleicht auch 1Chr 24–27 sehen. Am Ende der pers. Zeit wird die Vergabe des Landes immer stärker theologisiert. War sie in den früheren Textphasen eher eine profane Angelegenheit, so wird sie durch das Los, das den göttlichen Bescheid dokumentiert, göttlich legitimiert und sanktioniert. Das Interesse von levitisch-priesterlichen Kreisen, die für das Loswerfen verantwortlich sind und deren Interesse in späteren Phasen der Landverteilungstexte immer mehr hervortritt, ist unübersehbar.

Der Text von Jos 15 und der der Landverteilung im allgemeinen ist von Anfang an zusammengesetzt und danach in mehreren Phasen bearbeitet. Atliche sowie nicht zum AT gehörende Dokumente hat man herangezogen, um das Land auszumalen, wie es zur Zeit Josuas gewesen sein dürfte. Somit gibt es drei Gruppen von Datierungen: die des Quellenmaterials, der anfänglichen Zusammensetzung und der späteren Erweiterungen:

I. Das Quellenmaterial:
  1. Die Nordgrenze:
    a. eine Grenzfixpunktreihe aus der Zeit Davids;
    b. eine (vorstaatliche?) Beschreibung des Weidegebiets oder einer Wanderstraße Rubens;
    c. eine Beschreibung der Ost-, Süd- und Westgrenze Jerusalems nach 722;
    d. eine konstruierte Beschreibung des westlichen Teils der Nordgrenze Judas.
  2. Die Südgrenze: Num 34,3b–5.
  3. Die Kalebgeschichte: zwei mündliche (vorstaatliche?) Überlieferungen zu Kaleb und seiner Familie.
  4. Die Ortsliste: eine assyrische verwaltungstechnische Liste zur Zeit Manasses (7. Jh.).

[192] Vgl. Kitz, *Lot Casting* 2000; vgl. für eine spätere Zeit De Geus, *Agrarian* 1983, 223–225.

II. Die anfängliche Zusammensetzung (zu der auch die Harmonisierungen gehören): (früh-)nachexilisch.
III. Die späteren fünf Phasen dürften ab der frühnachexilischen Zeit bis zur spätpersischen Zeit erfolgt sein.

KAPITEL 9

SCHLUßFOLGERUNGEN UND ZUSAMMENFASSUNG

9.1. *Der ursprüngliche Text von Jos 15*

Die LXX* hatte die gleiche Vorlage wie der MT und geht somit nicht auf eine eigene, eventuell ältere Textüberlieferung zurück. Das gilt ebenso für die ägyptische Rezension mit ihrem Hauptrepräsentanten Hs. B wie auch für die konstantinopolitanische und Hs. A. Die LXX hat ihre hebräische Vorlage textgetreu übersetzt und weicht nur ab, um zu harmonisieren, zu assimilieren, zu verdeutlichen, zu vereinfachen und stilistisch zu verbessern, wenn eine wörtliche Übersetzung kein gutes Griechisch ergäbe; des weiteren kann die LXX abweichen, wo der MT korrupt ist. Dazu kommen aber zwei größere Abweichungen: Ein Distrikt, der im MT durch Homoioteleueton weggefallen ist, ist in der LXX erhalten (15,59^{LXX}), und in der Ortsliste sind die Orte nicht immer genau wiedergegeben, vor allem nicht in B. Da B sehr wahrscheinlich der ursprünglichen griechischen Übersetzung des Josuabuchs am nächsten kommt, ist anzunehmen, daß für die LXX-Übersetzer die Orte nicht die Bedeutung hatten, die sie angesichts der Fülle der Ortsnamen in Jos einst gehabt haben dürften. Der MT von Jos 15 selbst wirft textkritisch relativ wenige Probleme auf.

9.2. *Die Vorlagen von Jos 15*

Bei der Komposition von Jos 15 wurden neben Num 34,3b–5 Dokumente aus nichtbiblischen Zusammenhängen als Vorlagen benutzt, und zwar drei Teile der Beschreibung der Nordgrenze und eine Ortsliste. Ein Teil der Nordgrenze geht auf eine Grenzbeschreibung oder Grenzfixpunktreihe zur Zeit Davids zurück. Dieser Teil diente der Abgrenzung zwischen dem gerade zum Königreich gewordenen Juda und Benjamin. In diese Grenze ist eine vielleicht aus vorstaatlicher Zeit stammende Grenzfixpunktreihe Rubens oder Beschreibung seines Weide-/Wandergebiets eingebaut. Diese zwei Vorlagen waren die ältesten, die dem ersten Redaktor von Jos 15 zur Verfügung standen. Weil er historisierend beschreiben wollte, hat dieser Jerusalem aus der Nordgrenze sorgfältig ausgespart, denn erst David durfte diese Stadt erobern. Dazu hat dieser Redaktor die Ost-, Süd- und Westgrenze Jerusalems, deren Beschreibung wahrscheinlich aus dem 7. Jh. stammt, in der Grenzbeschreibung verwandt. Um das Land weiter auszumalen, benutzte er eine ausführliche Ortsliste aus der Zeit Manasses. Diese Ortsliste aus dem 7. Jh., zu der auch die zwei benjaminitischen Distrikte gehörten (18,21–28), diente der verwaltungstechnischen Einteilung des Vasallenstaates Juda. Sie bestand wie die salomonische Distriktliste (1Kön 4,7ff) aus zwölf Distrikten, um die Dienstleistungen für den Hof per Distrikt über die zwölf Monate des Jahres aufzuteilen. Für die Beschreibung der Südgrenze wurde Num 34,3b–5 herangezogen, eine Grenze, die es in den meisten Zeiten nicht gab, da sie so weit südlich in der Wüste nicht von Bedeutung war. Im 7. Jh. kann sie als Abgrenzung gegen Ägypten oder als befestigter Handelsweg eine Rolle gespielt haben.

9.3. *Die Komposition des Textes*

In der Tradition von Num 34 wurde ein Text zusammengestellt, der die Gebiete der zehn cisjordanischen Stämme beschrieb (Jos 14–19*). Er ist frühestens abhängig von der zweiten literarhistorischen Phase von Num 34, das selbst frühestens zu P^s gehört, mit seiner zweiten Phase somit zu $P^{t(ertiär)}$ oder besser: R^P (einer Redaktionsphase, die als Fortschreibung in priesterlichem Stil zu verstehen ist). Das heißt: Geht man von einer spätexilischen oder frühnachexilischen Datierung von P aus, dann ist R^P wohl nachexilisch anzusetzen. Diese Beschreibung des cisjordanischen Landes stand anfänglich als Anhang hinter Num 34, um das in Num 34,2–12 beschriebene und nach Stämmen unterteilte (Num 34,17a.18.19b–29*) Land zu exemplifizieren. In der frühnachexilischen Zeit wollte man das Land neu verteilen und dabei frühere Verhältnisse (re-)konstruieren, restaurieren und zugleich endgültig festsetzen.

Sprache und Komposition von Jos 14–19* gleichen denen der Priesterschrift im Pentateuch. Eine detaillierte Analyse der Sprache und Motive zeigt jedoch, daß eine Zuweisung zu P unmöglich ist. Texte aus dem Tetrateuch, die P^s oder noch späteren priesterlichen Texten, nicht aber P^G zuzuweisen sind, werden in Sprache und Motiven aufgenommen. P im Pentateuch war sehr am Thema Land interessiert, nicht aber an dessen Verteilung. Das Land hatte Gott selbst den Erzvätern bereits *gegeben* und es wird den Israeliten seitdem von Generation zu Generation immer wieder zur Nutzung übereignet; man kann es gar nicht in Besitz nehmen, da es Gott gehört. Wie man es verteilt, ist nicht von Interesse, nur das Land als solches, was sich daran zeigt, daß man die Gottesgabe verleumden kann (Num 13f). Somit hat das Land bei P eine streng theologische Funktion. P stellt die von Gott gesetzte Ordnung dar, zu der auch das Land gehört. P beschreibt statisch und nicht dynamisch.

Doch offensichtlich vermißte man eine inhaltliche Füllung des Landes. Die Gründe lassen sich erraten. Vielleicht lag es daran, daß man im Exil eben nicht im Lande war und nach der Rückkehr das Land so prächtig wie möglich ausmalen wollte. Dabei projizierte man ein großes, aus zehn Stämmen bestehendes cisjordanisches Land, und zwar gerade in einer Zeit, in der dieses Land drastisch verkleinert war. Für diese Rekonstruktion lag dem ersten Redaktor kein System vor, sondern er schuf sein eigenes mit Hilfe sehr unterschiedlicher Quellen. Was diesem in priesterschriftlicher Tradition stehenden Redaktor zur Verfügung stand, hat er benutzt, wie die unter §9.2 genannten Vorlagen. Wo ihm keine Quellen zur Verfügung standen, vervollständigte er nach eigenen Ansichten. Er versuchte, nach Grenzbeschreibungen und Ortslisten zu unterscheiden, was durch geeignete Vorlagen bei Juda und Benjamin gut gelang, bei den anderen Stämmen aber weniger. Für Juda und Benjamin lag die Verwaltungsliste des Vasallenstaates Juda aus der Zeit Manasses vor. Da er aber Stämme beschreiben wollte, trennte er diese in einen Teil für Juda (15,21–44*.48–59*.59^{LXX}*.61–62) und einen für Benjamin (18,21–28). Die ihm vorliegende judäische Nordgrenze aus der Zeit Davids stimmte in etwa überein mit der Trennungslinie zwischen den zehn judäischen und zwei benjaminitischen Distrikten. Die Südgrenze Benjamins ist eine angepaßte Kopie dieser Nordgrenze Judas. Die vermutlich einzige Südgrenze Judas, die der Redaktor vorfand, war die assyrische Südgrenze aus dem 7. Jh. Zugleich wurde damit der Schein von Altertümlichkeit gewährleistet, spielte doch diese Südgrenze in Num (Zin, Kadesch-Barnea) vor der Einnahme des Landes eine große Rolle. Für die anderen Stämme entstanden entweder nur Grenzbeschreibungen ([West-]Manasse, Ephraim), nur Ortslisten (Simeon: zum Teil alte Ortstliste, Dan: 2. Distrikt Salomos) oder Mischformen, wobei nach Möglichkeit Ortslisten oder Teile davon zu Grenzbeschreibungen umgeformt wurden (Sebulon, Issachar, Asscher, Naftali). Die Durchführung der Landverteilung liegt wie in Num 34,17a.18–29 bei den (cisjordanischen) Israeliten (Jos 14,1; 19,49a). Zehn Stammesgebiete werden in systematischer Weise beschrieben, die Grenzen durch ויהי גבול + *n.tr.* oder ל + *n.tr.*, die Ortslisten durch ויהיו / והיו הערים eingeleitet, wobei letztere weiter in Distrikte mit Teilsummierungen der Orte unterteilt werden.

Der Redaktor hat nicht nur sysematisiert, er hat auch aktualisiert. Orte, die zur Zeit der Komposition zu Juda gehörten, aber nördlich des durch die Ortsliste aus dem 7. Jh. und die Beschreibung der Nordgrenze Judas abgesteckten Gebiets lagen, wurden gleichmäßig über einige Distrikte aus der Ortsliste verteilt. Sie finden sich bis auf eine Ausnahme immer am Ende einer Ortsliste und ergeben zusammen ein geographisch geschlossenes Bild. Da die ursprünglichen Summierungen diese Aktualisierungen mit einbezogen, muß die Aktualisierung gleich bei der ursprünglichen Komposition erfolgt sein.

9.4. *Die Verlegung des Textes*

In der Zeit, zu der der Pentateuch immer mehr den Voraussetzungen der Landnahme und -verteilung, Verheißung und Gesetz, gewidmet war, und Jos dem Leben (mit dem Gesetz) im Land galt, gehörten die das Land betreffenden Anhänge zur Priesterschrift nicht mehr in den Pentateuch. Die Verteilung selbst fand einen neuen Platz im Josuabuch, nach der Eroberung des Landes. Das Buch Josua wurde zum Sammelbecken von Traditionen, die das Land in positiver Weise beschrieben. Eine früh-dtr Eroberungstradition des Landes bestand bereits und lief bis Jos 11,23. Jetzt, an der neuen Stelle, mußte die Landverteilung der früh-dtr Darstellung der Landeroberung angepaßt werden. Josua wird zum Subjekt der Landverteilung (13,1.7aα; 18,3.4*.8bα.9*.10b*) und bekommt zudem ein eigenes Erbteil (19,49b–50). Die Landverteilung bekommt eine verstärkt theologische Funktion: Josua (und Kaleb) sind die Glaubenshelden, die als einzige (in Num 13f) geglaubt haben, daß Gott das Land geben kann. Darum wird Josua, nachdem er das Land erobert hat, zum Verteiler. Er darf ein großes, prächtiges Land verteilen, weil er Gott geglaubt hat. (Dieses geht später wieder verloren.) Josua mit seiner Landeroberung und -verteilung wird zu einem Glaubensvorbild für Israel. Der Besitz des Landes wird zum Gradmesser der Gottestreue Israels.

9.5. *Die Bearbeitungen des Textes*

In den darauf folgenden Bearbeitungen wurde das Land immer mehr ritualisiert, und die Landverteilungstexte wurden immer mehr miteinander und mit anderen Texten des AT assimiliert bzw. harmonisiert. Hinter diesem Prozeß stehen verschiedene Interessenten.

9.5.1. *Eleasar*

Nicht Heerführer, sondern Priester sollten das Land verteilen. In einem deutlich als sekundäres Textelement erkennbaren Nachsatz (14,1b) werden die Israeliten und Josua an dritte bzw. zweite Stelle verwiesen. Eleasar, der Priester, führt als Erstgenannter einer Kommission, zu der auch Josua und die Sippenhäupter der Stämme Israels gehören, die Verteilung des Landes durch. Damit stimmt der zweite Abschluß der Landverteilung 19,51a (bis בני־ישׂראל) überein. Wie in Num 33 kommen jetzt auch die bereits von Mose zugeteilten Gebiete der transjordanischen Stämme hinzu, werden aber durch 13,32 und 14,2b streng von denen der cisjordanischen abgetrennt. Auch die Zahlen gewinnen in dieser Phase an Bedeutung. Es gibt zwölf Stämme, von denen zweieinhalb ihr Gebiet bereits bekommen haben (Ruben, Gad, [Ost-]Manasse), und neuneinhalb, für die die Gebietszuteilung noch aussteht. Ephraim und Manasse müssen als Josef zusammengefaßt werden, um Platz für Levi zu schaffen und dabei gleichzeitig die Zwölfzahl beizubehalten. Trotzdem kommen die Leviten im Vergleich zur nächsten „Leviten-Phase" hier kärglich weg: Über sie wird nichts anderes gesagt, als daß sie kein Erbteil bekommen (14,3b). Hier gilt das Interesse dem Aaroniten Eleasar. Vermutlich waren es darum Aaroniten, die die Landverteilung „klerikalisieren" wollten.

9.5.2. *Leviten*

In einer weiteren systematisierenden Phase wird eine Verbindung mit Num 26 angestrebt. Die formkritische Untersuchung vieler Wörter und Phrasen (מטה, גבול mit der exklusiven Bedeutung „Grenze", היא-Explikationen, נחלה, למשׁפח[ו]תם) ergab, daß sie Konnotationen mit einer göttlichen Ordnung haben. Diese Ordnung ist durch Grenzen und Zahlen genau festgelegt. Jetzt werden die Grenzbeschreibungen zwölfmal konsequent mit למשׁפחתם *n.tr.*־בני (מטה) זאת נחלת abgeschlossen bzw. im Falle von Juda hiermit eingeleitet (15,20). מטה wird siebenmal in den Abschlüssen verwendet. 18,1–10* wird in die Mitte der Landverteilung verwiesen. Nun stehen, abgesehen von den transjordanischen Stämmen, Juda und Josef vor dieser neuen Mitte und Benjamin sowie die galiläischen Stämme nach ihr. Durch die Landvergabe an Juda und Josef ist bereits ein Teil des Landes verteilt, so daß die Stiftshütte in bereits verteiltem Land aufgerichtet werden kann, zwischen Juda und Josef, im Heiligtum Silo. Somit ist 18,1–10* nicht nur die Mitte des Landverteilungskomplexes geworden, sondern wird die Stiftshütte, in der durch Wortspiele auf die Präsenz des Namens Gottes angespielt wird, auch in der Mitte des Landes aufgerichtet und bildet damit die theologische Mitte der Landverteilung. Eine andere Folge der Umordnung ist die Gegenüberstellung der Stämme: Juda und Joseph stehen gegenüber Benjamin und den sechs galiläischen Stämmen, wobei innerhalb dieser Anordnung Juda und Benjamin nicht nur textlich, sondern durch die ausführliche Beschreibung auch inhaltlich eine Vorrangstellung einnehmen gegenüber Josef bzw. den sechs galiläischen Stämmen. Diese Vorrangstellung paßt zu der historischen Tatsache, daß Juda und Benjamin als einzige aus dem Exil zurückkehrten. Juda nimmt in dem Landverteilungskomplex eine herausragende Stellung ein.

Die Kaleberzählung wird in 15 eingebaut, und das Land Kalebs durch das unbestimmte נתן חלק (15,13) von dem Erbteil der Stämme abgehoben: Wer das Land Kaleb gibt, bleibt undeutlich, und zugleich darf es nicht als נחלה („unveräußerlicher Erbbesitz") bezeichnet werden, von denen es nur zwölf gibt, den zwölf kanonischen Stämmen entsprechend. Durch אל־פי יהוה ליהושע ist die Übereignung aber sehr wohl göttlich legitimiert.

Diese Phase ist in der Wortwahl und den Interessen direkt und indirekt deutlich als levitisch erkennbar. Die Leviten begreifen sich als Wärter der (heiligen) Ordnung und Einteilung des Landes. Darauf weisen unter anderem Bemerkungen über die besondere Zugehörigkeit der Leviten zu Gott als ihr Erbteil (13,14.33; 14,4b; 20,1–21,42*) sowie die indirekte Andeutung der Leviten als Wächter der Stiftshütte (18,1). Durch die Hinzufügung der Kapitel über die Asyl- und Levitenstädte (20,1–21,42*) brauchte die Landverteilung einen neuen Abschluß, den 21,43–45 bildet. Dieses Paradebeispiel für den Dtr in Jos scheint nur dtr zu sein, erweist sich aber durchgehend als untypisch für dtr Sprache und Inhalt. Die vollkommene Ruhe (21,44) war offensichtlich erst möglich, als die Leviten ihre Städte erhalten hatten. Vergleicht man diese mit der vorigen Phase, stellt sich die Frage, ob es einen Interessenskonflikt zwischen den aaronitischen Priestern (wovon Eleasar der Repräsentant war) und levitischen Priesterkreisen gab.

Die Ordnung muß möglichst vollkommen sein, und darum werden im Text von 15 Elemente aus der Grenzbeschreibung, der Ortsliste und der Kaleberzählung miteinander in Einklang gebracht.

In dieser Phase wird der Landverteilungskomplex angeglichen an andere Texte oder / und mit ihnen harmonisiert. Wenn möglich, werden Anspielungen auf andere Texte gemacht. Als Beispiel hierfür ist die Erwähnung des Achortals in 15,7 zu nennen, die auf die Erzählung der Sünde Achans anspielt, sowie die Einfügung der Stadt Makkeda (15,41) vor Libna (15,42), weil in 10 beide Städte zusammen genannt werden und eine herausragende Rolle spielen und Makkeda darum in 15 nicht fehlen darf. Zwei größere Harmonisierungen mit der Grenzlinie finden wir in der Hinzufügung des 5. (15,45–47) und 11. Distrikts (15,60). Dadurch erhält die Ortsliste Judas zudem zwölf Distrikte.

9.5.3. *Los*

Die Verteilung des Landes an die cisjordanischen Stämme wird in 14–19* kaum mit Gott in Verband gesetzt; nur indirekt über den Priester Eleasar und die Leviten. Durch das Los wird diese Lücke gefüllt. Das Los ist das Instrument, das den Willen Gottes bekanntmacht. Damit teilt Gott selbst das Land ein, und nicht, wie in 14,5 die Israeliten auf Gottes Geheiß. Für die transjordanischen Stämme brauchte man das nicht, denn ihnen war das Land schon von Mose auf direkte Anweisung von Gott hin übereignet worden. Die Erwähnungen des Losprinzips sind in allen Fällen deutlich als sekundär erkennbar. Hatten dann Josua, Eleasar und die Sippenältesten, oder die Israeliten im allgemeinen, nicht die Gewalt, göttliche Grenzen festzusetzen? Nein, und darum brauchte man das Los, das im Pentateuch von den Leviten geworfen wird. Das Los wird mit verschiedenen Bedeutungen verwandt. Die Gebiete von Juda und Josef werden selbst zum Los und damit zum Willen Gottes. Los hat hier eine räumliche Konnotation. Damit werden sie „heiliger" als die Gebiete der sieben restlichen Stämme, für die das Los geworfen werden muß, um ihr Gebiet zu bestimmen. Als Hintergrund für eine Zuteilung durch das Los sehen wir Neh 11 und vielleicht 1Chr 24–27.

Die Gebiete des Landverteilungskomplexes zeigen eine Abstufung in der Nähe zu Gott: 1. Das Zelt der Begegnung in der Mitte des Landes, wo Gott sich befindet und vor dem (von Leviten) das Los geworfen wird. 2. Juda und Josef, deren Gebiet als Los bezeichnet wird, und die sich direkt um das Zelt der Begegnung befinden. 3. Benjamin und die sechs galiläischen Stämme, für die das Los geworfen wird. 4. Die transjordanischen Stämme, für die das Los nicht geworfen wird.

In 15 und dem Landverteilungskomplex 14–19 bzw. 13–21 zeigt sich eine wachsende Ritualisierung der Landverteilung und Theologisierung des Landes. Die Untersuchung hat gezeigt, daß Land als Theologumenon aufgefaßt wurde, das durch neue historische und theologische Kontexte immer wieder zu neuen Auseinandersetzungen herausforderte. Davon legt der Text Zeugnis ab.

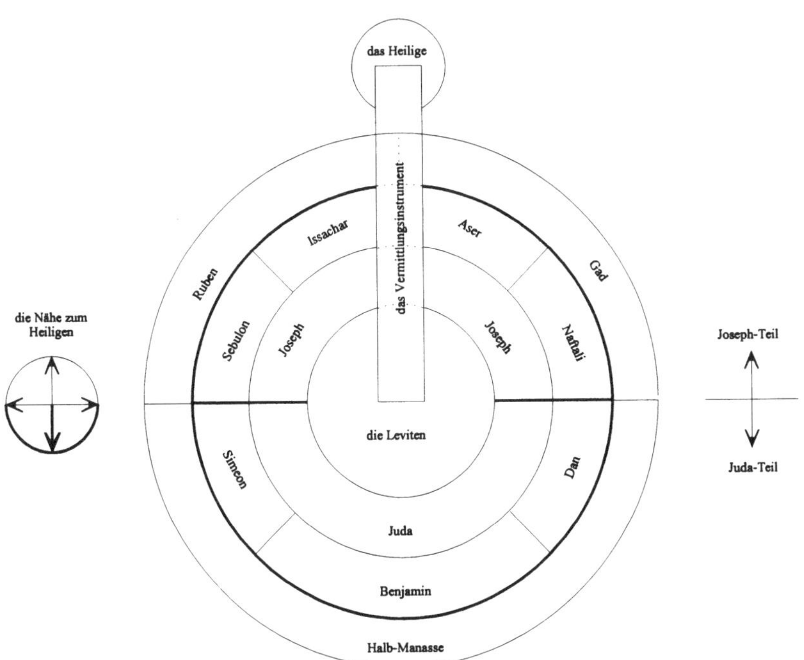
das Heilige
das Vermittlungsinstrument
Ruben
Issachar
Aser
Gad
Sebulon
Joseph
Joseph
Naftali
die Leviten
Simeon
Dan
Juda
Benjamin
Halb-Manasse
die Nähe zum Heiligen
Joseph-Teil
Juda-Teil

KAPITEL 10

ABKÜRZUNGEN UND BIBLIOGRAPHIE

10.1. *Abkürzungen*

acc.	accusativus / Akkusativ
arab.	arabisch
byz.	byzantinisch
c	caput / Kapitel
cj.	conjunctus / Konjektur
CRAI	Académie des Inscriptions et des Belles-Lettres. Comptes Rendus
Diss.	Dissertation
dt	deuteronomisch
dtr	deuteronomistisch
Dtr	Deuteronomist(en)
DtrG	deuteronomistisches Geschichtswerk
DtrH	deuteronomistische Geschichte (historiographische Grundschicht)
DtrL	deuteronomistische Landeroberungserzählung
DtrN	nomistischer Deuteronomist
DtrP	prophetischer Deuteronomist
DtrÜ	deuteronomistische Überarbeitung
EA	El-Amarna-Briefe
engl.	englisch
ez	eisenzeitlich
EZ	Eisenzeit
f	folgende
f.	feminin
fbz	frühbronzezeitlich
FBZ	Frühbronzezeit
ff	folgende (bis zum Ende des Abschnitts)
FS	Festschrift
hb.	hebräisch
hell.	hellenistisch
hi.	hifil
hitp.	hitpael
Hs.	Handschrift
Hss.	Handschriften
ḫ.	ḫirbet
impf.	imperfectum / Imperfekt / Präfixkonjugation (PK)
impf.cons.	imperfectum consecutivum / Narrativ
inf.	infinitivus / Infinitiv
inf.c.	infinitivus constructus

iuss.	iussivus / Jussiv
Jh.	Jahrhundert
m.	masculin
mbz	mittelbronzezeitlich
MBZ	Mittelbronzezeit
n.tr.	nomen tribu / Stammesname
n.l.	nomen loci / Ortsname
N.N.	nominem nescio / Name unbekannt
ni.	nifal
p.	persona / Person
pers.	persisch
pf.	perfectum / Perfekt / Affirmativkonjugation (Ak)
pf.cons.	perfectum consecutivum
pl.	pluralis / Plural
praep.	praepositio / Präposition
pt.	participium / Partizip
QC	Qumran Chronicle
röm.	römisch
sbz	spätbronzezeitlich
SBZ	Spätbronzezeit
sg.	singularis / Singular
st.c.	status constructus
t.	tell
w.	wādi
Zus.	Zusammenfassung

10.2. *Bibliographie*

Abel, *GP* I 1933. Abel, F.-M., *Géographie de la Palestine, Tome I: Géographie physique et historique*, Paris 1933.

Abel, *GP* II 1938. Abel, F.-M., *Géographie de la Palestine, Tome II: Géographie politique. Les Villes*, Paris 1938.

Abel/Du Buit, *Josué* 1958. Abel, F.-M. / Du Buit, M., *Le livre de Josué* (SB[J]), Paris 1958.

Aharoni, *Arad*. Aharoni, M., Art. »Arad. The Israelite Citadels«, in: *NEAEHL* I, 82–87.

Aharoni, *Ramat Raḥel*. Aharoni, Y., Art. »Ramat Raḥel«, in: *NEAEHL* IV, 1261–1267.

Aharoni, *Ramat Raḥel* 1956. Aharoni, Y., »Excavations at Ramath Raḥel, 1954. Preliminary Report«, *IEJ* 6 (1956), 102–111.137–157.

Aharoni, *Boundary* 1958. Aharoni, Y., »The Northern Boundary of Judah«, *PEQ* 90 (1958), 27–31.

Aharoni, *Negeb* 1958. Aharoni, Y., »The Negeb of Judah«, *IEJ* 8 (1958), 26–38.

Aharoni, *Province-list* 1959. Aharoni, Y., »The Province-list of Judah«, *VT* 9 (1959), 225–246.

Aharoni, *Beth-Haccherem* 1967. Aharoni, Y., »Beth-Haccherem«, in: D.W. Thomas (Hg.), *Archaeology and Old Testament Study. Jubilee Volume to the Society for Old Testament Study 1917–1967*, Oxford 1967, 171–184.

Aharoni, *Forerunners* 1967. Aharoni, Y., »Forerunners of the Limes: Iron Age Fortresses in the Negev«, *IEJ* 17 (1967), 1–17.

Aharoni, *Arad* 1968. Aharoni, Y., »Arad: Its Inscriptions and Temple«, *BA* 31 (1968), 2–32.

Aharoni, *Ostraca* 1969. Aharoni, Y., »Three Hebrew Ostraca from Arad«, *ErIs* 9 (1969), 10–21.

Aharoni, *Rubute* 1969. Aharoni, Y., »Rubute and Ginti-Kirmil«, *VT* 19 (1969), 137–145.

Aharoni, *Ostraca* 1970. Aharoni, Y., »Three Hebrew Ostraca from Arad«, *BASOR* 197 (1970), 16–42.

Aharoni, *Beer-Sheba* I 1973. Aharoni, Y. (Hg.), *Beer-Sheba I, Excavations at Tel Beer-Sheba, 1969–1971 Seasons*, Tel Aviv 1973.

Aharoni, *Altar* 1974. Aharoni, Y., »The Horned Altar of Beer-Sheba«, *BA* 37 (1974), 2–6.

Aharoni, *Tel Beer-Sheba* 1974a. Aharoni, Y., »Excavations at Tel Beer-Sheba, Preliminary Report of the Fourth Season, 1972«, *TA* 1 (1974), 32–42.

Aharoni, *Tel Beersheba* 1974b. Aharoni, Y., »Tel Beersheba«, *IEJ* 24 (1974), 270–272.

Aharoni, *Tel Beer-sheba* 1975. Aharoni, Y., »Excavations at Tel Beer-sheba. Preliminary Report of the Fifth and Sixth Seasons, 1973–1974«, *TA* 2 (1975), 146–168.

Aharoni, *LoB* ²1979. Aharoni, Y., *The Land of the Bible. A Historical Geography*, London ²1979.

Aharoni, *Inscriptions* 1981. Aharoni, Y., *Arad Inscriptions* (Judean Desert Studies), Jerusalem 1981.

Aharoni/Aharoni, *Stratification* 1976. Aharoni, M. / Y., »The Stratification of Judahite Sites in the 8th and 7th Centuries BCE«, *BASOR* 224 (1976), 73–90.

Aharoni/Amiran, *Excavations* 1964. Aharoni, Y. / Amiran, R., »Excavations at Tel Arad: Preliminary Report on the First Season, 1962«, *IEJ* 14 (1964), 131–147.

Aharoni/e.a., *Tel Masos* 1972. Aharoni, Y. / Kempinski, A. / Fritz, V., »Tel Masos (Khirbet el-Meshâsh)«, *IEJ* 22 (1972), 243.

Aharoni/e.a., *Tel Masos* 1974. Aharoni, Y. / Fritz, V. / Kempinski, A., »Excavations at Tel Masos (Khirbet el-Meshâsh), Preliminary Report on the First Season, 1972«, *TA* 1 (1974), 64–74.

Aharoni/e.a., *Tel Masos* 1975a. Aharoni, Y. / Fritz, V. / Kempinski, A., »Vorbericht über die Ausgrabungen auf der *Ḥirbet el Mšāš (Tel Māśôś)* 2. Kampagne 1974«, *ZDPV* 91 (1975), 109–130; *plates* 1–10.

Aharoni/e.a., *Tel Masos* 1975b. Aharoni, Y. / Fritz, V. / Kempinski, A., »Excavations at Tel Masos (Khirbet el-Meshâsh), Preliminary Report on the Second Season, 1974«, *TA* 2 (1975), 97–124.

Aḥituv, *Toponyms* 1984. Ahituv, S., *Canaanite Toponyms in Ancient Egyptian Documents*, Jerusalem 1984.

Aḥituv, *Joshua* 1995. Ahituv, S., *Joshua. Introduction and Commentary* (Mikra Leyisra' el. A Bible Commentary for Israel), Tel Aviv 1995 (hb.).

Ahlström, *Lachish* 1980. Ahlström, G.W., »Is Tell ed-Duweir Ancient Lachish?«, *PEQ* 112 (1980), 7–9.

Ahlström, *Lachish* 1983. Ahlström, G.W., »Tell ed-duweir: Lachish or Libnah?«, *PEQ* 115 (1983), 103–104.

Ahlström, *Lachish* 1985. Ahlström, G.W., »Lachish: Still a Problem«, *PEQ* 117 (1985), 97–99.

Albertz, *Religionsgeschichte* 1992. Albertz, R., *Religionsgeschichte Israels in alttestamentlicher Zeit* (GAT 8/1 u. 2), Göttingen 1992.

Albright, *Libnah* 1921. Albright, W.F., »Libnah and Gath«, *BASOR* 4 (1921), 2–12.

Albright, *Egypt* 1924. Albright, W.F., »Egypt and the Early History of the Negeb«, *JPOS* 4 (1924), 131–161.

Albright, *Researches* 1924. Albright, W.F., »Researches of the School in Western Judaea«, *BASOR* 15 (1924), 2–11.

Albright, *Tell el-Fûl* 1924. Albright, W.F., *Excavations and Results at Tell el-Fûl (Gibeah of Saul)* (AASOR 4), New Haven / etc. 1924.

Albright, *Topography* 1924. Albright, W.F., »The Topography of Simeon«, *JPOS* 4 (1924), 149ff.

Albright, *Divisions* 1925. Albright, W.F., »The Administrative Divisions of Israel and Judah«, *JPOS* 5 (1925), 17–54.

Albright, *Researches* 1925. Albright, W.F., »Topographical Researches in Judaea«, *BASOR* 18 (1925), 6–11.

Albright, *Topography* 1926. Albright, W.F., »The Topography of the Tribe of Issachar«, *ZAW* 44 (1926), 225–236.

Albright, *American* 1929. Albright, W.F., »The American Excavations at Tell Beit Mirsim«, *ZAW* 6 (1929), 1–17.

Albright, *Trip* 1929. Albright, W.F, »New Israelite and Pre-Israelite Sites: The Spring Trip of 1929«, *BASOR* 35 (1929), 1–14.

Albright, *Vocalization* 1934. Albright, W.F., *The Vocalization of the Egyptian Syllabic Orthography*, New Haven 1934 (Nachdruck: New York 1974).

Albright, *Case* 1942. Albright, W.F., »A Case of Lèse-Majesté in Pre-Israelite Lachish. With Some Remarks on the Israelite Conquest«, *BASOR* 87 (1942), 32–38.

Albright, *Prince* 1944. Albright, W.F., »A Prince of Taanach in the Fifteenth Century B.C.«, *BASOR* 94 (1944), 12–27.

Albright, *Archaeology* [4]1954. Albright, W.F., *The Archaeology of Palestine*, Harmondsworth [4]1954.

Albright / Greenberg, *Beit Mirsim*. Albright, W.F. / Greenberg, R., Art. »Beit Mirsim, Tell«, in: *NEAEHL* I, 177–180.

Alfrink, *Josuë* 1952. Alfrink, B.J., *Josuë uit de grondtekst vertaald en uitgelegd* (BOT III/1), Roermond / Maaseik 1952.

Allegro, *Treasure* 1960. Allegro, J.M., *The Treasure of the Copper Scroll*, London 1960.

Alt, *Israels Gaue* 1913 = 1953. Alt, A., »Israels Gaue unter Salomo«, in: id. / e.a., *Alttestamentliche Studien Rudolf Kittel zum 60. Geburtstag dargebracht* (Beiträge zur Wissenschaft vom Alten Testament 13), Leipzig 1913, 1–19 (= id., *KS* II 1953, 76–89).
Alt, *Institut* 1922f. Alt, A., »Das Institut im Jahre 1922«, *PJ* 18 / 19 (1922–1923), 5–9.
Alt, *Institut* 1924. Alt, A., »Das Institut im Jahre 1923«, *PJ* 20 (1924), 3–5.
Alt, *Institut* 1925. Alt, A., »Das Institut im Jahre 1924«, *PJ* 21 (1925), 5–58.
Alt, *Judas Gaue* 1925 = 1953. Alt, A., »Judas Gaue unter Josia«, *PJ* 21 (1925), 100–117 (= id., *KS* II 1953, 276–288; [S. 117 fehlt in *KS* II]).
Alt, *Institut* 1926. Alt, A., »Das Institut im Jahre 1925«, *PJ* 22 (1926), 5–80.
Alt, *Institut* 1927. Alt, A., »Das Institut im Jahre 1926«, *PJ* 23 (1927), 5–51.
Alt, *Ortsliste* 1927. Alt, A., »Eine galiläische Ortsliste in Jos. 19«, *ZAW* 45 (1927), 59–81.
Alt, *System* 1927 = 1953. Alt, A., »Das System der Stammesgrenzen im Buche Josua«, in: W.F. Albright (Hg.), *FS E. Sellin. Beiträge zur Religionsgeschichte und Archäologie Palästinas*, Leipzig 1927, 13–24 (= id., *KS* I 1953, 193–202).
Alt, *Institut* 1928. Alt, A., »Das Institut im Jahre 1927«, *PJ* 24 (1928), 5–74.
Alt, *Institut* 1929. Alt, A., »Das Institut im Jahre 1928«, *PJ* 25 (1929), 5–59.
Alt, *Institut* 1931. Alt, A., »Das Institut in den Jahren 1929 und 1930«, *PJ* 27 (1931), 5–50.
Alt, *Beiträge* I 1931 = 1959. Alt, A., »Beiträge zur historischen Geographie und Topographie des Negeb: I. Das Bistum Orda, *JPOS* 11 (1931), 204–221 (= id., *KS* III 1959, 382–396).
Alt, *Institut* 1932. Alt, A., »Das Institut im Jahre 1931«, *PJ* 28 (1932), 5–47.
Alt, *Beiträge* II 1932 = 1959. Alt, A., »Beiträge zur historischen Geographie und Topographie des Negeb: II. Das Land Gari«, *JPOS* 12 (1932), 126–141 (= id., *KS* III 1959, 396–409).
Alt, *Institut* 1933. Alt, A., »Das Institut im Jahre 1932«, *PJ* 29 (1933), 5–29.
Alt, *Institut* 1934. Alt, A., »Das Institut im Jahre 1933«, *PJ* 30 (1934), 5–31.
Alt, *Institut* 1935. Alt, A., »Das Institut im Jahre 1934«, *PJ* 31 (1935), 5–7.
Alt, *Beiträge III* 1935 = 1959. Alt, A., »Beiträge zur historischen Geographie und Topographie des Negeb: III. Saruhen, Ziklag, Horma, Gerar«, *JPOS* 15 (1935), 294–326 (= id., *KS* III 1959, 409–435).
Alt, *Institut* 1936. Alt, A., »Das Institut im Jahre 1935«, *PJ* 32 (1936), 5–8.
Alt, *Institut* 1937. Alt, A., »Das Institut im Jahre 1936«, *PJ* 33 (1937), 5–6.
Alt, *Institut* 1938. Alt, A., »Das Institut im Jahre 1937«, *PJ* 34 (1938), 5–6.
Alt, *Institut* 1940. Alt, A., »Das Institut in den Jahren 1938 und 1939«, *PJ* 35 (1940), 5–7.
Alt, *Festungen* 1952 = 1959. Alt, A., *Festungen und Levitenorte im Lande Juda*, 1952 (unveröffentlicht) (= id., *KS* III 1959, 306–315).
Alt, *KS* I 1953. Alt, A., *Kleine Schriften zur Geschichte des Volkes Israel* I, München 1953.
Alt, *KS* II 1953. Alt, A., *Kleine Schriften zur Geschichte des Volkes Israel* II, München 1953.
Alt, *Micha* 1955 = 1959. Alt, A., »Micha 2,1–5, ΓΗΣ ΑΝΑΔΑΣΜΟΣ in

Juda«, in: Dahl, N.A. / Kapelrud, A.S. (Hgg.), *Interpretationes ad Vetus Testamentum pertines Sigmundo Mowinckel septuagenario missae*, Oslo 1955, 13–23 (=id., *KS* III 1959, 373–381).

Alt, *KS* III 1959. Alt, A., *Kleine Schriften zur Geschichte des Volkes Israel* III, München 1959.

Amiran/Eitan, *Nagila, Tel*. Amiran, R. / Eitan, A., Art. »Nagila, Tel«, in: *NEAEHL* III, 1079–1081.

Amit, *'Anim*. Amit, D., Art. »'Anim, Ḥorvat«, in: *NEAEHL* I, 62.

***ANEP*.** Pritchard, J.B., *The Ancient Near East in Pictures Relating to the Old Testament*, Princeton N.J. 1954 und id., *The Ancient Near East: Supplementary Texts and Pictures Relating tot the Old Testament*, Princeton N.J. 1969.

***ANET*.** Pritchard, J.B. (Hg.), *Ancient Near Eastern Texts*, Princeton N.J. ²1955 und id., *The Ancient Near East: Supplementary Texts and Pictures Relating tot the Old Testament*, Princeton N.J. 1969.

Arnold, *Mizpa*. Arnold, P.M., Art. »Mizpa«, in: *AncBD* IV, 880.

Augustin, *Simeoniten* 1989. Augustin, M., *Die Simeoniten. Untersuchungen zur Entstehung und Geschichte eines israelitischen Stammes*, Rostock 1989 (Diss. B).

Auld, *Judges I* 1975=1998. Auld, A.G., »Judges I and History: A Reconsideration«, *VT* 25 (1975), 261–285 (=id., *Joshua Retold. Synoptic Perspectives*, Edinburgh 1998, 79–101).

Auld, *Studies* 1976. Auld, A.G., *Studies in Joshua: Text and Literary Relations*, Edinburgh 1976 (Diss.).

Auld, *Sanctuary* 1977=1998. Auld, A.G., »A Judean Sanctuary of 'Anat (Josh. 15:59)?«, *TA* 4 (1977), 85–86 (=id., *Joshua Retold. Synoptic Perspectives*, Edinburgh 1998, 61–62).

Auld, *Studies* 1978. Auld, A.G., »Textual and Literary Studies in the Book of Joshua«, *ZAW* 90 (1978), 412–417.

Auld, *Joshua* 1979=1998. Auld, A.G., »Joshua: the Hebrew and Greek Texts«, *VT.S* 30, Leiden 1979, 1–14 (=id., *Joshua Retold. Synoptic Perspectives*, Edinburgh 1998, 7–18).

Auld, *Joshua* 1983. Auld, A.G., *Joshua, Moses and the Land. Tetrateuch-Pentateuch-Hexateuch in a Generation Since 1938*, Edinburgh 1983.

Avi-Yonah, *Geography* 1966. Avi-Yonah, M., *The Holy Land from the Persian Period to the Arab Conquests (536 BCE to 640 CE). A Historical Geography*, Grand Rapids, Mi. 1966.

Avi-Yonah/Kloner, *Maresha*. Avi-Yonah, M. / Kloner, A., Art. »Maresha (Marisa)«, in: *NEAEHL* III, 948–957.

Bächli, *Liste* 1973. Bächli, O., »Von der Liste zur Beschreibung. Beobachtungen und Erwägungen zu Jos. 13–19«, *ZDPV* 89 (1973), 1–14.

Baly, *Geography* 1957. Baly, D., *The Geography of the Bible*, Guildford / London 1957.

Bar-Adon, *JSG* 1972. Bar-Adon, P., »The Judaean Desert and the Plain of Jericho«, in: M. Kochavi (Hg.), *Judaea, Samaria and the Golan*, Jerusalem 1972, 91–149 (hb.).

Bar-Adon, *Suggestion* 1979. Bar-Adon, P., »A Suggestion for the Identification of Ancient Sites along the Dead Sea Shore with Biblical

Names«, in: *Sixth Archaeological Conference in Israel, Tel Aviv 14–15 March 1979*, Jerusalem 1979, 10.

Bar-Adon, *Excavations* 1989. Bar-Adon, P., »Excavations in the Judean Desert«, *'Atiquot* 9 (1989), 1–88 (hb.).

Barthélemy, *Critique* 1982. Barthélemy, D., *Critique textuelle de l'Ancien Testament: 1. Josué, Juges, Ruth, Sameuel, Rois, Chroniques, Esdras, Néhémie, Esther* (OBO 50/1), Fribourg / Göttingen 1982.

***BDB*.** Brown, F. / Driver, S.R. / Briggs, Ch.A., *The Brown-Driver-Briggs Hebrew and English Lexicon. With an Appendix Containing the Biblical Aramaic*, Peabody, Mass. 1996.

***BDR* [15]1979.** Blass, F. / Debrunner, A. / Rehkopf, F., *Grammatik des neutestamentlichen Griechisch*, Göttingen [15]1979.

Beauvery, *Route* 1957. Beauvery, R., »La route roumaine de Jérusalem à Jericho«, *RB* 64 (1957), 72–101.

Beit-Arieh, *Radum*. Beit-Arieh, I., Art. »Radum, Ḥorvat«, in: *NEAEHL* IV, 1254–1255.

Beit-Arieh, *'Ira*. Beit-Arieh, I., Art. »'Ira, Tel«, in: *NEAEHL* II, 642–646.

Beit-Arieh, *'Uza* a. Beit-Arieh, I., Art. »'Uza, Horvat«, in: *AncBD* VI, 771–775.

Beit-Arieh, *'Uza* b. Beit-Arieh, I., Art. »'Uza, Ḥorvat«, in: *NEAEHL* IV, 1495–1497.

Beit-Arieh, *Ḥorvat Radum* 1990. Beit-Arieh, I., »Ḥorvat Radum, 1989«, *ESI* 9 (1990), 75–76.

Beit-Arieh, *Horvat Radum* 1992. Beit-Arieh, I., »Horvat Radum«, *ErIs* 23 (1992), 106–112.150*.

Beit-Arieh, *Malḥata* 1994. Beit-Arieh, I., »Tel Malḥata«, *ESI* 14 (1994), 128–129.

Beit-Arieh/Cresson, *Ḥ. Radum* 1990. Beit-Arieh, I. / Cresson, B., »Ḥ. Radum«, *IEJ* 40 (1990), 315–316.

Beltz, *Kaleb-Traditionen* 1974. Beltz, W., *Die Kaleb-Traditionen im Alten Testament* (BWANT 98), Stuttgart 1974.

Ben-Arieh, *Gedor*. Ben-Arieh, S., Art. »Gedor, tel«, in: *NEAEHL* II, 468.

Bennett, *Joshua* 1895. Bennett, W.H., *The Book of Joshua. Critical Edition of the Hebrew Text. Printed in Colors Exhibiting the Composite Structure of the Book* (SBOT 6), Leipzig / etc. 1895.

Bergmann / e.a., דבר. Bergmann, J. / Lutzmann, H. / Schmidt, W.H., Art. »דבר«, in: *ThWAT* II, 90–133.

Bertholet, *Esra* 1902. Bertholet, A., *Die Bücher Esra und Nehemia* (KHC XIX), Tübingen / Leipzig 1902.

Beyer, *Beiträge* 1931. Beyer, G., »Beiträge zur Territorialgeschichte von Südwestpalästina im Altertum. Das Festungssystem Rehabeams«, *ZDPV* 54 (1931), 113–170.

Beyer, *Civitas* 1953. Beyer, G., »Civitas Ficuum«, *ZDPV* 69 (1953), 75–87 (mit einem Anhang von A. Alt).

***BHS*.** Elliger, K. / Rudolph, W. (Hgg.), *Biblia Hebraica Stuttgartensia. Editio minor (BHS)*, Stuttgart 1984.

Bieberstein / Bloedhorn, *Jerusalem* 1994. Bieberstein, K. / Bloedhorn,

H., *Jerusalem. Grundzüge der Baugeschichte vom Chalkolithikum bis zur Frühzeit der osmanischen Herrschaft* (TAVO Beih. B100), Wiesbaden 1994.

Biran, *Aroer*. Biran, A., Art. »Aroer (in Judea)«, in: *NEAEHL* IV, 89–92.

Biran, *David* 1983. Biran, A., »And David Sent Spoils to the Elders in Aroer«, *BArR* 9.2 (1983), 28–37.

Biran/Cohen, *Aroer* 1981. Biran, A. / Cohen, R., »Aroer«, *IEJ* 31 (1981), 131–132.

Bird, *yrš* 1971. Bird, P., »*yrš* and the Deuteronomic Theology of the Conquest« (Diss. Harvard), Harvard 1971.

Blenkinsopp, *Structure* 1976. Blenkinsopp, J., »The Structure of P«, *CBQ* 38 (1976), 275–292.

Blum, *Komposition* 1990. Blum, E., *Studien zur Komposition des Pentateuch* (BZAW 189), Berlin / New York 1990.

Boling/Wright, *Joshua* 1982. Boling, R.G. / Wright, G.E., *Joshua. A New Translation With Notes and Commentary* (AncB 6), New York 1982.

Borée, *AOP* 1930. Borée, W., *Die alten Ortsnamen Palästinas*, Leipzig 1930 (Nachdruck: Hildesheim 1968).

Borowski, *Identity* 1988. Borowski, O., »The Biblical Identity of Tel Halif«, *BA* 51.1 (1988), 21–27.

Bright/Sizoo, Joshua 1953. Bright, J. / Sizoo, J.R., *The Book of Joshua* (IB II, S. 539–673), New York / Nashville 1953.

Brongers, *I Koningen* 1967. Brongers, H., *I Koningen* (POT), Nijkerk 1967.

***Brooke/McLean*.** Brooke, A.E. / McLean, N., *The Old Testament in Greek. Vol. I, Part IV. Joshua, Judges and Ruth*, Cambridge 1917.

Broshi, *Judeideh*. Broshi, M., Art. »Judeideh, Tell«, in: *NEAEHL* III, 837–838.

Buber/Rosenzweig, *Geschichte* 1985. Buber, M. / Rosenzweig, F., *Die Schrift Bd. 2: Bücher der Geschichte*, Heidelberg 1985.

Budde, *Josua* 1887. Budde, K., *Richter und Josua*, *ZAW* 7 (1887), 93–166.

Buhl, *Geographie* 1896. Buhl, F., *Geographie des alten Palästina* (Grundriß der theologischen Wissenschaften 2/4), Freiburg i. Br. 1896.

Bunimovitz/e.a., *Beth Shemesh* 1991. Bunimovitz, S. / e.a., »Tel Bet Shemesh—1990«, *ESI* 10 (1991), 142–144.

Bunimovitz/Lederman, *Beth-Shemesh*. Bunimovitz, S. / Lederman, Z., Art. »Beth-Shemesh«, in: *NEAEHL* I, 249–253.

Bunimovitz/Lederman, *Beth-Shemesh* 1996. Bunimovitz, S. / Lederman, Z., »Beth-Shemesh. Culture Conflict on Judah's Frontier«, *BArR* 23.1 (1996), 42–49.75–77.

Burchardt, *AFEA* 1909. Burchardt, M., *Die altkanaanäischen Fremdworte und Eigennamen im Aegyptischen, 2 Teile*, Leipzig 1909.

Butler, *Joshua* 1983. Butler, T.C., *Joshua* (WBC 7), Waco, Texas 1983.

Calice von, *Menephthes* 1903. Calice, F. von, »König Menephthes im Buche Josua?«, *OLZ* 6 (1903), 224.

Cansdale, *Identity* 1993. Cansdale, L., »The Identity of Qumran in the Old Testament Period Re-examined«, *QC* 2 (1993), 117–125.

Cogan, *Lamashtu* 1995. Cogan, M., »A Lamashtu Plaque from the Judaean Shephelah«, *IEJ* 45 (1995), 155–161.

Cohen, *Ezem*. Cohen, S., Art. »Ezem«, in: *IDB* II, 213.
Cohen, *Kadesh-Barnea*. Cohen, R., Art. »Kadesh-Barnea. The Israelite Fortress«, in: *NEAEHL* III, 843–847.
Cohen, *Negev*. Cohen, R., »Middle Bronze Age I and Iron Age II in the Negev Hills«, in: Goring-Morris, N. / Cohen, R. / Negev, A., Art. »Negev«, in: *NEAEHL* III, 1123–1133.
Cohen, *Beersheba* 1968. Cohen, R., »Beersheba«, *IEJ* 18 (1968), 130–131.
Cohen, *Fortress* 1979. Cohen, R., »The Iron Age Fortress in the Central Negev«, *BASOR* 236 (1979), 61–79.
Cohen, *Kadesh Barnea* 1981. Cohen, R., »The Excavations at Kadesh Barnea«, *BA* 44 (1981), 93–107.
Cohen, *Map 168* 1981. Cohen, R., *Map of Sede Boqer East (168), 13–03* (Archaeological Survey of Israel), Jerusalem 1981.
Cohen, *Emergency* 1982. Cohen, R., »Negev Emergency Survey«, *ESI* 1 (1982), 79–94.
Cohen, *Emergency* 1983. Cohen, R., »Negev Emergency Survey—1982 / 1983«, *ESI* 2 (1983), 81–85.
Cohen, *Fortresses* 1985. Cohen, R., »The Fortresses King Solomon Built to Protect His Southern Border«, *BArR* 11.3 (1985), 56–70.
Cohen, *Defense Line* 1986. Cohen, R., »Solomon's Negev Defense Line Contained Three Fewer Fortresses«, *BArR* 12.4 (1986), 40–45.
Conder, *En Rogel* 1885. Conder, C.R., »En Rogel«, *PEFQSt* 17 (1885), 20.
Conder/Kitchener, *MWP* 1–26 1880. Conder, C.R. / Kitchener, H.H., *Map of Western Palestine in 26 Sheets from Surveys Conducted for the Committee of the Palestine Exploration Fund During the Years 1872–1877. Scale One Inch to a Mile 1/63,360*, London 1880.
Conder/Kitchener, *SWP* I–III 1881–1883. Conder, C.R. / Kitchener, H.H., *The Survey of Western Palestine I–III. Memoirs of the Topography, Orography, Hydrography, and Archaeology*, London 1881–1883 (Nachdruck: Jerusalem 1970).
Conybeare/George, *Grammar* 1905. Conybeare, F.C. / Stock, St. G., *A Grammar of Septuagint Greek. With Selected Readings from the Septuagint According to the Text of Swete*, Boston 1905.
Cooke, *Joshua* 1918. Cooke, G.A., *The Book of Joshua. In the Revised Version with Introduction and Notes*, Cambridge 1918.
Correns, *Zahl*. Correns, D., Art. »Zahl«, in: *BHH*, 2201.
Cortese, *Terra* 1972. Cortese, E., *La terra di Canaan. Nella storia sacerdotale del Pentateuco* (RivBib suppl. 5), Brescia 1972.
Cortese, *Josua* 1990. Cortese, E., *Josua 13–21. Ein priesterschriftlicher Abschnitt im deuteronomistischen Geschichtswerk* (OBO 94), Fribourg 1990.
Cross, *CMHE* 1973. Cross, F.M., *Canaanite Myth and Hebrew Epic*, Cambridge, Mass. 1973.
Cross, *Themes* 1973. Cross, F.M., »The Themes of the Book of Kings and the Structure of the Deuteronomistic History«, in: id., *Canaanite Myth and Hebrew Epic*, Cambridge, Mass. 1973, 274–289.
Cross/Milik, *Explorations* 1956. Cross, F.M. JR. / Milik, J.T., »Explorations in the Judaean Buqêʿah«, *BASOR* 142 (1956), 5–17.

Cross/Wright, *Boundary* 1956. Cross, F.M. JR. / Wright, G.E., »The Boundary and Province Lists of the Kingdom of Juda«, *JBL* 75 (1956), 202–226.

Crüsemann, *Überlegungen* 1973. Crüsemann, F., »Überlegungen zur Identifikation der Ḫirbet el-Mšāš (Tēl Māsoš)«, *ZDPV* 89 (1973), 211–224.

Dagan, *Beth Shemesh* 1991. Dagan, Y., »Beth Shemesh Map, Survey«, *ESI* 10 (1991), 141–142.

Dagan, *Map 98* 1992. Dagan, Y., *Map of Lakhish (98)* (Archaeological Survey of Israel), Jerusalem 1992.

Dagan, *Shephelah* 1992. Dagan, Y., *The Shephelah During the Period of the Monarchy in Light of Archaeological Excavations and Survey*, Tel Aviv 1992 (hb. mit engl. Zus.; M.A. Thesis Tel Aviv Univ.).

Dagan, *Cities* 1996. Dagan, Y., »Cities of the Judean Shephelah and Their Division into Districts Based on Joshua 15«, *ErIs* 25 (1996), 136–146.92* (hb. mit engl. Zus.).

Dalman, *Jahresbericht* 1909. Dalman, G., »Jahresbericht des Deutschen evangelischen Instituts für Altertumswissenschaft des heiligen Landes für das Arbeitsjahr 1908 / 9«, *PJ* 5 (1909), 1–26.

Dalman, *Seïr* 1921. Dalman, G., »In das judäische Gebirge Seïr«, *PJ* 17 (1921), 93–103.

Davies, *Lachish* 1982. Davies, G.I., »Tell ed-Duweir = Ancient Lachish: A Response to G.W. Ahlström«, *PEQ* 114 (1982), 25–28.

Davies, *Lachish* 1985. Davies, G.I., »Tell ed-Duweir: Not Libnah but Lachish«, *PEQ* 117 (1985), 92–96.

***DCH*.** Clines, D.J.A. (Hg.), *The Dictionary of Classical Hebrew, Vols. I and II*, Sheffield 1993–.

De Geus. Siehe: **Geus de**.

De Hoop. Siehe: **Hoop de.**

De Miroschedji, *Jarmuth*. De Miroschedji, P., Art. »Jarmuth, Tel«, in: *NEAEHL* II, 661–665.

De Miroschedji, *Yarmut* 1990. De Miroschedji, P., »Tel Yarmut—1989, 1990«, *ESI* 10 (1990), 33–36.

De Miroschedji, *Yarmut* 1991a. De Miroschedji, P., »Tel Yarmut, 1989«, *IEJ* 41 (1991), 200–205.

De Miroschedji, *Yarmut* 1991b. De Miroschedji, P., »Tel Yarmut, 1990«, *IEJ* 41 (1991), 286–293.

De Miroschedji, *Yarmut* 1992. De Miroschedji, P., »Tel Yarmut, 1992«, *IEJ* 42 (1992), 265–272.

De Miroschedji, *Fouilles* 1993. De Miroschedji, P., »Fouilles récentes à Tel Yarmouth, Israël (1989–1993)«, *AIBL* 4 (1993), 823–852.

De Miroschedji, *Yarmut* 1993. De Miroschedji, P., »Tel Yarmut—1990«, *ESI* 12 (1993), 85–87.

De Miroschedji, *Yarmut* 1994a. De Miroschedji, P., »Tel Yarmut, 1993«, *IEJ* 44 (1994), 145–151.

De Miroschedji, *Yarmut* 1994b. De Miroschedji, P., »Tel Yarmut—1992«, *ESI* 14 (1994), 105–108.

De Miroschedji, *Yarmut* 1997. De Miroschedji, P., »Tel Yarmut, 1996«, *IEJ* 47 (1997), 127–136.
De Vaux, *Fouilles* 1953. De Vaux, R., »Fouilles au Khirbet Qumrân«, *RB* 60 (1953), 83–106.
De Vaux/Broshi, *Qumran*. De Vaux, R. / Broshi, M., Art. »Qumran, Khirbet and 'Ein Feshkha«, in: *NEAEHL* IV, 1235–1241.
Delitzsch, *LSF* 1920. Delitzsch, F., *Die Lese- und Schreibfehler im Alten Testament. Nebst den dem Schrifttexte einverleibten Randnoten klassifiziert. Ein Hilfsbuch für Lexikon und Grammatik, Exegese und Lektüre*, Berlin / etc. 1920.
Demsky, *Achzib* 1966. Demsky, A., »The Houses of Achzib. A Critical Note on Micha 1:14b«, *IEJ* 16 (1966), 211–215.
Den Hertog. Siehe: **Hertog den**.
Derfler/Govrin, *Kerioth* 1993. Derfler, S. / Govrin, Y., »Tel Kerioth, 1992«, *IEJ* 43 (1993), 263–267.
Dever, *Qôm, Khirbet el-*. Dever, W.G., Art. »Qôm, Khirbet el-«, in: *NEAEHL* IV, 1233–1235.
Dever, *Ceramics* 1995. Dever, W.G., »Ceramics, Ethnicity, and the Question of Israel's Origins«, *BA* 58.4 (1995), 200–213.
Diepold, *Land* 1972. Diepold, P., *Israels Land* (BWANT 95), Stuttgart 1972.
Dietrich, *Prophetie* 1972. Dietrich, W., *Prophetie und Geschichte. Eine redaktionsgeschichtliche Untersuchung zum deuteronomistischen Geschichtswerk* (FRLANT 108), Göttingen 1972.
Dillmann, *Josua* ²1886. Dillmann, A., *Die Bücher Numeri, Deuteronomium und Josua* (KEH 13), Leipzig ²1886.
Dinur, *Yatta* 1986. Dinur, U., »Yatta«, *ESI* 5 (1986), 111–112.
Dinur, *'En Hogla* 1986. Dinur, U., »'En Hogla«, *ESI* 5 (1986), 118.
Dirksen/Kooij van der, *Kuenen* 1993. Dirksen, P.B. / Kooij, A. van der (Hgg.), *Abraham Kuenen (1828–1891): His Major Contributions to the Study of the Old Testament. A Collection of Old Testament Studies Published on the Occasion of the Centenary of Abraham Kuenen's Death (10 December 1991)* (OTS 29), Leiden / etc. 1993.
Dommershausen, גורל. Dommershausen, W., Art. »גורל«, in: *ThWAT* I, 991–998.
Donner, *Geschichte* ²1995. Donner, H., *Geschichte des Volkes Israel und seiner Nachbarn in Grundzügen* (ATD Ergänzungsreihe 4/1+2, Göttingen ²1995.
Dorsey, *Makkedah* 1980. Dorsey, D.A, »The Location of Biblical Makkedah«, *TA* 7 (1980), 185–193.
Dorsey, *Roads* 1991. Dorsey, D.A., *The Roads and Highways of Ancient Israel*, Baltimore 1991.
Dothan/Gitin, *Miqne*. Dothan, T. / Gitin, S., Art. »Miqne, Tel (Ekron)«, in: *NEAEHL* III, 1051–1059.
Driver, *Problems* 1957. Driver, G.R., »Problems of Interpretation in the Heptateuch«, in: *Mélanges bibliques rédigés en l'honneur de Andre Robert* (Travaux de l'Institut Catholique de Paris 4), Paris 1957, 66–76.
***EA*.** Moran, W.L., *The Amarna Letters*, Baltimore / London 1992.
Edelstein, *Manaḥat* 1988–1989. Edelstein, G., »Manaḥat—1987 / 1988«, *ESI* 7–8 (1988–1989), 117–123.

Edelstein/e.a., *Emeq Refa'im* 1989–1990. Edelstein, G. / e.a., »Emeq Refa'im 1989–1990«, *ESI* 9 (1989–1990), 148–156.

Edelstein/Milevski, *Rural* 1994. Edelstein, G. / Milevski, I., »The Rural Settlement of Jerusalem Re-eveluated: Surveys and Excavations in the Repha'im Valley and Mevasseret Yerushalayim«, *PEQ* 126 (1994), 2–23.

Ehrlich, *Randglossen* III 1910. Ehrlich, A.B., *Randglossen zur hebräischen Bibel. Bd. 3: Josua, Richter, I. u. II. Samuelis*, Leipzig 1910.

Ehrlich, *Philistines* 1996. Ehrlich, C.S., *The Philistines in Transition. A History from ca. 1000–730 B.C.E.* (Studies in the History and Culture of the Ancient Near East 10), Leiden / etc. 1996.

Eißfeldt, *Hexateuch-Synopse* 1922. Eißfeldt, O., *Hexateuch-Synopse. Die Erzählung der fünf Bücher Mose und des Buches Josua mit dem Anfange des Richterbuches; in ihre Vier Quellen zerlegt und in deutscher Übersetzung dargeboten samt einer in Einleitung und Anmerkungen gegebenen Begründung*, Leipzig 1922 (Nachdruck: Darmstadt 1978).

Elitzur, *Rumah* 1994. Elitzur, Y., »Rumah in Judah«, *IEJ* 44 (1994), 123–128.

Elliger, *Grenze* 1930. Elliger, K., »Die Grenze zwischen Ephraim und Manasse«, *ZDPV* 53 (1930), 265–309.

Elliger, *Gath* 1934. Elliger, K., »Zur Lage von Gath«, *ZDPV* 57 (1934), 148–152.

Elliger, *Josua* 1934. Elliger, K., »Josua in Judäa«, *PJ* 30 (1934), 47–71.

Elliger, *Heimat* 1934=1966. Elliger, K., »Die Heimat des Propheten Micha«, *ZDPV* 57 (1934), 81–152 (=id., *KSAT* 1966, 9–71).

Elliger, *Helden* 1935=1966. Elliger, K., »Die dreißig Helden Davids«, *PJ* 31 (1935), 29–75 (=id., *KSAT* 1966, 72–118).

Elliger, *Sinn* 1952=1966. Elliger, K., »Sinn und Ursprung der priesterlichen Geschichtserzählung«, *ZThK* 49 (1952), 121–143 (=id., *KSAT* 1966, 174–198).

Elliger, *KSAT* 1966. Elliger, K., *Karl Elliger. Kleine Schriften zum Alten Testament. Zu seinem 65. Geburtstag am 7. März 1966 herausgegeben von Hartmut Gese und Otto Kaiser* (ThB 32), München 1966.

Emerton, *Problems* 1975. Emerton, J.A., »Some Problems in Genesis xxxviii«, *VT* 25 (1975), 338–361.

Eshel, *Note* 1995. Eshel, H., »A Note on Joshua 15:61–62 and the Identification of the City of Salt«, *IEJ* 45 (1995), 37–40.

***EÜ*.** *Die Bibel. Einheitsübersetzung der Heiligen Schrift*, Stuttgart 1999.

Eusebius, *Onomastikon*. Klostermann, E. (Hg.), *Eusebius, Das Onomastikon der biblischen Ortsnamen*, Leipzig 1904 (Nachdruck: Hildesheim 1966).

Evans, *Rehoboam*. Evans, C.D., Art. »Rehoboam«, in: *AncBD* V, 661–664.

Fabry/e.a., קהל. Fabry, H.-J. / Hossfeld, F.-L. / Kindl, E.-M., Art. »קהל«, in: *ThWAT* VI, 1204–1222.

Ferris, *Hebron*. Ferris, P.W. Jr., Art. »Hebron (Place)«, in: *AncBD* III, 107f.

Finkelstein, *Shephelah* 1981. Finkelstein, I., »The Shephelah of Israel«, *TA* 8 (1981), 84–94.

Finkelstein, *Fortresses* 1984. Finkelstein, I., »The Iron Age „Fortresses“

of the Negev Highlands: Sedentarization of the Nomads«, *TA* 11 (1984), 189–209.

Finkelstein, *Sites* 1986. Finkelstein, I., »The Iron Age Sites in the Negev Highlands—Military Fortresses or Nomads Settling Down?«, *BArR* 12.4 (1986), 46–53.

Finkelstein, *AIS* 1988. Finkelstein, I., *The Archaeology of the Israelite Settlement* (IES), Jerusalem 1988.

Finkelstein, *Trade* 1988. Finkelstein, I., »Arabian Trade and Socio-Political Conditions in the Negev in the Twelfth-Eleventh Centuries B.C.E.«, *JNES* 47 (1988), 241–252.

Finkelstein, *Fringe* 1990. Finkelstein, I., *Living on the Fringe. The Archaeology and History of the Negev, Sinai and Neighbouring Regions in the Bronze and Iron Ages* (Monographs in Mediterranean Archaeology 6), Sheffield 1990.

Finkelstein, *Countryside* 1996. Finkelstein, I., »The Philistine Countryside«, *IEJ* 46 (1996), 225–242.

Finkelstein/Magen, *Benjamin* 1993. Finkelstein, I. / Magen, Y. (Hgg.), *Archaeological Survey of the Hill Country of Benjamin*, Jerusalem 1993.

Finkelstein/Perevolotsky, *Process* 1990. Finkelstein, I. / Perevolotsky, A., »Process of Sedentarization and Nomadization in the History of Sinai and the Negev«, *BASOR* 279 (1990), 67–88.

Fowler, *Beer-Sheba* 1982. Fowler, M.D., »The Excavation of Tell Beer-Sheba and the Biblical Record«, *PEQ* 114 (1982), 7–11.

Franken, *Heilig-land* 1962. Franken, H.J., *Heilig-land en heilige huisjes. Openbare les* gegeven ter gelegenheid van de aanvaarding van het ambt van lector in de archeologie van Palestina en naaste omgeving aan de Rijksuniversiteit te Leiden op 20 november 1962, Leiden 1962.

Franken/Steiner, *Urusalim* 1992. Franken, H.J. / Steiner, M.L., »Urusalim und Jebus«, *ZAW* 104 (1992), 110–111.

Fritz, *Arad* 1966. Fritz, V., »Arad in der biblischen Überlieferung und in der Liste Schoschenks I.«, *ZDPV* 82 (1966), 331–342.

Fritz, *Liste* 1969. Fritz, V., »Die sogenannte Liste der besiegten Könige in Jos 12«, *ZDPV* 85 (1969), 136–161.

Fritz, *Erwägungen* 1975. Fritz, V., »Erwägungen der Siedlungsgeschichte des Negeb in der Eisen I Zeit (1200–1000 v.Chr.) im Lichte der Ausgrabungen auf der Hirbet el-Mšāš«, *ZDPV* 91 (1975), 30–45.

Fritz, *List* 1981. Fritz, V., »The List of Rehobeam's Fortresses in 2 Chr 11:5–12: A Document from the Time of Josiah«, *ErIs* 15 (1981), 46–53.

Fritz, *Einführung* 1985. Fritz, V., *Einführung in die biblische Archäologie*, Darmstadt 1985.

Fritz, *Beitrag* 1990. Fritz, V., »Der Beitrag der Archäologie zur historischen Topographie Palästinas am Beispiel von Ziklag«, *ZDPV* 106 (1990), 78–85.

Fritz, *Stadt* 1990. Fritz, V., *Die Stadt im alten Israel*, München 1990.

Fritz, *Josua* 1994. Fritz, V., *Das Buch Josua* (HAT I/7), Tübingen 1994.

Funk, *Beth-Zur*. Funk, R.W., Art. »Beth-Zur«, in: *NEAEHL* I, 259–261.

Galil, *Districts* 1984. Galil, G., »The Administrative Districts of the Judean Hill Area«, *Zion* 49 (1984), 205–224.vii (hb. mit engl. Zus.).

Galil, *Division* 1985. Galil, G., »The Administrative Division of the

Shephelah«, *ShnatM* 9 (1985), 55–71 (hb. mit engl. Zus.).

Galil, *Division* 1987. Galil, G., »The Administrative Division of the Kingdom of Judah in the Light of the Epigraphical Data«, *Zion* 52 (1987), 495–509.xviif (hb. mit engl. Zus.).

Galling, *Debir* 1954. Galling, K., »Zur Lokalisierung von Debir«, *ZDPV* 70 (1954), 135–141.

García López, צוה. García López, F., Art. »צוה«, in: *ThWAT* VI, 936–959.

Gardiner, *Papyrus Anastasi I* 1911. Gardiner, A.H., *Egyptian Hieratic Texts. Series I: Literary Texts of the New Kingdom. Part I: The Papyrus Anastasi I and the Papyrus Koller Together With the Parallel Texts*, Leipzig 1911.

Gemser, *Borderland* 1952. Gemser, B., »*Beʿēber hajjardēn*: In Jordan's Borderland«, *VT* 2 (1952), 349–355.

Gerlemann, *Rest* 1974. Gerlemann, G., »Rest und Überschuss. Eine terminologische Studie«, in: M.S.H.G. Heerma van Voss e.a. (Hgg.), *FS M.A. Beek*, Assen 1974, 71–74.

Gerlemann, *Nutzrecht* 1977. Gerlemann, G., »Nutzrecht und Wohnrecht. Zur Bedeutung von אחזה und נחלה«, *ZAW* 89 (1977), 312–325.

***Gesenius*[17].** Gesenius, W. / Zimmern, H. / Buhl, F., *Hebräisches und Aramäisches Handwörterbuch über das Alte Testament*, Berlin / etc. [17]1915 (1962).

***Gesenius*[18].** Gesenius, H.F.W. / Rüterswörden, U. / Meyer, R. / Donner, H., *Wilhelm Gesenius' Hebräisches und aramäisches Handwörterbuch über das Alte Testament*, Berlin / etc. [18]1987–.

Geus de, *Richteren* 1966. Geus, C.H.J. de, »Richteren 1:1–2:5«, *VTh* 36 (1966), 32–53.

Geus de, *Tribes* 1976. Geus, C.H.J. de, *The Tribes of Israel. An Investigation into some of the Presuppositions of M. Noth's Amphictiony Hypothesis* (SSN 18), Assen 1976.

Geus de, *Agrarian* 1983. Geus, C.H.J. de, »Agrarian Communities in Biblical Times: 12th to 10th centuries B.C.E.«, in: Société Jean Bodin pour l'Histoire Comparative des Institutions, *Les communautés rurales* (Rural Communities II), Paris 1983, 207–237.

Geus de, *New City* 1988. Geus, C.H.J. de, »The New City in Ancient Israel. Two Questions concerning the Reurbanization of 'Ereṣ Yiśra'el in the Tenth Century B.C.E.«, in: M. Augustin / K.D. Schunck (Hgg.), *„Wünschet Jerusalem Frieden"*, Frankfurt a.M. 1988, 105–113.

Gibson, *ṣanaḥ* 1976. Gibson, A., »*ṣanaḥ* in Judges i 14: NEB and AV Translations«, *VT* 26 (1976), 275–283.

Giesen, *Schwören* 1981. Giesen, G., *Die Wurzel* שבע *„schwören". Eine semasiologische Studie zum Eid im Alten Testament* (BBB 56), Koenigstein 1981.

Gitin / Dothan, *Inscription* 1996. Gitin, S. / Dothan, T., »Royal Temple Inscription Found at Philistine Ekron«, *BA* 59 (1996), 181–182.

***GK*.** Gesenius, W. / Kautsch, E. / Bergsträsser, G., *Hebräische Grammatik*, Darmstadt 1991.

***GL*.** Dept. of antiquities, *Geographical List of the Records Files 1918–1948*, Jerusalem 1976.

Glueck, *Rivers* 1959. Glueck, N., *Rivers in the Desert. A History of the Negev*, New York 1959.

GNB. *Groot Nieuws Bijbel met deuterokanonieke boeken. Vertaling in omgangstaal*, 's Hertogenbosch / Haarlem 1996.
Görg, *Ortsnamen* 1974. Görg, M., »Untersuchungen zur hieroglyphischen Wiedergabe Palästinischer Ortsnamen« (Bonner Orientalistische Studien. Neue Serie 29), Bonn 1974.
Görg, *Skorpionenpass* 1974. Görg, M., »Zum „Skorpionenpass" (Num. XXXIV 4; Jos XV 3)«, *VT* 24 (1974), 508–509.
Görg, *Josua* 1991. Görg, M., *Josua* (NEB 26), Würzburg 1991.
Görg, *Scharuhen* 1991. Görg, M., »Zur Diskussion um die Lage von Scharuhen«, *BN* 58 (1991), 17–19.
Görg, *Namenseintrag* 1997. Görg, M., »Ein Namenseintrag der Schoschenqliste in Karnak 1997«, *BN* 88 (1997), 16–18.
Gold, *Maarath.* Gold, Art. »Maarath«, in: *IDB*.
Goldstein, *I Maccabees* 1976. Goldstein, J.A., *I Maccabees. A New Translation with Introduction and Commentary* (AncB 41), Garden City, New York 1976.
Gophna, *Beersheba* 1963. Gophna, R., »Beersheba«, *IEJ* 13 (1963), 145–146.
Gophna / Yisraeli, *Soundings* 1973. Gophna, R. / Yisraeli, Y., »Soundings at Beer Sheva (Bir es-Seba')«, in: Y. Aharoni, *Beer-Sheba* I, Tel Aviv 1973, 115–118.
Gottstein, *Note* 1956. Gottstein, M.H., »A Note on צנה«, *VT* 6 (1956), 99–100.
Govrin, *Map 139* 1991. Govrin, Y., *Map of Naḥal Yattir (139)* (Archaeological Survey of Israel), Jerusalem 1991.
Govrin, *Yatir* 1991. Govrin, Y., »The Naḥal Yatir Site—Moladah in the Inheritance of the Tribe of Simeon?«, *'Atiquot* 20 (1991), 13*–23*.178–179 (hb. mit engl. Zus.).
Govrin, *Qerayot* 1993. Govrin, Y., »Tel Qerayot—1991«, *ESI* 13 (1993), 112–113.
Grant, *Beth-Shemesh* 1929. Grant, E., *Beth-Shemesh (Palestine): Progress of the Haverford Archaeological Expedition. A Report of the Excavations Made in 1928*, Haverford PA 1929.
Grant, *'Ain Shems* 1931–1932. Grant, E., *'Ain Shems Excavations 1–2 (Palestine)* (BKS 3), Haverford PA 1931–1932.
Grant, *Ain Shems* II 1932. Grant, E., *Ain Shems Excavations (Palestine) 1928–1931. Part II* (BKS 4), Haverford PA 1932.
Grant, *Rumeileh* 1934. Grant, E., *Rumeileh. Being Ain Shems Excavations (Palestine). Vol. III* (BKS 5), Haverford PA 1934.
Grant / Wright, *Ain Shems* 1938. Grant, E. / Wright, G.E., *Ain Shems Excavations (Palestine). Part IV (Pottery)* (BKS 7), Haverford PA 1938.
Grant / Wright, *Ain Shems* 1939a. Grant, E. / Wright, G.E., *Ain Shems Excavations (Palestine). Part I (Text)* (BKS 8), Haverford PA 1939.
Grant / Wright, *'Ain Shems* 1939b. Grant, E. / Wright, G.E., *'Ain Shems Excavations 4–5*, Haverford PA 1939.
Greßmann, *AOB* ²1927.. Greßmann, H., *Altorientalische Bilder zum Alten Testament*, Berlin / Leipzig ²1927.
Guérin, *Description* I–VII 1868–1880. Guérin, V., *Description géographique,*

historique et archéologique de la Palestine; accompagnée de cartes détaillées, T. I–III: Judée. IV–V: Samarie; VI–VII: Galilée, Paris 1868–1880 (Nachdruck: Amsterdam 1969).

Haiman, *Qadesh Barne'a* 1984. Haiman, M., »Qadesh Barne'a, Survey«, *ESI* 3 (1984), 89–90.

Haiman, *Negev* 1989. Haiman, M., »Preliminary Report of the Western Negev Highlands Emergency Survey«, *IEJ* 39 (1989), 173–191; *plates* 21–23.

Haiman, *Sites* 1994. Haiman, M., »The Iron Age II Sites of the Western Negev Highlands«, *IEJ* 44 (1994), 36–61.

***HAL*³.** Koehler, L. / Baumgartner, W., *Hebräisches und aramäisches Lexikon zum Alten Testament, 4 Bde.*, Leiden ³1983.

Har-El, *Jerusalem* 1981. Har-El, M., »Jerusalem and Judah: Roads and Fortifications«, *BA* 44.1 (1981), 8–19.

Harel, *Road* 1959. Harel, M., »The Roman Road at Ma'aleh 'Aqrabbim (‚Scorpions' Ascent'), *IEJ* 9 (1959), 175–179.

Harl, *Bible* 1986. Harl, M., »La Bible d'Alexandrie LXX«, Paris 1986.

Hart van der, *Camp* 1975. Hart, R. van der, »The Camp of Dan and the Camp of Yahweh«, *VT* 25 (1975), 720–728.

Hehn, *Siebenzahl* 1907. Hehn, J., *Siebenzahl und Sabbat bei den Babyloniern und im Alten Testament. Eine religionsgeschichtliche Studie*, Leipzig 1907.

Heidel, *Rogel*. Heidel, L., Art. »Rogel (Fontaine de)«, in: *DB(V)* V, 1107–1112.

Hentschel, *1 Könige* 1984. Hentschel, G., *1 Könige* (NEB 10), Würzburg 1984.

Herrmann, *Operationen* 1964. Herrmann, S., »Operationen Pharao Schoschenks I. im östlichen Ephraim«, *ZDPV* 80 (1964), 55–79.

Herrmann, *Jeremiabuch* 1977. Herrmann, S., »Forschung am Jeremiabuch. Probleme und Tendenzen ihrer neueren Entwicklung«, *ThLZ* 102 (1977), 481–490.

Herrmann, *Besitzverzeichnis* 1993. Herrmann, S., »„Negatives Besitzverzeichnis"—eine mündliche Tradition?«, in: P. Mommer (Hg.), *FS H.J. Boecker*, Neukirchen-Vluyn 1993, 93–100.

Hertog den, *Verbalsätze* 1994. Hertog, C.G. den, »Die invertierten Verbalsätze im hebräischen Josuabuch. Eine Fallstudie zu einem vernachlässigten Kapitel der hebräischen Syntax«, in: Mayer, C. / Müller, K. / Schmalenberg, G. (Hgg.), *Nach den Anfängen fragen. FS G. Dautzenberg*, Gießen 1994, 277–291.

Hertog den, *Studien* 1996. Hertog, C.G. den, *Studien zur griechischen Übersetzung des Buches Josua*, Gießen 1996 (Diss.).

Hertzberg, *Samuelbücher* 1956. Hertzberg, H.W., *Die Samuelbücher* (ATD 10), Göttingen 1956.

Hertzberg, *Josua* ²1959. Hertzberg, H.W., *Die Bücher Josua, Richter, Ruth übersetzt und erklärt* (ATD 9), Göttingen ²1959 (=³1973; 1. Ausgabe 1953).

Herzog, *Tel Beersheba*. Herzog, Z., Art. »Tel Beersheba«, in: *NEAEHL* I, 167–173.

Herzog, *Sanctuaries* 1981. Herzog, Z., »Israelite Sanctuaries at Arad and Beer-sheba«, in: Biran, A. / Pommerantz, I. / Katzenstein, H. (Hgg.),

Temples and High places in Biblical Times. Proceedings of the Colloquium in Honor of the Centennial of Hebrew Union College-Jewish Institute of Religion, Jerusalem, 14–16 March 1977, Jerusalem 1981, 120–122.

Herzog, *Settlements* 1983. Herzog, Z., »Enclosed Settlements in the Negeb and the Wilderness of Beer-sheba«, *BASOR* 250 (1983), 41–49.

Herzog/e.a., *Stratigraphy* 1977. Herzog, Z. / Rainey, A.F. / Moshkovitz, Sh., »The Stratigraphy of Beer-Sheba and the Location of the Sanctuary«, *BASOR* 225 (1977), 49–58.

Hess, *Asking* 1994. Hess, R.S., »Asking Historical Questions of Joshua 13–19: Recent Discussion Concerning the Date of the Boundary Lists«, in: Millard, A.R. / e.a. (Hgg.), *Faith, Tradition, and History*, Winona Lake 1994, 191–205.

Hess, *Boundary* 1994. Hess, R.S., »Late Bronze Age and Biblical Boundary Descriptions of the West Semitic World«, in: Brooke, J.G. / e.a. (Hgg.), *Ugarit and the Bible* (UBL 11), Münster 1994, 123–138.

Hess, *Typology* 1996. Hess, R.S., »A Typology of West Semitic Place Name Lists with Special Reference to Joshua 13–21«, *BA* 59 (1996), 160–170.

Höhne, *BHH* 1979. Höhne, E., »Palästina. Historisch-archäologische Karte«, in: *BHH* IV, 161–284.

Hoftijzer, *Search* 1981. Hoftijzer, J., *A Search for Method. A Study in the Syntactic Use of the* H-Locale in Classical Hebrew, Leiden 1981.

Holladay, *Kom, Khirbet el-*. Holladay, J.S., Art. »Kom, Khirbet el-«, in: *AncBD* IV, 97.

Hollenberg, *Bestandtheile* 1874. Hollenberg, J., »Die deuteronomistischen Bestandtheile des Buches Josua«, *ThStKr* 47 (1874), 462–506.

Hollenberg, *Charakter* 1876. Hollenberg, J., *Der Charakter der alexandrinischen Uebersetzung des Buches Josua und ihr textkritischer Wert*, Moers 1876.

Hollenberg, *Textkritik* 1881. Hollenberg, J., »Zur Textkritik des Buches Josua und des Buches der Richter«, *ZAW* 1 (1881) 97–105.

Holmes, *Joshua* 1914. Holmes, S., *Joshua, the Hebrew and Greek Texts*, Cambridge 1914.

Holzinger, *Josua* 1901. Holzinger, H., *Das Buch Josua* (KHC VI), Tübingen / Leipzig 1901.

Holzinger, *Numeri* 1903. Holzinger, H., *Numeri* (KHC IV), Tübingen / Leipzig 1903.

Hooker, *Brook* 1993. Hooker, P.K., »The Location of the Brook of Egypt«, in: Graham, M.P. / e.a. (Hgg.), *History and Interpretation. FS J.H. Hayes* (JSOT.S 173), Sheffield 1993, 203–214.

Hoop de, *Genesis 49* 1998. Hoop, R. de, *Genesis 49 in Its Literary and Historical Context*, Leiden / etc. 1998 (Diss.).

Hopkins, *Daughters* 1980. Hopkins, I.W.J., »The ‚Daughters of Judah' Are Really Rural Satellites of an Urban Center«, *BArR* 6.5 (1980), 44–45.

Hornung, *Grundzüge* ³1988. Hornung, E., *Grundzüge der ägyptischen Geschichte* (Grundzüge 3), Darmstadt ³1988.

Horst, *Eigentum* 1961. Horst, F., »Zwei Begriffe für Eigentum (Besitz): נחלה und אחזה«, in: Kuschke, A. (Hg.), *FS W. Rudolph, Verbannung und Heimkehr*, Tübingen 1961, 135–156.

Hossfeld/Zenger, *Psalmen I* 1993. Hossfeld, F.-L. / Zenger, E., *Die Psalmen I. Psalm 1–50* (NEB 29), Würzburg 1993.

Houtman, *Pentateuch* 1994. Houtman, C., *Der Pentateuch. Die Geschichte seiner Erforschung neben einer Auswertung* (Contributions to Biblical Exegesis and Theology 9), Kampen 1994.

HR. Hatch, E. / Redpath, H.A., *A Concordance to the Septuagint and the Other Greek Versions of the Old Testament (Including the Apocryphal Books), I–III*, Graz 1954 (Oxford 1882–1906).

Hulst, שׁכן. Hulst, A.R., Art. »שׁכן«, in: *THAT* II, 904–909.

Hutchens, *Defining* 1993. Hutchens, K.D., »Defining the Boundaries: A Cultic Interpretation of Numbers 34.1–12 and Ezekiel 47.13–48.1, 28«, in: Graham, M.P. / Brown, W.P. / Hayes, J.H. (Hgg.), *History and Interpretation, FS J.H. Hayes* (JSOT.S 173), Sheffield 1993, 215–230.

Ilan/Amit, *Maon*. Ilan, Z. / Amit, D., Art. »Maon (in Judea)«, in: *NEAEHL* III, 942–944.

Isserlin, *Place Names* 1957. Isserlin, B.S.J., »Israelite and Pre-Israelite Place Names in Palestine«, *PEQ* 89 (1957), 133–145.

Janowski, Schekina-*Theologie* 1987. Janowski, B., »„Ich will in eurer Mitte wohnen". Struktur und Genese der exilischen *Schekina*-Theologie«, *JBTh* 2 (1987), 165–193.

Janowski, *Tempel* 1990. Janowski, B., »Tempel und Schöpfung. Schöpfungstheologische Aspekte der priesterschriftlichen Heiligtumskonzeption«, *JBTh* 5 (1990), 37–69.

Japhet, *Conquest* 1979. Japhet, S., »Conquest and Settlement in Chronicles«, *JBL* 98 (1979), 205–218.

Japhet, *Chronicles* 1993. Japhet, S., *I & II Chronicles: A Commentary* (SCM), London 1993.

Jenni, *Jahrzehnte* 1961. Jenni, E., »Zwei Jahrzehnte Forschung an den Büchern Josua bis Könige«, *ThR* 27 (1961), 1–32.97–146.

Jenni, *Beth* 1992. Jenni, E., *Die hebräischen Präpositionen, Bd. 1: Die Präposition Beth*, Stuttgart / etc. 1992.

Jenson, *Graded* 1992. Jenson, Ph.P, *Graded Holiness: A Key to the Priestly Conception of the World* (JSOT.S 106), Sheffield 1992.

Jepsen, *Karmel* 1959. Jepsen, A., »Karmel, eine vergessene Landschaft?«, *ZDPV* 75 (1959), 74–75.

Jeremias, *Moreseth-Gath* 1933. Jeremias, J., »Moreseth-Gath, die Heimat des Propheten Micha«, *PJ* 29 (1933), 42–53.

Jericke, *Tell es-seba*ʿ 1992. Jericke, D., »Tell es-Sebaʿ Statum V«, *ZDPV* 108 (1992), 122–148.

Jericke, *Landnahme* 1997. Jericke, D., *Die Landnahme im Negev. Protoisraelitische Gruppen im Süden Palästinas. Eine archäologische und exegetische Studie* (ADPV 20), Wiesbaden 1997.

JM. Jouön, P. / Muraoka, T., *A Grammar of Biblical Hebrew. Translated and Revised by T. Muraoka, 2 Vols.*, Roma 1991.

Johnstone, *Technical* 1969. Johnstone, W., »Old Testament Technical Expressions in Property Holding. Contributions from Ugarit«, *Ug.* 6 (1969), 109–317.

Josephus, *Antiquitates*. Flavius Josephus, *Jewish Antiquities* (The Loeb Classical Library), London 1950–1965 (Nachdruck: 1966–1979).

Junge, *Wiederaufbau* 1937. Junge, E., *Der Wiederaufbau des Heerwesens des Reiches Juda unter Josia* (BWANT 4/23), Stuttgart 1937.

Kaiser, *Einleitung* [5]1984. Kaiser, O., *Einleitung in das Alte Testament. Eine Einführung in ihre Ergebnisse und Probleme*, Gütersloh [5]1984.

Kaiser, *Grundriß* 1992. Kaiser, O., *Grundriß der Einleitung in die kanonischen und deuterokanonischen Schriften des Alten Testaments. Bd 1: Die erzählenden Werke*, Gütersloh 1992.

Kallai-Kleinmann. Siehe auch **Kallai**.

Kallai-Kleinmann, *Eltekeh* 1952. Kallai-Kleinmann, Z., »Notes on Eltekeh, Ekron and Timnah«, *BIES* 17 (1952), 62–64 (hb.).

Kallai-Kleinmann, *Town Lists* 1958. Kallai-Kleinmann, Z., »The Town Lists of Judah, Simeon, Benjamin and Dan«, *VT* 8 (1958), 134–160.

Kallai-Kleinmann, *Boundaries* 1960. Kallai, Z., *The Northern Boundaries of Judah From the Settlement to the Tribes Until the Beginning of the Hasmonaean Period* (PhD), Jerusalem 1960 (hb. mit engl. Zus.).

Kallai-Kleinmann, *Note* 1961. Kallai-Kleinmann, Z., »Note on the Town Lists of Judah, Simeon, Benjamin and Dan«, *VT* 11 (1961), 223–227.

Kallai-Kleinmann, *Kateph* 1965. Kallai, Z., »Kateph—כתף«, *IEJ* 15 (1965), 177–179.

Kallai-Kleinmann, *Rehobeam* 1971. Kallai, Z., »The Kingdom of Rehobeam«, *ErIs* 10 (1971), 245–254.

Kallai. Siehe auch **Kallai-Kleinmann**.

Kallai, *HGB* 1986. Kallai, Z., *Historical Geography of the Bible. The Tribal Territories of Israel*, Jerusalem / Leiden 1986.

Kampffmeyer, *Alte Namen* I 1892. Kampffmeyer, G., »Alte Namen im heutigen Palästina und Syrien I«, *ZDPV* 15 (1892), 1–33.65–116.

Kampffmeyer, *Alte Namen* II 1893. Kampffmeyer, G., »Alte Namen im heutigen Palästina und Syrien II«, *ZDPV* 16 (1893), 1–71.

Kaplan, *Researches* 1953. Kaplan, J., »Researches in the Gederah–el-Mughar Area«, *BIES* 17 (1953), 138–143 (hb. mit engl. Zus.).

Kasteren van, *Umgegend* 1890. Kasteren, P. van, »Aus der Umgegend von Jerusalem«, *ZDPV* 13 (1890), 76–122.

Keel/Küchler, *OLB* II 1982. Keel, O. / Küchler, M., *Orte und Landschaften der Bibel. 2: Der Süden*, Zürich / Göttingen 1982.

Kellermann, *Listen* 1966. Kellermann, U., »Die Listen in Nehemia 11—eine Dokumentation aus den letzten Jahren des Reiches Juda?«, *ZDPV* 82 (1966), 209–27.

Kellermann, *Überlieferungsprobleme* 1978. Kellermann, D., »Überlieferungsprobleme alttestamentlicher Ortsnamen«, *VT* 28 (1978), 423–432.

Kelm/Mazar, *Batash, Tel*. Kelm, G.L. / Mazar, A., Art. »Batash, Tel (Timnah)«, in: *NEAEHL* I, 152–157.

Kempinski, *Masos*. Kempinski, A., Art. »Masos, Tel«, in: *NEAEHL* III, 986–989.

Kempinski, *Tell el-ʿAjjûl* 1974. Kempinski, A., »Tell el-ʿAjjûl—Beth-Aglayim or Sharuḥen?«, *IEJ* 24 (1974), 145–152.
Kempinski/Fritz, *Tel Masos* 1977. Kempinski, A. / Fritz, V., »Excavations at Tel Masos (Khirbet el-Meshâsh). Preliminary Report on the Third Season, 1975«, *TA* 4 (1977), 136–158.
Kitz, *Lot Casting* 2000. Kitz, A.M., »The Hebrew Terminology of Lot Casting and Its Ancient Near Eastern Context«, *CBQ* 62 (2000), 207–214.
KJV. *The Bible. Authorized King James Version*, Oxford 1998.
Klein, *Fluctuations* 1986. Klein, C., »Fluctuations of the Level of the Dead Sea and Climatic Fluctuations in the Country during Historical Times«, in: *International Symposium on Scientific Basis for Water Resources Management*, Jerusalem 1986, 197–224.
Kloner, *Rimmon*. Kloner, A., Art. »Rimmon, Ḥorvat«, in: *NEAEHL* IV, 1284–1285.
Knudtzon, *EA I–II* 1915. Knudtzon, J.A., *Die El-Amarna-Tafeln, 2 Teile*, Leipzig 1915.
Kochavi, *Esdar*. Kochavi, M., Art. »Esdar, Tell«, in: *NEAEHL* II, 423.
Kochavi, *Rabud*. Kochavi, M., Art. »Rabud, Khirbet«, in: *NEAEHL* IV, 1252.
Kochavi, *JSG* 1972. Kochavi, M., »The Land of Judah«, in: id., *Judaea, Samaria and the Golan*, Jerusalem 1972, 17–89 (hb.).
Kochavi, *Debir* 1974. Kochavi, M., »Khirbet Rabûd = Debir«, *TA* 1 (1974), 2–33.
Kochavi/e.a., *Malḥata*. Kochavi, M. / Baumgarten, Y. / Eldar, I., Art. »Tel Malḥata«, in: *NEAEHL* III, 934–939.
Köckert, *Land* 1995. Köckert, M., »Das Land in der priesterlichen Komposition des Pentateuch«, in: *FS Wagner*, Neukirchen-Vluyn 1995, 147–162.
Koehler, *Dilʿan* 1949. Koehler, L., »Alttestamentliche Wortforschung: Dilʿan = Vorsprung, ‹Egg› «, *ThZ* 5 (1949), 151–152.
Koopmans, *Joshua 24* 1990. Koopmans, W.T., *Joshua 24 as Poetic Narrative* (JSOT.S 93), Sheffield 1990.
Koorevaar, *Opbouw* 1990. Koorevaar, H.J., *De opbouw van het boek Jozua*, Heverlee 1990.
Kotter, *Etam*. Kotter, W.R., Art. »Etam«, in: *AncBD* II, 643–644.
Kotter, *Makkedah*. Kotter, W.R., Art. »Makkedah«, in: *AncBD* IV, 478.
Kottsieper, שׁבע. Kottsieper, I., Art. »שׁבע«, in: *ThWAT* VII, 974–1000.
Kraus, *Chirbet el-chōch* 1956. Kraus, H.-J., »Chirbet el-chōch«, *ZDPV* 72 (1956), 152–162.
Kraus, *HKE* ²1969. Kraus, H.-J., *Geschichte der historisch-kritischen Erforschung des Alten Testaments*, Neukirchen-Vluyn ²1969.
Kraus, *Psalmen* XV/1–3 ⁶1989. Kraus, H.-J., *Psalmen, 3 Bde.* (BKAT XV/1–3), Neukirchen-Vluyn ⁶1989.
Kronholm, יתר. Kronholm, T., Art. »יתר«, in: *ThWAT* III, 1079–1090.
Kuenen, *HCO* 1885. Kuenen, A., *Historisch-critisch onderzoek naar het ontstaan en de verzameling van de boeken des Ouden Verbonds. Eerste deel: De thora en de historische boeken des Ouden Verbonds*, Amsterdam 1885.

Kuschke, *Beiträge* 1965. Kuschke, A., »Historisch-topographische Beiträge zum Buche Josua«, in: Reventlow, H. Graf (Hg.), *Gottes Wort und Gottes Land. Hans Wilhelm Hertzberg zum 70. Geburtstag am 16. Januar 1965 dargebracht von Kollegen, Freunden und Schülern*, Göttingen 1965, 90–109.
Kuschke, *Beiträge* 1971. Kuschke, A., »Kleine Beiträge zur Siedlungsgeschichte der Stämme Asser und Juda«, *HThR* 64 (1971), 291–313.
Langlamet, *Gilgal* 1969. Langlamet, F., *Gilgal et les récits de la traversée du Jourdain (Jos. III–IV)* (Cahiers de la Revue Biblique 11), Paris 1969.
Lechevallier / Avi-Yonah, *Abu Ghosh*. Lechevallier, M. / Avi-Yonah, M., Art. »Abu Ghosh«, in: *NEAEHL* I, 4–7.
Lehmann, *Survey* 1994. Lehmann, G., »Survey in the Ḥorvat Sansanna Area«, *ESI* 14 (1994), 125.
Lehmann / e.a., *Zora* 1996. Lehmann, G. / Niemann, H.M. / Zwickel, W., »Zora und Eschtaol. Ein archäologischer Oberflächensurvey im Gebiet nördlich von Bet Schemesch«, *UF* 28 (1996), 343–442.
Lemaire, *Ramat-Negeb* 1973. Lemaire, A., »L'ostracon de ›Ramat-Negeb‹ et la topographie historique du Negeb«, *Sem.* 23 (1973), 11–26.
Lender, *Map 196* 1990. Lender, Y., »Map of Har Nafha (196) 12–01« (Archaeological Survey of Israel), Jerusalem 1990.
Levy / e.a., עדה. Levy / Milgrom, J. / Ringgren, H. / Fabry, H.-J., Art. »עדה«, in: *ThWAT* V, 1079–1093.
***LSJ*.** Liddell, H.G. / Scott, R. / H.St. Jones / R. McKenzie, *A Greek-English Lexikon*, Oxford 1996 (1843; with a revised Supplement 1996).
Liebowitz, *Jabneel*. Liebowitz, H.A., Art. »Jabneel«, in: *AncBD* III, 956.
Liedke, צוה. Liedke, G., Art. »צוה«, in: *THAT* II, 530–535.
Lindars / Mayes, *Judges* 1995. Lindars, B. / Mayes, A.D.H., *Judges 1–5. A New Translation and Commentary*, Edinburgh 1995.
Lindblom, *Lot-casting* 1962. Lindblom, J., »Lot-casting in the Old Testament«, *VT* 12 (1962), 164–178.
Lipiński, נחל. Lipiński, E., Art. »נחל«, in: *ThWAT* V, 342–360.
Lipiński, *Beth-Schemesch* 1973. Lipiński, E., »Beth-Schemesch und der Tempel der Herrin der Grabkammer in den Amarna-Briefen«, *VT* 23 (1973), 443–445.
Lipiński, *Étymologie* 1973. Lipiński, E., »L'Étymologie de „Juda"«, *VT* 23 (1973), 380–381.
Lipiński, *ʿAnaq* 1973. Lipiński, E., »ʿAnaq—Kiryat ʾArbaʿ—Hébron et ses sanctuaires tribeaux«, *VT* 23 (1973), 41–55.
***Lisowsky*.** Lisowsky, G., *Konkordanz zum Hebräischen Alten Testament*, Stuttgart 1981.
Lohfink, ירש. Lohfink, N., Art. »ירש«, in: *ThWAT* III, 953–985.
Lohfink, *Darstellung* 1962 = 1990. Lohfink, N., »Die deuteronomistische Darstellung des Übergangs der Führung Israels von Moses auf Josue. Ein Beitrag zur alttestamentlichen Theologie des Amtes«, *Schol.* 37 (1962), 32–44 (= id., *Studien zum Deuteronomium und zur deuteronomistischen Literatur* I [SBAB 8], Stuttgart 1990, 83–97).
Lohfink, *Ursünden* 1970. Lohfink, N., »Die Ursünden in der priesterlichen

Geschichtserzählung«, in: Bornkamm, G. / Rahner, K. (Hgg.), *Die Zeit Jesu. Festschrift für Heinrich Schlier*, Freiburg i. Br. 1970, 38–57.

Lohfink, *Sünden* 1977. Lohfink, N., »Die Sünde aller Menschen und die Sünde der Auserwählten nach der Priesterschrift des Alten Testaments«, in: id., *Unsere großen Wörter. Das Alte Testament zu Themen dieser Jahre*, Freiburg / etc. 1977, 209–224.

Lohfink, *Priesterschrift* 1978 = 1988. Lohfink, N., »Die Priesterschrift und die Geschichte«, in: Zimmerli, W. (Hg.), *Congress Volume Göttingen 1977* (VT.S 29), Leiden 1978, 189–225 (= id., Studien zum Pentateuch [SBAB 4], Stuttgart 1988, 157–168).

Lohfink, *Bedeutungen* 1981. Lohfink, N., »Die Bedeutungen von hebr. *yrš qal* und *hif*, *BZ NF* 27 (1981), 14–33.

Lohfink, *Textkritisches* 1981. Lohfink, N., »Textkritisches zu *yrš* im Alten Testament«, in: Casetti, P. / Keel, O. / Schenker, A. (Hgg.), *Mélanges Dominique Barthélemy* (OBB 38), Fribourg 1981, 273–288.

Lohfink, *Kerygmata* 1981 = 1991. Lohfink, N., »Kerygmata des deuteronomistischen Geschichtswerks«, in: Jeremias, J. / Perlitt, L. (Hgg.), *FS Wolff*, Neukirchen 1981, 87–100 (= id., Studien zum Deuteronomium und zur deutoronomistischen Literatur II [SBAB 12], Stuttgart 1991, 125–142).

LÜ. *Die Bibel nach der Übersetzung Martin Luthers*, Stuttgart 1984.

LXX. (in Kapitel 2: ***Rahlfs***) Rahlfs, A. (Hg.), *Septuaginta. Id est Vetus Testamentum Graece Iuxta LXX Interpretes*, 2 Bde., Stuttgart 1935.

Malky, *Eshtaol* 1946. Malky, P.S., »Eshtaol and ʿArṭūf«, *JPOS* 20 (1946), 43–47.

Margolis, *Presidential* 1925. Margolis, M.L., »Presidential Address«, *JPOS* 5 (1925), 61–63.

Margolis. Margolis, M.L., *The Book of Joshua in Greek. Publications of the Alexander Kohut Memorial Foundation*, 4 Bde., Paris 1931–1938; Tov, E., *Max L. Margolis, The Book of Joshua in Greek, Part V: Joshua 19:39–24:33*, Philadelphia 1992.

Mayerson, *Frontier* 1990. Mayerson, P., »Towards a Comparative Study of a Frontier«, *IEJ* 40 (1990), 267–279.

Mayerson, *Observations* 1996. Mayerson, Ph., »Some Observations on the Negev Archaeological Survey«, *IEJ* 46 (1996), 100–107.

Mazar, *En Gedi*. Mazar, B., Art. »En Gedi«, in: *NEAEHL* II, 399–405.

Mazar, *Campaign* 1957. Mazar, B., »The Campaign of Pharaoh Shishak to Palestine«, in: Anderson, G.W. / Driver, G.R. (Hgg.), *Volume du congrès, Strasbourg 1956* (VT.S 4), Leiden 1957, 57–66.

Mazar, *Sanctuary* 1965. Mazar, B., »The Sanctuary of Arad and the Family of Hobab the Kenite«, *JNES* 24 (1965), 297–303.

Mazar, *Sites* 1988. Mazar, A., *The Iron Age Sites of the Negev Highlands in the Light of the Negev Emergency Survey 1979–1987*, Jerusalem 1988 (hb. mit engl. Zus.).

Mazar, *Shephelah* 1989. Mazar, A., »Features of Settlement in the Northern Shephelah During MB and LB in the Light of the Excavations at Tel Batash and Gezer«, *ErIs* 20 (1989), 58–67 (hb.).

Mazar/Kelm, *Batash*. Mazar, A. / Kelm, G.L., Art. »Batash, Tel«, in: *NEAEHL* I, 152–157.

Mazar/Kelm, *Gath* 1954. Mazar, A. / Kelm, G.L., »Gath and Gittaim«, *IEJ* 4 (1954), 227–235.

Mazor, *Septuagint* 1994. Mazor, L., »The Septuagint Translation of the Book of Joshua. Abstract of Thesis Submitted for the Degree Doctor of Philosophy to the Senate of the Hebrew University, Jerusalem«, *BIOSCS* 27 (1994), 29–38.

McCarter, *II Samuel* 1984. McCarter, P.K., *II Samuel. A New Translation with Introduction, Notes and Commentary* (AncB 9), Garden City / New York 1984.

McEvenue, *Word* 1970. McEvenue, S., »Word and Fulfilment: A Stylistic Feature of the Priestly Writer«, *Semitics* 1 (1970), 104–110.

McEvenue, *Narrative* 1971. McEvenue, S.E., *The Narrative Style of the Priestly Writer* (AnBib 50), Rome 1971.

McKane, *Jeremiah* 1986. McKane, W., *A Critical and Exegetical Commentary on Jeremiah. Part I; Introduction and Commentary on Jeremiah I–XXV* (ICC on the Holy Scriptures of the Old and New Testaments), Edinburgh 1986.

Meer van der, *Formation* 2001. Meer, M.N. van der, *Formation and Reformulation. The Redaction of the Book of Joshua in the Light of the Oldest Textual Witnesses*, Leiden 2001.

Meshel, *Who* 1979. Meshel, Z., »Who Built the ‚Israelite Fortresses' in the Negev Uplands?«, *Cathedra* 11 (1979), 3–44.

Meshel, *Architecture* 1992. Meshel, Z., »The Architecture of the Israelite Fortresses in the Negev«, in: Kempinski, A. / Reich, R. (Hgg.), *The Architecture of Ancient Israel*, Jerusalem 1992, 294–301.

Meshel/Cohen, *Refed* 1980. Meshel, Z. / Cohen, R., »Refed and Ḥatira: Two Iron Age Fortresses in the Northern Negev«, *TA* 7 (1980), 70–81.

Meshel/Goren, *Fortress* 1992. Meshel, Z. / Goren, A., »‚Aharoni Fortress'—Another ‚Israelite Fortress' in the Negev and the Problem of these ‚Fortresses'«, *ErIs* 23 (1992), 196–215.

Mettinger, *Salomonic* 1971. Mettinger, T.N.D., *Salomonic State Officials* (CB.OTS 5), Lund 1971.

Meyer, *Kritik* 1881. Meyer, E., »Kritik der Berichte über die Eroberung Palaestinas (Num. 20,14 bis Jud. 2,5)« *ZAW* 1 (1881), 117–146 (mit Nachwort der Herausgeber, S. 146–150).

Meyer, *HG*. Meyer, R., *Hebräische Grammatik* (Sammlung Göschen 5765), Berlin / New York 1972.

Milgrom, *Priestly* 1978f. Milgrom, J., »Priestly Terminology and the Political and Social Structure of the Pre-Monarchic Israel«, *JQR* 69 (1978f), 65–81.

Millard, *Meaning* 1974. Millard, A.R., »The Meaning of the Name Judah«, *ZAW* 86 (1974), 216–218.

Miller, *Jebus* 1974. Miller, J.M., »Jebus and Jerusalem: A Case of Mistaken Identity«, *ZDPV* 90 (1974), 115–127.

Miller/Hayes, *History* 1986. Miller, J.M. / Hayes, J.H., *A History of Ancient Israel and Judah*, Philadelphia 1986.

Miller/Tucker, *Joshua* 1974. Miller, J.M. / Tucker, G.M., *The Book of Joshua* (Cambridge Bible Commentary), Cambridge 1974.

Minette de Tillesse, *Tu et vous* 1962. Minette de Tillesse, G., »Sections ‚tu' et ‚vous' dans le Deutéronome«, *VT* 12 (1962), 29–87.

Miroschedji, de. Siehe: **De Miroschedji**.

Mittmann, *Deuteronomium* 1975. Mittmann, S., *Deuteronomium 1 1–6 3 literarkritisch und traditionsgeschichtlich untersucht* (BZAW 139), Berlin / New York 1975.

Mittmann, *Ri. 1,16f.* 1977. Mittmann, S., »Ri. 1,16f und das Siedlungsgebiet der kenitischen Sippe Hobab«, *ZDPV* 93 (1977), 213–235.

Mittmann, *ūg^ebūl* 1991. Mittmann, S., »ūg^ebūl—„Gebiet" oder „Grenze"?«, *JNWSL* 17 (1991), 37–44.

Moatti-Fine, *Josué* 1996. Moatti-Fine, J., *Jésus (Josué). Traduction du texte grec de la Septante, Introduction et Notes* (La Bible d'Alexandrie 6), Paris 1996.

Moore, *Judges* 1895. Moore, G.F., *Judges* (ICC), Edinburgh 1895.

Moran, *AL* 1992. Moran, W.L., *The Amarna Letters*, Baltimore / London 1992.

Mosca, *Who* 1984. Mosca, P.G., »Who Seduced Whom? A Note on Joshua 15,18 / Judges 1,14«, *CBQ* 46 (1984), 18–22.

Mowinckel, *Quellen* 1946. Mowinckel, S., *Zur Frage nach dokumentarischen Quellen in Josua 13–19*, Oslo 1946.

Mowinckel, *Tetrateuch* 1964. Mowinckel, S., *Tetrateuch-Pentateuch-Hexateuch* (BZAW 90), Berlin 1964.

Müller, קהל. Müller, H.-P., Art. »קהל«, in: *THAT* II, 609–619.

Müller, *Palästinaliste* 1907. Müller, W.M., »Die Palästinaliste Thutmosis III.«, *MVAG* 12 (1907), 1–40; Tafeln I–III.

Myers, *Ezra* 1965. Myers, J.M., *Ezra, Nehemiah* (AncB 14), Garden City, New York 1965.

Naor, *Bet Dagon* 1958. Naor, M., »Bet Dagon and Gederoth-kidron, Eltekeh and Ekron«, *ErIs* 5 (1958), 124–128.90*–91* (hb. mit engl. Zus.).

Naveh, *Ekron* 1958. Naveh, J., »Khirbat al-Muqanna'—Ekron. An Archaeological Survey«, *IEJ* 8 (1958), 87–100.165–170.

Naveh, *Ostraca* 1979. Naveh, J., »The Aramaic Ostraca from Tel Beer-sheba (Seasons 1971–1976)«, *TA* 6 (1979), 182–198; *plates* 24–31.

Na'aman, *Brook* 1979. Na'aman, N., »The Brook of Egypt and Assyrian Policy on the Border of Egypt«, *TA* 6 (1979), 68–90.

Na'aman, *Campaign* 1979. Na'aman, N., »Sennacherib's Campaign to Judah and the Date of *lmlk* Stamps«, *VT* 29 (1979), 61–86.

Na'aman, *Inheritance* 1980. Na'aman, N., »The Inheritance of the Sons of Simeon«, *ZDPV* 96 (1980), 136–152.

Na'aman, *Borders* 1986. Na'aman, N., *Borders and Districts in Biblical Historiography. Seven Studies in Biblical Geographical Lists*, Jerusalem 1986.

Na'aman, *Hezekiah* 1986. Na'aman, N., »Hezekiah's Fortified Cities and the lmlk Stamps«, *BASOR* 261 (1986), 5–21.

Na'aman, *Biryawaza* 1988. Na'aman, N., »Biryawaza of Damascus and the Date of the Kāmid el-Lōz 'Apiru Letters«, *UF* 20 (1988), 179–193.

Na'aman, *Boundaries* 1991. Na'aman, N., »The Boundaries of the Kingdom of Jerusalem in the Second Millennium BCE«, *Zion* 56 (1991),

361–380.xxixf (hb. mit engl. Zus.).
Na'aman, *Kingdom* 1991. Na'aman, N., »The Kingdom of Judah under Josia«, *TA* 18 (1991), 3–71.
Na'aman, *Jerusalem* 1992. Na'aman, N., »Canaanite Jerusalem and its Central Hill Country Neighbours in the Second Millennium B.C.E.«, *UF* 24 (1992), 275–291.
Na'aman, *Conquest* 1994. Na'aman, N., »The ‚Conquest of Canaan' in the Book of Joshua and in History«, in: Finkelstein, I. / Na'aman, N. (Hgg.), *From Nomadism to Monarchy. Archaeological and Historical Aspects of Early Israel*, Jerusalem 1994, 218–281.
NBG. *Bijbel. Vertaling in opdracht van het Nederlandsch Bijbelgenootschap. Bewerkt door de daartoe benoemde commissies*, Haarlem 1951.
***NEAEHL* I–IV.** Stern, E. / e.a. (Hgg.), *The New Encyclopedia of Archaeological Excavations in the Holy Land*, 4 Vols., Jerusalem 1993.
Nicholson, *Problem* 1977. Nicholson, E.W., »The Problem of צנה«, *ZAW* 89 (1977), 259–266.
Niemann, *Daniten* 1985. Niemann, H.M., *Die Daniten. Studien zur Geschichte eines altisraelitischen Stammes* (FRLANT 135), Göttingen 1985.
Niemann, *Zorah* 1999. Niemann, H.M., »Zorah, Eshtaol, Beth-Shemesh and Dan's Migration to the South: A Region and its Traditions in the Late Bronze and Iron Ages«, *JStOT* 86 (1999), 25–48.
Nötscher, *Josua* 1950. Nötscher, F., *Josua / Das Buch der Richter* (EB), Würzburg 1950.
Noort, *Josua.* Noort, E., Art. »Josua«, in: [3]*EKL* III, 849–850.
Noort, *Gottesbescheid* 1977. Noort, E., *Untersuchungen zum Gottesbescheid in Mari: Die „Mariprophetie" in der alttestamentlichen Forschung* (AOAT 202), Neukirchen-Vluyn 1977.
Noort, *Land* 1986. Noort, E., »Land in zicht …? Geloofsvisie, werkelijkheid en geschiedenis in het oudtestamentische spreken over het land. Enkele opmerkingen naar aanleiding van Jozua 21:43–45«, in: Hartvelt, G.P. (Hg.), *Tussen openbaring en ervaring: Studies aangeboden aan prof. dr. G.P. Hartvelt*, Kampen 1986, 94–113.
Noort, *Naamsverandering* 1987. Noort, E., »De naamsverandering in Num. 13:16 als facet van het Jozuabeeld«, in: *FS Van der Woude*, Kampen 1987, 55–70.
Noort, *Mythos* 1988. Noort, E., »Zwischen Mythos und Rationalität. Das Kriegshandeln Yhwhs in Josua 10,1–11«, in: Schmid, H.H. (Hg.), *Mythos und Rationalität*, Gütersloh 1988, 149–161.
Noort, *Straßenschild* 1993. Noort, E., »Josua 24:28–31, Richter 2:6–9 und das Josuagrab. Gedanken zu einem Straßenschild«, in: Zwickel, W. (Hg.), *Biblische Welten. Festschrift für Martin Metzger* (OBO 123), Fribourg / Göttingen 1993, 109–130.
Noort, *Seevölker* 1994. Noort, E., *Die Seevölker in Palästina* (PA 8), Kampen 1994.
Noort, *Jericho* 1996. Noort, E., »De val van de grote stad Jericho: Jozua 6. Kanttekeningen bij diachronische en synchronische benaderingen«, *NedThT* 50 (1996), 265–279.

Noort, *Traditions* 1997. Noort, E., »The Traditions of Ebal and Gerizim. Theological Positions in the Book of Joshua«, in: Vervenne, M. / Lust, J. (Hgg.), *FS Chr. Brekelmans*, Leuven 1997, 161–180.

Noort, *Josua* 1998. Noort, E., *Das Buch Josua. Forschungsgeschichte und Problemfelder* (EdF 292), Darmstadt 1998.

Noort, *Philister* 1998. Noort, E., »Die Philister, David und Jerusalem«, in: Maul, S.M. (Hg.), *Festschrift für Rykle Borger zu seinem 65. Geburtstag am 24. Mai 1994* (Cuneiform Monographs 10), Groningen 1998, 199–213.

Noort, *Numbers 27,21* 1999. Noort, E., »Numbers 27,21: The Priestly Oracle Urim and Tummim and the History of Reception«, in: Vanstiphout, H.L.J. / e.a., *All those Nations … Cultural Encounters within and with the Near East. Studies Presented to Han Drijvers at the Occasion of his sixty-fifth Birthday by Colleagues and Students*, Groningen 1999, 109–116.

Noort, *Joshua* 2000. Noort, E., »Joshua, the History of Reception and Hermeneutics«, in: Moor, J.C. de / Rooy, H.F. van (Hgg.), *Past, Present, Future. The Deuteronomic History and the Prophets* (OTS 44), Leiden / etc. 2000, 199–215.

North, *Hills* 1956. North, R., »Three Judean Hills in Josua 15,9f«, *Bib.* 37 (1956), 209–216.

Noth, *IP* 1928. Noth, M., *Die israelitischen Personennamen im Rahmen der gemeinsemitischen Namengebung*, Stuttgart 1928.

Noth, *System* 1930. Noth, M., *Das System der zwölf Stämme Israels* (BWANT 52), Stuttgart 1930.

Noth, *Liste* 1932. Noth, M., »Eine siedlungsgeographische Liste in 1. Chr. 2 und 4«, *ZDPV* 55 (1932), 97–124.

Noth, *Ansiedlung* 1934=1971. Noth, M., »Die Ansiedlung des Stammes Juda auf dem Boden Palästinas«, *PJ* 30 (1934), 31–47 (=id., *ABLAK* I 1971, 183–196).

Noth, *HGD* 1935=1971. Noth, M., »Studien zu den historisch-geographischen Dokumenten des Josuabuches«, *ZDPV* 58 (1935), 185–255 (=id., *ABLAK* I 1971, 229–280).

Noth, *HGS* 1935=1971. Noth, M., »Zur historischen Geographie Südjudäas«, *JPOS* 15 (1935), 35–50 (=id., *ABLAK* I 1971, 197–209).

Noth, *Höhle* 1937=1971. Noth, M., »Die fünf Könige in der Höhle von Makkeda«, *PJ* 33 (1937), 22–36 (=id., *ABLAK* I 1971, 281–293).

Noth, *Wege* II 1937=1971. Noth, M., »Die Wege der Pharaonenheere in Palästina und Syrien. Untersuchungen zu den hieroglyphischen Listen palästinischer und syrischer Städte. II: Die Ortslisten Sethos' I«, *ZDPV* 61 (1937), 183–239 (=id., *ABLAK* II 1971, 22–44).

Noth, *Josua* 1938. Noth, M., *Das Buch Josua* (HAT I/7), Tübingen 1938.

Noth, *Wege* III 1938=1971. Noth, M., »Die Wege der Pharaonenheere in Palästina und Syrien. Untersuchungen zu den hieroglyphischen Listen palästinischer und syrischer Städte. III: Der Aufbau der Palästinaliste Thutmoses III«, *ZDPV* 61 (1938), 73–93 (=id., *ABLAK* II 1971, 44–73).

Noth, *Wege* IV 1938=1971. Noth, M., »Die Wege der Pharaonenheere in Palästina und Syrien. Untersuchungen zu den hieroglyphischen Listen

Palästinischer und Syrischer Städte, IV: Die Schoschenkliste«, *ZDPV* 61 (1938), 277–304 (=id., *ABLAK* II 1971, 73–93).

Noth, *Wege* V 1941=1971. Noth, M., »Die Wege der Pharaonenheere in Palästina und Syrien. Untersuchungen zu den hieroglyphischen Listen palästinischer und syrischer Städte. V: Ramses II. in Syrien«, *ZDPV* 64 (1941), 39–74 (=id., *ABLAK* II 1971, 93–118).

Noth, *ÜS* 1943. Noth, M., *Überlieferungsgeschichtliche Studien. Die sammelnden und bearbeitenden Geschichtswerke im Alten Testament*, Tübingen (1943) 1967.

Noth, *Angaben* 1943=1971. Noth, M., »Die topographischen Angaben im Onomastikon des Eusebius«, *ZDPV* 66 (1943), 32–63 (=id., *ABLAK* I 1971, 309–331).

Noth, *ÜP* 1948. Noth, M., *Überlieferungsgeschichte des Pentateuch*, Stuttgart 1948.

Noth, *Geschichte* 1950. Noth, M., *Geschichte Israels*, Göttingen 1950 ([10]1986).

Noth, *ÜG* 1950. Noth, M., »Überlieferungsgeschichtliches zur zweiten Hälfte des Josuabuches«, in: Botterweck, G.J. / Junker, H. (Hgg.), *Alttestamentliche Studien: F. Nötscher zum 60. Geburtstage, 19. Juli 1950, gewidmet von Kollegen, Freunden und Schülern*, 1950 (BBB 1), 152–167.

Noth, *Josua* [2]1953. Noth, M., *Das Buch Josua* (HAT I/7), Tübingen [2]1953.

Noth, *Lehrkursus* 1955. Noth, M., »Das Deutsche Evangelische Institut für Altertumswissenschaft des Heiligen Landes. Lehrkursus 1954«, *ZDPV* 71 (1955), 2–59.

Noth, *Name* 1955=1971. Noth, M., »Der alttestamentliche Name der Siedlung auf Chirbet Ḳumrān«, *ZDPV* 71 (1955), 111–123 (=id., *ABLAK* I 1971, 332–343).

Noth, *Numeri* 1966. Noth, M., *Das vierte Buch Mose. Numeri* (ATD 7), Göttingen 1966.

Noth, *Könige* 1968. Noth, M., *Könige* (BKAT IX/1), Neukirchen-Vluyn 1968.

Noth, *ABLAK* I–II 1971. Noth, M., *Aufsätze zur biblischen Landes- und Altertumskunde*, 2 Bde., Neukirchen 1971.

***Notitia Dignitatum*.** Seeck, O., *Notitia Dignitatum. Accedunt urbis Constantinopolitanae et laterculi provinciarum*, Berlin 1876.

Oeming, *Israel* 1990. Oeming, M., *Das wahre Israel. Die »genealogische Vorhalle« 1 Chronik 1–9* (BWANT 128), Stuttgart / etc. 1990.

Ofer, *Hebron*. Ofer, A., Art. »Hebron«, in: *NEAEHL* II, 606–609.

Ofer, *Highland* I–II 1993. Ofer, A., *The Highland of Judah Durng the Biblical Period*. 2 Vols., Tel Aviv 1993 (hb. mit engl. Zus.).

Ofer, *Hill* 1994. Ofer, A., »'All the Hill Country of Judah': From a Settlement Fringe to a Prosperous Monarchy«, in: Finkelstein, I. / Na'aman, N., *From Nomadism to Monarchy*, Jerusalem 1994, 92–121.

Oren, *Sera'*. Oren, E.D., Art. »Sera', Tel«, in: *NEAEHL* IV, 1329–1335.

Orlinsky, *Qiryat-Sannah* 1939. Orlinsky, H.M., »The Supposed *Qiryat-Sannah* of Joshua 15,49«, *JBL* 58 (1939), 255–261.

Orlinsky, *Vorlage* 1969. Orlinsky, H.M., »The Hebrew Vorlage of the Septuagint of the Book of Joshua«, in: *Congress volume, Rome 1968* (VT.S 17), Leiden 1969, 187–195.

Otto, עיר. Otto, E., Art. »עיר«, in: *ThWAT* VI, 56–74.

Otto, *Forschungen* 1997. Otto, E., »Forschungen zur Priesterschrift«, *ThR* 62 (1997), 1–50.

Ottosson, גבול. Ottosson, M., Art. »גבול«, in: *ThWAT* I, 896–901.

Patrich/Tsafrir, *Beth Loya*. Patrich, J. / Tsafrir, Y., Art. »Beth Loya, Ḥorvat«, in: *NEAEHL* I, 210–213.

Peckham, *Tense* 1997. Peckham, B., »Tense and Mood in Biblical Hebrew«, *ZAH* 10 (1997), 139–168.

Perlitt, *Bundestheologie* 1969. Perlitt, L., *Bundestheologie im Alten Testament* (WMANT 36), Neukirchen-Vluyn 1969.

Perlitt, *Priesterschrift* 1988 = 1994. Perlitt, L., »Priesterschrift im Deuteronomium?«, *ZAW* 100 Suppl. (1988), 65–88 (= id., *Deuteronomium-Studien* [FAT 8], Tübingen 1994, 123–143).

Perlitt, *Deuteronomium* 1990. Perlitt, L., *Deuteronomium* (BKAT V/1), Neukirchen-Vluyn 1990.

Perlitt, *Riesen* 1990 = 1994. Perlitt, L., »Riesen im Alten Testament. Ein literarisches Motiv im Wirkungsfeld des Deuteronomismus« (NAWG 1990,1), Göttingen 1990 (= id., *Deuteronomium-Studien* 1994, 205–246).

Perlitt, *Deuteronomium-Studien* 1994. Perlitt, L., *Deuteronomium-Studien* (FAT 8), Tübingen 1994.

Petersen, *Priestly* 1980. Petersen, J.E., »Priestly Materials in Joshua 13–22: A Return to the Hexateuch?«, *HebAnR* 4 (1980), 131–146.

Petrie, *Beth Pelet* I 1930. Petrie, W.M.F., *Beth Pelet I*, London 1930.

Petrie, *Beth Pelet* II 1932. Petrie, W.M.F., *Beth Pelet II*, London 1932.

Pixner, *Unravelling* 1983. Pixner, B., »Unravelling the Copper Scroll Code: A Study on the Topography of 3Q15«, *RdQ* 11 (1983), 323–365.

Pola, *Priesterschrift* 1995. Pola, Th., *Die ursprüngliche Priesterschrift. Beobachtungen zur Literarkritik und Traditionsgeschichte von* P^G (WMANT 70), Neukirchen-Vluyn 1995.

Pretzl, *Handschriftengruppen* 1928. Pretzl, O., »Die griechischen Handschriftengruppen im Buche Josue untersucht nach ihrer Eigenart und ihrem Verhältnis zueinander«, *Bib.* 9 (1928), 377–427.

Preuß, *Geschichtswerk* 1993. Preuß, H.D., »Zum deuteronomistischen Geschichtswerk«, *ThR* 58 (1993), 229–264.341–395.

Priebatsch, *Brunnenstraße* 1975. Priebatsch, H.Y., »Jerusalem und die Brunnenstraße Merneptahs«, *ZDPV* 91 (1975), 18–29.

Procksch, *Sagenbuch* 1906. Procksch, O., *Das nordhebräische Sagenbuch. Die Elohimquelle*, Leipzig 1906.

Puech, *4QProphétie de Josué* 1998. Puech, E., *4QProphétie de Josué (4QApocrJosué?)* (DJD 25), Oxford 1998.

Rad von, *Genesis* ^{9}1972. Rad, G. von, *Das erste Buch Mose. Genesis* (ATD 2–4), Göttingen / Zürich ^{9}1972.

Radjawane, *Geschichtswerk* 1973. Radjawane, A.N., »Das deuteronomistische Geschichtswerk. Ein Forschungsbericht«, *ThR* 38 (1973), 177–216.

Rahlfs, *Verzeichnis* 1914. Rahlfs, A., *Verzeichnis der griechischen Handschriften des Alten Testaments, für das Septuaginta-Unternehmen* (NWGH.PH), Berlin 1914.

Rahlfs. (in Kapitel 2, sonst: ***LXX***) Rahlfs, A. (Hg.), *Septuaginta. Id est Vetus Testamentum Graece Iuxta LXX Interpretes*, 2 Bde., Stuttgart 1935.

Rainey, *Eglon.* Rainey, A.F., Art. »Eglon (City)«, in: *IDB.S*, 252.

Rainey, *Ziklag.* Rainey, A.F., Art. »Ziklag«, in: *IDB.S*, 984–985.

Rainey, *Identification* 1975. Rainey, A.F., »The Identification of Philistine Gath. A Problem in Source Analysis for Historical Geography«, *ErIs* 12 (1975), 63*–76*.

Rainey, *Division* 1980. Rainey, A.F., »The Administrative Division of the Shephelah«, *TA* 7 (1980), 194–202.

Rainey, *Toponymic* 1982. Rainey, A.F., »Toponymic Problems (cont.)«, *TA* 9 (1982), 130–136.

Rainey, *Shephelah* 1983. Rainey, A.F., »The Biblical Shephelah of Judah«, *BASOR* 251 (1983), 1–22.

Rainey, *Lachish* 1987. Rainey, A.F., »Watching out for the Signal Fires of Lachish«, *PEQ* 119 (1987), 149–151.

Ray, *Etymologies* 1986. Ray, J.D., »Two Etymologies: Ziklag and Phicol«, *VT* 36 (1986), 355–361.

Redford, *Studies* 1973. Redford, D.B., »Studies in Relations between Palestine and Egypt During the First Millennium B.C. II: The Twenty-second Dynasty«, *JAOS* 93 (1973), 3–14.

Reiterer/Fabry שֵׁם. Reiterer, F.V. / Fabry, H.-J., Art. »שֵׁם«, in: *ThWAT* VIII, 122–176.

Rendtorff, *ÜPP* 1977. Rendtorff, R., *Das überlieferungsgeschichtliche Problem des Pentateuch* (BZAW 147), Berlin / New York 1977.

Renz/Röllig, *HAE* I/1 1995. Renz, J., *Die althebräischen Inschriften. Teil 1. Text und Kommentar* (Handbuch der althebräischen Epigraphik; Bd. I), Darmstadt 1995.

Ringgren, מסס/מסה. Ringgren, H., Art. »מסס / מסה«, in: *ThWAT* V, 1016–1018.

Robinson, *BR* I–III ³1867. Robinson, E. / Dever, W.G., *Biblical Researches in Palestine and the Adjacent Regions. A Journal of Travels in the Years 1838 & 1852*, 3 Vols., Jerusalem ³1970 (ursprünglich: London ³1867).

Römer/Brettler, *Deuteronomy 34* 2000. Römer, TH.C. / Brettler, M.Z., »Deuteronomy 34 and the Case for a Persian Hexateuch«, *JBL* 119 (2000), 401–419.

Roth, *Geschichtswerk.* Roth, W., Art. »Deuteronomistisches Geschichtswerk / Deuteronomistische Schule«, in: *TRE* VIII, 543–552.

RSV. *The Holy Bible. Revised Standard Version. Containing the Old and New Testaments*, London 1966.

Rudolph, *Chronikbücher* 1955. Rudolph, W., *Chronikbücher* (HAT I/21), Tübingen 1955.

Sæbø, *Grenzbeschreibung* 1974. Sæbø, M., »Grenzbeschreibung und Landideal im Alten Testament. Mit besonderer Berücksichtigung der min-ʿad-Formel«, *ZDPV* 90 (1974), 14–37.

Sagiv, *Tel Goded* 1994. Sagiv, N., »Tel Goded«, *ESI* 14 (1994), 112–114.

Sagiv/e.a., *Tel Goded* 1995. Sagiv, N. / e.a., »Tel Goded«, *ESI* 13 (1995), 95–97.

Schäfer-Lichtenberger, *Josua und Salomo* 1995. Schäfer-Lichtenberger, Ch., *Josua & Salomo. Eine Studie zu Autorität und Legitimität des Nachfolgers im Alten Testament* (VT.S 38), Leiden 1995.

Schick, *'Artūf* 1887. Schick, C., »'Artūf und seine Umgebung«, *ZDPV* 10 (1887), 131–159.

Schley, *Shiloh* 1989. Schley, D.G., *Shiloh: A Biblical City in Tradition and History* (JSOT.S 63), Sheffield 1989.

Schmid, ירש. Schmid, H.H., Art. »ירש«, in: *THAT* I, 778–781.

Schmid, לקח. Schmid, H.H., Art. »לקח«, in: *THAT* I, 875–879.

Schmidt, *Einführung* ^{3}1985. Schmidt, W.H., *Einführung in das Alte Testament*, Berlin / New York ^{3}1985.

Schmidt, *Priesterschrift* 1993. Schmidt, L., *Studien zur Priesterschrift* (BZAW 214), Berlin / New York 1993.

Schmitt, *Libna* 1990. Schmitt, G., »Moreschet Gat und Libna mit einem Anhang zu Micha 1:10–16«, *JNWSL* 16 (1990), 164–170.

Schoors, *Beer-Sheba* 1990. Schoors, A., »The Bible on Beer-Sheba«, *TA* 17 (1990), 100–109.

Schorn, *Ruben* 1997. Schorn, U., *Ruben und das System der zwölf Stämme Israels. Redaktionsgeschichtliche Untersuchungen zur Bedeutung des Erstgeborenen Jakobs* (BZAW 248), Berlin / New York 1997.

Schröder, *Bethlehem* 1915. Schröder, O., »Zu Berliner Amarnatexten. 2. Die jerusalemische Stadt ^{alu}bît-^{ilu}NIN.IB = Bethlehem«, *OLZ* 18 (1915), 294–295.

Schunck, *Benjamin* 1963. Schunck, K.-D., *Benjamin. Untersuchungen zur Entstehung und Geschichte eines israelitischen Stammes*, Berlin 1963.

Schwarzenbach, *Terminologie* 1954. Schwarzenbach, A.W., *Die geographische Terminologie im Hebräischen des Alten Testaments*, Leiden 1954.

Schwienhorst, *Eroberung* 1986. Schwienhorst, L., *Die Eroberung Jerichos. Exegetische Untersuchungen zu Josua 6* (SBS 122), Stuttgart 1986.

Seebass, לקח. Seebass, H., Art. »לקח«, in: *ThWAT* IV, 588–594.

Seebass, *Exegese* 1984. Seebass, H., »Zur Exegese der Grenzbeschreibungen von Jos. 16,1–17,13«, *ZDPV* 100 (1984), 70–83.

Seebass, *Josua* 1985. Seebass, H., »Josua«, *BN* 28 (1985), 53–65.

Seebass, *Numeri* 1993. Seebass, H., *Numeri* (BKAT IV/2.1), Neukirchen-Vluyn 1993.

Seebass, *Numeri* 1995. Seebass, H., *Numeri* (BKAT IV/2.2), Neukirchen-Vluyn 1995.

Seebass, *Stand* 1998. Seebass, H., »Zum Stand der Pentateuchforschung. Das Buch Numeri«, in: *FS Van der Woude*, Leiden 1998, 109–121.

Seebass, *Erwägungen* 1999. Seebass, H., »Erwägungen zu Numeri 32:1–38«, *JBL* 118 (1999), 33–48.

Seger/Borowski, *Ḥalif*. Seger, J.D. / Borowski, O., Art. »Ḥalif«, in: *NEAEHL* II, 553–560.

Shanks, *Altar* 1975. Shanks, H., »Horned Altar for Animal Sacrifice Unearthened at Beer-Sheba«, *BArR* 1 (1975), 108–109.115.

Sima, *'Oṯnī'ēl* 2001. Sima, A., »Nochmals zur Deutung des hebräischen Namens *'Oṯnī'ēl*«, *BN* 106 (2001), 47–51.

Simian-Yofre/Fabry, מטה. Simian-Yofre, Y. / Fabry, H.J., Art. »מטה«, in: *ThWAT* IV, 818–826.
Simons, *ETL* 1937. Simons, J., *Handbook for the Study of Egyptian Topographic Lists Relating to the Old Testament*, Leiden 1937.
Simons, *GTT* 1959. Simons, J., *The Geographical and Topographical Texts of the Old Testament* (SFSMD 2), Leiden 1959.
Sipilä, *Literalness* 1999. Sipilä, S., *Between Literalness and Freedom. Translation Technique in the Septuagint of Joshua and Judges Regarding the Clause Connections Introduced by* ו *and* כי (Publications of the Finnish Exegetical Society 75), Helsinki / Göttingen 1999.
Smend, *Hexateuch* 1912. Smend, R., *Die Erzählung des Hexateuch auf ihre Quellen untersucht*, Berlin 1912.
Smend, *Juda* 1967=1987. Smend, R., »Gehörte Juda zum vorstaatlichen Israel?«, (Fourth World Congress of Jewish Studies. Papers 1, 57–62. World Union of Jewish Studies, Jerusalem 1967), in: id., *Zur ältesten Geschichte Israels* (GesSt 2), München 1987, 200–209.
Smend, *Gesetz* 1971. Smend, R., »Das Gesetz und die Völker. Ein Beitrag zur deuteronomistischen Redaktionsgeschichte«, in: Wolff, H.W. (Hg.), *Probleme biblischer Theologie. FS Von Rad*, München 1971, 494–509.
Smend, *Land* 1983. Smend, R., »Das uneroberte Land«, in: Strecker, G. (Hg.), *Das Land Israel in biblischer Zeit*, Göttingen 1983, 91–102.
Smend, *Entstehung* [3]1984. Smend, R., *Die Entstehung des Alten Testaments* (Theologische Wissenschaft 1), Stuttgart [3]1984.
Snijders, *Jesaja* I 1969. Snijders, L.A., *Jesaja, deel I* (POT), Nijkerk 1969.
Soden von, *AHW*. Soden, W. von, *Akkadisches Handwörterbuch*, Wiesbaden 1965–1981.
Soden von, *Ortsbenennungen* 1990. Soden, W. von, »Zu einigen Ortsbenennungen bei Amos und Micha«, *ZAH* 3 (1990), 214–219.
Soggin, *Joshua* 1972. Soggin, J.A., *Joshua. A Commentary* (OTL), London / Philadelphia 1972 ([2]1982).
Soggin, *Juges* 1987. Soggin, J.A., *Le livre des Juges* (Collection Commentaire de l'Ancien Testament Vb), Genève 1987.
Spieckermann, *Juda* 1982. Spieckermann, H., *Juda unter Assur in der Sargonidenzeit* (FRLANT 129), Göttingen 1982.
Spronk, *Jozua* 1994. Spronk, K., *Jozua* (T&T), Kampen 1994.
Stec, *Mantle* 1991. Stec, D.M., »The Mantle Hidden by Achan«, *VT* 41 (1991), 356–359.
Steiner, *Jerusalem* 1996. Steiner, M., »Jerusalem in the Late Bronze and Early Iron Ages: Archaeological Versus Literary Sources?«, in: Faust, A. (Hg.), *New Studies on Jerusalem* (Proceedings of the Second Conference, November 28th 1996), Ramat-Gan 1996, 3*–8*.
Stekelis/e.a., *Bethlehem*. Stekelis, M. / Avi-Yonah, M. / Tsaferis, V., Art. »Bethlehem«, in: *NEAEHL* I, 203–210.
Stern, *Azekah* a. Stern, E., Art. »Azekah«, in: *NEAEHL* I, 123–124.
Stern, *Azekah* b. Stern, E., Art. »Azekah«, in: *AncBD* I, 537–539.
Stern, *Yehud* 1981. Stern, E., »The Province of Yehud: the Vision and the Reality«, *JerCath* 1 (1981), 9–21.

Steuernagel, *Josua* 1900. Steuernagel, C., *Übersetzung und Erklärung der Bücher Deuteronomium und Josua und Allgemeine Einleitung in den Hexateuch* (HKAT I/3), Göttingen 1900.

Steuernagel, *Josua*²1923. Steuernagel, C., *Das Buch Josua* (HKAT I/3/2), Göttingen ²1923.

Stoebe, *Lehrkursus* 1966. Stoebe, H.J., »Das Deutsche Evangelische Institut für Altertumswissenschaft des Heiligen Landes. Lehrkursus 1964«, *ZDPV* 82 (1966), 1–45.

Stoebe, *1. Samuelis* 1973. Stoebe, H.J., *Das erste Buch Samuelis* (KAT VIII/1), Gütersloh 1973.

Streck/Weninger, *'Otnī'ēl* 1999. Streck, M.P. / Weninger, St., »Zur Deutung des hebräischen Namens 'Otnī'ēl«, *BN* 96 (1999), 21–29.

Svensson, *Towns* 1994. Svensson, J., *Towns and Toponyms in the Old Testament with Special Emphasis on Joshua 14–21* (CB.OTS 38), Stockholm 1994.

***Swete*.** Swete, H.B., *The Old Testament in Greek According to the Septuagint. Vol. I: Genesis-IV Kings*, Cambridge 1909.

Talmon, *Town Lists* 1965. Talmon, S., »The Town Lists of Simeon«, *IEJ* 15 (1965), 235–241 (auch erschienen als »The List of Cities of Simeon«, *ErIs* 8 [1967], 265–268. 76* [hb. mit engl. Zus.]).

Talstra, *Prayer* 1993. Talstra, E., *Solomon's Prayer: synchrony and diachrony in the composition of I Kings 8, 14–61* (Contributions to Biblical Exegesis and Theology 3), Kampen 1993.

Thiel, *Redaktion* 1970. Thiel, W., *Die deuteronomistische Redaktion des Buches Jeremia* (Diss.), Berlin 1970.

Thiel, *Redaktion* 1981. Thiel, W., *Die deuteronomistische Redaktion von Jeremia 26–45. Mit einer Gesamtbeurteilung der deuteronomistischen Redaktion des Buches Jeremia* (WMANT 52), Neukirchen 1981.

Thiel, *Entwicklung* ²1985. Thiel, W., *Die soziale Entwicklung Israels in vorstaatlicher Zeit*, Neukirchen ²1985.

Thompson, *Joshua* 1978. Thompson, W.L., *Joshua 15:33–36: The Examination of a City List and Its Role as a Disciplin of Study in the Historical Geography of the Northern Shephelah: Province II*, Jerusalem 1978 (Master's thesis, Institute of Holy Land Studies, Jerusalem).

Thompson, *Approach* 1993. Thompson, W.L., *A New Approach to the Interpretation of the Northern Shephelah City List of Joshua 15:33–36*, Jerusalem 1993.

Thomsen, *LS* 1907. Thomsen, P., *Loca Sancta*, Halle 1907 (Nachdruck: Hildesheim 1966).

Tov, *Nature* 1978. Tov, E., »The Nature of the Hebrew Text Underlying the LXX. A Survey of the Problems«, *JSOT* 7 (1978), 53–68.

Tov, *Growth* 1986. Tov, E., »The Growth of the Book of Joshua in the Light of the Evidence of the LXX Translation«, *ScrHie* 31 (1986), 321–339.

Tov, *Criticism* 1992. Tov, E., *Textual Criticism of the Hebrew Bible*, Minneapolis / etc. 1992.

Tov, *Use* ²1997. Tov, E., *The Text-Critical Use of the Septuagint in Biblical Research* (Jerusalem Biblical Studies 3), Jerusalem ²1997.

Tsafrir, *Beth-Shemesh* 1975. Tsafrir, Y., »The Levitic City of Beth-

Shemesh in Judah or in Naphtali?«, *ErIs* 12 (1975), 44–45.119* (hb. mit engl. Zus.).
Tsafrir/e.a., *Tabula* 1994. Tsafrir, Y./Di Segni, L./Green, J., *Tabula Imperii Romani. Iudaea—Palaestina. Eretz Israel in the Hellenistic, Roman and Byzantine Periods*, Jerusalem 1994.
***TUAT* I–III.** Kaiser, O. (Hg.), *Texte aus der Umwelt des Alten Testaments*, 3 Bde., Gütersloh 1982–1997.
Ussishkin, *Lachish*. Ussishkin, D., Art. »Lachish«, in: *NEAEHL* III, 897–911.
Ussishkin, *Lachish* 1978. Ussishkin, D., »Excavations at Tel Lachish—1973–1977. Preliminary Report«, *TA* 5 (1978), 1–97; *plates* 1–32.
Ussishkin, *Conquest* 1982. Ussishkin, D., *The Conquest of Lachish by Sennacherib*, Tel Aviv 1982.
Ussishkin, *Betar* 1992. Ussishkin, D., »Archaeological Soundings at Betar, Bar-Kochba's Last Stronghold«, *ErIs* 23 (1992), 260–275.155* (hb. mit engl. Zus.).
Ussishkin, *Betar* 1993. Ussishkin, D., »Archaeological Soundings at Betar, Bar-Kochba's Last Stronghold«, *TA* 20 (1993), 66–97.
V. Vulgata, *Biblia Sacra. Vulgatae editionis Sixti V Pont. Max. iussu recognita et Clementis VIII auctoritate edita (Hg. von P. Michael Hetzenauer)*, Ratisbonne/Rome 1922.
Van der Hart. Siehe: **Hart van der**.
Van der Meer. Siehe: **Meer van der**.
Van der Woude. Siehe: **Woude van der**.
Van Kasteren. Siehe: **Kasteren van**.
Van Seters, *Campaign* 1990. Van Seters, J., »Joshua's Campaign of Canaan and Near Eastern Historiography«, *SJOT* 4 (1990), 1–12.
Vargo, *Ḥesi, t. el-*. Vargo, V.M., Art. »Ḥesi, tell el-«, in: *NEAEHL* II, 630–634.
Veijola, *Dynastie* 1975. Veijola, T., *Die ewige Dynastie. David und die Entstehung seiner Dynastie nach der deuteronomistischen Darstellung* (AASF.B 193), Helsinki 1975.
Veijola, *Keila* 1990. Veijola, T., »David in Keila. Tradition und Interpretation von 1 Sam 23,1–13«, in: id., *David. Gesammelte Studien zu den Davidüberlieferungen des Alten Testaments* (Schriften der Finnischen Exegetischen Gesellschaft 52), Helsinki/Göttingen 1990, 5–42.
Vervenne, *‚P' Tradition* 1990. Vervenne, M., »The ‚P' Tradition in the Pentateuch: Document and/or Redaction?«, in: Brekelmans, C./Lust, J. (Hgg.), *Pentateuchal and Deuteronomistic Studies* (BETL 94), Leuven 1990, 67–90.
Vink, *Date* 1969. Vink, J.G., »The Date and Origin of the Priestly Code in the Old Testament«, *OTS* 15 (1969), 1–144.
VL. Robert, U., *Heptateuchi partis posterioris versio Latina Antiquissima e Codice Lugdunensi. Version Latine du Deutéronome, de Josuéet des Juges d'après le manuscrit de Lyon*, Lyon 1900.
Von Calice. Siehe: **Calice von**.
Von Rad. Siehe: **Rad von**.

Von Soden. Siehe: **Soden von.**

Wagenaar, *Judgement* 1995. Wagenaar, J.A., *Judgement and Salvation. The Composition and Redaction of Micah 2–5* (VT.S 85), Leiden 2001.

Wagner, כבשׁ. Wagner, S., Art. »כבשׁ«, in: *ThWAT* IV, 54–60.

Walters / Gooding, *Text* 1973. Walters, P. / Gooding, D.W., *The Text of the Septuagint. Its Corruptions and Their Emendation*, Cambridge 1973.

Wanke, נחלה. Wanke, G., Art. »נחלה«, in: *THAT* II, 55–59.

Weimar, *Struktur* 1984. Weimar, P., »Struktur und Komposition der priesterschriftlichen Geschichtsschreibung«, *BN* 23 (1984), 81–134 und *BN* 24 (1984), 138–162.

Weinfeld, *Period* 1967. Weinfeld, M., »The Period of the Conquest and of the Judges as Seen by the Earlier and the Later Sources«, *VT* 17 (1967), 93–113.

Weinfeld, *Deuteronomy* 1972. Weinfeld, M., *Deuteronomy and the Deuteronomic School*, Oxford 1972.

Weippert, *Geschichtswerk* 1985. Weippert, H., »Das deuteronomistische Geschichtswerk. Sein Ziel und Ende in der neueren Forschung«, *ThR* 50 (1985), 213–249.

Weippert, *PvZ* 1988. Weippert, H., *Palästina in vorhellenistischer Zeit. Mit einem Beitrag von Leo Mildenberg* (Handbuch der Archäologie im Rahmen des Handbuchs des Altertumswissenschaft, Vorderasien II, Bd 1), München 1988.

Wellhausen, *Prolegomena* 1883. Wellhausen, J., *Prolegomena zur Geschichte Israels*, Berlin 1883.

Wellhausen, *Composition* ³1899. Wellhausen, J., *Die Composition des Hexateuchs und der historischen Bücher des Alten Testaments*, Berlin ³1899.

Wellhausen, *Reste* ²1927. Wellhausen, J., *Reste arabischen Heidentums*, Berlin ²1927.

Welten, *Hebron*. Welten, P., Art. »Hebron«, in: *TRE* XIV, 521–524.

Wenham, *Deuteronomic* 1971. Wenham, G.J., »The Deuteronomic Theology of the Book of Joshua«, *JBL* 90 (1971), 140–148.

Westermann, כבד. Westermann, C., Art. »כבד«, in: *THAT* I, 794–812.

Westermann, *Genesis* I/1 1974. Westermann, C., *Genesis* (BKAT I/1), Neukirchen-Vluyn 1974.

Westermann, *Genesis* I/3 1982. Westermann, C., *Genesis* (BKAT I/3), Neukirchen-Vluyn 1982.

Wightman, *Date* 1990. Wightman, G.J., »The Date of Bethshemesh Stratum II«, *Abr-n.* 28 (1990), 96–126.

Wildberger, *Jesaja* X/3 1982. Wildberger, H., *Jesaja. Teilbd. 3. Jesaja 28–39. Das Buch, der Prophet und seine Botschaft* (BKAT X/3), Neukirchen-Vluyn 1982.

Willi, *Chronik* 1991ff. Willi, Th., *Chronik. Lfg. 1 und 2* (BKAT XV), Neukirchen-Vluyn 1991ff.

Williamson, *Origin* 1979. Williamson, H.G.M., »The Origin of the Twenty-four Priestly Courses. A Study of 1 Chronicles XXIII–XXVII«, in: *VT.S* 30, Leiden 1979, 251–268.

Williamson, *Chronicles* 1982. Williamson, H.G.M., *1 and 2 Chronicles* (NCB), London 1982.
Williamson, *Nehemiah* 1985. Williamson, H.G.M., *Ezra, Nehemiah* (WBC 16), Waco, Texas 1985.
Winther-Nielsen, *Functional* 1995. Winther-Nielsen, N., *A Functional Discourse Grammar of Joshua. A Computer-Assisted Rhetorical Structure Analysis* (CB.OTS 40), Stockholm 1995.
Winther-Nielsen/Talstra, *Computational* 1995. Winther-Nielsen, N. / Talstra, E., *A Computational Display of Joshua: A Computer-assisted Analysis and Textual Interpretation* (Applicatio 13), Amsterdam 1995.
Wolf, *Tagebuch* 1933. Wolf, W., »Neue Beiträge zum ‚Tagebuch eines Grenzbeamten'«, *ZÄS* 69 (1933), 42.
Wolff, *Achor* 1954. Wolff, H.W., »Die Ebene Achor«, *ZDPV* 54 (1954), 76–81.
Wolff, *Hosea* 1961. Wolff, H.W., *Dodekapropheton: Hosea* (BKAT XIV/1), Neukirchen-Vluyn 1961.
Wolff, *Kerygma* 1961 = 1964. Wolff, H.W., »Das Kerygma des deuteronomischen Geschichtswerks«, *ZAW* 73 (1961), 171–186 (= id., *GStAT* [ThB 22], München 1964 [[2]1973], 308–324).
Wolff, *Amos* 1969. Wolff, H.W., *Dodekapropheton 2. Joel und Amos* (BKAT XIV/2), Neukirchen 1969.
Wolff, *Micha* 1982. Wolff, H.W., *Micha* (BKAT XIV/4), Neukirchen-Vluyn 1982.
Woolley/Lawrence, *Zin* 1914–1915. Woolley, C.L. / Lawrence, T.E., *The Wilderness of Zin* (PEFA 3), London 1914–1915.
Woude van der, שׁם. Woude, A.S. van der, Art. »שׁם«, in: *THAT* II, 935–963.
Woudstra, *Joshua* 1981. Woudstra, M.H., *The Book of Joshua* (NICOT), Grand Rapids 1981.
Wright, *Tongue* 1911. Wright, G.F., »Geological Light on the Interpretation of ‚The Tongue' in Joshua 15,2.5 18,19«, *JBL* 30 (1911), 18–28.
Wright, *Problem* 1971. Wright, G.E., »A Problem of Ancient Topography: Lachish and Eglon«, *HThR* 64 (1971), 437–450 (= *BA* 34 [1971], 76–86).
Würthwein, *Könige* 1977. Würthwein, E., *Das Erste Buch der Könige, Kapitel 1–16* (ATD 11,1), Göttingen 1977.
Würthwein, *Könige* 1984. Würthwein, E., *Das erste Buch der Könige, Kapitel 17–25* (ATD 11,2), Göttingen 1984.
Wüst, *Untersuchungen* 1975. Wüst, M., *Untersuchungen zu den siedlungsgeographischen Texten des Alten Testaments. I. Ostjordanland* (TAVO Beih. B9), Wiesbaden 1975.
Yadin, *Division* 1961. Yadin, Y., »The Fourfold Division of Judah«, *BASOR* 163 (1961), 6–12.
Yadin, *Beer-sheba* 1976. Yadin, Y., »Beer-sheba. The High Place Destroyed by King Josiah«, *BASOR* 222 (1976), 5–17.
Yeivin, *Eshtemoa*. Yeivin, Z., Art. »Eshtemoa«, in: *NEAEHL* II, 423–426.
Yisraeli/Gophna, *Far'ah*. Yisraeli, Y. / Gophna, R., Art. »Far'ah, Tell el- (South)«, in: *NEAEHL* II, 441–444.

ZB. Zürcher Bibel, *Die Heilige Schrift des Alten und des Neuen Testaments*, Zürich 1942.

Zenger, *Priesterschrift*. Zenger, E., Art. »Priesterschrift«, in: *TRE* XXVII, 435–446.

Zenger, *Bogen* 1983. Zenger, E., *Gottes Bogen in den Wolken. Untersuchungen zu Komposition und Theologie der priesterschriftlichen Urgeschichte* (SBAB 112), Stuttgart 1983.

Zenger, *Bogen* 1987. Zenger, E., *Gottes Bogen in den Wolken. Untersuchungen zu Komposition und Theologie der priesterschriftlichen Urgeschichte* (SBAB 112), Stuttgart 1987, 2. bearb. Aufl.

Zenger / e.a., *Einleitung* ³1998. Zenger, E. / e.a., *Einleitung in das Alte Testament*, Stuttgart / etc. ³1998.

Zertal, *Fortresses* 1995. Zertal, A., »Three Iron Age Fortresses in the Jordan Valley and the Origin of the Ammonite Circular Towers«, *IEJ* 45 (1995), 253–273.

Zimhoni, *Pottery* 1985. Zimhoni, O., »The Iron Age Pottery of Tel ʿEton and its Relation to the Lachish, Tell Beit Mirsim and Arad Assemblages«, *TA* 12 (1985), 63–90.

Zimmerli, *Ezechiel* XIII/1–2 1969. Zimmerli, W., *Ezechiel*, 2 Teile (BKAT XIII/1 u. 2), Neukirchen 1969.

Zobel, שׁבט. Zobel, H.-J., Art. »שׁבט«, in: *ThWAT* VII, 966–974.

Zorn, *Ezem*. Zorn, J., Art. »Ezem«, in: *AncBD* II, 722.

Zwickel, *Landnahme* 1993. Zwickel, W., »Die Landnahme in Juda«, *UF* 25 (1993), 473–491.

Zwickel, *Grundlagen* 1994. Zwickel, W., »Wirtschaftliche Grundlagen in Zentraljuda gegen Ende des 8. Jh.s aus archäologischer Sicht. Mit einem Ausblick auf die wirtschaftliche Situation im 7. Jh.«, *UF* 26 (1994), 557–592.

KAPITEL 11

ANHANG

11.1. *Zu Kapitel 2*

11.1.1. *Die Verben und ihre Übersetzungen in der LXX*

Stamm	*Formen im MT*	*Vers*	*Formen in der LXX*
אמר	ויאמר	16. 18	καὶ εἶπεν
	ותאמר	19	καὶ εἶπεν
בוא	בואה	18	ἐν τῷ εἰσπορεύεσθαι[B] / ἐκπορεύεσθαι[A] αὐτὴν
היה	והיה	4	καὶ ἔσται
	והיו	7	καὶ ἔσται
	יהיה	4	ἐστιν
	יהיו	11	καὶ ἔσται
	ויהי	1. 18	καὶ ἐγένετο
	ויהיו	2	καὶ ἐγενήθη
		21	ἐγενήθησαν δὲ
יכל	יוכלו	63	ἠδυνάσθησαν
יצא	ויצא	3	καὶ διαπορεύεται
		4. 9	καὶ διεκβάλλει
		11. 11	καὶ διεκβαλεῖ
ירד	וירד	10	καὶ καταβήσεται
ירשׁ hi.	וירשׁ	14	καὶ ἐξωλέθρευσεν
	להורישׁם	63	ἀπολέσαι αὐτούς
ישׁב	וישׁב	63	καὶ κατῴκησαν
	ישׁבי	15	κατοικοῦντας
	יושׁבי	63	κατῴκει
לכד	ולכדה	16	καὶ κυριεύσῃ αὐτῆς
	וילכדה	17	καὶ ἔλαβην αὐτὴν
נכה hi.	יכה	16	λάβῃ[A] / λάβῃ καὶ ἐκκόψῃ[B]
נתן	נתן	13	ἔδωκεν
	נתתני	19	δέδωκάς με
	ויתן	17. 19	καὶ ἔδωκεν
	ונתתי	16	δώσω
	תנה	19	Δος
	ונתתה	19	δός
סבב ni.	ונסב	3	καὶ ἐκπορεύεται[B]
			καὶ ἐκπεριπορεύεται[A] (Marg.)
			καὶ περιπορεύεται[A] (Rahlfs)
		10	καὶ περιελεύσεται

Stamm	*Formen im MT*	*Vers*	*Formen in der LXX*
סות hi.	ותסיתהו	18	καὶ συνεβουλεύσατο
עבר	ועבר	3^{1}. 3^{2A}	καὶ ἐκπεριπορεύεται
		3^{2B}.4^{B}	καὶ ἐκπορεύεται
		4^{A}	καὶ πορεύεται
		6	καὶ παραπορεύεται
		7	καὶ διεκβάλλει (Marg.) καὶ διακβαλεῖ (Rahlfs)
		10^{1}	—
		10^{2}	καὶ παρελεύσεται
עלה	ועלה	3^{1}. 8^{1}	καὶ ἀναβάινει
		3^{2}. 6^{2}. 7	καὶ προσαναβαίνει
		6^{1}	ἐπιβαίνει
		8^{2}	καὶ διεκβάλλει
	ויעל	15	καὶ ἀνέβη
פנה	ו...פנה	7	καὶ καταβάινει
	הפנה	2	της φερουσας
צנח	ותצנח	18	καὶ ἐβόησεν
שׂאל	לשׂאול	18	(λεγουσα) αἰτήσομαι
תאר	ותאר	9^{1}	καὶ διεκβάλλει
		9^{2}	καὶ ἄξει^{B} / καὶ ἐξάξει^{A}
		11	καὶ διεκβαλεῖ

11.1.2. *Die Präpositionen und ihre Übersetzungen in der LXX*

Präposition	*Vers*	*LXX*
את in der Bedeutung „bei"	63	hier hat die LXX ein Minus
אל	1. 7^{1A}.13	ἀπό
	3	ἀπέναντι (zusammen mit מנגב)
	7^{1B}.7^{2}. 8^{2}. 8^{3}. 9^{1}. 10^{2}. 15. 21	ἐπί
	7^{3}	—
	8^{1}. 9^{2}. 10^{1}	εἰς
	11	κατά
ב	8	ἐκ (=מ)
	13. 18. 33. 48. 63	ἐν
	21	ἐπί
	61	Βαδδαργις (במדבר)
ל	1^{1}. 2. 3^{1}. 4. 7^{1}. 21	Genitiv
	1^{2}. 12	κατά
	3^{2}. 5^{A}.6	ἐπί
	5^{B}	ἀπό
	7^{2}. 13^{1}. 16^{1}. 17^{1}. 18^{2}. 18^{3}. 19^{1}. 19^{2}. 19^{3}	Dativ
	13^{2}. 17^{2B}.20	—
	15 (לפנים)	τὸ πρότερον
	16^{2}. 17^{2A}	εἰς
	18^{1} (לאמר אשׂאול<לשׂאול?)	αἰτήσομαι
	63	Infinitiv

Präposition	*Vers*	*LXX*
מאת	18	Akkusativ τόν (nach) αἰτήσομαι
מן	1. 21	—
	2^{1}	ἕως
	2^{2}. 3^{2}. 5^{1}. 5^{2}. 6. 8. 9. 10^{1B}.10^{2}. 46	ἀπό
	3^{1}	ἀπέναντι (zusammen mit מנגב)
	7^{1}	Genitiv
	7^{2}	κατά
	10^{1A}	ἐπί
	14. 15 (משם)	ἐκεῖθεν
מעל	18^{B}	ἐκ
	18^{A}	ἀπό
נכח	7	ἀπέναντι
עד	5. 47. 63	ἕως
על	8 (על־פני)	κατὰ προσώπον
	46 (על־יד)	πλησίον

II.I.3. *Die Abweichungen in den geographischen Eigennamen in der LXX*

Metathesis

3	Σαραδα[B]	אדרה	ד/ר
21	Αρα[B]	ערד cj.?	ר/ד
22	Ικαμ[B]	קינה	ק/י
34	Μαιανι[B]	העינם	י/נ
34	Αναειμ[A]	העינם	י/נ
40	Μαχες[B]	לחמס	ח/מ
41	Βαγαδιηλ[B]	בית־דגון	ד/ג
44	Βαθησαρ[B]	מראשה	ר/שׁ
50	Αισαμ[B]	ענים	נ/י
52	Σομα[B]	אשׁען	שׁ/ן
53	Ιεμα(ε)ιν[B]	ינים	נ/מ
53	Βαιθαχου[B]	בית־תפוח	פ/ח
54	Σωραιθ[Bc]	ציור	ע/ר
56	Ιαρικαμ[B]	יקדעם (ירקעם cj.)	ק/ד
56f	Ζακαναϊμ[B]	זנוח הקין	נ/ק
61	Αιοχοζα[B]	סככה	ס/כ
62	αἱ πόλεις Σαδωμ[B]	עיר־המלח	י/ר
62	αἱ πόλεις ἁλῶν[A]	עיר־המלח	י/ר

Ein oder mehrere hebräische Buchstaben haben kein Äquivalent im Griechischen

6	Βαιθαλα[A]	בית חגלה	ג
7	Αδομμι[A]	אדמים	ם
9	Ιεβααλ[B] / Βααλ[A]	בעלה	ה
10	Βααλ	בעלה	ה
21	Αρα[B]	ערד cj.?	ד
22	Ικαμ[B]	קינה	ה

23f	Ιθναζιφ^{A}	יתנן זיף	נ
26	Σην^{B}	אמם	א
27	Σερι^{B}	חצר גדה	ח (+ גדה)
27	Βαιφαλαδ^{B}	בית פלט	ת
32	Σαλη^{B}	שׁלחים	ם
33	Ραα^{B}	צרעה	צ
34	Ιλουθωθ^{B}	עדית[ים ותפ]וח	ע (+ –ים ותפ–)
34	Μαιανι^{B}	העינם	ם
35	Οδολλα^{A}	עדלם	ם
37	Σεννα^{B}	צנן	ן
37	Μαγαδαγαδ^{B}	מגדל־גד	ל
39	Ιδεαδαλεα^{B}	(עגלון) עדלם*	ע
39	Ιδεαδαλεα^{B}	(עגלון) עדלם*	ם
40	Μαχες^{B}	לחמס	ל
40	Λαμας^{A}	לחמס	ח
40	[Μααχ]ως^{B}	כתליש	כתל–
41	Γεδδωρ^{B}	גדרות (oder: גדור cj.)	ות
41	Βαγαδιηλ^{B}	בית־דגון	ית
43	Ανωχ^{B}	(יפתח) ינוח*	י
43	Ιανα^{B}	אשׁנה	שׁ
44	Ακιεζι^{B}	אכזיב	ב
44	Βαθησαρ^{B}	מראשׁה	ה
50	Εσκαιμαν^{B}	אשׁתמה	ת
51	Χαλου^{B}	חלן	ן
52	Ρεμνα^{B}	רומה (oder: רמנה cj.)	ו
52	Σομα^{B}	אשׁען	א
53	Βαιθαχου^{B}	בית־תפוח	פ, ת?
53	Φακουα^{B}	אפקה	א
54	Ευμα^{B}	חמטה	ט
55	Ιταν^{B}	יוטה	ו
55	Ιεττα^{A}	יוטה	ו
56	Ιαριηλ^{B}	יזרעאל	ז
58	Αλουα^{B}	חלחול	ל
59	Μαρωθ^{A}	מערת	ע?
59	Βαθαναμ^{B}	בית־ענות	ו
59	Θεκουμ^{B}	אלתקן (oder: תקן cj.)	אל
61	Θαραβααμ^{B}	בית־הערבה	בי
61	Αιοχοζα^{B}	סככה	כ

Extra Buchstaben im Griechischen

3	Σεννα<u>κ</u>^{Bc}	צנה	κ[αι]
3	Σαραδα^{B}	אדרה	[ει]ς
10	Ασσαρ^{B}	שׂעיר	ה–
21	<u>και</u>βαισεληλ^{B}	קבצאל	και (βαι)
26	Σα<u>λ</u>μαα^{B}	שׁמע	
30	Ελβω<u>υ</u>δαδ^{B}	אלתולד	

34	Ιλουθωθ[B]	עדית[ים ותפ]וח	[κα]ι
34	Μαιανι[B]	ינים	και→μα[ι]
35	Ιερμιουθ[A]	ירמות	
35	Σαωχω[B]	שׂוכה	
35	Μεμβρα[B]	נמרה*	ב→מ
35	Ιαζηκα[B]	עזקה	[κα]ι
36	Σαργαριμ[A]	שׂערים	
39	Ιδεαδαλεα[B]	(עגלון) עדלם*	[κα]ι
41	Βαγαδιηλ	בית־דגון	
43	Ιανα[B]	אשׂנה	[κα]ι
44	Ακιεζιβ[B]	אכזיב	
44	Βαθησαρ[B]	מראשׁה	
46	Γεμνα[B]	ימה	
46	Ιεμναι[A]	ימה	
50	Εσκαιμαν[B]	אשׁתמה	ו→ת
51	Χιλουων[A] / Χιλουων[A]	חלן	
52	Αιρεμ[B]	ארב	
52	Ρεμνα[B]	רומה (Vorlage: רמנה?)	
54	Σωραιθ[B]	ציער	
55	Οζιφ[B]	זיף	ו
56	Ιεζδραελ[A]	יזרעאל	
61	Θαραβααμ[B]	בית הערבה	
61	Αινων[B]	מדין	[κ]αι
61	Αιοχοζα[Bc]	סככה	[κ]αι
62	Ναφλαζων[B]	הנבשׁן	
62	αἱ πόλεις Σαδωμ[B]	עיר־המלח	

Assimilation zweier Buchstaben

33	Ασσα[B]	אשׁנה

Verwechslung von Buchstaben

ב	→ κ	44	Αχζεκ[A]	אכזיב
	→ μ	39	Μασχαθ[A]	בצקת
		42	Λεμνα[B]	לבנה
		52	Αιρεμ[B]	ארב
	→ ν	50	Ανων[B]	ענב
	→ ρ	40	Χαβρα	כבון
ג	→ τ	7	Τααγαδ[B]	הגלגל
ד	→ λ	34	Ιλουθωθ[B]	עדית[ים + תפ]וח
	→ μ	46	Ασδωμ[A]	אשׁדוד
	→ ρ	22	Ρεγμα[B]	דימונה?
		49	Ρεννα[B.A]	דנה
		56	Ιαρικαμ[B]	יקדעם

ה	→ ι	6	Βαιων	בהן
	→ ν	37	Αδασαν[B]	חדשה
		41	Νωμαν[B]	נעמה
		41	Μακηδαν[B]	מקדה
		50	Εσκαιμαν[B]	אשתמה
		51	Χαιλαν[B*] (Χαννα[B])	גלה
		51	Γηλων[A]	גלה
		52	Ρεμνα[B]	רומה
		55	Ιταν[B]	יוטה
	→ μ	6	Βαιθαγλααμ[B]	בית־חגלה
		22	Ικαμ[B]	קינה
		44	Κε(ε)ιλαμ[B]	קעילה
		61	Θαραβααμ[B]	בית־הערבה
ו	→ ι	41	Βαγαδιηλ[B]	בית־דגון
		27	Σερι[B]	חצר גדה
ז	→ τ	34	Τανω[B]	זנוח
ח	→ ϑ	34	Ιλουϑωϑ[B]	עדית[ים + תפ]וח
י	→ γ	46	Γεμνα[B]	ימה
	→ ου	34	Ιλουϑωϑ[B]	עדית[ים + תפ]וח
		53	Ιανουμ[A] = Q	יָנִים
	→ υ	29	Αυ(ε)ιμ[A]	עיים (עוים*)
	→ ω	40	[Μααχ]ως[B]	[כתל]יש
		40	Χαϑλως[A]	כתליש
		54	Σωραιϑ[Bc]	ציור
		61	Αινων[B]	מדין
		61	Μαδων[A]	מדין
כ	→ β	30	βαιϑηλ[B]	כסיל
ל	→ α	7	Ταγαδ[B]	הגלגל
	→ δ	7	Ταγαδ[B]	הגלגל
		26	Μωδαδα[A]	מולדה
		30	Ελβωυδαδ[B]	אלתולד
		30	Ελϑωδαδ[A]	אלתולד
	→ ϱ	30	Χασειρ[A]	כסיל
מ	→ β	31	Βεδεβηνα[A]	מדמנה
		31	Μεδεβηνα[W]	מדמנה
		35	Μεμβρα[B]	נמרה
		44	Βαϑησαρ[B]	מראשה
		52	Αιρεμ[B]	ארב
	→ ν	3	Ακραββ(ε)ιν[B]	עקרבים
		7	Αδδαμ(ε)ιν[B]	אדמים
		8	Ραφα(ε)ιν[B]	רפאים
		10	Ιαρ(ε)ιν[B]	יערים
		26	Σην[B]	אמם

	→ σ	26	Σην^{B}	אמם
	→ φ	48	Σαφ(ε)ιϱ^{A}	שׁמיר
נ	→ ϑ	32	Εϱωμωϑ^{B}	עין רמון cj.
	→ λ	38	Δαλαλ^{B}	דלען
		41	Βαγαδιηλ^{B}	בית דגון
	→ μ	1	Σιμ^{A}	צין
		3	Εσϱωμ^{A}	חצרון
		8	Μαφϑω^{B}	נפתוח
		22	Ικαμ^{B}	קינה
		39	Εγλωμ^{A}	עגלון
		50	Γοσομ$^{B.A}$	גשׁן
		52	Σομα^{B}	אשׁען
		56f	Ζακαναϊμ^{B}	זנוח הקין
		56f	Ζανωακιμ^{A}	זנוח הקין
		59	Θεκουμ^{B}	אלתקן / תקן
	→ ϱ	55	Μαωϱ	מעון
	→ σ	50	Αισαμ^{B}	ענים
ס	→ ϑ	30	Βαιϑηλ^{B}	כסיל
ע	→ γ	36	Σαϱγαϱιμ^{A}	שׁערים
	→ ϑ	54	Σωϱαιϑ^{Bc}	ציור
	→ κ	13	Πόλις Αϱβοκ^{B} / Αϱβεκ^{A}	קרית־ארבע
		36	Σακαϱιμ^{B}	שׁערים
		54	Πολις Αϱβοκ^{B}	קרית־ארבע
ק	→ δ	39	Βασηδωϑ^{B}	בצקת
	→ χ	38	Ιεχϑαηλ^{A}	יקתאל
		39	Μασχαϑ^{A}	בצקת
ר	→ δ	22	Αδαδα^{A}	ערערה cj.
	→ κ	42	Ιϑακ^{B}	עתר
	→ λ	22	Αϱουηλ^{B}	ערערה cj.
	→ ν	58	Γεδδων^{B}	גְדור
רנ	→ ϑ	11	Σοκχωϑ^{B}	שׂכר(ו)נה
שׁ	→ ζ	62	Ναφλαζων^{B}	הנבשׁן
ת	→ β	30	Ελβωυδαδ^{B}	אלתולד
	→ μ	59	Βαιϑαναμ^{B}	בית־ענות
		59	Βαιϑανωμ^{A}	בית־ענות
	→ ϱ	38	Ιακαϱεηλ^{B}	יקתאל
	→ σ	32	Λαβως^{B}	לבאות

Fehler aufgrund des Kontextes

1	Ιουδαίας[B]	אדום
24	Βαλμαιναμ[B]	בעלות
38	Δαλαλ[B]	דלען
50	Ανων[Bc]	ענב
53	Φακουα	אפקה

Verwechslung mit anderen aus dem AT bekannten Orten oder Personen

4	Σελμων[B]	עצמונה
11	Ακκαρωνα[A]	שכרונה
11	Λεμνα[B]	לבנה statt יבנאל
21	(και) βαισελεηλ[B]	בצלאל statt קבצאל
21	Εδραι[A]	אדרעי statt ערד cj.
21	Ασωρ[B]	חצור statt יגור
22	Ρεγμα[B]	רעמא? statt דימונה
30	Βαιθηλ	בית־אל statt כסיל?
41	Βαγαδιηλ[B]	בית גדיאל statt בית־דגון
43	Ανωχ[B]	ינוח statt יִפְתָּח
54	Σωραιθ[Bc]	צוער statt ציער
57	Θαμναθα[A]	תמנתה statt תמנה
62	Ανκαδης[B]	עין־גדי

Unverständliche Variante

19	Βοθθανεις[B]	גלת מים
24	Μαιμαν[B]	טלם
28	Χολασεωλα[B]	חצר שועל
29	Βακωκ[B]	עיים
31	Μαχαριμ[B]	מדמנה
34	Ραμεν	עין גנים
42	Αφορ	עתר
51	Χαννα[B]	גלה
61	Βαδδαργις[B.A]	במדבר

Harmonisierung

1	Καδης	תימן?
3	τὴν κατὰ δυσμάς Καδης	הקרקעה
49	Πόλις γραμματῶν	קרית־סנה

Aktualisierung

1	Ιδουμαίας[A]	אדום

11.2. *Zu Kapitel 3*

11.2.1. *Zählungen der Ortsliste*

Gruppe	I	II	III	IV	V	VI	VII	VIII	IX	X^{LXX}	XI	XII	Total
MT													
geschrieben	29	14	16	9	—	11	9	10	6	—	2	6	112
gezählt	38	15	16	9	(3)	11	9	10	6	—	2	6	122
Rekonstruktion	34	14	16	9	—	11	9	10	6	11	2	6	128
LXX^{B}													
geschrieben	29	14	16	10	—	11	9	9	6	11	2	7	124
gezählt	30	14	16	10	(4?)	11	9	9	6	11	2	7	125
Rekonstruktion	30	14	16	9	—	11	9	9	6	11	2	6	123
LXX^{A}													
geschrieben	29	14	16	9	—	11	9	9	6	11	2	7	123
gezählt	30	14	16	9	(5?)	11	9	9	6	11	2	7	124
Rekonstruktion	30	14	16	9	—	11	9	9	6	11	2	6	123

Gebiet	Negev	Schefela	Bergland	Wüste	Total
MT					
geschrieben	29	39	38	6	112
gezählt	38	40	38	6	122
Rekonstruktion	34	39	49	6	128
LXX^{B}					
geschrieben	29	40	48	7	124
gezählt	30	40	48	7	125
Rekonstruktion	30	39	48	6	123
LXX^{A}					
geschrieben	29	39	48	7	123
gezählt	30	39	48	7	124
Rekonstruktion	30	39	48	6	123

11.2.2. *Zählungen der Negevliste*

MT	*Rekonstruktionen mögliche*			*unsere*
A	*B*	*C*	*D*	*E*
1. Kabzeel	1. Kabzeel	1. Kabzeel	1. Kabzeel	1. Kabzeel
2. Eder	2. Arad	2. Arad	2. Arad	2. Arad
3. Jagur	3. Jagur	3. Jagur	3. Jagur	3. Jagur
4. Kina	4. Kina	4. Kina	4. Kina	4. Kina
5. Dimona	5. Dimona	5. Dimona	5. Dimona	5. Dimona
6. Adada	6. Arara	6. Arara	6. Arara	6. Arara
7. Kedes	7. Kedes	7. Kedes	7. Kedes	7. Kedes
8. Hazor	8. Hazor	8. Hazar-Jitnan	8. Hazar-Jitnan	8. Hazor
9. Jitnan	9. Jitnan			9. Jitnan
10. Sif	10. Sif	9. Sif		10. Sif
11. Telem	11. Telem	10. Telem	9. Telem	11. Telem
12. Bealot	12. Bealot	11. Bealot	10. Bealot	12. Bealot
13. Hazor	13 Hazor-Hadatta	12. Hazor-Hadatta	11. Hazor-Hadatta	13. Hazor-Hadatta
14. Hadatta				
15. Kerijot	14. Kerijot	13. Kerijot-Hezron	12. Kerijot-Hezron	14. Kerijot
16. Hezron	15. Hezron			15. Hezron
17. Amam	16. Amam	14. Amam	13. Amam	16. Amam
18. Schema	17. Schema	15. Schema	14. Schema	17. Schema
19. Molada	18. Molada	16. Molada	15. Molada	18. Molada
20. Hazar-Gadda	19. Hazar-Gadda	17. Hazar-Gadda	16. Hazar-Gadda	19. Hazar-Gadda
21. Heschmon	20. Heschmon	18. Heschmon		20. Heschmon
22. Bet-Pelet	21. Bet-Pelet	19. Bet-Pelet	17. Bet-Pelet	21. Bet-Pelet
23. Hazar-Schual	22. Hazar-Schual	20. Hazar-Schual	18. Hazar-Schual	22. Hazar-Schual
24. Beerscheba	23. Beerscheba	21. Beerscheba	19. Beerscheba	23. Beerscheba
25. Bizjoteha				
26. Baala	24. Baala	22. Baala	20. Baala	*a. Baala*
27. Ijim	25. Ijim	23. Ijim		
28. Ezem	26. Ezem	24. Ezem	21. Ezem	*b. Ezem*
29. Eltolad	27. Eltolad	25. Eltolad	22. Eltolad	*c. Eltolad*
30. Kesil	28. Betul	26. Betul	23. Betul	*d. Betul*
31. Horma	29. Horma	27. Horma	24. Horma	24. Horma
32. Ziklag	30. Ziklag	28. Ziklag	25. Ziklag	25. Ziklag
33. Madmanna	31. Madmanna	29. Madmanna	26. Madmanna	26. Madmanna
34. Sansanna	32. Sansanna	30. Sansanna	27. Sansanna	27. Sansanna
35. Lebaot	33. Lebaot	31. Lebaot	28. Lebaot	28. Lebaot
36. Schilhim	34. Schilhim	32. Schilhim	29. Schilhim	29. Schilhim
37. Ajin	35. En-Rimmon	33. En-Rimmon	30. En-Rimmon	*e. En-Rimmon*
38. Rimmon				(insgesamt 34 Orte)

11.3. *Zu Kapitel 4*

11.3.1. *Die Überschriften*

Überschrift b	*Überschrift a*														*Vers*	*Stamm*
ויהי להם הגבול	למשפחתם	בני־ראובן				מטה	ל	משה	ויתן						13,15f	R
ויהי להם הגבול	למשפחתם	בני־גד		ל	גד	מטה	ל	משה	ויתן						13,24f	G
					מנשה	חצי שבט	ל	משה	ויתן						13,29a	O-M
ויהי להם הגבול	למשפחותם	בני־מנשה				חצי מטה	ל		ויהי						13,29bf	
ויהי להם הגבול	למשפחתם	בני יהודה				מטה	ל	הגורל	ויהי						15,1f	Ju
		בני יוסף		ל				הגורל	ויצא						16,1	Jo
ויהי להם הגבול	למשפחתם	בני־אפרים						גבול	ויהי						16,5	E
ויהי להם הגבול					מנשה	מטה	ל	הגורל	ויהי						17,1	W-M
	למשפחתם	בני מנשה הנותרים		ל					ויהי						17,2.7	
ויהי להם הגבול	למשפחתם	בני־בנימן				מטה		גורל	ויעל						18,11f	B
ויהי להם הגבול	למשפחותם	בני־שמעון	מטה	ל	שמעון		ל	הגורל השני	ויצא						19,1f	Si
	למשפחתם	בני זבולן		ל				הגורל השלישי	ויעל						19,10	Se
ויהי להם הגבול	למשפחותם	בני יששכר		ל				הגורל הרביעי	יצא				יששכר	ל	19,17f	I
ויהי להם הגבול	למשפחותם	בני־אשר				מטה	ל	הגורל החמישי	ויצא						19,24f	A
	למשפחתם	בני־נפתלי		ל				הגורל הששי	יצא		בני נפתלי			ל	19,32f	N
ויהי להם הגבול								הגורל השביעי	יצא	למשפחתם	בני־דן	מטה		ל	19,40f	D

II.3.2. *Die Abschlüsse*

Abschluß b				*Abschluß a*					*Summierung*	*Einleitung*	*Vers*	*Stamm*
וחצריהן		הערים		למשפחתם		בני־ראובן		זאת נחלת			13,23	R
וחצריהם		הערים		למשפחתם		בני־גד		זאת נחלת			13,28	G
											×	O-M
				למשפחתם		בני־יהודה	מטה	זאת נחלת			15,20f	Ju
									(כל) ערים *n* וחצריהן 15,32.36.41.44.51.54.57.59.59^{LXX}.60.62	ויהיו הערים ... למטה בני יהודה ...		
											×	Jo
וחצריהן		הערים	כל	למשפחתם		בני־אפרים	מטה	זאת נחלת		(והערים ...)	16,8f	E
											×	W-M
				למשפחתם	לגבולתיה סביב	בני־בנימן		זאת נחלת			18,20f	B
									ערים *n* וחצריהן 18,24.28	והיו הערים למטה בני בנימן למשפחותיהם		
				למשפחתם		בני־בנימן		זאת נחלת			18,28	
									ערים *n* וחצריהן 19,6.7	(ויהי להם בנחלתם)	19,2	Si
				למשפחתם		בני־שמעון	מטה	זאת נחלת			19,8	
וחצריהן	האלה	הערים		למשפחותם		בני־זבולן		זאת נחלת	ערים *n* וחצריהן		19,15f	Se
וחצריהן		הערים		למשפחתם		בני־יששכר	מטה	זאת נחלת	ערים *n* וחצריהן		19,22f	I
וחצריהן	האלה	הערים		למשפחתם		בני־אשר	מטה	זאת נחלת	ערים *n* וחצריהן		19,30f	A
וחצריהן		הערים		למשפחתם		בני־נפתלי	מטה	זאת נחלת	ערים *n* וחצריהן		19,38f	N
וחצריהן	האלה	הערים		למשפחתם		בני־דן	מטה	זאת נחלת			19,48	D

11.4. *Zu Kapitel 5*

11.4.1. *Quellenzuordnung in Jos 15*

<table>
<tr><th>Jos 15</th><th>Holzinger[1]</th><th>Bennett[2]</th><th>Kuenen[3]</th><th>Procksch[4]</th><th>Wellhausen[5]</th><th>Steuernagel[6]</th><th>Dillmann[7]</th><th>Eißfeldt[8]</th></tr>
<tr><td>1</td><td>P^G + ?P^S</td><td rowspan="9">P</td><td>P^2</td><td>P</td><td rowspan="2">P</td><td rowspan="9">P</td><td rowspan="2">P</td><td rowspan="8">P</td></tr>
<tr><td>2-3</td><td>P^G</td><td rowspan="8">nicht zu den klassischen Quellen gehörend</td><td rowspan="8">E[9]</td></tr>
<tr><td>4</td><td>P^G + JE[10]</td><td>P + JE</td><td>P + Zusatz</td></tr>
<tr><td>5-7</td><td>P^G</td><td rowspan="5">P</td><td rowspan="6">P</td></tr>
<tr><td>8</td><td>P^G + Glosse[11]</td></tr>
<tr><td>9</td><td>P^G</td></tr>
<tr><td>10</td><td>P^G + Glosse</td></tr>
<tr><td>11</td><td>P^G</td></tr>
<tr><td>12</td><td>P^G + R</td><td>P + JE</td><td>P+E</td></tr>
<tr><td>13</td><td rowspan="2">J^*, JE</td><td>P^2</td><td rowspan="2">J</td><td rowspan="2">J</td><td rowspan="2">JE</td><td rowspan="2">J</td><td>J^* + R</td><td rowspan="3">P</td></tr>
<tr><td>14-19</td><td>J</td><td>J</td></tr>
<tr><td>20</td><td>P^G + R</td><td rowspan="6">P</td><td>P^2</td><td rowspan="7">P</td><td rowspan="6">P</td><td rowspan="4">P</td><td rowspan="2">P</td></tr>
<tr><td>21-25</td><td rowspan="3">P^G</td><td rowspan="5">nicht zu den klassischen Quellen gehörend</td><td rowspan="6">J</td></tr>
<tr><td>26-28</td><td>Zusatz P</td></tr>
<tr><td>29-44</td><td>P</td></tr>
<tr><td>45-47</td><td>Glosse</td><td>R^P</td><td>R</td></tr>
<tr><td>48-62</td><td>P^G</td><td>P</td><td>P</td></tr>
<tr><td>63</td><td>J, JE</td><td>J</td><td>?</td><td>JE</td><td>J</td><td>JE</td></tr>
</table>

Anmerkungen zur Tabelle

1. Holzinger, *Josua* 1901, xx.
2. Bennett, *Joshua* 1895, 12f.
3. Kuenen, *HCO* 1885.
4. Procksch, *Sagenbuch* 1906.
5. Wellhausen, *Compostion* ^{3}1899, 129.
6. Steuernagel, *Josua* 1900.
7. Dillmann, *Josua* ^{2}1886.
8. Eißfeldt, *Hexateuch-Synopse* 1922.
9. Nicht E ist דברה מעמק עכור צפונה und אשר מנגב לנחל.
10. Es geht hier um die Phrase זה יהיה לכם גבול נגב, die man in Num 34,5b mit להם statt לכם wiederfindet.
11. Nämlich היא ירושלם und היא כסלון.

11.4.2. *Die Entstehung von Jos 13–21*

<table>
<tr><th colspan="8">Die Entstehung von Jos 13-21</th></tr>
<tr><th>Phase</th><th colspan="3">Einleitung</th><th colspan="3">Gebietsbeschreibung</th><th>Abschluß</th></tr>
<tr><td>1</td><td colspan="3">14,1a. 5</td><td colspan="3">15,1-12*. 21-27. 28*. 30*. 31. 32*. 33-44. 48-59*. 59^{LXX}*. 61-62
16,5-9*
17,7-10*
18,11-28*
19,1a*.2-6.10*.11-15.17*.18-22a.24*.25-30a.32*.33-38a.40*.41-46</td><td>19,49a</td></tr>
<tr><td>2</td><td colspan="3">13,1. 7aα
18,3. 4*. 8bα. 9*. 10b*
14,1a. 5</td><td colspan="3">14,6-15*
15,1-12*. 21-27. 28*. 30*. 31. 32*. 33-44. 48-59*. 59^{LXX}*. 61-62
16,5-9*
17,7-10*. 14-18*
18,11-28*
19,1a*.2-6.10*.11-15.17*.18-22a.24*.25-30a.32*.33-38a.40*.41-46.47</td><td>19,49a. 49b-50</td></tr>
<tr><th></th><th>Einleitung</th><th>Gebiets-beschreibung</th><th>Einleitung</th><th colspan="3">Gebietsbeschreibung</th><th>Abschluß</th></tr>
<tr><td>3</td><td>13,1. 7aα
18,2*. 3. 4*. 8bα. 9*. 10b*</td><td>13,7aβ-12. 15-23a*. 24-27*. 29-31*. 32</td><td>14,1a. 1b. 2b-3. 5</td><td colspan="3">14,6-15
15,1-12*. 21-27. 28*. 30*. 31. 32*. 33-44. 48-59*. 59^{LXX}*. 61-62
16,5-9*
17,7-10*. 14-18*
18,11-28*
19,1a*.2-6.10*.11-15.17*.18-22a.24*.25-30a.32*.33-38a.40*.41-47</td><td>19,49-50. 51a</td></tr>
<tr><td>4</td><td>13,1. 2-6. 7aα
18,2-4*. 8bα. 9*. 10b*</td><td>13,7aβ-12. 13. 15-23a*. 24-27*. 29-31*. 32</td><td>14,1. 2b-3. 5</td><td colspan="3">14,6-15
15,1-12*. 21-27. 28*. 30*. 31. 32*. 33-44. 48-59*. 59^{LXX}*. 61-62. 63
16,5-9*. 10
17,7-10*. 11-13. 14-18*
18,11-28*
19,1a*.2-6.10*.11-15.17*.18-22a.24*.25-30a.32*.33-38a.40*.41-47</td><td>19,49-51a</td></tr>
<tr><th></th><th>Einleitung</th><th>Gebiets-beschreibung</th><th>Einleitung</th><th>Gebietsbeschreibung</th><th>Mitte</th><th>Gebietsbeschreibung</th><th>Abschluß</th></tr>
<tr><td>5</td><td>13,1-7aα</td><td>13,7aβ-13. 14. 15-23a*. 23b. 24-27*. 28. 29-32*. 33</td><td>14,1. 2b-3. 4. 5</td><td>14,6-15
15,1* (+ מטה בני und למשפחתם). 2-11. 12 (+ מטה בני und למשפחתם). 13-20. 21-27. 28*. 30*. 31. 32*. 33-44. 45-47. 48-59 (+ Verdeutlichungen). 59^{LXX}* (+ Verdeutlichungen). 60. 61- 63
16,1-4. 5-9*. 10
17,1-6*. 7-10*. 11-13. 14-18*</td><td>18,1. 2 (+ שבעה שבטים). 3-4*. 5-6a. 7-8a. 8bα. 9 (+ לשבעה חלקים על־ספר und שילה). 10b*</td><td>18,11-28*
19,1a. 1b. 2-6. 7-9. 10-15. 16. 17-22a. 22b-23. 24-30a. 30b-31. 32-38a. 38b-39. 40-47. 48. (+ למשפח(ו)תם, בני und vielleicht מטה in 19,1. 10. 17. 24. 32. 40)
20,1-21,42*</td><td>19,49-51a. 51b*
21,43-45</td></tr>
<tr><td>6</td><td>13,1-7aα</td><td>13,7aβ-33</td><td>14,1. 2a. 2b-5</td><td>14,6-15
15,1 (+ גורל). 2-27. 28-30 (ab ובנותיה cj. bis ובתול cj.). 31. 32 (+ ועין רמון cj.). 33-63
16,1-10
17,1 (+ גורל). 2-18</td><td>18,1-4 (+ ואשלחם). 5-6a. 6b. 7-8bα. 8bβ. 9. 10a. 10b (+ כמחלקתם)</td><td>18,11 (+ גורל). 12-28
19,1-49 (+ גורל in 19,1. 10. 17. 24. 32. 40)
20,1-21,42 (+ גורל in 21,4. 5. 6. 8. 10. 20. 40)</td><td>19,49-51a. 51b (+ גורל)
21,43-45</td></tr>
</table>

11.5. *Zu Kapitel 6 und 7*

11.5.1. *Die geographischen Bezeichnungen von Jos 15 nach dem Text geordnet*

Vers	Nr.	Bezeichnung
1	GA1	Edom
—	GA2	Wüste Zin, die
—	GA3	Süden, der äußerste
2	S1	Salzmeer, das
—	S1a	Zunge, die
—	S2	Skorpionensteige, die
3	S3	Zin
—	S4	Kadesch-Barnea
—	S5	Hezron 1
—	S6	Addar
—	S7	Karka
4	S8	Azmon
—	S9	Bach Ägyptens, der
—	S10	Meer, das
5	O1	Salzmeer, das
—	O2	Jordanmündung, die
—	N1	Zunge des Meeres, die
—	N1a	Meer, das
—	N1b	Jordanmündung, die
—	N2	Bet-Hogla
6	N3	Bet-Araba
—	N4	Stein Bohans, der
7	N5	Debir 1
—	N5a	Achortal, das
—	N6	Gelilot cj.
—	N6a	Adummimsteige, die
—	N6b	Tal, das
—	N7	Schemeschquelle, das Wasser der
—	N8	Rogelquelle, die
8	N9	Ben-Hinnomtal, das
—	N10	Berglehne des Jebusiters, die
—	N10a	Jerusalem
—	N11	Berg, der
—	N11a	Hinnomtal, das
—	N11b	Refaiterebene, die
9	N11d	Berg, der
—	N12	Meneftoachquelle, die
—	N13	Ijim im Efrongebirge cj.
—	N13b	Efrongebirge, das
—	N14	Baala 1
—	N14a	Kirjat-Jearim
10	N14b	Baala 1
—	N15	Seïrgebirge, das
—	N16	Berglehne von Jearim, die
—	N16a	Jearim
—	N16b	Kesalon
—	N17	Bet-Schemesch
—	N18	Timna 1
11	N19	Berglehne Ekrons, die
—	N19a	Ekron
—	N20	Schikkaron
—	N21	Berg Baala, der
—	N22	Jabneel
—	N23	Meer, das
12	W1	Große Meer, das
13	K1	Kirjat-Arba
—	K2	Hebron
15	K3	Debir 2 (2×)
—	K4	Kirjat-Sefer
16	K4	Kirjat-Sefer
19	K5	Trockenland, das
—	K6	Wasserbecken, die
—	K7	Oberen Becken, die
—	K8	Unteren Becken, die
21	OA1	Edom
—	I.0	Negev
—	I.1	Kabzeel
—	I.2	Arad cj.
—	I.3	Jagur
22	I.4	Kina
—	I.5	Dimona
—	I.6	Arara cj.
23	I.7	Kedes
—	I.8	Hazor 1
—	I.9	Jitnan
24	I.10	Sif 1
—	I.11	Telem
—	I.12	Bealot
25	I.13	Hazor-Hadatta cj.
—	I.14	Kerijot
—	I.15	Hezron 2
—	I.15a	Hazor 2
26	I.16	Amam
—	I.17	Schema
—	I.18	Molada

27	I.19	Hazar-Gadda
—	I.20	Heschmon
—	I.21	Bet-Pelet
28	I.22	Hazar-Schual
—	I.23	Beerscheba
29	I.24	Baala 2
—	I.25	Ezem
30	I.26	Eltolad
—	I.27	Betul cj.
—	I.28	Horma
31	I.29	Ziklag
—	I.30	Madmanna
—	I.31	Sansanna
32	I.32	Lebaot
—	I.33	Schilhim
—	I.34	En-Rimmon cj.
33	II–V.0	Schefela
—	II.1	Eschtaol
—	II.2	Zora
—	II.3	Aschna 1
34	II.4	Sanoach 1
—	II.5	En-Gannim
—	II.6	Tappuach
—	II.7	Enajim cj.
35	II.8	Jarmut
—	II.9	Adullam
—	II.10	Socho 1
—	II.11	Aseka
36	II.12	Schaarajim
—	II.13	Aditajim
—	II.14	Gedera
37	III.1	Zenan
—	III.2	Hadascha
—	III.3	Migdal-Gad
38	III.4	Dilan
—	III.5	Mizpe
—	III.6	Jokteel
39	III.7	Lachisch
—	III.8	Bozkat
—	III.9	Eglon
40	III.10	Kabran cj.
—	III.11	Lachmas
—	III.12	Kitlosch cj.
41	III.13	Gederot
—	III.14	Bet-Dagon
—	III.15	Naama
—	III.16	Makkeda

42	IV.1	Libna
—	IV.2	Eter
—	IV.3	Aschan
43	IV.4	Jiftach
—	IV.5	Aschna 2
—	IV.6	Nezib
44	IV.7	Keïla
—	IV.8	Achsib
—	IV.9	Marescha
45	V	Ekron
46	V	Ekron
—	V	Aschdod
—	V	Gaza
47	V	Bach Ägyptens, der
—	V	Aschdod
—	V	Mittelmeer, das
48	VI–XI.0	Gebirge, das
—	VI.1	Schamir
—	VI.2	Jattir
—	VI.3	Socho 2
49	VI.4	Danna
—	VI.5	Kirjat-Sanna
—	VI.5a	Debir 2
50	VI.6	Anab
—	VI.7	Eschtemoa
—	VI.8	Anim
51	VI.9	Goschen
—	VI.10	Holon
—	VI.11	Gilo
52	VII.1	Arab
—	VII.2	Ruma
—	VII.3	Eschan
53	VII.4	Janum Q
—	VII.5	Bet-Tappuach
—	VII.6	Afeka
54	VII.7	Humta
—	VII.8	Kirjat-Arba
—	VII.8a	Hebron
—	VII.9	Zior
55	VIII.1	Maon
—	VIII.2	Karmel
—	VIII.3	Sif 2
—	VIII.4	Jutta
56	VIII.5	Jesreel
—	VIII.6	Jorkoam cj.
—	VIII.7	Sanoach 2

57	VIII.8	Kajin	—	X.8	Kerem cj.
—	VIII.9	Gibea	—	X.9	Gallim cj.
—	VIII.10	Timna 2	—	X.10	Bet-Ter cj.
			—	X.11	Manocho cj.
58	IX.1	Halhul			
—	IX.2	Bet-Zur	60	XI.1	Kirjat-Baal
—	IX.3	Gedor	—	XI.1a	Kirjat-Jearim
59	IX.4	Maarat	—	XI.2	(Zuba-)Rabba cj.
—	IX.5	Bet-Anot/m			
—	IX.6	Eltekon	61	XII.0	Wüste, die
			—	XII.1	Bet-Araba
59^LXX	X.1	Tekoa cj.	—	XII.2	Middin
—	X.2	Efrata cj.	—	XII.3	Sechacha
—	X.2a	Betlehem cj.	62	XII.4	Nibschan
—	X.3	Peor cj.	—	XII.5	Salzstadt, die
—	X.4	Etam cj.	—	XII.6	En-Gedi
—	X.5	Kulon cj.			
—	X.6	Tatam cj.	63	J	Jerusalem
—	X.7	Schoresch cj.			

Legende: In der zweiten Spalte geben die Ziffern die jeweilige relative Folge der geographischen Bezeichnungen an. Wenn ein geographischer Punkt aus zwei Bezeichnungen besteht (z.B. Ijim im Efrongebirge), oder ein nächster Punkt die Lage vom ersten näher erläutert, bekommen sie die Nummer des ersten Punktes mit Buchstaben erweitert.

GA	Grenzbeschreibung allgemein
S	Südgrenze
O	Ostgrenze
N	Nordgrenze
W	Westgrenze
K	Kalebgeschichte
OA	Ortsliste allgemein
I, II, usw.	Nummerierung der Distrikte der Ortsliste
J	Notiz zur Nichteroberung Jerusalems

11.5.2. *Die geographischen Bezeichnungen von Jos 15 in alphabetischer Reihenfolge*

Achortal, das	N5a	7
Achsib	IV.8	44
Addar	S6	3
Aditajim	II.13	36
Adullam	II.9	35
Adummimsteige, die	N6a	7
Afeka	VII.6	53
Amam	I.16	26
Anab	VI.6	50
Anim	VI.8	50
Arab	VII.1	52
Arad cj.	I.2	21
Arara cj.	I.6	22
Aschan	IV.3	42
Aschdod	V	46
—	V	47
Aschna 1	II.3	33
Aschna 2	IV.5	43
Aseka	II.11	35
Azmon	S8	4
Baala 1	N14	9
—	N14b	10
Baala 2	I.24	29
Bach Ägyptens, der	V	47
—	S9	4
Bealot	I.12	24
Beerscheba	I.23	28
Ben-Hinnomtal, das	N9	8
Berg Baala, der	N21	11
Berg, der	N11	8
—	N11d	9
Berglehne des Jebusiters, die	N10	8
Berglehne Ekrons, die	N19	11
Berglehne von Jearim, die	N16	10
Bet-Anom cj.	IX.5	59
Bet-Anot	IX.5	59
Bet-Araba	N3	6
—	XII.1	61
Bet-Dagon	III.14	41
Bet-Hogla	N2	6
Bet-Pelet	I.21	27
Bet-Schemesch	N17	10
Bet-Tappuach	VII.5	53
Bet-Ter cj.	X.10	59[LXX]
Bet-Zur	IX.2	58
Betlehem cj.	X.2a	59[LXX]
Betul cj.	I.27	30
Bozkat	III.8	39
Danna	VI.4	49
Debir 1	N5	7
Debir 2	K3	15
—	K3	15
—	VI.5a	49
Dilan	III.4	38
Dimona	I.5	22
Edom	GA1	1
—	OA1	21
Efrata cj.	X.2	59[LXX]
Efrongebirge, das	N13b	9
Eglon	III.9	39
Ekron	N19a	11
—	V	45
—	V	46
Eltekon	IX.6	59
Eltolad	I.26	30
En-Gannim	II.5	34
En-Gedi	XII.6	62
En-Rimmon cj.	I.34	32
Enajim cj.	II.7	34
Eschan	VII.3	52
Eschtaol	II.1	33
Eschtemoa	VI.7	50
Etam cj.	X.4	59[LXX]
Eter	IV.2	42
Ezem	I.25	29
Gallim cj.	X.9	59[LXX]
Gaza	V	46
Gebirge, das	VI–XI.0	48
Gedera	II.14	36
Gederot	III.13	41
Gedor	IX.3	58
Gelilot cj.	N6	7
Gibea	VIII.9	57
Gilo	VI.11	51
Goschen	VI.9	51
Große Meer, das	W1	12
Hadascha	III.2	37
Halhul	IX.1	58
Hazar Gadda	I.19	27
Hazar-Schual	I.22	28
Hazor 1	I.8	23
Hazor 2	I.15a	25
Hazor-Hadatta cj.	I.13	25
Hebron	K2	13
—	VII.8a	54
Heschmon	I.20	27

Hezron 1	S5	3
Hezron 2	I.15	25
Hinnomtal, das	N11a	8
Holon	VI.10	51
Horma	I.28	30
Humta	VII.7	54
Ijim im Efron-gebirge cj.	N13	9
Jabneel	N22	11
Jagur	I.3	21
Janum Q	VII.4	53
Jarmut	II.8	35
Jattir	VI.2	48
Jearim	N16a	10
Jerusalem	N10a	8
—	J	63
Jesreel	VIII.5	56
Jiftach	IV.4	43
Jitnan	I.9	23
Jokteel	III.6	38
Jordanmündung, die	O2	5
—	N1b	5
Jorkoam cj.	VIII.6	56
Jutta	VIII.4	55
Kabran cj.	III.10	40
Kabzeel	I.1	21
Kadesch-Barnea	S4	3
Kajin	VIII.8	57
Karka	S7	3
Karmel	VIII.2	55
Kedes	I.7	23
Keïla	IV.7	44
Kerem cj.	X.8	59[LXX]
Kerijot	I.14	25
Kesalon	N16b	10
Kina	I.4	22
Kirjat-Arba	K1	13
—	VII.8	54
Kirjat-Baal	XI.1	60
Kirjat-Jearim	N14a	9
—	XI.1a	60
Kirjat-Sanna	VI.5	49
Kirjat-Sefer	K4	15
—	K4	16
Kitlosch cj.	III.12	40
Kulon cj.	X.5	59[LXX]
Lachisch	III.7	39
Lachmas	III.11	40
Lebaot	I.32	32
Libna	IV.1	42
Maarat	IX.4	59

Madmanna	I.30	31
Makkeda	III.16	41
Manocho cj.	X.11	59[LXX]
Maon	VIII.1	55
Marescha	IV.9	44
Meer, das (Mittelmeer)	S10	4
—	N23	11
Meer, das (Totes Meer)	N1a	5
Meneftoachquelle, die	N12	9
Middin	XII.2	61
Migdal-Gad	III.3	37
Mittelmeer, das	V	47
Mizpe	III.5	38
Molada	I.18	26
Naama	III.15	41
Negev	I.0	21
Nezib	IV.6	43
Nibschan	XII.4	62
Oberen Becken, die	K7	19
Peor cj.	X.3	59[LXX]
Refaiterebene, die	N11b	8
Rogelquelle, die	N8	7
Ruma	VII.2	52
Salzmeer, das	S1	2
—	O1	5
Salzstadt, die	XII.5	62
Sanoach 1	II.4	34
Sanoach 2	VIII.7	56
Sansanna	I.31	31
Schaarajim	II.12	36
Schamir	VI.1	48
Schefela	II–V.0	33
Schema	I.17	26
Schemeschquelle, das Wasser der	N7	7
Schikkaron	N20	11
Schilhim	I.33	32
Schoresch cj.	X.7	59[LXX]
Sechacha	XII.3	61
Seïrgebirge, das	N15	10
Sif 1	I.10	24
Sif 2	VIII.3	55
Skorpionensteige, die	S2	3
Socho 1	II.10	35
Socho 2	VI.3	48
Stein Bohans, der	N4	6
Süden, der äußerste	GA3	1
Tal, das	N6b	7
Tappuach	II.6	34
Tatam cj.	X.6	59[LXX]
Tekoa cj.	X.1	59[LXX]

Telem	I.11	24	Zenan	III.1	37
Timna 1	N18	10	Ziklag	I.29	31
Timna 2	VIII.10	57	Zin	S3	3
Trockenland, das	K5	19	Zior	VII.9	54
Unteren Becken, die	K8	19	Zora	II.2	33
Wasserbecken, die	K6	19	Zuba-Rabba cj.	XI.2	60
Wüste, die	XII.0	61	Zunge des Meeres, die	N1	5
Wüste Zin, die	GA2	1	Zunge, die	S1a	2

Für die Legende siehe den vorigen Paragraphen.

11.5.3. *Synomyme der Ortsnamen in Jos 15*

Achsib	Kozeba
	Kezib
Arab	vgl. Arabiter
Arad cj.	vgl. Negev-Arad
Arara cj.	Aroer
Aschan	Bor-Aschan
Baala 1	Kirjat-Jearim
	vgl. Kirjat-Baal
Baala 2	Bala
	Bilha
Ben-Hinnomtal, das	Hinnomtal, das
Bet-Araba	vgl. Arabata (?)
Bet-Pelet	Pelet (?)
Bet-Tappuach	Tappuach
Betlehem cj.	Efrata
Betul cj.	Betul
	Betuël
Debir	Kirjat-Sanna
	Kirjat-Sefer
Dimona	Dibon
Edom	Teman
Efrata cj.	Betlehem
Eltolad	Tolad
Eschtemo	Eschtemoa
Eter	Atach
Gedera	Gederot
Gilo	vgl. Giloniter
Goschen	vgl. Land Goschen
Große Meer, das	das Meer
Hazor 2	Hezron 2
Hebron	Kirjat-Arba
Hezron 2	Hazor 2
Hinnomtal, das	Ben-Hinnomtal, das
Holon	Hilon cj.
Horma	Zefat
Jerusalem	Ofel
	Stadt von David
Jesreel	vgl. Jesreeliter
Jokteel	Jekutiël
Kabzeel	Jekabzeel
Kadesch-Barnea	En-Mispat
	Kadesch
Kerem cj.	Bet-Kerem
Kirjat-Arba	Hebron
Kirjat-Baal	Baala 1
	Kirjat-Jearim
Kirjat-Jearim	Baala 1
	Kirjat-Baal
Kirjat-Sanna	Kirjat-Sefer
	Debir
Kirjat-Sefer	Debir
	Kirjat-Sanna
Lebaot	Bet-Lebaot
Maarat	Marot?
Madmanna	Bet-Markabot
Manocho cj.	vgl. Manoach
	vgl. Manachat
	vgl. Manoachiter
Maon	vgl. Wüste von Maon
Meer, das	Große Meer, das
Salzmeer, das	Meer, das
	Meer der Araba, das
	Östliche Meer, das
Sansanna	Hazar-Susa
	Hazar-Susim
Schema	Scheba
Sif 2	vgl. Sifiter
Tal, das	Araba-Bach, der
Tekoa cj.	vgl. Wüste von Tekoa
Telem	Telaïm
	Telam
Zenan	Zaanan

11.5.4. *Hapax legomena und homonymische hapax legomena in Jos 15*

hapax legomena

Aditajim
Afeka
Amam
Anim
Arab
Berg Baala, der
Berglehne von Jearim, die
Bet-Anot/m
Bet-Ter
Danna
Dilan
Dimona
Eltekon
Eschan
Hadascha
Halhul
Hazar-Gadda
Hazor-Hadatta cj.
Heschmon
Humta
Ijim im Efrongebirge
Jagur
Janum
Jitnan
Kabran cj.
Kajin
Kajin
Kerijot
Kitlosch cj.
Kulon
Lachmas
Maarat
Manocho
Middin
Migdal-Gad
Nibschan
Salzstadt, die
Sanoach 1
Sanoach 2
Schilhim
Sechacha
Seïrgebirge, das
Tatam
Zior

homonymische hapax legomena

Aschna 1
Addar
Aschna 2
Bealot
Bet-Dagon
Debir 1
En-Gannim
Gallim
Gederot
Goschen
Hazor 1
Hazor 2
Hezron 1
Hezron 2
Jabneel
Jiftach
Karka
Kedes
Kerijot
Kesalon
Kina
Mizpe
Naama
Nezib

Peor
Sanoach 2
Schamir
Schamir
Schikkaron
Schilhim
Schoresch
Sif 1
Socho 2
Tappuach
Timna 2

11.6. *Zu Kapitel 6: Die Datierung der Nordgrenze*

Ort	Grad	*site*	Bewohnung									
			SBZ II[1]	EZ I		EZ IIA	EZ IIB		EZ IIC		EZ III (bab. / pers.)	
			13	12	11	10	9	8	7	600-587	587-400	400-332
Bet-Hogla	2	*site* 1991.1371[2] bei *ʿē n haǧle*	4	1							4	
Debir 1	2	*t. muḥalḥil*[3]	1	1							4	
Baala	2	*site* 16060.13540 bei *dē r el-azhar*[4]	4	4	1						4	
Ijim	3	*qalō nyā*[5]	4	4	1						4	
	3	*site* 16505.13410[6]	4	4	1						4	
Kesalon	1	*keslā*[7]	4	4		2					2	
Bet-Schemesch	1	*t. er-rumē le*[8]	IVB	III	IIA	IIB	0	IIC	3	4	4	
Timna	1	*t. el-bā tā šī*[9]	VI	0	V	IV	4	III	0	II	I	
Ekron	1	*ḫ. el-muqanna*ʿ[10]	VIIIA	VII / VI	V	IV	4	1	IC	IB		
Schikkaron	2	*t. el-fū l*[11]	1	1		1					0	
Jabneel	1	*yebna*[13]	4	1							4	4

Legende

0	undeutlich
1	sicher
2	wahrscheinlich
3	vielleicht
4	sicher nicht
I	römische Zahlen deuten auf Ausgrabungsschichten hin

Anmerkungen

1. Zur archäologischen Einteilung s. Fritz, *Einführung* 1985, 74.
2. Dinur, *'En Hogla* 1986, 118.
3. Bar-Adon, *JSG* 1972, Nr. 83.
4. Finkelstein / Magen, *Benjamin* 1993, Nr. 261; 262.
5. Finkelstein / Magen, *Benjamin* 1993, Nr. 291.
6. Finkelstein / Magen, *Benjamin* 1993, Nr. 294.
7. Ofer, *Highland* I 1993, 3:52.
8. S.u. §7.6.2 Die Stratigraphie ist unsere Synthese von Bunimovitz / Lederman, *Beth-Schemesch*, und id., *Beth-Shemesh* 1996. In beiden Artikeln verbinden die Ausgräber die Schichten entweder nicht oder nur allgemein mit Datierungen. Vor allem der Status des 9. Jh. wird nicht recht deutlich.
9. Dagan, *Shephelah* 1992, Nr. 4; Mazar, *Shephelah* 1994; Kelm / Mazar, *Batash, tel.*
10. Dothan / Gitin, *Miqne, tel*; Mazar, *Shephelah* 1994.
11. Aharoni, *Boundary* 1958, 30.
12. Alt, *Institut* 1933, 12f.
13. Liebowitz, *Jabneel*, 596.

11.7. *Zu Kapitel 7*

11.7.1. *Sichere Identifizierungen*

<table>
<tr><th colspan="4">sichere Identifizierungen</th><th>SBZ II</th><th colspan="2">EZ I</th><th>EZ IIA</th><th colspan="2">EZ IIB</th><th colspan="2">EZ IIC</th><th colspan="2">EZ III (bab. / pers.)</th></tr>
<tr><th>Ort</th><th>Folgenr.</th><th>site</th><th>grid</th><th>13.</th><th>12.</th><th>11.</th><th>10.</th><th>9.</th><th>8.</th><th>7.</th><th>600-587</th><th>587-400</th><th>400-332</th></tr>
<tr><td colspan="14">Distrikt I (3/34)</td></tr>
<tr><td>Arad</td><td>2</td><td>t. ʿarād[1]</td><td>162.076</td><td>—</td><td>—</td><td>XII[2]</td><td>—</td><td>XI</td><td>X</td><td>IX</td><td>VIII</td><td>VII</td><td>VI</td><td colspan="2">V</td></tr>
<tr><td>Kerijot</td><td>14</td><td>ḫ. el-qaryetēn[3]</td><td>163.083</td><td colspan="8">—</td><td colspan="2">+</td></tr>
<tr><td>Sansanna</td><td>31</td><td>ḫ. eš-šamsānīyāt[4]</td><td>141.084</td><td colspan="8">+</td><td colspan="2">+</td></tr>
<tr><td colspan="14">Distrikt II (6/14)</td></tr>
<tr><td>Zora</td><td>2</td><td>ṣarʿa[5]</td><td>148.131</td><td>—</td><td>—</td><td>—</td><td>+</td><td colspan="2">+</td><td colspan="2">+[6]</td><td colspan="2">+?[7]</td></tr>
<tr><td>Sanoach</td><td>4</td><td>ḫ. zanū[8]</td><td>150.125</td><td>+</td><td>—</td><td>—</td><td>—</td><td>+[9]</td><td>+</td><td>+</td><td>+</td><td colspan="2">+</td></tr>
<tr><td>Jarmut</td><td>8</td><td>ḫ. yarmūk[10]</td><td>147.124</td><td>+</td><td>+</td><td>III</td><td colspan="5">+</td><td colspan="2">+</td></tr>
<tr><td>Adullam</td><td>9</td><td>ḫ. eš-šēḫ maḏkūr[11]</td><td>150.117</td><td>+</td><td colspan="2">—</td><td colspan="5">+</td><td colspan="2">—</td></tr>
<tr><td>Socho 1</td><td>10</td><td>ḫ. ʿabbād[12]</td><td>147.121</td><td>+</td><td colspan="2">—</td><td colspan="5">+</td><td colspan="2">+</td></tr>
<tr><td>Aseka</td><td>11</td><td>t. zakarīye[13]</td><td>144.123</td><td>+</td><td colspan="2">—</td><td colspan="5">+</td><td colspan="2">+</td></tr>
<tr><td colspan="14">Distrikt III (1/16)</td></tr>
<tr><td>Lachisch</td><td>7</td><td>t. ed-duwēr[14]</td><td>135.108</td><td>VII</td><td>VI</td><td>—</td><td>V</td><td>IV</td><td>III</td><td colspan="2">II</td><td colspan="2">I</td></tr>
<tr><td colspan="14">Distrikt IV (3/9)</td></tr>
<tr><td>Nezib</td><td>6</td><td>ḫ. bēt nesīb eš-šarqīye[15]</td><td>151.110</td><td colspan="3">—</td><td colspan="5">+</td><td colspan="2">+</td></tr>
<tr><td>Keïla</td><td>7</td><td>t. / ḫ. qīla[16]</td><td>150.113</td><td>+</td><td colspan="2">—</td><td colspan="5">+</td><td colspan="2">+</td></tr>
<tr><td>Marescha</td><td>9</td><td>t. sandaḥanne[17]</td><td>140.111</td><td colspan="5">—</td><td colspan="3">+</td><td colspan="2">+</td></tr>
<tr><td colspan="14">Distrikt VI (4/11)</td></tr>
<tr><td>Jattir</td><td>2</td><td>ḫ. ʿattīr[18]</td><td>151.084</td><td>—</td><td colspan="2">+</td><td colspan="5">+</td><td colspan="2">+</td></tr>
<tr><td>Socho 2</td><td>3</td><td>ḫ. šuwēke[19]</td><td>150.090</td><td>—</td><td colspan="2">—</td><td colspan="5">+</td><td colspan="2">+</td></tr>
<tr><td>Debir 2</td><td>5</td><td>ḫ. er-rabūḍ[20]</td><td>151.093</td><td>—</td><td colspan="3">+</td><td colspan="2">+</td><td colspan="2">+</td><td colspan="2">+</td></tr>
<tr><td>Eschtemoa</td><td>7</td><td>es-semūʿa[21]</td><td>156.089</td><td>—</td><td colspan="2">+</td><td colspan="5">+</td><td colspan="2">—</td></tr>
<tr><td colspan="14">Distrikt VII (2/9)</td></tr>
<tr><td>Bet-Tappuach</td><td>5</td><td>taffūḥ[22]</td><td>154.105</td><td>—</td><td colspan="2">—</td><td colspan="5">+</td><td colspan="2">+</td></tr>
<tr><td>Hebron</td><td>8</td><td>ǧebel er-rumēde[23]</td><td>159.104</td><td>—</td><td>+</td><td>+</td><td>+</td><td colspan="4">+</td><td colspan="2">—</td></tr>
</table>

<table>
<tr><th colspan="4">sichere Identifizierungen</th><th>SBZ II</th><th colspan="2">EZ I</th><th>EZ IIA</th><th colspan="2">EZ IIB</th><th colspan="2">EZ IIC</th><th colspan="2">EZ III (bab. / pers.)</th></tr>
<tr><th>Ort</th><th>Folgenr.</th><th>site</th><th>grid</th><th>13.</th><th>12.</th><th>11.</th><th>10.</th><th>9.</th><th>8.</th><th>7.</th><th>600-587</th><th>587-400</th><th>400-332</th></tr>
<tr><td colspan="14">Distrikt VIII (4/10)</td></tr>
<tr><td>Maon</td><td>1</td><td>t. maʿīn[24]</td><td>162.090</td><td>—</td><td colspan="2">—</td><td colspan="5">+</td><td colspan="2">—</td></tr>
<tr><td>Karmel</td><td>2</td><td>ḫ. el-kirmil[25]</td><td>162.092</td><td>—</td><td colspan="2">—</td><td colspan="5">+</td><td colspan="2">+</td></tr>
<tr><td>Sif 2</td><td>3</td><td>t. zīf[26]</td><td>162.098</td><td>—</td><td colspan="2">—</td><td colspan="5">+</td><td colspan="2">+</td></tr>
<tr><td>Jutta</td><td>4</td><td>yatta[27]</td><td>158.095</td><td>—</td><td colspan="2">—</td><td>—?</td><td colspan="4">+</td><td colspan="2">+</td></tr>
<tr><td colspan="14">Distrikt IX (3/6)</td></tr>
<tr><td>Halhul</td><td>1</td><td>halhūl[28]</td><td>160.109</td><td>—</td><td colspan="2">+</td><td colspan="5">+</td><td colspan="2">+</td></tr>
<tr><td>Bet-Zur</td><td>2</td><td>ḫ. et-ṭubēqa[29]</td><td>159.110</td><td>—</td><td>—</td><td>III</td><td>—</td><td>—</td><td colspan="3">II[30]</td><td colspan="2">I</td></tr>
<tr><td>Gedor</td><td>3</td><td>ḫ. ǧedūr[31]</td><td>158.115</td><td>—</td><td colspan="2">+</td><td colspan="5">+</td><td colspan="2">+</td></tr>
<tr><td colspan="14">Distrikt X (4/11)</td></tr>
<tr><td>Tekoa</td><td>1</td><td>ḫ. teqūʿ[32]</td><td>170.115</td><td>—</td><td colspan="2">—</td><td colspan="5">+</td><td colspan="2">+</td></tr>
<tr><td>Betlehem</td><td>2</td><td>bēt lahm[33]</td><td>169.123</td><td>—</td><td colspan="2">+</td><td colspan="5">+</td><td colspan="2">+</td></tr>
<tr><td>Etam</td><td>4</td><td>ḫ. el-ḫōḫ[34]</td><td>167.121</td><td>—</td><td colspan="2">+</td><td colspan="5">+</td><td colspan="2">+</td></tr>
<tr><td>Bet-Ter</td><td>10</td><td>ḫ. el-yehūd[35]</td><td>162.126</td><td>—</td><td colspan="2">+?</td><td colspan="2">+?</td><td>+</td><td colspan="2">+</td><td colspan="2">—</td></tr>
<tr><td colspan="14">Distrikt XII (1/6)</td></tr>
<tr><td>En-Gedi</td><td></td><td>t. el-ǧurn[36]</td><td>187.096</td><td>—</td><td colspan="2">—</td><td colspan="3">—</td><td colspan="2">V</td><td colspan="2">IV</td></tr>
</table>

Anmerkungen

1. Aharoni, *Arad*, bes. 82.
2. Zimhoni, *Pottery* 1985, 84–87, datiert mit guten Gründen den Anfang von Stratum XII ins 10. Jh. Die darauf folgenden Schichten schieben entsprechend ein wenig auf.
3. Derfler / Govrin, *Kerioth* 1993, 263: Reste aus der 2. Tempelperiode.
4. Lehmann, *Survey* 1994.
5. Dagan, *Shephelah* 1992, Nr. 7 (Lachisch III); und sehr detailliert Lehmann / e.a., *Zora* 1996, 362–373.
6. Lehmann / e.a., *Zora* 1996, 368: „Der größte Teil der ez Keramik stammt aus der Eisenzeit II C."
7. Lehmann / e.a., *Zora* 1996, 371: eine einzige Scherbe.
8. Dagan, *Shephelah* 1992, Nr. 27.
9. Das 9. bis zum 6. Jh. sind durch Lachisch IV-, III- und II-ähnliche Scherben belegt; s. Dagan, *Shephelah* 1992, Nr. 27.
10. De Miroschedji, *Jarmuth*, bes. 665: „more or less continueous occupation from the Late Bronze Age II to the Early Byzantine period, including three Iron Age I strata".
11. Dagan, *Shephelah* 1992, Nr. 130.
12. Dagan, *Shephelah* 1992, Nr. 105.
13. Stern, *Azekah a*; Dagan, *Shephelah* 1992, Nr. 50.
14. Ussishkin, *Lachish*, bes. 898.
15. Dagan, *Shephelah* 1992, Nr. 146 (Lachisch III und wenig II).
16. Dagan, *Shephelah* 1992, Nr. 143; Finkelstein, *Countryside* 1996, 239.
17. Avi-Yonah / Kloner, *Maresha*; Dagan, *Shephelah* 1992, Nr. 144.
18. Ofer, *Highland* I 1993, 3:51f.
19. Ofer, *Highland* I 1993, 3:83f.
20. Kochavi, *Rabud*; Ofer, *Highland* I 1993, 3:38–40.
21. Ofer, *Highland* I 1993, 3:20f; und vgl. Yeivin, *Eshtemoa*, 426.
22. Ofer, *Highland* II 1993, 2a:30.
23. Ofer, *Hebron*; id., *Highland* II 1993, 2a:30.
24. Ilan / Amit, *Maon*; Ofer, *Highland* II 1993, 2a:43.
25. Ofer, *Highland* II 1993, 2a:44.
26. Ofer, *Highland* II 1993, 2a:44.
27. Dinur, *Yatta* 1986; Ofer, *Highland* II 1993, 2a:42.
28. Ofer, *Highland* II 1993, 2a:31.
29. Funk, *Beth-Zur*; Ofer, *Highland* II 1993, 2a:15.
30. Funk, *Beth-Zur*, 261, läßt Stratum II ungefähr um 700 anfangen. Da aber elf *lmlk*-Krüge gefunden wurden, nehmen wir das 8. Jh. dazu.
31. Ofer, *Highland* II 1993, 2a:15; und vgl. Ben-Arieh, *Gedor*.
32. Ofer, *Highland* II 1993, 2a:28.
33. Ofer, *Highland* II 1993, 2a:13; und vgl. [Stekelis /] Avi-Yonah / Tzaferis], *Bethlehem*, 204.
34. Ofer, *Highland* II 1993, 2a:13.
35. Ussishkin, *Betar* 1992; id., *Betar* 1993, bes. 91.
36. Mazar, *En Gedi*, bes. 400.

11.7.2. *Wahrscheinliche Identifizierungen*

wahrscheinliche Identifizierungen				EZ IIB	EZ IIC
Ort	**Folgenr.**	***site***	***grid***	**8.**	**700-587**
Distrikt I (8/34)					
Kina	4	ḫ. ġazze[1]	165.068	+?[2]	+
Arara	6	ḫ. ʿarʿara[3]	147.062	—	IV-II
Molada	18	ḫ. el-waṭan[4]	142.073	+	+
Beerscheba	23	bīr es-sebaʿ[5]	130.072	+	+
Betul	27	t. umm bētīn	138.076		
Horma	28	t. el-ḫuwēlife[6]	137.087	VIB	VIA
Ziklag	29	t. eš-šerīʿa[7]	119.088	VI	V
Madmanna	30	ḫ. tātrēṭ[8]	143.084	+	+
Distrikt II (8/14)					
Eschtaol	1	išwaʿ[9]	151.132	+	+
Aschna 1	3	ḫ. wādi ʿallīn[10]	149.128	+	+
En-Gannim	5	ḫ. umm ğinā[11]	146.128	+	
Tappuach	6	ḫ. el-bīre[12]	143.129	+	
Enajim cj.	7	ḫ. el-ḫēšūm[13]	145.126	+	
Schaarajim	12	ḫ. eš-šarīʿa[14]	145.124	+	+?
Aditajim	13	ḫ. danab el-kalb[15]	154.142	+	+
Gedera	14	ḫ. ğedīre	146.137		
Distrikt III (6/16)					
Migdal-Gad	3	ḫ. ed-dawāyime[16]	141.105	EZ II	
Eglon	9	t. ʿētūn[17]	143.099	I	—?
Gederot	13	qaṭra[18]	129.136	+	+
Bet-Dagon	14	bēt değen	134.156		
Naama	15	ḫ. farād	140.130		
Makkeda	16	ḫ. el-qōm[19]	146.104	+	+
Distrikt IV (3/9)					
Libna	1	t. bornāṭ[20]	138.115	+	+
Eter	2	ḫ. el-ʿaṭār[21]	138.113	+	+
Achsib	8	t. el-bēḍā[22]	145.116	+	+
Distrikt VI (4/11)					
Schamir	1	ḫ. ʿanāb eṣ-ṣaġīr[23]	145.091	+	+
Anab	6	ḫ. ʿanāb el-kebīr[24]	143.089	+	+
Anim	8	ḫ. ġuwēn el-fōqa[25] +	157.085	+	+
		ḫ. ġuwēn et-taḥtā[26]	156.084	+	+
Goschen	9	t. bēt mirsim[27]	141.096	A1	+?

wahrscheinliche Identifizierungen				EZ IIB	EZ IIC
Ort	**Folgenr.**	***site***	***grid***	**8.**	**700-587**
Distrikt VII (2/9)					
Arab	1	ḫ. umm el-ʿamed[28]	154.094	+	+
Afeka	6	ḫ. el-marāǧim[29]	152.099	+	+
Distrikt VIII (3/10)					
Jorkoam cj	6	ḫ. raqʿa[30]	160.096	+	+
Sanoach	7	ḫ. bēt ʿamrā west[31]	154.095	+	+
Kajin	8	ḫ. yaqīn[32]	164.100	+	+
Distrikt IX (1/6)					
Bet-Anot/m	5	rās et-ṭawīl[33]	163.108	+	+
Distrikt X (3/11)					
Peor	3	ḫ. umm el-qiṭaʿ[34]	165.120	—	+
Kerem	8	ḫ. ṣāliḥ[35]	170.127	VB-VA	
Manocho	11	el-māliḥa[36]	167.128	+	
Distrikt XI (1/2)					
Rabba	1	ṣūbā	161.133		
Distrikt XII (2/6)					
Sechacha	3	ḫ. qumrān[37]	193.127	+	+
die Salzstadt	5	ʿēn el-ġuwēr[38] +	189.114	+	+
		ʿēn et-turābe[39]	188.112	+	+

Anmerkungen

1. Beit-Arieh, *ʿUza*.
2. Avi-Yonah fand Reste aus der 10. bis zum 7. Jh., doch Beit-Arieh scheint den Anfang der Festung (und der Bewohnung?) in das 7. Jh. anzusetzen.
3. Biran, *Aroer*, 90–91.
4. Govrin, *Map 139* 1991, Nr. 162.
5. Gophna, *Beersheba* 1963, 145f; Cohen, *Beersheba* 1968.
6. Seger / Borowski, *Ḥalif*, 554–559.
7. Oren, *Seraʿ*.
8. Lehmann, *Survey* 1994.
9. Kuschke, *Beiträge* 1971, 299–300; Dagan, *Shephelah* 1992, Nr. 6 (Lachisch III); Lehmann / e.a., *Ẓora* 1996, 353–355.
10. Dagan, *Shephelah* 1992, Nr. 16 (Lachisch III und II).
11. Dagan, *Shephelah* 1992, Nr. 11 (wenige Scherben).
12. Dagan, *Shephelah* 1992, Nr. 10 (wenige Scherben).
13. Dagan, *Shephelah* 1992, Nr. 17.
14. Dagan, *Shephelah* 1992, Nr. 32 (Lachisch III).
15. Finkelstein / Magen, *Benjamin* 1993, Nr. 125.
16. Dagan, *Shephelah* 1992, Nr. 179 (wenige Scherben).
17. Dagan, *Shephelah* 1992, Nr. 268 (Lachisch III); vgl. Rainey, *Eglon*, 252; Zimhoni, *Pottery* 1985.
18. Kaplan, *Researches* 1953, 140.
19. Dever, *Qôm*, 1233–1235.
20. Dagan, *Shephelah* 1992, Nr. 136 (Lachisch III und II).
21. Dagan, *Shephelah* 1992, Nr. 142 (Lachisch III und II).

22. Dagan, *Shephelah* 1992, Nr. 133 (Lachisch III und II).
23. Ofer, *Highland* I 1993, 3:84.
24. Ofer, *Highland* I 1993, 3:71f; II 2a:17.
25. Ofer, *Highland* I 1993, 3:73f.
26. Anim, *'Anim*; Ofer, *Highland* I 1993, 3:73f.
27. Albright / Greenberg, *Beit Mirsim*, bes. 180; Dagan, *Shephelah* 1992, Nr. 272.
28. Ofer, *Highland* II 1993, 2a:38.
29. Ofer, *Highland* II 1993, 2a:36.
30. Ofer, *Highland* II 1993, 2a:43.
31. Ofer, *Highland* II 1993, 2a:38.
32. Ofer, *Highland* II 1993, 2a:32.
33. Ofer, *Highland* II 1993, 2a:32.
34. Ofer, *Highland* II 1993, 2a:12.
35. Aharoni, *Ramat Raḥel.*
36. Edelstein / Milevsky, *Rural* 1994.
37. De Vaux / Broshi, *Qumran*; Ofer, *Highland* I 1993, 3:68.
38. Bar-Adon, *Excavations* 1989, 37.
39. Bar-Adon, *Excavations* 1989, 48.

11.7.3. *Mögliche Identifizierungen*

<table>
<tr><th colspan="4">mögliche Identifizierungen</th><th>EZ IIB</th><th>EZ IIC</th></tr>
<tr><th>Ort</th><th>Folgenr.</th><th>site</th><th>grid</th><th>800-700</th><th>700-587</th></tr>
<tr><td colspan="6">Distrikt I (5/34)</td></tr>
<tr><td>Kabzeel</td><td>1</td><td>ḫ. et-ṭaiyibe</td><td>164.079</td><td></td><td></td></tr>
<tr><td>Jagur</td><td>3</td><td>ḫ. sumrā</td><td>163.071</td><td></td><td></td></tr>
<tr><td>Dimona</td><td>5</td><td>t. el-milḥ[1]</td><td>152.069</td><td colspan="2">C</td></tr>
<tr><td>Baala 2</td><td>24</td><td>t. es-sebaʿ[2]</td><td>134.072</td><td>II</td><td>I?</td></tr>
<tr><td>En-Rimmon</td><td>34</td><td>ḫ. er-rummāne[3]</td><td>137.105</td><td>+</td><td>—</td></tr>
<tr><td colspan="6">Distrikt III (7/16)</td></tr>
<tr><td>Zenan</td><td>1</td><td>ǧebel ṣelāḥ[4]</td><td>147.106</td><td colspan="2">+</td></tr>
<tr><td>Hadascha</td><td>2</td><td>ḫ. rasm dihna[5]</td><td>141.105</td><td colspan="2">+</td></tr>
<tr><td>Mizpe</td><td>5</td><td>ḫ. er-rās[6]</td><td>145.107</td><td>+</td><td>+</td></tr>
<tr><td>Jokteel</td><td>6</td><td>ḫ. bēt lēy[7]</td><td>143.108</td><td>—</td><td>+</td></tr>
<tr><td>Kabran cj.</td><td>10</td><td>t. el-ḫirāqa[8]</td><td>131.102</td><td colspan="2">+</td></tr>
<tr><td>Lachmas</td><td>11</td><td>t. maʿaḥaz[9]</td><td>131.102</td><td colspan="2">+</td></tr>
<tr><td>Kitlosch cj.</td><td>12</td><td>ḫ. umm el-baqar[10]</td><td>130.104</td><td>+</td><td>+</td></tr>
<tr><td colspan="6">Distrikt VI (1/11)</td></tr>
<tr><td>Gilo</td><td>11</td><td>eḏ-ḏaherīye[11]</td><td>147.090</td><td>+</td><td>+</td></tr>
<tr><td colspan="6">Distrikt X (2/11)</td></tr>
<tr><td>Schoresch</td><td>7</td><td>sārīs[12]</td><td>156.133</td><td>—</td><td>—</td></tr>
<tr><td>Gallim</td><td>9</td><td>bēt ǧālā</td><td>167.124</td><td></td><td></td></tr>
<tr><td colspan="6">Distrikt XII (2/6)</td></tr>
<tr><td>Middin oder Nibschan</td><td>2/4</td><td>ḫ. māzīn[13]</td><td>192.121</td><td>+</td><td>+</td></tr>
<tr><td>Middin oder Nibschan</td><td>4/2</td><td>ruǧm el-baḥr[14]</td><td>198.131</td><td>+</td><td>+</td></tr>
</table>

Anmerkungen

1. Kochavi / e.a., *Malḥata*, 934–936.
2. Herzog, *Tel Beersheba* (sehr magere Besiedlung im 7. Jh.).
3. Dagan, *Map 98* 1992, Nr. 233 (Lachisch III).
4. Dagan, *Shephelah* 1992, Nr. 76 (wenige Scherben).
5. Dagan, *Shephelah* 1992, Nr. 180.
6. Dagan, *Shephelah* 1992, Nr. 169 (Lachisch III–II).
7. Dagan, *Shephelah* 1992, Nr. 167 (Lachisch II); vgl. auch Patrich / Tsafrir, *Beth Loya*.
8. Dagan, *Map 98* 1992, Nr. 280.
9. Dagan, *Shephelah* 1992, Nr. 207.
10. Dagan, *Shephelah* 1992, Nr. 249 (Lachisch V–II).
11. Ofer, *Highland* I 1993, 3:33f; II 2a:16.
12. Ofer, *Highland* I 1993, 3:85.
13. Bar-Adon, *Excavations* 1989, 19.
14. Bar-Adon, *Excavations* 1989, 6f.

11.7.4. *Nicht zu identifizierende Orte*

Nicht identifizierbare Orte										
Distrikt I	**Distrikt II**	**Distrikt III**	**Distrikt IV**	**Distrikt VI**	**Distrikt VII**	**Distrikt VIII**	**Distrikt IX**	**Distrikt X**	**Distrikt XI**	**Distrikt XII**
Kedes (7)		Dilan (4)	Aschan (3)	Danna (4)	Ruma (2)	Jesreel (5)	Maarat (4)	Kulon (5)		Bet-Araba (1)
Hazor 1 (8)		Bozkat (8)	Jiftach (4)	Holon (10)	Eschan (3)	Gibea (9)	Eltekon (6)	Tatam (6)		
Jitnan (9)			Aschna 2 (5)		Janum Q (4)	Timna 2 (10)				
Sif 1 (10)					Humta (7)					
Telem (11)					Zior (9)					
Bealot (12)										
Hazor-Hadatta cj. (13)										
Hezron 2=Hazor 2 (15)										
Amam (16)										
Schema (17)										
Hazar-Gadda (19)										
Heschmon (20)										
Bet-Pelet (21)										
Hazar-Schual (22)										
Ezem (25)										
Eltolad (26)										
Lebaot (32)										
Schilhim (33)										
18/34		2/16	3/9	2/11	5/9	3/10	2/6	2/11		1/6

11.7.5. *Verhältnisbestimmung der Identifizierungen*

Distrikt	sichere Identifizierungen			wahrscheinliche Identifizierungen			mögliche Identifizierungen			nicht zu Identifizieren			Total	
	Anzahl	Prozent I	Prozent II	Anzahl	Prozent I	Prozent II	Anzahl	Prozent I	Prozent II	Anzahl	Prozent I	Prozent II	Anzahl	Prozent
I	3	8,82	2,34	8	23,53	6,25	5	14,71	3,91	18	52,94	14,06	**34**	**26,56**
II	6	42,86	4,69	8	57,14	6,25	0	0,00	0,00	0	0,00	0,00	**14**	**10,94**
III	1	6,25	0,78	6	37,50	4,69	7	43,75	5,47	2	12,50	1,56	**16**	**12,5**
IV	3	33,33	2,34	3	33,33	2,34	0	0,00	0,00	3	33,33	2,34	**9**	**7,03**
VI	4	36,36	3,13	4	36,36	3,13	1	9,09	0,78	2	18,18	1,56	**11**	**8,59**
VII	2	22,22	1,56	2	22,22	1,56	0	0,00	0,00	5	55,56	3,91	**9**	**7,03**
VIII	4	40,00	3,13	3	30,00	2,34	0	0,00	0,00	3	30,00	2,34	**10**	**7,81**
IX	3	50,00	2,34	1	16,67	0,78	0	0,00	0,00	2	33,33	1,56	**6**	**4,69**
X	4	36,36	3,13	3	27,27	2,34	2	18,18	1,56	2	18,18	1,56	**11**	**8,59**
XI	1	50,00	0,78	1	50,00	0,78	0	0,00	0,00	0	0,00	0,00	**2**	**1,56**
XII	1	16,67	0,78	2	33,33	1,56	2	33,33	1,56	1	16,67	0,78	**6**	**4,69**
Total	**32**	**25,00**	**25,00**	**41**	**32,03**	**32,03**	**17**	**13,28**	**13,28**	**38**	**29,69**	**29,69**	**128**	**100**

Prozent I: Verhältnis zur Anzahl Orte des Distriktes
Prozent II: Verhältnis zur Anzahl Orte der Gesamtliste

11.7.6. *Karten der Distrikte*

Erklärung zu den Karten:

- Unter dem arabischen Ortsnamen findet sich meistens eine Identifizierung.
- Dieser Identifizierung vorab geht die Folgenummer innerhalb des jeweiligen Distriktes.
- Fett hervorgehoben sind die sicheren Identifizierungen.
- In Normalschrift erscheinen die wahrscheinlichen Identifizierungen.
- Mit Fragezeichen erscheinen die möglichen, doch keineswegs gesicherten Identifizierungen.
- Auf der Karte unten werden die nicht identifizierten Orte aufgelistet.

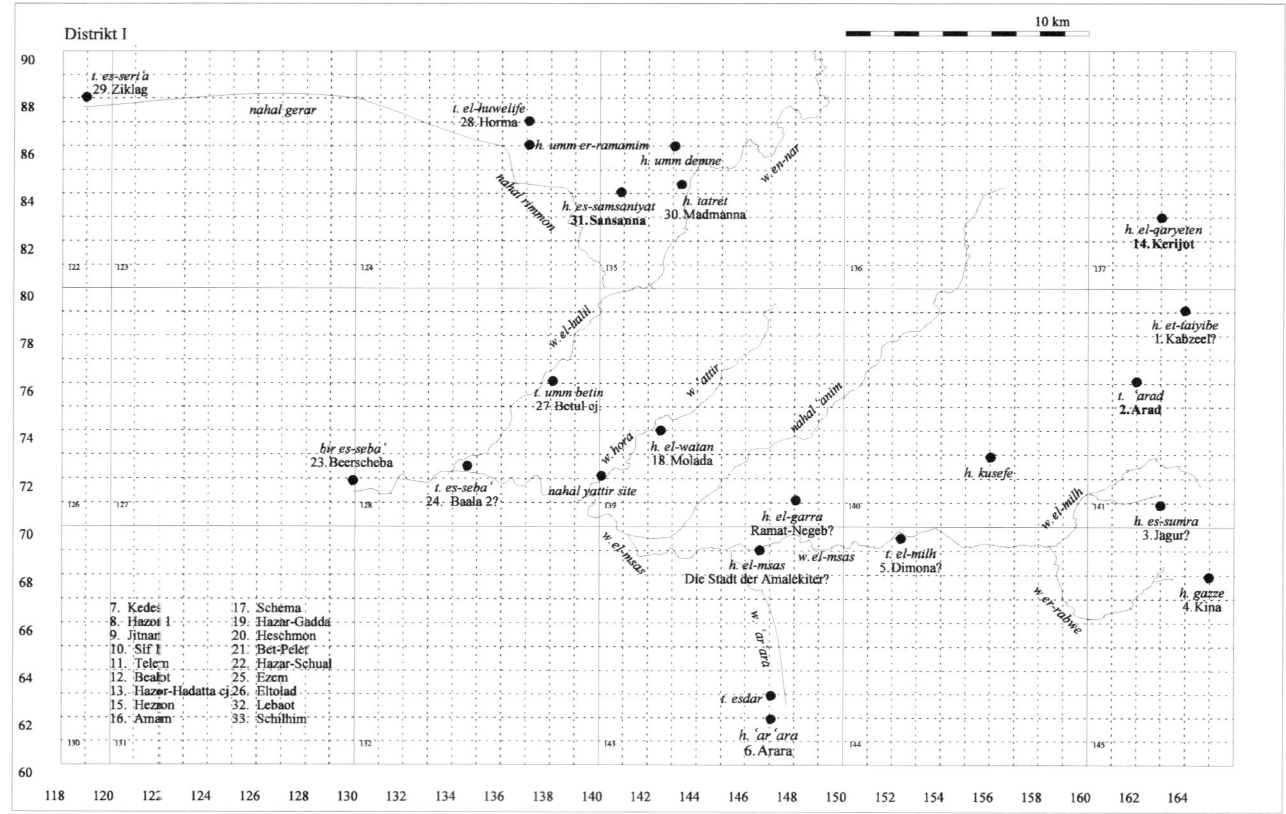
Distrikt I
10 km
t. es-seri'a
29. Ziklag
nahal gerar
t. el-huwelife
28. Horma
h. umm-er-ramamim
nahal rimmon
h. es-samsaniyat
31. Sansanna
h. umm demne
h. tatret
30. Madmanna
w. en-nar
bir es-seba'
23. Beerscheba
t. es-seba'
24. Baala 2?
w. el-halil
t. umm betin
27. Betul cj.
nahal yattir site
w. hora
h. el-watan
18. Molada
w. 'attir
nahal 'anim
h. el-qaryeten
14. Kerijot
h. et-taiyibe
1. Kabzeel?
t. 'arad
2. Arad
h. kusefe
h. el-garra
Ramat-Negeb?
h. el-msas
Die Stadt der Amalekiter?
w. el-msas
w. el-msas
t. el-milh
5. Dimona?
w. el-milh
h. es-sumra
3. Jagur?
h. gazze
4. Kina
w. er-rabwe
w. 'ar'ara
t. esdar
h. 'ar'ara
6. Arara
7. Kedes
8. Hazor 1
9. Jitnan
10. Sif 1
11. Telem
12. Bealot
13. Hazor-Hadatta cj.
15. Hezron
16. Amam
17. Schema
19. Hazar-Gadda
20. Heschmon
21. Bet-Pelet
22. Hazar-Schual
25. Ezem
26. Eltolad
32. Lebaot
33. Schilhim

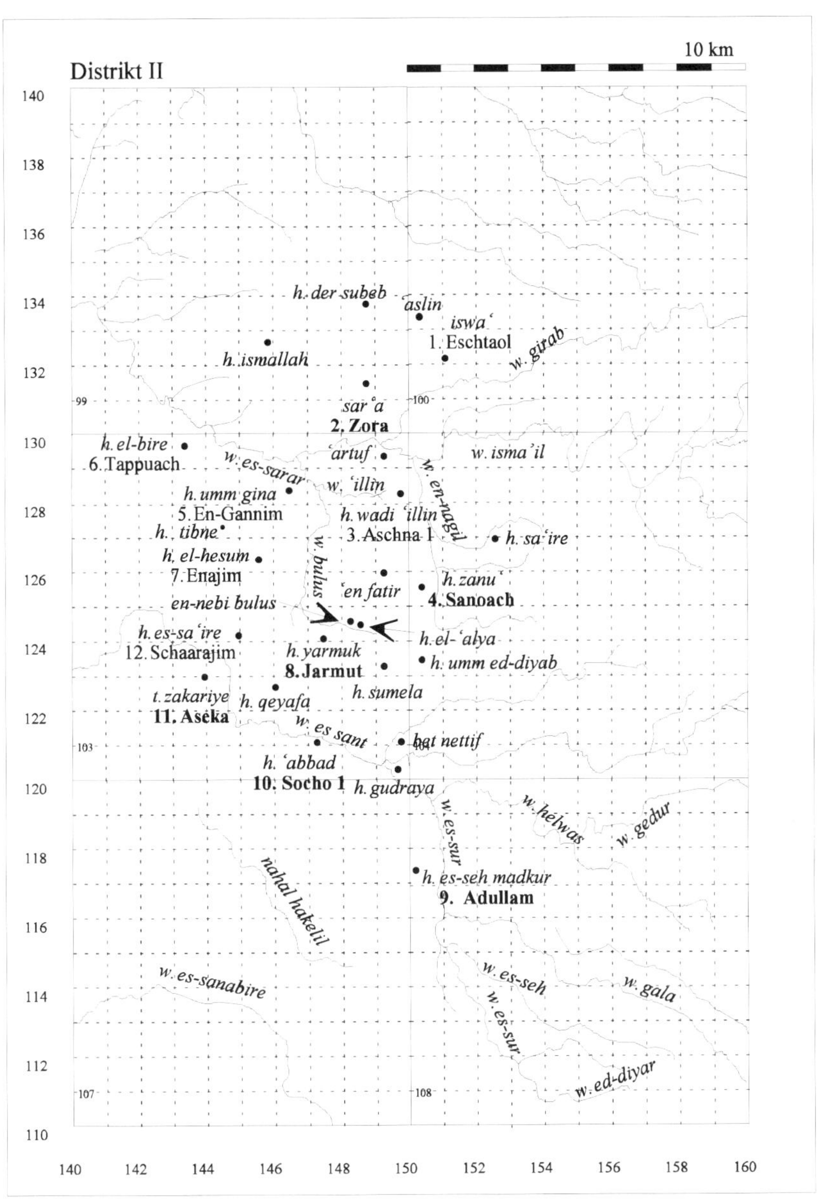
Distrikt II
10 km
h. der subeb
'aslin
iswa'
1. Eschtaol
h. ismallah
w. girab
sar'a
2. Zora
h. el-bire
6. Tappuach
w. es-sarar
'artuf
w. isma'il
h. umm gina
w. 'illin
w. en-nagil
5. En-Gannim
h. wadi 'illin
h. tibne
3. Aschna 1
h. sa'ire
h. el-hesum
w. bulus
7. Enajim
'en fatir
h. zanu'
4. Sanoach
en-nebi bulus
h. es-sa'ire
h. el-'alya
12. Schaarajim
h. yarmuk
h. umm ed-diyab
8. Jarmut
t. zakariye
h. qeyafa
h. sumela
11. Aseka
w. es sant
bet nettif
h. 'abbad
10. Socho 1
h. gudraya
w. es-sur
w. helwas
w. gedur
nahal hakelil
h. es-seh madkur
9. Adullam
w. es-sanabire
w. es-seh
w. gala
w. es-sur
w. ed-diyar

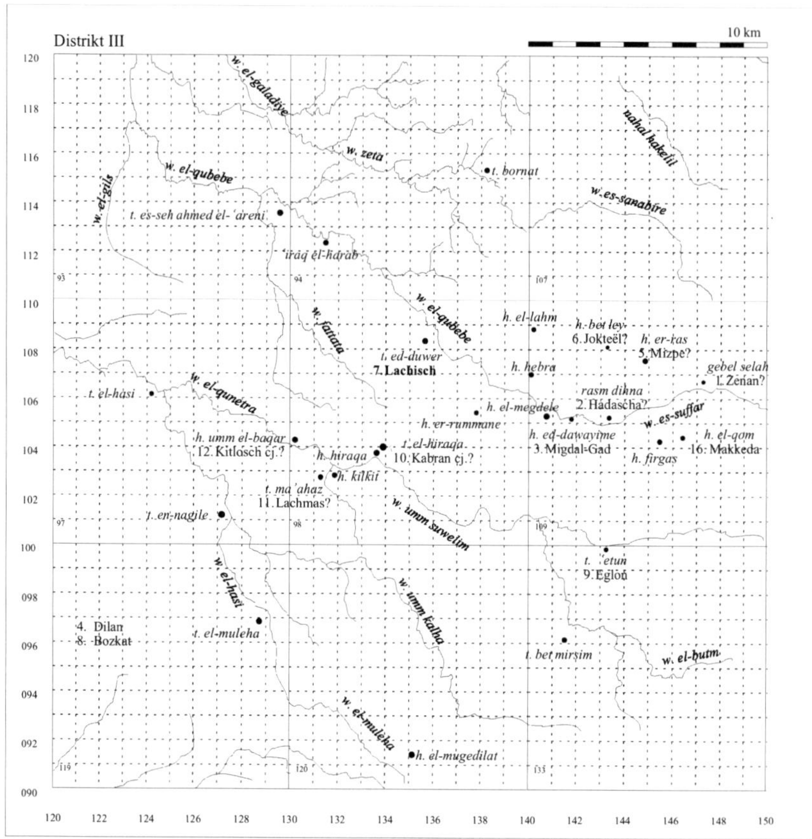

nahal lakis = w. es-suffar + w. el-qubebe
nahal adorayim = w. umm suwelim + w. el-qunetra
nahal siqma = w. el-muleha + w. el-hasi

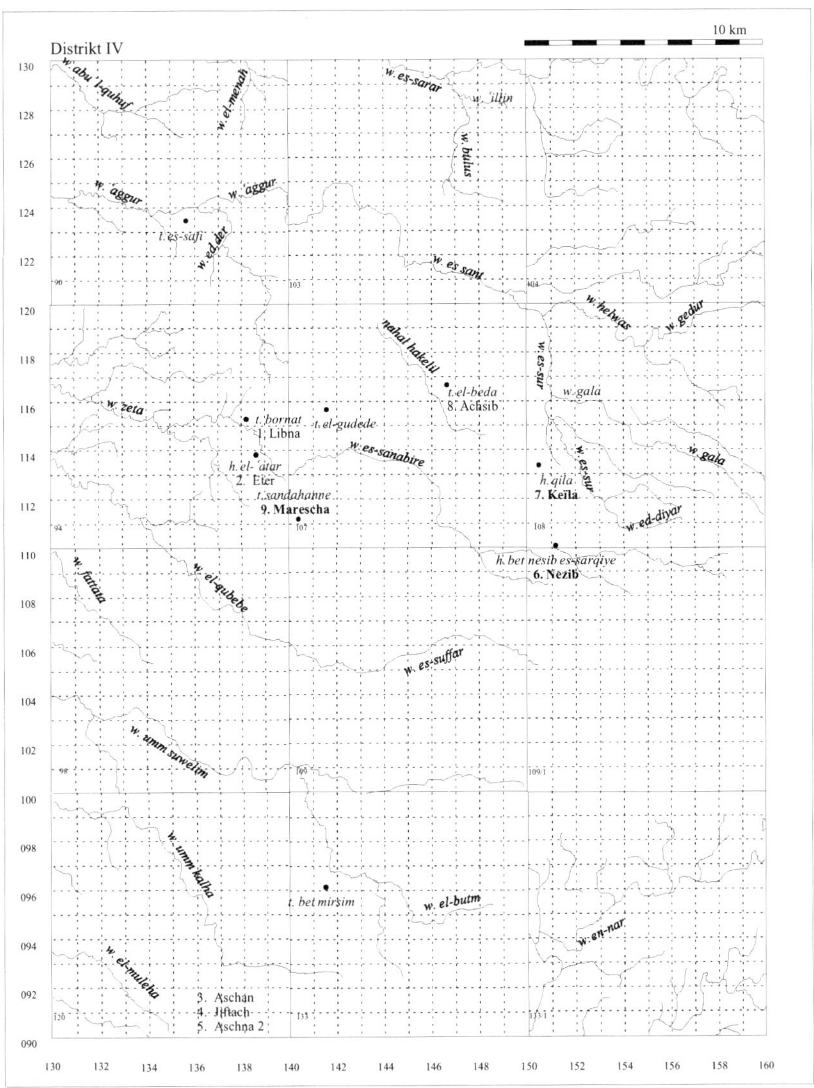
Distrikt IV
10 km
w. abu 'l-quhuf
w. el-menah
w. es-sarar
w. 'illin
w. bulus
w. 'aggur
w. 'aggur
t. es-safi
w. ed-der
w. es sant
w. helwas
w. gedur
nahal hakelil
w. es-sur
t. el-beda
8. Achsib
w. gala
w. zeta
t. bornat
1. Libna
t. el-gudede
w. es-sanabire
w. es-sur
w. gala
h. el-'atar
2. Eter
h. qila
t. sandahanne
7. Keïla
9. Marescha
w. ed-diyar
h. bet nesib es-sarqiye
6. Nezib
w. fatiata
w. el-qubebe
w. es-suffar
w. umm suwelim
w. umm kalha
t. bet mirsim
w. el-butm
w. en-nar
w. el-muleha
3. Aschan
4. Jiftach
5. Aschna 2
130
128
126
124
122
120
118
116
114
112
110
108
106
104
102
100
098
096
094
092
090
130
132
134
136
138
140
142
144
146
148
150
152
154
156
158
160

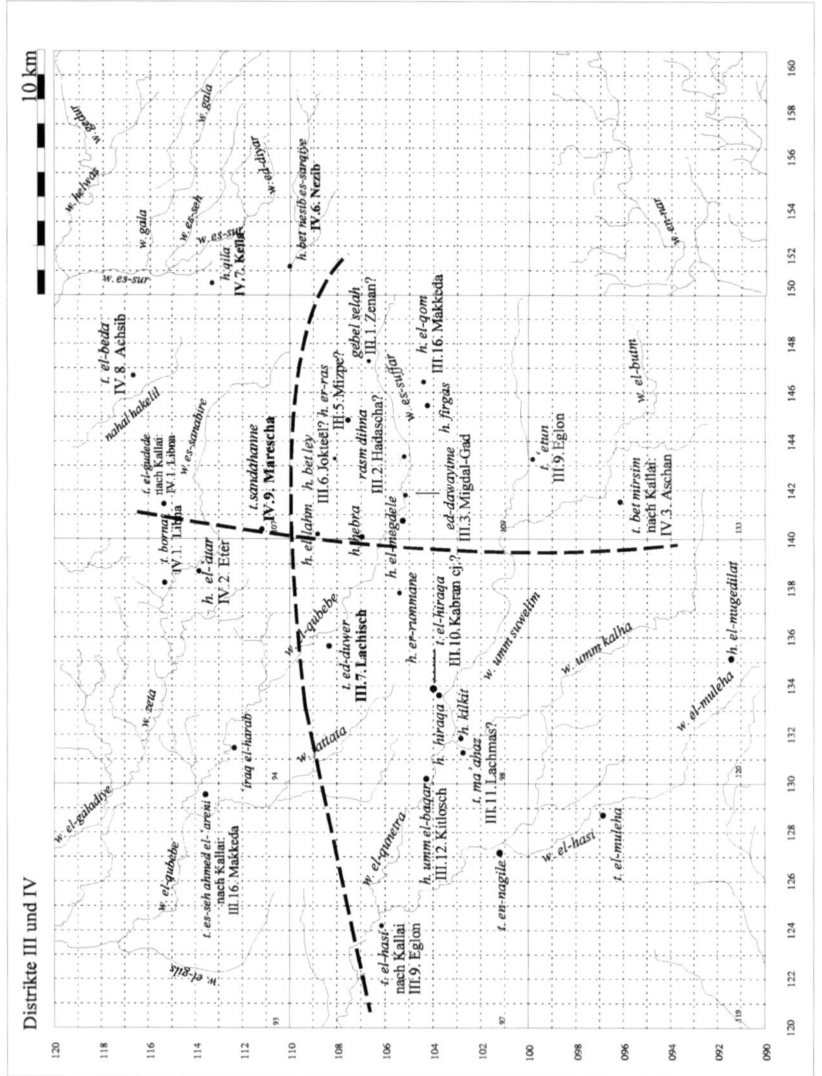
Distrikte III und IV
10 km
t. el-beda
IV.8. Achsib
nahal hakelil
t. el-gudede
nach Kallai:
IV.1. Libna
w. es-sanabire
t. bornat
IV.1. Libna
h. el-'atar
IV.2. Eter
t. es-seh ahmed el-'areni
nach Kallai:
III.16. Makkeda
'iraq el-harab
w. el-qubebe
w. zeta
w. el-galadiye
w. el-gils
t. sandahanne
IV.9. Marescha
h. bet ley
III.6. Jokteël? h. er-ras
III.5. Mizpe?
gebel selah
III.1. Zenan?
rasm dihna
III.2. Hadascha?
h. el-lahm
h. sebra
h. el-megdele
w. es-suffar
h. el-qom
III.16. Makkeda
h. firgas
ed-dawayime
III.3. Migdal-Gad
h. er-rummane
t. el-hiraqa
III.10. Kabran cj.?
t. ed-duwer
III.7. Lachisch
w. el-qubebe
w. fattata
h. hiraqa
h. kilkit
t. ma'ahaz
III.11. Lachmas?
h. umm el-baqar
III.12. Kitlosch
w. el-quneitra
t. el-hasi
nach Kallai
III.9. Eglon
t. en-nagile
w. el-hasi
t. el-muleha
w. umm suwelim
w. umm kalha
w. el-muleha
h. el-mugedilat
t. 'etun
III.9. Eglon
t. bet mirsim
nach Kallai:
IV.3. Aschan
w. el-butm
h. bet nesib es-sarqiye
IV.6. Nezib
h. qila
IV.7. Keïla
w. es-sur
w. es-seh
w. gala
w. helwas
w. ed-diyar
w. en-nar

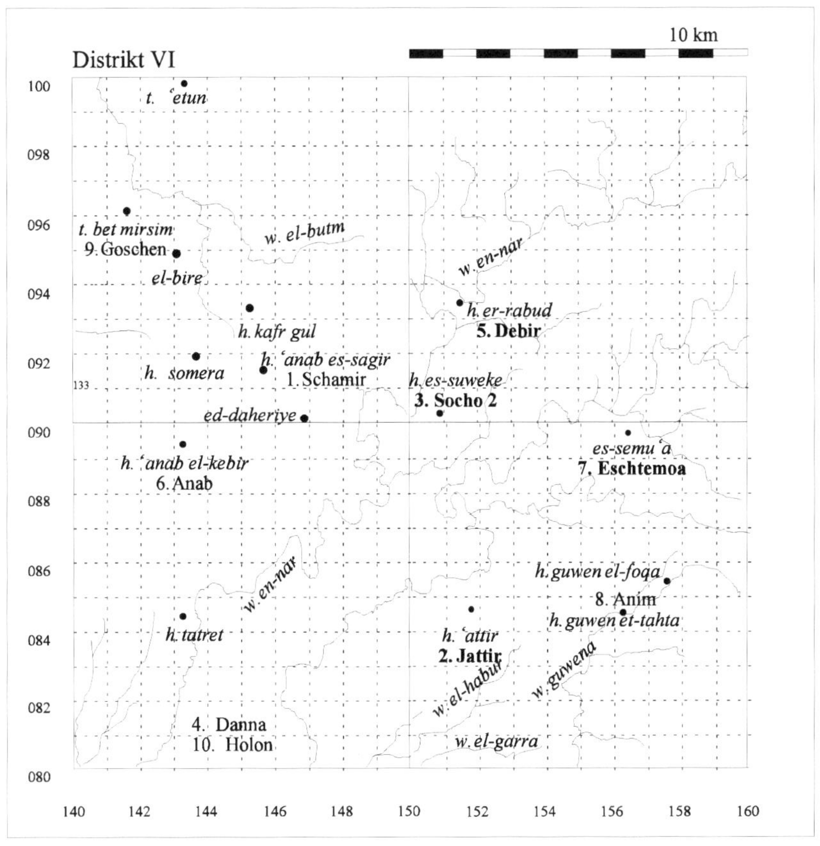
Distrikt VI
10 km
t. ʿetun
t. bet mirsim
9. Goschen
el-bire
w. el-butm
w. en-nar
h. er-rabud
5. Debir
h. kafr gul
h. somera
h. ʿanab es-sagir
1. Schamir
h. es-suweke
3. Socho 2
ed-daheriye
h. ʿanab el-kebir
6. Anab
es-semuʿa
7. Eschtemoa
w. en-nar
h. guwen el-foqa
8. Anim
h. guwen et-tahta
h. tatret
h. ʿattir
2. Jattir
w. el-habur
w. guwena
4. Danna
10. Holon
w. el-garra
100
098
096
094
092
090
088
086
084
082
080
140
142
144
146
148
150
152
154
156
158
160

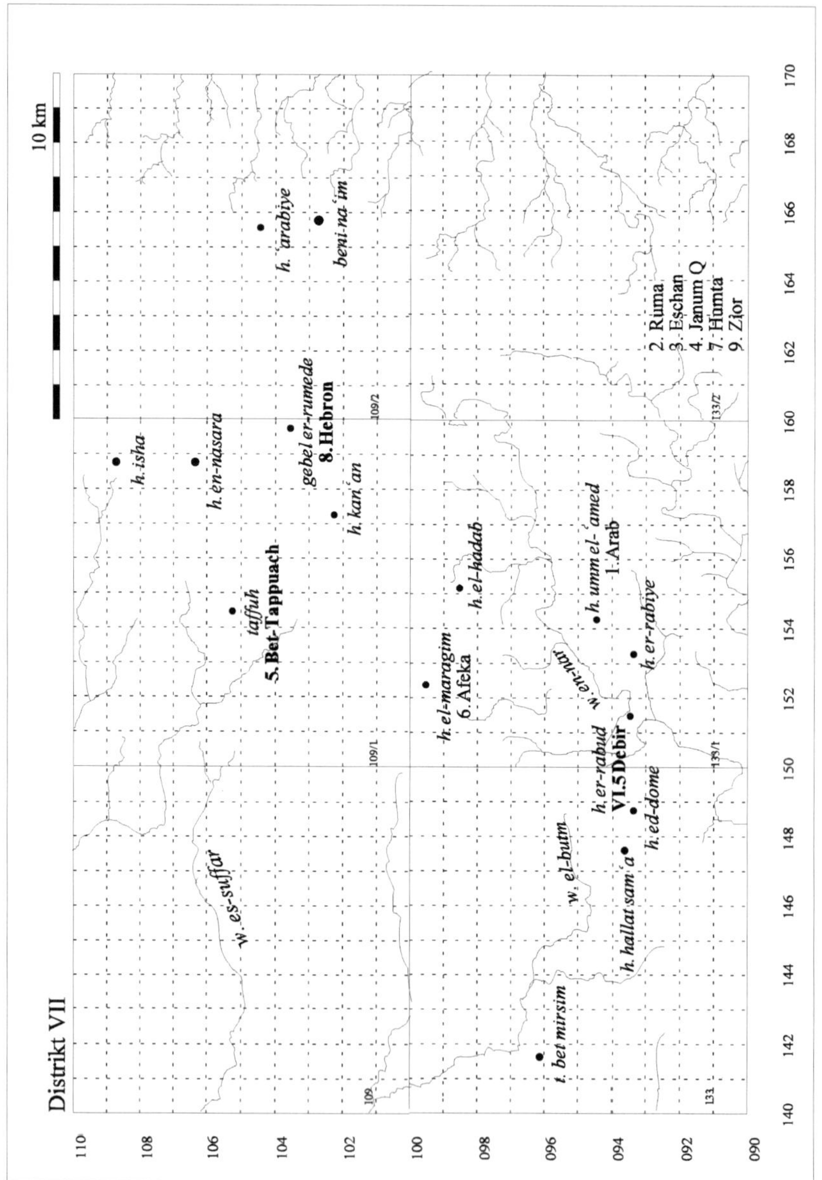
Distrikt VII
10 km
h. isha
h. en-nasara
taffuh
5. Bet-Tappuach
gebel er-rumede
8. Hebron
h. kan'an
h. 'arabiye
beni-na'im
h. el-maragim
6. Afeka
h. el-hadab
h. umm el-'amed
1. Arab
h. er-rabiye
w. en-nar
h. er-rabud
VI.5 Debir
h. ed-dome
h. hallat sam'a
w. el-butm
w. es-suffar
t. bet mirsim
2. Ruma
3. Eschan
4. Janum Q
7. Humta
9. Zior
109
109/1
109/2
133
133/1
133/2
140
142
144
146
148
150
152
154
156
158
160
162
164
166
168
170
090
092
094
096
098
100
102
104
106
108
110

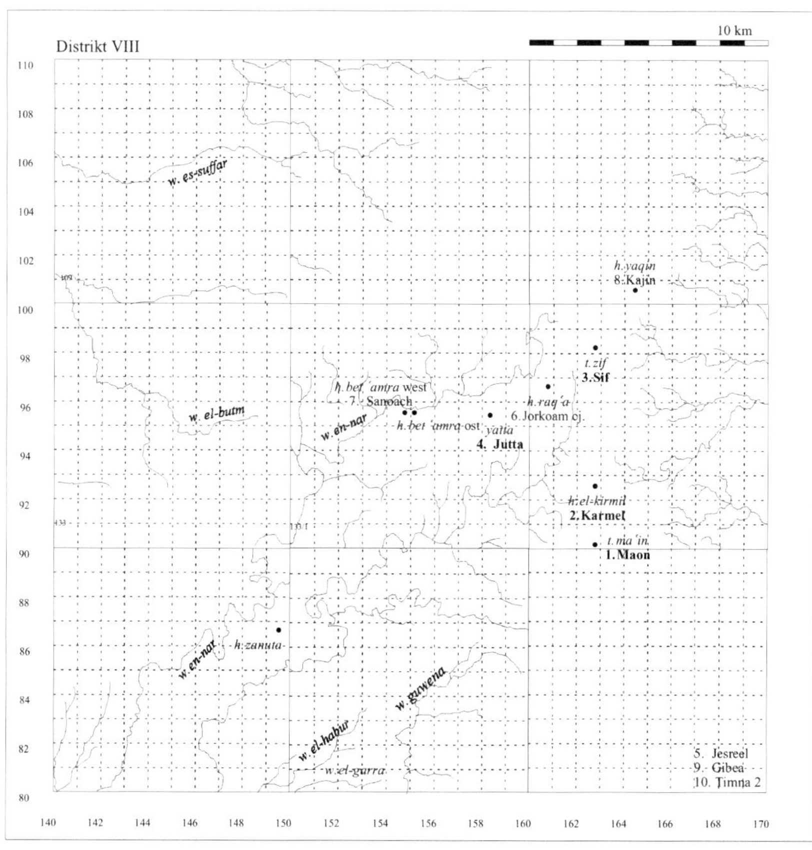
Distrikt VIII
10 km
w. es-suffar
w. el-butm
w. en-nar
ḥ. bet ʿamra west
7. Sanoach
ḥ. bet ʿamra ost
yatta
4. Jutta
6. Jorkoam cj.
ḥ. raqʿa
t. zif
3. Sif
ḥ. yaqin
8. Kajin
ḥ. el-kirmil
2. Karmel
t. maʿin
1. Maon
ḥ. zanuta
w. en-nar
w. guwena
w. el-habur
w. el-garra
5. Jesreel
9. Gibea
10. Timna 2
110
108
106
104
102
100
98
96
94
92
90
88
86
84
82
80
140
142
144
146
148
150
152
154
156
158
160
162
164
166
168
170

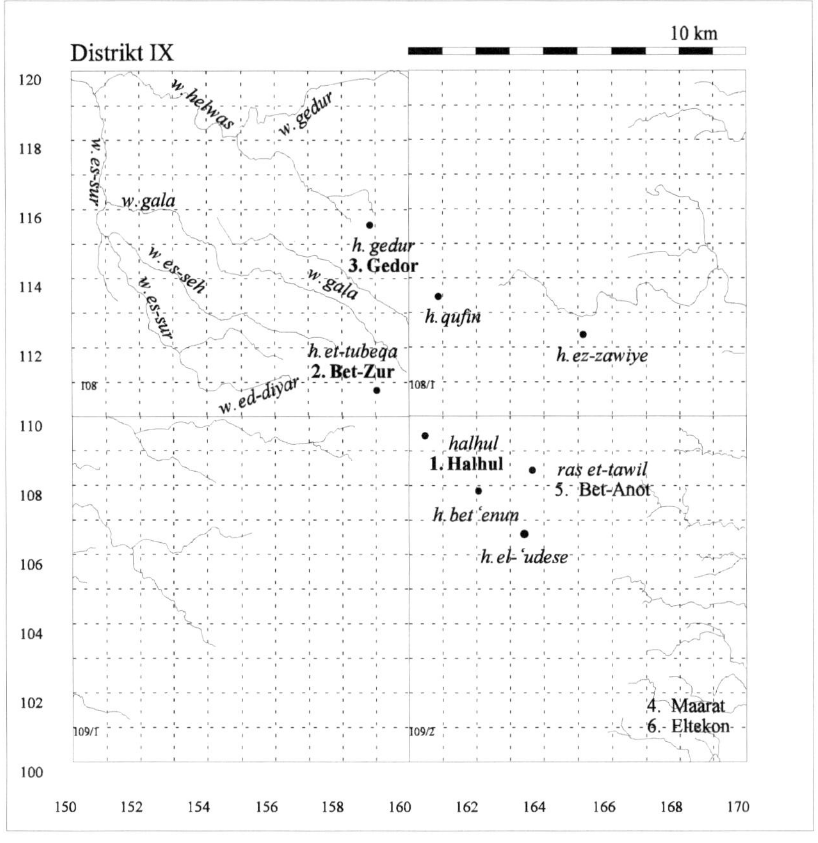
Distrikt IX
10 km
w. helwas
w. gedur
w. es-sur
w. gala
h. gedur
3. Gedor
w. es-seh
w. es-sur
w. gala
h. qufin
h. ez-zawiye
h. et-tubeqa
2. Bet-Zur
w. ed-diyar
halhul
1. Halhul
ras et-tawil
5. Bet-Anot
h. bet ʿenun
h. el-ʿudese
4. Maarat
6. Eltekon
108
108/I
109/I
109/2
120
118
116
114
112
110
108
106
104
102
100
150 152 154 156 158 160 162 164 166 168 170

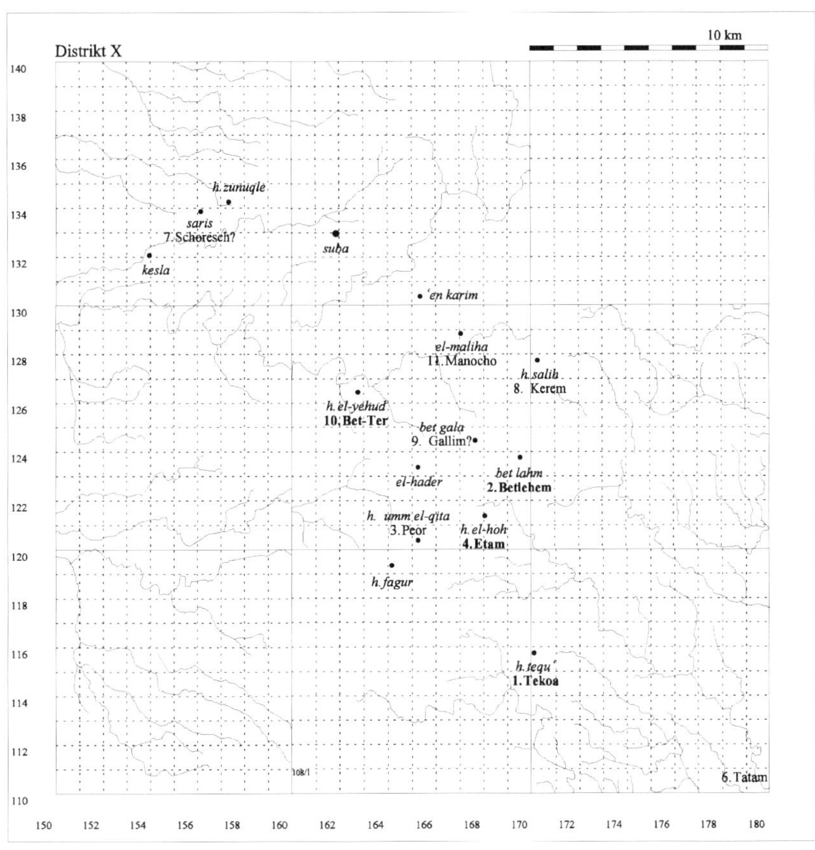
Distrikt X
10 km
h. zunuqle
saris
7. Schoresch?
suba
kesla
'en karim
el-maliha
11. Manocho
h. salih
8. Kerem
h. el-yehud
10. Bet-Ter
bet gala
9. Gallim?
el-hader
bet lahm
2. Betlehem
h. umm el-qita
3. Peor
h. el-hoh
4. Etam
h. fagur
h. tequ'
1. Tekoa
6. Tatam
108/1
140
138
136
134
132
130
128
126
124
122
120
118
116
114
112
110
150
152
154
156
158
160
162
164
166
168
170
172
174
176
178
180

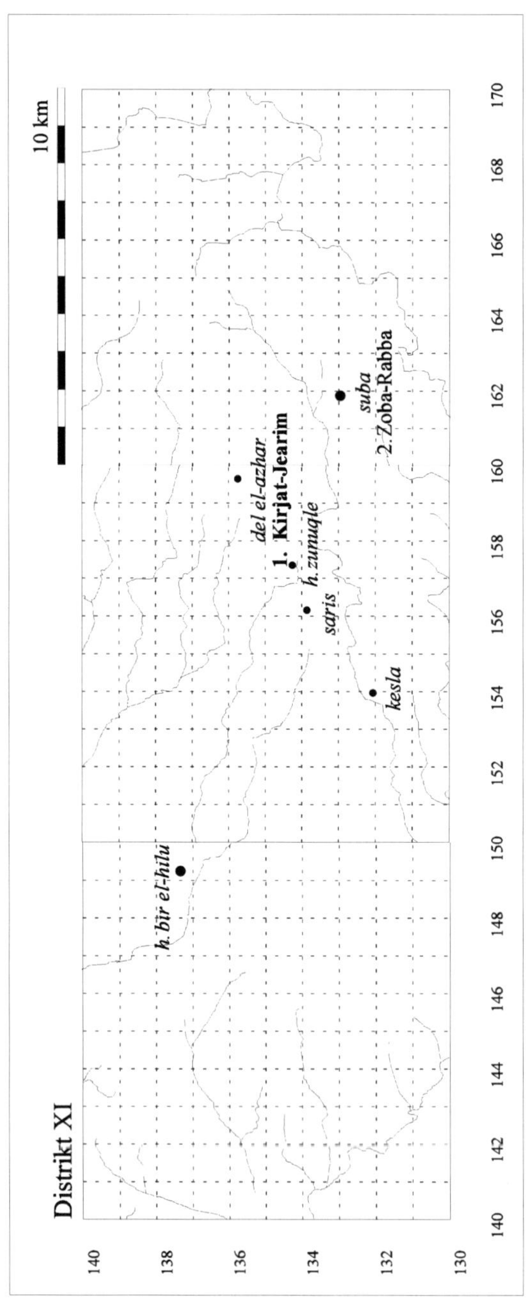
Distrikt XI
10 km
h. bir el-hilu
del el-azhar
1. Kirjat-Jearim
h. zunuqle
saris
suba
2. Zoba-Rabba
kesla
140
138
136
134
132
130
140 142 144 146 148 150 152 154 156 158 160 162 164 166 168 170

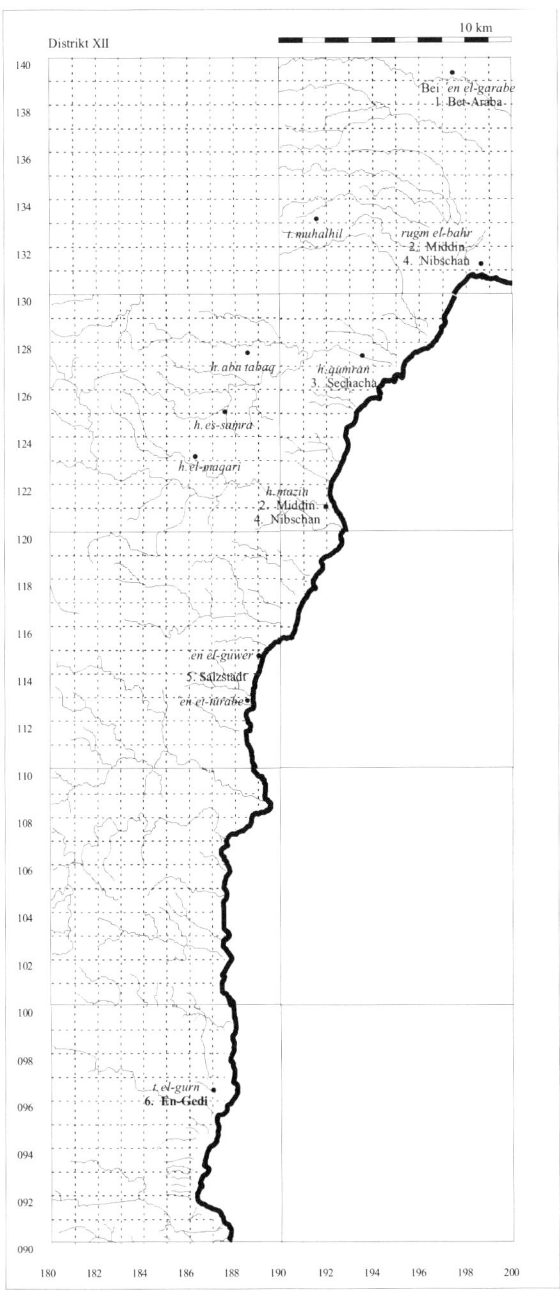
Distrikt XII
10 km
Bei ʿen el-garabe
1. Bet-Araba
t. muhalhil
rugm el-bahr
2. Middin
4. Nibschan
h. abu tabaq
h. qumran
3. Sechacha
h. es-samra
h. el-magari
h. mazin
2. Middin
4. Nibschan
ʿen el-guwer
5. Salzstadt
ʿen el-turabe
t. el-gurn
6. En-Gedi

11.8. *Zu Kapitel 8*

11.8.1. *Grenzbeschreibungen und Ortslisten*

Grenzbeschreibungen

Stämme	*Texte*	*Alt*	*Noth*	*Aharoni*	*Bright*	*Kallai*
Transjordanien	13,7b–12			–	–	× 7b–12
Ruben	13,15–21a.23		×	×[1]	–	× 16–21a.23
Gad	13,24–28		×	×[1]	–	× 25–27
Halb-Manasse	13,29–31		×	×[1]	–	× 30–31
Juda	15,1–12	×	×	×	×	×
Joseph (nur Südgrenze)	16,1–3	×	×	× 16,1–8	×	× 16,1–3
Ephraim	16,5–8	×	×		×	× 16,4–9(10)
Halb-Manasse	17,9–10	×	×	× 17,7–9	×	× 17,7–10(11)
Benjamin	18,12–20	×	×	×	×	×

Ortslisten

Stämme	*Texte*	*Alt*	*Noth*	*Aharoni*	*Bright*	*Kallai*
Transjordanien	13,16–20			×	×	
	13,25–27			×	×	
	13,30–31			×	×	
Juda	15,20–62	×	×	×	×	×
Benjamin	18,21–28	×	×	×	×	×

Grenzbeschreibungen und / oder Ortslisten

Stämme	*Texte*		*Alt*	*Noth*	*Aharoni*	*Bright*	*Kallai*
Simeon	19,1–9	G	–	×	–	–	–
		O	×	–	×	×	×
Sebulon	19,10–16	G	×	×	× 10–14	×	× 10–14
		O	×*	–	× 15	–	× 15
Issachar	19,17–23	G	–	×	–	×	× (18-)22
		O	×*	–	×	–	× 18–21*
Asser	19,24–31	G	×*	×	× außer v. 28	×	× 26–29
		O	×*	–	×	–	× 25–30*
Naftali	19,32–39	G	×*	×	× 33–34	×	× 33–34
		O	×*	–	×	–	× 35–38*
Dan	19,40–48	G	–	×	–	–	–
		O	×	–	×	×	× 41–46

Anmerkungen

1. andere Art Grenzbeschreibung

11.8.2. *Distrikteinteilungen Judas*

Distrikte in Jos	*Alt*[1]	*Noth*[2]	*Nötscher*[3]	*Cross / Wright*[4]	*Aharoni*[5]	*Kallai*[6]	*Fritz*[7]	*Zählung in dieser Studie*
15,21–32	I[8]	I	I	I	I	I	I	I
15,33–36	II	II	II	II	II	II	II	II
15,37–41	III	III	III	III	III	III	III	III
15,42–44	IV[9]	IV	IV	IV	IV	IV	IV	IV
15,45	—	V[10]	—	—	—	—	—	—
15,45–47	—	—	V	—	—	—	—	V
15,48–51	V	VI	VI	V	V	V	V	VI
15,52–54	VI	VII	VII	VI	VI	VI	VI	VII
15,55–57	VII	VIII	VIII	VII	VII	VII	VII	VIII
15,58–59	VIII	IX	IX	VIII	VIII	VIII	VIII	IX
15,59^{LXX}	IX	X	X	IX	IX	IX	IX	X
15,60	X	XI	XI	X	X	X	—	XI
15,61–62	XI	XII	XII	XI	XII	XI	X	XII
18,21–24	zu XI	zu XII	—	XII	—	—	XI	I
18,25–28[11]	zu X	zu XI	—	zu X	XI	—	XII	II
19,41–46	XII	—	—	—	—	—	—	I

Anmerkungen

1. Alt, *Judas Gaue* 1925, 100–116.
2. Noth, *Josua* ^{2}1953; so auch: Soggin, *Joshua* 1972, 176–180.
3. Nötscher, *Genesis* 1950; so auch: Bright, *Joshua* 1953, 632.
4. Cross / Wright, *Boundary* 1956, 202–226.
5. Aharoni, *Province-list* 1959, 225–246
6. Kallai, *HGB* 1986, 377–396.
7. Fritz, *Josua* 1994.
8. Teilweise auch Jos 19,2–6.
9. Teilweise auch Jos 19,7.
10. Soggin, *Joshua* 1972, 178, meint, daß sein Distrikt V die gleiche ist als Distrikt V von Noth und Bright. Das erste stimmt, das zweite nicht, da Bright vv 45–47, und nicht nur 45 für Distrikt V beansprucht.
11. Es ist mit der Möglichkeit zu rechnen, daß ein Distrikt durch Haplographie verloren gegangen ist; vgl. Kallai-Kleinmann, *Town Lists* 1958.

11.8.3. *Datierungen der Ortsliste Judas*

Autor	*Datierung Erstfassung*	*Zweitfassung*	*Belegstellen*	*dort beschriebene Geschichte*
Alt	Rehabeam (926–910)			
Kallai		Abia (nur Benjaminliste)	2Chr 13,19	Eroberungen bis in Efraim
Cross / Wright	Abia (910–908)		id.	id.
Cross / Wright	Asa (908–868)		2Chr 15,8	Eroberungen auf dem Gebirge Efraims
Cross / Wright		Joschafat (868–847)	2Chr 17,2	versieht die Städte, die Asa erobert hatte, mit Mannschaften
Aharoni		Usija (773–736?)	2Chr 26,10	baut Türme und gräbt Brunnen in der Wüste
Schunck	Usija (773–736?)			
Kallai		Hiskia (725–697)	1Chr 4,41	administrative Maßnahmen
Alt, Noth		Josia (639–609)	2Kön 23,15	baut einen Altar in Bethel
Schunck		Josia	Ezra 2 / Neh 7	Liste der Rückkehrer aus dem Exil
Mowinckel		nachexilisch	P-Quelle	

KAPITEL 12

REGISTER

12.1. *Bibelstellen*

12.2. *Hebräische Wörter und Phrasen*

12.3. *Arabische und hebräische topographische Angaben*

Vorbemerkungen. Folgende öfter vorkommenden Elemente werden hinter das Komma verwiesen: der Artikel *el- / et- / er-* usw. sowie *ha-, bīr, ʿēn, ḫirbet, naḥal, nahr, tell, wādi.* Das geschieht um der Übersichtlichkeit willen auch dann, wenn das Element keine generische Bedeutung hat, sondern integral zum Ortsnamen gehört, wie das z.B. bei *bīr es-sebaʿ* der Fall ist. Nur bei z.B. *wādi ʿallīn, ḫirbet* steht das Element *wādi* nicht auch hinter dem Komma, weil die *ḫirbe* ihren Namen diesem *wādi* verdankt.

12.4. *Sonstige topografische Angaben*

SUPPLEMENTS TO VETUS TESTAMENTUM

2. Pope, M.H. *El in the Ugaritic texts*. 1955. ISBN 90 04 04000 5
3. *Wisdom in Israel and in the Ancient Near East*. Presented to Harold Henry Rowley by the Editorial Board of Vetus Testamentum in celebration of his 65th birthday, 24 March 1955. Edited by M. Noth and D. Winton Thomas. 2nd reprint of the rst (1955) ed. 1969. ISBN 90 04 02326 7
4. *Volume du Congrès* [international pour l'étude de l'Ancien Testament]. *Strasbourg 1956*. 1957. ISBN 90 04 02327 5
8. Bernhardt, K.-H. *Das Problem der alt-orientalischen Königsideologie im Alten Testament*. Unter besonderer Berücksichtigung der Geschichte der Psalmenexegese dargestellt und kritisch gewürdigt. 1961. ISBN 90 04 02331 3
9. *Congress Volume, Bonn 1962*. 1963. ISBN 90 04 02332 1
11. Donner, H. *Israel unter den Völkern*. Die Stellung der klassischen Propheten des 8. Jahrhunderts v. Chr. zur Aussenpolitik der Könige von Israel und Juda. 1964. ISBN 90 04 02334 8
12. Reider, J. *An Index to Aquila*. Completed and revised by N. Turner. 1966. ISBN 90 04 02335 6
13. Roth, W.M.W. *Numerical sayings in the Old Testament*. A form-critical study. 1965. ISBN 90 04 02336 4
14. Orlinsky, H.M. *Studies on the second part of the Book of Isaiah*. — The so-called 'Servant of the Lord' and 'SuVering Servant' in Second Isaiah. — Snaith, N.H. Isaiah 40-66. A study of the teaching of the Second Isaiah and its consequences. Repr. with additions and corrections. 1977. ISBN 90 04 05437 5
15. *Volume du Congrès* [International pour l'étude de l'Ancien Testament]. *Genève 1965*. 1966. ISBN 90 04 02337 2
17. *Congress Volume, Rome 1968*. 1969. ISBN 90 04 02339 9
19. Thompson, R.J. *Moses and the Law in a century of criticism since Graf*. 1970. ISBN 90 04 02341 0
20. Redford, D.B. *A Study of the Biblical Story of Joseph*. 1970. ISBN 90 04 02342 9
21. Ahlström, G.W. *Joel and the Temple Cult of Jerusalem*. 1971. ISBN 90 04 02620 7
22. *Congress Volume, Uppsala 1971*. 1972. ISBN 90 04 03521 4
23. *Studies in the Religion of Ancient Israel*. 1972. ISBN 90 04 03525 7
24. Schoors, A. *I am God your Saviour*. A form-critical study of the main genres in Is. xl-lv. 1973. ISBN 90 04 03792 2
25. Allen, L.C. *The Greek Chronicles*. The relation of the Septuagint I and II Chronicles to the Massoretic text. Part 1. The translator's craft. 1974. ISBN 90 04 03913 9
26. *Studies on prophecy*. A collection of twelve papers. 1974. ISBN 90 04 03877 9
27. Allen, L.C. *The Greek Chronicles*. Part 2. Textual criticism. 1974. ISBN 90 04 03933 3
28. *Congress Volume, Edinburgh 1974*. 1975. ISBN 90 04 04321 7
29. *Congress Volume, Göttingen 1977*. 1978. ISBN 90 04 05835 4
30. Emerton, J.A. (ed.). *Studies in the historical books of the Old Testament*. 1979. ISBN 90 04 06017 0
31. Meredino, R.P. *Der Erste und der Letzte*. Eine Untersuchung von Jes 40-48. 1981. ISBN 90 04 06199 1
32. Emerton, J.A. (ed.). *Congress Volume, Vienna 1980*. 1981. ISBN 90 04 06514 8
33. Koenig, J. *L'herméneutique analogique du Judaïsme antique d'après les témoins textuels d'Isaïe*. 1982. ISBN 90 04 06762 0

34. Barstad, H.M. *The religious polemics of Amos.* Studies in the preachings of Amos ii 7B-8, iv 1-13, v 1-27, vi 4-7, viii 14. 1984. ISBN 90 04 07017 6
35. Krašovec, J. *Antithetic structure in Biblical Hebrew poetry.* 1984. ISBN 90 04 07244 6
36. Emerton, J.A. (ed.). *Congress Volume, Salamanca 1983.* 1985. ISBN 90 04 07281 0
37. Lemche, N.P. *Early Israel.* Anthropological and historical studies on the Israelite society before the monarchy. 1985. ISBN 90 04 07853 3
38. Nielsen, K. *Incense in Ancient Israel.* 1986. ISBN 90 04 07702 2
39. Pardee, D. *Ugaritic and Hebrew poetic parallelism.* A trial cut. 1988. ISBN 90 04 08368 5
40. Emerton, J.A. (ed.). *Congress Volume, Jerusalem 1986.* 1988. ISBN 90 04 08499 1
41. Emerton, J.A. (ed.). *Studies in the Pentateuch.* 1990. ISBN 90 04 09195 5
42. McKenzie, S.L. *The trouble with Kings.* The composition of the Book of Kings in the Deuteronomistic History. 1991. ISBN 90 04 09402 4
43. Emerton, J.A. (ed.). *Congress Volume, Leuven 1989.* 1991. ISBN 90 04 09398 2
44. Haak, R.D. *Habakkuk.* 1992. ISBN 90 04 09506 3
45. Beyerlin, W. *Im Licht der Traditionen.* Psalm LXVII und CXV. Ein Entwicklungszusammenhang. 1992. ISBN 90 04 09635 3
46. Meier, S.A. *Speaking of Speaking.* Marking direct discourse in the Hebrew Bible. 1992. ISBN 90 04 09602 7
47. Kessler, R. *Staat und Gesellschaft im vorexilischen Juda.* Vom 8. Jahrhundert bis zum Exil. 1992. ISBN 90 04 09646 9
48. Auffret, P. *Voyez de vos yeux.* Étude structurelle de vingt psaumes, dont le psaume 119. 1993. ISBN 90 04 09707 4
49. García Martínez, F., A. Hilhorst and C.J. Labuschagne (eds.). *The Scriptures and the Scrolls.* Studies in honour of A.S. van der Woude on the occasion of his 65th birthday. 1992. ISBN 90 04 09746 5
50. Lemaire, A. and B. Otzen (eds.). *History and Traditions of Early Israel.* Studies presented to Eduard Nielsen, May 8th, 1993. 1993. ISBN 90 04 09851 8
51. Gordon, R.P. *Studies in the Targum to the Twelve Prophets.* From Nahum to Malachi. 1994. ISBN 90 04 09987 5
52. Hugenberger, G.P. *Marriage as a Covenant.* A Study of Biblical Law and Ethics Governing Marriage Developed from the Perspective of Malachi. 1994. ISBN 90 04 09977 8
53. García Martínez, FFF., A. Hilhorst, J.T.A.G.M. van Ruiten, A.S. van der Woude. *Studies in Deuteronomy.* In Honour of C.J. Labuschagne on the Occasion of His 65th Birthday. 1994. ISBN 90 04 10052 0
54. Fernández Marcos, N. *Septuagint and Old Latin in the Book of Kings.* 1994. ISBN 90 04 10043 1
55. Smith, M.S. *The Ugaritic Baal Cycle. Volume 1.* Introduction with text, translation and commentary of KTU 1.1-1.2. 1994. ISBN 90 04 09995 6
56. Duguid, I.M. *Ezekiel and the Leaders of Israel.* 1994. ISBN 90 04 10074 1
57. Marx, A. *Les oVrandes végétales dans l'Ancien Testament.* Du tribut d'hommage au repas eschatologique. 1994. ISBN 90 04 10136 5
58. Schäfer-Lichtenberger, C. *Josua und Salomo.* Eine Studie zu Autorität und Legitimität des Nachfolgers im Alten Testament. 1995. ISBN 90 04 10064 4
59. Lasserre, G. *Synopse des lois du Pentateuque.* 1994. ISBN 90 04 10202 7
60. Dogniez, C. *Bibliography of the Septuagint – Bibliographie de la Septante (1970-1993).* Avec une préface de Pierre-Maurice Bogaert. 1995. ISBN 90 04 10192 6
61. Emerton, J.A. (ed.). *Congress Volume, Paris 1992.* 1995. ISBN 90 04 10259 0

62. Smith, P.A. *Rhetoric and Redaction in Trito-Isaiah*. The Structure, Growth and Authorship of Isaiah 56-66. 1995. ISBN 90 04 10306 6
63. O'Connell, R.H. *The Rhetoric of the Book of Judges*. 1996. ISBN 90 04 10104 7
64. Harland, P.J. *The Value of Human Life*. A Study of the Story of the Flood (Genesis 6-9). 1996. ISBN 90 04 10534 4
65. Roland Page Jr., H. *The Myth of Cosmic Rebellion*. A Study of its Reflexes in Ugaritic and Biblical Literature. 1996. ISBN 90 04 10563 8
66. Emerton, J.A. (ed.). *Congress Volume, Cambridge 1995*. 1997. ISBN 90 04 106871
67. Joosten, J. *People and Land in the Holiness Code*. An Exegetical Study of the Ideational Framework of the Law in Leviticus 17–26. 1996. ISBN 90 04 10557 3
68. Beentjes, P.C. *The Book of Ben Sira in Hebrew*. A Text Edition of all Extant Hebrew Manuscripts and a Synopsis of all Parallel Hebrew Ben Sira Texts. 1997. ISBN 90 04 10767 3
69. Cook, J. *The Septuagint of Proverbs – Jewish and/or Hellenistic Proverbs?* Concerning the Hellenistic Colouring of LXX Proverbs. 1997. ISBN 90 04 10879 3

70,1 Broyles, G. and C. Evans (eds.). *Writing and Reading the Scroll of Isaiah*. Studies of an Interpretive Tradition, I. 1997. ISBN 90 04 10936 6 (*Vol.* I); ISBN 90 04 11027 5 (*Set*)

70,2 Broyles, G. and C. Evans (eds.). *Writing and Reading the Scroll of Isaiah*. Studies of an Interpretive Tradition, II. 1997. ISBN 90 04 11026 7 (*Vol.* II); ISBN 90 04 11027 5 (*Set*)

71. Kooij, A. van der. *The Oracle of Tyre*. The Septuagint of Isaiah 23 as Version and Vision. 1998. ISBN 90 04 11152 2
72. Tov, E. *The Greek and Hebrew Bible*. Collected Essays on the Septuagint. 1999. ISBN 90 04 11309 6
73. García Martínez, F. and Noort, E. (eds.). *Perspectives in the Study of the Old Testament and Early Judaism*. A Symposium in honour of Adam S. van der Woude on the occasion of his 70th birthday. 1998. ISBN 90 04 11322 3
74. Kassis, R.A. *The Book of Proverbs and Arabic Proverbial Works*. 1999. ISBN 90 04 11305 3
75. Rösel, H.N. *Von Josua bis Jojachin*. Untersuchungen zu den deuteronomistischen Geschichtsbüchern des Alten Testaments. 1999. ISBN 90 04 11355 5
76. Renz, Th. *The Rhetorical Function of the Book of Ezekiel*. 1999. ISBN 90 04 11362 2
77. Harland, P.J. and Hayward, C.T.R. (eds.). *New Heaven and New Earth Prophecy and the Millenium*. Essays in Honour of Anthony Gelston. 1999. ISBN 90 04 10841 6
78. Krašovec, J. *Reward, Punishment, and Forgiveness*. The Thinking and Beliefs of Ancient Israel in the Light of Greek and Modern Views. 1999. ISBN 90 04 11443 2.
79. Kossmann, R. *Die Esthernovelle – Vom Erzählten zur Erzählung*. Studien zur Traditions- und Redaktionsgeschichte des Estherbuches. 2000. ISBN 90 04 11556 0.
80. Lemaire, A. and M. Sæbø (eds.). *Congress Volume, Oslo 1998*. 2000. ISBN 90 04 11598 6.
81. Galil, G. and M. Weinfeld (eds.). *Studies in Historical Geography and Biblical Historiography*. Presented to Zecharia Kallai. 2000. ISBN 90 04 11608 7
82. Collins, N.L. *The library in Alexandria and the Bible in Greek*. 2001. ISBN 90 04 11866 7

83,1 Collins, J.J. and P.W. Flint (eds.). *The Book of Daniel.* Composition and Reception, I. 2001. ISBN 90 04 11675 3 (*Vol.* I);
ISBN 90 04 12202 8 (*Set*)

83,2 Collins, J.J. and P.W. Flint (eds.). *The Book of Daniel.* Composition and Reception, II. 2001. ISBN 90 04 12200 1 (*Vol.* II); ISBN 90 04 12202 8 (*Set*).

84. Cohen, C.H.R. *Contextual Priority in Biblical Hebrew Philology.* An Application of the Held Method for Comparative Semitic Philology. 2001. ISBN 90 04 11670 2 (In preparation).

85. Wagenaar, J.A. *Judgement and Salvation.* The Composition and Redaction of Micah 2-5. 2001. ISBN 90 04 11936 1

86. McLaughlin, J.L. *The* Marzēaḥ *in sthe Prophetic Literature.* References and Allusions in Light of the Extra-Biblical Evidence. 2001. ISBN 90 04 12006 8

87. Wong, K.L. *The Idea of Retribution in the Book of Ezekiel* 2001. ISBN 90 04 12256 7

88. Barrick, W. Boyd *The King and the Cemeteries.* Toward a New Understanding of Josiah's Reform. 2002. ISBN 90 04 12171 4

89. Frankel, D. *The Murmuring Stories of the Priestly School.* A Retrieval of Ancient Sacerdotal Lore. 2002. ISBN 90 04 12368 7

90. Frydrych, T. *Living under the Sun.* Examination of Proverbs and Qoheleth. 2002. ISBN 90 04 12315 6

91. Kessel, J. *The Book of Haggai.* Prophecy and Society in Early Persian Yehud. 2002. ISBN 90 04 12368 7

92. Lemaire, A. (ed.). *Congress Volume, Basel 2001.* 2002. ISBN 90 04 12680 5

93. Rendtorff, R. and R.A. Kugler (eds.). *The Book of Leviticus.* Composition and Reception. 2003. ISBN 90 04 12634 1

94. Paul, S.M., R.A. Kraft, L.H. Schiffman and W.W. Fields (eds.). *Emanuel.* Studies in Hebrew Bible, Septuagint, and Dead Sea Scrolls in Honor of Emanuel Tov. 2003. ISBN 90 04 12679 1

95. Vos, J.C. de. *Das Los Judas.* Über Entstehung und Ziele der Landbeschreibung in Josua 15. ISBN 90 04 12953 7

96. Lehnart, B. *Prophet und König im Nordreich Israel.* Studien zur sogenannten vorklassischen Prophetie im Nordreich Israel anhand der Samuel-, Elija- und Elischa-Überlieferungen. 2003. ISBN 90 04 13237 6